JN331007

日本外交文書

日中戦争　第三冊

外務省

序

外務省では、明治維新以降のわが国外交の経緯を明らかにし、あわせて外交交渉上の先例ともなりうる基本的史料を提供する目的で、昭和十一年『日本外交文書』第一巻を公刊した。以来、既に明治・大正期の刊行を終え、昭和期についても、満州事変、海軍軍縮問題、および日米交渉（昭和十六年）等の特集とともに、昭和期Ⅰ（昭和二—六年）および昭和期Ⅱ（昭和六—十二年）の外務省記録の編纂・刊行を終えた。そして現在は、戦前期の最後となる昭和期Ⅲ（昭和十二—二十年）を鋭意刊行中である。

本巻は、日中戦争の発生から太平洋戦争開戦に至るまでの時期における日中戦争関係外務省記録を特集方式により編纂し、四冊に分けて刊行するものである。本巻の刊行により『日本外交文書』の通算刊行冊数は二〇九冊となる。

激動の時代といわれる昭和期を顧みるにあたって、本巻が正確な史実を提供し、外交問題の歴史的研究に資するとともに、現在の国際関係を考察する上でも貢献できれば幸いである。

平成二十三年三月

外務省外交史料館長

例　言

一　太平洋戦争終結に至るまでの昭和期（昭和二―二十年）の外交文書は、次の三期に分けて編纂・刊行している。

昭和期Ⅰ　昭和二―六年　　（一九二七―一九三一）
昭和期Ⅱ　昭和六―十二年　（一九三一―一九三七）
昭和期Ⅲ　昭和十二―二十年（一九三七―一九四五）

二　昭和期Ⅲについては、「日中戦争」、「太平洋戦争」および「第二次欧州大戦と日本」（仮題）の三つの特集を中心に構成する。

三　本巻は『日本外交文書　日中戦争』として、日中戦争発生から太平洋戦争開戦に至るまでの日中戦争関係文書を特集方式により収録した。

1　本巻に収録した文書は、基本的に外務省所蔵記録によった。
なお、収録文書の冒頭に※印のあるものは、外務省所蔵「松本記録」（松本忠雄元衆議院議員が、外務参与官および外務政務次官時代に、外務省記録のうち、特に政治、外交等の主要記録を筆写したもの）に依拠した。

2　本巻では、これら外務省所蔵記録に加え、防衛省防衛研究所図書館所蔵史料、東京大学社会科学研究所所蔵「島田（俊彦）文書」、大東文化大学東洋研究所所蔵「海軍省資料」、首都大学東京図書情報センター所蔵「松本文庫　文書の部」、陽明文庫所蔵「近衛文麿関係文書」、財務省財務総合政策研究所情報システム部財政史室所蔵「野田文書」、国立公文書館所蔵「公文類聚」ならびに「公文別録」、国立国会図書館憲政資料室所蔵「来栖三郎関係文書」、国立歴史民俗博物館所蔵「木戸家史料」、東京大学近代日本法政史料センター原資料部所蔵「阿部信行関係文書」および「極東国際軍事裁判関係文書（米国議会図書館作成マイクロフィルム）」より文書を補填した。

なお、防衛省防衛研究所図書館所蔵史料より補填した文書については冒頭に◉印を、東京大学社会科学研究所所蔵史料より補填した文書については冒頭に◎印を、大東文化大学東洋研究所所蔵史料より補填した文書については冒頭に☆印を、首都大学東京図書情報センター所蔵史料より補填した文書については冒頭に※※印を、陽明文庫所蔵史料より補填した文書については冒頭に†印をそれぞれ付し、その他については末尾にその旨を記した。

3　収録文書は、原則として原文のままとした。

4　収録文書には、一連文書番号および件名を付し、各事項ごとに日付順に配列した。

5　収録文書中発電月日不明の電報は、着電の日付を記し、1月⒂日のように丸括弧を付して区別した。また、原文には発電月日が記されていないが、他の外務省所蔵記録から特定される場合は、その発電月日を採用し、2月[18]日のように角括弧を付して区別した。

6　収録文書中右肩に付した⑴⑵⑶等の記号は、同一番号の電報が分割されて発電されたことを示す。なお、本巻への収録にあたっては、文章の区切りではなくとも分割された箇所をもって改行した。

7　収録文書中来信については、公信番号の下に接受日を明記し、接受日不明のものについては当該箇所にその旨を記した。

8　収録した陸軍電報の中、発着日は記されていないが外務省への移牒日が記入されているものについては、当該日付移牒とした。

9　発受信者名については、初出の場合のみ姓名を表示し、以後は姓のみにとどめた。また発受信者名に付す国名・地名は、原則として辞令に基づく在勤地とした。

10　本巻に採録するにあたって加えた注記は、（編注）として当該箇所に明記し、その文面は各文書の末尾に記載した。

11　原文書に欄外記入や付箋がある場合は、（欄外記入）として当該箇所に明記し、その文面は各文書の末尾に記載した。

12　収録文書中（省略）（ママ）等の括弧を付したルビは、収録にあたって記したものである。

13　原文書で印字不鮮明等の理由により判読不明な文字は□とし、（一字不明）のようにルビを付した。

14　押印については、公印と私印をそれぞれ〔印〕と（印）に区別して記した。

15　巻末に全収録文書の日付順索引を付した。

目次

（以上　第三冊）

（以上　第一冊）

（以上　第二冊）

(2) 閉鎖の実効性をめぐる日英交渉

(3) ビルマルートの再開

日本外交文書　日中戦争　日付索引

(以上　第四冊)

四　国際連盟の動向と九国条約関係国会議

1　中国の連盟提訴と日中紛争報告書の総会採択

878　昭和12年9月10日　在ジュネーブ宇佐美(珍彦)国際会議事務局長代理兼総領事より広田外務大臣宛(電報)

第十八回国際連盟総会における極東問題の取扱い振りにつき観測報告

付記一　昭和十二年八月三十日付、中国政府より国際連盟宛覚書

日本の行動は連盟規約、不戦条約および九国条約に違反しつつあるとの通牒

二　昭和十二年九月十二日付、中国政府より国際連盟宛覚書

日本の行動を非難する補足通牒

三　昭和十二年九月十二日付、中国政府より国際連盟宛提訴状

日本の行動に対する必要手段の採用方要請

ジュネーブ　9月10日後発
本　　省　9月11日夜着

第一四三號

局長ヨリ

聯盟理事會及總會ノ開會ニ際シ當地ニ於テハ地中海問題及極東問題カ最モ注意ヲ惹キ論議ノ中心トナリ居ル處地中海問題ニ關スル「ニヨン」會議ハ獨伊ノ不參加通告ニ依リ重要性ヲ減シタルモ聯盟ハ往電第一四一號ノ通リ理事會ヲ延期シテ「ニヨン」會議ノ成功ニ主力ヲ注クコトトナリタルカ本會議成行如何ハ聯盟ニ於ケル極東問題取扱振ニモ重大ナル關係ヲ有スルモノト觀測セラル

極東問題ニ付當地ノ空氣ハ日本側ニハ甚タシク不利ナルカ新聞記者ノ噂ニ依レハ支那側ハ十三日ノ總會ニ提訴シ專ラ米國引入レニ重キヲ置キ一九三三年日支紛爭諮問委員會ニ附議セシメント努力シ居レリトノコトナルモ聯盟側及主要國トノ打合ハ未タ完了セサルモノノ如ク其ノ間蘇聯ノ策動

ノ風説モ傳ハリ居リ主要國及聯盟側ニ於テハ㈠此ノ際聯盟ニ於ケル單ナル決議又ハ宣言位ニテハ日本ノ行動ヲ牽制スルニ何等ノ效果ナキノミナラス其ノ結果日本側ノ態度ヲ却テ激化スル惧ナキヤ㈡日本ノ目的ハ支那ノ反省ヲ促シ東亞ノ平和ヲ確保スルニアリト言明セラレタルモ果シテ如何ナル具體案ヲ考慮シ居ルヤ明カナラサルカ此ノ際聯盟カ生シカ干渉カマシキ行動ニ出ツルコトハ本事件ノ仕末ニ付日本ノ態度ヲ硬化セシムル惧ナキヤ㈢日本ハ聯盟ニ對シテハ政治問題ニ付協力セサルモ其ノ他ノ問題ニ付猶協力ヲ續ケ居ルカ聯盟ノ干渉ハ日本側ヲシテ聯盟トノ絶縁ニ迄導クコトナキヤ等聯盟干渉ヨリ生スル影響ト結果トニ付愼重ニ研究シ同時ニ滿洲及「エチオピヤ」事件ノ事例ニ鑑ミ聯盟ノ體面保持ノ上ヨリモ充分ニ考慮シ「ニヨン」會議ノ始末ト竝行シテ極東問題ニ對スル取扱振ヲ決定スルセノ（モカ）ト一般ニ觀察セラレ居レリ

米、在歐各大使ヘ轉電シ在歐各公使ヘ暗送セリ

（付記一）

C. 342. M. 232. 1937. VII.

COMMUNICATION FROM THE CHINESE GOVERNMENT.

Geneva, August 30th, 1937.

Sir,

Acting on the instructions of my Government I have the honour to forward to you herewith its Statement on the Japanese aggression in China since the Lukouchiao incident on July 7th last.

I would be grateful if you would be good enough to communicate this Statement to the Members of the League of Nations and to the Advisory Committee set up under the resolution adopted on February 24th, 1933, by the Assembly of the League of Nations.

I have the honour, etc.

(*Signed*) HOO CHI-TSAI.

Director of the Permanent Bureau of the Chinese Delegation to the League of Nations.

Monsieur JOSEPH AVENOL,
Secretary-General of the League of Nations, Geneva.

Statement of the Chinese Government.

"On the evening of July 7th, Japanese troops held illegal manoeuvres at Lukouchiao, a Railway junction of strategic importance in the vicinity of Peiping, where there presence could not be defended under any existing treaty or agreement. Alleging that one Japanese soldier was missing, Japanese troops demanded after midnight to enter the adjacent city of Wanping to conduct a search. When permission was refused by the Chinese authorities, the Japanese suddenly opened an attack on Wanping with infantry and artillery forces and thus the Chinese garrison was compelled to offer resistance.

"While the Chinese authorities from the very beginning showed their willingness to reach an amicable settlement of the Lukouchiao incident, Japan has sought to exploit the incident for furthering her designs on North China and relentlessly forced China to resort to armed resistance, thus precipitating a sanguinary conflict of which the world has as yet only witnessed the beginning.

"With a view to avoiding further hostilities and effecting a peaceful settlement with Japan through regular diplomatic channels. The Chinese authorities with great self-restraint and forbearance, in face of repeated provocative attacks by Japanese forces, proposed a mutual withdrawal of troops in order to separate the two opposing forces and, later, as unmistakable proof of China's peaceful intentions, actually proceeded to withdraw her troops from the scene of conflict even before Japan commenced similar withdrawal.

"On the other hand, the Japanese deliberately aggravated the situation by immediately despatching large reinforcements to the province of Hopei, by renewing their offensive in the Wanping-Lukouchiao area and by extending the field of conflict to the immediate outskirts of Peiping.

"In spite of such grave provocations, the Chinese local authorities continued their efforts for peaceful settlement and, on July 11th, accepted the following terms proposed by the Japanese: 1) expression of regret by a representative of the military authorities, disciplinary measures against officers directly involved in the conflict and guarantee against recurrence of similar incidents; 2) replacement of Chinese regular troops at Lukouchiao and Lungwangmiao by peace preservation corps and 3) effective suppression of anti-Japanese and Communist organisations in the Hopei Province.

"On July 12th, the Counsellor of the Japanese Embassy, accompanied by an assistant Japanese military attaché and assistant naval attaché, acting under instructions from his government, called at the Chinese Ministry of Foreign Affairs and advised the Chinese Government 'not to interfere' with the local settlement which had been reached on the previous day. The Japanese Counsellor received the reply that any local arrangement, in order to be binding, must be approved by the Chinese Central Government. The Ministry of Foreign Affairs also proposed the mutual withdrawal of troops to their original positions pending the final settlement of the incident.

"While the Chinese local authorities were carrying out the terms of the agreement by withdrawing their troops, the Japanese extended their warlike activities and provocative attacks to the Peiping-Tientsin area. By July 15th it was estimated that over twenty thousand Japanese troops and a hundred aeroplanes had been concentrated in this area with further reinforcements held in readiness on the other side of the Great Wall. Under threat of limitary (military カ) coercion the negotiations between local representatives were rendered exceedingly difficult, especially as Japanese attempted to dictate measures for complementing the agreement of July 11th.

"On July 16th, China presented a memorandum to the Governments of Powers signatory to the Nine-Power Treaty (with exception of Japan) and Governments of Germany and Soviet Russia, drawing their attention to the fact that the sudden attack on Lukouchiao and the invasion of North China by large Japanese military forces constituted a clear violation of China's sovereignty, contrary to the letter and spirit of the Nine-Power Treaty, the Paris Peace Pact and the Covenant of the League of Nations. It was also stated in the memorandum that, while China was obliged to employ all means at her disposal to defend her territory and national existence, she nevertheless held herself in readiness to settle her differences with Japan by any of the pacific means known to international law or treaties.

"On July 17th, the Japanese Embassy presented a memorandum to the Ministry of Foreign Affairs, demanding the Central Government not to interfere with local negotiations, nor to make military preparations of any kind. On the same day, the Japanese military attaché, under instructions from the Tokyo War Office, made representations to the Chinese Ministry of War against the entry of Chinese reinforcements into the Hopei Province even for defensive purposes and threatened with 'grave consequences' if the demand be not complied with.

"To such preposterous representations the Chinese Government, on July 19th, replied in writing, renewing its proposal for simultaneous cessation of troop movements on both sides and mutual withdrawal of troops to their respective original positions on date to be agreed upon by both parties. It was also unequivocably stated in the reply that for the settlement of the incident the Chinese Government was prepared to accept any pacific means known to international law or treaties, such as direct negotiations, good offices, mediation and arbitration. Unfortunately, these conciliation demarches failed to receive the desired response. That the Chinese Government went to the utmost limit of forbearance was shown by the fact that it did not raise objection to the terms of the agreement reached on July 11th between the Chinese local authorities and the Japanese army.

"Thus it will be readily seen that since the outbreak of the Lukouchiao incident, Japan has sought to exploit it in two ways for realising her object of military, political and economic domination over North China. On the military side, she persisted in sending to the Hopei province enormous numbers of armed forces that would only be required for large scale campaign and, at the same time, sought to prevent the Central Government from taking precautionary defence measures, so that she would be in position more effectively to bring local authorities to subjection. Diplomatically, she has endeavoured to coerce the Chinese Central Government into keeping its hands off North China and agreeing in advance to whatever terms the local authorities, when left alone to face Japanese military pressure, might be forced to accept.

"Finally, seeing that China refused to act according to their wish, the Japanese army presented an ultimatum to the Chinese local authorities on July 26th, demanding, among other things, the withdrawal of Chinese troops from Peiping and its vicinity which, it may be noted, was outside the terms of the agreement of July 11th. Even before the expiration of the time-limit fixed by the ultimatum, Japanese military and air forces launched a big offensive against the Peiping-Tientsin area causing a widespread feeling of horror and dismay by their wanton destruction of civilian lives and property, including many educational and cultural institutions.

"After the Chinese troops had withdrawn from the Peiping-Tientsin area, Japanese armed forces further extended their operations into southern Hopei and also northward into Hopei-Chahar border, where fierce attacks are being made on the strategic pass of Nankou. It was estimated by August 20th that Japanese troops in North China totalled approximately hundred thousand strong. The concentration of such large force on Chinese soil shown that Japan is irrevocably committed to a policy of military conquest and expansion on the Asiatic continent.

"Fearing that Japan would bring the war scourge to Shanghai, the financial and economic centre of China, as she did following her occupation of Manchuria, the Chinese

Government, during the critical tension in North China, repeatedly ordered the local authorities at Shanghai to take special precautions against the occurrence of any untoward incident. China's efforts to preserve peace of that great metropolis were however frustrated as a result of the incident of August 9th, in which one Japanese naval officer, one Japanese seaman and a member of the Chinese Peace Preservation Corps were killed in a clash arising from the Japanese naval men's attempt to approach the Chinese military aerodrome near Shanghai, regardless of Chinese warnings.

"While the Chinese municipal authorities immediately proposed that a settlement be sought through diplomatic channels, Japan again preferred the arbitrament of force. Within less than 48 hours she concentrated about thirty warships at Shanghai and had her armed forces there increased by several thousand. At the same time, demands calculated to remove or undermine Chinese defence were made on Chinese authorities. The expected attack opened on August 13th, four days after the incident, when Japanese naval forces both ashore and afloat, using the International Settlement as a base for operations, launched an offensive against the districts of Kiangwan and Chapei.

"Since then, Japanese have extended their air activity to many provinces, including those of Shangtung, Kiangsu, Chekiang, Anhui, Hupei, Hunan and Kiangsi. Daily raids have been made on Nanking, national capital of China, and various other cities of economic or political importance. There is every sign that Japan, relying on the numerical superiority of her air force, aims at crippling China's strength for resistance by extensive bombing operation in the most prosperous parts of China, where her economic and cultural life as well as foreign commerce are centred.

"The above brief account of what Japan has done since the outbreak of the Lukouchiao incident on July 7th, brings out the following facts most clearly, truthfully and indisputably.

"1) Japanese armed forces have invaded China's

territory and are extensively attacking Chinese positions by land, sea and air, in Central as well as North China. It is thus a case of aggression pure and simple.

"2) China is exercising her natural right of self-defence, the failure of all other means of repelling violence having compelled her to resort to force, which is contrary to China's wish.

"3) Japan's present action in China is the continuation of her aggressive program started in Manchuria in September 1931. Japan has now occupied the Peiping-Tientsin area and is bent upon extension of her occupation to the whole of North China and domination of other regions in spite of all her assurances that she has no territorial designs on this country. She is attempting to destroy all the work of reconstruction which the Chinese nation has so steadily and assiduously undertaken during the last ten years.

"4) In thus deliberately disturbing the peace of the Far East, Japan has violated the fundamental principles of the Covenant of the League of Nations. Using war as an instrument of national policy and ignoring all the pacific means for the settlement of international controversies, she has violated the Paris Peace Pact of 1927. Acting contrary to her pledge to respect the sovereignty, the independence and the territorial and administrative integrity of China, she has violated the Nine-Power Treaty concluded at Washington in 1922."

編　注　本付記一および付記二、付記三は、昭和十二年十二月、条約局第三課作成「支那事變ト國際聯盟」より抜粋。

（付記二）

C. 376. M. 253. 1937. VII.

COMMUNICATION, DATED SEPTEMBER 12TH, 1937,
FROM THE CHINESE GOVERNMENT
TO THE SECRETARY-GENERAL.

Geneva, September 12th, 1937.

Acting on the instructions of my Government, I have

the honour to forward to you herewith its statement on the Japanese aggression in China supplementary to that which Dr. Hoo Chi-tsai, Director of the Permanent Office of the Chinese Delegation, had the honour of forwarding to you on August 30th, 1937.

I should be grateful if you would be good enough to communicate this supplementary statement to the Members of the League of Nations and to the Advisory Committee set up under the resolution adopted on February 24th, 1933, by the Assembly of the League of Nations.

(*Signed*) V. K. Wellington Koo.

First Delegate of the Chinese Delegation.

Supplementary Statement of the Chinese Government.

Since the presentation of the last statement to the League under date of August 30th, 1937, Japan's aggression in China has developed in further intensity and ruthlessness resulting in much wanton destruction of non-combatant life and property including those of third Powers. The gravity of the situation calls for a supplementary statement in which the Chinese Government wishes to draw special attention to the following outstanding events:

1. *Military and political aspects.*—The fighting in the Shanghai area, which was started on 13th, 1937, by the Japanese landing party, has been intensified with the continual arrival of Japanese military, naval and air reinforcements. It is estimated that, in addition to over ten thousand marines, Japan has brought five army divisions to Shanghai with a formidable array of modern war weapons, including scores of military aeroplanes. Determined to bring under her control the premier seaport of China, Japan has flatly rejected the proposal advanced by the representatives of third Powers for the mutual withdrawal of the forces, including the Japanese warships, from Shanghai, which proposal China accepts in principle. Hostilities in Shanghai have already exacted an enormous

toll in life and property, and with two huge opposing armies locked in a life-and-death encounter, the fighting is likely to be prolonged.

In North China, the Chinese troops defending Nankow, after having valiantly held out about a fortnight against fierce Japanese onslaughts, were eventually forced to withdraw when subjected to gas attacks and threatened with flanking movement by units of the Japanese Kwantung army from Jehol. Advancing westward, the Japanese forces have occupied various cities on the Peiping-Suiyuan railway as far as Kalgan, the capital of Chahar, which was evacuated by Chinese troops on August 27th. The Japanese sources announced on September 4th that a puppet regime styled "South Chahar Autonomous Government" was being formed at Kalgan.

Fighting has continued along northern sections on the Peiping-Hankow and Tientsin-Pukow railways, where the Japanese military strength has reached nine divisions totalling no less than one hundred and fifty thousand men. Meanwhile, confusion and terror reign in the Peiping and Tientsin area, which is completely under Japanese control. Ten foreign missionaries were reported to have been kidnapped in Peiping, where the Japanese military have admitted that they are facing the problem of preventing looting by their own soldiers.

With a view to devastating all Chinese seaports, Japanese activity in the air has been extended towards South China. A formation of six or seven Japanese military planes bombed Canton on August 31st, while Swatow and Changchow (Fukien) were raided the same day. Two Japanese seaplanes bombed Amoy on September 3rd, shortly after the bombardment of the Chinese forts there by Japanese warships, and Swatow was bombed for the second time on September 6th. With the exception of a few provinces, Japanese air activity has now been extended throughout the length and breadth of China. In carrying out their death-dealing mission, the Japanese airmen have shown most spiteful disregard for distinction between combatants and non-combatants. Details of this sordid aspect of Japan's aggressions will be given presently.

2. *Japan's declaration of the naval blockade.*—The Japanese navy declared on August 25th a blockade against Chinese shipping from Shanghai to a point to the south of Swatow. While it was declared from Tokio that "peaceful trade" would not be interfered with, the legal adviser to the Japanese Third Fleet operating in Chinese waters, Dr. Jumpei Shinobu, told the foreign Press that foreign ships might be hailed by Japanese warships patrolling the blockaded area. He also intimated the possibility of the Japanese exercising the privilege of pre-emption toward foreign bottoms found to be carrying cargo which in their view would constitute war-time contraband.

On September 5th, the blockade was further extended to include an area from Chinwangtao in the north to Pakhoi in the south, covering virtually the entire length of the Chinese coast. Simultaneously, the Japanese naval authorities announced that they reserved the right to hail all merchantmen in Chinese waters in order to ascertain their identity and also asked all foreign shipping companies to inform them of the movement of their ships in Chinese waters.

3. *Japanese bombing of Red Cross units.*—Flagrantly violating the Geneva Convention of 1929, to which Japan is a signatory, the Japanese forces have repeatedly committed outrages against Red Cross units engaged in humanitarian tasks attending wounded soldiers. Interviewed by the Press on August 29th, Doctor F. C. Yen, a responsible executive of the Chinese Red Cross Society, revealed that seven of thirty Red Cross vans were disabled by Japanese bombs. In many cases, Japanese aeroplanes gave chase to these vehicles despite easily discernible insignia. Sometimes bombs were dropped on them.

On August 18th, the Red Cross hospital at Chenju was bombed. Fortunately, most of the patients had been removed to another place. The stretcher-bearer was killed while one doctor and three others were wounded. The following day, the Red Cross ambulance corps at Nanhsiang was likewise bombed by Japanese raiders. Two wounded soldiers were killed, while four members of the corps were wounded.

Perhaps the most horrible of the outrages was staged in a cold-blooded manner by the Japanese soldiers at Lotien on August 23rd. The ambulance corps of forty-three members were rescuing the wounded when they were surrounded by Japanese troops. Having torn off the Red Cross insignia on their white uniform, the Japanese soldiers made them kneel down and then shot at them. One doctor and four nurses were killed outright, while three nurses managed to escape. The rest were still missing and were believed to have been killed. Of the three nurses, one was shot at while running away from the Japanese and succumbed to injuries the next day.

These horrible acts rendered Red Cross work most difficult. Presently all those working behind the front lines were obliged to carry on duties in the evening, when they were less exposed to the danger of possible death. The Japanese allegation that the Red Cross carried war materials was completely groundless. Great care was exercised by the Chinese Red Cross Society in using Red Cross flags. Each of the thirty vans to which special permits were granted by the International Settlement or French Concession authorities at Shanghai to pass through their respective territory was thoroughly inspected before it left for the war zone. There is absolutely no excuse for the Japanese deliberately to bomb the Red Cross ambulances and lorries.

4. *Indiscriminate attacks on non-combatants.*—Of numerous instances of indiscriminate Japanese attacks from the air, a few tragic examples serve to illustrate the inexcusable and heinous crimes that have been committed against non-combatants.

On August 17th, about ten Japanese planes appeared over Nantungchow, approximately eighty miles west of Shanghai, and dropped six bombs on the American Mission

Hospital there. One bomb hit the main building, which caught fire and was destroyed. Several Chinese doctors and two nurses were among those killed, while scores were wounded, including two American nurses on duty.

On August 28th, twelve Japanese planes raided Nantao, a densely populated Chinese city in Shanghai, which was entirely devoid of Chinese troops or military positions. The bombs which dropped in the vicinity of the south railway station resulted in the death of over two hundred civilians and injury to five hundred others. The victims, including an exceedingly large percentage of women and children, were mostly refugees waiting *en train* for regions of comparative safety.

Over two hundred wounded soldiers and refugees were killed when an omnibus station at Tachang, a few miles from Woosung, was bombed by Japanese aircraft on August 31st. A similar tragedy occurred on the same day at Tsangchow, approximately seventy miles south of Tientsin, where hundreds of civilians were killed and wounded by Japanese air bombs.

In the early morning of September 5th, sixteen Japanese planes raided the village of Peihsingching, on the western fringe of the International Settlement at Shanghai, where no fighting had occurred. Numerous houses were destroyed and a large number of villagers were killed and wounded. While flying over that area, the Japanese planes saw two junks sailing in the Soochow Creek, both laden with war refugees. One junk was immediately bombed, resulting in forty killed and sixty wounded, while many panic-stricken refugees in the second junk were machine-gunned and killed.

5. *Wanton destruction of educational and cultural institutions.*—Since the outbreak of hostilities, educational and cultural institutions received the special attention of Japanese as objects for their wanton destruction

One of the first acts of Japanese soldiers after the occupation of Tientsin was deliberately to set on fire with large quantities of oil the well-known Nankai university and the affiliated Middle School. Since then, many other colleges and schools were either partially or totally destroyed by Japanese air bombs. These included the Tsonging Girls' School, at Nantungchow; the Balwin School for Girls, of Kiangsi; the Agricultural Institute and the Normal School for Rural Education, at Nanchang; the National Central University, its Experimental High School and the School for Children of the Revolutionary Martyrs, at Nanking; and the National Tungchi University, at Woosung. It is noteworthy that all these institutions were attacked from the air and, with the exception of the National Tungchi University, were situated hundreds of miles away from the scene of hostilities. Even the latter did not lie within the area of actual conflict, nor was it occupied by Chinese troops at the time when it was destroyed.

The above sketch of what the Japanese armed forces have done on Chinese territory in the last two weeks shows clearly that Japan is determined to extend her aggressive action to the length and breadth of this country, with the object, as the Japanese themselves have admitted, of destroying the body politic of China and wiping out the very civilisation of the Chinese nation, thereby realising Japan's long-cherished dream of continental conquest.

It is further demonstrated by the above-mentioned facts that the Japanese armed forces, in invading China's territory, show an utter disregard for all rules of international law, all provisions of treaties, and all precepts of humanity. Law and morality give place to violence and anarchy. Intoxicated by the lust for conquest, the invader is bent upon ruthless slaughter and wanton destruction. The lives of four hundred and fifty million people are at stake; the civilisation and the security of the whole world are in the balance.

（付記三）

C. 377. M. 254. 1937. VII.

APPEAL OF THE CHINESE GOVERNMENT.

Geneva, September 12th, 1937.

To the Secretary-General.

Under instructions from my Government I have the honour to invite you to take cognizance of the fact that Japan has invaded China and is continuing the invasion with all her army, navy and air force. It is an aggression against the territorial integrity and existing political independence of China, a member of the League of Nations, and clearly constitutes a case to be dealt with under Article 10 of the Covenant. The grave situation which the Japanese aggression has thus created also falls within the purview of Article 11 of the same instrument and, therefore, is a matter of concern to the whole League.

For the facts of the case I beg leave to refer to the statements which the Chinese Government has communicated on August 30th and September 12th, 1937, to the League for the information of the members of the League and the Advisory Committee set up under a Resolution of the Assembly of February 24th, 1933, adopted in virtue of paragraph 3, Article 3 of the Covenant.

In view of Japan's present relation to the League and her action in China, the Chinese Government holds, without prejudice to the continuing validity and binding effect of all the decisions hitherto taken by the Assembly and Council in the Sino-Japanese Conflict, that Article 17 of the Covenant is also applicable.

In the name of my Government I hereby invoke the application of Articles 10, 11, and 17 of the Covenant and appeal to the Council to advise upon such means and take such action as may be appropriate and necessary for the situation under the said articles.

I have the honour, etc.

(*Signed*) V. K. Wellington Koo.

First Delegate of the Republic of China.

879　昭和12年9月15日

中国の連盟提訴に対する外務当局の見解

付　記　昭和十二年九月十五日付

日中紛争に関する天羽国際会議事務局長の外国記者談話要旨

支那ノ聯盟提訴ニ對スル外務當局ノ見解

（九月十五日午前）

一、日本ハ非聯盟國テ政治問題ニ付テハ聯盟ト協力シナイ建前ヲ採ツテ來テキルカラ支那事變カ聯盟ニ提訴サレタトコロテ聯盟ニ於ケル論議ニ關與スヘキ立場ニナイ。

二、支那ノ「ステートメント」及提訴文ハ未タ全文ヲ入手シナイカラ今茲ニ正確ナ意見ヲ發表スルコトハ差控エルカ今迄判明シテキルトコロ丈ケテモ随分事實ヲ枉ケテ日本ヲ誣ヒテキル聯盟カ東亞ノ事態ヲ明ニ認識セス支那ノ一方的宣傳文書ヲ基礎ニ日支問題ニ介入スルカ如キハ却テ問題ヲ悪化シ聯盟ノ所期ニ反スル結果ヲ招來スルノミナルコトハ既ニ滿洲事變ニ依リ十分ニ實證サレタトコロタ。

支那側ハ例ヘハ非戰闘員ニ對スル日本軍ノ攻撃ヲ云々シテ居ルカ日本軍ハ非戰闘員ヲ目標トシテ攻撃ヲ加ヘタ様ナコトハ絶對ニナイシ、又今後モアリ得ナイトコロテアル、支那軍コソ虹口方面ノ外國人ニ退去ヲ要請シ日本非戰闘員ノミヲ目標トシテ日本居留民タケヲ其儘殘シテ置イテ砲爆撃ヲ加ヘタ、之ハ明ニ支那側ノ暴擧タルノミナラス又八月十四日ノ佛國租界及共同租界空爆ノ如キ若ハ其後ノ「フーバー」號爆撃ノ如キニ依リ外人非戰闘員多數ニ死傷者ヲ出シタ有様テアル。

教育文化機關カ攻撃ノ目的物タルカ如キモ支那軍ニ於テ之等ヲ占據シ戰闘ノ基點ト爲シタル場合ニハ國際法上當然ニ其不可侵性ヲ喪失スルコトニ成ルコトハ申ス迄モナイ日本側ハ戰闘員竝敵性ヲ有スル人及物ノミニ戰闘行爲ノ目標ヲ置クモノテアルコトハ勿論テアル、日本ハ又支那ノ政治機構ヲ破壊シ支那ノ統一ヲ妨害セントスルモノナリト誹謗シテ居ルカ之ハ日本ノ眞意ヲ解セサルコト甚シキモノテアル。

日本ハ世界ノ平和機構確立ノ前提トシテノ支那ノ統一ヲ希望スルモノテアルカ唯此統一カ正シイ力ニヨリ成就サルヘキモノテアルトノ信念ヲ有スルモノテアル。

三、今次事變ニ對スル帝國ノ方針ハ飽ク迄支那政府ノ反省ヲ求メ誤レル排日政策ヲ抛棄セシメ以テ日支兩國ノ國交ヲ根本的ニ調整セントスルニアル。

今次ノ事變勃發スルヤ帝國政府ハ現地解決、事態不擴大ノ方針ニ基イテ時局收拾ニ渾身努力ヲシタコトハ世界ノ均シク承認スル處テアル然ルニ南京政府ハ毫モ誠意ヲ示サス益々中央軍ヲ北支ニ集中シテ我方ニ挑戰シ來ツタト同時ニ揚子江流域及爾餘ノ各地ニ於テハ陰險極ル排日ヲ行ツテ我在留民ノ平和的活動ヲ脅シ其生存ヲモ危殆ナラシメタ。帝國カ斯ノ如キ國家ニ對シ其反省ヲ求ムル行爲ニ出テタコトハ帝國ノ正義人道ノ爲又自衛ノ爲極テ當然ノコトテアル。只日支問題ニ付テハ日支兩國間ニ於テノミ現實ニ卽シタ最モ公正ナ解決方法カ發見サレルモノト確信スル。

編注　本文書は、昭和十二年十月、情報部作成「支那事變關係公表集(第一號)」から抜粋。

(付　記)

國際會議帝國事務局長談話要旨(九月十五日)

天羽國際會議帝國事務局長ハ九月十五日A・P及U・P記者ニ對シテ左ノ如キ談話ヲナシタ、

一、東亞問題ハ日本國民ノ生存ニ關スル死活ノ問題ナルカ、日本國民ノ生存ヲ確保スル爲ニハ先ツ東亞ノ安定ヲ(確保)スルヲ要ス。東亞ノ平和維持ハ日本ノ根本政策ナリ。然ルニ東亞ノ安定ヲ脅カスモノアリ、是支那國民政府及國民黨ノ排日抗日政策及日本打倒ノ準備ト共産黨ノ暗躍跳梁ナリ。

一、今回ノ事變ハ、蘆溝橋及上海ニ於ケル支那側ノ挑發ニ依リ勃發シタルモノナルカ、支那南北ニ揚カレル狼火カ一擧ニ支那ノ對日戰鬪トナリタルハ、右ノ如キ多年南京政府及國民黨ニ依リテ培養セラレタル排日抗日ノ素地アル爲ナリ。

斯テ在支十萬ニ近キ本邦人ノ生命財産ハ危殆ニ瀕シ、東亞ノ平和ハ攪亂セラルルニ至レリ。依テ日本政府ハ之等日本人ノ生命財産ヲ保護シ、平和確保ノ爲自衛的手段ヲ採ルノ已ムナキニ至レリ。

一、南京政府ハ他方最近更ニ共産黨ト融合シテ共同作戰ヲ採ルニ至レリ。斯テ我々ハ東亞ノ共産化ニ對シテモ戰ハサルヲ得サルニ至レリ。日本ハ東亞安定ト國民ノ生存確保ノ爲ニ已ムヲ得ス起チタルモノニシテ、第三國民ノ利害關係ニ干渉セントスルモノニアラス。我々ハ支那ノ朝野カ覺醒シテ、眞ニ隣邦日本トノ友好關係ヲ保持シ、共存共榮センコトヲ欲スルモノナリ。

一、聯盟ハ先ツ、日本國民カ何故ニ死活ノ奮闘ヲ爲シツツアルカヲ了解シ、次テ東亞ノ情勢ニ付テ正シキ認識ヲ有スルヲ必要トス。此ノ際聯盟カ徒ニ日支紛争ニ干渉スルハ何等ノ成果ナキノミナラス、却テ事態ヲ紛糾セシムル惧アリ。云々

880

昭和12年9月21日　国際連盟アヴノール事務総長より広田外務大臣宛(電報)

日本政府に対する連盟諮問委員会参加招請

ジュネーブ　9月21日発
本　省　着

支那政府ノ要請ニ依リ東亞ノ事態ヲ検討スル爲再會セラレタル諮問委員會ノ委任ニ基キ余ハ閣下ニ向ツテ貴國政府ノ右諮問委員會事業ニ參加セラレンコトヲ招請スルノ光榮ヲ有ス

諮問委員會ハ貴國政府ニ於テ本招請ヲ受諾セラルヘキ希望ノ下ニ來ル月曜日(九月二十七日)迄休會スルコトニ決定セリ

九月二十一日

壽府國際聯盟事務總長「アヴノル」

大日本帝國外務大臣　廣田　弘毅閣下

編注　本文書の原文(仏文)は省略。

881

昭和12年9月25日　広田外務大臣より国際連盟アヴノール事務総長宛(電報)

連盟諮問委員会参加招請に対する日本政府回答

本　省　9月25日発

帝國政府ニ諮問委員會ノ事業參加ヲ招請セラレタル二十一日附貴電正ニ接到予ハ茲ニ帝國政府ノ名ニ於テ左ノ如ク貴下ニ通報スルノ光榮ヲ有ス

抑モ日支兩國ノ協調ニ依ル東亞ノ平和確立ハ帝國政府不變ノ方針ニシテ帝國ハ之ガ爲凡ユル努力ヲ盡シ來レルニ拘ラズ支那政府ハ排日抗日ヲ以テ其ノ國策ト爲シ對日挑發行爲ハ全支ニ亘リ頻々トシテ相繼ギ遂ニ不幸今次事變ノ發生ヲ見ルニ至レル次第ナリ仍テ帝國政府ハ支那政府ガ深ク茲ニ

思ヲ致シ速ニ反省センコトヲ要望スルモノナリ
而シテ今次事變ノ解決ニ關シテハ帝國政府ハ其ノ從來中外ニ披瀝シ來レル如ク日支間ノ問題ハ日支兩國間ニ於テ現實ニ卽セル公正妥當ナル解決方法ヲ發見シ得ベシトノ確信ヲ堅持スルモノニシテ從テ帝國政府トシテハ從來國際聯盟ノ政治的事業ニ對シ執リ來レル其ノ方針ヲ今日改ムベキ何等ノ理由ヲモ有セザルヲ以テ遺憾乍ラ諮問委員會ノ招請ヲ受諾スルヲ得ズ

九月二十五日

大日本帝國外務大臣　廣田　弘毅

國際聯盟事務總長「アヴノル」殿

882

昭和12年9月28日　国際連盟総会採択

日本軍の空爆に対する非難決議

九月二十七日日支問題諮問委員會ニ於テ採擇シタル決議

（二十八日聯盟總會ニ於テモ採擇セラル）

諮問委員會ハ
日本航空機ニ依ル支那ニ於ケル無防備都市ノ空中爆撃ノ問題ヲ緊急考慮シ
斯ル爆撃ノ結果トシテ多數ノ子女ヲ含ム無辜ノ人民ニ與ヘラレタル生命ノ損害ニ對シ深甚ナル弔意ヲ表シ
世界ヲ通シテ恐怖ト義憤トノ念ヲ生セシメタル斯ル行動ニ對シテハ何等辯明ノ餘地ナキコトヲ宣言シ茲ニ右行動ヲ嚴肅ニ非議ス

編注　本文書の原文（英文）は省略。

883

昭和12年9月30日

連盟総会の空爆非難決議に対するわが方声明

付記　昭和十二年九月二十九日付
右決議に対する情報部長談話

（九月三十日）

聯盟ノ空爆誹謗決議ニ關シ壽府ニ於テ爲シタル聲明

國際聯盟諮問委員會ハ爲ニスル所アル新聞電報ト同情ヲ博セントシテ之ヲ誇張シタル支那側一方ノ宣傳トヲ基礎トシ

テ我航空隊ガ無防守都市ノ爆撃ヲ爲シタリトノ誹謗決議ヲ爲シ二十八日國際聯盟總會ハ右決議ヲ採擇セリ斯ル根據ニ基キテ嚴カニ決議ヲ爲ス聯盟ノ行爲ハ了解ニ苦シム所ナルガ此ノ機會ニ於テ眞相ヲ周知セシムベシ

帝國陸海軍航空隊ノ攻撃目標ハ其ノ破壞又ハ毀損ニ依リ相手方ノ軍事的能力ヲ著シク減損セシムル性質ヲ帶ブルモノニ嚴格ニ限定セラレ居リ防守セラレタル都市ノ場合ト雖未タ曾テ該都市自体ニ攻撃ヲ加ヘタルコトナク唯都市內ニアル軍事目標ヲ精確ニ照準シテ攻撃スルコトニ最深ノ注意ヲ拂ヒ來レリ而シテ我航空隊ノ卓越セル技倆ト規律トハ攻撃ノ實績ヨリ見テ右目的ノ達成上遺憾ナシ都市ノ防守セラレタリヤ否ヤノ見地ヨリセバ南京廣東等ハ最モ堅固ニ防守セラレタル都市タリ而モ攻撃ヲ加ヘタルハ兩市ニ於テモ市中ノ軍事施設ニ過ギズ右ハ將來ニ於テモ同樣ナルベシ

然レドモ情況ニ依リ右種施設近邊ノ非戰闘員ニ危險ノ及ブコトナキヲ保セズ九月二十日ノ空爆豫告宣言ハ實ニ斯ル危險ヲ最少限ニ止メンコトヲ所期シタルモノニシテ右宣言後ト雖モ前記目的物ノ限定ト照準ノ精密トハ極力嚴守シ來レリ而モ我軍ハ目的物ノ選定ヲ最モ控ヘ目ニ限定シ居リ支那側ガ故ラニ特別保護物件ノ側近ニ重要軍事施設ヲ設ケテ戰闘ヲ爲ス形跡顯著ナルニ拘ラズ航空隊指揮官ハ出動ノ都度「假令軍事目標ヲ發見スルモ之ガ攻撃ニ依リ他ノ物件ニ損害ヲ與フル處大ナルトキハ右攻撃ヲ避止スベシ」トノ命令ヲ與ヘ居ル程ナリ斯クテ爆撃ノ目的ニテ出動シタル機モ所期ノ目的物ヲ發見セザリシ爲全爆彈ヲ抱イテ基地ニ歸還セル實例一再ニ止ラズ

以上ノ方針ノ爲我軍ガ作戰上ノ不利ト當然避ケ得ベカリシ犧牲ノ增大トヲ忍ビタルコト多大ニシテ支那軍事輸送ノ大幹線タル粤漢線ノ破壞ヲ二十七日避難民輸送ノ終了スル迄開始セザリシコト又爆撃ハ危險ヲ冒シ編隊急降下ノ方法ニ依リ居ルコト等實例ノ一二ニ過ギズ以上ノ如キ愼重ナル我航空隊ノ行動ニ關シ聯盟諮問委員會ハ何ヲ根據トシテ之ニ是非ノ批判ヲ加フルコトヲ得タルカ

我航空隊ハ其ノ攻撃ノ成果ニ付精密ナル記錄ヲ有シ右ニ基キ確信ヲ以テ以上ノ宣言ヲ爲ス尙笑止ナル虛構ノ宣傳ニ基ク將來ノ誤解ヲ避クル爲今後空中攻撃ノ結果ニ付キテハ精密ナル記錄ヲ發表スルコトアルベシ

（付　記）

河相情報部長談（於外人記者會見）（九月廿九日）

一、

壽府テハ日本空軍ノ爆撃、殊ニ南京、廣東ニ對スル攻撃ヲ非難シ、聯盟諮問委員會ハ日本空軍カ「無防禦ノ都市」ヲ攻撃シタトテ、之ヲ「嚴肅ニ非難」スル決議ヲ採擇シタ。我カ日本トシテハ、聯盟ノ措置ニ對シテ何等關心ヲ寄セル理由ハナイ、然シ聯盟トモアラウモノカ確實ナル證據モナク偏頗ニシテ不正確極マル新聞記事ヲ取上ケ、無責任ニモ我國ヲ非難スル態度ニ出テタルニ對シテハ、日本國民ハ甚タシキ憤懣ヲ禁シ得ナイノテアル。

第一ニ南京、廣東等カ無防禦都市タトイフ聯盟委員會決議ノ論據ソレ自體既ニ虚妄ノ事テアリ、之等ノ都市カ要塞其他軍事施設ヲ以テ固メラレテヰルコトハ公知ノ事テアル。公正ノ爲ニモ將又聯盟ノ威信ノ爲ニモ、ソノ言動ノ確證ニ基クモノタルコトヲ希望セサルヲ得ナイ。

我空軍ノ活動ニ關シテ如何ニ荒唐無稽ノ報道カ行ハレルカハ、九月廿七日香港「サウス・チヤイナ・モーニング・ポスト」紙ノ記事ニヨリ一目瞭然テアル、卽チ九月二十四日廣東「ロイテル」通信ハ日本航空隊ノ襲撃ノ結果無辜ノ市民數千カ死傷シタト報シタカ、同紙ハ右報道ヲ以テ誇張モ甚タシイト指摘シタ。「ポスト」紙記者カ直接ニ廣東當局ヲ訪問シ、且ツ在住外人ニ事ノ眞否ヲ糺シタトコロ、廣東市民ノ死傷ハ百人ニモ達シナイトイフノテアリ、又、土曜、日曜ノ兩日ハ廣東テハ間斷ナク空爆警報ヲ鳴ラシテヰタニ拘ラス、日本空軍ノ爆彈ハ市內ニハ投下サレナカツタノテアル。

日本陸海軍ノ空襲ハ、我國カ支那ノ挑戰ヲ受ケテ已ムナク起シタ軍事行動ノ一部テアツテ、我軍空爆ノ目標カ決シテ非戰鬪員ニ對スルモノテナク、只支那軍及軍事施設ニ止マルコトハ我政府ノ屢々聲明シタ處テ又コノ事ハソノ後ノ我軍ノ行動ニ徵シテモ明カテアル。更メテ想起スル迄モナク、空中攻擊ノ一般問題ニ關シテハ、日本ハ一九二二年「ハーグ」會議ノ際米國ト共ニ空爆目標ノ制限ヲ主張シタカ英佛ノ反對ニヨリ右ノ主張ハ不成立ニ終ツタモノテアル。

然シ乍ラ事茲ニ至ツテハ、我陸海軍ハ一切ノ機會ヲ捉ヘテ敵ノ戰鬪力ヲ破壞スル必要カアリ、我軍ハ勇敢ニコノ任務ヲ遂行シツツアルノテアル。日本空軍ハ今次事變ノ當初ヨリ、ソノ攻撃目標ヲ軍隊及軍事施設ニ限ル嚴命ヲ受ケテヲリ、支那空軍ノ「プレシデント・フーヴァー」號ニ對スル爆撃等ト選ヲ異ニシ、非戰闘員ト知リツツ之ヲ攻撃シタルコトナク、又高空ヨリ爆彈ノ無差別投下ヲ行フカ如キコトモナイ。日本軍カ軍事目標ノ爆撃ニ際シテ、彈着ヲ該目標ノミニ限ル爲支那ノ防禦砲火ノ危險ヲ冒シ急降下ヲ敢行シ、コレカ爲犠牲ヲ增大セル事實、又一旦基地ヲ出發セル飛行機カ惡天候ノ爲目標ノ明瞭ナラサルニヨリ、爆彈ヲ抱イタママ歸還セル事實等ニ鑑ミルモ、ソノ空爆カ如何ニ支那軍隊及軍事施設ノミニアツタカハ極メテ明瞭テアル。更ニ又、粤漢鐵道カ連日連夜多數軍隊及軍需品ヲ北方戰線ニ輸送シ、之カ爲我軍ノ犠牲カ當然豫測セラレタル狀況ニアツタニ拘ラス、我方ハ避難者ノ無事輸送ヲ待チ始メテ線路ノ破壞、軍需品輸送貨車ノ爆發ヲ決行シタ樣ナ次第テアル。

但不幸ナコトハ、空中戰ノ現狀ニアツテハ、如何ニ技術優秀ノ飛行隊ト雖モ爆撃上絶對正確ヲ期シ得サルコトテアル。右ノ事情ニヨリ且又人命ノ損傷ヲ避クル爲、日本空軍司令部ニ於テハ空襲ノ敢行ニ際シ能フ限リ事前ニ警告ヲ發シ、以テ非戰闘員ノ安全ニ責任ヲ負フ關係當局ニ對シ一切ノ措置ヲ講スルノ餘裕ヲ與ヘタコトテ、我方トシテハ軍事上多大ノ不利ヲ忍ンテ來タノテアル。

然シ乍ラ今日ノ情勢トナツテハ、我國ハ斷々乎トシテ敵ノ戰闘力ヲ撃滅スル一切ノ必要措置ヲ執ルモノテ、右ノ措置カ支那側ノ挑戰ニヨル不可避的事變擴大ノ結果タルコトハ牢記スルヲ要スル。カノ血腥キ八月十四日、上海ヲ攻撃シテ共同租界、日本總領事館、帝國軍艦ニ爆彈投下ヲ敢テシタルモノハ支那空軍テアル。而シテ支那側ハ和平解決案ヲ顧ミス、敵對行爲囘避努力ノ尙進行中ナルニ拘ラス嚴肅ナル誓約ヲ破ツテ多數兵團ヲ租界ノ境界ニ進メタモノテアル。日本ハ如何ナル國モ非戰闘員ヲ攻撃スル權利ナキモノナルコトヲ茲ニ重ネテ聲明スル。我國ハ右ノ原則ノ下ニ、一路目的ニ邁進スルモノテ、ソノ當然負フヘキ責任ハ囘避スルモノテナイカ偏頗不公平ノ非難ハ斷シテ排撃スルモノテアル。

二、

支那側ノ虚構宣傳ハ、最近愈々甚タシク日本軍ニヨル非戰闘員ノ大量虐殺、病院、學校ノ破壞等ヲ放送シ、蔣介石夫人モ「プロパガンヂスト」トシテ暗躍シテキルカ、支那側ニ於テ斯カル宣傳ヲ用キルニ至ツタコトハ、我カ軍事行動、殊ニ軍事施設ニ對スル空爆及沿岸航行遮斷ニヨリ日本ニ對抗スル望ミヲ失ツタニ外ナラナイ。

併シ支那側ノ荒唐無稽ノ宣傳ハ、却ツテ逆效果ヲ奏シテヰル。支那側代辯者ノ供給スル「ニユース」ノ不正確ニハ、上海駐在外國通信員モ不平タラタラテアリ、蔣介石モ揑造「ニユース」ノ流布ニヨル支那ノ信用失墜ヲ憂ヘ數日前「デマ」報道ノ抑制ヲ命令シタ位テアル。

支那側ノ宣傳ハ特ニ日本航空隊ノ行動ニ集中シ、日本軍飛行機カ支那側ノ旗章ヲ盜用シタトカ又ハ日本軍飛行機ニ機カ擊落セラレタトカ放送シタカ、之ハ支那側飛行機ノ墜落ヲ蔽フ支那式宣傳ニ過キナイ。支那側ノ不正不義ニ對シ、正々堂々膺懲ノ軍ヲ進メテヰル帝國軍隊ニ於テハ、敵國ノ旗章盜用等想像タニシ得ナイコトテ、日本軍人ハ不名譽ノ行動ニ出テンヨリハ死ヲ選フノテアル。

支那側ニ於ケル「ニユース」ノ工作振リハ、八月十四日上海「カセー・ホテル」ノ空爆當時遺憾ナク發揮セラレタ。支那新聞檢閲官ハ電文中ノ「支那飛行機」ナル文字ヲ「日本飛行機」ニ變改シタカ、豈計ランヤ之ニヨツテ電文ノ關係上、日本軍飛行機カ帝國軍艦出雲ヲ爆擊シタル滑稽ナ結果トナツタノテアル。

支那側カ斯クノ如ク新聞電報ニ干渉スル結果、外國通信員ハ通信ヲ香港ニ郵送シ同地カラ之ヲ電報ニ打ツコトニナツタカ、斯ウシタ電報ハ上海發電トハ內容ニ雲泥ノ差カアツタノテアル。

更ニ他ノ適例ハ、日本潛水艦カ支那「ジヤンク」ヲ擊沈シテ三百名ノ死傷者ヲ出シタトイフ虛報テアル。然シ乍ラ日本潛水艦ハ「ジヤンク」等ヲ攻擊セサル樣嚴命ヲ受ケテ居リ、從ツテ右ノ攻擊ノ如キハ事實ニモ想像ニモ、アリ得ナイコトテアル、ノミナラス日本潛水艦ニシテ右「ジヤンク」擊沈事件ノ起ツタトイフ海面ニ當時航行中ノモノハ一隻モナカツタ譯テ、此ノ報道カ絕對ニ揑造「ニユース」ニ過キナイコトハ、自分ノ斷言シ得ルトコロテアル。

〜〜〜〜〜〜〜〜〜〜〜〜〜〜〜〜〜〜〜〜

884　昭和12年10月6日　国際連盟総会採択

連盟総会が採択した日中紛争に関する諮問委員会の十月五日付報告書

付　記　右和訳文

A. 79. 1937. VII.

REPORT OF THE FAR-EAST ADVISORY COMMITTEE TO THE ASSEMBLY

Geneva, October 5th, 1937.

In conformity with the decision of the Council at its meeting of September 16th, 1937, the Advisory Committee set up by the Assembly on February 24th, 1933, has met to examine the situation to which attention was directed by China.

The Committee elected M. V. MUNTERS, Minister for Foreign Affairs of Latvia, to be its Chairman. The Committee has held five meetings during its present session.

It proceeded at once to invite China and Japan, as parties to the dispute, and also Germany and Australia, to participate in its work. This invitation was accepted by China and Australia, and declined by Germany and Japan. The texts of the replies received from the four Governments in question are annexed to the present report.

On September 27th, 1937, the Committee adopted a resolution with regard to the air bombardments carried out in China by Japanese aircraft. This resolution was communicated to the Assembly and unanimously adopted by the Assembly as its own on September 28th, 1937.

The Committee appointed a Sub-Committee whose duty is:

To examine the situation arising out of the Sino-Japanese conflict in the Far East;

To discuss the questions involved;

To submit to the Committee such proposals as it may think fit.

The Committee remains the only body which is authorised to report, and to make proposals, to the Assembly. At the same time, the Committee considers that it would be right to allow the Sub-Committee, should it so desire, to communicate for information to Members of the

League and non-members any reports which it may submit to the main Committee. In that event, it would follow on practical grounds that such reports would also be published.

The Committee decided to communicate its *Procès-verbaux* for the information of the Assembly. They will be issued as soon as possible in the form of an Annex to the present report.

The Committee has received two reports from its Sub-Committee and adopts the following resolution:

> "The Advisory Committee adopts as its own the two reports submitted to it by its Sub-Committee on October 5th, 1937, and decides to communicate them to the Assembly, to the Members of the League, and to the Government of the United States of America."

> The Committee submits the following draft resolution for the approval of the Assembly:

> "The Assembly:

> "Adopts as its own the reports submitted to it by its Advisory Committee on the subject of the conflict between China and Japan;

> "Approves the proposals contained in the second of the said reports (document A. 80. 1937. VII) and requests its President to take the necessary action with regard to the proposed meeting of the Members of the League which are Parties to the Nine-Power Treaty signed at Washington on February 6th, 1922;

> "Expresses its moral support for China, and recommends that Members of the League should refrain from taking any action which might have the effect of weakening China's power of resistance and thus of increasing her difficulties in the present conflict, and should also consider how far they can individually extend aid to China;

> "Decides to adjourn its present session and to authorise the President to summon a further meeting if the Advisory Committee so requests."

編　注　本文書および本文書付記は、昭和十二年十二月、条約局第三課作成「支那事變ト國際聯盟」より抜粋。

（付　記）

日支問題諮問委員會ノ總會ニ對スル報告書

十月六日總會ニ於テ採擇セラル（總會書類 A. 79.）

一九三七年九月十六日理事會ノ決定ニ従ヒ一九三三年二月二十四日總會ニ依リテ設置セラレタル諮問委員會ハ支那ニ於テ注意ヲ促ス所アリタル事態ヲ検討スル爲會合セリ

委員會ハ「ラトヴィア」國外務大臣「V・ミュンテルス」氏ヲ議長ニ選ヒ本會議中五回會合セリ

委員會ハ劈頭紛争當事國タル日支兩國竝獨逸及濠洲ニ委員會ノ事業ニ參加スヘク招請ヲ發シタル所支那及濠洲ハ右ヲ受諾、獨逸及日本ハ右招請ヲ拒絶セリ右四國政府ヨリ受領セル回答文ハ本報告ニ附屬トセリ

一九三七年九月二十七日委員會ハ支那ニ於テ日本航空機ニ依リ行ハルル空中爆撃ニ關シ一決議ヲ採擇右ハ總會ニ通告セラレ總會ハ一九三七年九月二十八日之ヲ自己ノ決議トシテ採擇セリ

委員會ハ小委員會（註）ヲ任命シタル處其ノ任務トスル所左ノ如シ

東亞ニ於ケル日支紛争ヨリ生スル事態ノ検討

右ニ包含セラルル諸問題ノ討議

委員會ニ對シ其ノ適當ト認ムル案ノ提出

委員會ハ總會ニ對シテ報告及提案ヲ爲ス權限ヲ有スル唯一ノ機關ナルモ同時ニ本委員會ハ小委員會ヲシテ若シ其ノ希望スルニ於テハ其ノ本委員會ニ提出スヘキ一切ノ報告ヲ情報トシテ聯盟國及非聯盟國ニ對シテ通報スルコトハ正當ナルヘシト思考ス斯ル場合ニ於テハ實際的見地ニ基ク當然ノ歸趨トシテ斯ル報告モ公表セラルヘシ

委員會ハ其ノ議事錄ヲ總會ノ資料トシテ通報スルコトニ決定セリ右ハ出來得ル限リ速ニ本報告ノ附屬トシテ刊行セラルヘシ

委員會ハ其ノ小委員會ヨリ二箇ノ報告ヲ受領シ又次ノ決議ヲ採擇ス

（註）小委員會ハ左記諸國ヲ以テ構成セラル

「ラトヴィア」（議長）、濠洲、白耳義、英國、支

那、「エクアドル」、佛蘭西、新西蘭、和蘭、波蘭、瑞典、蘇聯邦

右ノ外米國ハ同國ノ諮問委員會參加ノ條件ニ從テ參加シ居レリ

諮問委員會ハ其ノ小委員會ヨリ一九三七年十月五日提出セラレタル二箇ノ報告書ヲ自己ノ報告書トシテ採擇シ之ヲ總會、聯盟諸國及亞米利加合衆國政府ニ通告スルコトニ決ス

委員會ハ左記ノ決議ヲ總會ニ提出シ其ノ協讃ヲ求ム

總會ハ日支兩國間ノ紛爭問題ニ關シ其ノ諮問委員會ヨリ總會ニ提出セラレタル報告書ヲ自己ノ報告書トシテ採擇シ

右報告書第二ニ包含セラレタル提案ヲ承認シ總會議長ニ對シ一九二二年二月六日ノ華府九國條約締約國タル聯盟國ノ會議ヲ召集スヘキ案ニ關シ必要ナル行爲ヲ執ルヘキコトヲ要請シ

支那ニ對スル精神的援助ノ意ヲ表シ且聯盟諸國ニ對シ支那ノ抵抗力ヲ弱メ依テ現在ノ紛爭ニ於ケル支那ノ困難ヲ増大セシムル效果ヲ有スヘキ虞アル一切ノ行動ヲ差控フヘク且各個ニ於テ支那ニ對スル援助ヲ爲シ得ル程度ヲ考慮スヘキコトヲ勸奬シ

總會ノ本會期ヲ休會シ議長ニ對シ諮問委員會ノ要請アルトキハ更ニ會合ヲ召集スヘキ權限ヲ賦與ス

885

昭和12年10月6日　国際連盟総会採択(編注一)

日中紛争に関する連盟諮問委員会小委員会の第一報告書

付記　右和訳文

A. 78. 1937. VII.

FIRST REPORT OF THE SUB-COMMITTEE OF THE FAR-EAST ADVISORY COMMITTEE ADOPTED BY THE COMMITTEE ON OCTOBER 5TH, 1937.

Geneva, October 5th, 1937.

The Sub-Committee has not attempted to deal with the historical and underlying causes of the conflict in the Far East. It has not, for instance, thought it necessary to revert to the Manchuria affair, which is dealt with in the report adopted by the Assembly on February 24th, 1933.

Nor has it attempted to describe in detail the development of events either in the sphere of military action or in that of negotiation and policy. The accounts issued by the two parties in regard to these are contradictory, and on the basis of the material available it would be impossible to do so, especially in view of the fact that Japan, which, since March 28th, 1935, is no longer a Member of the League, did not agree to send a representative to sit on the Committee.

In any case, a detailed study is unnecessary. At the beginning of July 1937, there was no indication from either side that there was anything in their relations which could not be settled amicably. All that the Committee has to do is to describe and assess the events which led from a state of peaceful relations to a situation where large armies are in conflict.

It has, accordingly, been possible —in the time available to trace the main development of events— to examine the treaty obligations of the parties to the conflict and to draw conclusions which are set out at the end of this report.

I.

At the beginning of July 1937, there were about 7,000 Japanese soldiers in Northern China. These troops were kept there on the basis of the Protocol of September 7th, 1901 (and its annexes), concluded between China and the Powers having legations at Peking. Under these Agreements, China recognised the right of each Power to maintain a permanent guard in the legations quarter at Peking and to occupy twelve specified points for the maintenance of open communication between the capital and the sea. Under the terms of a supplementary Agreement of July 15th-18th, 1902, the foreign troops stationed at these points had "the right of carrying on field exercises and rifle practice, etc. ...... without informing the Chinese authorities, except in the case of *feux de guerre*".

The Powers other than Japan which at present maintain contingents at Peiping (Peking), and certain of the points specified in the Protocol of September 7th, 1901, only have very small detachments there. The number of British troops stationed in North China at the beginning of July this year was 1,007; that figure includes the 252 members of the Legation guard. Similarly, the strength of the French effectives stationed in Hopei varies between 1,700 and 1,900, the bulk of whom are at Tientsin. The rest are divided among the garrisons of Shan-hai-Kuan, Chin-wang-tao, Tongku and Peking, the detachment in the latter town forming the Embassy guard. At present, the total strength of those troops is 1,600 men and 60 officers; the Embassy guard consists of 120 men.

In addition to the events and developments in Manchuria and Jehol, Japan's political activity in North China, the presence of Japanese effectives greatly in excess of the contingents of the other Powers, and the frequency of their exercises and manœuvres disquieted the Chinese. It was in an atmosphere of tension that on July 7th last an incident occurred which was not essentially different from those which had preceded it, but which was the occasion from which flow the Japanese army's present operations in Northern China.

This initial incident occurred at Loukouchiao, thirteen kilometres to the south-west of Peiping (Peking), between the Chinese garrison and the Japanese troops carrying out night manoeuvres in that district.

The Chinese and Japanese versions of the incident differ.

According to the Japanese version, it was the Chinese soldiers of the 29th Army who opened fire; a temporary cessation of hostilities was arranged on the morning of July 8th by the Chinese and Japanese military authorities—this was to permit of the immediate opening of negotiations between these same authorities, with a view to the settlement of the incident; the Chinese soldiers did not abide by this agreement, nor by the agreement concluded next day for the mutual withdrawal of the Chinese and Japanese troops; this aggressive attitude on the part of the Chinese troops rendered vain the agreement concluded on

July 11th for the settlement of the incident by the Japanese military authorities on the one hand and the Mayor of Tientsin and the Chief of the Public Safety Bureau of Hopei on the other.

According to the Chinese version, on the pretext that one of their men was missing, the Japanese troops which were carrying out manœuvres in the night of July 7th asked permission to enter Wanping (Loukouchiao) in order to make investigations; this having been refused, Wanping (Loukouchiao) was attacked by the Japanese infantry and artillery; the Chinese garrison resisted; the situation was aggravated, not by the action of the Chinese troops, which even before the Japanese troops had begun their withdrawal, complied with the agreement for the withdrawal of troops, but by the action of the Japanese troops, which, having received large reinforcements, resumed the offensive in the Wanping (Loukouchiao) zone, extending their operations to the immediate vicinity of Peiping; the Chinese Government made no objection to the terms of the agreement concluded on July 11th between the Chinese local authorities and the Japanese army, but the Japanese attempted to impose measures supplementary to this agreement; moreover, disregarding the agreements concluded for the mutual withdrawal of troops, the Japanese army extended its operations in Northern China.

Leaving on one side the obvious discrepancies between these Chinese and Japanese versions of the events, it may be observed that, while these discussions between local authorities for local settlement were going on, and while communications were passing between the Japanese Government and the Chinese Government, the former insisting that a local solution which would confirm its influence in North China should be obtained without Nanking, extensive movements of troops were making the situation worse. As a result of the arrival at Tientsin and in the suburbs of Peiping of reinforcements, hastily sent from Manchuria, the Japanese effectives on July 12th, according to Chinese reports, exceeded 20,000 men, and the Japanese Air Force consisted of 100 aeroplanes. It was also announced that troops of the Central Chinese Government were moving north.

Just as it had advised Nanking not to intervene in the settlement of the incident of July 7th, the Japanese Government gave the Chinese Government a warning regarding the movements of its troops towards the north. Invoking the Tangku Armistice Convention of May 31st, 1933, and the Umezu-Ho-Ying-ching Agreement of June 10th, 1935, an agreement disputed by China, Japan warned the Nanking Government of the serious consequences that would follow on the despatch of its troops into Hopei.

At the end of July hostilities began in North China, at a time when local negotiations were being carried on. The Japanese occupied Peiping and Tientsin and seized the railway lines running south which connect these two cities with Central China. A new Government which favoured the Japanese influence was set up in Hopei.

The Japanese army then progressed towards the west along the railway which connects Peiping and Sui-yuen through Kalgan and Ta-tung. It also progressed along the frontier between Hopei and Chahar Province; the taking of the Nankow Pass, some 80 kilometres north-west of Peiping, facilitated the penetration of the Japanese Manchurian divisions into Inner Mongolia.

The operations of the Japanese troops in North China provoked a lively reaction in China. By the declarations of Japanese statesmen to the effect that China must give way, the emergency financial measures taken at Tokio, and the departure of the Japanese nationals resident in China, the Government and the people of China were led to the conclusion that Japan was determined to break their resistance by force of arms.

They were confirmed in this conviction, when at the end of the second week of August, the Shanghai region became a second theatre of operations, despite the efforts that were made to keep hostilities at a distance from a city in which the interests of China and those of other nations are so closely interlocked.

It will be remembered that, in 1932, the hostilities in the Shanghai region had been brought to an end by the conclusion of the Agreement of May 5th, of which Article II stipulated that the Chinese troops would remain in the positions they occupied at that date pending later arrangements upon the re-establishment of normal conditions in the area dealt with by this Agreement. The Chinese delegation to the Shanghai Conference, in accepting the Agreement, declared in particular that it was understood that "nothing in this Agreement implies any permanent restriction on the movements of Chinese troops in Chinese territory".

The Japanese Minister for Foreign Affairs, in a speech which he made in the Imperial Diet on September 5th, 1937, described as follows the initial incident at Shanghai on August 9th and the difficulties which occurred on the following days:

"...... on August 9th, at Shanghai, Sub-Lieutenant Oyama and Seaman Saito, of the landing party, were murdered at the hands of the Chinese Peace Preservation Corps.

"Even then, Japan, adhering to a peaceful cause, sought to settle the affair through the withdrawal of the Peace Preservation Corps and the removal of all military works that had been erected in violation of the 1932 Truce Agreement. China refused to comply with our demands under one pretext or another, and proceeded, instead, to increase her troops and multiply her military works in the prohibited zone, and finally launched an unwarranted attack upon the Japanese.

"Thereupon, as a matter of duty, our Government despatched small naval reinforcements to Shanghai as an emergency measure to ensure the protection of our nationals in that city."

After describing the efforts of the Powers to exclude Shanghai from the zone of hostilities, M. Hirota said that "in the afternoon of August 13th, the Chinese armies that had been pouring into the Shanghai area took the offensive".

With this version may be contrasted that contained in the Chinese Government's statement communicated to the League of Nations on August 30th.

The incident of August 9th is described as follows:

> "One Japanese naval officer, one Japanese seaman, and a member of the Chinese Peace Preservation Corps were killed in a clash arising from the Japanese naval men's attempt to approach the Chinese military aerodrome near Shanghai regardless of Chinese warnings."

Recalling, moreover, the above-mentioned declaration by its representative at the time of the conclusion of the Agreement of May 5th, 1932, the Chinese Delegation, while mentioning that its Government had repeatedly ordered the local authorities of Shanghai to take special precautions against the occurrence of any untoward incident, maintains that movements of Chinese troops in Chinese territory cannot be considered as a breach of the Agreement.

The opening of hostilities at Shanghai is described by the Chinese note in these words:

> "Within less than forty-eight hours, Japan concentrated about thirty warships at Shanghai, and had her armed forces there increased by several thousand. At the same time, however, demands calculated to remove or undermine Chinese defence were made on the Chinese authorities. The expected attack opened on August 13th, four days after the incident."

Since then furious fighting has been going on round Shanghai. At the beginning of July, the strength of the Japanese troops stationed in the International Settlement and on the extra-Settlement roads amounted to 4,000 men. At the end of September, under the protection of 38 Japanese warships assembled at Woosung, reinforcements had been landed which the Chinese authorities estimated at over 100,000 men.

During the last few weeks, Japan has developed her military action, not only in the Yangtse valley, where, *inter alia*, Japanese aircraft have several times bombed the capital of China, but along the Chinese coast and in the interior, where numerous aerial bombardments have been carried out.

At present, apart from the operations of the Japanese armies in North and Central China, and the raids carried out by Japanese aircraft on the ports and the cities of the interior, the Japanese fleet, while continuing to co-operate with the army, more especially before Shanghai, is patrolling the coast to prevent supplies from being brought to China by Chinese ships, a number of which have been sunk.

Since July 7th, faced by a growing resistance, Japan has not ceased to intensify her action, employing larger and larger forces and more powerful armaments. According to Chinese estimates, in addition to the 100,000 men in the Shanghai region, the strength of the Japanese troops operating in China exceeds 250,000 men.

As regards the activity of the Japanese aircraft, the Advisory Committee, in its resolution of September 27th, condemned the aerial bombardments of open towns in China. The Assembly has endorsed this resolution.

II.

For the purpose of examining the facts of the present situation, it does not seem necessary to discuss the treaties regulating commercial matters and such matters as the extra-territorial status of Japanese nationals in China. There are only three main treaties which are relevant to our present purpose —namely, the Final Protocol of September 7th, 1901, the Nine-Power Treaty signed at Washington in 1922, and the Pact of Paris of 1928, to which may be added the Hague Convention No. I of October 18th, 1907, which has a somewhat different character. There are, in addition to these, an indeterminate number of bilateral agreements which have been negotiated at various times locally between Chinese and Japanese authorities. The exact terms, the scope, the interpretation of the validity of these agreements are matters of dispute. They cannot affect or override the obligations undertaken by either of the parties in the three multilateral engagements referred to above.

Under the Protocol of September 7th, 1901, and annexed instruments, Japan, together with certain other Powers, is entitled to station troops at certain points in the province of Hopei, along the Peiping-Mukden Railway, for the purpose of keeping open communications between the legations in Peiping and the sea. These troops "will have the right of carrying on field exercises and rifle practice, etc., without informing the Chinese authorities, except in the case of *feux de guerre*".

Under the Nine-Power Treaty of 1922 regarding the principles and policies to be followed in matters concerning China, the contracting Powers, other than China, agreed, *inter alia,* to respect the sovereignty, the independence and the territorial and administrative integrity of China; to provide the fullest and most unembarrassed opportunity to China to develop and maintain for herself an effective and stable Government. The contracting Powers (including China) further agreed that whenever a situation arose which, in the opinion of any one of them, involved the application of the stipulations of the Treaty and redered desirable discussion of such application, there should be full and frank communication between the contracting Powers concerned.

Under the Pact of Paris of 1928, the parties solemnly declared in the names of their respective peoples that they condemned recourse to war for the solution of international controversies and renounced it as an instrument of national policy in their relations with one another. They further agreed that the settlement or solution of all disputes or conflicts, of whatever nature or of whatever origin they might be, which might arise among them, should never be sought except by pacific means.

III.

Prima facie, the events described in the first part of this report constitute a breach by Japan of her obligations towards China and towards other States under these treaties. The conduct of hostilities by Japanese forces under the circumstances described by land, water and air throughout China is *prima facie* inconsistent with an obligation to respect the sovereignty, the independence and the territorial integrity of China, and also with the obligation never to seek the solution of a dispute with China, of whatever origin or character, except by pacific means. It would seem that only if it could be shown to be a measure necessary for self-defence (including the defence of the Japanese forces and nationals lawfully upon Chinese territory) could the position of the Japanese forces in China possibly be reconciled with Japan's treaty obligations.

Among the elements by which this question can be judged must be included the official statements made by the Parties themselves as to their attitude and policy during the development of the conflict up to the present time.

The attitude of China was set out by the President of the Executive Yuan, Generalissimo Chiang Kai-shek, in a speech made on July 17th, 1937, in which he emphasised that national existence and international co-existence were the twin aims of the external policy of the Chinese National Government ...... China was not seeking war; she was merely meeting attacks on her very existence. On the other hand, she was still seeking peace. Whether it would be peace or war depended entirely on the movements and activities of the Japanese troops. He then mentioned four points as representing the minimum considerations on the basis of which a pacific solution could be sought. These points were:

(1) Any settlement must not contain any terms constituting an encroachment on China's sovereign rights and territorial integrity;

(2) Any unlawful alteration in the administrative systems of the two provinces of Hopei and Chahar

would not be allowed;

(3) The removal of the provincial officers appointed by the Central Government, ... through outside pressure, would not be allowed; and

(4) No restrictions should be imposed on the garrison districts of the 29th Route Army.

In the memorandum presented by the Chinese Foreign Office to the Japanese Embassy in Nanking on July 19th, the Chinese Government "renewed its proposal for simultaneous cessation of troop movements on both sides and mutual withdrawal of troops to their respective original positions on a date to be agreed upon by both parties". It also unequivocally stated that for the settlement of the incident the Chinese Government was prepared to accept any pacific means known to international law or treaties, such as direct negotiations, good offices, mediation and arbitration.

The general attitude of the Japanese Government towards the dispute was set forth in a statement made by the Japanese Prime Minister on July 27th, when, in answer to a question in the Diet, he said:

> "Japan has no territorial ambitions whatever in China. If she had such designs as the Chinese professed, the army might already have occupied the whole of North China. Surely the Chinese Government and the Powers realise this. Japan wants Chinese co-operation, not Chinese territory. By co-operation, I do not mean that Chinese interests are to be subordinated to those of Japan, but that the two countries should contribute on a basis of equal mutual assistance to the development of Far-Eastern culture and prosperity."

In his speech before the Diet of September 5th, M. Hirota, the Minister for Foreign Affairs, declared that the policy of the Japanese Government had been one of local settlement and non-aggravation and that the Japanese Government had exerted every effort to effect a speedy solution.

On September 15th, the spokesman of the Japanese

Foreign Office declared that the Japanese Government, in accordance with the policy of local settlement and non-aggravation, had done everything to arrive at a speedy settlement.

Statements such as these appear to show that both sides believe that at an early stage of events the incident could have been localised and a pacific solution found. This result, however, proved unattainable.

It is noteworthy that Japanese official statements declare that it was the movements of Chinese troops and the aggressive intentions of the Chinese Government which frustrated the pacific intentions of the Japanese Government. Chinese official statements, on the other hand, bring exactly the same charge against Japan—namely, that it is the invasion of Japanese troops and the aggressive intentions of the Japanese Government that have swelled a local incident into a great catastrophe.

At a comparatively early stage, it began to appear that Japan, in addition to reaching a local settlement, was also determined to obtain a settlement of all the questions at issue between China and Japan.

On the evening of July 11th, a statement prepared at the Cabinet meeting earlier in the day was issued by the Japanese Foreign Office. The effect of the statement was that, though anxious to maintain peace and order in North China, the Japanese Government intended to take all necessary measures for despatching military forces to that region.

On July 27th, Prince Konoye made a speech in which the following statement occurred:

> "I think that not only must problems with China be settled locally but also we must go a step farther and obtain a fundamental solution of Sino-Japanese relations."

M. Hirota said in the Diet on September 5th that "it is hardly necessary to say that the basic policy of the Japanese Government aims at the stabilisation of relations between Japan, 'Manchukuo' and China, for their common prosperity and well-being. Since China, ignoring our true motives, has mobilised her vast armies against us, we cannot do otherwise than counter the mobilisation by force of arms. ...... We firmly believe that it is in accordance with the right of self-defence as well as with the cause of righteousness that our country is determined to deal a decisive blow to such a country (China), so that it may reflect upon the error of its ways. ...... The sole recourse open to the Japanese Empire is to administer the foregoing blow to the Chinese army, so that it may lose completely its will to fight."

On the Chinese side, Generalissimo Chiang Kai-shek issued a statement on July 30th, containing the following observations:

> "The declaration I made at Kuling and the minimum four conditions laid down by me for the settlement of the Loukouchiao affair are unalterable. It is out of the question that, having reached this crucial juncture, we could still consider the situation of Peiping and Tientsin as a matter for local settlement, or that the Japanese army could be tolerated to run rampant in the North or to set up another puppet government there. The only course open to us now is to lead the masses of the nation, under a single national plan, to struggle to the last. In short, the Government's policy *vis-à-vis* Japanese aggression remains the same and has not changed. It is to preserve China's territorial integrity and political independence."

The Japanese Government has on a number of occasions stated its desire for a peaceful settlement and for harmonious co-operation between Japan and China. It has, however, insisted throughout that this result must be achieved by China and Japan alone, without any interference from third parties. Thus, in reply to a suggestion in the Budget Committee of July 29th that the Governments should make a firm statement to forestall the intervention of third Powers, the Japanese Minister for Foreign Affairs replied that he did not anticipate intervention, and that were any such proposals to be made, the Government would not fail to reject them.

Further, in his telegram of September 25th declining the Advisory Committee's invitation to take part in its work, M. Hirota declared that as regards the settlement of the present affair the Imperial Government, as it has stated on many occasions, is firmly convinced that a just, equitable and practical solution of the questions concerning Japan and China can be found by the two countries.

As regards the attitude of China, reference may be made to the statements made to the Assembly and the Committee by the Chinese Delegation. There seems no reason to doubt that the memorandum of July 19th, which has already been quoted, continues to represent the policy of the Chinese Government.

IV.

Conclusions.

It is clear that the two countries take very different views as to the underlying grounds of the dispute and as to the incident which led to the first outbreak of hostilities.

It cannot, however, be challenged that powerful Japanese armies have invaded Chinese territory and are in military control of large areas, including Peiping itself; that the Japanese Government has taken naval measures to close the coast of China to Chinese shipping; and that Japanese aircraft are carrying out bombardments over widely separated regions of the country.

After examination of the facts laid before it, the Committee is bound to take the view that the military operations carried on by Japan against China by land, sea and air are out of all proportion to the incident that occasioned the conflict; that such action cannot possibly facilitate or promote the friendly co-operation between the two nations that Japanese statesmen have affirmed to be the aim of their policy; that it can be justified neither on the basis of existing legal instruments nor on that of the right of self-defence, and that it is in contravention of Japan's obligations under the Nine-Power Treaty of February 6th,

1922, and under the Pact of Paris of August 27th, 1928.

編注一　本報告書は、十月五日に諮問委員会で採択され、同六日に連盟総会で採択された。

二　本文書および本文書付記は、昭和十二年十二月、条約局第三課作成「支那事變ト國際聯盟」より抜粋。

（付　記）

十月五日聯盟日支問題諮問委員會小委員會第一報告書

諮問委員會ニテ採擇セラレ六日總會ニ於テモ採擇セラル（總會書類 A. 78.）

小委員會ハ東亞ニ於ケル紛争ノ歴史的及潜在的原因ノ穿鑿ヲ爲サントスルモノニアラス從ツテ例ヘハ一九三三年二月二十四日總會ノ採擇シタル報告ニ於テ取扱ヒタル滿洲事件ヲ回顧スルコトヲ必要ト認メス事件ノ發展ニ關シ軍事行動乃至交渉及政策ノ部門ニ立入リ詳密ナル記述ヲ爲サントスルモノニアラス是等ニ關シ兩當事國ノ主張ハ相矛盾シ居リ又殊ニ一九三五年三月二十八日以來非聯盟國タル日本ハ委員會ニ代表ヲ派遣スルコトヲ肯セサリシヲ以テ利用シ得ル資料ニ依リテ右ノ試ヲ爲サントスルモ殆ト不可能ナルヘシ何レニスルモ細目ニ亙ル検討ハ必要トスル所ニアラス一九三七年七月當初日支孰レノ側ヨリスルモ兩者間ニ友好的ニ解決ノ見込ナキ何等ノ問題アルヲ示ス兆候ナカリキ故ニ委員會トシテ爲スヘキ所ハ平和的關係ヨリ一擧ニ大軍ヲ以テ相見ユル紛争状態ニ入リタル事件ニ關シ記述シ且批判スルヲ以テ足ル

斯テ委員會ハ所定ノ期間内ニ事件ノ主要ナル展開ヲ回想シ、尚兩當事國ノ條約上ノ義務ヲ検討シ及本報告末尾ニ載セタル結論ヲ構成スルコトヲ得タリ

第一部

一九三七年七月初旬北支ニ在リタル日本軍ハ約七千ナリ右軍隊ハ支那ト北京ニ公使館ヲ有セル列强トノ間ニ締結セラレタル一九〇一年九月七日議定書及同附屬書ニ基キ駐屯スルモノニシテ右締結ニ依リ支那ハ列强ニ對シ北京公使館區域ニ常備守備隊ヲ置キ且同市ト海岸トノ間ノ自由交通ヲ維持スル爲特定ノ十二地點（註一）ヲ占據スルノ權利ヲ認メタリ又一九〇二年七月十五日—十八日ノ補足協定ニ依リ右地點ニ駐屯スル軍隊ヲ「……操練ヲ爲シ射撃及野外演習ヲ行

フコト自由タルヘク唯戰鬪射撃ノ際ニハ單ニ其ノ通告ヲ與フ」ルヲ以テ足ル權利ヲ取得セリ

日本以外ノ列強ニシテ現在(註二)北京其ノ他一九〇一年九月七日議定書ノ諸地點ニ軍隊ヲ駐屯セシメ居ルモノハ極メテ少數ノ部隊ヲ有スルニ過キス本年七月初旬北支ニ駐屯ノ英國軍隊ハ公使館守備隊二百五十二名ヲ併セテ一千七名、河北ニ於ケル佛國駐屯軍ハ一千七百乃至一千九百ニシテ其ノ大部分ハ天津ニ駐在ス爾餘ハ山海關、秦皇島、唐(塘カ)沽、北平守備隊ニ分駐シ北平ノ分ハ大使館守備隊ヲ構成シ現在總軍勢兵一萬六千(一千六百カ)將校六十大使館守備隊兵百二十ナリ

滿洲及熱河ニ於ケル事變ノ勃發及其ノ展開アリタル後北支ニ於ケル日本ノ政治活動ノ結果日本軍ハ數ニ於テ他列強ノ部隊勢力ヲ超過シ且頻繁ニ操練及演習(註三)ヲ爲シタルコトハ支那人ニ不安ノ念ヲ懷カシメタリ去ル七月七日ニ勃發シタル一事件ハ斯ル緊迫セル空氣ノ中ニ起リタルモノニシテ右ハ本質的ニ從來ノモノト異ルモノニアラサルモ北支ニ於ケル日本軍今日ノ行動ニ導ケルモノナリ

註一、右ノ地點ハ黄村、郎房(廊坊カ)、楊村、天津、軍糧城、塘沽、蘆臺、唐山、灤州、冒(昌カ)黎、秦皇島及山海關ナリ

註二、蘇聯邦ハ一九二四年以來一九〇一年議定書ニ基キ同國カ支那ニ有スル軍隊駐屯權ヲ放棄シタルヲ以テ現在同國軍存在セス

註三、事實ハ日本大使館守備隊ハ毎夏北京西方ノ田舍ニ於テ演習ヲ行フヲ常トシタリ其ノ他諸國ノ守備隊ハ嚴格ナル意味ニ於ケル演習ヲ爲シ居ル慣例ナリ唯(クカ)射撃演習、田舍ノ行軍等ヲ爲シ居タルニ過キス

事件ノ發端ハ北平ノ西南十三粁蘆溝橋ニ於テ同地方ニ夜間演習ヲ行ヘル日支兩軍ノ間ニ發生セリ

右ニ關スル日支兩國ノ主張ハ互ニ相違ス

日本側ノ主張左ノ如シ

發砲シタルハ支那第二十九路軍ノ兵ナリ然レトモ七月八日日支兩軍間ニ敵對行爲ノ中止ニ關シ取極成レリ右ハ事件ノ解決ヲ遂クル爲兩軍間ニ直ニ交渉ヲ開始セシムル手筈ナリシ處支那軍ハ右取極ヲ遵守セサリシノミナラス翌日締結セラレタル日支兩軍ノ相互撤退ノ約定ヲモ遵守セス斯ル支那側ノ挑戰的態度ノ爲七月十一日日本軍ト天津市長及河北公安局トノ間ニ締結セラレタル事件解決ノ爲ノ取極(註)モ遂

ニ無ニ歸セシメタリト

註　右日本側主張ハ同盟通信社電報ニ依ル七月十一日協定内容左ノ如シ

(一)第二十九軍代表ノ陳謝及責任者處罰

(二)支那軍ハ蘆溝橋ヲ撤退シ之ニ代フルニ保安隊ヲ以テシ依テ日支兩軍ヲ隔離セシム

(三)藍衣社及共產黨ノ活動ヲ抑フル爲適當ノ措置ノ採用

支那側ノ主張左ノ如シ

七月七日夜間演習ヲ行ヒツツアリタル日本軍ハ一兵ノ行方不明トナリタリトノ口實ノ下ニ捜索ノ爲蘆溝橋宛平入城ノ許可ヲ求メ來レル處拒絶セラレタル爲日本歩兵及砲兵ハ宛平ヲ攻擊シ支那軍カ抵抗セル爲事態ハ惡化シタルモ右ハ支那軍ノ行動ニ依ルモノニ非スシテ日本軍ノ行動ニ基ケルモノナリ卽支那軍ハ日本軍カ撤退ヲ開始シタルニ先立ツテ軍隊ヲ撤收スヘキ約定ニ從ヒタルニ日本軍ハ强大ナル援軍ヲ求メ宛平地帶ニ攻擊ヲ再開シ其ノ軍事行動ハ北平ノ隣接地域ニ迄及ヘリ七月十一日支那地方官憲ト日本軍トノ間ニ締結セラレタル協定ニ關シ支那政府ハ何等ノ異議ヲ申立テサリシモ日本側ハ右協定ニ補足的措置ヲ課セント試ミタリ加之軍隊ノ相互撤收ヲ約シタル協定ニ違反シテ日本軍ハ北支ニ行動ヲ展開セリ

事變ノ發端ニ關スル日支兩國側ノ主張ノ明白ナル齟齬ハ暫ク之ヲ措クトスルモ地方的解決ノ爲地方官憲間ノ是等ノ交渉進捗中且日本政府カ北支ニ其ノ勢力ヲ確認セシムル地方的解決ヲ南京政府ヲ無視シテ行ハントシテ日支兩國政府間ニ交渉ノ行ハレツツアリシ間ニ日本軍ノ廣範ナル地域ニ亘ル行動ハ時局ヲ益々困難ナラシメタリ天津及北平近郊ニ滿洲ヨリ急遽派遣セラレタル援軍ノ到着シタル結果支那側報告ニ依レハ七月十二日日本軍勢力ハ兵二萬ヲ超エ其ノ空軍ハ百機ヲ有シタリト云フ支那政府中央軍ノ北上モ同シク報セラレ居レリ

日本政府ハ七月七日事件ノ解決ニ南京政府ノ介入セサランコトヲ勸告セル如ク支那軍ノ北上ニ關シテモ支那政府ニ警告ヲ發シタリ一九三三年塘沽停戰協定及支那側ニ異論アル一九三五年梅津何應欽協定ヲ引用シ日本ハ中央軍ヲ河北ニ進駐セシムルコトノ齎スヘキ重大ナル影響ニ關シ南京政府ヲ警告セリ

七月下旬地方的交渉ノ進捗中北支ニ於テ敵對行爲發生セリ

日本ハ北平、天津ヲ占據シ前記兩地ト支那中央トヲ連結スル南下鐵道線路ヲ占領セリ又日本ノ意ヲ迎フル一新政府河北ニ設立セラレタリ

日本軍ハ平綏線ニ沿ヒ張家口、大同ヲ經テ西下シ更ニ河北及察哈爾ノ境界ニ沿ヒテ進軍セル處北平ノ西北八十粁南口ノ占據ハ日滿軍ノ内蒙進軍ヲ容易ナラシメタリ

北支ニ於ケル日本軍ノ行動ハ支那ニ於テ活潑ナル反動ヲ惹起セシメタリ支那ハ東京ニ於テ執ラレタル緊急財政措置ノ前ニ屈服スヘシトノ日本側聲明ニ依リ又支那在住日本人ノ支那引揚等ニ依リ支那政府及國民ハ日本カ支那ノ抵抗ヲ武力ニ依リテ擊破セントノ決意ヲ懷ケルモノト了解スルニ至レリ

右信念ハ八月第二週末ニ於テ上海地方カ支那及諸外國ノ權益カ最モ緊密ニ錯綜セル同市ヨリ敵對行爲ヲ遠避ケントシテ拂ハレタル努力ニ拘ハラス軍事行動第二ノ中心ト爲レルコトニ依リ益鞏固ナルニ至レリ

一九三二年ノ上海地方ニ於ケル戰鬪ハ五月五日協定ノ締結ニ依リ中止セラレタル處同協定第二條ハ支那軍隊ハ本協定ニ依リ取扱ハルル地域ニ於ケル正常狀態ノ回復後追テ取極アル迄其ノ現駐地點ニ留マルヘキコトヲ規定シ居ルコトヲ記憶スヘシ、上海會議支那代表ハ右協定ヲ受諾スルニ當リ「右協定ハ支那領土ニ於ケル支那軍隊ノ移動ニ對スル何等永久的ノ制限ヲ包含スルコトナシ」ト了解スル旨ヲ特ニ宣明シタリ

日本外務大臣ハ九月九日(五カ)議會ニ於テ八月九日上海ニ發生シタル事件及其ノ後數日ノ困難ニ付次ノ如ク説明セリ

「……八月九日上海ニ於テ我カ陸戰隊大山中尉及齋藤水兵カ支那保安隊ノ爲無慘ニ殺害セラルルニ至レルカ我方ニ於テハ尙努メテ平和的解決ノ方針ヲ以テ之レニ處シ右保安隊ノ急速ナル撤退竝ニ昭和七年ノ停戰協定ニ違反スル各種軍事施設ノ撤去ヲ求メ以テ事態ノ收拾ヲ圖ラントセリ。然ルニ支那側ニ於テハ言ヲ左右ニ託シテ之ニ應セサルノミナラス益々停戰區域内ニ於ケル其ノ兵力竝ニ軍事施設ヲ增大シ我方ニ對シテ不法ニモ攻勢ニ出テタル爲帝國ニ於テハ已ムナク應急ノ措置トシテ少數ノ海軍兵力ヲ上海ニ增遣シ以テ我カ居留民保護ノ責ヲ全ウセンコトヲ期シタル次第ナリ」

更ニ同大臣ハ上海ヲ戰鬪地域ヨリ除外セントセル列國ノ努

力ヲ述ヘタル後「上海附近ニ進出シタル支那軍ハ八月十三日攻擊ヲ開始セリ」ト聲明セリ

然ル處右ヲ八月三十日聯盟ニ通報セラレタル支那政府ノ覺書ノ記述ト對照スルニ支那側ハ八月九日事件ヲ左ノ如ク敍述ス

「日本海軍軍人カ支那側ノ警告ニ拘ラス上海近接ノ支那軍用飛行場ニ接近セント試ミタル爲生シタル衝突ニ於テ日本海軍將校水兵各一名及支那保安隊員一名殺害セラレタリ」

支那代表カ一九三二年五月協定締結ノ際爲シタル前記宣言ヲ想起スルト共ニ支那政府カ上海ノ現地官憲ニ對シ不幸ナル事件ノ發生ニ對シ特別ナル注意ヲ拂フヘキコトヲ繰返シ命令シタリシコトヲ述ヘ他方支那領土ニ於ケル支那軍隊ノ行動ハ協定ノ違反トシテ認ムルコトヲ得サルコトヲ主張シ居レリ

支那覺書ハ上海ニ於ケル戰闘開始ヲ左ノ如ク記述ス

「四十八時間ニ足ラサル間ニ日本ハ上海ニ軍艦三十隻ヲ集結シ且同地軍隊ヲ數千名增員シタリ右ト同時ニ支那官憲ニ對シ支那側防備ヲ撤廢若クハ破壞スヘシトノ要求ヲ爲シタリ豫期セラレタル攻擊ハ事件四日後ノ八月十三日ニ開始セラレタリ」

爾來上海附近ニ激烈ナル戰闘行ハレ居レリ七月ノ始ニ於テハ共同租界及越界路ニ駐屯シ居リタル日本軍隊ノ兵力ハ四千ナリシ處九月ノ始メニ於テハ吳淞ニ集結シタル日本軍艦三十八隻ノ掩護ノ下ニ支那官憲ノ計算ニ依レハ十萬ヲ超ユル援軍上陸シタリ

過去數週間日本ハ軍事行動ヲ展開シ其ノ範圍ハ日本飛行機カ數次ニ亙リ首都ヲ爆擊シタル揚子江沿岸ノミナラス無數ノ空爆カ遂行セラレタル支那沿岸及奥地ニ及ヘリ

現地ニ於テハ北支及中支ニ於ケル日本陸軍ノ行動竝ニ港及奥地ノ都市ニ對シ行ハレタル日本飛行機ノ爆擊ノ外日本海軍ハ就中上海ニ於テ引續キ陸軍ト協力シ居ルト共ニ支那船舶ニ依リ支那ニ物資ノ供給セラルルコトヲ防止スル爲メ沿岸ヲ警備シツツアリ支那船舶ノ若干ハ擊沈セラレタリ（註）

（註）一九三七年八月二十五日日本海軍司令官長谷川中將ハ上海ニ於テ左記宣言ヲ發表セリ

「八月二十五日午後六時ヨリ北緯三十二度四分東經百二十一度四十四分ヨリ北緯二十三度十四分東經百十六度四十八分ニ至ル支那沿海ヲ支那公私船ニ對シ

テ遮斷ス第三國船及帝國船舶ハ遮斷區域內ニ出入スルヲ妨ケス」

更ニ九月五日東京海軍省ハ同日正午ヨリ全支海岸ヲ支那船舶ニ對シテ閉鎖スル旨發表シタリ青島及第三國ノ租借地ノ諸港ハ右閉鎖ヨリ除外セラル

七月七日以來愈强硬ナル抵抗ニ直面シタル日本ハ益々大ナル軍隊ト益々强力ナル武器トヲ使用シテ行動ヲ激化スルコトヲ止メス支那側ノ計算ニ依レハ支那ニ行動シ居レル日本軍隊ノ勢力ハ上海地方ニ於ケル十萬ノ外二十五萬ヲ超ユ

日本飛行機ノ活動ニ關シテハ諮問委員會ハ九月二十七日ノ決議ニ於テ支那ニ於ケル無防禦都市ノ空爆ヲ誹議シ、總會右決議ヲ協贊シタル所ナリ(註)

(註)總會ハ九月三十日ノ會合ニ於テ第六委員會ノ報告書ヲ採擇セリ右委員會報告ノ趣旨ハ支那代表陳述ニ促サレ兵力ヲ伴フ紛爭ニ於テ高度文明ノ水準ヲ代表スル藝術的記念碑及文化的施設ヲ尊重スヘキ旨ヲ述ヘタルモノナリ

第二部

現下事態ノ事實ヲ檢討スル目的ノ爲ニハ通商關係又ハ支那ニ於ケル日本人ノ治外法權關係等ノ條約ヲ論議スル必要ヲ認メス現下ノ目的上適當ナルモノトシテハ重要ナル條約三箇アルニ過キス卽一九〇一年九月七日最終議定書、一九二二年華府九國條約及一九二八年巴里規約ニシテ之ニ一九〇七年十月十八日海牙協定第一(註)ヲ加ヘ得ヘキモ右ハ多少其ノ性質ヲ異ニス右ノ外日支官憲ノ間ニ隨時地方的ニ交涉セラレタル不定數ノ兩者間ノ取極アルモ之等諸取極ノ精確ナル條件、範圍及其效力ニ關スル解釋ニ關シテハ議論アリ何レニスルモ以上ハ日支兩國ノ双方ヲ約束スル前記多數國間ノ約定ノ義務ヲ變改若ハ之ニ優先スルモノニ非ス

一九〇一年九月七日議定書及其附屬書ニ基キ日本ハ他ノ特定列强ト共ニ北平ニ於ケル公使館ト海岸トノ間ノ自由交通ヲ維持スル目的ノ爲北平、奉天間鐵道ニ沿ヒタル河北省ノ特定地點ニ軍隊ヲ駐屯スル權利ヲ有ス右軍隊ハ「操練ヲ爲シ射擊及野外演習ヲ行フコト自由タルヘク戰鬪射擊ノ場合ノ外支那官憲ニ通告スルヲ要セサル」權利ヲ有ス

支那ニ關スル事案ニ於テ遵守セラルヘキ主義及政策ニ關スル一九二二年華府九國條約ニ依レハ支那ヲ除ク締約國ハ就中支那ノ主權、獨立竝其領土的及行政的保全ヲ尊重シ又支

那カ自ラ有力且安固ナル政府ヲ確立維持スル爲最完全ニシテ且最障礙ナキ機會ヲ之ニ供與スヘキコトヲ約定セリ更ニ締約國（支那ヲ含ム）ハ其ノ何レカノ一國カ本條約ノ規定ノ適用問題ヲ包含シ且右適用問題ノ討議ヲ爲スヲ望マシト認ムル事態發生シタルトキハ何時ニテモ關係締約國間ニ充分ニシテ且隔意ナキ交渉ヲ爲スヘキコトヲモ約定セリ

一九二八年巴里規約ニ於テ締約國ハ國際紛爭解決ノ爲戰爭ニ訴フルコトヲ非トシ且其ノ相互關係ニ於テ國家ノ政策ノ手段トシテノ戰爭ヲ拋棄スルコトヲ其ノ各自ノ人民ノ名ニ於テ嚴肅ニ宣言シ更ニ締約國ハ相互間ニ起ルコトアルヘキ一切ノ紛爭又ハ紛議ハ其ノ性質又ハ起因ノ如何ヲ問ハス平和的手段ニ依ルノ外之カ處理又ハ解決ヲ求メサルコトヲ約セリ

（註）日支兩國共一九〇七年十月十八日海牙協定第一ヲ批准シ居レリ右協定第一條ニ於テ締約國ハ「國家間ノ關係ニ於テ兵力ニ訴フルコトヲ成ルヘク豫防センカ爲」、「國際紛爭ノ平和的處理ヲ確保スルニ付其ノ全力ヲ竭サムコトヲ約定」セリ右協定ハ事態ニ應シテ調停、仲裁又ハ國際調査委員會等ニ訴フヘキコトヲ勸奬スルモノナリ

第三部

一見明白ナル如ク本報告第一部ニ記述セラレタル事件ハ日本ノ支那ニ對スル及是等諸條約ニ基キ他ノ諸國ニ對シ有スル義務ノ違反ヲ構成スルモノナリ日本軍ニ依ル前記狀況ニ於ケル支那全土ニ對スル陸上、水上及空中ヨリノ敵對行爲ノ遂行ハ一見明白ニ支那主權、獨立及其ノ領土的保全ヲ尊重スヘキ義務竝ニ支那トノ間ニ於ケル紛爭ノ解決ハ其ノ起因又ハ性質ノ如何ヲ問ハス平和的手段ニ依ルノ外之ヲ求メサルヘキ義務ト兩立セス唯右カ自衞（合法的ニ支那ノ領域ニアル日本軍及日本人ノ防衞ヲ包含ス）ノ爲必要ナル手段タルコトヲ立證シ得ル場合ニ於テノミ支那ニ於ケル日本軍ノ地位ハ日本ノ條約上ノ義務ト調和セシメ得ヘキ所ナリ

右問題ノ判定ニ資シ得ヘキ資料ノ内ニハ兩當事國カ紛爭ノ發展今日ニ至ル迄ノ間ニ於テ其ノ各自ノ態度及政策ニ關シ自ラ爲セル公式諸聲明ヲ擧ケサルヘカラス

支那ノ態度ハ行政院長大總統蔣介石ノ一九三七年七月十七日ニ爲セル演説ニ明ナル處右ニ於テ左記諸點强調セラレタリ卽チ支那ノ國家的存立ト國際的共存トハ支那國民政府對

外政策ノ二大目的ナリ……支那ハ戰爭ヲ欲スルモノニアラス單ニ支那ノ存立ヲ危フカラシメントスル攻擊ニ對處シ居ルノミ、平和ト戰爭トハ一ニ掛ツテ日本軍ノ行動及活動ノ如何ニアリトテ平和的解決ヲ求メ得ヘキ基礎タル最少ノ考慮ヲ代表スルモノトシテ次ノ四點ヲ揭ケタリ卽

㈠如何ナル解決策モ支那ノ主權及領土的保全ヲ侵スヘキ條件ヲ包含スルコトヲ得ス

㈡河北及察哈爾兩省ノ行政制度ノ不法ナル改變ハ之ヲ許容スルコトヲ得ス

㈢中央政府ノ任命シタル地方官ヲ……外部ノ壓力ヲ以テ免黜スルヲ許容スルコトヲ得ス

㈣二十九路軍警備地域ニ何等ノ制限ヲ課スルコトヲ得ス

七月十九日支那外交部ヨリ在南京日本大使館ヘ手交セラレタル覺書中ニ於テ支那政府ハ「日支兩軍ノ同時移動停止及兩者間ニ於テ協定セラルヘキ時期ニ於ケル日支兩軍ノ相互的現駐地撤收ヲ重ネテ提議」セリ右覺書ハ更ニ事件解決ノ爲ニハ支那政府ハ國際法若ハ諸條約ニ知ラレタル直接交渉、周旋、調停及仲裁等一切ノ平和的手段ヲ受諾スル用意アルコトヲ相當明瞭ニ陳述シ居レリ

紛爭ニ對スル日本政府ノ一般的態度ハ七月二十七日日本總理大臣ノ議會答辯中ノ左ノ陳述ニ揭ケラレ居レリ

「日本ハ支那ノ領土ニ對シテ何等侵略的ノ意圖ヲ抱懷セス若シ支那ノ宣傳スル如ク日本ニ假ニ支那侵略ノ意圖アリトセハ今日既ニ北支一帶ハ日本軍ノ占有スル所ナルヘキヤモ知レス（中略）此點ハ支那政府及列國ノ能ク了解スル所ナルヘシ日本ノ支那ニ求ムル所ハ領土ニアラスシテ提携ニアリ、提携トハ日本ノ利益ノ爲ニ支那ヲ犧牲ニ供スルノ意ニアラスシテ日支互ニ平等ノ立場ニ於テ相互ニ相扶ケ以テ東洋文化ノ發揚、東亞ノ興隆ニ資セントスルニアリト思考ス」

更ニ廣田外務大臣ハ九月五日議會演說ニ於テ日本政府ノ方針ハ局地的解決及事件不擴大ニアリ且日本政府ハ解決ヲ速ナラシメン爲凡ユル努力ヲ傾倒シタル旨ヲ闡明セリ

九月十五日日本外務省代表者ハ日本政府カ局地的解決及不擴大ノ方針ニ從ヒ迅速ナル解決ニ到達セン爲一切ノ努力ヲ拂ヒタル旨ヲ明ニセリ

是等諸聲明ニ依レハ日支双方共事件ノ當初ニ於テハ之ヲ局地化シ且平和的解決ヲ求メ得ヘカリシモノト信シタルヲ示

スモノノ如シ
日本ノ公式聲明カ日本政府ノ平和的意圖ヲ挫折セシメタルハ支那軍ノ移動及支那政府ノ侵略的意圖ナリト宣言セルハ注目ニ値ス他方支那ノ公式聲明ハ正シク同一ノ責任ヲ日本ニ負ハシメ卽地方的事件ヲ一大破局ニ導タルモノハ日本軍ノ侵入ト日本政府ノ侵略的意圖ナリト爲セリ
事件ノ比較的初期ニ於テ日本ハ局地的解決ニ到達スルト共ニ日支間ニ懸案タル一切ノ問題ヲ一擧ニ解決セント決意シタルモノノ如シ
七月十一日夕刻同日閣議ニ於テ用意セラレタル聲明日本外務省ヨリ發表セラレタリ右聲明ノ趣旨ハ日本ハ北支ニ於テ平和ト秩序トノ維持ヲ希望スルモノ乍ラ日本政府ハ右地域ニ兵力派遣ノ爲必要ナル一切ノ手段ヲ執ラントスルモノナルコトヲ明ニセルモノナリ
七月二十七日近衛公爵ハ其ノ演說ニ於テ左記趣旨ノ陳述ヲ爲セリ
「今回ノ事件カ局地的ニ解決セラルヘキヲ要スルノミナラス更ニ進テ日支間ノ根本的ノ國交ノ調整ニ進メサルヘカラス」
更ニ九月五日廣田外務大臣ノ議會ニ於ケル演說左ノ如シ
「帝國ノ國是カ日滿支三國間ノ融和提携ニ依リ東亞安定ノ基礎ヲ築キ以テ共存共榮ノ實ヲ擧ケントスルニアリマスコトハ今更申スマテモナイノテアリマス。然ルニ支那ハ毫モ我カ眞意ヲ諒解セントセス却ッテ今日ノ如ク大軍ヲ動カシテ我カ軍民ニ向ヒ來ル以上ハ我方モ亦之ニ對應スル軍事行動ニ依リ斷乎トシテ支那ノ猛省ヲ促スコトヲ急務トスルノテアリマス」……「斯ノ如キ國家ニ對シテ其ノ反省ヲ求ムル爲ニ帝國カ斷乎一擊ヲ加フルノ決意ヲ爲シタルコトハ獨リ帝國自衛ノ爲ノミナラス正義人道ノ上ヨリ見マシテモ極メテ當然ノコトナリト固ク信シテ疑ハヌモノノテアリマス」（註、右ハ同日近衛首相演說中ノ一節ナリ）……「併ナカラ今日此際帝國トシテ採ルヘキ手段ハ出來ルタケ速ニ支那軍ニ對シテ徹底的打擊ヲ加ヘ彼ヲシテ戰意ヲ喪失セシムル以外ニナイノテアリマス」（註、同上）
他方支那側ニ於テハ蔣介石大總統ハ七月三十日聲明ヲ發シ左記趣旨ヲ宣明セリ
「曩ニ魯（廬カ）山（牯嶺）ニ於テ爲シタル宣言及蘆溝橋事件ノ解

決ノ爲ニ予ノ提示シタル四條件ハ共ニ不動ノ所ナリ現在ノ危局ニ到達シテ猶且北平及天津ノ事態ヲ局地的ニ解決シ得ヘシト爲シ又ハ日本軍カ北支ニ於テ跳梁ヲ擅ニシ又シテモ同地ニ傀儡政府ヲ設ケントスルヲ默過スヘシト爲スカ如キハ以テノ外ナリ吾人ノ執ルヘキ唯一ノ途ハ國民大衆ヲ唯一ノ國家的計畫ヲ以テ統一シ最後ニ至ル迄奮闘スルニアリ要スルニ日本ノ侵略ニ對スル國民政府ノ政策ハ一貫シテ渝ル所ナシ支那ノ領土ノ保全及政治的獨立ヲ維持スルニアリ」

日本政府ハ事變ノ平和的解決及日支兩國ノ提携ニ對スル希望ヲ繰返シ開陳セルモ日本ハ右ノ結果ヲ第三國ノ介入ヲ排シ日支兩國ノミノ間ニ於テ齎サンコトヲ主張セリ卽七月二十九日豫算委員會ニ於テ政府ハ第三國ノ干涉ヲ豫メ封スヘキ確乎タル聲明ヲ爲スヘシトスル提案ニ對シ日本外務大臣ハ外國ヨリノ干涉ヲ豫想シ居ラス又若シ斯ル提議アリトスルモ日本政府ハ之ヲ拒絶スヘシト答辯シタリ

更ニ諮問委員會ノ事業ニ參加スヘシトノ招請ヲ拒絶セル九月二十五日電報ニ於テ廣田氏ハ今次事變ノ解決ニ關シテハ日本帝國政府ハ其ノ從來中外ニ披瀝シ來レル如ク日支間ノ問題ハ日支兩國間ニ於テ現實ニ卽セル公正妥當ナル解決方法ヲ發見シ得ヘシト宣言セリ

支那ノ態度ニ關シテハ支那代表カ總會及委員會ニ於テ爲シタル聲明ヲ參照スルコトヲ得ヘシ既ニ前言セル七月十九日附覺書カ今尙支那政府ノ政策ヲ代表スルモノタルコトニ關シテハ疑ノ餘地ナキカ如シ

第四部　結　論

日支兩國ハ本紛爭ノ根底及最初ノ敵對行爲ノ勃發ヲ導ケル事件ニ關シ甚シク其ノ見解ヲ異ニスルコト明白ナリ然レドモ强力ナル日本軍カ支那ノ領域ニ侵入シ且北平ヲモ包含スル廣大ナル地域ヲ軍事的ニ統轄シ居ルコト、日本政府カ支那ノ船舶ニ對シテ支那海岸ヲ閉鎖スル爲ニ海軍力ニ依ル措置ヲ執リタルコト及日本空軍カ支那ノ廣ク隔絶セル地域ニ亘リ爆擊ヲ加ヘツツアルコトニ付テハ疑ヲ挾ム餘地ナシ

本委員會ニ提出セラレタル事實ヲ檢討シタル上委員會ハ日本カ支那ニ對シ陸上、海上及空中ヨリ加ヘツツアル軍事行動ハ本紛爭ヲ惹起セシメタル事件ト權衡ヲ失スルコト、斯ル行動ハ到底日本政治家カ其ノ政策ノ目的ナリトシテ確言

シタル兩國間ノ友誼的協調ヲ容易ナラシメ若ハ促進スル所以ニアラサルコト、右ハ現存法律文書又ハ自衛權ノ何レニ依ルモ是認セラルルヲ得サルコト及右ハ一九二二年二月六日ノ九國條約及一九二八年八月二十七日ノ巴里協定ニ基ク日本ノ義務ニ違反スルモノナリトノ意見ヲ表示セサルヲ得ス

886　昭和12年10月6日　国際連盟総会採択(編注二)

日中紛争に関する連盟諮問委員会小委員会の第二報告書

付　記　右和訳文

A. 80. 1937. VII.

SECOND REPORT OF THE SUB-COMMITTEE OF THE FAR-EAST ADVISORY COMMITTEE ADOPTED BY THE COMMITTEE ON OCTOBER 5TH, 1937.

Geneva, October 5th, 1937.

1. In the report which the Sub-Committee has already submitted to the Advisory Committee, the facts of the present situation in China and the treaty obligations of Japan have been examined. That report shows that the action taken by Japan is a breach of Japan's treaty obligations and cannot be justified.

2. The establishment of the understandings of international law as the actual rule of conduct among Governments and the maintenance of respect of treaty obligations in the dealings of organised peoples one with another are matters of vital interest to all nations.

3. The present situation in China is a matter of concern not only to the two States in conflict but, to a greater or lesser degree, to all States. Many Powers are already directly affected in the lives of their nationals and in their material interests. But even more important than this is the interest which all States must feel in the restoration and maintenance of peace. This, indeed, is the fundamental purpose for which the League exists. It has thus the duty as well as the right to attempt to bring about a speedy restoration of peace in the Far East, in accordance

with existing obligations under the Covenant and the treaties.

4. The Sub-Committee has considered in the first place the obligations which the Covenant places in such circumstances upon Members of the League.

5. The Advisory Committee has been set up under the wide terms of Article 3 (3) of the Covenant, which authorises the Assembly to deal at its meetings with any matter within the sphere of action of the League or affecting the peace of the world.

6. This Article places no limit upon the action of the Assembly, and Article 11 which, *inter alia*, has been invoked by China provides that "the League shall take any action that may be deemed wise and effectual to safeguard the peace of nations."

7. The Sub-Committee has examined the situation with a view to determining what action would be "wise and effectual".

8. It cannot be admitted that the present conflict in the Far East, which has been shown to involve an infringement of Japan's treaty obligations, is one which can as of right only be settled by direct methods between the Chinese and Japanese Governments. On the contrary, the whole situation must be taken into the fullest consideration and in particular any appropriate means by which peace may be reestablished, in conformity with the principles of the Covenant and of international law and with the provisions of existing treaties, must be examined.

9. The Sub-Committee is convinced that even at this stage of the conflict, before examining other possibilities, further efforts must be made to secure the restoration of peace by agreement.

10. In attempting a settlement, by negotiation, of the present conflict, the League cannot lose sight of the fact that one party is not a member of the League and has, in relation to the work of the Advisory Committee, explicitly declined to co-operate in political matters with the League.

11. The Sub-Committee notes that under the Nine-

Power Treaty signed at Washington, the contracting Powers, other than China, agreed, *inter alia,* to respect the sovereignty, the independence, and the territorial and administrative integrity of China, and that all contracting Powers, including China, agreed that, whenever a situation should arise which involved the application of the stipulations of the Treaty and rendered desirable the discussion of such application, there should be full and frank communication between the Powers concerned. It appears, therefore, to the Sub-Committee that the first step which the Assembly should take, in the name of the League, would be to invite those Members of the League who are parties to the Nine-Power Treaty to initiate such consultation at the earliest practicale moment. The Sub-Committee would suggest that these Members should meet forthwith to decide upon the best and quickest means of giving effect to this invitation. The Sub-Committee would further express the hope that the States concerned will be able to associate with their work other States which have special interests in the Far East to seek a method of putting an end to the conflict by agreement.

12. The States thus engaged in consultation may at any stage consider it desirable to make proposals through the medium of the Advisory Committee to the Assembly. The Sub-Committee recommends that the Assembly should not close its session and should declare the League's willingness to consider co-operation to the maximum extent practicable in any such proposals. The Advisory Committee should in any case hold a further meeting (whether at Geneva or else where) within a period of one month.

13. Pending the results of the action proposed, the Advisory Committee should invite the Assembly to express its moral support for China and to recommend that Members of the League should refrain from taking any action which might have the effect of weakening China's power of resistance and thus of increasing her difficulties in the present conflict, and should also consider how far they

can individually extend aid to China.

編注一 本報告書は、十月五日に諮問委員会で採択され、同六日に連盟総会で採択された。

二 本文書および本文書付記は、昭和十二年十二月、条約局第三課作成「支那事變ト國際聯盟」より抜粋。

(付 記)

十月五日聯盟日支問題諮問委員會小委員會第二報告書
諮問委員會ニテ採擇セラレ六日總會ニ於テモ
採擇セラル(總會書類 A. 80.)

一、小委員會ハ既ニ諮問委員會ニ提出シタル報告中ニ於テ支那ニ於ケル今次事態ノ事實及日本ノ條約上ノ義務ニ關シ檢討ヲ了セリ本報告ハ日本ノ執レル行動カ日本ノ條約上ノ義務ノ違反ニシテ之ヲ是認スルヲ得サルコトヲ示スモノナリ

二、政府間ニ於ケル行動ノ現實ノ規定トシテ國際法ノ約定ヲ確立シ及組織アル國民相互間ノ關係ニ於テ條約上ノ義務ノ尊重ヲ維持スルコトハ一切ノ國民ニトリ必至ノ利害關係事項タリ

三、支那ニ於ケル現在ノ事態ハ單ニ紛爭當事國タル兩國間ノ關心事タルノミナラス一切ノ諸國ニ多少ノ關係ヲ有ス列强中其ノ國民ノ生命及其ノ財產權ニ於テ直接影響ヲ蒙レルモノ既ニ尠トセス然レトモ更ニ重要ナルハ一切ノ國家カ平和ノ回復及維持ニ對シテ感スヘキ利害關係ナリトス之實ニ聯盟存在ノ根本義ナリ從テ聯盟ハ規約及條約ニ基キテ現存スル義務ニ從ヒ東亞ニ於ケル速カナル平和ノ克復ヲ試ミルヘキ權利及義務ヲ有ス

四、小委員會ハ第一ニ斯ル事態ニ於テ規約上聯盟國ノ負フヘキ義務ニ付考慮シタリ

五、諮問委員會ハ規約第三條三項ノ廣範ナル規定ノ下ニ設置セラレタリ然シテ右規定ハ總會カ聯盟ノ行動範圍ニ屬シ又ハ世界ノ平和ニ影響スル一切ノ事態ヲ其ノ會議ニ於テ處理スヘキコトヲ規定ス

六、本條ハ總會ノ行動ニ關シ何等ノ制限ヲ設ケサル所特ニ支那ノ援用シタル規約第十一條ニ依レハ聯盟ハ國際ノ平和ヲ擁護スル爲適當且有效ト認ムル一切ノ措置ヲ執ルヘキコトヲ規定ス

七、小委員會ハ如何ナル措置ヲ以テ適當且有效ナルカニ付決定セントシテ事態ヲ檢討セリ

八、東亞ニ於ケル今次ノ紛爭ハ前述ノ如ク日本ノ條約義務違反ヲ包含スルモノニシテ之ヲ以テ本來日支兩國政府間ノ直接ノ方法ニ依リ解決セラルヘキモノト爲スコトヲ得ス之ニ反シ事態ノ全般ハ之ヲ最モ充分ナル考慮ニ容レ就中規約、國際法及現存諸條約ノ規定ニ遵據シテ平和ヲ再建セシムヘキ適當ナル一切ノ手段ヲ檢討セサルヘカラス

九、小委員會ハ紛爭今日ノ段階ニ於テモ他ニ可能ナル措置ヲ檢討スルニ先タチ協定ニ依ツテ平和ノ再建ヲ確保スヘキ更ニ一段ノ努力ヲ拂フヘキモノト確信ス

十、本紛爭ノ交渉ニ依ル解決ヲ策スルニ當リ聯盟ハ當事國ノ一方カ聯盟國ニ非スシテ且諮問委員會ノ事業ニ關シ聯盟ト政治的事業ニ協力スルコトヲ明白ニ拒絶シタル事實ヲ看過スルコトヲ得ス

十一、小委員會ハ華府ニ於テ署名セラレタル九國條約ニ依レハ支那ヲ除ク締約國ハ就中支那ノ主權、獨立竝ニ其ノ領土的及行政的保全ヲ尊重スヘキコトヲ約シ且支那ヲ含ム一切ノ締約國ハ同條約ノ規定ノ適用問題ヲ包含シ且右適用問題ノ討議ヲ爲スヲ望シト認ムル事態發生シタルトキハ何時ニテモ關係締約國間ニ充分且隔意ナキ交渉ヲ爲スヘキコトヲ約定セルコトヲ認定ス從テ小委員會トシテハ聯盟ノ名ニ於テ總會ノ執ルヘキ第一ノ措置ハ聯盟國ニシテ右九國條約(國欠カ)タル諸國ヲ招集シ實際的ナル最モ早キ時期ニ於テ右ノ協議ヲ開始セシムルニアルヘシ然シテ小委員會ハ斯ル聯盟國ハ直ニ會合ノ上右招集ヲ有效ナラシムヘキ最善且最モ迅速ナル手段ヲ決定スヘキコトヲ提示ス委員會ハ更ニ關係諸國ハ右ノ事業ニ關聯シテ協定ニ依リ紛爭ヲ終止セシムヘキ手段ヲ構スル爲東亞ニ特殊ノ利害關係ヲ有スル諸國ヲ之ニ協力セシムルコトヲ希望ス

十二、右ノ協議ニ與レル諸國ハ其ノ望マシト認ムルトキハ如何ナル段階ニ於テモ諮問委員會ヲ通シテ總會ニ提案ヲ爲スコトヲ得ヘシ小委員會ハ總會カ本會期ヲ閉會セスシテ聯盟カ右提案ノ實際的ナルモノニ付最大限ノ協力ヲ考慮スルノ用意アルコトヲ宣明センコトヲ勸告ス諮問委員會ハ如何ナル場合ニ於テモ（壽府又ハ其ノ他ニ於テ）一ケ月ノ期限内ニ更ニ會合スヘシ

十三、右行動ノ結果ヲ待ツ間諮問委員會ハ總會ニ於テ支那ニ

對シ其ノ精神的支持ヲ表明シ更ニ聯盟諸國ニ對シ支那ノ抵抗力ヲ弱カラシメ依テ本紛争ニ於ケル同國ノ困難ヲ增大セシムヘキ效果ヲ有スル虞アル一切ノ行動ヲ差控フヘキコト及聯盟各國カ個別的ニ支那ニ對シテ與フルコトヲ得ヘキ援助ノ程度ニ關シ考慮センコトヲ勸奬センコトヲ要請ス

887　昭和12年10月7日　在仏国杉村大使より広田外務大臣宛（電報）

日中紛争をめぐる連盟総会の動静に関する情報報告

パリ　10月7日前発
本省　10月7日夜着

第五八九號

聯盟[(1)]ノ爲壽府ニ出張中ナリシ「バッセ」六日內山ヲ來訪內話要領左ノ通リ

一、總會中「クランボーン」「ボンクール」等責任輕キ連中ハ言動荒キ傾キアリタルモ「イーデン」、「デルボス」等ハ責任上言辭極メテ愼重ニテ支那側ノ策動猛烈ナルモノアリシカ每日長文ノ抗議文ヲ突付クル爲外國代表ノ印象モ餘リ良カラス滿洲事變當時ノコトヲ囘顧スレハ實ニ雲泥ノ差アリ聯盟カ如何ナル決議ヲ爲ストモ結局形式丈ケニテ自分ハ今度程度ノ決議ニテ終リタルコトハ日本トシテモ先ツ成功ナリト見居レリ

二、英國ノ大僧正ヤ米國大統領カ如何ナル演說ヲ爲ストモ現在ノ歐洲情勢ヲ以テスレハ如何ナル國モ日本ニ對シ手ヲ出スコト全然ナカルヘシ

三、英佛ハ勿論蘇聯代表ノ對日態度モ思ヒノ外軟弱ナリシハ注意ニ値スヘク蘇聯カ他國ヲ踊ラセントスル魂膽ハ每度ノコトナカラ蘇聯現在ノ內政狀態ヨリ察スレハ蘇聯側ヨリ日本ニ手出シヲスヘシトハ想像セラレス

四[(2)]、「ランブイエ」ニ於ケル佛最近ノ閣議ニ於テ伊カ西班牙問題ニ關シ英佛ノ申出ヲ拒否スル場合佛ノ執ルヘキ態度如何ニ付テ議論二ツニ分レタルカ「ショータン」ハ其ノ場合ニテモ

(イ)國境ヲ開クモ佛ヨリ義勇兵トシテ西班牙政府ニ加擔スル者ハ殆トナカルヘク

(ロ)若シ之ヲ開キ軍需品ヲ送ルトセハ獨伊ハ聲ヲ大ニシテ

之ニ對抗スヘク其ノ結果ハ歐洲ノ大亂トナルヘシ又
(ハ)「バレンシヤ」側ハ兵ハアルモ優秀ナル指揮官ナク到底最後ノ勝利ハ覺束ナク偶々「バ」政府ヲ援助スル結果ハ後日「フランコ」政權トノ關係斷絶シ甚タシキ不利ニ陥ルヘシトノ理由ヲ以テ極力不干渉維持ヲ主張シタル由

五、致國ノ外相「クロフタ」ハ聯盟總會中ヨリ「ブルム」ト接近ヲ續ケ居リタルカ最近巴里ニ來レル際佛政府ハ之ニ對シ獨カ致國ヲ襲フ場合佛ハ飛行機ノ派遣ヲ以テ軍事的ニ致國ニ應援スヘシトノ前内閣以來ノ言質ヲ更新シ之ヲ英國ニ通知シタリ

六、佛内閣ハ内政上ノ困難ヨリ地方議員選擧後來ル十一月十二日議會開會前ニ辭職スルニアラスヤト觀測セラル

壽府、在歐各大使(土ヲ除ク)へ暗送セリ

888　昭和12年10月9日

今次事変における日本の行動は自衛であり現存条約に違反しない旨の外務省声明

付記一　右英文

二　昭和十二年十二月、条約局第三課作成「支那事變ト國際聯盟」より抜粋

「概説　支那ノ聯盟提訴ヨリ十月六日總會ノ報告書及決議採擇ニ至ル經緯概略」

外務省聲明(昭和十二年十月九日)

國際聯盟ハ現ニ帝國カ支那ニ於テ執リツツアル行動ヲ以テ九國條約及不戰條約違反ナリト斷定シ米國國務省亦同趣旨ノ聲明ヲ發シタルカ右ハ今次事變ノ實體及帝國ノ眞意ヲ理解セサルヨリ來レルモノニシテ帝國政府ノ甚タ遺憾トスルトコロナリ。

今次事變ハ條約上明白ニ認メラレタル駐兵權ニ基キ合法的ニ北支ニ在リタル帝國軍隊ニ對スル支那軍隊ノ不法攻撃ニ端ヲ發シタルモノニシテ當時蘆溝橋ニ於テ演習ニ従事シタルハ極メテ小部隊ナリシノミナラス當時我支那駐屯軍ハ平時任務ノ爲各地ニ分散配置セラレ居タルコト、又事變勃發後日本カ作戰上ノ不利ヲ忍ヒテ迄モ局地的解決ヲ計ランコトニ飽迄努力シタルコトヲ見レハ我軍ノ行動カ何等計畫的ノモノニ非スシテ全ク自衛ノ措置ニ外ナラサリシコト明カ

ナリ又上海次テ中支各地ニ事變カ擴大スルニ至リタルハ支那側カ一九三二年ノ上海停戰協定ヲ破リテ非武裝地帶ニ四萬餘ノ優勢ナル軍隊ヲ入レ三千內外ノ僅少ナル我陸戰隊ト婦女子ヲ含ム約三萬ノ租界在留民トヲ殲滅セントシタルニ起因スルモノナリ而シテ其ノ後ノ軍事行動ノ發展ハ偏ニ支那側ニ於テ帝國ノ現地解決及時局不擴大ノ方針ヲ無視シ大軍ヲ移動集結シテ我方ニ對シ全面的ニ敵對行爲ニ出テタルカ爲我方モ已ムヲ得ス軍事的行動ヲ以テ之ニ應シタルニ基クモノニ外ナラス要スルニ帝國カ今日支那ニ於テ執リツツアル行動ハ支那側ノ計畫的挑發行動ニ已ムナクセラレタル自衞措置ニシテ而シテ帝國政府カ現下ノ對支行動ニ依リ支那ニ求メントスルモノハ前記對日挑發行爲ノ根源ヲ成ス排日抗日政策ノ抛棄ト日支兩國ノ眞摯ナル協調ニ依ル東亞平和ノ具現トニ存シ何等領土的企圖ニ出ツル次第ニ非ス從テ帝國ノ對支行動ハ如何ナル現存條約ニモ違反セス却ツテ赤色勢力ニ操ラレ國策トシテ執拗惡性ナル排日抗日ヲ實行シ武力行使ニ依リ自國內ニ於ケル日本ノ權益ヲ排除シ去ラントシテ今次事變ヲ招來セル支那政府コソ不戰條約ノ精神ニ背戾シ世界ノ平和ヲ脅威スルモノト言フヘキナリ。

（付記一）

FOREIGN OFFICE STATEMENT

October 9, 1937.

The League of Nations has declared that the actions now being taken by Japan in China are a violation of the Nine Power Treaty and the Treaty for the Renunciation of War, and the State Department of the United States has issued a statement to the same purport. However, these steps must be attributed to an unfortunate lack of understanding of the real circumstances as well as the true intentions of Japan, a state of affairs which the Japanese Government deem very regrettable.

The present Sino-Japanese affair originated in the unwarranted attack made by Chinese forces on Japanese garrison troops legitimately stationed in North China under rights clearly recognized by treaty. The troop which was maneuvering at the time of the outbreak was a very small unit. The Japanese garrison force was then scattered in different parts, engaged in peace-time duties. After the outbreak of hostilities, Japan did everything in her power to reach a local settlement of the incident, even at the sacrifice of strategical advantages. These facts are sufficient to prove that the action of the Japanese force was by no means premeditated but simply defensive.

China is undoubtedly responsible for the spread of the affair to Shanghai and then to other points of Central China. She openly violated the Agreement for the Cessation of Hostilities concluded in 1932 by concentrating overwhelmingly numerous forces of more than forty thousand men in the demilitarized zone and attempted to annihilate our Naval Landing Party, numbering but a scant three thousand, and wipe out our 30,000 nationals living in the Settlement, amongst whom were many women and children.

The subsequent development of the Japanese military action has been but the unavoidable consequence of the hostile operations of China, who, ignoring our policy of a local settlement and non-aggravation of the situation, moved and concentrated her large armies against us. The action which Japan is taking at the present time is a measure of defense to which she has been compelled to resort by the premeditated provocative acts of China.

What the Japanese Government seek today is merely the abandonment by China of her anti-Japanese policy and the establishment of enduring peace in East Asia, through sincere cooperation between Japan and China. They have no territorial designs whatever.

In the light of these circumstances, it must be firmly declared that the present action of Japan in China contravenes none of the existing treaties which are in force.

The Chinese Government, lending themselves to Communist intrigue, have brought about the present hostilities by their persistent and malicious anti-Japanese measures and their attempt to do away with the rights and vital interests of Japan in China by force of arms. It is they who should be deemed a violator of the spirit of the Treaty for the Renunciation of War — a menace to the peace of the world.

（付記二）

概　説

昭和十二年八月三十日支那政府ハ國際聯盟ニ對シ七月七日事變勃發以來ノ經緯ニ關シ浩翰ナル覺書ヲ提出シ又九月十二日更ニ補足覺書ヲ提出シ同時ニ規約第十條、十一條及十七條ヲ援用シテ事變ヲ聯盟ニ提訴セリ

九月十三日聯盟總會開催、十五日支那代表ハ總會ニ於テ日本ノ侵略ヲ訴ヘ聯盟ニ於ケル事變ノ取扱ハ理事會ノ決定ニ委スヘキ旨ヲ演説セリ

九月十四日理事會ハ本件提訴ヲ議題ニ追加シ更ニ十六日問題ヲ一九三三年二月二十四日總會決議ニ依リテ設置セラレタル日支問題諮問委員會ニ付託スルコトニ決シ支那ハ右決定ヲ聯盟ノ措置ノ第一歩トシテ承認シ必要ノ場合更ニ理事會ニ對シ規約ノ條項ヲ援用スヘキ權利ヲ留保セリ

右諮問委員會ハ一九三二年三月十一日成立セル十九國委員會（當事國ヲ除ク理事國及特定ノ數國ヨリ成ル）ニ和蘭、加奈陀ヲ加ヘ非聯盟國タル米國ヲ招請（米國ハ當時討議ニ參加スルモ票決ニ加ハラサル資格ニ於テ右招請ヲ受諾）シタルモノニシテ參加國合計二十三ニ達ス

右ニ基キ聯盟ハ十七日米國政府ニ對シ諮問委員會ニ代表ノ派遣ヲ招請シ同國政府ハ二十日附ニテ從前ト同一資格ヲ以テ諮問委員會ニ在瑞西米國公使ヲ出席セシムヘキ旨ヲ回答シ斯テ同委員會ハ二十一日始メテ會合「ラトヴィア」代表「ミュンテルス」ヲ議長トシ今次事變當事國タル日支兩國竝獨逸及濠洲ノ諸政府ヲ招請スルコトニ決シ是等新ニ招請セラレタル諸國ノ回答ヲ待ツ爲二十七日迄會合ヲ延期スルコトトセリ

斯テ聯盟事務總長ヨリ帝國政府ニ對シ二十一日附ヲ以テ參加招請電報アリタルニ對シ帝國政府ハ二十五日問題ノ解決ハ日支兩國間ニ於テ爲サルヘキト聯盟ノ政治的事業ニ協力セサル從來ノ方針トニ依リ右ヲ受諾シ得サル旨回答セリ

（尚支那及濠洲ハ參加ヲ受諾シ獨逸ハ拒絶セリ）

此ノ間九月二十四日及二十七日支那ハ更ニ聯盟ニ對シ日本空軍ニ依ル南京蘇州及廣東等ノ爆撃ニ關シ覺書ヲ提出シ諮問委員會ヘノ回付ヲ求ム

二十七日諮問委員會ニ於テ支那ハ日本ノ侵略ヲ誹謗シ就中空爆ノ慘ニ付テ訴ヘタル處委員會ノ空氣ハ先ツ右空爆ヲ不當視スルニ傾キ遂ニ之ヲ非難スル決議ヲ爲シ右決議ヲ總會ニ回付シ總會ハ二十八日之ヲ採擇セリ本決議ハ虛構ナル宣傳ニ基ク不當ノモノナルニ付二十九日帝國空軍ノ態度ニ付壽府ニ於テ聲明ヲ爲セリ

二十九日諮問委員會ニ於テ支那ハ日本ヲ侵略者ト認定センコトヲ要求シタルモ委員會トシテハ先ツ今後ノ任務遂行方法ヲ研究スル爲小委員會ヲ設置スルコトヲ決シ十月一日小委員會ノ任務及構成決定セラレ當日支那ハ日本ヲ侵略者ト認ムル決議案ヲ提出シタルモ小委員會ハ事實ノ調査ヲ要ストテ一旦休會シタル上帝國政府ノ立場ニ付テハ總理大臣及外務大臣議會演說、帝國政府累次ノ聲明等ヲ蒐集シ二日及四日起草委員會ヲ設ケテ曲折アル審議ヲ續ケ(何レモ非公開)五日二個ノ報告ヲ作成、諮問委員會之ヲ採擇シ(波蘭及瑞西棄權)別ニ諮問委員會ノ報告及決議ヲ附シテ直ニ總會ニ回付シタルモ之ニ關スル總會ノ態度決定ハ延期セラレ總會ハ翌六日之ヲ採擇セリ(波蘭及暹羅棄權)

以上ト平行ニ聯盟總會及理事會ニ於テ隨時支那事變ニ關スル討議アリタルモ重要ナルハ支那ノ惡疫流行ニ鑑ミ聯盟ノ對支衞生技術援助決定セラレ二百萬瑞西法ノ支出ヲ可決シタルコト及總會第六委員會ニ於テ學藝文化的施設ノ尊重ヲ報シタルコトナリ

報告及決議ノ要領ハ帝國ノ對支態度ヲ以テ不戰條約及九國條約違反ナリト爲シ九國條約ノ締約國タル聯盟國其ノ他ノ會議ヲ催シテ東洋平和ノ回復ヲ圖ルヘシト爲シ總會ヲ閉會セス又一ケ月以內ニ諮問委員會ノ再會スヘキヲ定メ總會ハ不取敢支那ニ精神的支持及援助ヲ與フヘキヲ提言セルモノナリ右報告及決議採擇ニ至ル迄支那ハ日本ヲ侵略國ト認定セシメントシテ極力努力シタルモ英國其ノ他ハ九國條約關係國會議ヲシテ調停セシメント主張シ漸ク纏リタルモノノ如シ而シテ右決定ニ基キ主トシテ英國政府ノ主唱ニ依リ且米國政府ノ同意ヲ得テ九國條約締約國ノ會議ヲ十月三十日(後十一月三日ニ延期セラル)武府ニ於テ開催スルコトト爲リ形式的ニハ同會議ハ聯盟ノ決定ト何等ノ關聯ヲ有セサル建前ヲ採ルニ至リ一方一月以內ニ再會ノ豫定ナリシ聯盟諮問委員會ハ右九國條約國會議ノ開催ヲ控ヘ委員會議長及事務總長ニ於テ協議ノ上暫ク形勢觀望ノ爲再會延期方考慮中

ノ模様ナリ

因ニ米國政府ハ前記聯盟ノ決定ニ對シ十月六日一般的贊同ノ意ヲ表シタリ(十一月五日大統領演說及六日國務長官聲明)

2　九国条約関係国会議

889　昭和12年10月8日　在ジュネーブ宇佐美国際会議事務局長代理兼総領事より広田外務大臣宛(電報)

九国条約関係国会議に対する独伊両国の動向など天羽国際会議事務局長の報告

ジュネーブ　10月8日後発
本　　省　10月9日後着

第二八五號

往電第二七四號ニ關シ

局長ヨリ

(一)九箇國條約太平洋會議ニ對スル伊國及獨逸(聯盟規約及九箇國條約ニ關係無キモ太平洋利害關係國トシテ招請セラルルヤニ傳ヘラル)ノ態度ニ關シテハ當地新聞ニ於テモ問題トシ居ル處八日伊國公使「ボバ・スコパ」ハ伊ハ獨ト態度ヲ一ニスヘキカ當地獨逸總領事ノ談ニ依レハ獨逸ハ參加セサルヘシトノコトナルヲ以テ伊國モ恐ラクハ拒絶スヘシト話シ居タルカ尙右兩國政府ニ對シテハ不參加ニ決定スル樣豫メ談合セラレテハ如何カト存ス

(二)又今回ノ總會ニ於テ諸小國カ滿洲事件ノ時ニ比シ一般ニ溫和ナシカリシカ右ハ必スシモ日本ニ同情セシ爲ニアラスシテ主トシテ徒ニ騷クコトノ無用ナルコトヲ悟リ大國ニ追從シタル氣味アル處玆暫ク聯盟モ休會シ居ル此ノ際關係國政府ニ對シユツクリ我方ノ立場ヲ說明シ置クコト適切ナルヘシ特ニ諮問委員會關係諸國政府當局ニ對シテハ特ニ此ノ必要アルヤニ認メラル

英、米、佛、獨、伊ヘ轉電シ在歐各大公使ヘ暗送セリ

890　昭和12年10月9日　在英国吉田大使より広田外務大臣宛(電報)

九国条約会議に向けて英米両国が事前協議を行っているとの情報報告

ロンドン　10月9日後発
本　省　10月10日前着

第七五〇號

九日「ジエロスオール」カ米國官憲ヨリノ聞込トシテ富井ニ語レル所左ノ通リ

米國ハ「ノーマン、デイビス」ヲ當地ニ派シ英國トノ間ニ充分下打合ヲ遂ケタル上ニテ九箇國條約會議開催方ノ段取ニ入ラントノ意嚮ヲ有シ居ル處英米双方共自國首都ニ於テ之ヲ開催スルコトニハ難色アリ且會議ハ兩國共consultation conciliation mediation ノ範圍ヲ超ユル意嚮ナク「ボイコット」ハ問題トナラス

右ハ八日「イーデン」カ米國代理大使ト會談ノ節談合アリタルニアラスヤト察セラル

米、壽府へ轉電シ在歐各大使へ暗送セリ

891　昭和12年10月11日　在ジュネーブ宇佐美国際会議事務局長代理兼総領事より広田外務大臣宛（電報）

九国条約の締約国たる連盟国の会議開催に関する連盟総会議長勧請への中国政府回答振りについて

ジュネーブ　10月11日後発
本　省　10月12日前着

第二九一號

往電第二七九號ニ關シ

九箇國條約當事國宛總會議長勸請ニ對シテハ支那ノ外未タ回答セルモノナキ處事務總長宛八日附支那側回答ハ右勸請ヲ喜ンテ受諾スルト共ニ日本軍ノ侵入ノ爲日々災害カ齎サレツツアルヲ以テ關係國カ速ニ交渉ヲ開始シ紛争ヲ卽時終了セシムル爲有效ナル方法ヲ執ランコトヲ希望スル趣旨ヲ述ヘ居レリ

在歐各大使、蘭、葡、瑞典、瑞西へ暗送セリ

892　昭和12年10月11日　在ベルギー来栖大使より広田外務大臣宛（電報）

九国条約会議のブリュッセル開催案に対するベルギー外務省の応答振りについて

ブリュッセル　10月11日後発
本　　　　省　10月12日前着

第一九一號

往[1]電第一八九號ニ關シ

九箇國會議當地開催説ニ關シ十一日好富外務省官房長「ルゲー」ヲ往訪確メタル處英國ヨリ右提議アリタルカ目下國王、首相孰レモ留守中ニテ未タ決定ニ至ラサルモ政府大體ノ空氣ハ受諾ニ傾キ居レリ今日英國カ特ニ當地ヲ擇ヒタルハ九箇國中白國カ最モ支那ニ政治的利害關係薄ク從テ公平ナル立場ヲ持シ得ヘキニ鑑ミ反日的空氣强キ倫敦、華府、巴里ニ於テ開催スルヨリモ日本ニ於テ參加セラルルコト容易トナルヘシトノ考慮ニ基キタルモノナリトテ在當地英國大使ノ「スパーク」宛書翰ヲ内示シタルカ右ニ依レハ

(イ)當地ヲ適當トスル前記趣旨ヲ述ヘ右ニ關シテハ米國モ同意見ト信スヘキ理由アリト附記シ

(ロ)會議ハ本月二十五日頃開催スヘキコト

(ハ)招請狀ハ白國首相ヨリ九箇國ニ發シ其ノ他ノ諸國招請方ニ付テハ第一會議ノ際論議スヘキコト

等ヲ記シ居レリ

依[2]テ好富ヨリ私見トシテ

(イ)九箇國條約解釋ノ權利ハ必然締約國ノミニアリ然ルニ聯盟カ日本ヲ以テ同條約ノ違反者ト斷定シタルハ筋違ナルノミナラス一旦日本カ斯ル宣告ヲ受ケ乍ラ本件會議ニ招請セラルレハ恰モ被告トシテ出廷ヲ求メラレタルカ如キ印象ヲ受ケ本會議成功ノ爲ニモ遺憾ニ堪ヘス

(ロ)抑九箇國條約ハ支那ノ領土保全ヲ目的トスルモノナル處某國カ外蒙ヲ事實上併合セルニ拘ラス同條約締結國ニ於テ之ヲ問題トシタルコトナシ右ハ同條約カ既ニ現在ノ事態ニ適合セサルニ至リタル明瞭ナル證左ナリ

(ハ)他面同條約ハ支那ニ「フリーハンド」ヲ與フレハ支那ハ自力更生スヘシトノ前提ノ下ニ締結セラレタルモノナル處其ノ後ノ支那ヲ觀ルニ右前提ハ根本的ニ覆サレタル次第ニシテ此ノ點ヨリ言フモ同條約ノ有效性ニハ多大ノ疑問アリト述ヘタル處「ルゲー」ハ能ク了解セリ若シ日本側カ會議ニ於テ堂々其ノ見解ヲ開陳セラルレハ必スヤ多大ノ感銘ヲ與フヘク從來缺席者カ常ニ惡者トナル例ニ鑑ミ日本ノ參加方希望ニ堪ヘスト述ヘタリ

在歐各大使、米、壽府ヘ轉電シ、在歐各公使ヘ暗送セリ

893　昭和12年10月11日　在仏国杉村大使より広田外務大臣宛（電報）

九国条約会議に対する日本の態度に関し報道振り報告

パリ　10月11日後発
本省　10月12日前着

第五九六號

九箇國條約國會議ニ關スル「アバス」通信何等御參考迄

一、東京發朝日新聞ハ九日附外務省聲明ヲ論評シテ政府ハ同條約ノ失效ヲ宣言シ且其ノ宣言ヲ容認セサル限リ右會議參加ヲ拒否スル旨ヲ明言スヘカリシナリト爲セル處此ノ點ニ關シ外務省方面ト右翼方面トノ間ニ意見ノ扞格アルモノノ如ク前記説明モ政府ノ名ニ依ルヘカリシヲ外務省ノ名ニ依リ發表セラレタルモノナリ右翼方面殊ニ海軍側ニテハ右條約ヲ破棄シ戰爭ヲ宣告スヘシト爲スニ對シ外務省側ニテハ右ノ如キハ聯盟ノ宣告ヲ理由付クルニ過キス故ニ現在必要ナルハ該會議參加ニ關シ諸國ト交渉シテ時日遷延策ヲ講スルト共ニ聯盟ノ對日宣告ヲ取消サシメ場合ニ依リテハ之ニ參加シテ内部ヨリ運動シ戰況ノ進展ト相俟テ會議ノ決定ヲ緩和スルニアリト主張ス日本政府ハ此ノ點ニ關シ未タ態度ヲ決セス戰況ノ進展ヲ俟ツモノト觀測セラレアリ

二、武府發「プープル」報道ニ依レハ九箇國會議主宰國ハ武府ニ於テ今月中ニ開催スヘキコトニ付白國政府ノ同意ヲ求メ來リタル如ク各國ノ態度ハ右ニ對シ好意的ナリ

壽府へ轉電シ在歐各大使へ郵送セリ

～～～～～～～～

894　昭和12年10月12日　広田外務大臣より在独国武者小路（公共）大使宛（電報）

九国条約会議に関する在本邦独国大使館参事官よりの情報通報

本省　10月12日後10時15分発

第二三〇號

十一日東京獨逸大使館「ネーベル」參事官ノ堀内次官ニ對スル内話左ノ通リ

駐英獨逸大使ヨリノ電報ニ依ルニ英外務省ノ某當局ハ同大使ニ對シ九國條約關係國會議ニ關シテハ目下内交渉行ハレツツアルモ期日、場所及參加國等ニ付テハ未タ決定シ居ラ

サルモ同條約調印國招請セラルルコトトナルヘク又壽府ニ於テ開催セラレサルコトハ確實ナリ尚今回同會議開催ノ問題起レルハ米國其ノ他非聯盟國ノ參加ヲ可能ナラシムルト共ニ他方聯盟ニ依ル極端ナル措置決定ヲ避ケムトスル趣旨ニ出テタルモノナリト語レル趣ナルカ同大使ノ印象ニ依レハ同會議ハ關係國ノ conciliation ニ依リテ問題ノ解決ヲ計ルコトヲ主タル目的トスルモノニシテ經濟制裁ノ如キ措置ニ出ツルコトナカルヘシトノコトナリ

更ニ又在壽府獨逸總領事ヨリノ報道ニ依ルニ米國大統領ノ「シカゴ」ニ於ケル演說ハ聯盟決議ノ際間ニ合ハサリシモ其ノ效果ヲ强ムル影響アリシハ疑ナシ而シテ聯盟ノ決議カ豫想以上ニ强硬ナリシコトニ付テハ支那代表部モ之レヲ意外トセル位ニシテ殊ニ支那ニ對スル各國ノ個別的援助ニ關スル部分ニ付テハ他ノ參加國代表部ニ於テ却テ今後ノ措置振ニ當惑シ居ルカ如キ有樣ナリ尚問題ヲ九國條約關係國會議ニ移スコトニ付テハ米國ノ「オブザーヴァー」ハ大ニ活躍セル趣ナリ

在歐各大使、壽府、蘭、葡、瑞典ヘ轉電アリタシ

米ヘ轉電セリ

895　昭和12年10月13日　広田外務大臣より在独国武者小路大使宛（電報）

九国条約会議への独国不参加をわが方希望の旨堀内外務次官より在本邦独国参事官へ伝達について

本　省　10月13日後11時10分発

第二三四號

往電第二三〇號ニ關シ

右會談ノ際「ネーベル」參事官ハ今回ノ會議ニ對シ日本政府ハ如何ナル態度ヲ執ラルルヤ又若シ獨逸カ招請セラルルコトト為ラバ或ハ會議ニ出席シテ日本側ニ情報ヲ供給シ又會議カ日本ニ有利トナル樣仕向クルコトモ考ヘ得サルニ非サルモ日本國民ノ感情モ亦顧慮セサルヘカラス此點ハ「ディルクセン」大使モ心配シ居レルカ日本側ニテハ如何ニ考ヘラルルヤト尋ネタルニ付十三日次官ヨリ同參事官ニ對シ日本ハ未ダ招請ニモ接セズ從ツテ正式ニ決定シ居ル次第ニハ非ルモ日本ノ會議出席ハ困難ナルベク又獨逸トシテモ出席セラレザル方好都合ト思考スル旨傳ヘ置タル趣ナリ

在歐各大使、壽府、蘭、葡、瑞典ヘ轉電アリ度シ

米ヘ轉電セリ

896 昭和12年10月13日

条約局第三課が作成した「九國條約國會議對策」

九國條約國會議對策

（昭和十二、十、十三條約局第三課）

一、去ル六日ノ聯盟總會ノ決議ニ従ヒ近ク開催セラルベキ九國條約國會議ハ早晩帝國政府ニ對シ會議參加方招請シ來ルモノト想像セラル（註一）（註二）

（註一）在白大使來電ニ依レバ會議ハ白國政府ノ招請ニ依リ來ル二十五日頃武府ニ開催ノ見込ナリ

（註二）聯盟總會ノ報告（第二報告第十一項）ニ依レバ先ヅ聯盟國タル九國條約締約國會議ヲ開催シ同會議ニ於テ非聯盟國タル九國條約締約國（日本及米國）竝ニ東亞ニ利害關係ヲ有スル國（獨逸及蘇聯）ヲ招請スベキヤ否ヤヲ決定スル段取ト爲ルベキ筈ト思考スルモ、在白大使來電ニ依レバ武府ヨリ招請狀ヲ發スベキハ九國トアリ其ノ範圍殊ニ最初ヨリ日米兩國ニ對シテモ招請狀ヲ發送スル意思ナリヤ不明ナリ

二、帝國政府ハ左記ノ事由ヨリ九國條約國會議ニ參加スルヲ得ザルベシ

(イ)今回ノ九國條約國會議ハ國際聯盟ノ決議ニ基キ招集セラルルモノニシテ廣義ニ於ケル日支事變ニ關スル國際聯盟ノ手續ノ一部ト見ルベキ處帝國政府ハ既ニ諮問委員會招請狀ニ對スル回答ニ於テ日支事變ニ對スル聯盟ノ介入ヲ一般的ニ拒絶シ居ルコト

(ロ)聯盟總會ハ帝國ノ對支行動ヲ九國條約違反ト斷定シ帝國政府ハ其ノ不當ナル所以ヲ聲明シタリ、此ノ不當ナル九國條約違反トノ斷定ノ存スル限リ該九國條約ニ基ク國際會議ニ參加スルコトハ國家ノ名譽ノ問題トシテ受諾不可能ナルコト

(ハ)從來九國條約ノ效力ヲ否認スル方針ヲ執リ來レル帝國政府トシテハ同條約ノ有效存在ヲ前提トシ且同條約ノ一條項ノ發動タル國際會議ニ參加シ得ザルコト

三、尤モ帝國政府ノ招請拒絶ノ回答ニハ前記理由中ノ(イ)及(ロ)ノミヲ掲記スルヲ可トス蓋シ今九國條約ノ效力ヲ正式ニ否認スルガ如キコトアランカ既ニ緊張セル帝國ト列國ノ

關係ハ更ニ悪化シ列國ノ對支同情ヲ深メ對支援助ヲ助長シ帝國ノ今次對支行動ノ目的ノ達成ヲ阻害スベキ重大ナル國際的紛糾ヲ招來スベキコト明白ナレバナリ(註)

(註)九國條約ノ無效論ハ法律的ニ成立セズ九國條約ノ一方的廢棄又ハ脱退ハ或ハ可能ナリトスルモ(理論上疑問ノ余地アリ)政治條約ノ一方的廢棄又ハ脱退ハ事重大ニシテ一國ノ國力充實シ其ノ國際的地位最モ强固ナル時ニ於テノミ行ヒ得ベキモノナリ現在ハ帝國ニトリ此ノ種措置ヲ敢行スベキ時機ニアラズト思考ス

四、曩ニ諮問委員會ノ招請ヲ謝絶セル帝國ガ今又九國條約國會議ノ招請ヲ謝絶スルトキハ列國ハ愈々日本ハ武力行使ニ依リ意ノ儘ニ日支事變ヲ解決セントスルモノナリトノ印象ヲ深メ日支間ノ調停ニ見切ヲ付ケ平和恢復ノ方途トシテ對日壓迫措置ニハ出デズトモ益々支那援助ニ傾クベキハ想像ニ難カラズ從テ我方トシテハ會議招請ヲ謝絶スルト同時ニ前述ノ如キ情勢ノ發生ヲ防止スル爲主要關係國(英、米、佛)ニ對シ今次事變ニ依リ帝國ノ支那ニ求ムル所ノモノガ支那ノ容共排日政策ノ放棄ト日支提携ニ依ル東亞平和ノ確立ニ在リ日本ハ支那ニ於テ何等領土的野心ヲ抱懷セズ又支那ニ於ケル列國ノ權益ハ之ヲ尊重シ門戸開放主義ハ依然帝國ニ於テ之ヲ尊重スベキコトヲ説明シテ此等諸國ノ我方ノ眞意ニ對スル懸念ヲ一掃スルニ努ムルト同時ニ我方ガ今次事變ノ拾收ニ付永久且全面的ニ第三國ノ調停ヲ排斥スルモノニ非ズシテ時機到ラバ一九三二年上海事變ノ拾收ノ際ノ如ク第三國ノ友誼的調停ニ俟ツコトアルベキヲ暗示シテ時機到來スル迄主要關係國ノ自重ヲ望ム旨ヲ申入ルル必要アルベシ(註一)(註二)

(註一)列國ノ在支權益ノ尊重及門戸開放ノ維持ハ杉山陸相ノ英米新聞記者ニ與ヘタル「ステートメント」ニ言明セラレアリ

(註二)時機到ラバ上海方面ノ事態拾收ノ爲英國邊ノ調停ヲ期待スル趣旨ハ既ニ駐英大使ニ於テ言明セラレタルコトアリ

897

昭和12年10月14日　在ベルギー柳沢(健)臨時代理大使より広田外務大臣宛(電報)

英国外交官が英国は九国条約会議では条約違

反問題には触れないと説明し日本の会議参加を希望する旨内話について

ブリュッセル　10月14日後発
本　　　　省　10月15日前着

第二〇一號

往電第一九一號ニ關シ

十四日當地英國大使館書記官 Harcourt Smith（參事官ハ目下缺員）ヲ好富往訪九國會議ニ關シ懇談ノ際「スミス」ヨリ日本側參加ノ有無ヲ質シタルニ付好富ヨリ私見ニ依レハ聯盟カ既ニ日本ヲ九國條約違反者ト判決シタル事實ハ日本ノ參加ヲ躊躇セシムル一原因ト思考スル旨述ヘタル處「ス」ハ英國政府ノ意嚮ハ同會議ニ於テハ條約違反問題ニハ全然觸レス唯日支紛爭ニ關シ關係國カ堂ニ會シ（一欠カ）忌憚ナキ意見ノ交換ヲナシ出來得レハ之カ解決方法ヲ發見セントスルモノニシテ米國モ全然同意見ナリトテ英米兩國政府ヨリ駐日兩國大使ニ宛テタル訓令寫ヲ讀ミ右訓令中ニハ會議ニ於テ單ニ「紛爭終焉ニ關スル論議ヲ爲ス」トアルモ右ハ條約違反問題等ニハ觸レストノ意ナリト説明シタル後假令支那等カ右問題ヲ持出ストスルモ會議ニ於テ指導的立場ニ立ツヘキハ日英米三國ナルニ鑑ミ三國ノ意見カ一致スル以上支那側ヲ牽制スルコト困難ナラズト思料スル旨答ヘタルニ付好富ヨリ西班牙問題ニ於ケルカ如ク多數國一堂ニ會スル時ハ問題ノ解決ニ却テ困難ナルヘシト述ヘタル處「ス」ハ會議ト併行シテ日英間ニ交渉スルコトモ一策ト思考ス孰レニセヨ日本ノ參加ハ此ノ際英國輿論ノ緩和、日英關係將來ノ爲ニモ希望ニ堪エスト述ヘタル後白耳義ハ原則トシテ會議招請ヲ承諾シタルモ尚其ノ手續等ニ關シ目下歸朝中ノ駐支白耳義大使「ギーヨンム」男今夕出發倫敦ニ赴キ英ト打合後正式ニ之ヲ發表來週月曜頃招請狀發送トナルヘク孰レニセヨ最初ノ豫定通リ本月二十五日會議開催ハ困難ニテ多分來月トナルヘシト內話セリ尚本件會議ハ白耳義政府之ヲ召集シ首相「バンゼイランド」議長トナル豫定ノ趣

米、在歐各大使（土ヲ除ク）壽府、葡、蘭、瑞典ヘ轉電シ在歐各公使ヘ暗送セリ

898　昭和12年10月15日

広田外務大臣より
在米国斎藤大使宛（電報）

九国条約会議へのわが方参加を在本邦米国大

使が打診について

本　省　10月15日後11時30分発

第三五〇號

十五日米國大使本大臣來訪九國條約會議ニハ日本政府ハ參加セラルルモノト推測ス米國ノ考フル所ニ依レバ本會議ハ次ノ二箇ノ目的ヲ有スルモノニシテ一ハ日支兩國ガ其ノ意嚮ヲ此ノ機ニ明ニシ得ルコト、二ハ其ノ結果平和ヲ求メ事態安定ニ貢獻シ得ルニ至レハ日本ノ爲メニモ利益ナルベシト述ベタルニ付本大臣ハ帝國政府ハ未ダ本會議ニ正式ニ招請ヲ受ケザルヲ以テ態度ヲ決定シ居ラザルモ大体ノ傾向トシテハ不參加ト爲ルモノト思考スル旨ヲ答ヘタルニ米國大使ハ早速其ノ旨本國政府ニ電報スベシト述ベタリ

尚雜談トシテ米大使ハ本事變ニ對スル日本ノ眞意ヲ明カニスルコト可ナルヘシト云ヘルニ對シ本大臣ヨリ帝國政府ノ意ノアル所ハ過去四年間蔣介石トノ交涉ニ依リ支那側ニ於テ大体了解シ居ルモノト思考スル處聯盟ニ於テハ日本ヲ非難シ支那ノ抵抗力ヲ弱メザル樣決議セルコトニモアリ今回ノ九國會議モ其趣旨ニヨリ行動スベク斯クテハ現ニ支那側ハ今尚依然抵抗ヲ繼續スル意嚮ヲ表明シ居ル際ニテモアリ一層支那ノ抵抗ヲ長引カセ却ツテ時局收拾ヲ遲延セシムルノ結果トナルニ過ギサルベキ旨ヲ話シ置キタリ

白ニ轉電アリ度シ

白ヨリ在歐各大使、壽府、和蘭、葡、瑞典へ轉電アリ度シ

899　昭和12年10月15日　広田外務大臣より在英国吉田大使宛（電報）

九国条約会議へのわが方参加を在本邦英国大使が要望について

付　記　昭和十二年十月十六日起草、広田外務大臣より在英国吉田大使、在米国斎藤大使宛電報案
九国条約会議参加拒絶および列国の和平仲介に対する対処方針について

本　省　10月15日発

第四四二號

十五日英國大使本大臣ヲ來訪九國條約會議ハ聯盟總會ノ決議ニモアル通リ協議ニ依リ(by agreement)紛爭終結ノ方法ヲ見出スコトヲ目的トスルモノナリ目下ノ狀態ハ英國政府トシテハ憂慮ニ堪ヘス日本政府ニ於テ前記目的ニ協力シ

會議招請ヲ受諾センコトヲ切望スル旨述ヘタリ仍テ本大臣ハ米國大使モ本日來訪同會議ニ對スル日本ノ意嚮ニ付話アリタルニ付日本政府ハ未夕同會議ニ對シ何等正式ニ照會ヲ受ケ居ラス從テ日本政府ノ方針モ未夕決定シ居ラサルモ日本側ノ態度ハ大体之ヲ拒否スル方向ニ傾キ居ル旨米國大使ニ回答セルカ右ハ直ニ唯今ノ御話ニ對スル御答ヘトモナルヘシト思ハル御承知ノ通リ南京政府ハ目下ノ處飽迄抵抗ノ態度ヲ採リ居ルニ付唯今話合スルモ容易ニ纒マルモノトハ思ハレス尤モ日本政府モ今次紛爭ヲ協議ニ依リ收拾スルコトハ最モ希望シ居ル所ニシテ日支間ノ協議ニ依リ收拾シ度キ考ニテ進ミ居ル次第ナル旨述ヘタル處同大使ハ蔣介石ハ頗ル頑强ニ抵抗ノ決意ヲナシ居ルニ付時局ヲ收拾スルコト困難ナリト思ハル尤モ日本側九國條約會議ニ出席セラレ事態收拾ノ協議ヲ進メラルルト共ニ日本側ノ主張ヲ明白ナラシムルコトハ日本側ニモ利益ナリト思ハルル旨述ヘタルニ付本大臣ハ日本側ノ主張ハ假令會議招請ヲ拒絕スル際ニモハツキリセシメ得ルモノト考ヘ居ル旨應酬シ置キタリ

米、北平、天津、上海ヘ轉電セリ

英ヨリ土ヲ除ク在歐各大使、壽府、蘭、葡、瑞典ヘ轉電アリ度シ

（付　記）

（極祕、部外嚴祕、館長符號扱）

事變勃發以來各地ニ於ケル段々ノ御盡力ハ本大臣ノ深ク多トスル所ナリ目下ノ處列國ノ態度ハ先般聯盟決議ノ趣旨ニ應シ九國條約國會議ヲ開キ協議ニ依リテ紛爭終結ノ方法ヲ見出サントスル方向ニ進ミツツアルモノノ如キモ帝國ノ態度ヲ以テ諸條約違反ナリト獨斷シタル不公正ナル聯盟決議ニ其ノ端ヲ發スル本件會議ヘノ招請ハ九國條約ニ對スル帝國從來ノ方針ニモ鑑ミ之ヲ受諾シ得ル限ニアラズ依テ招請狀ノ形式ノ如何ニ拘ラズ會議ニハ參加セザル方針ナリ

然レトモ右ハ帝國政府ガ將來ニ亘リ第三者ノ好意的斡旋(good offices)ヲモ絕對ニ排斥セントスル趣旨ニ出ヅルモノニアラズ事變ノ終極的解決ハ固ヨリ日支兩國間ニ於テ爲サルベキモノナルモ其ノ端緖ヲ摑ム動機トモ爲ルベキ有力ナル少數第三者就中英米獨伊等ノ好意的周旋アルニ於テハ必シモ之ヲ排スルモノトハ限ラズ尤モ右ハ今後狀況ノ如何ニ拘ルコト勿論ニシテ少クトモ現在ハ其ノ時期ニアラズ

右我方ノ眞意ヲ早計ニ外部ヲシテ察知セシムルコトハ我方ノ態度軟化ノ如キ誤解ヲ與ヘ極メテ不利ナルニ付此ノ點特ニ御留意相成ルト共ニ將來此ノ種企圖ノ行ハレントスルコトアル場合ニ之ニ對スル障礙ト爲ル如キ處アル結果ヲ作ラザル樣御含置相成度

英ヨリ土ヲ除ク在歐大使、壽府へ轉電アリタシ

米へ轉電セリ

編注　本電報案は廃案となり発電されなかった。

900　昭和12年10月15日　在ベルギー柳沢臨時代理大使より 広田外務大臣宛（電報）

九国条約会議招請状発送の見通しについて

ブリュッセル　10月15日後発

本　　　省　10月16日前着

第二〇三號

貴電第六九號ニ關シ（九國會議開催ニ關スル白國ノ意向報道ノ件）

官房長「ルゲー」ヲ好富往訪之ヲ質シタル處全然虚構トシテ否定シタル後「ゲーヨル」大使今朝英國政府ト打合セノ結果意見一致ヲ見タルニ付（往電第二〇一號御參照）多分今夜中ニ九箇國竝ニ條約加入國ニ招請狀發送ノ運ヒニ至ルヘク而シテ招請狀ニハ

(イ)先般ノ御話ノ通リ聯盟カ本問題ニ介入スルコトカ日本ノ參加ヲ困難ナラシムル一原因ナルヤノ趣ナリシニ付何トカシテ日本ノ參加ヲ容易ナラシムル趣旨ニテ招請狀ニハ一切聯盟ニ觸レサルコトトセリ

(ロ)白耳義ハ支那ニ於ケル其ノ利害關係薄キニ付本問題ニ關シ「イニシヤテイーヴ」ヲ執ルヘキ筋合ニモアラスト思料セル爲特ニ英國ノ懇請（米國ノ贊同ヲモ得）ニ基キテ招請スル旨

明記スルコトトナリタル旨述ヘタル後會議開催ハ早クトモ本月三十日頃トナルヘク第一次會議ニ於テ第三國ノ招請問題論議ノ際多分獨逸ヲモ招請スルニ至ルヘキ旨内話セリ

在歐各大使（土ヲ除ク）壽府、米、葡、瑞典、蘭へ轉電セリ

901　昭和12年10月16日　広田外務大臣より 在伊国堀田（正昭）大使宛（電報）

九国条約会議への伊国対応振りに関して在本邦伊国大使がわが方希望を照会について

本　省　10月16日後11時10分発

第一八五號

往電第一七九號ニ關シ

十日伊國大使本大臣來訪ノ節同大使ヨリ㈠九國條約國會議ニ對スル我方ノ態度及意嚮ヲ質問スルト共ニ㈡伊太利ハ聯盟ニ對スル特殊ノ地位ヨリ其ノ行動ヲ局限セラルルコトアルベキモ伊太利政府ノ極メテ強キ意嚮ハ日本ノ意嚮及希望ニ應ジテ日本ノ利益ト爲ル樣行動シ出來得ル限リ日本ヲ援助支持セントスルニ在リト述べ伊太利ノ態度ニ對スル我方ノ希望ヲ尋ネタルニ付十六日伊國大使ノ來省ヲ求メ次官ヨリ第一ノ點ニ付テハ日本政府ハ未ダ正式招請ニ接セザルガ故ニ態度ヲ確定シ居ラザルモ現下ノ事情ノ下ニテハ參加ハ恐ク困難ナルベキ旨ヲ述ヘ又第二ノ點ニ付テハ日本側ノ感(カンジ)ヨリ言ヘバ日本ハ會議ニ參加セザルガ故ニ伊太利ガ參加セザル方ヲ結構ト思フモ伊太利ガ會議參加ニ決定セラルル場合ニハ之ニ反對スベキ筋合ニ非ズ日本政府ハ伊太利ガ如何ナル場合ニモ日本ノ利益ノ爲行動シ日本ヲ支持援助スベキコトヲ表明セラレタルヲ大ニ多トスルモノニシテ伊太利ガ會議ニ於テ右精神ニ從ヒ行動セラレンコトヲ希望スルモノナリト答ヘ置キタリ

尚伊國大使ハ日本政府ハ會議ニ於ケル伊太利ノ行動ニ對シ如何ナルコトヲ希望セラルルヤト質問セルニ付次官ヨリ差當リノ問題トシテハ第一ニ日本ハ如何ナル制裁ニモ反對シ第二ニ例ヘハ停戰條件ヲ決定スル等日支間ノ直接交渉ヲ妨クルガ如キ如何ナル決議ニモ反對スルモノナルニ付此點ヲ支持セラルルト同時ニ會議ノ模樣ニ付隨時情報ヲ與ヘラルルヲ得バ幸ナリト答ヘタルニ大使ハ御話ノ次第ハ直ニ本國政府ニ電報スベシト述ベタル趣ナリ

在歐各大使、壽府、蘭、葡、瑞典ヘ轉電アリ度シ

米ヘ轉電セリ

902

昭和12年10月16日

在ベルギー柳沢臨時代理大使より
広田外務大臣宛(電報)

ベルギー外務当局が九国条約会議の招請状内示について

ブリュッセル　10月16日後発
本　　省　10月17日前着

第二〇五號

十六日官房長「ルゲー」ノ求メニ依リ好富往訪セル處

一、實ハ本日大臣ヨリ會議不參加ノ懸念アル日、伊、獨三國ノ大公使ヲ招致參加方勸誘スル積リナリシ處來栖大使ニハ今夕晩餐ノ際ニ御話スルコトトシ伊國大使ノミヲ招致スルコトトシタルカ獨逸公使ニハ條約締結國タラサル關係上正式ニ招致スルモ如何カト考ヘ居リタル處幸ヒ本日新任武官紹介ノ爲同公使來訪スルニ付其ノ節御話スルコトトナリタリト斷ハリタル後別電(省略)招請狀寫シヲ提示シ會議ノ目的ヲ「紛爭終焉ヲ促進スル有效的方法考究ノ爲」トシ特ニ「有效的方法」ト斷ハリタルハ經濟封鎖等强制手段ヲ考究スル爲ニハ全然アラサルヲ明示スル爲ナリ

二、本月三十日開會ノ後日曜及 Toussaint 等ノ休日續キナルト又第一次會議ニ於テ新ニ招請スヘキ國ノ代表者到着ヲ待ツ等ノ爲休會スルコトトナルヘシ

三、各國代表者ニ關シ英ハ「イーデン」、米ハ「デヴイス」等ノ噂アルモ未タ確報ナク「イーデン」ハ多分開會式ノミニ出席スルコトトナルヘシト思料ス

四、會議「プログラム」等ハ未タ何等決定シ居ラスト內話セリ

在歐各大使(除土)、壽府、米、蘭、葡、瑞典へ轉電セリ
米ヨリ墨へ轉電アリタシ

903　昭和12年10月17日　在ベルギー来栖大使より広田外務大臣宛(電報)

ベルギー外相が九国条約会議へのわが方参加を要望について

ブリュッセル　10月17日後発
本　　省　10月18日前着

第二〇九號

貴電[1]第七〇號ニ關シ(九國會議條約(ママ)案ニ關スル件)

晩餐後外務大臣ハ本使ヲ一隅ニ招キ今囘ノ會議ニ日本ノ參加ヲ切望スル旨ヲ述ヘタルニ付本使ハ未タ招請狀ヲモ拜見セス帝國政府ノ囘答振ニ關シテモ何等決定的ニ承知シ居ラサルモ既ニ日本ヲ以テ九國條約違反者ナリト斷定シ加之今囘會議被招請國多數ノ贊成セル過般ノ聯盟決議ニ於テ各國

各自ニ支那ヲ援助スル方法ヲ考究スルコトトナリ居ル經緯ニ鑑ミ帝國政府トシテハ折角ノ御招請ニ對シ多分不參加ヲ表明セサル能ハサルコトトナルヘシト思考スル旨答ヘタル處外相ハ實ハ御説明ノ點ヲ充分考慮シタル結果今回ノ會議ハ過般ノ聯盟決議ト何等關聯ナキヲ明カニシタル次第ナリト述ヘタルニ付右様ノ法律家的「ニユーアンス」ハ一般民衆殊ニ國ヲ擧ケテ事變ニ對處シツツアル我國民現下ノ心理ニ於テ到底納得シ得サル所ナルヘキハ多年實際政治ノ體驗ヲ有セラルル貴大臣ノ充分理解セラルル所ナルヘシト應酬シ本來如何ナル國際紛争ノ處理ニ於テモ豫メ何等主要關係國ノ下交渉ニ依リ地均シ工作ヲモ行ハス直ニ多數國ノ會議ヲ開催シ各代表勝手ノ演説ヲ試ミ以テ案件ニ解決ヲ與フルカ如キコトノ殆ト不可能ナルハ幾多會議ニ參列ノ經驗ヲ有セラルル貴大臣ノ了解セラルル所ナルヘク

殊[2]ニ今回ノ會議ノ如キ墨西哥、「ボリビヤ」等支那問題トハ縁遠キ國々ヲモ招請シ彼等ノ現實ヲ超越セル理想論ヲモ考慮ニ加ヘタル末如何ナル決議ヲ採擇セラレタリトスルモ問題解決ニ何等資スル所ナカルヘキハ勿論却テ時局ヲ長引カシムルニ過キサルヘキハ豫測ニ難カラサルヲ以テ此ノ際ノ方策トシテハ帝國政府カ既ニ繰返シ何等領土的野心ナク且外國權益ヲ尊重スヘキヲ聲明シ居ル點ヲ充分翫味セラレ先ツ主要利害關係國ニ於テ何等カ現實ニ卽セル方法ヲ考慮セラルルヲ一層實際的ナリト思考スト述ヘ更ニ米國大統領ノ會議ニ對スル意嚮トシテ「コミユニケ」、新聞報等ノ傳フル所ニ依レハ同大統領ハ日支兩國ヲ交ヘタル諸締約國トノ會談ニ依リ平和的解決策ヲ求メントシツツアルモノノ如ク從テ帝國政府ノ不參加カ愈々明瞭トナルニ於テハ少クトモ米國トシテハ豫想セサリシ新事態ニ直面スル次第ニ付其ノ間主催國トシテモ會議開催ニ關シ何等カ御再考ノ必要ヲ生セラルヘキ儀カト思考スト述ヘタル處外相ハ米國代表ハ既ニ出發シタルニアラスヤト質問セルニ付新聞報ニ依レハ本月廿日出發ノコトトナリ居ルカ如シト答ヘタル處外相ハ何レ英國大使トモ相談ノ上或ハ更ニ會談ノ機會ヲ得度シト述ヘ居リタルカ米國代表愈々出發トモナレハ會議ハ何ノ道先ツ開催ト觀ルノ外ナカルヘシト思考ス英國大使トノ會談ニ關シテハ別電ス

米、壽府、在歐各大使ヘ轉電セリ

904 昭和12年10月17日 在ベルギー来栖大使より広田外務大臣宛(電報)

在ベルギー英国大使が九国条約会議へのわが方参加を慫慂について

ブリュッセル 10月17日後発
本省 10月18日前着

第二一〇號

往[1]電第二〇九號ニ關シ

同夜英國大使「クライブ」トノ會談ニ於テモ大體外相ニ對スルト同シク應酬シ置キタルカ同大使ハ今回ノ會議カ聯盟決議ヲ離レ何等カ平和的解決ノ準則ヲ發見スルヲ主眼トスルモノナル旨ヲ述ヘ此ノ際日本ノ公正ナル態度ヲ各國ニ表明スル好個ノ機會ニシテ是非我國ノ參加ヲ切望スル旨ヲ繰返シ當地支那大使トモ既ニ二回會見シタルカ第一回ノ會見ニ於テ支那側ハ顧維鈞(ママ)ニ大使ヲ代表トスル意嚮ナル旨ヲ述ヘタル上會議ノ成果トシテハ何等カ具體的方策ノ決定ヲ主張シ居リタルモ說得ノ結果第二回ノ會見ニ於テハ一般的ナル平和的解決ノ準則ニテモ可ナル旨ヲ述ヘ居リタリト內話シタルニ付本使ハ一己ノ私見トシテ假令如何ナル決議ヲ見ルトスルモ支那側ハ之ヲ以テ支那ニ對スル聲援ト解シ自然蔣介石左右ノ長期抗日論者ニ勢ヲ與ヘ或ハ蔣介石自身ノ意ニモ反シ徒ニ事變ヲ長引カシムル結果トナルヘク又日本側ニ於テモ會議ノ結果又々條約違反其ノ他ノ惡名ヲ背負ハセラルル以上ハ寧ロ領土的野心ノ否定等ヲ一擲シ名實共ニ違反者トシテノ現實的收穫ヲ得ルニ如カストナスカ如キ矯激ナル議論スラ萬擡頭シ來ラストモ限ラス

從[2]テ恐ラク事態ハ益々紛糾ヲ見ルニ至ルヘク常ニ冷靜ニシテ實際的ナル貴國政府カ日本ノ不參加殆ト明カナル今日無理遣リニ會議開催ヲ促進セラルル次第本使トシテ甚タ了解ニ苦シム所ニシテ貴國政府トシテハ此ノ際寧ロ領土保全、權益尊重ノ具體的事例ニ關シ更ニ帝國政府ノ意嚮ヲ徵スル等何等カ實際的ノ措置ニ出テラルルヲ一層適切トスヘキニアラスヤト述ヘタルカ同大使ハ滿洲事變ノ際ト同樣事變ノ上海ニ波及セルヲ頗ル遺憾トスル旨ヲ述ヘタル外頻リニ日本ノ會議參列ニ關スル希望ヲ繰返スノミ結局其ノ儘物別レトナリタル次第ナリ蓋シ同大使ハ最初白國政府ノ態度未決定ノ間英國外務省ヨリ白國ノ受諾取付方ニ關シ電話ニテ矢ノ催足(促カ)ヲ受ケ居リタル旨ノ信スヘキ內報アリ兎ニ角英國政府ハ頻リニ會議開催ヲ急キ居ルヤニ認メラルルノミナラス米國政府ノ態度モ之ニ對應スルモノアルヤニ見受ケラルルヲ以テ會議ニ關スル帝國政府何分ノ御意嚮御決定ノ上ハ在京主要國大使ニ對シ充分之ヲ印象セシメ置カルル方然ルヘキヤニ思考ス

米、壽府、在歐各大使ニ轉電セリ

~~~~~~~~~~~~~~~~~~~~~~~~

905 昭和12年10月19日 広田外務大臣より在伊国堀田大使宛（電報）

伊国の九国条約会議参加決定および同会議をめぐる対日協力方針に関し在本邦伊国大使が通報について

本省 10月19日後9時20分発

第一八八號

往電第一八五號ニ關シ

十九日午後伊國大使次官ヲ來訪、本國政府ヨリ至急日本政府ニ通報方電訓ニ接セリトテ左ノ趣旨ヲ述ベタリ

九國條約會議ニ關シ伊太利ハ最初聯盟ヨリ招請ヲ受ケタルガ其ノ後白國政府ヨリ又招請ニ接シタリ白國ノ招請狀ハ聯盟ニ言及セズ且同國外相ハ今次九國條約會議ハ聯盟トハ何等ノ關係ナキモノニシテ所謂侵略國ヲ決定スルヲ目的トセズ事件ノ解決ヲ見出サントスルモノナリト說明シテ伊太利ノ參加ヲ求メタリ仍テ伊國政府トシテハ之ヲ拒絕スルコト困難ナリ同國參加ノ上ハ過日貴方ヨリ希望トシテ述ベラレタル日本側ニ於テ制裁及調停ニ反對ストノ點ハ之ヲ支持スルノ用意アリ尙今後日本政府ノ爲サルベキ如何ナル suggestion モ最モ友好的精神ヲ以テ考慮スベシ

在歐各大使、壽府、蘭、葡、瑞典ヘ轉電アリ度シ

米ヘ轉電セリ

~~~~~~~~~~~~~~~~~~~~~~~~

906 昭和12年10月19日 在ベルギー来栖大使より広田外務大臣宛（電報）

九国条約会議不参加の場合のわが方対応振りにつき意見具申

ブリュッセル 10月19日後発

本省 10月20日前着

第二一二號（極祕）

九國條約會議招請ニ對スル回答振ニ關シ何等膠モナク招請

ヲ一蹴スルハ今次事變ノ收拾ハ兎ニ角今後ノ外交工作ノ見地ヨリスルモ將又對外宣傳ノ見地ヨリスルモ餘程考究ノ要アルヤニ思考セラレ恐ラク其ノ點御苦心ノ存スル所ト拜察セラルル處今回會議ノ實際上ノ主催國タル英米カ今次事變ニ關シ當該條約締約國中最モ重要地位ヲ占ムル我國ニ對シ事前ニ何等相談ヲモ爲サス且同條約第七條ノ「コンサルテイシヨン」カ必スシモ多數國間ノ會議ヲ必要トセサルヘキニ拘ラス突如トシテ會議ヲ招請セシメ假ニ日本カ受諾シタル場合ニ當然考慮セラルヘキ日本本國ヨリノ代表派遣ヲ不可能ナラシムルカ如キ期日ヲ選定シタル理由ニ關シテハ招請國及英米政府ニ對シ先ツ質問ノ要アルヘク一方英米カ頻リニ會議ヲ急キツツアルハ何レモ近ク議會ノ開會ヲ控ヘ國論ノ手前何トカ和平解決ニ努力シ居ル形ヲ示ササルヘカラサル苦衷ニ出ツル所モ有之ヘキヲ以テ英米兩政府カ國民ニ對シ既ニ東京ニ於テ少クトモ「コンサルテイシヨン」ノ準備工作進行中ナリト應酬シ得ルカ如ク誘導シ置キツツ其ノ間ニ何分ノ對策ヲ決定セラルルコト然ルヘキヤニ思考ス往電第二〇九號外相トノ會談ニ於テ同外相ハ本件會議ノ當地開催ハ一ニ英米等ノ注文ニ出テ同外相トシテハ餘リ進ミ居ラサルヤニ印象セラレタル點モ有之右卑見敢テ申進ス

米、壽府、在歐各大使ヘ轉電セリ

907　昭和12年10月19日　在ベルギー来栖大使より広田外務大臣宛(電報)

九国条約会議招請状に対する各国回答について

ブリュッセル　10月19日後発
本　　省　10月20日前着

第二一四號

十九日官房長「ルゲー」ノ好富ニ對スル內話

一、九箇國會議招請狀ニ對シ英、米、佛、支、加奈陀、葡萄牙ノ六箇國ヨリ既ニ受諾ノ旨回答セリ伊ハ未タ回答セサルモ諸種ノ情報ニ依レハ參加ニ傾キ居レルヤニ思料セラル

二、招請狀ハ締約國竝ニ加入國(瑞典、諾威、丁抹、墨西哥、「ボリビヤ」)ニ發セラレタルカ夫レ以外ニ招請スヘキ國ハ御承知ノ通リ第一次會議ニ於テ決定ノ筈ナルモ何國モ異存ナカルヘキハ獨逸蘇聯邦兩國ニシテ又場合ニ依リ暹羅ヲ招請スルモ一案ナルヘシ

三、萬一日本側ヨリ代表派遣ノ場合ハ到底期日ノ間ニ合ハサルヘシトノ問ニ對シ日本ニ於テ參加セラルル以上開會期日ノ如キハ枝葉ノ問題ニシテ之ヲ延期スルカ如キ左シテ困難ナカルヘシト思料ス

米、壽府、英、佛、獨、伊、蘇、蘭、瑞典、葡へ轉電セリ

908 昭和12年10月20日 広田外務大臣より在仏国杉村大使宛（電報）

九国条約会議へのわが方参加を在本邦仏国大使が慫慂について

本省 10月20日後8時45分発

第三二四號

二十日佛國大使本大臣ヲ來訪本國政府ノ訓令ニ依ル趣ヲ以テ日本政府ハ九國條約國會議ノ招請ヲ受領セラレタリト思考スル處是非日本ノ會議ニ參加セラルルコトヲ希望ス同會議ハ何等壓迫的措置ニ付決議セントスルモノニアラズ日本ノ立場ヲ明白ナラシムル好機ナルヘシト述ヘタルニ付本大臣ハ日本ハ未ダ正式招請ニ接セズ（此ノ點ニ關シ大使ハ頗ル不思議ナリト述ブ）從ツテ政府トシテハ未ダ正式ニ決定シ居ラザルモ一般ノ情勢ハ參加不可能ノ傾向ニアリト答ヘ置キタリ

土ヲ除ク在歐各大使へ轉電アリ度

909 昭和12年10月20日 広田外務大臣より在英国吉田大使宛（電報）

九国条約会議へのわが方参加を在本邦英国大使が勧説について

本省 10月20日後9時30分発

第四五一號

二十日英國大使本大臣ヲ來訪九國條約會議ニ關スル先日來ノ貴大臣、次官トノ會談ハ本國政府ニ報告セルガ更ニ本國政府ヨリ日本ハ正式招請ヲ受領セラレタル筈ニ付日本ノ參加勸説方訓令ニ接シタリ聯盟ニ於テハ日本缺席ノ爲支那側ノ言分ノミ採用セラレタル觀アルモ今次會議ハ日本側ノ主張ヲ十分ニ明白ナラシメ得平和ヲ招來スル絶好ノ機會ナリト思考スル處若シ日本不參加ノ事トモナラバ英國ノ平和回復ノ力ヲ減殺セラルルコトヲ虞ルトテ日本ノ出席方再考ヲ促シタルニ對シ本大臣ハ日本ハ未ダ正式招請ニ接セザレド

モ御趣旨ハ了解セリ貴説ノ通斯ル機會ニ日本ノ立場ヲ明ニスルモ一方法ナルガ國内各方面ノ意嚮ヲ探リタル結果ニ依レハ大体不參加ノ意嚮ナルコトヲ確メ得タリ日本ガ擧國一致シテ事變ニ對處シ居ル此ノ際國内ニ意見ノ對立ヲ招クガ如キ措置ニ出ヅルヲ得ズ日本モ速ニ平和ノ囘復センコトヲ希望スルモノナルガ故ニ日本ノ意嚮立場等ハ適當ノ方法ニ依リ明ニ致度ト答ヘタルニ大使ハ獨逸蘇聯邦ノ如キ九國條約關係外ノ國ノ參加ガ日本參加ニ對スル障礙トナルコトナキヤト問ヒタルヲ以テ本大臣ハ日本ハ根本ニ於テ不參加ノ意嚮ナルヲ以テソレヨリ先ノコトハ考ヘ居ラズト答ヘタルニ大使ハ之ヲ首肯シタリ尚雜談中大使ハ蘇聯ノ參加ハ日本ニトリ或ハ不利ナランモ獨逸ノ參加ハ日本ノ爲有利ナルベシト述ベ本大臣ハ平和ノ迅速ナル克復ヲ冀望スル日本ノ眞意ハ貴大使モ之ヲ熟知シ居ラルル所ナルベキヲ以テ愈不參加ニ決シタル場合ニハ更メテ會談ノ機ヲ得度ト附言シ置ケリ

在歐各大使、壽府、蘭、葡、瑞典ヘ轉電アリ度シ

米ヘ轉電セリ

---

910 昭和12年10月20日 在米国斎藤大使より広田外務大臣宛(電報)

九国条約会議に対する米国政府の態度に関し同国大統領声明について

ワシントン 10月20日後発
本 省 10月21日前着

第五六四號

一、十九日大統領ハ「ハイドパーク」ニ於テ「デヴイス」代表及「ドツト」駐獨大使トノ間ニ夫々協議ヲ行ヒタル後九國條約會議ニ對スル米國政府ノ態度ニ關シ左ノ趣旨ノ聲明ヲ公表シタル由ナリ

今次會議ノ目的ハ九國條約ノ規定ニ依リ極東ノ事態ニ關シ充分且隔意ナキ意見ヲ交換スルニアリテ招請狀ニ依レハ列國ハ極東ノ事態ヲ檢討シ現ニ極東ニ行ハレタル或悲シムヘキ紛爭ノ終結ヲ速カナラシムヘキ平和的方策ヲ攻究セントスルモノナリ曩ニ「ラヂオ」放送(編注)ニ於テ述ヘタル通リ今次會議ノ目的ハ合意ニ依リ支那ニ於ケル事態ノ解決ヲ圖ルニアリテ吾人ハ此ノ解決案發見ノ爲支那及日本ヲ含ム九國條約署名國ト協力セントス「デヴイス」代

表ノ會議參列ハ米政府ノ他國政府ニ對スル何等ノ「コミツトメント」ヲ伴フコトナク行ハルルモノナルコト勿論ナリ

二、右聲明發表ノ內情ニ關シ「トリビユーン」特電ハ同日「ハイラム、ジヨンソン」カ米政府ハ「デヴイス」代表ノ會議出席決定以前豫メ英政府トノ間ニ了解ヲ遂ケタリト確信スル旨ヲ聲明シタルニ對スル應酬ナリト報シ居レリ

白ヘ轉電セリ

白ヨリ在歐各大使、壽府ヘ轉報アリタシ

編注 本書第1322文書。

911 昭和12年10月21日 在伊国堀田大使より広田外務大臣宛(電報)

九国条約会議に関する対日協力を伊国外相言明について

ローマ 10月21日前発
本省 10月21日前着

第二一三號

一、二十日會談ノ際「チヤノ」外相ニ九國條約ニ關スル伊ノ態度ニ付質問セルニ「チ」ハ既ニ貴電第一八八號ノ趣旨ヲ在東京大使ヲシテ日本ニ通告セシメタル旨ヲ語リ尙白耳義ハ獨逸、葡萄牙ニ對シテモ會議招請狀ヲ發シタル故伊ハ是等諸國ト共同シテ日本ノ爲ニ努力シ得ル次第ナルカ伊ハ日支紛爭ニ付テハ飽迄日本ノ味方ヲ爲スコトニ方針ヲ決定シ居ルヲ以テ此ノ點ハ充分伊ヲ信賴セラレテ可ナルヘク從テ會議開催ノ曉ニハ貴大使ト密接ナル連絡ヲ取リ伊全權ハ日本ノ代表者ト心得自由ニ註文セラレ度シト述ヘ伊國政府ハ「アルドロバンデイ」(元「リツトン」委員會委員)ヲ會議代表トシテ選任セル旨附言セリ

抑々伊カ九國條約關係國會議ニ參加セントスルハ同國カ九國條約調印國ニテモアリ又北支、上海ニ兵力ヲ派遣シ居ル關係上極東問題ニ付英佛ト同等ノ發言權ヲ保有セントスルノ底意ニ出ツルモノニシテ會議開催ヲ阻止スル能ハサル以上ハ伊カ之ニ參加スルコトハ日本ニ對シ利益多シト認メラル就テハ「チ」外相ノ申出モアルコトナレハ會議開催ニ際シテハ先方ト充分連絡出來得ル樣日本政府

ノ御方針、御希望等詳細御電報請フ

二、「チ」ノ內話ニ依レハ二十日蔣方震「チ」ヲ來訪シタルカ「チ」ハ支那カ伊「エ」紛爭ノ際聯盟ノ制裁ニ加ハリタルコトヲ理由トシテ此ノ際支那援助ノ態度ニ出ツル能ハサル旨ヲ淡白ニ答ヘ尚蔣ハ「ムソリーニ」首相ニ會ヒ度キ希望ヲ述ヘタルモ「チ」ハ之ヲ拒否セル趣ナリ

在歐各大使、壽府、蘭、葡、瑞典ヘ轉電セリ

912　昭和12年10月21日　広田外務大臣より 在ベルギー来栖大使宛（電報）

在本邦ベルギー大使が九国条約会議への招請状を手交しわが方の参加要請について

付記一　昭和十二年十月二十日付 九国条約会議への対日招請状
　　二　右和訳文

本　省　10月21日後9時50分発

第七六號

二十一日午前十時半白國大使本大臣ヲ來訪シ九國條約會議ニ對スル招請狀（貴電第二〇六號ト同文ニテ二十日附）ヲ手交セリ

右交付ニ際シ白國大使ハ白國政府ガ今次會議ノ招請國ト爲リタルハ自己ノ發議ニ非ズ白ノ支那ニ有スル利害關係ガ少ク從テ日支紛爭ニ對シ公正ナル態度ヲ執リ會議ノ成功ニ貢獻シ得ベキヲ理由トシテ英米ヨリ慫慂セラレタルニ依ル白トシテハ日本ノ爲ニ useful ナルコト以外他意ナシ本國政府ノ電報ニハ本件提議ハ九國條約ノ範圍內ニ於テ且聯盟ノ埒外ニ於テ作成セラレタリト在リ日本ノ參加ヲ希望スト述ベタリ

本大臣ハ英ガ今次會議ノイニシアチヴヲ執レル動機如何ト質問セルニ白國大使ハ何等公ノ情報ヲ有セザルモ英ハ紛爭ノ圓滿解決ヲ計ルト言フ以外ニ動機ナシト考フト答ヘ、又、招請狀ハ九國條約ノ署名國（自治領ヲ含ム）及加入國（瑞典、諾威、丁、墨、ボリビヤ）ニ發送セラレタリ尚白國政府ハ獨乙ノ參加ヲ希望シ居レリト述ベタリ

尚招請狀持參ノ遲延セル理由ヲ質セルニ本國政府ノ訓令ヲ待チ居ルウチ他國ハ招請狀ヲ受領セルモ日本政府ハ未ダ正式招請ニ接セザル趣旨ノ新聞報道ヲ見タルニ付昨二十日本國政府ニ其旨電報セルニ今早朝二十日附ニテ本國ヨリ訓電

ニ接セル次第ナリト釋明シタリ
在歐各大使、壽府、蘭、葡、瑞典へ轉電アリタシ
米へ轉電セリ

（付記一）

NOTE VERBALE.

Donnant suite à une demande du Gouvernement de Grande Bretagne, faite avec l'approbation du Gouvernement des Etats-Unis d'Amérique, le Gouvernement du Roi propose aux Etats signataires du traité du six Février 1922 de se réunir à Bruxelles le 30 de ce mois à l'effet d'examiner, conformément à l'article sept de ce traité, la situation en Extrême-Orient et d'étudier les moyens amiables de hâter la fin du coflit regrettable qui y sévit.

Tokio, le 20 octobre 1937.

編注　本付記一は、昭和十二年十二月、条約局第三課作成「「ブリュッセル」ニ於ケル支那ニ關スル九國條約締結國會議經緯」より抜粋。

（付記二）

口上書

米國政府ノ同意ヲ以テ爲サレタル英國政府ノ要請ニ從ヒ白耳義王國政府ハ千九百二十二年二月六日ノ九國條約署名國ニ對シ同條約第七條ニ基キ東亞ニ於ケル事態ヲ檢討シ且該地域ニ行ハルル遺憾ナル紛爭ノ終結ヲ促進スヘキ和協手段ヲ攻究スル爲本月三十日「ブリュッセル」ニ會合センコトヲ提議ス

一九三七年十月二十日　東京ニ於テ

編注　本付記二は、昭和十二年十二月、条約局第三課作成「「ブリュッセル」ニ於ケル支那ニ關スル九國條約締結國會議經緯」より抜粋。

913　昭和12年10月21日　在伊国堀田大使より広田外務大臣宛（電報）

九国条約会議に当たっては英米など関係諸国の和平斡旋を頑なに拒絶すべきではないなど会議への対応につき意見具申

ローマ　10月21日後発
本　省　10月22日前着

第二二四號（極祕）

往電第二二三號ニ關シ[1]

一、國際聯盟總會ノ決議ニ基ク九國條約國會議ニ對シテハ我國トシテ參加ヲ拒絕スヘキコト勿論ナリ其ノ理由ハ總會決議カ日本ノ行動ヲ非難シ支那援助ノ性質ヲ有スルノ點ナルヘク（條約論乃至法律論ニ深入リセサルコト得策ナルヘシ）唯此ノ際愼重ナル考究ヲ遂クヘキハ今日迄我方ノ堅持シ來レル第三國介入排斥ノ方針ニ或程度ノ緩和變更ヲ加フルノ要ナキヤ否ヤノ點ニ存スヘシ

二、日本ノ不參加ニ依リ武府會議ハ實質的成果ヲ擧クルコト不可能ニ終ルヘシト推測セラルルモ我國ニ於テ之ニ對シ飽迄拒否排擊ノ非和協的態度ニ終始スル場合ニハ英米ノ輿論ヲ一層惡化シ支那側ニ活躍ノ機會ヲ與ヘ或ハ聯盟ニ於ケルト同一ノ險惡ナル空氣ヲ釀成シ會議參加國ト我國トノ間ニ深刻ナル對抗狀態ヲ出現スルカ如キコトナキヲ保シ難シ

三、[2]英米兩國政府カ日本ノ會議參加ヲ希望スルハ自國ノ在支權益擁護ヲ念トスルト共ニ平和論乃至人道論的國內輿論ヲ無視シ難キ事情アルニ出ツルモノト觀察セラルル處我方ニ於テ日支兩國間商議促進ノ範圍內ニ於テ其ノ斡旋ヲ認諾スル丈ケノ餘裕アル態度ヲ示スコトトセハ我國不參加ノ儘會議開催ヲ見ル場合ニ於テノ關係諸國トノ個別的接觸ヲ保チ外部ヨリ會議ヲ適當ニ誘導スルコト必スシモ不可能ニアラサルヘク伊國ノ會議參加ハ其ノ意味ニ於テ却テ我方ニ好都合ナルヘシ又何等カノ方法ニ依リ一、二揭ケタル我方異議ノ理由カ除去セラレタル場合（例ヘハ聯盟ノ決議ト離レタル別個ノ會議ト認ムルコトヲ得ルニ至リタル場合）其ノ情勢次第ニテハ（例ヘハ停戰及講和條件ノ內容ニ立入リテ干涉セサルコトノ保障ヲ得タル場合）進ンテ會議ニ參加スルコトモ考慮ノ價値アルヘシ

四、今次事變ノ終結ヲ圖ルニ當リ最モ留意スヘキハ對蘇關係ニアルコト言ヲ俟タス從テ戰局ノ長期ニ亘ルヲ避ケ國力ノ消耗ヲ最少限度ニ止ムル方法ニ出ツルヲ緊要トスヘキ處現下ノ國際情勢ヲ考フルニ九國會議開催ノ此ノ機會ヲ捉ヘ對支平和回復ノ端緖ヲ作ル用意ヲ缺クニ於テハ英米ヲ驅ツテ支那援助ニ走ラシメ延イテ南京政府ノ抵抗力ヲ

増加シ蘇聯ノ地位ヲ强化スル結果ヲ見ル危險アリ我軍ノ赫々タル戰勝ニ拘ラス時局ノ收拾ニ意外ノ障碍ヲ來スナキヤヲ危惧セラレ我政府ニ於テハ是等ノ點ニ對シ既ニ充分ナル考慮ヲ加ヘラレ居ル儀ト存スルモ外交上重大ナル時機ニ到達セルモノト思料セラルルニ付蛇足ヲ顧ミス卑見具申ス

米、在歐各大使(土ヲ除ク)ヘ轉電セリ

914　昭和12年10月22日

九国条約会議に関する外務省首脳と外務長老との懇話会要旨

九國條約國會議ニ關スル外務長老懇話會(覺)

一、昭和十二年十月二十二日午后四時三年町外務大臣官邸ニ於テ開催

一、出席者

長老側　芳澤謙吉氏、有田八郎氏、佐藤尚武氏、長岡春一氏、山川端夫氏、永井松三氏、出淵勝次氏、松田道一氏、田中都吉氏、林久治郎氏、大田爲吉氏、松島　肇氏、徳川家正氏、

本省側　廣田大臣、堀内次官、各局部長、祕書官、

一、談話要領

廣田大臣　戰局ノ進展ニ連レ將來ヲ考ヘナケレバナラナイノデ目下關係當局ト種々打合中デアルガ今迄ニ概念トシテ了解ヲ得テ居ル事項ノ大体ヲ申上ゲル。

先ヅ事變處理ノ主眼ハ出來ルダケ將來ニコダワリヲ殘サヌコトニ置キソウ云フ解決方法ガアレバソレデ進ミ度イト考ヘテ居ル。從テ領土割讓ハ問題トシナイデ行キ度イ。從來ハ北支等デハ相當程度内政ニ干與シテ居タガソレガ種々障碍トナツテ居タノニ鑑ミ今次事變ノ處理ニ當ツテハ成ルヘクソウ云フ遣リ方ヲ避ケ度イ。滿洲國ノ延長トナルガ如キコトハ極力避ケル。又軍隊ト軍隊トノ衝突ヲ防止スル爲ニ現在ヨリモ廣範圍ニ亘リ非武裝地帶ヲ設定シ右地帶内ノ治安ハ保安警察ヲシテ當ラシメル積リデ居ル。又從來經濟方面デ日支間ノ問題トナツテ居タモノノ解決ヲ圖ル考ヘデアル。上海方面ニ於テモ非武裝地帶ノ設定ヲ考慮シテ居ル。次ニ日支全般ノ問題トシテハ航空、海運其ノ他經濟上ノ諸問題(關稅問題等ヲ含ム)ノ具体的

解決ヲ計リ此ノ「ライン」ヨリ日支親善工作ヲ立テ進ンデ防共ヲハツキリサセル方ニ向ヒ度イ。內蒙ハ事情ガ許セバ外蒙ト同ジ狀態トシ防共ニ資セシメ度イト思ツテ居ル。

以上ノ外支那ニアル邦人ノ財產モ多大ナ損害ヲ蒙ツテ居ルノデアルカラ賠償ノ問題モ起ツテ來ルト思フ。

以上ハ支那側ガ今直ニ和議ヲ申出テ來ルトキノ條件ノ大体デアルガ戰局ガ將來尙相當期間ニ亘ツテ長引クトキニハ國民ノ犧牲及戰果ニ對スル期待ノ大ナル點等カラ見テ更ニ進ンダ條件ヲ出スコトトナルカモ知レナイ

自分ノ見ル所デハ蔣介石ハ今日迄ノ所極メテ頑强デアル、コレハ或ル種ノ方法デ探グラセタ所ト一致シテ居ル。蔣ハ內政關係上ノ立場モアリ最后迄抵抗シテ死ヲ覺悟シテ居ル樣ニ思フ。若シ上海デ近ク徹底的打擊ヲ與ヘルコトガ出來レバ或ハ蔣ヲ反省セシメルコトニ效ガアルカモ知レナイガ、ソレモ果シテドウダカ疑問デアル。自分ハ支那ニ勢力ヲ有スル第三國ヲシテ蔣ヲ反省セシメ日支間ニ話合ヲ行フ緖ヲツケルコトモ一方法デアルト考ヘ折角關係當局間デ打合中デアル。

一方國際聯盟ハ御承知ノ通ノ決議ヲシ又九國條約會議ハ武府デ開催サレルコトニナツテ居ル。武府ノ會議ハ直接國際聯盟ノ決議ト關係ナク九國條約ノ規定ニヨリ招集サレル形ヲトツテ居ルガ同會議ガ聯盟ト無關係デアルト考ヘルコトハ出來ナイ。同會議ニ對シテハ進ンデ出席シ充分日本ノ立場ヲ明ニスベシト云フ論モ立ツガ國民一般ノ考ヘ方及軍事行動ト相關聯シテ考ヘルト結局之ニ參加シナイ方ガ可ナリト考ヘテ居ル。自分ノ考ヘデハ會議招請狀ニ對シテ不參加ノ回答ヲ出スト同時ニ日本ノ氣持ヲ相當詳細ニ聲明スル積リデアル。卽チ將來ノ外交運用上ノ諸點ヲモ考慮ニ入レ會議ガ日支紛爭解決ニ資スル所ナキヲ明ニシ度イト思ツテキル。只今右回答案及聲明案ヲ朗讀セシメルカラ何分ノ御高見ヲ承リ度イ

（三谷條約局長回答案及聲明案ヲ朗讀）

山川氏　不戰條約ニ於テモ九國條約ニ於テモ自衞權ノ發動ハ除外例トサレテ居ル。聯盟ノ決議ニ於テハ近衞首相ノ演說トカ內閣ノ聲明トカヲ引用シテ日本ノ行動ハ自衞權ノ發動トシテモ不可デアルト云ツテ居ル樣デアルガ右ハ如何ナル意味デアルカ。

廣田大臣　自衛權ノ發動トシテモ度ガ過ギテ居ルト云フノデアル。

芳澤氏　大臣ノ述ベラレタ事局(時カ)收拾ノ方針ハ自分達ノ考ヘト一致スルモノデアッテ自分ハ全面的ニ贊成スル。併シ右方針ハ支那側ガ日本ト話合ヲスル氣ニナラナケレバ實現出來ナイノデアル。只今ノオ話ニヨルト蔣介石ハ尙極メテ頑迷デアッテ日本ト手ヲ握ル意ナシトノコトデアルガ若シソウダトスレバ折角立派ナ方針ヲ立テテモ實行不能デアル。御承知ノ通支那人ハ周圍ノ情勢ヲ見テ自己ニ有利ニ事ヲ運フコトニ慣レテ居ル。從テ今度ノ會議デモ若シ各國ガ日本ニ反對ノ決議ヲスレバ蔣介石ノ態度ハ不變デアロウ。ソノ場合ニハ長期戰モ致シ方アルマイ。併シソウ云フ場合ニ於テモ戰鬪行爲ハアル限界ニ於テ止マルコトガ必要デアル。上海戰ハ南京攻略迄ヤラナケレバナラヌトカ北支ハ黃河ノ南迄追ハナケレバナラヌトカノ論モアルガ自分ハ考ヘモノダト思フ。例ヘバ上海ノ攻略ガ一段落付ケバ既ニ占據シタ「ポジションズ」ヲ確保シツツ戰局ヲ見送リ其ノ間ニ於テ外國ノ形勢ヲ我方ニ有利ニ導ク樣外交上ノ努力ヲスルコトガ必要デハナイカト思フ。南京政府ガ蔣ノ下ニ存續スル場合ノ外色々ノ「ポシビリティズ」ガ考ヘラレルカ自分ハ蔣政權ガ崩壞シナイデ日本トノ間ニ話合ガ出來ル時期ノ來ルコトヲ希望シ只今大臣ノ述ベラレタ結構ナ方針ヲ實現スル日ノ近カランコトヲ切望スル。

田中氏　只今讀ミ上ケラレタ回答案ニハ第七條ガウタツテ、、、ナイ樣ニ思ツタガ日本ハ第七條ヲ無視スルト云フ意味デハナイト云フコトヲ明ニスル必要ハナイカ。

有田氏　田中氏ノ意見ニ同感テアル。第七條ハ會議以外ノ個別的協議ヲ規定シテ居ルト云フコトハ云ヘナイダロウカ、極東ノ問題ニ直接重大ナ關係ヲ持タナイ國ト一緒ニ會同シテ討議ハ出來ナイト云フ氣分カラ云ヘハ第七條ハ個別的協議ヲ規定スルモノトノ理屈ヲツケタ方カ好イ樣ニ思フ。將來九國條約カラ脫退シナケレハナラナイトキノ伏線トシテモコンナ理屈ヲ必要トスルト思フ。

堀內次官　今次會議ニ付テハ外國ノ調停(「メディエーション」)ハ一切排除スルト云フ行キ方ト九國條約自體ヲ否定スルト云フ行キ方ト二ツアル。前者ハ露骨ナ直接法テ云ヒ表ハスモ又ハ間接法テ直接交涉以外紛爭解決ノ途ナシト云ヒ表ハスモドチラモ面白クナイ。又後者ノ如ク九國條約ヲ陳腐ナモノトシテ否定スレハ外國側ハ日本ハ今次ノ行動ヲ條約違反ニ非スト云ヒ乍ラソレテハ理屈カ通ラナイカラ否定論ヲヤルノテアルト解釋スルテアロウ。又只今ノ御説ノ通第七條ヲ引用スレハソレハ九國條約ノ適用ヲ認メルコトニナリ之レ亦面白クナイ。此等ノ諸點ニ觸レス同時ニ「メディエーション」ハ不可ナルモ一二國ノ斡旋(「グッド、オフイッセス」)ハ必スシモ拒否スルモノテナイトノ氣持ヲ婉曲ニ云ヒ表ハス爲ニ草案ノ様ナ表現ヲ用ヒタノテアル。

廣田大臣　會議ハ不可ナルモ外ノ方法ナラハヤリ方モアルト云フ意味ヲ含マセタモノテアル。

出淵氏　第七條ハ個別的協議ヲ規定スルモノテハナイ。當然會議ヲ豫定シテ居ルモノテアツテ會議ヲヤラヌ場合ニ於ケル「コンミュニケーション」ヲ規定スルモノト思フ。

廣田大臣　歐米ニ於ケル今次事變ノ取扱方ヲ見ルニ聯盟ハ九國條約會議ニ責任ヲ轉嫁シテ逃ケヲ打チ九國條約國ニ付テ見レハ英米共招請國タルノ責ヲ執ルヲ忌避シテ白國ニ頼ミ白國ハ招請ハスルカ米國ノ同意ヲ以テナサレ英國ノ要請ニ従ヒト云フ形ヲトルト云フ有様テ何レモ責任ヲ轉嫁シテ居ル。之レハ各國共事件ヲ取リ上ケテハ見タカ結末ヲツケルノニ苦心ヲシテ居ルコトヲ示スモノテ自分ハ會議ノ結果ハ何レカノ一國ヲシテ日支間ニ口火ヲ切ラセルト云フコトニナリハシナイカト考ヘテ居ル。ソノ一國トハ結極英國ニナルト思フ。

佐藤氏　自分ハ堀内次官ノ意見ニ同感デアル。會議ニ參加スヘキカ否カノ點ニ付テハ不參加ヲ可トスル。其ノ理由ハ會議ニ出席セハ會議ハ先ツ停戰ヲ勸メ停戰ノ實行ヲ見テ而ル後ニ會議ニ入ルト云フ形ヲトルコト必定テアルカラテアル。

事變處理ノ根本問題ニ付テハ大臣ノ説ニ贊成スル。但シ賠償ノ點ハ同意出來ナイ。

要ハ禍根ヲ將來ニ殘サヌ様解決方法ヲ講スルコトテアル。此ノ意味カラ邦人ノ被害ニ對スル賠償ノ如キハ支那側ニ要求スヘキモノテナイト思フ。蔣介石ニ轉向ノ機會ヲ與ヘルコトカ大事ナ點テアツテ蔣ヲシテ轉向シヤウト思ツテモナシ得ナイ様ナ羽目ニ陷ルヘキテハナイ。北支ニ領土的野心ノナイコトハ勿論テアルカ非武装地帯ノ設定以外ニハ自治ナトニ拘ハラナイテ奇麗ニ返スヘキテアル。然シ蔣カ轉向スル迄ハ何處迄モ戰爭ヲ續ケ一寸テモ手ヲ弛メテハイケナイ。此ノ際政府ノ最モ留意シナケレハナラナイコトハ軍カ別行動ヲ取ラヌ樣ニスルコトテアル。政府ハ非常ナ決意ヲ以テ上述解決案ノ實行ニ邁進スヘキテアツテ若シ之レカ出來ナケレハ日本ハ信ヲ列國ニ失フコトトナルテアロウ。

國民ノ戰果ニ對スル期待カ過大トナルコトハ必至テアルカ政府ハ國民ヲシテ失望セシメナイ爲ニハ軍ニ對シテ工作スルト同時ニ輿論ノ指導ニ十二分ノ努力ヲ拂フヘキテアル。

廣田大臣　賠償問題ハ極メテ困難ナ問題テアル。第三國カラ日本ニ對シテ損害賠償ヲ申出テ來タ場合之ヲ跳ネツケルコトハ相當困難テアルカラ外國人ニ對スルモノハ支那側ヲシテ支拂ハシメル樣ニシナケレハナルマイ。何レニシテモ國民ヲ滿足セシムルコトハ困難テアルカラ自分一個ノ考(之レハ未タ何人ニモ話シタコトナシ)テハ西原借款ヲ完全ニ支拂フヘシト云フ樣ナ形式トシテハ如何カト思ツテ居ル。

陸軍ニ對シテ工作スルコトハ勿論大事テアルカソノ點ニ關シ杉山陸相ハ過日「ユー、ピー」ノ「イーキンス」ニ與ヘタ會談ニ於テ領土的野心ナキコト及列國ノ權益ヲ害セス將來ノ協力ヲ望ムコトヲ明言シテ居ルシ又本月二十一日陸相ハ英國大使「クレーギー」ニモ同樣ノ話ヲシテ居ル所カラ見テ軍內部ニ種々ノ論ハアルカ主腦部トシテハ方針決定シテ居ルモノト見テ好カロウ。

自分ハ戰後經營ニ關シテハ日露戰爭後ト同樣ナ考ヘ方カ支配スルノテハナイカト考ヘテ居ル。卽チ日露戰爭後ハ國民ノ注意ハ經濟上ノ利權ニ向ツタノテアルカ今次事變ニ於テモソウテアロウト思フ。出先軍人等モ鐵道利權位ヲ得レハ大体滿足スルノテハナイカト考ヘテ居ル。

山川氏　今次事變ハ自衛權ノ發動テアルカ支那ノ出方テ段々擴大シタノタト云フ意味ヲ明確ニスル要カアル。

長岡氏　聲明ノ冒頭ニ滿洲事變迄ニ至ル支那側ノ排外政策ヲ書キ加ヘル方カ外國側ヲ納得セシメルニ一層ノ效果カアルト思フ。

出淵氏　九國條約ハ有效テアルカ同條約締結當時ト今日トハ事態カ變ツテ居リ適用ニ困難カアルト云フ趣旨ヲ一行

テモ好イカラ書キ加ヘテハ如何。

林氏　杉山陸相ノ言ハ形式的ニハソウテアロウカ實際ハソウテハナイト云フ疑問ヲ起サシメル。政府カ其ノ所信ヲ實行スル爲ニハ早キニ及ンテ對内的ニ國民ヲ納得セシメル工作ヲヤラナケレハナラナイ。自分ハ今日外交協會ニ出席シテ驚イタノテアルカ同協會ノ名譽幹事タル人ノ口カラ支那共同管理論ヲ聞イタ。外交協會ノ會員ニシテ尚右ノ如キ意見ヲ抱イテ居ルノテアルカラ一般國民ヲシテ政府ノ所信ニ聽從セシムルコトハ極メテ困難テアルコトヲ充分悟ラナケレハナラナイ。

出淵氏　自分ハ蔣介石ハ如何ナル條件ニモ乘ツテ來ナイ様ニ思フカ如何。又國民ヲ指導スルコトハ實際問題トシテハ不可能テアルト思フ。

林氏　兎モ角政府ハ早キニ及ンテ國民ヲ指導スル爲何等カノ手ヲ打ツコトカ急務テアル。

（散會）

～～～～～～～～～～～～～～～～～～～～

915　昭和12年10月22日　在ベルギー好富(正臣)臨時代理大使より広田外務大臣宛(電報)

九国条約会議招請状のわが方への手交遅延につきベルギー外務当局へ注意喚起について

別　電　昭和十二年十月二十二日発在ベルギー好富臨時代理大使より広田外務大臣宛第二二五号

ベルギー側が示した遅延理由

ブリュッセル　10月22日後発

本　　省　10月23日前着

第二二四號（至急）

二十二日本官政務局長ヲ往訪最近白國ノ對支武器輸出頻リニ我國新聞ニ報道セラレ輿論ハ九箇國會議ヲ前ニ白國ヲ以テ支那ヲ援助スルモノト爲シ甚タ不滿ノ意ヲ表シ居リタル折柄今次會議招請狀カ米國全權ノ出發後而モ既ニ六箇國迄受諾ヲ回答セル後ニ發セラレタルコトハ愈輿論ヲ激昂セシメ我方參加ヲ益々困難ナラシメツツアルヤニ思考スト述ヘタル處局長ハ招請狀遲延ハ全ク當方ノ手違ニテ（別電ノ事情）何トモ申譯ナキ次第ナリト陳謝シタル後是非日本ノ參

加ヲ切望スト述ヘタルニ付私見トシテ抑々今次會議ハ九國條約第七條ニ準據スル趣ナル處今同條ノ規定ヲ見ルニ條約ノ適用ヲ必要トスル事態出現セリト思考スル締約國アル場合ハ斯ル締約國ノミカ意見交換ヲ爲スヘシトノ趣旨ニシテ會議招集等ハ何等問題ニアラサルノミナラス一旦會議招集ヲ決定セラレタル後條約適用問題ニ關シ何等意思表示ヲ爲ササル墨西哥「ボリビヤ」等迄ヲモ招請スルハ同條ノ範圍ヲ逸脱スルモノト言フヘク更ニ締約國以外ノ蘇聯邦等ヲ招請セントスルカ如キハ寧ロ同條ノ違反ナリトノ疑問モ立チ得ル譯ナリ何レニセヨ會議招集ヲ前ニ前述ノ通リ諸種不幸ナル事態出現シ甚タ幸先惡シト言フヘク他面白國ハ北支等ニモ利權ヲ有シ日本トノ協調ハ愈必要トナル際白國カ日本ノ感情ヲ害スルカ如キコトトモナラハ日白從來ノ友好關係ニ鑑ミ甚タ遺憾ト謂フヘク旁政府ノ訓令ニ依ル次第ニハアラサルモ此ノ際思ヒ切リテ會議ヲ延期スルコト諸種ノ點ヨリ好都合カト思料スト述ヘタル處局長ハ實ハ白國政府内ニハ自分ヲ初メ本件會議ノ招集殊ニ當地開催ニ反對セル者鮮カラス一時ハ日本ノ參加カ決定スル迄ハ當地開催ヲ拒絶スヘシトノ意見モ出テタル狀況ニテ白國ノ招請受諾モ其ノ爲延引ニ延引ヲ重ネタル次第ナルカ今日ト雖白國トシテハ迷惑千萬ニ感シ居ル譯ニテ貴見ノ次第ハ大臣ニ報告スヘク若シ會議延期トモナラハ望外ノ幸ナリト頻リニ述懷セリ

米、壽府、在歐洲各大使（土ヲ除ク）ヘ轉電セリ

（別　電）

ブリュッセル　10月22日後発
本　　　省　　10月23日前着

第二二五號（至急）

招請狀發電原案ヲ示シ宛先トシテ伊、日、支等列擧シアル傍ニ局長自ラノ筆ニテ大公使駐剳地名記入シアルニ拘ラス係官カ發電セサリシ趣ナリ

米、壽府、在歐各大使（土ヲ除ク）ヘ轉電セリ

~~~~~~~~~~~~~~~~

916　昭和12年10月22日　在メキシコ越田（佐一郎）公使より広田外務大臣宛（電報）

九国条約会議に関するメキシコ外務次官との意見交換について
~~~~~~~~~~~~~~~~

メキシコシティ　10月22日後発
本　　　省　10月23日夜着

第一三九號

一、[1]二十一日外務次官(大臣旅行不在)ニ面會ノ序ヲ以テ本使ヨリ墨國政府ハ白耳義招集ノ九國條約會議ノ招請ニ應シ「イシドロ・ファベラ」(國際聯盟ニ於ケル墨國代表)ヲ委員ニ任命セラレタル様ナルカ既ニ訓令ヲ發セラレタリヤト尋ネタル處次官ハ未タナリ日本ハ參加スヘキヤト反問セルニ付昨夜ノ東京「ラヂオ・ニユース」ニ依レハ招請ヲ受ケタルモ未タ回答ノ運ニ至ラサル由ナリト答ヘ

二、次テ本使ハ右會議ニ於テ墨國委員カ平和促進ニ盡力セラルルコトハ當然ナルヘキモ日支事變ハ頗ル複雜セルヲ以テ之カ取扱ニハ愼重ナルヲ要スヘク往年滿洲事變ニ關スル聯盟總會ノ際東洋ノ事情ニ通曉セサル西班牙ノ「マダリアガ」氏カ濫ニ日本攻撃ノ態度ニ出テ爲ニ日西兩國間感情上少カラサル緊張ヲ生シタルコトアルニ付日墨ノ傳統的親善關係ニ鑑ミ今次ノ會議ニ於テ「ラテン」亞米利加ノ一「リーダー」タル墨國カ率先シテ反日的態度ニ出ツルカ如キコトナキヲ希望スト述ヘタルニ對シ

三、[2]次官ハ腹藏ナク言ヘハ墨國ハ日支ノ何レニモ加擔セントスルモノニアラスト雖世界平和ヲ擁護セントスルモノナルト同時ニ單ニ過剩人口ノ故ヲ以テ他國ヲ侵略シ得ヘシトスルノ議論ハ承服スルコトヲ得ス若シ此ノ議論カ成立ツ場合ニハ墨國ハ他國ヨリ直ニ侵略セラルルコトトナルヘシ從テ曩ニ伊「エ」紛爭ニ關スル聯盟總會ニ於テモ侵略反對ノ立場ヲ執リタルモノナリト答ヘタルニ付

四、本使ヨリ今貴官ハ侵略ナル文字ヲ使用セラレタルカ今回ノ紛爭ニ於テハ日本ハ支那側ノ挑發ニ依リ已ムヲ得ス自衞行爲ニ出テタル被害者ニ外ナラス少シク説明スレハ支那政府ハ既往十數年ニ亘リ學校、軍隊ヲ始メトシテ一般國民ニ對シ總ユル方法ヲ以テ極端ナル反日思想ヲ注入シ來タリ最近國内ノ統一略成リ軍備稍整フニ伴レ自己ノ力ヲ過信シ日本打倒ヲ夢ミ侮日的、挑發的態度ニ轉化シタルモノニテ七月初旬ノ蘆溝橋、通州事件、八月上旬ノ大山事件等ノ如キ何レモ侮日ノ結果ヨリ出テタル攻撃ナルカ右ニ對シテ日本側ハ當初隱忍自衞手段ヲ執リツツ極力不擴大方針ニ依リ局地的解決ニ努メタルニ拘ラス驕[3]慢增長セル南京政府ハ之ニ耳ヲ藉サス益々戰備ヲ整ヘ

特ニ上海ニ於テハ僅カ三千餘ノ我陸戰隊ニ對シ十萬ノ兵ヨリ成ル包圍的戰鬪體形ヲ以テ威嚇シ進ンテ射撃及飛行機ニ依リ爆撃ヲサヘ敢テシ來リ我陸戰隊及三萬ノ在留民ノ生命危殆ニ瀕シタル爲送兵シテ應戰スルニ至レルモノニシテ全ク自衛上已ムヲ得サルニ出テタルモノナルハ明白ナル事實ニシテ一方日本ハ何等領土的意圖ヲ有セス平和ヲ念トスルモノナルハ帝國政府屢次ノ聲明ノ通リナル旨詳細説明シ

五、從テ本紛爭ハ極メテ愼重ニ調査研究ノ上判斷セラルルコトヲ要スヘシトシテ持參ノ若干資料ヲ手交シツツ尚不明ノ點アラハ本使ハ何時ニテモ質問ニ應スヘク又場合ニ依リテハ駐日墨國公使ノ意見ヲ徴セラルルコトト致度シト附言シ置ケリ

白、米、祕へ暗送セリ

917　昭和12年10月23日　広田外務大臣より在ベルギー来栖大使宛（電報）

招請状の遅延に鑑み九国条約会議の会期を日本の都合に応じて変更する用意がある旨在本邦ベルギー大使通報について

本省　10月23日後4時発

第七七號

往電第七六號ニ關シ

二十三日白國大使本大臣ヲ來訪シ日本政府ニ對スル正式招請ガ余リニ會期ニ切迫シテ提出セラレタルコトニ關シ日本ノ輿論中之ヲ問題ト爲スモノアリトノコトナル處白國政府ニ於テハ日本ノ都合ニ依リ會期ノ變更方考慮スベキ旨電報ニ接シタリト述ベタルニ付本大臣ハ日本政府ハ大体不參加ノコトニ方針ノ決定ヲ見タル次第ナリト答ヘタル處大使ハ本大臣ハ右方針ニ鑑ミ會議延期ニインタレストヲ有セズト報告スベシト述ベ居リタリ

前電通轉電アリタシ

米ヘ轉電セリ

918　昭和12年10月23日　在上海岡本総領事より広田外務大臣宛（電報）

九国条約会議へのわが方不参加は諸般の状況から至当と考えるも対外啓発に一層考慮をめ

ぐらすべき旨意見具申

上　海　10月23日後発
本　省　10月23日夜着

第一九五六號

九箇國條約關係國會議ニ對スル帝國ノ方針ハ素ヨリ不參加ニ決定ノコトト存スル次第ナルカ當方面外支側ノ意嚮ヲ見ルニ先ツ外人側ニ於テハ一部ニハ過般ノ空爆非議ニ關スル聯盟決議ノ如キハ日本側ノ會議不參加ノ齎セル結果ナレハ此ノ上ノ缺席裁判ハ日本ニ取リ不利ナリトテ我方ノ參加方ヲ勸ムル者アルモ多クハ日本トシテハ聯盟ノ執リタル偏頗ナル態度ニ由來シ日本ヲ被告扱トスル如キ會議ニ參加スルコトハアルマシ又日本ノ參加ナキ會議ノ效果ハ自ラ明カナリトテ會議カ時局ノ平和的處理促進ニ資スルコト少カルヘキヲ豫見シ居リ又支那側ニ於テモ往電第一八七三號神州日報論説ノ如ク本件會議カ支那ニ與フル實質的成果ニハ餘リ期待シ居ラス唯例ノ如ク法廷戰術ニ利用セントシ居ルニ過キサルモノノ如シ

更ニ現地陸海軍ニ於テハ日本カ如何ニモ和ヲ急ク様ナル感觸ヲ與フルコトハ不可ナリトノ意見ニテ右ハ當地ノ實情ニ照ラシ最モ至極ト認メラル

從テ此ノ際我方トシテハ何等躊躇スルコトナク會議不參加ノ旨ヲ闡明シ以テ中外ニ對シ其ノ確固タル決意ヲ示スコト適當ナルト共ニ他面前記支那側ノ宣傳工作ニ對抗スル爲ニモ對外啓發ニ一層考慮ヲ運ラシ從來ノ如ク事變發生ニ關スル我方立場及會議不參加ニ關スル説明ニ止マラス又支那膺懲論ノ如キ外國人ニ「アッピール」セサル放送ヲ止メ日支直接交渉ニ依リ時局收拾ニ關スル帝國ノ抱負經綸ノ大綱ヲ積極的ニ世界輿論ニ披瀝スル等ノ適切ナル措置ヲ講セラルルコト極メテ肝要ト存セラル

以上氣付ノ儘御參考迄

北平、天津ヘ轉電セリ

919　昭和12年10月26日　広田外務大臣より在ベルギー来栖大使宛（電報）

九国条約会議への独ソ両国参加の是非に関し英国が各国に対して招請回答の中で意見の開示を求めた旨通報

本　省　10月26日後4時10分発

第八〇號

二十五日在京英國大使他用ニテ次官ヲ來訪ノ際九國條約國會議ニ關シ同會議ニ獨蘇兩國ヲ參加セシムベキヤニ關スル意見ヲ會議招請ニ對スル回答中ニ於テ表明セラレ度旨英國側ヨリ關係各國ニ通達シタル趣ニテ曩ニ大臣ニ面會ノ際此點ニモ觸レオキタルガ念ノ爲メ改メテ申上グル旨述ベ居タリ結局會議ニ參加セザルベキ帝國トシテハ直接考慮ヲ要スル次第ニアラザルモ列國ノ回答振ニ關スルコトニモアリ右不取敢

在歐大使（除土）ヘ轉電アリ度

米ヘ轉電セリ

920　昭和12年10月26日　広田外務大臣より 在英国吉田大使宛（電報）

九国条約会議へのわが方参加を在本邦英国大使が再度要請について

本　省　10月26日後7時10分発

第四六一號

二十六日英國大使本大臣ヲ來訪シ英國政府ハ日本ノ九國條約國會議ニ參加方切望シ居ル次第ハ從來御話申上ゲタル通ナルガ本國政府ヨリ重ネテ訓令ノ次第モアリ更ニ御再考ヲ願ヒ度萬一日本ノ不參加ニ決セラレタル場合ニ於テモ會議ニ對シテ反抗的態度ニ出デラレザル樣致度若シ日本ガ斯ル態度ヲ採ラルルニ於テハ會議參加國ヲ敵ニ廻シ支那側ニ有利ト爲ル虞アルベキニ付何トカ留意アリ度旨申述ヘタルニ付本大臣ハ右ハ自分ニ於テモ十分考慮シ居ル所ナルガ政府ハ大体不參加ニ決定シ居リ回答案文ハ一兩日中ニハ決定スベキニ付愈々回答ノ際ハ貴大使ニ對シテモ政府ノ意嚮ヲ御話致スベキ旨答ヘ置キタリ

米ヘ轉電セリ

在歐大使ヘ轉電アリ度

921　昭和12年10月26日　在ベルギー来栖大使より 広田外務大臣宛（電報）

ベルギー内閣の総辞職によって九国条約会議開催延期について

ブリュッセル　10月26日後発

本　　省　10月27日前着

第二三四號（至急）

外務省係官ノ内話ニ依レハ内閣總辭職ノ結果九國會議ヲ十一月三日ニ延期セル趣右不取敢

在歐各大使、壽府、米、蘭、葡、瑞典へ轉電セリ

---

922 昭和12年10月26日 在米国斎藤大使より広田外務大臣宛（電報）

九国条約会議に関する英米事前協議の内容など情報報告

ワシントン 10月26日後発
本　　　省 10月27日前着

第五六八號（極祕、部外祕）

[1]二十二日須磨「クリーブランド」ニ於テ開催ノ「フオリンポリシーカウンシル」ノ會合ニ於テ日支問題ニ關シ講演ノ爲同地出張ノ節ニ紐育「フオリンポリシーアソシエーシヨン」會長「ブユーエル」ハ須磨ニ對シ最近國務省方面トノ接觸ニ依リ得タル印象トシテ左記趣旨ヲ内話シタル由ナリ

（將來ノ關係モアリ部外祕トセラレ度シ）

一、今次九國會議ニ付テハ日本ノ參加ニ便ナラシムル爲聯盟ト全然別個ノモノトシテ開催方英國側ヨリ米ニ提案アリタルコト

二、米ヨリ英國ニ對シ右會議ヲ成功セシムル爲英ニ於テ如何ナル案ヲ有スルヤヲ問合セタルニ英ヨリ今會議ニ於テ日支間ノ休戰ヲ提議スルコトヲ考慮シ居ル旨及右休戰ニ關シ支那ハ事變前ノ原狀囘復ヲ條件トスルコトヲ主張シ居ルモ之ハ認ムルコトヲ得ス一方日本ノ面目保持ノ爲北支ニ於テ日本ノ特殊地位ヲ認ムルコトモ不可ナリ結局北支及上海地方ニ於テ非武裝地帶ヲ設定乃至擴張スルカ如キ案ニ依ルノ外ナカルヘキ處

[2]若シ支那カ右案ヲ承諾セサル場合ニハ英ハ香港ヲ閉鎖シ米ハ中立法ヲ適用スルコトトシテ支那ヲ壓迫シ支那ニ右案ヲ認メシムルコト適當ナリト認ムル旨囘答アリ米側ニ於テモ大體右「ライン」ノ心構ニテ會議ニ臨ムコトトナリタルコト

三、「ノーマン、デヴイス」米國出發前紐育州「ハイドパーク」ノ大統領私邸ニ於テ大統領ニ面會ノ際大統領ハ本會議カ何等措置ヲ採ル場合日本カ之ニ耳ヲ傾ケサル場合ノ方策ニ付テモ英國等トノ間ニ充分協議シ置クノ要アル旨

ヲ述ヘタルコト

四、米國カ「オフイシアリー」ニ對日「ボイコツト」ニ乘出スヘキヤ否ヤニ付テハ專ラ一般輿論ノ動向ヲ注意シ居ルコト

(紐育へ托送ノ筈)

英へ轉電セリ

英ヨリ在歐各大使及壽府ニ轉報アリタシ

923 昭和12年10月27日 広田外務大臣より在ベルギー来栖大使宛(電報)

九国条約会議へのわが方不参加回答を在本邦ベルギー大使へ手交について

付　記　昭和十二年十月二十七日付

右わが方不参加回答

本　省　10月27日後7時45分発

第八二號

二十七日夕白國大使ヲ招致シ帝國政府ノ九國條約會議ニ對スル不參加ノ回答(佛譯文添附)及參考トシテ帝國政府ノ聲明ヲ交付シタリ英、米大使ニハ本大臣ヨリ獨(參事官)、伊、佛大使ニハ次官ヨリ右交付ニ先チ回答ヲ內示シ置キタリ回答文及聲明英譯文ハ至急情報トシテ又回答文ノ英譯文ハ一般情報トシテ電報ス回答文ノ佛譯文ハ別電第八四號(省略)ノ通

本電ノミ在歐大使、壽府、蘭、葡、瑞典へ轉電アリタシ米へ轉電セリ

(付　記)

十月二十七日帝國政府回答

帝國政府ハ米國政府ノ同意ヲ以テ爲サレタル英國政府ノ要請ニ從ヒ千九百二十二年二月六日ノ九國條約署名國ニ對シ同條約第七條ニ基キ東亞ニ於ケル事態ヲ檢討シ且該地域ニ行ハルル遺憾ナル紛爭ノ終結ヲ促進スヘキ和協手段ヲ攻究スル爲本月三十日「ブリュッセル」ニ會合センコトヲ提議セラレタル本月二十日附白國政府ノ招請ヲ正ニ受領セリ

國際聯盟總會ハ本月六日日支事變ニ關シ採擇セラレタル報告書ニ於テ當事國一方ノ陳述ニ依據シ現ニ帝國カ支那ニ於テ執リツツアル行動ヲ以テ九國條約ニ違反スルモノト斷定シタリ今次帝國ノ支那ニ於ケル行動ハ支那側ノ極端ナル排日抗日政策ノ强行特ニ實力ヲ以テスル挑發行動ニ依リ餘儀

ナクセラレタル自衛措置ニシテ九國條約ノ範圍外タルコトハ已ニ帝國政府ノ聲明セル所ナリ

聯盟總會ハ更ニ進テ其ノ決議ニ於テ支那ニ對シ精神的支持ヲ表明シ且聯盟國ニ對シ支那ノ抵抗力ヲ弱メ現在ノ紛爭ニ於ケル支那ノ困難ヲ增大セシムル效果ヲ有スルカ如キ行動ヲ差控ヘ且各個ニ支那ヲ援助シ得ル程度ヲ考慮スヘキコトヲ勸奬シタリ右ハ明ニ日支兩國ノ眞摯ナル協調ニ依リ東亞ノ平和ヲ具現シ依テ世界ノ平和ニ寄與スル所アラントスル帝國ノ公明ナル意圖ヲ無視シ紛爭當事國ノ一方ニ加擔シ其ノ敵對意識ヲ鼓吹スルモノニシテ決シテ本件紛爭ノ解決ヲ促進スル所以ニ非ス白國政府ノ招請ニハ今次會議ト聯盟トノ關係ニ付何等言及スル所ナキモ聯盟カ前記決議中ニ於テ九國條約當事國タル聯盟國ノ會議ヲ示唆シ居リ又英國政府ノ今次會議招集ノ要請ニ同意セル米國政府ハ十月六日聯盟ノ決議ヲ支持スル旨ヲ聲明シ居ル事實ニ鑑ミ帝國政府ハ今次會議カ聯盟ノ決議ニ關聯シテ招集セラレタルモノト斷セサルヲ得ス而シテ聯盟ハ前項所述ノ如ク帝國ノ名譽ニ關スル斷定ヲ下シ又帝國ニ對スル非友誼的決議ヲ採擇セル事實アルニ顧ミ今次開催セラルヘキ會議ニ於テハ到底關係國間ノ充分ニシテ且隔意ナキ交渉ヲ行ヒ日支間ノ事變ヲ現實ニ卽セル公正妥當ナル解決ニ導クコトヲ期待シ難シト認メサルヲ得ス

加之今次ノ日支事變ハ東亞ノ特殊事態ニ基因シ且日支兩國ノ生存ニ重大關係ヲ有スルモノナルヲ以テ東亞ニ於ケル利害ノ程度相異リ甚シキハ殆ト利害關係ヲ有セサル國ヲモ含ム多數國ノ會議ニ依リ之カ解決ヲ圖ルハ却テ事態ヲ紛糾セシメ之カ正常ナル收拾ニ大ナル支障ヲ及ホスヘキハ帝國政府ノ確信スル所ナリ

以上ノ觀點ヨリシテ帝國政府ハ白國政府ノ招請ヲ受諾シ得サルヲ遺憾トス

抑モ今次ノ事變ハ支那政府カ多年國策トシテ國民ニ抗日意識ヲ扶植シ其ノ排日運動ヲ奬勵スルノミナラス赤化勢力ト勾結シ排日抗日ノ風潮ヲ激化シテ東亞ノ平和ヲ脅威シタル結果ニ外ナラス從テ之カ解決ノ要諦ハ支那政府ニ於テ東亞ノ安定ニ對スル日支共同ノ責任ヲ自覺シ自肅自省以テ日支提携ノ政策ニ轉向スルニ在リ帝國ノ列國ニ期待スル所ハ列國カ此ノ要諦ヲ充分ニ認識スルコトニシテ此ノ認識ニ基ク協力ノミ東亞安定ニ寄與スルコトヲ得ヘシ

昭和十二年十月二十七日

編　注　本付記は、昭和十二年十二月、条約局第三課作成「「ブリュッセル」ニ於ケル支那ニ關スル九國條約締結國會議經緯」より抜粋。

924　昭和12年10月27日　九国条約会議不参加に関する日本政府声明

付　記　右英訳文

九國條約國會議不參加ニ關スル帝國政府ノ聲明

帝國政府ハ九國條約國會議ニ關スル本月二十日附白耳義國政府ノ招請ニ回答スルノ機會ニ方リ、詳細從來ノ經緯ヲ敍シ弘ク其ノ所信ヲ中外ニ闡明セントス

一、支那ハ辛亥革命以來幾多政權ノ興亡アリタルモ其ノ一貫セル對外政策ハ排外ニアリ、殊ニ中國國民黨カ國民政府ヲ廣東ニ樹立シ中央政權獲得ノ手段トシテ大正十三年聯蘇容共政策ヲ採ツテ以來其ノ排外政策ハ一層尖鋭露骨ト爲リ支那民衆ノ排外思想亦頓ニ熾烈ヲ加フルニ至レリ之カ爲列國ニシテ既得ノ權益ヲ犧牲ニ供シタルモノ比々皆然ラザルナキハ今尙世人ノ記憶ニ新ナル所ニシテ殊ニ最近十年支那ハ排外政策ノ目標ヲ主トシテ帝國ニ置ケリ帝國ハ夙ニ東亞諸國ノ親善提携カ東亞安定ノ樞軸ナルヲ確信シ鋭意之ガ實現ノ爲努力シ來リ、就中隣邦支那ガ民國革命以來次第ニ國家意識ニ目覺メ來レルハ日支ノ依存關係ヲ强靱ナラシムル所以ナリトシ帝國ノ歡迎セル所ニシテ、帝國ハ努メテ支那ノ正當ナル國民的要望ニ副ハントスルノ政策ヲ採リ、或ハ支那ノ關稅自主權回復ニ卒先協力シ、或ハ治外法權撤廢ニ關スル支那ノ要望ニ對シテ好意的態度ヲ表明スル等、只管日支親善ノ增進ニ努力スルト共ニ支那ガ之ニ順應シ來ランコトヲ待望セリ　然ルニ南京政府ハ帝國ノ斯ノ如キ同情アル態度ヲ多トセザルノミナラズ、却テ益々排日ノ武器ヲ翳シ支那ニ於ケル帝國ノ權益ヲ潰滅セシメズンバ已マザラントスルノ慨ヲ示シ、特ニ最近數年來ハ排日及抗日ヲ以テ國內ノ統一南京政權强化ノ具ニ供シ、軍隊、學校ニ於テハ排日ヲ以テ精神教育ノ根幹ト爲シ、純眞ナル幼少年時代ヨリ善隣ヲ仇敵視スルノ思想ヲ注入スルガ如キ世界ニ其ノ類ヲ見ザル

ノ暴擧ヲ敢テシ、其ノ結果帝國ノ平和ナル通商、經濟上ノ活動ノ妨礙ハ固ヨリ我居留民ノ安住ヲモ脅威スルニ至リ、進デハ組織的恐怖行爲ニ迄發展シ、單ニ茲一兩年ノ例ニ徵スルモ昭和十年十一月ノ上海ニ於ケル水兵殺害事件ヨリ汕頭、成都、北海、漢口、上海ニ於ケル帝國官民ノ殺害、長沙、汕頭ニ於ケル邦人住宅ノ爆擊等戰慄スベキ事件ノ續發ヲ見タリ　深ク事態ヲ憂ヒタル帝國政府ハ隱忍以テ幾度カ南京政府ノ猛省ヲ促シタルモ其ノ效ナク、折柄客年暮ノ西安事件生ジ茲ニ國民黨共産黨ノ妥協成リ、共産分子ハ抗日ノ旗幟ノ下ニ北支竝ニ滿洲國擾亂ヲ企圖スルニ至リ、其ノ勢ノ赴ク所遂ニ本年七月七日蘆溝橋ニ於ケル支那軍ノ日本軍不法攻擊事件ヲ惹起スルニ至レリ

二、右事件發生スルヤ帝國政府ハ之ヲ以テ日支間ノ大事ニ立至ラシメザランコトヲ期シ、直ニ事態不擴大局地解決ノ計ヲ立テ、作戰上多大ノ犧牲ヲ忍ンデ派兵ヲ見合セ、戰機ヲ逸スルヲ覺悟ノ上、二十數日ニ亘リ積極的軍事行動ヲ差控ヘ、以テ愼重處理ノ手段ヲ盡シタルニ反シ、南京政府ハ却テ梅津何應欽協定ヲ蹂躪シテ南京政府直屬ノ大軍ヲ續々北上セシメ、帝國軍隊ヲ脅威スルト共ニ現地支那軍ヲ煽動スルノ擧ニ出デ、事態ハ遂ニ全面的衝突ニ迄發展スルニ至レリ　蓋シ排日ヲ國内統一ノ具トスル南京政府ハ、最近兩三年日本ヲ目標トシテ國民ニ對シ盛ニ軍事思想ヲ鼓吹スル一方多量ノ武器輸入、要塞ノ構築、軍隊ノ訓練等ニ依リ急速ニ軍備ヲ强化シタル結果支那軍憲ハ自負ノ念ニ驅ラレ國民亦自力ヲ過信スルニ至リ、帝國ニ對シテ戰ヲ挑ムノ風潮國内ニ瀰漫シ、既ニ今回ノ事變前支那ノ言論機關ハ日本及日本人ヲ敵國又ハ敵人ト呼ンデ憚ラザリシモノニシテ、一度蘆溝橋ニ事起ルヤ、南京政府ハ自ラ釀成シタル國内情勢ニ驅ラレ、帝國ノ愼重ナル態度及局地解決ノ方針モ遂ニ施スニ由ナカリシ次第ナリ

事態ハ斯ノ如クシテ擴大セラレ北支ノミナラズ中南支各地ニ於ケル帝國臣民ハ愈々生命ノ危險ニ暴サルルニ至リ遂ニ多年營々建設セル生活ノ本據ヲ棄テ各地ヨリ全面的ニ引揚グルノ已ムナキニ至レリ。他方上海ニ於テハ、南京政府ハ從來共昭和七年ノ停戰協定ヲ遵守セズ非武裝地帶内ニ密ニ堅固ナル陣地ヲ構築スル等着々戰備ヲ整フル所アリ、於茲帝國政府ハ本年六月特ニ協定關係國會議ノ

開催ヲ求メ、支那側ノ注意ヲ喚起シタルガ、支那側ハ聊カモ其ノ態度ヲ改メズ、北支ニ於ケル衝突勃發スルヤ公然停戰協定ヲ蹂躪シテ正規軍ヲ非武裝地帶ニ侵入セシメ、遂ニ八月九日帝國海軍將兵ノ慘殺ヲ契機トシテ愈々租界攻擊ノ鋒鋩ヲ現シ帝國政府ガ停戰協定關係國トモ連絡シ、隱忍ニ隱忍ヲ重ネ、作戰上重大ナル不利ヲ忍ンデ、軍事衝突回避ノ爲最後ノ瞬間迄百方努力シタルニモ拘ラズ支那側ハ突如租界防備ノ帝國軍隊及我ガ在留民ニ對シ空爆砲擊ヲ加ヘ、寡少ナル陸戰隊ハ固ヨリ帝國三萬ノ居留民鏖殺ヲ企圖スルニ至レルヲ以テ、事茲ニ至リテハ帝國トシテモ自衛ノ爲反擊スルノ餘儀ナキニ至レル次第ナリ

以上ニ依リ明ナル通リ今次事變ノ根源ハ南京政府ノ徹底的排日政策ニ存シ、事態擴大ノ直接原因ハ南京政府ガ梅津何應欽協定ヲ侵犯シテ中央軍ヲ大擧北上セシメ、又上海ニ於テ停戰協定ヲ蹂躪シテ兵ヲ租界ニ進メタルニアリ、此處ニ於テ遂ニ帝國ハ已ムナク自衛ノ爲蹶起シ、此ノ機會ニ於テ東亞百年ノ平和確立ノ爲南京政府ノ反省ヲ求メツツアル次第ナリ　依テ今次事變解決ノ要諦ハ南京政府ニ於テ飜然其ノ非ヲ改メ排日政策ヲ抛棄シ日支提携ノ我ガ國策ニ協調スルニアルノミ

三、顧ルニ近年南京政府ヲシテ排日ニ狂奔セシムルニ至レル重要ナル原因ノ一ハ、往年滿洲事變ニ際シ、國際聯盟ガ東亞現實ノ事態ヲ無視シテ採擇セル決議ニ依リ支那ノ排日政策ヲ鼓舞スル結果ヲ招來セルニアリ　然ルニ國際聯盟ハ今又卒然南京政府ノ提訴ヲ取上ゲ虛構ノ報告ニ依據シ深ク事變ノ眞因ヲ究明スル所ナク、九月二十七日ニハ防備最モ嚴重ナル南京、廣東ノ軍事施設爆擊ヲ無防備都市ノ空爆ナリト斷定シ、帝國ヲ非難スルノ決議ヲ爲シ、更ニ十月六日ノ聯盟總會ニ於テ帝國ノ行動ヲ以テ九國條約竝ニ不戰條約違反ナリト斷定セルノミナラズ進デ公然支那援助ノ決議ヲ採擇シタルガ如キハ、列國ノ干涉ヲ導入シテ帝國ヲ抑ヘントスル南京政府ノ奸策ヲ支援スル結果ト爲リ、支那ノ抗日決意ヲ愈々鼓舞シ事態ノ收拾ヲ益々困難ナラシムルモノニシテ、往年ノ過誤ヲ再ビ繰返シツツアルモノト謂ハザルヲ得ズ

抑モ帝國今次ノ行動ガ支那側ノ挑發ニ對スル自衛手段ニシテ九國條約違反ノ問題ヲ發生スルノ余地ナキハ明ナルノミナラズ、近時支那ニ於ケル赤化勢力ノ浸潤、國內情

勢ノ變化等ニ依リ東亞ノ事態ハ九國條約成立當時トハ著シク異レルモノアリ。殊ニ今次招請セラレタル九國條約會議參加國ノ大多數ハ畢竟前記聯盟ノ決議ニ拘束セラルベキニ依リ、假令帝國政府ニ於テ同會議ニ參加スルモ滿洲事變ノ際ニ於ケル聯盟ノ會議ト同樣到底公正ナル結果ヲ期待シ得ズ、況ヤ東亞ニ殆ド利害ノ關係ヲ有セザル諸國ヲモ加ヘタル此種ノ會議ハ徒ニ日支兩國ノ民心ヲ刺戟シ、却テ事態ヲ益々紛糾セシメ、時局收拾ニ毫モ資スル所ナカルベキヲ以テ、帝國政府ハ茲ニ參加ヲ拒絶セル次第ナリ

帝國ハ今ヤ擧國一致萬難ヲ排シテ南京政府ノ反省ヲ求メ事態ノ速ナル解決ニ邁進セントス　然レドモ帝國ハ固ヨリ列國トノ協調ヲ顧念セザルモノニ非ズ　只日支ノ紛爭ハ東亞ノ安定ニ共同ノ責任ヲ負擔スル兩國間ノ直接交涉ニ依リテノミ之ヲ解決シ得ベキモノニシテ、要ハ兩國協和ノ障礙ト爲リ常ニ帝國ノ權益ヲ脅威シツツアル南京政府ノ排日政策ト之ト勾結セル赤化勢力トヲ排除シ、以テ日支提携ニ基ク東亞恆久ノ平和ヲ確立スルニアリ　從テ帝國ハ支那ノ民衆ヲ敵視シ、其ノ領土ヲ侵略スルガ如キ意圖ナキノミナラズ却テ支那國民ノ物質的精神的向上ヲ祈念スルモノニシテ、外國ノ在支權益ハ飽ク迄之ヲ尊重シツツ列國ト共ニ支那ニ對スル文化的又經濟的協調ヲ期シ居ル次第ナリ　故ニ若シ列國ニシテ能ク右帝國ノ眞意ヲ理解シ、南京政府ノ反省ヲ促スニ適切ナル措置ニ出ヅルニ於テハ茲ニ初メテ今次事變ノ解決ニ關シ帝國ト協調ノ途ヲ開クコトヲ得ベキナリ。

編　注　本文書および本文書付記は、昭和十二年十二月、条約局第三課作成「「ブリュッセル」ニ於ケル支那ニ關スル九國條約締結國會議經緯」より抜粋。

(付　記)

STATEMENT OF THE JAPANESE GOVERNMENT REGARDING JAPAN'S NON-PARTICIPATION IN THE CONFERENCE OF THE NINE POWER TREATY SIGNATORIES.

October 27th, 1937.

The Japanese Government, having replied to the

invitation of the Belgian Government to the Conference of the Signatories of the Nine Power Treaty of 1922, take this opportunity of making public at home and abroad a statement of their views.

1. China has witnessed the rise and fall of countless régimes since the Revolution of 1912, but her foreign policy has been consistently one of anti-foreignism. Especially since 1924, when the Kuomintang set up the Nationalist Government in Canton and entered into alliance with the Communists as a means of winning control of the central administration, the anti-foreign policy began to be pursued with unprecedented vigour and ruthlessness, and anti-foreign sentiments were kindled ablaze among the populace. The memory is still fresh of the way in which foreign Powers, one after another, were victimized and deprived of their vested rights and interests. It happens that Japan has been made for the past ten years the principal target of this anti-foreign policy of China.

Japan has always striven to promote friendship and cooperation among the nations of East Asia, in the firm conviction that therein lies the key to the stability of that region. Japan welcomed the deepening of Chinese national consciousness which followed upon the Revolution, believing that it would conduce to intimate Sino-Japanese collaboration, and she adopted the policy of meeting the legitimate national aspirations of China to the utmost possible extent. For instance, in 1926 Japan took the lead in assisting China to recover her customs autonomy, and took a firm stand in favour of China on the question of the abolition of extra-territoriality. Japan, so cultivating China's good-will, looked patiently and eagerly forward to a favourable response that would consort with her ideal of friendship and cooperation. However, China showed no signs of appreciation of this sympathetic attitude on the part of Japan. On the contrary, she hoisted still higher the banner of anti-Japanism, and seemed resolved to annihilate all Japanese rights and interests in China.

The Nanking Government employed anti-Japanism as

a convenient tool in domestic politics for the mobilization of public opinion in support of their régime, and resorted to the unheard-of tactics of making it the foundation of moral education in the army and in the schools, so that even innocent children and youths were taught to look upon their friendly neighbour country as an enemy! As a result, not only were the peaceful trade and economic activities of Japan interrupted, but even the very lives of Japanese nationals were jeopardized. This anti-Japanese campaign finally took the form of organized terrorism as in the cases of the killing of a Japanese blue-jacket at Shanghai in November, 1935, and of the subsequent murderous attacks upon Japanese subjects at Swatow, Chengtu, Pakhoi, Hankow and Shanghai, and the bombing of Japanese residences at Changsha and Swatow. In the face of the alarming situation the Japanese Government remained calm and forbearing. Urgent demands were repeatedly made upon the Nanking Government for the reversal of their disastrous policy, but to no avail. Then towards the end of last year there occurred the Sian Incident, in which Chiang Kai-shek was held captive for some days. Though the exact circumstances surrounding that sensational incident remain a mystery, it is an indisputable fact that shortly afterward Communist elements, gaining the ascendency in the Nanking Government, began to conduct campaigns of disturbance in North China and Manchoukuo under the banner of "Anti-Japanese People's Front", which finally led to the Lukouchiao Incident of July 7 of this year, in which Japanese soldiers were unlawfully fired upon by Chinese troops in the outskirts of Peiping.

2. Upon the occurrence of the Lukouchiao Incident the Japanese Government, desirous of averting a possible Sino-Japanese crisis, immediately formulated a policy of non-aggravation and local settlement, and devoted their best efforts toward bringing about an amicable solution, despite the intolerable situations that were created, one after another, by the Chinese on the spot. On the other hand the Nanking Government, in violation of the Umezu-

Ho Agreement, moved north the vast forces under their direct command, to threaten the Japanese garrisons, and also instigated local Chinese armies against Japan. The situation was thus aggravated until a general clash between the two countries became inevitable. It should be recalled that the Nanking Government, which employs anti-Japanism as an instrument of internal unification, had been conducting for some years a militaristic propaganda aimed at Japan, and that at the same time, by importing vast quantities of munitions, constructing fortifications, and giving intensive training to the troops, they had succeeded in building up strong armaments, so that their military men grew over confident of their own strength and the people themselves were deluded into putting an exaggerated estimate upon their country's fighting power. A belligerent spirit towards Japan came to prevail throughout the land. Long before the present outbreak, Chinese newspapers and magazines were accustomed to call Japan the "enemy country" and Japanese their enemies. At the time of the Lukouchiao Incident the Nanking Government being driven to action against Japan by the internal situation they themselves had created, Japan's cautious attitude and her policy of local settlement were both doomed to utter failure.

With the aggravation of the situation all Japanese residents not only in North China but also in Central and South China became exposed to imminent danger, and were compelled to evacuate *en masse,* abandoning the enterprises that they had toilsomely built up during long years in the past. At the same time the Chinese in Shanghai, in contravention of the 1932 Truce Agreement, secretly set out to construct military works in the demilitarized zone and to perfect their war preparations. Accordingly in June last the Japanese Government made a request for a special conference of the Powers concerned, and called the attention of the Chinese Government to the matter. The Chinese refused to alter their attitude, but upon the outbreak of the armed conflict in North China, they moved troops into the prohibited zone in flagrant violation of the Truce Agreement, and finally following upon the murder of an officer and a man belonging to the Japanese Landing Party on August 9, they launched an attack upon the International Settlement. While the Japanese authorities were still engaged in negotiations with the representatives of the Powers concerned, in a desparate attempt to prevent hostilities with extreme patience and forbearance and bearing serious strategical disadvantages, the Chinese began to shell and bomb the Japanese quarter of the Settlement as well as the Japanese garrison defending it, with a view to annihilating the 30,000 Japanese residents as well as the Japanese forces who were hopelessly outnumbered by the Chinese armies. Thereupon Japan was compelled to take counter-measures in self-defence.

As is clear from the foregoing account, the fundamental cause of the aggravation of the present affair is to be found in the policy of the Nanking Government who moved large, threatening forces into North China in contravention of the Umezu-Ho Agreement, and also tore up the Truce Agreement by marching troops on the International Settlement. Japan was compelled to take up arms in self-defense, and she has chosen this opportunity to make the Nanking Government revise their attitude for the sake of the permanent peace of East Asia. Therefore, the present affair can never be settled until the Nanking Government mend their ways, abandon once for all their anti-Japanese policy and accept Japan's policy of cooperation and collaboration between the two countries.

3. It should be remembered that one of the important factors underlying Nanking's feverish agitations of more recent years against Japan it the action taken by the League of Nations at the time of the Manchurian Incident. That body then adopted a resolution framed in utter disregard of the realities of the situation in East Asia, which strongly stimulated China in her anti-Japanese policy. Now the League has once more taken up the appeal of the

Nanking Government. Without going fully into the real causes of the present affair, it has concluded on the basis of false reports that the bombing of the military works in strongly fortified Nanking and Canton was an attack upon defenceless cities, and adopted the resolution of September 27 condemning Japan. Again on October 6 the Assembly of the League of Nations not only concluded that Japan's action constituted a violation of the Anti-War Pact and the Nine Power Treaty but also adopted a resolution which openly calls for assistance to China. Such proceedings on the part of the League only fall in with the cunning scheme of the Nanking Government to exert pressure upon Japan by inviting the intervention of third Powers, and serve no useful end but to encourage China in her resolve to oppose Japan to the last and to render a settlement of the affair more difficult than ever. It must be said that the League of Nations is repeating the error that it committed but a few years ago.

Japan's action is a measure of self-defence taken in the face of Chinese challenge, and obviously there can be no question of violation of the Nine Power Treaty. Moreover, as compared with the time when that treaty was concluded, the situation of East Asia to-day has been rendered totally different, owing to the infiltration of Communist influence and the changes of internal conditions prevailing in China. In any case, as regards the conference that has been convened of the signatories to the Nine Power Treaty, it is a foregone conclusion that a majority of the participants will hold themselves bound by the above-mentioned resolutions of the League of Nations, and even if Japan took part in its deliberations, no fair and just results could ever be expected therefrom as in the case of the League meeting at the time of the Manchurian Incident. Especially as this Conference is to be attended by Powers which are not directly interested in East Asia, it is calculated to arouse popular feeling both in Japan and China, thereby complicating the situation still further but contributing nothing toward a solution. The Japanese

Government have, therefore, decided to decline the invitation.

The Japanese nation, rising as one man, is united in the determination to surmount all obstacles for the purpose of effecting a speedy settlement. Japan is by no means indifferent towards international cooperation. But the Sino-Japanese difficulties can be solved only through direct negotiations between the two Powers on whom falls the common burden of responsibility for the stability of East Asia. What is needed is the elimination of Nanking's anti-Japanese policy and the Communist elements which are identified with it, so that there may be established an enduring peace based upon Sino-Japanese unity and cooperation. Japan never looks upon the Chinese people as an enemy, nor does she harbour any territorial designs. It is rather her sincere wish to witness the material and spiritual advancement of the Chinese nation. And it is her desire to promote cultural and economic cooperation with foreign Powers regarding China, while at the same time she will respect fully their rights and interests there. Accordingly, so soon as the Powers understand the true intentions of Japan, and take suitable steps to make the Nanking Government reconsider their attitude and policy, then and only then a way will have been paved for their cooperation with Japan respecting the settlement of the present conflict.

925 昭和12年10月27日 広田外務大臣より
在英国吉田大使宛（電報）

九国条約会議不参加に関する在本邦英米白三国大使への広田外相説明振りについて

本省 10月27日後11時30分発

第四六六號

白宛往電第八二號ニ關シ

英米白三國大使トノ會談ニ際シ本大臣ヨリ英米大使ニ對シテハ日本不參加ノ理由ハ回答ニ依リ承知セラレ度ク日本ノ意ノ在ルトコロハ回答及聲明ヲ熟讀セラルレバ判明スベシ東亞ノ事情ニ通曉セル國ガ協力シテ呉ルルコトハ結構ナリ

貴國政府ガ事變解決ノ爲日支直接交渉ヲ開始スル樣南京政府又ハ蔣介石ヲ說得セラルルコトハ desirable ナリト思考スト述ベ、白國大使ニ對シテハ囘答ト聲明トハ一体ヲ爲スモノニシテ聲明ノ方ニテ事變ニ對スル日本ノ態度及會議ニ對スル方針ハ詳細說明シアル旨述ベ置キタリ

前電通リ轉電アリタシ米ヘ轉電セリ

編注 第三国による日中直接交渉斡旋に関する外務・陸軍・海軍三省決定については、本書第173文書参照。

926 昭和12年10月27日 広田外務大臣より在伊国堀田大使宛（電報）

九国条約会議不参加を在本邦独仏伊三国大使へ説明について

本省 10月27日後11時30分発

第二一九號

白宛往電第八二號ニ關シ

一、二十七日次官伊太利大使ノ來訪ヲ求メ白國大使ニ囘答手交前同寫及聲明ヲ内示シ伊太利ノ從來ノ好意態度ヲ謝シタル處同大使ハ右内報ヲ謝シ次デ次官ヨリ會議ニ關シ何等情報アリヤト尋ネタルニ大使ハ伊國ガ正式ニ會議ニ參加スル旨囘答ヲ發シタル外何等ノ情報ナキ旨答ヘタリ尙次官ヨリ適當ノ時機ニ支那側ヲシテ直接交渉ヲ開始セシムル樣伊國側ヨリ誘導セラレハ好都合ナリト謂ヘルニ對シ大使ハ早速其ノ旨本國政府ニ傳フベキ旨ヲ述ベタリ

二、次ニ獨逸參事官ハ囘答佛譯ヲ一讀ノ上日本ノ態度ハ明瞭ナリト認ムル旨ヲ述ベ次デ會議ニ關シテハ先般獨逸ノ不參加ニ決定シタルヤニ認メラルル來電（獨宛往電第二四九號）ニ接シタル外何等ノ情報ナシト述ベ次官ヨリ伊大使ニ對スルト同樣支那側誘導ノ點ニ言及シタルニ對シ參事官ハ其ノ旨傳達スベキ旨ヲ述ベタル後伊太利ノ態度ニ付質問セルニ付次官ハ伊太利ハ參加ニ決シタル上會議ニ於テ日本ノ立場ヲ支持スル旨ノ申出アリタルニ付會議ガ對日制裁乃至休戰條件ノ決定等ヲ爲スニ至ラザル樣希望スル旨ヲ伊太利ニ傳ヘ置キタル次第ヲ申述置キタリ

三、佛大使ハ内示ヲ受ケタル上日本ノ拒絶セラルベキコトハ豫期セラレタル所ナリト述ベ居タリ

米ヘ轉電セリ

在歐大使、壽府へ轉電アリ度

編　注　第三国による日中直接交渉斡旋に関する外務・陸軍・海軍三省決定については、本書第173文書参照。

927　昭和12年10月28日　在ベルギー来栖大使より広田外務大臣宛（電報）

独ソ両国に対して九国条約会議の追加招請状が発せられたとの情報について

ブリュッセル　10月28日後発
本　省　10月29日前着

第二四二號

諜報ニ依レハ白國政府ハ九國會議關係國ト協議ノ結果獨及蘇聯邦ニ對シ二十八日夫々招請狀ヲ發送セル由

928　昭和12年10月28日　在ベルギー来栖大使より広田外務大臣宛（電報）

九国条約会議における伊国利用には一定の限度があり慎重対処方意見具申

ブリュッセル　10月28日後発
本　省　10月29日夜着

第二三八號（極祕、館長符號扱）

武府會議[1]ノ動向歸結ニ關シテハ俄ニ豫斷ヲ許ササルモ大體過般ノ聯盟會議ト同シク英米ノ動向ニ追隨スルモノト大觀セラルル處他方帝國トシテハ差當リ在支英國權益ニ關スル同國ノ危惧ヲ一掃セシムルカ如キ具體的緩和策モ不可能ナル御事情アリ且上海戰況未タ急速展開ヲ豫測シ難キ情勢ナル限リ東亞ニ於ケル主動的地位ヲ堅持シ飽迄日支直接交渉ヲ主張スル我國ノ立場ト支那ノ赤化ノ危險ヨリ寧ロ我國ノ軍事行動ヲ以テ一層急迫且直接ナル危險ナリト認メ太平洋關係諸國ト集團機構創設ニ依ル我國掣肘ヲ最後ノ目標トスルヤニ見受ケラルル英米現在ノ立場トハ妥協頗ル困難ナルヘク從テ我國ノ參加セサル今囘會議ノ歸結カ我國ニ對シ少クトモ有利ナラサルヘキハ今日ヨリ豫測ニ難カラス右ハ我國官民ヲ擧ケテ當然覺悟シ置クヘキ所ニシテ既ニ帝國政府トシテ斷然不參加ニ決シ囘答文其ノ他ニ於テ堂々所信ヲ中外ニ宣明セラレタル以上我國民論等カ會議ノ經過ニ一喜一憂シ或ハ名ヲ政府攻撃ニ借リテ硬軟兩論ノ內輪揉ヲ暴露ス

ルカ如キハ決シテ帝國ノ威信ヲ宣揚スル所以ニアラサルハ申ス迄モナク斯ノ如キハ今後ノ列强關係上頗ル憂慮スヘキ影響アリト思考セラルルニ付此ノ點ニ關シテハ豫メ充分御指導置キアリ度シ

會議[(2)]ノ席上伊國代表ヲシテ我國ノ主張ヲ代辯セシムル御方策ト東亞ニ於ケル我國ノ主動的地位堅持ノ建前トノ間ニハ適宜調和ノ要アルヘク旁少クトモ現地ニアル出先トシテハ飽迄帝國使臣トシテ堂々且冷靜ナル態度ヲ堅持シ苟モ物欲シ氣ナル行動ハ之ヲ愼ミ度ク從ツテ現地ニ於ケル他國代表ノ利用ニハ一定ノ限度アルヘキ儀ト思考スルノミナラス獨伊トシテハ目下同時ニ問題トナリ居ル西班牙不干涉委員會トノ關係上種々駈引モ有之ヘキハ豫想ニ難カラサルト共ニ兩國何レモ內心對英工作ニ顧念シ居ルコト及兩國共支那問題ニ關シ一層有力ナル地位ヲ占メントスル底意ヲモ有スルコト等ニ關シテハ我國トシテモ事前ヨリ充分打算ニ加ヘ置カレ度ク結局會議埒外ニアル本使ニ於テハ如何ニ努力スルモ其ノ成果ニハ一定ノ限度アルヘシト思考スル處本省ニ於テハ貴電合第一九四三號ノ如ク國內一部ノ世評ニモ介意セサルヘカラサル御事情モ有之ヤニ拜察セラルルヲ以テ右ニ關シテハ豫メ本電前段ノ趣旨ニ依リ然ルヘク御措置置キ相成度シ

米、在歐各大使（土ヲ除ク）ヘ轉電セリ

929 昭和12年10月29日 在ベルギー来栖大使より広田外務大臣宛（電報）

九国条約会議不参加に関する日本政府声明をベルギー政府へ手交について

ブリュッセル 10月29日後発
本省 10月30日前着

第二四九號

貴電第八三號ニ關シ

聲明書二十八日夜接到二十九日本使政變ノ關係上特ニ外務次官ト會見之ヲ手交スルト共ニ右ハ囘答文ト一體ヲ成ス旨說明シ置キタル處次官ハ日本不參加ヲ殘念ナリト述ヘタルニ付本使ハ帝國政府不參加ノ理由ハ囘答文及聲明書ニ依リ御承知アリタシト述ヘタル後例ヘハ米國ト墨西哥トノ紛爭審議ノ爲豫メ何等米ニ相談ナク日英兩國カ打合ノ上第三國例ヘハ葡國ヲシテ里斯本ニ會議ヲ開催セシムルコトトシ米

ノ參加ヲ求メタル場合米カ果シテ參加スヘキヤト尋ネタル處能ク了解セリト答ヘ次テ本使ヨリ本件聲明書ノ公表方ヲ依頼セル處次官ハ既ニ昨朝ノ「タイムス」ニ全文掲載セラレ居ル際新聞等ニ掲載セシムルハ困難ナルモ會議直前ニ何等カノ方法ヲ考究スヘシト答ヘタリ

米、壽府、在歐各大使へ暗送セリ

〰〰〰〰〰〰

930 昭和12年10月30日 在独国武者小路大使より広田外務大臣宛（電報）

九国条約会議の招請に対して独国政府が拒絶回答をした旨同国外務次官内報について

ベルリン 10月30日前発
本　　省 10月30日後着

第四六〇號

往電第四五九號ニ關シ

二十九日「マッケンゼン」次官ニ面會ノ際同次官ハ武府會議ニ對シ白國ノ招請狀ハ二十八日夜（冒頭往電發後）在伯林白國公使側ヨリ接受シタルカ獨政府ハ右ニ對シ二十九日正午不參加ノ回答ヲ發シタリト述ヘ大要別電（省略）ノ如キ回答寫ヲ示シタルニ付本使ハ右ハ當方ニ於テモ豫テ期待シ居リタル所ナリト述ヘ置ケリ

冒頭往電ノ通リ轉電セリ

〰〰〰〰〰〰

931 昭和12年10月30日 在英国吉田大使より広田外務大臣宛（電報）

九国条約会議は事態回復まで一旦閉会し裏面で英米が日中直接交渉を斡旋するよう英国外相へ提案について

ロンドン 10月30日前発
本　　省 10月30日後着

第八三八號（極祕）

貴電[(1)]第四六六號ニ關シ

今二十九日外相ヲ往訪全然政府ノ訓令ニ基カス本使一己ノ隔意ナキ私見ヲ開陳シ度ク全ク事態ヲ憂フルノ餘リト承知ヲ請フト前置申入レタルニ「イーデン」ハ諒トシ欣然座ニ招シタルニ付本使ハ先ツ九箇國會議招請ニ關スル外相ノ希望ヲ東京政府ニ傳達セル次第ヲ述ヘ其ノ參加ヲ見ルニ至ラサリシハ遺憾ナルカ上海戰局發展ノ今日事態囘復ヲ考慮シ

得ル時機ト思考ス幸ニ廣田外相ヨリ「クレーギー」ニ日支直接交渉開始ヲ誘導スルノ desirable ナル旨ヲ告ケラレタリ英政府ハ右希望ニ對シ適宜ノ措置ヲ執ラルルコトト信スト切リ出セル處外相ハ稍躊躇ノ後九箇國會議ヲ前ニシテ英米カ單獨ニ支那政府ニ對シ何等カノ行動ニ出ツルハ他ノ參加國ノ手前至難ナリ廣田外相ノ希望ニ對シ眞ニ當惑セサルヲ得ス然レトモ會議ハ御承知ノ通リ日支兩政府何レヲモ批判スルノ意毫モ無之一ツニ和平回復ノ途ヲ見出サントスルニアリ故ニ貴國政府參加ニ至ラサリシヲ深ク遺憾トス會議ノ成行ハ素ヨリ豫斷スヘキニアラサルモ

會[2]議ノ趣意右ノ通リナレハ會議ノ決定カ日支双方ニ和平勸告スル場合ニ於テモ貴國政府ハ世界輿論ノ反響ヲ慮リ無下ニ之ヲ拒否セラレサランコトヲ切望スト言ヘルニ付本使ハ貴意ハ然ルコト乍ラ國際會議ニ對シ我國民ニ一種偏見アリ華府會議ニ於テハ Ratio Clause ヲ、倫敦會議ニテハ Submarine Clause ヲ我全權ハ英米側ヨリ押付ケラレタルカ如クニ妄信シ又日清戰爭ノ終ニハ三國干渉ヲ受ケ（ト言ヘルニ外相ハ英ハ之ニ加ハラスト言ヲ挿メリ）兎角國際會議外國干渉ヲ喜ハス故ニ會議決議トシテ日支双方ニ和平勸告セラルルニ於テハ假令帝國政府ハ之ヲ欲スルモ國內政情其ノ勸告ヲ受諾スルヲ困難ナラシムル立場ニ置カルルノ危險アリ懸念ニ堪ヘスト答ヘタルニ外相ハ會議ノ手前單獨行動ハ出來ス會議決議ニ依ラントスレハ貴國政府ノ立場ヲ困難ナラシムトセハ如何ニセハ可ナルヘキヤトテ憂色アリ本使曰ク會議ハ英米小委員會附托トシテ餘リ publicity ヲ爲サス一應閉會シ behind screen ニ於テ英米カ日支ノ間ヲ然ルヘク斡旋セラレ事態回復ノ後ニ適宜ニ結果ヲ會議報告ノ手筈ニセラルレハ可ナルヘシ

外[3]相ハ暫時沈思ノ後貴國政府ハ事態恢復ヲ眞ニ考慮セラルヘキヤト問ヘルニ付然リト確信ス本使ノ承知スル限リニ於テモ今回ノ事變ハ初メヨリ帝國政府ノ豫想スル所ニアラス故ニ第一回軍事費見積額モ大ナラス再度議會ヲ開キテ軍事費見積替ヲ爲セルヲ見テモ其ノ邊ノ事情ハ了解セラルヘク支那側ニ引摺ラレテ遂ニ今日ノ事態ニ至レリ支那側ノ計畫的陷穽ニ trap サレタリトノ信念カ國民的憤激トナリテ擧國政府ヲ支持シ居ル次第ナルカ戰局一段落シテ排日膺懲ノ趣旨貫徹セハ茲ニ兵ヲ戢メテ日支國交ヲ新關係ノ上ニ置カント欲スルハ近衛首相ノ聲明ノ如シ軍側モ素ヨリ大規模ノ

戰ヲ爲スノ意ナク寡少ノ兵ヲ上海ニ送リタルコトカ偶戰局ヲ意外ニ長引カシメタル所以ナリ一九三二年ニ其ノ例アルカ如ク戰局一段落ト共ニ成ルヘク速ニ撤兵ノ決意ナルヲ確信スト言ヘルニ外相ハ深ク本使ノ來訪ヲ謝シ貴見篤ト考慮スヘシ云々ト言ヘリ

米、白ヘ轉電セリ

932 昭和12年10月31日 在独国武者小路大使より広田外務大臣宛(電報)

九国条約よりの離脱を内外に宣言すべきとの重光大使意見具申

ベルリン 10月31日前発
本　　省 10月31日後着

第四六八號(極祕)

重光大使ヨリ[1]

今般東亞ニ於ケル我主動的地位ノ確立ト赤化ノ危險除去ハ我根本方針タルヘキ見地ヨリ東亞問題ニ關スル他動的手段機構ノ設定(武府會議ノ如キ)ヲ見サル様特ニ平和安定ノ攪亂者(蘇聯乃至赤化セル支那)ヲ斯ル機構ニ包含セシメサルコトニ付テハ今日ヨリ最善ヲ盡スノ要アルヘキ處(往電ノ通リ蘇聯ヲ武府會議ニ參加セシムルハ大ナル後難ヲ殘スヘシ)聯盟ニ於テ條約違反ノ決議ヲ爲シ米國大統領ニ於テ同様ノ言明ヲ爲シタル後武府會議開催トナリタル此ノ形勢ニ對シテハ帝國ニ於テモ我立場ヲ闇(闡カ)明シ今後ノ地歩ヲ固メ併セテ列國トノ個別的關係ニ資スル爲默殺的消極ノ態度ヨリ進ンテ政治的積極的措置ヲ執ルノ要アル様思ハル(右ノ時期ハ武府會議ノ結果ヲ見タル上ノ方良キヤモ知レサルモ)卽チ他ノ調印國カ主義上ノ規定トモ見ルヘキ條約ヲ政治的[2]ニ悪用シ日本ヲ以テ侵害者ナリト判定セル條約特ニ九國條約ハ既ニ死滅セルモノナルコト且日本ハ他ノ調印國ト同條約ノ解釋(日本ハ條約ニ違反セス)適用(同條約第七條ハ單ニ情報ノ交換ノ規定ニシテ會議等集團機構ノ設定ニアラス)ニ付意見ヲ異ニスルコトヲ理由トシテ玆ニ同條約關係ヨリ離脱スルコトヲ通告シ(尤モ其ノ内容趣旨ニ反對意見アルニアラサルコト及列國ノ有スル經濟的利權ノ尊重ヲ明カニシ)我方ノ確乎不動ノ態度ヲ内外ニ宣言セハ將來英米蘇聯其ノ他ノ各國トノ交渉ニ却テ新生命ヲ與ヘ有利ナルコトト思料ス卽チ一度ハ右ノ措置ヲ經テ初メテ我東亞ノ

地位ノ確保及列國ヲ覺醒了解セシメテ我ト親善關係ヲ進捗セシメ得ルノ域ニ達スルモノト思料セラル尚九國會議(条約カ)ニ關スル氣付ノ點ハ別電ス

蘇ヲ除ク各大使ヘ轉電セリ

~~~~~~~~~~~~~~~~

933　昭和12年10月31日　在独国武者小路大使より広田外務大臣宛（電報）

九国条約に関する重光大使気付きの点について

ベルリン　10月31日前発
本　　省　10月31日後着

第四六九號（極祕）

重光大使ヨリ

九國條約ニ關シテハ既ニ省議ノ決定セルモノアル様記憶スル處尚左ノ點氣付ノ儘

一、條約締結後支那ハ國民黨ノ連蘇北伐赤化革命アリ尚又最近同様連蘇赤化シ抗日人民戰線ニ合シテ對日戰爭政策延テ東亞ノ安定ヲ破壞セルコト

一、支那自身諮議院裁兵トモ其ノ他總テ不履行ノ儘ナルコト

一、然ルニモ拘ラス華府會議ノ精神實現ハ日本ニ於テ最モ熱心ニ實現ヲ期シタル歴史アルコト

一、軍縮條約モ今日其ノ效力ヲ失シ華府會議精神ハ一律全部消滅シ居ルコト

一、事態ノ變化ハ例ヘハ

(イ)露國赤禍ノ危險東亞全面ニ再出現セルコト及日本ハ之カ防衛ニ全力ヲ傾倒シ居ルコト

(ロ)佛蘇同盟條約ハ「ロカルノ」條約廢棄ノ理由トナレリ露蒙條約及露支條約ハ九國條約離脱ノ理由トシテ充分ナルコト

一、利害關係ノ厚薄ニ拘ラス多數國間ニ表白シタル主義表白ヲ主トシタル期限ノ規定モナキ條約ナルコト

一、主動者タルヘキ日本ハ條約違反トシテ判定ヲ受ケ他國ト見解ヲ異ニスル今日條約存在ノ無意味ナルコト

一、九國條約ハ集團機構ヲ設定スルモノニアラス東亞ノ事態ニ付テハ日本ニ於テ「イニシアチーブ」ヲ取リ必要ト信スル時及場所ニ於テ適宜利害關係國ト交渉シ得ヘキ意嚮ナルコト

蘇ヲ除ク各大使ヘ轉電セリ

~~~~~~~~~~~~~~~~

934　昭和12年11月1日　広田外務大臣より在ベルギー来栖大使宛（電報）

伊国代表と密接連絡を保ち九国条約会議を有名無実化すべく側面より工作方訓令

本　省　11月1日後3時30分発

第九二號（極祕）

在伊大使宛往電第二二五號ニ關シ

累次往電ニ依リ御承知ノ通我方ハ今日迄在京伊國大使トノ接觸ニ依リ伊國側ニ對シ武府會議ニ關スル情報ノ供給方ヲ求メタル外對日制裁ノ決議ヲ爲シ又ハ調停等日支間交渉ヲ阻害スヘキ措置ニ出ヅルコトナキ樣會議誘導方ヲ希望スルト共ニ會議トハ離レ伊國ニ於テ日支直接交渉ニ付支那側ヲ說得セラルレハ好都合ナル旨申入レ置キタル處貴地ニ於テモ伊國代表部ト密接ナル連絡ヲ保チ前記我方希望ノ徹底ヲ期セラルルト共ニ我方トシテハ九國條約ニ對スル根本方針（昭和十一年一般執務提要一四一頁參照）ニ鑑ミ九國條約會議ソノモノヲ有名無實ノモノト爲シ後日事變解決上第三國ヲシテ日支間ニ橋渡シヲ爲サシムル場合アリトスルモ右ハ九國條約トハ別箇ニ主要關係國トノ話合ニ依ルコトト致度キ意嚮ナルコトヲ御含ミノ上今次會議ヲシテ出來得ル限リ荏苒無爲ニ終ハラシムル樣側面ヨリ御努力アリ度ク伊國代表部ニ對スル具體的要望ハ會議ノ模樣ヲ見テ隨時電報致スベシ

在歐各大使及蘭、葡、瑞典へ轉電アリ度シ米へ轉電シ米ヲシテ墨へ轉電セシム

935　昭和12年11月1日　在英国吉田大使より広田外務大臣宛（電報）

九国条約会議をめぐる駐英米国大使との意見交換について

ロンドン　11月1日後発
本　省　11月2日前着

第八四九號

「ノーマン、デヴィス」渡白ノ途中當地ニ立寄ラス會談ノ機ナカリシニ依リ數日前米國ヨリ歸來セル「ビンガム」大使ヲ去ル十月三十日往訪シ往電第八三八號ト同樣ノ「ライン」ニテ私見ヲ述ヘ「デヴィス」ニモ傳ヘ呉ルル樣申入レタルカ其ノ節「ビ」ハ之ヲ聞キ終リタル後最モ眞摯ナル態

度ニテ語リ出テ曰ク日本ノ立場ハ正ニ貴大使ノ言ノ如シト信ス然ル處自分カ歸國中ニ知リ得タル所ニ依レハ目下ノ米國輿論ハ事ノ外ニ惡化シ居リ日本非難ノ聲ハ甚タ囂々タルモノアリ何分空爆、非戰闘員殺戮等戰爭慘禍ニ關スル「ニユース」ハ米國人心ヲ痛ク刺戟シ其ノ刺戟ハ深刻ニ人民ノ腦裡ニ刻ミ込レツツアリ斯ル印象ヲ拭ヒ去ルハ容易ナラス九箇國會議ハ日本ノ立場ヲ説明スル絶好ノ機會ナリシナランモ其ノ參加ヲ得サリシハ日本ノ爲ニ遺憾トセサルヲ得ス此ノ上ハ一日モ速ニ日支ノ間ニ平和ノ囘復セラレ日本ニ對スル誤解ノ消散スルコトヲ切望ス云々

米、白へ轉電セリ

936 昭和12年11月3日　広田外務大臣より　在英国吉田大使宛（電報）

九国条約会議では将来の和平斡旋の途を閉塞しないよう措置すべき旨本国政府に上申したとの在本邦英国大使内話について

本　省　11月3日後2時0分発

第四七七號（極祕、館長符號扱）

三日次官英國大使ト他用ヲ以テ會談中九國會議ハ甚ダ困難ナル立場ニ在ルモノノ如キモ英米等ニハ如何ナル案アリヤト質問セルニ大使ハ極ク內密ノ話トシテ最近自分ハ本國政府ニ對シ武府會議ニ於テハ㈠對日制裁ハ論議スベカラズ㈡未ダ適當ノ時機ニアラザルヲ以テ卽時調停又ハ斡旋ヲ決スベカラズ㈢此ノ際東亞ニ特殊ノ利害關係アル二、三國ヨリ成ル小委員會ヲ設置シテ日支問題ニ關シ連絡ヲ保持セシメ適當ノ時機ヲ俟チ一國又ハ數國ニテ斡旋ヲナス途ヲ開キ置クベク要スルニ此ノ際將來ニ於ケル單獨 individual ノ斡旋ノ途ヲ全然閉塞セザルコト最モ肝要ナル旨ノ意見ヲ上申シタリ右意見ハ當地ニテ米、佛、白三國大使ニモ之ヲ內話シタルニ何レモ贊成シ三大使ヨリ夫々本國政府へ上申セル次第ニシテ武府會議ニ對シ相當效果アルモノト思考スト述ベタルニ付右貴官限リ御含ミアリ度ク尙次官ノ問ニ對シ支那ノ態度ニ付テハ何等情報ヲ有セザルモ會議ニテハ恐ラク顧維鈞邊ノ演説ヲ聞キタル上之ニテ支那側ノ意嚮ハ承知シタリトシテ小委員會設置ヲ取纏ムルコト望マシト述ベタル趣ナリ

佛獨伊白蘇へ轉電アリタシ

米ヘ轉電セリ

937　昭和12年11月3日

条約局第三課が作成した「對支宣戰ト聯盟規約」

對支宣戰ト聯盟規約

（一九三七、一一、三　條三）

一、序　論

支那ハ九月十二日規約第十條第十一條及第十七條ヲ援用シテ事變ヲ聯盟ニ提訴、十六日理事會ハ問題ヲ既存ノ日支問題諮問委員會ニ付託シ、十月五日諮問委員會ハ聯盟總會ニ對シ帝國ノ支那ニ於ケル行動ヲ以テ不戰條約及九國條約違反ト認定シ九國條約ノ締約國タル聯盟國其ノ他ノ會議ヲ開催シテ東亞ノ平和同復ヲ圖ルベク不取敢支那ニ精神的支持及援助ヲ與ヘンコトヲ提言シ、翌六日總會ハ全會一致（棄權二）之ヲ採擇シタリ右決定ニ基キ九國條約締約國ハ內々準備ヲ進メ居リタル處結局英國ノ主動的斡旋及米國ノ贊同ニ依リ締約國タル白國政府ニ於テ九國條約第七條ニ基ク會議ヲ招集スルコトト爲リ、會議ハ本月三日ヨリ武府ニ會合シ居レリ

卽チ今日迄ノ所聯盟ハ日支事變ニ對シテ規約ノ直接適用ヲ差控ヘ諮問委員會ヲ利用シテ九國條約ノ發動ヲ誘致シ九國條約關係國ヲシテ問題ノ和平解決ヲ策セシムルノ方途ニ出デタリト言フヲ得ベシ聯盟ガ此ノ態度ニ出デタル動機ハ嘗テ滿洲事變、伊惠紛爭ノ取扱ニ失敗シ又現ニ西班牙內亂ノ處理ニ手古擦リツツアル聯盟ガ或ハ過ヲ再ビセンコトヲ慮リ体良ク日支問題ヨリ手ヲ引カントスルニアリタルヘシトハ容易ニ想像セラルル所ナリ

從來帝國ハ其ノ對支行動ハ支那ノ挑發行爲ニ依リ餘儀ナクセラレタル自衛措置ナリトノ見解ニ立チ、從テ日支間ニ正式ノ戰爭ノ存在ヲ否認シ其ノ行動ノ目標ヲ嚴格ニ支那ニ限定シ來レリ今對支軍事行動ノ目的ヲ迅速ニ達成スル爲第三國ニ對シテモ或種ノ戰時措置ヲ執ル必要アルニ顧ミ支那ニ宣戰ヲ布告シテ日支間ニ正式戰爭ノ存在ヲ宣布スル場合聯盟規約トノ關係ニ於テ如何ナル結果ヲ發生スベキ乎

上述ノ通日支事變ハ未ダ規約ノ發動ヲ受ケズシテ現ニ九國條約關係國會議ニ繼續中ナリ斯ル情勢ノ下ニ於ケル宣戰ノ布告ハ帝國ノ關スル限リ對支行動ノ自衛措置タル性質ニ影

響スルコトナシトスルモ、帝國ノ行動ヲ以テ九國條約及不戰條約ニ違反スル侵略行爲ナリトノ見解ヲ執リ來レル支那及列國ニトリテハ右ハ日本ガ從來自衞措置トシテ理由付ケツツ徐々ニ展開シ來レル支那侵入ノ企ヨリ公々然タル支那侵略戰ニ乘出シタルモノト映ジ、加フルニ其ノ結果列國自身モ中立法規ノ適用殊ニ海上封鎖ノ適用ヲ日本ヨリ强制セラルル羽目ニ立ツベキヲ以テ、一面支那トシテハ日支問題ノ諸問委員會付託ノ際必要ノ場合更ニ理事會ニ對シ規約ノ條項ヲ援用スヘキ權利ヲ留保セル次第モアリ必スヤ規約ノ發動ヲ要求スベキト共ニ他面列國亦規約ノ發動ヲ拒否シ得サルニ至ルベキヲ虞ル而シテ規約ノ發動ヲ見ル場合日本ハ總テノ聯盟國ニ對シ戰爭行爲ヲ爲シタルモノト看做サルルニ至ル場合アリ得ベク、卽チ此ノ場合ニハ中立國ナキ戰爭ノ場合ニシテ日本ガ宣戰布告ヨリ期待スル中立法規ノ發動乃至海上封鎖ノ第三國船舶ニ對スル擴張ハ意外ノ困難ニ逢著スルコトアリ得ヘシ。

聯盟國ト非聯盟國トノ間ノ紛爭ニ適用セラレ得ル規約ノ條項ハ第十七條又ハ第十條第十一條ナリ

二、本　論

聯盟規約ハ「戰爭ニ訴ヘザルノ義務ヲ受諾シ」「各國間ノ平和安寧ヲ完成セムガ爲」（前文）「世界ノ平和ニ影響スル一切ノ事項ヲ其ノ會議ニ於テ處理」（第三條三項、第四條四項）スルコトヲ定メ且「聯盟各國ノ領土保全及現在ノ政治的獨立ヲ尊重シ」「外部ノ侵略ニ對シ之ヲ擁護スルコトヲ約」シ（第十條）若シ「戰爭又ハ戰爭ノ脅威」アルトキハ聯盟國ノ何レカニ直接影響ノ有無ヲ問ハズ聯盟全体ノ利害關係事項ト認メ聯盟ガ「國際ノ平和ヲ擁護スル爲適當且有效ト認ムル措置ヲ執ルヘキ」コトヲ約（第十一條）シ居ル一方聯盟國間ニ「國交斷絕ニ至ル虞アル紛爭」アルトキハ一定ノ手續ヲ經タル後ニアラザレバ「戰爭ニ訴ヘザル」コトヲ規定シ（第十二條、十五條）以上ニ違反シテ「戰爭ニ訴ヘタル聯盟國」ハ他ノ總テノ聯盟國ニ對シテ戰爭行爲ヲ爲シタルモノトシテ一定ノ制裁ヲ課スベキコトヲ規定（第十六條）セリ而シテ前記「戰爭ニ訴フ」ナル字句ニ關シテハ聯盟規約起草ノ當初單ニ「兵力ニ訴フ」トアリタルモノガ「戰爭ニ訴フ」ト修正セラレタル經緯アリト雖モ學者ノ通說ハ事實上ノ戰爭狀態ノ存在ヲ以テ足ルト爲スニ傾キ又伊太利「エチオピア」紛爭ニ際シ聯盟ガ規約第十六條ヲ適用シ對伊制裁實施ヲ決定スル直接ノ根據ト爲リタル一九三五年十月七日理事會ノ採擇シタル六人委員會報告書モ結論ニ於テ「一聯盟國ガ第十六條ノ適用ヲ要求スルトキハ聯盟各國ハ其ノ特殊ノ場合ノ狀況ヲ審査スベク第十六條ノ適用ハ戰爭ガ正式ニ宣言セラレタルコトヲ必要トセズ」ト明言セリ

故ニ聯盟國ハ嚴格ニハ假令宣戰ナクトモ一般ニ戰鬪狀態ヲ發生セシムルコトニ依リ既ニ規約ニ違反スベキモノナルガ單ナル戰鬪狀態ニ止マルトキハ之ガ確認ニ付異論アルベキ處若シ宣戰ノ布告アルニ於テハ戰鬪狀態ノ存在ヲ自ラ認定スルモノニシテ第三者タル聯盟及聯盟國ハ此ノ明白ナル事例ヲ無視シ得ズ規約ノ建前上之ニ應ジテ一定ノ方向ニ進ムベキコトヲ餘儀ナクセラルルニ至ルベシ

帝國ハ聯盟國ニアラザルヲ以テ假令支那ニ對シテ宣戰ヲ布告スルコトアリトスルモ直接規約違反ノ問題ヲ生スルコトナシ唯支那ハ聯盟國ナルヲ以テ假ニ日本ヨリ侵略セラレタリトセバ(日本側ノ動機ノ如何ニ拘ラズ支那ハ外見的事實ニ基キテ侵略ト叫ブコトヲ得ベシ)規約第十七條又ハ十一條ノ適用ヲ要求スルコトヲ得ベク右ガ戰鬪行爲タルニ止ルカ正式ノ戰爭ナルカニ應ジテ之ニ對スル聯盟ノ取扱振ノ程度ニ差同アルコトヲ得ベシ(若シ支那ヨリ日本ニ對シテ侵略アリタリトセバ殊更ニ第三國ノ介入ナキ限リ十一條十七條ノ何レニ依ルモ聯盟ノ問題ト爲ルコトナシ)

第十七條ハ聯盟國ト非聯盟國トノ間(或ハ非聯盟國相互間)ノ紛爭ノ解決ニ聯盟規約ヲ適用スル爲ニ先ヅ當該非聯盟國ヲ勸誘シ其ノ受諾アリタルトキハ規約第十二條以下ノ規定ノ適用アリ又若シ該非聯盟國ガ右勸誘ヲ拒絶シテ非聯盟國側ヨリ聯盟國ニ對シテ戰爭ニ訴ヘタルトキハ該非聯盟國ニ對シテ直ニ第十六條ヲ適用シ得ベキコトヲ規定ス(三項)(勸誘ノ受諾アリタル場合ト雖推移ニ依リテハ十六條適用問題起リ得ベキコトハ勿論ナリ)要之十六條ハ聯盟國ニ對シテ適用スル規定ナル爲之ヲ非聯盟國ニ適用スル爲ニハ十七條ノ手續ヲ經ルコトヲ定メタルモノニシテ又聯盟國ニ對スル十六條ノ適用ノ場合ニハ通常事前ノ審議ニ相當ノ時日ヲ經過スベキモ十七條ノ結果十六條ニ至ルトキハ單ニ戰爭ニ訴ヘタルノ事實ノミニテ足ル

(一九三五年對伊制裁ハ十六條ノ一部適用ノ實例ニシテ實施シタルハ武器ノ對伊輸出禁止、金融制裁、伊國品輸入禁止、特定貨物ノ對伊輸出禁止ノ四ナリキ)又十七條ニ依ルトキハ日本ガ勸誘ヲ拒否スベキコト殆明白ナルヲ以テ明文上必然的ニ十六條ニ移ラザルヲ得ザル固定性アリ

第十一條ハ前述ノ如ク第十條ト合体シテ聯盟國ノ領土保全獨立尊重ヲ全ウスル爲聯盟國ニ對シテ外部(國外ヨリタル限リ聯盟國ヨリタルト非聯盟國ヨリタルトヲ問ハズ)ヨリ侵略又ハ戰爭アルトキハ聯盟國全体トシテ此ノ脅威ヲ排除シ平和ヲ維持スル爲適當且有效ノ措置ヲ執ルコトヲ約スルモノナル處既ニ戰鬪狀態又ハ戰爭ノ存在スル場合ニ平和ヲ擁護スル爲ノ適當且有效ナル措置トシテハ右狀態ヲ停止セシムルコトヲ唯一ノ策トスベシ而シテ其ノ爲ニハ場合ニ依リテハ實力ヲ伴フ制裁的措置ニモ出ヅルコトヲ要スベキ處十六條ハ非聯盟國ニ對シテ其ノ儘適用スルコトハ不可能ナルヲ以テ別ニ決定セラルベキ措置タルコトヲ要スベク唯斯クシテ決定セラレタル所ガ十六條ノ內容ト同一ト爲ルベキコトハ不可能ニアラズ、唯十六條ハ制裁ノ如キ重大措置ニ參加スル聯盟國ノ負擔ヲ豫見シテ特ニ規定ヲ設ケタル次第ノ處本條ニ依ラズシテ實質的ニ十六條ニ規定スル如キ重大ナル決定ヲ十一條ニ基キテ爲シ得ベキカ否カニ關シ多少ノ疑アリ(十六條ノ實施ニハ總會ノ決定ヲ要シ十一條ハ理事會ノ行爲ナルヲ以テ聯盟國全部ノ參加ヲ要スベキ制裁ヲ理事會ノミヲ以テ決シ得ザルベシト爲スハ理事會及總會ガ國際平和ノ維持ニ關シテ明文上同一ノ權限ヲ有シ(三條三項及四條四項)且實際上モ然ルニ徵スルモ正當ナラザルベシ)唯十一條ニ依ルトキハ適當且有效ナル措置ノ何タルベキカニ認定ノ自由アルヲ以テ必シモ制裁ノ如キモノニ進行セズ武器又ハ石油禁輸等ノ中間的措置ニ止ルコトヲ得ル融通性アリ

以上十一條十七條ノ關係ニ於テ非聯盟國トシテモ聯盟ノ措置ヲ免レザルコトアルベキ處右ハ非聯盟國ヨリ聯盟國ニ對シテ戰鬪行爲ヲ爲シタル場合ト正式ノ戰爭ヲ爲シタル場合トニ於テ本質上相異ル所ナシ唯宣戰アリタル場合ハ提訴者タル聯盟國ノ側ニ於テ侵略セラレタリト呼號シ聯盟ニ對シ特定ノ措置ニ出デンコトヲ要求スルニ當リ其ノ根據ヲ一層有力ナラシムベキノミナラズ聯盟トシテモ右ノ提訴ニ對シテ成ルベク無關心ナルヲ粧ハントスルコトノ困難ナルベキ點ニ事實上大ナル相違アリトイフベシ

三、結　論

以上ヲ事實ニ付テ見ルニ今次事變ニ於テ聯盟ハ支那ノ提訴アリタルニ際シ之ヲ一應規約ニ直接關係ナキ諮問委員會ノ議ニ付シタルモ前述（序論）ノ通支那ハ之ヲ以テ不充分ナリト爲シ居ル次第ニシテ聯盟ノ本意ノ如何ニ拘ラズ支那トシテハ其ノ滿足ヲ得ザル限リ聯盟ヲシテ直接規約ニ基キテ本件ヲ處理シ日本ヲ侵略者ナリト斷定セシメ之ニ對シテ適當ノ措置ニ出デシメンコトヲ切望シ居リ唯聯盟ニ於テ自重シツツ支那ヲ抑ヘ來レル現狀ニ於テ玆ニ日支間ニ宣戰ナル新事實發生スルトキハ支那ノ主張ハ一層有力ナル根據ヲ有スベキニ至リ聯盟トシテモ右ノ新事態ニ應シテ本件ヲ再檢討セザルヲ得ザルニ至リ其ノ結果規約第十七條又ハ第十條十一條ニ基キ對日制裁的措置ニ出ヅルヲ餘儀ナクセラルニ至ルモノト斷セザルヲ得ズ（而シテ聯盟ガ果シテ右ノ擧ニ出ヅベキカ否カニ付テハ聯盟內部ニ於テハ英國、外部ニ於テハ曩ニ對伊制裁ノ際米國ノ聯盟トノ協力充分ナラザリシ爲制裁ノ實效ヲ擧ゲ得ザリシニ鑑ミ米國ノ對日態度ガ決定的指標タルベキコトハ多言ヲ要セズ）

938　昭和12年11月4日　広田外務大臣より在上海岡本総領事宛（電報）

現在直ちにではないが将来伊国が日中直接交渉実現のため中国を誘導することは希望する旨在本邦伊国大使へ説示について

本　省　11月4日発

第八二六號（部外絕對極祕）

貴電第二一〇八號ニ關シ

十月二十七日武府會議招請ニ對スル對白回答文ヲ伊國大使ニ內示シタル際次官ヨリ適當ノ時機ニ支那側ヲシテ直接交涉ヲ開始セシムル樣伊國側ヨリ誘導セラルレハ好都合ナル旨ヲ述ヘ置キタルカ或ハ先方ニテ之ヲ誤解セルニ非スヤト思考セラレタルニ付四日同大使ノ來省ヲ求メ次官ヨリ右ノ次第ヲ說明セル處大使ハ過日會談ノ際前記對白回答ト支那側誘導ニ關スル伊太利斡旋トノ間ニ特別ノ關係ナキモノト思ヒ且恰モ當日ハ上海附近ニ於ケル日本軍大勝ノ報モアリシ際ナレハ此ノ際直ニ右斡旋ヲ希望セラルルモノト思ヒタル次第ナリト述ヘタリ仍テ次官ハ其ノ點當方ノ說明モ不充分ナリシカ我方ノ意嚮ハ回答ニ在ル如ク列國ノ調停ハ之ヲ

拒絶スレトモ將來適當ノ時機ニ伊太利カ直接交渉ニ支那側誘導方斡旋セラルルコトハ結構ナリト云フ趣旨ナリト說明セルニ大使ハ貴意ノ存スルトコロハ良ク了解セリ早速在支伊國大使ヘ電報スヘシト述ヘタリ右爲念伊藤公使ヨリモ同大使ヘ說明方取計ハレ度シ

939　昭和12年11月8日　広田外務大臣より　在ベルギー来栖大使宛(電報)

わが方に対する九国条約会議再招請状を在本邦ベルギー大使より受領について

付　記　昭和十二年十一月七日付
右再招請状

本　省　11月8日前11時30分発

第九八號

七日午后五時在京白國大使ヨリ武府會議ニ對スル再招請狀ヲ受領セリ不取敢

(付　記)

口上書

一、十一月三日「ブリュッセル」會議參加國代表ハ十月二十七日白國政府ノ招請狀ニ對スル日本帝國政府ノ囘答竝ニ右囘答ニ附隨セル聲明ヲ了知セリ

二、日本帝國政府ハ右文書中ニ於テ就中支那ノ領土ヲ侵略スルガ如キ意圖ナキノミナラズ却テ支那國民ノ物質的精神的向上ヲ祈念スルモノニシテ又外國ノ在支權益ハ飽ク迄之ヲ尊重シツツ列國ト共ニ文化的及經濟的協調ヲ期シ居ラルル次第ヲ表明セラレタリ

三、右聲明ニ於テ述ベラレタル諸點ハ千九百二十二年二月六日華盛頓ニ於テ署名セラレタル條約(九國條約)ノ根本原則ノ或モノヲ表ハセルモノナリ該條約締約國ハ右ニ關スル日本帝國政府ノ聲明ヲ了承セリ

四、加之日本帝國政府ハ日本ニ依ル九國條約違反ノ問題ヲ發生スル餘地ナキコトヲ言明セラレ且支那政府ニ對シ幾多ノ苦情ヲ陳述セラレタリ支那政府亦同條約ノ違反アリタリト爲シ日本政府ノ苦情ヲ拒否シ進テ支那ヨリノ苦情ヲ述べ居レリ

五、九國條約ハ正ニ斯ノ如キ事態ヲ目的トスル規定ヲ包含ス「ブリュッセル」ニ於テ行ハレツツアル意見ノ交換ハ本

質的ニ此等ノ規定ニ基礎ヲ置キ第七條ニ規定セラルル充分ニシテ且隔意ナキ交渉ヲ構成スルモノナルコトヲ茲ニ指摘スルヲ要ス本會議ハ締約國間ノ紛争ノ平和的解決ヲ援助スル目的ヲ以テ招集セラレタリ該紛争ノ當事國ノ一方卽チ支那ハ會議ニ代表ヲ派遣シ會議ノ事業ニ完全ニ協力スル用意アルコトヲ表明セリ會議ハ其ノ協力特ニ望マシキ他ノ當事國卽チ日本國ノ不參加ヲ遺憾トス

六、日本帝國政府ハ「東亞ニ於ケル利害ノ程度相異リ甚シキハ殆ド利害關係ヲ有セザル國ヲモ含ム多數國ノ會議ニ依リ之ガ解決ヲ圖ルハ却テ事態ヲ紛糾セシメ之ガ正常ナル收拾ニ大ナル支障ヲ及ボスベシトノ確信」ヲ表明セラレタリ

茲ニ注意ノ要アルハ同條約ノ規定ニ依レハ同條約締約國タル總テノ國ハ該條約カ之ニ賦與スル權利ヲ行使スル資格ヲ有シ、東亞ニ權益ヲ有スル總テノ國ハ目下ノ敵對行爲ニ依リ影響セラレ居リ且全世界ハ該敵對行爲ノ平和及國際團體ノ各員ノ安全ニ對スル反響ヲ憂慮シ居レルコトナリ

然レトモ「ブリユッセル」ニ會合セル諸國代表ハ此ノ點ニ關シ日本ノ有スル疑念ヲ解消シ得ヘシト思考ス卽チ特ニ指定セラルベキ少數國代表ト意見交換ヲ爲ス爲日本帝國政府ガ一名若ハ數名ノ代表ヲ派遣セラルル意思アリヤ否ヤヲ承知致度シ右意見ノ交換ハ九國條約ノ範圍內ニ於テ且同條約ノ規定ニ準據シテ行ハルベキモノトス

右意見交換ノ目標トスル所ハ前記ノ點ヲ明ニシ紛争ノ解決ヲ求ムルニ在ルベシ敵對行爲ノ繼續ヲ遺憾トシ、平和的處理ノミガ本件紛争ノ永續的且建設的解決ヲ招來シ得ベキコトヲ確信シ且調停方法ノ有效ナルヘキニ信頼シ「ブリユッセル」ニ會合セル諸國代表ハ前記ノ如キ處理ノ實現センコトヲ切望スルモノナリ

七、會議參加國ハ其ノ提案ニ對スル日本帝國政府ノ態度ヲ出來得ル限リ速ニ承知センコトヲ重視スルモノナリ

千九百三十七年十一月七日東京ニ於テ

編注一　本文書の原文(仏文)は省略。

二　本付記は、昭和十二年十二月、条約局第三課作成「「ブリユッセル」ニ於ケル支那ニ關スル九國條約締結國會議經緯」より抜粋。

940　昭和12年11月9日　広田外務大臣より在伊国堀田大使宛（電報）

九国条約会議再招請へのわが方対応振りを在本邦伊国大使照会について

本　省　11月9日後9時30分発

第二五九號（極祕）

貴電第二九九號ニ關シ

一、八日伊國大使本大臣ヲ來訪政府ノ訓令ニ依ル趣ヲ以テ武府會議ハ日本ニ對シ再招請ヲ發スルコトト爲リタル趣ノ處（伊國政府ニシテ再招請發出ノコトヲ事前ニ承知シ居タラハ勿論反對シタルベシト附言ス）日本政府ニ於テハ參加セラルル御意嚮ナリヤ否ヤ承知シ度シ現在武府會議ノ狀況ヲ見ルニ聯盟總會ノ決議ノ方向ニ進ム傾向アル樣認メラルルニ付日本側ニ於テ參加セラレザル方可ナルヤニ思考ス日本側ニテ不參加ノ回答ヲ發セラルル場合ニハ伊國側ハ武府會議ハ安定性ナキモノト認メ同會議ヲ脫退シ之ニ最後ノブローヲ與フルコトトスヘシト述ベ再招請狀ニ對スル日本政府ノ回答振ヲ尋ネタルニ付本大臣ヨリ自分一己トシテハ不參加ノ考ナルカ本件ハ追ツテ決定次第何分ノ儀御通知スヘキ旨ヲ答ヘ置キタリ

二、武府會議ニ關スル伊國側ノ我方ニ對スル段々ノ好意的措置ハ帝國政府ノ深ク多トスル所ニシテ貴大使ヨリ貴任國政府ニ對シ帝國政府ノ謝意ヲ傳達セラルルト共ニ今後一層ノ好意ヲ期待スル旨申入レラレ度尚伊國代表ニモ適當ノ機會ニ可然我方ノ謝意ヲ傳ヘ置カレ度シ

米ヘ轉電、在歐大使、壽府ヘ轉報アリ度シ

上海ヘ轉電セリ

941　昭和12年11月11日　広田外務大臣より在伊国堀田大使宛（電報）

再招請へのわが方拒絶方針にかかわらず伊国は九国条約会議から脱退なきよう希望する旨同国外相へ伝達方訓令

本　省　11月11日後6時45分発

第二六二號（極祕）

貴電第二九九號末段ニ關シ

會議ニ對スル代表部ノ態度ニ關シテハ固ヨリ伊國政府ノ決定ニ俟ツヘキ所ナルモ第一次會合ニ於テ會議ノ經過ガ穩健

妥當ナルヲ得タルハ伊國代表ガ内ニ在リテ會議ヲ指導シタルニ負フ所尠カラズト思考セラル從テ我方トシテハ帝國ノ不參加ニ拘ラズ伊國側ガ依然會議ニ留リテ我方ノ爲一層ノ盡力ヲ爲サンコトヲ希望スル次第ナルニ付(伊國ノ引揚ヲ一層必要且效果的ナラシムル事態ハ却テ今後ニ發生スヘキヤモ知レズ)右ノ趣外相ニ傳ヘラレ度右ノ趣旨ハ十二日午前十時次官ヨリ在京伊國大使ニ申傳フベキニ付貴官ハ同時刻後ニ於テ本訓令執行セラレ度

白ヘ轉電アリ度

942　昭和12年11月12日

広田外務大臣より
在ベルギー来栖大使宛(電報)

九国条約会議再招請に対するわが方不参加回答を在本邦ベルギー大使へ手交について

付　記　昭和十二年十一月十二日付

右わが方不参加回答

本　省　11月12日後7時50分発

第一〇三號

十二日午後四時白國大使ノ來訪ヲ求メ武府會議再招請ニ對スル帝國政府不參加ノ回答ヲ手交シタリ

回答文ハ一般情報トシテ電報シ英譯文ハ同盟ヲシテ電報セシム佛譯別電第一〇四號ハ貴官ヨリモ白國政府ニ御傳達相成度

往電第八二號ノ通及米ヘ轉電アリ度

(付　記)

武府會議再招請ニ對スル帝國政府回答

帝國政府ハ「ブリュッセル」會議ニ關スル十一月七日附口上書ヲ受領シタリ

帝國政府ハ右口上書ニ開陳セラレタル會議參加諸國ノ見解ハ愼重ナル考慮ニ出ツルモノナルヲ諒トスルモ不幸ニシテ帝國政府カ十月二十七日附回答及聲明中ニ明示シタル其ノ見解及方針ヲ變更セシムルニ足ラサルヲ遺憾トス會議參加諸國ハ今次事變ノ平和的解決ニ關シ帝國代表ト九國條約ノ範圍内ニ於テ且同條約ノ規定ニ準據シテ意見交換ヲ行フ爲少數ノ國ノ代表ヲ指定スル用意アル旨ヲ表明セラレタリ然ル處帝國政府ハ今次帝國ノ行動ハ支那側ノ挑戰ニ餘儀ナクセラレタル自衛行動ニシテ九國條約ノ範圍外ナルヲ以テ同

條約ノ適用問題ヲ討議スルノ餘地ナシトノ見解ヲ堅持スルモノニシテ帝國ヲ以テ同條約違反者ナリトシ乍ラ同條約ノ規定ニ基ク會合ニ招請セラルルモ之ニ參加スルカ如キハ帝國政府ノ到底受諾シ得サル所ナリ

抑々今次ノ事變ハ東亞ノ特種事態ニ基クモノナルカ故ニ直接切實ナル利害關係ヲ有スル兩當事國間ニ於テ處理スルコトニ依リ最公正妥當ナル解決ニ達スルコトヲ得ヘク今次會議ノ如ク集團的機構內ニ於テ之ヲ處理セントスルトキハ徒ニ兩國民心ヲ刺戟シ却ツテ事變ノ圓滿解決ヲ阻害スヘキハ帝國ノ渝ラサル所信ナリ若シ夫レ列國ニ於テモ敍上ノ見解ヲ篤ト了解セラレ現實ノ事態ニ卽シテ東亞ノ安定ニ寄與セラルル所アラハ帝國政府ノ欣幸トスル所ナリ

會議參加國ハ東亞ニ權益ヲ有スル總テノ國ハ目下ノ敵對行爲ニ依リ累ヲ蒙リ且全世界ハ該敵對行爲ノ平和及國際團體ノ各員ノ安全ニ對スル影響ヲ憂慮シ居ル旨開陳セラレタル處此ノ點ニ關シテハ帝國累次ノ聲明ニ明ナル通帝國ハ外國ノ在支權益ヲ尊重スル爲凡ユル努力ヲ爲シ居ルコト竝ニ今次事變ノ圓滿ナル終熄ニ依ル東亞ノ和平確立ニ最大ノ關心ヲ有スルモノナルコトヲ指摘セント欲ス

昭和十二年十一月十二日

編注　本付記は、昭和十二年十二月、条約局第三課作成「「ブリュッセル」ニ於ケル支那ニ關スル九國條約締結國會議經緯」より抜粋。

943　九国条約会議再招請に対するわが方不参加回答は列国個別の和平斡旋を拒む趣旨ではない旨通報

昭和12年11月12日　広田外務大臣より在英国吉田大使宛(電報)

本　省　11月12日後10時30分発

第四九二號(極祕、館長符號扱)

貴電第八七四號ニ關シ

武府會議再招請ニ對スル十二日附我方回答ハ第一次回答ノ根本方針ニ準據シ不承諾ノ意思ヲ表示セル處右ハ我方ニ於テ英米獨伊等ノ諸國ガ個々ニ南京政府ヲ誘導シテ日支直接交渉ノ斡旋ヲナスコトヲ却クルモノニ非ルコト從來ノ方針通リニシテ用語モ其積リニテ注意シ起草シアリ大体貴電ノ

趣旨ニ合致スルモノト存ズ右御含迄
米、獨、伊、白ヘ轉電アリ度シ
上海ヘ轉電セリ

944　昭和12年11月13日　広田外務大臣より在ベルギー来栖大使宛（電報）

わが方が再招請を拒絶すれば列国は対日圧迫措置をとる可能性があるとのUP報道にも鑑みブリュッセルにおける世論指導方訓令

本　省　11月13日後4時30分発

第一〇五號

十一日貴地同盟電ハUPノ得タル信頼スベキ情報トシテ日本ガ會議トノ和平會談ヲ拒否スル場合ニハ各國ハ調停ノ努力ヲ拋棄シ支那ニ武器及クレヂットヲ供給スルコトニ依リ間接ニ日本壓迫ノ擧ニ出ヅルヤモ知レズ英佛蘇代表ハ戰爭ヲ誘發スル危険ナキ程度ノ强硬手段ヲ執ル可能性ニ付既ニ相互ノ意嚮ヲ打診セル旨及顧代表ガラヂオ放送ニテ侵略國ニ對スル國際的壓迫ヲ提議シ會議關係者ニ衝動ヲ與ヘタル旨ヲ報ゼルガ其ノ眞僞ノ程ハ兎モ角會議ガ萬一斯ノ如キ措置ヲ決定スルガ如キコトアラバ我國論ハ沸騰シ政府トシテモ報復的ニ支那ノ對外交通遮斷措置ヲ第三國ニモ擴張スルノ已ムナキニ立チ至ル等重大ナル國際紛糾ヲ惹起スベキ惧アルニ付貴大使ハ此ノ趣旨ヲ体シテ貴地輿論ノ指導竝ニ伊國代表トノ連絡ニ當ラレ度シ
米、在歐大使、壽府ヘ轉電アリ度シ

945　昭和12年11月13日

日本政府の九国条約会議不参加回答に対する同会議での各国代表演説要旨

帝國政府ノ囘答ニ對スル各國代表演説

十一月十二日帝國政府ヨリノ囘答ニ接シタ九國會議ハ十三日午前十一時非公開會議ヲ開催先ツ「スパーク」議長ノ開會ノ辭ニ次テ支那、英、佛、米、伊、蘇聯ノ各國代表ノ發言アリ午後四時半ヨリ議事再開ノコトトシテ一應閉會シタ右代表ノ演説ノ要旨ハ左ノ通リテアル。

△支那代表顧維鈞

本會議カ十日ニ亘ル努力ノ結果日本ニ送付スルニ至ツタ

最モ協調的ナル提案ハ膠モナク日本ノ峻拒スル所トナッタ而シテ日本ハ依然トシテ自衞權ノ發動ヲ理由トシ其ノ行動カ本條約ノ範圍外ナルコトヲ强辯シテ居ルカ同條約第七條ハ正シク今次ノ事態ニ適用サルルコトハ何人モ疑ノナイ所タ、又日本ハ重ネテ日支直接交渉ヲ主張シテ居ルカ從來支那ハ斷エス日本ノコトテ苦汁ヲ喫セシメラレタ、又日本ハ極東ノ特殊ナル事態云々ヲ口ニスルモコレハ日本カ武力ニ依リ平和ヲ招致セントスルコトヲ意味スル迄ノコトテ之ヲ除ケハ何等極東ト他ノ地域トニ相違ハナイ、

又日本ハ各國トノ會談カ兩國ノ人心ヲ刺戟スト言フカ之ハ其ノ反對テ既存條約ノ原則ニ從ツテ論議スルコトコソ相互國間ノ疑念ト不信トヲ輕減スルモノテアル、要スルニ支那ノ希望スル所ハ日本ノ侵略カ終熄シ九國條約カ尊重セラルルニ在ル、支那ハ目下之カ爲單獨流血ノ慘ヲ忍ヒツツアルノテアル、從テ日本ニ對スル武器及「クレヂット」ノ供給ヲ禁シ支那ヲ援助スルノ義務カアラウ、支那ハ各國カ倶ニ日本ニ對シ戰爭ヲ敢行スルコト迄ハ望マナイカ我等ニ物質的援助ヲ與ヘ以テ抵抗戰ヲ持續シ得ルニ至ランコトヲ望マサルヲ得ナイ而モコレハ一刻ヲモ爭フ緊切事テアル、

△英代表「イーデン」

英國ノ目的ハ平和ノ維持ニアル而シテ吾人ノ本會議ニ臨ンタノハ以下ノ理由ニ依ルモノテアル、

一、日支紛爭カ單ニ日支兩國ノミニ限ラレタルモノテハナクテ他ノ國家亦人命及權益ノ被害ヲ受ケテ居ルカ爲テアル、

二、吾人ハ九國條約ノ調印國テアリ從テ吾人ノ調印ヲ尊重スル爲ニハ本會議ニ參加セサルヲ得ナイカラテアル、

抑々國際法ノ尊重ハ國家關係ヲ律スヘキ基礎ト言フヘキハ論ナキ所タカ世界ハ正適テナイ以上ハ如何ナル場合モ條約ノ變更ヲ認メスト言フ次第テハナイ、然レト其ノ變更ヲ武力ニ依リ企テントスルカ如キハ認容スルコトハ出來ヌ、斯クノ如クンハ文明ハ必ス危險ニ瀕スルモノタ、吾人ハ日本カ本會議ニ出席シ何等ノ偏見ナク意見ヲ交換シ度シト切望スルモノタ、日本カ出席ヲ峻拒シタ今日テモ尙吾人ハ何等カノ解決方法カ發見セラレナケレハナラヌトノ意見ヲ有シテ居ル、世界ハ近來武力ニ依リ事件ヲ

解決セントスル傾向カ日ニ強クナツテ居ルカ英國政府ハ之ニ反シ平和的方法ニ依ツテノミ紛争ヲ解決セナケレハナラヌトノ信念ヲ益々強ク抱クモノタ、

△佛代表「デルボス」

會議ノ事業ヲ進ムル前ニ余ハ一般原則ニ關スル數個ノ注意ヲ述ヘヨウ、吾人カ極東ニ於ケル權益竝ニ九國條約ニ依リ附與セラレタル權利ト義務トノ外ニ更ニ重大ナル問題ハ世界平和竝ニ文明ノ基礎ヲ爲スヘキ國際條約尊重ノ問題テアル、一旦莊嚴ニ調印セラレタ條約ハ其ノ調印國自身ノミナラス總テノ國家ニ取ツテモ尊重遵守ノ義務カアルノタ、勿論如何ナル協定モ永久的ノモノテハナク新事態ニ應シテ變更ノ餘地アルノハ當然テ其ノ變更ノ爲ニハ關係各國間ノ自由且平和的ナル協力ニ依ルヘキコトハ勿論武力ヲ以テ之ヲ敢行セントスルカ如キハ許スコトノ出來ヌモノタ、次ニ平和ノ第二條件ハ各國家ノ獨立ノ尊重テアル、而シテ各國家ハ何レモ自由ニ其ノ政體ヲ撰フノ權利ヲ有ス從テ「イデオロギー」ノ「ブロツク」ヲ作リ又利害關係ノ聯携ヲ作ルカ如キハ世界ノ福祉竝ニ安全ニ資スル所以テハナイ、特ニ自國ノ領土以外ニ於テ一ノ「イデオロギー」ヲ課シ又ハ之ヲ禁止スルカ如キ一切ノ計畫ハ一層相互國家間ノ爭鬪ヲ繁カラシメ世界ニ不和ト混亂トヲ招致スルニ過キナイ、故ニ余ハ平和愛好ノ小國ハ是等ノ現象ニ對シ共同スヘキ義務カアルト信スル、

何レニセヨ日本ノ今次回答ハ會議ニ於テ充分ニ檢討サレネハナラヌカ武力ニ依ル解決ハ單ニ日支兩國ノ國交ノ永久ノ調節ニ資セナイハカリカ世界ノ平和ニモ資セナイコトヲ余ハ宣言スル、

△米代表「デヴイス」

支那ニ於ケル日本ノ行動ハ他列強ノ權益ヲ危殆ニ瀕セシムル事態ヲ發生セシメタ條約履行ノ點ヨリスルモ同國自體ノ物質的利益ノ點ヨリスルモ亦世界ノ點ヨリスルモ日本カ吾人ト協力スヘキ絶對ノ理由カアルト余ハ思考スル、而シテ吾人ハ日本カ吾人トノ商議ノ扉カ開カレテ居ルコトヲ知ランコトヲ希望スル、

△蘇聯代表「ポテムキン」ハ極メテ簡單ニ蘇聯見解ハ前記各國代表ノ一語一語トモ合致スルモノテアルト述フ、

△伊國代表「アルトロバンヂイ」

伊ハ他ノ各國ト同シク條約ノ尊重ヲ主張スルモノテアルカ日支紛争ニ於テハ右ト別問題カ存在シテ居リ其ノ問題ハ吾人トハ關係ノナイ問題テアル、

今ヤ會議ハ何等カノ決定ヲ爲サントシ居ルカ之ニ關スル詳細ノ點カ判明スレハ重ネテ伊國トシテノ見解ヲ開陳シヤウ、

946　昭和12年11月15日　広田外務大臣より在ベルギー来栖大使宛（電報）

九国条約会議が何らかの対日共同措置を決議すれば時局収拾は遅延のおそれがある旨在本邦英国大使へ注意喚起について

本　省　11月15日後9時30分発

第一〇六號

十五日次官英國大使ト會談ノ際次官ヨリ武府會議ハ近ク第二次對日通牒案ヲ議決セントスル模様ナリトテ貴電第三三八號ノ要旨ヲ告ゲ若シ日本側ニテ停戰ニ應ゼザルトキハ會議參加國ハ何等カ共同的措置ヲ執ラントスルヤニ觀測セラルル處斯ノ如キ場合ニ立チ至ルトキハ豫テ日本側ニテ言明シ居ル日支直接交渉開始方ニ關スル主要國ノ單獨斡旋ヲモ我方ニテ受諾困難ト爲リ時局收拾ヲ却テ遅延セシムル虞アリト述ベタルニ大使ハ之ヲ首肯シテ同感ノ意ヲ表シ自分ノ得居ル情報ニ依レバ會議ハ一週間程休會ト爲ル模様ナルモ御話ノ次第ハ早速本國政府ニ電報スベシト答ヘタル趣ナリ

米、在歐大使へ轉電アリ度シ

上海へ轉電セリ

947　昭和12年11月15日

九国条約会議声明

DECLARATION BY CERTAIN COUNTRIES REPRESENTED AT BRUSSELS NOVEMBER 15TH, 1937.

The Representatives of the Union of South Africa, the United States of America, Australia, Belgium, Bolivia, Canada, China, France, the United Kingdom, India, Mexico, the Netherlands, New Zealand, Portugal and the Union of Socialist Soviet Republics have drawn up the following declaration:

1. The Representatives of the above mentioned States met at Brussels, having taken cognizance of the Japanese Government's reply of November 12, 1937, to the communication addressed to the latter on November 7, 1937, observe with regret that the Japanese Government still contends that the conflict between Japan and China lies outside the scope of the Nine Power Treaty and again declines to enter into exchange of views for the purpose of endeavouring to achieve peaceful settlement of that conflict.

2. It is clear that the Japanese concept of issues and interests involved in the conflict under the reference is utterly different from the concept of most of other nations and governments of the world. The Japanese Government insists that, as the conflict is between Japan and China, it concerns those two countries only. Against this, the Representatives of the above mentioned States now met at Brussels consider this conflict of concern in law to all the countries party to the Nine Power Treaty of Washington of 1922 and to all the countries party to the Pact of Paris of 1928, and of concern in fact to all the countries members of family of nations.

3. It cannot be denied that in the Nine Power Treaty parties thereto affirmed it to be their desire to adopt the specified policy designed to stabilize the condition in the Far East and agreed to apply certain specified principles in relation with China and, in China, with one another; and that in the Pact of Paris parties agreed "that the settlement or solution of all disputes or conflicts of whatever nature or of whatever origin they may be, which may arise among them, shall never be sought except by pacific means".

4. It cannot be denied that the present hostilities between Japan and China adversely affect not only the rights of all the nations but also the material interests of nearly all the nations; The hostilities have brought to some nationals of the third countries deaths, to many nationals of the third countries great peril, to the property of the nationals of the third countries widespread destruction, to

the international communication disruption, to the international trade disturbance and loss, to the peoples of all the nations sense of horror and indignation, to all the world feelings of uncertainty and apprehension.

5. The Representatives of the above mentioned States met at Brussels therefore regard these hostilities and situation which they have brought about as matters inevitable of concern to the countries which they represent and more to the whole world. To them the problem appears not in terms simply of relations between two countries in the Far East but in the terms of law, orderly processes, world security and world peace.

6. The Japanese Government affirmed in its note of October 27, to which it refers in its note of November 12, that in employing armed force against China it was anxious to "make China renounce her present policy." The Representatives of the above mentioned states which met at Brussels are moved to point out that there exists no warrant in law for the use of armed force by any country for the purpose of intervening in the international regime of another country and that the general recognition of such right would be a permanent cause of conflict.

7. The Japanese Government contends that it should be left to Japan and China to proceed to a settlement by and between themselves alone, but, that just and lasting settlement could be achieved by such method cannot be believed. Japanese armed forces are at present in enormous numbers on Chinese soil and have occupied large and important areas thereof. The Japanese authorities have declared in substance that it is Japan's objective to destroy the will and ability of China to resist the will and demands of Japan. The Japanese Government affirms that it is China whose actions and attitude are in contravention of the Nine Power Treaty; yet, whereas China is engaged in full and frank discussion of matters with their parties to that Treaty, Japan refuses to discuss it with any of them. The Chinese authorities have repeatedly declared that they will not, in fact that they cannot, negotiate with Japan

alone for a settlement by agreement. In circumstances, there is no ground for any belief that, if left to themselves, Japan and China would arrive in the appreciably near future at any solution which would give the promise of peace between these two countries, security for the rights and interests of their countries, and political and economic stability in the Far East. On the contrary, there is every reason to believe that if this matter were left entirely to Japan and China armed conflict with attendant destruction of life and property, disorder, uncertainty, instability, suffering enmity, hatreds and that the disturbance to the whole world would continue indefinitely.

8. The Japanese Government, in their latest communication, invite the Powers represented at Brussels to make a contribution to the stability of the Eastern Asia in accordance with the realities of the situation.

9. In the view of the Representatives of the above mentioned States met at Brussels, essential realities of the situation are those to which they draw attention to above.

10. The Representatives of the above mentioned States met at Brussels, are firmly of belief that, for the reasons given in above, just and durable settlement is not to be expected of direct negotiations between the parties. That is why, in the communication addressed to the Japanese Government, they invited that Government to confer with them or with the representatives of a small number of Powers to be chosen for that purpose, in the hope that such exchange of views might lead to acceptance of their good offices and thus help towards the negotiation of a satisfactory settlement.

11. They still believe that if the parties to the conflict would agree to a cessation of hostilities in order to give opportunity for such procedure to be tried, success might be achieved. The Chinese delegation had intimated its readiness to fall in with this procedure. The Representatives of States met at Brussels find it difficult to understand Japan's persistent refusal to discuss such a method.

12. Though hoping that Japan will not adhere to her refusal, the above mentioned States represented at Brussels, must consider what is to be their common attitude in a situation where one party to an international treaty maintains against the views of all the other parties that the action which it has taken does not come within the scope of that treaty and sets aside the provisions of the treaty which the other parties hold to be operative in circumstances.

The Representative of Sweden made the following statement:

No one can regret more deeply than does the Swedish Government to the fact that the Conference's efforts at mediation have so far remained without result. Having to take note of this fact, my Government, which adheres to the principles of the declaration but which does not possess the same political interest in the Far East as certain other Powers, feels that it is its duty to abstain from voting for this text.

The Representative of Norway made the following statement:

The Norwegian Government accept the invitation of this conference in desire thereby to contribute if possible to the settlement of the conflict in the Far East by peaceful mediation. Nobody deplore more than my Government that the efforts of the Conference towards such mediation have hitherto been fruitless. I am quite in accord with the principles underlying in the declaration before us and venture to express the hope that it may still prove possible to obtain through mediation a settlement on the basis of those principles. Referring, however, to my previous declaration made on 13th instant, I find it proper to abstain from voting.

The Representative of Denmark made the following statement:

I should like to associate myself with the statements just made by my colleagues from Sweden and Norway. Also my country deplores that the efforts for mediation have hitherto not met with success, and I fully share the hope that through the means of mediation it may still be possible to obtain some results. For similar reasons as those given by my Scandinavian colleagues, I also think it proper to abstain from voting on the text of this declaration, while fully in accord with the principles laid down therein.

The Representative of Italy made the following statement:

Italy considers the declaration before us as a door open not towards the settlement of the conflict, but rather towards the most serious complications.

Italy does not intend to assume responsibilities that might devolve therefrom, and therefore expresses her definitely contrary to the vote, whilst reserving her attitude as regards all that concerns the subsequent phases of the dispute.

編注一　本声明の和訳については、本書第951文書の九国条約会議報告中の「十二」を参照。

二　本文書は、昭和十二年十二月、条約局第三課作成「「ブリュッセル」ニ於ケル支那ニ關スル九國條約締結國會議經緯」より抜粋。

948　昭和12年11月19日　広田外務大臣より在ベルギー来栖大使宛（電報）

九国条約会議声明に対しては反駁声明などは行わず事態を静観する方針決定について

本　省　11月19日後8時30分発

第一一五號（極祕）

武府會議ノ聲明ニ關シ右ハ我方ニ通告モナキノミナラズ其ノ後ノ情勢ニ顧ミ此ノ際我方ヨリ反駁聲明等ヲ爲サズ事態ヲ見送ルコトニ決定セリ尤モ二十二日以後ニ於テ情報部長談等ノ形式ニテ我方ノ見解ヲ表示スル筈

尙事變ノ收拾ニ付帝國ハ日支直接交渉ノ方針ヲ堅持スルモ右ハ强チ我方ニ於テ前記直接交涉ヲ誘導助長スル爲ノ第三國ノ斡旋ヲ一概ニ拒否スルモノニ非ザルヲ以テ十月二十七日會議不參加ノ回答交付ノ際以來機會アル毎ニ在京英米獨

伊ノ四國大使ニ對シテハ前記直接交渉ノ機運釀成ニ盡力スル様希望ヲ表示シ居ル次第ナリ右御含ミ迄
在歐大使、瑞典、蘭、葡、壽府へ轉電アリ度シ
米へ轉電米ヲシテ墨へ轉電セシメラレ度シ
上海へ轉電セリ

949 昭和12年11月20日 広田外務大臣より 在英国吉田大使宛（電報）

九国条約会議内の対日空気悪化を懸念する英国側が英米による和平斡旋を提案したがわが方は直ちには同意困難と回答について

本　省　11月20日後10時10分発

第五〇八號（極祕、館長符號扱）

十九日在京英國大使ハ他用ニテ堀内次官來訪ノ際武府會議ハ二十二日更ニ會合スルコトトナリ居ル處自分トシテハ同會議ニ於テ問題ヲ聯盟ニ移スカ又ハ支那ニ對シテ武器供給等ノ援助ヲ決議スルカ如キコトアリテハ甚タ面白カラスト思考シ本國政府ニ對シ成ルヘク五ケ國委員會ヲ設ケ之ヲシテ引續キ日支兩國ト接觸ヲ保タシムルコトニ決定ヲ見ル様意見ヲ具申シ居ル次第ナルガ同會議ヲシテ右ノ如キ穩カナル決定ヲ爲サシムルタメニハ日本側ニテモ時局收拾ニ關スル何等カ方法ヲ考慮セラルルコトヲ得ザルヤ之ハ全然自分一個ノ思付キナルモ例ヘハ英米二國ニ於テ「メディエーター」トシテニハ非ス「インターメディアリ」トシテ日支双方ノ主要條件ヲ取次ギ直接交渉ノ基礎ヲ見出スコトトナシテハ如何ト申出テタルガ同日更ニ同大使ヨリ本大臣ニモ右二國斡旋案ニ付テ同様申出アリタリ、仍テ當方ニ於テハ篤ト考慮ヲ加ヘタル末不取敢次官ヨリ同大使ニ對シ諸般ノ事情ヨリシテ此ノ際直ニ右ノ如キ案ニ同意シ兼ヌル旨囘答セシメ置キタリ、右貴使限リノ極祕御含ミ迄
在白大使ニ轉電アリタシ

950 昭和12年11月22日 広田外務大臣より 在ベルギー来栖大使宛（電報）

九国条約会議の声明に反駁する意向はなく日中直接交渉実現に向けた列国の斡旋を希望する旨在本邦ベルギー大使へ説明について

本　省　11月22日後5時発

第一一七號

二十二日白國大使次官ヲ來訪ロンドンタイムスノ所報ニ依レバ日本政府ハ十五日ノ武府宣言ニ關シ本日聲明ヲ發表セラルル趣ナル處事實ナリヤ本國政府ヨリ問合セ來レリト述ベタルニ付次官ヨリ差向キ其考ナキ旨答ヘ置ケリ

其ノ節大使ヨリ十二日ノ日本政府回答中列國ニ於テ現實ノ事態ニ卽シテ東亞ノ安定ニ寄與セラルル所アラバ欣幸トスル旨述ベアル處其ノ意義如何ト質問セルニ付次官ハ右ハ列國ニ於テ日支直接交渉ヲ開始スル樣支那側ヲ誘導セラレンコトヲ希望ストノ儀ナリト說明セル處同大使ハ右ハ過日外務大臣ヨリモ承ハリタル所ナリト云ヘルニ付日本政府ノ考ハ今モ變ル所ナシト述ヘ尙大使ノ問ニ對シ今日迄ノトコロ右斡旋ヲ申出デタル國ナキコト及支那側ノ意嚮ニ關シ情報ヲ供給セル國アルモ之ニ依レバ支那側ハ今尙九國會議ヲ賴リニシ直接交渉ノ意嚮ナキ模樣ナルコトヲ說明シ置キタル趣ナリ

米へ轉電シ在歐大使へ轉報アリ度シ

上海へ轉電セリ

951　昭和12年11月24日
九国条約会議報告書

十一月二十四日「ブリュッセル」會議報告書

一、「ブリュッセル」會議ハ米國政府ノ同意ヲ得タル英國政府ノ要請ニ從ヒ白耳義政府ニ依リ招集セラレタリ右會議ハ千九百三十七年十一月三日開會セラレタル處其ノ事業ハ今ヤ之カ本質的部面ヲ想起スルコトヲ望マシトスル段階ニ到達セリ

二、千九百二十一年ヨリ千九百二十二年ニ亘ル冬「ワシントン」ニ於テ相互ニ關聯セル一團ノ條約及協定調印セラレタル處就中最重要ナルモノノ一ハ支那ニ關スル諸原則及政策ニ關スル九國條約ナリキ

右條約及協定ハ綿密ナル檢討ノ上自由ニ協定セラレタルモノナル處其ノ本質的目的ハ太平洋地域ニ於ケル安定及安全ノ諸條件ヲ確立スルニ在リタリ

九國條約ハ第一條ニ於テ左ノ如ク規定シ居レリ

㈠支那ノ主權、獨立竝ニ其ノ領土的及行政的保全ヲ尊重スルコト

(二)支那カ自ラ有力且安固ナル政府ヲ確立維持スル爲最完全ニシテ且最障礙ナキ機會ヲ之ニ供與スルコト

(三)支那ノ領土ヲ通シテ一切ノ國民ノ商業及工業ニ對スル機會均等主義ヲ有効ニ樹立維持スル爲各盡力スルコト

(四)友好國ノ臣民又ハ人民ノ權利ヲ減殺スヘキ特別ノ權利又ハ特權ヲ求ムル爲支那ニ於ケル情勢ヲ利用スルコトヲ及右友好國ノ安寧ニ害アル行動ヲ是認スルコトヲ差控フルコト

以上ノ諸約定竝ニ其ノ他ノ諸條約ニ定メラレタル諸規定ニ基キ且之ニ照ラシ太平洋地域ノ情勢ハ十年ノ間眞乎ノ安定ト從テ右諸條約ニ豫見セラレタル方向ヘノ顯著ナル進歩トヲ以テ其ノ特徴トシ來レリ然ルニ最近數年間ニ於テ日支兩國間ニ聯繫セル紛争續出シ右ハ竟ニ今次ノ戰闘行爲ヲ誘發シタリ

三、會議招請狀ノ文言ニ從フモ「ブリュッセル」會議ノ目的トスル所ハ「九國條約第七條ニ基キ東亞ニ於ケル事態ヲ檢討シ且該地域ニ行ハルル遺憾ナル紛争ノ終結ヲ促進スヘキ和協手段ヲ攻究スル」コトタラサルヘカラス、日本ヲ除ク外千九百二十二年二月六日ノ九國條約ニ署名シタル又ハ之ニ加入シタル一切ノ國ハ右招請ヲ受諾シ招請狀ニ表明セラレタル目的ノ爲「ブリュッセル」ニ其ノ代表ヲ派遣セリ

四、右會議ニ代表ヲ派遣シ且有效的ニ其ノ議事ニ參加シタル支那政府ハ九國條約ノ他ノ締約國ト同條約第七條ノ規定ニ從ヒ商議ニ入リタリ支那政府ハ其ノ現在ノ軍事行動ハ支那ニ於ケル日本ノ武力侵入ニ抵抗スル意思ニ基クニ外ナラサル旨ヲ宣言シ支那政府ハ九國條約ノ原則ヲ基礎トシタル平和ヲ受諾シ且條約ノ神聖ノ原則ヲ維持スル爲他ノ諸國ト其ノ全誠意ヲ以テ協力スル用意アルコト宣明シタリ

五、日本政府ハ會議ノ招請ヲスラ受諾シ能ハサルコトニ遺憾ヲ表明スルト共ニ「今次帝國ノ支那ニ於ケル行動ハ支那側ノ極端ナル排日抗日政策ノ强行特ニ實力ヲ以テスル挑發行爲ニ依リ餘儀ナクセラレタル自衛措置ニシテ帝國政府累次ノ聲明ノ如ク九國條約ノ範圍外」ナルコトヲ確言シタリ日本政府ハ更ニ多數國ノ會議ニ依リテ解決ヲ圖ルハ却テ事態ヲ紛糾セシメ公正妥當ナル解決ニ大ナル支障ヲ及ホスヘキ旨ヲ强調シタリ

六、千九百三十七年十一月七日會議ハ白耳義政府ノ仲介ニ依リ日本政府ニ對シ通牒ヲ送リ右通牒ニ依リ日本政府ニ對シ特ニ指定セラレタル少數國ノ代表ト意見ノ交換ヲ爲ス爲一名若ハ數名ノ代表ヲ任命スル意思アリヤヲ質シタリ但シ右意見交換ハ係争點ヲ更ニ明白ニ決定シ且日支紛争ノ解決ヲ容易ナラシムル爲九國條約ノ範圍内ニ於テ且同條約ノ諸規定ニ基キテ行ハルヘキモノタリシナリ右通牒ニ於テ「ブリュッセル」ニ會合セル諸國代表ハ平和的解決ノ齎サレンコトヲ熱望スル旨ヲ表明シタリ

七、日本政府ハ千九百三十七年十一月十二日其ノ先ニ表明シタル見解ヲ堅持セサルヲ得サル旨回答シタリ右見解ハ支那ニ對スル今次日本ノ行動ハ自衛措置ヲ構成スルモノニシテ九國條約ノ範圍外ナルコト竝ニ兩當事國ノ共同ノ努力ノミカ最公正妥當ナル解決ニ到達スルコトヲ得シムヘク且本會議ノ如キ集團的機構ニ依ル干渉ハ徒ニ兩國民心ヲ刺戟シ事變ノ圓滿解決ヲ阻礙スルニ過キサルヘシト言フニアリタリ

八、十一月十五日會議ハ一ノ聲明ヲ採擇シ右聲明ニ於テ南阿聯邦、「アメリカ」合衆國、濠洲、白耳義、「ボリヴィア」、加奈陀、支那、佛蘭西、英國、印度、「メキシコ」、「ニュージーランド」、和蘭、葡萄牙及「ソヴィエト」社會主義聯邦共和國ノ代表ハ今次ノ紛争ハ千九百二十二年ノ「ワシントン」九國條約締約國タル一切ノ國竝ニ千九百二十八年ノ巴里規約締約國タル一切ノ國ニ法律上關係アリ且事實上國際團體ノ成員タル一切ノ國ニ關係アルモノト認ムル旨ヲ確言セリ

九、前記ノ會議及日本政府間ノ意見ノ相違ニ鑑ミ會議ハ目下ノ所其ノ任務カ和協的ニ平和ヲ回復スル爲日本ト連絡ヲ開始スルニ存スル限リ右任務ヲ果スヲ得ルモノト認メラレス仍テ會議ハ其ノ事業ノ右段階ヲ終結シ且休會スルニ當リ新ナル聲明ヲ採擇ス

十、千九百三十七年十一月七日日本政府ニ送付セラレタル通牒ノ文言ハ左ノ如シ

㈠十一月三日「ブリュッセル」會議參加國代表ハ十月二十七日白國政府ノ招請狀ニ對スル日本帝國政府ノ回答竝ニ右回答ニ附隨セル聲明ヲ了知セリ

㈡日本帝國政府ハ右文書中ニ於テ就中支那ノ領土ヲ侵略スルカ如キ意圖ナキノミナラス却テ支那國民ノ物質的

精神的向上ヲ祈念スルモノニシテ又外國ノ在支權益ハ飽迄之ヲ尊重シツツ列國ト共ニ文化的及經濟的協調ヲ期シ居ラルル次第ヲ表明セラレタリ

(三)右聲明ニ於テ述ヘラレタル諸點ハ千九百二十二年二月六日華盛頓ニ於テ署名セラレタル條約(九國條約)ノ根本原則ノ或モノヲ表ハセルモノナリ該條約締約國ハ右ニ關スル日本帝國政府ノ聲明ヲ了承セリ

(四)加之日本帝國政府ハ日本ニ依ル九國條約違反ノ問題ヲ發生スル餘地ナキコトヲ言明セラレ且支那政府ニ對シ幾多ノ苦情ヲ陳述セラレタリ支那政府亦同條約ノ違反アリタリト爲シ日本政府ノ苦情ヲ拒否シ進テ支那ヨリノ苦情ヲ述ヘ居レリ

(五)九國條約ハ正ニ斯クノ如キ事態ヲ目的トスル規定ヲ包含ス「ブリュッセル」ニ於テ行ハレツツアル意見ノ交換ハ本質的ニ此等ノ規定ニ基礎ヲ置キ第七條ニ規定セラルル充分ニシテ且隔意ナキ交渉ヲ構成スルモノナルコトヲ茲ニ指摘スルヲ要ス本會議ハ締約國間ノ紛争ノ平和的解決ヲ援助スル目的ヲ以テ招集セラレタリ該紛争ノ當事國ノ一方卽チ支那ハ會議ニ代表ヲ派遣シ會議ノ事業ニ完全ニ協力スル用意アルコトヲ表明セリ會議ハ其ノ協力特ニ望マシキ他ノ當事國卽チ日本國ノ不參加ヲ遺憾トス

(六)日本帝國政府ハ「東亞ニ於ケル利害ノ程度相異リ甚シキハ殆ト利害關係ヲ有セサル國ヲモ含ム多數國ノ會議ニ依リ之カ解決ヲ圖ルハ却テ事態ヲ紛糾セシメ之カ正常ナル收拾ニ大ナル支障ヲ及ホスヘシトノ確信」ヲ表明セラレタリ

茲ニ注意ノ要アルハ同條約ノ規定ニ依レハ同條約締約國タル總テノ國ハ該條約カ之ニ賦與スル權利ヲ行使スル資格ヲ有シ、東亞ニ權益ヲ有スル總テノ國ハ目下ノ敵對行爲ニ依リ影響セラレ居リ且全世界ハ該敵對行爲ノ平和及國際團體ノ各員ノ安全ニ對スル反響ヲ憂慮シ居レルコトナリ

然レトモ「ブリュッセル」ニ會合セル諸國代表ハ此ノ點ニ關シ日本ノ有スル疑念ヲ解消シ得ヘシト思考ス卽チ特ニ指定セラルヘキ少數國代表ト意見交換ヲ爲ス爲日本帝國政府カ一名若ハ數名ノ代表ヲ派遣セラルル意思アリヤ否ヤヲ承知致度シ右意見ノ交換ハ九國條約ノ

範圍內ニ於テ且同條約ノ規定ニ準據シテ行ハルヘキモノトス

右意見交換ノ目標トスル所ハ前記ノ點ヲ明ニシ紛争ノ解決ヲ求ムルニ在ルヘシ敵對行爲ノ繼續ヲ遺憾トシ、平和的處理ノミカ本件紛争ノ永續的且建設的解決ヲ招來シ得ヘキコトヲ確信シ且調停方法ノ有效ナルヘキニ信頼シ「ブリュッセル」ニ會合セル諸國代表ハ前記ノ如キ處理ノ實現センコトヲ切望スルモノナリ

(七)會議參加國ハ其ノ提案ニ對スル日本帝國政府ノ態度ヲ出來得ル限リ速ニ承知センコトヲ重視スルモノナリ

十一、千九百三十七年十一月十五日ノ聲明ノ文言ハ左ノ如シ

南「アフリカ」聯邦、「アメリカ」合衆國、濠洲、白耳義、「ボリヴィア」、加奈陀、支那、佛國、英國、印度、墨西哥、和蘭、新西蘭、葡萄牙及「ソヴィエト」聯邦代表ハ次ノ聲明ヲ作成セリ

(一)「ブリュッセル」ニ於テ會合シタル上記諸國ノ代表ハ千九百三十七年十一月七日日本政府ニ宛テタル通牒ニ對スル十一月十二日附日本政府ノ回答ヲ了承シタルカ日本政府カ依然トシテ日支間ノ紛争ハ九國條約ノ範圍外ニアリト爲シ該紛争ノ平和的解決ヲ達成セントノ努力ヲ目的トスル意見ノ交換ヲ行フコトヲ再ヒ拒絶セルコトヲ認ムルヲ遺憾トス

(二)本紛争ニ包含セラルル問題及利害關係ニ對スル日本ノ觀念ハ世界ノ他ノ大多數ノ國民及政府ノ觀念ト著シク相違セルモノナルコト明白トナレリ日本ハ紛争カ日支間ノモノナルヲ以テ右兩國ノミニ關スル所ナリト主張スル處之ニ反シ今次「ブリュッセル」ニ於テ會合セル上記諸國代表ハ本紛争ヲ以テ法理上千九百二十二年ノ華府九國條約ノ一切ノ締約國、千九百二十八年ノ巴里條約ノ一切ノ締約國及事實上國際團體ノ成員タル一切ノ諸國ニ關係アリト爲スモノナリ

(三)九國條約ニ於テ同條約締約國ハ極東ニ於ケル事態ノ安定ヲ目的トスル特定ノ政策ヲ採用スルコトノ希望ヲ確認シ且支那トノ關係ニ於テ又支那ニ於テ相互ニ或特定ノ原則ヲ適用スルコトニ同意シタルコト且又巴里條約ニ於テ締約國ハ「相互間ニ起ルコトアルヘキ一切ノ紛争又ハ紛議ハ其ノ性質又ハ起因ノ如何ヲ問ハス平和的

手段ニ依ルノ外之カ處理又ハ解決ヲ求メサルコト」ヲ約シタルコトハ之ヲ否定スルコトヲ得ス

(四)日支間ニ於ケル現在ノ敵對行爲ハ一切ノ諸國ノ權益ノミナラス殆ト一切ノ國ノ有形的利益ニモ不利ニ影響シタルコトハ之ヲ否定スルヲ得ス右敵對行爲ノ結果ハ既ニ第三國國民ノ若干ヲ死ニ到ラシメ第三國ノ幾多ノ國民ヲ大ナル危險ニ曝シ第三國國民ノ財產ヲ廣汎ニ亙ツテ壞滅シ國際交通ヲ杜絶セシメ國際通商ニ對シテ混亂ト損害トヲ與ヘ一切ノ國ノ國民ニ對シテ恐怖ト義憤トノ念ヲ抱カシメ全世界ヲ驅ツテ不確定ト不安トニ陷ラシメタリ

(五)「ブリュッセル」ニ會合シタル上記諸國代表ハ從ツテ斯クノ如キ敵對行爲及ヒ之ニ基ク事態ハ各自ノ代表スル國ニ又之ヲ大ニシテハ全世界ニ不可避的ニ關係アル問題ナリト看做スモノナリ前記代表トシテハ問題ハ單ニ極東ニ於ケル二國間ノモノタルニ止マラスシテ法規、秩序アル手續竝ニ世界ノ安全及世界平和ノ問題ナリト認メラル

(六)日本政府ハ其ノ十一月十二日附通牒ニ引用シタル十月二十七日附通牒ニ於テ支那ニ對スル兵力ノ使用ハ支那ヲシテ其ノ現在ノ政策ヲ抛棄セシメントスルモノナルコトヲ確言シタリ「ブリュッセル」ニ會合シタル上記諸國代表ハ他國ノ內政ニ干涉スル目的ヲ以テ兵力ヲ使用スルコトニ對シテハ如何ナル國ニ依テ爲サルト雖法律上何等ノ根據存セサルコト竝ニ斯クノ如キ權利ヲ一般的ニ承認スルコトハ紛爭ノ不斷ノ原因タルヘキコトヲ指摘セント欲ス

(七)日本政府ハ本紛爭ノ解決ハ日支兩國間ニ於テ且兩國限リニ依リテノミ爲サルヘキモノナルコトヲ主張ス然レトモ右ノ如キ方法ニ依リテ公正且恆久的ナル解決カ達成セラレ得ヘシト信スルコトハ不可能ナリ現在多數ノ日本軍隊ハ支那領土ニ在リテ其ノ廣大且重要ナル地域ヲ占據シ居レリ日本官憲ノ宣言ハ其ノ趣旨ニ於テ日本ノ目的ヲ以テ日本ノ意思及要求ニ抵抗セントスル支那ノ意思及能力ヲ挫カントスルニアリト爲シ又日本政府ハ支那ノ行動及態度コソ九國條約ニ違反スルモノナルコトヲ確言セリ然ルニ支那ハ本件ニ關シ九國條約ノ他ノ締約國ト充分ニシテ且隔意ナキ交渉ヲ行ヒ居ルニ反

シ日本ハ條約國ノ何レトモ之ヲ討議スルコトヲ拒絶セリ支那官憲ハ其ノ累次ノ宣明ニ於テ協定ニ依ル解決ノ爲ニ日本ノミト交渉スル意思ナク又事實上右ノ不可能ナルコトヲ明白ニシタリ斯ル狀勢ニ於テ日支兩國ノミニ委スルニ於テハ近キ將來ニ於テ兩國間ノ平和、他國ノ權利及利益ノ保障竝ニ極東ニ於ケル政治上及經濟上ノ安定ヲ約束スルカ如キ何等ノ解決ニ到達スヘキコトヲ信スヘキ何等ノ根據ナシ若シ事件ヲ全然日支兩國ノ決定ニ委スルニ於テハ生命及財産ノ破壞、無秩序、不確定、不安定、困苦、敵愾心、嫌惡及全世界ニ對スル混亂ヲ伴フ武力紛争ハ永遠ニ繼續スヘキコトヲ信スヘキ凡ユル理由存在ス

㈧日本政府ハ今囘ノ通牒ニ於テ「ブリュッセル」ニ代表セラレ居ル列國ニ對シ現實ノ事態ニ卽シテ東亞ノ安定ニ寄與スヘキコトヲ要請セリ

㈨「ブリュッセル」ニ會合シタル上記諸國代表ノ意見ハ以上注意ヲ喚起セル諸點コソ正ニ事態ノ本質的現實ナレト爲スモノナリ

㈩「ブリュッセル」ニ會合シタル上記諸國ノ代表ハ如上ノ理由ニ依リ公正且永續的ナル解決ハ兩當事國間ノ直接交渉ヨリ期待スルコトヲ得サルヘキコトニ付確信ヲ有ス日本政府ニ宛テタル通牒ニ於テ日本政府カ「ブリュッセル」ニ會合シタル諸國ノ代表又ハ右目的ノ爲選ハルヘキ少數ノ國ノ代表ト會商センコトヲ要請シタルハ斯カル意見交換ノ結果ハ其ノ斡旋ヲ受諾シ延イテ滿足ナル解決ノ交渉ニ到ルニ資スヘキ希望ノ下ニ正ニ以上ノ理由ニ基ケルモノナリ

(十一)「ブリュッセル」ニ會合シタル上記諸國ノ代表ハ紛争當事國カ斯クノ如キ手續ヲ試ル機會ヲ與フル爲敵對行爲ノ中止ニ同意スルニ於テハ今尚成功ヲ獲チ得ル望アルコトヲ信スルモノナリ支那代表部ハ右手續ニ同意スル用意アルコトヲ示シタリ「ブリュッセル」ニ會合シタル諸國ノ代表ハ日本カ斯クノ如キ方法ヲ討議スルコトヲ執拗ニ拒絶スルコトヲ理解スルニ苦シムモノナリ

(十二)日本カ右ノ如キ拒絶的態度ヲ固執セサランコトヲ希望シツツ「ブリュッセル」ニ代表セラレタル上記諸國ハ國際條約ノ一締約國カ他ノ一切ノ締約國ノ意見ニ反對シ自國カ執リタル行動ヲ以テ該條約ノ範圍外ニアリト

爲シ且他ノ締約國カ右事態ニ於テ適用アリト信スル條約上ノ條項ヲ看過スル事態ニ於テ其ノ共同ノ態度ノ何タルヘキカニ付考慮スルヲ要ス

瑞典代表「ド・ダルデル」氏ハ次ノ聲明ヲ爲シタリ

調停ヲ爲サントスル會議ノ努力カ今日迄成果ヲ得サリシ事實ニ對シテ深甚ナル遺憾ヲ感スルコト瑞典政府ニ勝ルモノアラサルヘシ右ノ事實ニ直面シタル瑞典政府ハ聲明ノ原則ニハ贊意ヲ表スルモノナルモ極東ニ他ノ列强ノ場合ニ於ケル如キ政治的利害關係ヲ有セサルヲ以テ本聲明ニ投票スルコトヲ棄權スルヲ以テ其ノ任務ナリト信ス

諾威代表「オーベル」氏ハ次ノ聲明ヲ爲シタリ

諾威政府ハ本會議ノ招請ヲ出來得ヘクンハ之ニ依テ極東ニ於ケル紛争ノ平和的調停ニ依ル解決ニ寄與セントノ希望ニ基イテ受諾セリ斯ル調停ニ對スル會議ノ努力カ今日迄何等ノ成果ヲ得サリシコトヲ遺憾トスルコト諾威政府ニ如クモノアラサルヘシ余ハ本聲明中ニ流ルル原則ニ全ク同感ニシテ右諸原則ヲ基礎トシテ調停ニ依リ解決ノ齎サルヘキコトノ尙可能ナルヘキコトヲ敢テ希望スルモノナリ然レトモ本月十三日余ノ爲シタル宣言ニ鑑ミ余ハ投票ヲ棄權スルヲ以テ正當ナリト認ム

丁抹代表「ヘンリック」氏ハ次ノ聲明ヲ爲シタリ

余ハ今瑞典及諾威同僚ノ爲シタル聲明ニ贊同セント欲ス丁抹國モ調停ニ對スル努力カ今日迄成功ニ到ラサリシヲ遺憾トスルモノニシテ余モ亦爰ニ調停手段ニ依リ何等カノ結果ヲ齎スコトノ尙可能ナルヘキヲ希望スルモノナリ聲明中ニ含マルル諸原則ニハ全幅的ニ贊意ヲ有スルモノナルカ「スカンヂナヴィア」同僚ノ下シタルト同樣ノ理由ニ基キ余モ本聲明ノ正文ニ投票スルコトヲ棄權スルヲ以テ正當ナリト認ム

伊太利代表「アルドロヴァンディ」氏ハ次ノ聲明ヲ爲シタリ

伊太利ハ本聲明ヲ以テ紛争ノ解決ノ爲ニスルニアラスシテ寧ロ其ノ最深刻ナル紛糾ニ對シテ途ヲ開クモノナリト思考ス

伊太利ハ之ニ基イテ發生スルコトアルヘキ責任ヲ取ル意圖ヲ有セス從ツテ之レカ票決ニ決定的ニ反對ノ意ヲ表ス但シ爾後ニ於ケル紛争ノ局面ニ關スル一切ニ就テ

ハ其ノ態度ヲ留保スルモノナリ

十二、千九百三十七年十一月二十四日ノ聲明ノ文言左ノ如シ

㈠九國條約ハ世界ノ各國カ或種ノ原則ヲ明ニシ相互ノ關係ニ於テ約束ニ依ル或種ノ制限ヲ課シ且他國ノ主權ヲ尊重シ他國ニ對スル政治的若ハ經濟的ノ一切ノ覇權ヲ抛棄シ他國ノ内政ニ對スル一切ノ干渉ヲ相互ニ差控フヘキコトヲ嚴粛ニ約束セル數多ノ國際的文書ノ顯著ナル一例ナリ

㈡此等ノ國際的文書ハ武力ニ訴フルコトナクシテ國際的安全及平和ヲ保持スルヲ目的トシ且依テ以テ諸國民間ノ關係カ相互ノ信頼、善意竝ニ總テノ國ニ有益ナル商業的及金融的關係ヲ基礎トシテ成立シ得ヘキ機構ヲ構成スルモノナリ

㈢此等ノ原則ヲ無視シテ武力ニ訴フルコトハ條約ニ依リ與ヘラルル保障ヲ基礎トスル國際關係ノ全組織ヲ動搖セシムルモノナルコトハ否定スルヲ得ス斯ル場合ニハ總テノ國ハ軍備ヲ不斷ニ增大シテ安全ヲ追求セサルヲ得ス其ノ結果トシテ一般的ナル不安定ト不安全ノ感情ヲ生ス此等ノ原則ノ有效性ハ武力ヲ以テ破壞スルヲ得ス此等ノ原則カ普遍的ニ適用セラレ得ルコトヲ否定スルヲ得ス最後ニ此等ノ原則カ文明ト進歩トノ不可缺ノ條件タルコトヲ爭フヲ得ス

㈣本會議カ白耳義政府ノ送付セル招請狀ニ言ヘル如ク「九國條約第七條ニ基キ東亞ニ於ケル事態ヲ檢討シ且該地域ニ行ハルル遺憾ナル紛爭ノ終結ヲ促進スヘキ和協手段ヲ攻究スル爲」「ブリュッセル」ニ招集セラレタルハ此等ノ原則ニ合致スルモノナリ

㈤十一月三日開會以來會議ハ和解ヲ促進シ且敵對行爲ヲ終止シ協定ノ締結ニ資セン爲日本政府ノ協力ヲ得ン爲終始一切ノ努力ヲ傾倒セリ

㈥國際紛爭ノ公正且永續的ナル解決ハ一切强力ノ使用ニ依リテ齎サルヘキモノニアラストハ會議ノ確信スル所ナリ會議ハ本紛爭ノ兩當事國ニ於テ一般的且永續的解決ノ先決要件タル敵對行爲ノ急速ナル終止ヲ齎サンカ爲他ノ諸國カ供與シタル支援ヲ利用スルコトカ其ノ直接且眞實ノ利益タルヘキコトヲ今尚信スルモノナリ同様ニ會議ハ滿足ナル解決ハ紛爭ノ當事國ノミノ間ニ於

ケル直接ノ交渉ニ依リテハ到達シ得ス又内容ノ公正ニシテ一切ノ國ニ依リ受諾セラレ得ヘキ且永續スヘキ望ヲ有スル協定ハ他ノ主要ナル利害關係國トノ協議ノ方途ヲ選フニアラスンハ到達シ得サルヘキコトヲ信スルモノナリ

(七)本會議ハ九國條約ノ原則ハ世界平和ノ維持ノ爲又國家生活及國際生活ノ秩序アリ且進歩的ナル發展ノ爲尊重セサルコトヲ得サル根本原則ノ一ナルコトヲ重ネテ確言セント欲スルモノナリ

(八)會議ハ東亞ニ於ケル敵對行爲ノ速ナル終止ハ單ニ日支兩國ノミナラス一切ノ諸國ノ眞正ナル利益ニ資スヘキコトヲ確信ス一日遲ルルニ於テハ人命ノ損失及財産ノ破壞ヲ增大シ紛爭ノ解決ヲ一層困難ナラシムヘシ

(九)從テ會議ハ敵對行爲ノ終止セラレ平和的手續ニ移サレンコトヲ勸奬シテ熄マサルモノナリ

(十)會議ハ紛爭ヲ平和的且公正ニ解決スヘキ手段ハ一切之ヲ等閑視又ハ省略スヘカラサルモノト認ム

(十一)會議ハ九國條約ノ諸原則ヲ遵奉シ同條約ノ目的ニ忠實ナルト共ニ參加國ヲシテ意見ヲ交換シ紛爭ノ解決ヲ齎スヘキ一切ノ平和的且妥當ナル方法ノ探究ヲ繼續セシムル爲玆ニ會合ヲ一時中止スルヲ以テ適切ナリト認ムルモノナリ右ト同時ニ「ブリュッセル」ニ會合シタル一切ノ諸國ハ九國條約ノ當事國タル事實又ハ東亞ニ特殊ノ權益ヲ有スル事實ニ鑑ミ東亞ニ於ル紛爭カ依然其ノ全體ノ關心事タリト爲スニ於テ何等渝ル所ナシ右ハ殊ニ東亞ニ於ケル事態及事變ノ推移ニ依テ一層迅速且直接ナル影響ヲ蒙レル參加國中ノ一部ノ諸國ニ於テ特ニ然リトス參加國中九國條約ノ當事國ハ明白ニ東亞ニ於ケル事態ヲ安定セシムルコトヲ目的トスル政策ヲ採用シタルモノニシテ右諸國ハ右目的ノ爲同條約ノ規定ニ準據スルコトヲ要シ右規定中最重要ナルヲ第一條及第七條ナリトス

(十二)會議ハ其ノ議長又ハ參加國中何レカノ二國ニ於テ議事ノ再開ヲ有益ナリト認ムル旨ヲ宣言シタル場合ニ於テ更メテ招集セラルヘシ

編注一　本文書の原文(仏文)は省略。

二　本文書は、昭和十二年十二月、条約局第三課作成

「「ブリュッセル」ニ於ケル支那ニ關スル九國條約締結國會議經緯」より抜粋。

952　昭和12年11月24日　広田外務大臣より在仏国杉村大使宛(電報)

日中直接交渉に向けた第三国への斡旋要請に関し仏国を除外した理由について

本　省　11月24日後7時20分発

第三七八號(極祕、館長符號扱)

貴電第七〇二號ニ關シ

我方ハ時局拾收ニ關シ日支直接交渉ヲ根本方針トシ只右交渉誘導ノ爲ニスル第三國ノ斡旋ハ强チ之ヲ拒否セズトノ態度ヲ執リ居ル處右第三國ノ範圍ハ最小限度トシ卽チ東亞ニ利害特ニ關係深キ英米及我方ト特殊關係ニ在ル獨伊ニ限定スルヲ望マシト認メ從來當地ニテハ四國使臣ト夫々其ノ趣旨ヲ以テ接衝シ居ル次第ナリ御含ミ迄

953　昭和12年11月25日　在ベルギー来栖大使より広田外務大臣宛(電報)

九国条約会議が成果なく閉幕した要因について

ブリュッセル　11月25日後発
本　省　11月26日前着

第四〇〇號(極祕)

今次會議ハ御承知ノ通リ遂ニ内容空虚ナル一報告書ヲ採擇シタルノミニテ終幕ノ已ムナキニ至リタル次第ニテ支那代表部ノ如キハ會議内外ニ於テ極度ニ憤懣ノ情ヲ洩ラシ居ル狀況ナルカ右ハ(イ)皇軍ノ殊ニ上海戰線ニ於ケル大勝ト南京政府事實上ノ崩壞(ロ)英米兩國ニ對スル閣下竝ニ現地大使ノ工作(ハ)「スカンヂナビヤ」三國ノ消極的態度(ニ)伊全權不屈不撓ノ努力等ニ基因スルニ外ナラス殊ニ伊代表部カ日夜寢食ヲ忘レテ帝國ノ爲奮闘セル次第ハ全ク想像以上ニシテ之ニ對スル謝意表明方ニ關シテハ此ノ上トモ特別ノ御考慮ヲ煩度シ

伊ニ轉電セリ

954　昭和12年11月26日　広田外務大臣より在伊国堀田大使宛(電報)

九国条約会議における伊国代表の尽力に対し

同国外相へ謝意伝達方訓令

本　省　11月26日後8時30分発

第二七八號

武府會議ガ我方ノ希望通無爲ニ終ハレルハ會議内部ニ於ケル伊國代表ノ活動ニ負フトコロ大ナルモノアリト思料スルニ付テハ貴大使ハ速ニチアノ外相ニ對シ會期中終始帝國ノ主張ヲ支持シタル伊國政府竝ニ同國代表部ニ對スル帝國政府ノ深甚ナル謝意ヲ申入レラルルト共ニ既ニ歸伊セルト思ハルル「アルドロヴァンディ」伯ニ對シテモ帝國政府ノ謝意ヲ傳達セラレ度シ

白へ暗送アリ度シ

955　昭和12年11月26日

在英国吉田大使より
広田外務大臣宛（電報）

九国条約会議の閉幕に関する新聞論調報告

ロンドン　11月26日後発
本　省　11月27日前着

第九二四號

一、武府會議終了ニ付當地諸新聞ハ余リ大キク扱ハス社說ヲ掲ケタルハ二十五日「タイムス」、「ガーデイアン」ノミナルカ「タイムス」ハ會議ノ失敗ヲ認メ今回決議ハ聯盟決議ヨリ更ニ微溫的ニシテ支那代表ノ失望セルハ當然ノコトナルカ何レノ國モ「イニシヤテイブ」ヲ執ルヲ喜ハサル目下ノ狀態ニテハ之以外致方ナカルヘシ但シ英政府ハ引續キ列國ト協調ヲ保チ平和恢復ニ努力シ居レリトナシ「ガーデイアン」ハ同樣論旨ヲ述ヘタル後若シ日本カ今後モ列國申出ヲ拒ミ續クル時ハ列國ハ聯盟ニ會議失敗ヲ報告シ如何ニシテ個別的ニ支那ヲ援助スヘキヤノ方法ニ付指示ヲ請フヘシト論シタリ

二、二十五日及二十六日諸新聞ハ日本軍ノ無錫占領等戰地「ニユース」ヲ大キク報道スルト共ニ二十五日「タイムス」ハ宇垣大將ノ時局談（東京特派員發）ヲ、二十六日同紙ハ日本ノ對平和態度ニ關スル東京特派員電及香港事情ニ關スル同地特派員記事ヲ夫々大キク目立チ易キ個所ニ載セ居ル處上海租界及稅關ノ將來ハ依然强ク憂慮セラレ居ルモノノ如ク「ガーデイアン」上海電ハ英、佛、米ハ日本ト海關問題ニ付商議中ナリシカ日本カ列國代表ノ介入ヲ斥ケ海關當局トノ直接交渉ヲ主張スルニ至リ停頓狀

態ニ陥リタル旨、日本ノ海關收入ヲ擔保トセル外債所有額ハ他列強ニ比シ極ク僅少ナレハ現地金融界ハ日本ノ態度ヲ理不盡高壓的ナリト目シ居ル旨報シ又「シチー」方面ニ資力ヲ有スル「フイナアンシアル・タイムス」ハ日本軍部ハ海關ノ支配ヲ獲得セント狙ヒ居リ右カ關係國ト相談ナクシテ實力ニ依リ遂行サルルニ至ラハ全支那ノ國際金融組織ハ破壞セラルヘク英、米、佛當局ハ緊密聯絡ノ上嚴重監視中ナリト報シタリ

在歐各大使ニ郵送セリ

3　連盟規約第十六条適用問題と日本の連盟協力終止

956　昭和12年11月30日
在ジュネーブ宇佐美国際会議事務局長代理兼総領事より
広田外務大臣宛（電報）

日中紛争に関する連盟諮問委員会再開の見込みにつき報告

ジュネーブ　11月30日後発
本　　省　12月1日前着

第三二七號

聯盟支那問題諮問委員會議長タル「ラトビア」外相過般巴里訪問ノ際同地ニ赴キ之ト懇談シテ歸壽セル當地同國代表「フェルトマン」ハ三十日本官ニ對シ諮問委員會ハ何レ再開セサルヘカラサル次第ナルモ期日ニ付テハ現在ノ所何等解決シ居ラス各國共武府會議ノ結果ニ顧ミ今直ニ委員會ヲ再開スルモ無益ナリト考ヘ居ル模様ナリ唯問題ハ支那側ノ態度ニテ支那側ヨリ再開ノ要求アラハ其ノ手續ヲ執ラサルヘカラス假ニ今直ニ此ノ要求アリトスルモ種々ノ都合ヨリ再開ハ十二月十五日頃以後トナルヘキモ目下ノ所ハ支那側モ餘リ「プッシユ」スル様子モ見エサルニ付或ハ來ル一月理事會（一月十七日開催ノ豫定）ノ頃ヲ利用シテ委員會ヲ開クコトトナルニアラスヤト豫想セラルル旨内話セリ本官ヨリ委員會トシテハ何ヲ爲スヘキヤト質問セルニ對シ「フエ」ハ何等見當付カス茲暫ク情勢ノ變化ヲ待ツ外ナキ所以ナリト述ヘ居タリ尚武府ニ出張シ居タル當地米國系通信員ノ内話ニ依ルモ武府ニテハ本委員會開催ニ關シ何等決定セラレス支那側モ之ニ對シ熱ヲ有セス英國側ハ支那側ヲ抑ヘル様努メ居リタル趣ナリ

米、在歐洲各大使、瑞西、「ラトビヤ」ヘ暗送セリ

957　昭和13年1月27日
在ジュネーブ宇佐美国際会議事務局長代理兼総領事より
広田外務大臣宛（電報）

連盟理事会における中国側策動に対しわが方

対応振り請訓

ジュネーブ　1月27日後発
本　　　省　1月28日前着

第一一號（部外祕）

貴電第五號ニ關シ（國民政府ノ聯盟理事會ニ於ケル策動ノ件）

理事會ニ於ケル支那側ノ出方竝ニ理事會ノ取扱振ハ未タ豫知シ得サルモ恐ラク支那代表部ハ九月總會ノ例ニ倣ヒ討議ニ先立チ聯盟ニ通報ヲ提出スルニアラスヤト察セラルルヲ以テ其ノ際ハ直ニ要旨ヲ電報スヘキカ豫メ本省ニ於テ手配シ置カレ支那側通報ノ事實ニ對シ直ニ權威アル反駁ヲ發表セラルレハ啓發上效果少カラサルヘシト存セラルルモ他方我方ノ相手トセサル政權ノ代表者ノ發表ニ對シテハ全然之ヲ默殺スル旨ヲ述ヘラルルモ一策ナリト考ヘラルル處御方針心得迄ニ御回電ヲ請フ右局長ト協議濟

958　昭和13年1月27日　在ジュネーブ宇佐美国際会議事務局長代理兼総領事より広田外務大臣宛（電報）

連盟理事会での制裁規約適用問題に関する各国代表の発言振りおよび中国代表の演説振りにつき報告

ジュネーブ　1月27日後発
本　　　省　1月28日後着

第一二號

二十七日午後聯盟理事會公開會議開催議長ヨリ今次第百回理事會開催ニ對スル挨拶ヲ述ヘ之ニ次テ各理事順次ニ演說ヲ爲シ散會セリ目下小國側ニ規約ノ適用問題就中制裁ノ實行ヲ各國ノ自由裁量ニ委セントスル主張擡頭シ居ル折柄トテ右各理事ノ聲明ハ一般ニ注目セラレタル所ナルカ英代表カ聯盟ノ機能ニ實際上ノ制約アルヲ認メ乍ラモ現在ノ機構ヲ其ノ儘維持スヘキヲ述ヘ佛代表カ聯盟主義ヲ禮讃シタルニ對シ瑞典及白耳義カ聯盟ニ忠實ナル旨ヲ繰返シ乍ラ規約ノ適用ハ現實ノ狀態ニ卽シテ伸縮自在ナルヘシトシ殊ニ瑞典ハ制裁適用問題ヲ二十八人委員會（規約改正委員會）ニ於テ研究スヘシト主張セルハ注意ニ値ス「リトビイノフ」ハ例ノ通リ顧維鈞ハ此ノ機會ヲ利用シテ日支問題ニ言及シ聯盟ノ無爲、聯盟國ノ消極的態度ヲ攻擊セリ

主要代表ノ演説要旨ハ特情第三號參照請フ
在歐各大使ヘ郵送セリ

959　昭和13年2月2日　在ジュネーブ宇佐美国際会議事務局長代理兼総領事より広田外務大臣宛（電報）

連盟理事会において中国問題に関する決議採択について

付記一　昭和十三年二月二日採択
　右決議
二　右決議採択に至る理事会討議議事録

ジュネーブ　2月2日後発
本　省　2月3日前着

第三一號
往電第二七號ニ關シ[1]
支那問題ニ關スル理事會ハ二日正午先ツ非公開會議ニテ前日ニ引續キ審議手續ノ問題ニテ約一時間討議セル後公開會議ニ移リタルカ其ノ經過概要左ノ通リ
㈠劈頭顧維鈞ハ日本ノ侵略ノ事實、日本軍ノ暴行、第三國ノ權益侵害等ヲ述ヘ聯盟ノ行動ヲ要求スル趣旨ノ演説ヲ爲セリ（特情第八號參照）
㈡次テ「エクアドル」代表「クエヴエド」ハ決議案ニハ贊成スルモ決議末項ニ關シテハ各國カ自己ノ責任ニ於テ個別的ニ行動スル場合ハ別トシ苟クモ聯盟トシテ何等カノ措置ニ出ツル場合ニハ豫メ理事會ニ於テ協議セサルヘカラストノ解釋ノ下ニ贊成スル次第ナリ斯ク言フハ決シテ同國カ非聯盟國若クハ脱退ノ意思ヲ表示セル國トノ協力ヲ好マサル爲ニアラス是等ノ國々トノ友好關係ノ維持ハ同國ノ最モ望ム所ナルカ唯聯盟ノ責任ヲ齎ラスカ如キ決定ヲ爲スニハ豫メ權限アル機關ノ承認ヲ經ルヲ要スト認ムルカ爲ナリ決議案末項カ數國ニ對シ聯盟ノ權限ヲ委任スル趣旨ナラハ之ニ贊成スル能ハスト述ヘ
波蘭代表「コマルニツキー」ハ支那問題ノ實質ニハ觸ルルコトナク單ニ手續問題ノ點ヨリ同國ハ客年十月五日總會ニ於テ爲セル宣言ニ再ヒ言及セサルヲ得サルコト、極東ニ於ケル平和恢復ノ爲ノ努力ニ對シ同情ヲ表スル旨ヲ述ヘテ投票ヲ棄權スヘキコトヲ明カニシ
祕露代表「ガルシア・カルデロン」ハ本件ハ總テノ國就

中大（太カ）平洋沿岸國タル祕露ニ利害關係アル處決議案審議ノ餘裕カ充分ナキコト、決議案カ數國限リニテ準備セラレタリトノ理由ニテ棄權スヘキコトヲ述フ

㈢[2]右ニ對シ「クランボーン」ハ紛爭ノ迅速且公正ノ解決ハ何人モ望ム所ナルカ決議案ハ右目的達成ニ貢獻スヘシ又手續問題ニ付異議アル向モアル樣ナルカ通常ノ手續トシテハ理事會ノ任命スル報告者カ報告竝ニ決議案ヲ起草スル譯ナルカ本件ニ關シテハ始メ其ノ取扱振ニ關シ支那代表ヨリ英國及其ノ他代表ニ下相談アリ是等代表者間ニ於テ非公式且豫備的會談ヲ行ヒタル迄ニテ斯ル先例ハ決シテ乏シカラス又決議案ノ卽時採擇ヲ迫リタルカ如キ意嚮毛頭ナシトテ釋明シ

佛國代表「テツサン」モ理事會取扱振ニ關スル右英代表ノ說明ニ全然贊意ヲ表セル後決議案ノ內容ハ柔軟性ニ富ミ此ノ點ハ佛國政府ノ見解、意圖ヲ能ク表明セルモノニシテ茲ニ改メテ說明スヘキコトモナシト述ヘ

蘇聯代表「シユテイン」（「リトビノフ」ハ一日夜發離壽巴里ニ向ヘル由）ハ「クランボーン」ノ說ニ同意ナルコト、決議案ニ贊成ナルコト、決議案ニ贊成スヘキコトヲ簡單ニ述フ

㈣最後ニ顧維鈞ハ決議案ハ客年ノ總會決議同樣支那ニ對スル同情ノ表示ナルニモ拘ラス其ノ定ムル所ハ事態ノ重大性ニ鑑ミテ不充分ト認メサルヲ得サルカ今後各國カ從來ヨリモ積極的態度ニ出テンコトヲ信頼シツツ之ヲ受諾ス但シ支那政府ハ日本ノ侵略ヲ阻止シ支那ヲ援助センカ爲聯盟カ規約ニ基キ積極的措置ヲ執ランコトヲ要求スルノ權利ヲ留保ス又規約第十、十一及十七條ニ基ク支那政府ノ提訴ハ依然理事會ニ繫屬スルモノトノ了解ノ下ニ決議案ヲ受諾スルモノナリ尙手續問題ニ關シテハ便宜上斯ル措置ニ出テタルモノニシテ決シテ主要國以外ノ國ヲ輕視スル意ナキハ言フ迄モナシトノ趣旨ヲ述フ

㈤其ノ他發言ナク議長ハ二個ノ棄權ヲ除ク全會一致ニテ決議案採擇セラレタル旨ヲ宣シ理事會ハ閉會セリ

㈥以上ノ通リ會議ハ筋書通リ運ヒタルカ傍聽席、記者席等モ空席多ク支那代表聲明モ決議案採擇モ何等平凡裡ニ終了セルハ稍注意ヲ惹キタリ

冒頭往電通リ轉電セリ

（付記一）

昭和十三年二月二日第百回理事會ニ於テ採擇セラレタル決議

理事會ハ
極東ニ於ケル事態ヲ考察シタル後
理事會ノ前回會合以來支那ニ於テ戰鬪行爲カ繼續セラレ且激化セラレツツアルヲ遺憾トシ
支那國民政府ニ依リ國家ノ政治的及經濟的再建ノ爲成就セラレタル努力竝ニ獲得セラレタル結果ニ鑑ミ前記事態ノ惡化ヲ特ニ慨嘆シ
聯盟總會カ千九百三十七年十月六日ノ決議ニ依リ支那ニ對シ精神的支持ヲ約シ且國際聯盟ニ對シ支那ノ抵抗力ヲ弱メ依テ現在ノ紛争ニ於ケル其ノ困難ヲ增大セシムル性質ノ一切ノ行動ヲ差控フヘキコトヲ勸奬シ竝ニ各個ニ於テ支那ニ對シテ援助ヲ爲シ得ル程度ヲ檢討スヘキコトヲ勸奬シタルコトヲ想起シ
聯盟諸國ニ對シ前記決議ノ條項ニ付最モ眞卒ナル注意ヲ喚起シ
聯盟理事國中極東ニ於ケル其ノ地位ニ依リ特殊ノ利害關係ヲ有スル諸國ニ對シ同樣ニ利害關係ヲ有スル其ノ他ノ列强ト協議シテ紛争ノ公正ナル解決ニ寄與スヘキ他ノ適切ナル手段ノ可能性ヲ檢討スヘキ一切ノ機會ヲ逸セサランコトヲ期待ス

編注一　本文書の原文（英文）については付記二議事録参照。
二　本付記一は、昭和十三年十一月、条約局第三課作成「支那事變ト國際聯盟(二)」より抜粋。

（付記二）

ONE-HUNDREDTH SESSION OF THE COUNCIL

MINUTES

SIXTH MEETING (PRIVATE, THEN PUBLIC).

Held on Wednesday, February 2nd, 1938, at 12 noon.

President: M. ADLE.

The Members of the Council were represented as follows:

Belgium: M. BOURQUIN.
Bolivia: M. COSTA DU REILS.
United Kingdom of Great Britain

and Northern Ireland: Viscount CRANBORNE.
China: M. Wellington Koo.
Ecuador: M. QUEVEDO.
France: M. DE TESSAN.
Iran: M. ADLE.
Italy: ——
Latvia: M. FELDMANS.
New Zealand: Mr. JORDAN.
Peru: M. GARCÍA CALDERÓN.
Poland: M. KOMARNICKI.
Roumania: M. CRUTZESCO.
Sweden: M. UNDÉN.
Union of Soviet Socialist Republics: M. STEIN.

Secretary-General: M. J. AVENOL.

4014. — **Appeal by the Chinese Government.**

The PRESIDENT. — The following is the text of a draft resolution that has been prepared on this subject:

"The Council,

"Having taken into consideration the situation in the Far East:

"Notes with regret that hostilities in China continue and have been intensified since the last meeting of the Council;

"Deplores this deterioration in the situation the more in view of the efforts and achievements of the National Government of China in her political and economic reconstruction;

"Recalls that the Assembly, by its resolution of October 6th, 1937, has expressed its moral support for China and has recommended that Members of the League should refrain from taking any action which might have the effect of weakening China's power of resistance and thus of increasing her difficulties in the present conflict, and should also consider how far they can individually extend aid to China;

"Calls the most serious attention of the Members of the League to the terms of the above-mentioned resolution;

"Is confident that those States represented on the Council for whom the situation is of special interest, will lose no opportunity of examining, in consultation with other similarly interested Powers, the feasibility of any further steps which may contribute to a just settlement of the conflict in the Far East."

M. Wellington Koo. — Mr. President, before I express the views of the Chinese Government on the draft resolution before us, I trust you will permit me to present a statement of the developments that have taken place in the last few months and to express the views of the Chinese Government as to what the Council of the League could do in the circumstances, and what are our desiderata.

Since the eighteenth Assembly adopted its resolution of October 6th last relating to the appeal of the Chinese Government concerning Japan's armed aggressions against China, Japan has continued and intensified her ruthless invasion of Chinese territory. Her army in North China has since crossed the Yellow River and occupied Tsinan, capital of the sacred Province of Shantung, the birthplace of Confucius. In Central China, the Chinese defenders were compelled to withdraw from the Shanghai region in November 1937 after almost three months' gallant resistance against the most formidable attacks of Japan's combined land, naval and air forces. Nanking being thus threatened, the Chinese Government was obliged to remove the national capital to Chungking, about 1,000 miles from the sea coast. Persistent Japanese attacks on Hangchow as well as on Nanking in December last have resulted in their occupation of these two important cities and the richest and most populous region of the Yangtze Delta.

The Japanese navy has seized a large number of Chinese islands along the coast of Fukien and Kwangtung Provinces and has been making repeated attempts to invade Canton and South China.

The Japanese air arm has been continuing its

indiscriminate bombardment of open towns and perpetrating mass murder of Chinese civilian population in defiance of the universal chorus of condemnation. Extensive and repeated air raids have been inflicted upon populous centres in no fewer than seventeen Provinces, as far inland as Kansu Province, in the North West, and Kwangsi Province, in the South West, levying an appalling toll of deaths, mostly amongst women and children.

In addition, the cruel and barbarous conduct in the occupied areas of Japanese soldiery, which used to pride itself on its good discipline, has added to the sufferings and hardships of a war-stricken people and has shocked the sense of decency and humanity. So many cases of it have been reported by neutral eyewitnesses and published in the foreign Press that it is hardly necessary to cite evidence here. Suffice it, as an illustration, to quote a description by the correspondent of the *New York Times*, reported in the *The Times* of London of December 20th, 1937, of the scene of horror in Nanking following the capture of the city by the Japanese; these are his succinct words: "Wholesale looting, violation of women, murder of civilians, eviction of Chinese from their homes, mass executions of war prisoners, and the impressing of able-bodied men."

Another authentic account of the atrocities perpetrated by Japanese soldiers at Nanking and Hangchow based on the reports and letters of American professors and missionaries is to be found in the *Daily Telegraph and Morning Post* of January 28th, 1938. The number of Chinese civilians slaughtered at Nanking by Japanese was estimated at 20,000, while thousands of women, including young girls, were outraged. The American Chairman of the Emergency Committee of Nanking University, writing to the Japanese Embassy on December 14th, 1937, stated in part: "We urge you, for the sake of the reputation of the Japanese Army and Empire, and for the sake of your own wives, daughters and sisters, to protect the families of Nanking from the violence of your soldiers". The correspondent added that "in spite of this appeal, the atrocities continued unchecked".

In all the occupied areas, the Japanese militarists, while professing to entertain no territorial designs, have invariably carried out their preconceived plan of setting up various local regimes with puppets of their own choice, culminating in the installation at Peiping on December 14th, 1937, of the so-called "Provisional Government of the Republic of China". In connection with this latter event, it is significant to note that General Terauchi, the Japanese Commander-in-Chief in North China, issued a proclamation on December 17th calling on the Chinese people to obey the orders of the Japanese Army. Equally striking is the declaration of the Tokyo Government on January 16th, 1938, purporting to refuse to have further dealings with the Chinese National Government and undertaking the responsibility to build up a so-called "rejuvenated China" in co-operation with a new Chinese regime. One could not find a more direct proof of Japan's sinister intention to destroy Chinese independence and sovereignty.

In addition to the appalling loss of Chinese life and property which the Japanese aggression has occasioned, it has likewise seriously affected the legitimate rights and interests of foreign Powers and foreign nationals in China. Thus, it was stated in the declaration of the Brussels Conference of November 15th, 1937, that:

> "It cannot be denied that the present hostilities between Japan and China adversely affect not only the rights of all nations but also the material interests of nearly all nations. These hostilities have brought to some nationals of third countries death, to many nationals of third countries great peril, to property of nationals of third countries widespread destruction, to international communications disruption, to international trade disturbance and loss, to the peoples of all nations a sense of horror and indignation, to all the world feelings of uncertainty and apprehension."

Since that statement was made, there have occurred

several grave incidents resulting from unprovoked and deliberate attacks by Japanese military, naval and air forces upon the diplomatic representatives, private citizens, and public property of third Powers, notably the sinking of the American gunboat *Panay*, the firing on the British gunboat *Ladybird* and several other British and American ships, the assault on a member of the American Embassy at Nanking, as well as cases of insult to the national flags of several Western Powers.

The occurrence of these incidents is not only symbolic of Japan's contempt for Western Powers as shown in her policy of "outrage, apology and outrage", but has also raised a number of grave issues involving, as they must, the very existence of vital European and American interests in the Far East. It has indeed violently and painfully opened the eyes of the world to the significance of Japan's declaration to assure "respect for neutral rights and interests".

For one thing, as a result of the Japanese occupation of the surrounding territories, Shanghai, the pride of Sino-foreign enterprise in the Far East and one of the greatest commercial metropolises in the world, has come under Japanese domination, and its very future now seems to be in the balance. The interference by the Japanese military authorities with the Chinese Maritime Customs in that port, their proclamation of a censorship over the postal and telegraphic communications and over the Press, their insistence upon meddling in the municipal administration of the International Settlement, their forcible intervention in the maintenance of law and order therein, their menace to the safety of life and property by arbitrary arrests and search, and their threat to occupy the whole Settlement, are undermining the very foundation of this magnificent centre of finance and industry, and make its condition precarious.

One of the first acts of the Japanese-created regime in Peiping is a reduction of from 25% to 75% of the Chinese Customs tariff for North China in favour of Japanese produce and merchandise to the disadvantage of the commerce of other countries. Thus, the rates on cheaper lines of cotton piece-goods of which Japan is the principal exporter to China are reduced by 50 to 60%. Artificial floss and yarn rates, also a special interest of Japanese industry, are reduced by 75%. This arbitrary action has evidently been designed not only to disrupt the time-honoured integrity of the Chinese Maritime Customs service and destroy the Chinese national fiscal system, but also to deal a serious blow to the trade interests of the other Powers. It certainly helps the world to understand what Japan has meant and means by her repeated professions of her intention to respect the principle of the open door.

In short, the seriousness of the present situation in the Far East in regard to the rights and interests of third parties in China cannot be better perceived than by referring to a recent interview which Admiral Suetsugu, among many other Japanese statesmen who have made equally striking declarations, gave to a Japanese journal. That interview, in effect, defines Japan's real aim to be the Japanese hegemony of Asia even at the risk of a general conflagration, or an armed conflict with Great Britain in particular. As usual, the spokesman of the Foreign Office at Tokyo sought to give some attenuating explanations either by referring to the language difficulty or by saying that the opinion thus expressed was personal in character. Nevertheless, the fact that Admiral Suetsugu is a Cabinet Minister now and said to be "an extreme Nationalist of the new crusading type", that his views reflect those of a large and influential section of public opinion in Japan and that General Matsui, Japanese commander-in-chief in the Shanghai region made a similar threat only three days ago, as reported in *The Times* of January 31st last, must lend special importance to his utterances.

In the face of Japan's continued invasion of Chinese territory, and the sinister intentions of the Japanese Government towards China, the Chinese Government has no alternative but to continue the policy of self-defence and self-preservation. Though the Japanese invading forces in

China to-day have swelled in number to nearly a million men already, the spirit of the Chinese people is undaunted. The heroic defence of Chinese territory is taking place to-day on six fronts. As stated in the declaration of the Chinese Government of January 18th, 1938:

> "Though her desire for peace remains unchanged, China cannot tolerate any encroachment by any country upon her sovereign rights and her territorial and administrative integrity, which are essential attributes of her independence and which all interested Powers have by a solemn treaty pledged themselves to respect.
>
> "Under whatever circumstances, the Chinese Government will exert their utmost efforts to maintain the sovereign rights and territorial and administrative integrity of China. Any terms for restoration of peace, if they do not conform to this fundamental principle, are necessarily unacceptable to China.
>
> "All acts of such unlawful organisations as may be set up in areas under Japanese military occupation will be considered null and void both internally and externally by the Chinese Government."

From the foregoing summary of the developments which have taken place in the few months since the adoption of the Assembly resolution of October 6th, 1937, the situation in the Far East has become more aggravated than ever. The intensified prosecution by Japan of her military operations in China and the extension of the area of her military occupation, clearly prove her sinister policy of domination and conquest.

At the time of the Manchurian conflict, I told the League of Japan's intentions as disclosed in the Tanaka Memorial which outlined a programme of the conquest of China, the subjugation of Asia and the ultimate domination of the world. As the authenticity of that document was emphatically challenged by the Japanese representative at the Council table, a great many people were sceptical of its trustworthiness. But it must be admitted now that the action of Japan in the past few years, following closely even some of the details of the imperialistic plan, has placed the authenticity of that document beyond question.

It gives the necessary background for understanding not only the continued Japanese aggression against China but also the deliberate attacks of the Japanese armed forces on the diplomatic representatives, public property and private citizens of third Powers in China. It also explains the repeated occurrences of wilful maltreatment of Europeans and Americans by Japanese soldiers and marines, who seem to take a special pride in bullying them and inflicting personal indignities upon them.

The national exaltation of force as an instrument of policy has let loose a spirit of violence and lawlessness in the Japanese soldiers whose lack of discipline, as has already been noted above, is a shocking revelation to the world. It has formed the subject of repeated protests by foreign Governments. It shows to what extent anarchy reigns in the Far East where the forces of aggression prevail. I am only stating a fact, without fear of being gainsaid, when I say that no more flagrant case of international aggression has existed in modern history than that which is taking place in the Far East to-day. It is, however, a case clearly embraced under the Covenant of the League. That instrument provides not only the principles for dealing with such aggression but a machinery for their application with a view to restraining it.

China has appealed to the League under Articles 10, 11 and 17 of the Covenant and, as a loyal and devoted Member, is fully entitled to the guarantee as against external aggression of her territorial integrity and political independence. These three articles alone provide ample scope for action to restrain the aggressor and help the victim of aggression. The Chinese Government therefore request the Council to take the necessary steps in order to fulfil its obligations.

The Assembly resolution of September 28th, 1937,

condemning the indiscriminate bombing of Chinese open towns by Japanese aircraft, has not stopped it from continuing its cruel practice, nor has the Assembly resolution of October 6th, 1937, assuring China of the League's moral support and promising her the individual aid of the Members proved sufficient to stop or deter Japanese aggression. Nor has the Nine Power Conference at Brussels, convoked at the suggestion of the League as a means to bring about the restoration of peace in the Far East, found itself able to take any effective action. As guardian of international peace and justice, the League of Nations cannot divest itself of its obligations under the Covenant. At this moment when there is so much doubt and uncertainty about the future of the League, the Chinese Government sincerely believes that it is at once a duty and an opportunity for the Council to take such effective action to discourage the aggressor and aid the victim as will restore confidence in the League and redeem its prestige and authority.

The adoption of a firm and constructive policy in coping with the flagrant aggression in the Far East will also receive the approval and support of hundreds of millions of people in the peace-loving countries of the world. Their repeated representations and appeals to their respective Governments to urge the League to apply economic measures for the purpose of discouraging the forces of aggression in the Far East, and their organisation and promotion of a world-wide boycott of Japanese goods, all serve to prove that public opinion in the world demands, in the interests of justice and peace, the application of the provisions of the Covenant. The growing popular claim for positive action by the League to restrain aggression and aid its victim should not, in the interest of the cause of peace, be entirely disregarded, for a supporting public opinion is one of the sure sources of the League's strength.

In view of the unsettled conditions everywhere in the world, the need for effective action by the League in the present case is indeed all the more urgent. The conflict in the Far East in its bearing and effect is really of world-wide importance. It involves not merely the integrity and independence of a Member State, an ancient nation in Asia, but also the general cause of peace in Europe. As the French Foreign Minister clearly intimated before the Council last week, the present conflict in the Far East is not entirely unconnected with the prolongation of the war in Spain. International developments in recent months have made it quite clear that law and order in the West are, in turn, not a little jeopardised by the prevalence of disorder and violence in the East. So long as Japanese aggression in China is permitted to rage unrestrained, so long will the peace of Europe remain precarious, and a general European settlement difficult of realisation. On the other hand, an early and just settlement of the Sino-Japanese conflict through the effective handling by the League of Nations, with the co-operation of the peace-loving countries outside, and in conformity with international law and treaty obligations, especially the principles of the Nine Power Treaty, will greatly contribute to stability and appeasement in Europe and pave the way for the triumph of the forces of law and order everywhere.

M. Quevedo. — In accordance with the instructions of my Government, I shall vote for the resolution, because I gather from yesterday morning's exchange of views between the Members of the Council that the interpretation of the last paragraph of the resolution, in so far as it concerns the responsibility of the League as an association of States, is the following: before any action can be taken on behalf of the League, or engaging the responsibility of the League (and with it, I may add, my own country as a Member of the League) in anything relating to the choice, the application or the consequences of the application of any means considered capable of contributing to an equitable settlement of the conflict, the question will inevitably come first before the Council for consideration—and that, without prejudice to the freedom of action of individual States which are thus engaging their own responsibility only.

I am anxious to make this declaration, not because my Government does not welcome co-operation with non-member States or States which have announced their retirement from the League—on the contrary, my Government maintains, and desires to continue to maintain, cordial relations with these States and, in particular, with all the American Republics—but because decisions engaging the responsibility of the League itself cannot be taken until they have been approved by the constitutional organs of the League. Special importance is lent to this condition by the circumstance—as to which I do not desire to pass any criticism whatsoever—that certain States have announced that in present conditions they do not regard the Covenant as applicable in its entirety, while other States have expressed their intention of interpreting their own obligations themselves. It would appear, therefore, to be prudent to keep in mind the possibility that yet other States may be led to consider themselves bound to weigh certain obligations incumbent on them as Members of the League in the same manner as other Members have done, in the case of their own obligations.

In view of all the foregoing considerations, my Government would not have been able to vote in favour of the resolution, had the last paragraph been more or less equivalent to a delegation of the powers and competence of the League to particular States—in spite of the great and sincere confidence we actually entertain for those States—since in that case the resolution might have had important consequences for States which, like Ecuador, have not a permanent seat on the Council and no special interests in the Far East, so that they are not in a position to estimate at each phase of the affair the measure and nature of their responsibilities.

M. Komarnicki. — We have before us a draft resolution which has been prepared and negotiated by a group of Powers. Without desiring to dwell unduly on the procedure adopted in the preparation of this text, the effect of which is to limit considerably the rôle of the Council as a collective organ of international collaboration, and leaving on one side the substance of the Sino-Japanese dispute—I may say that I could not, in accordance with the general policy of my Government, associate myself with a resolution which gives in advance the support of the League to any action undertaken outside it, whether by one Power or by a number of Powers.

For the better understanding of my Government's objections, which relate solely to the method applied in connection with this grave dispute and have nothing to do with the substance of the same, I may refer to the declaration I had the honour to make at the meeting of the last Assembly of the League on October 5th, 1937, when I abstained from voting for the resolution to which the present draft refers.

I desire further to state that my country follows with the utmost sympathy all efforts directed towards the re-establishment of peace in the Far East.

For the reasons I have stated, I propose to abstain from voting.

M. García-Calderón. — At yesterday morning's exchange of views between the Members of the Council, it was my duty to give grounds for the abstention of my country in the matter of the grave Chinese issue with which we are all concerned, and in particular Peru, situated, as it is, on the shores of the Pacific. The reason for our attitude is the shortness of the time we have had to consider the draft resolution, and above all the fact that the latter has been prepared by certain Members of the Council without participation by the others, day by day, in its drafting or in that daily exchange of views which is an indispensable prerequisite to an understanding of the exact scope of the resolution.

The representatives of the United Kingdom and France were courteous enough under these circumstances to explain the difficulties inherent in the drafting of the resolution; and I should like, on the present occasion, to thank them for those explanations.

Whilst recognising that this question is primarily of interest to certain Great Powers, I declare my intention to abstain for the reasons of procedure to which I have referred.

Viscount Cranborne. — With regard to the resolution which is before the Council, I would only say quite briefly that His Majesty's Government in the United Kingdom will support it. It is its sincere hope that it will prove a contribution to the end which we all have at heart—a just and early settlement of the present tragic conflict in the Far East.

In view of observations which have been made this morning by certain of my colleagues, it may be helpful if I make clear the position as I see it in regard to the procedure which has been adopted on this occasion.

In the normal course of procedure, a Rapporteur would have produced, after consultation with his colleagues, a report or resolution for the consideration of the Council. In this particular case there is no Rapporteur, and the Chinese delegation approached the United Kingdom delegation and certain other delegations, and consulted them regarding a method of procedure to be adopted with a view to preparing a possible draft resolution for submission to the Council. It was suggested that there might be an informal and preliminary discussion for this purpose. As soon as this informal discussion had reached a point which enabled communications to be made to the other Members of the Council, this was done and a draft resolution submitted to them for their consideration.

I think that this somewhat unusual procedure was justified by the unusual position. Its sole object was to facilitate the Council's work. I wish to emphasise the fact that there never was any intention of pressing the Council to agree in haste to a ready-made resolution drafted without their knowledge and assistance. The United Kingdom delegation, for its part, has throughout made it clear that it has been ready to prolong the present session of the Council for as long as might be necessary for other delegations to study the resolution and arrive at a considered decision on it.

M. de Tessan. — I desire to associate myself with the explanations just given by the United Kingdom representative in connection with the observations made with regard to, I will not say the procedure, but rather, the method of work adopted.

As to the actual text of the resolution, its elasticity reflects very faithfully the ideas and anxieties of the French Government. Its text does not therefore seem to call for any comment on my part.

M. Stein. — I also associate myself with Lord Cranborne's explanations in regard to the method of work followed by the Council.

As to the resolution, I shall vote in favour of it.

M. Wellington Koo. — As regards the resolution before the Council, I wish to say, in the name of my Government, that the extreme gravity of the situation in the Far East calls for the adoption by the Council of concrete and energetic measures. The resolution before the Council, while it gives further evidence of the sympathetic spirit which inspired the Assembly resolution of last October, is, in our opinion, inadequate to meet the exigencies of the case. Nevertheless, I accept it in the name of my Government, confidently believing that greater effect than heretofore will be given to the terms of the said Assembly resolution and that the proposed examination will be pursued with energy and promptness. I reserve the right of my Government to ask the League to adopt positive measures under the Covenant in order to discourage Japanese aggression more effectively and aid China in her heroic resistance. In addition, I wish to state that my acceptance is based upon the understanding that the Council remains seized of the appeal of the Chinese Government invoking Articles 10, 11 and 17 of the Covenant.

As regards the question of the method of work to

which reference has been made, I wish to associate myself with the statement made by the representative of the United Kingdom. I think it explains why certain conversations took place. I wish to say that the Chinese delegation approached certain delegations represented on the Council for a preliminary exchange of views in order to facilitate discussion by the Council. As the conversations progressed, it was suggested that the results might be put in the form of a preliminary draft which could be submitted to the Council in order that the latter might properly discuss it. It was in no way intended, in suggesting conversations or in participating in this preparation of a preliminary written statement of the results, to present the other Members of the Council with something which had already been arranged. The fact that the Chinese Government brought its appeal before the Council indicated that it wished to have the question fully discussed by all the Members, and I was glad, after hearing the observations made by certain Members, that this question of the method of work had been entirely cleared up. I can assure my colleagues that so far as the Chinese delegation is concerned, there was no intention on the part of our delegation—nor, for that matter, on the part of any delegation, as has been made perfectly clear by the observations we have just heard—of not giving adequate time for the consideration or discussion of this question by the Council.

The President. — I note that the draft resolution is approved by the Members of the Council save for two abstentions. That being so, I declare the resolution adopted.

The resolution was adopted.

960　昭和13年2月2日　在ジュネーブ宇佐美国際会議事務局長代理兼総領事より広田外務大臣宛（電報）

中国問題に関する連盟決議の採択経緯について

ジュネーブ　2月2日後発
本　　省　2月3日前着

第三二號

今[1]次當地ニ於ケル日支問題ノ討議ハ其ノ主要ナル部分カ英佛蘇支ノ四國祕密會議ニ於テ行ハレタル爲正確ナル經緯ヲ探知シ難キモ諸情報ヲ綜合スルニ大體左ノ如キ經緯ト思ハルルニ付既電ト重複ノ點ナキニアラサルモ爲念電報ス

一、當初英佛等ハ今回理事會ニ於テ進ミタル決議ヲ爲ス意嚮ヲ有セサリシ樣子ナルカ當地ニ於テ顧維鈞ノ要求ニ依リ四國會談トナルヤ顧カ第一ニ提出シタル對日制裁ノ點ハ英佛ノ拒絶ニ依リ問題トナラサリシモ顧ハ武器供給及財政的ノ對支援助強化ヲ極力要求シ蘇聯之ヲ支持シテ共同的援助ヲ主張シタルヲ以テ英佛ハ從來ノ個別的援助ノ方針ヲ主張セルニ拘ラス二十八日夜ニ至リ一應總會決議ヨリモ幾分進ミタル趣旨ノ決議案ヲ作リ夫々本國ニ請訓スルト共ニ米國側ニ通報ノ措置ヲモ執ルコトトナリタルモノノ如シ

二、其ノ際對支援助口約說、米國側トノ協議說其ノ他ノ流言流布セラレタル處右四國カ何事カ對日策謀ヲ爲シツツアルモノノ如ク臆測セラレ一時甚タシク當地ノ空氣ヲ攪亂セルノミナラス特ニ佛國新聞界ヲ騷カシタル樣子ナルカ(右ハ支那側ノ計畫的策動ニ依リタルモノナリト傳ヘラル)斯ル情勢ニモ依ルモノカ佛「ショータン」首相ノ如キハ「デルボス」ニ對シ決議ノ行過キヲ嚴重警告シタリトノコトニテ結局二十九日ノ四國會談ニ於テ佛國側ノ修正案ニ依リ案ノ文句ヲ弱メ第二案ヲ作成シタル上「イーデン」、「デルボス」トモ壽府發歸國セリ尚同日ノ會談ニハ米國側ノ消極的態度カ影響シ居タリトモ傳ヘラル

三、[2]右ニ對シ支那側ノ回訓ヲ俟チテ三十一日夜ノ四國會談トナリタル處支那側ハ前記第一案ニ對シテスラ尚不滿足ノ意ヲ表シタル趣ナルカ結局一、二ノ修正ヲ加ヘテ最後案ヲ作成シ理事會ニ提出シ採擇ニ至リタル次第ニテ右第二案ニ對スル修正ハ最後案第五項トシテ總會ノ決議ニ對シ聯盟國ノ注意ヲ喚起スル趣旨ノ項ヲ新ニ挿入セルコト及末項ノ英文ニ（数字分アキ）トアリタルヲ（数字分アキ）ト改メタルコトノ二點ナル趣ナリ

四、前記ノ如ク一時意外ノ紛糾ヲ見世間ヲ騷カセタルモ一般ノ感想トシテハ要スルニ理事會決議ハ總會決議ノ趣旨ヲ再確認スル程度ニ止マリ開會前ノ豫想通リ落付クヘキ所ニ落付キタルモノト爲シ支那側ノ策動モ效ヲ奏セサリシ

モノト見ル向少カラス
五、尚聯盟事務局係官カ原田ニ對スル內話中左ノ點御參考迄
(イ)決議末項「公正ナル解決ニ寄與スルコトアルヘキ其ノ他ノ措置」トハ九國會議又ハ調停等ヲ意味スルモノト解セラル
(ロ)一時宣傳セラレタル英佛蘇口約ナルモノハ單ニ決議ノ爲シ放シニ終リ後ハ知ラヌ顏ヲスルト言フカ如キ次第ニハアラスシテ各國ハ其ノ實行ニ當リ折角骨ヲ折ルヘシト言フ程度ノモノカ針小棒大ニ傳ヘラレタルニアラスヤ云々

英、米、佛、伊、蘇ヘ轉電シ在歐各大使ヘ暗送セリ

961　昭和13年2月17日　在ポーランド酒勾(秀一)大使より広田外務大臣宛(電報)

連盟理事会での中国問題決議の採択に当たりポーランドが投票を棄権したことに対し同国外相へ謝意伝達について

ワルシャワ　2月17日後発
本　　省　2月18日前着

第三一號

貴電第一五號ニ關シ(理事會決議ノ波蘭棄權ニ關スル件)
過日或機會ニ「ベック」外相竝ニ聯盟係官ニ挨拶シ置ケルモ十六日同外相ヲ往訪ノ際政府來電ニ依ルモノトシテ御訓令ノ申入ヲ爲シタルニ外相ハ之ヲ謝スルト共ニ波蘭カ日本ニ尊敬ト同情ヲ有スルハ勿論ナルモ他國カ爲ニセントスル決議ニ參加スルコトハ主義ニ反ス況ヤ蘇聯ノ策動ニ基クモノナルニ於テオヤ云々ト答ヘタリ尚本使ハ曩ニ波蘭當局カ「パナイ」號關係「フイルム」ノ上映ヲ禁止セルコトハ我國一般ニ甚タ好印象ヲ與ヘタリト述ヘタルニ外相ハ友好國ニ對スル義務ヲ盡シタルニ過キスト答ヘタリ

壽府ヘ轉電セリ

962　昭和13年5月10日　在ジュネーブ宇佐美国際会議事務局長代理兼総領事より広田外務大臣宛(電報)

連盟理事会における中国代表の演説要旨など報告

ジュネーブ　5月10日後発
本　　省　5月11日前着

第九五號

十日理事會公開會議ノ経過概要左ノ通リ[(1)]

一、會議劈頭英國代表「ハリフアックス」ハ英伊協定ノ締結ニ付説明シ度シトテ發言シ右協定ハ英伊間ニ介在セル紛糾ヲ除去セルノミナラス一般平和ニ貢獻セルモノナルコト英國ハ多數ノ國就中佛國ト緊密ノ關係ヲ有スル處是等ノ關係ハ決シテ其ノ他ノ諸國ヲ排除スルモノニアラスシテ斯ル親善關係ノ範圍ノ廣ケラレンコトヲ願フモノナリ此ノ意味ニ於テ英國政府ハ英伊協定ノ成立ヲ喜フノミナラス佛伊交渉ノ成功ヲ祈ル趣旨ヲ簡單ニ述ヘ佛、波、白等ノ代表交々一般平和ノ爲協定ノ歡迎スヘキ所以ヲ述ヘタルカ最後ニ「リトヴイノフ」ハ蘇聯ハ何事ニ依ラス平和ニ關スルコトニハ關心ヲ有スルヲ以テ本協定ニ敬意ヲ表スルモ凡ソ二國間ノ協定ニ付テハ之カ其ノ他ノ諸國ニ及ホス結果就中聯盟ニ於テ現ニ懸案ノ儘ナル諸問題ニ及ホス影響ニ付テ意ヲ留メサルヘカラス依テ斯ル諸問題カ本協定ニ依リ損失ヲ蒙ルコトナキ樣希望シツツ協定其ノモノニ對スル判斷ヲ述フルコトハ後ノ機會ニ讓ルヘシト述フ

次テ支那問題ノ討議ニ入レルカ顧維鈞ヨリ要旨左ノ通リ演説アリテ一旦散會ス[(2)]

支那政府ハ聯盟諸國カ聯盟ノ決議ヲ實行セサル爲茲ニ再ヒ本件ヲ提起セサルヲ得スト冒頭セル後客年十月ノ總會本年一月ノ理事會ノ決議ハ唯一ノ例外ヲ除キ之ヲ實施スルモノナキ處右ハ支那ヲ失望セシムルノミナラス一般平和ニ害アリトシ最近戰況ハ支那側ニ有利ニ展開シ日本陸軍ハ臺兒荘ニ於テ大敗北ヲ喫シタルカ其ノ結果日本軍ハ無差別的爆撃非戰闘員ニ對スル暴行殺戮等ノ手段ニ出テ最近ハ大規模毒瓦斯使用ノ準備ヲ進メツツアリ此ノ點ニ付理事會ニ於テ直ニ必要ノ措置ヲ執ラレンコトヲ希望ス日本ノ侵略行爲ハ一點ノ疑モナク之ニ對シ中立ト言フコトハアリ得ス日本カ非聯盟國タルコトモ他國ニ於テ行動ヲ執ラサルコトノ口實トナラス(トテ規約第十七條ニ言及シ)支那ノ望ム所ハ物質的援助ト有效ナル協力ヲ得テ速ニ侵略ヲ終止セシムルコトニシテ從テ規約ノ義務ヲ履行セリトテ第三國ニ迷惑ノ及フコトナシ極東ノ事態ハ歐洲ニモ波及スル所ニシテ支那ハ單ニ自國ノ爲ノミナラス第三國ノ爲ニ戰ヒツツアルモノト言フヘシ最近流行ノ所謂現實ニ立脚セル政策ノ結果日本軍ハ

益々侵略ノ猛威ヲ逞シフシツツアリ日本ノ侵略ヲ阻止シ聯盟ノ原則ノ勝利ヲ齎ラサンカ爲理事會ニ於テ規約ヲ適用シ總會及理事會ノ決議ヲ具體的ニ實施センコトヲ要望ス

蘇ニ轉電シ在歐各大使ヘ郵送セリ

〰〰〰〰〰〰〰〰〰〰〰〰

963　昭和13年5月14日　在ジュネーブ宇佐美国際会議事務局長代理兼総領事より広田外務大臣宛(電報)

連盟秘密理事会での中国問題決議案作成の経緯などに関するポーランド代表内話について

ジュネーブ　5月14日後発
本　　省　5月15日前着

第一一二號

數日前本官ヲ通シテノ先方ノ希望ニ依リ十四日朝天羽局長波蘭「コマルニツキー」代表ト會談ノ際「コ」ハ

一、昨朝秘密理事會ニ於テ顧維鈞ハ第十七條ニ基キ日本ニ對シ公式且集團的「ボイコツト」ヲ爲スコト、財政的援助武器ノ援助殊ニ武器ノ輸送ヲ日支事變前ノ通リ自由トスルコト(「コ」ハ恰モ英佛ハ目下武器ノ輸送ニ對シテ制限ヲ設ケ居ルカ如キ印象ヲ受ケタリト)ヲ要求シ「ハリフアックス」ハ此ノ際日本ニ對シ高壓的措置ヲ執リ得スト述ヘ議論纏マラス結局少數ノ起草委員會ヲ設ケルコトトナリ同委員會ハ昨夜十時ヨリ今朝一時迄掛リテ㈠聯盟ノ支那ニ對スル同情ノ不動ナル趣旨ヲ表示シ㈡一般的ニ毒瓦斯ノ使用ヲ排斥スル趣旨ノ二項ヨリ成ル決議案ヲ作成シタリ

二、理事會ニ於テ「エチオピヤ」問題討議ノ際自分カ滿洲ニ言及セシハ本國政府ヨリノ訓令ニ依ルモノニシテ滿洲國承認ノ前提トシテ其ノ途ヲ開カントスル趣旨ニ出テタルモノナリ(局長ヨリ最近倫敦邊リテ徐州陷落ヲ俟チテ日支講和ヲ斡旋スヘシトノ動キアルモノノ如ク內々問合ニ接シタルコトアリ無論問題トナラサルモ理事會ニ於ケル「ハリフアックス」ノ滿洲國ニ關スル言及ハ後日英國カ日支間斡旋ノ爲動クコトアル場合滿洲國承認ヲ餌ニ使ハントシ今ヨリ自由ノ立場ヲ留保セントスルモノナリト見ル者アリ如何ニ思ハルルヤト問ヒシニ「コ」ハ英國カ當面滿洲國承認ヲ考慮シ居ルト言フヨリモ英國現在ノ現實主義外交ノ表示ト見ル方當レリト答ヘタリ)

三、「エチオピヤ」問題ニ付テハ英國ハ當初ヨリ一致ノ決議ヲ得ルノ至難ナルヲ豫知シ居タルカ祕密會ニ於テ問題トナリタルハ「ネグス」ノ資格問題ニシテ「リトヴイノフ」ハ一國政府代表ト全然同様ノ資格及制限ヲ以テ出席セシムヘシト主張シ西班牙、支那、新西蘭（「ボリビヤ」ハ曖昧）代表ノ賛成アリシカ英其ノ他ノ反對アリ結局理事會ノ招請ニ依リ個人ノ資格ニテ出席スルコトニ決定セリ

四、歐洲ノ政局ニ及ヒテ「コ」ハ此ノ夏ハ致國問題ニテ頗ル緊張スヘキモ結局戰爭ハ避ケ得ヘシト思フ旨述ヘタルニ對シ局長ヨリ「リトヴイノフ」ハ「ボネ」ニ對シ蘇聯ハ其ノ軍隊ノ波蘭通過ヲ承認セラルルニアラスンハ致國ヲ援助シ得スト言明シ波蘭ハ其ノ領土及空間ハ如何ナル場合ニ於テモ蘇聯軍隊ノ通過ヲ許サスト關係國ニ通告シタル由噂セラルルカ如何ト問ヘルニ「コ」ハ右波蘭ノ方針ハ自明ノ理ニテ今更通告スル迄モナク屢明白ニシ居ル所ナリト答ヘタリ

米、在歐大使ヘ轉電セリ

964　昭和13年5月15日　在ジュネーブ宇佐美国際会議事務局長代理兼総領事より広田外務大臣宛（電報）

連盟理事会での中国問題決議採択の経緯などにつき報告

付記一　昭和十三年五月十四日採択　右決議

二　右和訳文

ジュネーブ　5月15日前発
本　　省　5月15日後着

第一一三號

理[1]事會ハ十四日午後瑞西ノ中立聯盟規約ノ原則適用ノ問題（智利ノ提案）等ニ次キ最後ニ支那問題ヲ議了シ閉會セルカ其ノ經過概要左ノ通リ

一、支那問題

議長ヨリ起草委員會（議長、英、佛、羅馬尼、蘇聯、支那）作成ノ決議案（往電第一一〇號參照）ヲ披露セル後顧維鈞ハ日本ノ侵略ノ繼續シツツアルコト支那ハ自國ノ爲ノミナラス世界ノ平和ニ對スル義務ヲ盡ス爲戰ヒツツア

ルコト及日本軍ノ毒瓦斯使用等十日理事會ニテ述ヘタル所(往電第九五號參照)ヲ繰返シ今回ノ決議ハ前回ノモノヨリハ幾分優シナルモ未タ充分ナラス各國ハ對支財政援助、武器軍需品ノ供給輸送(事變前ト同量ノ自由ヲ與ヘラレンコトヲ希望ス)ニ付充分援助セラレンコトヲ希望スト述ヘタル後本件カ理事會ニ依然トシテ繼續スルモノトノ了解ノ留保ノ下ニ決議案ニ贊成スヘキコトヲ明カニス

佛代表「ボネー」ハ支那國民ノ「ヘロイズム」ヲ賞讃セル後上海南市ノ避難民收容地帶ノ設定及防疫班派遣ノ例ヲ引キ佛國ハ對支援助ニ過去ニ於テモ出來得ル限リノ好意的考慮ヲ加ヘタルカ今後モ然ルヘシト爲シ毒瓦斯ニ關シテハ双方カ斯ル方法ノ使用ヲ廢止センコトヲ希望シ速ニ公正ナル解決ニ達センコトヲ望ム旨ヲ述ヘ「ハリフアツクス」ハ極簡單ニ支那ニ對スル同情支那ノ要求ヲ好意的ニ顧慮スヘキ旨ヲ述ヘ毒瓦斯ニ關スル支那側ノ陳述ハ事實無根ナランコトヲ希望スト爲セリ

波蘭代表ハ曾テ總會及理事會ニ於テ同國ノ執レル態度ヲ變更スル理由ナキニ付前回同様棄權スヘキ旨ヲ述ヘ但シ決議ノ二毒瓦斯ノ點ハ何人モ承認スル一般原則ノ闡明ナルニ付具體的問題ノ判定ニ觸ルルコトナケレハ之ニ贊成スヘシト述フ

蘇聯[2]「スーリッツ」ハ決議中ニ更ニ具體的確然タル對支援助ノ事項ヲ包含セシメテハ尙可ナルモ兎モ角支那ノ正當ナル要求ニ一應滿足ヲ與フルモノニ付之ニ贊成スト簡單ニ述ヘ

他ニ發言ナク決議第一部ニ對スル波蘭ノ棄權ヲ除ク全會一致ニテ採擇セラル

二、瑞西ノ中立ノ問題

報告者「サンドラー」ヨリ報告竝ニ決議案(制裁關係ノ規定ノ發動ニハ全然參加セサル旨ノ瑞西ノ要望ヲ了承シ制裁ノ問題以外ニテハ聯盟國タル瑞西ノ地位ニハ關係ナク且聯盟ニ對シテハ從來通リ便宜ヲ與フヘキ旨ノ瑞西政府ノ宣言ヲ確認スルコトヲ主眼トス)ヲ披露シ

瑞西代表「モッタ」ハ理事會ノ理解アル決定ニ對シ感謝シ國際協力ノ精神ニ忠實ナルト共ニ瑞西ノ國土防衛ニハ全力ヲ盡スヘキ旨ヲ述ヘ

佛代表ハ瑞西ニ付テハ其ノ特殊ノ地位ヲ認ムルモ何國ト

雖一方的ニ義務ヲ解除シ得サルコトヲ述ヘ
「ハリフアツクス」ハ瑞西ニ對スル同情理解ヲ表示スルト共ニ「モツタ」ノ聲明ヲ欣ヒ
「リトビノフ」ハ決議ハ他國ヨリ保障ヲ受クルニ拘ラス特別ノ義務ヲ負ハサル特殊ノ結果ヲ認ムルコトトナルコト軍事制裁ノ免除ト經濟制裁免除ノ間ニハ大ナル差異アルコト世界性(?)ノ缺除モ亦理由トナラサルコト瑞西ノ中立性ノ擁護ハ他ノ條約關係ニ依ルモノニシテ聯盟ノ義務ニアラサルコト等ヲ述ヘ蘇聯ハ瑞西ノ特殊ノ地位ニ對シテハ充分同情アルモ前述ノ理由ニ依リ棄權スヘシト爲シ支那亦棄權シ右兩國ノ棄權ヲ除ク全會一致ニテ採擇セラル

(3)(言、欠カ)
智利提案ニ基ク規約改正問題

先ツ議長ヨリ本件ハ九月總會ノ議題トモナリ居リ理事會トシテハ今之ヲ撤(徹カ)底的ニ討議シ得サル旨ヲ簡單ニ説明シタルニ對シ
智利代表「エドワーヅ」ハ本件カ理事會ノ問題ヨリ得ヘキハ規約第四條ノ規定ニ見ルモ明カナリ又智利ハ多クヲ要求シ居ラス單ニ理事會ニ於テ原則ニ關スル宣言ヲ爲スヘキヲ要求シタルニ過キス既ニ本件ハ二箇年ノ永キニ亘ル問題ナルニ何等ノ進展ヲ示シ居ラス最早智利ハ九月ノ總會迄本件ヲ放置シ置クニ同意シ得ス事情斯クナル以上遺憾乍ラ智利ハ聯盟ヲ脱退スルコトニ決シ追テ脱退通告ヲ爲スヘシト宣言シ但シ今後モ國際協調ノ精神ヲ棄ツルモノニハアラス國際司法裁判所勞働事務局及聯盟ノ技術的機關トハ協力ヲ繼續スヘシ二箇年ノ豫告期間滿了前聯盟規約ニ對シ現狀ニ卽セル改正カ加ヘラレ脱退ヲ撤回シ得ルニ至ラハ幸ヒナリト述フ
右ニ對シ羅馬尼代理ハ强制力ナキ平和機構ノ價値ナキコトヲ主張シ祕露「エクアドル」「ボリビヤ」各代表ハ各智利ノ脱退ヲ遺憾トスルト共ニ聯盟規約ニ適當ナル改正カ施サレ智利ノ復歸ヲ期待スル旨ヲ述ヘ
議長ハ本件ノ討議終了ヲアツサリト宣言ス
在歐各大使瑞西ヘ郵送セリ

（付記一）

C. 192. 1938. VII

RESOLUTION ADOPTED BY THE COUNCIL OF THE LEAGUE OF NATIONS.

Geneva, May 14th, 1938.

Council,

Having heard the statement by the representative of China on the situation in the Far East and on the needs of the national defence of China:

I.

Earnestly urges Members of the League to do their utmost to give effect to the recommendations contained in previous resolutions of the Assembly and Council in this matter, and to take into serious and sympathetic consideration requests they may receive from the Chinese Government in conformity with the said resolutions;

Expresses its sympathy with China in her heroic struggle for the maintenance of her independence and territorial integrity, threatened by the Japanese invasion and in the suffering which is thereby inflicted on her people.

II.

Recalls that use of toxic gases is a method of war condemned by International Law, which cannot fail, should resort be had to it, to meet with the reprobation of the civilized world; and requests the government of states who may be in a position to do so to communicate to the League any information that they may obtain on the subject.

編　注　本付記一および付記二は、昭和十三年十一月、条約局第三課作成「支那事變ト國際聯盟(二)」より抜粋。

(付記二)

昭和十三年五月十四日第百一回理事會ニ於テ
採擇セラレタル決議

理事會ハ

極東ニ於ケル事態及支那ノ國防上ノ必要ニ關スル支那代表ノ陳述ヲ聽取シ

聯盟諸國ニ對シ本件ニ關スル聯盟總會及理事會ニ於ケル從來ノ決議中ニ包含セラレタル勸告ヲ效果アラシムル爲其ノ最善ヲ盡スヘキコト竝ニ前記諸決議ニ從ヒ支那政府ヨリ受クルコトアルヘキ要請ニ對シ眞劍且同情的ナル考慮ヲ拂ハ

ンコトヲ眞卒ニ從慂シ
支那カ日本ノ侵入ニ依リ脅威セラレタル其ノ獨立及領土保全ノ維持ノ爲ニ爲シツツアル果敢ナル努力及支那國民ノ依テ蒙リツツアル苦難ニ對シ同情ノ意ヲ表シ
毒瓦斯ノ使用ハ國際法上誹議セラレタル戰爭手段ニシテ若シ之ヲ實施スルニ於テハ文明諸國ノ擯斥ヲ受クルコトヲ免レサルモノナルコトヲ想起シ便宜ヲ有スル各國ノ政府ニ對シ本件ニ關シ入手スルコトアルヘキ一切ノ情報ヲ聯盟ニ通告スヘキコトヲ要請ス

965 昭和13年5月17日　在ジュネーブ宇佐美国際会議事務局長代理兼総領事より広田外務大臣宛（電報）

連盟理事会における中国問題への関心低下の状況につき報告

ジュネーブ　5月17日後発
本　　省　5月18日前着

第一一四號
本官發英宛電報
第四號
貴電第四號ニ關シ
十日理事會ノ模樣ハ加納氏ノ言ノ通リニテ傍聽者モ減少シ顧維鈞演說後發言スル者ナク一般ニ興味薄ラキ居タル樣見受ケラレ更ニ十四日午後ノ會議ニテ決議案上程ノ際モ聽衆ハ一層少ク討議モ殆ト「ルーテイン」處理ノ如キ感アリ顧ハ終始氣勢揚ラサリシ實情ナリ今期理事會中殊ニ顧ノ演說後ニ於テモ當地新聞中特殊ノ色彩アル「ジユルナルデナシオン」ハ別トシ他ニ支那問題ニ付論說ヲ掲ケタルモノナク單ニ理事會記事體ニ演說ヲ載セタルニ止マルルヲ見テモ顧ノ演說カ格別感動ヲ與ヘタリトハ思ハレス
大臣ヘ轉電セリ

966 昭和13年5月18日　在ソ連邦重光大使より広田外務大臣宛（電報）

連盟決議や九国条約に対してわが方立場を政府が明確に宣言すべき旨意見具申

モスクワ　5月18日後発
本　　省　5月19日前着

第六三九號

今回[1]ノ聯盟理事會ハ「エチオピヤ」問題、西班牙問題、瑞西中立問題等ニ於テ大體從來ノ立場ニ反シタル決定ニ出テタルニ拘ラス獨リ日支問題ニ於テ從來ノ立場ヲ確認シタルノミナラス假令日本ノ名ヲ指ササルニセヨ毒瓦斯使用者トシテ我ヲ誹議スルノ態度ニ出テ支那宣傳ノ目的ハ充分ニ達セラレタルノミナラス蘇聯ノ支那援助ノ足場ハ更ニ確認セラレタル次第ナリ

假令日本カ聯盟員ニアラストスルモ斯ル重大ナル國際的策動ニ對シ帝國トシテハ何等ノ意思表示ヲ爲サス他國カ如何ナルコトヲ爲スモ一ニ沈默ヲ以テ過コスハ今日ノ帝國國際情勢ニ適合スル所以ナリヤ卽チ右ハ帝國ニ對シ好意ヲ有スル諸國ノ好意ヲ繫キ而シテ外交上ノ敵對者ヲ恐レシムル所以ナルカヲ疑ハシムルノミナラス我國ニ敵意ヲ有スル諸國特ニ蘇聯ヲシテ益々乘セシメ對支問題ヲ中心トスル將來ノ外交難局ニ對シテ我立場ヲ根底的ニ弱ムルコトトナラスヤ

此[2]ノ際聯盟ノ決議及華府條約ニ對スル我立場ヲ政府ノ正式ノ宣言ニ依リ若クハ聯盟決議國國家ニ對シテ明確ニスルコトトシ適宜聯盟ノ現狀（一部ノ宣傳場ト化ス）其ノ矛盾シタル態度ヲ指摘シ其ノ決議ニ對シテ帝國トシテ何等拘束力ヲ認ムル能ハサル次第ヲ說キ若シ支那ニ對シテ具體的援助ヲ行フモノアラハ卽チ帝國ニ對シ敵意ヲ有スルモノト判定セサルヲ得サル所以ヲ說キテ反省セシメ而シテ一切ヲ國民ニ發表シテ積極的ニ我一般對外關係特ニ對蘇關係ヲ開拓スルノ要アル樣ニ思考セラル

今回ノ無遠慮ナル決議モ幾分我方從來ノ不徹底ナル態度ノ反映カトモ感ス今日ノ如キ複雜困難ナル外交場面ニ於テハ將來ニ對スル有利ノ展開ノ爲ニハ一時的波瀾ハ已ムヲ得ス相當執拗ナル努力ニ俟ツノ要アリト思考ス愚考ノ儘

米、在歐各大使、壽府ヘ轉電セリ

〰〰〰〰〰〰〰〰〰〰〰〰

967　昭和13年5月21日　在スイス天羽公使より広田外務大臣宛（電報）

連盟の中国問題決議は無視しても実害ないが列国の援蔣態度や九国条約の効力に対するわが方見解を表明する必要がある旨意見具申

ベルン　5月21日後発

本　省　5月22日前着

第六五號（極祕）

十[1]四日頃壽府發拙電（聯盟理事會ニ對スル感想）ニ關シ左ノ通リ補足致度シ

㈠聯盟ハ最近漸次威力ヲ減シ來リシカ今次理事會ハ右往電ノ通リ所謂現實主義ニ支配セラレ更ニ智利ノ脫退、瑞西ノ中立承認（何レ他國モ類似ノ要求ヲ爲スモノアラン）等ニ依リ益々權威ヲ失墜シタル氣味アルト共ニ從來一國ノ緊切ナル問題ニ對シテハ集團的機構ノ適用ヲ不能ナリトスル主張（「チエンバレン」、「ベック」ノ如キ）有力トナリタルハ從來聯合（盟カ）又ハ九國條約ノ如キ集團的機構ノ干涉ヲ排除スルニ努メタル我對支方針ニ都合好キ傾向ニシテ益々之ヲ助長スル必要アルニ付テハ聯盟ノ決議ノ如キモ無視又ハ輕視スル方針ニ出テ非常ナル實害ヲ及ホササル限リ相手トセサルヲ適當トスヘシ

㈡今次理事會ニ於テ西班牙（聯盟ハ蘇聯、西班牙ノ要求ヲ排シテ從來ノ態度ヲ變更セス）、「エチオピア」及瑞西問題ニ關シテ蘇聯ノ主張カ貫徹セサリシハ聯盟ハ蘇聯、支那等ノ宣傳ニハ利用セラルルコトアルモ其ノ本體ハ矢張リ英佛カ動カシ居ル事實ヲ實證シ居ルモノナルカ支那ニ對シテハ厚薄ノ差ハアルモ同情的ナル點ニ於テ英、佛、蘇聯共ニ一致ス（「コマルニツキー」內話ニ依レハ理事會ニ於テ蘇聯ト英トノ意見對立スル場合モ「リトヴイノフ」ハ「ハリフアツクス」ニ對シテ巧ク其ノ感情ヲ損ハサル樣非常ニ注意シ居ル樣子ナリシト云フ）唯蘇聯ノ支那ニ對スル關係ハ同盟以上ニシテ今其ノ間ヲ引放スハ至難ト言フヘク從テ我方トシテハ二月二日壽府發往電（理事會決議ニ對スル意見）ノ如ク大體蘇聯ヲ蔣政權ノ道連トシテ英等ヲ之ヨリ引放ス工夫ヲ爲スヘク之カ爲ニハ巧ク英、佛、蘇聯等ヲ一體トシテ向フニ廻ス狀態ヲ誘致セサル樣措置スルヲ得策トスヘシ

㈢今回ノ對支決議ハ右往電ノ如キ支那側ヨリ熱心ナル提訴アリタルニ對シ蘇聯、西班牙ヲ除ク他ノ代表ハ熱意ナカリシモ從來聯盟ノ行懸及支那側ノ體面ヲ顧慮シテ作成セラレタルモノニシテ決議第一項ハ從來ノ繰返、第二項（毒瓦斯）ハ日本ト指サスシテ一般的希望ヲ表示シタルモノナルカ之ニ對スル一般輿論モ冷靜ニシテ殊ニ毒瓦斯ニ付テハ壽府發往電第一〇六號我事務局ノ發表カ却テ瑞西、英、佛等ノ新聞ニ目立チテ掲載セラレ居リ支那側ハ宣傳

ニ於テモ充分ニ目的ヲ達セサリシモノノ如シ尚右ニ付テハ今後壽府發往電第一一四號末段ノ通リ措置スル必要アルヘシ

(四)[2]左レト聯盟ニ對スル蘇聯ノ遣口ハ他ノ諸國ト聊カ異ナルモノアリテ從來總會及理事會ニ於ケル蘇聯代表ノ言動乃至ハ會議ノ情勢カ宣傳ニ利用セラレタルカ最近「チエンバレン」ノ所謂四國協調ノ政策ニ依リ蘇聯ハ漸次西歐ヨリ排斥セラレ聯盟カ唯一ノ足場トナリタルヲ以テ聯盟ノ會議ハ殊ニ國內的宣傳ニ利用セラレタルコトアルヘク從テ西歐諸國ニ於テハ實質的又ハ宣傳的效果モ收メ得サリシ對支決議モ蘇聯ニ於テハ種々利用セラレタルコトアリ得ヘク此ノ點ニ特ニ考慮スル必要ヲ生スヘシ又蘇聯ノ支那ニ對スル援助ニ付テハ既ニ實證カ擧カリ居ルモ顧維鈞ノ演說（九日一國ヨリ援助ヲ受ケ居ル旨公言ス）、「リトヴイノフ」ノ非友誼的演說等ハ場合ニ依リテハ今後我對蘇交渉ニ引用シ得ヘキカト思ハル

(五)右ノ如ク對支決議ニ對シテハ特ニ之ヲ相手トシテ取上クル必要アルヤハ疑ハルルモ今日ノ國際情勢ニ基キ適當ナル時機（例ヘハ徐州陷落後事變モ新生面ニ入リタル時トカ或ハ支那南北政府合併ノ時トカ）ニ於テ帝國ノ立場及外國ノ蔣政權ニ對スル關係ニ對スル帝國ノ態度等ヲ更ニ明白ニシ置クハ適當ト思考ス又華府條約ニ付テハ客年十一月往電第五八號ノ如ク事實效力ヲ失ヘルモ何レカノ時ニ於テ之ヲ形式ニ於テ表ハス必要アルヘキカ從來支那カ其ノ主權獨立、領土及行政的保善ノ尊重ヲ他國ニ約セラレタル如キハ獨立國家トシテ不見識極マルモノナルカ故ニ先ツ支那ヲシテ之ヲ廢棄セシムルヲ至當トスヘク從テ南北政府合併ノ時ニ於テ新政府ヲシテ先ツ右條約ノ廢棄ヲ宣言セシメ帝國政府ニ於テモ之ニ相應スル措置ヲ執ルヲ適當ト思考ス

蘇、米ヘ轉電シ在歐各大使、壽府ヘ暗送セリ

968　昭和13年6月19日　在上海日高総領事より宇垣外務大臣宛（電報）

宇垣外相記者談話中の九国条約改訂をめぐる発言につき報道振り報告

上　海　6月19日後発
本　省　6月19日後着

第一九四六號

閣下ノ外人記者會見談ニ關スル路透電報道振ハ往電第一九四一號（十八日ノ新聞報道）ノ通リナルカ十八日東京發同盟電ハ全然之ト內容ヲ異ニシ閣下ノ談トシテ日米親善ヲ强調ノ上九箇國條約ニ關シ本條約ハ十六年前締結サレ重要條項ハ支那ニ依リ蹂躪サレ居ルヲ以テ利害關係國協議ノ上極東ノ現狀ニ適應スル樣改訂セラルヘキナリトノ趣旨ヲ報シ十九日ノ各英字紙ハ「日本ハ九箇國條約ノ改訂ヲ要望ス」ノ見出ヲ以テ之ヲ揭報シ（漢字紙ハ右同盟電ヲ揭載セス）大美報ハ漢口「ユー、ピー」電トシテ支那ノ九箇國條約ニ違背セリト言フハ實ニ無稽ノ談ナリ日本ハ其ノ對支政策ヲ改善セサル限リ對英米關係改善ヲ談スルニ由ナシト外交部發言人カ語レル旨傳ヘ居レリ

969　昭和13年6月20日　宇垣外務大臣より　在上海日高総領事宛（電報）

宇垣外相記者談話中の九国条約再検討をめぐる発言振りにつき通報

本　省　6月20日後10時50分発

第九五〇號（至急）

貴電第一九五二號ニ關シ會談ノ內容ハ大体同盟電ノ通リニテ問答左ノ通リ

問「九ケ國條約ハ現狀勢ニ適應セサル故之ヲ改訂スルノ意思アリヤ」

答「九箇國條約ハ十六年前ニ締結セラレタルモノニテ其後ノ情勢ハ甚タシク變化シタルノミナラス支那ハ屢々同條約ヲ蹂躪シ來レリ同條約ノ價値ニ付テハ相當再檢討ヲ要スヘシ改訂云々ノ質問モアレト兎ニ角條約ハ現實ノ情勢ニ卽シタルモノナルコトヲ要スト思考ス」

問「改訂ノ具体策如何」

答「具体的ノ考ハナキモ現實ノ狀勢ニ卽セルモノトシ度ク考フ」

問「全ク新シキ條約トナルヘキヤ或ハ又何等ノ條約モ存セサルコトトナルヘキヤ」

答「日本丈カ考ヘテモ仕方カナシ列國モ考ヘル必要アラム」

問「本件ニ關シ列國カ協議ニ與カル權利アリト認メラルルヤ」

答「東亜ニ重大ナル利害關係ヲ有スル國ハ其權利アルヘシ」

970　昭和13年9月10日　在ジュネーブ宇佐美国際会議事務局長代理兼総領事より宇垣外務大臣宛（電報）

中国が日中紛争に連盟規約第十七条の適用を要求するとの情報など連盟理事会の動向につき観測報告

付　記　昭和十三年九月十一日付、中国政府代表部より国際連盟宛覚書

連盟規約第十七条の日中紛争への適用方要請

ジュネーブ　9月10日後発
本　　省　9月11日前着

第二二四號

聯盟理事會九日午後ヨリ開會第一日ハ例ノ如ク非公開會議ニテ人事會計等主トシテ行政的問題ノ審議ニテ終リ本十日ハ午後公開會議ニテ各種委員會ヨリノ報告ヲ採擇セリ

尚目下歐洲ハ致國問題ニテ一般ニ頗ル緊張シ居リ聯盟總會ノ情勢モ本問題ノ成行ニ依リ影響サルル所大ナル模様ナルカ當地ニハ十二日ヨリノ總會ヲ控ヘ各國代表、新聞記者等續々來着中ニテ其ノ中蘇聯カ「リトビノフ」以下在英佛獨各大使及在瑞典公使等ヨリ成ル大規模ノ代表團ヲ送リ來ルコト竝ニ英佛伊ノ各新聞記者カ目立チテ多キコト等一般ノ注目ヲ惹キ居レリ尤モ英佛白波ノ外相ハ未タ來壽セス

尚支那問題ニ付支那側カ規約第十七條適用ヲ要求スヘシト傳ヘラレ居ルモ未タ何等公式ノ手續ヲ執リ居ラス實ノ所未タ確タル措置振決定シ居ラサルモノノ如シ恐ラク來週後半英佛外相等ノ來着ヲ待チ豫メ是等ト協議ノ上何等カノ措置ニ出ツルモノト觀測セラレ折角注意中ナリ

英、米、佛、蘇ヘ轉電シ獨、伊、白、波、致、瑞西ヘ暗送セリ

（付　記）

C. 300. M. 176. 1938. VII.

COMMUNICATION FROM THE CHINESE DELEGATION.

Geneva, September 11th, 1938.

On September 12th, 1937, precisely a year ago, I had

the honour in the name of the Chinese Government to inform you of the fact of Japan's armed invasion of China and to invoke Articles 10, 11 and 17 of the Covenant in order that the Council might forthwith take effective action to deal with the grave situation thus created by the Japanese agression. The League of Nations through its different organs, namely, the Assembly, the Council and the Advisory Committee on the Far Eastern situation has since adopted a number of resolutions, all of which in their principal provisions, however, remain unexecuted or ineffective.

But the hostilities which Japan started against China fourteen months ago have not only seen no abatement but, on the contrary, are being pursued on an ever extending scale and with increased intensity and ruthlessness. It is the firm conviction of the Chinese Government that in the interest of the League itself and the general cause of peace, as well as in justice to China, the provisions of Article 17 of the Covenant should be applied to the present situation in the Far East without further delay.

By instructions of my Government I have the honour, therefore, to request the Council to give immediate effect to Article 17 of the Covenant, which the Council has hitherto failed to apply but which, in the opinion of the Chinese Government, provides the most relevant procedure for effective action by the League in the present case.

I have the honour to be, etc.

(*Signed*) V. K. WELLINGTON KOO.

First Delegate of China.

編注 本付記は、昭和十三年十一月、条約局第三課作成「支那事變ト國際聯盟(二)」より抜粋。

〰〰〰〰〰〰〰〰〰〰

971 昭和13年9月16日 在ジュネーブ宇佐美国際会議事務局長代理兼総領事より宇垣外務大臣宛(電報)

連盟規約第十六条の制裁規定をめぐる各国代

表の総会演説振り報告

ジュネーブ　9月16日後発
本　　省　9月17日後着

第二三六號

十六日午後ノ總會一般討議ニ於テ諾威、波蘭、丁抹、白耳義、芬蘭各國代表及顧維鈞ノ演説アリタルカ顧ヲ除ク各國代表ノ演説ハ要スルニ規約第十六條ノ制裁規定ハ軍事制裁モ軍隊通過モ經濟制裁モ各其ノ自國ノ主權ニ基キ行動ノ自由ヲ有スヘキナリトノ主張ヲ交々述フルト共ニ第十六條ノ規定カ規約ノ主ナル條項ナリトノ謬見ヲ是正シ聯盟ノ任務カ寧ロ他ノ共同利益增進ヲ目的トスル人道問題、社會問題、技術的問題、經濟問題ニアルヘキ旨口ヲ揃ヘテ力説シタリ波蘭代表ハ尚更ニ現下ノ國際的危機カ法律的觀點ヨリ解決サルヘキモノニアラスシテ現實ヲ基礎トシ政治的解決ニ努ムヘキ旨主張セリ

顧ノ演説要旨ハ過去一年二箇月ニ亘ル日本ノ支那侵略ノ事實ヲ羅列シタ後聯盟ハ直ニ

㈠規約第十七條ヲ適用スルコト

㈡日本ニ對シ武器、彈藥、飛行機、石油其ノ他戰事工業ニ必要ナル原料ヲ禁輸シ信用ノ許與ヲ拒絶シ他方支那ニ對シ財政上及物質上ノ援助ヲ與フルコト

㈢日本ニ對シ毒瓦斯ノ使用竝ニ無防備都市及市民ニ對スル無制限空爆ヲ禁止スルニ適當ナル手段ヲ執ルコト右手段トシテ「オブザヴアー」ヲ派遣スルコト

ヲ要求スルニアリ(顧ノ演説概要ハ特情參照)

英、佛、獨、伊、蘇、白、波、瑞西、米ヘ郵送セリ

972

昭和13年9月19日　在ジュネーブ宇佐美国際会議事務局長代理兼総領事より宇垣外務大臣宛(電報)

連盟理事会が規約第十七条に基づく対日招請状発出を決定した旨報告

付記一　昭和十三年九月十九日発、国際連盟アヴノール事務総長より宇垣外務大臣宛電報

右招請状

二　右和訳文

ジュネーブ　9月19日後発
本　　省　9月20日前着

第二四六號（至急）

往電第二四五號ニ關シ

十九日午後總會開會ノ豫定ノ處同日午前豫定ヲ變更總會ヲ取止メ理事會開催支那側提訴ヲ審議スルコトトナレリ右理事會ハ先ツ五時ヨリ約一時間ニ亘ル祕密會ニ於テ本件審議ノ上六時ヨリ公開會議ヲ開催（波蘭ハ缺席セリ）支那代表顧維鈞ノ本件提訴ニ關スル説明ヲ聽取セル後（顧ハ其ノ總會ニ於ケル演説ノ結論タル三點ヲ理事會ニ要求セルカ唯調査團派遣ノ點ニハ言及セサリキ）議長ヨリ第十七條第一項ニ基キ日本宛招請電（別電第二四七號（省略））ヲ發スルコトトシタキ旨ヲ提議シ右ニ決定ヲ見タリ尚議長ハ同條第二項ノ審査ニ付テハ事件カ既ニ一年以前ヨリ聯盟ニ提訴セラレ直ニ極東事情ニ關スル諮問委員會ニ於テ事情審査ヲ開始シ適當ト認ムル措置ヲ勸告シ來レル次第ニ付此ノ際新ニ何等ノ措置ヲ執ル必要ナシト認ムル旨ヲ附言セリ

尚右公開會議ニ於テハ支那代表及議長以外發言セル者ナシ

冒頭往電通リ轉電セリ

（付記一）

1748

ジュネーブ　9月19日発
本　　省　9月20日着

Geneva, September 19th, 1938.

The Council having before it formal request from the Chinese Government for the application to the Sino-Japanese dispute of the provisions of Article 17 of the Covenant relating to disputes between member of the League of Nations and non-member state has the honour to address to the Imperial Government the invitation provided for by the first sentence of the said Article 17 on the understanding that if the invitation is accepted Japan will have as regards the dealing with the dispute under Article 17 the same rights as member of the League of Nations.

The Council would be glad to be informed of the reply of the Imperial Government as soon as possible.

Avenol.

Secretary-General.

編　注　本付記一は、昭和十三年十一月、条約局第三課作成「支那事變ト國際聯盟(二)」より抜粋。

（付記二）

規約第十七條一項ニ基ク理事會ノ九月十九日附帝國政府宛招請狀

聯盟國ト非聯盟國トノ間ノ紛爭ニ關スル規約第十七條ノ規定ヲ日支紛爭ニ適用スヘシトノ支那政府ノ正式要請ニ基キ理事會ハ日本帝國政府ニ對シ右第十七條第一項ニ規定セラルル招請ヲ發スルノ光榮ヲ有ス尤モ招請カ受諾セラルル場合日本國ハ第十七條ニ依ル紛爭ノ處理ニ關シ聯盟國ト同一ノ權利ヲ有スルモノトス

理事會ハ成ルヘク速ニ帝國政府ノ回答ニ接センコトヲ希望ス

一九三八年九月十九日

國際聯盟事務總長　アヴノール

日本帝國外務大臣　宇垣　一成殿

〰〰〰〰〰〰〰〰〰〰〰〰〰〰〰

973　昭和13年9月20日　在ジュネーブ宇佐美国際会議事務局長代理兼総領事より宇垣外務大臣宛（電報）

連盟理事会が規約第十七条に基づく対日招請状発出を決定した内情について

ジュネーブ　9月20日後発
本　　省　9月21日前着

第二五三號

往電第二五一號ニ關シ

昨十九日理事會ニ於テ急遽第十七條ニ依リ日本招請ヲ決定セルハ支那側ヨリ英佛側ニ對シ頻リニ運動ヲ試ミ居タルカ（支那代表ハ聯盟カ支那ニ「モーラル、サテイスフアクシヨン」丈ケニテモ與ヘサルニ於テハ聯盟脱退モ亦已ムヲ得サルヘキ旨述ヘタリト傳ヘラル）十七日夕ノ理事會非公開會議ニテモ支那代表ヨリ一日モ速ニ支那問題ノ上程方ヲ要求シタル結果遂ニ十九日午後祕密會召集ノ段取トナリタルモノナル由ノ處同會議ニ於テハ羅馬尼代表ハ理事改選ヲ目前ニ控フル此ノ際（羅馬尼ハ本年任期滿了）少クトモ四十八時間本件討議延期方ヲ提議シタルモ容レラレス（波蘭ハ日本關係ノ問題討議ニ參加スルハ友邦國トシテ面白カラストノ考ニテ本國政府ニ請訓ノ上往電第二五一號ノ口實ノ下ニ缺席セルモノナル旨同國代表部員ヨリ内話アリタリ）英佛側等殆ト發言セス問題ノ内容ニ付テハ何等討議無ク決定セルモノナル由

事務局本件主任官ハ正式ニ十七條ノ提訴アリタル以上招請狀發出ハ法律的ニ見テ已ムヲ得サルヘキモ之ヲ日本カ拒絶シタル場合尚種々考慮ノ餘地アルヘキハ御想像ノ通リナリト原田ニ内話セル趣ナリ

又佛代表「ボンクール」ハ或記者ニ對シ極力支那説得ニ努力セルモ支那側ハ肯カサル爲聯盟トシテハ規約ノ規定上招請狀ヲ發出スルノ已ムヲ得サリシ次第ナリト内話セル由

冒頭往電通リ轉電セリ

974　昭和13年9月20日

在ジュネーブ宇佐美国際会議事務局長代理兼総領事より
宇垣外務大臣宛（電報）

空爆問題に関する連盟の討議状況報告

ジュネーブ　9月20日後発
本　　省　9月21日前着　1750

第二五四號

往電第二四二號ニ關シ

二十日午前ノ第三委員會ハ空爆ニ關スル討議ヲ續行先ツ英代表ヨリ將來空中戰ニ關スル一般條約締結ノ第一歩トシテ委員會カ㈠非戰闘員空爆ノ非合法性㈡空爆ノ目標カ空中ヨリ明瞭ニ認識シ得ヘキモノニ限ラルヘキコト㈢爆撃ハ其ノ附近非戰闘員ヲ傷ツケサル樣行ハルヘキコトノ三原則ヲ基礎トシ決議案ヲ起草シ總會ノ採擇ヲ要求スヘキ旨提議シ次テ漢口政府代表顧維鈞ハ例ノ通リ過去十四箇月ニ亘ル空爆ノ慘禍特ニ廣東ノ爆撃竝ニ本件ニ關スル客年九月ノ總會決議ニ言及シタル後右日本軍ノ行動カ國際法違反ノミナラス總テノ人道ノ原則ヲ明白ニ無視セルモノナリト强辯シ速ニ何等カノ實際的措置ヲ執ルヘキヲ要求シ其ノ方法トシテ㈠西班牙代表提案ノ國際調査委員會現地派遣案ヲ支持スルト共ニ同調査委員會カ毒瓦斯ニ關スル調査ヲモ爲スコトノ必要ヲ説キ㈡日本ニ對シ飛行機及石油ノ禁輸ヲ斷行スヘキコトヲ要求シ㈢更ニ將來空爆及毒瓦斯問題ニ關スル國際條約

締結ノ為聯盟及非聯盟ヲ含ム國際會議開催ヲ準備スヘシ等述ヘタルカ次テ佛國代表ハ英國提案ヲ支持シタル上支那ニ調査委員會ヲ派遣スルコトノ不必要ナルコト問題ハ軍縮幹部會ニ於テ處理セラルヘキモノナルコト等ヲ論シ希臘代表(「ポリテス」)ハ本件ノ解決ニハ總テノ大國ノ協力ヲ必要トスヘク且客觀的ニ論議セラルヘキモノニシテ「センチメンタル」ナル論議ハ排撃セラルヘキモノナルコトヲ論シ洪牙利代表ハ徒ラニ問題ヲ政治化シ缺席者ヲ誹議スル態度カ何等問題解決ニ資スル所以ニアラサル旨ヲ述ヘ和蘭代表亦同様趣旨ヲ述ヘタル後議長ノ提案ニ基キ本件決議起草ノ為英、佛、支、西、希臘及報告者ヨリ成ル小委員會ヲ構成スルコトトナレリ

冒頭往電通リ郵送セリ

975　昭和13年9月20日　在ジュネーブ宇佐美国際会議事務局長代理兼総領事より宇垣外務大臣宛(電報)

わが方空爆の合法性説明について

ジュネーブ　9月20日後発
本　　省　9月21日前着

第二五五號

往電第二五四號ニ關シ

空爆問題カ今次總會ノ議題トナリタルヲ以テ漢口政府側ノ策動ニ先手ヲ打チ右討議ニ先立チ當事務局ヨリ十七日「コンミユニケ」ヲ公表シ本件ニ關スル日本軍ノ態度ヲ明白ナラシメ一九二三年ノ海牙空戰法規案ノ關係條項ニ對照シ御來示ノ資料ニ基キ我方ノ公正ナル措置振及漢口政府側ノ不正行為ヲ説明スルト共ニ同法規案第廿二條ノ項ニハ張鼓峰事件ノ際ニ於ケル蘇側ノ不法爆撃ニモ簡單ニ觸レ置キタリ尚毒瓦斯及細菌戰爭問題ニ關シ九月六日及九月十二日ニ當事務局「コンミユニケ」ヲ公表シ置ケリ

冒頭往電通リ暗送セリ

976　昭和13年9月22日　宇垣外務大臣より在ジュネーブ宇佐美国際会議事務局長代理兼総領事宛(電報)

わが方空爆の合法性を説明するに当たっての

留意点について

本省　9月22日発

第一一八號

貴電第二五四號及二五五號ニ關シ

空爆問題ニ關スル我方ノ法理的立場ニ付テノ當方見解大要

左ノ通御參考迄

一、所謂軍事的目標以外ノ人又ハ物ヲ以テ空爆ノ目標トスルヲ得スト爲スノ意義ニ於ケル軍事目標主義ハ未夕條約又ハ慣習ニ依リ現實國際法規トシテ確立スルニ至ラスシテ現行法ニ於テ特ニ空爆ニ關スル規定タルモノハ少數ノ批准國間ニ限レル戰爭ノ際ニ於テノミ適用アルヘキ第二回平和會議々定ノ空爆禁止ノ宣言（我國ハ加盟セス）以外ニ於テハ砲擊及空爆若ハ其ノ他ノ攻擊ニ均シク適用アルヘキ海牙ノ陸戰條規第二十五條ノ定ムル所ノ「如何ナル手段ニ依ルモ」防守セサル都市村落住宅又ハ建物ハ攻擊又ハ砲擊スルコトヲ得サル旨ノ規定ヲ存スルニ過キス

二、今次事變ニ於テ海軍側ニ於テハ其ノ航空隊ノ行動ノ基準ヲ定ムルニ當リ一九二三年ノ海牙空戰規則案ヲ有力ナル參考資料ト爲シ居ル趣ナル處右ハ其レ自體大体ニ於テ妥當ノ措置ト認メラルルニ我方內部ノ關係ニ止マルモノニシテ外部ニ對シ卽チ第三國等ニ對シ我方ノ立場ヲ説明スル場合ニハ又自ラ別箇ノ考慮ヲ要スルコト勿論ニシテ我航空隊ノ行動ノ合法的ナルコトヲ外部ニ對シ説明スルニ當リ一九二三年ノ空戰規則案ヲ引用シテ之ヲ强調スルノ餘リ我方カ右規則ニ準據スルコトヲ「コミツト」シタルカ如キ結果ヲ生セシメサルコト肝要ナリ蓋シ我方トシテハ內部ノ訓令等ニ於テ前記空戰規則等ヲモ參照シ出來得ル限リ愼重ヲ期スルハ當然ナルモ外部ニ對スル關係ニ於テハ現行ノ交戰法規ノ定ムル所以上ニ亘リテ拘束セラルルヲ認ムルカ如キコトナキヲ要スルコト勿論ナル處前記空戰規則案遵守ノ言質ヲ與フルカ如キコトアラハ正ニ自ラ求メテ現行交戰法規以上ニ拘束ヲ加重シ從ツテ其レ丈對外的責任ヲ自ラ加重スルノ結果ヲ生スルノ虞アレハナリ

三、我方カ前記空戰規則案ニ準據スルコトヲ對外的ニ「コミツト」スルコトノ一般的不利益ハ要スルノ(ニカ)現行交戰法規ノ定ムル所以上ニ亘リ拘束ヲ加重スルノ點ナルカ同規則案ニ依ル拘束ヲ認ムル結果生スル實害ノ二三ヲ例示スレ

ハ同規則第二十四條第二項ハ所謂軍事目標ヲ制限的ニ列擧シ居ル處右制限列擧カ狹キニ失スルコトハ多數空戰法專門家モ之ヲ認ムル所ニシテ又同條第三項ハ陸上軍隊ノ作戰行動ノ直近地域ニ在ラサル都市等ニ於ケル爆撃ノ場合卽チ所謂獨立空襲ノ場合ニハ所謂軍事目標カ普通人民ニ對シ無差別爆撃ヲ爲スニ非レハ爆撃スルコト能ハサル位置ニ在ル時ハ爆撃ヲ禁止シ居レル處右ハ解釋ノ如何ニ依リテハ軍事上ノ必要ヲ不當ニ制限スルモノニシテ所謂獨立空襲ノ機會多キ我航空隊ノ行動ノ結果生スル非戰闘員ニ對スル損傷ニ付之ヲ論難スル者ニ對シ有力ナル根據ヲ與フル虞アリ尚又同條第五項ハ同條ノ規定ニ違反シタルニ因リテ生シタル損害ニ付賠償責任ヲ認メ居ル處右第二十四條ハ前記ノ外種々其ノ儘認ムルヲ得サル規定ヲ包含シ居ルニ依リ之ニ對スル違反ニ付賠償責任ヲ負擔スル如キハ到底認メ難キ所ナリ

四、尚最近在京英國大使ヨリ本大臣ニ對シ半ハ非公式ニ空爆カ合法的タル爲ニハ少クトモ（イ欠カ）其ノ目標カ合法的ナルモノト認メラルルコト(ロ)或ル他ノ目標ヲ攻撃スルニアラス右目標ヲ攻撃セントノ意圖ナルコト及(ハ)投下爆彈ハ何レモ實際上目標ニ命中スヘキモノトノ合理的ナル期待アルコトヲ要ストノ根本原則ヨリ演繹シタル三項目ヨリ成ル空爆制限ノ規則案ヲ提示シ來レル處我方トシテハ之ニ對シ非戰闘意（員カ）保護ニ付テハ十分關心ヲ有スルモ問題ハ非戰闘員保護ノ人道上ノ要求ト軍事上ノ必要トノ調和ノ點ニアリテ英國側提案ハ技術的見地ヨリスルモ討議ノ基礎トスルヲ得ス又空爆規則ノ設定ニハ多數國ノ參加ヲ必要トシ國際協定ニ依ルヲ要スルモ右國際協定ノ成立ニハ世界情勢ノ雰圍氣ノ良好ナルコトヲ要件トスルモノナルカ今ハ其ノ時期ニ非スト認メラルル旨ノ趣旨ヲ以テ英國側提案ヲ拒絶スル方針ナリ

英米佛獨伊ニ轉電アリタシ上海ニ轉電セリ

〰〰〰〰〰〰

977　昭和13年9月22日　宇垣外務大臣より国際連盟アヴノール事務総長宛（電報）

連盟規約第十七条に基づく対日招請状に対するわが方拒絶回答

本　省　9月22日発

規約第十七條一項ニ基ク理事會ノ招請狀ニ對スル

九月二十二日附帝國政府回答

千九百三十八年九月十九日附貴電ヲ以テ通達アリタル國際聯盟理事會ノ帝國政府ニ對スル規約第十七條第一項ニ基ク招請ヲ接受セリ

帝國政府ハ國際聯盟規約ノ豫見スルカ如キ方法ニ依リ今次日支紛爭ノ公正妥當ナル解決ヲ見出シ得サルヘキヲ固ク信スルモノニシテ右帝國政府ノ方針ハ已ニ屢々之ヲ明ニシタルカ今回理事會ノ招請モ亦右ノ理由ニ依リ遺憾乍ラ之ヲ受理スルヲ得サル旨回答スルノ光榮ヲ有ス

昭和十三年九月二十二日

日本帝國外務大臣　宇垣　一成

國際聯盟事務總長　アヴノール殿

978　昭和13年9月24日　在ジュネーブ宇佐美国際会議事務局長代理兼総領事より宇垣外務大臣宛(電報)

連盟規約第十六条の解釈に関する各国意見について

ジュネーブ　9月24日後発

本　省　9月25日前着　1754

第二六〇號

規約[1]第十六條ノ解釋問題ハ廿二日以來第六委員會ニ於テ主トシテ英代表ノ提案(口述)ヲ基礎トシテ討議續行中ノ處廿三日ノ會合迄ニ於テ同條カ既ニ義務性失ヒタリト主張セルモノ英、白、丁抹、「リユクセンブルグ」、芬蘭、和蘭、諾威、瑞典、波蘭、加奈陀、「ラトビア」、「エストニア」、洪牙利、愛蘭、「イラク」、阿富汗、土耳古、希臘等ニシテ又同條カ義務的ナリト主張セルモノ墨西哥、新西蘭、哥倫比亞、支那、西班牙、蘇聯、「イラン」等注意スヘキモノ左ノ通リ

一、英代表「バトラー」ハ英政府ハ十六條ニ基ク義務ヲ左ノ趣旨ニ解釋セント欲ス卽チ

(一)同條ニ基キ國際行動ヲ執ルヘキヤ否ヤノ事情及右行動ノ性質ハ豫斷スヘカラス各個ノ場合ニ於テ其ノ事情ニ卽シテ決定スヘキコト及各聯盟國ハ同條ニ規定セラルルカ如キ手段ヲ執ル權利アルモ斯ノ如キ手段ヲ執ルヘキ無條件ノ義務ナキコト

㈡各聯盟國ハ個々ノ場合ニ於テ十六條規定ノ手段ヲ執ルヘキヤ否ヤ及其ノ範圍ニ付他聯盟國ト協議スルノ一般的義務アルコト

㈢右協議ニ於テ各聯盟國ハ提案セラレタル手段ヲ如何ナル程度迄採用スヘキカヲ自ラ決定スヘキコト

㈣戰爭ニ訴フルコトハ右カ聯盟國ニ影響スルト否トヲ問ハス聯盟全體ノ關心事タルコトト述フ

二、顧維鈞ハ一方的宣言ニ依リ條約上ノ義務ノ制限ヲ計ルコトハ國際秩序ノ基礎ヲ破壞スルモノナリトシ英ノ提案カ規約ノ表面上ノ形式ヲ保存シ乍ラ實質ヲ根本的ニ變更シ第十六條ヲ無意味ニスルモノナリト强調シテ之ヲ反駁ス

三、[2]「リトビイノフ」ハ一方的宣言カ法律上ノ價値ヲ有セサルコト若シ十六條ノ解釋カ恣意的ニ行ハルレハ他ノ條項モ同樣ノ結果ニ陷ルヘシト述ヘタル後致國問題ニ言及シ致國問題ニ於テ蘇聯ノ保障義務如何ヲ云々スル者アルモ蘇聯カ佛蘭西カ致國ノ受ケタル攻擊ニ對シ無關心ナル限リ何等義務ヲ負フモノニアラス獨、英、佛ノ最後通牒（致國ニ對スル提案ヲ稱スルモノナルヘシ）ニ際シ致國政府ハ蘇聯ニ對シ英獨交渉カ失敗シ致國カ自ラ武力ヲ以テ防衛スルニ決シタル場合ノ蘇ノ態度ノ照會アリタリ右最後通牒ハ蘇致條約ノ破棄ヲ含ムモノナルヲ以テ右事態ニ於テハ蘇政府ハ同條約ヲ廢棄スルノ德義上ノ權利ヲ有スト思考ス然ルニモ拘ラス蘇政府ハ若シモ佛蘭西カ援助ヲスレハ蘇致條約ハ有效ナルヘキ旨ヲ囘答セリト述ヘ其ノ國際條約ニ忠實ナル所以ヲ强辯ス

四、佛代表「ボンクール」ハ規約ヲ文字的ニモ亦精神的ニモ變更セントスル決議ニハ贊成スルヲ得ス經濟制限及軍事制限ノミカ侵略者ヲ抑制シ得ルモノナリ第十六條ノ含ム義務ハ規約ヲ尊重シ侵略ニ對抗スル爲有效ナル協力ヲ爲スコトハ總テノ聯盟國ノ義務ナリトノ趣旨ニ於テ解釋セラルヘキナリ尤モ一九二一年ノ總會ニ於テ宣言セラレ一九三五年ニ於テ實行セラレタル如ク或ル國家ノ地理的位置及經濟的事情竝ニ他國ノ態度等ハ當然考慮セラルヘキモノト思考スト述ヘタリ尚本件ハ本二十四日續行ノ筈

英、佛、米ニ轉電シ在歐大公使ニ郵送セリ

979　昭和13年9月25日　在ジュネーブ宇佐美国際会議事務局長代理兼総領事より宇垣外務大臣宛（電報）

日本軍占領地域における阿片問題の悪化を注意喚起する連盟決議案について

ジュネーブ　9月25日後発
本　　省　9月26日前着

第二六二號

二十四日午後第七委員會ニ於ケル阿片問題討議ニ際シ加奈陀代表ハ極東問題ニ關スル決議案ヲ提出セルカ其ノ要旨ハ先ツ極東ノ事態特ニ日本軍占領地域ノ本件事態カ悪化シ之カ同地域民衆ニ對スル危險ノミナラス世界ニ對スル危險ナルコトニ總會ノ注意ヲ喚起シ次テ客年第五委員會ノ決議ノ全文ヲ掲ケ極東ノ事態ハ客年ヨリモ更ニ悪化シ居リ又客年第五委員會ノ表明セル希望カ何等實現セラレ居ラサルニ鑑ミ總會カ此ノ事態ヲ“take note”シ第二十二回及第二十三回諮問委員會ノ採擇セル本件決議及同決議ニ依リ關係各國政府ニ爲サレタル要請ヲ支持スル旨ノ決議ヲ採擇センコトヲ慫慂スルニアリ

英、米、佛、加へ郵報セリ

980　昭和13年9月26日　在ジュネーブ宇佐美国際会議事務局長代理兼総領事より宇垣外務大臣宛（電報）

阿片問題に関する連盟総会宛委員会報告の採択について

ジュネーブ　9月26日後発
本　　省　9月27日前着

第二六六號

往電第二六三號ニ關シ

二十六日午後第七委員會ハ阿片問題ニ關スル總會宛報告案ヲ審議採擇セルカ右報告ハ其ノ中ニ於テ特ニ極東問題ノ重大ナルコトヲ强調シ諮問委員會ノ報告ニ依ルニ支那政府ハ此ノ害悪一掃ニ總ユル努力ヲ爲シ居ルニ拘ラス日本政府及支那ニ於ケル日本官憲ハ何等之ニ誠意アル協力ヲ爲サス事態ハ甚タシク悪化セリトナシ特ニ極東ノ事態ト題スル部分ニ於テ本委員會ニ於ケル各國代表ノ演説要旨ヲ採錄シ就中英代表カ諮問委員會ニ於ケル米代表ノ陳述中特ニ滿洲國ニ

關スル部分ヲ引用シ哈爾賓衞生當局ノ公表ニ依レハ一九三七年中七月迄ニ收容セル行倒レ一、七九三人ノ内一、四八五ハ阿片患者ナリシコト、滿洲及熱河ノ一八一ノ町ニ八三、八四〇以上ノ官許ノ阿片窟及八、四〇〇ノ「ヘロイン」販賣所存在シ居ルコトニ關シ注意ヲ喚起セル旨ヲ記シ次テ往電第二六一號胡世澤ノ演說卽チ極東事態ノ惡化ノ責任ヲ全面的ニ日本ニ轉嫁シ本問題ヲ寧ロ政治的問題ナリトシ且日本軍隊ヲ誹謗セルモノヲ相當詳細ニ記載シ次ニ加奈陀代表ノ滿洲、熱河、朝鮮ノ阿片增產、滿洲向「イラン」阿片ノ大量輸出、河北特ニ天津ニ於ケル麻藥ノ密造及之カ米及加奈陀ニ對シ密輸出セラルルコトノ危險、之ニ關シ日本政府ニ警告ヲ發スヘシトスル趣旨ノ陳述等ヲ要錄シ往電第二六二號ノ加奈陀代表提出ノ決議案ヲ記載シ居レリ

英、佛、米、加ニ郵送セリ

981　昭和13年9月28日　在ジュネーブ宇佐美国際会議事務局長代理兼総領事より宇垣外務大臣宛（電報）

阿片問題に関する連盟での対日非難につき対応振り意見具申

ジュネーブ　9月28日後発
本　　省　　9月29日前着

第二六八號

天羽局長ヨリ

往電第二六六號ニ關シ

當事務局ヨリハ不取敢反駁ノ聲明ヲ爲シ置キタルカ阿片麻藥問題ハ今後モ機會アル每ニ惡宣傳ノ材料ニ利用セラルル惧アル處最近我軍ヲ攻擊ノ目標トセル氣味アリ而モ右ハ支那代表ノミナラス米國始メ其ノ他ノ代表モ亦之ヲ問題トシ他方往電第二六三號ノ次第モアリ又新聞ニモ散見シ居ル（本年八月十九日瑞西發機密第一四七號拙信參照）ニ付之ヲ默過シ置クコトハ皇軍ノ威信ノ爲ニモ甚タ面白カラス他方日本カ支那攻略ノ爲ニ阿片麻藥ノ害毒ヲ傳播ストノ攻擊ハ兒戲ニ類スル感アルモ繰返シ宣傳セラルル中ニハ知ラス々々ノ間ニ普通ノ常識トナリ我對支一般政策ニモ支障ヲ來ス惧アルニ付諮問委員會及聯盟總會ニ於テ指摘セラレタル具體的事項ニ付今後共充分御取調ノ上事態ヲ明白ニセラレ米其ノ他代表カ公開ノ席上ニテ無根ノ事實ニ付友邦特ニ

其ノ軍隊ヲ誹謗セル事實アラハ當該關係諸國ニ對シテ抗議スヘキ筋合ナルヤニ思考ス乍併萬一是等代表ノ言分カ滿更誹謗ノミニ限ラサルモノアリトセハ我對支政策ノ根本方針ニ鑑ミテ速ニ其ノ弊害ヲ矯正スルコト然ルヘク何レニセヨ本問題ハ此ノ儘有耶無耶ニ葬リ去リ難キモノアリト思ハル又本問題ニ付瑞西宛貴電第三八號ノ通リ御詮議相成リ居ルコトト察スル處往電第一七九號ノ外九月三日附壽府發往信機密第五三九號本使意見ヲモ御參酌アリ度ク尙諮問委員會ニ於テハ充分我方ノ主張ヲ徹底セシメ置キタルニ拘ラス日本ノ參加ナキ聯盟總會理事會等ニ於テ問題ヲ蒸返シ勝手ニ都合好キ陳述ヲ爲シ我方ニ不利ナル決議ヲ爲シ不公正ナル態度ハ聯盟トノ本件協力問題ニ關聯シ考慮ノ要アルヘシト信ス

982 昭和13年9月28日 在ジュネーブ宇佐美国際会議事務局長代理兼総領事より宇垣外務大臣宛（電報）

連盟規約第十六条の対日適用に関する決議案の討議状況報告

ジュネーブ　9月28日後発
本　　省　9月29日後着

1758

第二七一號

往電第二六七號ニ關シ

本二十八日朝起草委員會合「ポリネス」（希臘）ノ作成セル決議案ヲ協議シタル上引續キ開催ノ理事會祕密會ニ附議シ午後一時半迄協議シタルカ未タ意見ノ一致ヲ見ルニ至ラス依テ更ニ二十九日理事會ヲ開キ協議ヲ行フコトトナリタル趣ナリ會議ノ內容ニ付テハ關係者口ヲ緘シテ語ラサル爲正確ヲ期シ難キモ不取敢入手ノ情報左ノ通リ

一、起草委員ヨリ理事會ニ提出シタル決議案ノ要點ハ左ノ如キ趣ナリ

(イ)支那問題諮問委員會（所謂二十三人委員會）ノ報告及結論ヲ引用スルコト

(ロ)日本カ第十七條ニ依ル聯盟ノ勸誘ヲ拒絶セルコト

(ハ)從テ規約第十六條ハ各國個別的(à titre individuel)ニ之ヲ適用シ得ルコト

(ニ)日本ノ行動ハ不戰條約及九國條約ニ違反シ居ルコト

(ホ)聯盟ハ支那ニ對シ同情ヲ表シ聯盟各國ニ對シ支那ヲ援

助センコトヲ勧誘スルコト

二、本日午前ノ理事會ニ於テハ白耳義瑞典（所謂「オスロウ・グルウプ」）ヨリ異論出テ日支間ニハ宣戰布告ナキヲ以テ戰爭狀態ノ存在ヲ認定スルコト困難ナルヘク又侵略ノ認定ハ各國別々ニ之ヲ爲スヘキモノニシテ理事會トシテ一般的ニ決定ヲ爲スヲ不可ナリトシ若シ之ヲ決定セントセハ此ノ問題ハ聯盟國全部ニ關係アルモノナルヲ以テ將來ニ對スル先例トシテモ須ク之ヲ總會ノ議ニ附スヘキモノナリトノ趣旨ヲ主張シ之ニ對シ英、佛、蘇等多數ハ宣戰布告ナシトスルモ戰爭狀態ノ存在ハ何人モ之ヲ否認シ得サルヘク又第十七條及第十六條ハ侵略ノ認定ヲ條件ト爲シ居ラストノ見解ナリシ由ナルカ結局「ブルカン」（白）「ポリネス」（希臘）及顧維鈞ノ三名ニ委囑シテ明日迄ニ決議案ニ付更ニ研究セシムルコトトナリタル趣ナリ

在歐各大使、米、瑞典ヘ轉電シ在歐各公使ヘ暗送セリ

983　昭和13年9月29日　在ジュネーブ宇佐美国際会議事務局長代理兼総領事より宇垣外務大臣宛（電報）

連盟規約第十六条の対日適用に関する決議案をめぐる天羽事務局長と英国代表との会談内容につき報告

ジュネーブ　9月29日前発
本　　省　9月29日後着

第二七三號

往電第二六七號ニ關シ

豫テ吉田大使トノ打合ニ依リ天羽局長本日午後英國代表「バットラー」ト會談シタル際支那側ノ提訴ニ對シテハ英國カ抑ヘ呉ルルコトト思ヒ安心シ居タリシニ聯盟カ極端ナル措置ヲ執ルニ至リタルハ意外ニ思ヒ居レリト述ヘシニ「バ」ハ打明ケテ申サハ自分カ當地ニ到着セシ二、三日前既ニ支那側ハ十七條ニ依ル提訴ヲ決定シ居タル由ナリシ故直ニ顧維鈞ニ對シ之ニ依リ得ル所ト之ニ依リ生スル結果トニ付種々説明シ再考ヲ促シタルモ其ノ決意ヲ飜サスシテ提訴シタル次第ナルカ一旦提訴シタル以上理事會トシテハ規約ノ明文ニ依リ之ヲ取上ケサルヲ得サリシモ理事會ニ於テハ支那代表ノ提訴理由説明ニ對シ何人モ發言スル者ナカリシ有様ナリ

日本ノ招請拒否ニ依リ只今決議案ノ起草中ナルカ起草委員會ノ案ハ大體先ツ諮問委員會ノ措置第十七條ニ依リ日本招請及其ノ拒絶等ノ事實ヲ述ヘタル後第十七條三項ニ依リ聯盟諸國ハ銘々ニ第十六條ヲ適用シ得ヘキ(applicable)モノナル旨ヲ記述シ次テ聯盟諸國ニ支那ノ抵抗力ヲ弱メサル樣援助方要求スヘシトノ趣旨ノ客年總會ノ決定ヲ繰返シタルモノナルカ第十六條トノ關聯ニ於テ主トシテ「オスロー・グループ」ノ諸國ヨリ意見出テタル爲更ニ「ポリチス」ト「ブルカン」トニテ案ヲ練直シ之ヲ明朝九時半再開ノ理事會ニ於テ討議スルコトトナレリ英國ハ忠實ナル聯盟國トシテ規約ヲ遵守スヘキ立場ニアルカ他方日支事變ニ際シテハ英國ノ輿論カ日本ニ惡キニ拘ラス日本トノ關係ハ充分考慮シ居ルモノナルヲ以テ聯盟ノ措置ハ事實ニ於テ出來得ル限リ從來ノ狀態ヲ逸脱セサル樣注意シ居ル次第ナリトテ始終英國ノ立場ヲ說明シ居タルニ對シ局長ヨリ今次聯盟ノ決定カ日支事變ヲ更ニ紛糾セシメ日英關係ニ或ハ重大ナル影響ヲ及ホスノ惧アルト共ニ他方日本ト聯盟トノ關係ヲ危殆ナラシムヘキ所以ヲ述ヘ注意ヲ惹キタリ

右談話ニ當リ局長ハ本國政府ノ訓令ニ依ルモノニアラサル旨斷リ「バ」モ二人限リノ談話ナル旨斷リタリ

在歐各大使、米ヘ轉電セリ

984 昭和13年9月29日

在ジュネーブ宇佐美国際会議事務局長代理兼総領事より
宇垣外務大臣宛(電報)

連盟規約第十六条の対日適用に関する議長報告案の内容につき情報報告

ジュネーブ　9月29日後発
本　省　9月30日前着

第二七七號

往電第二七一號ニ關シ

本二十九日午前十時ヨリ再ヒ理事會祕密會ヲ開催「ブルカン」及「ポリチス」ノ作成セル案文ニ付審議セル處右案ニ對シテハ支那及蘇聯代表ヨリ反對出テ議仲々纏マラス十一時一應休憩ノ上(同時刻總會開催セラル)再ヒ會合ノ結果漸ク協議纏マルニ至リタル由ナリ

情報ニ依レハ右議論ノ中心ハ理事會ニ於テ戰爭狀態ノ認定ヲ爲スヘキヤ否ヤニアリタリト稱セラルルカ結局纏マリタ

ル妥協案ハ本件ヲ理事會ノ決議トセス議長ノ理事會ニ於ケル聲明又ハ報告ノ形式トシ戰爭狀態認定ノ點ニ付テハ昨年ノ諮問委員會ノ報告及右ニ基ク總會決議カ既ニ戰爭狀態ノ存在ヲ前提シ居ル點ヲ指摘シ從テ第十六條ハ適用シ得ルモノトナレルコトヲ認メ尤モ之カ適用ハ各國ノ自由トストノ趣旨ナル趣ナリ又制裁實施ニ關スル統制委員會ハ之ヲ設置セストノ趣旨ヲ附記シアリトモ傳ヘラル何レニセヨ本件ハ明日中ニ理事會本會議ニ附議決定セラルル筈

尚本件トハ別個ニ理事會ニ於テ毒瓦斯ニ關スル決議案準備中ナリトノ聞込アリ

前電ノ通リ轉電及暗送セリ

985　昭和13年9月29日　在ジュネーブ宇佐美国際会議事務局長代理兼総領事より宇垣外務大臣宛（電報）

連盟との協力断絶に当たってのわが方立場表明および制裁措置を実行する国に対するわが方態度表明につき天羽事務局長意見具申

ジュネーブ　9月29日後発
本　　省　9月30日前着

第二七八號

局長ヨリ往電第二七七號ニ關シ

理事會祕密會ノ決定ハ決議ノ形式ニ依ラス議長報告ト爲シ又適用ヲ各國ノ自由裁量ニ任シ第十六條ヲ適用シ得ルモノト爲シ聯盟ノ措置モ行ク所迄ハ行キタルモノト言フヘク右カ正式ニ採擇セラルル場合ハ貴電第一二〇號㈠及㈢ニ依リ御措置相成ルヘキモノト察スルニ付之カ具體的措置振ニ付テハ速ニ御決定相成ルコト然ルヘキカト存スルカ此ノ際機ヲ逸セス聯盟ニ對シテ聯盟創立以來日本政府カ聯盟ノ爲ニ盡力貢獻セシコト、聯盟脱退後モ平和增進ノ爲平和的、人道的及技術的事業ニ對シテハ協力ヲ持續セルコト、聯盟カ最近極端思想ノ支配スル所トナリ本來ノ使命及目的ヲ逸脱シ居ルコト殊ニ東亞ニ對シテハ現狀ニ對スル認識ヲ缺キ却テ事態ヲ紛糾ナラシメ居ルコト、從テ總テノ協力ヲ斷絶スルノ已ムヲ得サルニ至リシコト等ノ趣意又聯盟諸國ニ對シテハ右決議ニ參加セル行動ハ非友誼的行動ト看做スヘク又貴電第一二〇號㈠各國ノ措置ニ對シテハ報復手段ニ出ツル

コトアルヘキ趣旨ヲ明白ニスル爲政府ノ聲明ヲ御發表相成リテハ如何カト存ス

(欄外記入)他方今支那ニ於テ南北政府ノ合同成立ヲ見ントスルヲ以テ南北政府ノ聯合委員會若クハ新政府ニ於テモ聯盟ノ措置カ却テ支那事變ヲ紛糾シ解決ヲ妨害スルコト及聯盟諸國カ蔣政權ヲ援助シテ東亞ノ平和ヲ紛糾セシムル措置ヲ執ルニ對シテ報復手段ヲ執ルヘキコト等ノ趣旨ヲ更ニ聲明セシムルモ然ルヘキカト思考ス

英、佛ヘ轉電セリ

(欄外記入)

不賛成ナリ、今日ノ聯盟ノ決定ニシカク重要性ヲ認メズ、西村

1-10-39

986 昭和13年9月30日 在ジュネーブ宇佐美国際会議事務局長代理兼総領事より近衛外務大臣宛(電報)

連盟規約第十六条の対日適用に関する議長報告案発表について

ジュネーブ 9月30日後発
本省 9月30日夜着

第二七九號(至急)

理事會祕密會ニ於テ作成セル支那提訴ニ關スル報告案今朝公表セラレタルカ全文別電第二八〇號(省略)ノ通リ尚右ハ本三十日午後三時半開催ノ理事會ニ上程セラルル趣ナリ

別電ト共ニ英、佛、米、蘇ニ轉電シ在歐各大公使ヘ郵送セリ

987 昭和13年9月30日 在ジュネーブ宇佐美国際会議事務局長代理兼総領事より近衛外務大臣宛(電報)

連盟規約第十六条の対日適用に関する議長報告の理事会採択について

付記一 右議長報告
二 右和訳文

ジュネーブ 9月30日後発
本省 10月1日前着

第二八三號(至急)

往電第二七九號ニ關シ
本三十日午後理事會ニ於テ議長ヨリ本件報告ヲ朗讀シ理事會ノ採擇スル所トナレリ會議ノ經過ハ追電スヘキモ不取敢冒頭往電通リ轉報セリ

（付記一）

C. 350(1). 1938. VII.

REPORT ADOPTED BY THE COUNCIL OF THE LEAGUE OF NATIONS.

Geneva, September 30th, 1938.

1. The Report of the Far East Advisory Committee, adopted by the Assembly on October 6th, 1937, states 'that the military operations carried on by Japan against China by land, sea and air.....can be justified neither on the basis of existing leagal instruments nor on that of self-defence, and that (they are) in contravention of Japan's obligations under the Nine Power Treaty of February 6th, 1922, and under the Pact of Paris August 27th, 1928'.

2. The Japanese Government, having been invited, under Article 17, paragraph 1 of the Covenant, to comply with the obligations devolving upon the members of the League for the settlement of their disputes, has declined this invitation.

3. Although, in conformity with established practice, it is, in principle, for the members of the League to appreciate in each particular case whether the conditions required for the application of Article 16 and Article 17, paragraph 3, are fulfilled, in the special case now before the Council, the military operations in which Japan is engaged in China have already been found by the Assembly to be illicit, as mentioned above, and the Assembly's finding retains its full force.

4. In view of Japan's refusal of the invitation extended to her, the provisions of Article 16 are, under Article 17 paragraph 3, applicable in present conditions and the members of the League are entitled, not only to act as before on the basis of the said finding, but also to adopt individually the measures provided for in Article 16.

5. As regards coordinated action in carrying out such measures, it is evident, from the experience of the past, that all elements of cooperation which are necessary, are not yet assured.

6. Assembly, by its resolution of October 6th, 1937, assured China of its moral support, and recommended that members of the League 'should refrain from taking any action which might have the effect of weakening China's power of resistance and thus of increasing her difficulties in the present conflict and should also consider how far they can individually extend aid to China'.

Referring more particularly to this resolution the Council, on May 14th, 1938, earnestly urged members of the League 'to do their utmost to give effect to the recommendations contained in previous resolutions of the Assembly and Council......and to take into serious and sympathetic consideration requests they may receive from the Chinese Government in conformity with the said resolutions'.

7. Although the coordination of the measures that have been, or may be, taken by the Governments cannot yet be considered, the fact none the less remains that China, in her heroic struggle against the invader, has a right to the sympathy and aid of other members of League. The grave international tension that has developed in another part of the world cannot make them forget either the sufferings of the Chinese people, or their duty of doing nothing that might weaken China's power of resistance, or their undertaking to consider how far they can individually extend aid to China.

編注 本付記一は、昭和十三年十一月、条約局第三課作成「支那事變ト國際聯盟(一)」より抜粋。

(付記二)

昭和十三年九月三十日第百三回理事會ニ於テ採擇セラレタル規約第十六條ノ適用ニ關スル報告

一、千九百三十七年十月六日總會ニ依リ採擇セラレタル極東問題諮問委員會ノ報告ハ「日本カ支那ニ對シ陸上、海上及空中ヨリ加ヘツツアル軍事行動ハ現存法律文書又ハ自衛權ノ何レニ依ルモ是認セラルルヲ得ス又右ハ千九百二十二年二月六日ノ九國條約及千九百二十八年八月二十七日ノ巴里協定ニ基ク日本ノ義務ニ違反ス」ト述ヘ居レリ

二、規約第十七條第一項ニ依リ紛爭解決ノ爲聯盟國ノ負フヘキ義務ヲ受諾センコトヲ勸誘セラレタル日本政府ハ右勸誘ヲ拒絕シタリ

三、確立セル慣行ニ依レハ特定ノ場合ニ第十六條及第十七條第三項ノ適用ニ必要ナル條件カ充タサレタリヤ否ヤヲ鑑識スルハ原則トシテ聯盟國ノ爲ストコロナレトモ現ニ理事會ニ附議セラレタル本件ノ場合ニ於テハ日本カ支那ニ於テ爲シツツアル軍事行動ハ既ニ上述ノ如ク總會ニ依リ不法ト認定セラレ居リ而シテ右總會ノ認定ハ完全ニ其ノ效力ヲ保有ス

四、日本ニ對シ發セラレタル勸誘ヲ日本ハ拒絕シタルニ鑑ミ第十七條第三項ニ依リ第十六條ノ規定ハ現狀ニ於テ適用セラレ得ヘク從テ聯盟國ハ前記認定ノ基礎ノ上ニ從前ノ如ク行動シ得ルノミナラス尙個別的ニ第十六條ニ規定セラルル措置ヲ執ルコトヲ得

五、前記措置ノ實施ニ於ケル統制行爲ニ關シテハ過去ノ經驗ニ徵シ必要ナル總テノ協力ノ要素未タ確保セラレ居ラサルコト明白ナリ

六、總會ハ千九百三十七年十月六日ノ決議ニ依リ支那ニ對シ精神的援助ヲ約束シ聯盟國カ「支那ノ抵抗力ヲ弱メ依テ現在ノ紛爭ニ於ケル支那ノ困難ヲ增大セシムル效果ヲ有スヘキ虞アル一切ノ行動ヲ差控フヘク且個別的ニ支那ニ援助ヲ爲シ得ル程度ヲ考慮スヘキ」コトヲ勸奬シタリ理事會ハ千九百三十八年五月十四日特ニ右決議ニ言及シ聯盟國ニ對シ「總會及理事會ノ從前ノ決議ニ包含セラレタル勸告ヲ效果アラシムル爲其ノ最善ヲ盡スヘキコト竝ニ前記諸決議ニ從ヒ支那政府ヨリ受クルコトアルヘキ要請ニ對シ眞劍的且同情的ナル考慮ヲ拂ハンコト」ヲ眞卒ニ慫慂シタリ

七、諸政府ニ依リ執ラレタル又ハ執ラルルコトアルヘキ措置ノ統制ハ未タ考慮スルヲ得サレトモ右ニモ拘ラス支那カ侵略者ニ對スル其ノ勇敢ナル鬪爭ニ當リ他ノ聯盟國ノ

同情ト援助ヲ受クル權利ヲ有スルノ事實ハ存在ス世界ノ他ノ部分ニ於テ重大ナル國際危局發展シタリト雖モ聯盟國ハ支那民衆ノ苦惱ヲ忘ルルコトモ將又支那ノ抵抗ヲ弱ムル虞アル何事ヲモ爲スヘカラサル義務又ハ個別的ニ支那ニ援助ヲ爲シ得ル程度ヲ考慮スヘキ約束ヲ忘ルルコトヲ得ス

988 昭和13年10月1日　在ジュネーブ宇佐美国際会議事務局長代理兼総領事より近衛外務大臣宛（電報）

中国での毒ガス使用問題に関する連盟理事会決議の採択について

ジュネーブ　10月1日前発
本　　省　10月1日後着

第二八六號

三十日午後ノ理事會ハ支那ニ於ケル毒瓦斯問題ニ關シ決議ヲ採擇セルカ其ノ要旨ハ本年五月十四日ノ決議ヲ想起シタル後本件ニ關スル支那側屡次ノ通報竝ニ支那ニ中立國人ヨリ成ル本件調査委員會ヲ組織シ其ノ報告ヲ徴スル緊急ノ必要アリトスル支那代表ノ陳述ヲ了承シ理事會及極東諮問委員會ニ代表セラルル諸國政府ニシテ支那ニ正式ノ代表者ヲ有スル政府カ適當ナル範圍及方法ニ於テ外交的手段ヲ以テ支那ニ於ケル毒瓦斯使用ニ關スル調査ヲ行ヒ其ノ報告ヲ提出スル樣勸說スト言フニ在ル處右採擇ニ當リ英代表ハ本件ニ關シ英國政府ノ入手セル情報ハ曖昧且不完全ナルモノノミニ付本件ニ關シテ其ノ態度ヲ留保スルモ本件調査ノ第一階段トシテハ決議ノ趣旨ヲ適當ト認ムルヲ以テ之ニ贊成スト述ヘタリ

英ニ轉電シ米及在歐各大公使ニ郵送セリ

989 昭和13年10月1日　在ジュネーブ宇佐美国際会議事務局長代理兼総領事より近衛外務大臣宛（電報）

連盟規約第十六条の対日適用に関する議長報告採択につき天羽事務局長気付きの点意見具申

ジュネーブ　10月1日前発
本　　省　10月1日後着

第二八七號（至急、極祕）

局長ヨリ[(1)]

（一、欠カ）今次聯盟總會ハ歐洲危局ノ爲注意ヲ殺カレタルノミナラス英佛外相ノ參加ヲ見ス議事モ目星キモノナク聯盟創立以來最モ氣乘セサル雰圍氣ニ終リタリ支那側提訴問題モ歐洲時局ノ爲ニ一般ニ大ナル注意ヲ惹カサル中ニ決定シタルカ理事會ニ於テ比較的簡單ニ取扱ハレタル氣味アリシハ第十六條ニ對スル諸國ノ態度ニ鑑ミ同條適用ノ決定モ事實上效果ナキモノトノ氣持アリタルニ依ルヘシ英佛側ハ最初支那代表ヲ抑ヘントシタルモ支那代表ノ頑強ナル主張ト蘇聯ノ□□□（三字不明）ニ依リ今回ノ決定ニ迄漕付ケタルカ佛國代表カ支那支持ニ變リタ□（ルカ）ハ致國問題ノ場合ヲ考慮シ規約第十七條及第十六條ヲ先例トシテ生カシ置カントスル底意アリタルニ依ルモノナルヘシ然シ乍ラ一般ニ支那ノ抵抗ニ對シテ同情シ日本ニ反感ヲ有スル氣持カ決議成立ニ反映シタルコトハ注意ヲ要ス（致國問題ハ支那問題ニ非常ナル影響ヲ與ヘタルカ「オスロー、グループ」カ決議案討議中戰爭狀態ノ認定ハ各國ノ自由裁量ニ委スヘシトノ主張ヲ固持シタルモ亦致國ノ場合ヲ考慮ニ入レタルモノナルヘシ）

二、[(2)]理事會ノ決定ハ議長報告ノ形式トシ其ノ文句モ過去ノ決議ヲ引用シ成ルヘク新シキ事態ノ認定ヲ避ケ又現狀ニ於テ共同措置ヲ執リ得サルコトヲ指摘スル等苦心ノ跡ヲ認ムルモ第十七條（十六カ）ヲ適用シ得ルトセル點ハ當初ヨリ變リナク之ニ對シテハ往電第二七八號ヲ以テ不取敢卑見申進セシカ只今ノ處蘇聯以外ハ第十六條ヲ實行ニ移サントスル國ハ想像シ得サルモ今後戰局永引カハ機會アル毎ニ支那及蘇聯ノ策動ニ依リ今回ノ決定カ利用セラレ其ノ他ノ外國中ニモ之ヲ口實ニ我方ニ不利ナル行動ニ出ツルモノアルヤモ測ラレサルヲ以テ此ノ際右往電第二七八號中具體的措置ヲ詮議相成ルニ當リテハ政府ノ聲明ノ外ニ直接各理事國ニ對シ理事會ノ不公正ナル決定ニ付注意ヲ促シ我方ノ方針ヲ豫メ申入レ置クコト然ルヘキカト存ス（因ニ蔣政權ト蘇聯トヲ同體トシテ英佛ヲ引離スヘシトハ屢電報シタルカ今次ノ會議ニ於テハ蘇聯代表ノ支那援助カ甚タシク露骨トナリタル事實ハ今後モ我方ニ於テ利用シ得ヘク往電第二七八號ノ聲明中聯盟カ過激思想ニ支配セラルル點ハ更ニ強調シテ然ルヘキカト思考ス）

三、在米大使發閣下宛電報第四四九號ノ問題ハ當地米國官邊

彼方此方當リ居リ聯盟內外ニ於テモ話題ニ上リ居リシカ他方「オスロ、グループ」ノ主張モアリ旁理事會側ニ於テモ米國政府ノ立場ヲモ考慮ニ入レタルモノノ如ク當地ニ於テハ今回ノ決定ハ新シク戰争狀態ノ存在ヲ認定シタルモノニアラサル故米國政府ノ態度ニ影響ナカルヘシトノ見解カ有力ナリ

米、在歐各大使へ轉電セリ

990　昭和13年10月1日　在ジュネーブ宇佐美国際会議事務局長代理兼総領事より近衛外務大臣宛（電報）

連盟規約第十六条の対日適用に関する議長報告の採択経緯報告

ジュネーブ　10月1日前発
本　　省　　10月1日夜着

第二九〇號

往電第二八三號ニ關シ

三十日午後理事會ニ於テ支那提訴ニ關スル報告採擇ニ當リ先ツ顧維鈞ヨリ支那政府ハ之ニ滿足シタル次第ニハアラサルモ本問題カ將來モ理事會ニ繫屬シ居ルトノ了解ノ下ニ之ニ贊成ス又理事會カ現在ノ情勢ニ於テ制裁措置ヲ統制スルヲ困難ナリトスル見解ヲ執リタルハ遺憾ナルカ支那政府ハ聽テ此ノ困難ノ除去セラルル時限到來スヘキヲ期待スルト共ニ將來制裁適用ノ爲ノ統制委員會ノ構成ヲ要求スル權利ヲ留保スト述ヘ英代表ハ英國政府ハ從來トモ聯盟ノ決議ヲ可能ノ範圍ニ於テ忠實ニ履行シ來リタルカ去ル五月理事會ニ於テ英代表ノ述ヘタル如ク將來モ支那側ノ要求ニ對シテハ眞面目ナル好意的考慮ヲ拂フノ用意アル旨ヲ述ヘ瑞典、白耳義、「ラトビア」各代表ハ十六條適用ノ非義務性ニ關スル自國ノ持論ヲ繰返シテ聲明シ其ノ留保ノ下ニ本報告ヲ受諾スル旨ヲ述ヘ佛國代表ハ本報告カ不滿足ナルハ支那代表ノ述ヘタル通リナルカ同代表カ能ク現狀ヲ理解シ現在可能ノ範圍ニ滿足セルヲ多トストシ又本決定ハ重要ナル先例ヲ爲スモノトシテ意義アリト述ヘ「リトビノフ」ハ本決定カ穩便ニ過キ何等侵略ヲ阻止スルモノニアラサルヲ遺憾トシ個別的援助ハ侵略ヲ防クコトヲ得ス唯共同措置ニ依リテノミ目的ヲ達シ得ルモノナル故蘇聯ハ共同措置ニ出ツルノ用意アリタルモ各國側ノ贊同ヲ得ラレサルヲ以テ此ノ程度

ニテ諦メルノ外ナシ但シ蘇聯ハ右決定ヲ充分ニ履行スヘシ(編注)ト述ヘ「ニユージーランド」ハ規約カ集團的ニ適用シ得サリシヲ遺憾トシ「ドミニカ」ハ支那ニ同情ヲ表シ右兩代表共ニ本報告ニ賛成セリ

英、佛、蘇、米ニ轉電シ其ノ他ノ在歐各大公使ニ郵送セリ

編注　昭和十三年十月一日発在ジュネーブ宇佐美国際会議事務局長代理兼総領事より近衛外務大臣宛電報第二九三号によってリトビノフ演説中の「但シ蘇聯ハ右決定ヲ充分ニ履行スヘシ」の部分は速記録に見当らないため削除された。

991　昭和13年10月2日　在仏国杉村大使より近衛外務大臣宛(電報)

今次の議長報告採択を好機として連盟機関との協力関係を即時断絶すべき旨意見具申

パリ　10月2日前発
本省　10月2日後着

第六一一號

壽府發貴大臣宛電報第二七八號ニ關シ社會人道衞生方面ノ協力ハ五年前ニハ妥當ノ方策ナリシモ實際問題トシテ脫退ト協力トハ兩立シ難ク況ヤ其ノ後情勢變化シ且協力カ却テ支那側ニ利用サルル嫌アリタルヲ以テ何トカ處置ヲ講セサルヘカラスト思考シ居リタル處今回理事會ノ遣口ハ此ノ點ヨリセハ寧ロ我ニ絶好ノ機會ト理由トヲ與フルモノニテ此ノ際直ニ協力斷絶ヲ通告セラルルコト然ルヘシト認メラル

尙「ミユンヘン」會議ノ結果英、佛、獨、伊ノ間ニ融和ノ機運漲ラントシ將來或程度迄右諸國間ニ協力促進ノ可能性アルヘシト察セラルルモ右ハ歐洲最近ノ時局ヲ要因トシ對立關係ヲ棄テ所謂新規蒔直シ的ニ協調ノ方向ニ進マントスルモノニテ世界大戰直後ノ形勢ニ促サレテ生レタル聯盟トハ趣ヲ異ニシ又蘇聯邦ト實力ナキ小國トヲ除外シ西歐ノ四大國間ニ於テ協力ヲ行ハントスルモノニテ蘇聯ト小國トカ不當ニノサハリシ爲遂ニ實際政治ノ埒外ニ追ハレタル聯盟トハ全然異ルモノナルヲ以テ此ノ際我ニ於テ聯盟ノ不當ナル措置ヲ理由トシ協力斷絶ヲ通告セラルルモ毫モ歐洲現下ノ大勢ニ逆行スル惧ナク況シテ獨伊ハ既ニ全面的ニ聯盟ト

ノ關係ヲ斷絶シ居ル次第ナレハ我トシテモ之ト歩調ヲ合ハセ聯盟竝ニ之ニ屬スル國際事務局、國際司法裁判所、巴里學藝協力事務局等トノ關係ヲ即時斷絶スル樣御取計相成ルコト然ルヘク右卑見申進ス

英、獨、伊、蘇、壽府ヘ轉電シ波、白、土ヘ暗送セリ

992　昭和13年10月3日

連盟規約第十六条の対日適用に関する情報部長談話

（昭和十三年十月三日）

聯盟規約第十六條適用ニ關スル情報部長談

帝國政府ハ今次事變發生以來聯盟規約ノ豫見スルカ如キ手續ヲ以テシテハ其ノ公正妥當ナル解決ヲ期待シ得ナイトノ見解ヲ採リ曩ニ規約第十七條第一項ニ依ル理事會ノ招請ヲ拒絶シタカ去ル三十日理事會ハ第十七條第三項ニ依リ聯盟國ハ日本ニ對シ規約第十六條ヲ個別的ニ適用シ得トノ報告ヲ採擇シタ第十七條第三項ノ適用ニ依リ聯盟ハ茲ニ日支間ニ戰爭狀態ノ存在ヲ認定スル結果トナルノテアルカ右ハ在支權益ノ尊重問題ニ關聯シ日支間ニ戰爭狀態ノ存在セサルコトヲ辭柄トスル列國ノ態度ト矛盾スルモノテアツテ帝國政府ノ重視スル所テアル又前記理事會ノ決定ニ從ヒ帝國ニ對シ第十六條ノ制裁措置ヲ實行シ來ル國カアレハ帝國政府ハ之ニ對シ對抗措置ヲ講スルノ決意アリ帝國ハ聯盟脱退後モ世界平和ニ寄與スル見地カラ聯盟ノ平和的社會的技術的分野ニ於ケル事業ニ協力シテ來タカ是等ノ分野ニ於ケル協力機關ニ於テモ今次事變發生後ハ其本然ノ任務ヲ逸脱シテ政治的論議ヲ試ミ事毎ニ支那ニ於ケル帝國ノ行動ヲ誹謗スルノ態度ニ出テ遺憾トスル所尠カラサリシカ今ヤ理事會ハ對日制裁適用ニ關スル報告ヲ採擇シ日本ト聯盟ノ對立關係ハ明トナツタ事茲ニ至ツテハ從來帝國カ聯盟ニ對シ執リ來ツタ方針ハ是ヲ維持スルコト困難トナラサルヲ得ナイ

帝國ハ聯盟カ一部ノ國ノ策動ニ誤ラレ今回ノ如キ決定ヲシタコトハ聯盟ノ爲寧ロ惜シム處テアル只今後聯盟各國ハ理事會採擇ノ報告ノ實行性及其齎スヘキ結果ニ付深ク考慮ヲ加ヘ愼重ナル態度ヲ取ラン事ヲ一重ニ希望スル

993　昭和13年10月14日　近衛外務大臣より在ジュネーブ宇佐美国際会議事務局長代理兼総領事宛(電報)

連盟協力終止に伴う対連盟処理方針の閣議決定について

付　記　昭和十三年十月九日付、外務省作成「國際聯盟諸機關トノ協力關係終止ノ實施要綱」

本　省　10月14日後10時0分発

第一二九號

貴電第二八四號ニ關シ

本十四日ノ閣議ニ於テ帝國ノ對聯盟協力終止ノ處理方針左記ノ通決定セリ追テ上奏御裁可ヲ經タル上何分ノ儀電訓スヘキモ不取敢

本電ノ趣旨在佛大使ヨリ鮭延草間委員へ在蘭公使ヨリ長岡裁判官へ在獨大使ヨリ首藤委員へ傳達アリタシ

一、帝國ハ國際聯盟脱退後繼續シ來レル聯盟諸機關トノ協力關係ヲ終止ス

二、國內手續ヲ經タル上天羽國際會議帝國事務局長ヲシテ通告文ヲ聯盟事務總長ニ交付セシメ同時ニ口頭ヲ以テ阿片及委任統治ニ關スル年報統計類ハ從前通提出スルモ政府說明員ハ出席セシムルヲ得サル旨附加說明セシム

三、協力終止ノ通告ト同時ニ聯盟諸機關ニ對スル政府代表ノ資格ヲ有スル者ハ其ノ代表ヲ免シ、個人ノ資格ニテ協力中ノ者ハ個別的ニ辭職セシメ、事務局ニ奉職スル者ハ其ノ自由意思ニ一任シ政府トシテ其ノ進退ニ付命令セス

四、委任統治ニ付テハ聯盟脱退後モ規約第二十二條及委任統治條項ニ從ヒ委任統治ヲ行フトノ根本方針(昭和八年三月十六日閣議決定)ニ變更ナク只今次理事會ノ決定ニ由來スル日本ト聯盟トノ對立關係ノ存續スル限リ常設委任統治委員會ニ說明員ヲ出席セシムルヲ得ストノ建前ヲ執ル(卽チ前述ノ通統治年報ノ提出ハ繼續シ常設委任統治委員會ニ對スル帝國代表ノ出席ヲ拒否シ同委員會ニ於ケル邦人委員ハ辭職セシム)

英佛獨蘭ベルンへ轉電アリタシ

(付　記)

國際聯盟諸機關トノ協力關係終止ノ實施要綱

（昭和十三年十月九日）

第一、聯盟本体

一、常設委任統治委員會、阿片諮問委員會、社會問題諮問委員會ノ三委員會ニハ今後政府代表ヲ出サス。

二、個人資格ニ依ル邦人委員ノ任命セラレ居ル常設委任統治委員會、學藝協力委員會、阿片中央委員會、經濟委員會及保健委員會ニ付テハ各委員ヨリ個々ニ各委員會議長宛辭任ヲ申出デシム。

註。此ノ中阿片常設中央委員會ハ一九二五年二月十九日ノ壽府第二阿片會議條約ニ依リ設置セラレ夫ヨリ生スル關係ハ條約關係ナルモ委員ハ理事會之ヲ任命シ委員會ノ豫算ハ聯盟ヨリ支給セラレ其ノ事務局ハ聯盟事務總長ノ監督ノ下ニ在ルヲ以テ他委員會ト同様ノ取扱ヲ爲ス。

三、東洋傳染病情報局トノ關係ヲ絶ツ。

第二、國際司法裁判所

國際司法裁判所規程ノ脱退ナル法律問題ニ觸レズ事實上司法裁判所トノ關係ヲ絶ツ。

第三、國際勞働機關

協力ヲ終止ス。

第四、各種分擔金又ハ醵出金

各種委員會協力費、國際勞働機關分擔金、東洋傳染病情報局分擔金、常設國際司法裁判所醵出金ハ支拂ヲ停止ス。

第五、事務局職員

事務局職員ノ進退ハ本人ノ意思ニ一任ス。

994　昭和13年10月15日　在ジュネーブ宇佐美国際会議事務局長代理兼総領事より近衛外務大臣宛（電報）

連盟協力終止後の国際会議事務局および在ジュネーブ総領事館の活動方針につき請訓

ジュネーブ　10月15日後発
本　　　省　10月16日前着

第三〇三號

貴[(1)]電第一二九號ニ關シ（帝國政府ノ對聯盟處理案ニ關スル件）

局長ヨリ

對聯盟協力終止ノ後ニ於ケル當事務局及總領事館ノ館務、

活動及機構ニ關シ宇佐美トモ協議ノ上左ノ通リ稟申ス

一、館務及活動

(イ)聯盟ノ實情ヲ見ルニ現在積極的ニ政治的威力ヲ發揮スル能ハサルハ勿論ナルカ英佛等ハ依然之ヲ見捨テス政治的ニモ機會アル毎ニ利用スヘク又技術的方面ニ於テモ例ヘハ阿片問題ノ如キニ付テハ今後モ盛ニ我方ニ不利ナル宣傳繼續セラルヘシ他方支那及蘇聯ノ聯盟ニ於ケル策動及聯盟ヲ通シテノ宣傳ハ一層猛烈トナルヘク理事會及總會毎ニ對日制裁實行ノ要求ヲ持出シ策動ノ具ト爲スヘキハ明カナリ尙聯盟ノ會合ヲ名トシテ歐洲政治家カ定期的ニ集合シテ或意味ニ於テ當地ヲ政治的中心タラシムル傾向ハ依然變リナク從テ獨伊ノ如キ脫退國モ當地ヲ相當重要視シ伊ハ前常任聯盟代表タリシ公使ヲ總領事トシテ常駐セシメ獨モ曩ニ聯盟事務局職員タリシコトアル有能ノ者ヲ總領事トシテ夫々活動セシメ居ル實情ナリ

(ロ)從テ我方トシテハ當地ニ於テ聯盟ノ行動及聯盟ノ內外ニ於ケル小國ノ策動ニ對シ充分監視ヲ爲ス要アリ此ノ點ヨリセハ聯盟總會、理事會等ノ際ニ於ケル事務ハ今後寧ロ困難トハナルヘキモ從來ニ比シ減少スルコトハナカルヘシ

(ハ)依テ當館ハ普通館務ノ外前記(イ)ノ狀況ニ鑑ミ各種宣傳啓發及情報ニ付テハ今後一層力ヲ注ク必要アリ就中支那問題ニ關スル宣傳啓發、反共ノ立場ヨリスル獨伊側トノ當地ニ於ケル宣傳協力(現ニ獨伊ト協同シテ一通信社ヲ援助シ反共ノミナラス支那問題其ノ他ノ宣傳ニ利用シツツアルハ御承知ノ通リ)、反共關係情報蒐集及露西亞少數民族利用、阿片問題其ノ他聯盟ノ問題ニ關スル宣傳啓發竝ニ文化宣傳啓發等ニ付テ特ニ然リトス

二、[2]機構

(イ)對聯盟協力斷絕トナル以上帝國事務局ヲ廢シ總領事館ノミト爲スヲ適當トスヘキモ其ノ場合ニモ總領事館ノ機構ハ人員及經費共大體現在ノ事務局及總領事館ヲ合シタル現狀ヲ維持スルコト必要ト認メラル

(ロ)總領事館ノミト爲ス場合ニモ在瑞西公使カ事務局長トシテ當館トノ間ニ有シタル特殊ノ關係ハ將來モ之ヲ存續スルコト必要ニシテ右ハ領事館職務規則第一條末項

ノ規定ニ依リ特ニ訓令セラルル方法ニ依ルコト然ルヘシト思考ス

(ハ)今後「プレス」關係事務一層重要トナルニ鑑ミ「プレス、アタツシエ」ヲ置クコト適當ナルヘク増員困難ノ場合ハ現在ノ人員中ニ於テ差繰リ之ヲ置クコトモ一方法ト存ス

(ニ)阿片問題ニ付テハ今後モ聯盟ニ年報、統計等提出ノ事務アルノミナラス當地及各地ニ於ケル我方ニ不利ナル宣傳ニ對シ反對宣傳及啓發ニ努ムル必要アルヘキヲ以テ草間囑託ヲシテ今後モ依然本問題關係ノ此ノ種事務ニ從事セシムルト共ニ將來ノ阿片問題ニ備ヘ研究調査ヲ爲サシムル必要アリヤニ存ス

(ホ)稻垣囑託ハ反共宣傳及文化啓發ノ事務ニ從事セシムルコト適當ト存ス

(ヘ)勞働機關ニ對スル我代表事務所廢止セラルル場合ハ勞働關係事務ニシテ必要ナルモノハ當館ニ於テ引繼キ處理スル外ナカルヘク夫レカ爲ニハ專任事務官ノ増員ヲ必要トスヘキコトト存ス

〰〰〰〰〰〰〰〰〰〰〰〰〰

995　昭和13年11月2日

連盟諸機関との協力終止に関する情報部長談話

付　記　昭和十三年十月二十九日付

国際連盟諸機関との協力関係終止の件に関する枢密院審査委員会の審査報告

聯盟諸機關トノ協力終止ニ關スル情報部長談

（十一月二日）

一、昨年支那事變發生シ九月十二日支那側カ之ヲ聯盟ニ提訴シテ以來總會及理事會ハ帝國ノ對支行動ヲ九國條約及不戰條約違反ト認定シ支那ニ對スル精神的援助ヲ約スルト共ニ聯盟國ニ對シ個別的ニ對支援助ヲ勸奬シ又我軍ノ無防備都市空爆ヤ毒瓦斯使用ヲ云々シ帝國ヲ非議スル諸決議ヲ採擇シタカ今秋ノ理事會ハ更ニ支那側ノ要求ヲ容レ規約第十七條ヲ支那事變ニ適用シ遂ニ九月三十日同條第三項ニ依リ各聯盟國ハ帝國ニ對シ規約十六條所定ノ制裁措置ヲ個別的ニ執リ得トノ報告ヲ採擇スルニ至ツタ。抑最近聯盟ノ活動ヲ見ルニ其ノ創立時代ノ理想ト離レ少數列國暗躍ノ温床トナツタコトハ明瞭テ且今回自己ノ無

力ニ目ヲ蔽ヒ帝國ニ對シ聯盟創立以來最初ノ非聯盟國ニ對スル制(裁カ)表條項ノ適用ヲ敢テスルニ至ツタコトハ正ニ帝國ニ對スル不當干渉タルノミナラス又惡意アル策謀ト認メサルヲ得ナイ。斯ノ如キ聯盟ノ實體竝ニ對日態度ニ鑑ミ政府ハ茲ニ聯盟諸機關トノ現存協力關係ヲ終止スル方針ヲ決定シ今回御裁可ヲ經テ二日附其ノ旨天羽國際會議帝國事務局長ヨリ聯盟事務總長へ通達セシメタ。

一、昭和八年三月帝國カ聯盟脱退ノ通告ヲナセル際畏(ママ)シクモ　御詔書ヲ渙發セラレ帝國ノ嚮フ所ヲ御指示アリ、爾來政府ハ聖旨ヲ奉體シ聯盟離脱后モ聯盟ノ平和人道的諸事業ニ參加シテ來タノテアルカ、不幸今回ノ聯盟決議ノ結果帝國ハ向後之等ノ協力ヲ終止スルコトト爲ツタ。然シ之ハ聯盟ナル機關ヲ通シ行ハルル國際事業ニ對スル參加カ終止サレタコトヲ意味スルニ過キナイノテ前顯　御詔書ノ叡旨ハ炳トシテ存シ帝國政府ハ之ヲ奉體シテ平和各般ノ企圖ハ向後亦協力シテ渝ルナク尚依然トシテ人類ノ安寧福祉ヲ目的トスル國際事業ニ參與協力スルニ努ムルテアラウ。(以下略)

編　注　本文書は、昭和十三年十二月、情報部作成「支那事變關係公表集(第三號)」から抜粋。

(付　記)

帝國ト國際聯盟諸機關トノ協力關係終止ノ件審査報告

今回御諮詢ノ帝國ト國際聯盟諸機關トノ協力關係終止ノ件ニ付本官等審査委員ヲ命ゼラレ去ル十月二十七日委員會ヲ開キ當局大臣及關係諸官ノ辯明ヲ聽キテ之ガ査覈ヲ遂ゲタリ

帝國ハ曩ニ昭和八年三月國際聯盟脱退ノ通告ヲ爲シ其ノ後二年ヲ經テ聯盟國タルコトヲ完全ニ終止シタルモ帝國政府ハ該通告ノ際渙發セラレタル詔書ノ聖旨ヲ奉體シテ爾來仍聯盟ノ平和的人道的諸事業ニハ進ンデ協力ヲ繼續シ現ニ聯盟ノ常設委任統治委員會、阿片諮問委員會、阿片中央委員會、社會問題諮問委員會、學藝協力委員會、經濟委員會、保健委員會及東洋傳染病情報局ニ政府代表又ハ個人資格ノ委員ヲ參加セシメ又國際勞働機關ニ加盟シ國際司法裁判所ノ構成ニ參與シ聯盟主催ノ一般軍縮會議及世界經濟會議ニ參加シ居レリ然ルニ今次日支事變ノ發生スルヤ昨年九月十二日支那ガ之ヲ正式ニ聯盟ニ提訴シタル以來其ノ總會及理事會ハ支那ノ策動ニ動カサレテ帝國ノ對支行動ヲ以テ帝國ノ加盟セル支那ニ關スル九國條約及戰爭抛棄ニ關スル條約ニ違反セルモノト認定シ支那ニ對スル精神的援助ヲ約スルト共ニ聯盟各國ニ個別的ノ對支援助ヲ勸奬シ且我軍ノ無防備都市空爆及毒瓦斯使用ヲ云々シテ帝國ヲ非議スルノ諸決議ヲ採擇セリ然レドモ此等ノ諸決議ハ各國ノ態度ノ概ネ冷淡ナルト聯盟自體ノ無力ナルトノ爲メニ其ノ效果ノ見ルベキモノナカリシニ由リ支那ニ於テハ今秋ノ總會ヲ機トシ聯盟ヲ利用シテ反日援支ノ氣運ヲ濃化シ其ノ集團的壓力ヲ借リテ帝國ヲ牽制セント欲シ極力策動ヲ試ミタル結果理事會ハ遂ニ支那ノ要求ヲ容レ聯盟規約第十七條（紛爭解決ノ爲メ非聯盟國ヲシテ聯盟國ト同樣ノ義務ヲ負ハシムル規定）ヲ日支事變ニ適用スベキモノトシ同條第一項ニ依リ帝國ヲ招請シ帝國政府ガ前來ノ方針ニ從ヒテ之ヲ拒絕スルヤ理事會ハ本年九月三十日同條第三項ニ依リ各聯盟國ハ直ニ帝國ニ對シ個別的ニ聯盟規約第十六條所定ノ制裁措置ヲ執ルコトヲ得ル旨ノ報告ヲ採擇スルニ至レリ我ガ當局ニ於テハ此ノ理事會ノ決定ハ制裁ノ發動ヲ各國ノ任意ニ委ネタルモノニシテ現ニ帝國ニ對シ之ヲ實行スルノ意思ナキ旨ヲ申越シタルモノ數國アリ其ノ現實ノ適用ヲ見ルガ如キコトハナカルベシト豫想セラルルモ既ニ此ノ決定アリタル以上帝國ト國際聯盟トハ全面的ニ對立スルニ到リタルモノニシテ從テ帝國ガ依然聯盟諸機關ト協力スルガ如キハ之ヲ國家ノ體面ヨリ見ルモ斷ジテ取ルベカラザル所ナリト爲シ茲ニ帝國ガ國際聯盟脫退以後繼續セル聯盟諸機關トノ協力關係ヲ終止スルノ本件措置案ヲ立テ之ヲ本院ノ詢議ニ付セラレタルナリ而シテ之ガ御裁可アリタル上ハ國際會議帝國事務局長ヲシテ國際聯盟事務總長ニ此ノ旨ヲ通告セシメ聯盟諸機關ニ參與セル者ノ內政府代表ノ資格ヲ以テセル者ハ其ノ代表ヲ免ジ個人ノ資格ヲ以テセル者ハ各自辭任セシムベク聯盟諸機關ノ費用ニ對スル帝國ノ分擔金ハ今後其ノ支拂ヲ止ムルナリ

帝國ノ南洋群島委任統治ニ付テハ帝國ハ國際聯盟脫退ニ因リ何等ノ影響ヲ受クルモノニ非ズト爲シ常ニ聯盟規約第二十二條及委任統治條項ニ從ヒ該統治ヲ繼續セリ而シテ本件措置モ亦固ヨリ此ノ委任統治ノ地位ニハ何等ノ關係アルモノニ非ズ從テ規約第二十二條第七項ニ依リ年報ヲ聯盟理事會ニ提出スルハ從前ト異ナル所ナク只聯盟ノ機關タル委任

統治委員會ニ參加スルコトハ今後之ヲ止ムベキ旨當局ハ辯明シタリ

又帝國政府ハ本件措置ヲ執リタル後單ニ聯盟機關ヲ通ジテ行ハルル國際事業ニ對スル參加ヲ歇ムルニ止マリ曩ニ渙發セラレタル詔書ノ御趣旨ヲ奉戴シ平和各般ノ企圖ニ協力シ人類ノ安寧福祉ヲ目的トスル國際事業ニ參與スルノ方針ニハ毫末ノ變更ヲ及ボスコトナク之ガ爲メ聯盟機關以外ノ外交機關ニ依リ適當ノ處置ヲ爲スヲ怠ラザルベキ旨當局大臣ハ言明シタリ

按ズルニ本件ハ今次ノ日支事變ニ關シ國際聯盟理事會ガ支那ノ提訴ニ基キテ帝國ニ對スル聯盟規約第十六條所定ノ制裁措置ノ發動ヲ容認シタルニ因リ帝國ガ國際聯盟脱退後繼續シ來レル聯盟諸機關トノ協力關係ヲ終止セントスルモノニシテ帝國ガ世界ノ平和ニ寄與スル爲メ聯盟ヲ脱退シタルニ拘ラズ尚聯盟諸機關トノ間ニ持續セル協力關係ヲ今ニ於テ斷絶スルハ遺憾ノ念ナキコト能ハザル所ナリト雖之ヲ當面ノ事態ニ照シ亦已ムヲ得ザルモノト認ムルノ外ナシ然レドモ曩ニ帝國ノ聯盟脱退ニ際シ渙發セラレタル大詔ノ叡旨ハ炳トシテ日月ノ如シ政府當局ハ宜シク常ニ之ヲ奉體シ本件措置ノ實行ニ當リテ愼重ナル考慮ヲ加ヘ其ノ善後處置ニ遺漏ナキヲ期シ其ノ他聯盟機關以外ノ外交機關ヲ通ジテ依然各般ノ平和的及人道的國際事業ニ協力スルニ努ムベキコト當然ナリ審査委員會ニ於テハ政府當局ノ言明ヲ信頼シ其ノ努力ニ期待シ本件ハ此ノ儘之ヲ可決セラレ然ルベキ旨全會一致ヲ以テ議決シタリ

右審査ノ結果ヲ報告ス

昭和十三年十月二十九日

審査委員長
樞密院副議長　原　嘉道

審査委員
樞密顧問官　河合　操
樞密顧問官男爵鈴木貫太郎
樞密顧問官子爵石井菊次郎
樞密顧問官　有馬　良橘
樞密顧問官　石塚　英藏
樞密顧問官男爵林　權助
樞密顧問官　南　弘
樞密顧問官男爵奈良　武次

樞密院議長男爵平沼騏一郎殿

編注 本報告に基づき、昭和十三年十一月二日に開かれた枢密院本会議は連盟諸機関との協力終止を可決した。

996 昭和13年11月3日 在ジュネーブ宇佐美国際会議事務局長代理兼総領事より有田外務大臣宛(電報)

日本の連盟諸機関との協力終止に対する反響報告

ジュネーブ 11月3日後発
本省 11月4日前着

第三二四號

局長[(1)]ヨリ

一、昨年始マリシ以來聯盟總會及聯盟理事會ハ數回開會セラレ其ノ間國際勞働會議及阿片委員會ノ開催アリ屢支那側ヨリ種々ノ提案アリシモ成立セサリシカ其ノ都度決定如何ニ依リテハ日本ハ聯盟トノ協力ヲ終止スヘシト噂セラレタルヲ以テ本年九月理事會ノ決定アルヤ今度コソハ日本ハ協力ヲ終止スヘシトハ一般ニ豫想セラレタリ從テ右ニ關スル十月三日ノ情報部長談モ當地ニ於テ左シタル反響ヲ起ササリシカ世間ノ一部殊ニ聯盟事務局ニ於テハ聯盟ハ何等實效ナキ此ノ決定ノ爲ニ日本ノ協力ヲ失ヒタリトテ殘念カリ居ル者モ鮮カラサル如ク就中勞働機關ニ於テハ特ニ遺憾ノ念强キモノノ如シ

二、我方トシテハ今後支那ノ活動、蘇聯ノ策動等ニ依リテ決定カ如何ニ意義附ケラレントスルヤハ監視ノ必要アルヘク他ノ聯盟諸國ハ目下ノ所聯盟ノ決定如何ニ拘ラス現在以上ニ進マサルヘシト思ハルルカ其ノ內英佛兩國ノ聯盟ニ對スル態度ハ常ニ注意ヲ要スヘク大體過日ノ廣東漢口陷落ニ依リテ幾分變化シタル如ク畢竟支那ニ於ケル戰局ト歐洲政局ノ推移トニ依リ決定セラルヘシ
今後我方ノ措置ニ付テハ聯盟ノ行動乃至決定ハ眼中ニ置カスシテ各國ノ出方ニ依リテ既定ノ方針ヲ遂行スヘク聯盟ニ對シテハ屢々電報セル如ク一國ノ緊切ナル利害關係ヲ有スル問題ニ對シテハ集團的保障ヲ適用シ得サルコト(支那問題ニ外國ノ干涉ヲ排擊ノ爲)及聯盟カ極端派ノ傀儡トナリ居ルコト(聯盟ト蘇聯及蔣政權トヲ一緒ニシテ英佛ヲ引離ス爲)ヲ機會アル毎ニ高調スルコト然ルヘキ

カト存ス

三、[2]今回ノ協力終止ニ關シ最モ注意ヲ惹ケルハ聯盟ニ於テ初メテ新例トナリタル委任統治ノ場合ナルカ委任統治年報ノ提出ニ關シテハ往電第三一九號「アブノール」トノ會談ニテ御承知ノ通リ我方ニ於テ何等「コミツト」シ居ラサルカ故ニ今後形勢ノ變化ニ應シ自由ニ措置シ得ル次第ナルカ近來獨逸ヨリハ寧ロ英國側及亞弗利加ニ於ケル舊獨逸植民地方面ニ於テ舊獨領復歸問題ニ付騷キ居ル氣味アルハ其ノ原因ノ那邊ニ在ルヤヲ仔細ニ探査スル必要アルカ何レニセヨ舊獨領問題ハ晩カレ早カレ問題トナル形勢ニアルヘク我南洋委任統治ニ關シテハ如何ナル場合ニモ我領有ニ變化ヲ來サス又獨逸モ之ヲ欲セサルハ明白ナルモ如何ニ之ヲ獨逸トノ關係將又主タル同盟及聯合國乃至聯盟ノ關係ニ於テ調整スヘキカトノ根本問題ヲ考究シ置ク必要アリヤニ認メラル次テ注意セラレ居ル阿片問題ニ付テハ滿洲及北支ニ於ケル現狀及又最近支那ヲ初メ米國、英國、西歐諸國ノ我方ニ對スル攻擊及宣傳等ニ鑑ミ曩ニ累次稟申セル如ク日本ヲ中心トシテ根本方針ヲ確立シ東亞阿片會議ヲ開催スル方針ニ進マレテハ如何ト存ス

四、今回ノ協力終止ニ付當地方ニ於テ最モ强キ印象ヲ與ヘタルハ日本ハ獨伊ト同立場ニ立チタリト言フコトニ在ルモノノ如ク右ハ昨日「ア」トノ會談ヨリモ推知シ得ル所ナルカ一般ニ日本ハ今回ノ決定ヲ口實トシテ聯盟ト絶縁シ獨伊トノ樞軸ヲ更ニ固メントスルモノナリトノ觀測モ可ナリニ有力ニシテ今後歐洲ノ紛糾セル政局ニ於テハ益々注目ヲ惹クヘキカト思考ス

米、英、佛、獨、伊ヘ轉電シ白、蘇、土、波、瑞西ヘ暗送セリ

997　昭和14年1月18日　在ジュネーブ柳井(恒夫)国際会議事務局長代理兼総領事より有田外務大臣宛(電報)

効果的に対日制裁を行うための統制委員会設置を連盟理事会へ中国代表要求について

ジュネーブ　1月18日前発
本　　省　1月18日後着

第八號

日支事變ニ關スル支那側提訴ハ十七日午後ノ理事會公開會

議ニ上程セラレ顧維鈞ハ過般ノ「ルーズベルト」大統領演説及英米兩國ノ對日通牒ヲ援用シタル上對日「ボイコット」及經濟封鎖ト對支軍需品通過輸送援助ヲ要求スルコトハ一昨年十月六日ノ總會決議及聯盟規約ノ條項ニ基ク支那側當然ノ權利ナリ依テ此ノ際聯盟國及非聯盟國ニ於テ之カ實行ヲ充分效果的ナラシムル爲統制委員會（Comite de coordination）ヲ構成センコトヲ要求ス又若シ右案ニシテ今直ニ實現不可能ナルニ於テハ差當リ極東ニ利害關係ヲ有スル諸國ノ代表ノミヨリ成ル小範圍ノ統制委員會ヲ構成スヘキコトヲ要求スト提議シ議長ハ後ノ會合ニ於テ之カ審議ヲ續行スヘキ旨ヲ宣シ一先ツ議事ヲ終レリ此ノ演説要旨別電（省略）ス

英、米、佛ヘ轉電シ他ノ在歐大使ヘ郵送セリ

~~~~~~~~~~~~

998 昭和14年1月18日 在ジュネーブ柳井国際会議事務局長代理兼総領事より有田外務大臣宛（電報）

統制委員会設立案をめぐる連盟理事会秘密会議の動静に関する情報報告

ジュネーブ 1月18日後発
本　　省 1月19日前着　1780

第一一號

往電第八號ニ關シ

理事會ハ明十九日公開會議ニ於テ支那問題ノ討議ヲ續行ノ筈ナル處今朝來顧維鈞ハ各方面ヲ歴訪種々策動シ又英佛露三箇國代表モ頻リニ密議ヲ凝シ居タル模様ナリシカ本十八日午後ヨリ理事會ハ支那問題ニ關スル祕密會ヲ召集セリ

右ニ關シ往電第五號消息通ノ齎セル情報左ノ通リ

一、顧維鈞ハ昨日ノ理事會ニテ陳述セル支那ノ要望ヲ

(イ)對日「ボイコット」

(ロ)對日輸出禁止

(ハ)對支援助

(ニ)統制委員會設立

ノ四項目ニ分チ理事會ニ於テ之ヲ全部採擇アリ度キ旨運動シ居ルカ結局顧自身實現可能性アリトシテ狙ヒ居ルハ(ニ)ノ統制委員會ノ設立ニアリ顧ハ頻リニ過般ノ英米兩國ノ對日通牒ヲ援用シ支那側ノ要望ハ右通牒ノ趣旨トモ合致シ居レリトテ説得ニ努メ居ルカ他方聞ク所ニ依レハ佛
~~~~~~~~~~~~

國政府モ英米ニ倣ヒ同様ノ趣旨ノ對日通牒ヲ發スルコトトナルヘシトノ噂アリ

二、本日午後ノ祕密理事會ノ動向ニ關シテ俄ニ豫斷ヲ許サスト雖大體

㈠支那ニ同情ヲ表スルト同時ニ日本ニ對シ今一度道義的誹議ヲ加フル宣言乃至決議ヲ採擇スルコト

㈡支那ヲ援助シ日本ニ壓迫ヲ加フル爲各國ニ於テ個別的ニ行フ措置ヲ統制按排スル目的ヲ以テ少數國代表ヨリ成ル統制委員會ヲ構成スルコトトシ以テ客年十月理事會決議ノ「個別的」制裁措置ノ建前ヲ維持シツツ今次支那側ノ要望ニモ滿足ヲ與フルコト而シテ右委員會ハ先ツ英佛蘇三箇國代表ヲ以テ構成シ次テ米國其ノ他ノ九箇國條約調印國及濠州ニ對シ參加ヲ招請スルノ案ニ取纒メ之ヲ明日ノ公開理事會ニ提出スルニアラスヤト觀測セラル云々

英、佛、米へ轉電シ在歐各大使へ暗送セリ

999　昭和14年1月18日　在ジュネーブ柳井国際会議事務局長代理兼総領事より有田外務大臣宛（電報）

統制委員会設立案に小国反対の情報について

ジュネーブ　1月18日後発
本　省　1月19日前着

第一二號

往電第一一號ニ關シ

其ノ後本件祕密會ノ模様ニ付聯盟事務局內部ヨリ極祕ニ入手セル情報ニ依レハ統制委員會ノ構成案ニ對シ小國側ハ何レモ怖氣ヲ震ヒテ反對シ居リ佛國側又最近西班牙ニ於ケル事態ノ發展ニ氣ヲ取ラレテ極東問題ニ付小國側ヲ說伏シテ迄本案ヲ推スノ氣力ナキカ如ク目下祕密會ハ行惱ミノ狀態ニアリ此ノ間ニ處シ理事會議長「サンドラー?」ハ所謂適當ナル妥協方式ノ發見ノ爲各代表ノ間ヲ奔走シ居ルモ明十九日ノ公開理事會ニハ到底間ニ合ハス早クモ明後二十日ニ持越サルヘキ形勢ニアル由ナリ

冒頭往電通リ轉報セリ

1000 昭和14年1月20日 在ジュネーブ柳井国際会議事務局長代理兼総領事より有田外務大臣宛(電報)

日中紛争に関する決議案の連盟理事会上程の見込みについて

ジュネーブ　1月20日前発
本　　省　1月20日後着

第一三號

往電第一二號ニ關シ

其ノ後ノ情報ヲ綜合スルニ理事會祕密會ハ所謂適當ナル方式發見ノ爲英、佛、蘇聯、支那、「ラトヴィア」、「ユーゴスラヴィヤ」ノ六代表ヨリ成ル起草委員會ヲ作リ右委員會ハ昨十八日深更及本十九日午前兩回ニ亘リ協議ヲ重ネタリ右會合ニ於テ統制委員會案ハ前記往電ノ事情ニ依リ見込ナキニ至リタルモ更ニ顧維鈞カ對日「ボイコット」、對日輸出禁止ノ何レカニ付理事會ニ於テ何等カノ具體的決議ヲ爲サンコトヲ執拗ニ要求セル爲遂ニ成案ヲ得ルニ至ラスシテ休會トナリ其ノ節英代表「バトラー」ハ瑞西駐在米國公使「ハリソン」ト午餐ヲ共ニシ意見ヲ交換スル所アリ尚更ニ起草委員會ヲ再開協議ノ末結局今次顧維鈞ノ新提案ハ何レモ之ヲ容認シ得サルモ客年十月理事會決議ト略同様ノ「ライン」ニ依ル決議案ヲ作成スルコトニ意見一致シタル由ニテ右案文ノ出來ヲ待チ本日夜理事會祕密會ヲ召集附議シ可決ノ上ハ明二十日ノ公開理事會ニ正式上程ノ段取トナリタル趣ナリ

英、佛、米ヘ轉電シ在歐各大使ヘ暗送セリ

1001 昭和14年1月20日 在ジュネーブ柳井国際会議事務局長代理兼総領事より有田外務大臣宛(電報)

日中紛争に関する決議の連盟理事会採択について

付　記　昭和十四年一月二十日付

右決議

ジュネーブ　1月20日後発
本　　省　1月21日前着

第一五號

往電第一四號ニ關シ

理事會ハ本二十日午前ノ公開會議ニ於テ支那問題ニ關スル

決議案ヲ審議セルカ先ツ起草委員會議長「ムンテルス」ヨリ説明アリ之ニ對シ英、佛、蘇、新西蘭各代表ヨリ露骨ナル支那援助ノ發言アリタル後顧維鈞ヨリ本問題ハ今後モ理事會ニ繋屬スルモノナル旨留保アリ採決ニ移リ滿場一致之ヲ可決セリ

決議ノ内容ハ大體前記往電豫報ノ通リナルモ其ノ前文ニ於テ(イ)日本ノ主張スル東亞ノ新秩序ハ支那ノ認メサルモノナリトカ又(ロ)既ニ若干ノ國家ハ個別的措置トシテ支那援助ノ手段ヲ執リタルコトヲ確認ス等ノ言辭ヲ掲ケタル外本文ニ於テモ幾分強キ措辭ヲ用フル一方非聯盟國トノ關係ニ付用語ヲ曖昧ナラシメ居リ右ハ前夜ノ祕密會ノ修正ニ基クモノノ如シ要領別電第一六號（省略）ノ通リ

英、佛、米ヘ轉電シ在歐各大使ヘ暗送セリ

（付　記）

支那政府ノ提訴ニ關シ客年九月三十日採擇セラレタル理事會報告ニ注意ヲ喚起シ

一昨年十月六日ノ總會決議竝ニ客年二月二日及五月十四日ノ理事會決議ヲ想起シ

特ニ一昨年十月六日ノ總會決議中支那ニ對シ精神的支持ヲ約シ且聯盟國ハ支那ノ抵抗力ヲ弱メ依テ現在ノ紛爭ニ於ケル其ノ困難ヲ增大セシムル性質ノ一切ノ行動ヲ差控ヘ且各個ニ於テ支那ニ對シテ援助ヲ爲シ得ル程度ヲ檢討スヘシトアル點竝ニ客年二月二日理事會決議中理事會ハ聯盟理事國中極東ニ於ケル其ノ地位ニ依リ特殊ノ利害關係ヲ有スル諸國ニ對シ同樣ニ利害關係ヲ有スル其ノ他ノ列強ト協議シテ紛爭ノ公正ナル解決ニ寄與スヘキ他ノ適切ナル手段ノ可能性ヲ檢討スヘキ一切ノ機會ヲ逸セサランコトヲ期待ストアル點ヲ想起シ

極東ニ於ケル現在ノ事態ニ關スル支那代表ノ聲明ヲ聽取シ

就中支那代表カ日本ノ主張スル東亞ノ新秩序ヲ排擊シ支那政府ノ要望ヲ概說シタルコトヲ聽取シ

既ニ若干ノ國家ハ支那援助ノ個別的措置ヲ講シツツアルコトヲ諒承シ

聯盟國ニシテ特ニ直接ノ關係アル諸國カ適當ナリト思考スルニ於テハ他ノ同樣ニ利害關係ヲ有スル列強ト一九三九年一月十七日ノ理事會ニ於ケル支那代表聲明中ニ爲サレタル支那援助ノ爲ノ有效ナル措置ニ對スル支那側要望ニ付相互

ノ間ニ協議センコトヲ勸告ス

編注　本文書の原文は見当らない。本文書は、昭和十四年五月、条約局第三課作成「第百四回國際聯盟理事會經過要領調書」より抜粋。

1002　昭和14年1月20日　在ジュネーブ柳井国際会議事務局長代理兼総領事より有田外務大臣宛（電報）

日中紛争に関する決議採択に当たっての列国態度について

ジュネーブ　1月20日後発
本　　省　1月21日前着

第一七號

往電第一五號ニ關シ

今次理事會中支那援助ノ爲最モ活動セルハ蘇聯代表ニシテ英及其ノ自治領代表之ニ次キ佛國更ニ追随セルニ對シ小國側ハ何レモ集團的行動ニ對シ極度ノ恐怖ヲ感シ之ニ反對シタリトノ情報ハ難産ヲ極メタル今次決議案成立ノ經過ニ徵スルモ大體ニ於テ眞相ニ合スルモノト認メラルル處今次理事會決議ヲ見ルニ所謂大國側卽チ英、佛、蘇聯ノ一派ニ於テ將來支那援助ノ爲執ルコトアルヘキ措置ニ付豫メ聯盟ノ決議ニ依リ之ヲ「リーガライズ」シ置カントスルノ用意明カニ看取セラルルト同時ニ右諸國代表特ニ英佛代表カ支那援助ニ關スル自國ノ態度ヲ從來ニナク露骨ニ闡明シタルコトハ注意ヲ要スルモノト認メラルルニ付右代表ノ演說要旨別電第一六號(編注)ノ通リ電報ス

英、佛、米、蘇ヘ轉電シ在歐各大使ヘ暗送セリ

編注　第一八号の誤りと思われる。別電第一八号は省略。

1003　昭和14年5月23日　在ジュネーブ柳井国際会議事務局長代理兼総領事より有田外務大臣宛（電報）

連盟理事会における中国代表の対日措置要求について

ジュネーブ　5月23日後発
本　　省　5月24日前着

第九六號

往[1]電第九三號ニ關シ

支那事變ニ關スル支那側提訴ハ二十二日午後ノ公開會議ニ上程セラレ支那代表顧維鈞ハ先ツ一月以降ノ「ゲリラ」戰ニ依ル支那側ノ成功ヲ述ヘタル後日本軍ノ最近ノ長沙、宜昌、重慶、汕頭ノ爆撃ヲ非難シテ右ハ近代文明ニ汚點ヲ貽スモノナリト言ヒ市民ノ空爆ニ關スル報告作成ノ爲國際委員會ヲ派遣センコトヲ提案セリ次ニ海南島ノ占領ハ田中上奏文ニアル世界征服ノ計畫ヲ着々實行シ居ルモノニシテ次ハ北樺太及「グアム」島ノ征服ナルヘシト述ヘ最近ノ日本海軍ノ鼓浪嶼上陸ハ上海租界占領ノ準備トシテ極東ニ關係アル列國ノ出方ヲ試メサントシタルモノナルカ英米佛三國海軍ノ强硬ナル態度ノ爲日本軍ハ退却ヲ餘儀ナクセラレタリト毒ツキ更ニ新南群島占領ハ日本南進政策ノ現レニシテ日本ハ軍事的ニ地域ヲ占領スルト同時ニ經濟的支配ヲモ考慮シ居レリト言ヒタル後支那幣制問題ニ言及シ英米ノ財政的援助ニ依リ法幣ノ價値依然維持セラレ新政權發行ノ紙幣ハ無價値ナリトシ最後ニ支那側要求トシテ一、支那ニ對スル財政上物質上ノ援助二、支那ノ抵抗力ヲ弱ムルコトアルヘキ一切ノ行動ヲ差控フルコト三、日本ニ對スル軍需品竝ニ原料特ニ飛行機及石油ノ供給禁止四、日貨排斥其ノ他ノ商業上ノ報復的措置五、前記諸措置統制ノ爲極東ニ直接關係アル諸國ヨリ成ル一般委員會乃至特別委員會ノ設立六、支那援助ト侵略抑壓ノ爲ニ採擇セラレタル今日ノ理事會總會ノ決議ヲ更ニ强化スルコトノ諸點ヲ擧ケタリ

右支那側要求ニ對シ

「ジョルダン」（新西蘭）ハ支那人ノ英雄的抵抗ヲ稱讚シタル後石油竝ニ軍需品ノ對日供給禁止ニ贊成シ空爆調査ノ爲國際委員會ヲ派遣シテ支那政府ニ滿足ヲ與フヘシト述ヘ

「ハリファクス」（英）ハ英國政府ハ支那人ノ抵抗ニ全幅ノ同情ヲ寄スルモノナリ支那代表ノ提案ニ關シテハ更ニ詳細ナル説明ヲ必要トシ斯カル大規模ナル提案ニ對シテ今直チニ之ニ同意スルヲ得ス

英[2]國政府ハ聯盟決議特ニ一九三七年十月六日ノ決議ニ依リテ勸告セラレタル對極東政策ニ忠實ニシテ支那ニ對スル個別的援助ニ努力シ來レリトテ（道路、財政等ニ關スル今日迄ノ援助振ヲ詳述シ）英國ハ將來共支那國民ノ希望ニ副フ樣努ムル積リナリ然レトモ統制委員會設立ノ案ニ對シテハ

大陸ニ於ケル英國ノ負擔ニ鑑ミ之以上ノ責任ヲ負フコトヲ得ス他ノ列國モ同様ノ事情ニ在ルト思考スルヲ以テ支那代表ノ要求セラルル提案ヲ受諾スルノ利益ニ對シ多大ノ疑惑ヲ抱クモノナリト述ヘ

「マイスキー」(蘇聯)ハ過般英國首相ハ侵略ノ犠牲ニ對シテハ支持ヲ與フルノ用意アル旨發表シタルカ支那ニ於ケル場合ハ此ノ適切ノ例ナリ理事會ハ支那ノ要求ヲ理解シ最大限度ノ同情的考慮ヲ爲スヘキナリト述ヘ更ニ

議長ノ資格ニ於テ本件ニ關シテハ更ニ同僚ト協議スヘキ旨ヲ宣シテ一應議事ヲ了セリ

本件ハ二十三日祕密會ニテ審議セラレ結局起草委員會ヲ任命スル段取トナル見込

1004 昭和14年5月25日 在ジュネーブ柳井国際会議事務局長代理兼総領事より有田外務大臣宛(電報)

連盟理事会における中国問題決議案の作成について

ジュネーブ 5月25日前発
本 省 5月25日前着

1786

第一〇四號

往電第一〇二號ニ關シ

本二十四日午後ノ理事會祕密會ニ於テハ起草委員會作成ノ案文ヲ基礎トシテ討議ノ結果決議案出來タリ右案文要旨ハ(一)聯盟國及非聯盟國ハ支那ニ對シテ出來得ル限リ有效ナル個別的援助ノ措置ヲ繼續シ侵略防止ノ爲ニ最善ヲ盡スヘキコトヲ勸告シ且一九三四年ノ極東問題諮詢委員會ノ存在ニ注意ヲ喚起ス(二)空爆排撃ノ趣旨ヲ掲ケタル後聯盟國及非聯盟(国欠カ)ニ對シテ其ノ在支外交機關ヲシテ非戰鬪員ニ對スル空爆ノ情報ヲ蒐集セシメ之ヲ聯盟ニ報告センコトヲ要請スルノ諸點ナリ

在歐各大使、瑞西ヘ暗送セリ

1005 昭和14年5月27日 在ジュネーブ柳井国際会議事務局長代理兼総領事より有田外務大臣宛(電報)

連盟理事会における中国問題決議採択の際の

中国代表発言振り報告

ジュネーブ　5月27日後発
本　　省　5月28日前着

第一〇九號

本二十七日ノ理事會公開會議ニ於テ支那問題決議案採擇ノ際顧維鈞ハ本決議ハ從來ノ決議ニ比シテ何等新規ノ點ナク支那援助及之カ統制的措置ハ依然トシテ必要ナリ理事會ハ須ク聯盟國ニ對シ飛行機及石油ノ對日供給ヲ差控フヘキ旨勸告スヘキナリ重慶ハ昨日モ亦爆撃セラレタルト述ヘタル後支那ハ本決議カ今後支那ノ要望ニ副ヒタル新タナル具體的措置採擇ノ基礎トナルノ希望ノ下ニ本決議ニ賛意ヲ表スト言ヒ最後ニ支那提訴ハ次期理事會ニ繼續スヘキモノナルコトヲ宣言セリ尚本決議採擇ニ際シ顧維鈞ノ外各國代表發言セル者ナシ

五　事変をめぐる第三国との関係

1　一般問題

1006　昭和12年7月13日　在北平加藤大使館一等書記官より広田外務大臣宛（電報）

北寧鉄道の運行確保につき有効措置実施方仏国側より申入れについて

北平　7月13日後発
本省　7月14日前着

第四二四號（至急）

十三日午前佛國大使館員「ラコスト」書記官館員ヲ來訪事變突發以來不通ナリシ北寧鐵道ハ十二日一時開通セルモ十三日朝以來再ヒ不通ノ狀態トナリタル處右狀態カ長引クハ面白カラサルニ付何トカ北平、山海關間ノ列車運行確保ノ爲有效ナル手段ヲ執ルコト然ルヘシト思考セラル英國大使館側モ右ニ付全然同感ナル趣ナルニ付日本側ノ御意見ヲ伺フ爲參上セリト述ヘタルニ付館員ヨリ御話ノ次第ハ上司ニ報告スヘキ旨答ヘ置キタル由ナリ

御裁量ニ依リ英、佛、伊ヘ轉電アリタシ

支、在支各總領事へ轉電セリ

1007　昭和12年7月14日　在北平加藤大使館一等書記官より広田外務大臣宛（電報）

北寧鉄道復旧のための対応措置につき請訓

北平　7月14日前発
本省　7月14日前着

第四二五號（至急、極祕）

(1)往電第四二四號ニ關シ

本件ハ事變當初ヨリ豫想セラレタル問題ナルカ八日館員英國大使館員ヲ往訪ノ際（往電第三五二號）本件ニ言及セル處先方ハ不通カ一時的ナル限リ英國トシテハ何等措置ヲ執ラサルヘシト述ヘ暗ニ事件ニ捲込マルルコトヲ囘避セントスルヤニ見受ケラレタル趣ノ處十三日ノ申出ハ事態重大化ニ伴ヒ自由交通確保ノ必要ヲ感シ來リ佛ト相語フテ當方ノ態度打診ニ來レルモノト認メラル

當地軍側ハ差當リノ意見トシテ列車運行確保ニハ主義上異存ナキモ出來得レハ我方ノミノ手ニ依リ行ヒ度ク左リトテ運轉警戒ノ全責任ヲ負[2]ハサルルハ面白カラサルニ付尚研究スヘシト述ヘ居レリ
當方ニ於テハ列車不通ノ原因カ(一)果シテ支那側ニ在ルモノナリヤ又ハ(二)我方軍事上ノ理由ニ依リ北寧側ノ意思ニ反シテ運行不能ノ狀態ニ置キ居ルモノナリヤ判明セサル處(一)ノ場合ニハ實力ヲ以テ鐵道ヲ管理スル必要ナキヲ以テ列國ト共ニ支那側ニ申出ヲ行フモ差支ナカルヘク(二)ノ場合ニハ列國ノ共同管理ハ面白カラス左リトテ列國ニ對シ我方ニ一任セラレ度キ旨提言スルハ軍側ノ意見ノ通リ差控フルコト然ルヘシト認メラルルニ付兎モ角モ北寧ヲシテ列車ヲ運行セシメ列國側ノ口出シノ餘地ヲナクシタル上我方カ自由ニ鐵道ヲ利用スルコト適當ナリト思考セラル
右「ライン」ニテ軍側ト協議ノ上英佛側ニ何分ノ回答ヲ為ス所存ナルカ御氣付ノ點アラハ折返シ御回示相仰度シ
支、上海、天津ヘ轉電セリ

1008

昭和12年7月14日　在北平加藤大使館一等書記官より広田外務大臣宛（電報）

北寧鉄道運行再開につき報告

北平　7月14日後発
本省　7月14日夜着

第四三四號（部外極祕）
往電第四二五號ニ關シ
其ノ後確メタル所ニ依レハ不通ノ原因ハ全ク支那側ニアリ（軍隊輸送ノミナラス全面的ニ日本側ニ不便ヲ與ヘントスル底意ニ出テタルモノノ如シ）事實軍トシテモ開通ヲ希望シ居ルコト判明セル一方十四日ニ至リ兎モ角列車運行再開（同日中ハ定期全部ノ外臨時一本發車ノ見込）セラレ居ルヲ以テ往電第四三三號宋ノ保障カ事實トセハ當分運行維持セラルル見込アリ或ハ本件ハ此ノ儘立消トナルニアラスヤト思考セラル不取敢
支、上海、天津ヘ轉電セリ

1009

昭和12年8月5日　在北平森島大使館参事官より広田外務大臣宛（電報）

北平・海浜間における自由交通を阻害しないよう米仏両国が書面申入れについて

北平 8月5日後発
本省 8月5日夜着

第六三七號

本官發上海宛電報

第三七號

川越大使へ

五日米國及佛國大使館員相次テ來訪在南京自國大使ノ訓電ニ依ル趣ヲ以テ日本側ニ於テ北平、海濱間ノ自由交通ヲ阻害スヘキ如何ナル行動ヲモ差控フヘキコトニ付閣下ノ御協力ヲ得度キ旨及張自忠ヘモ同樣申入ヲ爲シタル旨ノ閣下宛書翰ヲ提出セルニ付右閣下ヘノ轉達ヲ約スルト共ニ北寧鐵路再開ハ我方ニ於テモ極メテ大ナル關心ヲ有シ居ル所ナレハ勿論妨害等行フ筈ナク現ニ昨日ハ滿鐵職員ヲ試運轉列車ニ同乘セシムル等出來得ル限リ支那側ニ協力シ居ル次第ナルカ本日ハ天津行旅客列車モ出發セルコトナレハ之以上不通狀態カ繼續スルコトナカルヘク其ノ內正常狀態ニ戻ルコトト思考スル旨述ヘ先日來交通再開ノ爲日本側ニ於テ努力シ來レル實狀ヲ詳細說明シ置キタリ原文郵送

大臣、支、天津ヘ轉電セリ

1010 昭和12年8月26日

中国船舶の沿岸交通遮断に関する外務省声明

付記一 昭和十二年八月三十日、広田外務大臣より関係公館長宛訓令
右声明に関する対列国応酬方針

二 昭和十二年九月五日
沿岸交通遮断地域の拡大に関する外務省声明

外務省聲明

昭和十二年八月二十六日

帝國ハ我軍隊ニ對スル支那軍ノ不法攻撃竝ニ在支邦人ノ生命財產及我權益ニ對スル支那軍ノ不正ノ侵迫ニ對シ自衞手段ヲ執ルヲ餘儀ナクセラレタルモ當初ヨリ局面ヲ最小範圍ニ限定センコトヲ念トシタリ然ルニ支那軍異（累カ）次ノ暴戾ナル挑戰的行爲ニ依リ事態ハ益重大ヲ加フルニ至レリ右事態ニ對處シ支那ノ反省ヲ促シ、速ニ事態ヲ安定セシメ

ントスルノ考慮ニ基キ帝國海軍ハ已ムヲ得ス昭和十二年八月二十五日午後六時ヨリ北緯三十二度四分、東經百二十一度四十四分ヨリ北緯二十三度十四分、東經百十六度四十八分ニ至ル支那沿岸ニ對シ支那船舶ノ交通ヲ遮斷スルノ措置ヲ執ルニ決シタリ然レトモ右ノ措置ハ專ラ支那側ノ不法行爲ニ對スル自衛的措置ニ外ナラスシテ帝國海軍ハ第三國ノ平和的通商ヲ尊重シ之ニ干渉ヲ加フルノ企圖ヲ有セサルモノナルコトヲ附言ス

編注 本文書は、東亜局作成「昭和十二年度執務報告 第一冊（第一課關係）」より抜粋。

（付記一）

(1)本件交通遮斷ハ二十五日長谷川第三艦隊長官ノ宣言ニ明記セラルル如ク支那船舶ニ對シテノミ其ノ效力ヲ有スルモノニシテ第三國船舶ニハ及ハス從テ第三國船舶ニ依ル武器彈藥等ノ輸送ハ本件適用外ナリ尤モ今次宣言ノ發出以來支那船舶ニシテ右宣言ノ效力ヲ免カルル爲僞ツテ第三國ノ國旗ヲ掲クルモノアリ、此等ノ懸疑アル船舶ニ對シテハ帝國トシテモ右カ實際上支那船タルコトヲ確ムル爲臨檢ヲナスノ必要ニ迫ラレ居ル處第三國船舶トノ間ニ無用ノ誤解ヲ起スコトハ固ヨリ我方ノ希望セサル所ナルヲ以テ右宣言地域ニ出入スル外國船ニ關シテハ事前ニ船名、船長ノ氏名、噸數資本ノ關係等ヲ我方ニ通報セラルルコト好都合ナリ

(2)帝國政府ニ於テ日支間現下ノ事態ニ對應シ支那側ノ反省ヲ求ムルト共ニ速ニ事態ヲ安定セシムルトスルノ考慮ヨリ本件措置ヲ採ルノ已ムナキニ至リシ次第ハ八月二十六日外務省ノ發表ニ依リ御承知ノ通ナリ。日支間目下ノ情勢ニ於テ外國ヨリ多數ノ武器彈藥等カ支那ニ輸入セラルルコトハ精神的及物質的ニ支那側ノ抗日氣勢ヲ助長セシメ今次ノ紛争ヲ益々擴大セシムルモノナルヲ以テ帝國政府トシテハ關係列國カ此ノ間ノ機微ナル事情ヲ察シ此ノ種支那側ヲ附上ラシムルカ如キ措置ハ出來得ル限リ之ヲ差控ヘラレムコトヲ希望スルモノナリ

(3)今次宣言ノ效力カ第三國船ニ及ハサルコトハ叙上ノ通リニテ目下ノ處帝國政府ニ於テハ外國船ニ依ル武器彈藥等ノ輸入ヲ阻止スル爲特別ノ措置ニ出ツルカ如キコトヲ考

慮シ居ラサルモ是等ノ武器彈藥ノ輸入カ支那側ノ抗日的態度ヲ增大セシムルコトハ前記ノ通リナルヲ以テ今後ノ事態如何ニ依リテハ帝國政府トシテモ支那側ニ對スル武器彈藥等ノ輸入ヲ根絶セシムル爲更ニ一層有效適切ナル措置ヲ講スルノ已ムナキニ至ルヘシ

編注 本付記は、東亜局作成「昭和十二年度執務報告 第一冊（第一課關係）」より抜粋。

（付記二）

外務省聲明

昭和十二年九月五日

帝國政府ハ曩ニ時局ヲ速ニ收拾シ事態ヲ安定スル目的ヲ以テ支那船舶ニ對シ中南支沿岸一部ノ交通ヲ遮斷スル措置ヲ取レル處今般更ニ右區域ヲ擴張シ昭和十二年九月五日午後六時ヨリ北緯四〇度零分東經百十九度五十四分ヨリ北緯二十一度三十三分東經百八度三分ニ至ル青島及第三國租借地ヲ除ク爾餘ノ中華民國沿岸ニ對シ支那船舶ノ交通ヲ遮斷スルコトニ決定セリ。然レ共右ノ措置ハ專ラ支那側ノ反省ヲ促サントスルノ念慮ニ出ツルモノニシテ、帝國政府ハ第三國ノ平和的通商ハ尊重スヘク之ニ干渉ヲ加フルノ意圖ヲ有セス

編注 本付記は、東亜局作成「昭和十二年度執務報告 第一冊（第一課關係）」より抜粋。

1011 昭和12年9月5日 在天津堀内総領事より広田外務大臣宛（電報）

沿岸封鎖地域の拡大に際し天津方面の事情を踏まえた応酬振り策定のため政府中央の方針回示方請訓

天津 9月5日後発
本省 9月5日夜着

第八九〇號（大至急）

貴大臣發上海宛電報第四八一號[1]ニ關シ

一、五日午後六時ヨリ北緯四十度零分、東經百十九度五十四分ヨリ北緯三十四度三十分、東經百十九度五十五分ニ至ル青島ヲ除キタル爾餘ノ支那沿岸ニ對シ支那公私船ノ交

通ヲ遮斷スル旨竝ニ第三國及帝國船舶ハ出入ヲ妨ケサル旨ノ第二艦隊吉田司令長官ノ宣言發セラレタル趣ヲ以テ當地ノ駐在海軍武官ヨリ當地支那官憲ニ通告乃至外國官民ニ通知方ニ付協議アリタルカ冒頭貴電末段ノ宣言乃至公示案モ御通報ナク其ノ處理振ニ付テモ別段ノ御訓令モナカリシニ付(貴電合第一一七八號當方ニ轉電ナキコト往電第八八〇號ノ通リニシテ上海發貴大臣宛電報第一一五二號等モ轉電ナキ爲上海ニ於ケル措置モ判明セス)當方トシテハ單ニ宣言發出ノ事實ヲ外國新聞記者ニ話シ置クニ止メ外國領事塘沽碇泊中ノ外國軍艦海關等ニ對スル通告モ差控ヘ居レリ當方トシテハ何等カ措置ノ必要アラハ大至急御回示ヲ請フ尚通告ノ要アラハ翻譯ノ誤等ヲ避クル爲英譯文モ電報ヲ請フ

二、[2]尚本件交通遮斷ノ目的ハ軍需品及一般物資ノ出入ヲ阻害シテ戰鬪力ノ減殺ヲ計ルニ在ルモノト存スル處我軍ノ事實上占領シ居ル當地方ノ沿岸ニ交通遮斷ヲ爲スノ理由判明セス(武器ハ從來通リノ監視及臨檢(當地稅關トノ目下ノ關係ハ既ニ既電ノ通リ)ニテ阻止シ得ヘク一般物資ノ出入ハ成ルヘク之ヲ助成スル方我軍ノ戰鬪力ヲ增大スル譯ナリ是等ノ點ニ付天津軍トモ打合ナカリシカ如シ)此ノ邊ハ外部ニ對スル應酬上モ將又現實ノ問題トシテモ本省ノ御方針ヲ心得置キ度キニ付何分ノ儀御回電ヲ請フ(尚支那籍船舶ニ依ル白河水道ノ故意ノ閉塞豫防方ニ付テハ引續キ大沽沖海軍ニ於テ充分監視中特ニ之カ爲交通遮斷ノ要ナシト存ス)

三、右現實ノ問題トハ塘沽沖ニ於テ積取ヲ爲ス「ライター」及「タツグ・ボート」(支那籍ノモノ相當アリ)秦皇島等ヨリ石炭其ノ他物資ヲ輸送スル汽船及民船(支那籍船ニテモ往復スル船成ルヘク多キ方有利ナリ船腹不足ノ爲邦人ニテ支那籍船ヲ臨時「チヤーター」シ居ル者アリ又民船ハ全(部?)支那籍ナリ)、塘沽沖等ニ於テ漁業ニ從事スル船舶(邦人所有ノ支那籍船モアル見込)、海關燈臺補給船、海關監視船(目下ノ海關トノ交渉ニモ關聯ス)、治安維持會ノ接收セル水上公安局所有船等ニ付テ相當詳細ニ研究スルヲ要シ結果ハ更ニ電報スヘキモ第二艦隊司令官及幕僚七日中ニ來津ノ筈ナレハ夫レニ間ニ合フ樣前記二、ニ對スル本省ノ御方針ノ御回示ヲ得ハ同司令官ト細目ヲ打合セ度キ所存ナリ

上海、北平ヘ轉電セリ

1012 昭和12年9月8日 広田外務大臣より在独国武者小路大使、在満州国植田大使、在米国斎藤大使他宛(電報)

中ソ不侵略条約や中国沿岸封鎖問題などに関する広田外相と在本邦独国大使との意見交換につき通報

本 省 9月8日後11時50分発

合第一四三一號(極祕)

七日獨逸大使本大臣ヲ來訪時局諸問題ニ關シ長時間會談セルカ要領左ノ通リ

一、先ツ大使ヨリ蘇支不可侵條約成立ノ結果兩國間ニハ緊密ナル關係生シタル次第ナルヲ以テ獨逸政府トシテハ同條約ヲ多大ノ關心ヲ以テ注視シ居ル處日支紛爭ノ尖鋭化ハ支那ヲシテ益々蘇側ニ頼ラシムル結果トナリ日本側ノ避ケントスル事態ヲ却テ招來セサルヤヲ虞ル在蘇獨逸大使ヨリ「本件條約ニ密約ヲ伴ハサルヤニ付探査中ナルモ今日迄右事實ヲ發見スルニ至ラサル處蘇側トシテハ目下内部的ニ種々弱點ヲ有スル爲此際日本ト開戰ハセサルヘキモ紛爭長引キテ日本側ノ疲弊スルコトハ蘇ノ最モ希望スル所ト考ヘラルル」旨ノ報告ニ接セリト述ヘタルニ付本大臣ヨリ許支那大使ハ本大臣ニ對シ蘇支不可侵條約ハ一九二四年ノ露支協定ノ有效ナルコトヲ認メ居ルヲ以テ外蒙古ニ對スル支那ノ主權及支那ニ於ケル赤化宣傳ノ禁止ニ付テハ渝リナキ旨説明シタルカ蘇支關係ハ極メテ注目ヲ要スルモノト思考スル旨述ヘ置キタリ

二、次ニ大使ヨリ支那船交通遮斷問題ニ付獨トシテハ直接ニハ關係ナキモ一般的見地ヨリ關心ヲ有スル次第ナルカ第三國トノ關係カ之ニ依テ紛糾スルニ至ラサルヤ、米國ヨリ Wichita 號來航ニ關シ面倒起ラサルヘキヤ又第三國カ續々兵器彈藥等ヲ輸送スル場合之ニ對スル措置如何ト訊ネタルニ付本大臣ハ帝國政府ハ第三國トノ關係ヲ紛糾セシムルコトヲ最モ好マサルヲ以テ大体ニ於テ第三國船ニハ干渉セサルヘシ尤モ兵器彈藥ノ輸送ハ平和的通商ト云ヒ難ク從テ右第三國ヨリノ大量ノ武器供給ニ依リ支那側ノ勢力カ著シク增大セラルルカ如キ場合ニハ我方トシテモ考慮ノ要アルヘシ尚 Wichita 號ハ上海ニ荷物ヲ陸揚ケ

スルコトハ現地ノ狀況上到底不可能ナルヘキヲ以テ他ノ地點ヘ陸揚ケノコトトナルヘク面倒起ルヘシトハ考ヘ居ラスト答ヘタリ

三、大使ヨリ「ヒューゲッセン」大使問題ニ關シ帝國政府ノ回答ハ如何ナル責任ヲモ執ラストノ趣旨ナルヤノ噂サヲ聞キタルカ「クレーギー」大使ハ横濱着ニ當リ本問題カ滿足ニ解決セラレサルニ於テハ同大使ハ果シテ永ク日本ニ止マリ得ルヤ疑問ナルヲ以テ差當リ旅裝ハ解カサル旨ヲ述ヘタルヤニ聞キ及ヒ居リ本件ハ取扱如何ニ依テハ英國輿論ニ大ナル刺激ヲ與ヘ日英間ニ紛爭ヲ惹起セサルヘキヤト問ヘルニ付本大臣ヨリ今日迄ノ我方調査ニ依レハ我方飛行機ノ所爲ナリト斷定スヘキ材料ナキモ尙調査ヲ繼續中ニシテ右情勢ニ基キ中間的回答ヲ發シ且公表スルコトトナリ居ル次第ナリト說明セリ

四、大使ヨリ近衛首相ノ議會演說ハ從來貴大臣ヨリ承リ居ル所ニ比シ一般ニ調子強キ樣ニ思ハル同首相ハ支那軍隊ニ a thoroughgoing blow ヲ加フヘキ旨述ヘラレ居ル處然ラハ結局南京政府ヲ打倒スルコトトナラサルヤト問ヘルニ付我方トシテハ南京側ニ大打擊ヲ與ヘントスルモノニシテ必スシモ之ヲ打倒セントスルモノニ非ス帝國政府ノ眞意ハ本大臣議會演說ノ終ニ述ヘタル通リト御承知アリタシト答ヘ置ケリ

五、最後ニ大使ヨリ日本ハ結局上海ノ事態ヲ如何ニ處理セラルル方針ナリヤト訊ネタルニ付本大臣ハ右方針ハ未タ決定シ居ラサルモ現行ノ如キ停戰地區ノ設定ニ依リ治安ヲ確保シ得ルコトトナラハ各國ニトリテモ有利ナルヘシト信スト答ヘタル處大使ハ上海ノ事變カ支那側ノ停戰地區侵犯ニ依テ惹起セラレタルコトハ日本側ニトリテ強キ「ケース」ナリト述ヘタリ

本電宛先　獨、蘇、滿、米、上海、北平、天津

獨ヨリ在歐各大使（蘇、土ヲ除ク）ヘ轉電アリタシ

1013　昭和12年9月15日　広田外務大臣より在天津堀内総領事、在上海岡本総領事、在香港水沢総領事宛（電報）

沿岸封鎖が中国貿易および海運に与える影響につき調査方訓令

本　省　9月15日前10時発

合第一五一六號

今次事變特ニ我カ海軍ニ依ル沿岸封鎖ノ支那國貿易及海運ニ及ホセル影響ニ付貴地方ニ於ケル左記事項概要ニテ差支ナキニ付御査報アリ度調査困難ナラハ貴官ノ觀測ニテ差支ナシ

(1)外國船(外國籍支那沿岸航路船ヲ含ム)出入狀況

(2)輸出入貿易ノ概要特ニ事變以來ノ著シキ變化

(3)封鎖ニ依ル打擊ノ程度

本電宛先　天津、上海、香港

1014　昭和12年9月21日

広田外務大臣より
在英国吉田大使宛(電報)

事変の任国に対する経済的影響につき報告方訓令

本　省　9月21日後4時40分発

第三八一號

今次事變ニ伴フ貴任國經濟界ノ我方ニ對スル動向ニ付テハ從來モ御報告ニ接シ居ル處今后特ニ左記ノ點ニ御留意ノ上隨時電報アリタシ

一、事變ノ貴任國經濟界(經濟金融市場海運企業及日支兩國トノ貿易等)ニ及ホセル影響

二、貴任國經濟界ノ日、支兩國ニ對スル態度竝兩國經濟財政等ノ將來ニ付テノ觀測

本大臣ノ訓令トシテ佛、獨、伊、白、米ニ轉電シ米ヨリ紐育ニ轉報セシメラレタシ

1015　昭和12年9月22日

在英国吉田大使より
広田外務大臣宛(電報)

英国に対する事変の経済的影響につき報告

ロンドン　9月22日後発
本　省　9月23日前着

第六八三號

貴電[(1)]第三八一號ニ關シ(日支事變ト各國經濟界ノ動向ニ關スル件)

一、支那ニ於ケル英國ノ權益及貿易ノ將來ニ付テハ當國各方面ニ於テ重大ナル關心ヲ有シ稅關ノ將來、封鎖ノ影響、支那ノ赤化及耕作力ノ回復如何等ヲ憂ヒ若シ日本カ其ノ目的ヲ達成シ支那ノ行政的解体ヲ見ルカ如キコトアラハ一大事ナリトシ又支那ノ經濟的更生ニ多大ノ期待ヲ生セ

シメタル支那幣制改革ニ一頓挫ヲ來スヘキコトヲ危惧シ居ル向少カラス

更ニ今次事變ニ依ル直接被害ノ救濟方法等ニ付テハ二十一日倫敦商業會議所ハ英米煙草ノ Archibald Rose ヲ議長トシテ左ノ決定ヲ爲セル趣ナルカ英國産業聯盟モ此ノ種問題審議ノ爲二十九日支那協會トノ合同會議開催ノ筈ナリ

(イ)上海被害賠償問題ニ付テハ在上海英國商業會議所ヲシテ調査ニ當ラシムヘキモ不取敢外務省ニ對シ英人所有財産占據ニ對スル卽時賠償交渉方ヲ陳情スルコト

(ロ)前記産業聯盟ノ招請ニ應シ在支權益擁護及賠償要求ニ關スル協同政策ノ審議ニ參加スヘキコト

(ハ)[2]陸上保險拒絶ハ最近直通ノ漢口香港間鐵道ノ利用ヲ妨ケルニ付右鐵道ノ香港ニ對スル永久的價値ニモ鑑ミ保險業者ヲシテ鐵道積貨物ノ保險ニ應セシムル樣交渉スルコト

(ニ)在支堆積貨物ノ處分方法其ノ他ニ付外務省ニ陳情スルコト

二、日本ノ對外貿易ニ付テハ輸出入臨時措置實施ノ報道ト共ニ新聞ハ悲觀的觀測多ク又其ノ爲替政策ニ付テモ依然危惧ノ念一掃セラレス例ヘハ二十一日「フアイナンシアル・タイムス」ハ「ジヤパン・タイムス」社說ヲ引用シ一志二片維持困難ヲ報シ居レリ他方日英ノ競爭關係ニ付テハ既報ノ如ク「マンチエスター」方面ニ於テ種々論議セラレ居ルモ大體ノ傾向トシテハ日本品ノ競爭力ハ漸次減退スルモノト目シ居ルカ如シ(特ニ「ガーデイアン」ノ如キハ綿業ニ付テ日本現下ノ實情ヲ詳細報道シ居レリ尙濠洲ニ於ケル日本「ステイプル・フアイバー」ノ輸入及「セイロン」ニ於ケル日本綿布割當問題ニ付テハ最近頻リニ懸念シ居ル趣ナルモ日本將來ノ輸出力ヲ考慮シ比較的樂觀シ居ル向モアリ)

三、[3]日本ノ財政狀態ニ付テハ政府カ非常ニ大規模ナル耐久的戰鬪準備ヲ爲シ居ルコト竝ニ戰鬪カ意外ニ長引キ居ルコト等ニ付當國各方面ハ依然トシテ多大ノ注意ヲ拂ヒ居ル處責任アル方面及有力新聞ニ於テハ日本經濟力ハ到底支那ノ比ニアラサルコトヲ既ニ充分了解シ居ルモ何分支那ノ財政ニ付テハ其ノ内容不詳ナルト有力ナル支那關係ノ英人多數アル爲一般新聞雜誌ハ支那ノ狀態ニ付テハ努メ

テ論評ヲ避ケ他面我財政經濟狀態ニ付テハ動モスレハ悲觀的ナル東京通信ヲ掲ケル傾向アリ

然レトモ市場一般ノ對日信用ハ最近北支及上海ニ於ケル我軍事的成功ノ報漸次恢復シ事件以來一時六十磅ヲ割リタル我六分利附公債モ二十一日ニハ七十二磅半迄引戻セリ之ニ對シ支那公債ハ依然慘落狀態ニアリ（支那一九一三年五分利附ハ事件前百磅、八月十一日迄九十磅臺、同二十三日迄八十磅臺、九月二十一日六十磅トナル）

在歐洲各大使、米、壽府ニ暗送セリ

大臣ヨリ上海ニ轉電アリタシ

1016　昭和12年9月28日　在上海岡本総領事より広田外務大臣宛（電報）

沿岸封鎖による上海方面の貿易海運への影響につき報告

上　海　9月28日後発
本　省　9月28日夜着

第一六二六號

貴電[(1)]合第一五一六號ニ關シ（支那沿岸封鎖ノ支那貿易及海運ニ及ホセル影響査報方ノ件）

當地ニ付テハ事變ノ影響卽チ交戰ニ伴フ破壞混亂カ起リタル後沿岸封鎖行ハレ（八月廿五日）然モ今尙交戰ニ伴フ多大ノ危險竝ニ海運貿易上重要ナル楊樹浦、浦東地區ノ未開放等ノ現象繼續シ居ル關係上一般事變關係ト封鎖ニ依ル結果トニ分チテ觀察スルコト至難ナルモ左記各項八月統計ハ上海港ニ關スルモノニ付テハ主トシテ之カ原因ヲ當地交戰竝ニ支那側ノ長江封鎖等換言スレハ事變其ノモノニ求メサルヘカラス而シテ封鎖ノ結果トシテハ九月或ハ十月ノ統計ニ現ハレ來ルモノト判定セラル左記ハ八月全支貿易統計發表ヲ待チ一應纏メタル結果ナリ（委細郵報）

㈠外國船出入狀況

上海港ニ付テハ八月ハ七月ニ比シ外國航路約五割沿岸航路約六割三分ノ激減ヲ示セルカ右ハ當地交戰開始以來數日間ハ我カ運送船ヲ除キ外國船ノ出入ハ殆ト全ク杜絶シ其ノ後モ匯山、楊樹浦、浦東地區カ未タ開放ノ域ニ達セサル爲依然多大ノ障害ニ遭遇シ居ルカ爲ナリ。長江流域及浙江省海港ニ付テハ前者ハ江陰封鎖ノ結果モアリ激減シ居レリ

(二)[2]輸出入貿易

全支外國貿易ハ七月ニ入リシモ依然好況ヲ續ケタルモ（前年同期ニ比シ輸入六五・七「パーセント」、輸出四六・九「パーセント」ノ增加）八月ノ統計ニ於テハ各地交戰ニ伴フ商取引ノ危險及船舶出入ノ困難等ノ爲前月ニ比シ輸入五五・三「パーセント」輸出五四・九「パーセント」ノ激減ヲ見タリ（委細往電第一五九五號御參照）

上海港ニ就キテハ七月ニ於テモ依然輸出入旺盛ナリシカ同月末以來北支事變ノ影響ヲ受ケ八月初旬ノ狀態ハ當地ニ於テモ貨物輸入ノ積止ヲ見タルモノアルモ一方引取ヲ急ク者モアリ輸出ニ於テハ約定品ノ積出急キト或ル種品目ノ輸出禁止制限等アル等形勢混沌タリシカ上海ニ於ケル日支交戰ノ突發ヲ見各商社トモ對策ヲ講スル暇モ無ク他方外支金融機關ノ機能停止ノ結果取引全然杜絶シ貨物ノ積出シ及引取不能トナリタル結果八月中貿易額ハ前月ニ比シ輸入六三・七「パーセント」、輸出五五・一「パーセント」ノ著減ヲ示セリ（往電第一四五三號御參照）

尙長江沿岸及浙江省海港ノ貿易ニ付テハ八月ニ於ケル輸入ハ七月ニ比シ一七「パーセント」ニ過キサルモ輸出ニ於テハ八〇「パーセント」ノ激減ヲ示セルカ右ハ上海地方不安及長江封鎖ニ伴フ主トシテ奥地積出貨物ノ減退ニ起因ス

(三)封鎖ニ依ル打擊

前述ノ如ク未タ之ヲ測定スヘキ資料無キト共ニ上海ノ如キハ平靜復歸ニ伴ヒ封鎖ニ拘ラス若干貿易ノ恢復ヲ見ルコトアルヘキモ外國及沿岸航路從事ノ支那籍船舶出入統計ハ本年上半期ニ於テ六千隻二百二十三萬噸（總噸數ノ一割）ナル處上海ニ付テハ八月ハ七月ノ約三割ニ低下シ居リ之カ全部機能ヲ停止スル曉ニ於ケル打擊ハ鮮カラサルヘク右ノ外「ジヤンク」貿易ニ對スル封鎖ノ效力ハ統計無キモ相當嚴シキモノト想像セラル

北平、天津ヘ轉電アリタシ

~~~~~~~~~~~~~~~~~~~~

1017　昭和12年9月28日　在ニューヨーク若杉総領事より広田外務大臣宛（電報）

米国に対する事変の経済的影響につき報告

ニューヨーク　9月28日後発

本　　省　9月29日前着
~~~~~~~~~~~~~~~~~~~~

商第一七九號

貴大臣發英宛電報第三八一號ニ關シ[1]

日支事變ノ當地經濟界ニ及ホセル影響ヲ概觀スルニ金融市場ハ表面平靜ナルモ底意ハ警戒氣味ニテ對日支輸出取引ニ對シテハ安全第一主義ニ基キ旁本邦爲替管理ノ前途不安モ手傳ヒ信用供與ハ次第ニ窮屈トナリツツアリ對日輸出等ノ賣手ハ先週ヨリ從來ノ船積後拂條件ヲ船積前拂ニ變更シ來レルカ右ハ「アナコンダ」社輸出部長「ケネデー」カ輸出商ニ語レル所ニ依レハ米國大藏省當局ノ意嚮ヲ反映スルモノナルカ如キ節アル由ナルモ此ノ間中立法發動ニ對スル運動或ハ合同組合ノ日本向ケ貨物荷役罷業提案等ノ懸念ニ依ルモノト見ラルル次第モアリ未タ之ヲ以テ金融方面ノ壓迫ト見ルハ早計ナランモ今後ノ形勢ハ特ニ注意ヲ要ス

圓爲替ニ對シテハ本邦金現送ノ先行ニ付種々ノ論議アルカ二十六日紐育「タイムス」掲載ノ「バードン・クレーン」所說ニ依レハ日本ノ金保有高ト國際收支關係ヨリ見テ本年十一月半迄ハ金現送ヲ持續シ得ヘク尙戰費カ特ニ此ノ上激增セサル限リ日本ノ私有外國公債（約二億弗）等ノ處分ニ依レハ本年三月末迄ハ爲替維持ヲ行ヒ得ヘシトノ觀測アリ（尙特情第一九六號御參照）

本邦公債ニハ大口取引ナキモ一時反撥後各國ノ對日態度殊ニ日露關係惡化ノ報ニ軟化（支那財政ニ關シテハ正確ナル材料ナキ爲カ餘リ問題トナリ居ラス）[2]

商品界ハ今後ノ戰況如何殊ニ昨今支那各地空爆ニ依ル非戰鬪員及婦女子等被害ノ報道ニ刺戟セラレ輿論惡化ニ依リ排日貨運動擡頭ヲ懸念スル向アルモ今迄ノ處小賣商ニ日本品仕入ヲ手控フルモノ弗々アル位ニテ未タ卸賣輸入方面ノ解約等ナシ但シ英國ニ於ケル「ボイコット」運動ニ誘導セラルル惧ナシトセス今後ノ推移ハ重大視セラル

輸入日本品ハ綿製品其ノ他雜貨等本邦原價高ノ爲商談振ハス、支那ヨリノ輸入杜絕ニ桐油ヲ初メ「ブリツスル」毛皮、獸皮、「カーペット、ウール」「エッグ、ヨーク」「アルビユーメン」「アンチモニー」「タングステン」及絹刺繡其他雜貨何レモ昂騰

對日輸出品中石油、機械類等活況ナルカ屑鐵、銅、錫、亞鉛、白金等ノ金物ハ上半期ノ輸出激增ニ反シ最近ハ爲替手當難ノ爲停頓ノ商狀ヲ示シ日支事變ノ影響トシテ見ルヘキモノナシ

海運界ハ曩ニ東洋方面船腹不足ノ處米國政府所有船ノ武器運送禁止ノ爲日本船腹需要旺盛トナル筈ナルモ對日輸出一服ニ氣迷ノ體、今後政府ノ中立法ニ對スル態度竝ニ勞働組合罷業提案等懸念材料多々アリ支那方面行ハ戰時保險適用以來不安激化ニ商談ナシ

米、在米各領事へ暗送セリ

1018 昭和12年10月2日 在天津堀内総領事より広田外務大臣宛(電報)

沿岸封鎖による天津方面の貿易海運への影響につき報告

天　津　10月2日後発

本　省　10月2日夜着

第一〇三二號

貴電[1]合第一五一六號ニ關シ(支那沿岸封鎖ノ支那貿易及海運ニ及ホセル影響査報方ノ件)

當地市場ハ天津襲撃事件以來

(一)對奥地交通(水陸共)ノ完全ナル杜絶

(二)支那銀行「モラ」ニ依ル極度ノ金融閉塞

(三)休業セル華街有力支那商人ノ再開躊躇

等々ノ事情ニ依リ食糧及日用雜貨ノ店頭商內ヲ除イテハ一般商品ノ荷動キ殆トナク從テ當地輸出入貿易ハ我海軍カ沿岸封鎖ヲ行フニ先立チ既ニ中絶ノ状態ニ陷リ居レリ御推問ノ三項ニ關シテハ

(一)外國船出入状況

七月中ノ天津出入船舶數ハ(二)ニ記述セルカ如キ事情ニ依リ統計上ニハ事變ノ影響左シテ現レ居ラサルモ八月ニハ之カ影響ヲ全面的ニ反映シ激減ヲ示シタリ卽チ七月中ノ天津入港外國船ハ隻數百三十隻登簿噸數二十萬二千四百九十六噸同シク出港外國船百三十二隻二十萬八千百六十一噸ニシテ入港外國船ハ六月ニ比シ八分九厘(登簿噸數以下同シ)ヲ減少セルニ過キス又前年七月ニ比スレハ却テ一割七厘ノ增加ヲ示シ一方出港外國船ハ六月ニ比シ六分九厘ノ減少前年七月ニ比シ一割八分七厘ノ增加ヲ示シタルモ八月ニハ入港外國船五十九隻十一萬五百四十?七噸出港外國船六十八隻十一萬八千五百四噸ニシテ入港ハ七月ニ比シ四割五分四厘前年八月ニ比シ四割一分二厘ノ激減トナリ出港モ七月ニ比シ四割三分一厘前年八月ニ比シ

三割八分五厘ノ激減ヲ示シタリ（委細郵報）

㈡[2]輸出入貿易概要

屢報ノ通リ當地輸出市場ハ春以來全般的ニ稀有ノ品掠レ状態ヲ續ケ來リ蘆溝橋事件發生當時ハ當地、奥地共ニ在貨極メテ薄ク商況閑散ニ陷リ現ニ天津港ノ關税收入ニ依リ明カナル如ク（七月以降ノ當港貿易額ハ發表サレ居ラス）七月中ノ當港輸移出高ハ前月ヨリ約四割近クノ激減ヲ示シタル模様ナルモ假ニ事變ノ勃發ナシトスルモ相當ノ減少ハ免レサリシナルヘク一方同月ノ輸入ハ冬物手當期ナルヲ以テ時局懸念ニ依リ積急キ旁々六月ヨリ却テ增加ヲ示シタルカ八月ニ入リテハ冒頭諸事情ノ外事變輸送ノ輻輳ニ伴ヒ艀及埠頭人夫ニ著シキ不足ヲ生シ且倉庫ノ收容餘地皆無トナレル爲輸出入共ニ激減ヲ呈シ此ノ間支那籍船舶ノ運行ハ七月末全ク停止シ八月中旬ニ至リ日清汽船英商「ジヤーデン・マヂソン」及「バターフイールド」ノ沿岸航路モ運行ヲ停止セリ九月ニ至リ戰線ノ進展ト同時ニ食料品ヲ主トシテ物資稍動キ始メ四日ヨリ「ジヤーデン・マヂソン」ハ香港線（週一回）、「バターフイールド」ハ上海線（四日ニ一回）、香港線（週一回）ヲ回復シ歐米航路モ九月中三隻（通常約十隻）ノ入港アリ日本航路モ阪神線八隻（通常十二乃至三隻）、横濱線三隻（通常九隻）ノ入港ヲ見タルモ沿岸航路ハ南支方面ヨリ避難スル船客ノ輸送カ主ニシテ揚荷、積荷共ニ見ルヘキモノナク歐米航路モ揚荷ハ歐洲船殆ント皆無米國船ニ僅ニ材木ノ入荷アリ積荷ハ卵製品、羊毛、皮革等大部分動物産品ナルモ當地品薄ナル爲數量的ニ極メテ寥々タリ

[3]日本船ノ揚荷ハ麥粉ヲ始メ食料品カ大部分ヲ占メ事變後積止メサレ居タル建築材料、自轉車部分品、洋紙モ弗々入荷シ積荷ハ棉花骨粉カ主ナルモ數量ハ微々タリ

天津港ノ七月ニ於ケル關税收入（附加税共）ハ輸入税百四十一萬六千百三十三海關金單位ニシテ六月ニ比シ七分一厘增前年七月ニ比シ十六割四分八厘增、輸移出税五十萬五千二百七十一元ニシテ六月ニ比シ三割九分二厘減前年七月ニ比シ一割四分一厘減、八月ハ輸入税二十一萬七千七百八十海關金單位ニシテ前年八月ニ比シ七割減、輸移出税四十二萬五千五百十五元ニシテ前年八月ニ比シ一割九分三厘減

㈢封鎖ニ依ル打擊ノ程度

上述ニ依リ明カナル如ク事變後現在迄ノ當地財界ノ動キハ沿岸封鎖ヨリモ事變其ノ物ニ直接左右サレ居ル次第ナルカ今後戰線ノ南進ト同時ニ北支財界ノ機能カ常態ニ復セハ封鎖自體ニ依ル影響漸次現ハルヘシ卽チ從來當地ハ年々約三千萬元ノ麥粉ヲ上海ヨリ、約五千萬元ノ綿製品ヲ上海、青島ヨリノ移入ニ仰キ來レルカ今後是等ハ主トシテ日本及滿洲品ニ振替ヘラルヘク又當地ヨリ中南支方面ニ移出シ來レル棉花（年約一千萬元）、種物及同製品（年約八百萬元）、石炭（年約四百萬元）等ハ今後上記日本及滿洲ヨリ輸入セラルルコトトナルヘキ綿製品及麥粉等ト「バーター」的ニ日本乃至滿洲向輸出ニ振替ヘラルヘシト思料セラル

北平、上海ヘ轉電セリ

香港ヘ轉電アリタシ

1019 昭和12年10月2日

在シンガポール郡司（喜一）総領事より
広田外務大臣宛（電報）

シンガポールにおける排日貨運動の状況について

シンガポール　10月2日後発
本　　省　10月2日夜着

1806

第一四〇號

貴電合第一八〇八號ニ關シ（華僑ノ排日貨運動ニ關スル件）

一、事變ニ伴フ當方面排貨運動ハ素ヨリ煽動ニ基クモ巧妙且表面上合法的ニ行ハレ從來ノ夫レニ比シ多分ニ進歩シ暴行等ヲ避ケ合法的經濟的ニ行フヲ以テ一見何人ヲモ首肯セシム且事變ノ性質上英支利害ヲ一ニスル關係上當領政府トシテモ名義ノ立ツ限リ運動ヲ默認スル態度見ヘ自由意思ニ依ル不買運動ハ取締ノ途ナシトシ且煽動等ノ證左ナシト强調スルヲ常トス又他面英本國其ノ他ニ於テモ運動擡頭ノ氣配アル今日原因ノ如何ヲ問ハス半ハ支那ノ觀ヲ有スル當地トシテ此ノ擧ニ出ツルハ已ムヲ得サルモノニシテ且右ノ事情ニ依リ政府ニ更メテ申入ルルモ取締ハ不可能ナルヘシト存セラル

二、當方面トシテハ貿易ノ外鐵工業護謨園等重要ナル本邦人事業アリ若シ此ノ種事業ニ對シ「ストライキ」等發生スルコトハ頗ル重大ナルニ付努メテ官憲ノ感情ヲ刺戟セス此ノ方面ノ保護ヲ依頼シ居リ實ハ排貨位ニテ事濟メハ寧

ロ幸ナリト思考シ居ル次第ナリ、排貨運動ノ內情ヲ見ルニ「ストツク」ノ品切ト同時ニ內密取引ヲ始ムルノ例ニシテ現ニ輸入實狀ヲ見ルモ七、八月ハ影響ナク九月カ約半額位今後モ半額位ニテ見積リ得ヘシ尙在留邦商ハ何レモ喜ンテ國策ノ犠牲トナルノ決心ヲ有シ不平ヲ言フ者ナシ

三、從來英、支人共ニ日本ハ早晚經濟的ニ崩壞スヘシト看做シ居ルニ付此ノ際排貨取締方等ヲ執拗ニ申入ルルコトハ前記ノ如ク何等ノ效果ナキノミナラス却テ我方ノ弱點ヲ暴露シ彼ニ乘セラルルノ惧ナシトセス依テ本件申入方ニ付テハ既ニ試ミ居ルコトナルモ出先ニ一任セラレ機會ヲ見テ適當ニ善處スル方得策カト存ス

尙御申越ノ各種事情等詳細郵報(極祕公第四一五號)セリ

〰〰〰〰〰〰〰〰〰〰

1020　昭和12年10月7日　在シドニー若松(虎雄)総領事より広田外務大臣宛(電報)

オーストラリアにおける対日ボイコット激化の状況につき報告

シドニー　10月7日後発
本　　省　10月8日前着

第一〇三號

對日「ボイコット」論モ漸次下火トナリ對日感情モ幾分好轉ノ兆アリシ處倫敦ニ於ケル「カンタベリー」大僧正司會ノ抗日集會、市俄古ニ於ケル米大統領ノ演說及之ニ引續ク聯盟ノ態度硬化等ニ依リ又復當領反日感情激化ノ傾向アルヤニ認メラレ六日夜N・S・W「レーバー・カウンシル」特別委員會ハ日本商品禁制品目作成配布、日本向商品積荷及日本品荷揚拒否ヲ決議シ其ノ他勞働、社會、宗敎團體ノ抗日決議續出セリ

「ル」ノ演說ハ日本ニ對スル聯合抗議ノ實行ヲ確保スルモノトシテ一般ニ期待サレ右ニ對スル新聞紙ノ論調ハ「ル」ノ眞意ハ明確ナラサルモ米國カ其ノ孤立政策ヲ棄テ英國ト共同シ日本ノ對支活動ヲ牽制スル目的ヲ有スルモノト解シ其ノ成行ハ待望スヘク(「ヘラルド」)右演說ハ戰爭ニ依ラス威勢ヲ示スコトニ依リ國際的無政府狀態ヲ撲滅スル第一歩タラン(「テレグラフ」)ト爲シ居ル處勞働黨ハ一般勞働組合ノ對日「ボイコット」論ニ反對シ七日「レイバーデイリ

ー」ハ「ボイコット」ハ戰爭ナリト題シ法例ニ依ル輸出入禁止タルト政府支持ノ下ニ於ケル民衆ノ「ボイコット」タルヲ問ハス右ハ聯盟規約ニ戰爭ト認メラルル戰爭ナリトシ組織的對日「ボイコット」ハ單ニ敵對行爲ナルノミナラス聯盟規約十六條相互援助ニ依リ或ル制裁國カ日本ノ報復ニ遇ヘハ濠洲モ之ニ捲込マレ對日戰爭ヲ爲ササルヲ得スト述ヘ勞働黨ハ單ニ海外戰爭ニ加入スルコトニ反對ナルノミナラス右ノ如キ「コミットメント」ヲ有スル總ヘテノ協定、條約ニ反對ナリト論シ居リ更ニ勞働黨首「カーチン」ハ「ル」ノ演說ニ關シ吾人ノ主ナル仕事ハ國內ノ平和維持ニアリ他國ト共同シテ戰爭ニ引込マルルカ如キ計畫ニ加ハルヘカラス今日國家間ノ共同動作ハ甚タ困難ナルコト明カナリ濠洲人ノ爲スヘキ最善ノコトハ濠洲ヲ國際紛爭ニ介入セシメサルコトナリト述ヘ居レリ

當領及「ニユージーランド」ノ新聞紙ノ論調ハ大體英國新聞殊ニ「タイムス」ニ引摺ラレ居ル次第ナレハ在英大使ニ於カレテ同紙ノ啓發ニ特ニ御配慮願度シ

英ヘ轉電セリ

1021

昭和12年10月7日　在独国武者小路大使より広田外務大臣宛（電報）

事変に関してヒトラー総統は日本に徹底的同情的立場をとるとのリッベントロップ大使の言明について

ベルリン　10月7日後発
本　省　10月8日後着

第四二〇號

六日「リッペン」大使ト會談ノ際同大使ハ昨五日自分「ヒ」總統ニ謁見ノ際總統ハ支那事變ニ關シ獨逸ハ日本ニ對シ徹底的同情的立場ヲ取ルヘキモノナリト言明セルニ付此ノ點特ニ貴大使ヨリモ東京政府ヘ御報告アリ度ク尙「ヒ」總統ハ在支獨逸軍事敎官ノ如キモ如何ナル方法タルト又如何ナル場所タルトヲ問ハス支那ノ軍事行動ニ關與方嚴禁スヘキ旨及目下英國等ニテハ排日言論横行シ甚シキハ對日「ボイコット」問題サヘ持上レル模様ナル所萬一英國側ヨリ獨逸ニ對シ此ノ種問題ニ關シ申出アルカ如キ場合ニハ獨逸ハ斷乎トシテ右ヲ拒否スル用意アル旨語リタリト內話セリ

英、蘇ヘ轉電シ在歐各大使(土ヲ除ク)ヘ暗送セリ
上海ヘ轉電アリタシ

1022　昭和12年10月8日　在シドニー若松総領事より広田外務大臣宛(電報)

対日ボイコットへのわが方注意喚起に対するオーストラリア側回答について

シドニー　10月8日後発
本　　省　10月8日夜着

第一〇五號

往電第一〇三號ニ關シ

濠洲輿論惡化シ各種團體ノ日本「ボイコット」決議セルニ鑑ミ一日附ヲ以テ往電第九四號新西蘭「サベヂ」首相宛電報ト同一趣旨ヲ濠洲聯邦「ピアス」外相宛ニモ申入レ置キタル處五日附ヲ以テ外相不在ナルニ依リトノ建前ニテ「ライオンズ」首相ヨリ日支紛爭ハ目下委員會ニテ討議中ナルカ濠洲ハ聯盟國トシテ且太平洋ニ重大關心ヲ有スルニ付右委員會出席招請ヲ受諾セリ余ハ紛爭國ノ一方ニ對シ經濟的「ボイコット」ヲ示唆シ事態ヲ速斷セシムルカ如キ如何ナル行動モ反對ナルコトヲ聯邦政府ヲ代表シ公言シ來レリ聯邦政府ハ紛爭解決手段ハ共同ノ同意及行動ノ結果タルヘク一國ノ一方的行爲タルヘカラストノ見解ヲ有シ爾來此ノ點ヲ强調シ來レリ余ハ「アンツーワード・デベロツプメント」カ兩國ノ友好關係ヲ阻害セス且不祥事ノ速ニ圓滿解決スルコトヲ切望スル旨回答越セル處七日「ライオンズ」ハ閣員ト協議ノ上濠洲ハ日支紛爭解決ノ爲聯盟ノ執ル手段ヲ支持スト聲明セリ
尙問題ノ地方的ナルニ鑑ミ各州首相宛外相宛書簡ト同一趣旨ノ申入ヲ爲シ置キタリ

1023　昭和12年11月1日　在ラングーン金子(豊治)領事代理より広田外務大臣宛(電報)

ビルマにおける排日貨運動の状況について

ラングーン　11月1日後発
本　　省　11月2日前着

第三九號

往電第三七號ニ關シ

一、支那側ノ運動ニ依リ十月二十日緬甸聯合日貨排斥委員會

組織サレタルモ殆ント名目ニ止マリ一般ヨリ相手ニサレス又印度人及緬甸人ノ各商業會議所ニモ話ヲ持掛ケタルカ體好ク斷ハラレタリ

一、目下「ボイコツト」ノ影響殆ント見ラレス唯十月中旬邦船四隻一時ニ入港多量荷揚サレ先注文ト後注文ノ値開キ大ナリシ爲幾分市場ヲ混惑シ殊ニ鰯鑵詰ハ一部支那人ヨリ「ボイコツト」ヲ口實ニ引取ヲ拒マレタリ

一、九月末悪化ノ新聞論調ハ十月中旬平調ニ復シ下旬來我方領(頒カ)布ノ資料ヲ掲載スルモノ多シ

英、甲谷陀、孟買へ暗送セリ

1024　昭和12年11月8日　在タイ村井（倉松）公使より　広田外務大臣宛（電報）

タイにおける華僑の日貨取扱い商人に対する暴行事件について

バンコク　11月8日後発
本　省　11月8日夜着

第二三九號

往電第一八二號ニ關シ

其ノ後當地華僑ノ排日運動ハ益々狷(猖カ)獗トナリ獨リ日貨取扱華商ニ對シ脅迫乃至傷害ヲ加フルニ止マラス米及鹽ノ如キ日常必需品ノ對日輸出商ニ對シテモ暴行ヲ加フルニ至リ數日前ノ如キハ一夜ニ十數名ノ對日取引華商傷害ヲ受クルニ至リタルヲ以テ當地邦商ニモ大ナル衝動ヲ與ヘ之ヲ此ノ儘打棄テ置クニ於テハ興奮セル日華兩國商ノ間ニ如何ナル不慮ノ椿事勃發スルヤモ圖ラレサルカ如キ形勢トナリタルニ付當國政府當局ニ對シ右排日行爲ノ嚴重取締ヲ要求スルト共ニ在留民一般ニ對シテハ此ノ際一層自重スヘキ旨申聞ケ居レリ

1025　昭和12年11月8日　在ムンバイ石川領事より　広田外務大臣宛（電報）

インドにおける華僑の排日貨運動は憂慮すべき状況ではない旨報告

ムンバイ　11月8日後発
本　省　11月8日夜着

第一七一號

貴電[1]合第二二六二號及合第二三〇二號ニ關シ（對日經濟壓

迫及日貨排斥運動ニ關スル件）

一、印度政府若クハ民間團体等カ今次支那事變ニ關聯シ自己ノ發意ニ依リ日貨排斥（金融、財政、海運等ニ關スル壓迫ニ付テハ實現ノ可能性乏シキヲ以テ暫ク別問題トス）ヲ組織的ニ且相當長期ニ亘リ實施スルコトハ印度カ對日關係上有スル左記特別ノ事情ニ依リ甚タ困難視セラルル次第ナリ

(イ)印度ノ日貨排斥實施ハ對日輸出品ノ大部分ヲ占メ而モ日本以外殆ト輸出困難ナル印棉ノ不買ヲ誘發スヘキコトヲ豫メ覺悟セサルヘカラサル處我方ノ右報復手段ノ結果トシテ既ニ慘落シ居ル印棉ハ更ニ値下リヲ示シ現在極度ノ疲弊ニ直面スル農村ハ益々窮乏スヘク從テ農村救濟ニ大童トナリ居ル政府乃至「ラングンス」等カ斯ノ如キ危險ヲ孕ム日貨排斥ヲ敢行スヘシトハ想定シ難キコト

(ロ)良質安貨(價カ)ナル本邦品ハ生活程度低ク極度ニ疲弊シ購買力ナキ印度民衆ニ取リ絶對的必需品ナルコトハ印度官民ニ依リ充分認識セラレ居ルコト

(ハ)[2]日貨排斥ハ直ニ政府財政上ノ困難ヲ招來スヘキコト卽チ關税收入ハ印度歳入上最モ重要ナル財源タル處（例ヘハ三六年度歳入十一億一千九百萬留比中關税收入ハ五億一千二百留(萬欠カ)比ニ達ス）日貨排斥ハ必然的ニ關税收入ノ激減ヲ惹起スルニ至ルヘク（三六年度ニ於ケル本邦品ヨリノ關税收入ハ大体九千三百萬留比ト推算セラル）政府ハ其ノ補塡ニ關シ非常ナル困難ニ逢着スヘシ

二、現在當國ニ存スル唯一ノ日貨排斥運動（實際上ノ反響皆無）ハ「コングレス」運動ナルカ（往電第一五三號竝ニ甲谷陀發閣下宛電報第三八五號及第三八六號參照）右ニ對シテハ「コングレス」カ印度十一州中ノ七州ニ於テ內閣ヲ組織シ（西北國境州ハ他派トノ聯立內閣）少クトモ地方的ニハ往年ト異ル權力ヲ有シ居ルコト竝ニ同黨カ一九三一年英國品「ボイコット」ヲ敢行シタル前例アルコト等ニ關聯シ該運動今後ノ進展ニ對シ憂慮シ居ル向アルヤモ測リ難キ處

「コングレス」[3]カ今日前記各州ニ於テ民衆ノ福利增進ニ專念セサルヘカラサル責任アル地位ニ在ルコトハ却テ同黨ヲシテ前記ノ諸事情ヲ無視シテ日貨排斥ヲ實行スルコトヲ困難ナラシムル所以ナリト認メラルルノミナラス現

ニ「コングレス」ノ本件運動ハ今日迄聲明書ノ發表、決議ノ採擇等ニ限ラレ其ノ實行方法ニ付協議申合ヲ爲シタルコトスラ聞カサル次第ナルヲ以テ同運動ハ帝國主義ニ反對シ被壓迫民族ニ同情スル「コングレス」ノ根本政策ニ基キ實行ヲ度外シテ單ナル「ゼスチヤー」トシテ試ミ居ルモノト見ルノ外ナク旁去ル三十日甲谷陀ニ開催ノ全印度「コングレス」委員會カ本邦品不使用ニ關スル實行委員會決議（特ニ「ボイコット」ナル文句ヲ避ケ居レリ）ヲ採擇セルカ如キモ畢竟感情論ニ多少ノ色ヲ着ケタル申譯程度ノモノニ過キスト解シ得ラルヘキニ付「コングレス」ノ本件運動ニ付テハ右カ本邦品ニ對シ多少ノ人氣的影響ヲ與フルコトハアルヘキモ今後共左迄憂慮スヘキ程ノモノニアラスト思考セラル

英、甲谷陀へ轉電シ蘭貢へ暗送セリ

1026 昭和12年12月6日 在伊国堀田大使より 広田外務大臣宛（電報）

中国からの軍事教官引揚げなどに関する伊国外相の内話報告

ローマ 12月6日後発
本省 12月7日前着

1812

第三六〇號（極祕）

五日[1]「チアノ」外相ト會談其ノ内容左ノ通リ

一、日支關係

貴方ニ於テハ對支宣戰ノ御意嚮アルヤニ仄聞スル處右ハ第三國ノ權利義務ヲ一層明確ナラシムルモノトシテ伊ニモ甚大ナル影響アルヘキモ日伊關係ノ今日ニ鑑ミ右ノ如キハ伊ノ甘ンシテ受ケ忍フヘキコトニ「ム」首相ト最近話濟ナルニ付御含ミ置キヲ請フ又伊ノ對支軍事教官ハ初メ貴方ニ供給スヘキ情報蒐集ノ爲ニモ何カト便宜ト存シ殘シ置キタルモ日伊關係緊密化ニ伴ヒ右教官ノ任務遂行モ次第ニ困難ヲ加フルノミナラス現地ニ在ル關係上伊政府ノ命令ニモ拘ラス時ニ支那ニ對シ同情的トナルコトアルハ蓋シ人情ノ免レサル所ナルニ依リ對日支持ヲ徹底セシムル爲伊教官全部ニ引揚命令ヲ發セリ

二、[2]「ハリフアックス」訪獨

日本ハ阿弗利加舊獨植民地ノ運命ニ付直接ノ利害關係ヲ有セサルモ其ノ委任統治地域ヲ有スルコト及日獨關係ノ

現在ニ鑑ミ全ク無關心タルヲ得ストノ本使ノ言ニ對シ外相ハ「ハ」「ヒトラー」會見ニ於テハ獨ハ原則的主張ヲ爲スニ止マリ何等具體案ヲ示サス從テ具體的結果ニ達セサリシト承知ス又數日前「イーデン」ハ「グランデイ」ニ對シ最近佛首相及外相ノ訪英アリ英佛間ニ植民地問題ハ勿論軍備及中歐等各種政治問題ヲ含ム一般的國交調整案ノ對獨掲示方ニ關シ交渉中ナル旨ヲ傳ヘタルカ元來獨ハ植民地問題ハ夫レ自體トシテ解決シ之ヲ「バーゲン」ノ具タラシムヘカラストノ建前ヲ堅持シ居リ旁右ノ如キ調整案モ先ツ獨伊間ノ話合ヲ要スル次第ニテ未タ其ノ端緒ニモ成リ居ラスト述フ

三、(3) 英伊關係

去ル十月在英國大使ハ埃及、地中海及紅海海軍其ノ他諸般ノ問題ニ及ヘル覺書ヲ提示シタルカ前項「イ」「グ」會談ノ際英國側ハ右覺書ニ對スル伊國側ノ回答ヲ得次第夫レヲ基礎トシテ英伊會商ヲ行ヒ度シト慫慂シタルモ未タ右回答ヲ與フヘキヤ否ヤ考慮中ナリ尚「イーデン」ハ「エチオピヤ」併合承認ハ今暫ク後廻シトシ度シト申出テタルカ伊政府トシテハ總括的解決ヲ欲シ問題毎ノ個々的解決方法ニ反對ナルニ依リ英ニシテ右承認ヲ會商事項中ニ含メシムルニアラサレハ英伊會商ヲ行ハサル方針ナリ云々

1027　昭和12年12月18日　在シンガポール郡司総領事より広田外務大臣宛(電報)

パネー号およびレディバード号事件の影響によるシンガポール方面の対日空気悪化の傾向につき報告

シンガポール　12月18日後発
本　　省　12月18日夜着

第二四四號

當方面對日空氣ハ漸次好轉ノ途ニアリタル處外國軍艦砲撃事件ニ依リ著シク逆轉シ蔣政權ノ沒落ト自國ノ不安ニ對シ知識階級華僑ハ多分ニ共通シ時局ノ終熄ヲ希望シ居ルモ大部分ハ根強キ反感ヲ有シ鋤奸團監察隊ノ活動再ヒ幾分活潑トナレリ又當地漢字紙ヲ通觀スルニ英國既ニ賴ムニ足ラス唯一ノ味方ハ露國ナリ領土ヲ日本ニ與ヘルヨリハ露國ニ提供スルニ如カストナシ人民戰線、自由解放、容共主義、自

由救國等ノ文字頓ニ紙上ヲ賑ハスニ至リ又海南島、福州等ニ於ケル共産黨彈壓等ノ「ニユース」ハ直ニ當地ニ反映シ共産黨ヲ擁護スヘシトナス論調强ク是等ニ對スル官憲ノ取締モ幾分逆轉シタル模樣ナリ、英國商社等ノ態度モ相當惡化シ特ニ是等商社ハ下級社員カ多ク支那人ナル爲兎角其ノ影響ヲ受ケ勝ナリ、獨逸品ニ對シテハ華僑「ボイコット」ハ左シタルコトナキモ伊國品ニ對シテハ相當强ク「フイアツト」自動車賣行ハ十月ハ普通ノ三分ノ一、十一月ハ四分ノ一雜貨ハ殆ト商賣ナキ趣ナリ

臺灣外事課長へ轉電シ濟、「バタビヤ」へ暗送セリ

1028 昭和12年12月18日 在ニューヨーク若杉総領事より広田外務大臣宛（電報）

パネー号事件の影響による対日ボイコット気運拡大に関する米国紙報道について

ニューヨーク 12月18日後発
本　　　省 12月19日前着

商第二八四號

往電第二八二號ニ關シ

一、「パネー」事件ニ刺戟サレA・F・L會長「グリーン」ハ十六日管下各組合ニ對スル書面ヲ以テ米國勞働側ノ平和擁護竝ニ支那事變ノ迅速終結ヲ强調スル爲勞働者ニ日本品「ボイコット」ノ勵行ヲ命シ且各地方組合ニ「ボイコット」實行委員會ヲ組織シ以テ各商店ヲ歴訪シテ日本品ヲ取扱ハサルコトヲ要求セシムヘシト指令セル由（十七日「ニユーヨーク・タイムス」）

二、「パネー」事件ノ爲今週百貨店及連鎖店方面ニ於テ一般消費者ノ日本品「ボイコット」氣分執拗ニ擴大シツツアリ特ニ米國製品ヲ指定スル需要著シク增加シ來リ少クトモ事變ノ見透シ付ク迄日本雜貨ノ仕入ヲ差控ヘントスル向多シ（十七日「ニユーヨーク・ヘラルド」）

米ヘ轉電セリ

1029 昭和12年12月27日 在ムンバイ石川領事より広田外務大臣宛（電報）

事変をめぐる英国およびソ連の動向に関するアフガニスタン総理大臣の内話について

第一九七號

ムンバイ　12月27日後発
本　　省　12月28日前着

阿富汗發貴大臣宛電報

第一四七號

二十三日總理大臣ノ內話左ノ通リ

英國及印度政府ハ海洋竝ニ大陸ヨリスル日本ノ進出ヲ頗ル惧レ新疆モ寧ロ蘇聯邦ノ占領ニ歸スルヲ希望シ居レリ日本將來ノ眞ノ大敵ハ同國ナルヘク自分ノ情報ニ依レハ同國ハ米國カ動ケハ或程度武力干涉ノ底意アリ今後日本カ經濟軍事上疲弊スルヲ窺ヒ其ノ間ニ日本(米カ)關係激化ヲ策動中ト認メラルル一方同國ハ將來ノ政策トシテ獨逸ト妥協、日本ヨリ引離スニ努ムヘク右ハ現ニ自分ノ滯英中ニモ「ハリフアクス」卿ハ之ヲ洩ラシ獨逸ノ亞細亞政策ノ眞意ニ付熱心尋ネ居タルカ當時蘇聯邦ハ自分カ伯林ニテ獨阿祕密協定ヲ締結シタリトテ公然抗議シタル時ニテモアリ自分カ獨逸ノ底意ヲ知リ居ルト認メタルカ爲ナルヘシ(依テ先日「イラク」外務大臣ハ本使ニ對シ英國ハ最近頻リニ土耳古ヲ通シ支那問題ニ付同敎四國ヲ動カサント焦慮中ナルカ他三國ハ表面利害關係ナキヲ理由ニ中立ヲ主張スト語リタルニ付之ニ關スル其ノ後ノ當國側狀況ヲ尋ネタル處)

同總理ハ目下英蘇ハ當國カ日本ニ操縱サレツツアリト疑ヒ居ル際ニ付此ノ問題ニ付テハ一言モ言ヒ來ラス却テ先般來種々政治經濟的困難(現ニ一時倫敦ニテ「アストラカン」ノ契約ヲ阻止セシメタリ)ヲ釀シ居レルモ英國ハ今後支那事件ノ切迫ニ連レ或ハ好意ヲ示シ來ルカト思ハルル節モアリ若シ英國カ當國援助ヲ申出ツル場合アラハ大勢ハ日本ニ有利ニ向フモノト承知アリ度ク當國ノ發展ハ日本ノ爲トナルヘク決シテ英國ヲ利スルモノニハアラス當國ハ日本ノ勢力新疆ニ及フヲ歡迎シ益々提携ノ上當方面國際關係ヲ利用シ情勢ヲ日本ノ爲好轉セシムルニ助力致スヘシ日本ハ此ノ際內面方法ヲ以テ亞細亞諸邦ト(ノ欠カ)提携ニ一層御努力アルヲ可トス

蘇領「トルケスタン」內ノ各領事ノ報告ニ依レハ同地一帶ノ狀態ノ惡化ハ言語ニ絕シ住民ハ食料物資ヲ他ニ引揚ケラレ行政、交通、經濟等ノ萬般恐慌ニ瀕シ蘇聯ハ地方要路者、官吏、軍人、商人、知識階級ヲ日々百人乃至五十人位宛銃殺中ニテ人民ノ不安極度ニ達ス此ノ儘進メハ土着人中少シニテモ知識教育アル者ハ恐ラク全滅スヘシ其ノ後蘇阿國境ニテハ西部ノ放牧民ハ射殺ニ遇ヒ條約ノ權利ハ蹂躙サレ且隨所ニ小衝突絶エス各地領事ノ職務執行ハ事實上停止サレ在「タシユケント」總領事ハ當局ニ面會スルモ一切返事ヲ得ス公文ヲ送ルモ悉ク無回答ノ有樣ニ付自分ハ二、三日前蘇側ニ對シ此ノ儘ニテハ外交官ヲ派遣シ置クモ無益ニ付引揚ノ外ナカルヘシト强硬ニ申入レタリ

自分ノ情報ニ依レハ先般ノ新疆戰爭ニハ蘇聯飛行機三十右ニ使用サル軍隊モ駐屯ストノコトナルカ當地英國公使ハ此ノ點ハ絶對ニ否定シタリ尚新疆國境ニハ最モ精鋭ナル蘇軍十二個師團集中ストノコトナルカ餘リ多過キルト思ハルルニ付目下在「パミール」官憲ニ取調ヲ命シ居レリ日支事件モ初ハ當國モ列國側ノ强壓ヲ惧レ居タルモ今日ニテハ安心セリ萬一日本カ蹉跌スルカ如キコトアラハ當國モ必ス英蘇ニ二分セラルヘシ蘇聯本國今日ノ混沌狀態モ永續スルモノトハ見ルヘカラス「スターリン」カ目的ヲ固ムルカ或ハ「ウオロシーロフ」等(極東ニ派遣サルトノ巴里新聞報アリ事實トスレハ「スターリン」ノ目的ハ左遷ト日本牽制ノ爲ナルヘシ)カ代リテ新ニ國民的政權ヲ樹立スルカト思ハレ成行ハ極メテ注目ヲ要ス若シ此ノ儘戰爭等ニ依ル全面的崩壞作用ヲ受ケスニ後者カ國內ヲ再組織スレハ我等ニ對スル危險ハ頗ル增大スヘシ云々

1030 昭和12年12月30日　在ベルギー来栖大使より広田外務大臣宛(電報)

独国は日本に東亜の防共を期待しつつも中国にも多大の経済利益を有するため事変には仲介程度で深入りせずとの独国参事官内話報告

ブリュッセル　12月30日後発
本　　省　12月31日前着

第四三七號

駐佛獨逸大使館參事官 Brauen(前當地參事官)三十日好富來訪大要左ノ內話ヲ爲セリ

一、獨逸ハ東亞ニ於ケル赤化防止ハ日本ヲ措キテ之ヲ爲ス者ナキヲ知ルト共ニ獨ハ又支那ニモ多大ノ經濟的利益ヲ有スルニ付日支何レニモ好キ樣取計ハント努メツツアル次第ナルカ餘リ之ニ深入リセハ却テ日支何レカノ感情ヲ害スルニ至ルヘキニモ鑑ミ仲介ノ程度以上ニ出ツルヲ好マ

ス獨ノ希望スル所ハ右獨ノ仲介ニ依リ東亞ニ平和招來セラルルコトトナラハ聯盟モ九國會議モ爲シ得サリシ所ヲ獨一國ノ手ニテ成就スルコトトナリ獨ノ面目ヲ施スハ素ヨリ獨ノ排撃スル集團機構ノ無力ヲ如實ニ示スコトトモナルノ點ナリ（以上ハ最近伯林ニ歸還各方面ト意見交換ノ結果ナリト附言セリ）

二、過般「ハリフアックス」「フランダン」等ノ訪獨等ヲ楔機トシ目下獨ト英佛トノ間ニ内々話合中ナルカ佛ハ波蘭、致惠古、墺太利問題、獨ノ軍備問題、新「ロカルノ」等全般的解決ヲ一時ニ爲サントスルニ對シ獨ハ各種問題ヲ個別的ニ解決シ行クノ建前ヲ執リ居レリ但右英佛獨間話合ノ結果歐洲ノ空氣ハ一時ニ比シ緩和セラレタリト思料ス

三、獨ノ植民地返還要求ニ對シ佛ハ比較的好意ヲ示シ或種條件ノ下ニ原則上ノ同意ヲ與ヘタルモ英ハ未タ夫迄ニ至ラス

〰〰〰〰〰〰〰〰〰〰〰〰〰〰

1031　昭和13年1月7日　在コルカタ吉田（丹一郎）総領事より広田外務大臣宛（電報）

インドにおける対日反感空気につき報告

コルカタ　1月7日後発
本　省　1月7日夜着

第四號

本[1]官着任以來二週間當地方各方面ニ於ケル對日感情ヲ觀察スルニ

一、新聞論調ハ政府機關「ステイツマン」ハ素ヨリ「ヒンヅー」回教徒兩方面ノ新聞何レモ本邦ニ好シカラス日本ハ支那ヲ侵略壓迫スルモノナリトテ我方ノ行動ヲ强ク非難ス

二、又印度人一般ハ帝國ノ毅然タル態度ニ依リ極東ニ於ケル英國ノ「ボイス」次第ニ弱マリ來レリトテ是ヲ痛快ニ感シ居レル一方被壓迫國民トシテ痛ク支那人ニ同情シ勢ヒ我方ニ反感ヲ抱キ居レリ此ノ點ハ日頃特ニ本邦ニ憧憬ノ念ヲ寄セ居ル印度人ト雖感情ヲ等シウセルモノノ如ク本官ニ之ヲ言明セル者モアリタリ

三、[2]「コングレス」等カ支那ニ同情ノ意味ヲ以テ日貨非買ヲ公然決議セル次第ハ既ニ御承知ノ通リナル處今般更ニ第八路軍指揮朱德ヨリノ要請ニ基キ醫藥材料送付ノ爲來ル

九日ヲ期シ全國的ニ「チヤイナデー」ヲ催シ寄附金募集ヲ為ス旨聲明シ（同黨ニハ共産分子介在ノ疑アリ調査方考慮中）同教徒側モ之ニ合流セントスル狀況ニ在リ
要スルニ英本國ノ對日感情ノ支配ヲ受ケ且感情的ナル印度人カ弱者ニ同情シ加之「コングレス」ノ大衆運動ノ對象トナリタル為我方ニ對スル一般ノ空氣甚タ宜シカラス
右ハ本官事務引繼ニ際シ當館ト交際アルモノトシテ示サレタルハ僅ニ四五人ノ著名ナラサル印度人ノミニシテ英人ハ一人モナク何等有力ナル印度人モナカリシ事實ニ徵シ其ノ一半ヲ知ルヲ得ヘシ
英ニ轉電シ孟買、蘭貢ニ暗送セリ

1032 昭和13年2月7日　広田外務大臣より在米国斎藤大使宛（電報）

米国における排日貨運動の深刻化と国内世論への悪影響に鑑み事態改善のため一層対処方訓令

本省　2月7日後6時発

第四二號（極祕）
米國ニ於ケル排日貨運動ハ深刻化シ一部輸出工業ニ於テハ新規註文ノ減少ニ加ヘ既約品ノ解約積止等ノ問題モ起リ居ル處右ノ如キ排日貨運動ハ此儘放置スルニ於テハ國内ノ人心ヲ刺戟シテ對米輿論ヲ悪化セシムルニ至ル可ク殊ニ目下開會中ノ議會ニテ論議セラルルコトトモナラバ單ニ日米通商關係ニ止ラズ日米友好關係ニモ悪影響ヲ及ボス虞アルニ付テハ既ニ貴官ニ於テ種々御努力ノ次第ハアルモ今後一層之ガ推移ヲ注視セラレ適宜當局ノ考慮ヲ促シ或ハ業者ノ指導利用ヲ圖ル等事態改善ノ為萬般ノ措置ヲ講セラレ度ク尚貴管内ノ排日貨ニ對スル具体的對策隨時電報アリタシ
本大臣ノ訓令トシテ紐育、桑港、「ロスアンゼルス」、「ポートランド」、「シアトル」、「シカゴ」、「ニューオルレアンス」ニ轉電アリタシ

1033 昭和13年2月8日　在上海岡本総領事より広田外務大臣宛（電報）

独国の政変が中国に不利な影響を及ぼすとの中国紙の悲観的論調について

上海　2月8日後発
本省　2月8日夜着

第四二三號

六日漢口發路透電ハ獨逸政變ニ關シ官邊ハ沈默ヲ守リ居ルモ支那新聞ノ調子ハ悲觀ニ傾キ卽チ支那ニ同情ヲ有シ日支和平公約ニ努力シタル「ノイラート」ニ代リ三國防共協定ノ立役者「リッペントロップ」カ外相トナリタルコト又在支軍事教官ヲ通シ蔣介石ト密接ナル聯絡アリタル「ブロンベルグ」カ去リタルコトノ爲日支時局ニ關スル限リ今次ノ獨逸政變ハ支那ニ不利ナル影響アルヘシト觀測セル旨報セリ

1034　昭和13年2月15日　在シンガポール岡本(一策)総領事より広田外務大臣宛(電報)

シンガポール華僑による排日貨運動深刻化の状況について

シンガポール　2月15日後発
本　　省　2月15日夜着

第六一號

當地華僑最近ノ排日狀況ニ關シ當館諜報者ヨリ得タル情報御參考迄左ノ通リ

一、排日貨ニ依リ邦人ノ打擊甚大ナルハ勿論ナルモ華商亦甚タシキ苦境ニアリ最近各地ニ倒産者發生シ居リ半島方面ハ新嘉坡ニ比シ其ノ數多キ模樣ナルカ特ニ海産物商雜貨商綿布商中ニ多シ

二、邦人經營護謨園鑛山等ノ苦力ニシテ監察隊ノ脅迫ニ依リ已ムナク退職セル者鮮カラス(石原飯塚鑛山等)此ノ方面ノ失業者ハ護謨生産制限ニ依ル失業者金融難ニアル華僑經營「パイナップル」「ビスケット」及護謨工場等ノ失業者ト合スレハ相當多數ニ達シ當地經濟界ノ前途ニ暗影ヲ投シツツアリ

三、邦人漁獲魚類ニ對シテハ抗日團ニ於テ極力其ノ販賣停止ニ努メタルモ當市民需要ノ大半ハ邦人漁夫ニ依リ捕獲セラレ居ルヲ以テ結局供給不足ヲ來シ民衆ノ反感ヲ買フ惧アリテ所期ノ目的ヲ達セス遂ニ總商會及抗日團本部ニ於テハ支那人漁業規模ヲ擴張スヘク其ノ融資方ヲ中國銀行ニ依賴スルト共ニ漁船「ライセンス」獲得ニ關シ英國官憲ニ折衝スル趣ナリ

四、當地總商會ニ於テ募集中ノ救國公債ハ募集成績芳シカラス其ノ對策トシテ總商會ニ於テハ手持日本品ニ對シ商品

毎ニ手數料徴收ノ上販賣ヲ許可シ右手數料ヲ公債購入資金ニ充當シ居レリ

五、最近抗日團ノ活動振リ稍々衰ヘタル感アルハ活動資金難ニ依ル模様ニシテ此ノ爲監察隊員ハ減少シ今後ハ漢奸ニ對シテハ暴力制裁ヨリハ寧ロ資金獲得ノ手段ニ出ツル趣ナリ

暹ヘ轉電セリ

1035　昭和13年5月19日　在シンガポール岡本総領事より広田外務大臣宛(電報)

シンガポールにおける抗日派の凋落傾向および徐州作戦を転機とする対日空気好転に関する観測について

シンガポール　5月19日後発
本　　省　5月19日夜着

第一〇九號

當[1]方其ノ後ノ排日狀況左ノ通リ

一、排日巨頭陳嘉庚(福建人ニシテ數種排日團體ヲ牛耳リ居レリ)等ノ計畫セル救國公債强制月賦賣付モ成績擧ラス又抗日團内部ノ軋轢、一般華僑ノ氣乘薄等ノ爲抗日團體ハ漸次資金難ヲ告クルニ至リ一方當領官憲ノ取締ト相俟チテ同團ノ活動ハ著シク氣勢ヲ殺カレタル感アリ(警視總監ハ特ニ陳ニ對シ排日團ノ暴行ニ付警告爾後耳切リ其ノ他ノ暴行アリタル節ハ陳ノ責任ト爲ス旨告ケタル由)豫テヨリ邦人醫師又ハ邦商店舖ニ張番シ出入支那人ヲ監視セシメ居タル糾察隊ノ如キモ其ノ配置ヲ止メ弗々支那人患者及取引者姿ヲ現スニ至リ特ニ半島方面ニ於テハ馬來人、印度人ヲ通シ取引行ハレ「セメント」ノ如キ相當大量ヲ輸入シツツアリト言フ

二、支那側ノ徐州戰勝ノ一方的宣傳ニ迷ハサレ反日活動一時其ノ勢ヲ盛返シタル感アリシモ(往電第一〇一號)華僑有力者ハ素ヨリ和平ヲ希望シ(當地在住二十數年ノ一有力支那人ヨリ突然本官宛書翰ヲ寄セ且親シク來訪國民黨ノ秕政ヲ訴ヘ來レルカ如キハ其ノ例證ナリ委細公信)又大多數支那人モ各種義捐金其ノ他强制寄附金ニ惱マサレ且邦品取扱不能ノ爲支那商中ニ倒産者頻出スル等ノ關係ニテ困憊甚タシク抗日團ノ笛ニ踊ラサルニ至レリ

三、以上ノ如ク抗日團ノ氣勢日ニ不利ニ赴クヤ前顯陳ハ母國

政情視察ヲ名義トシ當地逃出ニ決定シ居リタル處偶々日本海軍ノ厦門占領ニ依リ（厦門大學ハ同人ノ出資ニカカル由）當地在住同方面出身者ノ危惧增大シ旁暫ク當地ニ止マリテ抗日繼續方各方面ノ懇請アリタル趣ニテ其ノ歸國ヲ取消セリ

四、[(2)]南支方面我軍攻略ノ報道ハ逸早ク當地漢字紙ニ歪曲シテ掲載セラレ本官ハ之カ是正ニ努メタルモ累次報告ノ通リ「フリー、プレス」亦支那人讀者ヲ慮リ之カ掲載ヲ遠慮シ（尤モ同紙ハ聯盟總會ニ於テ顧維鈞ノ毒瓦斯使用ニ關スル誹謗ヲ反駁スル記事ヲ大見出ニテ掲載セリ）一般華僑ハ漢字紙所報ヲ盲信シ居タル處偶々郷里ヨリノ通信ニ依リ我軍ノ公正ナル態度判明シ其ノ對日態度緩和セル事例モアリ當地方出身者地元ニ於テ是等通信ノ根據トナル悪材料ヲ提供スルコトナキ樣此ノ上トモ軍側ト聯絡サルルノミナラス相成ルヘクハ進テ皇軍ノ規律正シク毫モ良民ヲ虐ゲサルコト及平和裡ニ生活シ居ルコトヲ通信セシメラレナハ效果甚大ナルヘシ

五、要之現在當地華僑ハ抗日ノ爲奔命ニ疲レタルノ感アリ陳ノ歸國決心ノ如キハ抗日派ノ凋落ヲ有力ニ物語ルモノニシテ徐州會戰ヲ一轉機トシテ抗日運動ハ好轉シ來ルヘク豫想セラル

六、陳嘉庚發案ノ月賦獻金乃至公債買入策ハ前記ノ如ク强制的ナリトノ反對ニ依リ殆ト失敗ニ歸シタルカ右ハ華僑間資力ノ欽乏ヲ語ルモノニシテ客年事變當初ヨリ本年四月ニ至ル義捐金ハ約四百五十萬、公債應募額ハ七百二十萬海峽弗ニ達セリト言フ

英、暹、「バタビヤ」ヘ暗送セリ

1036　昭和13年6月1日　在独国東郷大使より宇垣外務大臣宛（電報）

華北での日独経済提携に関する協定の交渉状況につき報告

付　記　昭和十三年七月十日、参謀本部第六課作成「北支ニ於ケル日獨經濟提携ニ關スル協定案」

ベルリン　6月1日後発
本　　省　6月2日前着

第二九五號（極祕、至急）

貴電第一八二號ニ關シ（北支ニ獨資誘致ノ件）

累次貴電ノ趣旨ニ從ヒ別電第二九六號(見当ラズ)ノ如キ文書ヲ作成シ過日「リ」外相ニ内示シタル上獨逸側ニ於テ右案ニ同意ナラハ改メテ東京ニ請訓ノ上確定スルコトト致度キ旨述ヘ置キタル處客月二十八日會見ノ際「リ」ハ近日改メテ回答致スヘキ處右案ハ基礎案トシテハ滿足ナルモ二、三ノ修正ヲ希望スル點アリト言ヘルヲ以テ本使ヨリ重要ナル修正ハ不可能ナルヘキ旨答ヘ置キタルカ其ノ際形式ノ問題モ出タルカ結局「リ」ハ右文書ニ同外相及本使ニ於テ「イニシアル」スルコトト致度キ旨ノ希望ヲ洩ラシ居タル經緯モアルニ付今少シク先方ノ出方ヲ見テ對處スルコトト致度シ

尙別電案ノ貴方御訓令ト異ル點ハ唯貴電第一二六號申入案ノ冒頭ニアル獨逸ノ好意的態度云々ヲ除キタル點ノミナルカ右ニ付テハ本使ニ於テモ從來トモ獨逸側ニ對シ感謝ノ意ヲ表シ來レル一方日本ノ行動ニ基ク極東ニ於ケル形勢カ獨逸ノ地歩竝ニ活動ニ有利ナル影響ヲ與ヘ居ルコトヲ指摘シ帝國ノ地歩及利益ヲ擁護スルニ努メ來リタル次第ニシテ徒ニ一方的ニ謝意ヲ表スルコトハ日獨通商協定ノ例ニ見ル如ク獨逸側殊ニ其ノ事務當局ヲシテ不當ノ要求ヲ爲サシムルコトトナル惧アルヲ以テ別電第二九六號ノ文書中ニ此ノ項態ト省略セル次第ナルニ付左樣御了知相成度シ

(付　記)

北支ニ於ケル日獨經濟提携ニ關スル協定案

七月十日　第六課

日獨兩國ハ防共協定ノ精神ニ卽シ政治上經濟上兩國協力ノ一層緊密化セラル可キヲ深ク希望シタルニ因リ

獨逸政府ハ支那ニ於ケル日本ノ特殊地位ヲ承認シ北支那ニ於ケル日本トノ經濟的技術的協力ニ對シ最善ヲ盡ス可キコトヲ約シ

日本政府ハ左記方針ニ依リ北支那ニ於ケル獨逸ノ經濟活動竝外國貿易ニ關シ特別ノ好意的考慮ヲ拂フ可キコトヲ約ス

一、日本政府ハ將來北支ニ於ケル獨逸ノ經濟活動ニ對シ原則トシテ第三國ヨリ優レタル地位ヲ與ヘ更ニ今後獨逸側ヨリ提起セラルヘキ個々ノ場合ニ付獨逸側ノ利益ヲナルヘク獨逸ニ有利ニ考慮スヘシ

尤モカカル好意的取扱ハ第三國トノ協力ヲ排除スルコトアルヘキ性質ヲ有スルヲ得サルコト勿論ナリ

二、日本政府ハ支那ニ於ケル日獨ノ貿易ハ原則トシテ平等ノ

基礎ニ立ツヘキモノトシ居リ從テ兩國ハ支那ニ於ケル關税政策上平等待遇ヲ享ク可ク且何ラカ輸出入特殊措置ノ設定セラルル場合ニハ獨逸ノ利益カ十分ニ尊重セラレ少クトモ第三國ノ利益ニ比シ優先的ニ之ヲ取扱フヘキモノト思考ス

註　本協定ノ型式ハ兩政府間ニ於ケル交換公文トス

1037　昭和13年7月5日　在張家口森岡総領事より宇垣外務大臣宛（電報）

蒙疆連合委員会の石油販売統制実施に当たりスタンダード石油など英米資本に出資を求める交渉は長期化する見込みについて

張家口　7月5日後発
本　省　7月5日夜着

第二四八號

蒙疆聯合委員會ニ於テハ石油販賣統制ヲ企圖シ居リタル處諸般ノ準備整ヒタルヲ以テ愈蒙疆石油股分有限公司（公司法ニ依ル普通法人資本金八十萬圓）ヲ設立スルニ決シ株式引受滿洲石油會社四十五萬圓、蒙疆銀行二十萬圓、蒙疆汽車公司十萬圓、出水商會五萬圓トシテ明五日創立總會ヲ開クコトトナリタルカ右蒙疆銀行引受ノ二十萬圓ハ「スタンダード」、「テキサス」及亞細亞ノ三社ニ肩替リセシムル方針ニテ目下交渉中ナルモ右回答ハ相當手間取ル見込ナリ尚同委員會ニ於テハ鐵道輸送貨物ノ取扱ヲ統制スル爲國際運輸其ノ他ノ各運輸會社ヲ一括シテ近ク蒙疆運輸公司（公司法ニ依ル一般法人）ヲ組織セシムルニ決シ右設立ノ上ハ同社以外ノモノニハ貨物ノ取扱ヲ許ササル方針ナリ

北京、天津、滿ヘ轉電セリ

1038　昭和13年7月6日　在仏国杉村大使より宇垣外務大臣宛（電報）

西沙群島の仏国兵占拠に対する仏国側説明振り報告

パリ　7月6日後発
本　省　7月7日前着

第四四一號（極祕）

五日「レゼー」ノ求ニ依リ往訪シタルニ「レ」ハ Paracel 群島カ一八一六年以來安南ニ屬シ近年佛領印度支那政府ニ

於テ燈火氣象無電等ノ設備ヲ爲シタルコト一、二年前支那カ同群島ノ領土主權ヲ主張シ佛トノ間ニ種々交渉アリタルコト同群島カ佛領ナル旨ハ曩ニ帝國政府ニモ通告セルコト等ヲ長々ト説明セル後過日同群島ヲ訪ヘル帝國軍艦ノ士官カ佛ノ管理ニ對シ同群島ハ佛領ニアラサルヲ以テ次回訪問ノ際ニハ退去ヲ命スルヤモ計ラレスト言ヘル由ナルカ佛トシテハ飽迄其ノ領土主權ヲ固執スル方針ナレハ萬一不祥事件ニテモ突發シ新聞等ニ依リ大袈裟ニ傳ヘラレ遂ニ日佛兩國間ノ關係ヲ危殆ナラシムルカ如キコトアリテハ遺憾ナレハ本件ハ既ニ「アンリー」大使ト堀内次官トノ間ニ話合カ始メラレタル次第ニモアリ日佛兩國政府間ノ外交上ノ交渉ニ依リ穩便ニ解決シ度ク（印支政府トノ現地解決ニ依ラス）尚佛政府ニ於テハ新聞ニ對シ必要ナル警告ヲ與ヘ置クヘシト述ヘタルヲ以テ本使ハ本件ニ付テハ未タ何等帝國政府ノ訓令又ハ通報ニ接セサルモ本使カ我方ノ記録ニ依リ確知シタル所ニ依レハ同群島カ佛領ニアラサルコト丈ケハ明瞭ナレハ前記我海軍士官ノ言ハ我方ノ建前上ハ寧ロ當然ト認メラルト答ヘ尤モ徒ニ兩國間ノ國交ヲ惡化セシムルカ如キハオ互ニ愼ムヘキコトナレハ誠意ヲ以テ本件ヲ處理セントスル佛國政府ノ希望ハ東京ニ取次クヘシト答ヘ置ケリ

在歐各大使、壽府ヘ暗送セリ

〰〰〰〰〰〰〰〰〰〰〰〰〰〰〰〰〰〰〰〰〰〰〰

1039　昭和13年7月6日　在仏国杉村大使より宇垣外務大臣宛（電報）

西沙群島占拠の背後に見られる仏国の対日態度に関し対応振り意見具申

パ　リ　7月6日後発
本　省　7月7日前着

第四四二號（極祕）

往電第四四一號ニ關シ

「レ」ハ日本側ニ於テハ曩ニ英ヲ槍玉ニ擧ケ盛ニ攻擊シタルカ今ヤ攻擊ヲ佛ニ集中シ中ニハ計畫的トサヘ思ハルル排佛宣傳カ行ハルルハ心外ナリト訴ヘ印度支那經由武器問題等ニ關スル佛側調査ノ結果及貴大臣ト佛大使トノ談話竝ニ我新聞論調ニ付縷々陳辯シ日佛間ノ傳統的友好關係ニモ顧ミ切ニ日本側ノ考慮ヲ求メ度シト述ヘタルニ依リ本使ハ我方ニ對シ不都合ト認メラレシ佛ノ遣口ヲ一々指摘シタル後右ニ對シ日本ノ朝野カ反感ヲ懷クハ當然ナラスヤト應酬シ

タル處「レ」ハ人民戰線下ノ國情ニテハ種々日本側ノ意ニ滿タサル所アリシナランモ佛蘭西人ノ大多數カ日本トノ友好關係ヲ維持セント希望スルハ疑フヘカラサル事實ナルノミナラス佛政府ニ於テモ更ニ一層右友好關係ノ促進ニ努ムヘケレハ何卒右佛ノ眞意ヲ東京ニ傳ヘラレ度シト切望シタルニ付佛ノ公正ナル態度カ事實上立證セラルルニ至ラハ我方ニ於ケル攻撃ノ火ノ手モ自ラ和ラクヘク尙御希望ノ次第ハ東京ニ傳達スヘシト答ヘ置ケリ

貴大臣カ佛大使ニ對シ執ラレタル儼然タル態度カ鮮カラス佛ノ當局ヲ驚カシ且反省セシメタルハ明瞭ナル事實ニテ日支事變ニ際シ漁夫ノ利ヲ占メントセル佛政府ノ態度モ最近餘程改マリ「パラセル」群島問題ノ如キモ進ンテ利ヲ漁ラントスルヨリモ我南進ノ氣勢ニ恐レ印度支那ノ安全ニ資センカ爲姑息ノ手段ヲ執レルモノト推察セラレサルニモアラサルニ付本邦ノ新聞論調ノ如キモ今後ハ特ニ佛全体ト佛ニ於ケル不良分子トヲ判然區別シ攻撃ノ重點ヲ我ニ對シ不都合ト認メラルル言動ヲ爲ス徒輩ニ集メ斯クシテ佛ノ政府及國論ヲシテ次第ニ支那ヲ見棄テ我ニ靡カシムル樣工作スルコト然ルヘシト存セラル

在歐各大使、壽府ヘ暗送セリ

1040　昭和13年7月7日　堀内外務次官／在本邦アンリ仏国大使　会談

仏国の西沙群島占拠に対しわが方抗議申入れについて

「パラセル」群島問題ニ關スル堀内次官
在京佛國大使會談要旨

（昭和一三、七、七、歐、二）

七月七日在京佛國大使ノ來訪ヲ求メ堀内次官ヨリ別紙覺書ヲ手交シタル處大使ハ右ヲ通讀シタル後右覺書第三項ニ依レハ佛國側カ今回突如「パラセル」群島ヲ占有シタルコトハ不可解ナリト述ヘラレ居ル處右ハ事實ニ相違ス佛國ハ夙ニ新嘉坡ヨリ南支那海方面ニ於ケル航行ノ安全ヲ確保スル爲諸般ノ施設ヲナシ居ルモノニシテ右ノ趣旨ヨリ「パラセル」群島ニモ航路標識其ノ他航行安全確保ニ必要ナル施設ヲナスコトトナリ客年十月大使館付海軍武官「ロザッティ」大佐ヨリ海軍省ニ通報シ十月頃ヨリ工事ヲ始メ右ハ其ノ後臺灣總督府ヨリ同群島ニ派遣セラレタル照南丸乘組員

モ目撃シタル處ニシテ今回佛國側ノ採リタル措置ハ決シテ不意打ニ非スト述ヘタルニ付次官ヨリ日本側トシテハ客年九月貴大使ヨリ覺書ヲ以テ佛國トシテハ領土權ニ關スル佛支兩國間ノ紛爭解決前ニ同群島ノ有效ナル占有ヲナスカ如キコトナカルヘシト通告セラレ居ルニモ拘ラス今回同群島ノ決定的且完全ナル占有ヲ行ハレタルコトヲ不可解ニ感シ居ルモノナリト述ヘタリ

大使ハ右ニ對シ右次官ノ指摘セラレタル覺書ハ佛支間ノ關係ヲ述ヘタルモノニシテ日本ハ右ニ對シ何等ノ關係ヲ有セサルモノナリ佛國トシテハ一八一六年安南政府ニ依ル併合以來同群島ニ對スル領土主權ヲ有ストノ主張ヲ持シ來リ居ルモノナリト繰返シ同群島カ佛國ノ領土ナルコトヲ說明スル處アリタリ仍テ次官ヨリ佛國側ノ主張ハ兎モ角日本側トシテハ從來同群島ハ支那領ト思ヒ居リ過去ニ於テ日本國民カ同群島ニ於ケル事業上ノ權利ヲ讓受ケタル際モ支那側ヨリ承認ヲ取付ケタルヤニモ承知シ居リ佛國側ノ領土主權ニ對スル一方的主張ハ承認シ難シト述ヘタル處大使ハ佛國側ノ主張ノ新シキモノニ非サルコトヲ諄々ト繰返シ述ヘタリ

次テ次官ヨリ同群島ニ安南人武裝巡警ノ駐屯スルコトハ我方從業員トノ間ニ不測ノ過誤ヲ生スル惧アルニ付佛國側ニ於テ至急右巡警ヲ撤退セシメラレ度キ旨日本側ノ希望トシテ申入レ右ハ既ニ現地ニ於テ帝國海軍指揮官ヨリ佛國側官憲ニ申入レ居ル旨ヲ附言セル處大使ハ安南人ノ巡警ヲ駐屯セシメタルハ同島ニ於テ佛國側ノナシ居ル諸設備ヲ海賊ニ依リ破壞セラルルコトヲ防ク爲ニシテ別段ノ他意アル次第ニ非サル旨ヲ述ヘタルニ付次官ヨリ兎モ角斯ノ如キ武裝巡警ノ駐屯ハ日佛間ニ誤解ヲ起ス種トナルヘキニ付至急撤退セシメラレ度キ旨重ネテ要望セル處大使ハ本件ハ余程困難ナリト思考スルモ自分限リニテハ何トモ御答ヘシ難キニ付御希望ハ本國政府ニ傳達スヘシト述ヘタリ

次テ佛國大使ハ覺書第四項末段「適當ナル措置」ニ關シ右ハ軍事行動ヲモ意味スルモノナリヤ若シ然リトセハ右ハ佛國領土ニ對シ日本側ニ於テ軍事行動ヲ取ラルルコトトナリ重大ナル問題ヲ惹起スヘシト述ヘタルニ付次官ヨリ日本側トシテハ既ニ述ヘタル如ク同群島ニ對スル佛國側ノ主張ヲ承認シ居ラサルモノナルニ付將來南支沿岸ニ對スル航行遮斷實施上必要ナルニ於テハ之ニ對シ軍事行動ヲ取ルコトモアリ得ヘク要スルニ「適當ナル措置」トハ日本側ニ依ル行

動ノ自由ノ留保ヲ意味スルモノナリト述ヘ置キタリ
最後ニ次官ヨリ四日ノ貴大使ノ通告ニ關シテハ外務省ニ於テハ何等ノ發表ヲナス所ナカリシモ巴里、倫敦等ヨリ不正確ナル報道ヲ電報セラレ種々誤解ヲ生シ居ルヤニモ思考セラルルニ付此ノ際日本側覺書ノ要旨ヲ發表スルコトト致シ度シト述ヘタル處大使ハ初メ外交文書ヲ公表スルモ一般公衆ニ充分理解セラレサルヘシトテ右ニ同意シ難キ旨述ヘタルモ次官ヨリ覺書ノ「テキスト」其ノママニ非スシテ其ノ要旨ナレハ可ナルニ非スヤト說キ結局大使モ佛國側ノ領土權ニ對スル主張ヲ含ムモノナルニ於テハ差支ナシトテ右ニ同意セリ
尙佛國カ今囘斯ル擧ニ出テタルハ佛支間ニ何等カ諒解成立セル爲ナリヤトノ次官ノ問ニ對シ同大使ハ斯ル事實ナシト思考スル旨答ヘタリ

(別　紙)

歐二普通第四八號

覺　書

今般佛國政府ガ西沙群島(「パラセル」群島)ノ決定的且完全ナル占有ヲ行ヒタル旨ノ在本邦佛國大使通告ニ關シ帝國外務省ハ在本邦佛國大使館ニ對シ左ノ通帝國政府ノ見解ヲ披瀝スルノ光榮ヲ有ス
西沙群島ニ關シテハ客年九月十八日附在京佛國大使覺書ニ依リ佛國ハ同群島ノ領土權ヲ主張セルモ右ニ關シテハ佛支兩國間ニ係爭中ニシテ右紛爭ノ解決前ニ同群島ノ有效ナル占有ヲ行フガ如キコトナカルベキ旨ヲ通告セラレ居ル處右ハ從來同群島ニ關シ支那側ヲ交涉相手トナシ來リタル日本側ノ建前ヲ變更スルニ足ルモノニ非ズ
次ニ帝國政府ハ冒頭記載佛國政府ノ今次ノ通告ハ右覺書ト矛盾スルノミナラズ日支間ノ事變最中突如佛國政府カ斯ノ如キ矛盾スル措置ヲ執リ西沙群島ノ決定的且完全ナル占有ヲ通告セラレタルハ其ノ眞意那邊ニアリヤヲ了解スルコト能ハザルコトヲ特ニ指摘セントス
最後ニ帝國政府ハ客年八月以來帝國軍ノ南支沿岸ニ對スル交通遮斷ヲ實施シ來リ居ル處帝國ハ將來右實施ノ必要ニ應ジ又ハ帝國臣民ノ同島ニ於テ有スル事業上ノ權利保護ノ爲之ヲ必要トスル場合適當ナル措置ヲ執ルコトアルベキコトヲ玆ニ附言セント欲ス

昭和拾參年七月七日

1041 昭和13年7月18日 在香港中村総領事より宇垣外務大臣宛(電報)

西沙群島の仏国占拠は中国の懇請に基づくものとの伊国総領事内話報告

香港 7月18日後発
本省 7月18日夜着

第九一六號(極祕)

十八日當地伊國總領事ノ內話ニ依レハ最近英國政府ハ香港總督ニ對シ「パラセル」島ノ占領ハ孫科及顧維鈞ヨリ滇越鐵道ノ交通確保ヲ目的トシテ佛國政府ニ懇請セルニ基ク旨極祕トシテ通報越セル趣ナリ尙同總領事ハ右通報中ニハ英國政府カ事前ニ相談ヲ受ケタルヤ否ヤハ殊更ニ曖昧ニシ居ルモ「カー」「ナジヤール」兩大使ハ事前ニ意見ヲ交換セルヤニ思ハルル節アリト觀測シ居レリ

上海へ轉電アリタシ
英へ轉電セリ
英ヨリ佛へ轉電アリタシ

1042 昭和13年8月17日 在シンガポール岡本総領事より宇垣外務大臣宛(電報)

シンガポールにおける排日貨の風潮は漸次鎮静化の状況につき報告

シンガポール 8月17日後発
本省 8月17日夜着

第一六二號

當地[1]其ノ後ノ排日狀況左ノ通リ

一、往電第一〇九號後當地排日風潮ハ漸次沈靜ニ赴キ邦貨ノ荷動モ漸增ノ傾向ニ在リシ處職業排日團ハ其ノ頽勢ヲ挽回セントシ時恰モ我廣東爆撃ニ刺戟サレ且英本國ノ同情等ニ力ヲ得タル爲遂ニ六月二十六日ノ大示威運動トナリ又「ピナン」事件ノ發生ヲ見ルニ至レルカ當地政廳モ之ヲ放任スルハ治安維持上重大事ニ至ルヘキヲ憂慮セル爲カ民政長官ノ支那居留民ニ對スル警告(往電第一四四號)トナリ直接運動者ニ對シテハ嚴罰ヲ以テ臨ムニ至レリ

(「ピナン」事件主動者二名ハ追放處分ヲ受ケタリ)

二、「ピナン」事件發生前當地總商會內ニ於テハ日支兩國ニ對シ和平勸告ノ通電發出方主張スル者アリタリトノ諜報

アリ又廣東方面有力者ヨリ多數ノ反蔣宣傳「ビラ」ヲ送付越ス（配布前陳嘉庚一派ノ爲發見押收サル）等種々排日緩和材料アリ又排日暴力團ノ內訌ニテ鮮魚取扱業者二派ニ分レ各暴力團ヲ使用シ暗鬪ヲ續ケ居レリ（最近頻發スル耳切事件等ハ多クハ暴力團ノ內輪割ニ基ク如シ）籌賑會內部ノ軋轢（林慶年一派カ六月二十六日事件逮捕者ニ對シ籌賑會ヨリ保釋金ヲ支出セルニ對シ侯西反一派反對ス）等何レモ抗日戰線上ノ破綻ヲ示シ居レリ

孔祥熙ヨリ七月三十一日附發ヲ以テ陳嘉庚宛當地ニ華僑領導機關設置方ニ關シ意見ヲ徵シ來レル趣ナルカ右ハ救國資金ノ募集成績惡化ト前記抗日戰線ノ頽勢挽回ニ對スル對策樹立ノ必要ニ迫ラレ居ルカ爲ト認メラル

三、(2)又一方我軍ノ占領地帶カ漸次南支一帶ニ及フヤ右地域ヨリノ輸入品ヲ日貨ト看做スヘキヤ否ヤカ排日團ト取扱華商間ノ問題トナリ最近モ吉林產人參カ日貨ナリヤ否ヤニ關シ醫藥聯合會ト排日團間ニ論爭アリ結局日貨ト認定サレタル趣ナルカ日貨排斥ニ依リ著シク不況ニ陷レル華商カ今又日本軍占領地域ヨリノ輸入迄禁止サルルニ於テハ殆ト輸入ノ途絕エ商賣出來サル爲死活ノ問題トシテ强硬ニ反對シ居リ中華總商會長陳振賢モ本件ニ關シ記者ノ質問ニ對シ七、七事件以後日本軍ノ占領セル地帶ヨリ輸入セル品ト雖國貨タルコト判明セハ制限ヲ加フヘキニアラサル旨說明セル趣ナリ右ハ日貨排斥カ却テ自繩自縛トナレルヲ示スモノニシテ當方トシテハ「ボイコット」カ何等支那側ヲ利スル所ナキノミナラス畢竟自滅ヲ招ク所以ナル旨ヲ華商ニ徹底セシメ其ノ日貨取引ノ要望ヲ表面化セシムル樣工作シ來リタル次第ニテ華商有力者間ニ於テモ漸次此ノ點ヲ了解シ來レルモノノ如ク個々ノ日貨取引妨害事件アルニ拘ラス大勢ハ排日緩和ノ方向ニ向ヒ來レル樣認メラル最近三菱三井等ニ於テモ荷動キ漸增シツツアル趣ナリ

他方鋤奸團等ノ活動ニ對シテハ前記內訌ヲ利用シ勢力分散ノ工作ヲ進メ居リ日貨取扱業者ノ自覺ト相俟テ抗日分子ニ對シ聯合戰線結成ノ機運ヲ釀成セシメツツアリ

尙當地政廳側ニ於テモ總督其ノ他ノ關係官憲ノ態度變化シ我方ニ對シ好意ヲ示スニ至リ特ニ總督カ本官着任當時ノ不躾ナル態度ヲ一變セルハ寧ロ奇異ニ感スル程ナリ民政長官亦本官ニ對シ支那側暴漢ハ徹底的ニ取締ルヘキヲ

告ケ他方支那避難民ノ當方面移動ヲ支那側及英人同情者ノ懇願ニ拘ラス拒絶セルニ反シ本官ヨリ申入レタル日產工業使役ノ臺灣人人夫十人ノ入國ヲ許可セルカ如キ便宜ヲ計リ居レリ

1043 昭和13年8月26日 在上海後藤総領事代理より宇垣外務大臣宛(電報)

蒙疆における石油販売統制の新会社設立に対し独占会社は容認できないとのアジア石油など英米資本の態度について

上海 8月26日後発
本省 8月26日夜着

第二五九五號

本官發張家口宛電報

第二號

貴電第一號ニ關シ

森島參事官廿四日亞細亞石油「ポーエル」、廿五日「テキサス」「ウイリアス」ト會見シ貴電ニ基キ新會社ニ參加方懇談シタル處「ポ」ハ獨占會社ノ存立ヲ承認シ得サル點ニ付テハ先般來再度ニ亘リ東京ニ於テ抗議提出セラレタリトテ東京ニ於ケル話合ニ多大ノ期待ヲ懸ケ居ル口吻ヲ洩シ北上ノ際確メ得タル所ニ依レハ蒙疆石油公司設立ノ眼目ハ販賣ノ統制竝ニ國防上ノ見地ニ基ク一定量ノ石油貯藏ニアルカ如シ右ノ目的ノ爲ナラハ必スシモ獨占會社設立ノ要ナカルヘク從前通リ外國會社ノ商賣ヲ許シツツ右目的ヲ達スル途アルヘク夫レナラハ外國商社トシテモ相談ニ應シ得ヘシ投資額ノ多少ニ付テハ關心ヲ有セスト述ヘ又「ウイ」ハ「テキサス」ノ立場ハ亞細亞及「スタンダード」ト異リ滿石設立後ニ於テモ滿洲ニ對シ石油ノ供給ヲ續ケ來レルモ蒙疆ニ於テ從前通リ販賣ヲ續ケ得レハ外國商社トシテハ新ニ三十五萬元ヲ持出ス必要モナキ次第ナルモ御申出ノ次第ハ紐育本店ニ電照スヘシト約セリ

尚「ウイ」ハ新會社ニ外國側カ參加シタル後ニハ「ブランド」(商標)ハ如何ニ取扱ハルルヤ質問シ居タルニ付右ノ點爲念御回電ヲ請フ

大臣、北京、天津、滿へ轉電セリ

1044　昭和13年8月28日　在張家口森岡総領事より宇垣外務大臣宛(電報)

蒙疆での石油販売統制に英米資本の協力を求める交渉は成功の見込みなく上海など現地交渉は当分中止の方針について

張家口　8月28日後発
本　省　8月28日夜着

第三三一號(部外極祕)

上海發本官宛電報第二號ニ關シ

蒙疆石油會社ハ豫テ天津「スタンダード」及亞細亞兩支配人ニ對シ書面及重役ヲ派シ參加ヲ勸誘シ居タル處本月二十四日附書面ヲ以テ兩社共參加ヲ希望セサル旨同一文面ノ回答ヲ發送シ來リタルカ上海ニ於ケル森島參事官對「ポーエル」ノ會談ト對照シ兩社共政府筋ノ抗議ニ期待ヲ持ツカ或ハ政府ノ方針ニ反スル個人的參加ヲ欲セサルカ(「テキサス」ハ多少立場ヲ異ニスルカ如シ)何レニセヨ現地竝ニ上海ニ於テ此ノ上交渉スルモ成功ノ見込立タサルヤニ考ヘラルルヲ以テ本日金井顧問ト打合セタルニ同氏ハ蒙疆石油管理令ノ立案及實行上ノ立役者ナル關係上飽迄强腰ニシテ滿洲國ヨリノ輸入ニ依リ尚不足スル時ハ獨逸ヲ介シ該油ヲ輸入スルコトモ可能ナリトノ主張ナリシヲ以テ更ニ石本參謀長ヲ訪問シ懇談ヲ遂ケタルカ同參謀長ハ國際關係ニ徹底セル理解ヲ有シ結局本件ハ英米側カ條約ニ基キ主義上反對ノ抗議ヲ爲シ居ルニ對シ蒙疆側トシテハ問題ノ實際的解決ヲ目標トシテ實益論乃至便宜論ニ依リ英米筋ノ抗議ヲ受流シツツ横道ヨリ外國籍會社ヲ口説キ落サント努メ居ル次第ナルカ外國會社側カ其ノ手ニ乘ラサルニ於テハ結局問題ハ蒙疆側カ石油統制ヲ强行スルコトニ依リ(一)對英米外交ニ重大ナル悪影響ヲ及ホスヘキヤ(二)英米側ハ報復手段トシテ日滿蒙等ニ對スル石油ノ輸入ヲ停止スルカ如キ事態ニ至ル惧アリヤ(三)英米政府ノ抗議ハ滿洲國石油專賣實施以來ノ一貫セル方針ナル外北支及中支ニ於ケル各般ノ自國權益擁護ノ爲將來ノ伏線トシテ形式的ニ主義上ノ主張ヲ爲スニ止マリ實際問題トシテ滿洲國ニ對スル「テキサス」ノ石油供給ト同樣或ル時期ヲ經過セハ商人對會社間ニ適宜妥協ノ途ヲ發見セラルヘキヤ等ノ見透シヲ定メ愼重考慮ノ上事情ニ依リテハ再檢討ノ必要モ起ルヘク要スルニ今後東京ニ於ケル外交交渉ノ經過竝ニ中央部ニ於ケル方針ノ決定ヲ俟テ措置スル

コトトシ地方的交渉ハ當分中止スルノ外無カルヘシト言フニ意見ノ一致ヲ見タリ就テハ今後陸軍ヨリ當地司令部ヘ何分ノ訓令アル場合ハ本官ニ對シテモ其ノ都度御電報相成度ク尚本電ハ機微ノ事情アルニ付部外極祕扱ヲ請フ

北京、上海、天津、滿ヘ轉電セリ

1045 昭和13年9月2日 在張家口森岡総領事より宇垣外務大臣宛(電報)

蒙疆での石油販売統制に関する軍司令部の陸軍省宛説明振りについて

張家口 9月2日後発
本 省 9月2日夜着

第三四二號

蒙疆石油統制ニ關スル關係國政府ノ抗議竝ニ上海ニ於ケル交渉經過ニ關スル電報ハ其ノ都度當地軍部ヘ通報シ來リタル處當地軍司令部ニ於テハ蒙疆側ノ實情、石油管理令ノ性質及現地トシテノ方針等ニ關シ中央ニ對シ一應充分說明ヲ爲ス爲本二日陸軍省宛左記ノ通リ電報セルニ付御承知ヲ請フ

蒙疆石油統制ニ關シ關係外國側ヨリ抗議アル趣ナルモ從來當地域內石油需要ハ其ノ量地域面積ニ比シ極メテ少ニシテ之ヲ採算ニ重點ヲ置ク各商社ノ自由販賣ニ委スル時ハ到底奧地僻陬ノ地ニ至ル迄其ノ配給ノ圓滑ヲ期シ得サル狀態ナリ加フルニ今次事變ノ實績ニ徵スレハ外油側ハ給油等ノ設備ヲ有シ居ルニ拘ラス全ク送油ヲ絕チ爲ニ官民ノ不便甚大ナルモノアリ茲ニ於テ當方トシテハ之カ緊急的措置トシテ普通法人タル蒙疆公司ヲ設立シ之ニ外油側ノ加入ヲモ慫慂シ實質的ニ特殊法人ト同一ノ資格ヲ附與シ以テ給與ヲ潤澤ナラシムルト共ニ配給ノ圓滑ヲ企圖セルモノニシテ右ハ當地方ノ特殊事情ニ鑑ミ當然且必須ノ措置ナリ然ルニ本件ニ對スル外國側ノ抗議ハ貴方ニ於テ承知セラルル如ク或ハ當方ノ眞意ノ誤解ニ基キ實情ヲ無視シテ徒ニ法理論ヲ翳シテ權益確保ニ狂奔シアルモノト認メラルルニ依リ現下ノ情勢ニ於テハ關係外油商モ蒙疆公司ニ參加スルコトヲ以テ彼等ノ當地域ニ於ケル商權確保上最モ安全且有利ナル措置ト自覺セシムルノ要アリト思料シアリ尤モ蒙疆石油配給管理令ハ資源ノ確保ヲ主眼トスルモノナルヲ以テ販賣ニ對シテハ何等ノ制限ヲ加ヘ居ラス單ニ搬出入ニ對シテノミ許可制ヲ

執リアルニ過キス依テ法制上ハ何人ト雖許可ヲ受クルニ於テハ石油類ヲ搬出入シ得ルモノナリトス

以上ノ次第ナルト本件ハ外交上其ノ他ノ懸案ト相關聯スル所多カルヘキヲ以テ早急ニ之カ解決ヲ所期スルハ却テ不得策ナリト思料シアルニ付爲念

北京、上海、天津、滿ヘ轉電セリ

1046　昭和13年9月20日　在張家口森岡総領事より宇垣外務大臣宛(電報)

関係国の抗議を避け蒙疆石油販売統制の方針を転換するに当たってのわが方措置振りについて

張家口　9月20日後発
本　省　9月20日夜着

第三六六號

本官發上海宛電報

第六號

貴電第六號ニ關シ

關係筋ト打合セタル處蒙疆側ニ於テ石油統制ノ方針ニ變更ヲ加フルハ事英米外交ノ重大性ニ鑑ミ關係國政府ノ抗議ヲ回避スル爲轉向ヲ決心シタルモノニシテ事此處ニ至リタル以上今更英米石油會社ニ對シ一定量ノ石油貯藏其ノ他ノ條件ヲ持出スカ如キハ考ヘ物ナルト共ニ石油業ヲ自由企業トスルコトニ方針ヲ改ムルモ蒙疆石油公司ノ設立ニ關シテハ當初石油專賣ノ特權ヲ與フル約束ノ下ニ滿石ヲ大株主トシテ引張リ出シタル關係上今後同公司カ法制上特權ヲ失フコトトナルニ付テハ將來實際的ニ鐵道輸送其ノ他特別ノ便宜ヲ同公司ニ供與シ其ノ面目ヲ尊重セサルヘカラサル事情アルヲ以テ一定量ノ石油貯藏等ハ寧ロ同公司ニ命令スルコトトナルヘキ見込ナル他外國石油會社ニ一定ノ義務ヲ負ハシムルコトヲ協定スルモ果シテ關係國政府ニ於テ之ヲ承認スルヤ否ヤ問題ニモアリ旁外國石油會社トノ交渉ハ一切之ヲ差控ヘ(?)同方針變更ノ事實ヲ發表スルコト得策ナラントノ意見ナリ尚蒙疆石油配給管理令ノ改正ハ手續極メテ簡單ナルモ事前ニ滿石ヲ納得セシムルコトカ最モ難問題ニテ滿石代表者ヲ張家口ニ呼寄セ說得スルコトトナリ居ル由ナルカ何ノ途本件ハ急キ解決發表スルコト必要ナリトノ軍部側ノ意見ニ付御含ヲ請フ

大臣、北京、天津、滿ヘ轉電セリ

1047　昭和13年9月26日　在青島大鷹総領事より宇垣外務大臣宛（電報）

華北経済提携に関する日独政府間交渉を受けて独国よりボイドが天津へ派遣される旨同国領事通報について

青　島　9月26日後発
本　省　9月26日夜着

第七四六號

閣下發天津宛電報第五四五號ニ關シ（獨逸ノ北支貿易組合設立計畫ノ件）

當地獨逸領事ハ七月中旬伯林發ノ公信ニ依リ北支獨逸間「バーター」制ニ關スル日獨政府間ノ交渉ニ鑑ミ Dr. Voidt（Woidt カ）ハ天津へ派遣セラルルコトトナレル旨竝ニ同領事ハ「ボイド」ノ計畫ヲ承知シ度キ爲目下香港宛書面聯絡ヲ求メ居ル旨更ニ「ボ」カ來月中旬當地着ノ筈ナル旨ヲ述ヘ居タリ尚在北支獨逸商人ヲ網羅スル統制組織設立ノ模様ニテ天津又ハ青島ヲ其ノ中心トスル計畫ナルヤニ内話セリ御參考迄

香港へ轉電アリタシ

北京、天津、濟南、上海へ轉電セリ

1048　昭和13年10月15日　在香港中村総領事より近衛外務大臣宛（電報）

英国やソ連の蔣政権との関係に関する諸情報について

香　港　10月15日後発
本　省　10月16日前着

第一三〇〇號（極祕）

香港[(1)]、廣東、漢口間ヲ往來シ外交折衝ニ當リ居リタル某要人カ對外關係ニ付十四日夜本官ニ長時間内話セル所豫テ電報ノ各情報ト一致シ大體正確ナリト思考セラルルニ付御參考迄ニ電報ス

一、過般孫科ハ英、佛、蘇諸國ヲ歴遊シ外交折衝ニ當レルカ對英交渉ハ借款ノ申出其ノ他モ斷ハラレ全然失敗ニ終リタリ

又六月頃蔣介石ヲ漢口ニ往訪セル「カー」大使ノ質問ニ對シ蔣ハ漢口ハ六箇月以上ノ支持ハ困難ナル旨答ヘタル處「カー」ハ英國ノ軍備状況及歐洲ノ政局等ヨリ見テ少クモ一箇年ヲ保持シ得サルニ於テハ有力ナル支援ヲ與ヘ得サル旨ヲ述ヘ蔣ハ困難ナルヘキモ全力ヲ盡スヘシト答

ヘ又右漢口ノ長期保衛ニハ香港トノ交通線保持ヲ絶對必要トスル處日本軍南進ノ場合英側ハ右交通確保ニ何等支援セラルルヤト反問セルニ「カー」ハ前述ノ事情ニ依リ特ニ措置ヲ約スルヲ得サルモ佛國側ト聯絡シ緬甸、佛印、暹羅方面ヨリノ公路ニ依ル交通ヲ保持スル外ナシト應酬セル趣ナリ

尙[2]廣東、香港ニ於ケル英國トノ交渉ハ何等目星キモノ出來上ラス廣東英國總領事ハ愚物ナル上英國側モ曾養甫ヲ信頼セス關係良好ト言フヲ得サル由ナリ同人ノ觀測ニ依レハ英國ハ日本ニ氣兼シ實質的ニ援助ヲ爲サス武器供給モ相當苛酷ナル條件ヲ求メ只管抗戰ニ依ル日支兩國ノ疲弊ヲ待チ居ル模樣ニテ支那側モ之ヲ知ラサルニハアラサルモ引摺ラレ居ル有樣ナリ

二、「カー」ト前後シ赴漢セル「ナジヤール」大使ハ對支援助ノ代償トシテ西沙島占領ノ內諾ヲ得タル由

三、孫科カ最初莫斯科ニ「スターリン」ヲ往訪セル際武器、彈藥、飛行機（飛行士及技術者ノ派遣ヲ含ム）約一千七百萬留程度ノ援助ヲ申込ミタル處「ス」ハ斯ル少額ノ援助ニテ事足ルヘキヤト反問セルニ拘ラス孫ハ自分ノ受ケ居レル訓令ハ夫レ丈ケナリト答ヘ「ス」ハ卽座ニ償還ハ支那茶ヲ以テスルコトニ話合成立セリ

其[3]ノ後戰局甚タ支那ニ不利トナリタル爲ニ孫ハ第二回ニ莫斯科ヲ往訪セル際一千八百萬留程度ノ援助ヲ要請セルニ對シ「ス」ハ曩ニモ申セル如ク前記ノ如キ少額ノ援助ニテハ事足ラサルハ必然ナリト詰リ約束ノ茶ハ未タ一枚モ輸入サレ居ラスト皮肉レルモ卽座ニ承認シタル趣ナリ右ト前後シ新大使楊杰ヨリ別ニ軍事顧問、飛行士及技術者約三千名竝ニ右輸送仕度金其ノ他ニ要スル經費ヲ含ミ約二千萬留ノ援助ヲ申込ミ承認ヲ得タリ

「ス」ノ對支態度ハ唯支那ノ抗戰繼續ノ結果日本ノ對露迫力ヲ減殺シ支那ニ於ケル共產黨ノ勢力增大ノ必然性ヲ確信シ將來ノ政治的效果ヲ狙ヒ居リ少事ニハ拘泥セサル模樣ナルカ有力ナル代償トシテハ蘇聯ノ外蒙ニ於ケル自由行動ヲ支那側ヲシテ再ヒ承認セシメ又支那側ハ前記借款ハ支那茶其ノ他ヲ以テ相當償還シツツアル模樣ナリ

英、米ヘ轉電セリ

上海ヘ轉電アリタシ

1049

昭和13年10月24日　在上海日高総領事より近衛外務大臣宛（電報）

米国汽船クーリッジ号への現銀積込みの情報を得て税関長をして出港許可の取消し措置実施について

上　海　10月24日前発
本　省　10月24日前着

第三一四九號（極祕）

二十四日朝當地發「プレジデント、クーリッジ」號（「オスメニア」乗船）ニ本二十三日夕刻米國「マリン」保護ノ下ニ現銀約八百萬元（中央銀行又ハ要人筋ヨリ「シチー」及「チエーズ」銀行ニ賣渡又ハ委託ノ形式ヲ執レルモノノ如シ）ヲ積込ミタルコト判明セルカ右ハ税關内日本人モ知ラス又維新政府海關監督モ承知シ居ラス全ク「メーズ」及「ローフオード」間ニテ取計ヒタルモノナルヲ以テ李海關監督ヨリ不取敢「ロ」ニ同船ニ「クリアランス」ヲ與ヘサル様命令セシメ（維新政府ヨリ曩ニ金銀及貨幣類ノ當地ニ於ケル出入ニハ財政部ノ許可ヲ要スル旨ノ命令ヲ發出シ海關側ニ通達セル經緯アリ尤モ右ハ海關告示トシテ發表ノ手續ヲ執リ居ラス李ハ右命令ニ基キ積出ヲ差止メタル次第ナリ）尚岸本ヲシテ「メ」及「ロ」ニ折衝セシメタル結果「ロ」ハ李ノ命ニ服シ既ニ發セル「クリアランス」ヲ取消ス旨ヲ米國側ニ書面通達スルコトトナレリ（依テ同船カ税關規則ニ違反シ强行出港セサル限リ本件現銀ハ當地ニ止メ得ヘキ譯ナルカ積卸ノ上米國銀行等ニ保管セシムルコトトナルヘシ）同船カ米國領事館ヨリ船舶書類ヲ貰ヒ「クリアランス」ナシニテ出港スル場合ハ税關側ニテ實力阻止スルコトハ殆ト不可能ナリ

本件ニ付テハ未タ日本側ハ抗議ヲ出シ居ラサルモ何レ日米間ノ問題トナルヘシト認メラルルヲ以テ以上不取敢（「オスメニア」本邦到着モ延引スルコトアルヘシ）

北京、天津へ轉電セリ

1050

昭和13年10月24日　在上海日高総領事より近衛外務大臣宛（電報）

米国汽船への出港差止め措置に対し米国総領事が日本軍憲の不法圧迫を抗議について

上海　10月24日後発
本省　10月24日後着

第三一五二號（大至急、極祕）

往電第三一四九號ニ關シ

一、二十三日夜赤谷ヨリ「ローフォード」ノ命令ニ基キ「クリアランス」ハ誤ナルニ付延期ス本件載貨ヲ荷卸シタル上ハ出港ヲ許可スヘキ旨ノ書面ヲ米國總領事宛通達シ右寫ヲ「ク」號船長ニ交付セリ

二、「ク」號ハ二十四日朝八時半出港豫定ナリシカ二十四時間延期セル由公示シ一方「ゴウス」ハ同日朝「ロ」ヲ往訪嚴重抗議セルカ「ロ」ハ維新政府ノ命令ヲ説明シ自己ノ立場ヲ辯解セルモ「クリアランス」ヲ與ヘス

三、次テ「ゴ」本官ヲ來訪シ（「ダラー」代表者同伴）本件ハ維新政府ノ命令ト言フモ實ハ日本軍憲カ米國船舶ニ對スル不法壓迫ノ事例ニシテ（先般大統領ノ近衛首相ニ對スル「メッセーヂ」ヲ援用セリ）「ゴ」トシテハ本官ニ嚴重抗議シ且出港遲延ニ關スル賠償請求權ヲ留保スル旨述ヘタルヲ以テ本官ヨリ本件維新政府ノ命令ハ妥當ニシテ日本側トシテモ本件ノ如キ當地ノ幣制攪亂行爲ヲ默過スルヲ得ス又日本軍ノ上海占領當時既ニ税關長ニ對シ蔣介石政權ノ援助トナル如キ武器彈藥及貨幣類ノ當港ニ於ケル出入ヲ禁止スル旨命令シアリ右日本側ノ立場ハ米國會社ノ「ゴムタイヤー」香港向輸出問題（三月八日附機密第六一一號往信）ニ際シ貴官モ承知濟ナラスヤ恐ラク日本政府トシテモ今次米國側ノ措置ハ非友誼的トシテ抗議スル立場ニ在リト思考セラルル旨應酬セル處「ゴ」ハ米國側トシテハ維新政府命令ナルモノハ全然知ラス合法的ニ税關手續ヲ了シタルモノニシテ又銀ハ相當以前ヨリ米國銀行ノ保有シ居タルモノナリ（本官ハ銀國有令以後外國銀行モ銀ヲ引渡シタルヲ以テ所有權ハ中央銀行又ハ日本政府ニ在リト思考スル旨答ヘタリ）トテ本件ノ重大性ニ付繰返シ述ヘ居タリ

冒頭往電米ヘ轉電アリタシ

北京、天津、米ヘ轉電セリ

1051　昭和13年10月24日　在上海日高総領事より近衛外務大臣宛（電報）

クーリッジ号に積込まれた現銀の出所に関し報告

上海　10月24日後発
本省　10月24日夜着

第三一五三號（大至急、極祕）

往電第三一五二號ニ關シ[1]

一、吉田ヲシテ「チエース」銀行側ニ就キ確メシメタル所ニ依レハ（出所極祕）本件現銀二百五十萬金三十萬（何レモ米弗）ハ「チエース」及「チヤーター」ニ折半保管シ在リタルカ十月十三日附ヲ以テ中央銀行ヨリ「チエース」宛財政部ノ命令ニ依リ全部（「チヤーター」ノ分モ）桑港宛積出ヲ依頼シ且著後ノ處分權モ「チエース」ニ委スル旨ノ書翰ヲ送付セリ（吉田ハ右書翰ヲ見タリ）依テ最近「チヤーター」ヨリ「チエース」ニ移管セルモノナリ

右ニ依レハ本件現銀ハ恐ラク保護預ノモノラシク右ハ事變前銀渡問題解決當時ヨリ保護預ナリシカ或ハ日本側銀行ノ引渡シタル銀ヲ中銀ヨリ「チエース」等ニ預ケタルモノト想像セラル

二、[2]稅關ニ就キ取調ヘタル所ニ依レハ總稅務司ヨリ數日前ニ上海稅關ニ對シ本件無稅輸出許可方命令シ來リ十一日「チエース」銀行ヨリ輸出申告書提出セラレ支那人副稅務司カ赤谷ノ知ラヌ間ニ許可セルモノナリ

若シ米國人財產ナリトセハ無稅輸出ハ極メテ異例ナルカ少クトモ當地ニ付テハ維新政府ノ同意ヲ必要トスヘシ

三、以上各方面ヨリ見ルニ本件現銀カ本來中央銀行ノ物ナルコトハ殆ト疑ノ餘地ナク唯輸出ニ當リ處分權又ハ擔保權ヲ米國銀行ニ與ヘタルモノニシテ右取引ハ我方トシテハ之ヲ認ムルヲ得サル譯ナリ

尙「クーリツジ」號ハ客年「フーバー」號事件以來初メテノ「ダラー」P級船舶ノ當地寄港ニシテ他ノ載貨殆トナク專ラ本件積込ノ爲ニ寄港セルモノト想像セラル

米ヘ轉電アリタシ

北京、天津ヘ轉電セリ

1052　昭和13年10月24日　在上海日高総領事より近衛外務大臣宛（電報）

クーリッジ号による現銀輸出は蔣政権を利する行為と思われる旨を指摘し米国総領事へ抗議申入れについて

上　海　10月24日後発
本　省　10月24日夜着

第三一六五號（極祕）

往電第三一五二號ニ關シ

本二十四日午後本官米國總領事ヲ往訪シ本件金銀塊輸出阻止方ニ關スル日本側ノ立場ハ今朝説明ノ通リナルカ本件金銀塊ノ所有權乃至出所ニ付我方ハ重大ナル疑惑ヲ抱キ居レリトテ往電第三一四九號及第三一五三號ノ次第ヲ説明シ輸出税免除及漢口財政部ノ命ニ依ル輸出ノ事實ハ漢口政府ノ所有ニアラサルヤ然ラサルトスルモ本件輸出カ漢口政府ノ利益ノ爲ニ行ハレタリトノ强キ感ヲ與フルモノナリト述ヘタルニ付「ゴース」ハ何レモ初耳ナリ實ハ昨年秋「チエース」銀行ノ金庫移轉ノ際貯藏銀塊輸送護衛ノ問題起リタル際銀行側ノ説明ニ依レハ本件銀塊ハ一九三六年支那政府ニ對スル「アドバンス」ニ對スル擔保トシテ寄託サレタルモノナリトノ説明ナリシト答ヘタルヲ以テ本官ヨリ「ゴース」限リノ極祕ノ含トシテ今回銀行側ノ維新政府側ニ對スル説明ニ依レハ當地ニテ搔集メタルモノナリトノコトニテ右ノ説明ト相違ス何レニスルモ是等ノ點ニ關シ充分ナル説明ナキ限リ我方ノ疑惑ハ解ケスト强ク述ヘ置キタルカ「ゴース」ハ一先ツ荷物ヲ積卸スヨリ外ナカルヘシトノ口吻ヲ洩ラシ居タリ

北京、天津ヘ轉電セリ

米ヘ轉電アリタシ

1053　昭和13年10月24日　近衛外務大臣より在米国斎藤大使宛（電報）

クーリッジ号による現銀輸出の企図は非友誼的であり本件輸出の中止を米国国務省へ申入れ方訓令

付　記　昭和十三年十月二十四日付、外務省より在本邦米国大使館宛口上書
クーリッジ号による現銀輸出の企図は非友誼的であり本件輸出中止方要請

本　省　10月24日後11時45分発

第三二一號（大至急）

上海發本大臣宛電報第三一五四號ニ關シ

二十四日夜在京米國大使館員ノ來省ヲ求メ亞米利加局長ヨ

リ上海來電ノ趣旨ニヨリ取不敢口頭ニテ本件現銀積出ノ企圖ハ非友誼的ト認メザルヲ得ザル旨ヲ以テ抗議シ現銀ノ積卸シヲ要望シ尙國務省ニ對シテ抗議方華府ニ訓令スヘキ旨ヲ述ヘ置キタリ就テハ貴大使ニ於テモ至急國務省ニ對シ右主旨ニヨリ可然申入レラレ度シ

上海、北京、天津ニ轉電セリ

（付　記）

十月二十四日上海ヨリ接到セル報告ニ依ルニ二十三日米國汽船「プレジデント・クーリッジ」號カ米國「マリーン」保護ノ下ニ價額約八百萬元ノ現銀ヲ積込ミツツアルコト判明シタルヲ以テ維新政府海關監督ハ事情ヲ取調ヘタル處右積込ニ對シテハ稅關長ニ於テ誤テ「クリヤランス」ヲ發給シタル事ヲ知リタルニ依リ豫テ維新政府ヨリ金銀及貨幣類ノ上海輸出入ニハ財政部ノ許可ヲ要ス可キ旨ノ命令ヲ發出シアリシニ基キ右稅關長ノ發セル「クリヤランス」ノ取消ヲ命令シ稅關長ハ右ノ趣ヲ在上海米國總領事ニ通告スルト共ニ其ノ寫ヲ「クーリッジ」號船長ニ交付シタリ

右ニ基キ「クーリッジ」號ハ其ノ出帆ヲ二十四時間延期シタルカ在上海米國總領事ハ右「クリヤランス」取消ニ關シ稅關長ニ抗議シタル後日高帝國總領事ヲ來訪シテ右ハ維新政府ノ命令ト言フモ實ハ日本軍憲カ米國船舶ニ不法壓迫ヲ加フルモノナリトシテ抗議セルニ對シ日高總領事ハ本件維新政府ノ命令ノ妥當ナルヲ述フルト共ニ日本側トシテモ日本軍ノ上海占領當時稅關長ニ對シ蔣介石政權ノ援助トナルカ如キ武器彈藥及ヒ貨幣類ノ上海港ニ於ケル出入ヲ禁止スル旨命令セル次第モアリ今次ノ米國側ノ措置ハ非友誼的措置ト認メサルヲ得サル旨ヲ述ヘタル趣ナリ

本件ニ關シ當方ノ有スル情報ニ依レハ本件現銀二百五十萬米弗及ヒ金塊三十萬米弗ハ中央銀行ノ要求ニヨリ在上海「チエース」銀行カ積出スモノニ繫ル趣ナルカ右ノ事實ハ本件現金銀ノ米國財產ナリヤ否ヤニ付キ多大ノ疑念ヲ誘起セシムルモノニシテ暫ク法理論ヲ別トスルモ目下日本軍カ蔣政權ノ交戰力ノ壞滅ヲ期シテ戰鬪行爲ニ從事中支那側ノ現金銀カ米國ニ輸出セラルル事ハ結局ニ於テ蔣政權ノ抵抗力ヲ增スモノト豫想セサルヲ得ス依テ米國船ニ依ル本件現金銀ノ積出シハ帝國政府トシテハ之ヲ非友誼的行爲ト認メサルヲ得サル次第ナルニ付テハ此ノ點ニ付米國政府ノ注意

ヲ喚起スルト共ニ米國政府ニ於テ本件積出シヲ阻止セシムル様適當ナル措置ヲ構(講カ)セラレン事ヲ要請セサルヲ得ス
尚華府ニ於テモ國務省ニ對シ右趣旨ノ申入レヲ爲ス様在米帝國大使ニ訓令スル事トナリ居レリ

（昭和十三年十月二十四日）

編注　本口上書は、昭和十三年十月二十四日、吉沢清次郎亜米利加局長より在本邦コヴィル米国大使館書記官へ口頭で通告された。

1054　昭和13年10月25日　在上海日高総領事より近衛外務大臣宛（電報）

現銀を降ろしてクーリッジ号出港について

上　海　10月25日前発
本　省　10月25日前着

第三一六八號（大至急）

往電第三一四九號ニ關シ

二十四日夜中ニ積卸ヲ了シ「ク」號ハ二十五日朝九時出帆セリ之ト前後シテ現銀類ハ「バンド」ニ廻送セルカ「チヱース」銀行金庫ニ收容セラルルモノト認メラル

米、北京、天津ヘ轉電セリ

1055　昭和13年11月1日　有田外務大臣より在上海日高総領事宛（電報）

クーリッジ号の現銀輸出事件に関して在本邦米国大使がわが方軍憲の措置およびわが方抗議の不当を抗議について

本　省　11月1日後8時30分発

第一七七三號

三十一日在京米國大使ハ澤田次官ヲ來訪シ先般ノ「クーリッジ」號ノ金銀塊積出事件ニ關シテ東京及ヒ華府ニテ爲シタル我方ノ申入レニ言及シ本件ハ一米國船カ上海ニ寄港シ同地ノ米國銀行カ支那税關ヨリ正常ノ手續ヲ以テ本件積出ノ許可ヲ得タル上同船ハ右積荷ヲ了シ（其ノ際在上海米國「マリーン」司令官ハ揚子江河口ニ頻發スル海賊行爲ニ鑑ミ積荷人側ヨリノ要求ニヨリ「マリーン」ノ警護ヲ附セリ）且税關ヨリ出港許可證ヲ發給セラレ右ニ基キテ米國總領事館ニ於テ出港手續ヲ了シタルモノナル處右出港許可ハ

日本軍憲ノ命令乃至「インフルエンス」ニ依リテ停止セラレタルモノナルカ右事實竝ニ日米兩國ノ共ニ當事者ナル諸條約ノ規定ニ鑑ミ本件ニ關シテ日本側カ「非友誼的行爲」トシテ爲シタル抗議ハ米國トシテハ諒解ニ苦シム所ニシテ若シ本件ニ關シテ「非友誼的行爲」アリトスレハ其レハ日本側ニコソ存ス可シトナシ最後ニ貴電第三一五二號所報ノ米國總領事ノ貴官ニ爲シタル抗議竝ニ留保ハ米國政府ニ於テ承認スル所ナル旨申入レタリ

右ニ對シ次官ハ貴電ノ趣旨ニヨリテ應酬シ日本側トシテハコノ際金銀塊ヲ米國ニ積出スコトソレ自体ヲ「非友誼的行爲」ト見做サザルヲ得スト述ヘタリ

米ニ轉電セリ

1056　昭和13年11月4日　在本邦アウリチ伊国大使より
沢田外務次官宛

中国での航空事業に関する伊国のわが方への協力要請について

在支航空事業ニ於ケル伊國ノ對日協力ニ關スル件

昭和十三年十一月四日澤田次官宛在京伊國大使

書翰要譯　(昭和一三、一一、七、亞一)

拝啓陳者別紙口上書ニ對シ特ニ閣下ノ好意アル御考慮ヲ仰キ度ク候右ニ關シテハ既ニ過日有田大臣ニ申上クル所有之候　敬具

(別紙)

在支航空事業ニ於ケル伊國ノ對日協力ニ關スル件

昭和十三年十一月三日附在京伊國大使館口上書

要譯　(昭和一三、一一、七、亞一)

口上書

伊國大使館ハ左記ニ關シ帝國外務省ノ好意的考慮ヲ喚起スルノ光榮ヲ有ス

一、伊國航空運輸業者ハ伊國政府ニ對シ支那ニ於ケル航空路ノ設定及經營ニ參加シ度キ熱誠ナル希望ヲ表明シタリ

二、右航空運輸業者ハ充分ニ航空材料竝ニ技術員ヲ提供シ得ルヲ以テ最短期間卽チ數ケ月內ニ一若クハ多數ノ航空路ヲ開設及經營スルノ能力ヲ有ス

三、伊國政府ハ日本政府トノ間ニ既ニ存在セル了解ニ基ク支那ニ於ケル伊太利ノ經濟的協力ヲ開始スル一方法トシテ本問題ヲ最上ノ好意ト最モ熱心ナル興味トヲ以テ考慮シ居レリ

四、本件計劃ハ差當リ左ニ依リ實行スルヲ得ヘシ

イ、當初ハ歐洲及亞米利加ヨリ日々香港ニ到着スル郵便物及貨物ノ急速輸送ニ限定セラルヘキ香港—上海—北京間ニ於ケル郵便航空路ノ特許本航空路ハ出來得ル限リ速ニ旅客運輸ヲ開始シ之ヲ完備セシム

ロ、支那ニ於ケル航空路ノ經營ニ任スヘキ一又ハ多數ノ日本側企業ニ對スル商業航空機供給ノ形式ニヨル伊太利資本ノ參加

ハ、イ、及ロ、ニ於テ豫想セラレタル航空事業ニ對スル適當ナル人數ノ伊太利民間航空技術者(操縱士、無電技師、機關士、地上勤務員)ノ提供

五、本件ニ關シ日本側當該官憲ト話合ヲ爲サシムル爲伊太利「アラ、リットリア」會社ハ伊國政府ノ同意ノ下ニ前特命全權公使「ピエロ・パリニ」ヲ日本ニ派遣セリ「パリニ」ハ本件交渉ニ關スル全權ヲ附與セラレ居レリ同氏ハ帝國官憲ト接觸スル爲既ニ日本ニ到着シ居レリ

六、右通報旁々伊太利大使館ハ帝國外務省ニ對シ「パリニ」ノ使命ヲ援助スル爲關係當局ニ對シ斡旋アランコトヲ依頼ス伊國大使館ハ日伊兩國間ニ存在セル良好ナル關係及日伊協力ノ趣旨ニ鑑ミ本件計劃カ急速且良好ナル成果ヲ見ルヘキヲ疑ハス

一九三八年十一月三日　於東京

編注　本文書冒頭に「一應拒絶セリ」との書き込みあり。

1057　昭和13年12月3日　在独国大島大使より有田外務大臣宛(電報)

独国と蔣政権との関係は疎隔しつつあるので速やかに中国に新中央政府を樹立し独国に承認せしむるよう工作方意見具申

ベルリン　12月3日夜発
本　省　12月4日前着

第七五六號(極祕、館長符號)

廣東、漢口攻略後尚蔣介石カ下野セザル現況ニ於テ一切ノ

手段ヲ盡シ我カ目的ヲ貫徹スルコト必要ニシテ之カ爲速ニ鞏固ナル新支那ノ中央政府ヲ樹立シ帝國ノ新政府承認ニ伴ヒ獨伊兩國ヲシテ成ルベク速ニ之ヲ承認セシムルヲ有利トス獨ニ於テ蔣介石側トノ關係漸次疎隔シツツアルハ御承知ノ通ニシテ今ヨリ獨國ニ對シ準備工作ヲ爲スコト可然ヤニ存スルニ付右ニ關スル御方針及新中央政府樹立ニ關スル狀況等御回示相成度

1058 昭和13年12月10日　有田外務大臣より 在独国大島大使宛(電報)

独国政府に対し「日支新關係調整方針」等のわが方方針を説明し蔣政権との関係疎隔促進方訓令

本省　12月10日後0時15分発

第四九七號(極祕、館長符號)

貴電第七五六號ニ關シ

新中央政府樹立方、國民政府切崩等ニ付テハ各種ノ手段ニ依リ目下折角工作進捗中ナル處獨逸政府ニ對シテハ十一月三日ノ帝國政府聲明及近衞總理ノ放送竝ニ過日決定ノ日支新關係調整方針ノ主旨ヲ体シ我方不動ノ決意及態度ヲ説明セラレ蔣介石側トノ關係疎隔促進方此上トモ工作相成先方ノ反響逐次電報相成度

1059 昭和13年12月23日　五相会議決定

「支那ニ於ケル對外問題處理ニ關スル訓令」

支那ニ於ケル對外問題處理ニ關スル訓令

昭和十三年十二月二十三日

五相會議決定

一、現地ニ於ケル從來ノ對英米等ノ懸案ヲ可成速ニ解決スルコトニ就テハ五相會議ニ於テ再度ニ亙リ決定セル所ナルカ未タ大ナル進捗ヲ見ルニ至ラス今後本問題ハ興亞院ニ於テ右方針ノ下ニ可成速ニ處理セラルル樣致度

二、支那ニ於ケル第三國ノ經濟活動ニ就テハ日支國交調整要領附則ニ基キ處理セラレ度

右訓令ス

總裁ヨリ

總務長官宛

1060　昭和13年12月30日

新中央政府成立への期待を表明した在上海伊国総領事の日高興亜院経済部長に対する内話概要について

十二月三十日上海駐在伊國總領事日高部長ヲ來訪シ語レル所大要左ノ通リ

一、日本ハ着々トシテ軍事上ノ勝利ヲ收メツツアル處現在最モ重要ナルハ蔣政權ノ壞滅ヨリモ寧ロ廣般ナル占領地區ノ經營乃至新政府ノ確立ニアリ最近在上海伊國大使ノ來電ニ依ルモ同大使ノ地位ハ甚タ機微ナルモノアリ支那ニ新中央政府成立シ日伊之ヲ承認スルコトトモナラハ大使ノ立場モ頗ル明確トナル譯ナルカ現狀ニ於テ同大使トシテハ各般ノ理由ニ依リ重慶ニ赴キ信任狀ヲ奉呈スル運ニ至ラス其ノ以前ニ於テハ正式ニ駐支大使トシテノ職務ヲ執行スルモノニアラス所在地ニ於ケル賓客トシテ上海ニ生活シ居レリトノ建前ニテ先般傅市長ノ非公式ノ招宴ニモ應シタル次第ナルカ斯ル狀態ノ長ヒクコトハ都合惡キ故中央政府ノ出現ヲ待望スルモノナリ（右ニ對シ日高ヨリ各新政權ハ相提携シテ着々其ノ地歩ヲ固メツツアルカ此ノヤリ方ハ廣東漢口其ノ他ニ於テ有力ナル政客ノ出現ヲ容易ナラシムルモノナル所以ヲ然ルヘク說明シ置ケリ）若シ現在ノ狀態永引ク樣ナラハ大使ハ北京ニ住ムカ或ハ上海ニ居ルコトトシ在重慶ノ參事官ヲ引揚クルコト可然ヤニモ思ハルトノ私見ヲ洩シタリ

二、上海市政府殊ニ傅市長ヲ各國ニ於テ認メ之ト接觸スヘシトノ意見ヲ以テ自分ハ各國總領事等ヲ說得シ居ル處何レモ趣旨ニハ敢ヘテ反對セサルモ日本側ニ於テ彼等支那人ニ何等實權ヲ與ヘス傀儡政府ニ止マル現狀ニ於テハ進ンテ之ヲ認ムヘキ時期ニ到達セスト言フモノ多シ日本ノ友人トシテ最モ率直ニ申サハ彼等ノ言分ニモ一理アリ日本側ニ於テ（實權ハ全部日本人カ握ルコトハ當然ナルモ）今少シ傅其ノ他支那人ノ顏ヲ建テ何カ仕事ヲヤラセ同時ニ今少シ思ヒ切ツテ宣傳其ノ他ニ努メラルル要アルヘシ上海ニ於ケル日本及新政府側ノ活動ハ聊カダレ氣味ナリトノ感想ヲ抱ク者少カラス先頃傅市長開催ノ「アスターハウス」ニ於ケル招待ニ自分等ハ出席セルモ各國總領事ハ出席セス（獨逸總領事カ出席セサリシハ不都合ナリ）佛國

ハ次席領事ノ「オージエ」ヲ遣ハシ居タリ工部局ハ全員出席スヘカラストノ内密指令ヲ發シタル趣ニテ是亦不都合ナリ

1061　昭和14年1月19日　在本邦アンリ仏国大使より有田外務大臣宛

日本政府の極東政策に関する声明は九国条約に抵触するとの仏国政府見解通報

以書翰啓上致候陳者本使ハ本國政府ノ訓令ニ基キ茲ニ閣下ニ對シ極東ニ於テ遂行セラルヘキ政策ニ關スル日本政府ノ最近ノ公式聲明ハ佛國政府ノ特別ノ注意ヲ惹キタルコトヲ通報スル次第ニ候佛國政府トシテハ斯ク闡明セラレタル政策ハ九國條約ノ條項ト牴觸セサルコト困難ト認ムル次第ニ候佛國政府ハ現行諸條約ニ基キ支那ニ設定セラレタル狀態ヲ關係列國ノ事前ノ協議無ク且關係列國ニ依リ承認無クシテ如何ナル變更ヲ爲スコトモ了承シ又ハ承認スルコト能ハサルヲ强調スル次第ニ候佛國政府ハ一九二二年二月六日華府ニ於テ締結セラレタル條約ノ規定スル諸原則ハ絶對ニ效力ヲ失ヒ居ラス且右原則ノ尊重ニ依リテノミ日本國カ支那ニ於テ執リツツアル行動ニ依リ惹起セラレタル種々ノ問題ヲ第三國ニ對シ滿足ナル解決ヲ爲シ得ルモノト思考スルモノニ候

佛國政府ハ日本政府カ自ラノ自由意思ニ基キ加入シタル條約規定ヲ一方的ニ廢棄シ又ハ右諸規定ニ關聯スル事態ヲ變更スルコトニ依リ條約當事者タル第三國ヲ其ノ權益ニ重大ナル不利益ヲ及スヘキ性質ヲ有スル既定事實ノ前ニ立タシムルカ如キ意思ヲ有セラレルトハ信スル能ハサルモノニ候

日本政府ニ於テ極東ニ於ケル事件ノ展開ニ依リ華府條約ノ條項ニ關シ修正ヲ要スト認定セラルルニ於テハ日本政府ハ先ツ右條約ノ締約國ニ適當ト認メラルル提議ヲ通報セラルヘキモノト信スルモノニ候

右ノ場合ニハ佛國政府ハ日本政府ノ御見解ニ對シ最モ注意深キ研究ヲ爲スコトニ吝ナラサルヘク候

本使ハ茲ニ重ネテ閣下ニ向ツテ敬意ヲ表シ候　敬具

編注一　本文書は情報部が公表した要訳文のため、日付や宛先人・差出人名は省略されている。なお、本文書の原文(仏文)は省略。

二　本文書は、昭和十四年十二月、情報部作成「支那事變關係公表集（第四號）」から抜粋。

1062　昭和14年2月13日

わが方の海南島占領をめぐる有田・アンリ会談につき外務省発表

海南島占領ニ付有田大臣佛國大使會談ニ關スル外務省發表（二月十三日）

二月十三日午前十一時「アンリー」佛國大使有田大臣ヲ來訪海南島占領ニ關シ日本政府ノ説明ヲ求ムル所カアツタ。即チ海南島占領ノ目的、期間及性質如何トノ質問ニ對シ大臣ハ今回ノ海南島占領ハ南支封鎖ヲ嚴重ナラシメ蔣政權ノ壞滅ヲ速カナラシメントスル軍事上ノ目的ニ出テタモノテ性質ニ於テモ期間ニ於テモ軍事的必要以上ニ出ツルモノテナイ旨竝ニ領土的目的ノナイ事ヲ明カニシタ。佛國大使ニ於テハ右説明ヲ諒承シ會談約四十分ノ後辭去シタ。

編注　本文書は、昭和十四年十二月、情報部作成「支那事變關係公表集（第四號）」から抜粋。

1063　昭和14年2月28日　在青島加藤総領事より有田外務大臣宛（電報）

華北での日独経済提携に関する交渉を再開するためボイドに至急青島に帰還するよう通報方在香港田尻総領事へ依頼について

青島　2月28日前発
本省　2月28日前着

第一四八號

本官發香港宛電報

第一號

一、支那ニ對スル獨逸商社ノ活動ヲ統制スル目的ヲ以テ現在「ロワツク」會社（Rowak Handelsgesellschaft M. B. H.）ナルモノ設立セラレ居リ右ハ一種ノ「トラスト」會社ニテ「メンバー」ハ支那ニ關スル獨逸商社ヨリ成リ政府ノ強キ支持ヲ受ケ居レル趣ニテ當地及北京ニ於テハ右會社代表 Dr. H. H. Woidt（本官發大臣宛客年往電第七四六號參照）トノ間ニ客年十一?月以來北支獨逸間ノ貿易關係調整ノ交渉ヲ進メ來レル處客年末未タ成案ヲ得サルニ獨逸側ノ事情ニテ「ボイド」ハ急遽香港ヘ赴クコトトナリ現在モ貴地滞在中（宿舎不明ニテ當地獨逸側モ貴地獨逸領事館氣付ニテ通信シ居レル由）ナリ當地ニ於テハ先般「ボイド」ノ殘シ置キタル提案ニ關シ(イ)原則上異議ナク(ロ)不取敢青島限リノ案トシテ之ヲ纒メ(ハ)且差當リ獨逸ヨリ製鐵所鑛山關係ノ機械電氣器具等六百萬圓購入ノ手筈サヘ進メ居レルモ最近當地獨逸側ニ於テハ本官發北京宛電報第七六號ノ通リ本件交渉ノ責任ヲ取リ切ラス寧ロ「ボイド」自ラ右交渉ニ當ルコトヲ希望シ居レルヲ以テ「ボイド」ニ於テモ至急當地ニ歸還シ本件處理ニ當ルコト双方ニ好都合ナルニ付テハ當地獨逸側ヨリモ右趣旨ニテ「ボイド」ニ聯絡ノ筈ナルモ貴方ニ於テモ本電一ノ點ヲ御含ミノ上「ボイド」ニ對シ前記三點及當地獨逸側ノ態度竝ニ更ニ北京ニ於テハ一層包括的ナル貿易取極ノ用意アルコト等然ルヘク御傳達ノ上「ボイド」ニ於テ現在至急北支ヘ歸還スル意思アリヤ否ヤ御確メ相成結果回電相煩度シ

二、「ボイド」ハ客年北支ニ在リタル以前ニ貴地ニ立寄リ河内雲南迄モ足ヲ延シタルコト事實ニテ又先般急遽貴地ニ赴キタルモ私用ニアラサルコト確カニテ或ハ右ハ從來獨逸カ關心ヲ有シ居リタル南支ノ「タングステン」「アンチモニー」等ノ獲得ト何等關係アルニアラスヤトモ察セラレ其ノ對價トシテ武器ノ對支輸出モ考ヘラレサルニアラサルニ付「ボイド」ノ貴地ニ於ケル活動ニ關シテハ御注目アリ度シ尚當方交渉上承知シ置キ度キニ付何等具体的情報上リタル際ハ電報相煩度シ

大臣、北京、天津、上海ヘ轉電セリ

1064 昭和14年3月31日 有田外務大臣より在仏国宮崎（勝太郎）臨時代理大使宛（電報）

新南群島のわが領土への編入を在本邦仏国大使に通告について

付記一 昭和十三年十二月九日、五相会議決定
「新南群島ノ所屬確定ニ關スル件」

二 昭和十四年三月三十一日
新南群島の行政管轄権決定に関する外務省発

表

本省　3月31日後8時30分発

第八六號

往電第八二號ニ關シ

三十一日午前十一時「アンリー」大使ノ來訪ヲ求メ澤田次官ヨリ我方回答ヲ手交スルト共ニ帝國政府ハ新南群島ニ關シ爾今兩國政府間ニ無用ノ論爭ヲ繰リ返スコトヲ避ケ問題ヲ最終的ニ決定スルノ必要ヲ認メ同群島ヲ三月三十日附ヲ以テ臺灣總督府ノ管轄ニ編入スルノ手續ヲ終了セルヲ以テ右ノ次第ヲ佛國政府ニ通報アリ度旨附言セリ

右ニ對シ大使ハ前記編入ハ法律上ノ手續ヲ執ラレタルモノト思考スルガ日本ハ實效的占有ニ必要ナル措置ヲモ同時ニ執ラルル意向ナリヤト問ヘルヲ以テ次官ハ我方ハ早クヨリ實效的占有ヲ行ヒ居ルモノニシテ今更斯ル措置ヲ問題トスル必要ナク今回ハ唯法律上ノ手續未了ナリシヲ以テ之ヲ完了セル迄ナリト答ヘタル趣ナリ

（付記一）

新南群島ノ所屬確定ニ關スル件

昭和十三年十二月九日

五相會議決定

南支那海中佛領印度支那ト比律賓群島トノ中間ニ存スル所謂新南群島ニ付其ノ帝國ノ所屬タルヘキ旨ヲ確定シ爾今之ヲ臺灣總督府ノ所管トス

（付記二）

新南群島ノ行政管轄決定ニ關スル外務省發表

（三月三十一日）

新南群島ハ佛領印度支那ノ東方南支那海中ニ存在スル小珊瑚礁島群テアツテ、永年無主ノ珊瑚礁島嶼トシテ知ラレテキタモノテアルカ大正六年以來我國人ハ何國人ニモ先立ツテ巨額ノ資本ヲ投下シ恆久的ノ諸施設ヲ設ケテ同島嶼ノ經濟的開發ニ從事シ來ツタ。

帝國政府ハ是等邦人ノ活動ヲ承認シ數次同島嶼ヘ軍艦ヲ派遣シ且必要ニ應シ各般ノ援助ヲ與ヘ來ツタノテアルカ、從來其ノ行政管轄カ確定セス爲ニ邦人ノ生命、財產及其ノ事業ノ保護竝ニ取締ニ不便カアリ又佛國トノ間ニ無用ノ紛爭ヲ生スル虞カアツタノテ、斯カル不便及不利ヲ除ク爲今般同群島ヲ臺灣總督府ノ管轄ニ屬セシムルコトトシ三月三十日附ヲ以テ公示スルト共ニ右ノ次第ヲ三十一日澤田外務次官ヨリ在京佛國大使ニ通告シタ。

編注 本付記は、昭和十四年十二月、情報部作成「支那事變關係公表集(第四號)」から抜粋。

1065 昭和14年4月1日 在上海三浦総領事より有田外務大臣宛(電報)

独国と重慶政権との間に新たなバーター貿易協定が成立したとの報道報告

上 海 4月1日後発
本 省 4月1日夜着

第八五八號

三十日及三十一日重慶電トシテ當地英漢字紙ノ報スル所ニ依レハ今般獨支間ニ新「バーター」協定ノ締結成立シ金額ハ一千萬麻克ニシテ支那側ノ土產品輸出ニ對シ獨側ヨリハ製造品ヲ提供スルモノナル處獨逸品ノ詳細ハ不明ナリ國民政府交通部技術顧問「フオンローホー」ハ本協定交渉者ノ一人ニシテ右交渉中ハ屢々伯林ニ飛行セルカ三月上旬重慶ニ歸來セリ本協定ハ獨逸ノ對支鐵道器材輸出ノ目的ニ出テタルモノト信セラレ居ル趣ナリ

北京、天津、青島ニ轉電セリ

香港ニ轉電アリタシ

1066 昭和14年4月7日 有田外務大臣より在仏国宮崎臨時代理大使宛(電報)

新南群島のわが領土への編入を在本邦仏国大使を通じて仏国政府抗議について

本 省 4月7日後10時40分発

第九六號

一、五日「アンリー」大使澤田次官ヲ來訪シ新南群島編入ニ關シ佛國政府ノ訓令ニヨル趣ヲ以テ抗議シ越セル處右ニ對シ次官ハ本件ハ帝國政府ノ確定方針ニ基キ措置セラレタルモノナルヲ以テ今更抗議セラルルモ考慮ノ余地ナシ但シ抗議文ハ佛側見解トシテ大臣ニ供覽スベシト答ヘ置タル趣ナリ

二、右公文内容大略左ノ通リ

佛國政府ハ亞細亞大陸ニ於ケル最近ノ日本ノ政策ニ依リテ生ジタル困難ニ拘ラズ日佛友好關係ヲ維持スベク常ニ努力ヲ繼續シ來リ又法律上ノ義務ナキニ拘ラズ一九〇七年ノ日佛協約ノ精神ニ基キ兩國間ノ相互利益ニ牴觸スル如キ行動ヲ回避シ來レリ茲ニ於テ新南群島ニ關スル佛國ノ主張ヲ充分承知シ居ルベキ日本政府ガ日佛傳統關係及公正ノ觀念ヲ無視シタル態度ニ出デタルハ佛國政府ノ最モ意外且遺憾トスル所ナリ佛國政府ハ群島ノ臺灣總督府編入決定ヲ容認シ得ズ右決定ハ群島ニ對スル佛國主權ヲ何等侵害シ得ザル旨確言シ帝國政府ガ右決定ヲ維持スルコトニ依リ新シク對佛關係ヲ規律セントスル限ニ於テ佛國政府ハ極東ニ於テ現在提起サレ居ル各種問題ニ對シ從來執ルベク考慮シ來レル態度ヲ再檢討スルノ要アル旨留保ス

(英、米ニ轉電セリ)

1067　昭和14年4月9日　在仏国宮崎臨時代理大使より有田外務大臣宛(電報)

海南島占領および新南群島のわが領土への編入に対する仏国側態度につき報告

パリ　4月9日前発
本省　4月9日後着

第二一七號

新南島問題ニ關シテハ佛政府ニ於テ「コントロール」シ居ルモノト見エ其ノ後モ新聞ニハ餘リ書キ立テス從テ一般ニハ大体ニ於テ平靜ナルモ政府當局トシテハ直接如何トモ仕樣モナキ丈ケ一層深刻ナル打擊ヲ受ケタル模樣ニシテ七日印支鐵鑛問題ニテ亞細亞局長ヲ訪ヒ會談ノ際同局長ハ新南島問題ニ言及シ日支事變勃發以來佛ハ日佛間ノ傳統的友好關係ニ鑑ミ好意ヲ以テ事ニ望(臨カ)ミタルニ拘ラス日本ハ曩ニ海南島ヲ占領シ今新ニ新南群島ヲ臺灣ニ編入スル等好意ヲ示サストテ愚痴ヲ零シタルニ付本使ハ今猶印支經由武器輸送ノ情報アル點ニ注意ヲ喚起スルト共ニ今回ノ我方措置ハ將來無用ノ紛爭ヲ避ケ日佛國交ノ障碍ヲ除去セントスル寧ロ好意的意圖ニ出ツルモノナルコトヲ說キ徒ニ感情乃至理論ニ拘泥スルコトナク良ク我方ノ眞意ヲ了解シテ東亞ノ實情ヲ顧慮シ善處方勸說シ置ケリ

1068　昭和14年4月11日　在香港田尻総領事より有田外務大臣宛(電報)

華北での日独経済提携問題や重慶訪問の目的などに関するボイドの内話報告

香　港　4月11日後発
本　省　4月12日前着

第四五五號(極祕)

本[1]官發青島宛電報第一號ニ關シ

「ボイド」夫妻ハ最近重慶ヨリ歸香セルカ八日獨逸總領事宴會ニテ落合ヘル際(「シユ」[編注]モ同席ス)左ノ如ク語レリ

一、北支ニ貿易管理實施セラレ青島ノミヲ特殊扱スル事由消滅セルニ付今ヤ北支全般ノ貿易取極ヲ希望ス右意見傳達方状況聽取ノ爲「シユ」ヲ呼寄セタルカ今度ノ管理ハ現在程度ノ品目ナラハ大體巧ク行クモノト見透シ居リ平時狀態ニ於ケル貿易狀況ヲ主トシ臨時需要品ヲ從トスル基礎ノ上ニ北支ヲ通シ二千萬馬克見當ノ取極トシタキ處自分ノ案ハ既ニ提出濟ニ付日本側ノ對案ヲ見タル上北上シタキ考ナリ

二、[2]重慶ヘハ本國政府ノ命ニ依リ通商取極改訂用務ノ爲赴ケルカ土產品ノ出廻ハ大體滇越鐵道每日二百噸緬甸公路ノ人足數千人(自動車ノ「タイヤ」ヲ用ヒタル手押車ニ依ル)及廣西省內輸送力ニ待ツヘク又滇緬鐵道ハ路盤工事中ナルモ完成ニハ三年ヲ要スヘキ一方桐油ハ米國ノ獨占トナリ「ウルフラム」モ雲南產ノモノハ大體英國ノ一手引受トナリ居ルヲ以テ左シテ期待出來ス

三、蘇聯邦ノ對支借款說ハ現行ノ代金支拂方法ノ改善カ關ノ山ナルヘク獨逸ノ改訂取極同樣重慶カ大袈裟ナル宣傳ヲ爲シ居ルニ過キス

北京、上海、天津、青島ヘ轉電アリタシ

編注　徳華銀行青島支店支配人の Scheefer と思われる。

1069　昭和14年4月21日　在上海三浦総領事より有田外務大臣宛(電報)

独国と重慶政権とのバーター貿易協定成立の報道に関するボイドの説明振り報告

上　海　4月21日後発
本　省　4月21日夜着

第一〇四一號（極祕）

一兩日前來滬セル「ボイド」カ二十一日獨逸商務官室（「ウ」ハ二十日歸任セリ）ニ於テ島田ノ質問ニ對シナセル內話左ノ通リ（一部ハ香港發大臣宛電報第四五五號ト重復（複カ）スルモ御參考迄）

一、重慶政府トノ通商協定說ハ新聞紙カ誇大ニ且事實ヲ枉ケテ報道セルモノナルカ實際ハ舊「バーター」取極ノ改訂ニアリ支那側ニ對スル軍需品ノ供給ハ一年前ヨリ積出禁止セラレ居ル爲現在問題トナラス唯經濟開發資材卽チ鐵道材料、織物機械等ハ經濟部及交通部ニテ希望シ居レリ但シ之ニ對シ支那側ヨリ輸出シ得ヘキ產物ハ其ノ高及運輸ノ可能性如何ニ懸リ從テ「バーター」ノ金額ハ全然見當付カサル譯ナリ又曩ニ新聞ニ傳ヘラレタル「ローフアアー」ノ借款交涉說（昆明緬甸鐵道用狹軌「レール」ノ賣込計畫ナリキ）ハ同人カ何等權能ヲ有セス交涉ハ凡テ自分ヲ通シテ行ハレタルモノニテ問題トナラス

二、英國爲替基金ニ關シテハ本計畫カ英國銀行ノ擁護ニアルハ極メテ明瞭ナルカ最近香上カ上海ニテ合計百萬磅ノ爲替賣ヲナセシ趣ナルモ確カナル筋ノ話ニ依レハ右ノ額ハ旣ニ買戾シタリトノコトナリ現在支那內地ニハ「インフレ」氣配ナク物資ノ動キ縮少シ居レル爲政府銀行ノ紙幣增發ノ必要ハナキモノノ如シ云々

「ボイド」ハ茲數日當地ニ滯在スル豫定ニテ其ノ間更ニ北支貿易管理ニ付テモ意見ノ交換ヲナシタキ旨申シ居タリ

尙「ウ」カ別ニ語ル所ニ依レハ右「ボイド」ノ取極ハ獨逸政府ノ承認ヲ得テ始メテ有效トナルモノナル趣ナリ

北京、天津、靑島、香港ヘ轉電セリ

〰〰〰〰〰〰〰〰〰〰〰

1070

昭和14年6月15日

陸軍が省部決定した「事變處理上第三國ノ活動及權益ニ對スル措置要領」

（欄外記入）

昭和十四年六月十五日

省　部　決　定

事變處理上第三國ノ活動及權益ニ對スル措置要領

第一　要　旨

一、支那ニ於ケル第三國ノ活動及權益ノ處理ニ關シテハ第三國ヲシテ援蔣態度ヲ放棄シ我事變處理ニ順應同調セシム

ルヲ以テ方針トナス

之カ爲政戰兩略指導ノ見地ヨリ之ヲ措置シ特ニ其ノ重要ナルモノニ關シテハ第三國操縱ノタメ事變處理大局ノ立場ヨリ運用スルモノトシ局地末節ノ係爭ハ之ヲ避ク

第二　要　領

二、事變間戰爭及作戰遂行上第三國ノ活動及權益ヲ制限スルノ必要アル事項ニ關シテハ其ノ目的竝範圍程度ヲ明確ニシ之ヲ行フ而シテ戰爭行爲ニ伴フ特異ノ要求ニ關シテハ要スレハ其ノ一時的措置タルコトヲ明ニシ第三國ヲシテ承服セシム

右拘束ハ事變ノ長期ナルニ伴ヒ殊ニ該權益カ敵ヲ利スルニ從ヒ之カ强化ヲ要スルモノトシ其ノ實行及對策ヲ準備シ情勢ニ鑑ミ所要ニ應シ逐次實施ス

三、租界長江等重要ナル問題ニ關シテハ之ヲ大局ノ政略手段ニ取扱ヒ第三國ノ操縱ニ資スルモノトシ對日轉向乃至事變解決等ノ機略ニ運用ス

右目的達成ノタメニハ第三國ヲシテ此等利權一切ノ喪失カ復活カノ豫想乃至現實ニ立タシムルヲ要スルモノトシ機ヲ捉ヘテ之ヲ施策ス

以上ノ爲特ニ政戰略施策ノ一致ヲ必要トナシ所要ノ準備ヲ整フルト共ニ之カ實行ニ方リテハ其ノ目的限度ヲ明確ニシ之ヲ指導ス

四、租界ニ關シテハ戰爭遂行上（治安ノ維持、軍隊ノ生存及戰爭自給圈ノ確保等）ノ見地ヨリ要スレハ封鎖、直接手入等所要ノ措置ヲ講シ又眞ニ已ムヲ得サル場合軍事占領ヲモ行フコトアリ

五、長江、珠江等内河ニ於ケル航權及商權ニ關シテハ戰爭遂行上所要ノ期間現封鎖ヲ繼續スルノ外要スレハ更ニ封鎖程度ノ强化乃至封鎖範圍ノ擴大ヲモ行フコトアリ特ニ之カ解放ハ大局ノ政略手段ニ用フルモノトス

六、第三國ノ對日轉向具現セハ戰爭遂行上支障無キ限リ逐次其ノ活動及權益ノ復活ヲ認ムヘク又事變解決ニ方リテハ我國防及我國家存立上已ムヲ得サルモノノ外一應概ネ之カ舊狀復活ヲ認メ以テ事變處理ヲ容易ナラシムルコトヲ方針トナス

事變中措置セラレタル我既成事實竝事變解決ニ伴ヒ日支新關係ニ依リ具現セラルヘキ事實等ト第三國既存權益トノ關係ヲ調整スルニ方リテハ一般ニ今次戰爭ノ目的竝限

度ニ卽シ且事變處理ノ難易等ヲモ考慮シテ措置スルモノトシ北支ニ在リテハ帝國ノ優位ヲ中支ニ在リテハ自他併存ヲ又南支ニ在リテハ第三國ヲ拘束セサルノ趣旨ニ則リ施策ス

事變中設定セラレタル第三國新權益、第三國ヘ讓渡ノ形式ヲ取リタル僞裝權益、事變ノタメ毀損セラレタル第三國權益等ニ對シテハ事ノ性質ニ鑑ミ本措置要領ニ準據シテ處理ス

七、我ニ對スル列國ノ共同動作ヲ避クル如ク施策スルト共ニ政略運用ニ資スルタメ我ト同調スルモノニ對シテハ優先便宜ヲ許容シ既存權益ヲ認ムルノミナラス新權益ノ附與等之カ善導ノタメ廣範圍ノ措置ヲ考慮ス

八、現地ニ於ケル具体的措置ハ禍根ヲ究明シ目標ヲ確認限定シテ施策スヘク末節ニ係爭スルコトナシ

一般ニ局地的各種懸案事項ニ就テハ著々解決處理スルヲ以テ本旨トナス

九、本問題ニ關スル措置ハ其ノ性質ニ應シ成ルヘク支那側ヲ內面指導シ表面之ヲシテ第三國ニ當ラシムルモノトス

（欄外記入）

昭和十四、六、二一、陸軍永井中佐ヨリ

1071　昭和14年6月18日　在上海三浦総領事より有田外務大臣宛（電報）

新中央政権樹立問題や天津租界問題に関する駐華仏国大使の重慶での記者談話について

上　海　6月18日後発
本　省　6月18日夜着

第一六六六號

十七日重慶發ＵＰ電ニ依レハ「コスム」佛大使ハ同社記者ニ對シ日本側ノ天津租界封鎖ト提出條件ハ一般ノ豫想スルカ如ク苛酷ナルモノニ非サルカ愼重之ニ處セサレハ將來ニ惡例ヲ貽シ日本側ニ利用セラルル惧アリ尤モ租界內ニ於ケル「テロ」分子ノ處分ヲ支那側或ハ新政權側ノ何レニ委ヌルモ其ノ裁斷ニ自ラ輕重ノ差アルヘク反日分子取締ノ如キハ彼等ニ對シ嚴罰主義ヲ以テ臨ムコトヲ徹底セシムルニ非レハ其ノ實效ヲ期待シ得サル次第ニモアリ英米佛等ノ第三國ハ時勢ノ要求ニ基キ正義ヲ確保シ租界ノ中立的地位ヲ充

分保障シ得ルカ如キ妥當ナル使(便カ)法ヲ案出スル要アリ此ノ意味ニ於テ余ハ一種ノ國際的法廷設立ノ要アルヲ認ムルト前(欄外記入)提シ現下ノ困難ハ逐次解決シ得ル自信アルモ日本側ハ従來自國ニ不利ナル案件ニ對シテハ互譲的精神ヲ以テ討論スルコトヲ好マスト皮肉リ最後ニ日本ノ希望スル所ハ和平ト親善ノ樹立ニ在リテ汪精衛ヲ北支政府ノ首班ニ擔キ擧ケ支那ヲ重慶政府ト北京ノ支配下ニ二分シ其ノ新政府ニハ中支及南支共包括スル模様ナルカ支那人間ノ反日感情濃厚ナル今日日本カ克ク廣東及北支間ノ土地及人民ノ征服ニ成功スルモノトハ信セス汪ニ關スル日本側ノ宣傳ハ専ラ上海ノ銀行金融業者ヲ對象ニ置キ彼等ヲシテ抗戰繼續ノ無意味ナルコトヲ悟ラシメ且支那側資本ヲ占領地區開發ノ爲誘導スルニ在ルモ如何ニ宣傳スルモ支那人間ニ瀰漫セル抗日感情ヲ緩和スルコトハ難事ナリト語リタル趣ナリ

北京、天津、南京、漢口、厦門、香港へ轉電セリ

(欄外記入)

注意ヲ喚起スル要アリ

1072

昭和14年7月17日　在上海三浦総領事より有田外務大臣宛(電報)

蔣政権内での国共合作深化を英国が歓迎しないため国共間の摩擦が激化しているとの情報報告

上海　7月17日後発
本省　7月17日夜着

第一九九九號

十五日[1]JK情報

一、國共ノ摩擦益々甚タシキ處最近ノ諸事實左ノ通リ

(一)六月初旬延安附近ニ於テ中央軍ノ一部ハ陝西省保安隊ニ假裝シ第八路軍ノ防地ニ進攻シ五日間ニ亘リ兩者間ニ戰鬪交ヘラレタルコトアリ右ハ毛澤東ヨリ蔣介石ニ電報抗議ノ結果蔣ノ命令ニ依リ戰鬪停止セラレタル經緯アル處共産黨側ニテハ右ハ内實ハ蔣ノ計畫的行動ト見居ル趣ニテ蔣ハ曾テ康澤(コウタク)ノ別働隊及胡宗南ノ幹部訓練團ニ密命ヲ下シ共産黨ノ統制下ニ在ル邊區ノ周圍ニ政治的緩衝地帶ヲ作リ共産黨勢力ノ擴大阻止方ヲ命シ其ノ結果別働隊及幹部訓練團員ニシテ邊區附近ノ郷長又ハ保甲長ニ任命セラレ居ルモノ多數アル由

㈡右ノ外蔣介石軍ノ八路軍ノ傷兵病院襲撃、邊區政府任命ノ縣長及抗日大學生ノ拘禁逮捕新四軍幹部人員ノ暗殺、生活書店、シンチ書店等共產黨關係五書店ノ閉鎖、新華日報繼續出版ノ阻止（本件ハ目下國共間ニ交涉中）等諸事實（其ノ他吳鐵城ノ香港國民日報ニ對シ蔣ヨリ反共產、反蘇聯邦ヲ目標トスヘキ密令アリタル由）モアリ

毛[2]澤東ハ最近周恩來ヲ延安ニ召喚シ七月四、五、六ノ三日ニ亘リ重要祕密會議開催セラレ此ノ種各般情勢ニ對シ共產黨トシテ執ルヘキ態度ニ付討論シタルカ其ノ際毛ヲ始メ王明等何レモ蔣ニ對シ强硬ナル態度ヲ以テ臨ム要アル旨主張シタル趣ナリ

二、此ノ種國共間ノ摩擦ハ最近英國カ蔣政權ノ國共合作ニ深入リスルヲ喜ハザルコトニモ關係アリ卽チ英國側ハ「カー」大使前回赴渝蔣ニ會見ノ際「カー」ヲシテ蔣ニ對シ㈠支那側ニハ對日抗戰ヲ此ノ上繼續シ得ル自信アリヤ㈡支那ノ赤化防止問題ニ對シ充分ノ成算アリヤト質問セシメタルカ前者ニ對シ蔣ハ英國側カ援助ヲ强化繼續セラルルニ於テハ勿論可能ナル旨後者ニ對シテハ自信アリト答ヘタル趣ナルカ（大使ハ其ノ後共產黨ノ重慶代表タル秦邦憲（博古）ト會見國共摩擦ノ存在ノ有無ヲ質問シタルニ對シ秦ハ國共關係ノ現狀ハ極メテ惡シト蔣ノ「カー」ニ對スル答辨（辯カ）ヲ裏書スル如キ返答ヲ爲シタル由ニテ「カー」ハ右ヲ本國政府ニ報告シタル事實アリ）

一[3]方又「カー」ヲシテ新疆盛世才カ蘇聯邦ト勾結シ南疆（元來英國ノ勢力權內）ニ於ケル英國權益壓迫ノ擧ニ出テ居ルニ對シ種々ノ證據ヲ蒐集外交部ニ對シ抗議ヲ提出セシムル等重慶側ノ對共產黨態度ニ深甚ナル注意ヲ拂ヒ居ル事實アリ自然英國ノ援助ヲ期待スル蔣トシテハ英國ニ對シ赤化防止ノ「ヂエスチユアー」ヲ示シ居ルモノトモ見ラル

三、尙英國側ニ於テハ前項南疆問題モアリ新疆ニ於ケル左傾政權ノ發展ニハ非常ナル關心ヲ拂ヒ居リ最近「カー」ハ側近ノ祕書唐納ヲ同方面視察ニ派遣シタル外近ク又「エドガースノー」（目下香港ニ在リ）ヲモ特派シ實情ノ視察ヲ爲サシムル豫定アル趣ナルカ此ノ種英國側ノ對重慶態度ハ最近ノ英蘇交涉ニモ機微ナル影響ヲ與ヘ居ルト見ラルル外重慶側ノ英國ニ對スル氣兼ヨリシテ共產黨員ヲ故

意ノ壓迫ノ結果ハ近來莫斯科トノ關係ニ惡影響ヲ與ヘ居ルモノニ付曩ニ交替ヲ理由ニ召還セル多數蘇聯邦軍事顧問ノ後任モ其ノ後來任セルモノ極メテ少ク（岩井執筆「重慶抗日政權ノ現狀ニ付テ」ノ(ハ)御參照）飛行機武器ノ供給亦非常ニ減少シ居ル事實アリ

香港ヘ轉電セリ

1073 昭和14年7月18日 在独国大島大使より 有田外務大臣宛（電報）

独国の対中武器輸出に関する情報につき十分注意あるよう在欧各公館へ要請について

ベルリン 7月18日後発
本省 7月19日前着

第（脱）號

本使發英佛其ノ他宛電報

合第一號

獨逸ノ經濟省其ノ他實業界方面カ對支輸出貿易ニ未練ヲ有シトモスレハ戰前ノ對支貿易ト現在ノ夫レトヲ比較シテ不滿ノ意ヲ表シ又獨逸トシテ從來重要ナル原料ヲ支那ヨリ輸入シ居リタル關係モアリ最近ニ於テモ種々妄動スルモノアル模様ニテ當大使館トシテハ政治上殊ニ軍事上支那援助トナルカ如キ性質ノ取引ニ付テハ嚴ニ外務省及黨首腦部等ニ注意ヲ促シ來リタル次第ナリ之ニ對シ獨逸側ハ客年對支武器輸出ノ禁止ヲ確約シタル外本年三月以降ハ舊致國領ニテ製造セラルル武器ノ對支輸出禁止ヲ勵行シツツアル旨ヲ言明スルト共ニ第三國名義其ノ他ニ依ル獨逸武器ノ支那流入ニ關スル情報入手ノ場合ハ通知アリタキ旨ヲ申入レ同次官ヨリ斯ル場合ハ當大使館ヲ通シ通報スヘキ旨ヲ回答アリタル次第ナリ

本件ニ關シテハ日獨間阻害ノ目的ヲ以テスル宣傳ノ情報モ鮮カラサル様認メラルルモ第三國經由ノ輸出等ニ付テハ充分注意ノ要アリ當方ニ於テモ獨逸側ト密接ニ聯絡シツツアルニ付各種情報入手ノ場合ハ可成具體的ニ詳細御電報相成度シ

本電宛先 英、佛、伊、白、蘭、瑞西、瑞典、米

大臣ヘ轉電セリ

編注 本電報は電報番号不明。

1074　昭和14年9月2日　在上海三浦総領事より阿部外務大臣宛（電報）

欧州戦争勃発の場合における交戦国軍隊の撤退・武装解除に関し具体的処理方針を現地三省首脳者会議で決定について

上　海　9月2日後発
本　省　9月2日夜着

第二四八七號（大至急、極祕）

往電第二四八六號現地三省首腦者會議ニ於テ交戰國警備軍ノ撤退及武裝解除ニ關スル具體的處理ニ關シ海軍側ノ提案ニ基キ左ノ通リ決定ヲ見タリ[1]

一、交戰國ニ對スル申入

(イ)陸海軍最高指揮官ノ名ヲ以テ警備軍指揮官ニ對シ夫々其ノ警備軍ノ撤退又ハ武裝解除ニ關スル申入ヲ行ヒ之ニ應セサレハ武力ヲ以テ强要スルコトアルヲ仄カスモノトス右ト竝行シテ外交機關ヲ通シテ同趣旨ノ通報ヲ爲スモノトス而シテ右ニ依ル警備軍ノ撤退後ノ警備ハ日本側ニ於テ之ヲ行フコトヲ附言ス

(ロ)米國外交機關及警備軍ニ對シテハ本件ニ關シ通報スルモノトス此ノ場合警備軍撤退後ノ警備ノ交渉ニ關シテハ要スレハ共同防備計畫變更ノ要領ニ依リ協議ノ形式ヲ執ルコトアリ

二、外國警備軍撤退後ノ陸海軍警備分擔

(イ)上海

海軍

伊軍警備區域

英軍共同租界警備區域

陸軍

滬西英軍警備區域

佛國租界

(ロ)漢口

海軍

佛國租界

三、交戰國軍隊カ素直ニ撤退セサル場合武裝解除ノ方法[2]

(A)上海

(一)分擔

陸軍ハ滬西地區ノ英軍及佛國租界ノ佛軍ノ武裝解除

竝ニ佛租界義勇軍ノ解散ヲ分擔ス
海軍ハ伊軍及共同租界ノ英軍ノ武裝解除ヲ分擔ス
(二)準備工作
(イ)英佛軍警備區域周圍及工場ニ兵力ヲ集中增加シ脅迫ス
(ロ)伊軍警備區域內ニ海軍陸戰隊員ヲ增員ス
(ハ)英軍滬西地區內ニ補助憲兵ノ名ヲ以テ兵力ヲ增員シ伊軍內ノ我兵力ト相俟テ英軍ヲ更ニ壓迫ス
(三)實施要領
(イ)交戰國軍隊ハ各々其ノ武裝ヲ提出セシメ我軍ハ之ヲ保管ス
(ロ)人員ハ兵舍ニ居住セシメ外出ハ一定ノ制限ノ下ニ許可ス
(ハ)此ノ際交涉ニ應セサルトキハ「中立國ノ義務遂行」ヲ名トシ脅威的ニ交涉ヲ進ムルト共ニ兵力ヲ更ニ集中脅威シ最後ハ兵力行使ヲ考慮シ置クモノトス
(ニ)共同租界ノ英軍警備區域及佛租界ノ警備ヲ米軍カ繼承セサル如ク特別ノ注意ヲ拂フヲ要ス
(ホ)共同租界及佛租界各工部局警察竝ニ共同租界義勇軍ハ我軍ニ密接ニ聯絡シ中立ヲ堅持セシメ且其ノ編成、配備、武器武裝等ノ狀態ヲ明瞭ニセシム
(B)漢口
海軍主トシテ右ニ準シ行ヒ要スレハ陸軍之ニ協力ス
北京、天津、南京、漢口、厦門、廣東、香港ヘ轉電セリ

1075 昭和14年9月5日

在中国英国軍隊撤退を勧告するわが方覚書

付 記 昭和十四年九月八日
阿部外務大臣・在本邦クレーギー英国大使会談録

覺

今次歐洲ニ於ケル戰爭ノ勃發ニ際シ帝國政府ハ之ニ介入セス支那事變ノ處理ニ邁進センコトヲ期スルモノナリ仍テ列國ノ支那事變ニ對スル態度乃至動向ニ付重大ナル關心ヲ有トス
スル帝國政府トシテハ英國政府ニ於テ右帝國政府ノ意圖ヲ了解シ支那事變ニ關シ帝國ノ立場ヲ不利ナラシムルカ如キ

一切ノ措置ヲ執ラレサランコトヲ要請スルモノナリ

更ニ支那ニ於ケル帝國軍ノ勢力下ニ在ル地方ニ於テ歐洲戰爭ニ關與セル交戰國ノ軍隊及艦艇カ存在スルコトハ不慮ノ事端ヲ誘發シテ帝國ノ意圖スル不介入方針ト反スルノ事態ヲ惹起スルノ虞アルニ依リ帝國政府ハ前記地方ニ於ケル交戰國ノ軍隊及艦艇カ自發的ニ撤退ヲ行ハレンコトヲ友誼的ニ勸告スルノ必要ヲ認ムルモノナリ尚右ニ關シ交戰國ノ軍隊及艦艇ノ撤退ヲ見タル上ハ交戰國ノ在留民及其ノ財產ノ保護ニ付テハ帝國軍ニ於テ最善ノ努力ヲ拂フノ用意アルモノナルコトヲ附言ス

編注一　本文書は、昭和十四年九月五日、沢田外務次官より在本邦クレーギー英国大使へ通告された。

二　本文書は、東京大学近代日本法政史料センター原資料部所蔵「阿部信行関係文書」より採録。

（付　記）

阿部大臣在京英國大使接見會談

昭十四、九、八、午前九、〇〇
同　九、五〇
於外務大臣官邸

先ツ大臣ヨリ就任ノ挨拶ヲ述ヘラレ之ニ付型ノ如キ應酬アリ「クレーギー」大使ヨリ別紙(省略)「ハリファックス」外相ヨリノ傳言ヲ傳ヘ之ニ對シ大臣ヨリ謝意轉達アリ度旨述ヘラル

次テ「クレーギー」大使ヨリ此ノ歷史上ノ重大時期ニ當リ新內閣ヲ率ヒ國政ヲ燮理セラルルニハ種々ノ御困難アルヘシト恐察ス英國トシテハ今次歐洲戰爭ニ當リ自己ノ正シキヲ信ス且其ノ兵力カ勝利ヲ收ムヘキコトヲ確信スルモノナリ此ノ時期ニ當リ日本トノ親善增進ヲ圖ランコトヲ特ニ希望スト述フ

仍テ大臣ヨリ政府ハ何レノ國タルヲ問ハスソレトノ國交親善ヲ希望スルモノナリ但シソレニハ東亞ニ於ケル日本ノ地位ヲ諒解セラルルコトヲ要スル旨ヲ以テ應酬セラル(中略)

英國大使

先日澤田次官ヨリ戴キタル通報ニ對シテハ失望ヲ感シ且關心ヲ持タサルヲ得ス

右通報ノ第一段ニ付テハ大体異議ナシ何トナレハ英國トシテハ去ル七月二十二日天津問題ニ關スル一般原則ノ承認ニ依リ思切ツタ所迄行キタルヲ以テナリ然レトモ第二段卽チ軍隊及軍艦ノ撤退ハ「テンタティブ」ニ友誼的ノ勸告ヲセラルル形トナリ居ルモ事重大ナリ極メテ卒直ニ申上クレハ右通報ヲ受ケタル本使ノ印象ハ日本カ歐洲戰爭ノ爲一時的困難ヲ感シ居ル英國ニ附込ミタリ而シテ日本ノ言フ所ハ不當(unjustifiable)ナリト云フニアリ本國政府ヨリハ未タ何等申越シ居ラサルモ恐ラク同様ノ印象ヲ受ケタルナルヘシ

阿部大臣

政府ハ歐洲戰爭勃發ニ際シ不介入ノ方針ヲ定メ過般ノ聲明ヲ以テ之ヲ國民ニ明ニシタル次第ナルカ政府ハ歐洲ニ於テ交戰スル何レノ國ノ味方トナリ何レノ國ノ敵トナルカ如キコトヲ欲セス

右方針ハ之ヲ擴充シテ支那ニ於テモ維持シ度本件申入モ歐洲交戰國トノ間ニ無用ノ摩擦トナルヘキ一切ノ原因ヲ除去スル趣旨ニ出テタルモノナリ貴大使乃至貴國政府カ仰セノ如キ印象ヲ受ケタリトセハ遺憾ナリ今回ノ措置ハ凡テ前記不介入ノ根本的觀念ヨリ發足スルモノニシテ一切ノ無用ノ摩擦トナルヘキ原因ヲ除去スル以外他意ナク英國側ノ立場モ考ヘ友誼的ニ勸告シタルモノナリ

英國大使

本使ハ日英國交ノ改善ニ當リテハ最初ヨリ餘リ欲張ラス著實ニ行フコト肝要ナリト存ス轉バヌ前キノ杖ト云フコトアリ日英間ニ横ハル困難ニ付テハ其ノ一ツ一ツヲ片付ケ行クコト途ヲ開ク爲ノ方法ナルヘク丈夫ナ建物ヲ造ルニハ急クヘカラサルコトヲ信スルモノナリ

阿部大臣

御同感ナリ唯兩國ノ國交ヲ調整スル爲ニハ我國ノ東亞ニ於ケル地位ヲ十分認識セラルル要アルヘシ之ヲ前提トスル限リ本大臣ハ兩國々交調整ヲ十二分ニ考慮スル用意アリ

編注 本会談録中の天津英租界問題に関する部分は、昭和十四年九月八日発阿部外務大臣より在天津田代総領事宛電報第三四〇号（本書第1603文書）と内容が重複するため中略とした。

1076　昭和14年9月5日　在北京堀内大使館参事官より阿部外務大臣宛（電報）

欧州戦争交戦国への軍隊撤退勧告は慎重に行うべきとの観点で軍側を誘導し北京三省関係者間に対応方針案作成について

別　電　昭和十四年九月五日発在北京堀内大使館参事官より阿部外務大臣宛第一〇〇九号

右方針案

北　京　9月5日後発
本　省　9月5日後着

第一〇〇八號

上海發貴大臣宛電報第二四八四號ニ關シ[(1)]

四日當地軍司令部ニ於テ陸、海、外關係官（當館ヨリ門脇出席）集合上海發閣下宛電報第二四八五號ノ㈠ニ付討議セル處其ノ際當方トシテハ交戰國軍隊等ノ撤退ヲ要求スルコト自體ニハ反對スル譯ニアラサルモ㈠支那カ中立國タル場合（交戰國軍艦ノ撤退要求ハ別トシ）條約上駐兵權ヲ有スル英佛等ニ對シ中立法規ヲ理由ニ軍隊ノ撤退又ハ武装解除ヲ要求スルノ權利アリヤ多少疑問アリ右ハ肯定的ニ理論付ケルコト勿論可能ナルヘキモ一應此ノ點理論竝ニ先例ニ就キ研究ノ要アルコト（日本軍占領地域ハ支那ノ中立關係ト離レ日本ノ支配下ノ地域トシテ日本カ中立ヲ守ル建前ヨリ日本ノ名ニ於テ中立義務ノ履行上軍隊ノ撤退ヲ要求スル權利アリトノ解釋モアルヘケンモ其ノ際ト雖モ直ニ第三國ノ駐兵權ヲ否定シ得ルヤ否ヤ）

㈡[(2)]交戰國軍隊ノ撤退等ヲ要求スル權利アリトスルモ其ノ時期ニ關シテハ愼重考慮ノ要アリ歐洲戰爭ノ長期繼續ヲ希望スル日本トシテハ歐洲ノ事態ノ推移如何ニ依リ殊ニ伊太利ノ態度及米國ノ動向、獨蘇軍事協定ノ内容等今暫ク見極メタル上諸方策ヲ決定スル要アリ今直ニ英佛軍隊及軍艦ノ撤退乃至武装解除ヲ要求スルハ時期尚早ト思考スルコト且別電ノ二ノ如キ勸告ハ中立宣言ト關係ナク行ヒ得ル筋合ナルカ其ノ時期ニ關シテモ充分考慮ヲ要スルコト㈧假ニ交戰國軍隊カ撤退セリトスルモ其ノ後ノ交戰國殊ニ英佛ノ租界其ノ他ノ權益處理ニ關シテハ飽迄愼重ニ特ニ其ノ處置振ノ米國ニ及ホス影響ヲ考慮シテ實行ノ要アリ過激ナル措置ニハ俄ニ贊成シ難キコト等ヲ主張シ置キタルカ結局軍側ニテ上海ノ現地案ヨリハ餘程餘裕ヲ取リ一應別電第一〇〇九號ノ

「歐洲戰爭勃發ニ卽應スル交戰國軍處理要綱」ヲ作成セリ
本案ハ上海案ニ比シ穩和ナルモ右ニ對シテモ當方トシテハ前記(イ)(ロ)(ハ)ノ諸點ヲ留保シ置ケリ尚前記(イ)ニ關スル本省ノ見解折返シ御回電相成度シ

（本件陸海軍ヨリモ夫々中央ニ進達ノ筈ナリシカ陸軍側ニテハ其ノ後中央ニテ何等決定ヲ見タル趣ヲ以テ本件進達ヲ取止メタル由ナリ）

本電別電ト共ニ上海、天津、南京、漢口、廣東、厦門ヘ轉電セリ

（別　電）

北　京　9月5日後発
本　省　9月5日後着

第一〇〇九號（極祕）

方針

歐洲戰爭勃發ニ卽應シ支那事變處理ヲ促進スル爲交戰國警備軍竝ニ軍艦ハ之ヲ撤退スル如ク誘導シ要アレハ之カ武裝ヲ解除セシム

一、帝國政府中立ヲ宣言シタル場合ハ現地軍ハ其ノ旨布告シ且臨時政府ヲシテ中立ヲ宣言セシム
帝國政府中立ヲ宣言セサル場合ト雖各國軍隊ノ存在スル北支ノ現狀ニ鑑ミ現地軍ハ治安維持ノ必要上中立態度ヲ執ルヘキ旨闡明スルト共ニ臨時政府ヲシテ所要ノ措置ヲ執ラシム

二、現地軍ニ於テ交戰國軍隊ニ對シ左ノ勸告ヲ行フ
(イ)現地ノ治安維持ノ必要上右中立法規ニ基キ各交戰國軍隊ハ速ニ適當ナル處置ヲ執ルヘキコト
(ロ)之カ爲先ツ各交戰國軍隊ハ不測ノ事變ヲ惹起セサル如ク措置スルト共ニ山海關、秦皇島及塘沽等ニ在ル部隊ハ自國領土又ハ差當リ天津租界等ニ引揚クルコト

三、現地交戰國軍隊間ニ武力衝突ヲ惹起セル場合乃至其ノ間ノ形勢逼迫セル場合ハ直ニ交戰國軍隊ヲ退散セシメ又ハ武裝解除ヲ行フ
右ノ他狀況ニ依リ實力ヲ行使シテ交戰國軍隊ヲ撤退セシメ又ハ武裝解除ヲ行フ
但シ此ノ場合ハ中央ノ指令ニ依リ發動ス

1077　昭和14年9月5日　在上海三浦総領事より阿部外務大臣宛（電報）

欧州戦争交戦国への軍隊撤退勧告は英仏両国の動向にも鑑み迅速かつ効果的に行うべきとの現地三省会議の意見について

上　海　9月5日後発
本　省　9月5日夜着

第二五一九號（極祕）

貴電合第二一二二號ニ關シ（歐洲戰爭勃發ニ際シ帝國ノ執ルヘキ態度竝ニ在支交戰國軍隊艦艇ニ關スル措置）五日午前現地外、陸、海首腦部會議ヲ開催シ貴電合第二一二四號閣議決定ニ關シ研究シタル結果現地三省會議決定トシテ左ノ通リ各中央ニ意見ヲ具申スルコトトセリ

一、英佛軍ハ租界ノ警備ヲ米軍ニ讓リ又佛ハ佛租界ヲ米國ニ移讓セントスルノ企圖アルカ如キ情報アリ故ニ英佛軍ニ對スル撤退要求ハ成ルヘク速ニ之ヲ實現シ英米佛ノ間ニ於ケル既成事實ノ發生ヲ妨クルノ要アリ

二、交戰國軍隊ノ撤退又ハ武裝解除ノ要求ハ單ナル申入ノミニテハ效果ナカルヘク其ノ申入後成ルヘク速ニ日本軍ヲ進入セシメ其ノ警備ヲ繼承スル如ク措置セサレハ目的ヲ實現スルコト困難ナリト認ム但シ右進入ニ當リテハ英佛軍トノ衝突ヲ避クル如ク萬全ノ策ヲ講スルモノトス

三、租界ヲ我管制下ニ置クコトハ當地ニ於ケル重慶政府ノ策動ヲ封シ事變ノ解決促進上效果甚大ナリト認メラルルニ付右見地ヨリスルモ此ノ際成ルヘク速ニ英佛軍ノ租界撤退ヲ要求スルヲ可ナリトス

北京、天津、青島、南京、漢口、厦門、廣東、香港ヘ轉電セリ

英、米、獨、佛、伊ヘ轉電アリタシ

1078　昭和14年9月7日　在上海三浦総領事より阿部外務大臣宛（電報）

欧州戦争交戦国軍隊の中国撤退に関し現地における勧告実施および列国の反応振りについて

付記一　昭和十四年九月七日発電
「交戰國軍隊撤退問題ニ關スル訓令」

二　昭和十四年九月九日付在本邦英国大使館より外務省宛口上書

中国各地でのわが方撤退勧告に対する注意喚起

上　海　9月7日前発
本　省　9月7日夜着

第二五四二號（至急、極祕）

貴電合第二一三七號[1]ニ關シ（歐洲戰爭勃發ニ際シ帝國ノ執ルヘキ態度竝ニ在支交戰國軍隊艦艇ニ關スル措置）六日午後本官ニ於テ御訓令ノ執行ヲ了シタリ先方ノ應待振左ノ通リ

一、英國總領事「フイリツプス」ハ我方ヨリ本件申入ハ極メテ友誼的精神ヨリ爲サレタルモノナルコトヲ附言セルニ對シ之ヲ首肯シ右ハ本申入ノ書振ヨリ見テモ充分之ヲ認識シ得ル所ナルモ何分重大ナル問題ナルニ付早速上司ニ報告スヘシト申上クル以外此ノ場ニテ何等ノ「コメント」ヲ加ヘ得サルニ付此ノ點ハ了解アリタシト述ヘタリ

二、佛國總領事「ボーデーズ」ハ前記同樣ノ本官ノ附言ニ對シ充分之ヲ首肯スルノ態度ヲ示シ且早速上司ニ報告スヘシト述ヘタル後本件日本側申入ニハ時間的制限アリヤト質問シタルニ付本官ヨリ右ハ友好的精神ヨリ爲サレタルモノナルニ付佛國側ニ於テ自發的ニ善處セラレンコトヲ希望スルモノナリト説明シ置ケリ

三、獨逸總領事「フイツシヤー」ハ本官ノ説明ヲ聞キ終リタル□□□（三字不明）獨逸側ニ大ナル利益（「ビネフイツト」）ナリトテ左ノ通リ語レリ

獨逸ハ支那ニ於テ治外法權ヲ有セサル關係上英國ノ如ク□□□□（四字不明）律及法廷ニ依リ自國民ヲ保護シ得サル點ニ於テ大ナル不利益ナル地位ニ在ル次第ニシテ差當リ獨逸トシテハ英國ノ如ク對敵通商禁止令ヲ發布シ得サルノミナラス

係爭事件[2]ニ關シテハ到底信頼シ得サル特區法院ニ救濟ヲ求ムルノ外ナキモノナリ然ルニ日本側申出ノ末段交戰國ノ在留民及其ノ財產ノ保護ニ關スル日本軍ノ保障ニ付テハ獨逸側ニモ當然適用セラルルモノト認メラレ且又一九一四年ノ當時ト事情ヲ異ニシ英國カ共同租界ノ主人公タルカ如キ地位ヲ取リ得サルモノナル點ニ於テ獨逸側ノ不利益ハ著シク輕減セラルヘシ（交戰國ノ在留民及其ノ財產ノ保護ハ如何ナル方法ニテ實施セラルルヤト尋ネタルニ付本官ヨリ本件申入ハ友誼的精神ヨリ爲サレタルモノ

ナルニ付差當リ英佛兩國ノ出方ヲ見ル必要アル旨答ヘ置キタリ）

四、米國總領事「ゴース」ハ本件申出寫ヲ讀ミ終リタル後日本ハ既ニ中立ノ宣言ヲ爲シタリヤト尋ネタルニ付本官ヨリ中立的態度ヲ執ルヘキヲ明カニシタルモ國際法上ノ嚴正ナル意味ニ於ケル中立ノ宣言ハ未タ發出シ居ラサルモノト了解スル處貴總領事ハ日本トシテ之ヲ必要トストノ意見ナリヤト推問シタルニ「ゴース」ハ之ニ對シ必スシモ必要ナリト言フ次第ニアラスト語ヲ濁シタル後一九一四年世界大戰勃發當時ハ上海ニ各國ノ駐屯軍ナク又日英佛軍艦ハ支那ノ中立宣言ト同時ニ支那領水ヨリ退去シ又米國軍艦モ參戰ト同時ニ退去シタル處（支那ノ參戰後ハ然ラサルコト勿論ナリ）

目下日支兩國ハ紛爭（「コントロバーシー」）中ノ次第ニモアリ問題ハ非常ニ「コンプリケート」シ居レリト獨語シ最後ニ英佛兩總領事共本件申入ニ對シ何等「コンメント」セサリシナルヘシト自問自答シテ話題ヲ他ニ轉シタリ

五、伊太利總領事代理「プリジデイ」（漢口領事ニシテ「ネロウネ」ノ不在中代理ス）ハ本件申入ハ誠ニ結構ナルカ日本トシテハ今次戰爭ニ依リ日支事變解決ヲ促進スルコトヲ得大ナル利益ヲ受クヘシト語リ尚全然個人ノ意見ナリト前置シテ伊太利トシテハ西班牙ノ內亂ニ於テ二萬五千ノ戰死者ヲ出シテ後間モナク再ヒ大戰爭ニ參加スルコトハ相當困難アルノミナラス西班牙ニ於テ仇敵トシタル蘇聯ト味方トナリテ戰フハ國民的感情上極メテ困難ナリ又伊太利ハ獨逸ヨリ豫メ獨蘇不可侵條約締結ニ關シ內報ヲ受ケサルニハアラサリシモ蓋ヲ開キ見レハ單純ナル不可侵條約タルニ止マラス之ヨリモ一層進ミタル軍事同盟ニ近キモノタルヲ發見シタル時伊太利ノ獨逸ニ對スル從來ノ義理合ハ終了シタルモノト思考セラルル旨內話セリ

北京、天津、青島、漢口、南京、廈門、廣東、香港ニ轉電セリ

（付記一）

交戰國軍隊撤退問題ニ關スル訓令

往電合第二一四六號ニ關シ

一、今次本件閣議決定ノ重點ハ現地ニ於ケル措置ヲ段階的ニ

行フ點ニアリ而シテ目下ノ所ハ懇談的交渉ノ段階ニアルモノニシテ其ノ目的トスル所ハ交戰國軍隊ノ撤退ヲ懇談的折衝ニ依リ自發的措置トシテ實現セシメ之ト共ニ我軍ノ進駐ニ付テモ等シク彼我納得付クニテ實行ヲ期セントスルニアリ政府ニ於テハ右目的ヲ出來得ル限リ交渉段階ニ於テ達成セシメ度キ强キ希望ヲ有スルモノニシテ之カ達成ノ方法ハ何處迄モ正々堂々タル主張ニ基キ火事泥的態度ニ墮スルコトナク公平ナル第三者ヲシテ十分同感ヲ表スルヲ得ルカ如キ理由ヲ示シテ先方ヲ說得シ所期ノ結末ニ到達致度キ所存ナリ

二、而シテ右撤退勸告ノ理由トシテ先方ニ對シ主張シ得ヘキ點ハ大体左ノ如キ筋ニ據リ得ヘシト思考ス

(甲)帝國ハ在支帝國軍ト交戰國軍トノ間ニ不慮ノ事端ヲ誘發スルノ實際上ノ危險ヲ除去シ以テ帝國ノ意圖スル歐洲戰爭不介入ノ方針ト反スルカ如キ事態ノ發生ヲ防止スルノ必要ヲ認ムルコト

(イ)在支帝國軍ノ勢力下ニ在ル地方ニ於テ歐洲戰爭勃發ニ依リ興奮セル交戰國軍カ對支戰爭ニ緊張セル帝國軍ト共在スルコトハ其レ自体不測ノ事端ヲ惹起スルノ原因ヲ爲スモノナルコト

(ロ)歐洲戰爭勃發前ニアリテハ假令在支帝國軍ト第三國軍トノ間ニ衝突ヲ惹起スルコトアルモ之ヲ「ローカライズ」スルノ可能性大ナリシモ歐洲戰爭勃發後ノ今日ニ至リテハ儻シ萬一右ノ如キ衝突カ帝國軍ト交戰國軍トノ間ニ發生スルカ如キコトアラハ問題ハ重大化シテ帝國ノ不介入方針ト反スルカ如キ事態ニ迄移行スルノ危險性大ナルコト

(ハ)歐洲戰爭勃發ニ依リ益々困惑ノ境ニ立ツニ至レル重慶側ハ窮餘ノ策トシテ種々ノ陰謀ヲ廻ラシ殊ニ在支帝國軍ト交戰國軍トノ間ニ事端ヲ誘發セシメ戰火ヲ點セントスルノ虞アルコト

(乙)帝國ハ在支帝國軍ノ勢力下ニ在ル地方ヲ歐洲戰爭ニ對スル關係ニ於テ事實上中立的地域タラシメ以テ帝國ノ不介入的立場ヲ保持セント欲スルコト尤モ右ハ必シモ中立ノ權利義務ヲ主張シ法理論ヲ以テ對抗セントスルモノニハアラサルコト

(イ)在支帝國軍ノ勢力下ニ在ル地方ハ之ヲ歐洲戰爭ニ對スル關係ニ於テハ事實上中立的地域タラシムルコト

カ歐洲戰爭不介入ノ立場ニ在ル帝國ノ責務ニモ實際上適合スルモノナルコト

(ロ)在支帝國軍ノ勢力下ニ在ル地方カ一方交戰國ノ他方交戰國ニ對スル戰爭遂行ノ利用基地トナルカ如キヲ看過スルコトハ前記帝國ノ責務ニ悖ルノ嫌アルノミナラス其ノ結果帝國ノ不介入方針ニモ動搖ヲ與フルノ惧アルコト

(丙)在支帝國軍ノ勢力下ニ在ル地方ニ交戰國軍隊ノ存スルコトハ現地治安維持ノ必要上ヨリスルモ之ヲ看過スルヲ得サルコト卽チ右地方ニ交戰國ノ軍隊カ存在スルコトハ交戰國軍隊間ノ武力衝突ノ危險アルノミナラス一方交戰國ノ軍隊ト之ト敵對的關係ニ在ル他方交戰國ノ人民トノ間ニ於テモ種々ノ「トラブル」ヲ惹起スルノ虞アリテ我方トシテハ治安維持上之ヲ認恕スルヲ得サルコト

(丁)在支帝國軍ノ勢力下ニ在ル地方ニ於テ交戰國軍隊撤退ノ場合之ニ代リ警備ニ當ルヘキ者ハ廣大ナル占據地域ノ全般ニ亘リ治安維持ニ當リ居ル帝國軍カ最適格者ナルコト(貴電第二五一九號ニ依レハ米國軍ニ於テ英佛軍ニ代リ兩租界ノ警備ニ當ルノ企圖アルヤノ情報アル趣ナルモ歐洲戰爭ノ推移如何ニ依リ米國カ參戰ニ態度ヲ決スルノ可能性必スシモ薄シトセス仍テ米軍ニ警備ヲ委スル場合愈々同國カ參戰スルニ至ラハ現在英佛軍ニ對スルト同樣ノ事態ヲ惹起スルコトトナルヘク寧ロ當初ヨリ貴地方面治安警備ノ適格者タル日本軍ニ警備ヲ委スルコト租界自体ノ利害ヨリ見ルモ適當ナリト主張シ得ヘシ尤モ當方ニ於テハ米軍ニ於テ英佛軍ニ代リ兩租界ノ警備ニ當ル決意付カサルモノト觀測シ居リ又防備協定ノ改訂ヲ經スシテ勝手ニ米軍カ共同租界警備區域ノ擴張ヲ爲シ得サルモノト解シ居レリ)

三、我方ノ懇談的說得奏功シ英佛軍ノ撤退ヲ見ル場合ハ共同租界ニ付テハ列國軍共同防備計畫ノ改訂ヲ爲スコト當然ノ順序ニシテ右手續ヲ經スシテ直チニ我軍ノ租界進駐ノ實現トハナラス右趣旨ハ六日夕中央海軍ヨリ現地ニ指示シタル次第アル處當方ニ於テハ固ヨリ前記一、ノ通リ懇談ニ依リ交戰國軍隊ノ撤退トナリ更ニ我軍之ニ代リテ進駐スル如ク結着ヲ見ルコトヲ期待スル所ナルモ懇談ノ結果右帝國軍ノ進駐ノ點カ不調トナル場合ニハ米國軍ノ現在警備區域ヲ現狀ノ儘維持スルコトヲ條件トシ兩租界內ニ將來治安維持上軍力ノ存在ヲ必要トスルカ如キ事態發生セサル限リ共同租界ノ英軍受持區域及佛租界ノ軍ニ依ル警備ヲ廢シ（日本軍進駐セス）其ノ間警察力ヲ以テ治安ノ維持ニ當ラシムルコトトシ差支ナキ意向ナリ（以上陸海軍ト打合濟ミ）

四、敍上政府ノ意向乃至腹案篤ト御含ミノ上前記一、ノ方針ニ依リ本件圓滿解決ニ至ル樣現地陸海軍側トモ連絡シ此ノ上トモ御努力相成樣致度

編注 本付記は、東京大学近代日本法政史料センター原資料部所蔵「阿部信行関係文書」より採録。

（付記二）

在支交戰國軍隊艦艇撤退勸告ニ關スル件

九月九日在京英國大使館「ドッヅ」參事官カ栗原局長ニ手交シタル口上書要譯文

（昭和一四、九、九　亞一）

在京英國大使館ハ在廣東英國總領事代理ヨリ日本總領事ハ九月七日東京ヨリノ訓令ニ基キ交戰國砲艦カ廣東ヲ撤去スル樣翌日公式ニ要求スヘキ旨通報シタリトノ情報ヲ受領セリ日本總領事ハ英國總領事代理ニ對シ英國砲艦（「シーミュー」號）カ廣東ヲ撤退シタル後ハ日本官憲ハ沙面ニ於ケル英國租界及英國人ノ生命財產ノ保護ニ關シ凡テノ責任ヲ執ル旨保證セリ同總領事ハ更ニ交戰國砲艦及武裝軍隊ノ撤退要求カ拒否セラレタル場合ニハ例ヘハ天津ニ於ケル日本軍隊ハ同所ニ於ケル英國軍隊ヲ武裝解除スルヲ必要ト認ムルニ至ルヘク斯ル事件ハ日英間ノ關係ヲ非常ニ緊張セシムルノ結果アルノミニシテ殊ニ香港ニ影響スヘキ旨申添ヘタリ同總領事ハ尙日本側要求ノ受諾ヲ拒否スルコトニ依リ生スルコトアルヘキ結果ヲ暗示シ且砲艦ノ撤退ヲ強ク主張セリ日本官憲ニ依リ既ニ承諾セラレ居リタル英國軍艦「シカラ」號カ香港ヨリ廣東ニ移動スルコトハ今ヤ拒否セラレタリ

九月八日在漢口及南京ノ英國總領事館官憲ハ同所ヨリ英國砲艦ヲ自發的ニ撤退スヘシトスル要求ヲ受領セルカ同日東京ニ於テ九月五日日本政府ヨリ英國大使館ニ通達セラレタル口上書ノ寫カ北京英國大使館ニ通報セラレタリ總理大臣

閣下ノ英國大使ニ對スル説明及九月五日日本政府覺ニ敷衍シアル問題ハ英國及日本政府間ニ尚論議セラレツツアリタリトノ事實ニ鑑ミ在京英國大使館ハ廣東漢口及南京ニ於ケル日本總領事館官憲及支那ニ於ケル日本海軍官憲ニ對シ發セラレタリト認メラルル斯ル訓令カ何故ニ本件カ尚商議中ナルニ拘ラス發出サレタルカヲ諒解スル能ハサルモノナリ故ニ日本政府カ支那ニ於ケル其ノ代表ニ對シ訓令ヲ發シ本件ニ對シ日英兩國政府間ニ商議カ續ケラレ居ル限リ如何ナル措置モ執ラサル様又英國砲艦及武装軍隊ハ干渉セラルルコトナキ様及既ニ規定セラレ居ル豫定ニ依リ移動スルヲ妨ケサル様訓令發出セラルルコトヲ望ムモノナリ

編注　本文書の原文（英文）は省略。

1079　昭和14年9月12日　阿部外務大臣より在米国堀内大使宛（電報）

欧州戦争交戦国軍隊の中国撤退問題に関しわが方立場を米国政府に十分説明方訓令

本省　9月12日発

第☆三八五號（至急）

往電第三八四號ニ關シ

在支米國權益空爆事件以來米國側ハ兎角我方ノ支那ニ於ケル行動ニ關聯シ對日態度ヲ決定スルノ底意ヲ有スル次第ハ屢次貴電ニ依リテモ明ナル所ナルカ本件我方措置ノ根據ハ冒頭往電ニ詳記シタルカ如ク我方トシテハ十分理由ノ存スル所ナルヲ確信シ居ル次第ナルカ貴電第一二〇（ママ）五號末段國務長官ニ於テモ貴大使ニ對シ米國側ニ誤解ノ存センコトヲ惧レ更ニ説明ヲ求メ居ル次第ニモアリ貴大使ハ冒頭往電ノ我方主張ヲ徹底セシメラルル際左記我方ノ方針ヲ十分体シ我方態度ノ公正ニシテ且之ニ從フコトカ東洋平和ノ維持ニ合致スル所以ナルコトヲ强調先方ニ徹底セシメラルル様此ノ上トモ御努力相成度

一、往電合第二一二五號閣議決定ノ重點ハ現地ニ於ケル措置ヲ段階的ニ行フニアリ而シテ目下ノ所ハ懇談的外交交渉ノ段階ニ在ルモノニシテ（閣議決定第四ノ一ノ第一項尤モ艦艇ニ付テハ其ノ特殊性質ニ鑑ミ五日夜海軍中央ヨリ第二項ノ指示ヲ爲セリ）其ノ目的トスル所ハ交戰國軍隊ノ撤退ヲ懇談的折衝ニ依リ自發的措置トシテ實現セシメ之ト共ニ我軍ノ進駐ニ付テモ等シク雙方納得付クニテ實行ヲ期セントスルニアリ政府ニ於テハ右目的ヲ出來得ル限リ交渉段階ニ於テ達成セシメ度キ強キ希望ヲ有スルモノニシテ之カ達成ノ方法ハ何處迄モ正々堂々タル主張ニ基キ公平ナル第三者ヲシテ十分同感ヲ表スルモノナルカ如キ理由（冒頭往電）ヲ示シテ先方ヲ説得シ所期ノ結末ニ到達致度キ所存ナリ

而シテ本件閣議決定第四ノ一ノ第二項ノ措置ハ中央ノ指示スル時期ニ之ヲ實行スルモノニシテ之カ決定ニ付テハ中央ニ於テ十分考慮ヲ盡シタル上ノコトト致度キ所存ニテ此ノ點ハ現地軍側ニモ徹底シ居ル所ナルカ況シテ右措置ノ結果事態進展ヲ見サル場合考慮スヘキ五ノ點ノ實行ニ付テハ未タ中央ニ於テ決意ヲナシ居ラス問題ノ紛糾シ他ノ方策盡キタル場合之等實力行爲ヲ考慮スルコトアルヘシトスルニ過キス要スルニ政府トシテハ前記ノ如ク何處迄モ懇談的交渉ノ手段ニ依リ結末ヲ付ケ度キ熱意ヲ有スル次第ナリ

二、本問題ヲ更ニ一般國際政治ノ角度ヨリ觀ルニ我方ニ於テハ歐洲戰爭勃發ノ事情ヲ繞リ英佛側ニ於テハ我方勸告ヲ膠ナク拒絶スルノ結果支那方面ニ於テ不測ノ緊急事態ノ生スルカ如キヲ避ケントスルノ考慮表ハレ居ルモノト觀測シ居ルモノニシテ現ニ本大臣就任挨拶ニ先立チ「クレーギー」大使ヨリ澤田次官ニ對シ英國側ニ於テハ天津交渉ノ再開ヲ熱望シ居ル旨申出テ居リ又本大臣トノ會見ニ於テモ同樣ノ熱意ヲ表明シ居ル次第ニシテ佛國側ニ至ツテハ從來長日月未決ノ儘ナリシ諸懸案ヲ一括我方ノ主張通リ解決シ來リタルカ如キ形勢ニシテ斯カル雰圍氣ノ下ニ萬一本件勸告ノ相手方ノ立場ニ非サル米國側ヨリ依然トシテ我方及英佛側ノ關係ニ水ヲ注スカ如キ行動ヲ執リ來ルニ於テハ其ノ結果東洋ノ平和ヲ亂シ日米ハ固ヨリ英佛ニ於テ希望セサルカ如キ事態（日本ノ不介入態度ノ變更）ノ發生ヲ見ルコトナキヲ保セス斯カル實狀ニ對シテハ米國側ニ於テ篤ト考慮ヲ加フルノ必要アリト信ス

三、國務長官ハ貴大使トノ會談中上海共同租界ノ問題ヲ專ラ取上ケ居ルモ本問題ニ關スル我方ノ懇談的説得成功シ差當リ英佛軍上海租界ヨリ撤退ノ場合ニ於テハ其ノ結果トシテ當然米國ヲ含ム列國軍共同防備協定ノ改訂（本會議ノ議長ハ日本陸戰隊指揮官ナリ）ヲナスヘキ順序ニシテ

右手續ヲ經スシテ直チニ我軍兩租界進駐ノ實現トハナラス卽チ交戰國軍撤退ノ後始末ニ付テモ勿論關係國軍間圓滿交渉ノ結果結末ニ到達スル筋途ニシテ我方トシテハ斯カル結末ヲ期待スルモノナリ而シテ此ノ交渉ノ結果帝國軍ノ進駐ノ點カ容易ニ解決付カサル場合ニハ米國軍ノ現在警備區域ヲ現狀ノ儘維持スルコトヲ條件トシ兩租界內ニ將來治安維持上軍力ノ存在ヲ必要トスルカ如キ事態發生セサル限リ共同租界ノ英軍受持區域及佛租界全体ノ軍ニ依ル警備ヲ廢止シ其ノ間固有ノ警察力ヲ以テ治安ノ維持ニ當ラシムルコトトスルモ差支ナキ腹案ヲ有シ居ル次第ニテ(從テ貴電第一〇五四號之等地域ニ米國兵ヲ入レテ警備ニ協力スルコトハ考ヘ居ラサル次第ナリ)右ノ點ハ中央陸海軍トモ打合ノ上既ニ現地ニ指示濟ミナリ

四、之ヲ要スルニ政府ノ意圖スル所ハ冒頭往電申進ノ通リ極メテ合理的且穩健ナルモノナルニ付米國側ニ於テ我方ノ眞意ニ付何等誤解ヲ懷クコトナク進テ之カ實現方ニ協力シ來ルヤウ此ノ上ノ御盡力ヲ期待スルコト切ナリ

貴電第一〇五四號ニ對スル當方意向ハ本電ニ盡サレ居ルモノト御承知アリタシ

英ヘ轉電セリ

英ヨリ獨、佛、伊ニ轉電アリタシ

1080　昭和14年9月12日　在本邦英国大使館より外務省宛

わが方の在中国英国軍隊撤退勧告に対する英国政府回答

歐洲戰爭勃發ニ際シ帝國ノ執ルヘキ態度竝ニ在支交戰國軍隊艦艇ニ對スル措置ニ關スル件

九月十二日附在京英國大使館口上書第一六七號

要譯文

（昭和一四、九、一三　亞一）

在京英國大使館ハ帝國外務省ニ對シ歐洲戰爭ニ關スル九月五日附帝國外務省口上書ニ關シ英國外務大臣ノ訓令ニ基キ英國政府ハ前記口上書第一節ノ申入ハ日本政府カ戰爭ニ對シ中立ノ態度ヲ執ル意向ナルコトヲ意味スルモノト了解スル旨通報スルノ光榮ヲ有ス

然レトモ英國政府ハ何故ニ歐洲ニ於ケル敵對行動ノ發生カ在支日英官憲間ノ困難ヲ增加スルモノナリヤ了解スル能ハ

サルモノナリ英國政府ハ右ニモ拘ハラス日本政府カ突發事件ヲ回避シ且懸案ヲ友好的商議ニ依リ解決スル手續ヲ繼續セント希望シ居ルコトヲ諒解スルモノナリ其ノ間日本側口上書ノ他ノ點ハ了承セラレ且考慮中ナリ

編注 本文書の原文(英文)は省略。

1081 昭和14年9月15日 在ベルギー来栖大使より阿部外務大臣宛(電報)

欧州戦争の先行きや米国の動向に鑑み交戦国軍隊の中国撤退には拘泥すべきでない旨意見具申

ブリュッセル 9月15日発
本省 着

第二三〇號

一、在支外國兵力撤退問題ニ關スル米宛貴電第三八四號御訓令ノ根本趣旨及從來累積シ來レル現地諸般ノ事情ハ充分了解且ツ拜察ニ難カラサルモ本件ノ背後ニハ先ツ之ガ前提トシテ處理ヲ要スベキ更ニ重大ナル案件存スルヤニ觀測セラルルヲ以テ既ニ閣議御決定(上海宛貴電合第二一二四號)ノ次第ハアルモ歐洲其他ノ事態ガ漸時長期戰ノ態勢ヲトリ來ルト共ニ波蘇國境方面ニ於ケル蘇聯邦最近ノ動キカ我國トシテモ特ニ留意ヲ要スベキ發展ヲ示シツツアルニ鑑ミ何ノ途皇軍ノ威力ノ前ニハ物ノ數ナラサルベキ兵力ノ如キハ此際追及シテ問題トセズ萬事時局對策ノ全局ニ立脚シ再應御詮議切望ニ堪ヘズ

二、本件急速措置ノ御決定ハ主トシテ上海發往電第二五一九號ノ事情ニ出デ居ル次第ナルベキ處同電(一)ニ所謂情報ノ出所果シテ如何殊ニ米國ハ曾テ支那各地ノ租界ヲ返還シタル經緯アルコト御承知ノ通リナルト同時ニ米西戰争直後「フイリッピン」領有カ議會ノ大問題トナリ僅少ナル表決ノ差ニテ決定ヲ見タルガ如キ同國ノ傳統ニモ鑑ミ租界移讓ノ如キ問題カ爾ク急速ニ實現シ得ベキヤ將又米國議會ノ承認ヲ得スシテ移讓ヲ承認スル事同國憲法上可能ナリヤ等ノ諸點ヲ考カヘ右情報ニハ種々疑問ノ節アリ旁寧ロ卒直ニ米國ニ對シ右情報ノ眞僞ヲ質スヲ以テ第一着手トスベキニアラスヤト思考ス

三、英國カ既ニ對獨戰争狀態ニ入リ支那ヲ顧ミルノ遑ナク米ヲシテ我國牽制ニ當ラシメツツアルハ推測ニ難カラサル

モ米國カ英佛ニ代リテ果シテ何所迄支那問題ニ踏込ミ來ルベキヤハ有田「クレーギー」協定成立後ニ至リ始メテ日米通商條約ヲ廢棄シタルカ如キ米國從來ノ態度ニ鑑ミ甚タ疑問ニシテ殊ニ今後歐洲ノ戰局益々進展シ米國ニ於ケル英佛援助論愈强化シ來リ（最近ノ Gallup 民論調査御參照）其結果米國ノ日米關係ニ關スル關心增大スルト共ニ他方日支關係調整及第三國權益問題ニ對スル我方ノ公正ナル態度一層鮮明トナルニ於テハ米國現在ノ對日態度モ次第ニ變轉シ來ルベキ可能性ナキヲ保セズト思考セラレ少クトモ今直ニ我國ヨリ進ンデ本件ニ關シ米國ト喧嘩別レヲ敢テスル迄ノ必要無之ヤニ觀測ス

四、歐洲戰局擴大ニ伴ヒ之カ太平洋方面波及ヲ防止スルハ此際トシテ日米兩國ノ分擔スベキ重責ニシテ此點ニ關シテハ米國政府筋ト雖トモ恐ラク異存ナカルヘク又現ニ最近巴奈馬運河ノ警備ヲ嚴重ニシ且ツ來ルベキ巴奈馬汎米會議及加奈陀參戰ニ關聯シ改メテ「モンロー」主義ヲ云々シ居ル米國政府トシテハ同時ニ比律賓ニ關シテモ種々ノ問題ヲ考慮シ居ル次第ト觀測セラルルニツキ此際我國トシテハ支那中央政權ノ確立、歐洲時局ノ推移及米國々論ノ動向等諸般ノ情勢ヲ考査シ適當ノ時機ニ於テ堂々本項冒頭ノ問題ヲ提議シ日米協力ニ依リ戰局ノ太平洋方面波及ヲ防止スルコトニ努メ此間ニ兩國關係打開ノ途ヲ講セラルルコト最モ可然ヤニ思考ス

英米佛獨伊ヘ轉電セリ

編注　本文書は、国立国会図書館憲政資料室所蔵「憲政資料」中の「来栖三郎関係文書」より採録。

1082　昭和14年10月17日　在上海三浦総領事より野村外務大臣宛（電報）

日本は汪兆銘による新政府を樹立するか蔣介石との和議を結ぶか二途何れかを選ぶべきなど伊国代理大使の内話要領報告

上　海　10月17日後発
本　省　10月17日夜着

第二九三五號

來滬[(1)]ノ途中同船セル伊太利代理大使（大使「タニアニ」來滬シ居ルモ信任狀未捧呈ノ爲大使トシテ取扱ハレ居ラス）

「アレッサンドリーニ」（最近一年半重慶ニ滞在シ目下歸國ノ途ニ在リ）カ岡崎總領事ニ內話セル所左ノ通リナル趣ナリ

一、重慶ハ從來屢伊太利大使ノ信任狀捧呈ヲ迫リシカ最近王外交部長孔祥熙ヨリ特ニ右ニ付督促アリ之ニ對シ自分ハ伊太利政府ニ要求スヘキコトハ駐伊支那大使ヨリ政府ニ申入ルルヲ常道トストテ明答ヲ與ヘス

二、重慶ハ物資缺乏シ武器等モ最近充分手ニ入ラス困リ居レリ銀行家實業家其ノ他政府要人中ニモ和平ヲ望ム空氣大ナルカ依然公然ト之ヲ唱フル者ナシ

三、孔ト宋トノ確執甚タシク自分ハ孔ノ宴會ヲ受クレハ同日又ハ直ク翌日宋ノ宴會ヲ受ケサルヲ得サル狀態ナリ

四、「ジヨン」ハ支那ニ同情シ種々助言ヲ與ヘ居ル模樣ナルモ「リツプサービス」ノミニテ實質上ノ援助ナシ英國モ最近援助ヲ爲シ得サル狀態ナリ露ヨリノ武器等ノ輸送モ最近杜絶勝ニテ重慶ハ大イニ焦リ居ル模樣ナリ

五、自分ノ見ル所ニテハ日本側ハ既ニズツト以前ヨリ中央政府ヲ樹立スヘカリシナリ斯クスルコトニ依リテノミ重慶ニ對抗スルヲ得ヘク汪精衞ハ種々ノ評ハアルモ矢張リ蔣ト對抗スル唯一ノ人間ナリト見ラル

六、日本トシテハ汪ヲ中心トスル中央政府樹立ニ專念スルカ又ハ重慶ト和ヲ講スルカ二途其ノ一ヲ擇フ立場ニ在リ自分トシテハ何レヲ良シトハ言ヒ得サルモ唯一ツ確實ナルコトハ蔣介石ハ汪ト共ニ事ヲセサルコトナリ自分ノ出發直前ニモ蔣ハコト玆ニ至リテハ汪ト提携スルコト不可能ナリト言ヘリ

七、[2]重慶ノ狀態ヲ見ルニ蔣ノ獨裁殆ト完全ニテ蔣ヲ除キテハ他ニ問題トスヘキ人物ナシ（但シ宋子文ハ他ノ要人ニ比スレハ一頭地ヲ拔キ居リ實力モ相當アルモ）從テ蔣ヲ除キタル重慶ト和ヲ講スルカ如キハ意味ナキ樣認メラル

八、露大使館ニハ百名以上ノ露國人居ル模樣ニテ何ヲシ居ルヤ判ラサルモ相當數ノ「パイロツト」居ルコト確實ニテ漢口空襲モ彼等ノ所業ナラン

九、重慶其ノ他ノ爆擊ニ付テハ個々ノ軍事施設ヲ爆破スルヨリモ連日一箇所（例ヘハ重慶）ノ爆擊ニ集中シ電燈水道ヲ破壞シ都市ノ生命ヲ奪フコト人心ニ與フル威力大ナリ（自分ノ滯在中モ數箇月前（四、五月頃）一回連續猛爆アリ其ノ時丈ハ人心兢々トシテ何モ手ニ付カス其ノ際ハ伊

大使館附近ニモ旺ニ爆彈落下シ硝子等悉ク破レタリ）此ノ方法ニ依リ重慶ヲ混亂セシメ政府ノ機能ヲ停止セシムルコト最良法ニテ市外ノ特定軍事施設爆破ノ如キハ餘リニ上品ナル方法ニテ威力充分ナラサル樣感セラレタリ

ホ、歸途昆明ヨリ汽車ニテ河内ニ赴キタルカ途中ニ箇所鐵道破損シ徒歩聯絡ニ依レリ右ハ一般人民ニハ祕シ居リ許可アル者ノ外鐵道ヲ利用シ得ス而モ破損箇所ヲ夜間通行セシメ居レリ破損ハ相當甚タシク修理ニ二箇月ヲ要スル由ナリ從テ貨物ノ輸送ハ全ク不可能ナリ破損ハ出水ニ依ル樣見受ケラレタルモ或ハ何等カ日本側ノ謀略ニ基クモノナルヤモ知レス緬甸ニ至ル道路モ目下破損シ使用セラレス爲ニ貨物輸送跡絶ヘ居レリ

北京、天津、南京、漢口ヘ轉電シ香港ヘ暗送セリ

〰〰〰〰〰〰〰〰

1083　昭和14年10月24日　在スペイン矢野（真）公使より野村外務大臣宛（電報）

蔣政権は一地方政権に過ぎず中国に新中央政府樹立の暁には率先して承認すべきとスペイン外相へ説示について

マドリード　10月24日後発
本　　省　10月25日夜着

第一七四號

支那ハ蘇聯邦墨西哥等ト共ニ未タ「フランコ」政府ト國交ナク赤政府時代ノ代表者今尚「サンヂアン・ド・リユーズ」ニ滯在シ居ル處右ニ付テハ本官ヨリ屢次當國政府ニ對シ蔣政權ハ共產主義ニ基ク一地方政權ニ過キサルヲ以テ之ト交涉スルノ有害無益ナルヲ强調シ政府モ良ク之ヲ了解シ來リタル次第ナルカ二十四日新外相ト面談ノ折再ヒ本件ニ言及セル處大臣ハ貴見ノ如ク蔣政權ノ支那ナルモノハ今日既ニ存在セス從テ之ト國交ノ如キハ問題トナラス恰モ波蘭消滅セル今日吾人ハ在巴里同政府ト交涉ノ意ナキト同樣ナリト言ヘルニ付本官ハ支那ニハ近ク確固タル新中央政府樹立スル筈ニ付其ノ際ニハ日本カ率先「フランコ」政府ヲ承認セル如ク西國モ速ニ之ヲ承認セラルル樣致度シト附言シ置ケリ

在歐米各大使ヘ暗送セリ

〰〰〰〰〰〰〰〰

1084 昭和14年10月27日　在北京門脇大使館二等書記官より野村外務大臣宛（電報）

華北での日独経済提携に関するボイド提案に対し実現性の乏しい点を指摘について

北　京　10月27日後発
本　省　10月27日夜着

第一一三一號

往電第七一五號ニ關シ

目下來燕中ノ「ウオイド」當地獨逸大使館「ノルテ」書記官ト共ニ當館ヲ來訪シ曩ニ計畫シ居タル獨逸北支間「バーター」交渉ハ歐洲戰爭勃發ノ爲一時挫折ノ已ムナキニ至リタル處自分ノ考ニテハ獨逸側トシテハ北支ノ必要トスル機械類等ニ關シ尙輸出餘力アリ（獨逸ハ豫テ生産擴充ニ全力ヲ注キ外國ヨリノ輸入原料品ハ國內ノ工業生産品ヲ以テ支拂フ要アリト述フ）ト信スルヲ以テ西比利亞鐵道ヲ利用スル北支產品ト獨逸製品トノ「バーター」制度ニ付日本側ノ贊成ヲ得度ク右ハ運送可能數量ニモ制限ヲ受クヘク取引夫レ自體トシテハ左迄重要ナラサルヘキモ將來平和囘復後ノコトモ考慮シ取引關係ヲ維持スルコト希望ニ堪ヘスト述ヘ且右ハ必スシモ北支ノミニ限ラス日滿北支ヲ一體トスル一貿易統制組織ヲ作リ之ニ對應シ獨逸ニテモ統制組織ヲ作リ其ノ間ニ取引ヲ爲スモ可ナリト述ヘタルニ付本官ヨリ右「バーター」制度ノ思想其ノモノニハ別段異議ナキモ具體的問題トシテ北支產品ノ輸出、西比利亞鐵道利用ノ可能性竝ニ獨逸側ノ輸出能力等ニ付相當檢討スヘキモノアリ當方トシテハ充分考慮ノ必要アルヲ以テ俄ニ贊意ヲ表シ難キ旨ヲ述ヘ置ケリ

尙同人ハ興亞院側ニ對シテモ同樣ノ意見ヲ述ヘ興亞院側ニ於テモ當方ト同趣旨ニテ答ヘ置キタル趣ナリ

上海、青島、天津ヘ轉電セリ

1085 昭和14年11月13日　在本邦クレーギー英国大使より野村外務大臣宛

華北駐屯の英国軍隊一部撤退に関する英国政府通告

北支英國駐屯兵一部撤退ニ關シ在京英國大使ヨリ申入ノ件

昭和十四年十一月十四年十一月十三日在京英國大使カ野村大

臣ニ提出シタル口頭申入覺要譯文

（昭一四、一一、一三 亞一）

英國政府ハ歐洲情勢ノ必要ニ鑑ミ義和團事件議定書ノ英國權利ニ基キ天津及北京ニ維持セラレ居ル駐屯兵ノ構成ヲ一時的ニ變更スル意思ヲ有ス

其ノ結果在天津北京英國兵ノ一部ハ撤退セラルヘク但シ必要ナル行政的特科機關ヲ含ム一中隊ハ天津ニ及其ノ一小隊ハ北京ニ駐屯セラルヘシ

同様ノ通報ハ他ノ關係國政府ニモ爲サレタリ

編注 本文書の原文（英文）は省略。

1086 昭和14年11月13日 在本邦仏国大使館より外務省宛

華北駐屯の仏国軍隊一部撤退に関する仏国政府通告

北支佛國駐屯兵一部撤退ニ關スル件

昭和十四年十一月十三日附在京佛國大使館口上書要譯文

口上書

（昭一四、一一、一三 亞一）

佛國カ參加シ居ル戰爭ニ依リ佛國政府ハ歐羅巴ニ有スル兵力ノミナラス全世界殊ニ極東ニ有スル兵力ヲ再組織スルコトトナレリ

其ノ結果同政府ハ一時佛國カ支那ニ於テ一九〇一年ノ議定書ノ諸規定ニ基キ保持セル兵力ヲ變更スルコトニ決セリ

在京佛國大使館ハ帝國政府ニ對シ右駐屯兵ハ極ク最近相當減少セラルヘキ旨通報スルノ訓令ヲ受ケタリ

同大使館ハ更ニ同様ノ通告カ支那ニ於テ駐屯軍ヲ維持シ居ル一九〇一年ノ議定書ノ他ノ締約國卽チ米國、英國及伊國ニ對シテモ爲サレタルコトヲ通報スルノ光榮ヲ有ス

編注 本文書の原文は見当らない。

1087 昭和14年11月20日

外交情勢に関する野村外務大臣内奏資料中の「鼓浪嶼租界問題」および「在支交戰國軍隊

艦艇撤退問題」

付記　昭和十四年五月二十三日付　有田外務大臣内奏資料中の「厦門鼓浪嶼租界問題」

昭和十四年十一月二十日

外交情勢ニ關スル野村外務大臣内奏資料

(前略)

○支那ニ於ケル第三國トノ交渉案件

鼓浪嶼租界問題

本年五月初、厦門鼓浪嶼租界ニ於キマシテ親日支那人ニ對スル抗日分子ノ「テロ」行爲防遏ノ緊急措置トシテ我海軍陸戰隊カ上陸シ、之ニ對抗シテ英米佛三國ノ陸戰隊モ上陸シマシタコトニ依テ惹起セラレマシタ所謂鼓浪嶼租界問題ハ、幾多ノ紆餘曲折ヲ經マシタカ、去ル十月中旬無事解決ヲ見ルニ至リマシタ。

問題發生當時我現地當局ニ於キマシテハ、租界當局ニ對シ抗日排日ノ徹底的取締、日本人職員ノ増强、臺灣人ノ參政權ノ承認、支那人參事會員ノ任命ヲ含ム五ケ條ノ要求ヲ提出致シマシタカ、當初ハ英米佛三國領事ノ態度カ强硬テアリマシテ仲々我要求ニ贊同スル態度ヲ示サス、一方我海軍ニ於キマシテハ抗日分子取締ノ爲鼓浪嶼島ト外界トノ交通ニ付嚴重ナル制限ノ措置ヲ持續致シマシタ爲、事態ハ對立膠着ノ狀態ニ入ツタノテコサイマス。

外務當局ト致シマシテハ現地及東京ニ於キマシテ局面打開ノ爲引續キ努力致シテ居リマシタ處、九月ニ入リ歐洲政情ノ變化モ影響シマシテ、英佛側ハ先ツ其ノ陸戰隊ヲ撤退シ、本問題ニ對スル態度ヲ著シク緩和シテ參リマシタ。此ノ情勢ニ乘シテ我方ハ主トシテ米國側ヲ相手ト致シ折衝ヲ重ネマシタ結果、十月十七日大要左ノ通リノ解決ニ到達シ、同時ニ日米兩國陸戰隊モ同日同時ニ撤退シ、玆ニ問題ハ全部解決ヲ見ルニ至リマシタ。

一、工部局當局ハ抗日分子取締ニ付嚴重ナル措置ヲ執ルト共ニ日本總領事館警察ト緊密ニ協力スルコト(此ノ爲工部局當局ハ日本總領事ト細目ニ付協議ヲ遂ケマシタ)

二、工部局ハ警察副局長及巡査部長トシテ日本人職員各一名ヲ採用任命スルコト、更ニ將來其ノ財政狀態ニ應シ臺灣人警察官ヲ増强スルコト

三、臺灣人ノ參政權及支那人參事會員(三名)ノ任命ニ關ス

ル問題ハ將來適當ノ時期迄之ヲ延期スルコト
四、日本官憲ハ鼓浪嶼島ト外界トノ交通ヲ事件發生以前ノ原狀ニ復歸スルコト

惟フニ渺タル鼓浪嶼租界ノ問題カ不當ニ世界ノ視聽ヲ集メマシタ所以ハ、此ノ租界カ上海ノ共同租界ト略々同一ノ國際的地位ヲ有スルト云フ特殊ノ事情ニ基クモノト考ヘラルルノテコサイマスカ、我方ノ要求ヲ大体貫徹シツツ交讓妥協ニ依リ問題ノ解決ニ到達シマシタコトハ、各方面ニ對シ良好ナル影響ヲ與ヘタモノト認メラルルノテコサイマス。

（中略）在支交戰國軍隊艦艇撤退問題

歐洲戰爭勃發ニ際シ政府ト致シマシテハ支那ニ於ケル帝國軍勢力下ノ地方ヲ中立的地域タラシムル見地ヨリ、關係交戰國ヲシテ其ノ軍隊及艦艇ヲ自發的ニ撤退セシムル樣勸告致シマシタ經緯ハ御承知ノ通リデ御座イマスルガ、其ノ後在京英國大使及佛國大使ヨリ帝國ノ今次歐洲戰爭ニ對スル態度ヲ了承スルト共ニ、軍隊艦艇ノ撤退ニ關シテハ本國政府ニ於テ考慮中ナル旨回答シ參ツタノテ御座イマス。其ノ後十月二日在京英國大使ハ野村ニ對シ英國政府ハ軍事上ノ必要ニ基キ一時揚子江上ヨリ同國砲艦五隻ヲ撤退スルコトニ決シタル旨通報シ參リマシタカ、本月十三日更ニ同大使ハ野村ヲ來訪致シマシテ、本國政府ノ訓令ニ基ク趣ヲ以テ現下ノ歐洲情勢ノ必要ニ基キ在京津英國駐屯軍ノ一部ヲ一時撤退スルコトニナリタル旨通報シ參リ、同日在京佛國大使館ヨリモ同樣ノ通報ニ接シタ次第テ御座イマス。（後略）

（付　記）

（前略）厦門鼓浪嶼租界問題

厦門鼓浪嶼ハ恰モ上海ノ共同租界ト同シク列國共同ノ租界トシテ、客年帝國陸海軍ノ厦門攻略後モ大体戰前ト變リナク其ノ存立ヲ續ケテ來タモノテアリマスカ、大陸トノ交通カ割合自由ニナツテ居リマシタ爲抗日分子ノ潛入スルコト絶エス、之ニ付テハ帝國總領事ヨリ隨時租界當局ノ注意ヲ喚起シテ參ツタ次第テアリマス。

然ルニ本月八日臺灣籍民二名ニ對スル暴行事件發生ヲ見マシタルニ續キ、同十一日厦門市商會會長カ抗日分子ノ爲暗

殺セラルル事件發生致シマシタカ、時恰モ第五艦隊司令長官カ同租界訪問視察ノ際テアリマシタ爲、海軍側ニ於テハ陸戰隊百餘名ヲ上陸セシメ租界内ノ手入ヲ行ヒ、十數名ノ抗日分子嫌疑者ヲ逮捕致シマシタ。

之ニ引續キ我總領事（内田）ハ十四日工部局參事會長ニ對シ抗日排日ノ徹底的取締、日本人職員ノ增强及臺灣人ノ參政權ノ擴大ヲ含ム五箇條ノ要求ヲ提出致シマシタ。

一方海軍陸戰隊ハ大体抗日分子鎭壓ノ當初ノ目的ヲ達シマシタノテ我總領事館護衛ノ爲少數（四十數名）ノ者ヲ除キ十五日ニ至リ撤收セラルルニ至リマシタ。

然ルニ十七日ニ至リ英米佛ノ三國領事ハ我總領事ノ反對ノ說得ニ拘ラズ、「日本陸戰隊ガ租界内ニ留ル以上三國側ニ於テモ同數ノ陸戰隊ヲ上陸セシムル必要アリ三國側ノ陸戰隊ハ日本陸戰隊ノ減少ニ比例シテ減員セラルベク日本陸戰隊ニ於テ速ニ撤退セラレンコトヲ望ム」旨ヲ通報越シ、之ト同時ニ三國陸戰隊ノ上陸ヲ見ルニ至リマシタ。

一方東京ニ於キマシテハ五月十六日在京英國大使ヨリ本國政府ノ訓令ニ依ル趣ヲ以テ「日本側ガ鼓浪嶼ノ國際共同行政ニ對シ强力ヲ以テ干渉スルコトニ嚴重抗議スル旨、英國政府ハ何等法律的根據ナキ此ノ種ノ行爲ヲ重大視スル旨及陸戰隊ヲ出來得ル限リ早目ニ撤退セラレ度キ旨」申入ガアリ、在京佛國大使ヨリモ十八日全然同一内容ノ申入ニ接シマシタ。又同日在京米國大使館ヨリモ「米國政府ハ厦門ニ於ケル事態ノ發展ニ關心ヲ有シ且租界ニ權益ヲ有スルヲ以テ日本政府ガ如何ナル意圖ニ依リ陸戰隊ヲ上陸セシメタリヤ承知シ度キ」旨申出ガゴザイマシタ。

之ニ對シマシテハ今回ノ我陸戰隊上陸ハ抗日分子鎭壓ノ爲執ラレタル緊急ノ措置ニ過ギズ此ノ種行爲ヲ全然法律的根據無シトスル英國政府ノ見解ノ如キハ承服シ得ザルコト、尙陸戰隊ハ漸次撤收シツツアルコトヲ回答致シタノデゴザイマス。

鼓浪嶼ノ租界ハ其ノ法律的性質ニ於キマシテハ上海共同租界ト極メテ類似シタル地位ヲ有シテ居リマスル關係上、外國側ニ於キマシテハ鼓浪嶼ノ小ナル問題モ他ノ重大ナル問題ニ影響スル所カ多イトノ懸念ヲ有スルモノノ如ク、新聞紙等ニ於キマシテモ目立ツタ取扱ヲシテ相當ノ關心ヲ示シテ居ル次第デゴザイマスガ政府ト致シマシテハ我陸戰隊ガ外國側ノ實力ノ示威ニ依リ撤收シタリトノ印象ヲ與フルコトガ極メテ好マシカラザル點ニモ留意シツツ、成ルベク本事件ヲ此ノ上錯綜セシメルコトナク落着セシメ度キ方針デゴザイマス。(後略)

1088　昭和14年11月28日

外務省が作成した「支那問題ニ關スル當面ノ對英米施策要領」

（昭和十四、十一、二八）

支那問題ニ關スル當面ノ對英米施策要領

第一　目標

支那問題ニ關スル帝國現下ノ對英米外交ハ英米ヲシテ帝國ノ事變處理方針ニ同調セシメ帝國ノ企圖スル東亞新秩序建設ニ協力セシムルコトヲ基本目標トシ差當リ英米カ支那新中央政府樹立工作ニ對シ妨害的乃至反對的態度ヲ執ラス且同政府成立ノ曉ハ少クトモ實質上同政府ノ立場ヲ認メ之ト協調的態度ヲ執ル如ク誘導スルコトニ主タル重點ヲ置キ施策スルモノトス

第二　措置

一、排外運動ノ禁遏

排外運動（排英ノミヲ目的トスルモノタルト否トニ拘ラス）ハ之ヲ禁遏スルモノトシ之カ爲右禁遏方針ヲ支那側關係筋ニ對シテモ徹底セシムルノ措置ヲ執リ且排外運動ヲ目的トスル團体ハ之ヲ解散セシムルモノトス

二、權益毀損ニ對スル補整及防止

軍事行動等ノ結果生シタル權益毀損事件ニ關シテハ成ルヘク速ニ合理的補整ヲ圖リ又急速解決ヲ期シ難キモノニ付テハ其ノ理由ヲ明カニスルモノトス

將來ニ於ケル權益毀損事件ノ發生ヲ防止スル爲必要ナル措置ヲ執リ殊ニ空爆實施ニ付特別ノ注意ヲ加ヘ適當ナル具体的措置ヲ講スルモノトス

三、通商制限ノ緩和除去

(イ)桐油、葉煙草、毛皮等土產品ノ買付輸送、石油重油ノ販賣其ノ他ノ通商的活動ニ對スル制限ヲ成ルヘク緩和除去シテ門戶閉鎖主義ヲ採ルモノニアラサル實證ヲ示スモノトス

(ロ)長江及珠江ノ條件付開放ヲ實施スルモノトシ而シテ其ノ條件トシテハ航行區域、寄港場所及船舶隻數ニ對ス

ル制限、兵器、彈藥等ノ一定載貨ノ輸送及抗日分子、共產分子等ノ一定船客ノ輸送ノ禁止、通匪行爲ノ禁止、占領地區內通貨金融攪亂行爲ノ禁止等ニ關スルモノヲ考慮スルモノトス

右開放ノ實施ニ當リテハ艀舟利用、碼頭使用、土產品買付其ノ他ノ通商的活動ニ付第三國人ニ對シ特ニ差別待遇ヲ與フルコトトナルカ如キ一切ノ原因ヲ除去スルモノトス

(ハ)現地官憲ニ於テ第三國人ノ通商的活動ニ對シ新ニ制限ヲ課スル場合ニハ事前ニ中央又ハ出先最高官憲ニ經伺スルモノトス

四、租界問題調整

上海共同租界北部地域問題、滬西問題、天津租界問題等ノ解決ヲ促進スルモノトス

五、新秩序ノ闡明

支那新中央政府ノ樹立方針、同政府ノ政綱政策、日支新關係調整原則等ヲ適當ノ時機及方法ニ於テ英米等第三國側ニ對シ明瞭ニシ東亞新秩序建設方策ノ具體的內容ヲ認識セシムル樣努ムルモノトス

六、第三國側ノ經濟的及文化的活動ニ對スル取扱

日支新關係調整乃至東亞新秩序建設上第三國側ノ在支權益及活動ニ對シ加フヘキ制限ノ範圍程度ヲ成ルヘク具體的ニ明示シ第三國側ノ疑惧ノ念ヲ緩和スルニ努ムルモノトシ而シテ右ニ關シテハ概ネ左ノ方針ニ據ルモノトス

(イ)政治的色彩ヲ淸算セル經濟的及文化的權益及活動ハ一般ニ之ヲ尊重ス

(ロ)帝國ハ日支間交易ニ關シ支那側ニ對シ妥當ナル關稅ノ採用ヲ要請スルモノナルモ一般第三國ニ比シ特ニ有利ナル關稅上ノ待遇ヲ要請シ又ハ第三國ニ對スル關稅上ノ差別待遇ヲ要請スルモノニアラス

支那側ニ於テ已ムヲ得ス爲替管理貿易管理等ヲ實施スルノ必要生シタル場合帝國トシテハ右管理制度ニ依リ特ニ第三國ニ對シ差別待遇ヲ與フルコトヲ要請スルモノニアラス

(ハ)第三國側ノ既存企業ハ之ヲ尊重ス尤モ既存企業中航空、交通、通信事業等ノ如キ國防上特ニ重要ナル企業ニ關シテハ支那側ニ於テ適宜合理的基礎ニ於テ調整ヲ加フルコトヲ期待ス

特ニ北支及蒙疆ニ於ケル國防資源ノ開發利用ニ關シテハ帝國ハ特別ノ需要ヲ有スルヲ以テ第三國側ヲシテ右國防資源獲得ニ付帝國ノ立場ヲ認メシムルヲ要スルモ（此ノ場合ニ於テモ第三國側ノ純經濟的投資ハ之ヲ歡迎スルコト後記㈡ノ通リ）右以外ノ分野ニ於テハ帝國ハ一般ニ第三國側ノ平和的企業ノ新設ニ干涉スルモノニアラス尤モ航空、交通、通信事業等ノ如キ國防上特ニ重要ナル企業ノ新設ニ關シテハ第三國側カ日本側ノ諒解ナクシテ之ニ關與スルコトニ對シテハ反對セサルヲ得ス

㈡帝國トシテハ支那再建設ニ關スル第三國側ノ投資ハ之ヲ認ムルノミナラス寧ロ之ヲ歡迎ス但シ「ビズネス・ベーシス」ニ基クモノタルヲ要シ政治的特權ヲ伴ハサルモノタルヲ條件トス

支那新政府ニ對スル借款竝ニ航空、交通、通信事業等ノ如キ國防上特ニ重要ナル企業ニ對スル投資ニ付テハ第三國側カ日本側ノ諒解ヲ經タル上之ヲ爲スコトヲ要望ス

北支那開發會社及關係子會社竝ニ中支那振興會社及關係子會社（國防資源開發事業ヲ營ムモノヲ含ム）ニ對スル第三國側ノ協調的投資ヲ認メ之カ誘致ニ努ム

七、平衡資金設定及爲替貿易管理實施

㈣帝國軍ノ占領地乃至支那新政權下地域ニ於ケル一般民衆ノ生活脅威ノ緩和、經濟混亂ノ防止、帝國ノ占領地經營ノ必要、新政權ノ民心把握力ノ增大等各般ノ見地ヨリ占領地乃至新政權下地域ニ於ケル通貨價値ノ安定ヲ計ルコトハ目下ノ急務ナルニ付其ノ一方法トシテ新政權ヲシテ平衡資金ヲ設定セシメ而シテ右ハ英米等ノ在支經濟的權益ノ保護ノ爲ニモ必要ナルニ鑑ミ右平衡資金設定ニ付キ英米等ヲ協力セシムル爲所要ノ外交措置ヲ講スルモノトス而シテ本件外交措置ニ付テハ我方トシテハ英米等ノ我方乃至新政權側ニ對スル實質的協力カ蔣政權側ニ及ホスヘキ政治的效果ヲ併セテ重視スルモノトス

㈠本件平衡資金調達ニ付テハ新政權竝ニ日英米等ニ於テ共同負擔スルモノトシ之カ管理運用ニ付テハ新政權側ノ主動的立場ヲ認ムル如クスルモノトス

㈡本件外交折衝ハ天津問題交涉ノ成行等ヲ睨ミ機ヲ見

テ先ツ英國トノ間ニ開始スルモノトス

(ハ)本件外交折衝ニ當リテハ支那通貨價値ノ安定ハ支那國民ノ生存保持延ヒテハ其ノ經濟ノ復興發達ニ不可缺ノ要件ニシテ若シ英米側ニ於テ本平衡資金設定ニ對シ協力ヲ肯セサルトキハ中南支等ニ於テモ爲替貿易管理ヲ實施スルノ已ムヲ得サル次第ヲ明示スルモノトス

(ニ)尤モ本件平衡資金設定ニ關シテハ少クトモ左ノ諸點ニ留意スルヲ要ス

(1)英米ノ協力ニ依リ平衡資金ヲ設定スル場合其ノ運用管理ニ英米側ヲ參加セシムルコトハ止ムヲ得サルヘキモ强力ナル發言權ヲ有セシメサルコトヲ絕對ノ條件トス

(2)安定スヘキ通貨ヲ法幣トスル時ハ非占領地區ニ於ケル法幣モ强化スヘク結局蔣政權ヲモ强ムル結果トナル虞アリ仍テ新政權ノ下ニ新中央銀行ヲ設立シ新通貨ヲ發行セシメ法幣ハ一定ノ制限ノ下ニ（發行銀行ニ依リ又ハ發行地ニ依リ區別スルコト必スシモ不可能ニ非ス）一定率ヲ以テ交換セシムルヲ可トス

(3)圓系通貨（軍票、圓紙幣及聯銀券）殊ニ軍票ニ付テハ英米側カ平衡資金ヲ設定シテマテモ其ノ安定ニ協力シ來ルコトハ期待シ難キヲ以テ其ノ安定策ハ第二段ノ處置トシテ別ニ考慮スル要アリ尤モ右ハ頗ル困難ナル問題ニテ英米等ノ協力ニ依ル本件平衡資金設定案ノ難點モ前記(1)及(2)ト共ニ此ノ點ニアルコトハ覺悟スルヲ要ス

(4)本件ハ新中央政府ノ執ルヘキ幣制計畫乃至通貨政策ノ根本方針ト不可分ノ關係ニアリ右根本方針ノ樹立ヲ先決問題トス

(乙)平衡資金設定ニ付英米等カ協力ヲ肯セサルトキハ前記必要ニ鑑ミ新政權ヲ指導シテ新政權下ノ全地域ニ於テ爲替貿易管理ヲ實施セシムルモノトシ而シテ右ニ對シ英米等カ同調的態度ヲ採ル如ク所要ノ措置ヲ講スルモノトス

(イ)本件爲替貿易管理ノ實施ニ付テハ豫メ英米等ニ對スル外交折衝ノ手段ヲ盡スノ外右管理ノ實行方法ニ付テモ其ノ本旨ヲ沒却セサル限リ成ルヘク英米等第三

國側トノ摩擦ヲ少クスル如ク努ムルモノトス
(ロ)英米等ヲシテ本件通貨價値ノ安定策ノ實施竝ニ新中央政府ノ樹立工作其ノ他一般ニ我事變處理方策ニ對シ同調的態度ヲ採ラシムル爲前記一、乃至六、ニ掲ケタルカ如キ諸措置ヲ逐次實行ニ移シ行クモノトス

1089　昭和15年2月24日　在独国来栖大使より有田外務大臣宛(電報)

現下の国際情勢判断に基づく時局収拾策につき意見具申

ベルリン　2月24日後発
本　省　2月25日後着

第一七九號(極祕、館長符號扱)

一、[1]事變ヲ中心トスル我對英米關係最近ノ經緯ニ關シテハ本省英米何レヨリモ何等轉電等ニ接シ居ラス從テ其ノ機微(例ヘハ最近米國大使重慶訪問ノ理由)ニ通シ居ラサルモ大体米國ハ通商條約ヲ廢棄ノ儘トシ今後モ我國ヲ獨蘇側ニ追込マサル程度ニ於テ引續キ壓迫シ行クモノト認メラレ蔣政權カ右米國ノ態度ヲ賴リ且「ベルサイユ」會議ニ引續キ華府會議ノ行ハレタル前例ヲ目當トシ依然抗日ノ態度ヲ執ラントシツツアル次第ハ既ニ歐洲外交通ノ通念トナリツツアリ

二、米國現在ノ對日態度ハ民衆ノ對日感情又ハ大統領選擧戰ノ關係等一時的考慮ニ出テ居ル點勿論アリ得ヘキモ少クトモ滿洲事變以來國務省部内ニ於テ我國ノ强大化乃至日支ノ提携ヲ阻止セントスル實際政治的考慮モ動キ居ルヤニ思考セラレ(「スチムソン」ノ「極東ノ危機」ノ如キ單純ナル條約尊重論ノミニアラサルハ御承知ノ通リナリ)大統領選擧終了後ニ於テモ形勢必スシモ好轉ヲ期スヘカラサルヘシ

三、從來我國ノ一部ニ於テハ日獨(又ハ日蘇)接近ノ掛聲ノミヲ以テ英米ノ反省ヲ促シ得ルヤニ考ヘ居リタルモノト觀測セラルルモ此ノ際我國トシテハ獨蘇協定以來ノ日獨關係冷却カ單ニ英米ニ安心ヲ與ヘタルニ止リ對英米關係殊ニ日米關係好轉ニハ何等資スル所ナカリシ現實及米國カ日蘇ノ接近ヲ氣ニ病ミツツ重慶政權ト蘇聯トノ關係ニハ風馬牛ナル矛盾等ニ付充分翫味スルノ要アルヘシ

四、[2]今次歐洲戰爭ノ前途ハ輕々ニ豫斷ヲ許ササルモ假ニ我國

一部ノ希望シ且豫想スルカ如ク戰爭長期ニ亘リ英獨共ニ傷ツキタリトスルモ米國蘇聯ハ恐ラク無傷ニ殘ルヘク又戰爭ノ結果英佛ノ勝利ニ歸スルモ或ハ英獨ノ妥協ニ終ルトスルモ孰レニスルモ日本ノ爲有利ナリト斷スヘカラサル次第ナルヲ以テ我國トシテモ慢然長期戰ヲ豫想シ又ハ之ヲ「神風」視シ晏如タルヲ許ササルモノアリト思考ス

五、如上ノ諸點ヲ考ヘ此ノ際我國トシテハ(イ)汪ノ新中央政權モ成立セントシ居ルト同時ニ事態玆ニ到リ英米ニ讓歩スルカ如キ印象ヲ與ヘ禍根ヲ將來ヘ貽サンヨリ寧ロ大乘的見地ヨリ蘇ト聯繫シテ堂々蔣ニ呼ヒ掛ケ新政權ニ合流ヲ迫リ蔣カ拒絶シタル場合ニハ改メテ戰爭狀態繼續ノ責任ハ蔣政權及之ヲ援助スル諸國ニ在ルコトヲ明カニシ右戰爭狀態存續スル限リ事態ニ依リテハ歐洲交戰國カ行使シツツアルト同樣程度ニ交戰權ヲ行使スルノ決意ヲ表明セラルルコト(ロ)此ノ際帝國ノ國策再檢討ノ建前ヲ以テ內外ニ聲望高キ首相級ノ人物ヲシテ蘇獨伊英米ヲ歷訪セシメラルルコト等モ局面打解ノ一策ナラスヤト思考ス

時局收拾ニ關シテハ既ニ充分御研究ノコトト存スルモ歐洲ノ一角ヨリ見テ事態ハ可ナリ差迫リ居ルヤニ感セラレ僭越乍ラ卑見稟申ス

米、伊、蘇ヘ轉電セリ

伊ヨリ英ヘ轉電アリタシ

~~~~~~~~~~~~~~~~~~~~~~~~~~~~~~~~~~~

1090 昭和15年3月13日 在上海三浦大使館参事官より有田外務大臣宛(電報)

重慶政権支援に関する英米仏三国大使の密談内容につき諜報報告

上　海　3月13日後発
本　省　3月14日前着

第一一二號

XY情報(出所往電第三三號ノ通リ)

十一日在重慶英米佛大使ハ王外交部長ノ招宴ニ臨ミ辭去後三者ハ佛大使館ニ赴キ會談セルカ米大使ヨリ米政府ハ極力支那援助スルコトニ決定シ隨時信用借款ヲ許可スルコトトナリタルカ對日「エンバーゴー」ハ米商人ノ熾烈ナル反對アルヲ以テ其ノ實行極メテ困難ナリ然レトモ日本ノ經濟力ハ漸次衰微シ其ノ歸趨ハ推シテ知ルヘク米政府カ目下其ノ對日「エンバーゴー」ヲ實施セサル所以モ玆ニ在リト述ヘ
~~~~~~~~~~~~~~~~~~~~~~~~~~~~~~~~~~~

次テ佛大使ハ佛政府トシテハ極東問題ニ關シテハ從來中立的態度ヲ採ルコトトナリ居リタル處最近ニ至リ右態度ヲ變更シ支那ヲ援助スルコトニ決定シ滇越鐵道ニ依ル兵器軍用品等ノ運輸制限ヲ撤廢シ鐵道ヲ擧ケテ重慶側抗戰資材ノ運輸ニ供スルコトトナリタリト述ヘ英大使ハ英トシテハ日支戰爭ノ急速停止ヲ希望シ何等カ方法ヲ講シテ停戰竝ニ講和方兩國政府ニ極力勸告スル心組ナルカ双方共妥協ヲ欲セスシヨ已ムヲ得ス從來ノ英ノ援支態度ヲ持續シ居ルニ過キス(ママ)但シ援支ト言フモ僅ニ便宜ヲ許與シ居ルニ過キサル狀態ニシテ歐洲戰爭ノ關係上物的援助ヲ與フルコト困難ニシテ此ノ苦境ハ支那側ニ對シ注意シ居ル次第ナリト述ヘタル趣ナリ

1091　昭和15年6月7日　在独国来栖大使より有田外務大臣宛(電報)

独国が対中貿易増進の観点から重慶政権への接近を試み日本と同政権との和平仲介に関心を示している旨報告

ベルリン　6月7日前発
本　　省　6月7日夜着

第六五八號(極祕、館長符號扱)

歐洲戰局ノ發展ニ伴ヒ重慶側カ對獨接近ヲ計リ來ル傾向アルハ當地ニ於テモ思ヒ當ル節二、三アリ注意中ナル處獨側トシテモ主トシテ重要物資入手等ノ關係ヨリ獨支貿易ニ相當ノ未練ヲ有シ殊ニ漢堡實業界ニ於テ然ルモノアルト共ニ獨側一部ハ今尚支那ニ於テ相手トスルニ足ルハ蔣ノミナリトノ考ヘ强ク(往電第三二一號參照)見込タニアラハ何トカ我方ト蔣トノ間ニ仲介シタキ氣持ヲ有スル樣認メラル去ル一日米内總理參內日支交涉ニ必要ナル條件ニ關シ上奏セラレタル趣ニ關聯シ蔣介石ハ或ハ汪政府ト妥協スルニナルヤモ知レスト報シタル東京U、Pノ如キハ可成是等分子ノ間ニ注意ヲ惹キタルニ相違無ク(數日前或席上ニテ在獨大使陳介モ本使昵懇ノ友人ニ對シ特ニ是ヲ話題トシ居リタル趣ナリ)就テハ最近ニ於ケル新政府トノ御交涉ノ經過大要電報相煩度シ尚蔣介石側近來ノ動向ト是ニ付テノ御考察本使含ミ迄御電示仰度シ

1092 昭和15年7月16日 在上海三浦総領事より有田外務大臣宛(電報)

欧州戦局がもたらした重慶政権の親独傾向に関する情報報告

上海 7月16日前発
本省 7月16日前着

第一四五二號

最近歐洲戰ニ於ケル英佛ノ敗北ト米國ノ消極的態度等ハ重慶ノ英米佛依存ニ重大ナル動搖ヲ與ヘツツアルモノノ如ク現ニ六月七日獨支文化協會第五次年會ニ於テ會長朱家驊ハ親獨演説ヲ爲スト共ニ其ノ宣言ニ於テ獨支關係ノ増進ニ努力スヘキ旨明示シ(八日神州日報重慶通信)又十四日當地神州日報ハ獨蘇ヨリ獨支ヘト題スル社説ヲ掲ケテ獨蘇米支四國ノ集團安全保障運動ヲ提唱シ英國ノ頼ムヘカラサルヲ痛撃シ獨逸トノ提携ヲ極力主張スルアリ更ニ重慶各紙カ擧ツテ米國ノ「モンロー」主義聲明ヲ攻撃セル十三日「ユーピー」電(往電第一四三四號參照)等ハ此ノ間ノ事情ヲ察知スルニ足ルヘク特ニ日本カ獨逸トノ積極的ナル提携ヲ躊躇シ又親米態度ヲ清算シ得サル間隙ニ乘シ斯ル親獨的氣運ト米國ニ對スル懷疑的感情ノ助成ヲ見ツツアルハ重慶側今後ノ外交政策決定ノ一種ノ推進力ヲ爲スモノトシテ之ヲ重視スル向アリ御參考迄

北京、天津、南大、漢口、香港ヘ轉電セリ

1093 昭和15年8月9日

中国各地駐屯の英国軍隊撤退に関する情報部長談話

駐支英國駐屯軍撤去方英國側通報ニ關スル須磨情報部長談(八月九日午後六時四十五分)

八月九日午後六時在本邦英國大使館「ヘンダーソン」一等書記官西歐亞局長ヲ來訪本國政府ノ訓令ニ依ル趣ヲ以テ左記趣旨ノ公文ヲ手交ノ上同十五分辭去シタ。

記

英國政府ハ上海、北京及天津等支那各地駐屯ノ英國守備隊ヲ他ノ地方ニ服務セシムル爲撤退スルニ決定セリ尚北支ヨリノ軍隊引揚ニ關シテハ英國政府ハ一九〇一年九月七日附北京議定書カ關係諸國間ノ協定ニヨリ改訂又ハ廢棄セラルル迄右議定書ニヨリ一切ノ條約上ノ權利ヲ留保スルモノナリ。

編注　本文書は、昭和十五年十二月、情報部作成「支那事變關係公表集(第五號)」から抜粋。

1094　昭和15年8月18日　在仏国沢田大使より松岡外務大臣宛(電報)

仏国が国際情勢の変化に応じ東亜政策を根本的に改め日本と全面的に協調する方針へと転換したとの観測報告

ヴィシー　8月18日後発
本　省　8月19日前着

第六九一號

在支佛國大使館一等書記官ニ新任セラレタル「ボウデ」(Baudet)至急上海ニ赴クヘキ要アル趣ヲ以テ依頼アリタルニ依リ當館ニ於テ斡旋ノ結果九月上旬里斯本出帆ノ諏訪丸ニテ赴任ノコトトナレルカ館員カ同人ノ談話ヨリ得タル印象ニ依レハ佛側ハ國際情勢ノ變化ニ應シ東亞政策ヲ根本的ニ改メ全面的ニ日本側ト協調ノ建前ヲ採リ他面佛印問題ニ關スル佛ノ對日譲歩政策ヲ理由附ケルト共ニ東亞ニ於ケル佛國權益ヲ保持スル爲進ンテ汪政權承認方ヲ考慮シ始メ居ルモノノ如ク同人ハ以前支那在勤時代ニ汪精衛ト面識アリ汪ノ人物才幹ヲ稱讃シ居リタル趣ナリ右何等御參考迄

1095　昭和15年9月27日　松岡外務大臣より在英国重光大使、在米国堀内大使他宛(電報)

三国同盟発表に際し中国での対英米関係において特に何らかの措置に出て事を構えることがないよう関係方面に訓令した旨通報

付　記　昭和十五年九月二十七日発柳川興亜院総務長官より森岡(皐)華北連絡部長官、津田華中連絡部長官他宛電報第四四七一号

右訓令

本　省　9月27日発

合第三一八六號(極祕、館長符號扱)

往電合第二一七二號ニ關シ

本件發表ニ伴ヒ支那ニ於テ租界其ノ他第三國ノ權益ニ對シ特ニ何等カノ措置ニ出テ又ハ排英排米運動ヲ起ス等我方ヨリ事ヲ構フルカ如キコトハ嚴ニ差控フヘキ旨當方及陸海軍ヨリ夫々其ノ出先ニ訓令セリ右貴官極祕御含迄

編注 本電報の宛先は、在英米独伊の各大使。

(付記)

昭和十五年九月二十七日午後發信　總務長官

華北、華中、蒙疆、厦門各長官
青島出張所長、廣東事務所長沼書記官　宛
南京日高隨員

政府ノ外交方針ニ關スル件

東京發電第四四七一號

二十七日夜重要外交案件ニ付政府ヨリ發表アルベキ處、本件ニ關シ政府ノ外交方針ハ今後米英等ニ對シ彼等ガ我國策ノ遂行ヲ飽ク迄モ妨害セントスル場合ニ付テハ重大ナル決意ト準備トヲ以テ之ニ對スベキモ差當リハ彼等ヲシテ我國策ヲ諒解シ之ニ協力セシムル如ク施策セントスルニ在ル次第ナリ、從テ支那ニ於ケル彼等ノ諸權益等ニ就テモ徒ラニ之ヲ排斥スルコトナク愼重ナル態度ヲ以テ之ニ對セントスルモノナルヲ以テ此點充分御含ミノ上「靜ナルコト林ノ如キ」態度ヲ持スル樣各方面ヲ指導相成度シ尚陸海外各省ヨリモ夫々出先ニ對シ以上ノ趣旨ヲ電報濟ミナリ

本電宛先　華北、華中、蒙疆、厦門各長官、青島出張所長、廣東事務所書記官

通報先　南京日高隨員

1096　昭和15年11月23日　在伊国天羽大使より松岡外務大臣宛(電報)

事変処理および日ソ国交調整に関するムッソリーニ伊国首相との意見交換について

ローマ　11月23日後発
本　省　11月24日夜着

第一一八三號(極祕)

[1]二十三日朝「ムッソリーニ」ヲ訪問「チアノ」臨席ス「ム」先ツ本使ノ離任ニ對シテ極メテ懇切ナル挨拶アリタ

ルニ付本使モ暇乞ノ挨拶ヲ爲シタルカ「ム」ハ次イテ日伊間ハ三國條約締結以前ヨリ事實同樣ノ關係ニアリタリトテ日伊友好關係ヲ强調シタル後日本カ速ニ支那事變ニ對シテ成功センコトヲ祈ルト言ヘルニ付本使ハ之ニ和シタル後伊太利カ常ニ日本ノ政策ヲ支持セル次第ヲ謝シタルニ「ム」ハ自分ノ考ニテハ日本ハ此ノ際出來得ルタケ蘇聯及支那ニ對スル關係ヲ緩和シ先ツ英國次イテ米國ニ當ルヲ至當トスルカト思フト述ヘタルニ付本使ハ多分御聞込ノコトト思ハルルカ目下我國ト蘇聯トノ關係ヲ改善スル爲ニ交渉ヲ爲シ居リ又支那ニ對シテハ汪政權トハ條約ヲ調印スル運トナリ居ルモ蔣介石政權内ニ動搖アリテ和平ノ氣運モアル樣子ナルヲ以テ若シ出來得レハ蔣政權ヲモ抱込ム積リニテ進ミ居リ他方獨伊トノ關係ヲ出來得ル限リ强化シ英國ニ當ラントスル方針ニテ動キツツアルヤニ思ハルト述ヘシニ「ム」ハ蘇聯邦トノ話合ハ成功スルヤト聞ケルニ付本使ハ詳細ハ知ラサルモ我方ニ於テハ成功スル積リナルカ如シ唯自分ノ蘇聯邦ニ對スル經驗ニ依レハ蘇聯相手ノ仕事ハ仲々六ケ敷ク殊ニ蘇聯ノ考方ハ可ナリ複雜ナルヤニ認メラルト答ヘシニ「ム」ハ自分ノ考ハ此ノ際日本ハ蘇聯ト大キナ根本問題ヲ極メルヨリモ兎モ角先ツ少シテモ「デタント」シ得ル問題ヲ極メル方賢策ナルヤニ思フト述ヘ

次[(2)]テ蔣政權ハ妥協スヘキヤト問ヒタルニ對シ本使ハ蔣政權ハ大分弱リ居ル樣子ナルモ自分限リノ印象ニテハ蔣介石ハ仲々抗爭ヲ止メサルヘク之ヲ抱込ムモ簡單ニハ行カサルヘシト思フト答ヘタルニ「ム」ハ右ハ外國ノ援助アル爲カ何國カ援助シ居ルヤト問ヘルニ付右ハ支那特異ノ狀態ニ依ルモノナルモ尙蔣政權ハ英米蘇聯邦等ノ有形無形ノ援助ヲ賴ミトシ居ルナルヘシト答ヘタル後蘇聯邦及支那ノ日本ニ對スル關係ハ鮮カラス歐洲戰爭ノ情勢ニ支配セラルヘシト述ヘタルニ「ム」ハ寔ニ同感ナリト言ヘルニ付本使ハ戰爭ハ永長キ且益々深刻トナリツツアルニアラスヤト言ヘルニ「ム」ハ自分モ全然同樣ニ考ヘ居レリト强ク述ヘタリ

三、(ママ)次テ本使ハ過日貴總理ノ演説中ニ獨伊ハ佛國ニ對スル要求ヲ貫徹ストノ意味アリシカ佛國ハ之ヲ容ルルニ難色アリヤ又佛蘭西ノ阿弗利加及亞細亞ニ於ケル植民地ハ如何ト問ヒシニ「ム」ハ伊太利ノ要求ハ平時ノ場合ト同樣ニテ正當且合理的ノモノナリ獨逸モ亦然リ併シ亞細亞ニ於ケル佛領植民地ニハ觸レ居ラス尤モ「蘭印ノ立場ハ」ト言ヒ掛ケテ

「日蘭交渉ハ如何ニナレルヤ」ト問ヒシニ付目下尚交渉中ナルモ三國條約ノ結果英米ノ壓迫益々加リ來リタルヤニ聞キ及ヘリト答ヘタル上伊太利ノ蘭印ニ對スル態度ハ明カナルモ獨逸ハ如何ト反問セシニ「ム」ハ判然シタルコトヲ聞カスト答ヘタリ

右話中ニハ伊太利及「ファシズム」ニ關スル雜談等アリタル爲最早ヤ三〇分近ク經過シタルカ此ノ時隣室ニテ待チ居ル閣員等ノ「ム」接見時間ニ大分喰込ミタル爲爾餘ノ問題ハ近日「チアノ」トノ會見ニ讓リテ辭去シタリ

獨、蘇ヘ轉電セリ

蘇ヨリ英ヘ轉電アリタシ

往電第一一八一號獨、蘇ニ轉電シ蘇ヨリ英ニ轉電セシメタリ

1097 昭和16年2月9日 在中国日高臨時代理大使より松岡外務大臣宛（電報）

重慶訪問から帰還したコスム仏国大使が語った重慶の状況や事変をめぐる仏国の立場に関する内話要領について

南京 2月9日後発
本省 2月9日夜着

第八七號

七日[1]佛國大使ヲ上海ニ往訪ス内話要領左ノ通リ

一、昨年十月上海ヨリ河内經由國境迄汽車、夫ヨリ約六十粁徒歩聯絡ノ上汽車ニ乘リ繼キ昆明ニ到着爾來主トシテ重慶ニ在リ成都ニモ往復シ今回ハ空路香港着ノ上政府ノ命ニ依リ佛印（主トシテ西貢）ニ行キ總督ト共ニ滯貨問題其ノ他日支關係諸問題處理ニ當リタル後歸滬セリ數日中ニ北京ニ行キ暫ク滯留ノ筈主トシテ財政上ノ見地ヨリ上海大使館事務所ハ閉鎖セルモ時々上海ニ來ルコトトナルヘシ重慶ニハ「ブロ」書記官ヲ留メアリ（空爆ニ依リ壁ニ大穴ヲ開ケラレ居ル重慶佛大使館ノ寫眞ヲ示セリ）

二、重慶市街ハ空爆ニ依リ破壞サルルモ翌日ハ同シ場所ニ何カ建テラレ市民ノ日常生活ハ餘リ亂サレス一般ニ落着キ居ルニハ感心セリ共産軍ハ支那ニ取リ將來ノ大問題ナルコトハ自分モ同感ニシテ蔣政府ト共産黨トハ相容レサルモ重慶ニテハ兩者ノ軋轢餘リ表面ニ現ハレ居ラス蘇聯大使ハ極メテ觸リ善キ人物ナルカ大使館トシテハ活動シ居

ラス何ト云ツテモ米國大使館カ重キヲナシ大ニ活躍シ居レリ但シ傳ヘラルル米國ノ對支援助ハ支那ノ爲ニ氣勢ヲ添フルカ主ニシテ實質的ニハ現實ニ對價ヲ要求スル物資ノ供給ニ止ルモノト思フ夫レトテモ「タイヤ」「ガソリン」等カ主ニシテ傳ヘラルル程ノコトニ非ス(佛國ノ鐵道借款モ現實對價ヲ受クル程度ニ應シ材料ヲ供給スルモノニシテ所謂借款ニ非ス)

三[2]、佛國トシテハ極メテ困難ナル立場ニ在リ自分ノ重慶行モ日本軍ノ佛印進駐ニ關シ重慶政府ニ説明スルコトカ主眼タリシカ自分ハ重慶ト日本トノ間ニ立チテ現實ニ卽シタル態度ヲ持續スヘク苦心シ居レリ上海周邊カ日本軍ニ占據セラレ南京政府ノ治下ニ在ルハ事實ナレハ法院問題等ニ付テモ自分トシテハ右ノ事態ニ卽シ解決ニ骨折リタル次第ナリ(自分ハ蔣ニ對シ法官ノ二重鑑札ヲ認ムヘシト說ケルモ蔣ハ建前上之ヲ容レス結局大部分ノ法官カ寢返リタル事實ヲ暴露シタルコトトナリ却テ彼ノ面目ヲ潰シタル樣ニ感シ居レリ)佛印ニ於テ澄田少將ハ評判良ク諸事大體圓滑ニ處理セラレ居リオ互ニ些細ノ事ニテ感情ノ疎隔ヲ來スコトヲ避ケ大局ヲ見打開法ヲ纏メ行ク樣致度シ

四、伊太利ノ汪政權承認ハ近ク實現スルコト可能ト思フモ獨逸ハ重慶方面ニ大ナル「インタレスト」ヲ有スル故中々承認セサルヘシト思フ

右ニ對シ本官ヨリ事變處理ニ對スル政府ノ決意及國民政府ノ環境竝ニ汪主席以下ノ心境ヲ說明シ此ノ上共現實ニ卽シタル態度ニ出ツルノ要ヲ說キ佛租界官憲及住民ニ對シ今一層大使、總領事等ノ現實政策ヲ徹底セシムルコトヲ要望シ置ケリ

北京、上海ヘ轉電セリ

1098　昭和16年2月28日　在上海堀内総領事より松岡外務大臣宛

カリー米国特使の使命や対重慶援助問題などに関するＵＰ通信極東支配人の通信および談話要旨報告

普通第五八九號　（3月3日接受）

昭和十六年二月二十八日

在上海

總領事　堀内　干城〔印〕

外務大臣　松岡　洋右殿

「モーリス」ノ通信及談話要旨報告ノ件

「ユーピー」極東總支配人「モーリス」ハ最近重慶ヲ視察シ歸滬ノ途香港ヨリ米國宛通信ヲ發シタルカ右通信ノ要旨竝ニ之ニ關聯シテ「モ」カ館員ニ對シテ爲セル談話ノ要旨（括弧内）左ノ通

支那カ決定的勝利ヲ獲得スル爲ニハ米國ヨリ尚多大ノ援助ヲ受クルコト必要ニシテ支那側ハ米國ノ援助ノ强化ヲ當テニシテ將來ニ對スル自信ヲ保持シ居レリ米國側消息通ハ「カリー」カ齎スヘキ情報ニ依リ米國ノ對支援助ヲ最有效ナラシムヘキ基礎ト方法カ案出セラレンコトヲ希望シ居リ一般外人筋ニ於テモ重慶政府ハ米國ノ援助ノミナラス「クレヂット」及物資ノ使用ニ關シ米國側ノ「アドヴァイス」ヲモ受クル用意有ルモノト考ヘ居レリ米國側提係（供カ）ノ「クレヂット」及物資ノ御蔭ニテ蔣介石ハ重大ナル内部的危機ヲ脫スルコトヲ得タルカ最近ノ事態ヲ見ルニ單ナル「クレヂツト」及物資以上ノ援助カ必要ナルヤノ感有リ現在迄蔣介石ハ米國ノ物質的援助ニ力ヲ得テ和平派ノ策動ヲ封シ「インフレーション」及商品ノ退藏ヨリ生セル重大ナル問題ヲ解決シ又内亂勃發ノ虞スラ有リタル共產黨ノ反抗ヲモ彈壓スルヲ得タリ

（「カリー」派遣ノ「イニシアチヴ」及同人ノ使命ニ關シテハ諸說有ルモ自分ハ「カ」ハ元來米國大統領カ派遣セルニ非スシテ重慶側ヨリ招請セルモノト考ヘ居リ又同人ハ米國側ノ「アドヴァイス」ヲ押付ケントスルモノニ非スト聞キ居レリ從來米國ヨリ提供セル物資ノ使用法ハ技術的ニ頗ル拙劣ニシテ充分ノ能率ヲ上ケ居ラス單ナル「クレヂット」或ハ物質上ノ援助ヲ與フルノミニテ其使用法ヲ支那側ニ任セ置キテハ充分ナラス各方面ニ專門的「アドヴァイス」ヲ必要トスヘク現ニ道路建設ニ付テハ米人技師ヲ招聘シタルコト有リ一部米人中ニハ飛行士ヲモ提供スヘシト言フ者モ有リ但シ米支間ニ技術的「アドヴァイス」ニ關スル正式協定有リヤ否ヤハ聞知セス恐ラク「カリー」モ右ノ如キ實情ヲ報告スヘシ蔣介石カ米國ノ援助ノ御蔭ニテ内紛ヲ解決シ得タリト言フハ米國ノ援蔣物資カ直接右目的ノタメ使用セラレタリトノ意味ニ非スシテ間接ニ抗戰意識ヲ强化シ蔣ノ地位ヲ有利ナラシメ

タリトノ意味ナリ政治上經濟上ノ種々ノ內紛或ハ高級官吏ノ瀆職事件等ノ諸問題中最重大ナリシハ勿論國共ノ衝突ナリシカ之モ尠クトモ一時的ニハ鎭靜ニ歸シタルモノノ如ク又和平派ノ策動モ昨年十二月以來封セラレ居ルモノノ如シ從來和平派ノ首腦ハ孔祥熙等ナリシ趣ナリ「ジヨンソン」ノ交迭理由ニ付テハ種々ノ臆說有ルモ私見ニ依レハ「ジ」ハ寧ロ「フイロソフイカル」ナル人間ニテ「エナージエテイツク」ナラサリシ故ニ非スヤト考ヘラル）

昨年下半期ニ於テ蘇聯ノ對蔣援助ハ稍減少セルモ右ハ歐洲情勢ニ基ク蘇聯自身ノ必要ニ依リタルモノニシテ蘇支關係ノ變化ヲ示スモノニ非ス蘇聯ハ航空其他ノ技術家ヲ支那ヨリ引上ケ支那ヲシテ其有難味ヲ悟ラシメントシタルヤモ知レス但支那側ニ於テハ現在程度ノ援助ヲ以テ滿足シ居リ又將來ハ一層大ナル援助ヲ受クヘキコトヲ確信シ居レリ日蘇和解ハ蘇聯ノ對蔣援助ヲ妨クヘキモ支那側ニ於テハ此ノ和解ノ可能性無シト考ヘ居リ重慶ニ於ケル蘇聯大使ノ言モ右見解ヲ裏書スルモノノ如シ

（最近蔣ハ新四軍ニ大彈壓ヲ加ヘタルカ右ハ勿論蘇支關係ニ一時的影響ハ及ホシタルヘキモ蘇聯ト新四軍トノ關係ハ蘇聯ト八路軍トノ間ノ如ク密接ニ非ス國共ハ抗日ノ目的ノ爲ニハ一應ノ妥協ニ達スルコト可能ニシテ然ル後ハ蘇支關係ハ却テ好轉シ從テ蘇聯ノ對蔣援助ハ一層强化セラルル可能性有リ蘇聯大使ノ言云々ハ自分カ「インターヴユー」セル譯ニハ非スシテ大使カ出席セル宴會ニ自分モ出席シ居リタル次第ナルカ大使ハ上機嫌ニテ蘇支カ友好關係ヲ維持スヘキ旨語リタリ英米蘇支間ノ軍事協定說ハ聞知シ居ラサルモ日米開戰ノ曉ニハ締結セラルルモノト思考ス）

滇緬公路ヲ經テ自動車ニテ來渝セル外國人（米國軍人）ノ言ニ依レハ日本軍ノ爆擊ニテ鐵橋破壞セラレタルニ依リ「メコン」河ノ兩側ニ多數ノ「トラツク」停滯シ居リ目下渡舟ニテ渡河シ居ル處外人筋ニテハ同公路ニ依ル現在ノ輸送方法及橋梁ノ防禦施設ハ多大ノ改良ノ餘地有ルコトヲ認メ居リ本件モ「カリー」ノ注意ヲ惹クヘキ一問題ナルヘシ

（英或ハ米ノ援助ニテ同公路及橋梁ノ防禦法ヲ講スルコト例ヘハ高射砲ノ配備等ヲ行フヤノ噂ハ承知シ居ラサルモ英支或ハ米支間ニ軍事同盟締結セラルレハ當然行ハル

ヘキコトナルヘク米國カ對蔣援助ヲ强化セントスレハ同公路ノ改良ハ絶對ニ必要ナルヘク又昆明ヨリ「カルカッタ」ニ至ル公路ノ建設計劃有ル趣ナルモ之ハ數年ヲ要スヘシ西北「ルート」ノ改良乃至新設ニ付テハ何等聞知セス

「ユーピー」及「エーピー」ノ當地支局カ閉鎖セラルルヤノ噂ハ事實無根ナルカ唯「ユーピー」ハ從來上海ヲ極東ノ中心トシ一切ノ電報ハ上海ヲ經由スルコトトナリ居リタルモ最近ハ電報料高額ナルニモ拘ラス「マニラ」ヲ通スルコトトナリ居リ實際上ノ極東總支局ハ「マニラ」ニ移リタル形ナリ云々）

右通信寫何等御參考迄別添(見当ラズ)送付ス

1099 昭和16年3月15日 在北京土田大使館参事官より近衛臨時外務大臣事務管理宛（電報）

対重慶和平工作や南京政府承認問題などに関する独国代理大使の内話について

北京 3月15日後発
本省 3月15日夜着

第一六五號（極祕）

十四日獨逸代理大使「アルテンブルグ」ハ川崎ニ對シ要旨左ノ通リ內話セル趣ナリ

一、在重慶「ノルテ」書記官ヨリノ報告ニ依レハ

(イ)「カリー」特使ハ經濟金融方面ノ調査ヲ主タル目的トシテ赴渝セルモノト認メラルル處重慶側ヨリ充分ナル資料ノ提供ナカリシ爲失望セル模様ナリ

(ロ)「カ」カ抗日戰强化ノ爲國交關係調整ニ關シ重慶側ニ對シ或種ノ政治的壓迫ヲ加ヘタリトノ報道各方面ニ傳ヘラレタル處「カ」カ斯カル工作ヲ試ミタル形跡ナシ

(ハ)「ジョンソン」大使ハ「カ」ノ渡支ニ關シ事前ニ華府ヨリ何等ノ通報ヲ受ケ居ラス「カ」ノ派遣ハ全ク大統領ノ獨斷ニ依ルモノノ如シ

二、日本ノ對重慶和平工作ニ關シ重慶側ハ數ケ月前迄ハ全面和平ニ對シ一縷ノ望ヲ懷キ居リタル模様ナルモ右ハ日本ノ汪政權承認ニ依リ消滅セリ

右ニ關シ自分（「ア」）ノ納得シ得サルハ在東京獨大使ハ松岡大臣カ蔣介石ト直接交涉ヲ試ミ居リ成功見込アル旨ヲ報告セル處前記「ノルテ」書記官ノ報告ニ依レハ右交涉

ハ蔣ノ所迄達シ居ラサル由ナリ
三、獨ノ汪政權承認ニ關シ日本側ニ於テ重慶ヲ相手トセス汪政權ヲ支那唯一政府トシテ獨ノ承認ヲ慫慂セラルルニ於テハ之カ現實方取運ハルルモノト思考スル處日本側ニ於テ今尚對重慶工作ニ望ヲ囑シ居ラルルカ如キ模樣ナルノミナラス獨ノ英本土攻撃ニ依リ歐戰大勢ハ遠カラス決定ヲ見ルヘク其ノ結果重慶ハ全面的ニ英米依存政策ノ放棄ヲ餘儀ナクセラレ日本ト妥協シ和平ヲ現實化セシムルコト豫想セラルルヲ以テ獨トシテハ事實ノ推移ヲ見送リ日支關係ニ見極メヲ付ケタル上ニテ本件承認問題ヲ最後的ニ決定スルモノト認メラル

南大、上海、天津ヘ轉電セリ
香港ヘ轉電アリタシ

~~~~~~~~~~~~~~~~~~~~

1100　昭和16年3月18日　在中国本多大使より近衛臨時外務大臣事務管理宛(電報)

対重慶和平工作や日ソ国交調整などに関する伊国大使の内話について

南　京　3月18日後発
本　省　3月18日後着

第一五六號(極祕)

十五日上海ニ於テ伊國大使ハ日高參事官ト會合ノ際松岡大臣ハ重慶トノ和平工作ヲ考ヘ居ラルル模樣ナルカ最近ノ重慶ノ情勢ハ右工作ニ好都合ノ方向ニ動キツツアル樣ニモ見受ケラル何レニスルモ日本カ國民政府ヲ助ケ善政ヲ布ク爲手腕ヲ振ハシムルコトカ第一義ナリトテ從來ノ如クニハ伊國ノ急速南京承認論ヲ高調セス又松岡大臣ノ歐洲行ニ關シ日蘇關係ノ調整カ事變處理上重要ナリト述ヘ(同席ノ獨逸總領事「フイツシヤ」ハ右ハ相當困難ナラント云フカ如キ面持ヲナセリ)「カリー」ノ重慶行ハ調査ニ止マリ何等具體的ノ成果ヲ擧ケサルヘシト云ヒ獨逸總領事モ同感ヲ表シタリ

北大、上海ヘ轉電セリ

~~~~~~~~~~~~~~~~~~~~

1101　昭和16年4月8日　在仏国原田(健)臨時代理大使より近衛臨時外務大臣事務管理宛(電報)

仏国が新たに任命した駐華大使が重慶に赴任

すれば日本の対仏世論を刺激すべき旨仏国外務当局へ注意喚起について

ヴィシー　4月8日後発
本　省　4月9日前着

第一九九號(至急)

往電第一九八號ニ關シ

八日青木亞細亞局長ヲ往訪駐支佛國大使ヲ新ニ任命セラレタル趣ナルカ右任命ニ關シテハ日本政府ニモ通報濟ナリヤ同大使ハ重慶ヘ「アクレヂツト」セラレ居リ同地ヘ赴カルル豫定ナリヤト質シタル處同局長ハ自分ノ知ル限リニ於テハ任命ニ關シ日本政府ノ了解ヲ求メタルコトナク又同大使ハ日本經由先ツ北京ヘ赴任其ノ上ニテ重慶ヘ赴任スヘシト答ヘタルヲ以テ青木ヨリ客年十月「コスム」大使ノ重慶行ニ對シ日本政府ヨリ右カ非友誼的行爲ナル旨申入レタル經緯アリ又九月末前外相「ボードワン」氏ハ澤田大使ニ對シ汪兆銘政府ニ對シ友好的態度ヲ考慮スヘキ旨言明セラレタル樣承知シ居ル處日本政府カ汪政府ヲ既ニ承認シタル今日佛國カ又々大使ヲ重慶ヘ派遣セラルルコトハ必スヤ日本ノ與論ヲ刺戟スヘク客年八月ノ松岡「アンリー」協定ニ照スモ面白カラスト思考セラルル點ハ注意アリタク自分ハ本日ノ會議ヲ直ニ東京ヘ報告スヘク原田代理大使モ明日ハ歸任セラルル豫定ナレハ何レ其ノ上ニテ何分ノ儀御話スルコトトナルヘキ旨申入レ置キタル趣ナリ

1102

昭和16年6月5日　在上海堀内総領事より松岡外務大臣宛(電報)

スタンダード石油に対し灯油の中国奥地搬出許可を条件として高オクタン価ガソリンの入手方工作について

別　電　昭和十六年六月五日発在上海堀内総領事より松岡外務大臣宛第九一六号

右工作要領

上　海　6月5日後発
本　省　6月5日夜着

第九一五號

貴電第一五三號及第一五四號ニ關シ(中支石油買付ニ關スル件)

一、本件外貨五百萬圓ニ依ル外油工作ニ關シテハ適々客年十一月頃興亞院華中連絡部及陸軍渉外部ニ於テ「スタンダード」ニ對シ燈油ノ奥地搬出ヲ條件トシ高度「オクタン」價「ガソリン」ノ入手方工作シ其ノ結果不取敢八十六「オクタン」航空用「ガソリン」五萬「ドラム」發註スルコトトナリ居リタルカ東京方面ノ反對ニテ實現スルニ至ラサリシ經緯アリタル趣ヲ以テ爾來右工作ト本案トノ關係及其ノ他技術的問題等ニ關シ華中連絡部ト本院トノ間ニ數次聯絡打合行ハレ居リタルカ最近大體意見ノ一致ヲ見タルヲ以テ愈々大要別電第九一六號ノ「ライン」ニテ外油側ト交渉ヲ開始スルコトニ當地關係官廳間ノ話合成レリ

二、右ニ關シ我方交渉ノ擔當者タル陸軍渉外部ニ於テハ客年末交渉ノ經驗ニ鑑ミ且最近ノ國內情勢カ更ニ悪化シ居ルヲ以テ興亞院及軍方面ノ希望シ居ル高度「オクタン」價「ガソリン」ノ入手ハ至難ナル旨竝ニ燈油ノ無條件奥地搬出及華人代理店ノ販賣等ノ點ニ付更ニ總軍經理部方面ノ同意ヲ取付クル要アル旨申シ述ヘ居レリ

三、當方トシテ(イ)最近奥地ニ於ケル燈油缺乏シ民生上悪影響アルコト(ロ)此ノ機會ヲ失シテハ將來我方ニ於テ全占領地域ノ燈油供給ノ全責任ヲ負ハサルヘカラサルコト及(ハ)假ニ高度「オクタン」價「ガソリン」入手方成功ヲ見サルモ我方ニハ何等實損ナキコト等ノ理由ヲ擧ケテ此ノ際餘リ無理ナル條件ヲ出サス本件卽時實施方關係方面ヲ說得シ居レリ

別電ト共ニ南大ヘ轉電セリ

(別　電)

上　海　6月5日後発
本　省　6月5日夜着

第九一六號

外貨五百萬圓ニ依ル外油工作要領大要左ノ通リ

一、我方ニ於テ必要トスル石油類ノ輸入ヲ條件トシテ外油ノ燈油奥地搬出ヲ許可スルコト(右ニ關シ陸軍渉外部ニ於テハ先ツ石油ノ奥地搬出ヲ許可シ然ル後高度「オクタン」價「ガソリン」ノ供給方交渉ノ外ナシト主張シ居ルニ對シ興亞院等ニテハ無條件搬出許可ハ面白カラサル旨申シ居レリ)

二、差當リ「スタンダード」ノミニ對シ工作シ「アジア」及

「テキサス」ニ對スル工作ハ「ス」ニ對スル工作ノ成否ヲ見テ着手スルコト

三、「ス」トノ交渉ハ陸軍渉外部ニ一任シ民間側其ノ他ノ工作ハ當分之ヲ嚴禁スルコト

四、航空用揮發油等ノ購入方法

(イ)外貨五百萬圓ヲ充當スルコト(ロ)右ハ正金上海支店ニ外貨ヲ以テ送金シ置クコト(ハ)上海ＡＩＦカ又ハ上海外油「タンク」ニ於テ引取ルコト(ニ)三井上海支店ヲ引取人トスルコト(ホ)購入ニ關スル統制ハ華中連絡部之ニ當ルコト

五、購入揮發油等ノ配分ハ企畫院ノ査定ヲ受クヘキコト

六、外油ニ依ル燈油奥地搬出方法

(イ)搬出者ハ「ス」ノ支那人代理店トスルコト(ロ)運搬船ハ日本船トスルコト(ハ)貯油所ハ「ス」ノ「タンク」又ハ倉庫ヲ利用スルコト

七、燈油ノ奥地販賣ハ日本軍ノ監督ノ下ニ行ハシムルコト

八、燈油搬出地迄ハ差當リ我軍ニ於テ充分ナル統制ヲ實施シ居ル南京及蘇州地區トスルコト

1103

昭和16年7月16日

英米中ソ四国軍事同盟説に関する情報報告

在香港矢野総領事より
松岡外務大臣宛(電報)

香港　7月16日後発
本省　7月16日夜着

第三四三號

[1]最近ノ英米蘇支關係左ノ通リ

一、十五日ＰＡハ館員ニ對シ最近郭泰祺カ英米蘇各大使ト會談セル關係モアリ四國軍事同盟説盛ニ流布セラレツツアル處重慶側ト關係深キ自分(ＰＡ)ノ友人ハ何レモ之ヲ否定シ居リ自分モ亦未タ斯ル時機ニ立至リ居ラサルモノト考ヘ居レリ卽チ四國關係ノ現狀ヲ觀ルニ(イ)蘇聯ハ獨蘇開戰後ハ勿論開戰前ニ於テモ三四ケ月ニ亘リ重慶側ニ何等物資ヲ供給シ居ラス又英米ハ懸案ノ平準基金五百萬磅及同額ノ對支輸出借款ヲ實行セルノミニテ援助ノ見ルヘキモノナク(重慶側ノ最モ必要トスル飛行機ハ最近米國ヨリ供給ヲ受クル迄ハ英米蘇獨伊等諸國ノ製作ニ係ル極メテ舊式ノモノ二百機ニ過キサリシ事實ハ之カ一證左タリ)(ロ)重慶側ハ英米トノ間ニ部分的空軍合作ヲ企圖シ居

ルモ之亦話合渉々シカラサル一方(ハ)曩ニ「カリー」赴渝ノ際重慶側最モ訓練アル部隊ヲ英國ニ融通方申入レタルカ本件ハ今猶纒マラス又(ニ)米國ヨリ萬一日本カ南進セル場合ハ海岸線ニ近キ重慶側飛行場ヲ基地トシテ借用方申入レタルニ對シ重慶側ハ欣ンテ同意セルモ地點サヘ未タ決定ヲ見サル有様ナリ尤モ米ノ援助ハ最近相當積極化セルカ元來米ノ對支援助ハ政治經濟方面ハ別トシ軍事的ニハ重慶側ノ抗戰ニ對シ「カンフル」注射ノ役目ヲ果サシムルト共ニ自國ノ軍人ヲシテ實戰ノ經驗ヲ得セシメ更ニ最惡ノ場合ニハ支那ニ對日作戰ノ足場ヲ得ントノ底意ヲ有スルモノナルカ目下ノ處其ノ援助ノ內容ハ政治的ノモノヲ除キ

(イ)[2]緬甸路線ノ改善ニ依ル輸送能力ノ增進(ロ)飛行機「トラツク」ヲ主トスル軍需品ノ供給、操縦士其ノ他技術員ヲ派遣シ重慶側空軍ノ指導訓練ニ任シ且一部ハ實戰ニ協力スル範圍ヲ出テ居ラサル旨內話セリ(情甲)

二、馮志忠カ陳公甫ヨリ得タル所ニ依レハ最近郭泰祺カ英米蘇各大使ト會談セル際(イ)米大使ハ私見ナリト斷ハリタル上米ノ政策ハ獨蘇開戰前ノ蘇聯ノ夫レト一脈相通スルモノアリ勿論民主國家ニ對シテ鋭意積極的ニ援助スルモ出來得ル限リ自國ノ參戰ヲ避ケントスルモノナリト稱シ極東問題ニ關シテモ目下ノ處軍事同盟乃至其ノ行動上極度ノ制限ヲ受クヘキ條約ノ締結ヲ欲セス萬一日本カ獨蘇戰ニ參加スルコトアルモ米ハ中立的立場ニ於テ蘇聯ヲ援助スヘキ旨仄カシ(ロ)蘇聯大使ハ目下蘇聯ハ大軍ヲ出動セシメ居ルモ食糧其ノ他軍需品ニ事缺キ居ラス從テ重慶側ニ對シテハ尠クトモ從來ノ關係ヲ持シ得ルモノト確信シ居ル處萬一日本カ參戰スルコトアラハ重慶側ハ全線ニ亘リ反攻シ以テ日本ヲ牽制セラレ度シト述ヘ又(ハ)英大使トノ間ニ於テハ香港ニ最惡ノ事態發生セル場合ハ英支聯絡地トシテ甲谷陀ヲ利用シ且香港ニ重慶側總領事館開設(初代總領事ニハ余北祺內定シ居ル由)ニ關シ協議セルノミニテ軍事問題ニ付テハ突込ミタル話合ナカリシ趣ナリ(情乙)

三、[3]當方面識者ハ四國軍事同盟ハ機未タ熟サス日米關係カ現在以上惡化セサル限リ實現ノ可能性ナシト觀ル向多キ處姚蘇鳳(且テ宋子文ノ知遇ヲ受ケタルカ宋渡米後孔祥熙ニ見込マレ同人經營ノ先報總編輯ニ起用セラル財政部委員ニシテ孔ノ情報ニモ關係シ又米國留學出身ナルヲ以テ外人トハ交際極メテ廣シ）ノ齎ス所ニ據レハ重慶側ハ日米兩國カ互ニ衝突ヲ避ケントシツツアル一方猜疑嫉視シ居ル事情ヲ知悉シ兩國關係ヲ惡化セシメントノ魂膽ヨリ故意ニ根モ無キ四國同盟說ヲ流布シツツアリトノコトナル處外交部辦事處側ヨリ得タル情報ニ依レハ最近重慶側ハ胡適及宋子文ニ對シ米ノ對支援助ノ積極化竝ニ日米妥協阻止方訓令セル趣ニモアリ本件ハ考慮ニ値スルモノアリト思料セラル尙最近ノ米ノ對支援助狀況左ノ通リ（PA）

(イ)「トラック」ハ約半數到着セリ（往電第三一八號御參照）

(ロ)飛行機ハ約百臺到着セリ第一回分トシテ八十機供給ノコトニ話合成リ居タルカ其ノ後三百臺ニ增加セラレ（華僑獻納ノ分約百機ヲ含ミ且二十機ハ「ボーイング」B一七型ナリ）大體十月迄ニ輸送ヲ了スル筈

(ハ)操縦士、技術員ハ百名餘到着セルカ內操縦士ハ四十名ニシテ目下重慶側人員ノ訓練ニ任シ居レリ尙香港ヨリモ時折米國高級將校赴渝シツツアルカ彼等ハ身分ヲ隱シ極祕ニ行動シ居レリ其ノ數多カラス今次米ヨリ供給ノ飛行機ハ相當優秀ナルモノニシテ未タ支那人ニハ操縦出來サル一方既着ノ米國飛行士ハ少數ナルヲ以テ日本機ノ空襲ニ當リ尙沈默ヲ守リ居レリ（情甲）

南大、漢口、北大、天津、上海、廣東、滿大ヘ轉電アリタシ

1104

昭和16年7月22日　在北京土田大使館参事官より豊田外務大臣宛（電報）

華北・蒙疆地方におけるわが方特殊地位に重大な影響を及ぼすような通商条約の締結を中独間に認めるべきではない旨意見具申

北京　7月22日後発
本省　7月22日夜着

第四六五號

南大宛貴電第三〇〇號ノ一後段ニ關シ（國府承認後ニ於ケル獨支通商條約及治外法權ニ關スル件）

獨逸側ニ於テ是非共支那トノ間ニ通商條約締結ノ希望アルニ於テハ原則トシテノ最惠國待遇ヲ規定スル簡單ナル暫定

協定ヲ締結セシムルモ可ナリトノ御意見ト察セラルル處御承知ノ通リ北支蒙疆ハ日支高度合作地帯トシテ特殊ノ地位ヲ有シ居リ苟且ニモ右特殊地位ニ重大ナル影響ヲ及ホスカ如キコトハ絶對ニ避クルヲ要スル儀ト思考スルニ付既ニ御氣附ノコトト存スルモ右御含ノ上御措置相成様致度シ
南大、上海ニ轉電セリ

1105　昭和16年7月23日　豊田外務大臣より　在英国上村臨時代理大使宛（電報）

重慶政権が英ソ協定を極東に適用して日英衝突の機会を作らんと策動中との情報通報

本　省　7月23日後9時5分発

第二二九號（館長符號扱）
左記貴官限リノ御含迄
確實ナル情報ニ依レバ支那側ハ英「ソ」協定ヲ極東ニ適用シ日英衝突ノ機會ヲ作ラント焦慮シ顧大使ハ各方面ニ盛ニ働キカケ居レリ

1106　昭和16年8月4日　在上海堀内総領事より　豊田外務大臣宛（電報）

重慶における経済建設は英米人の掌握下にあるとの情報報告

上　海　8月4日後発
本　省　8月4日夜着

第一四四六號
二日W、A情報
最近重慶ヨリ來滬セル關係者ノ談ニ依レハ現在同地ノ經濟建設ハ完全ニ英米人ノ掌握下ニアリ所謂生産合作社ハ英人及宋美齡ニ領導セラレ實業部ハ之ニ干與セス主要職員ハ「ニユージーランド」或ハ濠洲方面ヨリ來レル英人竝ニ英米留學生又ハ上海英米協會系學校出身者ニ占メラレ是等ハ傍ラ貿易ヲ内職トシ上海ニ同校用品トシテ差入レル貨物ノ八割ハ其ノ商品ニシテ之ニ依リ產ヲナス者多キモ宋美齡ノ勢威ニ恐レテ暴露スル者ナシ
交通機關ノ技術者モ總テ英米留學生ニシテ白耳義其ノ他ノ各國留學生ハ既ニ休職或ハ他轉セリ又外交權ハ宋美齡、孔祥熙、トーケンコー之ヲ牛耳リ一切ノ外交事項ハ彼等ト英

米外交官ニ於テ協議決定スル有樣ナル由委細郵報
參考迄ニ南大へ轉報セリ

1107　昭和16年8月8日　在上海堀内総領事より豊田外務大臣宛(電報)

仏国をしてわが方の事変処理に協力せしめるための根本方針設定方意見具申

上海　8月8日後発
本省　8月8日後着

第一四七九號

貴電第七九五號竝ニ八月五日附拙信外機密第二二四二號ニ關シ

一、支那各地ニ於ケル佛租界及駐屯軍其ノ他佛權益ヲ繞ル諸問題ニ關シ佛側ヲシテ事變處理ニ一層協力セシムル要アルコト勿論ナルカ從來在支日佛間案件ノ處理ニ當リ彼我双方ニ明確ナル共通ノ態度方針ナキ爲各種問題發生毎ニ其ノ場限リノ解決ヲ圖リ之カ爲或ハ今次漢口佛租界問題ノ如ク一足飛ヒニ警察權ノ接收迄要求シ無理押ノ形ニ出ツル如キ意見モ出テタル事例アリ一方當地佛租界内國民政府外交部文書接收ノ如キ比較的簡單ナル問題ニ手古摺ル反面モアル次第ナリ

二、右ノ如ク明確ナル方針ノ缺如ハ我方トシテモ時トシテ各地各樣ノ工作ニ走リ乃至我方出先機關ノ不一致ヲ生スル素因トナリ一方佛側ニ對シテハ案件發生毎ニ現地佛官憲及居留民ニ强キ不滿ヲ與ヘ又支那側及第三國側ニ對シテモ弱イ者虐メノ感ヲ與フル結果トナリ面白カラサルノミナラス右ノ如キ實情ノ下ニ於テハ兎角問題ノ解決ヲ拗ラセ又假令解決スルモ彼我共ニ割切レサル氣持ヲ後ニ遺シ結局一般情勢ノ積極的轉囘ニハ何等寄與セサル次第ナリ之ヲ當地ニ於テ見ルモ對共同租界施策ノ前提トシテノ佛租界ニ對スル諸要求ノ具現ヲ阻害スル大原因ハ右ニ存スルモノト認メラル

三、就テハ佛國ヲシテ佛印共同防衛ヲ受諾セシメタル今日ニテモアリ此ノ際更メテ佛側ヲシテ明確ニ我事變處理ニ協力スルノ根本方針(一昨年ノ有田「アンリー」協定ヲ一層押進メタルモノ)ヲ採用セシメ之カ要領トシテ(一)國民政府ヲ承認セシムルコト必要ト存ス之ニ依リ佛出先官憲ノ立場ヲ明確且容易ナラシメ前記外交文書返還問題ノ如

キハ素ヨリ佛租界ニ於ケル新法幣ノ採用重慶側機關乃至抗日分子ノ彈壓等租界關係諸問題ノ解決ニモ資スル所アルヘキカ㈡更ニ直接佛租界問題ノ解決又ハ調整（租界返還迄行カストモ警備治安、物資統制、通貨ノ問題等事變處理ニ必要ナル事項ニ關スル協力ノ約束竝ニ右ニ伴フ我方ノ管理權又ハ國民政府ノ發言權ノ設定等）竝ニ㈢駐屯軍問題ノ處理（引揚若クハ日佛共同防衛ノ原則承認等）ヲモ此ノ際正面ヨリ堂々ト要求シ佛側ト協定スルハ事變處理ニ實質的ニ寄與スル所少カラサルヘシト認メラル

四、冒頭貴電佛側申入ニ對スル當地陸海軍側ノ意嚮ハ結局中央一任ニアリタルカ當方ノ意見ハ前陳ノ如クニシテ此ノ種事項ニ關シ一々嫌カラセ的態度ニ出ツルハ不可ナルカ左リトテ佛印ニ對シ壓力的ニ出テタル代リニ支那ニ於テ軟カニセントスルカ如キハ現實ノ事態ニ反シ一貫性ナキ政策ニ終ル危險アリ面白カラサルヘキヲ以テ此ノ際縷述ノ如ク合理的要求ヲ正面ヨリ切出スコト緊要ト認ム

右卑見中國民政府承認問題ニ關シテハ既ニ御考慮或ハ御手配中カト存スルモ爲念申進ス

在支各總領事、香港ヘ轉電セリ

1108　昭和16年8月20日　在広東高津総領事より豊田外務大臣宛（電報）

援蔣物資取締等に関するマカオ当局への申入れ案を三省関係者で協議決定について

別　電　昭和十六年八月二十日発在広東高津総領事より豊田外務大臣宛第三一九号

右申入れ案

広　東　8月20日後発
本　省　8月20日後着

第三一八號（至急、極祕、館長符號扱）

貴電第一一一號及第一二六號ニ關シ（澳門ニ於ケル援蔣物資取締ニ關スル件）

十九日軍司令部ニ本官陸海軍參謀長各關係官（福井領事代理ヲ含ム）參集別電第三一九號ノ通リ澳門ニ對スル敵性排除ニ關スル申入事項ヲ協議決定右ニ依リ申入案文ヲ確定ノ上來週更ニ在澳門福井領事代理ニ於テ交渉開始ノ豫定ナルカ若シ我方申入ヲ拒否スルニ於テハ陸海軍ニ於テ澳門封鎖ヲ强化スル趣ナリ委細別電ニ付御了悉ノ上何等御意見モアラハ至急御電訓相成度シ尚陸海軍モ夫々中央ヘ連絡濟ミ

（別　電）

広　東　8月20日後発
本　省　8月20日夜着

第三一九號（至急、館長符號扱）

一、未占領地向ケ軍需品及利敵物資ノ輸送禁止取締
(イ)澳門ヲ中繼トシテ未占領地ノ支那沿岸及緬甸佛印廣州灣等ヲ經由シテ敵地ヘ流入スル軍需品ノ禁止及其ノ他利敵物資トナルヘキ總ヘテノ物資ノ輸送ノ嚴重取締ニ任スルコト
(ロ)特ニ敵地流入ノ利敵物資ハ澳門ヨリ日本軍ノ對支封鎖侵犯ヲ企圖スル密航船ニ依リ多ク輸送セラレツツアル現狀ナルヲ以テ常ニ澳門港内ノ船舶ヲ調査シ此等密航ヲ停止セシムルコト
(ハ)澳門政廳ノ實施スル右二項ノ禁止及取締ニ對シ日本側ハ之ニ協力スルモノトス
之カ爲澳門領内ニ於テ日本側機關ニ屬スル人員及使用船ニ對シ協力ニ必要ナル便宜ヲ供與シ且之カ保護ニ當ルコト
二、我方ノ指定スル重慶側機關ノ閉鎖或ハ敵性人物ノ追放
(イ)重慶側諜報謀略機關アリテ我方占領地内ノ攪亂ヲ計リツツアリ我方ノ指定ニ依リ之カ閉鎖ヲナスコト
(ロ)敵性ヲ有スル運輸公司竝ニ運輸業者ノ組織スル祕密結社アリ之カ徹底的取締竝ニ處分ヲナスコト
三、反日宣傳「デマ」及言論竝ニ結社ノ徹底的取締
(イ)支那紙外字紙ヲ問ハス反日的及反國民政府的言論放送映畫政治運動等ノ取締
(ロ)「テロ」行爲ノ取締竝ニ此ノ種人員ノ侵入防止

〰〰〰〰

1109　昭和16年9月1日　在広東高津総領事より豊田外務大臣宛（電報）

援蔣物資取締等に関するわが方申入れをマカオ当局受諾について

広　東　9月1日後発
本　省　9月1日夜着

第三三四號（館長符號扱）

往電第三二九號ニ關シ八月三十日歸任シタル工藤ノ報告左ノ通リ

一、二十七日福井、朝比奈帯同澳門總督ヲ往訪往電第三一八號決定案ニ基ク總督宛公文ヲ手交交渉ヲ開始更ニ二日間續行ス此ノ間總督ハ專ラ純理論ヲ以テ我方公文ヲ檢討シ主權侵害ノ嫌アリ一存ニテ諾否決定シ難シト爲セルニ對シ福井ハ專ラ密輸其ノ他援蔣的事實ヲ擧ケ事實論ヲ以テ應酬今次提案ノ實質的意義ヲ闡明シ飽迄モ現實的問題トシテ考慮方要望ス一方二回ニ亘リ經濟局長「ロボ」ト私的會談ヲ爲シ本件申入ニ對スル軍部ノ强キ決意（徹底封鎖）（中山縣貿易再開ノ用意）アル旨ヲ其レトナク匂ハシ交渉ノ側面的誘導ニ努力セリ其ノ結果二十九日ノ交渉ニ於テ終ニ總督モ我方ノ眞意ヲ諒解シ二、三公文字句ハ兎モ角トシテ全面的ニ本件申入ヲ受諾スルニ至レリ

二、總督ノ問題トシタル字句ハ往電第三一九號ノ一、ノ(ハ)「日本側協力」二、ノ「我方指定」三、ノ「徹底的取締」ニシテ右ハ澳門統治權ニ抵觸シ或ハ事實上不能ヲ强フルト云フニアリタルカ我方ノ説明ニ依リ納得セリ

三、二十九日ノ會談ニ於テ經濟局長ハ我方申入ノ眼目タル密輸取締ノ徹底ヲ期スル爲(イ)爾今一切ノ戈克貿易及戈克ノ澳門港出入ヲ禁止ス(ロ)廣州灣及佛印向貨物ニ付テハ日本側ノ指定スルモノ以外ノ輸出ヲ許可セス積荷目録ハ日本側ノ閲覽ニ供スト約束シ又總督ハ平服軍憲數名カ隨時澳門領內及領海ヲ巡廻シ疑ハシキ船及人ヲ點檢スルモ差支ナキコト及之カ爲必要ナル護身用「ピストル」ノ携帶ヲ許可スヘシト確約セルヲ以テ福井ハ我方申入受諾ノ回答文ヲ早目ニ受ケタキ旨申入レ本件交渉ヲ一應終結セシム

四、右ノ通リ我方申入ハ事實上全面的ニ受諾セラレタル次第ナルカ右ハ福井ノ交渉カ用意周到ナリシト平生ヨリ總督ノ同官ニ對スル信頼深カリシニ依ルト見ラル

尚本一日軍司令部ニ關係機關ノ聯絡會議開催前記一、乃至三、ニ付説明シタル處右ニテ異議ナキ旨ノ決定ヲ得タルヲ以テ協力實施ニ關スル軍側具體案ヲ協議決定早速實行ニ移スコトトナレリ

追テ往電第三一八號及第三一九號ト共ニ北大、南大、上海ヘ轉電シ香港ヘ暗送セリ

1110 昭和16年11月29日 在ニューヨーク森島総領事より東郷外務大臣宛（電報）

ドイツの対重慶和平提案に関する報道報告

付　記　昭和十七年一月十四日発在上海堀内総領事より東郷外務大臣宛電報第七九号

ドイツの日中全面和平工作に関する情報

ニューヨーク　発
本　省　11月29日着

特情紐育第四三三號

日支調停のドイツ案

マニラ情報―ドイツは最近重慶側に對し日支紛争解決案を示唆し、日本の南支及ひ北支よりの撤退に對する代償として支那に對して次の條件を提示した、支那側一部は支那か戰に倦んてゐる所てあり日本か支那より撤退すれは何ても承認すると云ふ立場に在る

一、日本軍は印度支那に止まる

一、日本に對しタイ國及ひ支那に於ける經濟上の特權を賦與する

一、滿洲國か日本の下に自治領の地位を有するを認める

一、ドイツを通し日支間に經濟取極を行ひ、日本に對し支那に於ける通商上の特權を與える

蔣介石は現下の危局に當り援蔣民主諸國より少しても見離されれは到底右ドイツの壓迫を却け得ぬ實情を看取し、米國政府へ對して對支援助强化の强硬要求を行つた結果、ハル長官の對日覺書手交となつたものてある。

日本側はドイツ新公使フリンツ・ウイーデマンの南京到着以來、極東に於けるドイツ側の行動に疑惑の念を懷くに至つた、支那被占領地域に於けるナチの新政策は日本か全支經濟を併吞するを阻止して、ドイツもその分前に有りつく日に備へんとするものの如く、ウイーデマン公使は汪精衞に對し南京政府か今少しく權利を確保するやう說いたと傳へられる

（付　記）

上　海　昭和17年1月14日後発
本　省　昭和17年1月14日夜着

第七九號

十三日JK情報

「タス」方面ヨリ得タル消息ニ依レハ「スターマー」ハ目下日支全面和平工作ニ沒頭シ居リ最近中國人ニ對シ南京政府カ現狀ヲ以テ推移セハ將來全然出路ナシ唯蔣介石トノ和

平合作ニ依リテノミ政治的ニ立脚地アルヘシ目前蔣ハ和平的表示ナキモ部下ノ親獨分子ハ和平翼(冀カ)求ノ念久シク日本軍部ニ於テ誠意ヲ以テ和平提議ヲ爲サハ全面和平ハ充分成立ノ見込アリト述ヘタル趣ナリ又「ブイドマン」ハ南京ニ於テ同地政府一要人ニ對シ赴(渝カ)ノ上蔣ト和平交渉ヲ試ムヘシ必要アラハ飛行機ヲ準備シ交渉ノ申出ヲ送リ居クヘシト勸メタル旨ヲ當地某洋行買(辦カ)ニ語リタル由

「ロゴフ」ノ推算ニ依レハ獨逸ハ目下日本及支那ニ五百餘名ノ工作員ヲ有シ專ラ日支全面和平工作ヲ行ハシメ居ルカ特ニ日本軍部ニ對スル活動積極的ナル由尚右ハ獨逸側カ戰後支那ニ於ケル分前ニ與ラン魂膽ニ出ツルモノニシテ又右獨側ノ動向ニ對シテハ蘇聯邦側ニテ深甚ナル注意ヲ拂ヒ居ル旨ＪＫハ附言シ居タリ

南大、北大へ轉電セリ

2 英国との関係

1111 昭和12年9月9日　在英国吉田大使より広田外務大臣宛(電報)

ヒューゲッセン大使負傷事件が英国人心に及ぼした対日感情の悪化とその経済的影響につき報告

ロンドン　9月9日後発
本　省　9月10日前着

第六五三號

時局カ本邦商社ニ及ホセル影響ニ付商務參事官ノ調査ニ依レハ上海事變發生以來英國カ現實ニ被ムル各方面ノ損害危險重大ナルト且支那幣制改革ニ伴ヒ幾分有望好轉ヲ示シタル投資方面ノ將來性甚タシク不安トナリタル爲英國政府及實業界ハ今回上海ニ於ケル我方對支行動ニ對シ極メテ不滿ノ念ヲ有シタルカ屢次事件不擴大ノ我方聲明モアリタル爲特筆スヘキ程貿易金融方面ニ何等直接ノ惡影響ヲ示ササリシ處過般大使狙撃事件及其善後策ニ對スル我方態度ハ假令新聞論調等ハ努メテ沈默平靜ノ態度ヲ持スト雖一般人心ニ伏在スル對日感情ハ極メテ惡化シ日英外交關係ノ先行ニ大ナル不安ノ念ヲ懷カシムルニ至レル如シ素ヨリ特ニ邦貨排斥等ノ如キ表立チタル行動ハナキモ自然日英商品先行不安ニ對シ本邦品輸出取引ニ對シテハ商談ヲ見送ル者多ク又[2]我方ノ財政實力耐久性ヲ懸念シ我輸出商品ノ値段低落ヲ見越シ之亦商談ヲ躊躇スル者少カラス尚又積出期日及契約履行ノ不確實性ヲ憂慮シ同時ニ爲替管理强化ニ基ク英國品輸出ノ支障モ自然本邦商品對英輸出ノ阻止ヲ招ク等日英貿易ノ前途大イニ悲觀セラルルノミナラス我國對外貿易上最肝要ナル貿易金融上ニ於ケル英國側態度ハ日英外交關係ノ前途不安ニ伴ヒ必スヤ變更ヲ來スニ至ルヘク既ニ一流本邦商社又ハ銀行ノ引受手形ノ自由割引市場ハ殆ト杜絶ノ有様ニテ尚又本邦公債低落浮動激シク擔保品トシテ價値ヲ失ヒ金融上非常ノ困難ヲ來シツツアリ今後日英外交關係發展ノ如何ニ依リテハ右狀態ノ擴大ヲ憂慮スル者多ク大使狙撃事

件ノ適當ナル解決ヲ切望シツツアリ

1112　昭和12年10月⑿日　在英国吉田大使より広田外務大臣宛（電報）

十月九日の日本政府声明を非難する英国紙論説報告

ロンドン　発
本　省　10月12日後着

特情倫敦第五七號

十一日「タイムス」ハ九日ノ帝國政府聲明ヲ掲ケタ後（他紙ハ殆ト之ヲ無視シタ）其ノ社說ニ於テ次ノ如ク論シテ居ル

日本政府ノ聲明ハ日本カ世界ニ於ケル友人ヲ急速ニ失ヒツツアルニ對シ國民ノ不安ヲ緩和セントスルモノテ條約違反ノ責任ヲ全部支那ニ轉嫁シ日本ハ領土的野心ナク支那トノ協調ヲ求ムル旨竝ニ本事變ハキヨウテキチンゼツ?ヲシテ居ルカ共産黨ニ對シ假借ナキ戰ヲ爲シ來ツタ國民政府ニ對シ斯ル責ハ當ラサルヘク又戰鬪行爲ハ條約上適法ナル日本軍ノ演習ニ對スル支那兵ノ攻擊ニ依リ起ツタト言フカ日本ハ九國條約ニ違反シテ北支ニ於ケル支那ノ主權ヲ脅カシツツアツタ日本ハ其ノ行爲ヲ正當防衛タトスルカ九國條約調印國ノ大部分ハ之ニ承服セヌタラウ

又同日各紙ハ支那ハ最後ノ一兵トナル迄戰フヘシトノ蔣介石ノ放送ヲ掲ケ又「タイムス」寄稿ニテ郭泰祺大使ハ停戰協定ハ支那軍隊ノ自國領土內ニ於ケル行動ニ對シ何等永久的制限ヲ附セサルヘキ旨ノ支那側聲明カ右會議ノ議事錄ニ記サレ居ル旨ヲ指摘シテ居ル

尚「リンドレー」前駐日大使ハ經濟制裁ニ反對スル旨同紙寄稿ニテ論シテ居ルカ他方十日夜勞働黨有力者「ハーバート・モリソン」ハ對米放送ニ於テ經濟制裁ノ必要就中石油供給停止ノ有效性ヲ米國民ニ呼掛ケタ由テアル日本軍毒瓦斯使用ノ記事ハ最近各紙ニ掲載サレ來ツタカ十一日新聞ハ上海ニ於ケル日本軍ノ大掛リナ毒瓦斯使用ノ結果多數ノ支那兵カ中毒シタ旨（「クロニクル」、「ヘラルド」、「エキスプレス」ハ千五百名ト報ス）竝ニ日本官憲ハ之ヲ highly explosive shells 使用ノ結果ナリト說明シタ旨ヲ極メテ「センセイショナル」ニ報シテ居ル

1113 昭和12年10月15日 在英国吉田大使より広田外務大臣宛(電報)

英国金融界の対日警戒感は必ずしも対日悪感情ではないなど香港上海銀行アディスの時局談報告

ロンドン 10月15日後発
本 省 10月16日前着

第七七三號(極祕)

財務官[1]ヨリ大藏大臣ヘ

倫敦第五九號

昨十四日香港上海銀行 Sir Charles Addis ニ面會時局ニ關スル意見ヲ探リタル處其ノ個人的見解トシテ述ヘタル談話要領左ノ如シ

一、最近英國ノ各銀行カ日本ニ對シ警戒シ種々對策ヲ講スルニ至レルハ全ク何レノ場合ニ於テモ戰時狀態トナレルモノニ對スル「ビジネス、ポイント」ヨリスル銀行トシテノ用意アル措置ノミニシテ必シモ對日惡感情ニアラス

二、宣傳ニ於テ支那ハ巧妙日本ハ拙劣ナル故ニ現地ノ一方的報道ニ依リ判斷ヲ誤マラレサル爲此ノ銀行ノ上海香港當局者ニモ公平ナル事實ノ報道ヲナス樣言ヒ置キタリ(此ノ點ニ關シテハ小官ヨリ上海ニ於ケル外國通信員ノ報道ハ殆ト支那官憲ノ檢閲ヲ受クル故ニ信ヲ置クニ足ラスト述ヘタル處左樣ノコトハ知ラサリシト驚キ居タリ)

三、對支鐵道借款ニ付テハ依然トシテ無期延期狀態ナリ

四、支那ノ銀資金カ香港又ハ倫敦ニ預入セラルルハ佛國ノ資本ノ如キ安全地帶ヲ求メツツアルノミ支那ハ今日大量ノ銀ヲ賣却スル必要モナカラン幣制問題殊ニ爲替維持ニ付テハ戰局カ餘リ永ク續カサル限リ別ニ困難ナカルヘシ(此ノ點ニ關シテハ數日前大藏省 Waly ト會談ノ際モ今日支那ハ必スシモ多量ノ輸入ヲナサス國際貸借惡化ノ徴候ナキ故ニトテ同樣ノ意見アリ)

五、[2]支那公債元利拂能否ニ付テハ關稅收入激減ノ爲外國債ノ元本償還ハ近ク不能トナランモ戰局カ年内ニ終ルト假定スレハ利子ハ極力支拂フヘシ唯内國債ノ方ハ金額モ大ナル故ニ支拂不能トナラン

六、尙會談ノ終リニ臨ミ「アジス」ヨリ左記二點ニ關シ言及アリ(但シ小官ハ事外交ノ重大問題ナル故答ヘス)

(一)九箇國條約會議カ全ク impartial ニ招集セラレタル場

合日本ハ參加スルヤ

(二)時局解決ノ案トシテ

(イ)支那ノ滿洲國承認

(ロ)北支緩衝地帶(日本ハ領土的野心ナカルヘキ故)

(ハ)上海中立地帶設置(列國共同ノ警察的管理)

ノ如キモノヲ日本政府ハ承知スヘキヤ

七、最後ニ小官ヨリ事件ノ發端ハ支那ノ根强キ排日運動ニ兆スモノナレハ支那カ反省シ此ノ根本的治療行ハレサル限リ種々ナル解決案モ困難ナルヘシト述ヘタル處「アジス」ハ力ヲ以テ押セハ押ス程排日ノ空氣ハ解消シ難カルヘシト言ヘリ

以上全ク私的會談ノ結果ヲ御參考迄申上クル次第ニ付御含ヲ請フ

要スルニ最近小官ノ英國大藏省及「アジス」等訪問ノ結果得タル現在ノ印象ニ付テノミ申セハ相變ラス友好的ニ且率直ニ意見ヲ交換シ呉レ一日モ早ク事件解決シ再ヒ日英協調ノ精神ヲ以テ支那問題ニ對シ善處センコトヲ望ムモノノ如ク見受ケラル

1114

昭和12年10月29日　在英国吉田大使より広田外務大臣宛(電報)

英国一般の対日空気悪化に関する同国財界有力者キンダスレーの内話報告

ロンドン　10月29日後発
本　省　10月30日前着

第八三五號

財務官ヨリ大藏大臣ヘ

倫敦第六二號

昨二十八日當地財界ノ重鎭ナル Sir Robert Kindersley ト會談最近ノ City 一般ノ對日態度ヲ尋ネタル處個人的見解ヲ別トシ一般ノ空氣ヲ傳フヘシトテ左ノ如キ言アリ

(一)今回ノ日支事件ニ依リ日本ハ英國ニ於ケル多クノ友人ヲ失ヒツツアリ

(二)滿洲國建設以來日本ノ軍事當局ハ更ニ北支ヲ deliberately ニ control セントシ其ノ先ノ意圖カ分ラス

(三)經濟的制裁ニ關シテハ今日ノ處英米兩國政府共ニ日本ト戰爭ヲ賭セサル以上行ハサルヘシ但シ個人及個々ノ銀行カ一般的ノ情勢ニ鑑ミ對日取引其ノ他ニ漸次手加減ヲ加

フルニ至レルコトハ自然ノ成行ナリ

㈣事件解決後英米ヨリ日滿支ノ三國ニ對シ資本ノ進出可能ナリヤノ問題ニ付テハ事件前ニ企圖セラレタル對支投資モ事件突發ニ依リ再検討ヲ要スルニ至レリ故ニ茲當分permanent ニ(此ノ語ヲ繰返シ强ク言フ)日支ノ政治關係カ安定スル見極付カサル限リ英米ノ資本投下ハ困難ナルヘシ

右御參考迄ニ

1115 昭和12年11月1日 在英国吉田大使より広田外務大臣宛(電報)

わが国民間の対英言動硬化は英国における対日世論の悪化傾向を増大させるおそれがあるため指導更正方意見具申

ロンドン 11月1日前発
本　省 11月2日前着

第※八四四號

去ル十月二十二日「イーデン」ト會談ノ節本使ハ對日輿論ノ悪化ヲ指摘シ目下ノ事態ニ於テ彼我日英兩國輿論ノ悪化ハ避ケ難ク或ハ寧ロ或程度迄兩國輿論カ悪化スルノ極却テ貴我國交ハ元々親善ナルヘキ筈ノ本然ノ性質ニ想到スルニ至ルヘキヤトモ考ヘ居リシカ最近支那側ノ虚報宣傳ニ依リ對日輿論益々悪化シ遂ニハ兩國民ノ感情ニ越ユヘカラサル溝ヲ生スルカ如キナキヤヲ憂フ別ケテ「タイムス」所論ノ如キハ格別我國民ニ於テ注意シ居ルヲ以テ其ノ言論ハ特ニ愼重ナランコトヲ希望スト申入レ置キタルカ最近日本ヨリノ通信ニ依レハ日本ニ於ケル排英運動モ可ナリ露骨ナルカ如ク現ニ本日「タイムス」等ニハ山本悌二郎其ノ他議會、軍部、實業家百餘名工業倶樂部ニ集合シ對英友好關係斷絶決議ヲ爲セルヲ報シ居リ上海等ニ於テ日英間多少ノ事故ヨリ我輿論ノ激昂モ無理ナラストモ考ヘラルルモ更ニ貴電御來訓ノ如ク英國トノ親善維持增進ハ帝國既定ノ國策トセハ一時ノ感情ニ走リテ彼我ノ間悪罵ヲ以テ悪罵ニ代ヘントスルハ唯ニ大國ノ態度ニアラサルノミナラス帝國既定ノ國策ヲ遂行スル所以ニアラス且現ニ金融澁滯ヲ感シ來レル此ノ際「シチー」ニ於ケル我貿易金融上ニモ影響スヘキニ付日本ノ立場ニ對スル誤解又ハ英輿論ノ不公正ナル態度ノ是正ハ益々之ヲ努ムヘキハ當然ナルカ排英運動等ヲ大袈裟ニ吹

聽シテ徒ラニ世間ノ耳目ヲ聳動スルカ如キ我民間ノ言動ハ適宜之ヲ指導更正セラレ度キモノト存ス

1116 昭和12年11月5日 在上海岡本総領事より広田外務大臣宛(電報)

上海方面での日英間不祥事件の処理など日英関係改善に関する川越大使と英国代理大使との会談内容報告

上海 11月5日後発
本省 11月6日前着

第二一五九號※

川越大使ヨリ[1]

英國代理公使「ハウ」昨日來滬本五日支那語參事官「ブラツクバーン」ヲ帶同シ本使ヲ來訪其ノ會談要領左ノ通リ

「ハウ」ヨリ先ツ在上海及各地ノ英國人生命財産カ日本側ノ顧慮ニ依リ軍事行動ヨリ影響ヲ受クルコト割合少クシテ濟ミタルコトヲ多トシ居ル旨挨拶シタル後最近當地日英軍隊ノ間ニ二、三ノ不幸ナル事件打續キ發生シ兩者ノ關係惡化シ自然日英兩國ノ國交ニモ暗影ヲ投シ居ルコトハ寔ニ氣懸ニシテ何トカ之ヲ打開シ親善關係ヲ回復スル方法ハナキモノカト存シ貴大使ノ御意見ヲ伺ヒニ參リタル譯ナリ最近發生シタル主ナル事件トシテハ(イ)英國兵士ノ死傷(ロ)四明儲蓄銀行倉庫ニ立籠リタル支那兵ヲ英國兵カ援助シ居リタリトノ風説(ハ)蘇州河ニ於テ英國兵カ日本海軍ノ汽艇ヲ阻止シタルコトノ三アル處(イ)ニ付テハ英國側トシテハ既ニ解決シタルモノト心得居リ(ロ)ニ付テハ右倉庫ヲ日本軍カ占領シタル際英語新聞ニ包マレタル新シキ「パン」ヲ發見シタル廉ニ依リ英國兵ノ援助ヲ云々セラレ居ルモ嚴重ナル査問ヲ爲シタル結果英國兵中斯ルコトヲ行ヒタル者ナキコトハ司令官ノ確信スル所ニシテ問題ノ品ハ或ハ日英關係ヲ紛糾セシメントノ企ニテ支那人カ密ニ持込ミタルモノナルヘシト結論セサルヲ得ス從テ英國側ニハ何等責任ナシト心得居リ(ハ)ニ付テハ當時日本海軍ノ汽艇ニ乘込ミタル英國兵カ砲ノ「カバー」ヲ上ケテ覗キタル事實カ日本軍ノ憤激ヲ買ヒタルモノナル處該英國兵ノ所爲ハ全ク何氣ナク不用意ニ行ハレタルモノト思ハレ右ニ付テハ既ニ司令官ヨリ長谷川長官ニ對シ書面ヲ以テ遺憾ノ意ヲ表シタルニ付問題ハ解決シタルモノト存ス斯テ是等「インシデント」ハ幸ニシテ何レモ解決ヲ見タル次第ニテ今後ハ日英兩軍ノ關係モ段々圓滿ニナリ行クヘキモノト存セラル唯自分ノ仄聞スル所ニ依レハ日本軍ノ上層部ハ充分ノ理解ヲ有セラルルモ若手[2]ノ間ニハ仲々强硬ナル向モアル由ナルカ今後再ヒ類似ノ事件ヲ惹起スルコトハ極力避ケ度キ次第ナレハ英國軍隊ニモ充分此ノ點申聞クヘキニ付日本軍ニ於テモ善處セラルル樣貴大使ノ御配慮ヲ得度ク尙前記ノ事件以外ニ日英間ノ感情疎隔ノ原因トナリ居ル樣ノ事情モアラハ何ナリト御遠慮ナク御示教ニ預リ度シト述ヘタリ依テ本使ヨリ御説示ノ事件ニ付テハ詳シキコトハ承知セサルカ最早解決濟カト考フ日本軍トシテハ細心ノ注意ヲ拂ヒ問題ヲ起ササル樣努メ居ルモ何分極メテ狹隘ニシテ且特殊ナル地域ニ於テ戰鬪ヲ行フ以上不時ノ出來事ハ免レ得サルコトヲ御了承アリ度ク又我軍ノ若手カ强硬ナリ云々ノ御話アリタルカ事件ノ發生アリタル場合若キ者カ强キコトヲ言フハ自然ノ勢ナルモ若手ト雖モ決シテ積極的ニ事ヲ構ヘ又ハ殊更日英關係ヲ惡化セシメントスル樣ノ考ナキコトハ本使ノ保障シ得ル所ナリ然レトモ最近ノ日英關係ヲ卒直ニ言ヘハ甚タ面白カラサル狀態ニ在ル事實ハ否ミ難ク之ハ一方カ相手方ニ對シ感情ヲ惡クスレハ他方モ亦惡感情ヲ抱クニ至ルコト人情トシテ已ムヲ得ス其ノ積リ重ナル結果ハ憂慮スヘキモノアルヘシ依テ今後兩國關係ノ爲ニハ先ツ「インシデント」ヲ起ササル樣双方ニ於テ細心ノ注意ヲ拂ヒツツ相當ノ時日ヲ藉ス必要アルヘク積極的ニハ兩國ノ責任當局カ大局ニ立チテ善處シ適當ノ機會ヲ捉ヘテ國交改善ノ爲ノ措置ヲ執ルコト然ルヘシト述ヘタル處「ハウ」ハ英國人ハ過去ノコトヲ何日迄モ根ニ持ツ國民ニハアラス不愉快ナル事件モ夫レカ濟メハ後ハ朗カニナリ得ル性質ナルカ兎ニ角在上海及東京駐在ノ英國外交官憲トシテハ日英親善關係ノ囘復增進ノ爲一切ノ努力ヲ惜マサルヘキ覺悟ナルニ付此點ハ外務省ニモ御傳ヘ願度シト述ヘタリ

尙「ハ」ハ本月下旬大使ノ歸任ヲ待チ歸國ノ上極東部長ニ就任ノ筈ナル由

〰〰〰〰〰〰〰〰

1117 昭和12年11月6日 在上海岡本総領事より広田外務大臣宛(電報)

事変をめぐる日英関係の悪化や事変収拾方策などに関する英国代理大使との意見交換について

上海　11月6日後発
本省　11月6日夜着

第※二二六七號

六日「ホールパッチ」ノ招キニ依リ日高ト「ハウ」同人宅ニ會セル際ノ會談要領

「ハウ」ヨリ南京ニ於テ「クレーギー」ヨリ日英關係ヲ心配セル電報ヲ度々受取リ自分モ憂慮シ居タル際「ホールパッチ」ノ電報(編注)ニ接シ出滬セルカ最近現地ニ於ケル日英軍人關係改善ノ緒ニ就キアルヲ見テ安堵セリト述ヘ川越大使ニ對スルト同趣旨ノ説明ヲ爲シタルニ付日高ヨリ日英關係ノ惡化ヲ防クノ要アルハ同感ナリトテ日本軍ノ感情ヲ荒立ツルカ如キ當地英國側措置ノ實例ヲ擧ケ(宋美齢自身カ米國ノ新聞ニ英國兵ノ援助ヲ感謝シ居ル論文ヲ寄セタル事實ヲ指摘シ置ケリ)今後共善處アリ度キ旨要(望欠カ)シ置ケリ

「ハウ」ヨリ武府會議ニ言及シタルニ付日高ヨリ若シ關係國カ最初ヨリ九國條約ヲ援用シテ會議ヲ招集シタリトセハ話ハ別ナリシヤモ知レサルカ關係國カ聯盟ノ席上九國條約迄引合ニ出シテ日本ヲ「コンデム」シタル(米國モ之ニ同シ)以上日本トシテハ斯カル會議ニ取合ヒ得サルコト明瞭ナルヘシト述ヘタルニ「ハウ」之ヲ首肯ス

次テ「ハウ」ヨリ日支間ニ何等カ調停斡旋ヲ行フコト可能ナラサルヘキヤト尋ネタルニ付日高ヨリ支那側カ口ヲ開ケハ最後迄日本ニ抗戰スト叫フ以外ニ言フ所ヲ知ラス又假令別ノ考ヲ有スル者モ何事モ言ヒ出スコトヲ憚ラサルヲ得サルカ如キ現狀ニ於テ日本側トシテハ何事モ爲シ得ス總テハ支那側ノ出方ヲ待ツ外ナシ斯ノ如キ空氣ニ於テ若シ日本側ヨリ和平ノ話ヲ切リ出スモ何等ノ效果ヲモ望ミ得サルハ勿論却テ時機ヲ待テハ成リ立ツ話モ打チ壞シトナリ逆ノ效果アルノミナラン和平ノ話ハ支那側カ今少シク自制シ落着キ來ル迄ハ時期尚早ト言フノ外ナシト思ハルル處南京滯在二箇月後ニ於ケル所見如何ト尋ネタルニ「ハウ」ハ自分モ同樣ニ考フト言ヒ南京ノ政情ニ關シ大使ニ對スルト同樣ノ觀測ヲ洩ラシタルカ結局蔣介石ニ時局收拾ノ力アルモノト思ヒ居ル樣見受ケラレタリ

編　注　原文では「ノ電報」の後に「セル電報ヲ度々」から「ノ電報」までが繰り返されているが、筆写の際の誤りと思われるため削除した。

1118　昭和12年11月20日　在英国吉田大使より広田外務大臣宛（電報）

英国の対日空気改善のため講演会等でわが方の立場を説明し得る人物として鶴見祐輔や高柳賢三などの英国派遣方請訓

ロンドン　11月20日後発
本　省　11月21日前着

第九〇七號※

對日風潮モ上海戰勝迄ハ如何トモシ難シト觀念シ居リタルモ今後形勢順調ニ進マハ相當改善シ得ヘク既ニ其ノ氣味ノ現レ來レルモノカ我立場ヲ承知シ度シトテ講演、寄書等昨今申込少カラス當方ニ於テモ出來得ル丈ケ之ニ應スルニ努メ居ルモ何分手薄ノ感ニ堪ヘス日英國交建直シノ爲此ノ方面ニ一層ノ努力致度キニ付テハ滯英少クモ六箇月位ノ豫定ニテ適當ノ人物派遣ヲ切望ス例ヘハ鶴見祐輔、高柳賢三、米山梅吉、木部守一等ノ顔觸ヨリ選任然ルヘク又Cambridge Oxford 及其ノ出身者ニ對スル向ヨリ西園寺公一等若手ヨリモ選任派遣希望セラル

1119　昭和13年1月⒅日　在英国吉田大使より広田外務大臣宛（電報）

一月十六日の「國民政府ヲ對手トセズ」声明に関する英国新聞の論調報告

ロンドン　　発
本　省　1月18日後着

特情倫敦第六號

十七日ノ倫敦各紙ノ日本政府ノ對支重要聲明ニ關スル主ナル論説左ノ通リ

「タイムス」

平時ニ於ケル隣國政府ノ否認ハ重大ナ意義ヲ持ツモノテアルカ既ニ六箇月間ニ亘リ蔣介石政府ノ崩壞ニ全力ヲ盡シ來ツタ日本カ今更同政權無視ヲ聲明シタ處テ之ニ驚ク者ハナイダラウ、又支那ハ寧ロ之ニ依テ激勵サレタカモシレナイ殊ニ右聲明ニ依ツテ平和交渉ニ對スル日本ノ態度ヲ頗ル頑固ナモノト見セカケタ爲却ツテ支那側ノ反抗ヲ買フ樣ナ逆效果ヲ齎スカモ知レヌ

聲明書ノ調子カラ見テモ侵略者タル日本ハ漸次「デイレンマ」ニ陷ル樣テアル此ノ日本ノ「デイレンマ」ハ獨逸ヲモ

含ム世界各國ニ周知ノ事實テアリ支那要人ハ之ヲ見テ却ツテ元氣ツケラレルニ違ヒナイ尤モ右聲明中ニハ將來ニ對スル希望ヲ全然缺如シテヰル譯テハナイカ新支那政權ニ依ル日本ノ目的達成ニハ尙幾多ノ困難カアルタラウ

「デイーリ・テレグラフ」

支那現政權ノ存在ヲ無視シ形式ヲ離レ時局ヲ收拾スルコトハ事件發生以來日本ノ採リ來ツタ途テアリ確カニ一ツノ行キ方テハアル然シ銃劍ノ脅迫ニ依リ無理ニ作リ上ケタ新政權ハ或ハ日本ノ好ミニハ一致スルカモ知レヌカ之ハ眞ニ支那ヲ地盤トスル政府テナク單ニ東京ノ出店ニ過キヌ

而モ蔣政府一派ハ依然トシテ他方ニ存在シテヰルカラ新政權ノ發達ハ仲々思フ樣ニ行カヌタラウ又侵略行爲ヲ繼續シ正統政府ヲ否認シ乍ラ尙且支那ノ領土主權尊重ノ意思ヲ表明スル日本ハ現行ノ矛盾ヲ如何ニ說明スル積リタラウカ然シ他面無責任ナ國際勞働組合ノ對日制裁決議ノ如キハ徒ニ關係諸國ノ外交的立場ヲ困難ナラシムルニ過キナイ

尙「ニユース・クロニクル」ハ聲明中ニ使用サレタ戰爭、領土保全、支那主權外國權益尊重等ノ言葉ヲ引用シ日本ハ是等ノ言葉ニ新シイ解釋ヲ與ヘルタラウトシ例ヘハ外國權益ノ擁護トハ大使射撃、中立國ノ砲艦撃沈、外人財產ノ掠奪等ヲ意味スルタラウト皮肉ツテ居ル

〰〰〰〰〰〰〰〰〰〰〰〰〰〰

1120　昭和13年3月25日

外務省作成の「「ホールパッチ」ニ對スル一般的應酬方針」

付　記　昭和十三年三月二十六日、東亜局第一課作成

「「ホールパッチ」ニ對スル各種問題應酬振」

「ホールパッチ」ニ對スル一般的應酬方針

（昭和一三、三、二五）

英國駐支（兼駐日）財務官「ホールパッチ」來朝ニ對シテハ同人カ日英關係ニ付相當影響ヲ及ボシ得ル地位ニアルコト竝ニ帝國ニ對スル同人ノ觀察ハ從來悲觀的ニ失セルコト等ニ鑑ミ特ニ我國朝野一致セル態度ヲ以テ之ト對應シ其ノ對日認識ヲ是正シ以テ英國ノ極東政策ノ轉換ニ資セシムルモノトス

而シテ其ノ方針トシテハ今次事變ニ對スル擧國一致ノ我カ國民的志氣竝長期抗爭ニ對スル我カ國力ノ强靱性ヲ認識セ

シムルト共ニ英國ニシテ帝國ノ大陸政策ニ協力スルニ於テハ在支權益ノ保全及新ナル對支投資ヲナシ得ヘキ旨說明シ從來ノ漢口政府支持ノ態度是正ノ必要ヲ反省セシムルカ如ク指導ス其ノ要領左記ノ如シ

記

一、在支英國金融業者等ハ一般ニ今次事變ハ日本一部ノ獨善主義ニ基クモノニシテ國民大衆ハ內心之ニ反對ナルモ權力ノ前ニ已ムナク盲從シ居ルモノト曲解シ且ツ日本財政經濟力著シク脆弱ニシテ事變突發後六箇月ヲ出テスシテ經濟的破綻ニ瀕スルカ如キ謬見ヲ有シ居ルニ付テハ（「ホールパッチ」ハ其ノ急先鋒ナリト認メラル）今次事變ニ於ケル我カ赫々タル戰勝ハ支那側ノ長年ニ亘ル排日抗日運動ニ對スル我國ノ國民的義憤ノ發露ニシテ支那ヲシテ再ヒ斯ル盲動ヲ不可能ナラシメ東亞ノ國際環境ヨリ事變前ノ如キ陰鬱ナル空氣ヲ一掃センカ爲ニハ如何ナル犧牲ヲモ囘避セサル固キ決意ヲ有シ居ルコト竝ニ我國ノ財政經濟狀態ハ擧國一致ノ國民的後援ノ下ニ國家的統制ニ依リ着々鞏固ナル戰時的体制ヲ整ヘ居ルモノニシテ日支事變長期ニ亘ルトモ充分是ニ耐ヘ何等懸念ノ要ナキモノナルコトヲ明ニスルヲ要ス

二、右認識ヲ是正スルト同時ニ更ニ進ンテ英國カ從來ノ如ク漢口政府ヲ支援シ我方ニ對抗スルカ如キ態度ハ英國ノ爲ニモ執ラサル所ナルコトヲ强調シ英國ニシテ支那ニ有スル權益ノ保全ヲ圖ラントセハ先ツ以テ漢口支援ノ態度ハ之ヲ淸算シ我國竝ニ新政權側ト協調シ來ルコト當然ニシテ右英國側ノ態度改善セラルルニ於テハ我國トシテモ亦新政權ニ於テモ英國ノ在支權益保護ハ勿論英國ノ新ナル投資ヲモ歡迎スヘキコト明ナル旨ヲ說示ス

三、尙通貨、對支債權等具体的問題ニ付テハ我方ノ態度ヲ「コムミット」スルコトナク專ラ先方ノ意嚮ヲ聞キ置クノ程度ニ止ムルモノトス

備　考

「ホールパッチ」來朝ノ最モ主要ナル目的ハ我國財政經濟其他諸般ノ國內情勢ヲ檢討スルト共ニ支那幣制維持ニ關スル我方意向ヲ打診スルニ在リト認メラル「ホールパッチ」ハ從來共我國ノ財政乃至國內狀況ニ關シ甚シク悲觀的ナル意見ヲ懷キ居リ之ヲ英本國及漢口政府ヘ傳ヘ居タルモノニシテ此際斯ル謬見ヲ是正スルコト必要ナリ

尙最近ノ情報ニ依レハ上海ニ於ケル爲替統制賣ヲ中止シ之ヲ漢口及香港ニ於ケル中央銀行ニ集中セルコトニ付支那側ハ事前ニ英國側ノ諒解ヲ求メサリシ爲「ホールパッチ」初メ英國商社銀行ノ不滿ヲ招キ居ルカ如ク又他方最近法幣ハ下落シ來リ上海ノ貿易恢復モ望ミ得ス英國側トシテモ多少焦慮ノ傾向アリト認メラル

（付　記）

「ホールパッチ」ニ對スル各種問題應酬振

（昭和一三、三、二六、東亞一）

一、上海地方幣制問題

本問題ニ付テハ漢口政權ノ實力ノ及ハサル地方ニ於ケル同政權ノ通貨ノ將來ニ關シ果シテ如何ナル見解ヲ有スルヤヲ問ヒ以テ上海地方通貨ニ關シテハ我方ト協調スル以外ニ途ナキ所以ヲ自得セシムルニ努メ我方トシテハ何等「コムミット」スルコトナク專ラ英國側ノ意向ヲ聽取スルニ止ムルモノトス

尙上海ニ於ケル漢口政府ノ爲替統制賣ノ現狀特ニ本邦銀行ニ對スル割當ノ不公正ナルコトヲ嚴重指摘スルト共ニ上海地方通貨不安ハ畢竟漢口政府カ其ノ在外正貨ヲ專ラ軍事的目的ニノミ使用シ公衆ノ福利ノ爲ニ之ヲ使用セサルコトニモ基因スルコトヲ指摘シテ英國側ノ考慮ヲ促スモノトス

二、北支幣制、財政、貿易問題

英國側ハ北支新幣制實施ニ關聯シ爲替及貿易管理カ極メテ嚴重ニ行ハレ其ノ結果北支向輸出、外債元利ノ支拂等カ不自由トナルヲ懸念シ居ル次第ナルモ北支幣制ノ維持ニ關シテハ假令列國カ如何ナル態度ヲ執ルトスルモ我方トシテハ飽迄之ヲ支持スヘク且其ノ將來ニ付テハ何等懸念シ居ラサル趣旨ヲ强調シ北支幣制ニ關スル先方ノ批判ハ之ヲ許ササルノ態度ヲ示スコト肝要ナリ

而シテ北支新幣制ヲ維持シ其ノ通貨價値ノ安定ヲ圖ルコトハ英國初メ北支ニ利害關係ヲ有スル列國ノ等シク利益トスル所ナルヘキ旨ヲ說示シ以テ其ノ協調ヲ誘導ス

尙又爲替貿易ニ關スル或ル程度ノ制限ハ戰鬪行爲繼續中ノ今日ニ於テハ當然ノ處置ニシテ列國ト雖モ斯カル事態ニアリテハ同樣ノ立場ニアルヘキ旨應酬スルモノトス

三、海關問題

目下日英間ニ話合中ノ關税收入保管銀行外債支拂方法等ニ關スル問題ニ付テハ外務省以外ハ詳細ヲ承知セストノ態度ヲ執リ餘リ深入リセサルコトトス

尤モ一般論トシテ若シ英國ニシテ我軍占據區域ニ於ケル治安維持ノ責任ハ實質的ニ帝國ノ負擔スル所ニシテ且其ノ行政ハ新政權ノ擔當スル所ナル實情ヲ認識シ是ト協力スルノ態度ニ出ツルニ於テハ原則トシテ英國ノ既得權益ハ之ヲ尊重スヘキ旨ヲ明ニシ以テ日支兩國ニ協力シテ速ニ新事態ニ即應スルカ如キ態度ニ出ツルコトノ有利ナル所以ヲ感得セシムルニ努ムルモノトス

四、内債問題及鹽税鐵道外債問題等

關税擔保内債竝鹽税擔保外債又ハ鐵道其他ノ外債ニ關スル新政權側ノ分擔問題ニ付テモ前記海關問題ト同様餘リ深入リセサルコトトス

1121 昭和13年7月8日 五相会議決定

「差當リノ對英外交方針」

差當リノ對英外交方針

昭和十三年七月八日

五相會議決定

一、英國ニ對シテハ彼ノ援蔣政策ヲ放棄セシムル爲先ツ帝國ノ公正ナル態度ヲ事實ノ上ニ諒解セシムルヲ要ス

二、從來ノ懸案ニ就テハ具体的ニ調査ノ上前方針ニ基キ逐次之ヲ速カニ處理ス

1122 昭和13年8月20日 宇垣外務大臣／在本邦クレーギー英国大使 会談

日本国民の対英感情を和らげ日英関係を改善するには英国は中国問題で対日協調の態度を示す必要があると宇垣外相要請について

付記一 昭和十三年七月三十日 宇垣外相と外務省若手事務官八名との会談要旨

二 昭和十三年八月十八日起草 クレーギー大使への説明のため宇垣外相が起草した覚書

宇垣大臣・「クレーギー」英國大使會談要旨

一三、八、二〇
於大臣官邸

「クレーギー」英大使ハ同大使館「ソーブリッヂ」書記官ヲ帯同、午前十時大臣ヲ來訪シ、先ツ大使ヨリ大臣トノ會見ハ通譯者一人ニテハ重荷ナルニ付本日ハ手助ケニ英國側通譯者ヲ同道シタルモ差支ナシヤト尋ネ大臣勿論差支ナシト答ヘラル、（以下會談ハ大臣竝ニ大使ノ言葉ヲ當方通譯者通譯シ「ソーブリッヂ」書記官ハ之ヲ「テイク・ノート」シ氣付ノ點ヲ注意ス）

大使　今日ハ過日ノ會見ノ際大臣ヨリ御伺シタル所ニ付決定的結論ヲナス以前ニ於テ重ネテ確カシメントノ意向ニテ會談ノ機ヲ得タルモノナリ、

去ル七月二十六日會談ノ際ハ英國政府トシテ愼重考慮ヲ拂ヒタル上支那ニ於ケル事態ヲ緩和スルニ役立ツ所大ナルヘシト豫期シ日本軍ノ作戰ニ對シ何等ノ障碍トナラサル如キ題目ヲ選擇シ之ヲ數箇ノ提案トナシ提出シタルモノナリ、

當時閣下ハ同提案ハ日本側ノ受諾シ得ル所ナルヘク從ツテ日本政府ハ其ノ言ヲ實行ニ移スモノナルカ如キ望ミヲ自分ニ與ヘラレ、特ニ揚子江航江ノ問題ニ付テモ意見ノ一致ヲ見ルモノト考ヘ居タリ、然ルニ右ヨリ三週間ノ後先般會談ノ機ヲ得右英國側提案ノ進捗狀態ヲ伺ヒ之カ早期解決ヲ御願シタシト思ヒタル處閣下ハ最近英國議會ニ於ケル首相竝ニ議員ノ言明及英國言論界ノ言明ノ爲メ日本ノ國民的感情ハ惡化シ特ニ在支日本官憲ヲ刺戟シ爲ニ問題ノ解決ハ遲延セラルルノ結果トナリタリトノ御話ヲサレ且英國側トシテ數回否定シ來リタル現地ニ於ケル日本官憲ノ感情ヲ刺戟シタル過去ノ事例ニモ言及セラレタリ

閣下ハ其ノ際我々ノ會談ノ中止期間ニ付テハ何等御指示ナカリシ次第ナリ、

右會談ノ結果自分ハ英國トシテ對日政策ノ變更ヲ見ルヘキモノナリトノ結論ニ達セントスルモノニシテ此ノ點ハ本國政府ヨリ未タ何等ノ報道モ無キモ恐ラク自分ト同様ノ結論ヲ得ルモノト考フル所ナルカ本件ハ其ノ性質極メテ重大ナルニモ鑑ミ英國側トシテ最後的結論ニ到達スル前閣下ノ御意向ヲ改メテ正確ニ御伺致シ度シト望ム者ナリ

大臣　過般會談ノ際ハ話カ色々ト岐路ニ入リ、議論ニ花カ咲キタル爲ニ余ノ意中ヲ十分ニ盡ササル點アリタルヤモ知レスト思ヒ居リシ所ナルカ、本日更ニ貴大使ト會談スルノ機會ヲ得タルコトハ幸ニシテ、此ノ機會ニ余ノ意中ヲ今一應簡明ニ御説明申上ク。

日英間ノ懸案タル諸問題ハ、余トシテハ兩國關係ノ大局ニ鑑ミ、就任以來出來得ル限リ速ニ之ヲ解決シ、以テ日英關係ノ調整ニ資シタキ意向ニテ種々努力シ來タレル次第ナルカ、懸案ノ速ナル解決ヲ得ンカ爲ニハ、英國側モ亦日本側ニ協力シ、日本側ノ努力ニ協調スルノ態度ニ出ツルニ非スンハ仲々思フ様ニ捗ラス。換言スレハ英國朝野ノ態度カ懸案解決ノ速度ニ直接關係アルモノナリト感シ居タル所ヘ恰モ先般英國政府カ支那ノ借款申込ヲ拒絶シタリトノ報モ傳ハリテ、懸案解決促進ノ爲誠ニ好都合ナリト思ヒ、折角解決方ヲ督勵、促進シキタル次第ナルカ、折悪シク貴國議會ノ末期ニ於ケル言論ヤ新聞界ノ論評及「カー」大使ノ廣西旅行ハ蔣介石ノ同地方ヘノ移轉ト關係アリナトノ噂モ傳ハリ、爲ニ好轉シツツアリシ我國民ノ感情ニ再ヒ暗影ヲ投シ、延ヒテハ懸案解決ノ進度ニモ影響スルニ至レリ。我邦ノ新聞紙ノ方ハ目下自制スル様相當努力致シ居ルニ付對英感情悪化ノ點モ表面ニハ餘リ表ハレサルカ、裏面ニ於ケル所謂暗流ハ大イニ注意ヲ要スルモノアリ、斯ノ如キ事情生シタルカ爲懸案解決カ余ノ豫期シ居ル所ヨリモ多少遅延スルニ付其ノ旨御諒承ヲ得度ト云フカ過般御話申上ケタル第一ノ點ノ趣旨ナリキ。

第二ノ點ハ、

卒直ニ申セハ貴國側ニモ相當ノ言分モアルナラント存スルカ、日本國民一般ハ事變始マリシ以來、英國側ノ日本ニ對スル態度ニハ滿足シ居ラサル節多々アリ、殊ニ現地方面ニ於テハ各種ノ問題ニ付、英國側ノ態度カ他ノ諸國ノ態度ニ比シ非友誼的ナルヤノ印象ヲ受ケタルコト尠カラス。是等ノ事情モ暗默裡ニ懸案解決ノ遅速ニ影響シ來レル次第ナリ。夫レハ兎ニ角トシテ日英兩國ハ須ラク御互ニ自省シ區々タル感情ヤ些末ノ理屈ニ捉ハレス、相互ノ立場ヲ冷靜ニ、公正ニ理解シ認識シテ、大局的見地ニ立チ、世界ノ平和、人類ノ幸福ニ寄與スル爲ニ、明朗ナル新東亞ノ建設ニ協力スヘキニ非サルヤヲ深ク省察スヘキナリ、之余カ衷心ノ切實ナル希望ナリ。然ルニ從來ヨリノ行掛リモアルコトナレハ、直チニ、卽チ一氣ニ貴國ノ全般的對日對支政策ノ轉換ヲ計ルコトハ困難ナルヘク其處マテトハ今ハ言ハサルモ切メテ日本軍ノ占據地域内ニ於テハ如何ナル程度マテ、英國ハ日本ト協調シ行クノ意向アリヤ、貴大使ノ御心持ノ程ニテモ伺ヒ得レハ幸甚ナリト申スモノニシテ、之御話申上ケタル第二ノ點ナリ。以上ノ次第ヲ更ニ要約シテ申セハ、當方ハ懸案解決ニハ現ニ大ニ努力シ居リ尙今後モ努力ヲ續クルモノナルカ、只我國民感情激化ノ如キ派生的事情生シタル爲、懸案ノ解決ハ少シハ遲ルルヤモ知レス、サリトテ餘リ永ク御待タセスルコトトハナラサルヘシ、就テハ英國側ニ於カレテモ我國ニ對シ一段ト友好的且協調的ノ態度ヲ昂メラルルコト希望ニ堪ヘス、サスレハ兩國關係モ大ニ改善セラレ又懸案ノ解決モ一層容易トナルヘク、雙方共ニ大ニ仕合セスルニ非スヤトノ意味ニ歸納シ得ヘシ。兎ニ角此ノ次更ニ御目ニ懸ル機會ニ於テハ懸案解決ニ關スル具体的ノ御話モ若干ハ出來得ヘシト思考スルモノナリ。

大使　閣下ノ只今ノ御説明ニ依リ御意向ノ程モ甚タ明確トナリタリ自分ノ考フル所ヲ率直ニ且十分ニ御説明申上ケ度シ（ト述ヘタル後通譯者ニ對シ分割シ述フルニ付逐次通譯サレ度シト斷リ）

閣下ノ御話ヲ通シ協力ナル言葉ヲ屢々耳ニシタリ、更ニ日英兩國ハ單ニ東亞ノ爲ノミナラス世界ノ爲メ相共ニ盡力スルノ大目的ヲ控ヘ居ルトノ點ヲ述ヘラレタリ

右日英兩國ノ大目的ニ付テハ自分モ確信ヲ有スル者ニシテ本國政府ノ所信竝ニ願望モ（belief and desire）亦茲ニ在ルモノト思考ス

事ハ閣下ノ言ハルル協力ナル言葉ニ係カル所大ナルモノ（great deal depends upon the word “co-operation”）アリト感スルモノナルカ抑々英國人ハ協力ナル語ヲ「與ヘテ取ル」（give and take）トノ意味ニ解シ居ルモノナルカ英國側ノ印象ニ依レハ在支日本官憲ノ所謂協力トハ總テ取ルノミニシテ與ヘストノ（all take and no give）意味ニ解釋シ居ルカ如シ、尙更ニ率直ニ自分ノ見ル所ヲ申上クルニ日本ノ出先官憲ハ英國ノ協力ニ依リテ得ル利益ニ付テハ明確ナル觀念ヲ有シ居ルモ英國ニ協力スルコトニ依リテ得ル利益ニ付テハ確タル觀念ヲ有セサルカ如シ

飜ツテ閣下ノ御話中第一ノ點卽チ英國議會及言論界ニ於ケル言明ニ依リ日本ノ國民的感情ハ悪化シタリトノ點ニ付考フル所ナルカ右議會ニ於ケル言明中如何ナル字句(what precise phrase)カ日本ニ悪影響ヲ及ホシタルモノナリヤ自分ニ御漏シヲ得ハ利スル所大ナルヘシト考フ、自分ノ見ル所ニテハ日本側ニ於テハ英國カ日本ニ對シ有シ居ル不平(various kinds of grievances)ノ數々ニ對シ正シキ認識ヲ有セラレサルヤニ見受クルモノニシテ自分ハ在支英國權益特ニ經濟的權益カ如何ニ大ナルカニ付閣下ニ對シ更ニ日本ノ友人ニ對シ說明之レ努メ來ルモ遺憾ナカラ未タ御諒解ヲ得サルカ如シ先般提出セル五箇ノ英國側提案ハ日本ノ軍事行動ニ支障ナク容易ニ受入レラレ得ラルルモノナリト考ヘ早期ニ且好意的ニ解決セラルヘシト信シ居タル者ナルニ今回遲延セラルルトノ御話ヲ戴キ英國ニ於ケル曩ニ述ヘタル諸般ノ事情ニモ鑑ミ本件ノ重大性ヲ深ク感セサルヲ得サル所ニシテ閣下ヨリ英議會ニ於ケル言明ノ日本側ニ於テ不都合ナリト見ラルル點ニ付腹藏ナク御話ヲ戴クヲ得ハ或ハ誤解ヲ解キ得ルニ非スヤト考フ

「カー」大使ノ廣西方面旅行ニ付テハ先般會談ノ際御答ヘスヘキヲ漏シタルニ付後刻書面ヲ以テ通報申上ケタルカ唯單ニ「カー」大使一個ノ觀光遊山ノ旅行(personal trip of sightseeing and pleasure)タリシコトヲ自分ハ承知スルモノニシテ兩者「イニシヤル」カ同一ナリトノ點ノ外「カー」大使ノ右旅行ハ蔣介石トハ何等ノ關係ヲ有セサルモノナリ

更ニ今一言附言シ度キハ自分ハ約一年前大使トシテ赴任セル際日本ニハ幾多ノ場所、幾多ノ機會ニ知リ得タル友人數多ク自分ノ努力ニ對シ必ス協力シ呉ルヘシトノ確信ヲ有シタルモノナルカ今ヤ自分ハ失望ヲ感シ聊カ幻滅ノ悲哀ヲ感セサル(disappointed and somewhat disillusioned)ヲ得サル者ニシテ英國權益ニ對スル日本側ノ待遇ハ不公平且不公正ナルモノニシテ明カニ差別待遇ヲナスモノナリトノ結論ヲ遺憾ナカラ得サルヘカラサルモノニテ自分ニシテ然リ、況ヤ支那ニ對シ先入主的ニ好感ヲ有シ居ル英國輿論ハ遙カニ然ルヘシト想像セラル

故ニ日英兩國カ餘リニ懸絕(too far apart)セサル以前ニ於テ餘リ遲延スルコトナク日英兩國協調ノ基礎ヲ確立

(establish the basis of co-operation)スルニ努ムルコト最モ重大ナリト考フル次第ナリ、自分ハ本日懸案事項ノ詳細ニ付餘リ强硬ニ且性急(too hard and too fast)ニ御急シスルコトヲ差控ヘ八月末頃改メテ御會見ノ機ヲ得御説明申上クルコトトシ度ク、唯英國トシテハ日本ハ英國ニ對シ苛酷ナル取扱且差別的取扱ヲ(harsh and discriminative treatment)爲シ居リトノ印象深キニ付問題ノ五案件ヲ考慮スルニ當リ此ノ際寛大ニ且卽刻右惡印象ヲ除去スルノ必要アルコトヲ十分御諒察戴キ度シ

斯クテ日英兩國ニ對シ最モ相利スルカ如キ結果ヲ得兩國有效ナル協力ヲ爲スニ適シタルカ如キ善キ雰圍氣ニ於テ兩國相共ニ盡力スルノ結果ヲ得タキモノナリ

大臣　貴大使御話中自分ヨリ御答申上クヘキ點竝ニ御説明中同意シ兼ヌル點等有之ルモ遺憾ナカラ他ニ十一時ニ人ヲ集メ居ル關係上右集會ニモ出席ノ要アルニ付御答スヘキ點不同意ノ點ハ總テ次回會談ノ際ニ讓リ度シ

ト答フレハ大使ハ右ニ同意シ、且問題ノ範圍ヲ狹少シ特定問題ヲ論シ同意不同意ヲ明カニスルコト策ヲ得タルモノナリ、所謂宇垣「クレーギー」會談ニ付テハ餘リニ世間ニ喧傳セラレ居ルハ甚タ遺憾ノ點ニシテ自分モ斯カルコトハ終熄セシムル(to put an end to it)様努力シツツアルニ付御諒解戴キ度シ(ト言ヘハ「ソーブリッヂ」書記官ヨリ右ハ勿論英國ニ於ケル事柄ナリト通譯者ニ注意ス)ト言ヒ更ニ次期會見ノ日取リヲ御決メ戴キ度シト申入レ大臣ハ來ル八月三十一日水曜日午前十時官邸ニ於テ會談ヲ約セラレタル上過日會談ノコトハ新聞ニモ現ハレス結構ナリシト言ハルレハ大使ハ英國ニ於テモ然リ御承知ノ通リ今ハ新聞ノ記事夏枯時ニシテ何カアラハ事喧シク書立ツルモノナルカ自分トシテモ之ヲ止メシムル様十分努力シ居ルニ付御含ミアリ度シトテ會談ヲ終ル、會談時間約一時間十五分尚大臣ノ讀上ケラレタル要旨寫一部ヲハ後刻英國大使館ニ送付スヘキ旨大臣ニ於テ約束セラル

(付記一)

覺

宇垣大臣ノ就任以來生等皇國外交ノ一端ヲ擔任スルモノトシテ親シク大臣ニ面會シ其ノ世界觀ト外交方針ヲ識リ度要望ヲ有シ居リタル處漸ク其ノ機ヲ得七月三十日午後三時大

磯ニ大臣ヲ訪レ其ノ意見ヲ聽クト共ニ生等ノ所信ヲ述フル所アリタリ只會見時間僅々一時間ニ過キス質問應答委曲ヲ盡シ得サリシヲ遺憾トス。

茲ニ當日ノ會談要領ヲ記シ生等大臣訪問ノ經緯ヲ明カニセントス、

東光事務官
三原事務官
中川事務官
牛場事務官
青木事務官
甲斐事務官
高瀬事務官
高木事務官

一、先ツ事務官側ヨリ大臣カ時局柄御多忙中生等ニ會見ヲ許サレシ點ヲ謝シ次イテ本日訪問ノ目的カ第一ニ生等カ平常外務省ニ職ヲ奉シ外交ノ事ニ携ハル上ニ於テ如何ナル心構ヘヲ有スルカ換言スレハ時代ニ對スル認識、日本民族ノ使命ニ關スル根本觀念竝ニ世界觀カ如何ナルモノナリヤヲ大臣ニ申上ケ第二ニ右心構ヘノ上ニ如何ナル外交政策ヲ抱懷スルカ其ノ所信ノ一端ヲ披瀝シテ大臣ノ叱聲批判ヲ乞ヒ旁々大臣ノ御考ヘモ伺度考ニテ參上セル次第ナルコトヲ述ヘ更ニ外交ノ不振、外務省ノ萎靡、沈滯ノ聲ヲ聞クコト久シク職ヲ外務省ニ奉スル者トシテ眞ニ遺憾千萬ト存スル次第ナルカ右原因ハ結局人ノ問題ニシテ外交ノ局ニ當ル人々ニ對シ時代ニ對スル正シキ認識竝所信斷行ノ決意、誠心ヲ要求スルコト現代ヨリ切實ナルハナシト思考スル處幸ヒ宇垣大將ヲ大臣ニ戴キタルヲ以テ外交ノ刷新、外務省ノ建直シニ付生等カ大臣ニ期待スル所大ナル所以ヲ述ヘ最後ニ今ヤ日支事變一周年皇軍ハ北支、中支ノ野ニ轉戰シ戰果大イニ擧リ居ル處事變ノ收拾如何ハ戰局ノ進展ト共ニ益々外交ニ依存スル所大ニシテ外交ノ一進一退カ眞ニ帝國ノ運命ヲ左右スヘキ重大時期ニ達シタリト信セラルル處今日ハ不幸豫期ニ反シ會見時間僅少ナル趣ナルヲ以テ帝國外交ノ根本精神ニ關スル論議ハ省略シ直ニ個々ノ問題ニ關シ申述フルコトトスヘシトシ

1930

二、更ニ事務官側ヨリ先ツ生等職ヲ外務省ニ奉スルモノトシ

テハ大臣閣下ノ御方針ヲ知ラサレハ十分職責ヲ果スコト困難ナルヘク且此ノ難局ニ帝國外務大臣ノ要職ヲ御引キ受ケニナラレタ以上又當然國民ヲ期待セシムヘキ外交上ノ御抱負ヲ有セラルルト被存ヲ以テ先ツ生等ノ卑見ヲ申述フル前ニ一應大臣ノ御方針ヲ承リタシトス

三、大臣ヨリ右ハ尤モナルモ自分ハ在野時代ヨリ個人トシテノ意見ハ有シ居ルモ大臣タル責任ノ地位ニアル以上個人ノ意見ハ玆ニ述フルヲ避ケ度キモ國家ノ方針ハ閣議ニ於テ審議中ナレハ何レ何分ノ儀外務省員ニモ徹底シ得ヘシトシ

四、事務官側ヨリ生等ハ職責上又情報ニ依リ大体閣下ノ御方針ハ推察シ居ルモノナルカ今日假令閣下カ眞ニ大方針ヲ抱懐セラルルトスルモ現在ノ外務省ノ人的要素ヲ以テシテハ其ノ實現ハ不可能ナルヘシト信シ居ル處本問題ハ閣下ノ方針實現トハ大ナル關係ヲ有スルヲ以テ玆ニ特ニ御伺ヒ致度シトナス

五、大臣ヨリ外務省ノ人事ニ關シテハ現在ノ陣容カ不滿足ナルハ充分承知シ居リ實ハ就任以來人事刷新ニ關シ種々考慮シ來リタルモ之ニ着手スレハ少クモ二三ケ月ハコタコタシ日日ノ事務ニモ差支ヘヲ生スル惧アリ卽チ例ヘテ謂ヘハ不滿足ナル古機械テモ從來ヨリ手ニ慣レタモノヲ用フルコトカ今日トシテハ唯一ノ方法ナルヘシト思考シ居リ右ハ軍及ヒ朝鮮ニテモ經驗セルコトニモアリ此ノ際ハ凡テノ方針及責任ハ自己一人ニテ負フ外無シト考ヘ居レリ（外交政策ハ今日ノ外務事務當局ト關係無キコトヲ明カニセラル）御承知ノ通本年九、十月頃カ帝國外交ノ最モ忙シキ時ト思考サレルヲ以テ今年暮位迄ハ現在ノ陣容テ押通シ度考ヘ居リ此ノ點自分ニ任セラレタシトス

六、事務官側ヨリ人事刷新ニ關スル御說ハ一應了承シ得ルモ大臣御一人ニテ外交政策遂行スルコトハ不可能ニシテ且今日ノ事態ハ差シ迫リ居リ既ニ就任以來數月ヲ空費セラレタルコトニモアリ少クモ「キー・ポイント」タケハ改メルコト焦眉ノ急ナルヘシトセルニ對シ

七、大臣ヨリ順々ニ入レ換ヘルヘキニ付此ノ老人ニ任セラレ度トセリ

八、事務官側ヨリ今日漢口攻略ヲ目前ニ控ヘ帝國外交モ蔣政權潰滅、防共樞軸ノ强化及在支英佛蘇ノ政治的勢力ノ排除ノ爲斷然タル措置ニ出ツヘキ秋ト思考スル處最近ノ大

臣ノ關係大使トノ御交渉振リハ生等ノ最モ憂フル所ナリトス又生等ハ皇道宣布ノ奉行ノ前衛タル外務省員トシテ皇國外交ハ如何ナル綱領方針ニ依リ施行セラルヘキヤヲ研究シ皇道外交ノ名稱ヲ附スル一聯ノ根本的論策ヲ有シ居リ右ハ曩ニ廣田大臣ニ對シテハ一應上申シタル經緯アリタルカ何レ閣下ニ上申スル機會アルヘシト思考スル處右皇道宣布ノ思想ヨリスルモ此ノ際「アングロサクソン」ト東亞ニ於テ中途半端ナル妥協ヲ爲ス要ヲ何等認メスト大臣ニ迫リタルニ

九、大臣ヨリ漢口攻略ニ際シ大外交ヲ行ハネハナラヌコトハ全ク同感ナリ軍事ト外交トハ一体タルヘキモノニシテ此ノ點ニ付曩ニ南京攻略當時度々要路ニ對シ進言シタル經緯アリ當時ノ外務省ノ無爲ハ甚タ遺憾ニ存シ居リタル處今日列國ト交渉ヲ爲スモカカル意圖ニ出ツルモノナリ。

十、事務官側ヨリ重ネテ現在漢口攻略ヲ目前ニ控ヘテ英國ト現在行ハレ居ル如キ形式ニ依リ交渉ヲ爲スハ最モ不適當ト被存ニ付少クモ漢口攻略終了迄ハ大臣ニ於テ「クレーギー」大使トノ面接ハ避ケラルルヲ可ト考フトナス

十一、大臣ヨリ自分ハ元來帝國ハ結局英蘇ノ勢力ヲ東亞ヨリ排除シ又進テ先ニ御話ノ如ク皇道ヲ世界ニ宣布スヘシト考慮シ居ルモ之ニハ段階アリ先ツ支那ヲ片附ケ次ニ蘇聯ノ勢力ヲ驅逐シタル後（但シ必スシモ戰爭ニ依ル必要ナシトセラレタル處生等ハ蘇聯トノ問題ハ結局戰爭ニ依ル他解決ノ途ナシト信ス）英ノ勢力ヲ排除スヘク今日支那ト同時ニ英ヲ敵トスヘキニ非スト考フ支那ヲ討ツ爲ニ英ノ力ヲ借ルヘシトハ申ササルモ少クトモ英國ヲシテ蔣介石援助ヲ中止セシムヘキモノト思考ストス

十二、事務官側ヨリ支那事變ノ收拾ニ當ツテ英ト或程度ノ妥協ヲ爲ストスルモ自ラ限度アリ卽チ蔣介石及國民黨政府トノ和平又ハ妥協ハ絶對ニ許サレザルノミナラス議會其ノ他ニ於テ政府自ラ公然ト對蔣援助ヲ高言シテ居ル英國政府ノ代表者ト會談セラレルコト夫レ自ラカ甚シク日本ノ弱腰ヲ世界（特ニ交渉ノ相手方タル英國）ニ表明スルコトト信ス

又列國モ日本ハ支那ヲ持テ余シテ蔣トノ和平ヲ希望シ居ルニアラサルヤト思考スヘク臨時政府及維新政府等新支那ノ朝野ニ與フル惡影響ハ謂フ迄モナク徒ラニ國民政府側ノ抗日意識ニ拍車ヲカケ又佛蘇ヲシテ日本ヲ輕侮セシ

ムルノミナラス獨伊等友邦ノ疑惑ヲスラ招クモノト信ス且揚子江航行權ノ問題ソノ他英ノ在支權益ノ問題ハ日本カ毅然タル反蔣態度ヲ堅持スレハ恐ラク漢口攻略後英側ヨリ泣キヲ入レ來ルヘキ日英國交調整ニ際シテノ重要ナル切札ニシテ輕々ニ之カ商議ヲ開始スヘキモノトハ思考セラレス之ヲ要スルニ現在漢口攻略ヲ最モ政治的ニ效果アラシムル様準備スヘキ外交施策ハ寧ロ獨伊トノ關係ヲ强化シ徹底的ナル蔣―國民政府排撃ノ態度ヲ明白ニシ英ヲシテ其在支權益擁護ノタメ日本ト協同セサルヲ得サル様仕向クルニ在ルモノト信ス從テ今日百害アツテ一利無キ日英商議ハ直ニ中止セラルヘキモノト思考ス

十三、大臣ヨリ「クレーギー」大使トノ會談ニ最モ愼重タルヘキハ勿論ナリ英ハ廣東ノ空爆及漢口攻略ニ依リ相當慌テ居ルモノト思ハル現ニ目下ノ會談ニ於テ先方ヨリ和平ノ話ヲ持出シ當方ノ意向ヲ探ラントシ居レリサレト自分ハ此ノ點相手ニセサルナリ兎ニ角英大使トノ會談ニ就テハ自分ニモ充分考ヘアリ決シテ誤魔化サレル様ナコトハ爲ササルヲ以テ自分ニ任セラレ度シトス

十四、事務官側ヨリ右和平ハ單ナル好餌ニシテ一方蔣政權ヲ援助シツツ帝國ニ和平ヲ持チ來ルコト夫レ自体不可解ナルコト乍ラ斯ル意味ノ和平ノ執ラサル所タルハ明カナルノミナラス英國側トシテハ右ヲ利用シ其ノ在支權益（殊ニ揚子江流域ノ）ヲ擁護若シクハ進長ヲ計ラントスルモノナルヲ以テ此ノ際重ネテ閣下ノ考慮ヲ要望スル次第ナリトス

十五、大臣ヨリ右ハ一應尤ニシテ「クレーギー」大使カ損害賠償事件等ツマラヌコトヲ持チ來ルノハ閉口シ居リ何レ之ハ整理スル豫定ナリ又獨伊トノ關係强化問題ニ關シテハ、防共ノ樞軸必スシモ堅固ナリトモ思考セラレス先方ニ果シテ軍事同盟締結ノ意志アリヤ否ヤ不明ナリ先般「オットー」大使ニ面會セル折ノ印象ニ依レハ餘リ當テニナラサルヘシト存シ實ハ其ノ防共協定ノ强化モ悲觀的ニ考ヘ居ル次第ナルカ（右ハ事務當局ニ研究ヲ命シ置キタレハ意見アラハ提出セラレ度ト）兄等ノ所信ハ如何トス

十六、事務官側ヨリ右ハ我方ノ態度一ツニテ如何様トモナルモノト思考シ居リ例ヘハ對獨對伊自ラ其ノ形式ハ異ルヘキモ雙方トモ至急强化スヘキ狀勢ニアリ又强化シ得ヘキ

事態ニアリト説明ス

(執事來リテ時間ヲ告ク)

十七、大臣ヨリ結局自分ノ如キ老人カ出馬シタルハ國民ノ要望タル一日モ早ク急速ニ且適當ニ戰爭ヲ中止スルコトヲ實行スルコトニアルハ兄等モ了解セラレ居ルコトト思フ處何レ又其ノ方針ハ五相會議ニテ決定シ國家ノ意思トシテ定リタル上示スヘキヲ以テ右時期迄待タレ度且(當方ヨリノ質問ニ對シ)一月十六日ノ帝國政府ノ方針ハ差當リ之ヲ遵守スヘキモ將來情勢ニ應シ變更スルヤモ知レサル旨心得置クヘシトシ又面會ハ都合ニ依リ再度行フヘシトシ席ヲ立ツ

以 上

(付記二)

覺 書

(1)漢口陷落ノ結果トシテハ左ノ顯著ナル事實カ伴フ

一、蔣政府ハ落行ク先ノ如何ニ拘ハラス一地方政權ニ轉落スル

(欄外記入)

二、樹立中ノ新政權ハ勢ヨク擡頭シテ中原ヲ支配スルコトニナル

三、長江筋ニ巨大ノ權益ヲ有スル諸國ノ立場ニ著シイ變動ヲ招來スル

四、日本トシテハ戰爭繼續ノ爲ニ現地ノ資源利用ノ道カ大ニ開ケ得ル

(2)日支間ニハ宣戰ノ布告ハナクトモ交戰ハ既ニ成立シテアルノハ事實テアル、而シテ日本ハ勝者テアリ蔣政府ハ敗者テアルコトモ疑ナキ現實テアル

(3)右述ノ二現實ヲ公正ニ理解認識シテ日、英、支(蔣)ハ其基礎ノ上ニ國交ノ調整ヲ策スヘキ時機ハ將ニ到來シテ居ル

(4)英ノ對日、對支態度轉換ノ方向ヤ程度ノ如何ニ依リテハ日本トシテモ國内輿論ノ沸騰ヤ軍事上ノ要望ニシテモ東亞ノ大局維持ノ必要ノ前ニハ或種ノ我慢モスレハ抑制モスルコトハ不可能テハナイ

(5)日本ノ對英希望トシテハ

一、對蔣援助ノ打切リト對日援助ノ提供テアル

二、夫レカ差當リ六ケ敷ケレハ對蔣援助ノ態度ノ是正丈テモ宜シイ

三、夫レモ尚六ケ敷ト云フナラハセメテ日本軍ノ占據地域内丈ケテモ英ノ對日協調的態度ヲ希望スル、換言スレハ日軍カ作戰ノ進捗、占據地確保、治安維持ノ爲ノ措置ヲ快ク承認スルナラハ彼等ノ權益尊重ニ好意的ニ協力スル

以上

(欄外記入)

十三、八、二十四、

大臣ヨリ上海ニ歸任ノ岡崎總領事ニ手交セラル(大臣ハ英大使ニ對スル説明ニ使用ノ目的ニ書カレタルモノノ由)

1123 昭和13年9月8日 宇垣外務大臣 在本邦クレーギー英国大使 会談

英国側が迅速解決を要望して七月二十六日に提出した中国に関する日英懸案表に対し宇垣外相が日本側見解を披瀝について

☆宇垣大臣・「クレーギー」英大使會談要録

一三、九、八

於大臣官邸

午後四時「クレーギー」英大使ハ「ノーブリッヂ」書記官ヲ帯同宇垣大臣ヲ來訪、大臣ヨリ氣候ノ挨拶ヲ述ヘタル後、去ル三十一日會見ノ都合ナリシ處上海方面ヨリ關係者ノ上京ヲ見現地ニ於ケル實際ノ様子ニ付報告ヲ得タル後御面會シタシト考ヘ居タルカ三十一日前後ハ雨降リ續キ暴風雨サヘ加ハリテ二三日飛行機ヲ缺航シ從ツテ關係者ノ着京モ豫期ノ如クナラス、爲ニ三十一日ノ會見ヲ取止メ今日ニ至リタル次第ナルニ付右事情御諒承戴キ度ク、過日ハ日清汽船定期航行ノ問題ニ付書翰ヲ戴キ居ルコトニモアリ、上海方面ニ於ケル英國權益ニ關スル諸懸案ノ解決等モ遲延勝チノ點等ニ付御話申上クヘキ處先ツ全般的ノコトニ付御話申上ケ度キカ御異議ナシヤト斷リタルニ對シ「ク」大使ハ勿論異議ナシ、自分トシテモ大臣御話ノ事情ハ充分承知シ居リ敢テ御急立スル次第ニ非ス、ト答フ

大臣(準備セル用紙(別紙甲、別紙乙)ヲ取出シ讀上ケタル後)

今御耳ニ入レタル事項以外ノ諸懸案ニ付テハ其ノ中ノ或

ルモノハ既ニ解決濟ノモノモアルヘク、或ルモノハ解決ノ緒ニ就キ居ルモノアルヘシト考ヘラルル處詳細ハ先刻中述ヘタル如ク堀内次官ト御話置キ戴キ度シ

尚五ツノ問題中揚子江航行ノ問題ハ英國側トシテハ最モ重要ナル問題ナルヘク、當方トシテモ成ルヘク早目ニ解決シ度シト考ヘ居ル次第ナリ、昨日モ外務省員ニシテ九江、上海ヲ飛行機ニテ飛翔シ東京ニ飛來シタル者ヨリ聞キタル處ナルカ、長江ハ船舶充滿シ居リトノコトナリ、自分ハ靜カニ考ヘタル處ナルカ思ヒ半ハニ過キタルモノアリ、蓋シ揚子江ニハ自分ハ軍當局者ヨリ聞キタル所ニハ非サルモ、小サキ船舶總噸數約百萬噸浮ヒ居ルコトナルヘク、其ノ大部分ハ百噸内外ノ小型ノモノ多カルヘク、右以外ニモ日本側艦隊ノ存在スルアルコトトテ其ノ充滿セルコト想像ニ難カラス、且波止場等モ充分ナラサルヘキニ付兵員人馬等ノ上陸運搬ニモ小型「ボート」若クハ「ライター」ヲ使用シ居ルヘク、其ノ數何萬ノ數ニ上ルヘシト考フル次第ニシテ歸來者ノ報告モ成程然ルヘシトノ感モ深メタルモノニシテ、情勢斯ノ如シトスルモ漢口ノ陷落モアラハ事態緩和ヲ見本件航行ノ問題モ早速解決セラルルモノト確信スルモノナリ

大使　閣下ヨリ充分其ノ見解ノ御開陳ヲ得日本政府ノ意見ヲ詳細ニ亘リ伺ヒ得タルハ自分ノ感謝スル所ニシテ、自分トシテモ閣下同樣詳細ニ亘リ御返答致シ度シト考フ

只今閣下ヨリノ御話ヲ伺ヒ自分トシテ失望セサルヲ得サリシコトハ閣下ニ於テモ御豫期シ居ラルル所ト確信スルモノニシテ、御説明ノ五個ノ問題ハ英國政府トシテ愼重選擇シ且日本軍ノ軍事行動ニ支障トナルコトナク、日本政府ヨリ滿足セシメ得ラルヘシト感シ其ノ早期解決ヲ見ルモノト感シ居タル所ノモノナリ

日本ノ立場ニ關スル閣下ノ御説明ニ依リ閣下ニ於テハ現地ニ於ケル實情ニ付御承知ナキ點アリト感スルモノニシテ、閣下ノ接受シ居ラルル報告ハ英國ノ立場ヨリスレハ閣下ヲ「ミスリード」スルモノナリトノ點閣下ニ納得シ戴キ得ルト信スルカ故ニ成ルヘク早期ニ再ヒ會談ノ機會ヲ得タシト思フ

自分ノ友タル堀内次官トノ會談ニ付テハ自分モ喜ンテ之ヲ爲ス者ナル處、目下ノ懸案ノ如ク日英間深甚ナル誤解ノ原因タル事項ナル場合ニ於テハ閣下ト自分トノ間ニ於

ケル會談ニ依リタシト考フルモノニシテ事實斯カル詳細ノ事項カ日英兩國ノ全般的誤解竝ニ難事ノ眞髓（essence of whole misunderstanding and difficulties）ナリト考ヘラルル所ナリ

閣下御話中ノ最初ノ部分タル重大ナル問題ニ付テハ時間モ短キコトトテ御返答ヲ差控ヘ度ク（I will refrain myself …）英國ノ協力竝ニ將來ノ友好的行爲等ニ付今自分ヨリ申上クルハ聊カ困難トスル所ニシテ閣下ヨリ先刻戴キタル回答ハ日本人ノ所謂公明正大ノ行爲（in the Japanese sense of fair play）ト認ムルヲ得スト觀スルモノナリ、尤モ自分ハ着任以來日英間ノ親善關係確立ニ對シ熱望ヲ捧ケ居ル者ニシテ此ノ點ニ付テハ閣下ノ言及セラレタル目的達成ニ對スル自分ノ努力ハ閣下ニ於テ御信賴アツテ然ルヘシト思フ者ナリ

ト述ヘタル後、本日ハ一般問題ヲ論議スルニ先立チ本國ヨリ受ケタル訓令ノ件ニ付御話シ度シト言ヘハ、大臣ハ差支ナシト答ヘラル

大使　本國ヨリノ訓令ナルモノハ或意味ニテ純然タル個人的ノモノ（purely personal）トモ見ルヘク、或ハ「ハリフアックス」卿ヨリ閣下ニ宛テラレタル個人的「メッセージ」ト云フモ差支ナカルヘシ、數週間前廣東空爆ノ問題ニ付閣下ハ其ノ說明ノ一ツトシテ支那側防備力ノ增進ハ日本側飛行機ヲシテヨリ高ク飛フコトヲ餘儀ナクセシメ其ノ結果トシテ空爆目標ニ命中スル正確サモ勢低下スルコトトナリ、爲ニ被害モ增加スル所ナリトノ旨御話アリタルカ、爾後ノ空爆ニ於テハ一、二ノ例ハ別トシ一般民衆ニ對スル被害ハ減少シタルコトハ甚タ喜ハシキ所ナリ右事情ニモ鑑ミ「ハリフアックス」卿ハ閣下トノ間ニ於テ本問題ニ付空戰ヲ規定スル根本的原則ノ或ルモノニ付同意シ得ルヤ否ヤヲ見ルコトハ問題ニ對スル一ツノ解決方法ナリト考フル所ナリ、尤モ之等規定ハ國際會議等ニ於テ未タ確立セラレタルモノニ非ス、人道ノ基礎ニ基キ(on the basis of humanity) 玆ニ一般的提案（general proposals）トシテ開示スルモノナリ、書類トシ持參ハシタルカ、右ハ單ニ口頭ヲ以テ申述ヘタル處ト御了解ヲ得度ク大臣ニ於テ之ニ贊意ヲ表シ得ル立場ニアラレンコトヲ希望スル者ナリ（トテ別添英文（見当ラズ）ヲ通譯者ニ示シ通譯ヲ要求シタル後）尙附言シ度キハ「ハリフアックス」卿ハ

非戰鬪員ニ對スル攻撃ハ日英間ニ於ケル諸難事ヲ增スノ結果トナルモノニシテ右難事ノ原因ヲ除ク目的ヲ以テ本提案ヲ爲ス者ナルニ付御研究ヲ得タシ

ト述ヘ、本日ノ五項目ニ對スル大臣御話ハ英國政府トシテ面白カラス(disagreeable)ト感スル次第ナルニ付英國政府ヲシテ長ク斯カル事態ニ置クコトナク更ニ會見ノ機會ヲ得詳細ノ論議ヲシ度シト言ヘハ、大臣ハ後刻充分ニ研究モシ御返事致スコトトシ度シト答ヘラレ、右ニ對シ大使ハ重ネテ本提案ノ件ハ左シテ急ヲ要スルモノトモ思ハサルニ付次回會見ニ於テハ一般的問題ヲ論議シ提案ノ件ニ付テハ更ニ後日御意見ヲ伺フコトトスルモ差支ナキニ付兎ニ角來週匆々再ヒ會見シ度シトセカミ大臣ハ來ル十四日水曜日午前十時ヲ約束セラル

會談後同盟通信員カ會談ノアリタルヲ見出シタル模樣ナルニ付發表ヲ如何ニスヘキヤト岸祕書官ヨリ意向ヲ聞キタル處、大使ハ本日會談ノ次第ハ英國トシテ失望セルニ付全然發表セサルヲ希望スルモ聞知リタリトセハ從來ノ懸案ニ付再ヒ會談ヲ重ネタリト言ヒ置クコトトシ度シト述ヘタル後大臣ノ讀上ケタル用紙寫ヲ一部送付アリ度シト言ヒ置ク

六時會談終了

別紙　甲

前回自分ハ日本側ノ英國ニ對スル一般的氣持ヲ御話シ、英國側モ亦日本ノ氣持ヲヨク了解シ、日本ト協力スルノ實ヲ示サルルナラハ、兩國間ニ於テ萬事カ圓滑ニ進ムト考フルカ、英國ハ何ノ程度迄日本ト協力スルノ意向ヲ有セラルルヤ、御伺ヒシタルカ未タ御返事ヲ得居ラサル所ナリ。

右ニ就テハ既ニ御考慮ノコトト存スルモ、懸案解決ト云ヒ、國交調整ト云フモ、御互ニ自分ノ主張ヲ突張ルノミニテハ解決セス、互讓妥協コソ懸案解決ノ鍵ナルコトヲ諒解スルノ要アリ。

若シ英國カ此ノ際全面的ニ蔣介石ヲ援助支持セストノ態度ヲ取ラルルナラ、日本國民モ亦全面的ニ其ノ對英認識ヲ更新シ、英國トノ間ニハ、新ナル出發點ヨリ如何ナル話合ニテモ出來得ル樣ニ考ヘル。實ハ双方カ此處迄突キ詰メ打明ケテ話合フニ非スンハ、日英兩國ノ協力ト云フモ、妥協ト云フモ、將又國交調整ト云フモ、結局中途半端ナモノニテ、御互ニ或程度ノ所ニテ我慢スルヨリ外ナキモノト、ナルコ

トヲ豫メ達觀シ置ク要アリ。

今次事變ハ日本ニ取リテハ眞劍ナリ、國運ヲ賭シテノ戰ヒナレハ、勝ツコトカ何ヨリモ大切ナリ。外國ノ權益ハ固ヨリ尊重スルモ、戰爭ノ續ク限リ、或程度迷惑ヲ掛ケルコトモ、此レ亦止ムヲ得サル次第ナリ。從テ外國權益ノ尊重擁護ノ點ヨリ考フルモ、早ク事變ヲ收拾スルコトカ第一義ナリ。卽チ事變カ永引ケハ永引ク丈ケ、列國權益ノ損害ハ益增加スルナラン。何レニスルモ日本ハ日本ノ要求貫徹迄ハ戰フ覺悟ヲ有シ、又戰ヒ得ルノ自信ヲ有ス。

若シ英國ニシテ從來ノ援蔣態度ヲ捨テ、英國側テハ然ラストト云フナランモ每々御話申上ケタ通リ日本側ハ英ハ援蔣空氣濃厚ナリト見テ居ルモノ多シ、日本ト協力スルコトニナレハ、日支事變ハ短日月ノ間ニ解決終了シ、英國ノ權益ハ自ラ安全トナルヘシ。近ク迫リアル漢口陷落後ニハ、支那ノ中原ニ有力ナル新中央政府カ樹立サレ相ナ氣運モ、暗默裡ニ漸次濃厚トナリツツアルコト故、各國トモニ篤ト考ヘネハナラヌ時機カ、正ニ到來シテ居ル樣ニ思ハレル。

然レトモ前回モ申シタル通リ英國ノ態度如何ヲ理由トシテ御提出ノ懸案解決ヲ遷延セントスル意向ハ毛頭ナク、現狀ヲ基礎トシテ出來得ル限リ協調的ニ懸案解決方現地當局ヲ指導督勵シ居リ、其結果トシテ七月二十六日貴大使カ懸案表ヲ持參シ來レル當時ト現在トヲ比較スルニ、上海方面ノ事態ハ著シク改善セラレ居レリ。

尤モ詳細ナル御說明ハ事カ餘リ細カ過キ其レ程細カキコト迄ハ、自分モ十分研究シカネルニ付、重ナル數點丈ケヲ申述ヘ、他ハ堀內次官ニ御話致サスコトト致シ度。

別紙　乙

英大使提出ノ緊急懸案ニ對スル見解要領

英大使ヨリ緊急處理方ニ付キ提出セラレタル懸案表ヲ見ルニ、㈠上海共同租界ノ北部地域ノ問題、㈡揚子江航行問題、㈢英國人ノ工場ニ對スル制限撤廢問題、㈣鐵道檢分問題、㈤黃浦江ノ浚渫問題ノ五項目ニ分レ居ルニ付キ、右順序ニ從ヒ本大臣一應ノ見解ヲ簡單ニ御說明致シ度シ。

一、上海共同租界北部地域ノ問題

本項目中ニハ(イ)英國商社ノ使用人及英國人所有品ノ搬出ニ關スル「パス」（許可證）制度ノ緩和竝ニ許可申請手續問題、(ロ)工部局警察ノ問題、(ハ)「バス」及電車ノ問題列擧セラレ居ル處尤モ（前記㈢英國人工場問題ノ(イ)崇信紡績工場問題モ實質的ニハ本項目卽チ北部地域ノ問題中ニ包含セラル）是等ノ問題ハ、結局北部地域ヲ何ノ程度開放シ得ルヤノ問題ニ懸リ居リ、北部地域ヲ全般的ニ開放シ得ル時期ニ達セハ、全部ノ問題ハ完全ニ解決スル譯ナリ。

然ラハ北部地域ヲ全般的ニ開放シ得サル理由如何ト云フニ、租界ノ南部地域ハ、今尚抗日排日分子ノ根據地トナリ居リ排日ニ基ク「テロ」事件頻發スル狀態ナルニ依リ、無條件ニ北部地域ヲ開放セハ、是等不逞ノ徒北部地域ニ潛入シ治安ヲ紊ル惧アリ、之北部地域ニ於テ今尚出入ニ「パス」制度等ノ制限ヲ附シ居リ、又之ニ伴ヒ「バス」、電車等ノ運轉モ制限セラレ居ル所以ナリ。

工部局警察ノ問題モ亦之ニ關連ス、御承知ノ通リ租界ノ北部地域ニ於テハ、外國人ノ人口ハ、事變前ニ於テモ日本人カ壓倒的多數ニシテ恰カモ日本人街ノ感アリ、然ルニ同地域警察ノ幹部及警察官ノ數ハ、日本人ノ人口ニ比シ頗ル寡少ナリシヲ以テ日本人警察官增强方要求シ居リタルカ、滿足ナル解決ヲ得スニ經過セリ、然ルニ昨年上海ニ事變勃發スルヤ日本側ノ要望ニモ拘ラス、八月十七日工部局警察ハ突如楊樹浦方面ヨリ、無責任ニモ撤退シ同地域ノ治安ヲ危殆ニ瀕セシメ、工部局警察ニ對スル日本側ノ不信任ヲ益々甚タシクセシメタリ、仍テ我方現地當局ハ、尠クトモ北部地域ノ工部局警察カ再ヒ右ノ如キ無責任且無能力ナル事態ヲ惹起セサル樣改組スルノ必要アリトノ見地ヨリ、工部局當局トノ間ニ話合ヲ進メシメツツアリ、我方要望達成ノ程度ニ依リ工部局警察ニ對スル信賴ノ程度モ昂マリ、夫レ丈ケ工部局警察ノ進出ヲ許シ得ル譯ニテ、前記租界南部地域ノ排日取締狀況及北部地域ニ於ケル工部局警察ノ機能充實ノ程度如何ニ依リ北部地域開放ノ程度モ決定セラルル譯ナリ。

要之北部地域開放ノ問題ハ租界當局カ日本側ト何ノ程度協力スルカニ依リ決定セラルル次第ナルヲ以テ、租界當局ニ對シ最モ大ナル力（「インフルエンス」）ヲ有スル英國側カ、以上ノ事態ヲ十分諒解セラレ日本側ト協力スル樣租界當局ヲ鞭撻セラルルニ於テハ、北部地域ニ關スル懸案ハ極メテ短時日ノ中ニ解決セラルルコトヲ確信ス。

固ヨリ上海方面ノ治安狀況ハ、戰局ノ進展ニモ多大ノ關係アリ、漢口ノ攻略近ツキツツアル状況ニ鑑ミ、租界當局乃至英國側ノ友好的協力之ニ伴ハハ懸案ノ解決ハ愈々實現困難ナラスト確信シ居ル次第ナリ。

二、揚子江航行問題

(一)日清汽船航行ノ實情

揚子江中流ニ大規模作戰行ハレ居ル結果、軍需品、食料品等ヨリ郵便物、小包ニ至ル迄頻繁輸送ノ要アリ、特別纒リタル軍需資材ハ特別仕立ノ船ニ依ルヘキモ、其他隨時要求ニ應シ或ハ上海ヨリ、或ハ南京ヨリ、上流若ハ下流ニ輸送ノ要アリ、此レカ爲ニハ定期船ヲ運行シ之ニ托送スルコト便宜ナルハ何人モ想到シ得ル所ナリ。

日清汽船ノ定期航行ハ右ノ如キ軍ノ必要ニ基キ軍ノ命令ニ依リ御用船トシテ運行シ居ル次第ナリ。

尤モ軍トシテハ定期航行ヲ必要トシ之ヲ利用シ居ルモ、毎船軍用品ニテ滿船ト云フ譯ニハ非ス、其際一部空船ノ儘ニテ航行スルモ不經濟ニ付船腹ニ余裕アル場合ニハ一般貨客ノ取扱ヲモ許シ居ル次第ナルカ、船腹ニ余裕アル場合ニモ直接軍用以外ノ貨客ヲ積載スヘカラスト迄主張スル要ハナカルヘシ。

(二)外國船航行禁止ノ理由

揚子江沿岸ヨリ攻撃ヲ受クルノ危險未タ去ラサルノミナラス、江陰ノ閉塞線モ軍ノ必要限度ヨリ啓開セラレ居ラス、目下ノ所帝國ノ艦船及御用船ノ航行カ手一杯ニテ、外國艦船ノ通過ヲ許ス餘裕ナシ、況ヤ英國汽船ノ定期航行ヲ許可セハ其ノ他ノ國ヨリモ同樣ノ要求アルヘク、長江上流作戰進行中ノ現狀ニ於テハ到底此ノ種要求ニ應シ得ス。

又揚子江ヲ挾ミテ作戰行動中ナレハ小船ニ大砲、馬匹等ヲ滿載シ一岸ヨリ他岸ニ渡河スルノ要屢々アリ、其ノ際外國艦船カ高速力ヲ以テ附近ヲ通過セル爲小船ノ顚覆ニ瀕シタルモノ數多アリ(顚覆セルモノモアリ)

日本船舶ハ軍ノ命令ニ基キ航行シ居リ、軍ノ指揮命令ニハ絶對服從シ、萬一違背スルコトアラハ直ニ處分シ得ルノミナラス危害ニ關シテモ問題起ラサルニ反シ、外國船舶カ前記ノ如キ行動ヲナスコトアルモ之ヲ處分シ得サルノミナラス、色々ト國際問題ヲ惹起スヘシ

以上カ目下ノ狀態ニ於テ外國船舶ノ長江航行ヲ許シ得

サル理由ナリ。

(三)尤モ特別ノ必要アリト我方ニ於テ認メタル場合ニハ便宜ヲ圖リ居レリ、其ノ一例左ノ通

(イ)海軍側ハ怡和洋行ニ對シ、南京及口岸所在ノ所有「ハルク」修理ノ爲曳船 Shunwo 號ヲ八月十八日上海發廿三日歸着ノ豫定ヲ以テ兩地ヘノ航行ヲ許可セリ

(ロ)太古洋行ニ對シテモ、南京鎭江口岸及江陰所在ノ所有「ハルク」等修理ノ爲曳船黄浦號ヲ廿日上海發廿八日歸着ノ豫定ヲ以テ各地ヘノ航行ヲ許可セル處、黄浦號ハ乘組員ニ「コレラ」發生ノ爲出帆不能トナリタルモ、海軍側ニテハ出帆日ノ變更又ハ代船ヲ許可スル意嚮ナル旨英國側ニ表明セリ。

右ニ對シ英國側ニテハ、我方海軍側ノ取扱ヲ大ニ多トシ居タル趣ナリ、(又本件許可ニ當リ特務機關長ヨリ、本件ハ前例トセサルコトト念ヲ押シ置ケリ。)

三、英國人ノ工場ニ對スル制限撤廢問題

崇信紡績、振泰紡績及中新第七紡績ノ三件ヲ列擧セラレ居ル處、(イ)崇信紡績ノ問題ハ軍事上及北部地域ノ開放問題ニ關連シ、今直チニ再開困難ノ事情アリ、(ロ)振泰及(ハ)中新ノ問題ハ英國側ニ所有權又ハ管理權アリヤ否ヤノ法律問題未解決ニ依ル懸案ナリ、

然レトモ何レノ問題モ我方ハ最モ好意的考慮ヲ加ヘ居リ、(イ)崇信ニ付テハ既ニ差當リノ措置トシテ機械及設備保全ニ必要ナル人員派遣ニ同意シ實行濟ミ、(ロ)振泰及(ハ)中新ニ付テハ實際的解決方現ニ斡旋中ニテ久シカラスシテ英國側當事者ノ滿足スルカ如キ解決方法ヲ得ラルル見込アリ。

四、鐵道檢分問題

英國側ハ上海—南京間及上海—杭州—寧波間鐵道ノ狀態ヲ檢分シ度シトノコトナルカ、是等地方ハ目下進行中ノ漢口作戰ノ重要ナル後方地帶トシテ軍事行動地域ニ含マレ居リ、今直チニ檢分ノ希望ニ副ヒ難キヲ遺憾トス

但シ折角ノ御希望ニモアリ、差當リ上海北停車場邊リノ檢分位ハ差支ナシト認メ、右趣旨ヲ現地ニ電報セリ、現地ニ於テ細目ノ話合ヲセラレ度シ。

五、黄浦江浚渫問題

本件モ亦問題ノ實際的解決ヲ圖ル趣旨ヨリ現地ニ於テ話

合ヲ進メシメ居リ、最近ノ報告ニ依レハ水路局側トノ話ハ大體纏リカケタル様ナルニ付、遠カラスシテ本件モ亦圓滿解決ヲ見ルモノト信ス。就テハ英國側モ亦理窟ノミニ拘泥セス、我方ノ實際的解決方針ニ協力セラレ、協調的精神ヲ以テ總テノ懸案ヲ實際的ニ解決スル様御配慮アリ度シ。

1124 昭和13年10月31日 在本邦クレーギー英国大使より沢田外務次官宛(半公信)

日英懸案事項の迅速解決を英国政府再度要請について

☆日英懸案ニ關スル件

一九三八年十月三十一日附次官宛

在京英國大使發半公信要譯

(昭和一三、一一、四、亞一)

拜啓陳者本月二十八日貴我會談ノ際本使ハ英國議會カ十一月一日ニ開會セラルヘキヲ以テ日英關係ノ將來ノ爲本使カ數ケ月來外務省ニ對シ解決ヲ求メ來リタル懸案ノ少クトモアルモノニ付我方希望ニ應スル爲直ニ何等カノ處置ヲ執ラルヘキコト肝要ナリト思考スル旨申上候

本使ハ在倫敦外務省ヨリ議會開會ノ上ハ各大臣ニ於テ日本官憲カ在支英國權益ノ保護ニ關シ屢々與ヘラレタル保障ノ實施ニ關シ詳細ナル質問ヲ受クヘキ旨ノ電報ヲ接受致シ至急狀況報告ヲ爲スヘキヲ要求セラレ候

本使ハ只今ノ處最大ノ好意ヲ以テスルモ日本政府ハ今日迄多少ナリトモ重要ナル案件ニ付テ我方要求ニ應シタルコト無キ旨ノ外囘答致シ兼候外務省ニ對シ既ニ我方ニ於テ通商上ノ差別待遇及其ノ他ノ方法ニ依リ英國側利益カ重大ナル障碍ヲ被レルモノト認メ居レル懸案ノ總覽ヲ提出致置候閣下ハ又本使カ七月二十六日宇垣大將ニ對シ特ニ至急解決ヲ要スト思考セラルル五ツノ點ニ關スル一覽表ヲ提出致シタルヲ御記憶相成ヘク候右解決ニ付テハ眞面目ニ軍事的性質ノ反對理由アリト爲スコトヲ得サルモノニ有之候是等懸案ノ重要性ヲ日本政府ニ了解セシメントノ本使ノ一切ノ努力ニ拘ラス我方ハ實際何等ノ實質的滿足ヲ得居ラス候幾ツカノ比較的少ナル案件(別紙ノ如キ)ニ於テ英國財產カ返還セラレ或種ノ便宜供與アリタルコトハ事實ナルモ去ル二十八日貴官ニ指摘セル如ク是等ハ差別的乃至不公平ナル取扱ノ

大海ニ於ケル單ナル孤島ニ相當スルニ過キサルモノニ有之候

宇垣大將及堀内次官ハ一二ノ機會ニ於テ事態——殊ニ揚子江航行ニ關スル——ハ漢口ノ陥落ニ依リ緩和セラルヘシトノ期待ヲ述ヘラレ候（十月十日ニ於ケル堀内次官トノ會談錄ヲ御參照相成度）茲ニ日本政府カ少クトモ南京ニ至ル迄ノ英國船ノ航行ニ對スル困難ヲ撤去シ以テ直チニ我方ニ滿足ヲ與フルコトノ可能ナルヘキ案件アルニ非スヤ漢口ノ陥落ニ伴ヒ揚子江ニ於ケル英國船ニ對スル妨害ハ從前ヨリモ增シテ辯明シ難クナルヘキ處本使ハ少クトモ此ノ點ニ付テ我方ニ至急何等カ滿足ヲ與ヘサルニ於テハ將來貴我相互關係ニ對スル影響ニ付キ衷心ヨリ危惧スルモノニ有之候

本使ハ貴下ニ於テ本使カ要求事項達成ノ爲議會ニ於ケル應答ヲ以テ日本政府ヲ威嚇セントスルモノト見ラルルコトヲ希望致サス候寧ロ反對ニ英國政府ハ如何ナル公式發言ニ付テモ其ノ影響ヲ緩和スル爲全力ヲ盡スヘキヲ確信致候然レトモ事實ハ事實ニシテ議會ニ於テ質問セラルル場合我方ニ於テ是等ノ事實ヲ隱蔽シ得サルコトハ御了解可相成候仍テ本使ハ若シ日本政府ニ於テ日英關係ノ將來ニ付キ其ノ表明シタルカ如キ價値ヲ認ムルモノナルニ於テハ我方ヲシテ議會ニ於テ少クトモ彼又ハ之ノ重大ナル問題ニ關シ日本政府トノ間ニ滿足ナル解決ヲ見タル旨述ヘ得ル如ク直チニ何等カ具体的ナル處置ヲ執ラルヘキコトヲ再應最大ノ力ヲ以テ强調スルノ外無之候

閣下ヨリ御回答アル迄本使ハ外務省ニ對スル回答ヲ控ヘ居ル次第ナルニ付キ能フル限リ速ニ貴下ニ於テ少クトモ揚子江航行問題ニ關シ我方ニ近ク滿足ヲ與フル見込アリト信セラルルヤ否ヤ御教示相成ルニ於テハ幸甚ニ御座候

敬具

（別　紙）

日本政府トノ間ニ解決ヲ見タル案件

一、日本官憲ニ依ル上海ニ於ケル英國財產ノ占據

日本官憲ニ於テ所有者ノ許可ナクシテ占據シタル英國財產ニシテ今日撤去ヲ見タルモノ凡ソ十件アリ（然レトモ英國所有地ニシテ未タ撤去ヲ見サル重要ナルモノアリ又撤去ヲ見タルモノニ付テモ占據中ノ賃借料及損害賠償ノ問題ニハ未タ觸レ居ラス）

二、一九三七年十二月九日上海ニ於ケル日本官憲ニ依ル汽艇「ウエーダー」號ノ抑留
一九三八年六月十七日上海「タッグ・アンド・ライター」會社ヘ返還セラル

三、五月十三日上海ニ於ケル「ウイルキンソン」氏ニ對スル暴行
五月二十六日滿足ナル現地解決ヲ見タリ

四、在上海怡和紡績廠
長時間交渉ノ後現地ニ於テ職工住宅ノ問題解決セラル

五、中新第七紡績廠
五月日本軍ニ依リ機械搬出セラル六月八日外務次官ハ英國大使ニ對シ右搬出ハ誤ニシテ機械ハ返却セラレタル旨通報セリ（然レトモ本件ハ日本官憲カ未タ所有者側ノ作業ヲ妨害シ居ル爲眞ニ解決セラレタルモノト爲スヲ得ス）

六、山西省ニ於ケル煙草專賣
八月十二日東京ニ於テ日本軍ノ命令ニ基ク本件專賣ノ實施ニ付申入ヲ爲セリ英國大使館ハ八月三十一日近ク本制限ノ撤廢ヲ見ルヘキ旨ノ通報ニ接セリ

七、蒙疆地域ニ於ケル石油其ノ他ノ配給ニ關スル獨占計畫
七月二十二日英國大使館ハ申入ヲ爲シ更ニ八月十日及九月七日ニ之ヲ繰返セリ英國大使館ヘ九月二十四日蒙疆地域ニ於ケル石油ノ配給ヲ管理スル命令カ撤去セラレタル由ノ通報ヲ十月一日接受セリ

八、福公司所屬焦作石炭作業ニ對スル干渉
英國大使館ハ七月二十二日申入ヲ爲セリ八月二十日在北京英國大使館ハ本件ハ福公司ニ執リ滿足ナル解決ヲ見タル旨承知セリ

編　注　本文書の原文は見当らない。

1125　昭和13年11月7日　沢田外務次官より在本邦クレーギー英国大使宛（半公信）

英国政府よりの十月三十一日付日英懸案迅速解決要請に対するわが方回答

拝☆啓陳者十月三十一日附第三四〇／七〇K／一九三八號貴翰ヲ以テ貴國議會開會ニ關聯シ支那ニ於ケル懸案問題至急解決方御申越ノ次第諒承致候

貴大使カ日英關係ノ大局保持ノ爲段々ノ御苦心ノ次第ハ拙者ニ於テモ敬服致シ居リ前任者同様出來得ル限リ兩國關係改善ニ對スル貴大使ノ御配慮ニ副ヒ得ル様苦慮シ居ルモノナルコトハ閣下ニ於カレテモ十分御諒解置キ相成度候

支那ニ於ケル貴我間ノ諸問題カ懸案トナリ居ル爲貴國政府カ貴國議會ニ對スル關係ニ於テ困難ニ當面セラルルコトハ日本政府ニ於テモ甚タ不本意トスル所ニ有之候ヘ共日本トシテハ日本ノ直面シツツアル現下ノ非常ナル時局ニ付貴國朝野ノ深甚ナル御賢慮ヲ煩シ度ク存スル次第ニ有之候今次ノ戰役ハ事變トハ申乍ラ事實上ノ大戰爭ニテ日本ハ國家安危ノ岐ルル所將又東亞將來ノ治亂ノ懸ル所トシテ國力ヲ空前的ニ動員シ軍事目的ノ達成ニ傾注シ來リ又傾注シツツアル現狀ナル處軍事行動ノ場面ハ貴國始メ列國ノ權益及施設ノ犬牙錯綜セル地域ナル爲卒直ニ申上クレハ第三國ノ在支諸權益ハ日本ノ軍事行動ニ取リテ最大ノ桎梏ヲナスモノニ有之而テ斯カル權益ヲ尊重スルコトハ帝國政府ノ當初ヨリ方針トセル所ニテ之カ爲ニ帝國政府ハ常ニ苦杯ヲ喫スルノ思ヲ忍ヒ來レル次第ニ有之候然ル處軍事行動ノ餘波トシテ不可避的ニ或ハ軍事行動上ノ必要ニ驅ラレテ往々第三國權益ノ運用ニ支障ヲ及ホスノ已ムナキ破目ニ立到リタルハ今次ノ事變ニ國運ヲ賭スル帝國トシテ是非ナキ仕儀ト自慰スルノミナラス第三國ヨリ見テモ平時國際法ノ觀念ニテハ承服シ難キ事相モ日支間ニ事實上ノ戰爭アリトノ現實ノ見地ニ立テハ之亦已ムヲ得ストノ理解ニ到達シ得ヘシト存セラレ候夫レニツケテモ第三國側殊ニ貴國ニ對シテ囑望ニ堪ヘサルハ日本カ現ニ直面シツツアル前記ノ非常時局ヲ乘切ラントシ懸命ノ努力ヲナシツツアルニ際シ切メテ戰事遂行ノ必要上支障ヲ受ケツツアル貴國側權益ニ付テハ貴國ニ於テ暫ク靜觀ノ態度ヲ持セラレ以テ範ヲ他ノ第三國ニ垂レラレンコトニ有之、如此ハ日英同盟以來貴我ノ友好關係ヲ「エンジヨイ」シ來レル日本トシ過當ナル期待ニハアラサルヘシトサヘ感スル次第ニ有之候斯ク申上クレハトテ帝國政府トシテハ貴國權益カ受ケツツアル支障ヲ其ノ儘放置スル意圖ハ毫モ無之候ヘ共戰線間近ニ於テハ勿論之ヲ離レタル占領地區ニ於テモ全般的軍事行動ヲ出來得ル限リ圓滑ナラシムルコトヲ第一義トスル現在ノ狀態ニ於テハ時ニ必然的ニ第三國側ノ活動カ制限セラレ且局外者ヨリセハ右制限カ當然撤去セラルヘシト判斷セラルルニ拘ハラス全局的必要ヨリ依然トシテ同程度ノ制限カ繼續セラルル場合モ多々アル次第ニテ以テ第三國權益ノ調整モ簡捷的ニ取運ヒ兼ネ自然御期待ニ外ツルル次第ナルカ貴翰ニモ御指摘アリタル通リ現地ニ於テ數多ノ懸案カ引續キ解決セラレツツアルコトハ我方ノ誠意カ現實ニ表示セラレツツアル證左ニ有之候貴翰御指摘ノ各種懸案ナ(ニカ)就テハ一々茲ニ記述スルヲ略シ候モ帝國政府トシテハ今後モ之カ解決方ニ歩ヲ進ムル考ニ有之候尤モ此等懸案ニ就テモ將又貴方ノ權益問題ニ就テモ貴方ニ於テ敍上ノ事態及我方ノ意向ヲ十分了解セラレ一層協調的態度ニ出テラルルコトカ結局貴方ノ御希望ニ副ヒ問題ノ解決ヲ促進スル所以ナリトノ我方意見ハ閣下ニ於カレテモ十分御承知ノ通ニ有之候

以上ハ從來閣下トノ會談ニ於テ申上ケタルコトナルモ貴翰御申越ノ次第モアリ茲ニ重ネテ卒直ニ卑見ヲ披瀝セル次第ニ有之候就テハ本月三日近衞總理ノ演説ニ依リ表明セラレタル帝國ノ方針ヲモ充分參酌セラレ敍上ノ我方ノ直面セル立場竝ニ日本政府ノ存意ヲ十分貴國朝野ニ御説明相成リ引續キ日英關係ノ大局保持方ニ付御盡瘁相煩度右囘答申進旁得貴意候　敬具

昭和十三年十一月七日

外務次官　澤田　廉三

在本邦
英國大使
「ゼ、ライト、オノラブル、サー、ロバート、クレイギー」閣下

1126

昭和13年11月11日　在英国重光大使より有田外務大臣宛（電報）

英国は東亜において九国条約に基づく集団機構観念の回復を企図しているので同条約を排撃し集団機構的圧迫を排除すべき旨意見具申

ロンドン　11月11日後発
本　省　11月12日前着

第八六〇號（極祕）

一、「チエンバレン」ノ施策ハ最近ノ議會及「ギルドホール」ニ於ケル演説ニ於テ其ノ輪廊(郭カ)ハ益々明瞭トナリ世界的ニ平和ノ空氣ヲ囘復センコトヲ目的トシ先ツ歐洲平和ノ基礎トシテ「ミユンヘン」以來獨英了解三項ニ基キ獨

逸トノ關係ヲ改善スルコトニ重キヲ置キ伊太利トノ地中海條約ヲ成立セシメ次テ西班牙ニ於ケル秩序ヲ囘復シ東亞ニ於テハ適當ノ時機ニ日支ノ間ニ仲介セントスルニアリ之カ爲ニ佛國トノ聯繫維持ハ言フ迄モナク特ニ米國トノ提携ニ重キヲ置キ通商取極ヲ成立セシメ皇帝ノ親常（善カ）訪米ヲ行ヒ日本ニ對シテハ米國ト協同シテ或ハ九國條約發動ノ機ヲ窺ヒツツアルモノト察セラレ又蘇聯ハ少クトモ西歐協調ヨリ除外スルノ方針ニ決シタルモノノ如シ

二、以上「チエンバレン」ノ世界平和囘復ノ政策ハ其ノ目的ノ高邁ナルト自ラ相當ノ犧牲ヲ拂フノ用意アリ且其ノ手段ニ於テ飽迄調和的ナル爲今後ハ米國ノ協力ヲ得テ可成リ世界的ニ唱道セラルルニ至ルヘシ

然シ英國ニ對スル其ノ實質上ノ利益ハ聯盟組織ノ破壞セラレタル今日平和設定ノ目的ノ爲何トカシテ局面ニ應スル協調的組織ヲ設定シテ國際的ニ秩序維持ノ機構ヲ造ルコトニ成功シ以テ世界的ニ擴大シ居ル英帝國ノ利益ヲ軍備擴張ノ手段ト相俟テ擁護セントスルニアリ卽チ歐洲ニ於テハ四國會議ノ組織ヲ起シ「コンサルテーシヨン」ヲ國際通念ト爲サントシ東亞ニ於テハ調停ヨリ漸次九國條約ノ集團機構觀念ヲ囘復セントスルモノノ如シ

三、右英國ノ腹案ニ對シ全然反對ノ考ヲ表白セルハ最近ニ「ヒツトラー」ノ「ワイマー」等ニ於ケル演說ニシテ平和ノ目的ハ之ヲ容認スルモ集團機構ヲ設定シ總テ協議ニ依リテ行フノ趣旨ハ之ヲ全面的ニ容認セス必要ナル場合各個ニ交渉スレハ足ルトノ方針ヲ維持シ居ルカ如ク英國トノ交渉ノ如キ植民地ハ返還ノ義務アルモノニ於テ實行スレハ足リ其ノ他ニ差當リ協議ヲ要スル重要問題ナキコトヲ明言シ居ルハ其ノ英國ニ對スル駈引上有利ニシテ我國ノ英國ニ對スル關係ニ於テモ參考トナル點ト思考ス

四、帝國ニ於テハ右英國ノ平和政策ハ表面之ニ贊意ヲ表シ今日ノ支那時局ニ於テ今後ノ戰鬪行爲續行ハ全然支那ノ責任ニシテ支那ニ於テ帝國ノ今日迄宣言セル所ヲ理解實行スルニ於テハ何時ニテモ平和ハ囘復セラルヘキコトヲ高調スル樣ニセラレ他方ニ於テ英國ノ集團機構設定ノ腹案ハ之ヲ打破シ置クノ手段ヲ講スルノ要アルヘシ

九國條約ノ如キハ之ヲ死滅セシムルニ曩ニ機會アリシ次第ナルカ今日トナリテモ成ルヘク早キ機會ニ片ヲ付ケ置クノ要アルヘシ蘇聯問題モ遠カラス何等カノ形ニ於テ擡

頭スヘク支那問題ニ付テハ支那トノ間ニ和平ノ設定ハ結局日本ノ實力如何ニ歸着スヘキモ列國トノ關係ハ夫レ以前ニ成ルヘク片付ケ置カサルヘカラス彼此一時ノ波蘭（瀾カ）ハ已ムヲ得サルニ付集團機構的列國ノ壓迫ハ之ヲ排除シ置クノ政治的處置ニ出ツルコト必要ト愚考ス

九國條約ニ對スル何等カノ手段ニ依ル排撃モ右目的ニ主力ヲ注キ其ノ內容タル門戶開放等ノ主義ハ今日迄ノ宣言モアリ（經濟的ニ解釋シテ）之ヲ維持スルコトヲ聲明シ行ク行クハ門戶開放カ支那問題ノミナラス世界平和ノ爲ニ世界ノ到ル所ニ必要缺クヘカラサルモノナルコトヲ高調シテ玆ニ相互主義ノ觀念ヲ植付クルコト然ルヘシ（但シ支那ニ於ケル英米トノ各種案件ハ成ルヘク片付ケテ問題ヲ少クスルコト此ノ際特ニ效果的ト思考セラル）

在歐各大使、米、壽府ヘ轉電セリ

1127　昭和13年11月14日　在英国重光大使より有田外務大臣宛（電報）

英国は米国と協力して九国条約の諸原則を堅持するとの英国外務次官の議会答弁報告

ロンドン　11月14日後発
本　　省　11月15日前着

第八七〇號

十四日下院討議中極東及植民地問題ニ關スル分左ノ通リ

一、政府ハ九國條約原則再確認ニ關シ竝ニ日支紛爭ハ同條約署名國ヲ憂慮セシムルモノナリトノ立場ニ於テ米國政府ト協調スル方針ナリヤ又日本政府カ同條約ヲ蹂躪シ居ルニ鑑ミ事變勃發以來一年半ヲ經過セル今日政府トシテモ何等ノ措置ニ出ツヘキニアラスヤトノ質問（「ヘンダソン」勞働黨）ニ對シ「バトラー」次官ハ政府ハ英米共同ノ利害問題ニ關シテハ常ニ米側ト緊密協力シ居リ九國條約ノ諸原則ハ堅持スト答ヘ

二、同條約ニ關スル會議再開方ニ付米國政府ト協議セル所アリヤト質問（「ベン」勞働黨）ニ對シ同次官ハ其ノ事實ナシト答ヘ

三、政府ハ米國大統領ノ對支通商ニ關スル對日抗議ト同趣旨ノ措置ヲ執ルヤトノ質問（「サトクリッフ」保守黨）ニ對シ同次官ハ往電第八五二號ト同趣旨ヲ答辯シ

四、舊獨領植民地返還問題ニ關スル質問ニ對シ首相ハ「ボル

ドウイン」前首相カ英國領土又ハ英國保護下ノ領土又ハ委任統治地域ハ當該地方ノ人民全般ノ利益ヲ充分考量セル上ニアラサレハ手放スコトナシト述ヘタルヲ引用シ前首相ト同様議會ニ諮ルコトナク何等取極ヲ爲ササルヘク又植民地返還ニ關スル各植民地ヨリノ申出ハ充分考慮スヘキ旨竝ニ委任統治地ノ讓渡ハ考ヘ居ラサル旨ヲ答ヘタリ

獨へ郵送セリ

1128 昭和14年1月14日 在本邦クレーギー英国大使より有田外務大臣宛

東亜新秩序声明など日本の対中方針に対する英国政府の見解について

付　記　右和訳文

British Embassy, Tokyo.

14th January, 1939.

Your Excellency,

I am instructed by His Majesty's Principal Secretary of State for Foreign Affairs to inform Your Excellency of the

uncertainty and grave anxiety in which His Majesty's Government in the United Kingdom have been left by a study of Japan's new policy in Far Eastern affairs as set out in the recent statements by the late Prime Minister and other Japanese statesmen. I am to refer more particularly to Prince Konoye's statements of November 3rd and December 22nd and to the communication made by Your Excellency to foreign press correspondents on December 19th. This uncertainty has not been removed by the conversations on the subject which I have had with Your Excellency from time to time.

2. From these pronouncements and from other official information issued in Japan, His Majesty's Government infer that it is the intention of the Japanese Government to establish a tripartite combination or bloc composed of Japan, China and Manchuria in which the supreme authority will be vested in Japan and subordinate roles will be allotted to China and Manchuria. So far as China is concerned it is understood that the Japanese

Government is to exercise control, at least for some time, through the Asia Development Council in Tokyo which is charged with the formulation and execution of policy connected with political, economic and cultural affairs in China. Your Excellency's own communication to the press indicates that the tripartite combination is to form a single economic unit and the economic activities of other Powers are to be subjected to restrictions dictated by the requirements of national defence and the economic security of the proposed bloc.

3. According to Prince Konoye, hostilities in China are to continue until the present Chinese Government have been crushed or will consent to enter the proposed combination on the Japanese terms. China, he said, will be required to conclude with Japan an anti-Comintern agreement, and Japanese troops are to be stationed at specified points in Chinese territory for an indefinite period, presumably to ensure that the Japanese conditions for the suspension of hostilities are observed. Moreover, His Excellency stated that the Inner Mongolia region must be designated as a special anti-Communist area. It is not clear what is meant by this, but in the absence of fuller information it can only be assumed that Inner Mongolia is to be subjected to an even greater degree of Japanese military control than other parts of China.

4. His Majesty's Government are at a loss to understand how Prince Konoye's assurance that Japan seeks no territory and respects the sovereignty of China can be reconciled with the declared intention of the Japanese Government to compel the Chinese people by force of arms to accept conditions involving the surrender of their political, economic and cultural life to Japanese control, the indefinite maintenance in China of considerable Japanese garrisons and the virtual detachment from China of the territory of Inner Mongolia.

5. For their part His Majesty's Government desire to make it clear that they are not prepared to accept or to recognise activities of the nature indicated which are

brought about by force. They intend to adhere to the principles of the Nine-Power Treaty and cannot agree to the unilateral modification of its terms. They would point out that, until the outbreak of the present hostilities, the beneficial effects which the Treaty was expected to produce were steadily being realised. The Chinese people were maintaining and developing for themselves an effective and stable government, and the principle of equal opportunity for the commerce and industry of all nations, was bringing prosperity to China and to her international trade, including that with Japan. His Majesty's Government therefore cannot agree, as is suggested in Japan, that the Treaty is obsolete or that its provisions no longer meet the situation, except in so far as the situation has been altered by Japan in contravention of its terms.

6. While, however, His Majesty's Government maintain that modification cannot be effected unilaterally and must be by negotiation between all the signatories, they do not contend that treaties are eternal. If, therefore, the Japanese Government have any constructive suggestions to make regarding the modification of any multilateral agreements relating to China, His Majesty's Government, for their part, will be ready to consider them. In the meantime His Majesty's Government reserve all their rights under existing treaties.

7. I am further instructed to refer to that portion of Prince Konoye's statement of December 22nd in which he states that Japan is prepared to give consideration to the abolition of extraterritoriality and the revocation of foreign concessions and settlements in China. This inducement to China to accept Japan's demands would appear to entail but little sacrifice on the part of Japan, for if the Japanese Government succeed in their plan for control of the country they will have no further need for extraterritoriality or concessions. On the other hand His Majesty's Government (コノ後ニ脱文アリカ) in 1931 for the abrogation of British extraterritorial rights. Negotiations were suspended by the Chinese Government in consequence of disturbed conditions following the

seizure of Manchuria by the Japanese forces in that year, but His Majesty's Government have always been ready to resume negotiations at a suitable time and are prepared to discuss this and other similar questions with a fully independent Chinese Government when peace has been restored.

8. In conclusion I am to state that if, as is possible, His Majesty's Government have in any way misinterpreted the intentions of the Japanese Government, they feel it is because of the ambiguity with which those intentions have so far been expressed and they would welcome a more precise and detailed exposition of the Japanese conditions for terminating hostilities and of Japanese policy towards China.

I avail myself of this opportunity to renew to Your Excellency the assurances of my highest consideration.

R. L. Craigie

His Excellency
Mr. Hachiro Arita,
His Imperial Japanese Majesty's
Minister for Foreign Affairs.

（付　記）

在京英國大使ガ一月十四日有田外務大臣ニ手交セル公文(假譯)

(昭和十四年一月十五日)

一、本使ハ本國外務大臣ノ訓令ニ依リ、過般近衞總理大臣及其ノ他日本政治家ガ闡明シタル日本ノ極東(ママ)ニ問題ニ關スル新政策ヲ研究シタル結果英國政府ガ感ゼザルヲ得ザル不安及深甚ナル憂慮ヲ閣下ニ通報ス。本使ハ就中十一月三日及十二月二十二日ノ近衞公ノ聲明竝ニ十二月十九日閣下ガ外人新聞記者ニ與ヘラレタル聲明ヲ援用セント欲ス。右不安ハ本使ガ閣下ト本問題ニ關シ隨時行ヒタル會談ニ依リテモ除去セラレザリシモノナリ。

二、是等ノ聲明竝ニ日本ニ於テ發出セラレタル其ノ他ノ公ノ情報ニ鑑ミ、英國政府ハ日本政府ノ意圖ガ日本、支那及滿洲ヨリ成ル三者間ノ結合若ハ「ブロック」ヲ結成シ、日本ハ其ノ最高ノ權力ヲ握リ支那及滿洲ニ從屬的役割ヲ與ヘントスルニ在リト推斷ス。支那ニ關スル限リ、日本政府ハ對支政治、經濟及文化事項ノ政策ノ劃定及遂行ヲ任務トスル在東京興亞院ヲ通ジ、少クトモ一定期間、統理ヲ行ハントスルモノト了解ス。外人新聞記者團ニ對スル閣下ノ聲明ニ付テ見ルモ、右三者間ノ結合ハ單一ノ經濟單位ヲ構成シ、爾餘ノ各國ノ經濟活動ハ該「ブロック」ノ國防及經濟的安定上ノ必要ガ規制スル制限ニ服セシメラレントスルガ如シ。

三、近衞公ノ言ニ依レバ、日支事變ハ現存支那政府ガ潰滅セシメラルルカ又ハ日本ノ條件ニ從ヒ前記ノ結合ニ加入スルコトニ同意スルニ至ル迄繼續スルカ如シ。近衞公ハ支那ハ日本ト防共協定ヲ締結スルコトヲ要シ、恐ラク日本ノ停戰條件ノ履行ヲ保障スル爲、日本ノ軍隊ハ不定ノ期間支那領土内特定ノ地點ニ駐屯スルコトヲ要スト言ヘリ。更ニ近衞公ハ内蒙地域ハ特殊ノ防共地域トスルコトヲ要スト述ベタリ。此ノ意味ハ明カナラザルガ、更ニ詳細ナル情報無キ限リ内蒙古ガ支那ノ他ノ部分ヨリモ更ニ强度ナル日本ノ軍事的把握ノ下ニ置カルベキモノト推斷スルノ外ナシ。

四、英國政府トシテハ、日本ハ領土ヲ求ムルモノニ非ズシテ支那ノ主權ヲ尊重スルモノナリトノ近衞總理ノ保證ト武力ニ依リ支那人民ヲ强制シテ彼等ノ政治、經濟及文化生活ノ日本ノ把握ノ下ニ屈伏セシメ、多大ノ日本軍ヲ永ク支那ニ駐屯セシメ、且内蒙ノ領土ヲ事實上支那ヨリ分離セシムルコトヲ包含スル條件ヲ受諾セシメントスル日本政府ノ闡明セラレタル意圖トガ、如何ニシテ兩立シ得ベキヤ了解ニ苦シムモノナリ。

五、英國政府トシテハ强力ニ依リ齎ラサルル上記ノ如キ性質ノ諸活動ヲ受諾シ若ハ承認スル用意ナキコトヲ明カナラシメント欲ス。英國政府ハ九國條約ノ原則ヲ遵守スル意向ニシテ、同條約ノ規定ノ一方的ニ變更スルコトニ同意スル能ハズ。英國政府ハ、現事變ノ發生スルニ至ル迄、同條約ヨリ生ズルコトヲ期待セラレタル良好ナル影響ガ着々實現セラレツツアリシコトヲ指摘セント欲ス。支那人民ハ自ラ有能且安定セル政府ヲ維持發達セシメツツアリシモノニシテ、各國民ノ商業及産業ニ對スル機會均等ノ原則ハ支那ニ對シ且對日貿易ヲ含ム支那ノ國際貿易ニ對シ繁榮ヲ齎シツツアリシモノナリ。仍テ英國政府ハ、日本ノ謂フ如ク、九國條約ハ最早時代遅レナリトカ、又ハ其ノ條項ハ既ニ事態ニ卽セズトスルコトニハ同意スルコト能ハズ。但シ日本ガ同條約ニ違反シ變更セシメタル事態ニ關シテハ別問題ナリ。

六、然レドモ英國政府ハ條約ノ變更ガ一方的ニ行ハルコト能ハズ締約國全部ノ間ノ交渉ニ依ラザルベカラズト主張スルモ、條約ガ永遠不變ノモノナリト言フモノニハ非ズ。故ニ若シ日本政府ガ支那ニ關スル如何ナル多數國間ノ協定ニ付テモ其ノ修正ニ關シ何等建設的意見ヲ有スナラバ、英國政府トシテハ此ノ種意見ヲ考慮スルノ用意ヲ有スベシ。其ノ間英國政府ハ現存諸條約ニ基ク一切ノ權利ヲ留保スルモノナリ。

七、尚本使ハ訓令ニ依リ近衛總理ガ十二月二十二日ノ聲明中ニ日本ハ支那ニ於ケル治外法權ノ撤廢及外國租界ノ返還ヲ考慮スルノ用意アル旨述ベタル部分ニ言及セント欲ス。此ノ如ク支那ガ日本ノ要求ヲ受諾スル様誘引スルハ、日本トシテハ唯些少ノ犧牲ノミヲ拂フニ過ギザルガ如シ、何トナレバ日本政府ガ支那ヲ掌握スル計畫ニ成功シタル曉ニハ、最早治外法權又ハ租界ヲ必要トセザルニ至ルベキヲ以テナリ。一方英國政府ハ英國ノ治外法權撤廢ノ爲一九三一年支那政府ト交渉ヲ開始シ殆ト之ヲ完結シタルコトヲ想起セント欲ス。該交渉ハ同年日本軍ノ滿洲占據ニ伴フ不安定ナル狀態ノ結果トシテ支那政府ノ中斷スル所トナリタルガ、英國政府トシテハ爾來ニ(ママ)適當ノ時機ニ交渉再開ノ用意ヲ有シタルモノニシテ、又現ニ平和克服ノ際完全ニ獨立ナル支那政府ト同問題及其ノ他同種ノ問題ニ付折衝スルノ用意ヲ有スル次第ナリ。

八、終ニ臨ミ、英國政府トシテハ或ハ日本政府ノ意圖ノ何等誤解シタルヤモ知レザルガ若シ然リトスレバ右ハ從來日本政府ノ意圖ノ發表ガ漠然タリシガ爲ナルコトヲ感ズルモノニシテ、事變ヲ終結セシムル爲ノ日本側諸條件及日本ノ對支政策ニ付テノ一層剴切且詳細ナル解説ヲ歡迎スベキコトヲ陳述セント欲ス。

1129　昭和14年1月15日　有田外務大臣より在英国重光大使宛(電報)

英国政府が日本の対中方針に対する見解をクレーギー大使を通じてわが方へ表明した旨通報

本省 1月15日発

第七號(至急)

十四日在京英國大使本大臣ヲ來訪シ從來表明セラレタル我對支政策ニ關シ本大臣トノ間ニ問題ト爲リタルモノニ付英國政府ノ一般的見解ヲ陳述セルモノナリトテ公文ヲ手交シ、尙本件ハ客年末米國側カ申入ヲ爲シタルカ故ニ英國モ之ニ倣(傚カ)ヒタリト云フ次第ニハ非ス其ノ内容ハ米國側公文ノ發表アリタル以前既ニ用意セラレ居タルモノナルカ、日本側ノ政變等ノ事情モアリ提出遲レタル次第ナル旨ヲ説明シ尙本件公文内容ハ十六日朝倫敦ニ於テ發表ノ豫定ナル旨述ヘタリ不取敢

米ニ轉電アリ度

1130 昭和14年2月18日 在北京堀内大使館参事官より有田外務大臣宛(電報)

日英関係調整のためには先ず英国側が事変に対する認識と政策を是正することが先決とカー英国大使へ説示について

1956

北京 2月18日後発

本省 2月18日夜着

第二〇〇號

去ル六日ヨリ十一日迄滯京中ノ「カ」大使ハ米國參事官ノ招宴ニテ會合ノ節本官トノ會談ヲ希望シタルニ付十一日往訪セル處大使ヨリ上海來電ヲ讀上ケテ焦作炭礦ノ復活ニ付斡旋方ヲ申出テ本官ヨリ右ニ付然ルヘク應酬シタル後支那側ニ於ケル日英關係調整ノ爲ニハ先ツ英國側ニ於テ事態ニ對スル誤レル認識ト政策ヲ是正スルコト先決問題ニシテ之カ爲ニハ大使ニ於テ英國側出先カ各地現實ノ事態ニ卽應シテ日本側ニ協力シ得ル樣本國ニ進言セラルルコトヲ希望スル旨詳細説明(國民黨政府ノ十數年來ノ利己的惡政カ支那ノ發展ヲ阻碍シ國民全體ハ强キ不平ヲ有スルコト蔣介石カ之ヲ抑ヘル爲抗日ヲ標榜シ共產黨カ之ニ乘シ今回ノ事態ヲ惹起セルコト從テ國民ハ長期抗日ニ依リ無用ノ犧牲ヲ拂フコトヲ欲セサルモ「テロ」ノ爲其ノ意思ヲ述フルニ由ナキコトヲ説明シ英國側カ蔣介石カ今猶全國民ノ信望ヲ繫キ居リ唯一ノ權力者ナリ從テ日本ハ侵略者ナリト考ヘ援蔣政策ヲ進メ居ルコトノ誤レル所以)ニ對シ大使ハ今猶英國側ノ

認識カ正シキモノト考へ居ルモ此ノ點ハ時カ解決スヘク夫レ迄ハ静観スルヨリ外ナシト述へ本官ヨリ日本側出先トシテハ我根本方針ニ(脱)及ササル限リ英國側出先ノ申出ニハ常ニ好意的考慮ヲ加ヘ居ル處租界問題P、T「タイムス」問題等ニ對スル英國出先ノ態度カ餘リニ理窟ニ拘泥シ居ル點ヲ例ヲ擧ケテ説明シ其ノ是正ヲ希望セルニ對シ大使ハ明答ヲ避ケ今後共好意的態度ヲ望ム旨ヲ述ヘ居タリ

尚十日開灤「プライアー」本官來訪ノ節日本側ニ於テハ事變前ヨリ引續キ開灤ノ正當利益保護ニ最善ヲ盡シ居ルニモ拘ラス英國側一般ハ之ヲ理解セサル嫌アル旨ヲ説明セルニ對シ(此ノ點ハ本官先日東京ニテ「プ」ニ會談ノ節注意シ置キタリ)「プ」ハ右ノ點ハ「カ」大使カ近ク唐山ニ來ルヘキニ付充分説明スヘシト答ヘ居タリ

上海、天津、青島、漢口ヘ轉電セリ

香港、廣東ヘ轉電アリタシ

1131 昭和14年3月8日 在ベルギー来栖大使より 有田外務大臣宛(電報)

英国をわが方へ引き寄せる工作を実施する必要がある旨意見具申

付記 昭和十四年七月十九日発在ベルギー来栖大使より有田外務大臣宛電報第一四〇号

日英国交調整に関するエドワードへの説明概要について

ブリュッセル 3月8日発
本 省 着

第五一號

一、客年十一月中旬本使英國ニ出張重光大使トモ打合ノ上比較的自由ノ立場ニアル本使ト Horace Wilson ノ旨ヲ受ケ居ル「エドワード」トノ間ニ種々論議ヲ鬪ハセタル結果、

(イ)我國ノ對支特種地位承認

(ロ)權益問題現地委員會設立

(ハ)日英ノ München 的申合セ

ノ三點ヲ大綱トシテ日英國交調整ノ私案ヲ立テ「ウイルソン」モ「エ」ヲ通シテ之ニ贊意ヲ表シタル經緯アリ(「エ」ノ内話ニヨレバ其後「ハリファックス」モ大体同意セル由)右ニ關シテハ本使歸任後重光大使ヨリ電報アリタル筈(客年往電第九三七號ナルベシ)ナルカ當時閣下

ヨリ右様交渉ハ其時機ニアラスト認ムル旨ノ御回電アリタル趣ニ承知シ居ル次第ナリ

二、其後「エ」一派ヨリ本使ヲ招待シ來レルモ（重光大使承知）既ニ日英關係ハ英米「ノート」及在英大使累次ノ電報ノ如キ英米ノ經濟壓迫思想、英ノ對蘇工作其他ニテ當時トハ著シク狀態ヲ異ニシ居リ一方帝國政府ニ於テモ客年英宛貴電第四一二號ノ如キ御方針ヲ立テラレタル以上此種私的會談ハ差當リ畢竟無用ノ沙汰ト心得差控居ル次第ナル處右最近ニ於ケル我國ノ國際環境及前記御方針ノ當然ノ歸結ナルベキト同時ニ最初我方ヨリ申出デ且ツ客年末白鳥大使着任ヲ旬日ニ控ヘナカラ態々大嶋大使ヲ羅馬ニ派セラレ苦心ヲ計ラレタル經緯迄アル日獨伊關係強化ノ御方策ハ最近聊カ停頓ノ情勢ニアルヤニ認メラレ其間ノ事情本使ノ如キ任地ニアル出先トシテ甚タ解シ兼ヌルモノアル次第ナリ

三、蓋シ英獨ノ關係ハ大体論トシテハ對立ノ地位ニアリト雖トモ兩國共其外交ハ頗ル彈力性ヲ有シ徒ラニ拱手シテ大勢ノ赴ク所ニ委セ居ル次第ニアラサルハ御承知ノ通リニシテ獨ハ既ニ英佛ト或程度ノ國交調整ヲ遂ケ最近ノ英佛通商協議ヨリ更ニ進ンテハ蘇邦ト迄經濟的商議ヲ試ミ居ル實狀ナルニモ鑑カミ我國ノ對英關係カ根本ニ於テ前記貴電第四一二號ノ通リナリトスルモ其間我國トシテ常ニ對英誘導工作ヲ試ムルノ要アルハ申迄モナカルベク右様誘導工作カ不幸ニシテ悉ク英ノ拒否スル所トナレル曉ニ於テコソ我國ノ對英强硬政策ハ益々內外ノ首肯スル所トナルベキ次第ナリト思考ス

五（四カ）、以上ノ諸點ハ帝國政府ニ於テ既ニ充分御熟考ヲ得居ル次第ニシテ又我國々內情勢トシテモ本使ノ承知セサル種々ノ事情存スル儀トハ萬々拜察スルモ本電一、二ノ行懸リモ有之御差支ナキ限リ是等諸點ニ付御啓發相煩ハシ度シ

編　注　本文書および本文書付記は、国立国会図書館憲政資料室所蔵「憲政資料」中の「来栖三郎関係文書」より採録。

（付　記）

1958

ブリュッセル　7月19日発

本　省　着

第一四〇號

天津交渉ハ客年往電第五一號ノ當時トハ著シク異ナリタル事情ノ下ニ行ハルル次第ナルモ當時本使ノ論議モ此際或ハ何等御參考トナルベキ節有之ベシト思考シ何分彼一語我一言前後約三時間ニ亘ル會談乍ラ右概要左ノ通リ御査閲ニ供ス

一、日英關係カ現狀ニ到達セル經緯ヲ過去ニ遡リテ論議スルニ於テハ少ク共華府會議、日英同盟廢棄、二十一箇條問題等ヲ持出ス事トナルベク又假リニ之ヲ今次事變以來ノ事態ニ止ムルトスルモ當方トシテハ先ツ當初英國側ガ路透其他ヲ以テ極力反日宣傳ヲ試シ遂ニハ「カンタベリー」大僧正迄飛出シ來レル經緯ヨリ説キ起シ英國側トシテハ大使負傷事件「レデーバード」事件等ヲ竝べ立ツル事トリ(ナ欠カ)一回ノ會談ニテ委曲ヲ盡シ難キト共ニ實際的見地ヨリ見テ右樣ノ論議カ果シテ當面ノ事態改善ニ資シ得可キヤ否ヤ甚タ疑問ナリト思考ス

二、本使カ先ツ承知シタキハ英國カ眞ニ日本トノ友好關係ノ保持增進ヲ希望セラルル次第ナリヤ將又坊間傳フルカ如ク寧ロ事態ヲ長引カシメ日本ヲ困憊セシメントセラルルモノナリヤノ問題ニシテ幸ヒ貴說ノ如ク前者ナリトセバ英國ニ於テ既存ノ事態ヲ正視シ現實ノ事態ニ卽シテ我國トノ關係ヲ調整シ先ツ兩國間ニ友好的空氣ヲ作リ然ル後ニ英國側ノ頻リニ主張セラルル所謂懸案卽チ權益問題ノ解決ヲ計ラルベキヲ順序トスベク單ニ宣戰布告ノ有無ト稱スルガ如キ甚タ非實際的ナル形式論ノ下ニ我國ガ已ムヲ得ス大軍ヲ動カシ各方面ニ力鬪シツツアル重大ナル現實ヲ無視シ少ク共「ビジネス、アス、ユーシユアル」ト云フカ如キ冷淡ナル態度ニテ唯懸案ノ解決ノミヲ强要セラルルハ本使ノ理解ニ苦ム所ナリ

三、本使ノ所見ヲ以テスレバ英國側ノ有力ナル一部ノ主張ハ要スルニ日支關係ヲ華府會議ヲ基トスル「ステタス、コー、アンテ」ニ復セントスルモノナルヤニ認メラルル處本使ノ意見トシテハ右「ステタス、コー、アンテ」ニ重大ナル缺陷アリタレバコソ滿洲事變及今次事變ヲ惹起シタル次第ニシテ華府會議ノ結果其後ニ於ケル蘇聯邦ノ使嗾ト相俟テ支那ヲシテ恰カモ排外勝手ノ免許狀ヲ受領シタル如クニ振舞ハシムル事トナリ英國トシテモ之ガ爲種々苦キ經驗ヲ嘗メタルハ英國人ノ記憶ニ新ナル所ナル

ベク又我國トシテモ華府會議精神ニ忠實ナリシ約二十年ノ協調外交ハ支那ヲシテ我國ガ列强ノ前ニ慴伏シタルモノナルカニ誤認セシメ其結果支那ハ大手ヲ振テ益々排日ヲ敢行スルニ至リ遂ニ滿洲事變及今次事變ヲ勃發セシムルガ如キ不幸ナル事態ヲ順（馴カ）致セルハ御承知ノ通リナリ然ルニ如上英國側ノ主張スル舊狀囘復ハ斯ノ如キ禍根ヲ其儘トシ置カントスル感アリ、右樣事態ヲ清算センガ爲「ワンス、フオア、オール」「ネヴアー、アゲン」ノ決意ヲ以テ國ヲ擧ケテ戰ヒツツアル我國民ノ到底承服シ得サル所ナリ

四、英國側ガ其在支權益對支經濟活動カ支那ノ開發ニ資セントスルモノニシテ隣國日本モ亦之ニ依リ利益ヲ受ケ居レリト主張セラルルモ少ク共支那トシテハ右樣英國ノ經濟的利益コソ依テ以テ英國ノ支那ニ對スル全面的援助ヲ余儀ナクセシメ得可キ質物ナルカニ心得外交上之ヲ賴ミトシテ屢々我國ヲ排擊シ來ル結果日支關係ハ勿論日英關係モ常ニ之カ爲攪亂セラレ支那ヲシテ間斷ナキ外交紛爭ノ舞臺タラシメ延イテ東亞ノ和平ヲ脅カシ來レルハ否ム可ラサル事實ナリ從テ英國ニシテ支那ノ此種策謀ヲ根絶シ以テ東亞和平ノ確立ニ資セラレントセハ須ラク支那ニ對スル我國ノ特殊地位ヲ確認シ今後此種策謀ニ利用セラルルノ惧アルガ如キ重要ナル經濟的措置ニ付テハ日本ト協力スルニアラサレバ之ヲ行ハサルコトヲ明カニセラルル外ナシ

五、右ハ英國側ニ現實ヲ正視スルコトヲ求ムル迄ニシテ何等無理ナル注文ヲナシ居ル次第ニアラズ蓋シ實際問題トシテ現今英國一般投資家ノ間ニ對支投資ヲ募リタリト假定セバ「資本ハ臆病ナリ」ノ原則ニ依リ彼等ハ其投資カ再今次事變ノ如キ動亂ノ渦中ニ陷ルナキヤヲ惧レ其間ノ保障ヲ求ムルハ恐ラク必然ナルベク而シテ此種保障ハ結局日本トノ協力ニヨリテノミ可能ナルヘキハ冷靜ナル財界人ノ等シク容認（サカ）セラル能ハサル所ナルベキヲ以テナリ

六、英國側ニ於テハ頻リニ蔣介石ニアラザレバ支那ヲ統治シ得ルモノナシト主張セラルルモ蔣介石トテ何時死亡セズトモ限ラズ其場合英國トシテ果シテ如何ナル方策ニ出テラルベキヤ兎ニ角特定ノ個人ノミヲ目標トシテ繼續性アル外交政策ヲ樹ツルガ如キハ少ク共甚タ危險ナルニアラズヤト思考ス、既ニ蔣以外ニモ亦人物ナキニアラサルハ

支那事情ニ通セラルル貴下モ認メ居ラルル通リニシテ我國トシテハ此種適當ナル人物ニ於テ中心トナリ排日ヲ清算セル確乎タル政府ノ樹立ヲ見タル場合之ト相提携シテ東亞ノ和平ヲ確保セントスルモノニシテ英國トシテ特ニ之ヲ妨ケラルルノ必要ナシト信ズ

英ニ暗送セリ

1132　昭和14年4月8日　在上海三浦総領事より有田外務大臣宛（電報）

事変に対する英国の態度に関し海軍の野村中将らが上海滞在中のクレーギー大使と意見交換について

上　海　4月8日後発
本　省　4月8日夜着

第九三〇號（大至急）

往電第九一八號ニ關シ

森島參事官ヨリ

七日本官主催ノ午餐ニ先立チ「クレーギー」大使ハ約二時間ニ亘リ海軍野村中將、陸軍櫻井少將ト會談本官之ニ立會ヒタルカ双方終始率直ナル意見ヲ交換セリ始メ野村中將ヨリ日英間ノ諸問題ニ關スル現地官憲ノ努力ト立場トヲ説明シタル上漢口陥落直後支那側ノ戰意衰ヘタルヤニ見受ケラレタルニ「カー」大使重慶ニ赴キ蔣ニ對シ戰爭繼續ヲ勸告シ借款其ノ他ノ援助ヲ申出テタル爲支那側ハ再ヒ戰意ヲ強メタル由ノ支那側情報アル處果シテ斯ル事實アリタルヤト問ヘル處「ク」大使ハ「カー」大使ハ重慶ニ於テ戰爭繼續ヲ勸告シタルコト無ク又勸告スル權限モナク地位ニモアラス借款ニ付テモ實ハ支那側ヨリ相當巨額ノ借款ヲ申出テ右カ論議セラレタルハ事實ナルモ英國側ハ借款ヲ與フル權利アルニモ拘ラス之ニ應セス次ニ五十萬磅ノ輸出信用補償資金（純然タル軍需品ニハ適用セラレス）ノ設定ヲ考慮シタルコトアルモ之亦未タ成立シ居ラス最近日本新聞紙ハ五百萬磅ノ法幣安定資金ノ設定ヲ以テ蔣援助ト稱シ攻撃シ居ルモ右ハ借款トハ謂ヒ難ク權益ヲ保護セントノ意圖ニ出テタルモノニ過キス斯ノ如ク現在迄英國ヨリ支那側ニ借款ヲ與ヘタル事實無シ斯ノ如ク英國ハ決シテ積極的ニ蔣ヲ援助シタル事實ナキニモ不拘日本ノ反英的態度ハ遺憾ト言フヘク右ハ英國輿論ニモ反映シ却テ積極的援助論擡頭シ居ル旨答ヘタルニ對シ野村中將ハ要スルニ日本ハ飽迄蔣打倒ヲ貫徹スル固キ決意ヲ有スル點ヲ明瞭ニ致度ク又日英間ニ存スル諸懸案問題ニ關シテハ事變ノ續ク限リ現狀ノ改善ハ相當困難ナルヘシト存セラルルモ英國カ對蔣援助ノ態度ヲ改メ日本ト協力セントスル方向ニ向ハルルニ於テハ事態ハ改善セラルヘシト應酬シタリ

次ニ櫻井少將ヨリ陸軍側ノ氣持ヲ申上クレハ支那特ニ中支ノ和平招來ノ爲ニハ蔣政權打倒カ絶對的必要ニシテ右目的達成ニ妨害ヲ爲スモノモ併セテ斷乎排撃ノ決意ヲ有ス英國ノ對支借款成立ノ話アリテヨリ前線ノ一兵卒ニ至ル迄益々蔣打倒ノ決意ヲ固クシ居タル旨ヲ述ヘ最後ニ「ク」大使ハ滬西問題ニ言及シタルカ大体往電第九二六號三浦總領事ニ述ヘタル諸點ヲ繰返シ强調右ニテ會談ヲ打切リタリ

北京、天津、南京ヘ轉電セリ

1133 昭和14年7月18日 在ベルギー来栖大使より 有田外務大臣宛（電報）

対英交渉の目標はまず援蔣行為の停止にあり英国に外交政策の全面的転換を強制するようなことなく条理を尽くして交渉方意見具申

ブリュッセル 7月18日後発
本省 7月19日前着

第一三九號（極祕、館長符號扱）

（欄外記入）

一[1] 天津問題ニ關スル日英交渉ハ會議ノ内外ヲ通シ勢ヒ支那ヲ中心トスル兩國關係ノ核心ニ觸レ來リ其ノ解決容易ナラサルヘク從テ萬一不幸ニシテ不成功ニ歸セル場合ニ處スヘキ對策ニ關シテモ既ニ充分御考慮ノコトト拜察スル處右樣ノ場合英國側トシテハ其ノ昨今ノ外交振リニモ徴シ自國主張ノ公正ヲ内外ニ宣傳シ一層米國ノ抱込ヲ策スヘキハ勿論對蘇同盟ノ促進或ハ極東包含等ニ對スル辭柄ヲ此ノ間ニ求メ來ルコトナキヲ保セス旁本交渉ノ不成立ヲ最モ歡迎スヘキハ蔣政權及蘇聯邦ナルヘキニ鑑ミ我國トシテモ飽迄主張ノ公明正大ナルヲ期シ單ニ内外宣傳ノ見地ヨリスルモ此ノ際充分條理ヲ盡サルルノ要アルヘク責任ノ地位ニ在ル者ニシテ最初ヨリ交渉ノ成功ヲ期待セスト云々シ故意ニ難題ヲ持出シ交渉ヲ不成立ニ終ラシメ之ニ藉口シテ日獨伊關係强化ニ進マントスルカ如キ肚ヲ見透カサシムル樣ノ言動ヲナスカ如キハ嚴ニ戒シムルノ

要アリト思考ス

二、我國ノ累次主張シ來レル東亞ノ新秩序獨立(確カ)カ諸外國ニ歪曲シテ宣傳セラレ我國カ諸外國ノ在支權益ヲ作爲的ニ驅逐シ自ラ獨占的地位ヲ占メントスルモノナルカニ解セラレツツアルハ御承知ノ通ニシテ(將來我國カ地理的近接、排日解消等ニ依リ支那ニ於テ優位ヲ占ムルニ至ルハ當然ニシテ各國トシテハ文句ノ言ヒ様ナカルヘシ)殊[2]ニ過般「グルー」大使離任ノ際外國權益尊重ニ付説示セラレタル「經濟上」及國防上必要ナル權益除外ノ如キハ甚タ廣汎ニシテ些カ帝國政府ノ眞意ヲ捕捉スルニ難カラシメ旁滿洲國ニ於ケル先例及「グルー」モ言及セル現地一部ノ主張ト相俟テ前述ノ歪曲セラレタル宣傳ヲ我方自ラ裏書シツツアルヤノ嫌アリ蓋シ右様誤解ノ下ニ新秩序確立ニ對シ外國ノ協力ヲ求ムルハ恰モ追出サルヘキ外國人ニ自己追出ノ手傳ヲ求ムルカ如キ甚タ奇異ナル印象ヲ與フルカ如キコトナキヲ保セサルニ付此ノ點特ニ御是正ノ要アルヤニ思考ス

三、本來東亞新秩序確立ハ先ツ其ノ前提トシテ支那ヲ完全ナル獨立國タル地位ニ引上ケ且歐洲ニ於ケル「ベルサイユ」態勢ノ苦キ經驗ニモ鑑ミ日支兩國民カ不幸ナル今次事變ノ勝敗ヲ超越シ相携ヘテ東亞ノ和平繁榮ヲ圖リ單ニ赤化ニ限ラス苟モ東亞ノ治安ヲ攪亂セントスルモノニ對シテハ日滿支協力シテ東亞ヲ護ラントスルヲ主眼トスル儀ト存セラル殊ニ常ニ支那ノ向上ニ同情シ且正義人道論ヲ高唱スル米國ノ如キハ道義的ニ正面ヨリ之ニ反對スルヲ得サル次第ナルヘシ

四、[3]東亞ノ新秩序ハ敍上崇高ナル理念ニ出テ我國トシテハ國策ノ目標トシテ極力其ノ實現ニ努ムヘキ次第ナルモ現實ノ問題トシテ之カ達成ニハ素ヨリ一朝一夕ヲ期スヘカラス現ニ排日教育一事ニ付テ之ヲ觀ルモ蔣一派カ過去二十年ヲ費セル惡宣傳ノ效果ヲ綺麗ニ拂取ラントスルニハ相當ノ年月ヲ覺悟セサルヘカラサルヘク要スルニ新秩序ノ確立ヲ見ル迄ニハ支那ハ勿論我國民ノ一部ニ對シテモ一定ノ訓育時代ヲ必要トスヘキ次第ニシテ現ニ我國カ和平條件ノ一トシテ一定區域一定期間ノ駐兵及防共特別地區設定等ヲ要求シツツアルモ蓋シ右様過渡時代ニ處セントスルニ外ナラサルヘシト認メラレ殊ニ新秩序ヲ繞ル對外關係ニ至ツテハ支那ヲ相手トセル今次事變ノミヲ以テ完

全ニ確立シ得ルヤ否ヤスラ頗ル疑問ナルヤニ思考セラルルニ鑑ミ我國トシテモ國策ニ段階ヲ設ケ少クトモ今日迄一兵ヲモ損セスシテ着々之ヲ遂行シ來レル「ヒツトラー」ノ治績ニ學フヘキ所鮮カラサル儀ト思考ス

五、[4]蓋シ英國ノ對支政策ヲ客年英宛貴電第四一二號前段ノ如キ根據ニ出テ居ルトスルモ右ニ關シ英ハ少クトモ後進民族扶掖ト稱スルカ如キ道義ノ衣ヲ纏ハシメ居ル次第ニ付此ノ點ヲ捕ヘテ本電三、ノ如キ新秩序ノ理念ヲ以テ充分對抗スルヲ得ヘク結局支那ニ於ケル日英關係ヲ論議スルニ當リ具體的ニ主トシテ問題トナルヘキハ兩國ノ政治的及經濟的地位ノ問題トナルヘキ處政治的地位ノ問題ニ關シテハ既ニ往電第五一號一、ノ經緯モアリ此ノ際之レヲ推シ進メ先ツ原則ヲ確立シ置キ今後税關制度其ノ他ノ具體的問題ニ付之ヲ援用スルノ素地ヲ作ルニ努ムルト共ニ他方彼等ハ權益擁護ノ名目ノ下ニ要望シツツアル經濟的地位ノ問題ニ關シテハ先ツ本電二、ノ如キ曲解ノ餘地無カラシムルト共ニ却テ我國トノ協力ニ依リテ得ヘキ經濟上ノ利益ヲ明カニシ彼等ニ對シ面目有リ且實利アル退路ヲ與ヘ以テ可成速ニ政策ノ全面的變更ヲナサシムルカ如ク誘導スルヲ以テ此ノ際我方對英方策ノ要諦トスヘキ次第ナリト思考ス

六、[5]今回交渉ノ表面上ノ中心ヲ爲スヘキ租界問題ニ關シテハ租界當局ノ不都合ナル態度及元來夜郎自大ノ觀アル在支英人ノ態度ニ對スル無理カラヌ反動トシテ租界ノ即時返還ヲ主張スルモノアルモ右ハ本電四、ノ如ク我方自ラ一定ノ過渡時代ニ處スヘキ要求ヲ爲シツツアル實情ニモ鑑ミ我國トシテモ愼重考慮ノ要アルヘク從テ支那獨立完成ノ見地ヨリ一定ノ段階ヲ經テ之ヲ解消セシムル原則ヲ定メ差當リノ問題トシテハ英發往電第七一六號（編注）ノ三、ノ如キ幾多ノ前例ヲ援用スルト共ニ租界當局カ理論上英國ノ管理ニアラス從テ彼等ノ行動カ地方政權承認等ニ付何等英國政府ヲ「コンミツト」スヘキモノニアラサル次第ニモ鑑ミ租界自體ノ安寧秩序ヲ確立シ且租界ノ生命タル通商ノ平常化ヲ促進スル明文（名カ）ノ下ニ地方ノ實際權力者ト有效適切ナル協力ヲ爲サシムルコトトセハ彼等トシテノ面目モ立チ得ル次第ナルヘシト存セラル

斯[6]ノ如クニシテ天津租界問題解決ノ「フオーミユラー」一度定リ且前記通商關係恢復促進ノ見地ヨリ英國銀行等

ヲシテ我方通貨政策ニ對スル協力ヲモ合意セシメ得ルニ於テハ表面ハ地方問題ノ解決ニ過キサルモ北支ノ大勢先ツ定マルト共ニ其ノ蔣政權ニ與フヘキ實質上及心理上ノ打撃ハ頗ル甚大ニシテ事變ノ處理モ玆ニ一轉機ヲ劃シ得ル次第ナリト思考ス蓋シ此ノ際我國ノ目標トスヘキ所ハ先ツ英國ヲシテ現實ニ蔣政權援助ヲ打切ラシムルニ存シ苟クモ獨立國ニ對シ正面ヨリ外交政策ノ全面的轉換ヲ强制シ其ノ名目ノ問題ニ於テ不必要ナル屈辱ヲ與フルノ要ナカルヘク殊ニ英國ヲシテ米國抱込ヲ容易ナラシムルカ如キハ(問題ノ論議ニハ)特ニ細心ナル注意ヲ要スル儀ト思考ス右卑見何等御參考迄

英、米、佛へ轉電セリ

(欄外記入)

當方面ノ現實ニ通セヌ爲カスコシモピント來ナイ

結局徐ロニ進メト云フ様ナルモ事態ハ理念ヲ通越シテ急進シツヽアリ

編注 本書第1550文書。

1134 昭和14年7月25日 在英国重光大使より有田外務大臣宛(電報)

スピア中佐の釈放および天津英租界への牛乳供給改善に関し英国外相が重光大使へ解決斡旋方依頼について

付記一 昭和十四年六月十日付

スピア中佐抑留事件に関する英国大使館覚書

二 昭和十四年六月十日付

英国側作成の右事件要領調書

ロンドン 7月25日後発

本 省 7月26日前着

第八六〇號(極祕)

往電第八五七號會談ノ後「ハ」外相ハ新嘉坡ノ問題トハ全然關係ナキ事柄ナリト態々斷リタル上此ノ際「スピア」中佐ノ釋放及天津ニ於ケル牛乳供給改善ニ付本使ノ斡旋ヲ得度キ旨熱心ニ依頼セリ本使ハ本件ノ如キハ英國側ヨリ申出テラルル迄モナク東京政府ニ於テ配慮中ノコトト思考スト挨拶シ置キタルカ東京交渉モ順調ニ進行シ一般的問題ニ付英國側ノ讓歩ヲ見テ聲明發表濟ナル今日ノ「サイコロジカ

ル、モーメント」ニ於テ我方ニ於テモ「スピア」ノ釋放及牛乳ノ點ノミナリトモ英國側ニ滿足ヲ與フル樣至急措置セラルルコト交渉ノ進行ヲ圖ル上ヨリ言フモ極メテ望マシキ儀ト思考ス特ニ御配慮ヲ請フ

尚「ハ」外相ハ東京會談ニ關シ兩國國交ノ爲ニ滿足ノ感想ヲ洩ラシ尚此ノ上相互ニ努力ヲ切望スル旨述ヘ居タリ

(付記一)

「スピア」中佐抑留事件

六月十日在京英國大使ノ大臣ニ手交セル（昭和一四、六、一三、亜一）

書キ物要譯

「スピア」中佐ニ對シ爲サレツツアル不當ナル主張ハ英國陸軍ノ名譽ニ係ルモノニシテ斯ル主張カ日本將校ニ爲サレタリトセハ日本陸軍官憲ハ之ヲ最モ不快トスヘシ事實ノ記錄ニ依リ明カナル如ク同中佐ノ北京行ノ希望カ確知セラルルヤ五月十八日日本官憲ニ通達セラレタリ「パス」ノ請求ハ五月二十三日及二十四日在北京日本陸軍司令部ニ對シ「クーパー」中尉ヨリ報告サレタリ更ニ在北京日本官憲ハ「スピア」中佐及「クーパー」中尉ニ對スル「パス」ニ關スル英國大使館請求ニ關シ宮本少佐カ電話セルコトヲ確認セリ「パス」ニ關シ日本側要求ニ從ハントスル斯カル明カナル努力ニモ拘ハラス蓮沼中將ハ五月二十六日前記兩將校ヲ逮捕セリ

兩將校ノ抑留ハ英國輿論ヲ激昂セシムヘク日英關係ニ害アルヘシ現下最良ノ解決方法ハ日本政府トシテ英國政府ノ公式ノ申入ヲ豫期シ兩將校釋放ノ訓令ヲ發スルニアリ本使ハ「スピア」中佐ヲ中傷センカ爲自己ノ論據ヲ不均衡ニモ大ナラシメントシツツアル在張家口陸軍當局ノ裁量ニノミ本件ヲ任スヘキニアラサルヲ其ノ政治的重要性ニ鑑ミ強ク主張スルモノナリ「ラム」書記官及天津軍副官「デラメーン」少佐カ日本官憲發給ノ「パス」ヲ所持シ六月二日張家口ニ赴キタルニ蓮沼中將及參謀長ハ面會ヲ拒絶セリ

編注 本文書の原文（英文）は省略。

(付記二)

英武官抑留事件英側調書送付ニ關スル件

（六月十日在京英國大使ヨリ有田大臣宛送付）
（昭和一四、六、一三、亞一）

「スピアー」中佐及「クーパー」中尉

右ニ關シ在京英國大使館ノ了知シ居ル事件要領

在支英國大使館陸軍武官「スピアー」中佐ハ公務ニ依リ北西地方ノ旅行ヲナシ居タルカ門頭溝ニ在ル語學將校タル「バルドー」大尉ニ對シ五月十八日附書翰ヲ以テ北京ヘノ歸途日本軍占據地域ヲ通過シ度旨申越セリ右書翰ハ直ニ門頭溝ニ於ケル日本軍地方守備隊長及在北京英國大使館ニ通報セラレタリ右書翰ハ同中佐カ同日（五月十八日）門頭溝ニ到着スル希望ヲ有スル旨述ヘ居リタルカ同中佐ハ右ヲ實現セサリキ五月二十一日同中佐ハ在北京英國大使館事務取扱タル「アーチャー」書記官ニ對シ彼カ行程ヲ變更シ新保安ニ赴クコトトナレルコトヲ通報シ且「アーチャー」氏ニ對シ日本官憲ヨリ「パス」ヲ得ル樣措置セラレ度旨要請セリ「クーパー」中尉ハ右「パス」ニ關シ二十三日日本司令部ニ申出テ且同中佐カ京綏鐵道ノ新保安方面ニ向ヒツツアルコトヲ通報セリ北京日本軍司令部ノ外交關係主任官タル宮本少佐ハ五月二十三日張家口ニ對シ「スピアー」中佐ノ「パス」ノ要求ニ關シ電話シ且同時ニ「スピアー」中佐ニ會フヘク同方面ヘ赴ク許可ヲ願出テタル「クーパー」中尉ノ「パス」モ依頼セリ右「パス」ハ二日經チタルモ發行セラレス且本件ハ緊急ヲ要シタルヲ以テ「クーパー」中尉ハ五月二十五日新保安ニ向ヒ出發シ事實「スピアー」中佐ト双樹子ナル鐵道沿線村落ニ於テ遭遇セルカ同人及武官ハ五月二十六日日本憲兵隊ニ依リ逮捕セラレタリ

日本官憲ハ英國大使館側ニ對シ「スピアー」中佐及「クーパー」中尉ヲ逮捕シタルコトヲ通報セス且英國大使館側ニ達シタル最初ノ報告ハ五月三十日附北京支那紙ニ依リタルモノナルカ同紙ハ「スピアー」中佐カ日本官憲ニ依リ抑留セラレ張家口ニ送致セラレタリト報道セリ六月一日「ダラマン」少佐ハ宮本少佐ヲ往訪シ同人及英國大使館書記官タル「ラム」氏ニ對スル日本陸軍官憲ノ身分證明書及紹介狀ヲ要求セリ宮本少佐ハ身分證明書ヲ發行シタルモ紹介狀ノ發行ハ拒絶シタリ仍テ同日「ラム」氏及「ダラマン」少佐ハ張家口ニ向ケ出發セリ同處ニ於テ彼等ハ蓮沼中將及參謀長トノ會見ヲ拒否セラレタリ但シ彼等ハ田中大尉トハ面會シタルカ同大尉ハ被抑留者ヲ釋放スルコトヲ拒絶シ且本件

調査カ何時迄續クヤニ關シ答ヘス又之等英國將校ヲシテ抑留セラレ居ル同僚ニ面會スルコトヲ拒絶シ蓮沼中將ノミカ本件ニ關シ專權ヲ有シ居ル旨申添ヘタリ左レト同大尉ハ抑留サレ居ル將校ニ對シ書翰ヲ交付スルコトヲ承知シタリ「スピアー」中佐ハ右書翰ノ回答ニ於テ彼及「クーパー」中尉ハ健全ナル旨申越セリ

六月三日田中大尉ハ㈠張家口日本陸軍官憲ハ北京官憲ヨリ「スピアー」中佐ノ到着ヲ通報セラレ居リタルコト及㈡北京ヨリ本件ヲ調査スル爲將校カ派遣セラレタルコトヲ否定セリ然ルニ前記ノ如ク北京日本官憲ハ五月二十三日宮本少佐カ本件ニ關シ張家口ニ電話セルコトヲ確認シ居リタリ且六月一日北京日本大使館矢口氏ハ英國大使館ニ對シ日本陸軍將校カ五月三十一日北京ヨリ張家口ニ本件ヲ調査及報告スル爲ニ派遣セラレタリト通報セリ(後日六月九日日本大使館ハ一憲兵將校(陸軍將校ニ非ス)カ同日北京ヨリ張家口ニ派遣セラレタルコトヲ再確認セリ)

「ラム」氏及「ダラマン」少佐ハ六月四日北京ニ歸來セリ

五月五日北京ニ於ケル新聞記者會見ニ於テ日本發言人ハ日本陸軍ハ「スピアー」中佐及「クーパー」中尉ノ事件ニ關シ決定的行動ヲ執ルコトニ決セル旨發表セリ同發言人ハ更ニ調査ノ結果「スピアー」中佐ハ作戰地帶内ニ於テ情報ヲ蒐集シ且支那共產軍無電機ヲ通シ右ヲ上海及北京ノ英國官憲ニ通報セルモノト見受ケラルル旨述ヘタリ兩將校共日本軍作戰地域内ニ密行シ且先ツ許可ヲ得スシテ同地ニ祕匿シ居リタルコトヲ非難サレタリ然ルニ前記事情ニ依リ事前ノ許可ヲ求メサリシトスル非難ニ關シテハ日本官憲ハ其ノ際既ニ右カ全ク根據ナキコトヲ了知セラレタル筈ナリ

六月七日日本大使館矢口氏ハ六月一日英國大使館側ノ要請ニ基キ「スピアー」中佐宛發電スルヤウ日本陸軍官憲ニ要請シ置キタル電報ハ同人カ間諜ノ嫌疑者ナルヲ以テ便宜ヲ與ヘ得ラレストノ理由ノ下ニ送達セラレサリシコトヲ述ヘタリ

編注 本文書の原文（英文）は省略。

1135 昭和14年9月14日 在英国重光大使より阿部外務大臣宛（電報）

中国問題をめぐる日英関係の改善に関し英国

外相と意見交換について

ロンドン 9月14日後発
本省 9月15日夜着

第一一一六號

九月[1]十一日求メニ依リ「ハリフアクス」外相ヲ往訪セル處外相ハ(「バトラー」次官同席)先ツ「スピア」中佐釋放ニ關シ深甚ナル謝意ヲ表シ次テ「クレーギー」大使ハ阿部總理ニ面會(編注)シ日英關係ニ付意見ヲ交換セルカ右ハ滿足且有益ニ感シタリ尤モ何等具體的問題ニ付話セル譯ニアラスト語レルニ付右ヲ承リ本使モ嬉シク感スト述ヘタル處外相ハ御承知ノ通リ自分等ハ豫テヨリ日本トノ關係改善ヲ希望シ努力シ來リタルモノナルカ昨今ノ情勢ハ此ノ點ニ付テ好都合ナルモノアリ英國ハ支那ニ付テハ政治的目的ヲ有セス單ニ經濟上ノ利益ヲ確保セントスル次第ニシテ其ノ意味ニ於テ一日モ速ニ平和カ到來スルコトヲ希望ス右ハ英國其ノ他ノ何國ニモ利益ト考ヘ若シ平和到來ノ爲ニ英國カ御役ニ立ツコトアラハ何テモ爲サント考ヘ居レリ英國トシテハ一般政策ハ變更シ難ク又第三國ノ利益ヲ害スルコトハ困ルモ支那問題ニ付テ日本ノ立場ヲ了解シテ實際的ニ個々ノ問題ニ付テ措置シ兩國ノ關係ヲ改善シテ行ク様ニ希望シ居ル次第ナリ日本ノ立場ニ付テ時々忌憚ナキ御説明ヲ願フコトトスヘシト述ヘタリ

依テ本使ハ今日迄御説明ノ機會アリタルカ更ニ繰返シ又最近ノ事態ヲモ考慮ニ入レ御話スルコトハ有益ト思考ス貴下ノ御説明ニ依レハ英國ハ支那ニ政治的目的ヲ有セストノコトニテ此ノ點ハ尙詳細ニ承リタキカ日英間ノ問題ヲ簡易ニスルニ極メテ有力ナル證言(「アシユアランス」)ナリト思考ス貴下ハ第三國ノ利益云々ト言ハレタルカ日本ハ如何ナル第三國特ニ米國ノ利益ヲ犯スカ如キ意思ハ毛頭ナシ

然[2]シ日本ハ英國カ支那ニ於テ最大ノ利益ヲ有スルコトヲ承知シ其ノ他ノ國ハ殆ト利害關係ナシト云フモ不可能ニアラサルコトヲモ承知ス英國ハ第三國ヲ引合ニ出シ又九箇國條約ヲモ引用シ常ニ日本ニ對シ政治的壓力ヲ加ヘントセラルルカ如キモ玆ニ更ニ明瞭ニ且誤解ナキ様ニ從來説明セル所ヲ繰返シ申上ケ置キタキハ日本ハ御承知ノ通リ實ハ支那大陸以外ニ世界中行クヘキ所ナク支那問題ハ日本ニ取リ失敗スルコトヲ許ササルモノナリ此ノ點ハ國民全部一人ノ例外ナク信スル所ニシテ國民ハ支那問題ハ必ス成功シ又日本ハ

其ノ實力ヲ有スルモノナルコトヲ確信スルモノナリ如何ニ多數ノ國カ策動シ又ハ壓力ヲ加フルモ此ノ點ニハ微動モセス壓力ヲ加ヘラルレハ益々決意ハ强固トナル次第ナリ元來自分個人トシテハ九箇國條約ノ法律的效力ヲ疑フモノナルモ假ニ效力アリトシテ九箇國條約ノ何レノ部分ニモ集團機構ヲ設置セル點ナク卽チ支那問題ヲ會議ニ依リ又ハ多數國ノ合意ニ依リ決定スルコトヲ要求セル點ナシ之ニモ拘ラス九箇國條約ヲ引用シテ多數國ノ壓力ヲ以テ日本ニ臨マムトスルモノアラハ右ハ九箇國條約ノ逸脫ニシテ且俗用ナリ日本ハ今日東亞ノ運命（「デステイニイ」）ヲ決定スルモノハ東亞ニ於テ國ヲ成スモノニ限ラルヘシトナスモノナリ右ノ點ハ誤解ナキコトヲ希望ス乍併英國ノ利益ニ關スルコトハ英國ト（又ハ他ノ某國ニ關スルコトハ某國ト）隔意ナキ交涉ヲ爲スコトニハ何等異議ナク又希望アルニ於テハ情報ヲ交換スルコト等ニハ何等異存アル譯ニハアラス（以上ノ一節ハ過日「バトラー」次官ニ話シタルト同樣ノコトナルカ外相ニモ繰返シ述ヘタルモノナルニ付重複ヲ顧ミス電報ス）

次[3]ニ支那事變ノ平和的解決ニ付テ御盡力ノ用意アルコトニ言及セラレタルカ日本ハ終始支那ニ於テ平和ト秩序トヲ建設シ斯クシテ世界ノ平和秩序ノ建設ニ貢獻セントスルモノニシテ不幸ニシテ今次事變ニ於テハ武力ヲ以テ右目的ヲ達スルノ已ムヲ得サルコトトナリタルモ今日ニ於テハ大體戰爭モナクナリ愈貴下ノ希望セラルル平和建設ノ時期ニ入レリ新聞報道ヲ綜合スルニ汪精衞ハ近ク支那中央政府ヲ樹立スル樣子ナルカ元來汪ハ孫逸仙ノ直接ノ後繼者トシテ國民黨ノ第一人者ナリ蔣介石ハ武人ニシテ必スシモ直系者トハ言フヲ得ス汪ハ「平和」ヲ主義トスル愛國者ニシテ反共ヲ政策トシ蘇聯以外ノ日本トハ素ヨリ何國トモ友好平和ノ協力ヲ歡迎ス蔣介石ハ共產極端分子ヲ背景トシ武力ニ依リ戰爭ヲ唱ヘ反共諸國特ニ日本トハ協力シ難シ大義名分ノ上ヨリ見ルモ汪精衞ノ勝利トナリ其ノ成功スルハ當然ノ歸結ニシテ日本ハ素ヨリ之ヲ援助ス此ノ形勢ハ重大ナル經驗ニシテ恐ラク支那モ斯クシテ平和秩序ノ建設カ北支ノミナラス全般的ニ徐ニ實現セラルルコトト判斷セラル貴下ノ言ハルル支那ノ平和ハ斯クノ如クシテ當然來ルモノニシテ右ノ如キ形勢ニ對シテハ何人モ之ヲ助長スヘキモノナルヘシト述ヘタル處外務大臣ハ御說明ハ非常ニ有益ニ拜聽セリ自分ハ今日御話ノ點ヲ篤ト研究シタル上更ニ又種々御話ヲ伺ヒ將

來政策運用ヲ考ヘタシト答ヘタルカ同日ハ時間ナカリシニ付本使ハ右ニテ辭去セリ

米ヘ轉電セリ

編注　阿部・クレーギー会談録は、本書第1075文書付記。

1136　昭和14年12月4日　在英国重光大使より野村外務大臣宛(電報)

英国をわが方に引きつけ中国問題に利用する素地を作り併せて米国が対日禁輸など強硬手段に出ないよう工作すべき旨意見具申

ロンドン　12月4日後発
本　省　12月5日後着

第一六五九號(極祕、館長符號扱)

貴電第四五七號ニ關シ

我方ノ之迄ノ態度ハ客年末貴電第四一二號ノ通リノ方針ニテ進ミ來リ特ニ蔣介石ヲ相手ニセストノ態度ヲ持シ居リタル次第ナル處右御訓令ノ執行ニハ御申聞ケノ通リ非常ノ注意ヲ要シ種々豫備工作ヲ要スヘシト感スル次第ナリ而シテ右ノ如ク英國ヲ利用スル爲ニハ日英ノ感情ヲ今少シク改善シ英國ニ於テ日本ノ遣口ヲ稍々了解セシムルノ空氣ヲ作ルコト前提條件ト思考ス

然ルニ支那建設ニハ右御訓令ニ於テモ明カナルカ如ク何トシテモ英米トノ關係ヲ改善スルノ要アルヘク(對蘇關係ニ於テモ同様ナルモ蘇聯關係ハ今後益々複雜トナリ支那問題ニ付テ利用シ得ルカ如キ展開ハ見サルヘシ)若シ明春ニ至リテ米國ノ輿論惡化シ「エムバーゴー」ノ實現ヲ見ルカ如キコトアラハ我立場ハ容易ナラサルモノアルニ至ルヘク何トカシテ米國輿論ノ蘇聯ニ對シテ惡化ノ氣ヲモ利用シテ且今日我立場ノ强キ際速ニ或程度ノ讓歩ニ依リ(英米何レニ對シテモ)英米關係ヲ改善シ速ニ英國側ヲ幾分ニテモ惹キ着ケ漸次御申越ノ如ク英國ヲ利用シ得ルノ素地ヲ作リ併セテ米國ヲシテ極端ナル手段ニ出テシメサル様ニ仕向クル様ニ措置スルコト必要ナラン

從テ天津問題ノ後ハ其ノ他ノ問題例ヘハ揚子江ノ開放ノ如キモ迅速ニ考慮シ英米ノ態度ノ更ニ硬化セサル様ニ努メ更ニ支那ノ建設ニ一路ヲ進ムルノ素地ヲ作ルヲ要スヘシ戰爭ノ將來ハ豫想ヲ許ササルモ最近ノ動向ヨリ見ルニ益々前記

ノ如キ我方ノ措置ノ有用ナルヲ感スルニ付特ニ申進ス

1137 昭和15年5月6日

事変の急速解決を念頭に置いた東亜局第一課作成の対英外交方針

支那事變終結ヲ中心トスル對英外交

（昭和一五、五、六、亞一）

一、支那事變ノ速急解決ヲ圖ル爲ニハ
(イ)活潑ナル作戰行動
(ロ)新中央政府ノ育成
(ハ)對重慶崩壞工作
(ニ)對外施策（就中對蘇、英、佛外交ニ重點ヲ置ク）
(ホ)國內戰時體制ノ確立
ノ五要素アリ
右ノ中對英關係ノ現狀ヲ觀ルニ英國側ハ歐洲戰爭ノ解決ヲ期センカ爲日本ヲ對蘇獨包圍陣ニ引入レントスル計畫ノ下ニ其ノ手段ノ一トシテ過般來通商問題ヲ取リ上ケ日本ニ對シ種々ナル難題ヲ持掛ケツツアリ而モ日英經濟關係ノ現狀ニ鑑ミ日本ハ英帝國ノ資源及對英貿易尻ニ依存スル所極メテ大ナルモノアルヲ以テ右通商問題ノミカ對英外交ノ目標トナリ居ル間ハ動モスレハ日本ハ受身ニ立ツノ餘儀ナキニ至ル懸念甚タ大ナルモノアリ
飜テ支那問題ヲ中心トスル日英關係ヲ考フルニ英國ハ歐洲情勢ニ牽制セラレ支那問題ニ十分ノ力ヲ致シ得サル立場ニアリ一方我方及新中央政府ノ遣方（主トシテ經濟問題）如何ニ依リテハ東亞ニ於ケル新政治情勢ニ呼應シ來ラントスル空氣モ看取セラルルニ付日本トシテハ此際進ンテ之ヲ外交的ニ利用シ支那事變ノ解決上一轉機ヲ劃スル時期到來シツツアルモノト認メラル而シテ右支那問題ヲ中心トスル對英外交ハ目下交涉中ノ天津租界問題ノ解決后ニ於テ適當ノ時期ヲ捉ヘ新ナル展開ヲナサシメ得ヘキヲ以テ至急我方ニ於ケル交涉準備ヲ整ヘ置クコト必要ナルヘク且日本交涉ハ通商問題ヲ主題トスル現在ノ對英交涉ノ進行ト相睨ミ合セテ綜合的效果ヲ擧クルヲ要ス
二、支那問題ヲ中心トスル對英外交ニ於テ日本カ英國ニ求ムルモノハ
(イ)援蔣行爲ノ拋棄

(ロ)新中央政府ニ對スル協力

(ハ)對日態度ノ改善

ノ三ナルヘシ

(イ)ノ援蔣行爲ノ拋棄ニ關シ最モ重要ナルハ英國カ重慶向ケ軍器及軍需品ノ輸送ニ對シ緬甸「ルート」ヲ閉塞スルコトナリ右ハ英國ノミナラス米國ノ利害關係ニ影響ヲ與フヘキヲ以テ英國トシテハ相當躊躇スヘキ問題ナルヘキモ(英國カ蘇聯經由對獨輸出制限ヲ余リ執拗ニ問題トセサル原因ノ一ハ緬甸「ルート」ノコトヲ考慮シ居ル爲トモ察セラル)我方トシテハ英及佛ヲシテ相竝ンテ緬甸「ルート」及佛印「ルート」ヲ閉塞セシムル施策ヲナスト同時ニ法幣ニ對スル態度ヲ明確ニシ占領地ニ於ケル通商經濟上ノ制限ヲ緩和スル等(詳細ハ後出)英國ヲシテ「門戶閉鎖、經濟獨占或ハ權益壓迫」等日本ヲ非難スルノ事由ヲ尠カラシムルニ於テハ英國ハ固ヨリ佛モ之ニ追隨シ假令米國ノ反對アルニセヨ閉塞ヲ實行セシムル可能性アリト認メラレ米國ト雖モ占領地ニ於テ得ル所大ナレハ大ナル程緬甸「ルート」ノ閉塞ニ對スル反對モ自然中譯的ノモノトナルニ至ルヘシ但シ緬甸及佛印「ルート」ノ閉塞ハ事實上武器及軍需品(主トシテ「トラック」及「ガソリン」)ニ限リ其ノ他ノ物資ニ付テハ徹底的閉塞ヲ期待スルコト無理ナルヘク又閉塞ハ實行ヲ第一トシ必スシモ之ヲ公表スルトカ或ハ英國ヨリ重慶ニ之ヲ通告スルトカノ如キ行爲ヲ伴ハスト雖モ充分ニ政治的效果ヲ發揮スヘク(之カ覘ヒ所ナリ)我方トシテハ右ニテ滿足スヘキモノナルヘシ援蔣行爲ノ放棄トシテ右緬甸「ルート」ノ閉塞ノ外援蔣借款ノ給與問題モ考慮セラルヘキ處右ハ現實ニ問題トスルニハ當ラサルヘシ

(ロ)新中央政府ニ對スル協力事項トシテ考ヘ得ル第一ハ英國カ新政府ニ對シ政治代表若ハ通商代表ヲ派遣スルコトナリ第二ハ英國カ實質上ノ把握力ヲ有スル上海共同租界當局ノ態度ヲシテ新政權ニ協力セシメ其ノ結果重慶側分子ヲ彈壓セシムルノ手段ヲ講セシムルコトナリ第三ハ英國船(「ジヤンク」ヲ含ム)ヲシテ對米(末カ)占領地貿易ヲ手控ヘセシムルコトナリ(コノ點ニ關シ全支就中上海ノ對香港貿易カ輸出超過ナル事實ヲ看過スルヲ得ス三日ノ數字ハ上海ヨリ香港ヘ輸出千三百萬弗香港ヨリノ輸入ハ七十萬弗ナリ)第四ハ英國ヲシテ新中央政府ノ金融政策及貿

易、爲替管理政策ニ協力セシメ來ルコトナリ
右ノ中第一乃至第三ハ自ラ其ノ內容明ナリ第四ニ關シテハ未タ中央政府ノ政策定マラサルモ我方及新政府ノ立場ヲ考慮ニ入レ新政府ノ執ルヘキ政策ノ概要ヲ考フルニ我方及新政府カ現法幣ノ流通ヲ有效ニ禁止セントスルモ右ハ不可能ニ屬スル一方我方ノ財力及物動計畫上從來ノ如キ方法ニ依ル軍票放出ノ繼續ハ行詰リノ現狀ニシテ況ンヤ軍票ヲ用ヒ之ヲ一般通貨トナサントスルカ如キハ到底出來ヌ相談ナルヲ以テ我方及新政府ノ金融經濟政策ハ好ムト好マサルトニ拘ラス法幣ノ流通ヲ無視シテ之ヲ樹立シ得ス逆ニ法幣ノ流通ヲ基礎トシ何レハ之ヲ整備スル建前ニテ新中央銀行ノ樹立及新法幣ノ發行ヲナシ又右法幣及新法幣ノ價値維持、新法幣ノ流通促進ノ爲ニハ貿易及爲替管理ヲナササルヲ得サル立場ニアリト認メラル（其ノ具体案ハ大体別紙甲號（見当ラズ）ノ如キナルモノナルヘシ）
而シテ右政策ノ樹立及遂行ニ當リ日本及新政府ニ於テ圓系通貨貿易ヲ含メ無差別待遇ヲ保持スル限リ（我方ニ不都合ナキヤノ點ハ後出）英國ヲ主トスル第三國ニ於テ之ニ反對スヘキ理由ナク協力ヲ拒否シ得サルモノト考ヘラレ殊ニ法幣カ慘落ヲ見タル今日英國ノ協調性ハ增大シ來レルモノト觀測セラル
(ハ)ハ主トシテ支那ニ於ケル國防資源ノ開發及利用ニ關スル日支間ノ緊密ナル合作關係ニ對スル英國ノ默認ノ形式ニテ現ハレ來ルヘキ處少クトモ蒙疆北支ニ關シテハ問題ナカルヘシ尙支那以外ノ問題トシテ東洋ニ於ケル英ノ對日積極軍備態勢解消ノ問題モ取上クヘキ事項ナルヘシ
（通商問題ニ關スル英ノ對日態度改善ハ通商交渉ノ對象ナルヲ以テ別ニ研究スルヲ要ス）
三、英國カ前項ノ如キ態度ニ出ツル場合日本側トシテ與フヘキ對價ヲ考フルニ第一ハ互議（讓カ）互惠ノ問題ナルモ前述法幣ニ對スル我カ協力的態度ヲ明確ニスルコトナリ第二ハ揚子江ノ開放ニシテ右ハ南京迄ニ止ムルコトナク速ニ之ヲ上流ニ擴張スルヲ要スヘシ第三ハ通商ニ對スル各種ノ制限ノ緩和ナリ第四ハ諸懸案ノ合理的解決第五ハ全支占領地區ニ於ケル排英運動ノ禁壓第六ハ支那問題トハ直接ノ關係ナキモ對獨貿易ノ適當ナル自制等之ナルヘシ
右ニ關シ第一ヲ除キテハ特ニ說明ノ要ナカルヘキ處法幣問題ニ關シカカル外交ヲ展開スル結果日本軍ノ作戰ニ支

障ヲ來ササルヤノ點ハ愼重考慮ヲ要スル重大問題ナリ然ルニ先ツ中支方面ノ情況ヲ考フルニ中支カ新舊法幣ノ流通ニ依リ外貨地帯トシテ取扱ハルルコトトナル以上日本ヨリノ中支向輸出品ハ外貨卽チ法幣ヲ以テ決濟サルルコトナカルヘク又中支ニ於ケル日本關係ノ諸企業ノ收入モ凡テ法幣ノ收入トナルヘキヲ以テ現ニ軍票ヲ以テ行ヒツツアル軍需品ノ現地調辨ハ此等外貨ノ使用ニ依ルコトトナリ軍票ノ放出ハ減少シ得ヘク又日本商品ハ軍票ノ暗相場卽チ法幣百ニ對スル軍票八〇ノ相場ニ支配セラレ市場ニ於テ既ニ相當暴騰シ居ルヲ以テ中支カ外貨地帯トナルモ之以上ニ急激ニ騰貴スルコトモナク從テ感情論以外ニハ所謂宣撫ニ差支ヲ生スヘシトモ思ハレス又貿易及爲替管理ニ依リ第三國ヨリノ輸入超過ヲ阻止シ外貨ノ流出ヲ防止シ得ヘキヲ以テ新中央政府ノ財政ハ保護セラレ新中央銀行モ無難ナルヘク又軍票ノ放出ハ制限セラレ從テ放出軍票ノ價値維持ニ對スル物資ノ供給ハ少額ニテ足ルヘキヲ以テ物資ニ依ル價値付ケハ容易トナリ軍票ノ價値下落ノ問題モ起ラサルヘク又慾ヲ言ヘハ新中央銀行カ强力トナルニ伴ヒ新中央銀行ヲシテ軍票ヲ囘收セシメ且現地ニ於テ直ニ之カ現物化ヲ急カシムルコトナク對日爲替決濟ニ充テシムルコトニ依リ（右爲替決濟カ遲レル場合ニ於テハ實質上新政府ニ依ル軍費ノ一部負擔ノ結果トナルヘシ）軍票ノ價値維持ヲ容易ナラシムル方法モ講シ得ヘシ其ノ邊ノ操作ハ極メテ專門的事項ニ屬シ多々疑問ノ點モアルヘキカ專門家ノ意見ヲ徵スルニ大體ニ於テ右ノ如キ操作ヲナシ得ルモノト認メラル尙圓系通貨ヲ含ム無差別爲替管理ノ結果日本ヨリ輸入減退ノ惧アルカ如キモ中支カ外貨地帯トナル以上圓系通貨貿易時代ニ比シ多少ノ輸入減ハ苦トスルニ足ラス又在支日本企業ノ輸出手取金及既發軍票ヲ對日決濟ニ使用スルコトニ依リ差當リハ輸入量ニ大減少ヲ來スヘシトモ考ヘラレス

次ニ北支ニ於テ聯銀券カ如何ナルヤ之亦重大問題ナルカ聯銀券對策トシテハ根本的ニ之カ價値切下ヲ實行シ法幣ノ同時流通ヲ認メ中支同様北支ヲ外貨地帯トナスト共ニ軍需品ノ支拂ニ要スル支出ハ新ニ軍票ヲ使用スルコトトナスヘキ處中支ニ於ケル金融政策ノ確立及之カ圓滑ナル運用ヲ見ルニ先立チ急激ニ斯ノ如キ根本的改革ヲ加フルニ於テハ軍費支辨、開發事業ノ實行ニ困難ヲ來シ又內地ヨリノ投資ニ對スル利益配當低下（物價ハ既ニ騰貴シ居リ右ハ聯銀券ヲ四片臺トシテ計算サレタル結果ナルニ付聯銀券ノ價値切下ハ殊更物價ノ暴騰ヲ來スヘキニアラスト思考セラル）ヲ見ル等ノ惡現象ヲ伴フヘキヲ以テ聯銀ニ對シテハ應急策トシテ之カ放出量ヲ制限スル一方其ノ價値維持ニ必要ナル物資、外貨ノ供給ヲ圖リ（右ハ北中支ヲ通シ聯銀券及軍票ニ共通ノ問題ナルカ其ノ實行ハ姑息ノ手段ニ依リ日一日ト遣繰ヲナス方法ニテ滿足スヘキニアラス日本ノ對事變態勢ヲ整ヘ且前記ノ如キ法幣ニ關スル外交ヲ展開スルカ爲ニモ此ノ際思切ツテ滿洲ニ於ケル軍需計畫ヲ繰延シ之ヨリ吐キ出シ得ル物資及外貨ヲ支那ニ振向ケルコトヲ絶對要件トスヘシ）其ノ間前記根本策ニ移行シ得ルヤウ諸般ノ內部準備ヲ極祕裡ニ進ムルヲ要スヘシ

四、右支那問題ヲ中心トスル外交ニ於テ日英カ協調シ得ルニ於テハ之卽チ支那事變ノ解決ニ大ナル一歩ヲ進ムルモノニシテ事此處迄進展シ得ハ英國カ更ニ重慶ニ屈服勸告ヲナスカ如キ措置ハ我方ヨリ賴マストモ自ラ進行スルニ至ルヘク英國ノ態度右ノ如ク轉換スルヲ機會ニ重慶ニ對シテハ日本若ハ汪兆銘ヨリ直接間接ニ之ニ働掛ケ而モ相當ノ成績ヲ收メ得ル情勢ニ至ルモノト判斷セラル（對重慶工作ハ右見透シカ立ツ迄ハ當分之ヲ抑壓スルヲ要シ又本工作ハ汪兆銘ヲ中心トシ有機的組織ノ下ニ日本之ニ協力シテ實行スルヲ要スヘク日支カ連絡ナク又ハ日本側ノミニ於テ種々勝手ナル統制ナキ工作ヲナスコトハ絶對愼ムヲ要ス）又對英外交ノ他ノ一面タル通商關係ニ於テ日本ノ必要トスル戰時（事カ）資材ノ確保ヲ爲シ得ルニ於テハ我方カアル程度ニ英國ノ主張ヲ容レ其ノ結果トシテ政治的ニ歐洲戰爭不介入ノ主義カ場合ニ依リ多少歪メラルルコトモアルヘキ處支那事變ノ解決上ヨリモ又支那事變解決ニ先チ歐洲ノ戰禍カ東洋ニ波及シ來ル場合ニ備フルカ爲ニモ此ノ際出來ル限リノ戰事資材ノ獲得ヲ先ツ重要視スヘキモノト思考ス

尙本項ハ歐洲戰爭カ大體神經戰ノ段階ニアリテ未タ本格化スルニ至ラサル場合ヲ前提トシ起草シタルモノナルカ戰爭カ本格化シ更ニ膠着狀態ニ入リ英國ノ地位カ動搖スルニ至ル場合或ハ米カ參戰スル場合等ニ於テハ本項ノ「ライン」ニ副フ對英交渉ハ自ラ掛引ヲ異ニシ最小ノ讓

歩ニ依リ最大ノ收獲(穫カ)ヲ得ル可能性増大スヘキハ勿論ノ儀ナリ

〰〰〰〰〰〰〰〰〰〰〰〰〰〰〰〰〰〰〰〰〰〰〰〰〰〰〰〰〰〰

1138　昭和15年5月30日　有田外務大臣より在英国重光大使、在米国堀内大使他宛(電報)

英国政府はビルマ・香港ルートによる物資供給や対中借款供与など援蔣政策を放棄するようクレーギー大使へ谷外務次官提議について

本　省　5月30日発

合第一一四五號(極祕)

二十八日谷次官「クレーギー」ト會談ノ際次官ヨリ天津問題ニ付キテハ大体意見ノ合致ヲ見タル處本件交渉開始當初本官ヨリ天津問題ハ他ノ廣汎ナル問題ニ進ム通路ナルヘキコトヲ申述ヘ置キタルハ御記憶ノコトト存ス貴方ニ於テ認メラレタル如ク現在日本ハ支那ト大規模ノ戰鬪ニ從事シ居リ英國モ亦獨逸ト死活ノ闘爭ヲ續ケ居レリ貴我何レモ敵ヲ助ケラレ度クナキ氣持ニ於テハ同一ナリト思考ス然ルニ日本國民ハ一般ニ英國カ「ビルマ、ルート」又ハ香港河内「ルート」ニ依リ物資ヲ供給シ又借款ヲ與フルコトニ依リ援蔣政策ヲ繼續シ居ルモノト考ヘ居リ英國カ之ヲ停止セサレハ日英關係ノ改善ハ到底實現ノ望ナシ仍テ本官ハ英國カ援蔣政策ヲ抛棄スルコトヲ愼重ニ考慮セラレンコトヲ率直ニ提議ス尤モ本日ハ右ニ對シ貴大使ノ卽答ヲ求ムルモノニ非ス右提議ヲ諒承セラレ今後此ノ問題ニ付意見ノ交換ヲ續行スルコトト致シ度シト述ヘタルニ對シ「ク」ハ御話ノ次第ハ十分諒承シ英國側ニ於テモ篤ト考慮スヘシ唯々實際問題トシテ英國ノ蔣政權ニ對スル物資ノ補給ハ殆ント言フニ足ラス又「クレヂット」ノ供與モ目下實際ニハ不可能ニ陥入レリ極祕トシテ御話スヘキカ客年英國政府カ蔣政權ニ三百萬磅ノ輸出「クレヂット」ヲ與ヘタルハ事實ナルモ歐洲戰爭勃發ノ爲右ハ殆ト實行セラレス最近迄ニ僅々十七萬磅ノ「クレヂット」ヲ實施シタルニ過キサル旨述ヘタリ

本電宛先　英、米、北京、天津、南京(大)、上海、香港

英ヨリ佛ニ轉電アリ度

〰〰〰〰〰〰〰〰〰〰〰〰〰〰〰〰〰〰〰〰〰〰〰〰〰〰〰〰〰〰

1139　昭和15年6月27日　在英国重光大使より有田外務大臣宛(電報)

ビルマルートによる援蔣物資輸送禁止や上海からの英国軍隊撤退などわが方が英国に求めるところを同国外務次官へ説明について

付記　昭和十五年七月二日付、作成局課不明

「援蔣根絶ヲ目的トスル對英申入案」

ロンドン　6月27日後発

本　省　6月28日後着

第一一一一號

二十七日「バ」次官懇談ヲ希望シタルニ付往訪シタルニ貴電第五一一號(編注)日本ノ要求ノ内容ニ付忌憚ナキ説明ヲ求メタルニ付大要左ノ通リ説明シ置キタリ(「シーモア」次官補同席)

一、重慶政府ニ對スル物資供給問題ハ實ハ古キ問題ニテ之迄度々貴下及「ハ」外相ニ述ヘタル所ナリ

日本ハ支那問題發生以來英國政府ノ支那援助ノ立場ヲ遺憾トシ居リ右ハ歐洲戰爭開始後日本ノ執リ來レル中立的態度ハ英國ニ於テ實質上多トシ居ルヘキニ付支那戰爭ニ對シテモ英國ハ同樣ノ態度ニ出ツヘキヲ期待シ居リタルニ拘ラス引續キ從來ノ政策ヲ維持セラレタリ右ハ日本國民ニ於テ軍人ノミナラス甚タシク不滿トスル所ナリ

二、日本ノ支那及東亞方面ニ對スル政策ノ根本如何ノ問題日本ハ東亞ノ地域ニ於テハ平和及秩序ノ維持ヲ以テ根本政策トシ支那、(印度欠カ)南洋等ニ於テ戰禍ヲ次ケサル(ママ)ヲ以テ方針トス又支那ニ於テモ速ニ戰爭終焉ヲ希望スル次第ナリ之カ爲ニハ日本ハ重慶政府ニ對シテモ出來得ル丈ケ寛容ノ態度ニ出テタリ然ルニ同政府ハ飽迄抗戰シテ秩序ヲ紊ル行動ヲ續行スルニ付日本ハ之ヲシテ理性ニ還ラシムル爲ニハ更ニ一段ノ努力ヲ爲ササルヘカラス我作戰行動ハ無論ナルモ第一重慶政府ノ得居ル物資ノ供給路ヲ斷タサルヘカラス右日本ノ要望ハ頗ル合理的ノモノト思考ス今日ニ至リ佛國政府ハ始メテ目覺メ漸ク印度支那ニ付テ本問題ハ解決シ次ニ今後益々重要トナルヘキ緬甸道路等英國關係ニ付テ日本側ヨリ要求出テタル次第ナリ日英關係改善ニ付テハ「ハリフアックス」外相ニ於テ自分ニ對シ支那ニ於テハ英國ハ政治上ノ目的無シトノ言明以來日本側モ大イニ了解スル所アリタル次第ナルカ政治上ノ目的無キ以上本件ノ如キ問題モ餘リ困難ニハアラサルヘク實ハ既ニ以前ニ解決シ居リタリシ筈ナリ

三、上海ノ軍隊撤退問題ハ重キヲ置クヤトノ質問ニ對シテハ重キヲ置クト思考ス本件モ亦歐洲開戰當初起リタル問題ナルモ其ノ儘トナリ伊國ノ參戰ニ際シ再ヒ持出サレタリ元來支那ニ於テ交戰國ノ軍隊カ對峙スルハ平靜維持ノ政策ニ反スルモノナリ支那ノ治安ニ對シテハ日本ヲ信頼シ可ナリ支那問題ニ關シテハ從來ノ「ミストラスト」ノ感情ヲ去リ政治上ノ問題ニ付テハ日本ヲ信頼スルノ外途無シト考フ英國モ軍隊ハ他ニ必要ナルヘク此ノ際支那ニ置クノ要ナカルヘシ

四、日本ノ內政問題—一黨樹立問題—國政ノ强硬遂行ノ爲一兩年來一黨樹立ノ問題アリシカ今回漸ク機熟シ近衞公ノ出馬ヲ見ル模樣ナリ對外關係ニ至リテハ根本方針ハ前述ノ通リト思考スルモ其ノ態樣ニ至リテハ國內ニ種々ノ議論アリ特ニ佛國ノ降伏ハ甚大ノ影響ヲ國論ニ與ヘ現政府ハ親英佛トシテ攻撃セラレ苦境ニ立ツニ至レリ非難ノ要點ハ日本側ハ支那問題ノ解決ニ付テハ英米等ノ理解ヲ得ルコトカ重要要素ナリト考ヘタルカ歐洲戰後一年ノ今日英國ハ重慶援助政策ヲ變更セス物資供給ノ如キ問題ニ付テ今日尙交渉セサルヘカラサル狀況ナリト云フニ在リ日本ハ何レノ國トモ良好ノ關係ニ在ルヲ希望スルモ東亞安定ノ方針ヨリ必要ナルコトハ飽迄遂行セサルヲ得サル立場ニ在リ

尙會談ノ終ニ於テ英國政策(府カ)トシテハ未タ方針ヲ決シ居ル次第ニアラス英國政府ノ支那問題ニ對スル立場ハ御承知ノ通リニシテ英國側ニ種々ノ困難アルモ御說明ハ大イニ參考ニ供スヘシトノコトナリシニ付本使ハ本問題ノ如キハ左シテ英國政府ノ困難トスルモノニアラサルヘキニ付極メテ實際的ニ且「タクトフル」ニ解決セラルルコト可然ク(脫?)希望スト述ヘ置ケリ

編注　昭和十五年六月二十五日発有田外務大臣より在英国重光大使宛電報第五一一号は、本書第1906文書。

(付記)

援蔣根絶ヲ目的トスル對英申入案

(昭和一五、七、三)

一、「ビルマ、ルート」閉塞申入ノ貫徹

二、香港ニ關シテ要求スヘキ事項

(イ)我方ノ指定スル重慶側機關ノ閉鎖及重慶要人ノ追放
(香港ト重慶トノ交通ヲ禁止セントスルモノニ非ス又重慶側機關乃至要人ヲ一切香港ヨリ閉メ出サントスルモノニ非ス對重慶工作上必要ナル限度ニ於テハ利用セントスルモノナリ隨テ特ニ「我方ノ指定スル」モノトナセル次第ナリ)
(ロ)反日「デマ」及言論竝結社ノ徹底的取締
(漢字紙タルト外字紙タルトヲ問ハス反日本的或ハ反新中央政府的言論放送或ハ政治運動等ヲ徹底的ニ取締ラシムルニアリ)
(ハ)武器軍需品ノ未占領地向輸送禁止及是カ有效ナル監視
(外國側ヨリ重慶ニ送付セラルル武器彈藥其ノ他重慶ノ抗戰力ヲ維持増進スル物資ニシテ香港ヲ中繼トシ寧波、福州或ハ廣州灣等未占領地域ニ輸送セラルルモノ少ナカラス殊ニ佛印及「ビルマ」ノ「ルート」ヲ遮斷セラレタル後ニ於テハ此種輸送ハ益々増加スルモノト認メラルルニ依リ曩ニ佛印及「ビルマ、ルート」遮斷ニ關シ申入レタルト同樣ノ物資ニ關シ未占領地向輸送ヲ禁止セシメントスルモノナリ)

三、上海ニ關シテ要求スヘキ事項
(イ)工部局參事會員及職員ノ援蔣態度變更
(主トシテ工部局ニ對シ現地ニ於テ要求スヘキ事項ナルモ是ト對應シテ東京及現地ニ於テ直接英國側ニ側面的要求ヲナス要アリ)
(ロ)撤　兵
(本件ニ關シテハ曩ニ歐洲戰勃發當時及伊太利參戰ニ際シ再度撤兵ノ勸告ヲナシ居ル處此ノ際改メテ英國ノ回答ヲ督促シツツ本件ヲ促進セシメントスルモノナリ)
(ハ)武器軍需品ノ未占領地向輸送禁止及是カ有效ナル監視
(香港ニ於ケルト同樣上海ヨリ寧波、溫州等各地ヘ上海ヲ中繼トシ武器軍需品等、送リ込マレ居ルニ付之ヲ禁止セシメントスルモノナリ)
四、援蔣的經濟行爲ノ根絶及援蔣ノ結果トナルヘキ經濟行爲ノ調整
(イ)對蔣「クレヂット」ノ取消
(ロ)從來ヨリノ支那側トノ幣制等ニ關スル協力內容ヲ我方ニ明示シ今後ノ運用ニ關シ援蔣トナラサルカ如キ措置

ヲ講スルコト

(ハ)日本占領地域ヨリノ輸出ニ依リ取得スル外貨ノ使途管理

（本項ノ目的ハ主トシテ通貨政策ニ對スル協力ニシテ占領地域ノ民生安定ノ爲ニ英國側ノ協力ヲ要請スル建前トスルモ一案ナルヘキカ差當リ英國側ニ於テ其ノ經濟行爲カ結果ニ於テ援蔣トナラサル樣措置スルコトヲ要求シ前記協力ニ至ラシムルコト可然）

五、佛印及支那沿岸ニ於ケル英船ニ對スル交戰權ノ主張

（遠洋航海船（米國船少ナカラス）ト沿岸航海船（英國船多シ）ヲ區別シ後者ハ支那ノ特許ヲ得テ支那沿岸ヲ航海シ支那ノ內國貿易ニ從事スルモノナルヲ以テ外國籍船ナリト雖モ支那籍船ニ準スルモノト云ヒ得ヘク遠洋航海船ト區別シ先ツ後者ニ對スル臨檢、捜査、拿捕ノ權利ヲ行使スルコトトスルコト可然シ右ハ我方ノ一方的通告ヲ以テ開始シ差支ナキモ豫メ英國ニ對シ之ヲ承服スルコトヲ要求スルコト可然シ）

1140　昭和15年7月4日　在英国重光大使より有田外務大臣宛（電報）

英国外務次官が日英関係改善を求める姿勢に変化はないと表明しビルマルート封鎖問題や上海撤兵問題に関し意見交換について

ロンドン　7月4日後発
本　省　7月5日後着

第一一六五號（館長符號扱）

往電第一一六四號ノ會談ノ終リニ「バ」次官ハ英國ハ日本トノ關係ヲ成ルヘク改善セントスル政策ニハ變化ナク東亞方面ニ於ケル日本ノ地位ヲ了解シ何等援助ヲモ辭セサル意嚮ニシテ支那ニ於ケル平和秩序ノ囘復ニ對シテハ固ヨリ異存ナク尙又日本ノ要望セラルル原料品ノ問題モ出來得ル限リ希望ニ副ヒタキ意嚮ニシテ右ハ日本ト相互ニ了解シツツ進メ得ル問題ナリ英國ニ於テモ亦困難ナル問題アリ其ノ一ハ緬甸公路ノ問題ナルカ何分ニモ支那ニ關スル「コミットメント」ヲ正面ヨリ破ルコトハ出來難キ爲茲ニ困難アリ是等ノ諸點ニ付東京ニ於テ胸襟ヲ開キテ語リ合フコトヲ得レハ幸ナリ實ハ「クレーギー」ニ對シテハ一兩日

中ニ回訓ヲ要シ今日ノ閣議ニ諮ル手筈ニテ種々顧慮中ナリトノ話アリ

本使ハ日本側要求ノ合理性ハ極メテ明瞭ノコトナルモ右述ヘラレタル英國ノクジ(ママ)的對日態度ハ充分ニ東京ニ於テ日本側ノ了解ニ入レ而シテ今回ノ案件ハ解決ニ資セラレタク而シテ英國ノ「コミツトメント」ハ左ルコト乍ラ實ハ自發的ニ且實際的ニ餘リ形式ニ拘泥セサル遣方モアルヘク之迄日本ハ中立ノ立場ヲ採リツツ自發的ニ便宜ヲ計リタル事例モアル譯ナリ何レニシテモ實際上日本側ノ希望ニ應セラレ互ニ了解ヲ以テ處理スルコトヲ希望セサルヲ得スト述ヘ置ケリ

「バ」次官ハ上海ノ撤兵ハ日本側ニ好感ヲ與フヘキヤト述ヘタルニ付然リ固ヨリ之モ實現スヘキ一事ナリト答ヘ置キタリ尚「バ」次官ハ新聞記事ニ言及シ情報省其ノ他ニ訓令シテ改善シタリト言ヒ又英國内居住日本人ノ不便又ハ不愉快ナルコトナキ様特ニ注意ヲ爲シ置ク手筈ニテ尚此ノ種ノコトニ關シ御希望アラハ申出ラレタシト言ヒタリ

本日ノ會談ハ單ニ私的ノモノナリト特ニ斷リ居タリ

冒頭往電ト共ニ米ヘ轉電セリ

1141　昭和15年9月27日　在英国重光大使より松岡外務大臣宛（電報）

仏印問題に関するわが方立場を英国外務次官に説明し中国問題をめぐる日英関係に関し意見交換について

ロンドン　9月27日後発
本　省　9月28日前着

第一六二〇號

二十五日[1]「バ」次官トノ會談一般問題要領

一、先方ハ前回ノ談話ヲ繰返シ英國側ハ日本トノ關係改善ニ重キヲ置キテ對日關係ヲ處理シ經濟上ノ日本ノ需要ニ付テモ出來ル丈ケ之ニ應シツツアリ最近ニハ緬甸道路ノ閉鎖ニ迄及ヒタルカ來月十八日迄ノ期限内ニ一般問題片附クヤ疑問ニシテ其ノ間種々ノ問題起リ輿論ハ政府ノ處置ヲ攻撃シ政府モ之ニ耳ヲ傾ケサルヲ得ストテ尚印度支那ノ問題ニ言及シ「ハ」外相ノ困難ナル立場ヲ述ヘタリ

仍テ本使ハ英國政府カ對日懸案ノ或ルモノニ關シテ執リタル態度ハ之ヲ多トセサルニアラス尤モ日本側モ同様ノ態度ニ出テタル次第ナリ然シ緬甸問題等ハ要スルニ一部

分ノコトニシテ過去十年ニ亘ル對日政策ヲ清算セサル以上日本側ノ感情ノ根本的改善ヲ期待シ得サルヘク日本ハ英國ニ對シテモ米國ニ對シテモ友情ヲ欲スルモ之等ノ國ハ日本ヲ從來罪人扱ニシテ力ニ依リ壓迫政策ヲ事實執リ來リタルニ對シ日本側ノ好感ヲ期待スルハ無理ナラスヤ又日本ニ對シテ好意ヲ表シタル獨伊側ニ好感ヲ持ツモ當然ニアラスヤ

印度支那問題ニ付テハ最近日佛交渉ノ狀況ハ東京ニ於テ發表セラレ當地ニ於テ之ニ附加スヘキコトナク日佛兩國間ニ既ニ解決ヲ見居レリ日本カ支那ノ秩序ヲ囘復セントスルニ對シ從來佛國ハ之ニ反對シ印度支那ヲ重慶援助ノ爲ノ一種ノ「ベイシス」トセシ次第ナルモ今囘此ノ點ノ改善ニ付日本側ニ滿足ヲ與ヘシ次第ナリ

[2]印(度)支那問題ハ當然起ルヘキ日本トノ間ニ懸案ナリシ經濟問題ノ外ハ右ノ通リニシテ要スルニ日本カ支那ノ秩序ヲ囘復シ大國トシテノ經濟活動ヲ維持セントスルノ最小限度ノ要求ノ範圍內ノコトニ外ナラス重慶以外ニハ何國ニ對シテモ敵意アル政策ニアラサルコトハ明カナリ而モ日本ノ承認シ居ル相手國トノ交渉ヲ以テ妥結シタル次第ナリ日本ハ佛國ニ對シ領土ノ保全ヲ保障シタルコトモ發表セラレ居レリ之ニ對シテ英國ハ米國ト共ニ日本ニ對シテ曖昧ナル現狀維持ナル要求ヲ提出セラルルハ極メテ不條理ニ聞ユ而モ英國モ米國モ佛國ノ植民地ニ付テハ自分ノ手ノ屆ク限リハ勝手ニ處理シ居ルカ如キ處一體佛國ハ英國ノ味方ナリヤ敵ナリヤ將又中立國ナリヤト問ヒタルニ「ビーシー」政府ハ事實上獨逸ノ支配下ニ在リト判斷シ居レリト答ヘタルカ更ニ英國ハ「ドゴール」ヲ利用シテ自由佛國ノ名ノ下ニ佛植民地ヲ押ヘ居レリ最近ニモ佛國艦隊ト戰鬪シタルコトヲ指摘シ日本ハ飽迄印度支那ノ靜謐ヲ守ラサルヘカラサルコトヲ述ヘ置キタリ「バ」次官ハ「ダカール」問題ニ付テ事情ヲ詳細說明シ尙印度支那ハ其ノ地理的關係ヨリ英國側ニ於テ極メテ重要視スル次第ヲ述ヘタリ

[3]本官ヨリ日本ノ對支政策ハ要スルニ支那ノ平和及秩序ヲ囘復セントスルニ在ル次第ナルカ英國ノ對支政策ハ何ナリヤト質問シタル際「バ」次官ハ英國ハ自由支那ヲ欲スルモノナリト答ヘタルカ本官ヨリ右ハ何等日本ノ政策ト相容レサル譯ニアラサルヘク英國モ東亞及世界ノ事態ノ

變化ヲ考慮ニ容ルルノ要アリ自由支那ノ囘復ヲ名トシテ重慶政府ヲ守立テ之ヲ利用シテ米國ト共ニ更ニ東亞ノ不安ヲ增スカ如キ政策ニ出ツルコトナク東亞ノコトハ大體日本ノ指導ニ從ヒ秩序囘復ニ協力セラレ且權益ノ擁護モ重慶ヲ通スルヨリモ東京ヲ經テ實(行)スル樣措置セラレテハ如何之カ英帝國ノ爲ニ利益ニシテ又米國ノ主張スル主義ニ實際適合スル次第ニアラスヤ自分ハ過去ノ日英ノ歷史的關係ニ顧ミ切ニ此ノ點ヲ勸說シタシト述ヘタルニ對シ英國モ必スシモ行懸ニ捉ハルル譯ニアラス事態ノ變化ニ應スルノ用意ハアル次第ナリト答ヘタリ

二、更ニ「バ」次官ハ日獨關係ニ付テ非常ニ注意ヲ拂ヒ居ル態度ヲ示シ居タルカ本官ハ之ニ付テモ新聞宣傳以外ニ承知スル所ナキモ日本ハ歐洲戰爭ニハ不介入ノ根本方針ヲ持シ來レルコトハ之迄發表セラレ居ル通リナリ最近ノ英米合體政策ハ歐洲戰爭ノ關スル限リハ了解出來ルモ恰モ之ヲ以テ日本壓迫ノ具トスルカ如キ態度及宣傳ハ何等好結果ヲ齎ラササルヘク日本ハ既ニ度々明瞭ニ說明セル通リ如何ナル國トモ友情ヲ欲スルモ他方東亞ニ於ケル責任者トシテ遂行スヘキコトハ他國ノ態度如何ニ拘ラス之ヲ行フ次第ナリト述ヘ置キタリ

米ヘ轉電セリ

獨、伊ヘ轉電アリタシ

1142 昭和15年11月20日 在英国重光大使より 松岡外務大臣宛(電報)

ビルマルート再開後における英国の対中態度に関し英国外務次官と意見交換について

ロンドン 11月20日後発

本 省 11月22日前着

第一八三九號(極祕)

往電第一六七一號(編注)ニ關シ

一、其ノ後英國政府ノ態度方針ハ引續キ冷靜ナルカ數次要談ノ序ニ行ハレタル「バ」次官トノ應酬、英國側態度ノ觀測ノ資料トシテ要領左ノ通リ

二、十一月二日會話ノ際緬甸問題ニ付先方ヨリ話出テタルトキ本使ヨリ英國ハ緬甸道路閉鎖ノ際ハ「チヤーチル」演說ニアリタル通リ支那ニ於テ平和ヲ欲ストノコトニテ從來ノ重慶援助ノ態度ヲ改メタル觀アリタルカ其ノ後英國

ノ對支政策ハ如何ナルモノナリヤ今日ニ於テハ寧ロ支那ニ於テハ平和ヲ欲セス飽迄支那ヲシテ日本ニ反抗セシムル以前ノ政策行ハルル次第ナリヤト質問シタルニ「バ」次官ハ英國カ支那ニ於テ平和ヲ欲スルコトハ今日變リ無シ但シ英國カ從來ノ立場ヨリ自由支那(「フリー、チヤイナ」)ヲ欲スルモノナルニ付無理ニ重慶ヲ壓迫シテ日本ト平和ヲ締結セシムルノ態度ヲ執ル能ハストノコトナリシニ付本使ヨリ自由支那トシテハ恰モ「ド、ゴール」將軍ヲ自由佛國ト謂ヘルカ如ク重慶蔣政權ヲ指スモノナリヤト質問セルニ「バ」次官ハ必スシモ然ラス但シ征服セラレタル支那ハ自由ト謂フヲ得サルヘシトノコトナリシニ付然ラハ自由支那ナルモノノ解釋ニハ相當ノ餘地アルヘシ日本ノ對支政策ノ根本ハ支那ニ平和ト秩序トヲ囘復スルニアリ右ハ日本ト支那ハ素ヨリ關係國全部ノ利益トナリ世界平和ニ資スヘキヲ信スルモノナリ日本ノ此ノ目的ノ爲ニ取ルヘキ措置例ヘハ單ニ議論トシテ述フレハ南京重慶ノ和解スルカ如キ事態ハ英國ニ於テモ歡迎セラルヘキ筋ト考ヘラル要スルニ東亞ノ平靜化ハ英國ノ反對無キ筈ナリト述ヘタルニ主義トシテハ異論無シトノ趣旨ヲ以テ應シタリ

三、更ニ十五日「モロトフ」伯林訪問及會談ノ際「タイムス」外交記者ノ觀察(往電第一八二三號)ニ依レハ獨逸ハ日本ヲ英米ニ仕向クル爲日支紛爭ノ終結ヲ希望シ居ルモ蘇聯邦ノ支那援助ハ引續キ行ハレ支那ノ抗戰ハ坐折(挫カ)セストノ趣旨ヲ報シ如何ニモ英國有力筋ハ重慶ヲシテ益々日本ニ反撃セシメ日支紛爭ヲ繼續セシムルコトカ英國ノ政策ナルカ如ク報シ居ル處元來支那時局ノ解決ハ日本ト英米間ニ生セシ紛爭ノ種ヲ刈取ルヘキ秋ナルヘキヲ以テ互ニ此ノ方向ニ少ク共努力シ來リタル所ナルニモ拘ラス三國「パクト」後急ニ此ノ方針ノ變更セラレタリトセハ右ハ極メテ短見ニシテ單ニ英國ハ支那攪亂ノ責任者トナルノミナラス日本ヲシテ愈英國ヲ敵視セシムルコトトナル譯ナルカ英國ノ對支態度ハ將來日英關係ノ大局ヲ決スル有力ナル素因トナルト共ニ米國ノ態度ニ反映スヘク右ハ米國ノ太平洋ニ於ケル監視ヲ益々大ナラシメ直ニ對英援助ニ惡影響アルヘシト述ヘタルニ「バ」次官ハ右「タイムス」外交記事ハ自分モ注意セリ英國側ハ固ヨリ日本トノ衝突ハ極力避ケタキニ付御指示ノ點ヲ充分參考資料ト

シテ考慮スヘシト挨拶セリ

四、英國内部ニ於テモ日本トノ關係ヲ憂慮シ政府ノ措置ニ不滿ヲ表スル者鮮カラス政府部内ニ於テハ保守黨方面「ハンケー」「ロードロイド」（「チャーチル」直系）勞働黨方面「ベビン」等ヲ急先鋒トシ濠洲代表「ブルース」モ有力ナル支持者ナリ

最近英國側ハ獨逸ヲ中心トスル外交活動ニ注目シ日蘇獨伊西ヲ連ヌル太平洋ヨリ北海ニ亘ル反英連衡ノ可能性ニ對シ鮮カラス焦慮ノ模様ニシテ其ノ對日政策ハ幾多一般ノ感情論ニ拘ラス現實的ニ考慮セントスル傾向ニアリ當方ニ於テモ之カ助長ニ努メツツアリ

米ヘ轉電セリ

米ヨリ獨伊ヘ轉電アリタシ

編注 本書第1959文書。

1143 昭和16年3月18日 在中国本多大使より近衛臨時外務大臣事務管理宛（電報）

重慶空爆の被害状況、重慶政権の抗戦意識、中国問題をめぐる英国の対日態度などに関する在中国英国大使の内話について

南京 3月18日後発

本省 3月18日夜着

第一五七號

最[(1)]近重慶ヨリ來滬セル英國大使カ十五日上海ニテ日高參事官ニ語レル要旨左ノ通リ

(一)重慶英國大使館構内ニハ日本軍ノ爆彈多數落下シ相當破壞セラレ一部ヲ修繕ノ上使用シ居レリ其ノ附近ニアル大使ノ住宅ニモ爆彈落下シ損害アリ（樹木ニ當リテ炸裂シ爲ニ一同命拾ヒセリ）

(二)重慶側ノ抗戦意識ハ相變ラス强烈ニシテ汪精衞ハ奸漢（漢奸カ）トシテ取扱ハレ之ト妥協スル事ハ思モ寄ラサル有様ナリ

（日高ヨリ國民政府及帝國側ノ態度及決意ニ關シ説明セルニ對シ大使ハ自分トシテハ汪ノ救國濟民ノ誠意ハ疑ハスト述フ）

(三)國共ノ關係ハ結局大事ニ至ラスシテ解決スルモノト思ハル（日高ヨリ常ニ蔣ノ讓歩ニ依リ落着スルニ非スヤト述ヘタルニ大使ハ敢テ否定セス）

(四)[2]日本ノ樞軸參加ノ爲英國ノ對日平和工作モ施ス餘地ナキニ至レリ(日高ヨリ事變以來英米ノ對日態度ハ日本ノ樞軸參加ヲ見タル主要原因ニシテ此ノ點ニ付テハ日本ノ輿論一致ス又先頃來ノ英國ノ大々的新聞宣傳政策ハ日本ノ平和的意圖ヲ曲解セル惡意的ノモノニシテ極メテ遺憾ナリト言ヘルニ對シ)英國ハ決シテ日本ニ對シ攻撃的ノ意圖ヲ有セス唯萬一ニ備フルノミナリ

英支軍事同盟トカ支那ノ緬甸出兵トカノ報道ハ事實無根ニシテ自分ハ重慶ニテ支那側ト何等取極ニモ署名セルコトナシ

(五)英國政府ハ對獨伊戰ニ沒頭シ極東ニ對スル關心簿(薄カ)ラキタルニ對シ米國ノ關心ハ最近頓ニ深キヲ加ヘ來レリ

(六)松岡大臣ハ蘇聯側トモ了解ヲ遂ケントサルルモノナリヤトテ相當ノ關心ヲ示セリ

尙同大使ハ二十八日上海發重慶ニ赴ク由ナリ

上海、北京、香港ヘ轉電セリ

3 ソ連邦の動向

1144 昭和12年7月18日 広田外務大臣より在ソ連邦重光大使宛(電報)

ソ連が中国に軍事同盟締結を提議したとの情報に関しソ連側に軽挙妄動の不利益なることをほのめかし策動阻止方訓令

本省 7月18日後5時55分発

第三二七號(極祕、至急)

南京發本大臣宛電報第五二四號(見当ラズ)ニ關シ

申迄モナキ儀ナカラ十分御注意ノ上ソ側ニ於テ輕擧妄動スルカ如キコトアラハ甚タ不利益ナルコトヲ可然ホノメカシ之ヲ阻止スル様御配慮アリタシ尚欧米方面ニ於テモ本件眞相可然突止ムル様電訓シオキタリ

1145 昭和12年7月18日 広田外務大臣より在独国武者小路大使、在米国斎藤大使宛(電報)

ソ連の対中軍事同盟提議説に関し査報方訓令

本省 7月18日後5時58分発

合第五七三號(極祕、至急)

南京發本大臣宛電報第五二四號ニ關シ

北支事變發生後ソ聯ヨリ支那側ヘ軍事同盟締結ノ用意アル旨申入レタリトノ報ニ付テハ貴地ニ於テモ十分御注意ノ上參考トナルヘキ情報電報アリタシ

本電宛先 獨、米

獨ヨリ訓令トシテ英、佛、伊、波蘭ヘ轉電アリタシ

1146 昭和12年7月22日 在上海岡本総領事より広田外務大臣宛

ソ連の対中軍事同盟提議説は確証なく疑わしい旨報告

(7月26日接受)

機密第一四三五號

昭和十二年七月二十二日

在上海

總領事　岡本　季正〔印〕

外務大臣　廣田　弘毅殿

「蘇」側ノ蘇支密約提議說及北支事變ニ對スル蘇側態度ニ關スル「オシヤーニン」談報告ノ件

本件ニ關スル往電ニ對シ更ニ詳細報告方御電訓ノ次第敬承本月二日「ソ」側ハ支那側ニ對シ不侵略及相互援助條約ノ締結方ヲ申入レ更ニ今次事變發生後ノ本月十日軍事同盟締結ノ用意アル旨提議シタリトノ諜報アリタル處(當地陸軍武官室ニ於テモ同樣諜報ヲ入手セル處諜報者ハ從來ノ成績ヨリ見テ相當信用シ得ル者ナル趣ヲ以テ眞相確カメ方依賴アリタリ)斯種情報ハ從來屢々傳ヘラレタル所ニテ又「ソ」側カ豫テ南京ニ對シ對日抗戰ノ決意ヲ唆カシ居ルコトハ上海商學院院長裴復恆(蔣介石ニ親シ)カ同盟松本ニ打明ケタル次第モアリ事實ニ相違ナカルヘキモ最近ノ「ソ」支關係及後述ノ如キ事情ヨリ觀テ又提議セリト言ハルル當日頃ニハ「ボゴモーロフ」大使ハ當地ニアリテ南京ニ居ラス尙又斯カル重要提議ヲ爲スヘキ人物南京ニ居ラサリシ事實ニモ鑑ミ前記諜報ノ眞僞ハ相當疑ハシキモノアル樣考ヘラレタルカ時局柄ニテモアリ館員ヲシテ七月十八日偶來滬セル「ソ」聯邦大使館「オシヤーニン」書記官(南京ニ常駐ス)ニ確カメシメタル處同書記官ハ最近「ソ」側ヨリモ又支那側ヨリモカカル提議ヲ爲シタルコト無ク假ニ「ソ」側ヨリ提議スルモ支那側ハ「ソ」聯邦ヲ恐レ警戒シ居ルヲ以テ之ニ應セサルヘク又支那側ヨリ之ヲ提議シ來ルカ如キコトハ全然考ヘラレサル所ナリト答ヘ支那側ニ果シテ「ソ」支兩國ノ關係ヲ現狀ヨリ前進セシメ改善セントスル希望アルヤ疑ハシク少クモ自分(「オシヤーニン」)ハ支那側ニハカカル希望無シトノ印象ヲ受ケ居レリト述ヘタル由ナリ。更ニ他方外論編譯社々長方煥如(情報司長李廸俊ト特殊關係アリ)ハ館員ニ對シ十四日南京ヨリ歸來セルモ同地ニ於テハ何等本件ノ如キコトヲ耳ニセス一寸考ヘラレサルコトナル旨語リタル由ニシテ今日迄ノ處「ソ」側ヨリ前記ノ如キ申込ヲ爲シタリトノ確報無ク又其ノ模樣モ認メラレス本件ハ或ハ南京側ノ宣傳ニ非スヤトモ思惟セラル

又北支事變ニ關シ「オシヤーニン」書記官ハ館員ニ對シ盛ニ質問シ事變ニ關スル情報ハ極メテ多岐ニ亘ルモ前途ノ見透シヲ付クルニ足ルモノ少ク困リ居レリト述ヘタルカ館員

ノ質問ニ對シ莫斯科政府ノ事變ニ對スル態度ニ關シテハ未タ莫斯科ヨリ電報ニ接セサルヲ以テ何等申上ケラレサルモ莫斯科モ事件ノ見透シツカサル爲態度ヲ決定シ得サルモノト思考スト述ヘ更ニ館員ヨリ前駐「ソ」支那大使館附武官鄧文儀ハ今次ノ事變ニ關シ「ソ」側ニ泣キツク爲數日前當地出發急遽浦潮ニ向ヘリトノ情報傳ヘラレ居ル處如何ト質問シタル處「オ」書記官ハ承知シ居ラスト答ヘ今日迄ノトコロ「ボゴモーロフ」大使ニ對シ支那側ヨリハ何等申出テ來リ居ラス又「ボ」大使ハ事件發生以來何人ノ訪問モ受ケタルコト無ク又何人モ訪問シ居ラスト語レリ當地ニ於ケル「ソ」側ハ概シテ冷静ナルヤニ見受ケラル

「ソ」側カ我北支工作ヲ以テ對「ソ」開戰ノ準備工作ト觀シ居ル次第ハ莫斯科ノ新聞雜誌ニ依リ見ルモ明カナル所ニテ「ソ」聯邦カ今次事變ニ際シ何等策動スヘキハ容易ニ想像セラルル所ナルカ當地外人方面ニ於テハ「ソ」聯邦ハ從來其ノ對支政策ノ重點ヲ支那民衆ノ抗日意識煽動ニ置キ種々宣傳煽動シ來レルカ支那民衆ノ抗日意識ヲココ迄導キタルハ大成功ニテ「ソ」聯邦ハ正ニ目的ヲ達シタルモノト謂フヘク又國内的ニハ「トハチエースキー」元帥處刑後赤軍ノ動搖未タ鎭マラス外部ニ手ヲ伸ハス余裕ハ無カルヘク旁今次事件ニ際シ策動シ事件ノ渦中ニ捲込マルルカ如キハ避クルナルヘク從テ支那民衆ニ對スル抗日戰爭ノ煽動ノ如キハ無論愼マサルヘキモ南京政府ニ對スル政治的策動延テ同政府トノ連繫ハ此際敢テ爲サルヘシト觀測スル向多シ

「ソ」側ノ黑幕ニ躍ル共產黨ハ救國會、事變後結成セラレタル民族復興協會等ニ喰入リ暗躍シ居ル模樣ナルモ民衆踊ラス未タ表面化シ居ラス又諜報ニ依レハ中「ソ」文化協會ハ諸外國ニ對シ大々的ニ宣傳ヲ開始スヘク準備中ナリトノコトナルカ未タ具体的ニ活動ヲ開始シタル模樣認メラレス

尙「ボゴモーロフ」大使ハ本月二十日南京ニ赴キ又大使館附武官「レーピン」ハ本月十九日賜暇ヲ得テ歸國シ情報部長「サラートフツエフ」書記官ハ未タ歸任セス當地ニハ副領事「シアンスキー」總領事代理トシテ在ルノミ北平ニハ「スピリワネク」總領事アリテ事態ヲ注視シ居レリ

右報告ス

本信寫送付先　在華大使　北平　在滿大使　天津

1147

昭和12年7月25日　在中国川越大使より広田外務大臣宛（電報）

ソ連の対中軍事同盟提議説など同国策動の情報に関する日高参事官と英国大使との意見交換について

南京　7月25日後発
本省　7月25日夜着

第五八九號

往電第五二四號ニ關シ

廿五日日高參事官英大使ト會談ノ際同大使ヨリ最近「ソビエツト」ヨリ支那ニ提携方申入レタリトノ噂ヲ耳ニセリトテ意見ヲ求メタルニ依リ日高ヨリ同様ノ噂ハ豫々聞キ居ルモ事實ナリヤハ大イニ疑ハシ但シ今次ノ事變ニ乘シ「コミンテルン」ヨリ絲ヲ引キ居ル中國共産黨カ種々策動シ居ルコトニ關シテハ相當確實ナル情報ヲ得居レリト言ヘル處大使ハ自分モ蘇支提携談ニハ信ヲ置カス但シ共産黨ノ點ハ自分ニモ前ヨリ聞込アリト述ヘ居タリ何等御參考迄（不在）

北平、上海、天津、漢口ヘ轉電セリ

1148

昭和12年8月2日　在中国川越大使より広田外務大臣宛（電報）

中ソ軍事協定締結説に関する情報報告

南京　8月2日後発
本省　8月2日夜着

第六四〇號（極祕、部外祕）

往電第五二四號及第五八九號ニ關シ

最近得タル情報ニ依レハ蘇支軍事協定ハ事實ナルモ唯右ハ蘇聯、南京政府及中國共産黨三者ノ合作ニ係リ表面蘇聯ト中國共産黨ノ名目ヲ用ヒ南京政府ハ關知セサル形ヲ取リ具體的内容ニ付テハ未タ詳ナラサルモ蘇聯側ヨリ中國共産軍側ニ對シ不取敢軍用飛行機二百臺ヲ供給スルモノト言ハル右ハ多少辻褄ノ合ハサル點アルモ最近沈鈞儒等一味ノ保釋出獄、朱德、毛澤東等共産軍首領ノ數箇月前ヨリノ出國説、近クハ周恩來ノ活動振（盧山（廬カ）ニテ蔣介石ト會談ノ上目下南京ニ滯在中ノ噂アリ）等ニモ顧ミ聞込ノ儘不取敢（不在）

北平、天津、上海ヘ轉電セリ

1149　昭和12年8月20日　広田外務大臣より在ソ連邦重光大使宛(電報)

ソ連の対中軍事援助などを骨子とする密約が中ソ間に成立したとの情報について

付　記　昭和十二年八月二十三日付、欧亜局第一課作成覚書

中ソ密約成立説は事実とは思われないとドイツ側回答について

本　省　8月20日後1時50分発

第四一七號(至急)

往電第三二七號ニ關シ

在南京某國側ノ得タル情報ニ據レハ去ル十五日同地ニ於テ「ソ」支密約成立セルカ其ノ内容ハ南京政府ハ中央軍ヲ以テ對日攻勢ニ轉シ且ツ如何ナル國家トモ防共ヲ名トスル協定ヲ締結セサルコトヲ約シ「ソ」聯邦ハ右實行ヲ確認シタル上西安ヲ經テ戰闘機百五十機ヲ供給シ操縱者第一回四、五十名、第二回四百名ヲ派遣スト云フニ在リ眞相突止メ中ナルモ不取敢

獨、浦潮、哈府、「ノヴォ」ヘ轉電シ獨ヲシテ英、米、佛、伊、波蘭ヘ轉電セシム

(付　記)

昭和十二年八月二十三日

「ソ」支密約成立説ニ關スル件　覺

八月二十日東郷局長「ディルクセン」獨逸大使ニ面談「ソ」支密約成立ニ關スル情報ヲ傳ヘ(別ニソノ「ソース」ハ述ヘス)在支獨側ニ於テ可然突キ止メ方希望シタル次第アルトコロ八月二十三日「ネーベル」參事官局長ヲ來訪シ在支獨側ヨリノ電報ニ依レハ右樣ノ情報ハ傳ハリ居ルモ露支密約成立ノコトハ事實トハ思ハレストノコトナリト述ヘタリ依テ局長ヨリ諸般ノ情勢ヨリ判スルニ斯ルコトハ極メテ有リ得ヘキコトト思ハルルニ付今後共注意方希望シ置キタリ

1150　昭和12年8月28日　広田外務大臣より在仏国杉村大使、在米国斎藤大使、在満州国植田大使他宛(電報)

中ソ不侵略条約成立の情報につき通報

付　記　昭和十二年八月二十六日発中国外交部より在本邦中国大使館宛電報写

中ソ不侵略条約締結に際し日中間にも同様の条約締結を歓迎するので日本側の意向打診方訓令

本　省　8月28日後8時50分発

合第一二三八號（至急、極祕）

確實ナル情報ニ據レハ八月二十一日南京ニ於テ「ソ」支兩國間ニ不侵略條約締結セラレ其内容ハ不戰條約ヲ遵守スルコト、締約國ノ一方カ第三國ヨリ侵略セラレタルトキ相手國ハ右第三國ヲ援助セサルコト、本條約ハ兩締約國カ既ニ締結シ居ル二國間及多國間ノ條約ニ影響ヲ及ホササルコト竝ニ條約ハ調印ノ日ヨリ效力ヲ生シ五個年間有效トスルコトヲ規定シ居ル趣ナリ

本電宛先　佛、米、滿、上海、天津、北平

佛ヨリ在歐各大使、波蘭ヘ轉電アリ度シ

米ヨリ伯、紐育ヘ轉電アリ度シ

（付　記）

（欄外記入）八月二十六日

南京外交部發、東京支那大使館宛

ソ支兩國不可侵條約ヲ締結ス日本ハ其意ナキヤ如何打診スヘシ

二十六日八一五番電

本部ハ二十一日ニ於テ「ソ」聯ト不可侵條約ヲ締結シ三〇日公布スルコトトナセリ

㈠非戰公約ノ原則ヲ重申シテ互ニ相侵犯セサルコトヲ約定ス

㈡當方カ若シ第三國ノ侵略ヲ受クル時貴方亦タ援助ヲ與ヘサルコト

㈢双方カ以前締結スル所ノ相互及ヒ多邊條約ハ毫モ影響スルトコロナシ

㈣公布ノ日ヨリ效力ヲ發生ス、期間ハ五年トス、六ケ月前ニ廢止ヲ通知セサレハ繼續スルモノトス

約文極メテ簡單ニシテ各國ノ不可侵條約ト大概相同シ、目的ハ僅ニ消極的ヲ以テ和平ヲ維持セントスルニ在ルノミ、絶エテ他ノ意思ナキモノタリ

若シ日本モ速ニ國策ヲ變更シテ我ト同様ノ條約ヲ締結セン

トスルナラハ當方歡迎スル所ナルカ、日本ノ意果シテ如何、打診サレタク、電報ニテ返示サレタシ

（欄外記入）

取扱注意　外部へ漏レサル様

八、二八、藤井少佐ヨリ入手

編　注　広田外相、東郷欧亜局長の閲了サインあり。

1151　昭和12年8月30日　在ソ連邦重光大使より広田外務大臣宛（電報）

ソ連外務部が中ソ不侵略条約締結を発表について

モスクワ　8月30日前発
本　省　8月30日前着

第八〇七號（大至急）

外務部ハ廿九日午後八時半去ル廿一日南京ニ於テ締結ノ蘇支不侵略條約ヲ發表セリ

在歐各大公使、米、伯、滿、阿富汗、波斯へ轉電セリ

1152　昭和12年8月30日　在ソ連邦重光大使より広田外務大臣宛（電報）

ソ連が発表した中ソ不侵略条約の条文報告

モスクワ　8月30日前発
本　省　8月30日後着

第八〇八號（至急）

往電第八〇七號ニ關シ[1]

蘇側發表條約露文譯左ノ通リ爲念

蘇聯邦及中華民國間ノ不侵略條約

蘇聯邦政府及中華民國政府ハ一般平和ノ保持ニ貢獻シ兩國ノ間ニ鞏固ナル且恆久的基礎ニ於テ存在スル友好關係ヲ增進シ且一九二八年八月二十七日巴里ニ於テ署名セラレタル戰爭抛棄ノ條約ニ基キ互ニ負擔セル義務ヲ一層正確ニ確認スル希望ニ動カサレ本條約ヲ締結スルニ決シ之カ爲左ノ通リ全權委員ヲ任命セリ

蘇聯邦中央執行委員會

在中華民國特命全權大使「ドミトリ、ボゴモロフ」

中華民國政府主席閣下

外交部長王寵惠

右委員ハ良好妥當ト認メラレタル各自ノ全權委任狀ヲ交換シタル後左ノ通リ協定セリ

第一條、兩締約國ハ兩國カ國際紛爭解決ノ爲戰爭ニ訴フルコトヲ否認スルコト及相互ノ關係ニ於テ國策ノ具トシテノ戰爭ヲ抛棄スルコトヲ嚴肅ニ確認シ且右義務ノ結果トシテ兩國ハ相互ニ相手國ニ對シ單獨ニ又ハ一箇若クハ數箇ノ第三國ト協同シテ攻撃ヲ爲ササルコトヲ約ス

第二條[(2)]、兩締約國ノ一方カ一箇若クハ數箇ノ第三國ヨリ攻撃ヲ受クル場合ハ他ノ一方ハ直接ニモ間接ニモ全紛爭期間右一箇若クハ數箇ノ第三國ニ對シ何等ノ援助ヲ與ヘサルコト竝ニ一箇若クハ數箇ノ侵略國カ攻撃ヲ受ケタル締約國ノ爲ニ不利ニ利用スルコトアルヘキ何等ノ行動若クハ協定ヲ爲ササルコトヲ約ス

第三條、本條約ノ義務ハ本條約效力發生迄ニ兩締約國ニ依リ署名セラレ且締結セラレタル兩國間及多數國間ノ諸條約若クハ協定ヨリ生スル兩締約國ノ權利及義務ヲ侵シ又ハ變更スルカ如ク解釋セラレサルヘシ

第四條、本條約ハ英文ヲ以テ二通ヲ作成ス本條約ハ前記委員ニ依リテ署名ノ日ヨリ效力ヲ發生シ五箇年ノ間效力ヲ有ス

兩締約國ハ右期限滿了六箇月前他方ニ對シ條約ノ效力ヲ廢棄スルノ希望ヲ通告スルコトヲ得締約國ノ何レモカ適時ニ右ノ通告ヲ爲ササル場合ハ條約ハ最初ノ期限滿了後二箇年ノ間自動的ニ延長セラレタルモノト認メラルヘシ締約國ノ何レモカ二箇年ノ期限滿了六箇月前條約廢棄ノ希望ヲ他方ニ通告セサル時ハ本條約ハ更ニ二箇年間效力ヲ有ス以後亦之ニ準ス

右證據トシテ兩全權委員ハ本條約ニ署名調印セリ

一九三七年八月二十一日南京ニ於テ之ヲ作成ス

「ボゴモロフ」

王　寵　惠

1153　昭和12年8月30日　在上海岡本総領事より広田外務大臣宛(電報)

中国外交部が中ソ不侵略条約締結を公表し声明書発表について

付　記　昭和十二年八月二十九日

中ソ不侵略条約締結に対して発表されたわが

1996

方外務当局の見解

上海　8月30日後発
本省　8月30日後着

第一一九七號

廿九日外交部ハ別電第一一九八號(省略)蘇支不可侵條約「テキスト」ヲ公表スルト共ニ聲明書ヲ發表シ本條約ハ太平洋諸國間ニ不侵略ノ相互保障ヲ爲シ以テ集團的安全ヲ保障スル爲ノ行爲ナリ蘇支兩國ハ本條約ニ於テ不戰條約ヲ確認セシ次第ナルカ本條約ノ條項ハ極メテ簡單消極的ニシテ單ニ不侵略ノ相互保障及侵略國ニ對スル不援助ニ依リ平和ヲ維持セントスルモノニ外ナラス過去十年間各國間ニ多數ノ不侵略條約締結セラレ時ニハ政治的理想ヲ異ニスル場合ニモ締結セラレタルカ本條約ノ趣旨ハ何等是等ト異ナラス支那ハ今日侵略國ニ對シ武力抵抗ヲ爲シツツアルモ右ハ平和愛好カ支那人ノ傳統的特性タルノ事實ヲ變更スルモノニアラス支那ニ對スル侵略國カ右事實ヲ悟リ其ノ國策ヲ變更スルニ於テハ支那ハ極東ニ於ケル平和ヲ維持シ人類ノ福祉ヲ增進スル爲右侵略國ト同樣ノ不侵略條約ヲ締結スル用意アリ本條約カ極東ノ事態改善ノ契機トナルヘキヲ切ニ期待スト述ヘタリ

別電ト共ニ北平、天津、滿へ轉電セリ

(付　記)

我外務當局ノ見解(八月二十九日)

支那側カ今次事變勃發以來帝國ニ對シ度重ナル挑戰行爲ニ出テ乍ラ、今更蘇聯邦トノ間ニ所謂不可侵條約ナルモノヲ締結シ、國際紛爭解決ノ爲ニ戰爭ニ訴ヘルコトヲ排擊スル云々ト唱シテ居ルコトハ寧ロ笑止テアル。

「コミンテルン」カ日本ヲ當面ノ敵トシテ準備ヲ進メテヰルコトハ一昨年七月ノ「コミンテルン」大會ニ明ニ宣言シテ居ル通テアツテ、「コミンテルン」ハ之ニヨリ東洋平和ヲ攪亂セント企圖シテヰルノテアルカ故ニ支那側カ「コミンテルン」ノ魔手ニ躍ラサレルコトハ支那自身ノ爲ニモ又東洋平和ノ爲ニモ最モ好マシカラサル處テアリ、帝國ハ終始一貫之ニ對シ支那側ノ反省ヲ促シテ來タノテアル、然ルニ支那側ハ遂ニ惡夢ヨリ醒ムル能ハス、容共抗日ヲ國是ト爲シ殊ニ西安事件以來ハ完全ニ赤魔ノ藥籠中ノモノトナリ、遂ニ今回ノ如キ條約ノ締結ヲ見ルニ至ツタコトハ支那ノ爲ニ眞ニ採ラサル處テアツテ、支那側カ其本然ノ姿ニ還リ、帝國ト相提携シテ東洋ノ和平確立ノ爲貢獻スル日ノ一日モ速ナランコトヲ希望シテ已マナイ次第テアル。

1154　昭和12年9月1日　広田外務大臣より　在仏国杉村大使、在米国斎藤大使宛（電報）

中ソ不侵略条約が東洋の植民地における列国利権排撃の風潮を激化させ政治的影響が多大である旨を任国政府に注意喚起方訓令

本　省　9月1日後8時40分発

合第一三〇三號

「ソ」支不侵略條約ハ「ソ」政府カ從來締結セル同種ノ條約ト內容大差ナキカ如クナルモ殊更不戰條約第一條ヲ引用シ乍ラ從來ノ不侵略條約ト異リ紛爭ノ平和的解決ニ關スル條項ヲ含ミ居ラサルコト及近年「ソ」聯邦ハ此種條約ノ效果少キヲ知リ相互援助條約ニ執着ヲ示シ居ルニ顧ミルモ本條約ハ「ソ」支不侵略ノ約定トシテヨリモ北支事變前後ヨリ頻リニ傳ヘラレタル國民政府ノ容共政策ヲ實證シ且更ニ密接ナル兩國提携ノ何等約束ヲ伴フモノトシテ重要視スヘキモノナリ蓋シ「ソ」支不侵略條約ノ締結ハ數年來ノ懸案ナリシカ國民黨初期ニ於ケル容共政策拋棄ノ經緯、紅軍ノ跋扈、外蒙及新疆問題等ヲ繞リ行惱ミ居タルモノナル處今回急ニ進捗セルハ日支事變ノ影響ニヨリ支那カ一九三五年「コミンテルン」第七回大會ノ「テーゼ」ノ趣旨ニヨリ明確ニ容共聯俄抗日ノ政策ニ邁進セントスルヲ示スモノニシテ之ヲ「ソ」聯ノ立場ヨリスレハ支那ニ於ケル「コミンテルン」ノ活動及紅軍ノ擡頭以來帝國ノ對支政策上重視セラレ來レル日支間ノ防共協定乃至提携ヲ不可能ナラシムルコトヲ狙ヘルモノナリ次ニ本條約第三條ハ兩國ノ署名セル二國間又ハ多數國間ノ條約上ノ權利義務カ本條約ニヨリ影響ヲ受ケサルモノナル趣旨ヲ規定シ居ル處右ハ「ソ」蒙相互援助議定書ノ如キモノニハ表向キ觸レサルヤウニシ乍ラ支那側ハ之ヲ既成事實ト認メ深ク追及セサリシモノト觀察セラレ支那側トシテ條約ノ文面ハ兎モ角事實上讓歩ト謂フヘク之ニ徵スルモ「ソ」側ハ本條約以外支那ノ爲殊ニ其長期抗日ニ付何等實質的援助ヲ與フルカ如キ約束ヲナシ居ルヘキハ想像ニ難カラス之本大臣發在「ソ」大使宛電報第四一七號「ソ」支密約(出所極祕)其他類似ノ情報ノ裏書スル所ナルカ斯ノ如キ「ソ」支提携ノ結果ハ啻ニ我方ニ有害ナルノミナラス「ソ」聯邦ノ勢力ヲ支那ニ扶植シ「コミンテルン」ノ破壞的工作ヲ擴大セシムルト共ニ列國利權排擊ノ風潮ヲ激化シ佛領印度支那、英領印度其他ノ植民地ノ赤化ヲ促進シ益々東洋ノ平和ヲ攪亂スルコトトナルヘク右ハ殊ニ支那及極東ニ利害ヲ有スル諸國ニトリ極メテ重大ナル事實ナルヘシ就テハ貴使ハ適當ノ機會ニ於テ右ノ趣旨ヲ以テ貴任國政府及輿論ヲ啓發セラレ「ソ」支不侵略條約カ表面消極的目的ヲ有スルニ止マルト稱セラルルモ其政治的影響ノ尠カラサル所以ニ對シ注意ヲ喚起セシメラレ度シ

本電宛先　佛、米

佛ヨリ本大臣ノ訓令トシテ蘇ヲ除ク在歐各大使、波蘭ヘ轉電アリ度シ

米ヨリ本大臣發「ソ」宛電報第四一七號ト共ニ伯(訓令トシテ)、紐育、市俄古、桑港ヘ轉電アリ度シ

蘇、滿、上海、天津、北平ヘ轉電セリ

1155　昭和12年9月3日　広田外務大臣より在仏国杉村大使、在米国斎藤大使宛（電報）

中ソ不侵略条約をめぐる在本邦中国大使との会談内容通報

本　省　9月3日後10時45分発

合第一三三九號

一日許支那大使本大臣ヲ來訪シ「ソ」支不侵略條約ニ付其平和的目的及背後ニ軍事的密約ナキコト等一ト通說明セルカ其際第三條ニ據レハ從來ノ「ソ」支條約ハ影響ヲ受ケサルモノナルニヨリ一九二四年ノ「ソ」支條約ニ依リ支那ノ共產主義宣傳禁止及外蒙カ支那ノ領土ナルコトニ變リナキ旨述ヘタリ依テ本大臣ヨリ「ソ」蒙間事實上ノ關係ヲ如何ニ見ルヤ又豫テ我方ヨリ申入レアル日支防共協定ノ締結ニ對シ今回ノ條約ハ理論上支障ヲ生セサルヤト質シタルニ同大使ハ外蒙ニ付單ニ前言ヲ繰返シ又防共ニ付テハ支那ハ依然之ニ努力スヘキモ日本側ト共同シテヤル必要ヲ認メスト言ヒ右質問ニ對シ孰レモ明答ヲ避ケタリ

本電宛先　佛、米

佛ヨリ在歐各大使ヘ轉電アリ度シ
米ヨリ紐育ヘ轉電アリ度シ
滿、上海ヘ轉電セリ

1156　昭和12年9月10日　在ウラジオストック杉下（裕次郎）総領事より広田外務大臣宛（電報）

ソ連当局が極東ソ連領在住朝鮮人の強制移住に着手したとの風評につき報告

ウラジオストック　9月10日後発
本　　　省　9月10日後着

第※※三八五號

十日當地獨逸領事館雇員ノ廣岡ニ對スル內話ニ依レハ今次蘇側當局ハ極東在住ノ鮮人（軍隊內ニ在ル者ヲモ含ム）ヲ全部奥地、主トシテ中央亞細亞方面ニ强制移住セシムルコトニ決シ既ニ之カ實施ニ着手シ居ルヤノ風評專ラナル趣ナリ右ニ付テハ鮮人間ニ之ニ類スル風評アルハ事實ニシテ且現ニ實行セラレツツアルカ如キモ鮮人全部ノ移住ノ如キハ當地方漁業、農業上ニ及ホスヘキ影響ニモ鑑ミ事實問題トシテ多クノ困難アルヘク俄ニ信シ難キ處右不取敢電報ス
蘇、哈府ヘ轉電セリ

1157　昭和12年9月10日　在ウラジオストック杉下総領事より広田外務大臣宛（電報）

極東ソ連領在住朝鮮人の強制移住に関するソ連側の意図観測について

ウラジオストック　9月10日後発
本　　　省　9月10日夜着

第※※三八七號（極祕）

往電第三八六號ニ關シ

當地方ノ朝鮮人ヲ强制移住セシメントスル蘇側ノ意圖ノ何ナリヤハ未タ不明ナルモ昨年初頃行ハレタル不良鮮人約一萬人ノ强制移住トハ異ナリ今回ハ先ツ以テ蘇滿國境ニ近接セル地域ヨリ着手シ而モ其ノ全部ヲ極メテ短期間ニ强制移住セシメントスルモノナルヲ以テ或ハ緊迫セル情勢ニ鑑ミ戰爭準備ヲ進メツツアルノ一現象トモ推測セラレ特ニ注意ヲ要スルモノト思考ス尚八月中旬ニ於ケル「ポシエット」方面ヘノ軍隊輸送ハ何等カ本件措置ニ關聯ヲ有シ右地方ノ

住民ノ大半ヲ占ムル朝鮮人間ノ動揺ヲ豫メ防止センカ爲行ハレタルモノトモ推測セラル

蘇、滿、哈府ヘ轉電セリ

1158 ソ連による朝鮮人の強制移住の実施状況等に関する報告

昭和12年9月12日　在ウラジオストック杉下総領事より広田外務大臣宛(電報)

ウラジオストック　9月12日後発
本　省　9月12日夜着

第三九五號※※

往電第三八六號ニ關シ[1]

一、「ウゴリナヤ」ニ居住シ約三箇月前ヨリ當館ニ出國手續ヲ出願シ居リタル一朝鮮人十二日當館ニ出頭セル處同鮮人及右往電冒頭ニ記述セル鮮人(約一年前當館ニ出國手續ヲ出願シ爾來「ウオロシロフ」市ニ在リ今回同地蘇側官憲ヨリ出國査證ヲ與ヘラレ當地ニ來レルモノナリ)ノ言フ所ヲ綜合スルニ左ノ如シ

(イ)日蘇戰爭ノ場合ニハ朝鮮人ハ日本ニ味方スヘシトノ危惧ノ爲今回强制移住行ハル、コトトナリタルモノト鮮人間ニ噂セラレ居レリ

(ロ)移住ニ付テハ十家族ニ一貨車提供セラルトノコトニテ「ウオロシロフ」市ニ於テハ移住汽車旅行ノ爲各自食料ヲ準備スヘキコトヲ命セラレタリ

(ハ)今回ノ强制移住ハ官吏又ハ軍隊内ノ鮮人ニモ及フトノコトニテ現ニ「ウオロシロフ」市民警署ニ勤務セル知リ合ヒノ一鮮人モ既ニ移住ノ準備ヲナシ居リ又三箇月ノ軍事教育ヲ受ケル爲召集セラレ同市鮮人軍隊内ニアリタル鮮人ニシテ移住準備ヲ命セラレ除隊セラレタル者アリ

(ニ)「ハマタン」地方(密山南方地方)ニ於テハ十日十六臺ノ自働車ヲ以テ鮮人ノ移送セラル、ヲ見タル者アリ

(ホ)[2]浦潮市ニ於テハ未タ移住ノ命令與ヘラレサルカ如キ處十二日「バザール」ニ於テ邂逅セル一鮮人(鮮字新聞鮮報ニ勤メ居ル女)ハ同新聞ハ廢刊セラルル模様ニテ自分等モ奥地ニ移送セラルヘシト語レリト

二、往電第三八五號ノ內話ニ際シ獨逸領事館雇員ハ廣岡ニ對シ最近當地新韓村ニ於テ行ハレタル鮮人ノ或會合カ支那

ニ於ケル日本軍勝利祝賀ノ爲ノ會合ノ如キモノトナリタル事實アル由ナリト述ヘタリ從來新韓村ハ蘇側ニ同化セル鮮人ノ集團ニシテ當地方ニ於ケル反日運動ノ根源ナリシニ鑑ミ右風評ヲ無條件ニテ受入ルルコトヲ得サルハ勿論ナルモ前記(イ)トモ關聯シ右玆ニ附記ス

三、當地ノ狀況トシテハ未タ移住開始セラレタル模樣ナク師範大學其ノ他ノ學校等ニ別ニ異常認メラレス又鮮字新聞鮮報モ十日附迄發行セラレ居ル次第ナル處(同紙ハ一日置ノ發行ナリ而シテ五日ノ紙上ニハ師範大學學生募集ノ廣告モアリ)「バザール」ニ於テハ野菜類賣急キノミナラス家具類ヲ處分セントスル鮮人增加シ鮮人ノ不安示サレ居レリ

蘇、滿へ轉電セリ

〰〰〰〰〰〰〰〰〰〰

1159　昭和12年10月7日　広田外務大臣より在ソ連邦重光大使、在独国武者小路大使他宛(電報)

ソ連の対中軍事支援など中ソ密約の存在に関する在本邦ポーランド大使の観察について

本　省　10月7日後3時15分発

合第一九七二號(極祕)

一日波蘭大使本大臣ヲ來訪シ豫テノ約ニヨリ「ソ」支密約ノ存否ニ關スル波側ノ觀察ヲ内報セルカ其要旨左ノ通

一、「ソ」支不侵略條約中ニハ對支援助ノ密約ヲ含マサルモノト推論セラル

二、目下ノ處「ソ」聯ハ積極的干涉ヲ考慮シ居ラス蓋シ日本ハ今次事變ノ爲兵力ヲ消耗スヘキニヨリ「ソ」側ニトリ有利トナリ支那ハ益々共産勢力ニ屈服シ第三國ニヨル干涉ノ可能性增加シツツアルト共ニ「ソ」聯内部ノ危機未タ去ラス赤軍ヲシテ紛爭ニ參加セシムルハ時期尙早ナレハナリ

三、正式外交機關及最近强化シ來レル「コミンテルン」ノ宣傳ヲ通シ行ハルル莫斯科ノ訓令ハ國際的排日戰線ノ結成及對支物質的精神的援助ヲ目的トシ居レルカ「ソ」側カ西班牙ニ對スルト同種ノ技術的援助(武器、彈藥、飛行機及幹部士官ノ供給)ヲ與フルヤウ南京政府ニ約束セルハ疑ナシ尤モ在莫斯科外人消息通ハ斯ル小規模ナル支援ノ意義ハ實質ヨリモ寧ロ宣傳ニ在リトノ意見ナリ「ソ」

聯ハ多量ノ豫備品ヲ西班牙及極東ニ移動シツツアル爲現在手持武器多カラサルニヨリ支那ノ歐米ヨリノ武器購入ニ付「ソ」政府カ「クレヂット」ヲ與ヘタリトノ風説ハ相當確實ナリト認メラル

本電宛先「ソ」、獨、滿、米、天津、上海、北平

獨ヨリ英、佛、白、伊、波蘭、壽府ヘ暗送アリ度シ

1160 昭和12年12月6日

極東ソ連領在住朝鮮人の強制移住問題に関する情報部長談話

（昭和十二年十二月六日）

極東「ソ」領朝鮮人强制移住問題情報部長談

極東「ソ」領ニハ革命以前ヨリ多數ノ朝鮮人カ居住シテ居ツタカ昭和七年ニハ其數約二十萬ニ達シ、大部分ハ沿海州、烏蘇里州方面ニ於テ農業ニ從事シ米、麥、亞麻、甜菜、煙草等主要農産物ノ耕作ニ當リ、又海岸地方ノ居住者ハ漁業ニ從事シ、孰レモ平和的ニ其經濟生活ヲ營ンテ來タノテアル。然ルニ「ソヴイエト」政府ハ本年九月初ヨリ此等ノ朝鮮人ヲ强制的ニ中央亞細亞方面ニ移住セシメルコトトシタ爲朝鮮人ハ永年ノ居住地ヲ捨テ多大ノ不安裡ニ異域ニ向ツテ輸送セラレツツアル現狀テアル。

朝鮮人ハ韓國時代カラ其國籍ヲ離脱スル方法カナカツタノテアルカ帝國ハ此制度ヲ繼承シテ居ルノテ朝鮮人ハ假リニ他ノ國籍ヲ取得シテモ等シク帝國臣民タルコトニハ變リナク之ハ代々「ソ」領ニ居住シテ來タ朝鮮人ニ付テモ全ク同様テアルカ、殊ニ在浦潮斯德帝國總領事館ニ登錄セラレ明カニ帝國ノ國籍ヲ有スルモノノミテモ昭和十一年十月一日現在ニ於テ九百七十八人ニ達スル次第テアル。依テ帝國外務省ハ在「ソ」帝國大使館ニ訓令シ强制移住ニ對シ十一月十三日「ソ」側ヘ嚴重抗議セシメ特ニ約一千人ノ朝鮮人ニ付テハ調査方要望セシメタ處十一月二十七日外務人民委員部ヨリ朝鮮人ニ對スル「ソ」聯籍ヲ主張シ我方ノ抗議ヲ受入レ得ナイ旨囘答シテ來タカ其ノ理由ナキコトハ明ラカテアツテ我方トシテハ引續キ其主張ヲ堅持シ更ニ適當ノ措置ヲ考慮スルコトトナラウ。

1161　昭和12年12月17日　在ソ連邦重光大使より広田外務大臣宛（電報）

南京陥落後の事変に対するソ連の態度につき観測報告

モスクワ　12月17日後発
本　　省　12月18日夜着

第一二九九號（極祕）

往電第一一八五號及第一二二〇號ニ關シ[(1)]其ノ後ノ情報ヲ綜合シ左ノ通リ御參考迄

一、支那中央軍ノ粉碎セラレテ南京陷落シタル後ハ蔣介石等國民黨右翼若クハ中央ノ勢力失墜ト共ニ左翼ノ勢力ハ愈壓倒的トナリ赤露ハ殆ト完全ニ之ヲ把握シ得タルト共ニ强大ナル日本ノ武力ヲ一層直接ニ感スルコトトナリタル爲出來得ル丈ケ彼等殘黨ヲ援助シ（此ノ意味ニ於テ蘇聯政府特ニ黨部ニ於テ單獨講和ヲ行ハサルヲ條件トシテ武器其ノ他ノ援助ヲ具体的ニ取極ムルコトアリ得ヘク但シ往電第一二七五號參照而シテ支那カ赤露ノ援助ヲ受クル間ハ單獨講和ノ調停ハ困難ト認メラル―往電特第一〇號―）以テ支那中央部ニ於ケル反日中心勢力タラシメ以テ新疆、外蒙ニ於ケル自己ノ武力線及之ニ聯繫スル第八路軍等共產軍ノ前哨タラシメントシ居ルモノノ如シ（武官ヲ以テ猶支那側ノ手ニ殘シ右計畫ノ實現ヲ期シ居ル所以ニシテ南方海岸地方特ニ廣東ニ對スル日本ノ軍事行動ハ英國トノ葛藤ヲ益々深刻ニスル爲赤露ノ密ニ歡迎シ居ルハ新聞報道振ニ依ルモ看取セラル）

二、[(2)]武器等ノ援助ハ海上ヨリスルハ勿論新疆經由ニ依ルモノモ多量トハ考ヘラレサルモ今日殘リ居ル赤化支那ニ對シテハ上記ノ如ク人民戰線以上ニ密接ノ聯絡ヲ付ケ武器ノ援助モ相當本腰トナルヘク之ト共ニ浦潮及東部西比利亞ノ戰備ハ急速進捗ニ努ムヘキモ戰爭ニ對スル恐怖心ハ强ク日本トノ武力的衝突ハ今日赤露ノ情勢ニ於テハ一層之ヲ避クルニ努ムヘシ（蘇聯ノ現狀ハ大體往電第一一八五?號ノ通リ）

三、英米等ヲシテ介入セシメントスルニ失敗シタル後ハ蘇聯ハ外交上寧ロ孤立ニ還リ（往電第一二二〇號）黨機關ヲ擧ケテ平和擁護、「フアッシヨ」反對ノ「スローガン」ヲ以テ宣傳シ世界ノ輿論ヲ自國ノ有利ニ導カントシ更ニ進ンテ人民戰線ヲ利用シ又ハ社會黨トノ合同實現ニ努メ

（往電第五一六號）若クハ「アムステルダム」勞働黨トノ合併ニ依リ（往電第一三三一號）左翼諸機關ヲ事實外交政策上自己ノ有利ニ國際動員シテ防共運動ニ對抗セントスルモノナリ右ノ方法ハ赤露カ支那問題ニ對シテモ（西班牙問題モ同樣）日本ニ對スル適切有效ノ武器ト信シ居ル次第ナリ

四、[3]右ノ爲ニハ蘇聯ヲ以テ社會主義ノ天國ノ如クニ信セシムルヲ得策トスル次第ニテ今回ノ如キ滑稽ナル選擧ナルモノモ「デモクラシー」ノ典型トシテ連日書立テシメ居ルハ全ク外國特ニ左翼分子ヲシテ蘇聯ハ眞ニ彼等ノ理想國ニシテ强大ナル蘇聯ノ建設ニ依リ又其ノ援助ニ依リテ初メテ彼等自身ノ目的ヲ達成シ得ルモノナルコトヲ信セシメントスルモノナリ從テ今日ノ蘇聯ノ慘憺タル實狀ノ外部ニ洩ルルコトハ彼等ノ極メテ不利トスル所ニシテ昨今極力封鎖政策ヲ執リツツアル所以ナリ

五、[4]共產黨ノ理想タル世界革命、各國ニ於ケル「プロレタリア」ノ獨裁ヲ實現スル爲其ノ足場トシテ社會主義軍國蘇聯ナルモノノ建設（事實ハ主義ヲ離レタルコト多キモ）ヲ爲スモノナルコトハ蘇聯當路ノ絕エス言明シ蘇聯ノ組織モ右ニ出テ居ル次第ナル處實際政策トシテモ歐洲ヲ中心トスル各國ニ於ケル左翼分子カ社會民主黨トノ協力ヨリ離脫シテ共產黨ト協力スルノ傾向ヲ奬勵シ前述ノ如ク國內政治上ノ政策ニ付テ妥協シ外交上ノ共同戰線ニ依リテ左翼ノ合同ニ努メ單ニ民主主義諸國ノミナラス右翼的諸國ニ於テモ其ノ國內ノ動搖ニ向ツテ策動シツツアルモノノ如シ右ハ今回ノ選擧ニ於テ露國市民トシテ當選セル「コミンテルン」書記長「ディミトロフ」カ革命二十年記念日ニ公表セル其ノ政策ニモ明瞭ニ示セル所ナリ（以上ハ我國國內ノ左翼的諸團体ノ國際的又ハ國內的活動ニ關シテモ特ニ注意スヘキ點ト思考ス）

以上之迄ノ報告ト重複スル點アルモ今日特ニ注意ノ要スルコトト思考シ電報添フ

在歐各大使（土ヲ除ク）ヘ暗送セリ

1162 昭和13年1月17日　在スイス天羽公使より広田外務大臣宛（電報）

新疆地方における中ソ関係の現状に関する英国新聞の報道報告

ベルン　1月17日後発
本　省　1月18日前着

第一〇號

一月五日ノ倫敦「タイムス」ハ新疆ノ情勢ニ付新疆ニ於テハ客年五月東干族及土耳古族ノ叛亂アリ一時ハ成功シタリシモ盛世才ハ蘇聯ノ援助ヲ得テ十月叛亂ヲ平定シ內部ニ幾多ノ難關アルモ政權ヲ確立セリトノ記事ヲ掲ケ更ニ論說ニ於テ盛ハ莫斯科ニ負フ所鮮カラサルモ今ヤ國家ノ危機アルニ加ヘ中央政府ヨリ官吏派遣アリシ爲蘇聯顧問ニ對スル態度ヲ硬化シタリ然レト支那政府カ今ヤ海ニ依ル出口ヲ失ヒ中央亞細亞ノ「キヤラバン」ノ途ニ依ルノ外ナキ今日ニ於テハ新疆ハ支那ニ取リテハ特ニ意義アルモノナルカ此ノ途カ露國ノ國境迄飛行機ニ依リ聯絡セラルルハ幸ナリト論評セル處之ヨリ先右「アフガニ」カ九月新疆ヨリ得タル情報トシテ提供セルモノハ右叛亂ノ狀況ヲ詳述シタル上「ウルムチ」ノ「イスラム」政府カ蘇聯ニ援助ヲ求メタルハ英國ヲ嫌ヒタルト蘇聯ハ統治者トシテニアラス同盟トシテ對等ノ地位ニアリテ援助スル爲ナルカ蘇聯ハ最近「イスラム」ニ對シテ蘇聯ヲ經由シテ「メツカ」ニ行クコトヲ許シタルノミナラス二百八十名ノ「イスラム」ヲ蘇聯政府ノ費用ニテ「メツカ」ニ送リ途中莫斯科ニ於テハ之ヲ優待シ又蘇聯ノ通商代表カ新疆ニ來リ無線機械其ノ他ノ贈物ヲ爲ス等東干族ノ懷柔等ニモ腐心シ居レリ併シ新疆住民タル「イスラム」ハ心中蘇聯ニ反感ヲ有ス云々トアリ

1163　昭和13年4月5日

ソ連の対中軍事援助を非難した情報部長談話

蘇聯邦ノ對支援助ニ關スル情報部長談（四月五日）

支那事變勃發以來蘇聯邦ノ對支援助ハ或ハ中國共產黨ヲ通シ或ハ直接武器ノ供給ニ依ツテ行ハレテ來タカ昨今益々露骨トナリ蘇聯邦政府ハ赤軍將士ヲ支那ニ派遺（遣カ）シテ直接支那側ノ作戰ニ參加セシメテ居ル事實カ明瞭トナツタ其ノ實例ノ一二ヲ擧クレハ一月二十六日支那軍航空隊南京空襲ノ際我軍ニ依ツテ擊墜セラレタ飛行機ト共ニ墜死シタ搭乘者二名ハ其所持品等ニ依ツテ蘇聯邦人テアルコトカ明カトナツタカ更ニ三月十四日蕪湖上空ニ襲來シ我軍ニ擊墜セラレタ「エス・ベー」型爆擊機乘組員テ我軍ノ捕虜トナツタ「ド

ウニン・ミハエル・アンドレーウイッチ」ハ「レニングラード」航空隊附航空兵中尉テ客年十月中旬十數名ノ同僚ト共ニ蘇政府ノ命ニ依リ支那ニ派遣セラレタモノテアルコトカ判明シタ外國人ノ入國滞在スラモ極度ニ警戒シテ實際上鎖國ニ近キ狀態ニアリ、マシテ政府ノ命ニ依ラサル自國人ノ外國行ヲ嚴禁シテ居ル蘇聯邦ノ軍人カ支那軍ニ參加スルコトハ所謂義勇兵ナリトノ論ヲ以テ辯解シテモ何人モ之ヲ信スルモノハナイテアラウ。

又蘇聯邦ニ於ケル軍事航空、民間航空共ニ蘇政府ノ統制下ニアリ蘇聯飛士ハ軍人飛行家タルト民間飛行家タルトヲ問ハス義勇兵ト看ナスコトハ出來ナイノテアル。

蘇聯邦ハ我方官憲ノ取調ヘヲ受ケテ居ル船舶ヤ滿洲國ノ北鐵代償金支拂停止ノ問題ヲトリ上ケテ自己ノ對支援助行爲ヲ辯護シテ居ルカ見當違ヒモ甚シイ。

蘇聯邦ノ對支援助カ蘇政府直接ノ命令指導ノ下ニ行ハレテ居ルコトハ疑ヒヲ容レス蘇聯邦其場限リノ辯解如何ハ我方トシテ最早問題トスルニ足リヌ。

編　注　本文書は、昭和十三年十二月、情報部作成「支那事變關係公表集（第三號）」から抜粋。

1164

昭和13年5月3日

ソ連の対中軍事援助は対日敵対行為と認めざるを得ないと重光大使より同国政府に厳重申入れた旨の情報部長談話

「ソ」聯ノ對支援助ニ關スル情報部長談（五月三日）

「ソ」聯邦カ昨年ノ十月頃カラ本年ノ四月中頃迄ニ支那ニ送ツタ、イ十五型、イ十六型驅逐機、「エス・ベー」爆擊機等ハ總數約五百機ニ上リ「ソ」聯人飛行士、機關士ハ約二百人ニ達シテ居ルト見ラレル。而シテ右飛行機ノ大部分ハ我航空兵力ノ爲ニ擊墜又ハ爆破セラレタカラ殘存スルモノハ僅ニ百內外テアラウカ此ノ一例ニ於テモ明白ナル通リ「ソ」聯ノ支那ニ對スル武器、人員ノ供給ハ今後モ根强ク繼續セラレルモノト認メラレル。

去ル一月二十六日南京ヲ空襲シ我軍ノ爲ニ擊墜サレタ飛行機ノ搭乘者二人（墜死）カ「ソ」聯人テアツタコト又三月十四日蕪湖ニ襲來シ是亦我軍ノ爲擊墜サレタ飛行機カ「エ

ス・ベー」爆撃機テアリ其ノ搭乘者ニシテ我軍ノ爲メ捕虜トナツタモノカ本人ノ陳述ニヨリ「レーニングラード」航空隊附航空兵中尉テアツタコトノ「ソ」聯對支援助ニ關スル確證カ擧ツタコトハ曩ニ發表ノ通リテアルカ廣田大臣ハ去ル三月二十八日在京「ソ」聯大使ト會談ノ際嚴ニ「ソ」側ノ注意ヲ喚起スルト共ニ在「ソ」重光大使ヲシテ「ソ」政府ニ嚴重申入ヲ爲サシメタノテアル。

重光大使ハ四月四日「リトヴイノフ」外務委員ニ面會シ前記ノ如キ「ソ」聯對支援助ノ確證事實ヲ詳細ニ述ヘタル後斯ノ如キ對支援助ハ「ソ」聯ノ實狀竝制度ニ鑑ミ同政府直接指揮ノ下ニ支那ヲ通シテ我方ニ對シ行ハルル「ソ」聯自體ノ敵對行爲ト認メサルヲ得ナイ。茲ニ政府ノ訓令ニ基イテ斯ル行爲ニ由テ生スルコトアルヘキ事態ニ對シテハ「ソ」聯邦政府ニ於テ一切ノ責任ヲ負ハネハナラヌト申入レタ此ノ申入ニ對シ「リトヴイノフ」氏ハ支那ニ武器ヲ賣込ミ居ルハ「ソ」聯ノミニ非ス。「ソ」聯ハ軍隊又ハ個々ノ軍人ヲ戰闘行爲ニ參加セシムル爲メ支那ニ送ツテハ居ラナイ。前記捕虜、飛行士ノ陳述ナルモノハ信憑スルニ足ラヌ。支那軍中ニハ種々ノ外國義勇兵カアルニ拘ラス日本ハ是等ニ對シテ何等苦情ヲ言ハヌ等ト勝手ナ言譯ヲシタノテ重光大使ハ貴下ハ本使今日ノ申入ノ重大ナル意味ヲ誤解サレテ居ル様テアルカ支那ニ於ケル事態ハ議論スル迄モナク御承知ノ通リテアツテ此ノ重大ナル場面ニ於テ「ソ」聯ノ現役軍人カ政府ノ命令ニ依ツテ支那ニ赴キ在支日本軍ニ對シ敵對行爲ヲ爲スコトニ對シ日本政府カ本日ノ如キ嚴重ナル申入ヲナスハ當然テアル。「ソ」聯邦ノ制度ニ依レハ義勇兵ナト言フ様ナモノハ有リ得ナイノテ皆政府ノ命令ニ依テ飛行機、飛行士トモ外國へ赴クモノテ現役軍人カ政府ノ命ニ依テ支那ニ赴キ對日戰闘ニ參加スルカ如キコトハ外ノ國ニ付テハ考ヘラレナイ。若シ「ソ」聯ト同様ノ行動ヲ取ル國カアリトスレハ日本政府ハ斯ル國ニ對シ「ソ」聯ニ對スルト同様ノ態度ニ出ツルモノト考ヘルト反駁シ「ソ」政府ノ猛省ヲ促シタ。

「ソ」聯ノ對支援助ニ付テハ其ノ後日「ソ」諸懸案解決方ノ交渉ニ際シ四月十一日井上歐亞局長ヨリ在京「ソ」聯大使館參事官ニ對シ「ソ」聯飛行機及飛行士カ支那軍中ニアツテ我軍ニ敵對行爲ヲ繼續シテ居ルコトハ日本國民ノ到底看過シ得ナイ重大問題テアルコトヲ指摘シ重ネテ「ソ」側

ノ深甚ナル注意ヲ喚起シタ次第テアル。

今次支那事變發生以來「ソ」政府カ今日迄物質的精神的ニ支那ヲ援ケ又我國ニ對シ恰モ敵國ニ對スルカ如キ輿論ヲ喚起シツツアルコトニ對シテハ我國民擧ツテ重大ナル關心ヲ有スルモノテアル、吾人ハ「ソ」側カ帝國ノ東亞ニ於ケル地位ヲ正解シ早キニ及ンテ其對支態度ヲ改メンコトヲ强ク要望スル。

編注　本文書は、昭和十三年十二月、情報部作成「支那事變關係公表集（第三號）」から抜粋。

1165　ソ連と新疆政府との秘密協定に関する諜報報告

昭和14年3月24日　在上海三浦総領事より有田外務大臣宛（電報）

上海　3月24日後発
本省　3月24日後着

第七六八號

ＡＴ[1]ヨリ當地蘇聯總領事館ニ於テ遇然(偶カ)ノ機會ヨリ客年八月迪化ニ於テ蘇聯及新疆將領政府間ニ締結セラレタル條約ヲ閲讀シタリトテ其ノ內容ヲ報告シ來レル處要領左ノ如シ

一、旅行居住ノ自由
二、相互ニ對手國ニ對スル敵對行爲及宣傳ヲ愼ミ又對手國ニ對シ敵意ヲ有スル個人又ハ團体ノ入國及居住ヲ禁止ス
三、通商自由
四、郵便電信及航空聯絡ノ擴張
五、蘇聯人ニ對シ新疆側ハ其ノ領域內ニ於ケル地下埋藏物ノ調査及採掘ヲ許可ス
六、新疆側ハ第三國人ノ爲設ケラレアル工業及林業ニ關スル諸制限ヲ蘇聯人ニ關スル限リ撤去シ又將來此ノ種制限ヲ設ケサルコトヲ約シ及蘇聯人ニ對シ土地所有權ヲ許與ス
七、關稅ノ政訂(改カ)
八、新疆側ハ蘇聯及外蒙共和國ニ近接セル地域ニ於ケル防備ヲ撤去シ且將來之ヲ囘復セス
九、新疆側ハ蘇聯武官ノ新疆內ノ旅行及居住ノ自由ヲ認ム
一〇、新疆內ニ於テ罪ヲ犯シタル蘇聯人ハ之ヲ蘇聯總領事館ニ引渡ス
二[2]、本條約ハ調印ノ日ヨリ效力ヲ發生ス
三、本條約ハ蘇支兩國文ヲ以テ作製シ双方ヲ以テ正文トス

本條約ニハ蘇聯側ヨリ「エー、イー、トクマーコフ」大佐及「ヤー、ネーマン」新疆側ヨリ陶希傑署名シ居リ尚左ノ如キ祕(密)條項含マレ居レリ

一、蘇聯カ第三國ト開戰ノ場合新疆側ハ其ノ經濟資源及交通路ヲ蘇聯ノ支配下ニ置ク

二、新疆側ハ其ノ各軍事機關内ニ軍事顧問及教官トシテ蘇聯人ヲ招聘シ及蘇聯人教官指導ノ下ニ軍官學校ヲ開設ス

三、蘇聯側ハ新疆ニ對シ農業開發及道路改善ノ爲借(款)ヲ供與ス

四、新疆側ハ其ノ領域内ニ於テ現在蘇聯ニ於テ實施セラレ居ルカ如キ政治的及經濟的「アイデイア」ノ普及ヲ妨ケサルモノトス

ATノ閲讀セルハ寫ニテ其ノ末尾ニ漢口蘇聯大使館ノ原文ニ相違ナキ旨ノ認證アリタル由ナリ(委細郵送ス)

本件發表方ニ關シテハ當地「アーベンド」邊リヲ利用スヘク研究中ナリ

北京、天津、南京へ轉電セリ

1166

昭和14年4月21日　在包頭遠藤(秀造)分館主任より有田外務大臣宛(電報)

盛世才が新疆全域を武力制圧し西北貿易が活性化しつつあるとの情報報告

包　頭　4月21日後発
本　省　4月22日前着

第一七號(部外極祕)

最近ニ於ケル新疆、寧夏方面ニ關スル情報御參考迄左ノ通リ尚本電ハ機微ニ亘ル點アリ部外極祕扱ヲ請フ

一、(一語不明)新疆擾亂後東罕軍ノ馮部ヲ率ヰテ南新疆「ホタン」ニ蟠踞シ居リタル馬和善(調査部飜譯ニ係ル「ピーター」「フレーミング」ノ新疆旅行記ニハ馬仲英ノ異母弟トアルモ年齢其ノ他ヨリシテ馬ノ叔父ニ當ル由)哈密警備司令纏同「ヨルボルス」(姚樂博士)及「ヨ」ノ一族ハ客年三月頃新疆省ヲ追ハレ目下西寧ニ在リ馬部側ニテ庇護ヲ受ケ居レリ

一、一方「カシガル」政権(一九三三年九月)領袖黒々孜(「キルギス」人)「マームード」モ「カシガル」ヲ脱出シ現在甲谷陀ニ於テ英國官憲ノ保護下ニ生存シ新疆ハ南北共

廸化政權（盛世才「ホジヤニヤス」）ニ表面統一セラレ居ルモノノ如シ

一、寧夏ヨリ「オルドス」ヲ縱斷シ包頭ニ達スル所謂西北貿易ハ客年十二月以來完全ニ杜絶シ居タルカ四月ニ入リ俄然活潑トナリ既ニ駱駝約三百頭ノ來往ヲ見ルニ至レリ（價格ニシテ約三十萬圓主トシテ毛皮羊毛類ヲ積載ス）今後右ハ回教軍ヲ編制シ關外公路ヲ確保セントスル目的ヲ以テ軍側指導ノ下ニ三月十日當地ニ設立セラレタル西北保商督辦公署（督辦ハ舊馬福祥ノ部下蔣輯若）ノ工作如何ニ依リテハ相當ノ動キヲ見ルヘシ

張家口へ轉電セリ

〜〜〜〜〜〜〜〜〜〜

1167 昭和15年3月21日　在独国宇佐美臨時代理大使より　有田外務大臣宛（電報）

ソ連と重慶政権との関係および新疆方面のソ連動静に関する独国外務省よりの情報報告

ベルリン　3月21日後発
本　　省　3月22日後着

第二八〇號

二十一日獨外務省極東課長「クノール」ノ本官ニ對スル談話要領左ノ通リ

一、獨逸ハ支那新中央政府ニ對シテハ事實上ノ關係ヲ保持スルコトトナルヘキモ直ニ正式承認ヲ爲スコトトハナラサルヘク右ハ暫ク支那ノ情勢ヲ見タル上考究スルコトトナルヘシ

二、獨外務省ハ在重慶「ピツター」參事官ニ對シ蔣介石ト蘇聯邦トノ關係調査方訓令シタル處「ピ」ハ本月甘肅新疆方面ニ旅行シタル上最近報告アリタルカ其ノ結論ニ依レハ蘇聯邦ノ對蔣援助ハ極メテ些少ニシテ兩者ノ關係ハ決シテ良好ナラス又新疆方面ハ全ク蘇聯邦ノ勢力下ニ在ル趣ナリ尚在蘇獨大使館ノ報告ニ依レハ蘇聯邦ノ蔣政權ニ對スル最近ノ態度ハ恰モ西班牙ノ赤色政權カ絶望ニ陷レル當時ノ態度ニ類似シ居リ蔣ニ對スル熱意ハ窺ハレサル由ナリ

伊、蘇へ轉電セリ

〜〜〜〜〜〜〜〜〜〜

1168 昭和16年8月26日　在上海堀内総領事より　豊田外務大臣宛（電報）

中ソ軍事会議がチタで開催され重慶側が西北および内蒙地方での軍事合作を要望したとの諜報報告

上海　8月26日後発
本省　8月26日夜着

第一五九四號

往電第一五五二號ニ關シ

HQニ依レハ蘇支軍事會議ハ八月七日ヨリ十四日迄一週間「チタ」ニ於テ開催會談前後五回ニ亘リ楊杰ヨリ西北及北支ニ於ケル重慶軍ノ兵力及配備狀況ヲ説明スルト共ニ西北及内蒙區ノ蘇支軍事合作ニ關スル重慶側ノ意見ヲ開陳黃光鋭ヨリ西北空軍ノ强化及蘇支空軍合作ニ關スル基本的意見ヲ説明シテ協議ニ入リ差當リ蘇聯赤軍ヨリ第一區新疆青海甘肅寧夏第二區陝西河南第三區山西綏遠察哈爾第四區翼(冀カ)晋邊區ヲ指定シ夫々軍事視察團ヲ派遣スル代リニ重慶代表中ヨリ外蒙及外蒙蘇聯邊境竝ニ滿蘇邊境軍事狀況視察ノ爲六名編成ノ視察團二組ヲ派遣スルコトニ決定セル趣ナリ尚往電第一三八四號二ノ中共代表中毛澤東ハ八月九日延安ニ歸來セルコト判明セルカ中共代表ノ「チタ」行キハ蘇支軍事會議ニ關係無ク八路軍ノ新裝備ニ關スル打合セニアリタル由

南大、滿、北大へ轉電セリ

1169　昭和16年9月6日　在満州国梅津(美治郎)大使より豊田外務大臣宛(電報)

チタでの中ソ軍事会議をソ連側は否定しているが諜報によれば大体事実と認められる旨報告

新京　9月6日後発
本省　9月6日夜着

第六〇三號

往電第五六九號ニ關シ

蘇側ハ「チ」會議ヲ否定セル處本件眞相調査ノ爲滿洲里ニ出張セシメタル當館齋藤囑託ノ報告ニ依レハ「チタ」會議ハ左記事情ニ依リ大體事實ト認メラル御參考迄

冒頭往電ノ情報ハ滿洲里滿側警察カ「チタ」間ヲ往復スル「モ」鐵從業員聯絡者ヨリ入手セルモノニテ同聯絡員ノ言ニ依レハ重慶代表ノ「チタ」到着ノ際ハ蘇側ハ熾ナル歡迎ヲ爲シ且當局ハ市民ニ對シ重慶代表ノ來「チ」ハ蘇支軍事

同盟締結ノ爲ナリト言明シ居リ又市民ハ支那側ノ一行中ニハ「楊」代表及「毛」代表ノ氏名ヲ口ニシ「チタ」當局ハ「支那側代表ハ「チタ」ニ十日間滯在ノ上莫斯科ニ赴ク」旨語リ居リタル趣ナリ

1170　中ソ軍事協力交渉に関する情報報告

昭和16年10月4日　在上海堀内総領事より豊田外務大臣宛(電報)

上海　10月4日後発
本省　10月4日夜着

第一八二七號

往電第一五五二號及第一六六六號ニ關シ

HQハ館員ニ對シ程潛楊杰ハ莫斯科ニ於テ蘇聯邦當局ト協議中ナルカ蔣介石カ九月二十一日「スターリン」宛書翰ニ於テ內外蒙ノ共同防衛及赤軍指導ニ依ル西北軍ノ强化問題ヲ中心トスル蘇支合作交渉ノ熱意ヲ表明セル點ヨリ見テ前記兩名ノ協議モ此等ノ問題ニ關聯スルハ勿論ナルカ九月二十三日重慶大公報カ蔣ノ意ヲ受ケ英米蘇ノ莫斯科會談ト日蘇關係ノ惡化及蘇支合作ニ依ル對日戰ノ遂行ヲ强調セル社說ヲ發表スルコトトナリ居タレルカ其ノ直前「パ」蘇聯邦大使ヨリ現下ノ情勢上蘇支關係ヲ露骨ニ表明セル此ノ種社
2012
說ハ面白カラスト注意アリ之カ發表ヲ見合セタル事實ニ聽(徴カ)スルモ現下蘇聯邦ノ複雜微妙ナル意圖ヲ窺知シ得ヘシト內話セル由御參考迄

南大、北大、香港、滿ヘ轉電セリ

1171　中ソ軍事協力交渉が英国の斡旋により順調に進捗しているとの諜報報告

昭和16年10月25日　在上海堀内総領事より東郷外務大臣宛(電報)

上海　10月25日後発
本省　10月25日後着

第一九六三號

往電第一八二七號ニ關シ

HQニ依レハ重慶側ノ提起セル蘇支兩軍ノ外蒙共同防衛及蘇聯赤軍ノ西北地區實力援助案ヲ繞ル蘇支軍事合作交渉ハ「カー」英大使斡旋下ニ蔣介石及「パ」蘇聯大使間ニ順調進捗中ナルカ最近蘇側ノ西北軍事援助實施方法決定ノ爲蘇

支混合視察委員ヲ現地ニ派遣スルコトニ決定シ蘇側ハ大使館附武官重慶側ハ馮玉祥、徐源泉、胡宗南、朱紹良ヲ豫定シ英米軍事専門家モ若干同行スル筈ニテ「パ」大使ハ其ノ結果ヲ待チ本件打合セノ為一時歸國スル段取ナル由
南京、北京、香港へ轉電セリ

4　わが国空爆による列国の被害

1172　昭和12年7月28日

華北における米国人の生命財産保護を要請する米国政府覚書

付　記　東亜局作成「昭和十二年度執務報告　第一冊（第一課關係）」より抜粋
事変勃発時における列国からの生命財産保護要請の経緯

Tokyo, July 28, 1937.

Information issuing from various authoritative Japanese sources indicate that military operations may be imminently initiated by the Japanese military command in North China.

Since the initiation on July 7 of the current incident in North China, the Japanese Government has on various occasions and in various ways taken cognizance of the presence of American nationals, along with nationals of other foreign countries, in the affected area, and of the existence in that area of the rights and interests of the United States, along with rights and interests of other foreign countries, which are based on the Boxer Protocol and on other international instruments. There are cited in this relation a memorandum of the Japanese Government which was delivered to the American Government on July 12 by the Japanese Ambassador at Washington numbered paragraph 6 of which concludes: "In any case the Japanese Government is prepared to give full consideration to the rights and interests of the Powers in China"; and to the statement issued yesterday by the Cabinet, in which there is contained the statement: "It goes without saying that Japan will make every effort to give protection to the vested rights and interests in China of other foreign

Powers".

It is earnestly hoped that the Japanese Government will give effect to the assurances which it has directly and indirectly conveyed to the American Government and that it will take effective measures toward dissuading the Japanese command in North China from proceeding with any plan for military operations which would be likely to endanger lives and property of American nationals.

編注　英国および仏国より同趣旨の要請がなされた。

（付記）

一、七月二十八日在京「ドッヅ」英代理大使ハ大臣ヲ來訪シ日本軍ハ今日正午ヲ期シテ戰闘ヲ開始スル由ナルカ斯クテハ北平ニ於ケル英國其他ノ外國人ノ生命財産カ危殆ニ陷ル譯ナルニ付何トカ右戰闘ヲ中止スル様措置セラレ間敷ヤト述ヘタルニ付大臣ハ日本軍ハ事件不擴大ノ方針ニ基キ事件發生以來三週間隱忍ノ結果漸ク解決ニ立至ラントセル處二十九軍ハ又々不信行爲ヲ繰返シタルニヨリ之ニ對シ日ヲ限ツテ條件ノ履行ヲ求メタルモノニシテ支那軍カ履行サヘスレハ問題ナク戰闘開始トナルヤ否ヤハ現地ノ事態次第ナリ今正午十五分前ニ立至ツテ貴代理大使ヨリ右ノ如キ申入ヲ受クルモ現地ノ此「モーメント」ノ狀況ヲ知ル由ナキ本大臣トシテ措置ノ執リ様ナキコトヲ了承セラレ度シ但シ貴國其他外國人ノ生命財産ヲ損傷セサルコトニ付キテハ現地日本軍官憲ニ於テ適當ナル措置ヲ執リ居レルハ勿論ナリト應酬シ置ケルカ其後入手セル情報ニ依リ後刻次官ヨリ補足的ニ「目下戰闘ハ北平附近ニ於テ行ハレ居ルモ城內ニテハ行ハレ居ラス日本軍ハ北平城內ニ於ケル戰闘ヲ避クル爲凡ユル手段ヲ講シ居リ現ニ今早朝軍代表ヨリ秦市長ニ對シ北平市內ニ戰禍ヲ及ホスコトヲ避ケンカ爲城內支那兵ノ速ナル撤退方ヲ勸告シ居ケリ。更ニ本日ノ天津軍ノ聲明ニモ北平城內ニテハ支那側カ求メテ混亂ヲ惹起シ戰禍ヲ誘發セサル限リ武力ヲ使用セス、又列國ノ權益ヲ尊重シ其居留民ノ生命財産ノ安全ヲ期スルハ勿論ナル旨明記シアル位ナリ」トノ趣旨ヲ追加説明シ置キタリ

二、更ニ同日在京「グルー」米大使大臣ヲ來訪シ別紙(編注)「メ

モ」ヲ手交シ現地日本軍將校ノ米國官憲ヘノ言ニヨレハ日本軍ハ二十九軍ノ出方如何ニ拘ラス今正午ヲ期シテ之ヲ討ツノ決意ナル由ナルカ本月七日今次事變ノ發生以來日本政府ハ現地ニ在ル米國其ノ他外國人及同地ニ置ケル北清事變最終議定書其他ノ國際約定ニ基ク米國其他外國ノ權益ヲ考慮シ去ル十二日駐米日本大使カ米國政府ニ提出セル覺書中ニ於テモ將又昨日ノ内閣發表中ニ於テモ在支列國權益ニ對シ充分ノ保護ヲ與フヘキ旨言明セリ。就テハ日本政府カ米國政府ニ對シ直接間接與ヘラレタル右保障ヲ確認セラレ、北支日本軍カ米國人ノ生命財産ヲ危殆ニ陷ラシムルカ如キ軍事行動ニ出テサル樣必要ナル措置ヲ執ラレンコトヲ切望スト申出テタリ依テ大臣ハ前記英代理大使ニ對シ爲セルト同樣ノ趣旨ニテ應酬シ尚北平ニ於テハ日本居留民ハ交民巷ニ收容保護スルコトニナリ居ルニ付米國居留民モ同地區ニ避難セシメラルレハ萬一ノ場合ニモ安全ナルヘシト「サゼスト」シ置ケルカ後刻更ニ次官ヨリ前記英國側ニ對スルト同樣ノ追加說明ヲ與ヘ置キタリ

三、七月二十九日在京佛國大使次官ヲ來訪シ本國政府ノ訓令ニ依リ「フレンドリー」ノ申入ヲナス次第ナリトテ平津地方ノ佛國人ノ生命財産保護方申出タルニ付次官ヨリ七月二十八日英、米側ニ對スル次官ノ說明ト同樣ノ應酬ヲナシ置キタリ

編注　省略。第1172文書として採録。

1173　昭和12年8月21日

今次事変による生命財産被害の賠償請求権を留保するとの英国政府通告文

British Embassy, Tokyo,
21st August 1937.

Your Excellency,

I have the honour, in accordance with telegraphic instructions which I have received today from His Majesty's Principal Secretary of State for Foreign Affairs, to inform Your Excellency that His Majesty's Government must reserve all their rights as regards holding Your

Excellency's Government responsible for damage or loss to either life or property which may be incurred by subjects of His Majesty as a result of action taken by Japanese forces in the course of the present hostilities in China.

I avail myself of this opportunity to renew to Your Excellency the assurance of my highest consideration.

編　注　米国、仏国、独国、ベルギーおよびスウェーデンより同趣旨の通告がなされた。

1174　昭和12年8月23日

南京における非空爆地帯の設定に関する英国政府提案

付　記　東亜局作成「昭和十二年度執務報告　第一冊（第一課關係）」より抜粋
右提案に対するわが方回答振り

Japanese aeroplanes have twice dropped bombs inside the walls of Nanking causing apprehension for the safety of the staffs of the foreign Ambassadors and for their archive and themselves. They believe that in order to relieve this anxiety on the part of the representatives of friendly Powers, whose duty requires their presence in Nanking, the Japanese Government may desire to instruct Japanese bombers to avoid operations in the area outlined by a line from the Hansimen gate to the circle (hsinchieh-kou), thence to Peichiko (meteorological observatory), continue the line to the wall, and follow the wall north to the point on the Yangtze located at the railway ferry. The area to the north and west of the line including the Yangtze and Hsiakwan, from that point upstream to a point near Hansimen gate, to be immune from attack. This line would include the Yangtze River between the city and Pukou where foreign naval and merchant vessels are anchored.

British Embassy, Tokyo.

23rd August, 1937.

編　注　本提案は、在中国英、米、仏、独、伊五か国大使の申合せに基づき、各国在京大使より日本側に伝えられた。

（付　記）

(イ)南京ニ在ル獨、英、佛、伊、米各國大使館竝ニ右關係國所屬艦船ノ安全ハ帝國ノ最モ顧念スル所ニシテ帝國政府ニ於テハ既ニ關係機關ニ對シ此等各國大使館竝ニ船舶ノ安全確保ノ爲ニハ事情ノ許ス限リ出來得ル限リノ注意ヲ加フル樣訓令濟ニシテ我方關係機關ニ於テモ右訓令ニ基キ行動致居ルニ就テハ左樣御承知相成度シ

(ロ)御來示ノ地域ナルモノハ前記大使館ノ所在地域ニ關係各國ノ軍艦及商船ノ碇泊地ヲ包含スル地域ト解セラルル處右地域内ニハ支那軍艦ノ外要塞其ノ他支那側ノ軍事的施設存在シ居ルノミナラス多數ノ軍事關係機關在リ此等ノ施設又ハ機關ニ於テ我方ニ對シ敵對行爲乃至ハ挑戰的行爲ニ出ツルカ如キコトアルニ於テハ我方トシテモ之ニ對シ必要ノ措置ヲトラサルヲ得サル場合有之ヘキニ付右ハ豫メ御含置アリ度シ

(ハ)尤モ右ノ如キ場合ト雖モ帝國政府トシテハ關係國大使館等ニ對シ損害ヲ與フルカ如キコトハ出來得ル限リ之ヲ避ケ度考ニ付此等大使館及艦船舶ニ對シテハ空中ヨリ充分識別シ得ルカ如キ明確ナル標識ヲ豫メ施シ置カレムコトヲ希望ス

編　注　本回答は、八月二十三日、堀内外務次官より各国に対し口頭で伝えられた上、文書として送付された。

1175

昭和12年8月27日

ヒューゲッセン駐華英国大使負傷事件に関する情報部長談話

「ヒューゲッセン」大使射撃事件ニ對スル情報部長談話

（八月二十七日）

It is exceedingly unfortunate that Sir Hughe Montgomery Knatchbull-Hugessen, British Ambassador to China has been seriously injured by a machine-gun bullet from an aeroplane at a point some fifty miles from Shanghai in the afternoon of the 26th when he was on his way by automobile from Nanking to Shanghai.

Upon receipt of this report, the Foreign Minister instructed Ambassador Kawagoe to call immediately on the British Ambassabor to tender the expression of his deep sympathy. Consul-General Okamoto at Shanghai also called on the British Acting-Consul General Davidson to express his sympathy.

It is absolutely impossible that Japanese aeroplane should, under any circumstances, shoot purposely at the automobile of the British Ambassador. Facts of the case are now being thoroughly investigated on the spot.

1176　昭和12年8月27日　在天津堀内総領事より広田外務大臣宛（電報）

ヒューゲッセン大使負傷事件に関する報道振りについて

天　津　8月27日後発
本　省　8月27日夜着

第八二四號

英國大使遭難事件ニ關シ

二十七日ノ當地新聞ハ日本飛行機英國大使ヲ射撃負傷セシムトノ見出ノ下ニ何レモ上海發路透電ヲ掲ケタルカ右ハ事件ノ經過ヲ敍シタル後日本側ニハ通告セシモ支那側ニハ通知ナカリシコト、日本「スポークスマン」ハ出來事ニ付deepest regretヲ表明セルコト、大使館、總領事館、海軍側ヨリ英國側ニ見舞ヲ述ヘタルコトヲ報シ割合ニ冷靜ナル書振ナルカ倫敦發「ユー・ピー」ハ英國政府ハ最モ緊要重大ナル事態ニ直面セリトテ日本飛行機カ英國旗ヲ掲ケ居リタルニ拘ラス故意ニ射撃セルコトハ不安ノ念ヲ增大セシムル事件ノ結果日本ハ上海附近ノ相互撤兵ニ同意スルヤモ知レスト報ス尙記者會見ニテ英人記者側ヨリ當地英國人側ハ日本側ノ行爲ナリトシテ相當興奮シ居ル旨話アリタルニ付係官ヨリ日本ニテモ徹底的調査中ナルカ假ニ飛行機ニ日本「マーク」アリシトテ日本側ノ行爲ナリト斷スルハ早計ナラスヤ支那側ニ戰況不利ナル今日第三國ノ干涉ヲ誘起センカ爲支那機尾ニ日本「マーク」ヲ附シテ斯ル蛮行ヲ遣ルコトナシトハ言ヒ得サルヘシトノ趣旨ニテ應酬シ置ケル由

上海、北平ヘ轉電セリ

1177 昭和12年8月29日 在本邦ドッヅ英国代理大使より広田外務大臣宛

ヒューゲッセン大使負傷事件に対する英国政府の抗議文書

British Embassy, Tokyo.
August 29, 1937.

No. 125.

Your Excellency,

The Japanese Government will be aware of the injuries sustained by Sir Hughe Knatchbull-Hugessen, His Majesty's Ambassador to China, as a result of shooting from Japanese military aeroplanes when motoring with members of his staff from Nanking to Shanghai on August 26th last. The facts were as follows:—

His Majesty's Ambassador was proceeding from Nanking to Shanghai on August 26th accompanied by the Military Attaché and the Financial Adviser to His Majesty's Embassy and a Chinese chauffeur. The party occupied two black saloon cars of obviously private character, each flying the Union Jack, approximately eighteen inches by twelve inches in size on the near side of the car projecting above the roof. At about 2.30 p.m. and about eight miles north-west of Taitsang, i.e., some forty miles from Shanghai, the cars were attacked by machine-gun fire from a Japanese aeroplane. The aeroplane which fired the machine-gun dived from the off-side of the car at a right angle to it. This was followed by a bomb attack from a second Japanese aeroplane from a height of about two hundred feet. The Ambassador was hit by a nickel steel bullet (subsequently found embedded in the car) which penetrated the side of the abdomen and grazed the spine.

His Majesty's Government in the United Kingdom have received with deep distress and concern the news of this deplorable event in respect of which they must record their emphatic protest and request the fullest measure of redress.

Although non-combatants, including foreigners resident in the country concerned, must accept the inevitable risk of injury resultant indirectly from the normal conduct of hostilities, it is one of the oldest and best established rules of international law that direct or deliberate attacks on non-combatants are absolutely prohibited, whether inside or outside the area in which hostilities are taking place.

Aircraft are in no way exempt from this rule which applies as much to attack from the air as to any other form of attack.

Nor can the plea of accident be accepted where the facts are such as to show at best negligence and a complete disregard for the sanctity of civilian life. In the present case the facts which have been recorded above make it clear that this was no accident resulting from any normal hostile operation and it should have been obvious to the aircraft that they were dealing with non-combatants.

The plea, should it be advanced, that the flags carried on the cars were too small to be visible is irrelevant. There would have been no justification for the attack even had the cars carried no flags at all. The foreign, even diplomatic, status of the occupants is also irrelevant. The real issue is that they were non-combatants. The aircraft no doubt did not intend to attack His Majesty's Ambassador as such. They apparently did intend to attack non-combatants and that suffices in itself to constitute an illegality.

It is moreover pertinent to observe that in this particular case the Ambassador was travelling in a locality where there were no Chinese troops nor any actual hostilities in progress. No Chinese troops were in fact encountered by the Ambassadorial party until about an hour's drive from the scene of the attack.

His Majesty's Government feel that they must take this opportunity to emphasise the wider significance of this event. It is an outstanding example of the results to be expected from indiscriminate attack from the air. Such events are inseparable from the practice, as illegal as it is inhuman, of failing to draw that clear distinction between combatants and non-combatants in conducting hostilities which international law, no less than the conscience of mankind, has always enjoined.

The fact that in the present case no actual state of war has been declared or expressly recognised by either party to exist emphasises the inexcusable nature of what occurred.

His Majesty's Government must therefore request:—

1. A formal apology, to be conveyed by the Japanese Government to His Majesty's Government.

2. Suitable punishment of those responsible for the attack.

3. An assurance by the Japanese authorities that the necessary measures will be taken to prevent the recurrence of incident of such a character.

I avail myself of this opportunity to renew to Your Excellency the assurance of my highest consideration.

Signed: J. L. Dodds

His Excellency

Mr. Koki Hirota

H.I.J.M.'s Minister for Foreign Affairs.

1178 昭和12年9月1日

人道的見地より南京空爆の停止を要請する米国政府覚書

付記 東亜局作成「昭和十二年度執務報告 第一冊（第一課關係）」より抜粋

右覚書に対するわが方回答振り

AIDE-MÉMOIRE

The American Ambassador on August 23 brought orally to the attention of the Vice Minister for Foreign Affairs the desire of the diplomatic representatives at Nanking of the United States, Great Britain, France, Germany and Italy that Japanese bombing operations be excluded from an area in that city wherein they and some of their nationals reside and where foreign shipping is anchored. The American Government feels, however, that other aspects of the matter demand equal consideration.

The existensive bombing of that city on the night of August 26 placed in danger the lives and property of noncombatants, both foreign and Chinese, and it has seemed to the American Government that the appropriate Japanese authorities, when this fact is brought to their attention, may desire to limit future action in accordance with the restraints which considerations of humanity and of international comity usually impose on the bombing of the political capital of a country, especially when no state of war exists. Both before and after the earlier request for the protection of a defined area, there occurred bombing operations over the city which extensively damaged the buildings and killed and injured several of the employees of the National Central University and also resulted in the burning alive of numerous peaceful Chinese in one of the poorer quarters. These scenes of destruction have been visited by foreign diplomatic officers. The Government and people of the United States are in friendly relations with China as with Japan. Basing its appeal, therefore, on these friendly relations and on the principle of ordinary humanity, the American Government requests the discontinuance of activities which, despite their military objectives, result actually in the indiscriminate destruction of property used for educational and other non-military purposes and in the wounding and painful death of civilians.

The American Government is also greatly concerned over the fact that there are American citizens still scattered throughout China who will have to use the railways and motor roads as their only means of leaving for places of comparative safety. In view, therefore, of the widespread bombing operations now being carried out by the Japanese military throughout Chinese territory the American Government feels that it may properly make representations to the Japanese Government with a view to persuading it to refrain from attacks upon defenseless cities, hospitals, trains and motor cars, et cetera. There is grave risk that sooner or later some incident will take place resulting in the death or injury to American citizens who are going about their legitimate occupations within the interior of China where such dangers should not exist. Japan declares that it is not at war with China and yet its planes are conducting raids far in the interior, dropping deadly missiles with consequent serious damage to the rights of other nations.

The attention of the Japanese Government is invited to the situation described in the foregoing paragraphs in the hope that appropriate instructions may be issued to its military forces in the field.

Tokyo, September 1, 1937.

（付　記）

(イ)南京ハ支那軍ノ日本軍ニ對スル敵對戰鬪行爲ノ策源中樞地ニシテ多數ノ要塞ニ依リ防禦セラレ市ノ内外ニ幾多ノ軍事的機關及施設ヲ有シ居ルニ鑑ミ我軍ニ於テ右等ヲ爆撃スルハ當然ノ事ニ屬ス

(ロ)固ヨリ我軍ニ於テハ人道的見地ヨリ爆撃ノ目的物ヲ嚴ニ右等軍事的機關及施設ニ限定シ非軍事的財産及私人ヲ直接ノ攻撃目標トナスカ如キコトハ絶對ニ無之

(ハ)唯此ノ如キ我方ノ注意ニモ不拘偶々非戰鬪員ニシテ日支兩軍ノ軍事行動ニ捲込マレ其ノ財産ニ不慮ノ災害ヲ蒙ル者アルハ我方ニ於テモ甚タ氣ノ毒ニ存シ居ル次第ナルカ右ハ古往今來戰鬪行爲ニ伴フ不可避ノ現象ニシテ出來得ル限リ此等非戰鬪員ノ安全ヲ計ラムカ爲ニハ前記我方ノ努力ニ對應シ支那側ニ於テモ彼等ヲ其ノ軍事的機關及施設ノ近傍ヨリ退去セシムル等適當ノ措置ヲ執ルヘキモノナリト思考ス

(ニ)支那在留ノ米國人ヲモ含ム第三國人ノ生命財産ノ安固ハ屢次言明ノ通リ帝國政府ノ最モ顧念スル所ニシテ之カ安全地帶ヘノ引揚避難及其ノ財産ノ保護等ニ付テハ帝國ニ於テモ能フ限リノ努力ヲ惜マサル所ナルカ米國側申出ノ如キ支那側ニ於テ軍用ニ供シ居ラサル無防禦ノ都市、病院、列車及自動車ノ攻撃ノ如キハ我軍ニ於テハ夢想タニモシ居ラサル次第ナリ

編　注　本回答は、九月十六日付覚書で米国側に伝えられた。

1179　昭和12年9月3日　広田外務大臣より在本邦ドッヅ英国代理大使宛

英国の被害賠償請求権留保に対するわが方回答

亞一普通第一四九號

以書翰啓上致候。陳者、八月二十一日附第一二二號貴翰ヲ以テ御申越ノ趣閱悉致候

帝國政府カ支那ニ於ケル内外人生命財產ノ安全ヲ顧念シ今次事變ノ擴大ヲ防止スル爲凡ユル努力ヲナシ來レルハ屢次貴國政府ニ對シ說明セル通リニ有之、從來帝國軍カ支那ニ於テ執リ來リタル軍事行動ハ全ク支那側ノ不法ナル挑撥的攻擊ニ對スル自衞措置ニ外ナラサルヲ以テ同方面ニ於ケル戰鬪ノ結果第三國人ノ蒙レル損害ニ對シ帝國政府ニ於テ何等責任ヲ負フヘキ筋合ニアラサルニ付右ニ御承知相成度候

右回答旁本大臣ハ玆ニ重ネテ貴下ニ向テ敬意ヲ表シ候。敬具

昭和十二年九月三日

外務大臣　廣田　弘毅

貴　下

1180　昭和12年9月6日　広田外務大臣より在本邦クレーギー英国大使宛

ヒューゲッセン大使負傷事件につき慎重調査中である旨英国側へ通報

以書翰啓上致候。陳者、八月二十九日附「ドッヅ」代理大使發本大臣宛第一二五號書翰ヲ以テ在支英國大使「サー、ヒユー、ナツチブル、ヒユーゲッセン」氏ノ負傷事件ニ關シ御申越ノ趣閱悉致候

本事件發生ノ報ニ接スルヤ帝國政府ハ之ヲ重大視シ不取敢本大臣竝ニ在支及在英帝國大使ヨリ貴國政府及「ナッチブル、ヒユーゲッセン」大使ニ對シ深厚ナル見舞ヲ申入ルルト共ニ直ニ關係出先官憲ヲシテ銳意調査ヲ進メシメタル次第ナル處今日迄我方ニ於テ調査シ得タル結果ハ本件カ我方飛行機ノ所爲ナルコトヲ斷定スヘキ材料無之モ帝國政府ハ更ニ愼重ヲ期スル爲尙出先ヲシテ殘サレタル調査ノ手段ヲ取ラシメツツアル次第ニ有之候

事情右ノ如ク本件ニ對スル責任カ我方ニ在リヤ否ヤハ未タ斷定シ得サル所ナルモ當日太倉方面ニ於テ日支間ニ現實ニ戰鬪行ハレ居タル結果トシテ「ナツチブル、ヒユーゲッセ

ン」大使ノ遭難ヲ見タルハ日英兩國ノ傳統的親善關係ニ鑑ミ帝國政府ノ深ク遺憾トスル所ニ有之候

尙帝國軍隊ニ於テハ非戰鬪員ニ對シ損害ヲ與ヘサル樣常ニ十分ノ注意ヲナシ居ル處、今後萬一我方ノ手ニ依リ此ノ種不幸ナル事件ノ發生ヲ見ルカ如キコトハ帝國政府ノ最モ希望セサル所ナルヲ以テ帝國政府ニ於テハ出先官憲ニ對シ愼重行動方重ネテ訓令致シ置候。就テハ貴方ニ於テモ今後危險區域通過ノ際ニハ事前ニ通報スル等此ノ種事件再發防止ノ爲必要ナル措置ヲ執ラレ我方ノ努力ニ協力セラレンコトヲ切望致候

右不取敢回答旁本大臣ハ茲ニ重ネテ閣下ニ向テ敬意ヲ表シ候。　　敬具

昭和十二年九月六日

外務大臣　廣田　弘毅

大不列顚特命全權大使

「サー、ロバート、クレイギー」閣下

1181

昭和12年9月16日　在天津堀内総領事より広田外務大臣宛（電報）

戦闘行為波及地域の拡大につき列国側へ警告について

2026

天　津　9月16日後発
本　省　9月16日夜着

第九四六號（極祕）

往電第六五四號（領事團同章第二四號）ニ引續キ客月二十六日是等地方ニ敵對行爲波及ノ場合外國財產ハ國旗掲揚其ノ他ノ方法ニ依リ之ヲ明示スルコト望マシク又日本軍ハ勿論外國財產ヲ尊重スヘキモ過去ニ於テ屢經驗セルカ如ク支那側カ其ノ軍事行動ノ根據地トシテ外國財產ヲ使用スル場合ニハ之ヲ攻擊シ已ムヲ得サルニ至ルヘキヲ以テ各國領事ニ於テ右防止方各自國在留民ニ警告方然ルヘク措置アリ度キ旨首席領事ヲ通シテ通告シ（同章第五一號二日郵報濟）更ニ本月七日敵對行爲ハ支那側ノ動向如何ニ依リテハ張家口以西ノ平綏沿線及山西省ノ北部ニモ及フヘキニ付前同同樣措置アリ度キ旨ヲ通告セルカ（同章第五九號未郵報）最近戰局ノ急轉ニ伴ヒ更ニ二十六日附ヲ以テ前記同章第二四號及第五一號ノ趣旨ハ今（後?）隴海線以北ノ總テノ地域ニ及ホサルヘキニ付然ルヘク警告ノ措置ヲ執ラレ度キ旨通告セリ

北平、上海ヘ轉電セリ

1182　昭和12年9月19日

南京空爆に際し南京周辺在留外国人の避難を要請する列国領事宛通告

付記一　昭和十二年九月二十一日付
右通告に対する英国政府抗議

二　昭和十二年九月二十九日付
右抗議に対する日本政府回答

支那軍ノ敵對行爲ヲ終熄セシメ以テ時局ノ迅速ナル收拾ヲ促スコトハ我軍作戰ノ目的トスル所ニシテ南京ハ支那軍作戰ノ中樞ナリト認メ我海軍航空隊ハ九月二十一日正午以後南京市及附近ニ於ケル支那軍隊竝ニ作戰及軍事行動ニ關係アル一切ノ施設ニ關シ爆撃其ノ他ノ加害手段ヲ加フルコトアルヘシ、右ノ場合ニ於テモ友好國ノ權益及國民ノ生命財產ハ之ヲ尊重スル意嚮ナルコト勿論ナルモ日支交戰ノ結果萬一ニモ危害カ及フコト無キヲ保シ難キ狀況ナルニ鑑ミ第三艦隊長官ニ於テハ南京市及附近ニ在住スル友好國官憲及國民ニ對シ自發的ニ適宜安全地域ニ避難ノ措置ヲ執ラレンコトヲ强調セサルヲ得ス尙揚子江上ニ避難セラルル向及警備艦艇ハ下三山島上流ニ避泊セラレンコトヲ希望ス

編注　本通告は、長谷川第三艦隊司令長官の依頼により、在上海岡本総領事より在上海英国、米国、独国、仏国、伊国、ソ連邦およびベルギー領事に対してなされた。

（付記一）

MEMORANDUM

His Majesty's Government in the United Kingdom have been informed of the statement issued by the Commander-in-Chief of the Japanese Third Fleet on the 19th September announcing that fresh offensive measures, including bombing from the air, are to be undertaken against Nanking and warning foreign officials and other nationals to withdraw.

His Majesty's Government cannot accept the view that the city of Nanking in general, as distinct from military establishments outside, is a legitimate target for air attack. Any attack not confined strictly to military establishments outside cannot fail to endanger civilian lives which the Japanese Government state that they do not with(ママ) do so. Nor can His Majesty's Government admit that the Japanese Government have any right to expect foreign diplomatic representatives and other nationals to vacate Nanking in order to avoid such danger or to move warships which may be there for the purposes of protection of their nationals and to maintain the essential communications of His Majesty's Embassy. They must reserve the right to hold the Japanese Government responsible for any injury to British lives and property as a result of any attack that may be made.

British Embassy.
21st September, 1937.

(付記二)

覚　書

日本軍ノ南京空爆ニ關スル九月二十一日附英國大使館覺書ニ關シ英國政府ニ於テモ御了知ノ通リ南京ハ他ニ其ノ類例ヲ見サル程最モ堅固ニ防禦セラレタル支那軍作戰ノ中樞根據地ナルヲ以テ同市内外ニ於ケル軍事的機關乃至施設ヲ爆撃スルハ日本軍ノ軍事目的達成ノ爲必要已ムヘカラサル措置ナル處其ノ爆撃ノ嚴ニ右ノ範圍ヲ出テス無差別的ニ非戰鬪員ヲモ對象トスルモノニ非ルハ言ヲ俟タサル所ニシテ事前支那側非戰鬪員ニ對シテモ警告セルハ右ヲ立證スルモノナリ又第三國ノ權益竝ニ第三國人ノ生命財産ノ安全ヲ出來得ル限リ尊重致シ度シトノ日本政府ノ屢次聲明セル方針ハ今次爆撃ニ際シテモ何等變更ナキハ勿論ニシテ、今般英國官民竝ニ艦船ノ避難ヲ申入レタルモ畢竟日本軍ノ最大ノ注意ニ拘ラス第三國人ノ不慮ノ災害ノ及フコトアルヘキヲ極力回避致シ度シトノ念慮ニ出テタル外他意ナキ次第ナリ

此ノ如ク日本軍カ事前通告ニ依リ作戰行動上少カラサル掣肘ヲ受ケ居ルニモ拘ラス今回ノ如ク第三國人ノ避難方希望セル次第ハ英國政府ニ於テモ十分了解ノ上右日本政府ノ措置ニ協力方切望ス

尚今次支那ニ於ケル戰鬪行爲ノ結果第三國人ノ蒙レル損害

ニ關スル日本政府ノ意嚮ハ九月三日附亞一普通第一四九號書翰ノ通リナリ

昭和十二年九月二十九日

1183 昭和12年9月21日 広田外務大臣より在本邦クレーギー英国大使宛

ヒューゲッセン大使負傷事件に関するわが方最終回答

付記 昭和十二年九月二十三日付在本邦クレーギー英国大使より広田外務大臣宛半公信

右最終回答に対する英国政府回答

以書翰啓上致候陳者支那駐箚貴國大使「サー、ヒュー、ナッチブル、ヒューゲッセン」氏ノ負傷事件ニ關シテハ不取敢九月六日附亞一第一五三號往翰ヲ以テ回答ニ及ヒ置キタル處其ノ後上海及其ノ附近ニ於ケル取調完了セルニ付本大臣ハ閣下ニ對シ帝國政府ハ左ノ通リ回答セントスルモノナル旨通報スルノ光榮ヲ有シ候

最モ周到ナル調査ノ結果ニ依レハ八月二十六日午後二時三十五分日本飛行機二機ハ嘉定ノ南東三粁ノ地點ニ於テ支那軍將兵ヲ輸送中ノ軍用「バス」若ハ「トラック」ト確信セラレタル自動車二臺ヲ銃爆撃セルコト判明シタル處當時嘉定ニハ支那軍ノ陣地アリ八月十八日以來日本飛行機ハ之ニ對シ屢次攻擊ヲ行ヒタルノミナラス日支兩軍飛行機ノ間ニ數次ニ亙リ空中戰行ハレタル次第ニ有之候

現在ノ狀況ニ於テハ現地調査ヲ行フコト困難ナルヲ以テ「ナッチブル、ヒューゲッセン」大使負傷當時ニ於ケル同大使自動車ノ位置ニ關スル各種ノ報告ニ幾分ノ相違ハアリタルモ日本飛行機ニハ同大使カ當初負傷シタリト報告セラレタル地點ニ於テ機關銃ヲ掃射シ若ハ爆彈ヲ投下セルモノ無之コト判明致候

然レトモ日英官憲ニ於テ同時ニ周到ナル調査ヲ遂ケタル結果當該自動車ノ位置ハ英國側當初ノ報告所載ノ通リ太倉ノ南方六哩ニ非シテ嘉定ノ南方ナリシヤモ知レストノ結論ニ到達致候

敍上ノ次第ニ鑑ミ帝國政府ハ本事件ハ同大使ノ自動車ヲ軍用「バス」若ハ「トラック」ト誤認シタル日本飛行機ノ行爲ナリシヤモ計ラレスト思考スルモノニ有之候此ノ如ク同大使ノ負傷ハ固ヨリ故意ニ出テタルニハ非サルモ日本飛行

機ノ行動ニ因リタルヤモ計リ難キ次第ニ鑑ミ帝國政府ハ英國政府ニ對シ深甚ナル遺憾ノ意ヲ正式表示ヲナサントスルモノニ有之候

關係搭乘員ノ處分ニ關シテハ帝國政府ハ日本搭乘員ニシテ故意若ハ懈怠ニ因リ第三國人ヲ殺傷シタルコト判明セル場合ニハ適當ナル處置ヲ執ルヘキコト勿論ノ次第ニ有之候

支那ニ於ケル戰鬪行爲存在ノ結果生スヘキ非戰鬪員ニ對スル危險ヲ出來得ル限リ局限セントスルハ帝國政府ノ希望シ且方針トスル所ニシテ在支帝國軍隊ニ對シ非戰鬪員ニ損害ヲ與ヘサル樣最大ノ注意ヲ拂フヘキ旨帝國政府ヨリ重ネテ訓令濟ノ次第ハ九月六日附不取敢回答シ置キタル通リニ有之候

右回答旁々本大臣ハ茲ニ重ネテ閣下ニ向テ敬意ヲ表シ候　敬具

昭和十二年九月二十一日

外務大臣　廣田　弘毅

大不利顛特命全權大使

「ゼ、ライト、オノラブル、サー、ロバート、クレイギー」閣下

（付　記）

British Embassy, Tokyo.

23rd September, 1937.

No. 148.

Monsieur le Ministre,

I have the honour to inform Your Excellency that I duly communicated to His Majesty's Government in the United Kingdom the terms of the Note which Your Excellency addressed to me on the 21st September in regard to the attack on His Majesty's Ambassador in China by two aeroplanes in the neighbourhood of Shanghai on 26th August last.

2. I have now received instructions from His Majesty's Government to state that they have received this communication with satisfaction and regard the incident as closed.

I avail myself of this opportunity to renew to Your Excellency the assurance of my highest consideration.

Signed: R. L. Craigie.

His Excellency
Mr. Koki Hirota,
H.I.J.M. Minister for Foreign Affairs.

~~~~~~~~~~

1184　昭和12年9月21日　広田外務大臣より
在本邦クレーギー英国大使宛

被害事件の再発防止に関する対英協力要請

付　記　昭和十二年九月二十三日付在本邦クレーギー
英国大使より広田外務大臣宛半公信
右要請に対する英国政府回答

拜啓。陳者、「サー、ヒュー、ナッチブル、ヒューゲッセン」氏ノ遭難事件ニ關シ帝國軍ニ於テハ非戰闘員ニ對シ損害ヲ與ヘサル様常ニ十分ノ注意ヲナシ居リ我方ノ手ニ依リ萬一此ノ種不幸ナル事件ノ發生ヲ見ルカ如キコトハ帝國政府ノ最モ希望セサル所ナルヲ以テ帝國政府ニ於テハ出先官憲ニ對シ愼重行動方重ネテ訓令致シ置キタル次第ニテ右ハ九月二十一日附貴大使宛亞一普通第一七二號書翰ニテモ御了知ノ通リニ有之候就テハ貴方ニ於テモ兩國政府ノ法律上ノ立場トハ關係ナク今後危險區域通過ノ際ニハ事前ニ我方ニ通報スル等此ノ種事件再發防止ノ爲必要ナル措置ヲ採ラレ我方ノ努力ニ協力セラレンコトヲ切望致候　敬具

昭和十二年九月二十一日

外務大臣　廣田　弘毅

在京
大不列顛特命全權大使
「ゼ、ライト、オノラブル、サー、ロバート、
クレイギー」閣下

（付　記）

British Embassy, Tokyo.
23rd September 1937.

Confidential.

My dear Minister,

I did not fail to inform my Government of the letter which Your Excellency addressed to me on 21st September and in which the hope was expressed that the British
~~~~~~~~~~

authorities would co-operate with the Japanese authorities with a view to forestalling the recurrence of such unfortunate events as the wounding of His Majesty's Ambassador in China.

I have now received a telegram from my Government stating that the British authorities will be ready to assist the Japanese authorities by giving notice where possible of any intention to enter a zone of danger. If any case arises, however, where it may not have been possible to give such warning His Majesty's Government in the United Kingdom could not consider the Japanese authorities were thereby absolved from responsibility.

Believe me,

My dear Minister,

Yours very sincerely,

(Signed) R. L. Craigie.

His Excellency

Mr. Koki Hirota,

H.I.J.M. Minister for Foreign Affairs.

1185 昭和12年9月24日 在天津堀内総領事より広田外務大臣宛(電報)

広東空爆に関するロイター通信報道について

天津 9月24日後発
本省 9月24日後着

第九八四號

二十三日廣東發路透ハ廣東爆撃ニ關スル路透記者ノ目撃談トシテ斗山(?)附近ノ下層民居住地域ニテハ死骸カ蠅取紙ノ上ノ蠅ノ如ク積重ナリテ女子供ノ呵(阿カ)鼻叫喚ノ様目モ當テラレス死傷ハ恐ラク二千ヲ超ユヘク日本爆彈カ軍事施設、政府建物ニ一發モ命中セス大部分貧民ノ居住區域ニ落チタルヲ以テ外人目撃者ハ日本ノ爆撃ノ目的カ奈邊ニ在ルヤヲ不可解トシ居レリ等報シ二十四日ノ當地新聞ニ大見出ニテ掲載シ外人側ノ神經ヲ相當刺戟シ居ル模様ナル處同日午前ノ新聞會見ニ於テ係官ヨリ廣東爆撃ニ關スル東京及上海海軍側發表ノ事實ヲ指摘シ斯ル出鱈目ノ報道ハ路透ノ聲價ヲ失墜スルノミナルコトヲ述ヘ置ケル趣ナルカ香港邊ニテ出來得ル限リ外支人ノ實見者其ノ他ニ就キ右路透電ニ對スル反駁材料ヲ蒐集スルト共ニ廣東路透通信員カ支那人ナルコトヲ

併セテ發表スルコト然ルヘキカト思考セラル既ニ手配中ノコトト存スルモ爲念

尙支那側ニ於テハ今後聯盟委員會目當ニ列國ノ干涉ヲ誘起スル爲日本側ニテ直接反駁ノ手段ナキ內地各地ノ爆擊等ニ付テハ非戰鬪員、敎會等ニ對スル被害ノ事實ノミヲ誇張シ路透ヲ利用シ汎ク世界ニ放送スルニアラスヤト思料セラル

北平、上海ヘ轉電セリ

香港ヘ轉報アリタシ

1186　昭和12年9月27日

南京および広東空爆に関する外務当局談

南京廣東等爆擊ニ關スル外務當局談（九月二十七日）

日本政府ニ於テハ傳ヘラルルカ如キ空爆ノ結果ニ付十分ノ報告ニ接セス殊ニ廣東ノ「ロイテル」最モ誇張的ナルカ同地ノ「ロイテル」通信員ハ梁某ナル支那人ナルヲ以テ最モ信ヲ置キ難イ。（近著ノ倫敦「ロイテル」ハ幾分之ヲ訂正シ居レリ）乍然事實眞相ハ傳ヘラルルカ如キ「センセーショナル」ナモノテナイト思フカ、非戰鬪員ヲ攻擊目標トスルコトハ絕對ニ日本軍ノ眞意ニ非ス、日本軍ハ非戰鬪員ヲ目標トシテ直接攻擊スルカ如キコトハ斷シテナシ（夫故ニ爆擊ニ先チ豫告シタ次第テアル、卽チ南京ニ於ケル各國外交官ニ萬一不慮ノ災害無キ樣懇切ニ豫メ警告シ、前ニ二十日長谷川長官ハ支那人ニ對シ我方攻擊ノ目標タル軍事施設附近ヨリ避難方一般警告ヲ發シタ）殊ニ南京、廣東兩市ニ於テハ軍事施設、軍事關係ノ建造物換言スレハ敵性ヲ有スル建造物及施設カ一般市民ノ住宅營業所ニ截然分離セル地域ニ無ク之等ト混在スルコトテアル。某國ノ如キハ此點ノ認識十分テナク亦軍事施設ハ總テ市街ノ外ニアルモノノ如ク誤解シ居リ之カ爲市中ノ爆擊卽チ故意ニ非戰鬪員ヲ目標トスル爆擊ナリト誤信シ、日本軍ヲ非難シ居ルコトハ失當ト云ハネハナラヌ。故ニ南京廣東兩市支那當局ニ對シテハ爆擊ノ爲間接的ニ被害ヲ蒙ルヘキ惧アル位置ニ居住又ハ營業スル市民ニ對シテハ豫メ安全地帶ニ避難セシムルコトニ懈怠ナカラムコトヲ要望セサルヲ得ヌ、空戰法規ニ關シテ未タ確立セルモノ無キハ一九二二年ノ海牙空戰法會議ノ際日米伊等カ空爆ノ目的物ヲ具体的ニ制限列擧スヘキコトヲ主張シタノニ對シ大凡軍用目的物ト認メ得ルモノハ總テ之

ヲ空爆シ得ヘシト强調シタノハ英佛兩國ナリシ經緯モアツタ事ヲ想起セサルヲ得ス

尚最近入手シタ情報ニ依レハ日本ノ空軍ノ廣東ニ於ケル空爆ノ命中率ハ正確ニシテ軍事施設ニ的中シ居リ「ロイテル」等ノ始メ報シタ如キ非戰闘員多數ニ死傷者ヲ出シタ事實ハ無カツタ由テアル。

1187　昭和12年10月3日　在天津堀内総領事より広田外務大臣宛（電報）

列国側による被害賠償要求への対処方針につき請訓

天　津　10月3日後発
本　省　10月3日夜着

第一〇三四號

貴電合第一三三六號[1]及上海宛往電第五九一號ニ關シ（各國ノ損害賠償申出ニ付囘答ノ件）

當方面ニ於テハ戰闘行爲ノ直接ノ結果第三國人ノ身體又ハ財産ニ及ホセル損害ハ今日迄ノ所比較的僅少ナルカ如ク外國領事館ヲ通シ又ハ直接ニ申出アリタル賠償要求ハ別電第一〇二七號（省略）ノ通リ寧ロ我部隊ニ依リ誤ツテ徵發セラレタルモノ、兵士カ無斷ニテ使用又ハ持去リタルモノ等カ多ク戰闘ノ結果ニアラサル損害（別電ノ中㈠ノ一部及㈦ノ一部ヲ竝ニ㈩ヲ除ク）ハ調査ノ上事實確定セハ此ノ際何等カノ名目ニテ賠償シ遣ルモ冒頭貴電ノ御方針ニハ累ヲ及ホササルモノト認メラル

當方トシテハ今日迄何等「コムミツト」スルコトナク放任シ置キタル次第ナルカ英國側ノ如キハ盛ニ督促シ來リ居ルニ鑑ミ賠償スルモ差支ナシトノ御方針ナラハ事實問題ニ關スル談合ヲ試ミ度キ所存ナリ但シ事變解決後迄其ノ儘トシ置クヘキヤ何分ノ儀御囘電アリ度シ

尤モ[2]事實問題トシテハ損害發生當時當該場所ニ居リタル部隊乃至ハ關係セル個々ノ兵士等ニ就キ調査スルコトハ事實上不可能ニシテ中ニハ軍帽著用ノ不良邦人等ノ所爲ナルコトモアルヘク先方ノ支那人使用人カ虚僞ノ報告ヲ爲シタルコトモアルヘク是等ノ完全ナル擧證ハ先方ニ責任アルモノトシテ處置スル所存ナリ

北平、上海ニ轉電セリ

1188

昭和12年10月7日　在天津堀内総領事より広田外務大臣宛（電報）

広東空爆報道等につきロイター通信極東支配人と意見交換について

天　津　10月7日後発
本　省　10月7日夜着

第一〇五七號

病[1]氣保養ノ爲歸英中ナリシ路透通信極東支配人「チヤンセラー」ハ上海ヘ歸任ノ途次六日當地ニ立寄リ木内（數日間病氣引籠リ中）ヲ來訪山崎代ツテ種々懇談セリ同人ハ路透トシテハ今次ノ日支事變ニ際シ同人及北平ノ「オリバー」共歸英中ニテ又日本ノ廣東爆撃カ聊カ感情的ナル若輩「バロー」（英國人三十歳）ニ依リ深慮ヲ加ヘス其ノ儘ヲ發信セラレタルハ眞ニ遺憾ナリト述ヘ支那各地ノ通信員ハ悉ク支那人ナルヤト問ヒタルニ河相情報部長ノ聲明中ノ廣東ノ梁。ハ既ニ本年一月解雇シ漢口ハ英人「ハモンド」（二十三歳）南京ノ通信員ハ支那人 Chao ナルカ同地Ａ・Ｐノ「テイン・ベリート」「ジヨイント・コレスポンデント」トナリ居リ決シテ廣東通信員カ支那側ニ操ラレタルカ如キコトナク又斷シテ事實無根ノ報道ヲ發スルカ如キ男ナラスト力說セリ

山崎[2]ヨリ南京通信ハ全ク宋美齡ノ代辯タルノ觀アリ八月着任以來ノ各地通信振ヲ見ルニ徒ニ支那ニノミ忠實ニシテ明カニ日本ニ非友誼的ナリト斷定指摘シタルニ「チ」ハ上海着ノ上ハ直ニ公正周密ナル思慮ヲ加ヘ同盟ノ松本トモ計リ努力スヘシト言ヒ岡本總領事トモ常ニ密接ノ連絡ヲ保ツヘキヲ諾シタルヲ以テ貴下ノ御意嚮ハ卽チ路透最高幹部ノ意嚮ト解シ得ルヤト反問シタルニ然リ既ニ離英前日本側トノ聯絡ニ關シテハ吉田大使トモ話合ヒ「オリバー」北米ヨリ十月二十日横濱ニ立寄リ歸平スヘク共ニ遺憾ナキヲ期スヘシト繰返シ今日迄ハ兎ニ角トシ今後日本側ヨリ文句ノ出ヌ樣巧ニ立廻ル肚ノ如ク觀取サレタリ終リニ獨逸ノ「ロンドン・タイムス」通信員國外放逐問題ヲ語リ暗ニ昨今ノ日本ノ對路透空氣ノ險悪ヲ氣ニ掛ケ居ルカ如ク見ラレタリ

滿、北平、上海ヘ轉電セリ

1189

昭和12年11月16日

日本軍による列国権益の尊重に関する情報部長談話

日本軍ノ外國人權益尊重ニ關スル情報部長談話

（十二月十六日）

The measures taken by the Japanese forces in Shanghai for the protection of the lives and property of foreigners have been widely recognized as completely effective by authoritative neutral observers there. Major General Smollett, the commander of the British Forces at Shanghai made a tour of inspection of Hungjao area on the 13th and found out that all residences of foreigners stood virtually undamaged despite the fact that the Japanese forces attacked the Chinese troops and their establishments there. General Smollet is reported by the North China Daily News to have expressed his special satisfaction that the Japanese forces had put up a notice of no admission at every house owned by a foreigner, and that no Japanese had entered any of the foreign houses in the area.

A group of foreign newspaper correspondents also visited Hungjao area on the 14th and were quite satisfied that the Japanese forces had effectively protected foreign properties.

According to English language papers of Shanghai the French consul at Shanghai made an inspection tour of Nantao district, and after minutely investigating the conditions of residences and other properties belonging to Frenchmen, he expressed his satisfaction that no damage to speak of had been caused by the Japanese forces on French properties in their attack on Nantao and that the institution for charity work, "les Petites Soeurs de Pauvres", as well as Kiousin Dockyard and the establishments of Water Works had been kept intact.

編注　本文書は、昭和十二年十二月、情報部作成「支那事變關係公表集（第二號）」から抜粋。

1190　昭和12年11月27日

外務省訓令「今後ニ於ケル第三國人ノ被害賠償要求ニ對スル我方応酬振ノ件」

付　記　昭和十三年、外務・陸軍・海軍三省決定
「占領地域内ニ存在スル第三國人所有財産ニ關スル處理方針」

(昭和十二年十一月二十七日ノ訓令)

今後ニ於ケル第三國人ノ被害賠償要求ニ對スル我方應酬振ノ件

(昭一二、一一、一六起案)
(昭一二、一一、二二決裁)

今次事變ニ於ケル我方軍事行動ニ因ル損害ニ付英、米、獨、佛等主要關係各國ハ何レモ要償ノ權利ヲ保留シ來リ居ルモ個々ノ具体的事件ニ付要償シ來レル事例ハ未タ多カラサル處今後上海周邊ニ於ケル我軍事行動ノ一段落ニ件ヒ同地第三國人關係被害賠償方ニ關スル要求殺到シ來ルヘキハ豫想ニ難カラス右ニ對スル應酬振ニ付テハ目下廟議決定方關係事務當局ト話合中ナルカ我軍事行動ニ因リ敵性ヲ有セサルニ不拘直接損害ヲ蒙リタル第三國人ノ救恤問題(大体ノ被害額判明セサルニ先チ第三國人ヲ救恤ストノ原則ヲ決定スルコトニハ大藏省側ニ反對アリ、結局形式的ニハ上海事件第三國人救恤ノ先例同樣先ツ被害ヲ調査シタル後方針ヲ決定スル段取トナル可能性多シ)ヲモ考慮ニ入レタル上ニテ今後左記方針ニテ措置スルコトト致度

記

一、第三國人救恤ニ關スル廟議決定ノ以前タルト以後タルトヲ問ハス第三國側ヨリノ損害賠償要求ニ對シテハ原則トシテ從來通今次事變ニ於テ帝國軍ノ支那ニ於テ執レル行動ハ支那側ノ挑戰ニ對スル自衛措置ナルヲ以テ帝國政府ニ於テ賠償ノ責ヲ負フヘキ限リニ非ストノ建前ヲ以テ應酬スルコト

二、但シ我方ニ明白ナル過失アリ且國際關係上至急解決ヲ必要若クハ有利ト認メラルル事件ニ付テハ右一般原則ヲ離レ賠償要求ニ應スルヲ妨ケサルコト

三、第三國人救恤ノ廟議決定ノ上ハ右法理論トハ別個ニ帝國政府ニ於テ恩惠トシテ第三國人救恤ノ意向アル旨ヲ適宜關係國ニ表明スルコト國際關係上有利ナルヘキモ其ノ時

期ニ付テハ在支邦人被害ノ救恤ヲモ考慮ニ入レ決定ノ要アリ又過早ニ表明スル時ハ前記一ノ帝國政府ノ從來ノ建前ヲ事實上有名無實ナラシメ第三國側ノ賠償若クハ救恤要求ヲ不當ニ增加頻出セシムル虞アルヲ以テ愼重考慮ヲ要スヘキ處（結局ハ關係各國ノ賠償要求略出揃ヒ且救恤ニ必要ナル豫算成立シ審査ヲ開始シ得ル狀態ニ達スル時迄待ツヲ得策ト認ム）適當ノ時期ニ達シタル上ハ法理論トシテハ各國ノ要求ヲ突撥スルモ之ト同時ニ「帝國政府トシテハ第三國人被害中事情諒トスヘキモノニ限リ出來得ル限リ好意的考慮ヲ加ヘ恩惠的例外ノ措置トシテ適當トミトムル金額ヲ贈與シ第三國人被害ヲ幾分ニテモ緩和セシメントスル用意アリ」トノ趣旨ヲ通報スルコト

編注　本文書および本文書付記は、防衛省防衛研究所図書館所蔵「陸支密大日記」所収の昭和十三年五月六日付梅津陸軍次官より岡部北支那方面軍参謀長他宛公信陸支密第一四六〇号より抜粋採録。

（付記）

占領地域内ニ存在スル第三國人所有財産ニ關スル處理方針

一、嘗テ支那軍ニ依リ作戰上使用セラレ後我軍ニ於テ占領シ使用セル第三國人所有財産ニ關シテハ左ノ方針ニ依リ處理ス

㈠交戰ノ際生シタル第三國人所有財産ノ損害ニ對シテハ我方ニ於テ賠償ノ責ヲ負ハス

㈡第三國人所有財産ハ成ルヘク速ニ所有者ニ返還スルヲ原則トスルモ我軍ノ必要上引續キ使用セサルヲ得サルモノニ關シテハ之カ使用竝ニ代償支拂等ニ關シ所有者ト速ニ了解ヲ取付クルモノトス

㈢第三國人所有財産ニ對シ我軍占領後生シタル損害中我方ニ過失アリト認メラルルモノニ對シテハ臨機右ニ對スル代償（若クハ見舞金）支拂ヲ考慮スルモノトス

二、軍ノ必要ニ基キ徴用シ居レル第三國人所有財産ニ關シテハ左ノ方針ニ依リ處理ス

㈠徴用ニ關シ速ニ所有者ト了解ヲ取付ケ代償支拂若クハ買收ニ關シ速ニ措置ス

㈡所有者トノ了解成立セサル場合ハ出來得ル限リ當該財

産ヲ返還スルモノトス引續キ使用スル場合ハ之ニ對シ補償スヘキモノトス

三、占領地域内ノ第三國人所有財産一般ニ關シテハ左ノ方針ニ依リ處理ス

㈠軍事上差支ヘ無キ限リ第三國人所有財産ノ現地ニ於ケル調査、保管、使用竝ニ之カ搬出ヲ許可ス

㈡軍事上ノ必要ニ基キ第三國人ヲシテ其財産ノ現地ニ於ケル調査、保管、使用若クハ搬出ヲ許可シ難キ場合ニ於テハ我軍ニ於テ右財産ニ對シ可能ノ範圍ニ於テ適當保護ノ方法ヲ講スルモノトス

四、前諸項ニ屬セサル第三國人所有財産ノ損害ニシテ救恤ノ必要アルモノニ付テハ別途考慮ス

編注　本方針の決定月日は不明だが、陸支密第一四六〇号には本決定に関して「今般右ニ關聯シ占領地域内ニ存在スル第三國人所有財産ニ關スル處理方針ヲ陸、海、外務三省協議ノ上」、「決定シタルニ付依命通牒ス」との記述がある。

1191　昭和12年12月13日

パネー号事件発生に関する情報部長談話

「パネー號」事件ニ關スル情報部長談話

（十二月十三日）

十二月十二日(時刻未詳)折柄敗走中ノ支那軍ヲ追跡中ナリシ帝國海軍機ハ南京上流約二十哩ノ地點ニ於テ支那軍輸送船ト思シキ汽船十數隻ヲ發見シ之ヲ爆撃セリ、後ニ至リ右ノ中ニハ「スタンダード」石油會社所屬船三隻アリシ事、明カトナレルカ其際附近ニアリタル米國砲艦「パネー」號ヲ沈没ニ至ラシメタリ。

右ニ就テハ未タ詳報ニ接セサルカ帝國政府ニ於テハ斯ル不祥事件ノ發生ヲ深ク遺憾トシ廣田外務大臣ハ本十三日午後三時在京「グルー」米國大使ヲ同大使館ニ往訪シ帝國政府ノ名ニ於テ陳謝ノ意ヲ表シ同時ニ在米齋藤大使宛同國政府ニ對シ同樣措置方電訓セリ。

尚上海ニ於テ川越大使、岡本總領事及支那方面艦隊參謀長ハ十三日夫々米國側ニ對シ遺憾ノ意ヲ表シタル旨報告ニ接シタリ。

1192 昭和12年12月13日

レディバード号事件発生に関する情報部長談話

「レディバード」號事件ニ關スル情報部長談話

（昭和十二年十二月十三日）

十二月十二日蕪湖ニ於テ英國砲艦「レディバード」カ陸上ヨリ帝國軍ニ射撃セラレタト報セラレタル事件ニ關シ廣田外務大臣ハ本十三日午後英國大使ヲ往訪シ不幸ナル本事件ノ發生ニ對シ帝國政府ヲ代表シテ深甚ナル遺憾ノ意ヲ表スル旨申入ルル所カアツタ。

1193 昭和12年12月14日

パネー号事件に関する米国側への遺憾表明

広田外務大臣より
在本邦グルー米国大使宛

以書翰啓上致候陳者貴國海軍砲艦「パネー」號及「スタンダード」會社所屬汽船三隻ハ南京上流約二十六哩ノ揚子江上ニ於テ本月十二日帝國海軍飛行機ノタメ爆撃ヲ蒙リ沈沒セシメラレタル事件ニ付テハ不取敢本大臣ヨリ閣下ニ對シ帝國政府ノ陳謝ヲ米國政府ニ傳達方申入ノ次第有之處其後本件ニ關シ出先官憲ヨリ接受セル報道ニ依レハ支那軍隊南京ヲ脱出シ汽船ニテ揚子江上流ニ向ヘリトノ情報ニ接シタル帝國海軍航空隊ハ之ヲ追撃シテ前記地點ニ到リ之等艦船ヲ發見シタル處機上ヨリノ視認狀況良好ナラサリシ爲爆撃ニ當リ相當低高度迄降下シタルモ何等米國艦船タルノ標識ヲ認識シ得サリシ爲「パネー」及「スタンダード」會社所屬船ヲ以テ脱走支那兵輸送ニ從事スル支那汽船ナリト誤信シ之ニ爆撃ヲ加ヘテ遂ニ沈沒ニ至ラシメタルコト判明致候之ニ依テ觀ルニ本件ハ全ク過誤ニ基キテ發生シタル事件ナルコト明カナルモ米國軍艦及汽船ニ損害ヲ與ヘ其ノ乘員ニ死傷者ヲ生セシムルニ至リタルハ帝國政府ノ深ク遺憾トスル所ニシテ茲ニ篤ク陳謝ノ意ヲ表シ候尙帝國政府ハ本件ニ依リテ生シタル一切ノ損害ニ對スル補償ヲナシ竝ニ責任者ニ對スル適切ナル處置ヲ講スヘク且出先官憲ニ對シテハ重ネテ此ノ種事件ヲ繰返ササル樣最モ嚴重ナル命令ヲ既ニ發出セル次第ニ有之候

帝國政府ハ此ノ遺憾ナル事件ニ依テ兩國間ノ國交ニ累ヲ及ハシメサランコトヲ衷心ヨリ冀望シ前記ノ通帝國政府ノ誠意ヲ披瀝致候ニ付テハ右ノ趣本國政府ニ御傳達相成度此段

申進旁本大臣ハ茲ニ重テ閣下ニ向テ敬意ヲ表シ候　敬具

昭和十二年十二月十四日

外務大臣　廣田　弘毅

亞米利加合衆國特命全權大使

ジョセフ・クラーク・グルー閣下

1194　昭和12年12月14日　広田外務大臣より在本邦クレーギー英国大使宛

レディバード号事件に関する英国側への遺憾表明

亞一機密第二二七號

以書翰啓上致候陳者本月十二日蕪湖及南京方面ニ於テ貴國軍艦「レーデイ、バード」「ビー」「クリケット」及「スカラツブ」カ帝國軍ヨリ誤ツテ銃砲爆撃ヲ受ケタル事件ハ帝國政府ノ甚タ遺憾トスル所ニシテ本大臣ハ茲ニ帝國政府ノ名ニ於テ深厚ナル陳謝ノ意ヲ表シ候帝國政府ハ此種事件再發防止ノ爲卽時必要ナル措置ヲ執リタルコトヲ茲ニ通報スルト共ニ本事件責任者ニ對シテハ速ニ調査ノ上適當ナル處置ヲ執ルヘク又貴國側ノ被害ニ對シテモ必要ナル賠償ヲナスノ用意アル次第ヲ附言致候

尙日英兩國間ノ傳統的友好關係カ此等ノ不幸ナル事件ニヨリ影響セラルルコト無カランコトハ帝國政府ノ衷心ヨリ切望シ居ル所ニ有之候

右申進旁々本大臣ハ茲ニ重ネテ閣下ニ向テ敬意ヲ表シ候　敬具

昭和十二年十二月十四日

外務大臣　廣田　弘毅

大不列顚特命全權大使

「ゼ、ライト、オノラブル、サー、ロバート、クレイギー」閣下

1195　昭和12年12月14日

パネー号およびレディバード号事件に関する外務省発表

「レデイバード」號竝「パネー」號事件ニ關スル外務省發表

（十二月十四日）

米國砲艦「パネー」號及商船三隻爆沈事件ニ關シテハ十二

月十三日廣田外務大臣ハ不取敢在京「グルー」米國大使ヲ往訪シ帝國政府ノ遺憾及陳謝ノ意ヲ表シ同時ニ在米齋藤大使ニ同樣ノ措置ヲ取ル樣電訓シ更ニ十四日公文ヲ以テ「グルー」大使宛帝國政府陳謝ノ意ヲ表明セリ、尙米國ニ於テハ齋藤大使ハ十三日「ハル」國務長官ヲ往訪シ帝國政府ノ訓令ニヨリ深甚ナル遺憾ノ意ヲ表明スル所アリタル處、右ニ對シ國務長官ハ國際案件ハ總テ冷靜且有效的(友好カ)ニ處理スル建前ナルモ今回ノ「パネー」號事件ニハ喫驚ヲ禁シ得サリシ旨ヲ述ヘ、既ニ本件ハ大統領ニモ報告セラレ大統領モ亦多大ノ關心ヲ示シ居レリ他方英砲艦「レデイバード」號カ蕪湖ニ於テ帝國軍ニヨリ銃砲擊セラレタル事件ニ關シテハ廣田外務大臣ハ不取敢十三日午後在京「クレイギー」英大使ヲ往訪シ此不幸ナル事件ノ發生ニ對シ帝國政府ヲ代表シ深甚ナル遺憾ノ意ヲ表明セルカ更ニ十四日右砲艦ノ外英砲艦「ビー」ハ蕪湖ニ於テ「クリケット」及「スカラップ」ノ二英砲艦ハ南京ニ於テ是亦銃砲擊ヲ蒙リタル事判明セルニ付同日「クレイギー」大使宛公文ヲ以テ帝國政府ヲ代表シ正式陳謝スル所アリタリ。

1196

昭和12年12月14日　在英国吉田大使より広田外務大臣宛(電報)

レディバード号およびパネー号事件に関する英国論調およびイーデン英外相の議会答弁振り報告

ロンドン　12月14日後発
本　省　12月15日前着

第九八六號

一、[1]十三日夕刊及十四日朝刊兩紙ハ日本軍ノ英米船艦砲爆擊事件ニ付紙面ノ重要部分ヲ割キ「英米ノ共同措置」、「米國要求提出」、「揚子江上ニ於ケル日本ノ暴虐」、「Roosevelt demanding personal apology from Emperor of Japan」「Let the Emperor be so advised」等大見出ノ下ニ前日以上ニ詳細且「センセイショナル」ナル報道振ヲ爲シ(「タイムス」ノ國際欄カ二段拔記事ヲ揭ケタルハ最近稀ニ見ル所ナリ)又各紙社說ハ特情電報ノ如ク辛辣ナル筆致ニテ本問題ヲ取扱ヒ居リ殊ニ今次事件カ米國側ヲ直接「インボルブ」セル點ニ非常ナル注意ト興味トヲ惹キ居ル樣見受ケラル尙十四日夕刊ハ北京新政權ノ樹立

及近衛首相ノ聲明ヲ日本ノ對支大計畫ト題シ大々的ニ報道セリ

二、十三日議會ニ於ケル「イーデン」ノ應答振大要左ノ通リ

(イ)在支獨逸大使ノ調停出馬説ニ關シテハ日獨兩政府共同大使ニ斯ル任務ヲ委任シ居ラスト了解ス

(ロ)[2]極東問題諮問委員會再開方ニ關シテハ他國政府ニ於テ英ノ「イニシヤテイブ」ヲ希望シ居ル次第ニモアラス旁々英國政府ハ斯ル意嚮ヲ有セス

(ハ)日本ノ「プロパガンディスト」來英ニ關シ在京英國大使ニ如何ナル申出アリタリヤトノ問ニ對シテハ彼等ハ個人ノ資格ニテ來英スルヲ以テ何等申出ナカリシ旨答フ

(ニ)英國船砲爆撃問題ニ付テハ詳細其ノ經緯説明ノ後在京英國大使ヨリ日本外相ニ「ストロンゲスト、プロテスト」ヲ爲シ同外相ハ速ニ調査ニ附スヘキ旨ヲ約セリト述ヘ尚本件ハ其ノ重大性ニ鑑ミ之以上ノ説明ヲ差控ヘ度シト述ヘタリ

(ホ)米國砲艦撃沈問題ニ付テハ簡單ニ事實ヲ説明シタル上米國政府トハ相互聯絡ヲ保チ居ル旨應答ス

(ヘ)現地日本將校(橋本大佐ヲ意味ス)ノ説明ニハ矛盾セル點ナキヤトノ質問ニ對シテハ應答スルヲ欲セス

(ト)更ニ極東ノ現狀ニ鑑ミ香港ノ防備ハ充分ナリヤ又(チ)支那ヘ主力艦派遣ノ要ナキヤトノ質問ニ對シテハ「インスキップ」ヨリ(ト)ニ付テハ國防委員會ニ於テ絶エス注意ヲ怠ラサル旨ヲ述ヘ(チ)ニ對シテハ應答ヲ避ケタリ

米ヘ轉電シ在歐各大使(土ヲ除ク)、壽府ヘ暗送セリ

1197　昭和12年12月16日　在本邦クレーギー英国大使より広田外務大臣宛

レディバード号事件に関し再発防止と責任者の適切な処罰を求める英国政府抗議文書

No. 196

British Embassy, Tokyo.

16th December, 1937.

Your Excellency,

I have the honour on instructions from His Majesty's Government in the United Kingdom to address Your Excellency on the subject of attacks made by Japanese aircraft and land forces on British warships and merchant shipping at Wuhu and near Nanking on 12th December. These incidents clearly raise grave issues.

2. At Wuhu a British tug which had conveyed from Nanking His Majesty's Consul the British Military Attaché and the Flag-Capitain to the British Rear Admiral, Yangtze, was attacked by Japanese machine-gun fire after transferring these officers to H.M.S. Ladybird. The latter proceeded to join the tug in order to protect her, when she observed a Japanese field gun battery firing on merchant ships concentrated above the Asiatic Petroleum Company's installation. Firing continued and was directed at H.M.S. Ladybird herself.

3. There were four direct hits on this vessel: one naval rating was killed, another was seriously wounded and there were several minor casualties including Flag-Capitain. A direct hit was also seen to be sustained by the British merchant ships Suiwo. H.M.S. Bee then arrived on the scene and was also fired on by the shore battery. The Commander of H.M.S. Bee landed to protest and was informed by Colonal Hashimoto, the senior Japanese military officer then at Wuhu that firing on warships was due to a mistake but that he had orders to fire on every ship on the river. At a later interview the same officer stated categorically that if any ships moved on the river they would be fired on and, despite protests H.M.S. Bee and Ladybird after berthing remained covered by guns at point-blank range.

4. Near Hsia San-shan above Nanking where British merchant ships were concentrated in a part of the river previously designated by the Japanese Commander-in-Chief as a safety-zone, three separate bombing attacks were made by Japanese aircraft on them and on H.M. ships Cricket and Scarab which were with them.

5. His Majesty's Government have now been glad to receive Your Excellency's note of the 14th December offering the profound apology of the Imperial Japanese Government for the attacks on His Majesty's Ships, stating

that measures were immediately taken to prevent the recurrence of such incidents and adding that they will deal suitably with those responsible and pay the necessary compensation.

6. His Majesty's Government observe that Your Excellency's note makes no mention of the attacks on British merchant vessels and I am instructed to request that an assurance may be given that all that is said in that note applies equally to these attacks.

7. His Majesty's Government take particular note of the statement that those responsible will be suitably dealt with. Adequate punishment of those responsible for the particular attacks under discussion seems indeed to His Majesty's Government to be the only method by which further outrages can be prevented.

8. His Majesty's Government cannot but recall the previous incidents in which the Japanese Government have expressed regret for attacks made on British nationals and property and have given assurances that adequate steps had been taken to prevent any repetition. They call to mind the attack made on His Majesty's Ambassador to China while travelling by road from Nanking to Shanghai, the subsequent attack on motorcars conveying British officials on a similar journey, the attacks on British civilians and military posts on the defence perimeter at Shanghai, as well as other incidents, and the repeated assurances of the Japanese Government of their intention fully to respect the interests of third Powers in the present conflict with China. It is clear that the steps hitherto taken by the Japanese Government to prevent such attacks have so far failed in this purpose and His Majesty's Government must now ask to be informed that measures have actually been taken of a character which will put a definite stop to the incidents of which they complain.

I avail myself of this opportunity to renew to Your Excellency the assurance of my highest consideration.

Signed: R. L. Craigie.

His Excellency,

Mr. Koki Hirota,
H.I.J.M. Minister for Foreign Affairs.

1198　昭和12年12月19日　在上海岡本総領事より広田外務大臣宛（電報）

パネー号およびレディバード号事件への対応に関する現地米英協議の情報について

上　海　12月19日後発
本　省　12月19日夜着

第二七七二號（極祕）

「ゴース」ヨリ國務省宛電報ヲ補足セル十四日附公信左ノ通リ

一、「パネー」事件ニ關聯シ十四日在留主要米人ノ祕密會合ニテ別電第二七七三號（省略）ノ如キ米國人ノ保護、權益擁護ニ關スル決議五ヲ採擇ノ上「ヤーネル」ニ提出シ其ノ贊同ヲ得テ米國政府ヘ轉達方申出テタルカ「ヤ」ハ右ニ關シ幕僚及總領事館員ト熟議ノ結果之ヲ本國ヘ轉達スルニ決定シ他方「ヤ」ハ海軍省ニ對シ米國カ「パネー」爆沈事件ヲ如何ニ重大視シ居レルカヲ日本政府ニ示ス爲米國ノ實力ヲ示ス最モ好キ機會ナルヲ强調スルコトトナレリ其ノ際新事態ニ對應スル共同動作ニ關シ「ヤ」ニ於テ英國側ト協議スルコトニ決定セルカ尙「ヤ」ハ「ゴ」ニ於テ蘇州河以北地區ノ再開ノ爲日本總領事ニ明確ナル要求ヲ提出スル爲外國領事ト協議シ立案スル樣要求セリ

二、「ヤ」ハ後刻英國先任參謀（司令長官ハ不在）ト「パネー」及「レディバード」事件ニ關シ協議セルカ其ノ際「ヤ」ヨリ日本陸海軍及航空隊カ日支交戰中第三國ノ中立ヲ尊重シ且交戰區域内ニ在ルコトアルヘキ外國艦船ニ對シ充分ノ保護ヲ與フル樣要求スル爲日本陸海軍司令官ニ對シ共同申入ヲ爲スヘキヲ提議シ英參謀ハ之ニ同意シ司令長官ニ電報スヘキヲ約セリ又「ヤ」ハ蘇州河以北ヲ直ニ開放スヘキコトニ關シ領事團ヲ通シ日本側陸海軍司令官ニ共同申入ヲ爲スヘキヲ提言シ英參謀モ之ニ贊意ヲ表シ英國總領事ト相談スヘキヲ約セリ尙「ヤ」ハ「パ」及「レ」號事件ニ關シ毅然タル態度ヲ示ス爲日本側ヘ申入ルルコト適當ト認メラルルモノアラハ何ナリトモ承リ度シト附言セリ

三、第三國ノ權益尊重ニ關シ今ヤ日本側ニ强ク印象セシムル

好機會ナリト思考セラルルニ付「ゴ」ハ他ノ外國領事ト緊密ニ聯絡シ日本側ニ更ニ要求スヘキ各種ノ手段ニ關シ考慮中ナリ

1199　昭和12年12月24日

パネー号事件の調査結果およびわが方措置振りの対米伝達に関する外務省発表

「パネー」號事件ニ關スル外務省發表

（十二月二十四日）

昭和十二年十二月二十四日廣田外務大臣ハ在本邦「グルー」米國大使ノ來訪ヲ求メ「パネー」號事件ニ關スル左記要旨ノ回答ヲ手交セリ。

本月十二日南京上流約二十六哩ノ揚子江上ニ於テ帝國海軍飛行機カ過誤ニ因リ米國軍艦「パネー」號及米國「スタンダード」石油會社所有船三隻ニ對シテ攻撃ヲ加ヘ沈沒又ハ火災ヲ起サシメ其ノ際乘員ニ死傷者ヲ生セシムルニ至リタル不幸ナル事件ニ付テハ既ニ十四日附公文ヲ以テ申進ノ次第有之處殆ト之ト時ヲ同シウシテ貴翰ヲ以テ米國政府御來訓ニ基キ閣下ヨリ今次事件發生ニ至ル迄ノ事情ヲ縷述セラレタル後問題ノ攻撃事件ニ於ケル日本軍ノ行爲ハ米國ノ權利ヲ全ク無視シテ爲サレ米國國民ノ生命ヲ奪ヒ且米國ノ公私有財產ヲ損壞シタルモノナリト斷定セラレ此ノ如キ事情ニ鑑ミ「合衆國政府ハ帝國政府ノ正式書面ニ依ル遺憾ノ意ノ表明、完全且充分ナル賠償ノ支拂ヲ爲ス旨ノ約束竝ニ今後支那ニ在ル米國國民及ヒ米國ノ利益竝ニ財產カ武裝日本軍ノ攻擊若ハ一切ノ日本官憲又ハ日本軍ニ依ル不法ナル干涉ヲ蒙ル事無カルヘキヲ保證スヘキ確定的且特定的措置カ執ラレタリトノ保證ヲ要求且期待ス」ル旨御申越相成リタリ。

今次不祥事件ノ發生スルニ至レル經緯ニ關シテハ日本軍カ貴國權利ヲ無視シタル結果ナリト御斷定ノ次第アルモ其ノ全ク過誤ニ基クモノナルコトハ前顯本大臣公文中ニ說述シタル通ニシテ帝國政府ハ右公文送致後モ猶凡ユル手段ヲ竭シテ眞因ノ究明ニ努メタル結果全然故意ニ出テタルモノニ非サル次第判明スルニ至リタルコトハ二十三日我海陸軍官憲ヨリ貴大使ニ對シテ爲シタル說明ニ依リ御諒解相成リタル儀ト確信スルモノナリ。

貴翰御要求中ノ二項卽書面ニヨル表謝竝ニ損害ノ補償ニ付テハ既ニ前記拙翰中ニ表明シタル所ヲ以テ盡クヘキ處今後ノ保證ニ付テハ帝國海軍ニ於テハ當時時ヲ移サス「米國及ヒ其他第三國軍艦其他ノ船舶ノ存在スル地域ニ於テハ最大ノ注意ヲ以テ絶對ニ今回ノ如キ過誤ヲ繰返ササル樣努ムヘキ」コトヲ嚴ニ通達致シ置キタルカ尙更ニ出先陸海軍竝ニ外務官憲ニ對シ既ニ從來屢々通達シアリタル通リ米國其他第三國ノ權益財產ヲ攻撃スヘカラサル事ニ付テハ今回ノ不祥事件ニモ鑑ミ一層ノ注意ヲ加フヘキ旨重ネテ嚴命ヲ發セル次第ナリ而シテ之等ノ目的達成ヲ一層有效ナラシムヘキ一切ノ手段ニ關シ愼重ナル攻究ヲ重ネ之カ實行ヲ期シ居ル次第ニシテ卽貴國權益及ヒ居留民ノ所在等ニ關シテハ更ニ貴方ト充分連絡ノ上調査ヲ進ムルト共ニ之カ出先官憲ニ通達ヲ期シ迅速有效ナル通信法ニ付テモ一段ノ工夫ヲ加ヘタル次第ナリ。

又前ニ述ヘタル通リ右米國艦船攻撃ハ過誤ニ基クモノナリト雖モ充分注意ヲ拂フ點ニ於テ缺クル所アリタルノ理由ニ依リ關係者ニ對シ夫々必要ナル措置ヲ行ヒ此種過誤ノ絶無ヲ期シタル次第ナリ。

以上述ヘタル如ク帝國政府ニ於テ速ニ適當ナル措置ヲ執リタルコトハ全ク帝國政府カ米國竝ニ其他第三國ノ權益ヲ保障セントスルノ誠意ニ出テタルモノナルコトハ閣下ニ於テ篤ト御諒承相成ルコトト信スルモノナリ。

2048

1200　昭和12年12月26日

パネー号事件に対するわが方措置に満足の意を表明した米国政府の対日通牒に関する外務当局談

「パネー」號事件ニ關スル外務當局談　（十二月二十六日）

十二月二十六日午前十一時三十分駐日「グルー」米國大使ハ廣田外相ヲ來訪シ本日ハ幸福ナル御報告ヲ爲ス爲參上セリト挨拶シタル後米國政府ノ對日通牒ノ大體ヲ讀ミ上ケタル後特ニ通牒最後ニ記載サレタ米國政府ハ日本政府ノ執リタル措置カ今後支那ニ在ル米國民及米國ノ利益竝ニ財產ニ對スル日本官憲若ハ軍隊ノ攻撃乃至不法干涉ヲ阻止スル上ニ效果アルコトカ證明サレンコトヲ切望スル旨ヲ申述ヘタ、

之ニ對シ廣田外相ハ今次事件ニ對シ米國政府ノ示シタル態度及駐日「グルー」米國大使ノ盡力ニ對シ深甚ナル謝意ヲ表示シタ。

尙ホ斯ル不祥事ノ發生シタコトハ遺憾ニ堪ヘナイカ兩國ノ友交的精神ニヨリ茲ニ解決ヲ見ルニ至ツタコトハ慶賀ノ至リテアル。

米國政府ノ對日通牒全文左ノ如シ。

十二月二十六日附米國大使來翰假譯文

以書翰啓上致候陳者本大使ハ本國政府ノ訓令ニ基キ閣下ニ向テ左記ノ通申進スルノ光榮ヲ有シ候。

合衆國政府ハ米國砲艦「パネー」號及米國商船三隻ニ對スル日本軍ノ攻撃ニ關シ十二月十四日附米國政府公文、同日附日本政府公文及十二月二十四日附日本政府公文ニ言及致候。

米國政府ノ十二月十四日附公文ニ於テ「合衆國政府ハ日本政府ニ對シ正式書面ニ依ル遺憾ノ意ノ表明完全且充分ナル賠償ノ支拂及今後支那ニ在ル米國國民、權利及財産カ日本武裝軍ノ攻撃ヲ受ケス又一切ノ日本官憲若ハ日本軍ニ依リ不法ナル干渉ヲ受ケサルコトヲ保障スヘキ決定的且特定的措置カ執ラレタリトノ保障ヲ要求且期待スル」旨聲明致置候。

合衆國政府ニ依リ爲サレタル要求中最初ノ二項目ニ關シテハ十二月二十四日附日本政府公文ハ「米國軍艦及汽船ニ損害ヲ與ヘ其ノ乘員ニ死傷者ヲ生セシムルニ至リタルハ帝國政府ノ深ク遺憾トスルトコロニシテ茲ニ篤ク陳謝ノ意ヲ表スル」旨御申越アリタル十二月十四日附日本政府公文中ノ聲明ヲ再確認セラルルモノニ有之候合衆國政府ニ依リ爲サレタル要求ノ第三項目ニ關シテハ日本政府公文ノ字句ニ依レハ「米國其ノ他第三國ノ權益財産ヲ攻撃シ又ハ不法ナル干渉ヲ加フ可カラサルコト」ヲ保障スル爲日本政府カ既ニ執ラレタル或種ノ決定的且特定的措置ヲ敍述シ且「日本政府ハ此ノ種過誤ノ絶無ヲ期シタル次第ニ有之」旨聲明被致候。

合衆國政府ハ日本政府カ同政府ノ十二月十四日附公文ニ於テ責任ヲ容認シ、遺憾ヲ表明シ、且保障ヲ御申出相成タル措置ノ迅速ナリシコトヲ滿足ヲ以テ了承致候。

合衆國政府ハ十二月二十四日附日本政府公文ニ表明セラレタル通同政府ニ依リ執ラレタル處置ニ關スル說明ハ十二月十四日附合衆國政府公文ニ於テ同政府ノ爲シタル要求ニ適

應スルモノナリト思考致候。

本事件ノ發生、原因及經緯ニ關スル諸事實ニ付テハ日本政府ハ十二月二十四日附同政府公文中ニ於テ同國政府ノ調査ノ結果同政府カ到達相成タル結論ヲ言明被致候、此等同一事項ニ關シテ合衆國政府ハ米國海軍査問委員會ノ決定報告書ニ依據スルモノニ有之處同報告書ハ既ニ日本政府ニ對シ公式通達濟ノ次第ニ有之候。

合衆國政府ハ日本政府ニ於テ既ニ執ラレタル諸措置カ今後支那ニ在ル米國國民、米國ノ利益又ハ財產ニ對スル日本官憲若ハ日本軍ニ依ル何等攻擊又ハ不法ナル干涉ヲ防止スルコトニ有效ナルヘキコトヲ切望スルモノニ有之候。

右回答申進旁本使ハ茲ニ重ネテ閣下ニ向ツテ敬意ヲ表シ候。

EMBASSY OF THE
UNITED STATES OF AMERICA
Tokyo, December 26, 1937.

Excellency:

I have the honor, by the direction of my Government, to address to Your Excellency the following note:

"The Government of the United States refers to its note of December 14, the Japanese Government's note of December 14 and the Japanese Government's note of December 24 in regard to the attack by Japanese armed forces upon the U.S.S. PANAY and three American merchant ships.

"In this Government's note of December 14 it was stated that 'The Government of the United States requests and expects of the Japanese Government a formally recorded expression of regret, an undertaking to make complete and comprehensive indemnifications, and an assurance that definite and specific steps have been taken which will ensure that hereafter American nationals, interests and property in China will not be subjected to attack by Japanese armed forces or unlawful interference by any Japanese authorities or forces whatsoever.'

"In regard to the first two items of the request made by the Government of the United States, the Japanese Government's note of December 24 reaffirms statements made in the Japanese Government's note of December 14 which read 'The Japanese Government regret most profoundly that it (the present incident) has caused damages to the United States' man-of-war and ships and casualties among those on board, and desire to present hereby sincere apologies. The Japanese Government will make indemnifications for all the losses and will deal appropriately with those responsible for the incident'. In regard to the third item of the request made by the Government of the United States, the Japanese Government's note of December 24 recites certain definite and specific steps which the Japanese Government has taken to ensure, in words of that note, 'against infringement of, or unwarranted interference with, the rights and interests of the United States and other third Powers' and states that 'The Japanese Government are thus endeavoring to preclude absolutely all possibility of the recurrence of incidents of a similar charater'.

"The Government of the United States observed with satisfaction the promptness with which the Japanese Government in its note of December 14 admitted responsibility, expressed regret, and offered amends.

"The Government of the United States regards the Japanese Government's account, as set forth in the Japanese Government's note of December 24, of action taken by it as responsive to the request made by the Government of the United States in this Government's note of December 14.

"With regard to the facts of the origins, causes and circumstances of the incident, the Japanese Government indicates in its note of December 24 the conclusion at which the Japanese Government, as a result of its investigation, has arrived. With regard to these same matters, the Government of the United States relies on the report of findings of the court of inquiry of the United States Navy, a copy of which has been communicated officially to the Japanese Government.

"It is the earnest hope of the Government of the United

States that the steps which the Japanese Government has taken will prove effective toward preventing any further attacks or unlawful interference by Japanese authorities or forces with American nationals, interests or property in China."

I avail myself of this opportunity to renew to Your Excellency the assurances of my highest consideration.

Signed: Joseph C. Grew.

His Excellency
Mr. Koki Hirota,
His Imperial Japanese Majesty's
Minister for Foreign Affairs.

~~~~~~~~~~~~~~~~~~~~~~~~~~~~~~~~~~~~

1201 昭和12年12月28日　広田外務大臣より在本邦クレーギー英国大使宛

レディバード号事件の調査結果およびわが方措置振りに関する対英通報

亜一機密第二三四號

以書翰啓上致候陳者本月十二日蕪湖及南京方面ニ於テ帝國軍カ誤ツテ貴國軍艦及商船ヲ攻撃シタル事件ニ關シテハ曩ニ本月十四日附拙翰ヲ以テ帝國政府ノ深厚ナル陳謝ヲ表明スルト共ニ同種事件再發防止ノ爲直ニ必要ナル措置ヲ執リタル旨及責任者ニ對シ適當ナル處置ヲ執ルヘク又必要ナル賠償ヲ行フヘキ旨申進メタルニ對シ閣下ヨリ本月十六日附書翰ヲ以テ本事件ノ事情ヲ縷述セラレタル後㈠前記本月十四日拙翰ヲ受領シタルハ英國政府ノ欣幸トスル所ナル旨㈡英國政府ハ右拙翰申進メノ次第ハ英國商船ニ對スル攻撃ニ付テモ同様適用セラルヘシトノ保障ヲ求ムル旨㈢英國政府ニ於テハ責任者カ適當ニ處置セラルヘシトノ點ヲ特ニ重視スル旨竝ニ㈣英國政府ハ此ノ種事件ノ再發ヲ確實ニ防止スルカ如キ措置カ現實ニ執ラレタルコトニ付通報ヲ得度キ旨ノ趣旨御申越相成リタルヲ以テ不取敢本月十七日附拙翰ヲ以テ前記十四日附拙翰申進メノ次第ハ同様狀況ノ下ニ於テ攻撃セラレタル貴國商船ニモ適用セラルヘキコト勿論ノ次第ナル旨回答致置候

本事件發生スルヤ帝國政府ハ直ニ眞相究明ニ努力シタルモ其後作戰ノ推移ニ伴ヒ關係部隊分散シ通信連絡意ノ如クナラサリシ等ノ事情ニ依リ調査遷延セシハ甚タ遺憾トスル所
~~~~~~~~~~~~~~~~~~~~~~~~~~~~~~~~~~~~

ニ有之今般漸ク全般的調査報告ノ接到ヲ見タル處其ノ要領ハ我陸海軍當局ヨリ貴方ニ對シ爲シタル說明ノ通リニ有之候右ニテ御承知ノ通リ今次事件ハ何レモ關係部隊カ當時ノ狀況上外國艦船ハ戰場及其ノ附近ヨリ避難シ去リ該方面ニ存在セシ船舶ハ總テ敵性ヲ有スルモノ以外アリ得ヘカラスト信シ居リタルト又時恰モ濃霧又ハ靄等ノ爲視認狀況良好ナラサリシ事情等ニ基因シテ發生シタルモノニシテ決シテ故意ニ貴國船舶ト知リツツ攻擊セシモノニ非サル點ハ疑ノ餘地無之、右ハ各個ノ海軍爆擊部隊及陸軍部隊カ貴國艦船タルコトヲ知ルヤ直ニ攻擊ヲ中止セル事實、陸軍部隊カ「レデイバート」號死傷者ノ處置ニ對シ援助ヲ與ヘタル事實等ニヨリテモ諒解セラルルコトト存候

尙又「レデイバート」號等ノ砲擊ニ關聯シ關係陸軍部隊長カ揚子江上ニ於ケル一切ノ船舶ニ對シ射擊スヘシトノ命令ヲ受ケ居レル旨述ヘタリトノ主張ハ帝國政府ニ於テ特ニ重大ナル關心ヲ以テ究明ニ力メタル所ニ有之處右ハ敵ノ軍用ニ供シ居ル一切ノ船舶ノ意味ニシテ決シテ第三國艦船ヲモ射擊スヘシトノ命令ニアラサリシコト判明致候

「ホルト」少將等ト蕪湖ニ於ケル當時ノ日本部隊長トノ會話ニ關連スル此ノ種不幸ナル誤解ハ語學上ノ困難ニ基キタルモノト思料セラルルコトヲ附言致候

本事件ニ關スル帝國政府ノ陳謝竝ニ損害ノ補償ニ付テハ既ニ前記拙翰中ニ表明シタル所ヲ以テ盡クヘキ處本事件責任者ノ處置ニ關シテハ前述ノ通リ本事件ハ全ク過誤ニ出タルモノナルコト判明セリト雖モ關係者ニ於テ十分ノ注意ヲ拂フ點ニ於テ缺クル所アリタルノ理由ニヨリ帝國政府ハ關係軍司令官以下陸軍側責任者關係航空隊司令官以下海軍側責任者ニ對シ夫々法ニ照シテ必要ナル處置ヲ行ヒ此ノ種過誤ノ絕無ヲ期シタル次第ニ有之候

次ニ十六日附貴翰末尾今後ノ保障ニ關シテハ帝國陸軍關係高級指揮官ハ本事件後直ニ隸下一般ニ對シ爾後揚子江上ノ船舶ハ支那軍使用中ノモノナルコトヲ確認シタル上ニ非サレハ攻擊ヲ行フヘカラサル旨嚴ニ命令シ又海軍ニ於テモ直ニ英國其ノ他第三國艦船ノ存在スル地域ニ於テハ假令支那軍ニ對スル攻擊ノ機ヲ逸スルカ如キ狀況アリトスルモ最大ノ注意ヲ以テ絕對ニ今囘ノ如キ過誤ヲ繰返ササル樣努ムヘキ旨嚴ニ命令致シタル外從來屢々出先陸海軍竝ニ外務官憲ニ對シ訓令濟ナルモ更ニ今囘ノ不祥事件ニモ鑑ミ英國其ノ

他第三國人ノ生命財産ニ對シ攻撃ヲ加ヘサル様一層切實周到ナル注意ヲ加フヘキ旨重ネテ嚴命ヲ發シ候而シテ是等ノ目的ノ達成ヲ一層有效ナラシムヘキ一切ノ手段ニ關シテモ愼重ナル考究ヲ重ネ是カ實行ヲ期シ居ル次第ニシテ卽チ貴國居留民及權益ノ所在等ニ關シテハ更ニ貴方ト十分連絡調査ノ上適時之ヲ出先ニ通報シ下級部隊ニ至ル迄徹底セシメンコトヲ期シ其通信方法ニ付テモ特ニ確實迅速ヲ期スル様考慮ヲ加ヘタル次第ニ有之候

以上述ヘタル各般ノ措置ハ全ク帝國政府カ英國竝ニ其他第三國權益ノ保障ヲ一層有效確實ナラシメントスルノ誠意ニ出テタルモノニ有之ニ付右篤ト御諒承相成度ク此段囘答申進旁々本大臣ハ玆ニ重ネテ閣下ニ向テ敬意ヲ表シ候　敬具

昭和十二年十二月二十八日

外務大臣　廣田　弘毅

大不列顚特命全權大使

「ゼ、ライト、オノラブル、サー、ロバート、クレイギー」閣下

1202　昭和12年12月31日　在本邦クレーギー英国大使より広田外務大臣宛　2054

レディバード号事件に対するわが方措置に満足の意を表明する英国政府回答

British Embassy, Tokyo.

31st December, 1937.

No: 208

Your Excellency.

I have the honour on instructions from His Majesty's Government in the United Kingdom to inform Your Excellency that they have noted with appreciation the assurances contained in Your Excellency's note of December 28th in connexion with the attacks on British war ships and Merchant shipping on December 12th, and have learnt with satisfaction that the statements contained in your note of December 14th apply to merchant vessels concerned as well as to warships.

His Majesty's Government are bound to observe that their information in regard to the circumstances in which the attacks took place — notably, for instance, on points of visibility — is at variance with that of the Japanese Government.

His Majesty's Government note however with satisfaction that the Japanese Government have taken or are prepared to take the necessary measures to deal suitably with the officers responsible for these incidents and to prevent any repetition. As regards the latter His Majesty's Government consider that the details of these measures and their effective application may suitably form this subject of further conversations in the course of which they do not doubt that they will be informed of actual steps decided upon.

I avail myself of this opportunity to renew to Your Excellency the assurance of my highest consideration.

Signed: R. L. Craigie.

His Excellency
Mr. Koki Hirota,
H.I.J.M. Minister for Foreign Affairs.

1203 昭和13年1月26日 広田外務大臣より在上海岡本総領事宛(電報)

南京における独国人の被害事件解決促進方訓令

本省 1月26日後3時30分発

第一一八號

二十五日獨逸「ネーベル」參事官井上局長ヲ來訪日本軍ノ南京占領後同地ニアル獨逸人家屋ニシテ燒失セルモノ四軒、掠奪ヲ蒙リタルモノ三十軒(内一軒ハ書記生宅)アリ以上ハ何レモ獨國旗掲揚シ居タリ右ニ關シテハ現地ニテ交渉中ナルカ更ニ解決促進方中央ヨリ現地ヘ申送ラルル様願度シトト述ヘタルニ付局長ハ他國側トノ振合モアリ獨逸側ノ分ノミヲ先ンシテ解決スルコトハ或ハ困難ナルヘキモ御來意ハ現地官憲ヘモ傳ヘ置クヘシト答ヘタル趣ナリ

就テハ右南京ヘモ轉報ノ上軍側トモ連絡シ成ルヘク速ニ解決方此上トモ折角御努力相成様致シタシ(當地陸軍承知)

1204 昭和13年1月27日 在上海岡本総領事より広田外務大臣宛(電報)

南京における外国人被害事件への対処方針に

ついて

上海　1月27日後発
本省　1月28日後着

第三〇二號

貴電第一一八號ニ關シ（南京獨人家屋被害事件解決促進方ニ關スル件）

第三國被害對處方針ハ南京發電報第三三號ノ通リ原則上大公使館關係ハ之ヲ鵜呑ニシ速ニ解決スル一方一般關係ニ對シテハ他地方トノ振合モアリ且ハ先例トモナル關係上軍ニ於テモ自ラ調査ノ上愼重折衝シ日本側ノ責任ヲ嚴ニ制限スル建前ナリ從テ獨側カ數日前提出セル大使館關係ノ分ハ全部出揃フヲ待チ直ニ解決シ一般ノ分ハ調査ノ上ノコトトシ度キ意嚮ナルカ尚大公使館ノ分ハ何國タルヲ問ハス出來ルモノヨリ速ニ解決シ他國ヲシテ之ニ倣ハシメ各國カ一團トナリテ我方ニ當リ來ル態勢ヲ執ラサル樣努力中ニ付右御含アリ度シ

1205　昭和13年2月12日

南京および杭州方面等における日本の軍事行動への米国政府抗議に関する情報部長談話

南京、杭州及其他方面ニ於ケル帝國軍隊ノ行動ニ付米國政府申出ニ對スル帝國政府回答ニ關スル情報部長談

（二月十二日）

曩ニ一月十七日「グルー」米國大使ハ廣田外務大臣ヲ來訪シ南京、杭州及其他ノ地點ニ於ケル軍事行動中日本兵ハ米國權益ヲ無視シ又米國國旗ニ對シ穩當ナラサル行爲ヲ爲シタトノ報道ニ接シタトテ右報道ニ基キ米國政府ノ正式抗議ヲ申入ルル所カアツタ。依テ帝國政府ハ直チニ外務官憲ハ勿論出先陸軍官憲ヲシテ事實ノ徹底的調査ヲ遂ケシムルト共ニ現地ニ於ケル米國官憲トモ密接ナル連絡ヲ取ラシメ右ノ結果ニ基キ對米回答ヲ發スルコトトシタ爲稍々時日ノ經過ヲ見タ次第テアルカ最近我方出先官憲ハ今日迄ニ判明シタル所ニ依ツテ當該事件ノ眞相ヲ米國側出先官憲ニ通報シタノハ勿論在支米國竝ニ第三國權益ノ尊重ニ付帝國側ニ於テ執リツツアル措置ヲ開陳シテ本件ニ關スル帝國政府ノ誠意ヲ表示スル所カアツタ。

帝國政府ハ我方出先官憲ノ事實調査竝ニ出先ニ於ケル日米

兩國官憲ノ間ニ行ハレタ現地接渉ヲ基礎トシテ米國政府ニ對スル回答ヲナスコトトシ本十二日米國大使館「ドゥーマン」參事官ノ來訪ヲ求メタ上左記ノ通リノ回答文ヲ手交シタ。

回答全文

以書翰啓上致候陳者一月十七日附貴翰第八六六號ヲ以テ南京、杭州及其他ノ地點ニ於ケル最近ノ軍事行動中日本軍ニ於テ米國權益ヲ侵害セル事件發生セル趣ヲ以テ御申越相成タル次第閲悉致候

帝國政府カ既ニ種々ノ機會ニ於テ聲明シタル通リ支那ニ在ル米國竝ニ第三國ノ權益財產ヲ出來得ル限リ尊重保護スヘキコトハ其ノ堅持セル根本方針ナル處更ニ舊臘發生シタル不幸ナル事件ニ鑑ミ出先官憲ニ對シテ一層切實ナル注意ヲ加フヘキ旨重ネテ嚴命ヲ發シタル次第ニ付テハ客年十二月二十四日附拙翰ニ依リ御承知ノ通ニ有之候、然ルニモ不拘前記貴翰ヲ以テ其後ニ於テ尚不祥事件發生セル趣御申越ニ接シタルハ帝國政府トシテ誠ニ遺憾ニ堪ヘサル處ナルヲ以テ卽刻出先官憲ニ對シ之カ徹底的調査ヲ命シタル結果今日迄ニ判明致タル狀況左ノ通ニ有之候

南京ニ於テハ最近迄前線部隊ノ頻繁ナル移動、人員ノ入レ換ヘ及敗殘支那兵、支那人不逞分子ノ掃蕩等ノ爲外國權益ノ保護竝ニ警備ニ當ツル兵力ノ不足ヲ來セルコト等ノ事情ニ依リ取締充分ナラサリシニ起因スルモノト認メラルル案件有之タルニ付前記帝國政府ノ訓令ヲ更ニ出先軍官憲ニ徹底セシムルカ爲一月十五日附及同月二十日附ヲ以テ重ネテ嚴重訓令ヲ發出スルト共ニ現地ニ於テハ夫々出來得ル限リ事實ヲ闡明シタル上軍律ニ照シ當該行爲者ノ處置ヲ行ヒ損害ノ復舊ニ努メシメツツアル等帝國政府殊ニ軍最高部ニ於テハ非常ナル關心ヲ以テ本件處理ニ當リ居ル次第ニ有之候

尙個々ノ事件ニ付テハ更ニ徹底的調査ヲ要スルモノアルニ付現地ニ在ル外務官憲、陸軍官憲共ニ相協力シテ鋭意眞相ノ究明ニ努メ判明スルニ從テ被害ノ匡救ニ關シテハ出來得ル限ヲ現地ニ於テ之ヲ解決スルノ方針ヲ執リ之カ爲ニハ在同地貴國官憲トモ密接ナル連絡ヲ保チ居ルヲ以テ之等ノ事情ニ付テハ既ニ貴方ニ於テモ御承知ノ儀ト存候

杭州ニ關シテハ客年十二月二十二日帝國軍之ヲ占據シタル際後方ヨリノ補給ハ一時斷絶シ現地ニ於テ食糧ヲ求ムルノ必要ニ迫ラレ剩ヘ住民逃避ノ結果徵發ヲ行フノ已ムナキ情

勢ニアリタルモ帝國軍隊ニ於テハ杭州入城前第三國權益ノ保護ニ關シ各部隊ニ嚴重ナル指示ヲ與フルト共ニ入城ニ際シテモ憲兵ヲ第三國人所有家屋ニ派遣シ布告ヲ貼布シ之カ保護ニ付萬全ノ處置ヲ執リタル次第ナルカ當時ノ戰況上一部食糧ノ徵發ハ夜間ニ之ヲ行フノ餘儀ナカリシ爲國旗布告等ヲ認知シ得ス且ツ第三國人所有家屋ハ支那人所有家屋ト混在シ更ニ當該家屋內ニ所有主現住セサリシ等ノ事情ニ依リ徵發部隊ノ一部カ之等ニ關スル認知ヲ誤リタルコトハ或ハ有リ得タルヤモ知レサル狀況ナリシニ加ヘテ當時支那賤民等カ混亂ニ乘シ掠奪破壞等ヲ恣ニセル多數ノ事例モアリ事實ヲ確知スルニ困難ナリシコトハ容易ニ御想察成儀ト被存候斯ノ如キ狀況ニ於テ假令杭州ニ於ケル日本軍カ過誤ニ基キ第三國人所有家屋ニ進入シタル事實アリタリトスルモ是全ク作戰上必要ナル食糧ノ徵發又ハ敗殘兵ノ搜索等ヲ目的トシタルモノニシテ軍官憲ニ於テ嚴密ナル調査ヲ行ヒタル結果ハ食料品ノ徵發ハアリタルモ其以外ノ物品ヲ搬出シタルカ如キ事實ハ之ヲ認メ得サリシ次第ニ有之候

尚貴翰中米國政府ハ日本兵ニ於テ米國國旗ニ對シ不穩當ノ行爲アリタルヤノ通報ニ接セラレタル趣ヲ以テ抗議ノ次第アル處若シ斯ル事實アリタルトスレハ甚タ遺憾トスル所ナルヲ以テ在上海、南京等ノ貴國官憲ヨリ具體的事例ノ提示ヲ求メ我方出先ニ於テ徹底的調査ニ努力シツツアリタル次第ナルカ客年十二月十三日日本兵カ蕪湖ニ於テ米國病院「ジエネラル・ホスピタル」所屬支那船ヨリ米國國旗ヲ引卸シ揚子江ニ投シタリト傳ヘラレタル件ニ付テハ當時同方面ニ在リタル當該部隊ニ付調査ヲ遂ケタル結果日本兵中ニハ此種事件ニ關與シ又ハ之ヲ承知セル者ナク一方右病院關係米國人側ニ於テモ當時ノ狀況ヨリ一應日本兵ノ所爲ト想像シタルモ米國國旗ノ投棄等ノ事實ヲ現認シタル次第ニ非スト語リタル趣ニテ右ニ關シテハ既ニ在上海帝國總領事ヨリ米國總領事ニ通報セルヲ以テ御承知ノ事ト存候尚其他ノ地點ニ於テモ鋭意愼重調査中ナルモ今日迄確證無之次第ニ有之候帝國政府トシテハ今後共米國國旗ニ對スルノ尊重ノ念ヲ一層各部隊ニ徹底セシムヘク特ニ右目的ヲ以テ訓令ヲ各部隊ニ通達セシメ之カ徹底ヲ期シ居ル次第ニ有之候

叙上ノ如キ事情ニ鑑ミ帝國政府ハ此種事件ノ再發防止ニ付一層有效適切ナル具體的方法ニシテ至急實施シ得ヘキモノニ付鋭意考究中ニシテ既ニ實施中ナル諸措置ノ勵行ヲ嚴達

スル一方不取敢、㈠、軍中央部ヨリ高級將校ヲ現地ニ派遣シ敍上屢次ノ命令ノ徹底ヲ計リ㈡、現地主要各地ニ外國權益事項處理ノ爲新ニ專任武官ヲ配置スルコトトシ既ニ一部之カ實現ヲ見タル外㈢、軍憲兵ノ增加配置ヲ企圖スル等最善ノ努力ヲ竭シ居ル次第ニ付テハ右ノ次第貴國政府ニ御傳達相成度此ノ囘答申進旁本大臣ハ茲ニ重ネテ閣下ニ向テ敬意ヲ表シ候　敬具

1206　昭和13年2月21日

米国人の生命財産の保護および損害に対する責任はあくまで日本側にあるとの米国政府公文

☆在支第三國人財産所在地識別方ニ關スル件（假譯）

（昭和十三、二、廿一、米國大使公文）

（東亞局第一課）

第八八〇號

以書翰啓上致候陳者昭和十三年二月十五日附亞一機密合第六號貴翰ヲ以テ在支第三國人所有財産ノ標識ニ關シ御申越相成リタル次第及ビ同二月十七日附亞一機密合第七號貴翰ヲ以テ支那側ニ於テ特ニ軍事上ノ目的ノ爲之等財産ニ隣接セル地域ヲ使用セル場合ニ於テハ右財産ニ及ボセル隨伴的損害ニ對シテハ日本政府ニ於テ其ノ責ニ任ジ得ザル旨御申越相成リタル次第諒承致候本使ハ上記諸公文ヲ遲滯ナク本國政府ニ通報致シ置キ候

在支第三國人ノ生命財産ヲ極力尊重スル方針ノ下ニ日本帝國軍ニ於テ御努力アリタルニ不拘或ハ第三國人ノ財産ノ所在地ノ判明セサルコトアリ又ハ財産所在地ニ明瞭ナル標識ヲ缺クコトアリ若クハ斯ル財産ガ軍用ニ供セラレタル等ノ事由ニヨリ第三國人ノ財産モ損害ヲ蒙リタル事例アリタルハ遺憾トスル所ナル旨及ビ在支第三國人ノ生命財産ヲ引續キ尊重スヘキハ日本帝國軍ノ方針タルヘキ旨御通報相成リタル次第ヲ本國政府ノ訓令ニ基キ領得致シ更ニ本使ハ御指示地帶外ニ在ル米國人及米國財産管理者ニ對シ一定ノ豫防的措置ヲ實施スル樣通告アリ度キ旨御要求有之タル次第ヲ領得致候

本使ハ閣下ノ公文日本文ヲ當該米國官憲ニ通報致シ置キ候ニ付現ニ日本帝國軍ニ依リテ占據セラレ居ル地帶外ニ在ル米國人又ハ米國財産管理者ニ對シ實行可能ナル限リ適當ナ

ル通報行ハルベシト思料致候
然レ共本使ハ現在ノ狀況ノ下ニ於テ前記地域ニ關シ在支米國官憲及其ノ他ノ米國人ハ貴翰ヲ以テ帝國軍ノ爲メ御要求相成リタル豫防措置ヲ採ル何等ノ義務ナキコトヲ指摘スベキ訓令ニ接シ居リ候米國人ノ生命財產ノ保護ノタメニスル豫防手段ハ自發的ニ講ゼラルベキヲ勸告セラレ出來得ル限リ之レガ遂行期待セラレ居ル次第ニ有之候又之ガ續行モ自發的ニ行ハルベキ次第ニ有之候然レ共米國人ガ斯ル自發的措置ヲ採ルト否トニ拘ラズ日本帝國軍官憲ニ於テハ日本ノ軍事行動ニ依リ米國人ノ生命財產カ損傷セラルルコト無之キ樣十二分ノ注意ヲ拂ハルベキ義務有之次第ニ候而シテ上記日本帝國軍ノ御要求ガ實行セラルルト否トニ拘ラズ如何ナル時如何ナル個所ニ於テスルヲ問ハズ日本武裝軍ノ行動ノ結果米國人若クハ米國財產ノ損傷セラレ又ハ損傷ノ危險アル場合ハ米國政府ハ之ニ關スル責任ヲ日本政府ニ歸スルヲ餘儀ナクセラルルモノニ有之候
適法ニ支那內地ニ在留又ハ存在スル米國人及米國財產ハ今次事變ニ依リ何等ノ變更ヲモ受ケザル公認セラレタル諸權利ヲ有シ米國人ハ米國官憲ニ依リ危險ノ存スル地域ヨリ撤退方勸告セラルルト雖撤退ヲ行フノ義務ナク又場合ニ依リテハ撤退ノ不可能ナルコトモ有之ヘク或ハ現ニ軍事行動ノ舞臺タリ又ハ舞臺タラントスル地域ニ在ル米國財產ニ至リテハ概ネ之ヲ移動セシムルコト能ハス殊ニ不動產ニ至リテハ移動不能ナルハ明瞭ナル次第ニ有之候
支那軍憲又ハ支那側ノ軍事施設カ米國人又ハ米國財產ニ近在スルノ事實ハ米國官憲又ハ他ノ米國人ニ於テ之ヲ左右セズ又之ヲ左右シ得ル次第ニ非ル儀ナルハ明瞭ナル所ニシテ右ハ何等米國人ノ諸權利ニ變更ヲ生ゼシメ又ハ日本武裝軍若クハ官憲ノ此等權利尊重ノ義務ヲ輕減スル次第ニ非ズ、貴國軍隊ニ依ル右責任ノ否認ハ此等權利又ハ義務ニ何等變更ヲ生ゼシムル次第ニハ無之候此等事實及考量ノ下ニ現下ノ事情ニ於テ米國官憲又ハ米國人ガ貴國軍隊ノ御要求ニ應セザレバトテ右ハ日本武裝軍ニ依リ米國人及米國財產ニ既ニ與ヘ又ハ與フルヤモ知レサル損害ニ對スル免責理由ヲ供スル次第ニ非ズ且斯ル損害ハ昭和十二年八月二十七日附第七八一號往翰申進ノ通米國政府ニ於テハ擧ゲテ日本政府ノ責任ニ歸スルモノト思料スル所ニ有之候
右申進旁本使ハ茲ニ重ネテ閣下ニ向テ敬意ヲ表シ候　敬具

編注　本文書の原文は見当らない。

1207　昭和13年5月11日

江蘇省および安徽省等所在外国人への避難勧告に関する情報部長談話

在支第三國人ノ我軍作戰地域外避難方勸告ニ關スル情報部長談

（五月十一日）

支那ニ於ケル我軍作戰地帶ニ在ル第三國人ノ生命財產ノ保護方ニ付テハ帝國ハ常ニ最大ノ注意ヲ拂ヒ來ツタ次第テアルカ戰局ノ進展ニ件ヒ江蘇、安徽兩省及黃河以南ノ河南省特ニ隴海、津浦、京漢各鐵道沿線地區ハ戰機切迫シ來ツタ爲外務省ハ十一日在支外務當局ニ對シ前記地方第三國人ハ地上戰及航空機ノ爆擊等ニ依ル損害ヲ避ケル爲成ヘク速ニ前記地方以外ノ安全ナ場所ニ一時避難スルコト望マシク若シ彼等ニシテ帝國軍ノ勢力範圍內ニ避難シテ來ル場合ニハ我方ニ於テ出來ル限リ保護ノ措置ヲ講スヘキ旨ヲ關係各國ニ通報スル樣訓令シタ。

1208　昭和13年5月28日　宇垣外務大臣より在独国東郷大使宛（電報）

一般被害賠償要求に対するわが方処理方針を他の第三国と同様独国にも適用する旨通報

本　省　5月28日後5時20分発

第一七五號（極祕）

貴電第二六二號ニ關シ

今次事變ニ依ル第三國側ヨリノ損害賠償要求ニ對シテハ、帝國軍ノ行動ハ自衛措置ナルヲ以テ帝國政府ニ於テ賠償ノ責ヲ負フ限リニ非ズトノ建前ヲトリ但我方ニ明白ナル過失アリ且國際關係上至急解決ヲ必要若ハ有利ト認メラルル事件ニ付テハ右一般原則ヲ離レ賠償要求ニ應ズルヲ妨ゲズトノ方針ニテ措置シ來レリ、從テ客年十二月南京爆擊ノ際發生セル英米ノ艦船ニ關スル損害及兩國大使館ノ損害竝ニ伊國新聞記者遭難死亡ニ對シテハ賠償ノ要求ニ應ジ既ニ解決濟ニシテ（「レディバード」號及英商船ノ物的損害ノミ未解決）又事變發生以來第三國ノ兵ノ被害竝ニ正定ニ於ケル

「カソリック」宣教師殺害事件ニ對シテハ現地ニ於テ賠償又ハ見舞金ヲ仕拂(支カ)ヒ解決シタルモ一般第三國人ノ蒙リタル被害賠償要求ニ對シテハ今日直ニ之ニ應ズル事ナク前記方針ヲ持シ來レリ

獨逸側ノ損害ニ關シテハ在京獨逸大使館ヨリ屢次賠償要求ヲナシ來リタル所ニシテ、日獨國交上ヨリモ出來得ル限リ好意的考量ヲ加ヘ度キモ一般的損害賠償要求ニ對シテハ他國ニ對スルト同樣今日直ニ之ニ應ズルコト不可能ナル次第ナリ尙在南京獨逸大使館ノ損害ニ對シテハ現地ニ於テ、英米ニ對スルト同時ニ補償解決スル意向ナリシ處、現地獨逸側ノ非協調的態度ノタメ未ダ解決シ居ラズ(上海發本大臣宛第一六二七號竝ニ第一六二八號參照)

尙本省トシテハ將來第三國人ノ被害ニ對シテハ關係各國ノ賠償要求出揃ヒタル上事情諒トスベキモノニ限リ好意的考慮ヲ加ヘ恩惠的措置トシテ適當ト認ムル金額ヲ贈與シ其ノ被害ヲ幾分ニテモ緩和セシメタキ考(此ノ場合獨逸側被害ニ對シ優先的考慮ヲ加フルコトアリ得ヘシ)ニテ準備ヲ進メ居ルモ右ハ未ダ關係國ニ通報スルノ時期ニ至ラズ御含置迄

1209 昭和13年6月1日

広東空爆問題に関する情報部長談話

廣東空爆問題ニ關スル情報部長談話

(六月一日)

An emotional appeal to the public in America and Europe is once more being made by the Chinese authorities and their agents, who are alleging that the Japanese air forces have been causing numerous losses of the lives of the civilian population of Canton. Although we believe that the old Chinese trick of deception by fabricated propaganda has been sufficiently exposed by the subsequent events in the past and that no intelligent Americans or Europeans would be again misled by the repetition of the same trick, we wish to make clear the exact nature of the recent successive air raids made by the Japanese naval air forces in order to preclude any possible misunderstanding of the facts.

The Chinese authorities have been attempting to

prevent damages on their military establishments in Canton by removing them from original locations to other parts of the city, especially to the neighborhood of properties of third Power nationals, for obvious reasons. The successful air raids carried out in the last few days by the Japanese naval air forces have therefore caused consternation among the Chinese.

We can well imagine the degree of bewilderment of the Chinese authorities, who are now, as before, resorting to all sorts of insinuations directed against the Japanese air force. They are scattering reports abroad that a defenseless city and its civilians have been attacked by the Japanese. The truth is that Canton and its environments are strongly fortified, the district being at present the greatest concentration center of Chinese military supplies, as every-one knows. The Chinese scheme of evading the Japanese air attack and of bringing about complications between Japan and third Powers has thus been ruthlessly frustrated by the Japanese, who have inflicted extensive damages on their military establishments by consecutive bombing of the last few days.

The targets of the Japanese bombing attacks have been forts, munitions factories and other establishments of a purely military character. The accuracy of the bombing has been such that irreparable damages have been inflicted on these establishments of the Chinese military forces. It hardly needs reiteration that the Japanese air squadrons have not attacked the civilian population, for whose safety the Japanese air force —for that matter all branches of our Army and Navy— is ever solicitous. The Japanese planes not only take all possible precautionary measures but return to their base without dropping bombs in case civilian life is likely to be endangered.

Any loss of civilian lives during the recent air raids must have been largely the result of the aimless firing of Chinese anti-aircraft guns, the shrapnels of which are likely to fall anywhere, especially when these guns, located in all quarters of Canton, are fired indiscriminately at the fast flying planes. It must be remembered that the flagship of the American Asiatic Fleet "Augusta" was hit by a Chinese anti-aircraft shell during hostilities at Shanghai.

〰〰〰〰〰〰〰〰〰〰〰〰

1210 昭和13年7月17日

上海および南京方面への米英人復帰問題等に関する情報部発表

在支英米國人復歸問題其ノ他ニ關スル情報部發表

（七月十七日）

米國人ノ南京其他揚子江下流地方ヘノ復歸問題ニ關シテハ曩頃來日米兩國間ニ交渉懸案中ナリシカ兩國友好關係ニ鑑ミ且ツハ「グルー」米國大使ノ好意的努力ヲ諒トシ帝國政府ハ七月六日附在京米國大使宛左記公文ヲ發シ玆ニ本問題ノ解決ヲ見タリ。

記

以書翰啓上致候陳者五月三十一日附貴翰ヲ以テ廣田前大臣宛五月十七日附貴翰ニ言及セラレ更ニ貴國政府ノ訓令ニ基ク趣ヲ以テ在支米國市民ヲシテ、日本軍ニヨリ立退カシメラレタル各自ノ財産又ハ日本軍ノ嘗テ占領シ或ハ今尚占領シツツアル各自ノ財産ニ再ヒ歸還又ハコレヲ占有セシムルコトヲ可能ナラシムル件ニ付貴國政府ハ一層關心ヲ深メツツアル旨御申越有之閲悉致候

貴翰御例示ノ上海大學ニ付テハ上海及其附近ニ於テ戰鬪行ハレタル當初支那軍同大學ヲ占據シ抵抗セルヲ以テ日本軍ニ於テコレヲ撃退スル爲交戰ノ結果同大學ニ損害ヲ與ヘタルハ已ムヲ得サル所ニシテ其後日本軍カ同大學ヲ占據シ來リタルハ軍事上ノ必要ニ出ツル次第ニ有之候然共帝國政府ニ於テハ最近各種ノ事態考慮ノ結果第三國權益尊重ノ帝國政府ノ根本方針ニ則リ軍事上差支ナキ時機ニ至ル迄同大學ハ開校セサルコト其監視人ノ住込ミ及校舍ノ修繕ニ付テハ同大學所有者ヨリノ具體的申出カ軍事行動ニ支障ヲ來タササル限リ好意的考慮ヲ拂フコト竝ニ日本軍ノ使用ニヨリ生シタル損害ニ關シテハ第三國人財産ノ蒙レル同種損害ト共ニ將來考慮スルコトヲ條件トシ同大學ノ軍事使用ヲ取止メ七月五日迄ニ陸海軍共ニ同大學ヨリ撤去スルコトニ決定シ既ニ現地ニ於テ帝國總領事ヨリ貴國總領事ニ對シ右通達濟ニ有之候。

次ニ揚子江下流ノ諸地方ヘ貴國市民歸還ノ件ニ付テハ同地方ニハ今尚ホ敗殘兵各所ニ潜伏シ居リ絶エス出沒シ何時突發事件起ルヤ豫測シ難キ實情ニテ第三國人保護ノ爲ニハ帝國領事館警察ノミニテハ不充分ナルヲ以テ戰闘參加ヲ任務トスル部隊ヨリ特ニ兵ヲ割キテコレニ當ラシメサルヲ得ス日本軍ニトリテハ非常ナル負擔ト相成居ル次第ニ有之候。

此ノ如キ狀況下ニ在ル南京ニ日本人八百名餘居住シ居ルハ事實ナルモ之等日本人ハ軍ノ必要上居住ヲ認メ居ルモノノミニ有之而シテ右日本人ニ對シテハ嚴重ナル保護警戒ヲ加ヘ居ルニ拘ラス不逞支那人ヨリ暴行强盜等ノ難ヲ受ケタル事例ハ多々有之候モ唯日本人ノ被害ナルカ爲外國人ノ場合ノ如ク目立タサル迄ノ實狀ニ有之候。

抑敍上地方ノ現狀ニ付テハ帝國政府トシテハ自衞上必要已ムヲ得ス現在尚ホ軍事行動ヲ續行シツツアル今日上海南京等ハ表面平靜ナルカ如キ觀アルモ實際ニハ作戰基地トシテ軍機保持ノ爲特殊ノ考慮ヲ要スル事情アルノミナラス現ニ危險分子多數潜入シ居リ各種陰謀企圖セラレ居ル等ノ關係モアリ表面ノミヲ見テコレヲ危險區域ニアラスト主張セラルル貴國側御意向トハ根本的ニ異ル見解ヲ執ラサルヲ得サル次第ニ有之候。

右ノ如キ治安狀況ニ於テ第三國人ノ上記地方歸還ヲ認ムルハ頗ル困難ナルコトハ御諒察相成ルコトト存候然ルニモ不拘貴國市民ノ要望達成方ニ付テハ出來得ル限リ好意的考慮ヲ拂ヒ五六月中歸還ヲ認メタル件ハ既ニ相當多數有之決シテ總テヲ拒絶シ居ル次第ニハ無之今後モ各地ノ實情ニ則シ漸次承認スル方針ニ有之候。

右申進旁本大臣ハ茲ニ重ネテ閣下ニ向テ敬意ヲ表シ候。

昭和十三年七月六日

宇垣外務大臣

在京

「グルー」米國大使　閣下

尚英國人ノ南京復歸問題ニ關シテハ曩ニ和氣洋行社員六名カ我方事前ノ了解ヲ求ムルコトナク無斷ニテ赴寧シタル爲問題ヲ生シテ居タルカ今般帝國政府ハ日英國交ノ大局的見地ヨリ特ニ在京「クレーギー」英國大使ノ兩國友好關係增進ニ對スル努力ヲ多トシ之ニ酬ユル趣旨ヲモ含メ前記六名ノ英國人カ一應上海ニ歸還シタル上ハ我方ニ於テ南京復歸

ノ通行許可證ヲ與フルコトトシ、更ニ六名ノ英國人ニ對シ英國側ニ於テ其人物ニシテ信用シ得ルモノナルコトヲ保證スル場合ニハ我方出先官憲ニ於テ同樣南京復歸ノ許可證ヲ發給スルコトニ決定シ本件モ亦圓滿解決ヲ見ルニ至レリ。

因ミニ帝國政府カ在支第三國及第三國人ノ權益ニ對シ十二分ノ考慮ヲ拂ヒ常ニ公正妥當ノ措置ニ努メ居ルコトハ左ノ二、三、ノ諸例ニ依ルモ明瞭ナリト云フヘシ。

一、日本軍ハ上海大學ヨリ七月五日撤退セリ。

二、我方ハ客月末米國商人「スタンダード・オイル」及ヒ「テキサス」兩石油會社員計二名ノ赴寧ニ對スル許可證發給方ヲ承諾セリ。

右ニ先立チ五月三十一日乃至六月十六日間ニ於テ米國人宣教師、醫師及看護婦三十五名ノ南京及ヒ其他ノ揚子江下流地方ヘノ歸還ヲ見タルコト周知ノ通リナリ。

尚ホ右許可ヲ受ケタル米國人ノ數ニ付米國側ノ報告ニ依レハ二十名トナリ居ルモ右ハ之等米國人ノ內或者ハ米國總領事館ヲ經由セスシテ直接帝國官憲ニ申出テタルト覺シキモノアルニ由ル。

三、米國人宣教師十四名ノ蘇州歸還方ニ關シテハ六月末右全部ニ對シテ許可證ヲ近々發給スヘキ筈ナル旨出先官憲ヨリ報告アリタルカ內六名ニ對シテハ既ニ許可證發給濟ナリ。

1211 昭和13年10月12日 近衛外務大臣より 在本邦グルー米国大使他宛

華南作戦地域における権益保護措置の必要に関する各国大使への通報文

付記一 昭和十三年十月十六日付在本邦グルー米国大使より近衛外務大臣宛公信

右通報に対する米国回答

二 昭和十三年十月二十四日付在本邦クレーギー英国大使より近衛外務大臣宛公信

右通報に対する英国回答

近衛外務大臣ヨリ在京各大公使ニ對スル公文

以書翰啓上致候陳者

一、帝國政府ハ第三國人權益保護ノ見地ヨリ曩ニ六月二十日附公文ヲ以テ帝國政府ノ要望トシテ將來陸上作戰地トナル惧大ナル地域卽チ黃河以南西安、宜昌、衡陽、北海ヲ

連ヌル線以東ノ地域ニ於テ

(イ)第三國人ハ支那側ノ軍事施設ニ接近セサルコト

(ロ)第三國人財産ハ空中及地上ニ對シ明瞭ニ標示スルト共ニ之カ速カニ日本官憲ニ通達スルコト

(ハ)支那軍ニシテ戰鬪區域內第三國人財産ヲ利用スル場合ニ於テハ日本軍ハ已ムヲ得ス之ヲ攻撃スルノ餘儀ナキニ至ルヘク此ノ場合日本軍ニ於テハ其ノ保護ノ責任ヲ取ルヲ得サルコト

(ニ)第三國人ハ出來得ル限リ現實ノ戰鬪區域ヨリ安全ナル地帶ニ立退クコトハ各種事件防止ノ見地ヨリ最モ望マシキ次第ナルコト

等ヲ通告セル次第アル處今次南支方面ニ於ケル作戰實施ニ當リ帝國政府ハ更メテ右通告ニ關シ閣下ノ注意ヲ喚起スルト共ニ特ニ左ノ諸點ニ關シ貴國政府ノ適切ナル措置ヲ要請スルノ光榮ヲ有シ候

二、上海、九江ニ於ケル戰鬪ノ經驗ニ依レハ支那軍ハ故意ニ第三國財産ノ至近距離ニ防禦陣地ヲ構築シ或ハ第三國財産ニ據リテ日本軍ニ抵抗シタル爲日本軍ハ第三國財産ノ保護ニ極メテ困難ヲ感シタル實情ニ有之從テ帝國政府ハ今次南支方面作戰ニ於テハ支那軍ヲシテ右ノ如キコトヲ爲サシメサル樣貴國政府ニ於テモ有效適切ナル處置ヲ講セラレンコトヲ要請致スモノニ有之候

此ノ點ニ關シ帝國政府ハ若シ支那軍カ第三國財産ノ至近距離ニ存在スル場合ニ於テハ其ノ被害ニ對スル責任ハ當然支那軍ニ於テ之ヲ負フヘキモノナリトノ見解ヲ持スルモノニ有之候

尙帝國政府ハ萬々無之次第トハ存スルモ貴國側ニ於テ日本軍ヲシテ貴國カ支那側ニ好意ヲ與ヘツツアリトノ疑惑ヲ抱カシムルカ如キ一切ノ行動ヲ避ケラルル樣特ニ配慮アランコトヲ切望致候

三、帝國政府ハ日本軍ノ今次南支方面作戰中汕頭ヨリ北海ニ至ル南支一帶ノ支那領土、領海及領空ニ於テ第三國ノ軍隊、艦船及飛行機ノ行動スルコトハ帝國軍隊、艦船、飛行機トノ間ニ不慮ノ過誤ヲ惹起スル惧アルニ付當該國ニ於テ出來得ル限リ之ヲ避ケラレンコトヲ要望スルモノニシテ若シ已ムヲ得ス貴國軍隊、艦船及飛行機カ右地域ヲ行動スル場合ハ通信連絡ノ關係上可成十數日ノ餘裕ヲ以テ帝國官憲ニ通告セラレ度候

四、最后ニ帝國政府ハ支那軍ニ於テハ第三國ノ領土、領海及領空ヲ利用セントスルコトアルヤモ圖リ難キニ鑑ミ貴國政府ニ於テカカル支那軍ノ企圖ハ絶對ニ之ヲ許容セラレサルヘキコトヲ確信シ且要請致スモノニ有之候

右申進旁本大臣ハ茲ニ重ネテ閣下ニ向テ敬意ヲ表シ候

敬具

（付記一）

Embassy of the
United States of America
Tokyo, October 16, 1938.

No. 1085

Excellency:

I have the honor to refer to the statement to me on October 12, 1938, of His Excellency, the Vice Minister for Foreign Affairs, relating to the question of the rights and interests of Third Powers in China, and to acknowledge the receipt of Your Excellency's note no. 37 GO, Asia I, dated October 12, 1938, marked confidential, relating to the measures recommended for the protection of American nationals and property in the area of active military operations in China.

The foregoing note makes reference to the Japanese Government's note no. 18 GO, Asia I, dated June 20, 1938, relating to the same subject. In my reply thereto, no. 972, dated June 27, 1938, I ventured to recall to Your Excellency's predecessor the position taken by my Government that, although American nationals have been and are being advised to take certain measures for their safety and for as practicable and reasonable such nationals are doing so, nevertheless obligation to avoid injury to American lives and property rests upon the Japanese military authorities irrespective of whether American nationals do or do not take such precautionary measures. I also stated that my Government holds, furthermore, that the presence of American nationals and property within the areas of military conflict and possible proximity to such American nationals and property of Chinese military personnel or equipment in no way lessens the aforementioned obligation of the Japanese armed forces.

With reference to the statement to me on October 12, 1938, of His Excellency, the Vice Minister for Foreign Affairs, I have the honor to inform Your Excellency that my Government takes special note of the statement that in the military operations under reference the Japanese Government intends to respect foreign interests and to make the "best of efforts" to prevent any damage to them. I am instructed to add that my Government will expect scrupulous observance of this assurance.

I avail myself of this opportunity to renew to Your Excellency the assurances of my highest consideration.

Signed: JOSEPH C. GREW

His Excellency
Prince Fumimaro Konoe,
His Imperial Japanese Majesty's
Minister for Foreign Affairs,

(付記一一)

No. 167 (126/70A/38).

British Embassy, Tokyo.
24th October 1938.

Your Excellency,

I have the honour, under instructions from His Majesty's Principal Secretary of State for Foreign Affairs, to inform Your Excellency that His Majesty's Government in the United Kingdom have given careful consideration to the note which you were good enough to address to me on the 12th October (No. 37 Identic) making certain proposals designed to obviate danger to British lives and property during the present hostilities. The requests contained therein have been duly communicated to the British Authorities concerned.

2. With regard to the requests contained in General Ugaki's note of the 20th June last (No. 18 Identic) and repeated in Your Excellency's note under reply, I have the honour to inform you that His Majesty's Government abide

by the attitude explained in my note No. 28 of the 26th February last, namely that the responsibility for ensuring that British institutions in China are not made the subject of attack must rest with the Imperial Japanese Authorities concerned. In this matter His Majesty's Government must reserve all their rights.

3. As regards the requests contained in the third and forth paragraphs of Your Excellency's note, I have the honour to state that, while His Majesty's ships and aircraft have general orders to do their utmost to avoid any incident with the Imperial Japanese forces, His Majesty's Government could not undertake, even if it were practicable, to give advance notification of the movements of their naval and air units over so large an area as that covered by Your Excellency's request. However, as the Imperial Japanese Government will be aware, the area within which units at Hong Kong are accustomed to exercise has already been communicated to the Imperial Japanese Authorities, together with an indication of the times when exercises are likely to take place.

4. As regards merchant ships, His Majesty's Government feel obliged to insist upon the right of British vessels to proceed to any point in China, and they are unable to depart from their previous attitude regarding notification of the movements of merchant vessels, which, for the reasons explained in the letter which I had the honour to address on the 29th October, 1937, to the Vice-Minister for Foreign Affairs, they consider to be impracticable. While they are always ready to make any practicable contribution towards minimising the risk of accidents, they must look to the Japanese forces, vessels and aircraft to exercise the utmost caution and to refrain from all interference with British merchant ships except in the circumstances relating to the verification of vessels flying the British flag which were explained in a memorandum communicated to the Vice-Minister for Foreign Affairs on the 11th September, 1937.

5. With regard to civil aircraft, I have the honour to

invite attention to the letter which I addressed to the Vice-Minister for Foreign Affairs on the 7th March last giving the route which would in future be followed by aircraft belonging to the Imperial Airways Company, and in particular to the last paragraph of that letter. The Imperial Airways Company will continue to operate their services over Hainan Peninsula as at present and any deviations from their schedule will be notified by telegraph to the Japanese Naval Attaché at Shanghai. It will not generally be possible to give as much as ten days' notice, since deviations are usually due to unforeseen circumstances.

6. I have the honour to add that His Majesty's Government will take such measures as they deem necessary to prevent the infringement of the territorial waters or the territorial air of Hong Kong by either party to the present conflict.

I avail myself of this opportunity to renew to Your Excellency the assurance of my highest consideration.

(Signed) R. L. Craigie.

His Excellency,
Prince Fumimaro Konoye,
H.I.J.M. Minister for Foreign Affairs.

~~~~~~~~~~~~~~~~~~~~

1212　昭和13年11月8日

日本軍の作戦地域拡大に際する列国宛申入れに関する情報部長談話

戰區擴大ニ際シ關係國宛申入レニ關スル情報部長談

（十一月八日）

帝國政府ハ曩ニ西安、宜昌、衡陽、北海ヲ結フ線以東ノ地域カ戰鬪區域タルヘキ旨關係各國宛通報スル所カアツタカ既ニ廣東漢口ノ攻略成リタル今日戰鬪地域ハ自然更ニ擴大スルニ至ルヘク有田外相ハ十一月七日附公文ヲ以テ在京英、米、獨、佛、伊等關係國大公使ニ對シ近キ將來ニ於テ戰鬪地域ハ陝西、湖北、湖南、及廣西ノ全省ヲモ含ムニ至ルヘク又右地域以西ニ於テモ肅州、巴塘、大理ヲ連ヌル線ニ至ル支那領域內ノ軍事目標ハ日本軍飛行機ニ依リ攻撃ヲ受クルコトアルヘキニ付關係國側ニ於テハ是等地域內自國民ノ
~~~~~~~~~~~~~~~~~~~~

生命財産保全ノ為至急左記諸項ニ關シ適切ナル措置ヲ執ラムコトヲ要望スル旨申入レタ

一、支那軍ハ第三國製民間機ヲ軍用ニ利用シツツアルニ鑑ミ前記ノ線以東ノ地域ニ於ケル第三國關係航空機ノ飛行ハ之ヲ禁止スルノ處置ヲトルコト

二、同上地域ニ於ケル第三國人ノ旅行ハ旅行者自ラノ危險ニ於テ為サルヘキコト

三、同上地域内居住ノ第三國人ニシテ立退可能ナル者ハ出來得ル限リ他ノ完全ナル地域ニ立退クコト

四、同上地域内ノ第三國人權益ハ相當ノ時日ノ餘裕ヲ以テ帝國官憲ニ通報シ且ツ右權益ニハ上空及ヒ地上ニ對シ極メテ明瞭ナル標識ヲ付セシメラレ度キコト

尚支那側ノ公有若クハ個人財產ノ惡意ニヨル第三國人ヘノ名儀變更ハ一切之ヲ認メス又支那軍ノ利用若クハ近接シ居ル第三國權益ニ關シテモ日本軍ハ之ヲ保護ノ責ニ任スルコト能ハサル旨併セテ通告シタ

編注 本文書は、昭和十三年十二月、情報部作成「支那事變關係公表集(第三號)」から抜粋。

1213 昭和13年11月19日 有田外務大臣より 在独国大島大使、在上海日高総領事、在北京堀内大使館参事官宛(電報) 2072

独国人被害賠償問題に関する有田外相・オットー独国大使会談の概要について

本省 11月19日後3時20分発

合第三四〇五號

在京獨逸「オット」大使十六日本大臣ヲ來訪セル處其ノ際同大使ハ在支獨逸人被害賠償問題ニ關シ獨逸政府ノ在支獨逸人ニ對スル立場困難ナル旨ヲ述ベ至急何トカ解決ヲ見ルヤウ希望スル旨述ベタルニ對シ本大臣ヨリ帝國政府トシテノ困難ハ獨伊以外ノ諸國トノ賠償問題ノ關係上獨ニ對シテ特別ノ取扱ヲナセバ勢ヒ他ノ國ニ對シテモ同樣ノ取扱ヲナサザルヲ得ザルベキ點ナルモ何レ研究シヲクベシト應酬セル處獨大使ハ獨伊ハ支那事變ニ付テ特別ナル態度ヲ採リヲルモノナレバ特別ナル取扱ヲ受クルモ別ニ他國ヨリ異論アリトハ思ハズト述ベタリ

本電宛先 獨、上海、北京

1214　昭和13年12月3日　有田外務大臣より在上海日高総領事、在南京堀総領事宛（電報）

日独関係の重要性に鑑み被害賠償問題の優先的解決のため独国人の被害状況につき調査方訓令

本　省　12月3日後3時20分発

合第三五一二號

往電合第三四〇五號ニ關シ

一、本省ニ於テハ今次事變勃發以來獨逸側カ我方ニ對シテ示シタル友好的態度及今後ニ於ケル日獨關係緊密化ノ重要性ニ鑑ミ在支獨逸人被害ニ關シテハ他ノ第三國關係ノ被害ニ優先シテ特別ニ取扱ヒ成ルヘク速ニ見舞金又ハ同情金ノ形ヲ以テ實際上ノ解決ヲ計リ以テ事變以來兩國間ニ蟠マレル不快ナル懸案ヲ一掃シ度ク其ノ實行方法トシテハ現地ニ於テ簡單ナル調査ヲナシタル後大体ニ於テ我方ニ於テ救恤スルヲ相當トスヘキ被害全額ノ何分ノ一カヲ見舞金又ハ同情金トシテ獨逸政府ニ一括支拂ヒ右ニ對シ同政府ヲシテ本件ニ關スル一切ノ要求ヲ拋棄セシムルコトモ一案ナルヤニ認メラレ右ニ關シテハ目下折角研究中ナリ

二、就テハ陸海軍側係官ト御連絡ノ上至急被害現地ニ於テ獨逸側提出ノ調書ト引キ合セ㈠我方ニ於テ救恤スルヲ相當トスヘキ被害（從來第三國人被害問題ニ關シテハ今次事變ハ支那側挑戰ニ對スル自衛行爲ナルニ付戰爭行爲ニ依ル第三國人被害ニ對シテハ我方ニ於テ賠償スヘキモノニ非ストノ建前ヲ執リ來レルコト御承知ノ通リニシテ今後モ右原則ヲ嚴守スヘキコト勿論ナリ今回ノ調査ニ當リ右方針ヲ嚴格ニ適用スルトキハ殆ト賠償スヘキ件無キニ至ルヘキモ前記一ノ考慮御含ミノ上調査アリタシ）及㈡被害金額（被害金額ヲ嚴格ニ算出スルコトハ多クノ時日ト人手ヲ要スルニ付調書ノ要求金額ト被害狀況ヲ比較ノ上大体ノ見當ノ所ヲ算出相成度）ヲ調査報告アリ度

本件陸海軍側ヨリモ同樣趣旨ニテ出先ニ電報ノ筈ナリ

1215　昭和14年3月14日　有田外務大臣より在上海三浦総領事、在南京堀総領事宛（電報）

独国人の被害状況等の調査促進方訓令

本省　3月14日後8時発

合第四八五號

客年往電合第三五一二號ニ關シ

㈠在支獨逸人被害ハ之ヲ他國ニ優先シテ解決シタキ意向ナルコト冒頭往電ノ如クナルガ本件ハ獨逸政府ニ於テ其ノ對内關係上解決ヲ急キ居ル苦シキ事情アリ「オット」大使ヨリモ再三本件ニ付特別ノ取扱ヲ受ケ度旨申出居ル次第ニテ今後ニ於ケル日獨友好關係ノ緊密化ヲ計リ事變ノ有利ナル解決ニ資セシメンカ爲ニモ是非本件ノ急速ナル解決ヲ圖リ度キ所存ナルニ付テハ貴地ニ於テモ種々難點アルコトトハ存ズルモ貴地陸海軍側トモ協力シ冒頭往電ノ調査取急ギ完了アリタシ

㈡尚本件解決ニ際シテハ獨逸政府ニ對シ本件ハ日獨友好關係ニ鑑ミ特別ノ計ヒヲナシタルコトヲ述ブルト共ニ今次事變發生以來在支獨逸人ニ於テ事變ヲ奇貨トシ不正不當ノ行爲ヲ以テ利ヲ貪リ又ハ我方ニ不利ナル行爲ヲナシ或ハ事變ノ眞意義ト我方ノ立場ヲ能ク理解セズ往々我方ニ悪感情ヲ抱キ友誼的ナラザル態度ヲ示スモノアルコトヲ事例ヲ以テ示シ獨逸政府ニ對シ嚴重ニ注意ヲ喚起スル意向ナルニ付被害調査ト竝ンデ右ノ事例ヲ調査シ報告相成度

1216　昭和14年3月30日　在本邦グルー米国大使より　有田外務大臣宛

米国教会等への空爆被害に対する米国政府抗議

付　記　昭和十四年五月十七日付有田外務大臣より在本邦グルー米国大使宛公信米一普通第五一号

右抗議に対するわが方回答

昭和十四、三、三十　米一

在京米國大使來翰第一二三〇號（假譯）

（在支米國教會爆撃ニ關スル件）

以書翰啓上致候。陳者本使ハ本國政府ノ訓令ニ基キ茲ニ閣下ニ對シ日本軍隊カ、在支米國人ノ生命及ヒ財産ヲ引續キ無視シ居ル事ニ對シ米國政府カ正式且强硬ニ抗議スルモノナルコトヲ通告スルノ光榮ヲ有シ候。

右ニ付本使ハ日本軍ニ依ル空爆ノ結果、米國財產カ明確ニ其ノ所在ヲ標識シ、且其ノ位置ハ豫メ日本當局ニ地圖ヲ添エテ通報濟ナルニ拘ラス、損傷サレ又時ニハ破壊セラレタル事例カ限リナク増加シ行ク事ニ付テ、日本政府ノ注意ヲ喚起スル様訓令セラレ居リ候。

茲ニ於テ本使ハ當時ノ外務大臣廣田閣下宛ノ客年二月二十一日附拙信第八八〇號ニ言及致サザルヲ得サル處、右書翰中本使ハ當時日本軍隊ニヨリテ占領セラレ居リタル地域外ノ支那ニ於ケル諸地域ニテ存シタル狀況ノ下ニ於テハ在支米國官民ハ廣田閣下ノ客年二月十五日附書翰ヲ以テ日本軍ニ代リ要求セラレタルカ如キ豫防措置ヲ執ルヘキ義務ヲ有セサル旨ヲ指摘致シ置キ候。然レトモ本使ハ又同時ニ在支米國民ノ生命竝ニ權益保全ノ爲米國政府ハ從來在支米國民ニ對シ右ノ如キ豫防措置ヲ執ル様勸告シ來リ又事情ノ許ス限リ右ノ如キ豫防措置ハ自發的ニ執ラレ今後モ亦自發的ニ繼續シテ執ラルヘキ旨モ併セテ指摘致シ置キ候。爾後、右自發的豫防措置ハ繼續的ニ執ラレ來リ且右ハ在支米國教會財産ニ關シテハ今日モ繼續セラレ居ルニモ拘ラス、米國民ノ生命ヲ危險ナラシメ、米國財産ヲ損傷シタル日本軍ニヨル空爆ノ事例一三五件余ニ達シ居リ、右ハ既ニ大使館ヨリ日本政府ノ注意ヲ喚起シ置キタル所ニ有之候。右事例中殆ト總テノ場合、米國財産ハ明瞭ニ米國旗又ハ其ノ他米國民ノ所有權ヲ示ス見易キ印シヲ以テ標識セラレ居リ、且事情ノ許ス限リ日本官憲ニ對シ、斯ノ如キ米國財産ノ適確ナル位置ヲ示ス地圖提供セラレ居リ候。

米國政府ノ引證セントスル事例ノ代表的ナルモノハ桐柏所在米國「ルザラン」派教會ニ對スル最近ノ空爆ニシテ其ノ結果「ナイフス」一家ノ家族ニ死者及重傷者ヲ出シタル事例ニ候

本年頭初以來日本政府ニ通報致シ置キタル米國財産ニ對スル空爆ハ二十八件ニ及フ處右ハ(イ)太平所在「クリスチヤン、アンド、ミッシヨナリ、アライアンス」財産ニ對スル客年十一月十三日、十四日、十八日ノ三回ニ亘ル空爆(ロ)廣東省西南所在「ペニエルミッシヨナリホーム」ニ對スル客年六月及同十月二十二日ノ二回ニ亘ル空爆(ハ)南昌所在「スタンダード、ヴァキユーム」會社財産ニ對スル客年十月三日及五日ノ空爆(ニ)教會職員及教會内ニアリタル避難民間ニ死傷者ヲ出シタル桂林所在「クリスチヤンアンド、ミッショナリ、アライアンス」建物ニ對スル客年十二月二十四日及其ノ五日後タル二十九日ノ兩度ニ亘ル空爆(ホ)同シク桂林所在「アメリカン、サウザン、バプチスト」教會病院ニ對スル客年十二月二十九日ノ空爆及(ヘ)韶州所在「アメリカン、バプチスト、ミッション」ニ對スル同日ノ空爆等ヲ含ミ居リ候更ニ(1)湖北省沙市所在「エヴアン、ヂェリカル、ルザラン」派敎會所屬建物ヲ破壞、破損セル本年一月十日ノ空爆(2)湖南省衡陽所在「アメリカン、プレスビテリアン、ノース」派敎會所屬病院竝住宅建物ヲ破壞セル客年十一月十三日、同月二十三日及本年一月十二日ノ空爆(3)重慶所在「アメリカン、メソヂスト、エピスコパル」派敎會經營淑德女學校所屬財產ニ重大ナル破損ヲ與ヘタル本年一月十五日ノ空爆(4)牯嶺所在「アメリカン、ミッション」敎會ヲ破損シタル本年一月二十三日ノ空爆(5)萬縣所在「ワーナー、ヂー、スミス」商會所屬財產ヲ破損セル本年二月四日ノ空爆(6)荊門所在「コヴェナント、ミッショナリ、ソサエティー」附屬病院ヲ破損セル本年二月二十二日ノ空爆(7)維定所在米國舊敎敎會ヲ破損シ「ケネリー」牧師ニ重傷ヲ負ハシメタル本年二月二十五日ノ空爆(8)宜昌所在「アメリカン、チヤーチ、ミッション」派敎會ノ二構內ヲ夫々別個的ノ爆擊ニヨリ破損セル本年三月八日ノ空爆(9)同地所在同敎會經營ノ「セント、ヂェームス」學校所屬財產ヲ破損セル本年三月十四日ノ空爆(10)七名ノ死傷者ヲ出セル鄭州所在ノ「アメリカン、サザンバプチスト」派病院ニ對スル本年三月十九日ノ二回ニ亘リ行ハレタル空爆(11)本年三月十九日右病院ニ對シ行ハレタル客年二月以降七回目ノ空爆(12)湖北省襄陽所在「コヴエナント、ミッショナリ、ソサエチー」所屬財產ニ重大ナル破損ヲ與ヘタル空爆(13)及同省樊城所在「ルザラン、ユナイテッド、ミッション」經營淑德聖書學校構內ニ重大ナル破損ヲ與ヘタル同シク三月二十日ノ空爆等有之候

茲ニ於テ本使ハ閣下ニ對シ日本政府カ直ニ在支當該官憲ニ對シ、將來米國財產ニ對スル空爆ノ再發ヲ防止スルニ必要ナル訓令ヲ發スル樣處置セラレン事ヲ切望スルノ光榮ヲ有シ候。之等空爆ハ前述ノ如ク米國人ニ死傷ト莫大ナル物質的損失ヲ與ヘタルカ、若シ右ニシテ依然繼續セラルルニ於テハ敍上ノ如キ遺憾ナル結果ヲ招來スルコト必定ニ候。米國政府竝ニ國民ハ日本軍ノ斯ル行動ニ付益々不安ヲ感シ居リ、且右ニ關シ日本政府ノ與フル保障ニ米國政府及ビ國民ノ附シ得ル重要性ノ度ハ現地ニ於ケル日本軍カ如何ナル程度迄右保障ヲ尊重スルヤ否ヤニ依リテ決定セラルヘキコト必然ナル可ク候。

右中進ノ傍本使ハ茲ニ重ネテ閣下ニ向テ敬意ヲ表シ候

ジョーゼフ、シー、グルー（自署）

編注　本文書の原文は見当らない。

（付記）

米一普通第五一號

以書翰啓上致候陳者本年三月三十日附第一一三〇號貴翰ヲ以テ本年初頭以來在支米國財産ニシテ空爆ニ依リテ被害ヲ蒙リタル事例ヲ列擧シテ帝國政府ノ注意ヲ喚起シ且將來斯ル被害ノ再發ヲ防止スルニ必要ナル訓令ヲ現地官憲ニ發出方要請相成閲悉致候

抑々在支第三國財産、特ニ敎會、學校、病院等ノ文化施設ノ保護ニ付テハ帝國軍ニ於テ特ニ愼重ナル注意ヲ以テ臨ミ居ルコトハ既ニ御承知ノ通リニシテ且戰鬪行爲ノ結果萬一右諸施設ニ被害アリタリトスルモ其ノ已ムヲ得サル事情ニ出テタルモノナルコトハ客年十二月二十八日附第一一八號口上書ニ詳述ノ通ニ有之候

然ル處右三月三十日附貴翰末段ニ於テ「日本政府ノ與フル保障ニ對シ米國政府及人民ノ附シ得ル重要性ノ度ハ現地ニ於ケル日本軍カ如何ナル程度迄右保障ヲ尊重スルヤ否ニ依リテ決定セラルヘキコト必然ナルヘシ」ト申述ヘラレ貴國政府ニ於テハ現地日本軍當局ノ行動ノ結果ハ必スシモ中央ノ意向ト合致セストノ感想ヲ有セラルルヤニ察セラルル處若シ果シテ然リトセハ我方トシテハ頗ル心外トスル所ニシテ是全ク現地軍當局カ身命ヲ賭シテ大規模ノ戰鬪行爲ニ從事シ居ル現狀竝ニ最近蔣政權側ノ對空手段カ次第ニ我方ノ第三國權益ノ被害回避ノ努力ヲ困難ナラシメ來リタルニモ拘ラス我方トシテハ克ク之カ實行ヲ期シテ凡ユル苦心ヲ重ネツツアル實狀ヲ了解セサルモノニシテ帝國政府ノ頗ル遺憾トナス所ニ候

然レ共貴國政府御申出ノ次第ニモ鑑ミ前記在支第三國財産尊重ノ精神ヲ此ノ上トモ徹底セシムルコトヲ期シ帝國陸海軍中央當局ニ於テハ現地ノ軍ニ對シ重ネテ第三國權益就中其ノ文化施設ニ對スル不測ノ被害ヲ與ヘサル樣注意ヲ喚起スルコトトシ陸軍ニ於テハ先般在支軍當局ニ對シ「米國側ニ於テ我方ノ空中作戰ノ結果在支米國權益ニ被害アリタリトナス件數米國政府ノ調査ニ依レハ本年一月以降二十餘件

ニ及ヘル趣ナル處若シ右ノ如キ事實アリトスルモ右ハ固ヨリ近時敵ノ防空施設逐次整備シ我低空ヨリノ爆撃ヲ妨害シ又ハ敵カ日本ト諸外國殊ニ米國トノ間ニ紛糾ヲ惹起セシメントスル策謀ヨリ支那軍カ故意ニ外國權益ヲ利用又ハ之ニ接近シアル事實ニ基因スル事情ハアルヘキモ今後ノ空中作戰ニ於テハ外國權益ニ被害ヲ與ヘサルコトニ關シ更ニ諸般ノ注意ヲ倍蓰サレンコトヲ望ム」ノ趣旨ノ訓示ヲ爲シ海軍ニ於テモ同趣旨ノ措置ヲ執ル所有之候間右樣御諒承相成度

尙帝國政府トシテハ此ノ機會ニ在支貴國市民ニ於テモ充分ナル對空標識ヲ設ケテ此ノ種不幸ナル不測ノ被害同避ニ付更ニ一層ノ協力アランコト竝ニ現地帝國軍當局ニ於テ屢次通告シ來レル通リ支那軍ヲシテ米國權益ヲ利用乃至之ニ近接セシメサル樣取計ハレンコトヲ重ネテ切望致候

既發事件中特ニ米國市民ニ死者及負傷者ヲ出シ帝國政府ニ於テモ其ノ發生ヲ遺憾ト爲シ居ル在桐柏及在羅定ノ米國教會被害事件ニ付テハ兩地カ共ニ我軍ノ占領地域外ニ存スルヲ以テ調査依然不能ナルモ既ニ御承知ノ通リ現地當局ニ於テ鋭意之カ解決ヲ計リ居リ「ケネリー」牧師ニ對シテハ見舞金ヲ贈リ又「ニヒュース」家族ニ對シテモ適宜慰藉ノ法ヲ講スヘク努力中ナル次第ナルニ付貴國官憲ニ於テモ之カ解決ニ協力セラレンコトヲ希望致候

右囘答申進旁本大臣ハ茲ニ重ネテ閣下ニ向テ敬意ヲ表シ候　敬具

昭和十四年五月十七日

外務大臣　有田八郎

亞米利加合衆國特命全權大使

「ジョゼフ、クラーク、グルー」閣下

1217 外国人被害の調査実施および解決方法に関する現地方針について

昭和14年6月13日　在上海三浦総領事より有田外務大臣宛（電報）

上海　6月13日後発
本省　6月13日夜着

第一六二四號

第[1]三國人被害調査問題ニ關シ十三日當館ニ於テ本省ヨリ派遣セラレタル係官、當館係官及陸海軍側トノ打合會議ヲ開催セリ陸軍側ヨリ其ノ被害調査方針ハ先ツ獨伊米ノ順ニテ開始シ上海附近ヨリ漸次漢口附近ニ及ホシ本年十一月迄ニ終了シ一方其ノ他ノ第三國ニ付テモ同様調査ヲ始メ本年十二月迄實地調査ヲ終リタキ意嚮ナル旨次テ海軍側ヨリ第三國人ノ分ハ既ニ大體調査ヲ終リ見舞金支拂ノ標準等決定次第何時ニテモ第三國側ト交渉ヲ開始シ得ル準備整ヒ居レル旨述ヘ更ニ席上種々協議ノ結果獨伊ノ分ニ對シテハ調査完了スルモ現地ニ於テ案件ノ個々ニ付解決スルコトナク總轄シテ中央ニ於テ解決スルコト

[(2)](右方針ハ陸軍側ニテハ何等承知シ居ラサルニ付中央ニ照會スヘシトノコトナリ)

文化施設ニ付テハ現地ニ於テ個々ニ解決スルコトニ申合セタリ其ノ他席上協議決定セル事項左ノ通リ

一、査定決定額ノ何割ヲ支拂フヘキヤノ標準ハ中央ニ於テ決定セラレタシ卽チ被害ノ責任カ全然我方ニ在ルモノ責任カ我方ニ比較的少キモノ又ハ文化施設ニ對スルモノ等ニ分チ支拂フヘキ額ノ「パーセンテイジ」ヲ決定シ且右「パーセンテイジ」ハ現地ノ實情ニ應シ機宜ノ解釋ヲ講シ得ル様何割ト限定セス何割ヨリ何割迄ノ如ク餘裕アル様決定セラレタシ

右決定ヲ俟テ個々ノ支給額ヲ決定ス

二、被害ニ對スル見舞金ノ支拂ハ領事館ヲ通シテナスコト

三、陸海外三省ノ連絡會議ヲ設ケ隨時個々ノ案件ノ審査及交渉ニ付打合ヲ行フ(具體案ハ追テ作成ス)　以上

北京、天津、青島、濟南、南京、漢口、厦門、廣東、海口ヘ轉電セリ

1218　昭和14年7月20日

重慶空爆被害への米国抗議に関する日本政府声明

昭和十四年七月二十日附ノ同月六、七兩日ノ重慶爆撃ニ關スル「ハル」長官ヨリ堀内大使ヘノ申入ニ關聯スル大統領ニ對スル帝國政府ノ「ステイトメント」

大統領ニ對スルステイトメント

米國側情報ニ依レハ七月六日及七日ニ亘リテ行ハレタル帝國海軍航空部隊ノ重慶爆撃ノ際爆彈ガ在同地米國大使官邸及參事官官邸竝ニ揚子江上ニ滯泊中ノ米國軍艦ノ附近ニ落

下シ又米國「ミッショナリー」經營ノ教會ニ損害ヲ及ボシタル趣ナル處本件ニ關シ七月十日在京米國代理大使ノ申入レニ對シ外務大臣カ述ベタル如ク斯ル不祥事ノ發生シタルコトニ付帝國政府ハ之ヲ遺憾トスルモノナリ

右不祥事ノ發生ハ其後入手シタル報告ニ徵スルニ全クノ偶發事ニシテ別途説明ニモ詳述シ居ル通リ當該航空部隊ニ於テモ「如何ナル間違ヒニテ揚子江南岸ニ彈着アリタルヤ不審ナリ」ト思ヒ居ル程ナル處米國側ニ於テ右不祥事發生ノ事實ノミヲ以テ直チニ我方ガ「手當リ次第ニ無差別爆撃」ヲ行ヒタリトナスハ帝國航空部隊ガ第三國權益被害回避ノ爲メ爲シツツアル努力竝ニ誠意ニ對シ妥當ナル考慮ヲ與ヘザルモノニシテ遺憾ニ堪ヘズ

抑々帝國軍ニ於テハ陸海軍ヲ問ハズ其ノ空爆ヲ行フニ當リ第三國人ノ生命財產ニ被害ノ及バザル樣凡有ル工夫ヲ凝シツツアルコトハ累次口頭又ハ書面ヲ以テ米國側ニ說明セル通リニシテ爆撃目標ト第三國權益所在トノ關係ニ付テハ豫メ出來得ル限リノ調査研究ヲ遂ケタル上攻擊ノ方向及範圍等ヲ決定シ又爆擊實施ニ當リ操縱者ハ地上砲火及敵機ノ攻擊ニ曝サレ次ノ瞬間ニハ自己ノ生命ヲ保シ難キ狀況ニ在リ乍ラモ克ク照準ノ正確ヲ期シテ第三國權益ニ被害ノ及バザラン樣努力シ居リ其ノ軍規ニ忠實ナル點ハ米國側ニ於テモ充分ニ之ヲ認識信頼セラレンコトヲ切望セザルヲ得ズ然レ共航空部隊ノ右苦心努力ニモ拘ラズ屢々權益標識ノ不完全ナルコト、支那側ノ軍隊、軍事機關、軍事施設等ガ第三國權益ニ極メテ接近シテ存スルコト等ノ事情ニ鑑ミ空中戰鬪ヲ行ヒツツ又地上砲火ニ曝サレツツ敢行スル爆擊運動ニ於テ適々偏彈ノ生ズルコトアルハ多ク不可避ノ事態タルコトヲ諒察アリ度シ我方トシテモ斯ル事情ニ依リ第三國權益ニ被害ノ及ブコトアルニ對シテハ之ヲ極メテ遺憾ナリトスルモノニシテ如何ニスレバ斯ル不測ノ被害ヲ減少セシメ得ルカニ付テハ常ニ苦慮シ居リ更ニ一層ノ努力ヲナスベキモ斯ル被害發生防止ノ實際的見地ヨリシテ米國側ニ於テモ對空標識ノ整備及權益ノ所在ヲ明示セル完備セル地圖ノ提供竝ニ支那側ヲシテ附近ニ軍事施設及軍事機關ヲ設ケシメズ又軍隊ヲ集結セシメザル樣措置方等ニ付此ノ上共實際的ナル努力ヲ拂ハレンコトヲ切望ニ堪エズ

1219　昭和15年6月1日　有田外務大臣より在上海三浦総領事、在南京花輪(義敬)総領事宛(電報)

独国および伊国人の被害賠償問題につき現地にて個別的に解決方訓令

本　省　6月1日後9時0分発

合第一一六六號

支那事變ニ因ル獨伊人ノ被害要償案件處理方針ニ關シテハ曩ニ中央ニ於テ一括解決スルコトニ決定シ置キタル處(一昨年往電合第三五一(二欠カ)號、昨年合第四八五號及客年(第欠カ)一五〇七號參照)其ノ後ノ情勢ノ變化、技術上ノ困難及在京獨逸大使館側ノ希望ニ依リ從來ノ方針ヲ變更シ英米佛人等ノ被害賠償懸案ト同樣ニ(一)現地解決(二)被害者各個々別解決ノ方針ニ依ルコトト致度シ

就テハ右方針ニ基キ英米ノ被害問題解決ニ後ルルコトナク獨伊ノ被害案件解決ニ努力セラレタシ

陸海協議濟ミ

本電宛先　上海、南京

北京、廣東、漢口ニ轉電セリ

1220　昭和15年6月14日

重慶空爆に際する対列国退避勧告に関する情報部長談話

付　記　昭和十五年六月十八日
　米国の重慶空爆回避申入れに関する情報部長談話

重慶爆撃ニ際シ對列國通告ニ關スル須磨情報部長談話

(六月十四日午後七時三十分)

過般來帝國軍航空部隊ハ連續重慶爆撃ヲ實施シテ來タカ狡猾ナル支那軍ハ態々重慶市内外ニ在ル諸種ノ第三國權益ニ接近シテ防空砲臺其ノ他ノ軍事施設ヲ築設シ居リ攻撃實施上幾多ノ障害ヲ爲シテ居ル、依テ帝國政府ハ之等第三國官民權益ニ不測ノ餘沫ノ及フコトアルヲ慮リ本十四日公文ヲ以テ英、佛、獨、白、蘇、米等ノ諸國ニ對シ重慶ニ居住スル之等第三國官民カ我重慶攻撃作戰終了迄一時安全ナル地域ニ至急避退スルヤウ措置方勸告スルト共ニ帝國軍トシテハ重慶市ニ對スル揚子江南岸ノ一定地域ニ對シテハ攻撃ヲ加ヘナイコトヲ明カニシ右以外ノ地域ニ於テ發生スルコト

アルヘキ不慮ノ事態ニ對シテハ帝國政府ニ於テ其ノ責ニ任セサル可キ旨ヲ正式ニ通告シタ。

（付　記）

重慶空爆ニ關スル須磨情報部長談

（六月十八日）

今次ノ重慶空爆ニ關シ有田外務大臣ハ本月十四日在京米國其他各國大使ニ對シ在重慶自國人ノ安全地域ヘノ撤退方ヲ勸告シタカ、之ニ對シ翌十五日「グルー」米國大使ハ本國政府ノ訓令ニ基キ日本航空隊ノ重慶空爆ニ對スル米國ノ態度見解ハ既ニ度々明瞭ニセラレテ居ルカ米國ハ特ニ日本軍カ同地米國人ノ人命財產ヲ危殆ナラシムルカ如キ軍事行動ヲ囘避スルコトヲ希望スル旨申越シタ。

仍而有田外務大臣ハ本日同大使ニ對シテ重慶ハ抗日ノ最大據點テアル爲之カ空爆ハ續行セサルヲ得ナイカ日本軍ハ決シテ無差別的空爆ヲ行フモノテハナク米國ソノ他第三國ノ權益ハ充分尊重スルモノテアルカラ米國側モ我方ノ退避勸告ニ更ニ協力スル樣重ネテ要望シタ。

~~~~~~~~~~~~~~~~~~~~~~~~~~~~~

1221　昭和15年8月10日　松岡外務大臣より在上海三浦総領事宛（電報）

独国人被害補償問題の一層解決促進方訓令

本　省　8月10日後7時30分発

第八八〇號

一日在京獨逸大使本大臣ヲ來訪懇談ノ際同大使ハ支那事變ニ依ル獨逸人被害要償問題ニ付從來本件ガ進捗セザリシ苦情ヲ述ベタル上最近漸次解決セラレ感謝シ居ルモ未ダ僅少ニ過ギス貴大臣就任ノ手始メトシテ本件ヲ損害賠償通報ノ時ニ申告セラレタル價値ヲ基礎トシテ至急解決セラレ度キ旨述ベタルニヨリ至急解決方ニ盡力方約束セリ

就テハ從來手不足ニモ拘ラズ努力セラレ居ル點ハ良ク承知シ居ルモ今後尚一層努力セラレ既定方針ニ基キ解決促進ニ盡力相成度

陸軍ハ右要旨既ニ電報濟

尙獨逸大使持參ノ口上書郵送ス

北京、南京ニ轉電セリ

~~~~~~~~~~~~~~~~~~~~~~~~~~~~~

1222　昭和15年8月14日　在上海三浦総領事より松岡外務大臣宛（電報）

独国人被害補償問題に関する現地の折衝状況について

上海　8月14日後発
本省　8月15日前着

第一七五一號

貴電[1]第八八〇號ニ關シ（獨逸人ノ被害要償問題ニ關スル件）

一、獨逸人被害救恤ニ付テハ現地調査ヲ完了セル陸軍分一一〇件ニ付六月下旬以來獨逸側トノ間ニ折衝ヲ重ネ個々案件ノ解決ニ努メ來リ其ノ進捗狀態モ比較的良好ニテ當地獨逸側モ喜ヒヲル事ト承知シ居タルニ貴大臣御來示ノ在京獨逸大使苦情ヲ受ケタルハ當方ニ於テ意外トスル所ニシテ恐ラク獨逸被害賠償要求者ニ於テ當方救恤提示額ヲ受諾セルモノノ内最近約一〇件軍被害調査部ヨリノ現金支拂カ（普通受託ノ日ヨリ約二週間以内ニ支拂フ事トシ居レリ）遲滯セルモノアリタルヲ未解決ノモノトシテ解決遲延ヲ託チタルモノト推察スルノ外ナク右支拂ハ本月下旬完濟ヲ見タリ

二、折衝ノ結果現況左ノ通リ

㈠解決濟ミノモノ

件數（ママ）要求額二三三、九五九、八六支弗

支拂額一七〇、七〇〇、〇〇支弗

㈡[2]救恤ヲ爲シ得サル旨一應獨逸側ニ通知セルモノ

件　數　三〇

要求額　七九、五三七八支那弗

種　類　重慶政府顧問二七（文官二、軍事二五）日本側責任ナシトスルモノ三

㈢折衝中ノモノ

件　數　四〇

要求額　七四五、八五六、四九支弗

救恤提示額　三五一、一三一支弗

三、折衝中ノモノハ(イ)本人本國其ノ他ノ地ニ居ル爲同意ヲ取付クルニ期日ヲ要スルカ(ロ)當方提示額ヲ過少ナリトシテ受諾ニ難色ヲ示シ居ルカ孰レナルカ特ニ(ロ)ノ大部分ハ爲替下落竝ニ諸物價ノ暴騰ヲ理由トシ當方ノ算定ノ現要求額ノ増加ヲスラ要求シ兼ネマシキ有樣ニテ今後トモ當方ニ於テ解決ニ努力スヘキハ勿論ナルモ現在ノ既定方針ニ

テハ全部ノ解決ハ稍困難ナルヤニ見受ケラル

四、[3]元來本件救恤問題ハ三省協議ノ上決定セラレタル基準評價處理シ居ル所ニシテ獨逸側要求額トシテ當方ノ算出シアルハ本人申立ノ外貨建要求額ヲ被害當時ノ爲替換算率ニテ法幣ニ換算シタルモノモアル關係上被害當時ニ比シ法外ナル爲替下落竝ニ物價騰貴ヲ見タル現在ニ於テハ獨逸側ノ所謂「被害通報ノ時ニ申告セラレタル價値ヲ基礎」トスル先方要求額ノ三分ノ一ヲ出テス且救恤額ノ最高ハ當方算出ノ先方要求額ヲ原則トシテ超過スルヲ得サル建前ナルヲ以テ現行基準表ヲ適用スル限リ獨逸大使申入ノ先方申告價値ヲ基礎トスルコトハ俄ニ受諾シ得サル次第ニ付通告ノ機會ニ獨逸大使ニ對シ右ノ趣御回示置ヲ得度ク尤モ日獨關係改善ノ一法トシテ被害懸案事項全部ノ解決ヲ至急必要トセラルルモノトセハ基準表ニ付根本的改訂ヲ必要トスルコト申ス迄モナキ所ナリ

尙海軍分十數件ハ漸ク調査完了ヲ見タル趣ニ付最近獨逸側ニ交渉ノ豫定

北(大)、南大へ轉電セリ

1223 2084

昭和15年8月24日 在上海三浦総領事より松岡外務大臣宛(電報)

重慶空爆による被害状況に関する報道振り報告

上海 8月24日後発

本省 8月24日夜着

第一八三五號

二十三日重慶空襲ノ結果ニ關シ同日重慶發「ユーピー」電ハ曩ニモ空爆ニ依ル被害ヲ被リ最近揚子江南岸ニ移レル獨逸大使館敷地周邊ニ約二十個ノ爆彈投下セラレ震動ノ結果同大使館建物ハ大ナル損害ヲ受ケタル爲同地在住ノ獨逸人ハ憤慨シ居ルコト又揚子江南岸ハ集中爆撃ヲ受ケ大火災ヲ生シタルカ去ル月曜日ノ空襲以來教會商社新聞社等ヲ含ム外國權益ニシテ被害ヲ蒙レルモノ多數ニ上リ(一々之ヲ列擧シ居レリ)殊ニ七百年前回教徒ニ依リ建築セラレタル「モスク」破壊セラレタル爲 Sino-Islamic National Salvation ニ於テハ右ノ旨近東諸國ニ通電ヲ發シタルカ此ノ外ニモ百五十ノ團體カ日本ノ暴擧ヲ彈劾シ一致抗戰繼續妥協(ママ)支持ヲ强調セル檄文ヲ西部支那一帶ニ對シ發シタル趣ナル旨報道シ居レリ

北大、天津、南大、漢口ニ轉電シ香港ニ暗送セリ

1224　昭和16年7月30日　在上海堀内総領事より豊田外務大臣宛（電報）

わが方空爆による米艦ツツイラ号等の被害に対し米国側抗議について

上　海　7月30日後発
本　省　7月30日夜着

第一三九八號

三十日午後三時半米國總領事ヨリ左ノ通聯絡アリタリ

在重慶米大使ヨリノ電報ニ依レハ同朝（三十日）日本軍飛行機空爆ニ際シ米國砲艦「Tutuila 船尾八「ヤード」ニ落下シ同砲艦「ライフボート」大破シ同艦附近ニ繋留シアリタル同艦所屬ノ「モーターサンパン」川下ニ漂流シ又米國大使館員宿舍（南岸ノ所謂安全地帯内ニ在リ）ニ損害ヲ與ヘタリ（損害ノ程度不明）米國總領事ハ日米間空氣緊張ノ際斯ル事件ハ極メテ重大ナル影響ヲ與フヘキヲ以テ關係當局ノ注意ヲ喚起セラレ度キ旨附言セリ

陸海軍ニ聯絡濟ミ

南大、北大、漢口へ轉電セリ

1225　昭和16年7月31日　在米国野村大使より豊田外務大臣宛（電報）

ツツイラ号事件に関しわが方の遺憾の意を表明する対米通牒

付　記　外務省作成「外交資料　日米交渉經緯ノ部」
（昭和二十一年二月）より抜粋
ツツイラ号事件の概略

ワシントン　7月31日後発
本　　　省　8月1日後着

第六二四號（外機密、館長符號）

I have come to convey to you personally the regret of my Government over the Tutuila incident. I am instructed to inform promptly the President of the U. S. that the Japanese Government has decided to suspend for the time being all coming operations over the city area of Chunking. Let me say that this is a step I myself recommended to be taken in the interest of Japanese-American friendship. And

I feel that this decision of my Government should be held confidential in as much as publication of it would arouse unnecessarily a section of public opinion in Japan and defeat the very purpose for which the measure has been adopted.

I am fully convinced that the Tutuila incident was an accident pure and simple. This, I believe, was made entirely clear to Ambassador Grew by our Foreign Minister, Admiral Toyoda, at the time when he offered his Government's apologies, and it seems scarcely necessary for me to give detailed explanations. I should like to add that the Japanese Government will be prepared to pay indemnities for any damages to American property upon the completion of the necessary investigations.

（付　記）

「ツツイラ」號事件

日米關係漸ク急迫セル折柄恰モ七月三十日我方ノ重慶爆撃ニ際シ同市近郊揚子江上ニ碇泊シ居レル米艦「ツツイラ」號附近ニ爆彈落下シ爲メニ同艦ハ若干ノ破損ヲ蒙レル事件發生セリ

外務大臣ハ先ヅ山本次官心得ヲ「グルー」大使ノ許ニ派シ見舞ノ辭ヲ述ベシメ（之ニ先立チ海軍側ハ大臣副官ヲ米國大使館ニ派シ見舞ヲ述ベ且見舞金支拂ノ用意アル旨ヲ申入レシメタル趣ナリ）更ニ公報接到ト同時ニ大臣自ラ「グルー」大使ニ見舞ノ辭ヲ述ブル所アリタリ

更ニ我方ハ本件ノ圓滿解決ヲ期スル爲當分ノ間重慶市街（市外ハ從前通リ）ニハ空爆ヲ行ハザル旨三十一日野村大使ヲ通ジ米側ニ申入レタリ（但シ諸般ノ關係上米側ニ於テモ右我方ノ措置ヲ公表セザル樣嚴ニ注意シ置タリ）

日米國交ノ大局的見地ヨリスル右我方措置ニ依リ米國政府モ三十一日本事件ハ解決セルモノト認ムル旨發表シ日米相互ニ資產凍結措置實施直後ノ極メテ緊張セル事態下ニ發生セル本件モ簡單ニ解決ヲ見タリ

他方我方ハ此ノ種事件再發防止ニ協力スル趣旨ヨリ米側ニ於テモ「ツツイラ」號ヲ重慶ヨリ遠距離地點ニ轉錨スベシトノ要請ヲ改メテ申入ルル所アリタリ

1226　昭和16年8月2日　在ハノイ林（安）総領事より豊田外務大臣宛（電報）

ツツイラ号事件への米国態度に関する論調報告

ハノイ　8月2日後発
本　省　8月2日夜着

第二九三號

八月二日新聞論調

米砲艦「Tutuila」事件ヲ新聞「ラヂオ」大々的ニ傳ヘ居ル處事件ノ内容ハ答フニ足ラス事件ヲ理由トシテ國家ノ執ルヘキ態度カ問題トナルヘキナリ先ニPanay號ノ事件ニ當リ米國ハ單ニ賠償ノ要求ニ止メタリ今回亦戰爭ニハ立入ラスシテ單ナル空騒キニ終ルヤモ知レス結局米國ハ戰爭準備無キモノト言フノ他無シ以上ノ事ハ佛印ニトリ意味深キ教訓ヲ與ヘ凡ユル宣傳ヲ試ミシモ之皆無價値ノ約束ニ過キス米國ハ今日其ノ砲艦ノ爲ニ戰爭ニ訴フルノ用意無シ佛印ノ爲ニ日本ト戰フ如キコトハ想像タニ爲シ得ス現今ニ於テハ演說外交經濟封鎖ニテハ民族ノ發展ヲ阻止シ得ルモノニアラス最强者ト信セハ戰爭アルノミ今次以上ノ如キ米國ニ縋ル佛印カ强硬ナル態度ニ出シナラハ右ハ自殺ト選フ所ナカリシナリ幸ニシテ「ヴイシー」政府ハ他力ニ依存セス佛印ノ利益保善（全カ）ノ爲佛印總督ト共ニ現實ニ則シテ其ノ策ヲ誤ラス唯一最善ノ解決ヲ執リタルコト必ス近ク事實ニ依リ立證セラルヘシ

～～～～～～～～～～～～～～～～～～～～

5　揚子江開放問題

1227　昭和12年12月9日　在上海岡本総領事より広田外務大臣宛(電報)

揚子江沿岸所在の各国船舶等に対する退避警告について

別　電　昭和十二年十二月九日発在上海岡本総領事より広田外務大臣宛第二五八一号

右警告

上　海　12月9日後発
本　省　12月9日夜着

第二五八〇號

當方陸海軍話合ノ結果揚子江沿岸所在ノ各國船舶、車輛ニ對シ一般警告ヲ與ヘ置クコト必要ト認メタルニ依リ別電第二五八一號ノ趣旨ノ書物ヲ日本軍ノ意嚮トシテ九日外交團及領事團へ通報シ置ケリ(原文郵送ス)

尚右通報ヲ爲シタル後ニ於テモ第三國ノ船舶、車輛ト認メラルルモノニ對シテハ之ヲ尊重スル樣嚴ニ指令方陸海軍ト協議濟

本電別電ト共ニ北平、天津へ轉電セリ

(別　電)

上　海　12月9日後発
本　省　12月9日夜着

第二五八一號

日本軍ハ從來第三國ノ權益ヲ尊重スルノ主義ヲ堅持シ來レルモ支那側ニ於テ故意ニ第三國ノ權益ニ近接セル地點ニ軍事施設ヲ設ケ又ハ其ノ附近ニ於テ軍事行動ヲ爲ス爲我方モ對策上之ニ應セサルヲ得ス其ノ結果第三國ノ財産(「インタレスト」)カ不測ノ迷(惑)ヲ蒙リタルコト一再ナラサリシハ既ニ周知ノ事實ナリ然ル處目下戰局ノ擴大ニ伴ヒ揚子江沿岸各地ニ於テ日支兩軍交戰ヲ見ツツアル處各國側ニ於テモ國有ト私有タルトヲ問ハス其ノ船舶車輛ヲ支那軍隊及支那軍軍事施設等ヨリ遠サケ交戰地域外ニ移轉シ以テ軍ノ第三

國財産ヲ損傷セサラントスル努力ニ協力セラルル様切望ニ堪エス日本軍ニ於テハ如何ナル場合ニ於テモ戰場附近ニ散在スル第三國ノ船舶車輛ヲ尊重スヘキコト勿論ナルモ各國側ヨリ前述ノ如キ協力ナキニ於テハ各國ノ船舶車輛ニ對シ其ノ安全ヲ保障シ得ス依テ起ルヘキ結果ニ對シ責任ヲ取リ得(ザ?)ルモノトス

北平、天津ヘ轉電セリ

1228　昭和12年12月19日　在上海岡本総領事より広田外務大臣宛(電報)

英国巡洋艦の揚子江航行に対する便宜供与について

上　海　12月19日後発
本　省　12月19日夜着

第二八〇五號

「ブーム」及敷設水雷等ノ爲下航シ得ス漢口ニ滞留シ居タル英國巡洋艦「ケープタウン」ハ今回漢口附近ノ外國人婦女子ヲ上海ニ運フ爲下航スルニ決シ漢口、九江間ノ新設「ブーム」ヲ通過シ得レハ二十一日頃南京着ノ豫定ナルカ我海軍ニ對シ途中航行ノ安全ニ關シ協力方申越セルニ依リ海軍ニ於テモ蕪湖下流ニ於テ掃海艇等ヲ附シ出來得ル限リ便宜供與方取計フコトトナレリ

其ノ際揚子江各地ニ滞留ヲ餘儀ナクセラレタル外國商船等(南昌飛行場ヨリ引揚ケタル伊國人約八十名ヲ九江ニテ收容シ下航スル同國船舶及瑞典船等ヲモ含ム)モ江隱(除カ)「ブーム」ノ吃水ノ許ス限リニ於テ同行ヲ許スコトトナリ居レリ

1229　昭和12年12月28日

揚子江航行の自由を求める米国政府覚書

付　記　昭和十二年十二月二十九日付、東亜局第一課作成
右覚書和文要領

184

EMBASSY OF THE
UNITED STATES OF AMERICA

Memorandum.

The American Embassy refers to its memorandum dated December 15, 1937 requesting the Foreign Office to take appropriate action in support of a proposal of the American Ambassador at Hankow to insure the safety of a certain area at Hankow.

The American Embassy now desires to remind the Japanese Government that while the American Government claims absolute freedom for its ships to move and trade on the Yangtze River, the American Government looks to the Japanese authorities to give prior warning in the event of any area on the Yangtze becoming, through steps taken by the Japanese authorities, a danger area.

Tokyo, December 28, 1937.

（付　記）

揚子江航行自由ニ關スル件

（昭和一二、一二、二九　東亞一）

十二月二十八日附米國大使館覺書要領

米國大使館ハ漢口ニ於ケル一定地域ノ安全ヲ保障スル爲ノ在漢口米國大使ノ提案ヲ支持スルニ付キ外務省カ適當ナル處置ヲ執ランコトヲ要望セル一九三七年十二月十五日附覺書ヲ茲ニ援用ス

米國大使館ハ茲ニ米國政府ハ揚子江上ニ於テ同國船カ移動シ通商スルノ絶對自由ヲ要求スルト共ニ日本官憲ニ對シ同官憲ノ執リタル處置ニ依リ揚子江ノ或ル地域カ危険地帯トナル場合事前ノ警告ヲ期待スルモノナル次第日本政府ノ注意ヲ喚起セントスルモノナリ

1230　昭和12年12月29日　在上海岡本総領事より広田外務大臣宛（電報）

揚子江航行制限に関するわが方通報に対し自由航行権を留保する旨列国側回答について

別電一　昭和十二年十二月二十九日発在上海岡本総領事より広田外務大臣宛第二九二四号
右通報

二　昭和十二年十二月二十九日発在上海岡本総領事より広田外務大臣宛第二九二五号
右回答

上　海　12月29日後発
本　省　12月29日夜着

第三九二三號

貴電第一一四一號ニ關シ（揚子江航行ニ關スル英國大使申出ノ件）

豫テ江陰「ブーム」ノ爲下江出來ス揚子江各地ニ待機シ居リタル各國商船鮮カラサリシカ海軍ニ於テ「ブーム」ヲ開鑿セシ後各國側ヨリ右商船ノ下航ニ對シ我海軍ノ諒解取付方申越セルモノ一再ナラサリシヲ以テ英伊軍艦下江（往電第二七八五號參照）ノ際同時ニ下江セシムルコトニ話纏リ廿一日長谷川長官ヨリ當地英米伊司令長官ニ對シ別電第二九二四號ノ公文ヲ送リタル處列國側ヨリ廿三日連名ニテ別電第二九二五號ノ通リ回答越セリ右ニ依ルモ明カナルカ如ク英國側ハ主義上讓リ難シトノ態度ヲ執ルモ之ハ當然ト認メラレ實際問題トシテハ適當聯絡付ケ度キ意嚮アル次第ニ付同大使ノ申出ハ右ノ點ヲ指摘相成ラハ自ラ釋然トスヘキモノト存ス尚英國側ノ態度ニ付テハ往電第二八二九號參照アリ度シ

本電別電ト共ニ北平、天津ヘ轉電セリ

米、英ヘ轉電アリタシ

（別電一）

上　海　12月29日後発
本　省　12月29日夜着

第二九二四號

I have pleasure of informing you that, in conjunction with arrangement recently made for passage down Yangtse River to Shanghai of H.M.S. Capetown and Italian ship Sandro Sandri, Japanese Navy is ready to render assistance to vessels of third Powers which are desirous of proceeding down stream from uppar reaches of Nanking to Shanghai under following understanding: (1) Eight vessels will make one group and with our convoy proceed down once in every two or three days, (2) Vessels will come down at their own risk.

In this connection, I wish make it clearly understood that since above-mentioned arrangement is being made temporarily on occasion of passage of two, British and Italian, warships, it is not be considered by this that Yangtse River is opened for free navigation. Moreover, in view of fact that mine-sweeping operation as well as mopping up operations of scattered Chinese troops are still going on along river, it is desire of Japanese Navy that foreign vessels including warships will refrain from navigating Yangtse except when clear understanding is reached with us.

(別電二)

上　海　12月29日後発
本　省　12月29日夜着

第二九二五號

We have honour to acknowledge receipt of your letter of 21 December on subject of navigation on Yangtze River and wish to thank you for your assurance of assistance of Japanese Navy in convoying our shipping down river. We agree that such movement must be undertaken at risk of vessels themselves.

We agree that notification of movement of all merchant shipping in danger areas is necessary at present though we naturally hope for greater freedom as soon as dangers are removed in accordance with our treaty rights.

With regard to movement of warships we will of course notify Japanese Authorities on river of intended movements whenever practicable and will in any case be particular to give information of any intended movement through Kiangyin barrier for present. We cannot however accept restriction suggested by your letter that foreign man-of-war cannot move freely on river without prior arrangement with Japanese and we must reserve right to move these ships whenever necessary without notification.

1231　昭和13年1月11日

揚子江航行を希望する場合には事前に日本側了解を要する旨の列国宛通告文

昭和十三年一月十一日上海ニ於テ岡本總領事ヨリ

列國側ヘノ通告

揚子江閉塞線ハ支那側カ軍事目的ヲ以テ設置シ帝國海軍亦

軍事目的ヲ以テ其ノ一部ヲ啓開シタルモノナル處、目下ノ事態ニ於テ該啓開路ヲ公開スルコトハ作戰上多大ノ支障トナル次第ニ付當分ノ間帝國軍艦以外ノ艦船ニシテ右啓開路ノ通航ヲ希望スルモノハ豫メ帝國海軍ト協議ノ上其ノ諒解ヲ得ラルル樣致度帝國海軍ハ右協議ニ對シ軍事上差支ナキ限リ之ニ諒解ヲ與ヘ水路嚮導艦等ヲ附シテ通航ニ便宜ヲ與フル用意アルニ付關係國艦船ハ右事情ヲ諒トシ自由通航等ノ擧ニ出ツルコトナキ樣セラレ度

1232　昭和13年1月21日　在上海岡本総領事より広田外務大臣宛(電報)

英国商船の揚子江航行要求へのわが方不同意に対し英国側抗議について

上海　1月21日後発
本省　1月22日前着

第二三〇號(部外極祕)

貴電第八〇號ニ關シ(揚子江閉塞問題ニ關スル英國側抗議ノ件)

往電第一一〇號通告ニ關聯シ英國海軍首席指揮官ヨリ方面艦隊長官ニ對シ十四日附書翰ニテ英國商船二隻十八日揚子江ヲ遡航シ度キ趣ヲ以テ我方ノ都合問合セ越セルカ我方ニ於テハ未タ一般商船ノ閉塞線通過ニ對シ同意スルノ時機ニアラスト認メラレタルニ付右ニ同意シ兼ヌルノミナラス他ノ日ヲモ當分ノ間指示シ難キ旨回答セル經緯アリ當地ノ關スル限リ其ノ後英國側ハ鳴ヲ鎭メ居リ我艦隊ニ於テモ現下ノ作戰及航路ノ狀況竝ニ我軍用船舶航行多キ現狀ニ鑑ミ前述ノ建前ヲ少クトモ當分保持シ度キ意嚮ナリ(本省ニ於テ英國側ニ對シ閉塞線通過ニ關スル我方態度ハ國際法上主張シ難キモ實力ヲ有スル軍ノ意嚮ニ從ハルルコト實際的ナルヘキ趣旨ヲ洩ラサレタル情報アル處事實ナリヤ)尙米國總領事ヨリハ十七日附ニテ政府ノ指圖ニ依ル趣ヲ以テ米國ハ「カーテシー」及實際上ノ便宜ノ問題トシテ出來得ル限リ日支兩國ニ米國船舶ノ航行ヲ通報シ居レルモ米國船舶ノ揚子江航行カ日本陸海軍ニ依リ制限セラルルカ如キコトハ容認シ難キ旨竝ニ米國政府ハ揚子江ニ於ケル米國船舶ノ航行、通商ノ絶對的自由ヲ主張スル旨申越セリ

(本電中段括弧内ハ部外極祕トセラレ度シ)

1233　昭和13年3月22日　在上海日高総領事より広田外務大臣宛（電報）

華中占領地域における内河航行制限に関する陸軍・海軍・外務当局談の発表について

別　電　昭和十三年三月二十二日発在上海日高総領事より広田外務大臣宛第九四八号

右当局談概要

上　海　3月22日後発
本　省　3月22日夜着

第九四七號（極祕）

中支方面陸海軍占領地域内ニ於ケル主要內河ノ航行ハ軍事上ノ必要ニ基クノミナラス將來內河運行事業ノ健全ナル發展ノ素地ヲ作ル爲早キニ臨ンテ統制シ置クノ要アルニ付豫テ陸海軍側ト協議ヲ遂ケタル結果差當リ日淸汽船及上海運輸等ヲシテ江浙輪船公司ヲ組織セシメ之ニ對シ軍側ハ航行許可ヲ、又當館ハ二月一日附ヲ以テ營業許可（但シ命令條項ヲ以テ將來ノ事態ニ順應セシメ得ル樣措置セリ）ヲ與ヘ且戰事直後軍用品竝ニ準軍用品輸送ノ爲陸海軍カ特許セル多數ノ內河運行業（大部分邦人ナルモ概ネ支那人所有船ヲ傭船シ居ルモノナリ）ヲ之ニ統合セシメ事實上江浙輪船ニ限リ營利的航行ヲ許可スル方針ノ下ニ爾來江浙側及當業者間ニ合同運營協議方指導シ居リタル處（右ハ支那人及第三國人ヲ排除スルモノニアラス現ニ獨逸人運行業者加入シ居ルノミナラス本邦人當業者ノ船舶ハ事實支那人ノ持船多數ヲ占ムル次第ナリ）今回漸ク其ノ準備完了（委細郵報）シタル一方偶々崇明島及通州ヘノ作戰開始セラレタルニ付上海及崇明島竝ニ通州間航路モ軍事上當分航行許可制ノ下ニ必要ナル輸送ハ江浙輪船ヲシテ運營ニ當ラシムルコトトシ二十日陸、海、外務當局談ノ形式ヲ以テ大要別電第九四八號ノ通リ發表シタルカ右ハ二十一日ノ邦字紙ノ外外字新聞（但シ一部）ニモ譯載セラレタリ

本電別電ト共ニ北京、天津、青島、南京ヘ轉電セリ

（別　電）

上　海　3月22日後発
本　省　3月22日夜着

第九四八號

一、帝國陸海軍占據地域ニ於テ上海ヲ基點トスル左記航路ハ

軍ノ必要上當分ノ間陸海軍ノ名ニ於テ發給セル內河航行許可證ヲ有スル船舶ノ外機械ヲ以テ運行スル一般營業船舶ノ通行ヲ禁止セラルルコトトナリ之ニ違反シタル場合ニハ船貨ヲ抑留セラルルコトアルヘシ尙手操ノ船モ本航路ヲ運行スルモノハ許可證ヲ受クルヲ要ス

許可證ハ陸軍及海軍特務部長ニ於テ願書審議ノ上無料下付ス

(イ)上海ヨリ松江ヲ經テ平湖若クハ嘉興及杭州若クハ平望及吳江ニ至ル三線

(ロ)上海ヨリ黃渡ヲ經テ朱家角ニ至ルモノ

(ハ)上海ヨリ崑山ヲ經テ蘇州、無錫、武進、丹陽、鎭江ニ至ルモノ

(ニ)上海、崑山、常熟、蘇州線

(ホ)上海、嘉定、太倉、常熟線

(ヘ)上海ヨリ崇明島ヲ經テ通州ニ至ルモノ

フコトアルヘシ

二、前記以外ノ小河川及局地的航路ハ特ニ制限ヲ行ハス但シ軍ニ於テ必要アル場合ニハ運行ヲ一時中止又ハ制限ヲ行フコトアルヘシ

三、營業ヲ目的トセサル船舶ノ運行ニ關シテハ特ニ制限ヲ行ハス但シ第一項ノ航路通行ニ關シテハ許可證ノ下付ヲ受クルヲ要ス

1234　昭和13年4月1日　在上海日高総領事より広田外務大臣宛(電報)

内河の自由航行権を留保する旨米国側より通告について

上　海　4月1日後発
本　省　4月1日夜着

第一〇六七號

往電第九四七號ニ關シ

米國總領事ヨリモ二十四日附半公信ヲ以テ米國ハ支那海關發給ノ內河航行證ヲ有スル米國船(「スタンダード」石油「テキサス」其ノ他米國商社ハ數年ニ亘リ內河ヲ利用シ商品ヲ輸送シ居レリ)ノ條約ニ基ク權利ヲ留保スルモノニテ自由航行ニ關スル如何ナル制限ヲモ受諾乃至默認シ得ス尤モ現存軍事狀況ニ鑑ミ內水航行ノ米國船ニ對スル誤解ヲ避クル爲航路及船舶ニ對シ日本側官憲ニ通報スルハ「リーズナブル」ナルヘク米國商社ニ對シ右手續方勸奬ノ用意アリ

トノ旨申越シタルカ過日面會ノ際同總領事ハ日本側ニ於テ許可證ヲ文句ナシニ發給スル以上「パス」制度其ノモノヲ殊更問題ニスルコトナカルヘシト述ヘタリ

北京、南京ヘ轉電セリ

1235 内河航行制限は軍事上の理由に基づく暫定措置である旨英米側へ説示について

昭和13年4月8日　在上海日高総領事より広田外務大臣宛（電報）

上　海　4月8日後発
本　省　4月8日夜着

第一一四六號

貴電第五三六號ニ關シ（上海方面内河航行制限問題ニ關スル件）

英國總領事申出（往電第九四九號）竝ニ米國總領事申出（往電第一〇(七欠カ)六號）ニ對シテハ何レモ二日附ヲ以テ

(一)該許可規程ハ帝國陸海軍カ作戰上ノ當面ノ必要ニ基キテ執リタル眞ノ暫行措置ナルコト

(二)通州其ノ他揚子江航行ニ關シ管理制度ヲ施行スルニ充分ナル軍事上ノ理由アリト思考セラレストスル英國側言分ニ對シテハ最近通州及崇明島方面ニ於テ軍事行動進行中ノ事實ヲ指摘シ（米國側ニ對シテモ右軍事行動ヲ指摘シテ作戰上ノ必要ニ基クコトヲ説明セリ）

(三)斯ノ如キ現在ノ軍事情勢ニ依リ本件措置ヲ執ル必要アル次第ナレハ内河ヲ航行セントスルモノハ我軍ノ軍事行動ト航行船舶自體ノ蒙ムル不便ヲ避クル爲陸海軍當局ノ發行スル許可書ヲ取得スルコトヲ希望スル旨回答セリ

右ニテモ御承知ノ如ク本件許可制度ハ暫行的措置ニシテ目下軍事行動進行中ノ通州、崇明島方面ハ勿論蘇州河其ノ他ノ小内河ハ兵站輸送ノ爲水路輻輳シ之カ航行ノ制限ハ當分軍事上必要ナル實狀存スルヲ以テ營利的航行ハ當分我方ノ統制行ハルル江浙輪船限リ行ハシメ之ト獨立シテ營利的航行ヲ爲サントスル第三國船舶ハ將來狀況之ヲ許スニ至ル迄軍トシテハ制限セントスル方針ニ基クモノナリ

英、米ヘ轉電アリタシ

北京、南京ヘ轉電セリ

1236　昭和13年6月3日　在上海日高総領事より宇垣外務大臣宛(電報)

揚子江封鎖中におけるわが方水運事業拡張のための工作実現方意見具申

上　海　6月3日後発
本　省　6月3日後着

第一七六五號(極祕)

一、[1]揚子江江陰「ブーム」ハ未タ外國商船ニ開放セサルニ對シ英國側ハ執拗ニ總ユル途ヲ通シテ其ノ實行ヲ迫リ而モ三月頃大使ハ口岸迄ノ上航ヲ希望シタルカ最近「ノーブル」ハ更ニ上流迄ノ自由航行ヲ申出テ殊ニ南京和記洋行構內ヲ足溜トシ買付土産品ヲ此處ニ集メ貿易ノ回復ヲ計ラントシ(南京發本官宛電報第二五五號參照)了解ヲ求メ來ル等外國權益尊重ニ關スル帝國政府累次ノ聲明又ハ本國議會ノ空氣等ヲ盾ニ取リ我方ノ讓步ヲ要求シ居ルニ對シ我方ハ作戰ノ必要及機雷ノ危險等ヲ口實ニ之ヲ否定シ來レル次第ナリ

二、英國ノ對時局根本策ハ日支ヲシテ困憊セシメ時機ヲ見テ調停ニ乘出サントスル肚ナルヘキカ其ノ間上海及長江ニ於ケル地盤ノ確保ニハ全力ヲ用ヒ何カト言ヘハ平時同樣條約論ヲ基礎トシ我方ニ對シ大小取混セ要求カマシキ態度ニ出ツル一方漢口ニ對シテハ容易ニ未練ヲ棄テス漢口政府カ奥地ニ移轉セハ何處迄モ跟ヒテ行クト稱シ[2]又占領地區政府ノ承認ハ四、五箇年ハ問題ニナラスト迄言フ者アリ是等ニ對シテハ漢口側ト心中シテ我方ノ同情ヲ裏切リ揚子江筋ノ權益ヲ抛棄セサルヲ得ヌ立場ニ追遣ラルルコトヲ選フヤ又ハ漢口ニ好イ加減見切ヲ付ケ戰事終結ノ爲積極的手段ニ出ツルヲ選フヤノ餘儀ナキ事態近ク差迫リツツアルニアラスヤトノ趣旨ヲ説示シ「ブーム」問題ヲ大キク政治的ナ手ヲ打ツ材料ニシ度キ心組ナルモ右樣我方ノ望ムカ如キ先方態度ノ變更ハ這般ノ事情ヨリ見テ近ク到底實現スルコトナカルヘク依テ英國輿論ノ動向如何ニ拘ラス我方現在ノ態度モ之ヲ變更スルコトハ到底困難ナルヘシ

三、然ルニ我方カ現方針ヲ堅持セル眞相ハ既ニ御承知ノ通リノ㈠長江筋ニ於ケル我貿易力ノ回復殊ニ支那人ヲ用ヒテ河筋各方面ニ於ケル輸出入經路及販路ヲ確立セシメ又㈡我商船隊ノ陣營ヲ强化セシムルニ先立チ「ブーム」ヲ開

放セハ結局第三國ニ漁夫ノ利ヲ占メラルル惧アルカ爲ナルカ

我方[3]トシテハ前記口實カ外部ニ對シ首肯セラレ得ル間（漢口占領迄）ハ大丈夫ナルヘキカ英國ノ壓迫ハ今後愈々强マリ來ル（ヘシ）ニ前記二點ノ實現スルヲ要スル次第ナリ而モ現情ハ㈠ニ付テハ上海方面ニ關スル限リ江浙輪船公司ノ設立民船公會ノ計畫等ニ依リ奥地トノ聯絡ヲ密ナラシメ居ルモ未タ成績ヲ擧クルニ至ラス其ノ他ノ占領地ニ付テハ未タ何等ノ施策モナキ有様ナリ㈡ニ付テハ折角中央ニ於テ考慮中ナルモ是亦未タ目鼻付クニ至ラスト承知シ居ル處㈡ノ問題ノ早急解決カ最モ肝要ナルハ英國ノ關係如何ニ拘ラス議論ナキ所ナルヘシ就テハ振興會社ノ方モ大切ナルモ此ノ際船會社ノ成立及所要船舶ノ配航實現ヲ急キ併セテ近キ將來例ヘハ漢口攻略ノ曉ニハ愈々外交上ノ懸引緊急ヲ告クルニ至ルヘキ處其ノ際我方ニ何等ノ準備ナキ爲如何トモ手カ出ヌト言フカ如キコトナキ様致度シ右ハ本省ニ於テ篤ト御承知ノコトト存スルモ此ノ上共各方面ヲ鞭撻セラレ國策船會社ノ設立若クハ會社カ至急出來ネハ必要ナル配船ノミニテモ宜シキニ付至急實現方積極的ニ工作相成様希望ニ堪エス

1237

昭和13年8月18日　宇垣外務大臣 在本邦グルー米国大使 会談

米国艦船の揚子江下航問題に関する宇垣外相とグルー大使との会談要旨

宇垣大臣「グルー」米國大使會談要旨

一三、八、一八　於大臣官邸

「グルー」米國大使ハ午後四時十五分宇垣大臣ヲ來訪、先ツ大使ヨリ先般自分ノ紹介セル「グッドセル」博士ニ大臣ヨリ御引見ヲ得タルハ感謝スル所ニシテ、「グ」博士トハ舊友ニシテ土耳古時代五年間昵懇ニシタル關係モアリ大臣ヨリ戴キタル紹介状モ同博士ニ手交シ置キタリト言ヘハ、大臣ヨリ「グ」博士ニハ滿支方面旅行後其ノ見聞セル所ヲ伺ヒ度シト申出置キタリト答ヘ、大使ヨリ更ニ右ニ付テハ自分モ「グ」博士ヨリ聞及ヒ居レリ重ネ重ネ大臣ヨリノ御配意ヲ感謝スト述ヘタル後

大使　（持參ノ「タイプ」セル英文ヲ一句一句讀上ク）本日ハ揚子江上九江ニ現在碇泊シ居ル米國海軍軍艦「モノカ

シー」號ノ件ニ關シ閣下ノ御考慮ヲ戴キ度ク參上シタリ、「モ」艦ハ燃料竝ニ食糧ノ不足ヲ感シ居リ且其ノ乘員ノ交代ヲ必要トシ居リ右理由ニ依リ九江ヨリ上海ニ下航スル必要ニ迫ラレ居レリ

八月八日及川司令官ニ對シ同艦カ揚子江ヲ下航スルノ許可ヲ與ヘラレ度シト要求シタル處本許可ハ拒絶セラレタリ、

八月十六日日本國政府ヨリ日本陸海軍當局ノ本件「モ」號ノ通航ニ關スル反對ハ之ヲ撤回シ右通航ニ當リ同艦ニ對シ適當ナル便宜ヲ許與スル爲日本政府ヨリ卽時訓令ヲ與ヘラルル様申込ムヘシト自分ハ訓令セラレタリ

依ツテ在京米國大使館員ハ外務省竝ニ海軍省ニ直チニ折衝シ米國政府ノ要求ニ對シ好意的回答ヲ得ルニ努メタル處申入ノ次第ハ及川司令官ニ通報スヘキモ同司令官ニ附與セラレ居ル裁量的權限ニ付テハ容喙セサル日本政府ノ意向ナリトノ旨ヲ通報セラレタリ、更ニ及川司令官ノ「モ」艦上海行許可拒絶ハ次ノ二ツノ理由ニ依ルトノ旨通報ヲ得タリ、理由ノ第一ハ日本官憲ハ馬壋ニ於ケル閉鎖ニ通路ヲ切開キタルモノニシテ同通路ヲ外國船ニ對シ閉鎖スルノ權利ヲ有スルモノナルコト第二ハ「モ」艦通過ハ日本軍ノ作戰ヲ妨害スヘシトノコトナリ、米國政府ハ日本官憲ノ主張スル亞米利加艦船ニ對スル閉鎖通過ヲ閉鎖スルノ權利ナルモノヲ認メ得ス尙日本側主張ノ權利ヲ支持スル基礎ナルモノノ合法性ヲ認ムヲ得サル事勿論ナリトノ旨閣下ニ申入ルル訓令ヲ受ケタル者ナリ、

米國政府トシテハ「モ」艦ノ通過ナルモノハ日本側軍事上ノ作戰ヲ妨害スヘシトハ想像シ得ストノ意見ヲ有ス

米國政府カ日支間戰鬪行爲ノ進行中ナリトノ事實ハ十分ニ認識スル方針ヲ執ルニ努メ來リシコトハ閣下ニ於テモ容易ニ御認メアルコトト思考ス、

米國政府ハ又理性ノ原則ニ合致スルノ方針ニ從フヲ努メ來リタルモノナリ

右方針ニ從ヒ可能ナル際ハ何時ニテモ日支兩國官憲ニ對シテ米國艦船ノ行動ヲ通報シ來リ且米國艦船ハ戰鬪行爲ノ行ハレ居ル地域ニ居ルコトヲ避クルニ努メタルモノナリ

米國政府カ終始一貫執リ來タル右方針ニモ鑑ミ日本官憲側ニ於テモ本件ニ關スル米國政府ノ實質的理由ニ基ク欲

求ヲ充タスヘキモノト感スルモノナリ

過般來自分カ閣下ニ對シ提出シ來レル問題ノ大部分ハ米國市民ノ安全竝ニ其ノ財産上ノ權利ヲ含ムモノナリシ處、今日申入ルル問題ハ全ク異ナレル權利ヲ含ムモノニシテ右ハ事實上公共ノ航路ト認メラルル河ニ依リ米國艦船ヲ自由ニ行動セシムルノ權利ナリ

本問題カ最モ機微ナル問題ニシテ日本政府ノ最モ愼重ナル考慮ヲ受クルニ十分ナルモノトノ點閣下モ御認メニナル事ナルヘシ

米國市民ノ權益ヲ尊重スヘシトノ屢次ノ保障ニ鑑ミ日本政府ハ米國ノ主タル權利ノ一カ尊重セラルルヤ否ヤノ決定ヲ政府ノ下役ノ一人タル及川司令官ノ裁量ニ全然委ネルコトナキモノト確信スルモノナリ

「モ」號ノ上海行ハ最モ急ヲ要スルコトナルニモ鑑ミ且支那ニ於ケル日本側海軍官憲ノ態度ナルモノカ「モ」號九江ヨリノ出發ヲ更ニ遲延セシムルカ如キモノナルニ鑑ミ閣下カ最モ早キ機會ニ於テ本件ニ關シ好意的囘答ヲ與ヘラレンコトヲ希望スルモノナリ

大臣　貴大使御話ノ趣旨ハ之ヲ諒承(セカ)タリ、米國側カ日支紛争ニ對シ正シキ認識ヲ有シ且其ノ間正シキ歩ミヲ執ラレ居ルコトニ對シテハ日本政府モ之ヲ諒承シ居ル所ナリ、

貴大使御話中長江カ所謂公共ノ水路タリトノ點ヲ伺ヒタル所ナルカ長江ハ日本軍ニ於テ多大ノ犧牲ヲ拂ヒ軍事上ノ作戰ニ使用シ居ルモノニシテ、論理上ヨリ之ヲ所謂公共ノ通路トシテ認ムヘキモノナリヤ否ヤ此ノ點米國側ニ於テモ今一應御考ヲ戴キ度キ所ナリ、

「モ」號ノ件ニ關シテハ急ヲ要スル問題ナルヲ以テ米國大使館側ヨリ御話アリタル節海軍當局トモ協議シタル次第ナルカ本日ハ要約シテ次ノ二點ヲ御答致シ度シ

第一ハ九江方面ハ今日尚作戰ノ必要上外國側ノ要求ニ從ヒ直チニ外國船ノ下航ヲ許スコトヲ得サル所ニシテ作戰上支障ナキニ至ラハ成ルヘク早ク下航スル事ニ同意スル豫定ナリ、唯當分ノ間ハ作戰ノ必要上米國側要求ハ御斷リ致シ度シ、第二ニ米國側カ下航ヲ要求セラルル理由ハ食料燃料ノ輸送竝ニ乘員ノ交代ノ必要ニ在ルカ如キ處日本側トシテハ單ニ食糧燃料ノミナラス郵便物ノ輸送ニ付テモ尚又乘員中已ムヲ得サル者ノ交代等ニ關シテモ米國

側ヨリ具体的ニ御話合アルニ於テハ帝國艦船更ニ急キノ場合ニ於テハ帝國飛行機ヲ以テ便宜供與スルノ用意アルモノナリ、

之ヲ要スルニ米國側御申入ノ趣旨ハ十分ニ之ヲ充タシ得ル様考慮スヘキモ差當リ前申上ケタル事情モアルニ付今暫ク、少クトモ戰鬪行爲ノ終結ヲ告クル迄御待チヲ戴キ度キ次第ナリ、本日御申入ノ點ニ付テハ改メテ考慮ノ要竝ニ御返答スヘキ筋アルニ於テハ後日御返答ノ機ヲ得ヘシ

大使　閣下御話ノ次第ハ自分モ愼重ニ之ヲ書留メタリ、御配意ニ對シ自分個人トシテ感謝ヲ申述フル次第ニシテ本日會談ノ内容ニ付テハ卽刻本國政府ニ報告スヘシ、唯同時ニ考フル所ハ本件ニハ所謂主義上ノ問題含マレ居ルコトニシテ米國側ノ一艦船カホンノ暫時長江ヲ下航スルコトカ日本側ノ作戰行動ニ左シタル障碍ヲ與フヘシトハ考ヘ得ラレス、報告ヲ接受シタル際米國政府トシテ又米國海軍司令官トシテ如何ナル態度ヲ執ルヘキヤ自分ハ玆ニ豫斷シ得サル所ナリ、兎ニ角本日ハ御話ノ趣旨ヲ本國政府ニ報告スヘシ

大臣　日本側トシテハ急ヲ要スルモノハ之カ輸送ノ用意アリトノ點ヲ申出タルコトトテ主義上ノ問題ハ別トシ實際上ノ問題トシテハ米國側ノ必要ヲ充タスモノト考フルカ貴大使ノ御意見如何

ト言ヘルニ對シ大使ハ唯微笑シテ答ヘス會談ヲ終ル、會談時間約三十分

1238　昭和13年10月27日　在香港中村総領事より近衛外務大臣宛（電報）

珠江開放等に関する香港総督の要請について

香港　10月27日後発
本省　10月27日夜着

第一四三〇號

廿七日大本營派遣松谷少佐ハ南支軍部ヲ代表シ本官同道香港總督ニ對シ敬意ヲ表シタル際總督ハ左ノ如ク希望ヲ開陳シ後刻公文ヲ以テ當方ヘ申入レ來レリ

一、廣東方面ヨリ當地ヘノ食料供給問題ニ付テハ支那戎克ニ依リ輸送セラルル場合ト雖日本側ハ之ヲ阻害セサルヘキヲ信ス

二、正常ナル貿易狀態ヲ囘復スル爲日本側ニ於テ速ニ珠江ヲ開放セラレンコトヲ希望ス
三、廣東日本軍當局ハ香港ニ滯在セル多數避難民カ速ニ廣東ヘ復歸シ得ル樣出來得ル限リノ手段ヲ講セラレ度シ
四、廣東避難區内住民ハ目下食料ノ缺乏ヲ訴ヘ居ルニ付之カ食料供給船ノ自由通航ヲ許サレ度シ
五、廣九鐵道株主ハ支那段被害程度ノ調査ヲ希望シ居リ近ク視察ノ爲英國段局長ヲ現地ヘ派遣スヘキニ付可然便宜供與アリ度シ

上海、臺灣外務部長ヘ轉電セリ

1239 昭和13年10月28日 在香港中村総領事より近衛外務大臣宛（電報）

珠江開放等に関する英国艦隊司令長官の要請について

香港 10月28日後発
本省 10月28日夜着

第一四三六號

往電第一四三〇號ニ關シ

二十七日松谷少佐同道英國支那艦隊司令長官「ノーブル」中將及同支那駐屯軍司令官「バーソロミユー」少將ヲ訪問ノ際「ノ」ハ我軍カ殆ント干戈ヲ交ヘス而モ何等ノ國際紛爭ヲ生セス廣東ヲ攻略セラレタルハ寔ニ結構ナリト述ヘタルカ珠江ノ可及的速カナル開放ヲ希望スル旨執拗ニ繰返シ又「バ」ハ㈠日本軍カ英國トノ紛爭ヲ避クル爲國境ヨリ遠サカリ作戰セルヲ感謝シ當領ヨリ國境方面ヘ二箇中隊ヲ派遣セルハ單ニ不明確ナル境界線ヲ明確ニセシメタル外他意ナク事態平穩トナラハ成ルヘク速ニ撤兵シ度キ意嚮ナリ㈡若シ反對ニ我方ニ於テ敗殘兵討伐ノ爲北方ヨリ國境方面ヘ兵力ヲ南下セシメラルル場合ニ於テハ支那住民ノ領内避難ヲ誘起スヘキニ付豫メ英國側ヘ通告セラレ度シト述ヘタリ前顯「バ」ノ㈡ノ申出ハ尤モノ儀ト思料セラルルニ付我方ニ於テ此ノ種計畫アル場合軍機ニ亘ラサル限リ豫メ大體ノ御方針ヲ御囘示相成樣致度シ

1240 昭和13年11月14日

揚子江はいまだ開放するの時期にあらずとの

列国宛わが方回答に関する情報部長談話

揚子江航行問題ニ關スル英、米、佛宛回答ニ關スル情報部長談（十一月四日）

揚子江ニ於ケル第三國船舶ノ通商及ヒ航行ノ回復ニ關シテハ本月七日英、米、佛ノ在京三國大使ヨリ夫々帝國政府ニ對シ申入カアツタカ右ニ關シ有田外相ヨリ十四日公文ヲ以テ夫々在京英米佛大使ニ對シ帝國政府トシテハ固ヨリ揚子江ニ於ケル第三國ノ通商航行ヲ故意ニ阻害スル意思ハナイカ左記ノ理由ニ依リ未タ揚子江ハ一般ニ開放スルノ時期ニ達シ居ラサル旨回答シタ

㈠江陰ノ閉塞線ハ今尚軍ノ必要限度以上ニハ啓開セラレ居ラス爲ニ帝國ノ軍艦及ヒ軍用船ノ航行ニテ手一杯ナルコト

㈡漢口ノ上流ニテハ引續キ大規模ノ軍事行動行ハレ居リ從テ上海ト上流トノ間ハ今日ニ於テモ重要ナル兵站路トナリ居リ一般商船ノ航行ハ我軍事行動ニ對スル甚シキ障碍トナルコト

㈢揚子江沿岸ニハ今尚支那軍遊擊部隊出沒シ沿岸ヨリ屢々帝國艦船ヲ攻擊シツツアルコト

㈣支那軍ハ我軍ノ警戒ノ眼ヲ偸ミ盛ニ浮流機雷ヲ流シツツアリ航行ハ頗ル危險ニシテ現ニ最近軍用船一隻沈沒セル事實アルコト

㈤支那側機雷等ノ完全ナル清掃及必要ナル航路標識ノ整備ニハ尚相當ノ日子ヲ要スヘキコト

編　注　本文書は、昭和十三年十二月、情報部作成「支那事變關係公表集（第三號）」から抜粋。

1241　昭和13年11月29日　在上海日高総領事より有田外務大臣宛（電報）

武漢攻略後の揚子江封鎖継続に関する陸海軍当局談について

上　海　発
本　省　11月29日後着

特情上海第一四號

武漢攻略後列國間ニ種々論議カ行ハレルニ至ツタ揚子江航行再開問題ニ關シ廿九日現地陸海軍當局ニ於テハ左ノ如キ當局談ヲ發表其ノ堅持スル見解ヲ表明シタ

揚子江航行再開ニ關スル陸海軍當局談

武漢攻略ニ伴ヒ揚子江航行再開ニ關シ關係列國間ニ種々論議行ハレアルニ鑑ミ此ノ際右ニ對シ作戰軍ノ所見ヲ開陳スルハ徒爾ナラスト信ス抑々現在ノ揚子江ハ事變前ノ夫レトハ其ノ狀況ヲ全ク異ニス卽チ事變勃發スルヤ支那軍ハ揚子江ニ數千ノ機雷ヲ沈設若クハ浮流ス(セカ)シムルト共ニ江陰、烏龍山、馬當鎭(頭カ)、石灰(窰カ)及團風等ニ閉塞線ヲ設定シ之ヲ防衛スル爲堅固ナル防禦設備ヲ以テセリ日本軍ハ所謂遡江作戰ヲ實施シ頑强ナル支那軍ノ抵抗ヲ排擠シ多大ノ犧牲ヲ拂ヒ以テ揚子江ニ軍用水路ヲ開航セシメタリ若シ日本軍ニシテ支那軍ノ實施セル閉塞ヲ啓開スルコトナクシテ作戰ヲ施行セシメタリトセンカ少クモ本事變中ハ何レノ國ト雖揚子江航行ヲ企圖スルヲ得サリシナルヘシ而シテ日本軍カ揚子江ヲ開航セシメタルハ專ラ事變ニ關係セル作戰遂行上ノ必要ニ基因ス、支那軍カ作戰上ノ必要ヨリ揚子江ヲ閉塞セル時之ヲ阻止スルニ有效適切ナル措置ヲ執ラサリシ列國ハ同時ニ日本軍カ軍事上ノ必要ヨリ前述ノ如ク多大ノ犧牲ヲ賭シテ之ヲ開航ニ導キタル事實亦明瞭ニ了解スルコトト信ス
事變ハ尙終止セス作戰ハ繼續セラレアリテ武漢三鎭我ノ掌握ニ歸シタル今日ニ於テモ揚子江ハ依然戰場ノ一部タルト共ニ又作戰上重要ナル後方補給動脈ヲ形成シ日本軍ハ支那軍ノ妨害ニ對シ之カ確保ニ多大ノ努力ヲ傾注シアリ現在揚子江ヲ航行スル日本船舶ハ多數ニ上リアルカ右ハ作戰軍竝ニ之ニ附隨スル機關ノ生存ヲ確保スル爲必要ナル軍需品ヲ運搬スル軍用船ニ限ラレアリテ一般貿易ニ從事シアルモノニアラス作戰軍ハ素ヨリ中支方面ニ於テ作戰遂行ノ必要度減少シ關係列國ト共ニ自由ニ交易シ得ルノ事態ノ速ニ到來スルヲ希求スルモノナルモ現事態ハ其ノ希望ト甚タ遠サカリテ支那軍カ現在ノ態度ヲ持續スル限リ現狀ヲ維持スルノ外ナシトスルモノナリ

尙右談ニ關シ軍當局テハ同時ニ其ノ補足的說明トシテ左ノ如キ談話ヲ發表シタ

一、吾人ハ揚子江航行問題ノミナラス事變地ニ於ケル陸海軍ノ行動、施設等カ第三國人ノ利益自由ヲ少カラス阻害シテ居ル事實ハ明カニ之ヲ認メ衷心氣ノ毒ニ思フ然シ之ハ日支間ニ此ノ事變カ發生シ戰爭行爲カ行ハレテ居ル限リ實ニ已ムヲ得サル事態テアツテ再(而カ)モ其ノ已ムヲ得サル事態ノ裡ニモ尙且第三國權益確保ノ爲最大限ノ努力ヲ拂ツ

テ居ル陸軍當局ノ苦心ニ付テハ公正ナル理解ヲ要求スルモノテアル卽チ總テハ事變ニ伴フ災厄テアツテ夫レハ事變ノ繼續スル間ハ已ムヲ得ス持續スルテアラウ、作戰軍ハ速ニ戰爭目的ヲ達成スルコトカ卽チ事變ノ解決ヲ促進シ延イテハ第三國ノ權益發現カ平常通リニ復活スル所以テアルコトヲ信シ之ニ全力ヲ傾注シテ居ル併シ所謂長期抗戰ヲ呼號スル支那側ノ抗戰意思ヲ徹底的ニ打破スル爲ニハ作戰軍ノ戰爭指導方法ニ自ラ特殊ナ複雜ナモノノ存スルコトハ多言ヲ要セス、尙今度ノ支那側ノ抗戰手段ノ特徵トシテ我後方占據地域カ必スシモ安全地域テハナク之ヲ防止スル日本軍ニ取リテハ前モ後モ總テ是レ戰場ト言フ氣構テ施設ヲシテ居ルコト竝ニ必要ニ應シ戰場罹災民ニ各種軍需品ノ分與ヲモ圖ツテ居ルコト等ハ本事變ニ於ケル我軍事行動ノ稍特異ナ點テアルコトヲ此ノ際併セテ闡明シテ置ク

5　揚子江開放問題

1242　昭和13年12月1日　在上海日高総領事より有田外務大臣宛(電報)

揚子江開放が不可である理由につき意見具申

別電一　昭和十三年十二月一日発在上海日高総領事より有田外務大臣宛第三五九三号
揚子江の無制限開放が経済上不可である理由

二　昭和十三年十二月一日発在上海日高総領事より有田外務大臣宛第三五九四号
揚子江航行制限の必要に関する対外説明振り

三　昭和十三年十二月一日発在上海日高総領事より有田外務大臣宛第三五九五号
揚子江開放の場合に付すべき条件

付記　昭和十四年一月二十三日、中支那派遣軍司令部作成
「揚子江開放問題ニ關スル意見」

上海　12月1日後発
本省　12月1日夜着

第三五九二號(極祕)

二十六日大臣官邸ニ於ケル法幣對策協議會ニ於テ閣下ヨリ當方ニ起案方御下命相成リタル(イ)揚子江閣(開カ)放ノ不可ナル理由(ロ)右外國側ニ對スル説明振夫々別電第三五九三號及第三五九四號ノ通リ報告ス右別電第三五九五號(假ニ揚子江ヲ

開放スルトシテ附スヘキ條件ヲ羅列シ見タルモノニシテ斯ルモノヲ外國側ニ提出スルノ可否竝ニ其ノ時期等ハ別途考慮スヘキハ勿論ナリ)ト併セ御參照相成度シ

尙占領地經營ノ必要ノミヨリ判斷スレハ法幣ノ排除竝ニ軍票乃至新通貨ノ使用强制カ妥當ナルハ勿論ナルモ長江開放ノ條件トシテ之ヲ要求スル場合ニ於テ世界市場ニ於ケル我貿易海運等ニ對シ英米等カ報復手段ニ出ツルコトナシトセサルヲ以テ此(ノカ)方面ヨリ來ル我軍需品調達ノ不利不便ト比較検討ノ上堅固不動ノ方針ヲ樹立スルノ要アルハ言ヲ俟タス

追テ現地ニ於テハ目下新通貨樹立ニ關シ研究進捗シ居リ近ク成案ヲ得テ上申ノ筈ナルニ付御含置ヲ請フ

本電別電ト共ニ北京、天津、青島ヘ轉電セリ

(別電一)

上　海　12月1日後発
本　省　12月1日夜着

第三五九三號(極祕)

揚[1]子江ノ無制限開放カ經濟上不可ナル所以

(一)揚子江ハ中支ヲ東西ニ貫ク大動脈ニシテ揚子江航運ノ制覇ハ我對支政策ノ一眼目タラサルヘカラサル處我海運ノ準備ナクシテ之ヲ無制限ニ開放スルニ於テハ英國等ノ海運ヲシテ跳梁セシムル結果トナル

(二)占領地域內ノ治安確保充分ナラサル今日ニ於テハ日本商船及商人ハ日本軍カ駐屯スル地方ニ於テノミ積込、積卸竝ニ商賣カ出來ルモ然ラサル場所ニ於テハ外國船及外國人ニ壟斷セラルヘク後述ノ通貨問題ト相俟テ日本軍駐屯地ニハ特産物ノ出廻ナクナリ實際上日本商船及商人ハ商賣不可能トナル惧アリ(揚子江通商章程ニ依レハ開港場ノ外立寄港多數アリ現在ノ配備ヨリ見テ各立寄港等ニ皇軍部隊ノ駐屯ハ困難ナルヘシ)

(三)[2]外國商人ハ豐富ナル法幣資銀ヲ擁シ之ヲ以テ物産ノ買付ニ當ルヘク日本商人ハ後述ノ理由ニ依リ軍票ヲ以テ成ルヘク買付ヲ强要セラレ居ルカ若シ已ムヲ得ス法幣ヲ以テ買付ケントスルモ法幣獲得ノ途少ク(日本側銀行ニテハ法幣ニ依ル貸出ハ爲サス—日本銀行ハ外貨ヲ賣リ法幣ヲ買フコトヲ禁止セラレアリ—且軍票ノ價値維持ノ爲折角輸入セル日貨ヲ賣捌クニハ軍票ヲ受取ルヲ强要セラレア

リ斯クテ法幣取得ノ途ハ極メテ制限セラレツツアル實情ナリ）従テ物資買付ハ外國人ノ壟斷スル所トナルヘシ

(四)右ノ如ク物資買付ニ外國人カ自由ニ法幣ヲ使用スルコトトナリ他面軍票ニ依ラストモ生活必需品カ購入可能トナルニ於テハ民衆ハ軍票ヲ受取ルコトニ反對スヘク一旦[3]受取ヲ强制セラレタル軍票ハ速ニ處理スルコトニ努ムヘク之カ爲軍票ノ價値ハ崩落ノ外ナカルヘシ從テ軍票ヲ以テ軍ノ支拂ニ充ツル外出來得ル限リ軍票ヲ新通貨工作ノ第一歩ト爲サントスル企圖ハ挫折シ軍直接ノ必要ニ基ク最低限度ノ物資調辨スラ法幣ニ依ルカ再ヒ圓札（日本圓ト同價値ヲ有スル）ニ依ルノ外ナキニ至ルヘシ

然ルニ法幣ヲ右樣目的ニ使用スルハ日本側ヨリ見レハ夫レ丈ケ外貨ヲ賣リテ法幣ヲ購入スルカ（斯クスルハ日本ノ手持外貨ヲ損シテ直接又ハ間接支那政府銀行ノ手持外貨ヲ增シ蔣政權ノ抗戰能力ヲ强ムルコトトナル）又ハ元來一志二片ノ價値アルヘキ圓ヲ九片邊ノ相場ニテ法幣ニ換フルカ（當地圓札ノ相場ヲ下落セシムル傾向アリ何レニスルモ圓ノ爲替相場從テ我作戰能力ニ不利ナル影響ヲ齎ス惧アリ）ヲ必要トス

(五)[4]長江開放ノ結果奥地物資カ自然ノ經路ニ依リ輸出セラレ中支ヨリノ輸出ハ增大スヘキモ物資買付ニ要スル法幣取得ノ爲外貨ヲ以テ法幣ヲ買入ルル必要アルヘク又第三國宛輸出ニ依リ獲得スル輸出手形ハ外國銀行ニ集中セラレ居ル結果外國銀行ハ往々ニシテ法幣買、外貨賣ノ「ポヂシヨン」ニ廻ル必要ニ迫ラルヘク右ハ何レモ市場ニ於ケル法幣ノ價値支持ノ材料トナルハ勿論國民政府ノ支配區域ニ於テハ輸出手形カ國民政府系銀行ニ集中セラレ居ルコトト相俟テ直接、間接カ又ハ積極的、消極的カ國民政府系銀行ノ外貨充實ニ貢獻シ延イテ蔣政權ノ軍需品輸入力ヲ增大セシムルコトトナルヘシ

尙[5]又國民政府ノ支配區域ト共通ナル通貨ヲ使用スル以上中支ヨリノ輸出增進ニ依リ中支ノ貿易尻カ「プラス」トナレハ右ハ夫レ丈ケ國民政府ノ國際收支ニ利益ヲ齎スコトトナル譯ナリ

(六)長江開放ニ依リ中支物產ノ輸出增大シ從テ上海ノ繁榮カ回復スルコトハ心理的ニモ法幣ニ對スル樂觀材料ノ重要ナルモノヲ提供スルコトトナル處法幣カ完全ニ國民政府ノ支配ヲ離レタル國際的通貨タル實質ヲ具備シ居ラハ格

別ナルモ然ラサル限リ（現狀ニ於テ然ラサルハ勿論將來モ斯ル望ナカルヘシ）國民政府及法幣ノ維持ニ關シ之ト合作スル英國ノ對支金融上ノ優越ナル地位ヲ固（強カ）ナラシムルコトハ明瞭ナリ

（別電二）

上海　12月1日後発
本省　12月2日夜着

第三五九四號（極祕）

[1]揚子江開放ニ制限ヲ附スル必要アル旨外國ニ説明スル場合ノ説明振

(一)根本問題トシテ外國側カ東洋新事態ニ對スル認識ヲ缺キ援蔣政策ヲ拋棄セス而モ新政權勢力地方ニ於テ其ノ權益ヲ擁護セントスルコトカ矛盾ナルコトヲ指摘ス

(二)外國側カ宣戰ナキヲ理由トシテ平時同樣ノ待遇ヲ占領地内ニ於テ受クルコトヲ要求スルハ誤ニシテ（對英回答ノ趣旨ニ依ル）我戰爭遂行ニ必要缺クヘカラサル戰時經濟非常立法ハ内外人齊シク之カ適用ヲ受クヘキ筋合ニテ右ハ日本人ト外國人トノ間ノ差別待遇ニアラス又或外國人ト他ノ外國人トノ間ニ差別待遇ヲ爲スモノニモアラス將又經濟上ノ機會均等ノ趣旨ニ背馳セサルハ言ヲ俟タス

(三)[2]以上ノ根本的建前ヲ容認スル限リ別電第三五九三號ノ基礎ニ基キ揚子江無制限開放カ如何ニ不當ニ外國人ニ對シ日本人以上ニ特典ヲ與フルコトトナリ且日本ノ戰爭遂行ニ最モ必要ナル外貨ノ節約ヲ邪魔シ却テ蔣政權ノ外貨充實ニ寄與スルノ不都合ナル結果ヲ招來スルカヲ理解シ得ヘク外國側ニ於テモ日本側ニ協力スルヲ正當ト認ムルニ至ルヘキコトヲ期待ス

(四)從テ別記ノ如キ條件ヲ附セサル限リ日本トシテハ長江ヲ開放スルヲ得サル次第ニ付外國側ニ於テモ特ニ通貨ニ關スル制限ヲ理解シ進ンテ通貨政策ニ關シ日本側ト協力セラルルコトト致度シ

（別電三）

上海　12月1日後発
本省　12月2日前着

第三五九五號（極祕）

揚子江開放ニ當リ附スヘキ條件

(一)地域的制限

例ヘハ第一次南京迄ノ如キ

(二)隻數ノ制限

(三)開港場、立寄港等ノ制限

日本軍ノ駐屯シ居ラサル開港場、立寄港等ニテ船客貨物ノ積載、積卸等ヲ爲サシメス右ハ外國人カ日本人ヨリ有利ナル條件ニテ通商ヲ爲スコトヲ認メサル趣旨ニ基クモノナルモ他面治安及軍ノ安全保持ノ見地ヨリモ之ヲ實施スルニ充分ナル理由アルヘシ(匪賊トノ交通、取引ヲ禁止ス)

(四)船舶ノ行動ノ制限

作戰及治安ノ必要上特定ノ時期、場所ニ於テ一時的ニ外國船ノ交通ヲ禁止制限スルコトアルヘシ右ハ軍用船又ハ軍需資材運送船ヲ除ク內外船舶ニ齊シク適用セラルヘキハ勿論トス尙又軍ノ安全保持ノ必要上船客、積荷ニ對シ臨檢搜索ヲ爲スコトアルヘシ

(五)通貨ニ關スル制限

外國商人(支那商人モ含ム)カ自由ニ法幣ヲ使用スルコトハ我戰爭遂行上重大ナル障碍トナルニ付(理由別電第三五九三號ノ通リ)外國人ハ軍票ヲ使用スルカ又ハ新通貨ヲ使用スルモノトス(軍票使用ヲ强制スルコト困難ナルヲ以テ新通貨ニ協力セシムルコト適當ナリ)

(六)一般的制限

一般的ニ外國人及外國船舶ハ日本國民ト均等以上ノ待遇ヲ受ケシムルコトナシ

(付　記)

揚子江開放問題ニ關スル意見

昭和十四年一月二十三日

中　支　軍　司　令　部

判　決

軍事ノ必要ニ依リ啓發シタル揚子江ハ軍事行動ノ終末迄之ヲ封鎖スルヲ要ス

理　由

一、軍　事

イ軍機保護

英、米、佛等ノ各國カ現在實施シアル援蔣態度ヲ放棄セサル限リ長江ヲ航行スル外國船舶ハ公然タル間諜機

關ナリ之カ防止ハ絶對ニ不可能ナリ現時ニ於ケル各國公館ノ現狀ヨリ見ルモ前述ノ事實ハ明カナリ

ロ武器ノ供給

今ヤ占據地域內ノ兵匪ハ逐次掃蕩セラレ或ハ歸順シ治安ハ日ニ恢復シツツアルモ尙相當ノ匪團ハ各所ニ跳梁シツツアリテ彼等ハ其生命タル武器獲得ノ爲狂奔シツツアリ今長江ヲ開放スルハ彼等ヲシテ再起ノ機會ヲ與フルモノニシテ之ヲ防止スル能ハサルノミナラス更ニ占據地外ノ敵ニモ武器ヲ供給シ占據地內ノ治安ヲ妨害スルト共ニ蔣ノ抗戰ヲ容易ナラシム

更ニ目下表面親日ヲ僞裝セル一般民衆モ心中尙堅ク抗日ヲ誓ヒアルモノ多キヲ豫想セラルル現狀ニ於テ其結果知ルヘキノミ

斯クテ治安肅正ニ邁進シアル日本側及支那側ノ努力モ其ノ效ナク寧ロ逆轉ヲ虞ル

ハ軍ノ戰鬪及輸送ノ妨害

治安肅正ノ爲江岸附近ニ於ケル戰鬪ハ將來尙幾多ヲ豫想セラル其際彼等ハ其特權ヲ惡用シテ日本軍ノ戰鬪ヲ妨害スルコトナシトセス

（事變勃發當時上海ニ於テ幾多ノ例アリ最モ大ナルハ佛艦ノ我上陸地點ヲ上陸時航行シテ上陸部隊ヲ危險ニ陷レシコトアリ）

又今次事變ノ爲揚搭設備ハ其大部ハ破壞セラレテ現在設備僅少ナルニ不拘貨物量ハ極メテ多量ニシテ碼頭ノ不足ヲ訴フル現狀ニ於テ更ニ彼等ヲシテ之ヲ使用セシムルハ益々軍ノ輸送ヲ妨害スヘシ

目下ニ於ケル軍ノ輸送狀況別紙ノ如シ

二、經　濟

1軍ノ生存ヲ危クス

法幣ニヨル物資ノ移入ハ住民ヲシテ軍票ノ受領ヲ喜ハサルニ至ラシムルノミナラス軍票交換用物資ハ其ノ作用ヲ失ヒ軍票ハ益々暴落ス

爲ニ軍ノ現地調辨ニ破綻ヲ生シ多額ノ駐兵費（海外拂ヲ要スルニ至リ遂ニ徹（撤カ）兵ノ止ムナキニ至ルヘシ

2蔣ノ外貨獲得

現狀ヲ以テ長江ヲ開放セハ占據地域內ノ資源ハ言ヲ俟タス占據地域外ノ所有資源ノ輸出ヲ法幣ノ入手比較的安價ニシテ且容易ナル第三國人ニ獨占セラレ蔣ヲシテ

法幣ノ價賃(値カ)維持ニ成功セシムルノミナラス外貨ノ獲得ニ便宜ヲ與ヘテ抗戰資材ノ整備ヲ容易ナラシメ以テ蔣ノ長期抗戰ヲ許容スルニ至ル

斯クテハ一歩一歩墓穴ニ向ヒツツアル彼ニ歸死囘生ノ妙藥ヲ施スニ等シ近ク設立ヲ見ルヘキ華興商業銀行券ノ使用ハ第三國ハ遽ニ之ニ參加セサルヘク縱令之ヲ約スルモ實行ハ望ミ得ヘカラス

3 商權ノ把握ニ就テ

事變ニヨル支那經濟機構ハ目下崩壞或ハ變態ノ狀況ニアリ故ニ今遽ニ長江ヲ開放スルハ外國資本若ハ外國企業ノ支那進出ニ極メテ有利ナル機會ヲ與フルニ不拘我資本及器材ノ對支輸出ハ極度ニ制限セラレアルヲ以テ長江ハ宛然第三國資本及企業ノ獨占場ナリ日本ノ國防資源ノ獲得ヲ不可能ナラシムルト共ニ商品市場トシテノ利益ヲ沒却シ其狀態ハ事變前ニ比シ更ニ大ナル懸隔ヲ見ルニ至ルヘシ

4 船隻ニ就テ

現時ニ於テ長江減水期ニ使用シ得ルモノハ日本籍約一萬噸第三國籍約六萬噸ニシテ而モ日本側ノ碼頭倉庫ハ殆ント全滅ノ狀況ニ在リ而シテ日本ニ於ケル造船計畫ヲ見ルニ十五年迄ニ三萬五千噸(長江航行ニ不適ノモノ多キヲ以テ計畫變更ヲ要求シアリ)ニシテ尙第三國ニ及ハサルコト遠シ然モ外國船ノ航行許可ハ支那籍船ノ籍替ヲ促進シ前者ノ差ハ益々大トナリ第三國ノ商權確立ニ更ニ大ナル拍車ヲ加フル結果トナルヘシ

斯クテハ日支經濟提携ノ實ヲ失ヒ聖戰ノ目的ヲ根底ヨリ覆滅ス

5 蔣政權ノ崩壞ヲ見サル今日ニ於テハ潛行執拗ナル排日及抗日分子ノ暗躍ハ邦品ノ輸入及邦人ノ土貨買出ヲ妨害シ擧ケテ第三國人ニ供給スルニ至ル

6 華興商業銀行券ノ流通ノ擴充ト海關ヲ我手ニ收ムル時ハ外貨ノ獲得上有利ニシテ地方ノ建設發展ニ資シ得ヘシ然レトモ該銀行券ノ圓滿ナル流通ニハ相當ノ日子ヲ要スヘシ

三、外　交

1 國際法

今次事件ハ戰爭ニ非スシテ報償ナリ報償ノ爲ノ軍事行動ハ國際慣例ノ認ムル所ニシテ其軍事上ノ必要ニ迫ラ

レ啓發シタル長江ヲ今尚引續キ軍事行動實施中ニ不拘之ヲ第三國ノ爲開放スルハ餘リニモ第三國側ノ虫ノヨキ話ナリ故ニ軍事行動實施中ハ依然之ヲ封鎖スルニ何等憚ル所ナシ

且占據地域内ノ建設ハ占據軍ノ義務ナルハ國際法ノ認ムル所ナリ故ニ軍需品以外ノ物資モ前述ノ精神ヨリ供給スルハ決シテ不當ニ非ス

2長江開放ニヨル外交事件ノ頻發

外國船舶ハ直チニ戰鬪ノ危險ニ暴露セラルル爲事件ハ更ニ增加スルノミナラス縱令航行ヲ許スモ其航行ハ我監視下ニ置クヲ要スルヲ以テ却テ第三國ノ日本ニ對スル不平不滿ヲ甚シカラシメ長江開放ハ外交問題ヲ解決セス益々新ナル國際粉(紛カ)争ヲ惹起スヘシ

3英米ノ對日動向

英、米兩國ハ九ケ國條約ノ機會均等ヲ振リカサシ日本ニ迫ルヘキハ明ナルモ彼等カ武力ニ訴ヘテ迄モ其意志ヲ强行スルカ如キハ考ヘ得サル所ナリ

唯之カ報復手段トシテ留意スヘキハ邦品ノ輸出入禁止問題ナリ

日本ノ華客タル米國ノ之カ斷行ハ大ナル影響アルヘシトハ雖モ其國柄ノ致ス所此ノ如キ當業者ノ利害ヲ無視スル如キハ容易ニ斷行シ得サルヘシ

縱令政府ニ於テ之ヲ實行スルモ業者迄徹底スルハ容易ニアラス

且何等カノ形式ニ於テ依然存續セラルヘシ

而シテ日本カ一歩退キテ長江ヲ開放シテ彼等ノ態度ニ激變ヲ來スコトアリヤ彼等カ根本的援蔣態度ヲ棄テサル限リ依然日本壓迫ノ一路ニ邁進スルハ明カナリ

然ラハ開放シテ得ル所少キ長江ハ自主的見地ヨリ依然封鎖スルヲ可トス

別　紙

軍ノ輸送狀況

軍ノ第一線ハ常ニ作戰行動ヲ反覆シ軍隊、軍需品ノ輸送ハ常時絶ユルコトナク假令軍カ作戰行動ヲ實施セサルトスルモ概ネ現狀ヲ維持スル限リ常續補給トシテ軍需品一ケ月約二十萬噸(容積噸以下同シ)ヲ蕪湖上流ニ輸送セサルヘカラス

従ツテ一日約七千噸ノ輸送能力ヲ必要トス

然ルニ南京及蕪湖ノ軍需品ノ爲ノ揚搭能力左ノ如ク合計約八、〇〇〇噸ニシテ常續補給ヲ充スニ過キス

南京ニ於ケル揚搭能力

南京及浦口ノ棧橋數及其使用狀況左ノ如シ

棧橋ノ種類	總數	日清汽船所要	內河汽船所要	陸軍傳令艇及定期船用	殘
本船用	八	一		一	六
艀舟用	一二		二	六	四

卽前送軍需品揚搭ノ爲ニハ本船用六、艀舟用四、ヲ使用シ得ヘク其揚搭能力合計七千五百噸ナリ

然ルニ南京ニ於テハ補充員輸送、轉用部隊輸送、內地歸還人員輸送等一日一乃至二隻ノ軍隊輸送ヲ常時豫期セサルヘカラスヲ以テ軍需品輸送ノ爲約五千噸ノ揚搭能力ヲ餘スノミ

而シテ之以上ノ增強ハ莫大ノ經費ヲ投入スルカ又ハ著シク不便ノ地ニ施設スルニアラサレハ實行困難ナリ

蕪湖ノ揚搭能力

蕪湖ノ棧橋數竝其使用狀況左ノ如シ

棧橋ノ種類	總數	日清汽船用	陸軍定期船用及傳令艇用	殘
本船用	二	一	一	
艀船用	一三	二	二	九

卽前送軍需品揚搭ノ爲ニハ艀舟用九ヲ使用シ得ヘク其能力約三千噸ナリ

而シテ之カ增強ノ困難モ亦南京ニ同シ

近時運賃輸送船（一般民間船ニ軍需品ヲ積載シ上海又ハ南京迄運賃契約ニテ輸送ス）ノ增加ニ伴ヒ蕪湖上流ノ軍隊ニ對スル所要軍需品ハ減水期以外ニ於テモ半數ヲ南京附近ニ於テ積換スルノ要アリ

之カ爲日量揚陸三、五〇〇噸搭載三、五〇〇噸合計七、〇〇〇噸ノ揚搭能力ヲ必要トス

然ルニ南京及蕪湖ノ揚搭能力軍需品ノ爲合計約八、〇〇〇噸ナルヲ以テ常續補給ニ使用シ得ル外殆ント餘力ナシ

況ンヤ減水期ニ於テハ南京及蕪湖ノ積換量一四、〇〇〇噸トナリ其要求ヲ充足スル能ハサルヲ以テ一部上海ヲ利用スルノ已ムヲ得サルニ至ルヘシ

又九江及武漢ニ於テハ前述軍需品ノ揚陸ノ外直接作戰行動

ニ基ク軍隊及軍需品ノ輸送量厖大ニシテ目下外國船ノ爲開放スベキ棧橋ヲ有セス要スルニ南京上流揚子江岸ノ揚搭施設ハ軍用以外殆ント餘力無ク若シ外國船ノ溯江ヲ許可センカ直ニ彼等ハ自己ノ揚搭施設ヲ增强スヘキヲ以テ我施設(第三國所有地又ハ之ニ近ク施設シアリ)ヲ妨害セラレ揚搭能力ヲ發揚シ得サルニ至ルヘシ

1243 昭和13年12月22日 在香港田尻総領事より有田外務大臣宛(電報)

珠江開放に関する香港総督および英国極東艦隊司令長官の要請について

香港 12月22日後発
本省 12月23日前着

第一六六七號(極祕)

中村總領事ヨリ

二十二日本官總督及極東艦隊司令長官ヘ離任挨拶ノ際

一、長官ハ往電第一五二七號鹽澤長官トノ談話ニ言及シ未タ珠江ヲ開カレサルハ寔ニ遺憾トスル所ニシテ日本カ最初ニ唱ヘラレタル軍事上ノ必要ハ軍人タル自分ニ於テモ充分首背(青カ)出來ルモ今日トナリテハ單ニ作戰上ノ必要ニ基キテ英國船ノ來往ヲ許サレサルトハ思考スルヲ得ス珠江兩岸ヨリノ狙擊モ今日迄ノ經驗ニテハ無カルヘク有リトスルモ其ノ危險ハ自ラ負フヘキモノナリ尤モ廣東方面ノ治安維持ノ必要アルコトハ尤モナレハ差當リ英國船ニテハ歐米人竝ニ其ノ使用スル支那人ノ通航ヲ許サレ度シ人員表ハ我方ヘ送付シ日本側ニテ不可トセラルル支那人ハ除外スヘシ貨物輸送ハ沙面在住ノ外國人食糧補給ノ程度ニ止メ一般ニハ當分之ヲ期待セス例ヘハ來年三月ヨリ弗々商取引開始セラルヘ(レカ)ハ滿足ナリ珠江ヲ開放スルモ現下ノ廣東ニ香港ノ滯貨殺到スヘシトハ考ヘラレス日本ノ軍用船カ香港ヘ入ルコトハ兵士又ハ武器彈藥ヲ搭載セサル以上差支ナキ意嚮ナレハ澳門經由ニ依リ旅客及「メール」ヲ運フカ如キ必要ナカルヘシ珠江開放ハ日本カ曩ニ南支進擊ノ目的カ軍需品供給路遮斷以外他意無シト聲明セラレ居リ既ニ此ノ目的ヲ達セラレタル以上ハ成ルヘク速ニ交通ヲ自由ニセラルルコト切望ニ堪エス廣東ノ隆盛ハ香港トノ交通ヲ自由ニスルコトニ依リ期待セラレコソスレ不利益ヲ蒙ルコトナカルヘシ以上ノ次第ハ當初ヨリ關係

ヲ有スル本官熱(熱カ)知ノ所ナレハ歸朝ノ上ハ充分努力アリ度シト述ベ

二、總督モ亦右ト同様ノ趣旨ヲ語リ一週間ニ一回位ノ割合ニテ日英兩國船カ香港、廣東間ヲ往來セハ事態改善ノ第一歩トナルヘシト述ヘタリ

三、兩名ニ對シ本官ヨリハ香港ニ於ケル排日今尚深刻ナルモノアリ日本船舶ノ修理及日本品取扱等ハ支那人ノ「ストライキ」ニ依リ著シク障害ヲ受ケ居ルカ如キ現狀ニテハ日本ノ一部ニ於テ到底香港ヲ中繼トスル廣東貿易ヤ香港ヲ「マザー、ポート」トスル日本船舶ノ寄港等ハ甚タ困難ナルヘキニ付更ニ積極的ニ排日運動ヲ取締ラレ度ク斯クスルコトニ依リ日本ノ香港ニ對スル信頼ヲ増加シ漸次常態ニ恢復シ得ヘシト應酬シ置キタリ尙司令長官ニ對シ日本ニ於テハ英國ハ依然蔣援助ノ態度ニ出テ對支信用供與ニ對シテモ相當疑惑ヲ抱キ居ル旨述ヘタル處自分ハ果シテ事實ナリヤ疑問ヲ有スト述ヘ又日英ノ空氣改善ノ為ニハ先般本官ヨリノ勸誘モアリ早クテ來年三、四月頃遅クモ十月ニハ日本ヲ訪問スヘキ決意ヲ有スト述ヘ珠江開放ノ小問題ニテモ解決セハ兩者ノ關係ヲ緩和シ聽テ大局ニ好影響ヲ齎スヘキニ付特ニ日本側ノ善處ヲ希望スト繰返シ熱心ニ主張セリ

北京、考(在カ)支各總領事、臺灣外務部長ヘ轉電アリタシ
臺灣外務部長ヨリ廣東ヘ轉電アリタシ
英ヘ暗送セリ

1244　昭和14年1月7日　在広東岡崎総領事より有田外務大臣宛(電報)

珠江開放に関する陸海軍の意向について

広　東　1月7日後発
本　省　1月7日夜着

第一三號(極祕)

客年貴電第一六號及同往電第七六號ニ關シ(珠江航行問題ノ件)

一、既ニ陸海軍側ヨリ聯絡アリタルコトト存スルモ現地トシテノ意見ハ最近漸ク纏マリ三月末迄ニ各般ノ準備ヲ完了シ概ネ四月頃ヨリ珠江ヲ開放シ差支ナカルヘシトノコトトナリ陸海軍モ右意見ヲ中央ニ上申スル筈ナリ(本項ハ陸海軍以外ニハ差當リ特ニ極祕ニ願度シ)

二、尚右ニ付

(イ)従來航行拒否ノ理由ハ之ヲ作戰上ノ必要特ニ蔣政權トノ間ノ交通及糧道ヲ斷ツコトニ求メ居ル處此ノ意義ニ於テハ揚子江ト珠江トノ間ニ差別ヲ設ケ難カルヘク珠江開放ハ自然揚子江ノ問題ニ影響ヲ及ホスヘキ處他方當地英總領事（及英艦隊側）ハ非公式乍ラ珠江ト揚子江トハ事情ヲ異ニスル旨力說シ居ルニ付之ヲ利用シ且珠江開放ハ地方的問題ナルコトヲ明白ニスレハ或程度迄右ヲ揚子江ニ關聯セシメサルコトヲ得ヘシ

(ロ)日本商社側ハ多年ノ排日ニ依リ地盤ヲ失ヒ居ルノミナラス差當リ配船モ自由ナラス且圓「ブロック」內輸出制限（客年往電第九九號參照）及資金統制法ノ關係モアルニ付假令廉價良質品ヲ以テ對抗スルモ英國ノ如ク是等ノ障碍ナク且香港ニ滯貨ヲ有スル方面トノ競爭容易ナラス從テ此ノ際軍用船ニ依ル無稅ノ邦品輸入ヲ默認シ相當ノ「ストック」ヲ貯ヘシメ置キタク前記各般ノ準備トハ主トシテ右ヲ指スモノナルカ此ノ外(a)香港廣東間客船運行計畫(b)本邦及上海方面ヨリノ當方面配船計畫確定(c)割當ノ制限ヲ受クヘキ邦品ノ當地輸出許可量ノ決定(d)新稅率公布等ニ關スル治安維持會側ノ諸般ノ準備(e)黃埔築港計畫ニ關スル方針決定(f)稅關邦人職員ノ準備等ヲモ之ニ含マルル次第ナリ

三、又珠江開放ニ至ル迄ハ現在ノ外國船ニ對スル航行制限ヲ漸次緩メ行キ（例ヘハ普通船ニ依ル人ノミノ往復度數ヲ漸增シ次ニ沙面內需要ノ一般商品ノ輸入ヲ許可スル等）以テ或程度迄外國側ノ不平ヲ緩和シ度キ考ナリ

上海、漢口、香港ヘ轉電アリタシ

1245

昭和14年2月9日　興亜院会議決定

「揚子江開放ニ關スル件」

揚子江開放ニ關スル件

昭和十四年二月九日

興亞院會議決定

揚子江ハ差當リ南京迄ヲ本年增水期迄ニ開放スル方針ノ下ニ諸般ノ準備ヲ促進スルコト但シ作戰上竝治安維持上必要アル場合ハ之ヲ閉鎖スヘキコト

1246　昭和14年3月29日　在広東岡崎総領事より有田外務大臣宛（電報）

珠江開放は時期尚早につき当分延期を決定について

広　東　3月29日前発
本　省　3月29日前着

第一七四號（極祕）
往電第一三號ニ關シ
珠江ノ開放ハ我方ノ諸準備整ハサルト軍側ノ作戰及治安維持ノ關係モアリ四月ニテハ時期尙早ナルヲ以テ聯絡會議ニ於テ當分延期ニ決定セリ
詳細ハ更ニ打合ノ上追報スヘキモ不取敢
上海、漢口、香港ヘ轉電セリ

1247　昭和14年4月21日　在米国堀内大使より有田外務大臣宛（電報）

揚子江開放をめぐる日米間の懸案に関する米国国務次官との会談報告

ワシントン　4月21日前発
本　省　4月21日夜着

第三二四號
求ニ依リ二十日「ウエルズ」國務次官ヲ往訪シタル處同次官ハ米人カ米國軍艦ニ便乘シテ九江漢口等ノ揚子江上流ニ旅行セントスル場合日本官憲カ通行許可書ノ發給ヲ澁リ居ル問題其ノ他ノ懸案ニ付日本政府ニ申入方「グルー」大使ニ電訓シタルカ貴大使ニ於テモ之カ懸案ノ急速解決方御盡力願度シ米政府ハ從來ノ根本的主張ヲ暫ク離レ軍事行動進行中ハ種々ノ困難ヲ排シ忍耐シタル次第ナルカ既ニ長江流域ノ軍事行動モナクナリタル模樣ナレハ最早米人ノ正當ナル通商及移動ニ付制限ヲ受クル理由ナキ次第ニシテ日本側ノ取扱振ハ種々ナル「イリテイシヨン」ヲ起シ對日感情ニ面白カラヌ影響ヲ與ヘ居ルニ付速ニ解決ヲ見ンコトヲ希望スト繰返シ述ヘタリ依テ本使ハ我方ニ於テハ出來得ル限リ懸案解決ニ努メ居リ最近モ青島港開放問題モ片附キ上海ニ於ケル諸問題モ次第ニ落着ニ向ヒ居ルモ今日御話ノ件ニ付テハ東京ヨリ何等「インフオーム」サレ居ラサルニ付確タルコトハ申上ケ兼ヌルモ長江筋ニハ大掛ノ戰鬪ハ殆ントナ

キモ中支方面ニ今回軍事行動進行中ニシテ軍事輸送其ノ他ノ關係ニテ外人ノ往來ニ制限ヲ加ヘサルヲ得サル事情アルヘシト述ヘタルニ同次官ハ米人カ米軍艦ニ便乗スルコト迄モ制限スル理由ハナカルヘシトテ頻リニ我方ノ考慮ヲ求メタルニ付本使ハ現地ノ事情ノ許ス限リ速ニ諸懸案カ解決セラルル様東京ヘ電禀スヘシト答ヘ置キタリ

今日ノ「ウエルス」次官ノ申出ハ時局柄充分御考慮ヲ加ヘラレ累次電禀ノ趣旨ニ依リ此ノ際出來得ル限リ支那各地ノ米人ニ付テハ懸案解決ノ爲ニ御配慮相煩度シ

1248 昭和14年6月24日 興亜院会議決定

「揚子江開放ノ件」

付記 興亜院政務部作成、作成日不明

「揚子江開放ニ關スル件説明」

揚子江開放ノ件

昭和十四年六月二十四日

興亞院會議決定

揚子江開放ハ諸般ノ情勢竝ニ之カ準備進捗ノ現況ニ鑑ミ當分延期ス

但諸般ノ準備ハ引續キ之ヲ極力促進スルト共ニ十月以降國際情勢竝ニ中央政府樹立其ノ他對支諸施策ノ進展ニ應シ一部開放スルコトアルヘキヲ考慮ス

（付記）

揚子江開放ニ關スル件説明

興亞院政務部

二月九日興亞院會議決定ノ趣旨ニ基キ極力諸般ノ準備ヲ促進シタルモ其ノ進捗狀況概ネ別紙ノ程度ナリ

而シテ占領地區内ノ治安工作ハ着々其ノ成果ヲ收メツツアリト雖モ英國ノ經濟的援蔣政策ノ積極化竝ニ敵ガ經濟遊撃戰ヲ企圖シツツアル現狀ニ於テ過早ニ揚子江ヲ開放スル時ハ潛在セル民衆ノ反日意識ト相呼應シ益々第三國側ノ利便ヲ助成シ我方萬般ノ施策就中中支經濟建設ハ著シキ齟齬ヲ來シ事變目的ノ達成至難ナルヘシ。況ヤ現下ノ國際情勢ハ揚子江開放ニヨリテ對第三國關係ノ改善ヲ期待シ得ル域ニ達シ居ラザルニ於テオヤ

但將來ノ國際情勢ノ變轉竝ニ中央政府樹立工作ノ進展ニ應

ジ我方ヨリ進テ開放ヲ斷行スルヲ有利トスル場合アルベキヲ考慮シ諸般ノ準備ハ極力之ヲ促進スルモノトス

別紙第一

一、金融通貨對策ノ確立

華興商業銀行ハ五月一日設立十六日開業セラレタルモ本行ハ各般ノ事情ヲ考慮シ單ニ發行券ヲ有スル商業銀行トシテ法幣ト併立スル形式ヲ以テ出發セリ而シテ第三國側ノ協力ニヨル本銀行券ノ流通促進ヲ早急ニ期待シ得サル現狀ヲ以テ揚子江ヲ開放スルニ於テハ一面日本圓乃至軍票對策ヲ一段ト困難ナラシムルノミナラス法幣資金ノ調達困難ナル日本商社ハ今日ノ進出程度ヨリ更ニ退却ヲ余儀ナクセラルヘク他面法幣ノ流通ハ益々促進サレ其ノ價値ハ安定强化スヘク華興商業銀行券ノ流通ハ事實上其ノ余地ナキニ至ルヘシ

右ノ事實ハ結局益々英國ノ通貨支配權ヲ强化スルト共ニ蔣政權ノ抗戰能力ヲ精神的ニモ物質的ニモ强化シ延イテハ華興商業銀行ノ堅實ナル發達ヲ計リ以テ支那通貨問題解決ノ礎石タラシメントスル我方ノ意圖ハ之ヲ達成スル途ナキニ至ルヘシ故ニ第三國ノ本銀行ニ對スル協力少ナク共其銀行券ノ使用ハ揚子江ニ於ケル通商容認ノ絶對條件ナリ

而シテ第三國ノ右ノ如キ協力ヲ容易ナラシムル爲ニハ本銀行券カ相當流通シ商取引ニ大ナル支障ナキコトヲ必要トスヘク之カ爲本銀行關係者ヲ指導シ極力之カ流通促進ニ努力中ナルモ治安關係及軍票對策等ト關連シ相當困難ナル問題存在シ順調ニ經過スルモ少ナクモ本年中ニハ其ノ整備困難ナリ

二、商權ノ確立

商權確立ノ爲ニハ輸出機構ノ整備竝ニ我商品ノ配給組織ノ完成ヲ急務トシ之カ爲ニハ通商制限中ニ於ケル特別保護ノ下ニ我方商社ノ進出ヲ圖リ以テ通商平常化シ特別保護撤廢ノ已ムナキ場合ニ於ケル經濟的競爭力ヲ養フノ途ヲ講セサルヘカラス

(イ)輸出機構ノ整備確立ノ爲差當リ措置ヲ要スル事項ハ土產買付機構及買付物資仕捌加工工場ノ整備ナリ

買付機構ニ就テハ今日中支物產輸出聯合會竝ニ同附屬組合存立シ買付ノ獨占權ヲ附與セラレアルモ資金調達

ノ困難、治安關係、支那民衆ノ感情等ノ諸點ヨリ事實上ハ外國商社ノ資金的援助ノ下ニ支那商人ニヨル密取引横行シ現地警備部隊又物資疎通ニヨル宣撫工作ノ必要上外支人ノ取引ヲ極端ニ抑壓シ難キ實情ナリ

仕捌加工工場整備ノ狀況別紙第二（省略）ノ通ナル所我國、物資、資金ノ供給困難ナル現狀ニ於テ之カ整備ヲ急速ニ完成スルコトハ全ク不可能ニシテ相當期間少ナク共本年中ハ揚子江ニ於ケル一般通商ヲ禁止シ以テ一面ニハ外支人工場ノ共同經營其他ノ形式ニヨル日本側ヘノ誘致ニ資スルト共ニ將來第三國ト有利ナル條件ヲ以テ提携ヲナスノ既成勢力ヲ涵養スルコトハ輸出商權確立ノ爲ノ絕對條件ナリ

買付機構ノ整備ニツキテハ能フ限リ速ニ今日ノ特別保護買付機構ヲ改メ支那側商社ヲ誘致シ中央信託局的組織ノ復活ニツキ鋭意考究中ナルモ本組織ノ成立後之カ全面的活動ノ基礎確立ハ治安工作ト關連シ本年中ハ全ク其ノ望ナシト云ハサルヘカラス

(ロ)物資配給關係ノ整備ニツキ考フルニ日本國內ニ於ケル商品輸出力ノ問題ト關連シ未タ大ナル進展ヲ見ス僅ニ日本側數社ノ百貨店カ特別保護ノ下ニ開店セル程度ニ過キス、將來中支方面ヲ我方ノ商品市場トシテ充分ニ把握センカ爲ニハ日本側輸出余力ノ涵養日本側商品進出機構ノ擴充排日的色彩ノ既ニ織込マレタル現行關稅率ノ改正等ヲ終ル迄能フ限リ第三國商品ノ中支進出ノ既成事實ヲ作ラシメサル爲相當期間長江通商制限ヲ持續スルヲ必要トス

三、航權確立

通商ノ根本的問題タル通貨問題カ何等カノ形式ニ於テ解決セラレタリトスルモ我方貿易權ノ基礎確立ノ爲ニハ我商社ノ組織的進出ト竝テ長江ニ於ケル船舶及水陸諸施設航行ニ關スル諸制度蘇州河以南租界地帶ノ開放準備等貨客獲得ニ關スル諸態勢カ整備サルルニアラサレハ揚子江航行禁止緩和ノ場合ニ於テ我方ノ商權ヲ伸張スルコトハ著シク困難ナリト云フヘシ蓋外國側ハ支那民衆ノ感情、從來ノ取引關係及金融機關等ニ惠マレ商社及航運業者ノ密接ナル連繫ノ下ニ事變前ニ於ケル優越的地位ヲ囘復スルコト比較的容易ナルヘキヲ以テナリ

水運關係ニ於テ揚子江解放迄ニ處理スヘキ事項ト之カ進

捗状況ハ概ネ別紙第三(省略)ノ通ニシテ海運會社關係ヲ除キテハ概ネ八月迄ニハ整備スルモ揚子江航權ノ主力ヲナス海運會社ノ主要船腹增强ハ本年十二月迄ハ實現困難ナリ

四、支那海關ノ把握强化

曩ニ人選ヲ終リタル副税務司以下四十八名ノ邦人海關員ハ何レモ近ク赴任ヲ了スル運ビナリ、又長江開放ト同時ニ開設セラルベキ海關ニ對スル邦人職員ノ增强方ニ付テハ華中連絡部ト打合セヲ了シ目下現地ニ於テ之カ具体案作成中ナリ

五、支那關税率ノ改正

客月十三日招集ノ商權關係分科會ニ於テ議決シタル「支那關税率暫定改正準備要綱」ニ從ヒ中央關係各廳及各地連絡部意見大体出揃ヒタルヲ以テ之ヲ基礎トシ興亞院試案鋭意作成中ナリ

1249　昭和14年12月8日　興亜院会議決定

「揚子江開放ノ件」

一、揚子江開放ハ支那事變處理上帝國ノ對第三國特ニ對米外交工作ニ有利ニ活用ス

二、之カ爲メ差當リ南京ヨリ下流地域ハ二月以降何時ニテモ之ヲ開放スルコトヲ決意ス

三、右決意ニ伴フ諸對策竝ニ開放後ノ諸方策ハ別ニ之レヲ策定ス

1250　昭和14年12月18日

野村・グルー会談にて示されたわが方の揚子江開放意向に関する情報部発表

野村外務大臣「グルー」米國大使會談ニ關スル情報部發表

(昭和十四年十二月十八日)

野村外務大臣ハ十二月十八日午後三時半外務省ニ在京米國大使「グルー」氏ヲ引見シ前回ニ引續キ兩者間ニ約一時間半ニ亘リ支那事變ニ件ヒ日米兩國間ニ生起セル諸問題ヲ檢討シ兩國國交打開ノ目的ヲ以テ双方共建設的精神ノ下ニ熱心ナル會談ヲ遂ゲタリ。

尙ソノ際野村外務大臣ハ同大使ニ對シ揚子江下流地域ニ於

テハ閉鎖ヲ必要トスル作戦上ノ絶對的要求モ漸次緩和シ得ル情勢トナリタルニヨリ、軍ハ右情勢ニ對應シテ治安維持及作戰上ノ必要ナル制限ノ下ニ南京下流ノ揚子江ノ閉鎖ヲ解ク意嚮ヲ以テ諸般ノ準備ヲ整フルコトトナリタル旨通告シタリ。

1251 昭和14年12月18日 野村外務大臣より在米国堀内大使他宛（電報）

揚子江開放の時期について

本　省　12月18日発

合第二八七九號

本大臣發在米大使宛電報第五五五號ニ關シ

本件發表ノ點ニ付「グルー」大使ヨリ揚子江閉鎖ヲ解ク時期ヲ單ニ適當ノ時期等曖昧ナル辭句ヲ用フルトキハ何時ノコトヤラ分ラストテ米國輿論ニ對スル影響殆ト無カルヘシト思ハルルニ付自分ヨリ「エー、ピー」及「ユー、ピー」ニ對シ右時期ハ約二ケ月後ナルコトヲ話シタキ旨述ヘタルニ付右了承シ置キタリ

本電宛先　米、上海

米ヨリ紐育ニ暗送アリタシ

1252 昭和14年12月20日 在サンフランシスコ佐藤（敏人）総領事より野村外務大臣宛（電報）

揚子江開放声明に対する米国紙報道振り報告

サンフランシスコ　12月20日後発

本　省　12月21日後着

第二二一號

揚子江閉鎖一部解除ニ關スル聲明ハ閣下ノ「グルー」大使トノ第三次會談ノ模様等ト共ニ東京通信ニ依リ當方面各紙ニ一齊ニ報セラレ又右ニ對スル反響ト認メラルル記事モ一、二掲載セラレ右ハ米國ニ對スル我方ノ好意的意思表示トシテ一般ニ好感ヲ以テ迎ヘラレ居ルモ要スル所華府方面ヨリノ通信中ニハ米國側カ日本ノ今次申出ヲ歡迎スル一面依然日本ノ支那市場獨占ノ意圖否定ニ關スル説明ニ釋然タラサルモノアリ更ニ日本側ヨリ一層實質的ナル申入レヲ期待スル如キ報道ヲナスモノアリ（十九日「シムス」通信）又當地主要紙ノ態度ハ未タ不明ナルモ十九日「オウクランド・ト

リビユン」ノ社説ノ如キ右ト略同趣旨ノ批評ヲナシ居レリ其ノ要旨左ノ通リ

日本ノ揚子江閉鎖一部解除ニ關スル聲明ハ米國トシテ歡迎スヘキ事ナルモ吾人ハ今日無條件ニ之ヲ承ケ入ルル能ハス現ニ日本ハ右解除ニ對シ或種ノ條件ヲ付シ居ル外解除ノ期日ヲ明示シ居ラサルカ是等ノ點ヨリ考察シ右ハ「グルー」大使トノ會談ヲ有利ニ導カントスル一ノ外交的「ヂエスチヤー」トカトモ見ルヲ得ヘシ

日本ハ又近ク蘇聯トノ通商交渉開始ヲ發表シ米國側態度ノ軟化ヲ計リ居ルカ要スルニ在支米國權益ニ對スル日本ノ保障ハ所謂新秩序ノ範圍ニ於テ行ハルルモノニシテ此ノ點ニ關シ尚米國側トノ間ニ根本的ニ意見ノ相違アルモノノ如シ

米「ホノルル」ヘ轉電セリ

1253 昭和14年12月21日 在英国重光大使より野村外務大臣宛(電報)

揚子江開放声明に対する英国紙報道振り報告

ロンドン 12月21日後発
本 省 12月22日後着

第一七七五號

二十一日「タイムス」ハ揚子江問題ニ關シ各地通信ヲ掲ケ日本ハ今次措置ニ依リ米國ヲシテ日米通商條約ヲ更新セシメント欲スルモノノ如ク日本政府トシテハ右ノ重大決定ニ對シ外國側カ好意アル態度ニ出テサルニ於テハ立場ヲ失フ惧アリ(東京通信)上海陸軍「スポークスマン」ハ日本ノ好意ニ對シ外國カ懷疑的態度ヲ示スニ於テハ日本ノ輿論ヲ刺戟シ將來ニ害ヲ貽スヘシト述ヘタルカ外國側ハ所謂條件附再開ニ付不安ヲ有シ居リ權益維持ニ付日本ノ明確ナル保障ヲ衷心歡迎スヘシ(上海通信)再開ノ條件如何カ問題ニシテ日米條約ノ失效期日切迫ト共ニ日本ノ態度穩健トナルハ自然ナルモ同條約廢棄ノ影響ヲ緩和スル爲ニハ單ナル「ジエスチユアー」ニテハ足ラス(華府通信)ト報シ又「シチー」ニ於テ本件ハ上海市場ノ繁榮囘復ノ第一歩トシテ一法ナルモ長江筋貿易增進ノ爲ニハ漢口迄開放スルヲ要スト述ヘタルカ同紙外交記者ハ政府筋ニ於テハ今次決定ヲ以テ日本政府ノ建設的政策ノ結果トシテ歡迎シ居レリ右ハ明カニ日米條約更新ヲ促カシ日米關係ヲ改善セントノ意圖ニ出ツルモノナルモ第二次的ニハ日英關係改善ヲ目的トスルモノナル

ヘシ何レニセヨ日本政府カ軍部積極派ノ反對ニモ拘ラス此ノ擧ニ出テタルハ多大ノ勇氣ヲ示セルモノト言フヘシト報ス

米ヘ轉電セリ

1254　昭和14年12月22日　在英国重光大使より　野村外務大臣宛（電報）

揚子江開放問題に関する英国外務次官との会談報告

ロンドン　12月22日後発
本　省　12月23日後着

第一七八九號（極祕）

二十一日「バ」次官ト休暇前各種問題ヲ話合フ趣旨ニテ會談ス其ノ際「バ」ハ揚子江問題ニ付非常ニ好感ヲ表シ本使ノ「ハ」外相ニ與ヘタル内報ニ對シ「ハ」ヨリ直接謝意ヲ表スル手筈ナリト述ヘタルニ付本使ハ「タイムス」ノ如キハ右ハ米國ニ對スル「クリスマスプレゼント」トノ見出ニテ記載シ居ルカ日本カ米國トノ關係改善ヲ欲シ居ルハ事實ナルモ揚子江航行ノ船舶ハ御承知ノ通リ米國船ハ「スタンダードオイル」ノ「タンカー」カ年ニ數回位航行スルニ過キス實益ハ英國ナリ日本ハ支那問題ニ付テハ重要ナル利益關係ヲ有スル英國トノ關係ニ最モ重キヲ置キ居ル次第ナルニ付右ハ特ニ「ハルファックス」ニモ充分傳ヘラレタシト述ヘタルニ「バ」ハ之ヲ諾シ、「タイムス」ハ英國ニ於テ英蘭銀行トモ比スヘキ老姿（ママ）的機關ニシテ取扱ニ注意ヲ要ス休暇中「ハ」外相ヨリ昵懇ナル同紙首腦部ニ注意スル手筈ナリト語レリ

尚本使ヨリ日本ニ對スル英國側ノ感情モ改善ヲ見ツツアルハ認メラルルモ政府首腦部特ニ戰時内閣ノ空氣モ然ルヤト試問シタルニ「バ」ハ之ヲ肯定シタル上「ウインストン」「チヤーチル」ハ元來「リベラル」ニシテ國際聯盟ニ對スル其ノ立場ヨリ支那ニ對スル同情者タルニハ相違無キモ右ニ拘ラス彼モ亦大局ヨリ日本ニ對スル關係ニ重キヲ置キ日本トノ關係改善ノ必要ヲ充分ニ諒解シ居ルコト他ノ閣僚ト同様ナリト説明セリ

右説明ハ本使カ閣員タル「ロード、ハンケイ」其ノ他ヨリ聞キタル所ト一致ス尚「バ」ハ山陽丸ノ問題ニ付キテ本使ノ「ハ」外相トノ卒直ナル會談ハ双方感情疏通上好結果ヲ

齎シ感謝シ居レリト述ヘ居タリ(會談ノ他ノ重要ナル部分ハ別電ス)

1255 昭和15年1月13日

興亜院連絡委員会幹事会が決定した「南京下流揚子江開放ニ關スル制限又ハ條件」

☆南京下流揚子江開放ニ關スル制限又ハ條件

昭一五・一・一三 連絡委員會幹事會決定

帝國ハ目下揚子江流域ノ廣大ナル地域ニ於テ蔣政權及共產諸勢力等ヲ潰滅スル目的ヲ以テ大規模ノ軍事行動ヲ繼續中ニシテ之カ一般開放ハ軍事上及治安警備上大ナル不便アルモ從來各國カ揚子江ノ航行禁止ニ依リ蒙リツツアル不便ニ對シ好意的考慮ヲ加フルコトトシ我軍ノ作戰目的達成ニ大ナル支障ヲ來ササル範圍ニ於テ一定ノ制限又ハ條件ノ下ニ南京下流ノ揚子江ヲ一般船舶ノ航行及人員物件ノ運輸ノ為ニ開放スルモノトス從テ各國ハ蔣政權及共產諸勢力等ノ抗戰力ヲ增强スルノ結果トナルヘキ行爲、我カ占領地域ノ治安維持ヲ阻害スル行爲及我カ方ノ復興建設ヲ妨害スル結果トナル行爲等利敵害我ノ行爲ハ一切之ヲ行ハス且我カ軍ノ生存上必要ナル制限ニ服スヘキ基礎ノ下ニ各國ヲシテ左記各號ノ具體的條件ヲ認メシムルモノトス

一、航行船舶ヲシテ遵守セシムヘキ條件

1、航行規則及港則ヲ遵守スヘキコト

註、航路ノ指定、就航證明制度(繼續就航ノ證明書ヲ與ヘ之ニ所要ノ制限及之ニ違反スル場合就航ヲ許可セサル旨ヲ記入スルコト)、吃水制限、行會禁止、碇泊禁止、航行時間ノ制限、卸積時間ノ制限等トシ之等實施ハ日本軍ガ必要上制定セルモノノ外出來得ル限リ支那側(海關等)ヲシテ行ハシムル樣指導ス之カ為支那側法規ヲ規定スル必要アル場合ハ條約慣行トノ關係ヲ十分考慮スルモノトス

2、海軍艦艇ヲ除ク總噸數一千噸以上ノ船舶ニハ强制水先ヲ附スルコト

註、水先人ニハ支那人及第三國人ノ參加ヲ認ムルコト

3、第三國船舶ニハ日本語通辯一名以上ヲ乘船セシムルコト

註、日本人水先ナルトキハ必スシモ之ヲ必要トセス

4、航行碇泊ハ一切自己ノ危險ニ於テ爲スヘキコト

二、開港場、寄港地及開放スヘキ航路ニ關スル制限

1、開港場ハ南京、鎭江トス

2、治安維持、通敵防止ノ必要上寄港地及立寄港ハ原則トシテ現ニ日本軍ノ占領下ニ在ル地點トスルモ經濟上ノ要求ヲ考慮スルモノトス

3、江陰下流ニ於テ從來默認シ來レル所ハ差當リ現狀通リトシ逐次前項原則ニ遵ヒ整理シ左記六港トスルモノトス

江陰、新港、滸埔鎭、天生港、青龍港、崇明

參考、現ニ海關ノ公布セル寄港地及立寄港左ノ如シ

江陰、青龍江(港カ)、任家港、天生港、張黃港、新港、新生港、十一圩港、護漕港、滸埔鎭、白茆口、七丫口、劉河港

4、開放スヘキ航路ハ南京下流ノ揚子江本流ノミトシ之ニ連接スル內河ノ航行ハ之ヲ認メス

三、作戰上ノ必要ニ基キ航行碇泊ニ關シ臨機所要ノ制限其ノ他ノ調整ニ服スヘキコト例之特ニ重大ナル理由アル場合ニハ航行中ト雖モ停船、臨檢捜査ニ服スヘキコト

註、江陰下流地域ニ付テモ作戰上必要アル場合ハ之ニ準ス

四、貨客輸送ノ條件

1、支那人船客ニ關シテハ日本官憲ノ證明ヲ有スル者以外ハ取扱ハサルコト

註、抗日分子、共產分子等ノ乘込禁止及武器彈藥ノ輸送阻止ノ爲

2、物資ノ輸送ハ武器彈藥等治安上禁止ヲ要スル物ノ外制限セサルコト

但シ取締ノ必要上暫定的ニ許可制ヲ採ルコトアルヘシ

(第三國艦船用軍用物件ハ此ノ限リニ非ス)

3、船客載貨ハ所要ニ應シ日本軍憲ノ檢査ニ服スヘキコト

註、檢査ノ方法ニ付テハ別ニ之ヲ定ム(特ニ第三國人ノ身体ノ檢査ニ關シテハ治外法權ノ關係ヲ考慮シ愼重取扱フモノトス)

五、物資關係ニ關スル制限乃至措置

1、日本軍ノ必要物資調達ノ爲メ生スヘキ制限ニ服スルコト

右物資(米、棉花、麻、皮革、毛皮、羊毛、鑛石其ノ他)ノ買付及輸送ニ對スル手續ハ從前通リトス

但シ第三國人ニ對シテハ日本人ト同一條件及ヒ資格ニテ買付組合ニ加入スルコトヲ認ム

2、所謂輸出物資(蛋、茶、豚毛、豚腸、禽毛、桐油其他植物油)ノ輸送ニ關シテハ特殊取扱ヲ廢シ一般物資ト同等トス

3、一般物資ノ輸送ニ關シテハ日支人ト共ニ第三國人ニモ之ヲ認ムルモノトス

4、江陰上流南京迄ノ內水港トノ交通ハ貨物ノ輸送手續ニ關シテハ江陰下流地方トノ交通ト同樣ニ取扱フ

5、現行宣撫取引制度ハ漸次解散スルモノトス

六、居住、往來、營業ニ關スル制度乃至措置

1、開港場間ノ往來ハ原則トシテ之ヲ認ム

註、作戰上ノ必要ニ基キ臨機所要ノ制限ヲ加フルコトアルヘシ

鐵道トノ關係ヲ考慮シ暫定的ニ許可制度ヲ執ルコトアルヘシ

2、開港場ニ於ケル居住營業ニ付テハ前記1、ニ準ス

3、奥地旅行ハ原則トシテ許可セス

七、我カ通貨政策ニ協力スルコト

別紙(見当ラズ)

八、碼頭、棧橋其ノ他陸上設備ノ返還

註、第三國人所有ノ碼頭、棧橋其ノ他陸上設備ハ原則トシテ之ヲ返還スヘキモ現在ノ特殊事態ニ鑑ミ一擧之カ實現ハ困難ニシテ逐次調整スルモノトス

九、前諸號ノ取極ニ違反シ又ハ利敵行爲アリタルモノニ對スル規定ハ別ニ之ヲ定ム

1256

昭和15年1月13日

興亜院連絡委員会幹事会が決定した「珠江開放処理要綱」

☆珠江開放處理要綱

一五・一・一三　連絡委員會幹事會決定

一、方　針

廣東ノ現狀竝ニ一部第三國船舶ニ航行ヲ許可シアル珠江ノ特殊事態ニ鑑ミ差當リ右航行許可船舶ニ對シ所要ノ制

限ノ下ニ載貨ヲ許可スルト共ニ外支人ニ對スル警察的取締ヲ緩和シ爾後現地ノ情勢竝ニ第三國ノ態度ニ照應シ左記要領ニヨリ開放範圍ヲ擴充スルト共ニ漸次制限ヲ緩和スルモノトス

右航行許可船舶ニ對スル載貨ノ許可ハ作戰上ノ事情之ヲ許ス限リ成ルベク速ニ之ヲ實施シ我方ノ對第三國外交施策ニ寄與セシムルモノトス

㈠現在ノ日英船舶航行比率ヲ合理的ニ調整スルト共ニ逐次其ノ増加ヲ考慮ス

㈡爾余ノ第三國船舶ハ概ネ英國船ニ準ズ

二、制限事項

㈠航行船舶ヲシテ遵守セシムヘキ條件

1、航行規則及港則ニ關シテハ支那側竝ニ作戰上ノ要求ニ基キ日本軍ノ制定シタルモノニ付之ヲ遵守スヘキコト

2、海軍艦艇ヲ除ク總噸數三〇〇屯以上ノ船舶ニハ强制水先ヲ附スルコト

3、當分虎門以北ノ夜間航行ヲ禁止ス

4、密輸禁止、檢疫、海關等ニ關スル規定ヲ遵守スルコト

5、航行碇泊ハ一切自己ノ危險ニ於テ爲スヘキコト

㈡開港場及航路ニ關スル制限

1、開港場ハ廣東港トス但シ河南ノ一部ハ當分之ヲ禁止ス

2、航行區域ハ當分廣東ヨリ南水道ヲ經テ本流ヲ虎門ニ至ル水路トシ黄埔港ヲ除ク

㈢作戰上ノ必要ニ基キ航行碇泊ニ關シ臨機禁止或ハ所要ノ制限等調整ニ服スヘキコト特ニ重大ナル理由アル場合ハ航行中ト雖モ停船、臨檢、捜査ニ服スヘキコト

㈣貨客輸送ノ條件

1、武器彈藥等保安上有害ナル物件ノ輸送ヲ禁止ス

2、船客載貨ハ所要ニ應ジ日本軍憲ノ檢査ニ服スルコト

3、日本軍ノ軍用資材竝ニ之ニ準スルモノノ輸移出入ハ我方ノ統制ニ服スヘキコト

4、治安宣撫上有害ナル物資ノ輸移出入ヲ禁止ス

㈤第三國船會社所屬ノ碼頭ハ原則トシテ返還スルモ我方作戰上ノ要求ニヨリ逐次之ヲ實現スルコトトス

㈥當分ノ間廣東虎門間ノ無線通信ヲ禁止ス
㈦戎克貿易ハ當分禁止ス但我方統制下ニ許可スルコトアルヘシ

三、開放準備事項

左記事項ヲ急速整備ス

イ、海關ノ整備

1、邦人職員ノ任命

2、海關所屬財産ノ返還

ロ、海關監督公署ノ設置

ハ、内河運營組合ノ强化

ニ、水先協會ノ結成

ホ、主要輸出入組合ノ結成擴充

ヘ、倉庫及碼頭ノ整理

ト、軍票價値維持ノ諸施策

1257　昭和15年4月22日　在広東喜多（長雄）総領事より有田外務大臣宛（電報）

珠江の開放状況につき報告

広東　4月22日後発
本省　4月22日夜着

第二〇〇號

一、珠江ハ二十日ヨリ開放セラレタルカ右開放ハ日英及日葡間ノ協定ニ基ク香港及澳門ト當地トノ間ノ航行船舶ニ一般載貨ヲ許シ且右區間ノ日本船舶ヲ一般商船扱トナシ（其ノ他ヨリ當地ニ來ル船舶ハ從來通リ總テ日本軍用船ナリ）徵稅其ノ他ノ稅關手續ニ服セシムルコトトスルト共ニ一四七品目ヲ輸出入許可制トシ（其ノ中七九品目ハ國民政府時代ヨリ許可制ナリ）タル次第ナリ品目ハ當地貿易ノ主要品ヲ總テ含ミ居リ而モ未タ審議中ニシテ許可ヲ與ヘ（右輸出入許可制ハ海關監督ノ名義ナルモ實ハ我方ニ於テ審議決定スルモノナリ）タルモノナキニ鑑ミ差當リハ大量ノ載貨ナキ見込ナリ

二、又右輸出入許可制航行及港則ニ關スル軍ノ要求等珠江開放ノ條件ニ對シ稅關長、英葡領事トモ（英國領事ハ曩ノ日英間取極以外ニ最近開放ニ件ヒ通告セル航行ニ關スル諸制限ニ對シテハ香港ニ問合中ト稱シ留保的態度ヲ執リ居レルモ）左シタル異存ナク而モ前記ノ如ク差當リ開放

直後ハ支障ナク行ハレタルモノト言ヒ得ヘシ二十日ヨリ開始シ税關側ノ活動ニ付テモ何等紛糾ナク行ハレ居レリ
北京、天津、青島、上海、南京、漢口、厦門、汕頭、香港へ轉電セリ

6　列国の対中財政援助策

1258

昭和12年7月29日　在満州国植田大使より広田外務大臣宛（電報）

英国に対し中国への経済財政援助は事変不拡大方針に反する所以を強く明示方意見具申

新　京　7月29日後発
本　省　7月29日夜着

第六四八號（極祕）

往電第六三三號ニ關シ

堀內次官ヘ澤田參事官ヨリ

北支事變ニ對スル支那側ノ最終的態度如何ハ英米ノ援助特ニ英國側ノ經濟金融上支持ノ有無ニ依リ左右セラルルコト大ナリト言フヘク從テ帝國ノ企圖スル國策ノ急速且有效適切ナル解決ヲ計ル爲ニハ此ノ際何等カ適當ノ方法ニ於テ英國側ニ對シ其ノ直接タルト間接タルトヲ問ハス支那ニ經濟的財政的援助ヲ與フルコトカ事態ノ不擴大ヲ希念スル帝國政府ノ方針ニ反スル所以ヲ深ク「インプレス」スルコト眞ニ事態ノ擴大ヲ防止スル上ニ於テモ將又支那側財政ニ痛擊ヲ與フルノ措置トシテモ又他日必要ニ應シ稅關ノ差押、銀行ノ管理ヲ行フカ如キ非常手段ヲ執ラサルヲ得サルカ如キ場合ニ於ケル口實ノ素地ヲ作リ置ク爲ニモ緊要事ナリト認メラル右ハ既ニ內外呼應御配慮中ノコトト存スルモ小官歸任早々特ニ感得セル次第モアリ取急キ上申ス

1259

昭和12年8月12日　在仏国杉村大使より広田外務大臣宛（電報）

仏国銀行の対中融資に関する同国政府当局の説明振り報告

パ　リ　8月12日後発
本　省　8月13日前着

第四三四號

貴電[1]第二三五號ニ關シ

十二日內山カ「コスム」局長ヨリ聽取リタル所左ノ通リ

一、對支融資ノ銀行名ハ往電第四二九號ノ通リ

二、本件ハ數箇月前ヨリ問題トナリ居タルモノニシテ支那カ銀塊ヲ在香港印度支那銀行支店ニ預入レタル額ニ相當スル佛貨ヲ融通セントスルモノナルカ最初ハ一億法ヲ限度トスルモ場合ニ依リ二億法迄増額シ得ルコト、ナリ居リ其ノ性質ハ借款ニアラス全クノ私的取引ニシテ政府ノ介入ヲ許サヽルモノナリ而シテ本件契約調印ノ日直ニ在京佛國大使ニ日本側ヨリ質問アリ次第囘答シ得ル様電報濟ナリ

三、[2]本件融資ト同種ノ事カ米國ニ於テモ行ハレ其ノ額ハ一一四萬弗ト承知ス

四、佛國政府トシテハ此ノ種契約ニ對シ何等介入スヘキニアラサルモ現在ノ極東時局ニ鑑ミ日本ニ對シ特別ノ友情ト氣兼ニ支那側ヲシテ本資金ハ戰爭ノ目的ニ使用スルヲ得ストノ一札ヲ入レシメ置ケリ云々

五、尚前記契約及佛國政府ニ對スル支那側ノ誓約書寫ヲ貰ヒ受ケ度シトノ內山ノ申出ニ對シ成ルヘク速ニ入手ノ上送付スヘシト答ヘタリ

英、獨、伊、米へ轉電セリ

1260　昭和12年10月23日　在香港水沢総領事より広田外務大臣宛（電報）

仏国および英国の対中財政支援に関する情報報告

香港　10月23日前発
本省　10月23日後着

第六三二號（極祕）

往電第五八六號ニ關シ

二億萬元借款ノ件ニ付當館聯絡者ヨリ軍事委員會機要處祕書科長甘乃光ニ問合セタル處佛國カ小國ノ名義ヲ借リタル借款ナル旨二十一日囘電越セル趣ナリ

尚聞込ニ依レハ支那軍閥ノ香上銀行預金合計約十億元（三千萬元級十七名）ニ達シ居レル處蔣介石ハ軍費捻出ノ爲對英三十億元借款ヲ目論見タルモ其ノ見込ナク右十億ノ軍閥預金ヲ以テ强制的ニ救國公債ニ振替ヘシムル肚ヲ定メ英國側ト交渉中ノ由右ハ未タ確メ得サルモ御參考迄

上海、臺灣外事課長へ轉電アリタシ

1261　昭和12年12月2日　在上海岡本総領事より広田外務大臣宛（電報）

英国銀行の対中借款成立説に関するホール・パッチの説明振り報告

上　海　12月2日後発
本　省　12月2日夜着

第二四九五號
財務官ヨリ
本二日「ホールパッチ」ニ面接ノ折六百萬磅ノ對支借款成立ノ噂(客月二十九日發巴里正金電報)ニ付質シタル處「ホ」ハ「借款ノ話ハ初耳ナルカ「サスーン」ハ一風變リ者ニシテ當地外國銀行組合ニモ入リ居ラス純粹ノ英國系ニモアラサルモ英國政府ノ態度ヲ知リ居レル以上「サ」ト雖參加スルカ如キコトナカルヘシト思ハレ「サ」トハ少々仲違ナレハ率直ニハ申ササルヤモ知レサルモ兎ニ角直ニ問合ハスヘク若シ判明セサルトキハ今後倫敦ニ問合ハシ結果ハ知ラスヘシ本問題ニ付テハ日本側カ關心ヲ有スルト同様自分モ亦關心ヲ有スル次第ナリ」ト語リタルカ後刻電話ヲ以テ「上海ニ於テ各方面ヲ取調ヘタル處「サ」ハ中央銀行ヨリ磅買ヲ爲シ居レル者ニシテ借款參加等ノ事實ナク本借款ノ噂ハ全ク信ヲ置キ難キモノト認メラル從テ倫敦ニ電信照會スルコトハ見合スコトトセリ」トテ之ヲ否定セリ
北平、天津へ轉電セリ

1262　昭和12年12月6日　在仏国杉村大使より広田外務大臣宛(電報)

ユダヤ系銀行団の対中クレジット供与に関する情報報告

パ　リ　12月6日後発
本　省　12月7日前着

第七三八號(極祕)
貴電合第二八三一號ニ關シ
當地正金日沖支店長ノ伊太利國立銀行在佛代表「マリオ、ベナキオ」ヨリ得タル内密ノ聞込ニ依レハ支那中央銀行ト猶太系銀行團(倫敦「サツスン」商會、和蘭「メンデルソン」商會、瑞西ノ「バンキングコーポレーション」及同國ノ「ルシエール」商會ヨリ成ル)トノ間ニ六〇〇萬磅ノ短期信用契約カ成立シ支那側ハ右擔保トシテ香港ニ貯藏セル八〇〇萬磅銀塊ヲ同地ヨリ倫敦ニ向ケ積出セル趣ナリ
英、伊へ轉電シ獨、白、壽府へ暗送セリ

1263　昭和13年1月10日　在英国吉田大使より広田外務大臣宛

各国の対中借款または信用設定に関する横浜正金銀行ロンドン支店長の報告転送について

（2月3日接受）

機密第一八號

昭和十三年一月十日

在英

特命全權大使　吉田　茂［印］

外務大臣　廣田　弘毅殿

各國ノ對支借款又ハ信用設定ニ關スル件

本件ニ關シ當地橫濱正金銀行倫敦支店長ヨリ別添寫ノ通報告アリタルニ付右茲ニ送付ス

（別　添）

各國ノ對支援助「借款」又ハ「信用設定」ニ就テ

（附　當地ニアル支那勘定ノ銀）

各國カ對支援助ノ爲ニ借款ダノ信用設定ヲシタト云フ「ニュース」ヲ支那及日本ノ新聞雜誌ニ散見スル、蓋シ支那側「ニュース」ハ宣傳デアル、日本ノ方ハ臆測ト支那宣傳ヲ眞ニ受ケタノデアッテ大体ハ空文デアル。

當店デハ頭取席及關係各店ヘハ其都度報告ヲシテ居ルカ茲ニ取纒メテ各位ノ御參考迄ニ御報告申上ゲル。

◎孔祥熙氏滯歐中各國デ契約調印シタ借款及信用設定ハ左ノ通デアル。

合計六ツアル、卽チ

一、佛國

爲替信用設定　八月九日

金額　二億法迄、差當リ一億法トシ、二億法迄臨時增額シ得

當事者　支那中央銀行ト佛國銀行團（Headed by Lazard Freres）

目的　爲替資金充實

擔保　銀塊

但シ戰局不振ナルニ鑑ミ何時開始スルヤ未定

想像スレバ申譯的ニ銀塊ヲ「ビッグマーヂン」デ擔保ニ上海ノ佛國銀行ガトリ若干巴里デ融通シタカモ知レヌガ、アッタトテ八月中ノコトデ金額ハ少額ダ。

二、和蘭、瑞西

信用設定

金額　一億瑞西法　八月十三日

支那中央銀行ト和蘭、瑞西銀行間(Headed by Laescher & Co. 及 Mendelssohon & Co.)

但シ瑞西ニ於テハ金額一千萬瑞西法ヲ越ユル對外貸出ニ就テハ國民銀行ノ許可ヲ要スルコト、ナリ居リ、小生ガ同行ニ問合セタ處、同行ハ承知セザル由ニ付、瑞西側ハヤツタトシテモ各行一千萬瑞西法以下ナルベシ。

目的　爲替資金充實及「チェッコ」ノ武器買入融通

擔保　銀塊

コレモ戰局不振ナルニ鑑ミ何時開始セルヤ詳カナラズ。

三、「チェッコスロヴァキア」信用設定

金額　一千萬磅見當

主トシテ軍需品("Industrial goods")買入ノ爲

協定當事者、孔祥熙ト Skoda Works 其他

第一回受渡ハ現金拂トシ其後ノ分ハ七年乃至十年ノ分割拂トス。

擔保其他不明

「チェッコ」ガ武器ヲ賣ツテハ居ルガ本信用ヲ使用シテ居ルカ疑問ナリ。

四、英國。公募サルベキ借款

(1)廣梅鐵道借款　七月二十八日成立

金額　三百萬磅

當事者　中英公司

目的　鐵道材料買入

(2)浦信鐵道借款　八月四日成立

金額　四百萬磅

當事者　中英公司

目的　鐵道材料買入

(3)幣制及內債低利借換借款　七月三十日及八月三日

金額　二千萬磅

相手方　香上銀行

時局支那ニ不利ナルヲ以テ(1)(2)(3)共公募見込ナク全部御流レトナツタ。

右ノ外十一月末英、米、佛、猶太系銀行團ノ對支信用設定說ガ傳ハッタ、

支那中央銀行ト左記猶太系銀行團トノ間ニ短期信用約六百萬磅、擔保、香港ヨリ積出ノ銀塊八百萬磅

Sassoon & Co, Swiss Bank Corporation London Office, Mendelssohon & Co.
其他ノ條件不明
銀買取契約デ唯航海中及改鑄中便宜幾分ヲ貸スト云フ位ノモノデハナイカト思フ。
次ニ武器代金ナルモノハ原則トシテ現金拂デアル。ソレハ如何ニシテ拂フカト云フニ米弗拂乃至弗賣ニヨリ支辨サレテ居ルモノト思フ。
支那勘定ノ銀ハ左ノ通トナル。
一、數量
(イ)當地在高約　二〇〇、〇〇〇、〇〇〇香港弗見當
(@ 1/3　一二、五〇〇、〇〇〇　磅)
(ロ)航海中約　一五〇、〇〇〇、〇〇〇香港弗
(@ 1/3　九、三七〇、〇〇〇　磅)
主トシテ香港積出銀
二、當地在銀ハ全部 Safe Custody トナッテ居ル。
三、目下 Johnson Mathay 及ビ Rothschild ニヨッテ改鑄中。品位九九九ノ Bar ヲ作ッテ居ルカラ米國向積出ヲ目標トスルノデアル。尤モ銀貨ノ儘デ米國向積出サレタモノモアル。
四、既ニ一千萬「オンス」以上米國へ積送
五、當地市場ニテ直接賣却サレタル形跡ナシ。又賣却セントスル様子モナイ
六、察スルニ幾分南京政府ト米國間ノ銀協定ニヨリ換金支那政府在外資金トナルベシ。幾分ハ支那財閥及個人ノ私有銀ヲ香港ニ積出シ更ニ在外ノ私有預金トナルコト、思ハル。
七、各國信用協定中擔保ヲ銀塊トスルモノハ、右倫敦保管ノ幾分ヲ見返リ居ルモノナルベシ。
So far, 以上ノ通リデアルガ、本件ニ就キ御聞込ノコトアラバ御教示願度又本件以外ニ何カアラバ御教示ヲ願ヒ度イ。

以上

1264　昭和13年3月19日　在上海岡本総領事より広田外務大臣宛(電報)

英蘭銀行が中国政府名義の公債発行を再開したとの情報報告

上海　3月19日後発
本省　3月19日夜着

第九一七號

往電第八一七號ニ關シ

宋子文祕書カ諜者ニ對スル內話ニ依レハ（出所極祕）孔祥熙カ客年倫敦滯在中英蘭銀行ニ於テ元利ノ支拂ヲ保證スル條件ノ下ニ支那政府ノ名義ヲ以テ五千?萬磅公債ヲ發行シ之ヲ米國ニ賣出スコトニ話合纒マリ事變前迄ニ二期分（五期ニ分ツ）ヲ支出シ其ノ後ハ英國側ニ於テ支出ヲ停止シ居タル處先般宋子文ノ奔走ニ依リ本件ヲ繼續スルコトトナリ第三期分ノ支出ヲ受ケタルカ右カ英支間ニ新規ノ借款成立セリト傳ヘラレタルモノナルヘク又右ハ財政整理及建設事業ニ使用（材料ハ英國ヨリ購入ス）スル話合ナリシカ武器買入ニモ幾分流用セラレ居ル由ナリ（發表差控ヘラレ度シ）

北京、天津ヘ轉電セリ

1265　昭和13年6月2日　在米国斎藤大使より宇垣外務大臣宛（電報）

米中銀協定に関する米国紙報道について

ワシントン　6月2日後発
本省　6月3日前着

第三〇一號

一日華府發U、Pハ一九三六年五月以降米國ハ約二億五千萬「オンス」ノ支那銀ヲ購入シタルカ右購入ハ各或ル特定期間ヲ限リタル米支兩國ノ了解ニ依リ行ハレ客年十二月成立ノ了解ニ依ル支那銀ノ購入及輸送ハ本年四月完了シタル旨竝ニ更ニ去ル四月支那銀ノ新ナル了解成立右ニ依ル銀ノ輸送ハ七月十五日迄ニ完了スルコトトナリ居ル旨報シ居レリ

紐育、英ニ郵送セリ

1266　昭和13年7月12日　在米国斎藤大使より宇垣外務大臣宛

米中銀協定の更新に関するUP通信報告

（8月5日接受）

普通公第三九二號

昭和十三年七月十二日

在米
特命全權大使　齋藤　博〔印〕

外務大臣　宇垣　一成殿

米支銀買入協定更新ニ關スル件

七月十一日華府發「ユー、ピー」通信ニ依レハ現行米支間銀買入協定ハ來ル七月十五日期限滿了トナル處支那政府ハ右協定ノ更新ヲ希望シ米國大藏省ト一兩日中ニ協議ヲ開始スル筈ニテ米國側モ之カ更新ニ異存ナキ模樣ナル趣ナリ

尙米國ハ米支間銀買入協定（從來三回更新セラル）ニ依リ一九三六年五月以降約三億「オンス」ノ銀ヲ購入セルカ其ノ買入價格ニ關シテハ右協定中ニ何等規定スル所ナク支那側ハ大藏省申出價格ヲ其高下ニ拘ラス承諾シタルモノナル由ニテ本年四月迄ノ分ハ「オンス」當リ四十五仙其後ノ分ハ同シク四十三仙ヲ以テ購入セラレ而シテ右代金ハ大部分之ヲ米國ヨリノ物資購入代金竝諸外國特ニ支那カ日支事變ニ要スル武器軍需品ヲ購買シタル佛國及瑞西等ニ於テ設定セラレタル對支「クレヂット」支持ニ充當セラレタル趣ナリ

尙又同通信ハ國民政府ハ客秋其保有銀カ日本ノ手ニ落ツルコトナキ樣其殆ト全部タル約三億三千萬「オンス」ヲ倫敦ニ輸送シタルカ其約半額ハ其後倫敦ヨリ米國ニ移送セラレタル旨ヲ併セテ報シ居レリ

何等御參考迄切拔添付(省略)報告申進ス

本信寫送付先　紐育

1267　昭和13年9月21日　在ニューヨーク若杉総領事より宇垣外務大臣宛（電報）

米国の銀購入政策継続に関する米中協議開始の報道報告

ニューヨーク　9月21日後発
本　　省　9月22日前着

第三五八號

二十日華府發「タイムス」特電ハ同日陳光甫一行ハ「モウゲンソウ」長官ト第一回會談ヲ爲シ會談內容ハ恐ラク米國ノ銀買上政策ノ繼續ニ關スルモノナル旨ヲ報シ居レリ

又廿一日「トリビユーン」所載二十日華府發U・Pモ右ト同樣ニシテ一行ハ陳光甫、席德懋、通商委員會委員タル（四字アキ）外一名ナルコト、「モウゲンソウ」會見前既ニ大藏省平衡資金課課長「アーチー、ロツホヘツド」ト凝議セルコト及「モウゲンソウ」ハ一行ノ渡米ハ（数文字分アキ）討議ノ爲自己ノ招聘ニ依ルモノナリト述ヘタル旨ヲ報シ居レリ

又當地同盟ノ内報セル所ニ依レハ一行ノ目的ハ右ノ銀協定ノ外米國政府ノ保證ヲ得テ民間銀行ヨリ「クレヂット」ヲ取付クルコトニ在ルモ目下南米諸國ニ出張中ナル輸出入銀行總裁「ピアーソン」カ歸米後（十月中旬頃ナル由）ニアラサレハ交渉開始困難ナル趣ナリ尚本件ニ關シ當地主要銀行筋ハ到底考慮ノ餘地ナシト爲セルモ獨リ「チエイス、ナシヨナル」銀行ハ（四字アキ）トシテ考慮スヘシト答ヘタル趣ナリ右不取敢

米へ轉電セリ

桑港、「ホノルル」、晩香坡へ暗送セリ

1268　昭和13年9月23日　在ニューヨーク若杉総領事より宇垣外務大臣宛（電報）

銀購入継続問題を中心に米中協議は相当広汎にわたり米国の態度は中国に好意的との報道報告

ニューヨーク　9月23日後発
本　　　省　9月24日前着

第三六四號

往電第三五八號ニ關シ

二十二日華府發「ユー、ピー」ハ本件一行ト大藏當局トノ會談カ少クモ二、三週間繼續サルヘシトノ大藏當局ノ發表ニモ鑑ミ同會談ノ内容ハ相當廣範圍ニ亘ルヘキモ銀買上協定ノ更新問題カ依然討議ノ中心タルハ疑ナク之ニ對スル米國側態度ハ好意的ト觀察セラレ居ル旨及漢口陷落後ノ舊法幣ニ對スル米國大藏當局ノ一般的態度打診殊ニ十八億弗ノ平衡資金運用カ支那爲替政策ニ動搖ヲ來スカ如キコトナキ樣大藏當局ノ保障ヲ取付クルコトニアル旨ヲ報シ居レリ

米へ轉電セリ

1269　昭和13年10月7日　在マニラ木原（次太郎）総領事代理より近衛外務大臣宛（電報）

軍需物資購入のためのクレジット設定や米国政府保管の棉麦購入に関し米中両国が協議中との報道報告

マニラ　10月7日後発
本　省　10月7日夜着

第四九八號

六日華府發「ユー、ピー」電ニ依レハ支那ハ米國政府保管

中ノ莫大ナル棉花及小麥ノ買付方ニ關シ大藏當局ト交渉中ニテ又軍需品購入ノ目的ヲ以テ米國銀行ニ借款ヲ申込ミ「クレヂット」ヲ設定スヘク運動中ナルカ大藏當局ハ同交渉カ前商議ニ比シ遙ニ廣汎ニ亘リ居ルコトヲ肯定シ財界ニ於テハ支那カ過去ニ於テ棉花及小麥買付ニ對シ嚴格ニ履行セルニ鑑ミ本商議ニ於テモ有利ノ立場ニアリト観測シ居ル趣ナリ

1270 昭和13年12月15日 在ニューヨーク若杉総領事より有田外務大臣宛(電報)

米国政府による対中輸出品へのクレジット設定に関する情報報告

ニューヨーク 12月15日後発
本省 12月16日前着

第四五六號

往電第四五四號ニ關シ

當館ノ得タル内報ニ依レハ復興金融會社社長「ジョーンズ」ハ本日華府ニ於テ本件「クレヂット」金額ハ二千五百萬弗期間五箇年輸出物ハ工業製造品及農産品ナル旨ヲ確言セル趣ナリ

米ヘ轉電セリ

1271 昭和13年12月17日 在米国堀内大使より有田外務大臣宛(電報)

米国の対中クレジット設定に関し国務省は関与を認めていないが同国政府の関与を窺わせる諸情報報告

ワシントン 12月17日後発
本省 12月18日後着

第五七八號

紐育發貴大臣宛電報第四五四號ニ關シ

本件對支「クレジット」ニ付國務省ニ於テハ一切關知セサル建前ヲ持シ居ルモ當館ニ於テ內査セル所ニ依レハ(イ)豫メ大統領ノ承認ヲ得タルニ相違ナキコト(ロ)英國カ對支「クレヂット」ヲ擴張スルト時ヲ同シクシテ成立シ居リ且先般來英國財政家「サー・ジョージ・ピッシユ」等來米當國財政當局トモ密接ノ聯絡ヲ執リ居リシ事實等ニモ鑑ミ豫メ英米間ニ話合位ハアリシモノナルコト(ハ)安全性疑ハシキニ拘ラ

ス斯ル信用ヲ與ヘタルハ政治的ノ「ジエスチヤ」ヲ多分ニ包含スルモノナルコトノ諸點ニ付テハ先ツ爭ナキ様ナリ

英、紐育ヘ轉電セリ

1272　昭和13年12月⒅日　在ニューヨーク若杉総領事より有田外務大臣宛（電報）

米国の対中クレジット供与に関する米国紙論説報告

ニューヨーク　　発

本　　省　12月18日前着

特情紐育第二九九號

米國政府カ輸出入銀行ヲ通シテ蔣政府ニ對シ二千五百萬弗ノ「クレヂット」ヲ供與スルニ決定シタコトハ米國ノ對日積極態度ヲ物語ルモノトシテ注目サレテ居ルカ「ニユーヨーク・タイムス」紙ハ十七日ノ紙上ニ「米國ノ對支借款」ト題スル社説ヲ掲ケ右「クレヂット」ノ政治的重要性ヲ强調スルト共ニ中立法ノ改正ニ論及シテ次ノ如ク論シテ居ル

米國政府カ米國輸出入銀行ヲ通シテ支那ニ供與スルニ決定シタ二千五百萬弗ハ單ナル商業「クレヂット」テハナク殆ト政府ノ直接借款ニ等シイモノテアル英政府モ亦對支輸出「クレヂット」ノ擴張ヲ考慮中テアルト言ハレルカ米國ノ右「クレヂット」カ去ル十月六日ノ米國政府ノ對日通牒中ニ暗示サレタ報復手段ノ第一歩テアルコトヲ考ヘル時右「クレヂット」ノ政治的意義ハ頗ル大ナルモノカアル更ニ同「クレヂット」ノ設定ハ日本ニ對シ米國ハ支那ニ於ケル門戸開放ノ原則ヲ擁護スル爲戰爭手段ニ訴ヘルコトハナイカ尙他ニ幾多ノ方法ニ依ツテ日本カ支那ニ於テ優越ヲ保持スルノヲ壓ヘントスル意嚮カアル旨ヲ通告シタモノト言ヘヨウ現行中立法ハ交戰國ニ對スル米國市民ノ金融ヲ禁止シテ居ルカ今回政府ハ自ラ右中立法ノ存在スルニモ拘ラス單ニ「支那事變ハ國際法上ノ戰爭ニアラス」トノ口實ノ下ニ「事實上」ノ交戰國タル支那ニ借款ヲ與ヘルニ至ツタモノテ米國ノ外交政策カ轉換シツツアルコトヲ物語ツテ居ル吾人ハ須ク此ノ新外交政策ニ卽應スル様中立法ヲ改正スヘキテアラウ

1273　昭和13年12月18日　在英国重光大使より有田外務大臣宛（電報）

英国政府による対中貨物自動車輸出へのクレジット設定がほぼ確実との報道報告

ロンドン　12月18日後発
本　　省　12月19日前着

第一〇二二號

十八日「サンデー、タイムス」外交記者ハ過日上院ニ於テ「プリマス」ノ言及シタル對支援助計畫既ニ實現ノ域ニ達シ差當リ貨物自動車類ノ購入ヲ主タル目的トシ四十五萬磅ノ對支信用設定ヲ見ルコト略確實トナレル模樣ナルカ幣制崩壞阻止ノ爲國民政府ノ爲替平衡資金ニ使用ノ爲更ニ借款許與方考慮中ナル旨ヲ報道セリ眞相取調中

1274　昭和13年12月19日　在英国重光大使より有田外務大臣宛（電報）

英国の対中クレジットは対象がビルマルートで使用される貨物自動車であるとの報道報告

ロンドン　12月19日後発
本　　省　12月20日前着

第一〇二四號

一般的情報

往電第一〇二二號ニ關シ

十九日「タイムス」外交記者ハ本件信用ハ輸出信用法ノ下ニ於テ設定セラルヘキ資金中ヨリ支出セラルヘク右ハ蔣介石カ在支英國大使トノ會見ノ際懇願セルニ依ルモノナリ尤モ政府ニ於テハ一般的資金ノ供給ノ意嚮ナキモノノ如ク今回ノ五十萬磅ハ緬甸、中支間ノ道路ニ使用セラルヘキ貨物自動車其ノ他ノ供給ヲ主トスルモノナリト報ス

1275　昭和13年12月19日　在英国重光大使より有田外務大臣宛（電報）

対中クレジット設定は英国政府が米国と同調して対日牽制の姿勢を示したものと観測されるところ冷静対応方意見具申

ロンドン　12月19日後発
本　　省　12月20日前着

第一〇二七號

一般的情報

往電第一〇二四號ニ關シ

十九日外務省係官ハ新聞會見ニ於テ本報道ヲ肯定シ目下手續中ニ屬シ金額ハ五十萬磅ナリト述ヘタル趣ナリ情報ヲ綜合スルニ本件ハ輿論ノ執拗ナル要望ニ鑑ミ日本側ノ門戸閉鎖ニ對シ米國ト協同セル對日牽制ヲ主トスル「ゼスチユア」ノ範圍ヲ出テサルモノト觀測セラレ我方トシテ成ルヘク冷靜ニ取扱ヒ然ルヘシト思考ス

1276　昭和13年12月21日　在米国堀内大使より有田外務大臣宛（電報）

米国政府が対中クレジット設定や米中為替資金供与協定の延長を決定した意図とわが方の対処振りにつき意見具申

ワシントン　12月21日後発
本　　省　12月22日後着

第五八一號

往電第五七八號ニ關シ

一、十九日更ニ大藏長官ハ新聞記者會見ニ於テ客年七月米支間ニ成立ノ支那ニ對スル爲替安定資金供與ニ關スル取極（客年往電第二四二號(編注)御參照）ハ其ノ有效期間タル本年十二月三十一日ヨリ更ニ或期間延長セラレタル旨發表シタルカ右ハ支那カ銀ノ賣渡ニ依リテ獲得シ米國ニ積立テ居ル金資金（大藏長官ハ右金額ノ發表ヲ拒ミタル由ナルカ支那カ賣渡セル銀ノ價格ハ一昨年以來本年七月中頃迄ノ間ニ約一億一千萬弗ニ達セルモノト推測セラレ其ノ相當部分カ金ニシテ積立テラレタルモノト認メラルトノ報アリ）ヲ引當トシ米國ヨリ支那ニ爲替資金ヲ供給スルモノニシテ右方法ノ運用ニ依リ米國ハ更ニ支那ニ「クレヂット」ヲ與フルコトトナルヘシトシテ一般ノ注意ヲ惹キ居レリ

二、惟フニ米政府當局ニ於テハ支那ニ於ケル門戸開放問題ニ關スル日本ノ態度ニ鑑ミ單ナル文書ニ依ル申入ノ如キハ其ノ權益保護ニ資スル所ナシトシ英國トモ歩調ヲ合セ實際的措置ニ依リテ我方ノ態度變更ヲ計ラント考慮シツツアル模樣ナルコトハ往電第五五八號及第五六七號申進ノ通リニシテ二千五百萬弗ノ對支「クレヂット」供與（紐育發貴大臣宛電報第四五四號御參照）及本件爲替資金供與協定延長ノ如キハ其ノ一ノ現レト認メラルル次第ナルカ之ニ對シテハ孤立主義者ヲ含ム當國一般ニ於テモ別段

反對ナク今後此ノ種措置ハ右以外ニモ實施セラルルコトナキヲ保シ難ク延イテハ次期議會ニ於テ中立法ヲ修正シ侵略國ニ對シテノミ武器等ノ供給ヲ拒絶シ得ルモノトスヘシトノ議論ニモ氣勢ヲ添ヘルコトトナラサルヤヲ惧ル次第ナリ

三、本件ニ對スル我方ノ措置振トシテハ今後米資ヲ我ニ誘致スルノ必要アルハ申迄モナク又現ニ米ヨリ武器類及其ノ製造資材ヲ輸入シツツアル實情ニ鑑ミ正面ヨリ中立法精神違反等ノ理由ヲ以テ米國ニ楯突クコトハ得策ナラサルヘク十九日外國新聞記者トノ會見ニ於テ貴大臣ノ述ヘラレタル通リ第三國ノ支那援助ハ結局事態ヲ長引カシメ平和ノ招來、第三國ノ權益保護ニモ惡影響アルヘシトノ趣旨ニテ現實ノ事態ノ下ニ於テハ第三國ノ對支援助カ有害無益ナルコトヲ力說シ米國朝野ノ蒙ヲ啓クコト時宜ニ適スト認メラル

英へ轉電シ紐育ヘ暗送セリ

英ヨリ佛、獨、伊、蘇ヘ轉報アリタシ

編　注　『日本外交文書』昭和期Ⅱ第一部第五巻下第982文書。

1277

昭和13年12月23日　在英国重光大使より有田外務大臣宛（電報）

英国政府による対中クレジット設定の経緯に関するリース・ロス内話報告

ロンドン　12月23日後発
本　省　12月24日前着

第一〇五六號

一般的情報

往電第一〇三四號ニ關シ

二十二日「リースロス」カ英國ノ對支信用供與ヲ決スルニ至レル經緯ニ付極祕トセラレ度シトテ加瀨ニ內話セル要旨左ノ通リ

一、英國政府トシテハ日本政府カ累次門戶開放ヲ保障セルニ拘ラス依然英國通商ニ差別待遇ヲ行ヒ且最近ニ至リテハ門戶開放ノ適用ヲ制限スル意嚮ヲ示サレタルヲ以テ（「クレーギー」ヨリ悲觀的報告接到シ居レリ）此ノ際隱忍政策ヲ維持スルモ何等事態ノ改善ヲ見サルヘキヲ認ムルニ至リ北支、中支ノ貿易ハ全然行詰リノ狀態ニテ又揚子江ノ再開モ何日ノコトナルヤ見据付カス依テ殘サレタル唯

一ノ安全ナル通商路タル緬甸、雲南道路ヲ改修シ對支貿易維持ヲ計ル見地ヨリ先般來關係當業者トモ協議中ナリシカ近ク新聞報ノ如キ信用保障（多額ニアラス多分五十萬磅ヲ限度トスヘク三十萬磅位ニ止マルヤモ知レス）ヲ行フコトニ内定セルモノナリ

二、尚右ニ引續キ實ハ未タ決定ニハ至ラサルモ法幣下落ニ依ル貿易上ノ不便ヲ矯正スル目的ヲ以テ在支英國銀行筋ニ對スル援助ヲ考慮中ナリ尤モ目下ノ所支那政府ニ「フリー、マネー」ヲ與フル意嚮ハ全然ナク專ラ對支貿易維持ノ見地ニ立チ對策ヲ研究シ居ル次第ナリ自分ハ法幣問題ニ付テハ何等ノ措置ニ出ツルニ先チ日本側ニ「アプローチ」スルヲ可トストノ意見ヲ上申シ居ルモ何分日本側ハ天津其ノ他ニ於テ法幣否認ノ態度ニ出テ居ルニ鑑ミ英國側トシテモ急速何等措置方ヲ要望スル向少カラス

三、日本側ハ蔣ヲ援助スルハ怪シカラヌトテ非難スルモ英國朝野ヲ通シ支那ヲ代表シ得ルモノハ蔣ノミニシテ之ト話合ヲ付ケサル限リ戰局收拾ノ途ナク日本ハ結局屈服スル外ナシトノ意見有力ナリ

米へ轉電セリ

1278　昭和13年12月23日　在米国堀内大使より有田外務大臣宛（電報）

米国輸出入銀行の対中クレジット供与に関する米国復興金融会社総裁の発表について

ワシントン　12月23日後発
本　　省　　12月24日後着

第五九五號

「ジョーンズ」ノ聲明ハ復興金融會社ヨリ右ノ形式ニテ發表セラレタルモノナルニ付右全文電報ス

Jesse Jones to-day announced that the Export Import Bank has authorized credits to the Universal Trading Corporation of New York up to $25,000,000. The proceeds to (will カ) be used in financing the exportation of American agricultural and manufactured products to China, and the importation of wood-oil from China. The loans will be guaranteed by the Bank of China and mature over a period of five years. The funds will be disfursed as needed.

Mr. Jones further announced that of the $50,000,000 loan authorization to China in 1934, only $17,105,385.80 was used. In April 1937 a loan of $1,600,000 was authorized for the purchase of locomotives in this country. This loan matures monthly over period of five years. In 1931 the Grain Stabilization Corporation sold China 15,000,000 bushels of wheat for a consideration of $9,212,826.56.

All of these credits are now handled by the Export Import Bank.

The total actual disbursements for loans to China since 1931 have been $27,051,412.36. $14,419,892.36 has been paid and the balance is being paid as it matures. $3,801,055.62, including interest, has been paid since September 30, 1937 the last payment having been made September 30, 1938.

編　注　本電報第五九五号は別電となっているが、その本電は見当らない。

〰〰〰〰〰〰〰〰〰〰〰〰

1279　昭和13年12月28日　有田外務大臣より在米国堀内大使宛（電報）

米国の対中クレジット成立の裏には中国の執拗な対米運動とそれに応じた米国財務長官の中国に対する好意的態度があるとの情報通報

本　省　12月28日発

第四〇〇號（極祕）

確實ナル筋ヨリノ情報ニ依レハ今回ノ米國ノ爲シタル對支二千五百萬弗借款ハ一ニ「モルゲンソー」財務長官ノ力ニ依リ成立セシメラレタルモノノ如ク支那側ハ同氏カ今夏訪佛ノ際盛ニ口説キカケタルカ其後米國ニ於テ更ニ陳光甫一行カ引續キ執拗ニ暗躍運動ヲ爲シタル結果遂ニ成功ニ到リタルモノニシテ蔣政府ハ「モ」ニ絶大ノ感謝ヲ捧ケ居ル模様ナリ更ニ「モ」ノ支那ニ對スル好意的態度ハ右ノミニ留マラスシテ佛印ノ武器輸送問題ニ就テモ大イニ盡力中ナル趣ナリ卽佛印ヲ通スル支那側ノ武器物資ノ輸出入ニ對シ佛政府ハ之ヲ禁止若ハ制限ノ態度ヲ堅持シ來レル處支那側ハ佛ニ泣付キ之カ撤廢方ヲ强要スルニ對シ佛側ハ日本ノ報復手段ヲ恐レ容易ニ同意セス英米等カ充分ノ支持若ハ責任ヲ分擔セサル限リ佛ノミノ危險負擔ニ於テハ右ヲ爲シ得ストノ態度ヲ執リツツアルヲ以テ支那側ハ之ヲ英米ニ訴ヘテ英米ヲ通シテ佛ヲ動カサントシツツアルモノノ如ク「モ」ハ

本件ニ關シテモ進ンテ盡力シ居ル趣ナリ何等御參考迄

英、佛ニ轉電セリ

1280 昭和14年1月11日 在ニューヨーク若杉総領事より有田外務大臣宛(電報)

米国の対中クレジットは中国から輸入される桐油を担保とし輸入額に応じて信用が供与されるとの情報報告

ニューヨーク 1月11日後発
本　　　省 1月12日前着

第一四號(極祕)

當館使用中ノ「ライト」カ商務省內外通商局金融課長G. Jonesヨリ內聞セル所ニ依レハ(出所極祕)今次ノ二千五百萬弗ノ對支借款ハ全額ニ對スル物資ヲ一時ニ供給スルモノニハナラスシテ支那側カ具體的ニ利用シ得ル金額ハ「ユニバーサル、トレイデイング、コーポレイシヨン」又ハWah Chang Trading Co.(「ケー、シー、リー」商會)カ當國ニ輸入シ得ヘキ支那產品主トシテ桐油ノ額ニ對應スル趣ナリ從テ又本借款ニハ將來輸入セラルヘキ桐油以外別段物的擔保ハナキモノト認メラル御參考迄

米ニ暗送セリ

1281 昭和14年3月6日 在英国重光大使より有田外務大臣宛(電報)

法幣安定を目的とする対中為替平衡資金設定につき英国政府が議会手続きを進行中との報道報告

ロンドン 3月6日後発
本　　省 3月7日前着

第二一四號

一般的情報

六日「デイリー、テレグラフ」外交記者ハ西班牙內亂終了ニ近ツクト共ニ政府ハ先週來日支事變ノ終結促進ニ注意ヲ拂ヒ居レルカ幣制維持ノ爲ニスル對支借款ノ報道ハ之ヲ裏書ス右額ハ大體三百萬乃至五百萬磅ニシテ之ヲ以テ日本ノ法幣切崩政策ニ對抗セントスルモノナルカ政府ハ近ク必要ナル議會手續ヲ執ルモノノ如シ對支借款(二千萬磅ト稱セラレタリ)ハ政府ニ於テ客年七月審議セルコトアルモ當時

ハ歐洲ニ危機切迫ノ際ニモアリ日本ヲ刺戟スルハ不得策ナリトノ見地ヨリ具體化セサリシ次第ナルカ今般輸出補償法ノ成立ニ引續キ政府カ米國ノ對支信用設定ト呼應シ此ノ擧ニ出テタルハ英國カ今ヤ自信ヲ以テ極東問題ニ對處セントシツツアルヲ物語ルモノナリト報セリ本件ニ關シテハ眞相取調中ナルモ不取敢

1282 昭和14年3月9日 在英国重光大使より有田外務大臣宛（電報）

英国政府の対中為替平衡資金設定は同国の対日態度を明確に示したものでありわが方も正々堂々と論難すべき旨意見具申

ロンドン 3月9日後発
本　省 3月10日前着

第二二七號

今回英國政府ノ決定セル對支財政援助ハ八日議會ニ於ケル「サイモン」藏相ノ説明振ニ依リテモ明カナル如ク日本ニ付テハ何等言及セス表面上日本ヲ刺戟セサルニ努メ居レルモ日支事變ニ關シ英國政府ノ對日態度ヲ明確ニセル一點ニシテ之ニ對シテハ日本側トシテハ此ノ際飽迄正々堂々ト論難スル様御指導相成様致度シ

1283 昭和14年3月9日 在英国重光大使より有田外務大臣宛（電報）

英国の対中為替平衡資金設定に関する新聞論調報告

ロンドン 3月9日後発
本　省 3月10日前着

第二三〇號

一般的情報

法幣平衡資金設定ノ發表ニ伴ヒ支那公債ハ急騰セルカ九日社説ヲ掲ケタルハ「フイナンシャル、ニュース」及「クロニクル」ニ過キス但シ各紙共詳細ナル説明ヲ加ヘ

(一)官邊ニ於テハ反日的措置ニアラサルコトヲ强調シ居レリ

本件カ日本ノ北支爲替管理强行ノ數日後公表セラレタルコトハ偶然ノ符合ニ過キス數個月來極祕裡ニ交渉進捗ヲ見居リタルモノナリ

(二)本件ハ別ニ焦眉ノ急ニハアラサルモ昨年度多額ノ軍需品

購入ニ依リ支那側手持爲替相場缺乏ヲ來シ居リ今次措置ハ時宜ニ適シタルモノナリ之ニ依リ法幣ハ安定スヘシ

(三)本資金ハ支那ノ軍事目的ノ爲ニ流用セラレス又右使途ハ上海ニ設定セラルヘキ銀行、政府代表者ヲ以テ組織スル委員會ニ依リ決定セラルヘシ銀行筋ニ於テハ右資金ノ設定ナクシテハ軍需品購入ノ爲法幣ノ平價切下ヲ餘儀ナクセラルヘキ立場ニ在リタルニ鑑ミ本件カ結局間接ニハ軍事目的ニ利用セラルルト等シキ旨ヲ指摘シ居レリ

(四)支那ノ外債返還問題モ亦好轉スヘク本件ハ寧ロ自衛的措置ニシテ支那ハ「スターリング、ブロック」ノ一員同樣トナリ法幣ニ對スル不安除去サルヘク日本トシテモ之ヲ非難スル理由ナシ

(五)本件ハ英國權益保護ニ止マラス更ニ對日牽制上大ナル意義アリ(「フイナンシャル、ニュース」及「クロニクル」)等ト論シ居レリ

1284　昭和14年3月10日

英国の中国法幣支援に関する情報部長談話

英國ノ支那法幣支援ニ關スル情報部長談(三月十日)

蔣介石政權ノ在外正貨ハ支那事變勃發以來次第ニ減少シテ昨年六月末ニハ僅ニ二億五千萬法幣弗シカナカツタ、夫レカラ今日迄八ケ月ヲ經過シタカラ夫レトテ殆ト遣ヒ果シタコトテアラウ。法幣ニモ愈々斷末魔カ來タノテアル。其證據ニハ最近蔣政權ハ今日迄アレ程克明ニ凡ユル犧牲ヲ忍ムテ支拂ヲ繼續シ來ツタ外債ノ元利支拂ヲピタリト停止シテシマツタノテアル、之ハヨクヨクノ事テアラウ。斯樣ナ次第テ對外爲替ハ一落千丈ノ危險カホノ見ヘ初メタ。扨テコソ英國カ愈々一千萬磅ノ平衡資金設定ニ乘出シテ來タノテアル。

現在支那奧地ニ流通スル法幣ハ大略十七億萬法幣弗ト推算サレル、今テハコレヲ保證スヘキ正貨モ貿易モ信用モ持チ合セテヰナイ、夫レニ對シテ一千萬磅ノ平衡資金供與ハ渇者ニ對スル一杯ノ水テアリ蔣政權ハ非常ナ感謝ヲ以テ之ヲ迎ヘルテアラウカ然シ乍ラ此ハカリノ僅少ノ額テハ何程ノ效果モアルマイ。且又法幣ノ衰弱ハ蔣介石政權ノ連戰連敗ニ依ツテ軍事上、政治上殊ニ經濟上ノ重要地點ト地域トヲ失ツタ事カ最モ大キナ原因ヲナシテ居ル、從ツテ狂瀾ヲ既

倒ニ返ス事カ出來ナイ限リ法幣ノ命脈ハ所詮ハ盡キルモノト云ハネハナラヌ。カホトノ法幣ニ援助資金ヲツキ込ム事ハ瀕死ノ病人ニ「カンフル」注射ヲスルヤウナモノタラウ。敢テ問題トスルニハ當ラヌノテアル。

只問題トスヘキハ英國カ法幣强化ニ乘出シタ動機ハ奈邊ニアリヤノ點テアル。

英國政府ノ對支政策ハ東亞舊秩序ヲトコ迄モ取リ戻サウト云フ處ニアル、是ハ大勢逆行テアリ英國ノ東亞政策ノ根本的誤謬テアル。聰明ナル英國政治家カ早ク此點ニ氣附ク事ヲ希望スル、左様ナ次第テアルカラ英國政府ハ、首相藏相等ノ議會答辯ノ方法ニ依リ既ニ今日迄一再ナラス蔣政權援助ノ意圖ヲ明カニシテキルカ、本件モ亦其一具現ト斷スルノ外ナイ、若シ「サイモン」藏相ノ云フカ如ク支那通貨ノ安定カ英國ノ對支經濟金融政策上ノ重大問題テアリ支那ニ於ケル英國ノ企業ト貿易トニ大ナル援助ヲ與フルコトトナルトセハ、須ク東亞ノ大勢ヲ洞察シテ滅ヒユク法幣ヲ新興通貨ニ乘リ換ヘテ其安定ニ協力スヘキテアラウ、其決意タニツケハ乘リ換ヘノ圓滑ナル方法ハ自ラ見出サルルテアラウコトヲ確言スル。

編注 本文書は、昭和十四年十二月、情報部作成「支那事變關係公表集（第四號）」から抜粋。

1285 昭和14年6月6日 在英国重光大使より有田外務大臣宛（電報）

英中貿易促進のための委員会が設置され対中クレジット設定をめざして英中協議が進行中との情報報告

ロンドン 6月6日後発
本省 6月7日前着

第五九八號

今般英支間ノ經濟貿易促進ヲ計リ支那生産物ノ英國其ノ他ヘノ販路開拓ヲ幇助スルト共ニ支那政府及地方政廳ノ英國製機械其ノ他ノ購入ニ關シ指導監督ヲ與フル目的ヲ以テ在英支那大使其ノ他英支兩國人ヲ委員トスル支那政府貿易委員會設置ヲ見タル趣ノ處獨逸通信員カ「リースロス」ノ友人ヨリ聞知セル趣ヲ以テ内報スル所ニ依レハ英國政府ハ近ク對支輸出業者ニ對シ缺損ノ七割五分ヲ補償スル仕組ノ下

ニ三百萬磅ノ資金ヲ設定スル模様ニテ右ニ關スル交渉ハ目下支那大使館トノ間ニ進捗中ノ由ナリ

1286 昭和14年7月28日 在香港田尻総領事より 有田外務大臣宛(電報)

英国輸出補償法に基づく対中借款説など英国の対中積極援助に関する伊国総領事の内話情報報告

香港 7月28日発
本省 7月28日着

第一〇一二號

重慶路透ノ三百萬磅借款成立宣傳ニ對シ倫敦ハ之ヲ否定シ居ル處伊太利總領事ノ極祕情報ニ依レハ二十五日英外相ハ政廳ヲ通シ宋子文ニ對シ例ノ如ク紐育筋ヨリ英蘭銀行ニ對シ保障アラハ第四號取引(本件輸出補償法ニ依ル借款ト推察セラル)ヲ成立セシムル用意アリ英ノ對支政策ニ變化ナキ旨又二十七日英ハ對支軍需品輸出ヲ繼續スヘク滇緬聯絡ニ對シテハ充分考慮スヘシ尚對支積極援取(助カ)ハ英佛蘇會談ノ主要議題ナル旨傳言セシメ居ル由本情報ノ出所ハ政廳ナリト言フモ疑惑アリ更ニ探査中ナルモ不取敢(發表見合アリタシ)

北京、上海、廣東ヘ轉電セリ

1287 昭和14年8月2日 有田外務大臣より 在英国重光大使宛(電報)

英国輸出補償法に基づく対中借款の実施につき日英東京会談での一般原則合意との関係をクレーギー大使弁明について

本省 8月2日発

第二二八號

一、客月二十九日東京會談ニ關スル會議外會見ニ際シ加藤公使ヨリ「クレーギー」大使ニ對シ先般日英間ニ成立シタル一般原間(則カ)ニ關スル聲明ノ趣旨ヨリスレハ近時坊間ニ流布セラレ居ル英國ノ對支借款等ノコトカ實行セラルルコトハ之ナキ筋合ト確信シ居リ有田大臣ニ於テモ此ノ點ニ特ニ注意ヲ拂ヒ居ル次第ナル旨述ヘタルニ對シ大使ハ私見ニ依レハ全ク其ノ通リニテ眞逆對支借款ノ如キコトカ考慮セラレ居ルモノトハ到底信セラレス尤モ有田大臣ノ

御態(懸カ)念モアリタルコトナレハ一應本國政府ニ質シ見ルヘシト答ヘタル經緯アリ

二、八月一日大使ヨリ加藤公使ニ對シ只今倫敦ヨリ回電アリタルカ英國政府ニ於テハ何等新ナル對支借款ヲ考慮シ居ラサルコト明トナリタルカ唯本年三月六日ノ海外貿易相ノ聲明ニ基ク土耳古、羅馬尼及支那ヲ主タル賣捌キ先トスル輸出保障(補償カ)ヲ英國製造業者ニ與フル件カ最近技術的及法規的ノ準備整フニ至リ近ク之カ實施ヲ見ルコトトナルヘキ由ナリ本件ハ八月一日ノ議會ニ於テ問題トセラルル豫定ニシテ政府側ヨリ前記ノ趣旨ニテ答辨ヲナスコトトナリ居レルカ日本側ニテ特ニ御注意願度キ點ハ本件カ夙ニ本年三月ニ決定シ居リタル措置ニ過キサルコト及輸出品ノ中ニハ武器ヲ除外シアルコトナルカ日本政府ニ於テ呉々モ誤解ナキヤウ願度シト説明セリ

三、右ニ對シ加藤公使ヨリ御説明ハ承リタルモ兎ニ角今次一般原側(則カ)聲明ニハ副ハサル筋ト認メサルヲ得ス面白カラサルコトト存セラルルモ外務大臣ニ報告シ置クヘシト應酬シ置キタル趣ナリ

不取敢米ニ轉報アリ度

北京、天津、上海、南京、廣東ニ轉電セリ

廣東ヨリ香港ニ轉報アリタシ

1288 昭和14年8月3日 有田外務大臣より在英国重光大使宛(電報)

対中新借款の実施は日英東京会談での一般原則合意に反する旨をクレーギー大使に注意喚起について

本省 8月3日発

第二三三號

往電第二二八號ニ關シ

二日加藤公使、「クレーギー」大使ト會見ノ際本大臣ニ報告シタル結果ナリトシテ昨日御説明ノ通リ實質上輸出補償ニ過キス且右ハ既ニ方針決定セラレ居リタルモノナリトスルモ今回ノ一般原品(則カ)聲明アリタル以上英國政府ニ於テ之カ實施ヲ差控フルコト筋途ニ副フ所以ナルヘク殊ニ其ノ時機ヲ得サルモノニシテ日本輿論ニ屬(對カ)シ刺戟ヲ與フル點ニ鑑ミ我方トシテハ嚴重貴方ノ注意ヲ喚起シ度シトノ趣旨ヲ强調シタルニ屬(對カ)シ大使ハ自分トシテハ貴方ノ言ハルル所ハ心理

的政治的見地ヨリスレハ了解シ得ラルルモ英國政府ノ立場ハ斯ク斯クナリトテ冒頭往電二、後段ノ趣旨ヲ繰返シ陳辯シタルヲ以テ公使ヨリ前記我方ノ主張ヲ更ニ强調シ置キタリ

米ニ轉報アリ度シ

北京、天津、南京、廣東、上海ニ轉電セリ

廣東ヨリ香港ニ轉報アリ度シ

1289　昭和14年8月9日　在米国堀内大使より有田外務大臣宛（電報）

米国政府の中国現銀購入契約成立に関する新聞報道報告

ワシントン　8月9日後発
本　　省　8月10日後着

第七九二號

一、八日華府「ポスト」ハ左記趣旨ノＩＮＳ「フイリツモリス」通信ヲ掲ケタリ

米政府ハ先週六百萬「オンス」ノ支那銀買上ヲ契約シタル趣ノ處大藏省側ニテハ右ニ關シ一切註釋ヲ避ケ居ルモ右價格ハ約二百萬弗ニ達スルモノト解セラル一部外交通ノ言ニ依レハ右銀カ日本側ニ沒收セラルル危險ヲ脱シタル公海ニ運輸セラレタルコトヲ大藏省カ確メタル上ニテ公式ニ右契約ヲ確認スル筈ナル趣ナリ又右銀買上ハ日本カ法幣ニ加ヘタル壓力ヲ幾分緩和シ日英東京會談ニ於テ英カ日本ニ交戰權類似ノ權利ヲ承認セシコトニ依リ沮喪セル支那民心ヲ鼓舞スル機宣(宜カ)ノ措置ニシテ大藏省ノ企圖スル所ハ蔣ニ對シ外貨ニテ必要ナル軍需品ヲ供給セシメントスルニ在リテ米ハ之ニ依リ日本ノ支那侵略ニ全ク反對ナル旨ヲ表明セルモノト見ラレ居レリ云々

二、九日紐育「ヘラルド、トリビユーン」ハ通貨問題ニ關スル上海電ヲ掲ケ本件銀買上ニ言及シ金融情勢ニ明ルキ外國人筋ノ見ル所ニテハ重慶政府ノ二百萬弗銀賣却ハ九牛ノ一毛ノ價値ニ過キス事態收拾ノ爲ニハ不充分ナルト共ニ日本側カ法幣ヲ排斥シ保障ナキ紙幣ヲ導入セルコトニ對スル米政府ノ抗議モ法幣カ激落シ日本系統制通貨ノ流通ヲ促進シツツアル現狀ニ鑑ミ全ク無效ト見ラレ居ル趣ヲ報シタリ

1290 昭和14年12月27日 在ハノイ鈴木総領事より野村外務大臣宛(電報)

昆明・叙州間鉄道建設のための中仏借款成立に関する報道報告

付　記　昭和十五年四月三十日発在英国重光大使より有田外務大臣宛電報第六八三号

右借款内容に関する対中国四国借款団仏国側よりの通報について

ハノイ　12月27日後発
本　省　12月27日夜着

第二四九號

貴電第一一八號ニ關シ

當地二十日附「ハノイ、ソワール」ハ英國側放送ノU、P、十九日附重慶電トシテ佛國銀行團ノ昆明、敍州間七百二十粁鐵道敷設ニ要スル對支借款成立ノ記事ヲ掲ケ居ル外又十三日附雲南日報ハ右敍昆鐵道佛支借款カ(イ)全部同鐵道建設費ニ充テラレ(ロ)同鐵道ノ全財産及鹽税剰餘ヲ抵當トシ(ハ)技術者ハ總テ支那側ヨリ派出スルト共ニ(ニ)將來右鐵道管理ニ對シテハ佛國側ハ參加セサルコト等ヲ條件トシテ川滇鐵路公司總經理沈昌二箇月前ヨリ重慶ニ於テ佛側ト談判ノ上成立セルモノニシテ最高國防會議通過ヲ俟チ正式效力ヲ發生スル旨報シ居レルカ更ニ二十五日附同日報ハ右借款額ハ一億八千萬法(四億八千萬法ノ誤カ)且右條件ハ從來支那鐵道借款ニ見サル公平ナルモノトシテ其ノ成功ヲ喜フト共ニ戰時ニ於ケル佛國側ノ好意ヲ痛ク稱揚スル社說ヲ載セ居レリ

關係ノ向ヘ轉電及通報アリタシ

佛ヘ轉電セリ

「タイ」、西貢、新嘉坡ヘ暗送セリ

(付　記)

ロンドン　昭和15年4月30日後発
本　省　昭和15年5月1日前着

第六八三號

佛蘭西對支鐵道契約(Kuming-Suifa Railway Contract)ニ關シ對支借款團「アバス」カ佛蘭西側ヨリ右契約ノ內容ヲ承知セル趣ヲ以テ加納宛右內容ヲ借款團員ニ對スル親展情報トシテ左ノ通リ通知越セリ(本文郵送ス)

本契約ハ客年十二月十一日重慶ニテ重慶政府ト Chinese

Development Finance Corporation（Banque de Paris et des Pays-bas, Lazyd (Lazard カ) frères 4. cie, Banque de l Indo-chinoise pour le commerce et l'industrie）トノ間ニ調印セラレ本年三月一日巴里ニテ批准同日效力ヲ發生セリ「フランコ、チヤイニーズ、グループ」ハ重慶政府ニ對シ本件鐵道建設ノ爲四億八千萬法迄ノ材料ヲ供給スルニ對シ重慶側ハ同政府カ無條件保證セル關税剩餘擔保ノ約束手形ヲ交付ス

右手形ノ支拂期間ハ十五年トス尚供給材料中支那ニ輸入セラルル分ハ全部佛蘭西產タルヘク佛蘭西旗ノ下ニ輸送セラルヘシ尚又佛蘭西側ノ見解ニ依レハ本件ハ一般ニ公募セサルヲ以テ對支借款團ノ活動範圍外ニシテ借款團ノ條件ト矛盾スルモノニ非ストノコトナリ British and Chinese Corporation ハ佛蘭西側ヨリ契約加入ノ勸誘ヲ受ケタルヲ右手形ノ期間カ英國ノ「エクスポート、クレジット」ノ制限ヲ越ユル爲參加シ得サリシ趣ナリ

佛へ暗送セリ

~~~~~~~~~~

1291 昭和15年2月8日 在米国堀内大使より 有田外務大臣宛（電報）

対中新規借款に関する米国政府当局者の発言振りについて

ワシントン 2月8日後発
本　　省 2月9日後着

第一六七號

往電第一六一號ニ關シ

輸出入銀行融資限度增加案ノ審議ニ際シ「ジヨーンズ」聯邦貸付監督官ハ對支二千五百萬弗借款ハ桐油ノ輸出ニ依リ償還セラレツツアル處目下交渉進行中ノ新規借款七千五百萬弗ニ付テハ支那側ハ錫ノ輸出ヲ之ニ引當テントシ居ル旨言明セル趣ナリ

紐育へ郵送セリ

~~~~~~~~~~

1292 昭和15年3月7日 在米国堀内大使より 有田外務大臣宛（電報）

中国などに対する新規借款供与を米国政府発表について

付　記　昭和十五年三月十四日付、ロンドン発同盟電報特情倫敦第二七号

対中借款問題に関する英国外務次官の議会答弁

ワシントン　3月7日発
本　省　着

第三二九號

往電第三〇三號ニ關シ

七日聯邦貸附管理官ハ輸出入銀行ハ支那ニ二千萬弗丁抹ニ一千萬弗「アイスランド」ニ百萬弗ノ「クレヂット」ヲ供與スルニ決シタル旨記者會見ニテ言明セリ

（付　記）

昭和十五年三月十四日倫敦發同盟

特情倫敦第二七號

十三日英國下院ニ於テ英國ノ對支借款問題カ取上ケラレ「バトラー」外務次官ト各議員トノ間ニ次ノ如キ質疑應答ガアツタ

「ロバーツ」議員（勞働黨）

最近米國輸出入銀行カ支那ニ對シ二千萬弗ノ借款ヲ供與スルコトニ決定シタ事實ヲ政府ハ承知シテ居ルカ而シテ政府ハ國際聯盟ノ決議ニ基キ對支援助ノ爲英國モ同樣ノ方策ヲ採ル意嚮ハナイカ

「バトラー」次官

御質問中第一ノ點ニ關スル交渉ハ進捗中ノ樣デアル第二點ニ關シテハ政府ハ聯盟ノ決議ニ基ク義務ヲ充分ニ了知シテ居ル政府ハ現下ノ困難ナ情勢下ニ於テ出來得ル限リ其義務ノ履行ニ努メテヰル

「ロバーツ」議員

昨夏英國政府カ支那ニ對シ設定シタ三百萬磅ノ輸出「クレデイット」カ未タ全部ニ供與サレテ居ナイト傳ヘラレテ居ルカ眞實テアルカ又現在ソノ他ノ方法テ支那ニ援助ヲ與ヘルコトハ可能テアルカ

「バトラー」次官

支那ニ援助ヲ與ヘルコトノ重要性ハ政府モ充分承知シテ居ル所デアル昨夏ノ三百萬磅ノ「クレデイット」ニ付テハ勿論全好（部カ）供與サレル筈テ此ノ點ニ付テハ疑念ハ存シナイト思フ

1293　昭和15年3月8日　有田外務大臣より在米国堀内大使宛(電報)

米国が対中借款を行えば日本政府は非友誼的行為と見なす旨を情報部長が外国人記者会見で発表について

本　省　3月8日発

第一〇三號

貴電第三二一號ニ關シ

本件ニ關シテハ八日ノ外人記者會見ニ於テ質問アリタルニ答ヘ米國カ蔣側ノ借款申込ニ應シ貸出ヲ行フ場合ニハ帝國政府ハ之ヲ我方ニ對スル非友誼的行爲(unfriendly act)ト看做スヘキ旨情報部長ヨリ説明シ置キタリ

1294　昭和15年7月12日　在香港岡崎総領事より有田外務大臣宛(電報)

中国産品の主要輸送路たる仏印ルートの停止により対中クレジット設定が困難となりつつある旨李思浩内話について

香　港　7月12日後発
本　省　7月12日夜着

第三六一號

十二日李思浩ノ館員ニ對スル内話左ノ通リ

一、中國銀行祕書ニ依レハ宋子文ハ同銀行ニ對シ「ルーズベルト」ハ同人ノ借款懇請ニ對シ支那側カ若シ償還ニ充ツヘキ支那土貨ノ圓滑ナル輸出方法ヲ考ヘ出セハ民間ニ斡旋シ見ルヘシト答ヘタル旨電報越セル由ナルカ曩ノ陳光甫借款モ主要輸出路タル佛印ヲ封鎖サレタル爲事實上役ニ立タサルコトト成リタルニ顧ミ今度モモノニナラサルヘシ尚前回ノ借款ヨリ現金ヲ獲得セントセル交渉モ結局駄目トナレリ

一、當地中國交通農民銀行ハ規模ヲ最小限度ニ縮小シ職員ノ大部分ヲ奥地ニ移ス模様ナルカヨウタクドウハ渡米ノ筈又王正廷及顏惠慶ハ先日馬尼剌ヘ赴ケリ

一、數日前重慶ヨリ歸香ノ許世英ニ依レハ政府機關及要人連ノ住宅等目立チタル建物ハ七割方爆破サレ役人連ハ毀殘リ部屋ニテ執務中ナルモ殆ント毎日數時間防空壕ニ閉込メラレ疲勞甚タシク又防空壕モ破壞サレタルモノ相當多

キモ死傷者ハ客年度ニ比シ少シ蔣介石ハ元氣ニテ罹災民救護現狀ヲ見廻ルコトアリトノコトナリ

一、英本國カ獨逸ニ遣ラレ又ハ其ノ他ノ事情ニ依リ香港ノ治安カ不安トナレル場合最モ恐ルヘキハ共產黨ニシテ其ノ勢力ハ可ナリ大ナリ政廳ノ大袈裟ナル防禦工事ハ之ニ備フル意味モアリト想像セラル云々

支、上海、廣東ヘ轉電アリタシ

1295 昭和15年9月27日 在米国堀内大使より松岡外務大臣宛(電報)

米国輸出入銀行の対中借款決定などに関する新聞報道報告

付記 昭和十五年十二月一日付、特情電報
対中新規借款に関する米国政府発表

ワシントン 9月27日後発
本省 9月28日前着

第一五五三號

二十五日「ジョーンズ」聯邦貸付管理官ハ輸出入銀行ヨリ支那ニ對シ二千五百萬弗ノ借款ヲ供給シ右ト引替ニ米鑛物貯藏會社ヲ通シ三千萬弗「タングステン」ヲ購入スヘキ旨發表(「テクスト」華府特情第一〇號ニ依リ御承知アリタシ)セル處二十六日紐育「タイムス」ハ官邊筋ヨリノ情報ニ依レハ宋子文ハ一億弗ノ借款ヲ要求セルカ「モーゲンソー」大藏長官ハ斯ル金額ハ二億弗ノ前記銀行融資資金(往電第二九一號參照)ヨリハ支出不可能ナル旨述ヘタルヲ以テ新借款ハ「ラテンアメリカ」諸國ニ充テラルヘキ五億弗ノ新增加額(往電第一五二〇號參照)ニテ賄ハルルモノナルヘク當地外交界ニ於テハ本件カ果シテ日本ノ東亞新秩序建設計畫ヲ挫折セシメ得ヘキ多大ノ(脫?)今次借款ハ日本側ヨリ非友誼的行爲ト見ラルルコトヲ承知ノ上ニテ爲サレタル對支補助ナリト一般ニ解釋サレ居ル旨報スルト共ニ(イ)米ハ過般ノ「ハル」國務長官及「キーン」濠洲公使ノ會談ニ於テ英ニ對シ「ビルマ」道路ノ再開ヲ要請セルコト(ロ)「ハート」米東洋艦隊司令長官ハ緊急ノ際ニ於ケル在本邦支那及滿洲國米國人ノ引揚ヲ考究シ居ルコト(ハ)「グルー」駐日米大使ノ引揚カ噂セラレ居ルコト(ニ)日本ノ對米金輸出額ハ一千九百三十七年度ニ億四千六百萬弗ナリシカ本年度現在ニ於テハ七千五百萬弗ニ留リ右ハ日本カ漸次弱リ居ルヲ示シ

居ルコト(ホ)屑鐵其他重要物資ノ對日禁輸カ豫想セラレ居ルコト等併セ報シ居レリ尚輸出入銀行融資法ニ依レハ一國ニ對スル融資額ハ二千萬弗ヲ限度ト爲シ居リタルモ過般議會ヲ通過シ二十六日大統領ノ裁可セル輸出入銀行融資限度五億弗增加法ニ依リ右制限ヲ撤排(廢カ)セリ

(付　記)

十五年十二月一日

特情

◎法幣安定資金提供ハ議會デ審議中

＝「ホワイトハウス」公表＝

「ワシントン」卅日發同盟　「ルーズヴェルト」大統領ハ卅日對重慶追加借款供與ガ決定セル旨發表シタガ、「ホワイト・ハウス」當局ハ同日右借款ノ成立ニ關シ詳細ヲ發表スルト共ニ未決定分ノ五千萬弗モ既ニ議會ノ討議ニ附サレテヰル旨次ノ如ク明カニシタ

米支兩政府當局間ノ經濟的協力ハ最近著シキ進展ヲ見、總額一億弗ノ對支追加借款ガ考慮サレルニ至ツタ、コノ中一般的物資購入資金五千萬弗ハ既ニ決定ヲ見、殘ル五千萬弗モ法幣安定資金竝ビニ米支爲替平衡資金トシテ供與サレルコトニナリ目下議會ノ委員會デ審議中デアルナホ之ト同時ニ「ジヨーンズ」融資局長官ノ大統領宛書簡モ發表シタガソノ內容ハ次ノ如クデアル

米國政府ハ現下ノ國家的危機ニ對處スベク國防强化ニ必要ナル戰時資材ヲ獲得スルタメ復興金融會社ノ子會社タル金屬貯藏會社ニ命ジ重慶側資源開發委員會ヨリ總額六千萬弗ノ「ウオルフラム」鑛、「アンチモニー」、錫等ヲ今後數年間ニ亘ツテ購入セシムルコトトナリ、ソノ支拂ハ物資購入ノ都度市價ニ應ジテ行フコトニナツテヰル。又重慶側今日ノ經濟狀態ヲ援助スルタメ輸出入銀行ハ總額五千萬弗ノ追加借款ヲ中國ノ中央銀行ノ保證ニヨリ供與スルコトトナリ、之カ償還ハ前記契約ニヨル重慶側ヨリノ物資輸入ニヨツテ行フコトトナツタ、尙コノ輸出入銀行ニヨル追加借款ノ供與ハ米財務當局ニヨル對支援助ノ五千萬弗ノ借款ト關聯シテ米財務省トノ協力ノ下ニ行ハレルモノデアリ之ニヨリ米ノ對支借款ハ總額一億弗ニ上ル譯デアル、尙大統領ハ桐油、錫等ノ支那特產物ノ賣却ヲ條件ニ設定サレタ過去ノ借款ニ對シ重慶政府ハ遲滯

ナク之等特産物ヲ米國ニ向ケ引渡シツツアルコトニ滿足サレルデアラウ
ナホ「モーゲンソー」財務長官ハ二日上院銀行委員會ニ財務省ノ管理スル金融安定資金ノ一部ヲ法幣援助ノタメ使用スルコトヲ提案スル豫定デアル

1296 昭和15年12月10日 在英国重光大使より松岡外務大臣宛(電報)

英国政府の対中新規借款に関し英国外務次官より通報について

付記一 昭和十五年十二月十一日付、ロンドン発同盟電報
右借款に関する英国外務次官の議会答弁

二 昭和十六年四月二十六日付、ワシントン発同盟電報
法幣安定資金供与に関する米中協定・英中協定調印に際し発出された各ステートメント

ロンドン 12月10日後発
本 省 12月11日後着

第一九〇九號(至急)
十日朝「バトラー」ヨリ聯絡者ヲ通シ米國ノ對支借款ニ追隨シテ英國モ支那ニ對シ五百萬磅ノ借款及五百萬磅ノ「クレヂツト」ヲ供與スルニ決シタルカ其ノ趣旨ハ同日議會ニ於テ爲スヘキ聲明ノ辭句ノ通リニテ右以外ニハ何物モナキ次第ニ付右聲明ヲ熟讀セラレタキ旨特ニ本使ニ傳達シ來レリ聲明全文特情ニテ電報ス

(付記一)

昭和十五年十二月十一日倫敦發同盟

英政府ハ十日蔣政權ニ對シ一千萬磅ノ借款ヲ供與スルニ決定シタガ「バトラー」外務次官ハ十日下院ノ質問ニ應ヘテ右借款供與ヲ確認シテ左ノ如キ言明ヲ行ツタ
米國政府ハ援蔣追加借款供與ヲ聲明シタガ英國政府モ蔣政權ニ對シ更ニ財政的援助ヲ與ヘルニ決定シタ。勿論英國政府トシテ金竝ニ「ドル」資金ヲ保有スルコトガ必要デアルタメ蔣政權ニ對シテ米「ドル」乃至米「ドル」ト交換シ得ル磅貨ヲ提供スルコトハ出來ナイ、然シ支那ニアル磅貨ヲ磅「ブロック」内ノミデ使用スル樣ニ出來ル

ナラバ英政府ハ原則トシテ五百萬磅ヲ法幣安定資金ニ提供シ更ニ關係自治領政府ト協同シテ五百萬磅ノ範圍內デ「クレデイット」ヲ與ヘル準備ヲ有スルモノデ既ニ蔣政權ニ對シ通告シタガソレト同時ニ可急的速カニ技術的協定交涉ノタメ何等カノ取極メヲ行フ樣ニトイフコト及ビコノ交涉ノ如何ニ今次借款ノ成否ガ懸ツテヰルトイフコトヲモ報告シタ。

（付記二）

昭和十六年四月二十六日華府發同盟

米支兩當局ハ法幣安定資金五千萬弗供與協定ニ關シ折衝ヲ續ケ來ツタガ、廿五日「モーゲンソー」財務長官、宋子文特使トノ間ニ調印ヲ見、同日英國モ亦五百萬磅ノ對支法幣安定資金供與協定ノ正式調印ヲ了シタガ、「モーゲンソー」財務長官及宋子文特派使節ハ廿六日右法幣安定資金供與協定ニ關シ共同「ステートメント」ヲ發表、「ハリフアックス」駐米英大使モ亦同時ニ同趣旨ノ「ステートメント」ヲ發表シタ、ソノ內容左ノ如シ

(1)共同「ステートメント」

今回ノ法幣安定資金供與協定ノ調印ニヨリ米支兩國ハ通貨協力ノ分野ニ於テ新タニ重要ナ一歩ヲ劃シタ。右協定中ニハ米國ノ安定資金ヲ以テ總額五千萬弗ヲ限度トシ法幣ノ購入ヲ行フコトガ規定サレ支那ハ米支兩國當局ノ合意條件ヲ以テ弗法幣安定資金ヲ設定スル、右資金ニハ法幣賣買ヲ通ジテ米國ヨリ獲得セル弗及ビ中國銀行ヨリ據出セル二千萬米弗ヲ充當スル、同協定ハ基礎的自由保持ノ爲各方面ニ共同行動ヲトリ密接ナ友好關係ニアル日支（米カ）兩國間ニ結バレタ協力協定デアリ、兩國通貨關係ヲ安定セシメルトイフ明白ナル目的以外、更ニ關係國ノ繁榮ヲ培フ重要因子トナルデアラウ、支那ハ又英國大藏省トノ間ニ既ニ一九三九年設定セル現存ノ英支通貨安定資金ノ外五百萬磅「スターリング」ノ法幣安定資金供與協定ヲ締結シタ、同協定ハ米支間ノ協定ト密接ニ平行スルモノデアリ、兩資金ハ支那ガ目下設置計畫中ノ五名ヨリナル通貨安定管理委員會ニ依リ管理セラレルコトトナリ同委員會ハ支那側三名、米財務長官ノ推薦ニ依リ支那側ノ任命セル米人一名、及ビ英大藏省ノ推薦ニ依リ支那側ノ任命セル英人一名ヨリ構成サレル

(2)「ハリファックス」駐米大使「ステートメント」

「フイリップス」英特派使節ハ宋子文特派使節トノ間ニ法幣安定資金供與協定ニ正式ニ調印ヲ了シタ、右協定ニ依リ英國大藏省ハ支那ニ對シ五百萬磅ノ追加法幣安定資金ヲ供與スル、同協定ハ英支兩國間ノ通貨協力ノ分野ニ於ケル新タナ一歩ヲ劃スルモノデアリ兩國ノ友好關係ヲ象徴スルモノデアル

六　事変をめぐる米国との関係

1　外交原則尊重に関する米国の諸声明

1297　昭和12年7月17日　在米国斎藤大使より広田外務大臣宛（電報）

現下の国際情勢に対する米国政府の一般方針につき米国国務長官が声明書発表について

別　電　昭和十二年七月十七日発在米国斎藤大使より広田外務大臣宛第二六六号
右声明書

付　記　昭和十二年七月十六日付
右声明書原文

ワシントン　7月17日後発
本　省　7月18日前着

第二六五號

十七日(十六カ)夜米國政府ハ「ハル」長官ノ名ヲ以テ現下ノ國際時局ニ對スル米政府ノ一般方針ニ關シ別電ノ如キ聲明書ヲ發表セルカ右ニ對スル各紙聞(ママ)ノ「コメント」左ノ通リ

一、「ハル」長官ハ「モーア」參與官、「ホーンベツク」極東部長、「ハツクウオース」法律顧問、「デビス」、「マクマレイ」兩大使トノ間ニ數次會議ノ結果本聲明ヲ發表スルコトニ決シタルモノナルカ右ハ同日爲サレタル支那大使ノ「アツピール」及須磨參事官ノ長官訪問後ニ發表セラレタルモノナリ

二、聲明ノ内容ハ北支時局ニ言及スルコトヲ避クルト共ニ特殊國家ニ言及セス單ニ米ノ一般的外交方針ヲ公表スルニ止メ居ルモノニシテ又國際協定ノ遵守及條約ノ神聖ヲ强調シ居ルモ九國條約及不戰條約ヲ引用シ居ラス尙新聞ハ右ニ關聯シ支那大使ハ十六日米政府ニ對シ覺書ヲ以テ支那ノ「アツピール」ヲ通達セル由ニテ右ハ現下ノ事態ヲ馴致セル各種ノ動機及日本軍ハ問題ノ地帶ニ於テ演習ヲ行フ權利ナキコト等ヲ繰返シ居ルモノト了解セラルル旨報道スルト共ニ支那ハ右ト同時ニ九國條約署名國及參加國竝ニ獨、蘇政府ニ對シ同文覺書ヲ通達セルコトヲ附言シ居レリ

（紐育「タイムス」ノミ倫敦特電ニ基キ覺書「テスト」（キ欠カ）ヲ掲ケ居レリ）

英、紐育、桑港ニ轉報セリ

英ヨリ在歐各大使ニ轉報アリタシ

（別　電）

ワシントン　7月17日夜発
本　省　7月18日前着

第二六六號

[1]世界各地ニ發生セル切迫緊張セル事態ハ一見單ニ隣接諸國ノミヲ渦中ニ捲込ムニ過キサルカ如キモ窮極ニ於テハ右ハ全世界ニ取リ避ケ得ヘカラサル關心事ナリ武力ニ依ル敵對行爲若クハ其ノ脅威ヲ伴フカ如キ情勢ハ一切ノ國家ノ權利及利益ニ重大ナル影響又ハ其ノ脅威ヲ感セシムルモノナリ何レノ地域ニ於ケルヲ問ハス重大ナル敵對行爲ノ發生ニシテ何等カノ形ニ於テ米國ノ權益又ハ義務ニ影響セサルカ如キモノノ存在ハアリ得ス予ハ米カ深甚ノ關心ヲ有スルカ如キ國際問題及情勢ニ關スル米政府ノ立場ニ關シ聲明ヲ爲スニ付テ正當ノ理由ヲ有スルノミナラス事實上其ノ義務アリト思考ス米ハ平常ニ平和維持ヲ强調シツツアリ吾人ハ㈠國家的及國際的時勢（自制カ）㈡一切ノ國家カ政策遂行ノ爲ニスル武力行使又ハ他國ニ對スル內政干涉ノ回避㈢平和的協定ニ依ル國際諸問題ノ調整

[2]㈣國際協定ノ忠實ナル遵守ヲ主張セリ吾人ハ㈤條約神聖ノ原則ヲ遵守スルト共ニ條約修正ノ必要アル時ハ相互扶助及和解ノ精神ヲ以テ實行セラルヘキ秩序アル手續ニ依リ之カ修正ヲ爲シ得ルコト㈥一切ノ國家ニ依ル他國ノ權利ノ尊重及既存義務ノ履行㈦國際法ノ復活及强化ヲ信ス吾人ハ㈧國際經濟安定ノ增進ニ對スル諸方策㈨國際貿易障壁ノ輕減又ハ排除㈩商業上ノ機會均等及一切ノ國家ニ對シ平等待遇ノ原則ノ勸奬等ヲ主張ス又(十一)軍備ノ制限及維持ハ必要ナルヲ信シ他ノ諸國ノ行フ軍備縮少又ハ擴張ニ順應シテ米自身ノ武力ヲ縮少又ハ擴張スルノ用意アリ更ニ吾人ハ他國トノ同盟又ハ米國ヲ紛爭ノ渦中ニ投スルカ如キ約束（entangling commitments）ヲ避クルモノナルモ平和的且實際的方法ニ依リ前記諸原則擁護ノ爲協調的努力ヲ爲シ居ルコトヲ信スルモノナリ

（付　記）

STATEMENT BY THE SECRETARY OF STATE

（欄外記入）

I have been receiving from many sources inquiries and suggestions arising out of disturbed situations in various parts of the world.

Unquestionably there are in a number of regions tensions and strains which on their face involve only countries that are near neighbors but which in ultimate analysis are of inevitable concern to the whole world. Any situation in which armed hostilities are in progress or are threatened is a situation wherein rights and interests of all nations either are or may be seriously affected. There can be no serious hostilities anywhere in the world which will not one way or another affect interests or rights or obligations of this country. I therefore feel warranted in making — in fact, I feel it a duty to make — a statement of this Government's position in regard to international problems and situations with respect to which this country feels deep concern.

This country constantly and consistently advocates maintenance of peace. We advocate national and international self-restraint. We advocate abstinence by all nations from use of force in pursuit of policy and further interference in the internal affairs of other nations. We advocate adjustment of problems in international relations by processes of peaceful negotiation and agreement. We advocate faithful observance of international agreements. Upholding the principle of the sanctity of treaties, we believe in modification of provisions of treaties, when need therefor arises, by orderly processes carried out in a spirit of mutual helpfulness and accommodation. We believe in respect by all nations for the rights of others and performance by all nations of established obligations. We stand for revitalizing and strengthening of international law. We advocate steps toward promotion of economic security and stability the world over. We advocate lowering or removing of excessive barriers in international trade. We seek effective equality of commercial opportunity and we urge upon all nations application of the principle of equality of treatment. We believe in limitation and reduction of armament. Realizing the necessity for maintaining armed forces adequate for national security, we are prepared to reduce or to increase our own armed forces in proportion to reductions or increases made by other countries. We avoid entering into alliance or entangling commitments but we believe in cooperative effort by peaceful and practicable means in support of the principles hereinbefore stated.

（欄外記入）

八月十四日在京米國大使館「クロッカー」書記官米洲局長ヲ來訪七月十六日國務長官ノ發表セル「ステートメント」接到セルニ付キ寫一通御目ニカクベシトテ手交シタルモノ

1298 昭和12年7月21日 在米国斎藤大使より 広田外務大臣宛（電報）

米国国務長官の求めに応じて会談したところ同長官は中国問題での日本の自制を求め和平仲介の意向を表明について

2168

ワシントン 7月21日後発

本　省 7月22日前着

第二七七號

往電第二五三號ニ關シ

二十一日求メニ依リ國務長官ヲ往訪セル處大統領ニ報告ノ爲ラシク其ノ後ノ狀況ヲ尋ネタルニ依リ累次貴電ニ依ル情報殊ニ二十日支那側ヨリ再ヒ不法ナル砲撃アリ我方モ已ムヲ得ス砲兵ノミヲ以テ之ニ應戰セル次第ヲ説明セリ長官ハ更ニ今後ノ見透シ如何ニ付質問シタルヲ以テ我方事件不擴大ノ方針ヲ繰返シ説明シタル上右日本ノ態度ニモ不拘支那側カ不法射撃ヲ止メス蔣介石亦内政的立場ヨリ强硬態度ヲ執リ引續キ中央軍ヲ北上セシムル等ノコトアリテハ如何ニ進展スルヤ豫測シ難シト述ヘ置ケリ

然ルニ長官ハ日本ノ如キ强國ト支那ノ如キ大國トカ干戈ヲ交ヘル等ノコトアリテハ影響スル所少カラスト考ヘラレ憂慮ニ堪エス米國トシテハ歐洲ニモ種々ノ困難ナル問題ヲ存スル此ノ際世界ノ平和ヲ顧念スルコト切ナルモノアリ從テ

此ノ上トモ日本側カ自制的態度ヲ以テ事件ヲ解決セラレンコトヲ切望スル次第ナルカ又其ノ爲若シ米國トシテ日本側ナリ支那ナリノ爲何カ御役ニ立ツコトアラハ喜ンテ致度キニ付腹藏ナク御申立テ願度シト述ヘ同席ノ「ホーンベック」ハ長官ハ右様申述ヘラルルモ何等特別ノ「フォーミユラ」ヲ有スル譯ニアラスト説明シ長官更ニ之ヲ敷衍シテMediationニ至ラサル程度ニテ(Short of mediate)平和維持ノ爲米國トシテ爲シ得ルコトニテモアラハ何ナリトモ致度シトノ考ナルカ右趣旨ハ「グルー」大使ニモ訓令シ外務省ニ申出テシムルコトトセリ尚新聞ノ報道ニテハ先般ノ自分ノ聲明(往電第二八六號)ハ日本ニテ評判好シカラサリシ趣ナルニ付何トカ右ノ如キ精神ニテ平和ヲ維持スル方法ナキヤト思ヒ居レリト述ヘタルニ付本使ハ不取敢長官ノ配慮ヲ謝スルト同時ニ帝國政府ハ今回ノ事件ハ日支間丈ケニテ解決シ得又解決スヘキモノト考ヘ居レリ但シ御趣旨ハ能ク分リタルニ付本使ヨリモ本國政府ニ之ヲ傳フヘキ旨答ヘ置ケリ

英ヘ轉電シ紐育、桑港ヘ暗送セリ

英ヨリ在歐各大使(土ヲ除ク)ヘ轉報アリタシ

1299

昭和12年7月(31)日　在米国斎藤大使より広田外務大臣宛(電報)

日中紛争に対し米国大統領が戦争状態存在の宣言を行わない意味を米国上院外交委員長が声明について

ワシントン　発
本　省　7月31日着

第三〇三號

北支事變ニ對スル中立法發動問題ニ關シ二十九日上院外交委員長「ピットマン」ハ大統領カ何故ニ日支紛争ニ對シ戰争状態存在ノ宣言ヲ躊躇シ居ルヤノ批評ニ答フル意味ヲ以テ聲明ヲ發表セリ尚諸新聞ハ本聲明ハ米國中立法ハ合衆國ノ安全ヲ增進スルコトヲ目的トスルモノニシテ交戰國ノ行動ヲ援助又ハ妨害スルコトヲ目的トスルモノニアラサル次第ヲ表示セントシタルモノナルコト「ピットマン」ハ上院ニ於ケル本聲明討議ニ際シ「ルーズベルト」大統領カ本件ニ關シ自重シ居ルハ中立法發動ニ依テ誘發セラルヘキ實際的紛糾以外ニモ種々ナル理由アルモノナリトノ印象ヲ與フル如キ説明ヲ爲セル外若シ米國政府カ日支間ニ戰争状態ノ

存在ヲ宣言スル場合ハ日本ニ對シテ宣戰ノ布告ナクシテ支那海港封鎖ノ口實ヲ與フルコトトナルヘシト述ヘタルコト及議院ハ其ノ場合米國ヲ（ママ）米國以外ノ列國ノ極東ニ對スル通商其ノ他ノ關係ニ及ホスヘキ影響ニ付テモ責任ヲ負フコトトナルヘシトノ意見ヲ述ヘタルコト等ヲ報シ居レリ

1300 昭和12年7月31日 在米国斎藤大使より広田外務大臣宛（電報）

米国中立法の日中紛争への適用問題に関する米国紙論調報告

ワシントン 7月31日後発
本　省 8月1日前着

第三〇九號

米國現行中立法ニ付テハ制定當時ヨリ種々議論アリ就中中立法制定ノ精神ハ外國間ノ紛爭ニ捲込マレサラントスルニアルヘキモ外國間ニ戰爭勃發スル場合ニハ米國ハ結局經濟的、社會的ニ多大ノ影響ヲ免レサルヘク中立法制定當時ヨリ寧ロ戰爭ヲ防止スルニ如カストカ或ハ中立法ハ歐洲ニ於ケル戰爭ニ限リ可ナランモ極東ニ於ケル戰爭ニ付テハ結局日本ノ侵略ヲ援助スルコトトナルヘク其ノ儘適用シ得サルヘシ等ノ議論アリタルカ今次北支事變勃發以來中立法適用問題ハ現實ノ問題トナリ各方面ニ於テ盛ニ論議セラルルニ至リタル爲政府筋ニ於テハ往電第三〇三號「ピットマン」聲明ニ依リ其態度ヲ明カニセリ之ニ對シ三十一日紐育「タイムス」社説ノ如キハ此ノ際中立法ノ適用カ米國ノ利益ヲ危殆ニ瀕セシムルモノトセハ中立法ハ結局實施不可能トナルヘキノミナラス支那ノ領土保全及門戸開放ヲ骨子トスル米國ノ傳統的極東政策ニ鑑ミ外國間ノ紛爭ヨリ完全ニ超然タラントスル中立法ハ右政策ニ反スヘシトナシ又同日華盛頓「ポスト」紙上同紙有力記者「トーバー」ハ「ピ」聲明ノ趣旨ヲ敷衍セハ結局中立法適用ニ付テハ大統領ニ完全ナル行動ノ自由ヲ與ヘ必要アラハ中立法ヲ完全ニ無視スル迄ノ權限ヲ與フルノ要アルコトトナルヘシ又日支兩國何レカ宣戰ヲ布告スル場合ニハ米國ノ好ムト好マサルトニ拘ラス中立法ハ當然ニ適用セラレ米國政策ノ決定カ日支兩國ニ依リ爲サルルカ如キ矛盾アリト論シ居リ一方西班牙、「エチオピア」ニ適用シタルニ拘ラス北支事變ニ適用シ得サルカ如キ中立法ハ修正ノ要アリトノ議論モアル處國務省方面ニ

於テハ此ノ際中立法ノ修正ハ日本ニ對スル非友誼的行爲ト見ラルルヲ惧レ種々考慮ヲ繞ラシ居ルカ如シ
紐育ヘ暗送セリ

1301　昭和12年8月9日　在米国斎藤大使より広田外務大臣宛(電報)

米国国務長官の七月十六日付声明に対し多数の国より賛意表示の回答がなされた旨米国政府公表について

別　電　昭和十二年八月九日発在米国斎藤大使より広田外務大臣宛第三三七号
主要国回答要領

ワシントン　8月9日後発
本　　省　8月10日前着

第三三六號
往電第二六五號ニ關シ
國務省ハ過般ノ「ハル」聲明ヲ在外使臣ヲシテ各任國政府ニ通達セシメタルニ對シ日、獨、伊、支那、西班牙等數箇國ヲ除ク四十數個國外務大臣ヨリ口頭又ハ文書ヲ以テ贊意表示ノ回答アリタル趣ヲ以テ七日右内容ヲ公表セルカ(内容要領別電ノ通リ)右ニ對シ八日各紙ハ左記要領ノ報道ヲ爲セリ

一、國務省ハ本件發表ニ際シ説明ヲ避ケ居ル處右カ政府外交政策ノ道程トシテ重大ナル意義ヲ有スルモノナルコトハ勿論ニシテ殊ニ政府カ外交方針ニ付テ列國ニ呼掛ケ其ノ意見ヲ求メタルハ未タ前例ナキ所ナリ(「ポスト」)

二、日、獨、伊三國ヨリハ未タ回答ナキ處「ハル」聲明ハ具體的事項ヲ擧ケ居ラサルニ拘ラス右カ西班牙及支那ノ事態ヲ目標トスルモノト解釋セラレタリトセハ極メテ興味アル次第ナリ此ノ外支那、西班牙及羅馬尼ヨリモ同樣回答ナキ處羅馬尼ハ目下「ダニユーブ」問題ノ主役タル關係上回答ヲ控ヘ居ルモノナラン(「タイムス」)

別電ト共ニ英、在米各領事ニ轉報セリ
英ヨリ在歐各大使ニ轉報アリタシ

(別　電)

ワシントン　8月9日後発
本　　省　8月10日前着

第三三七號

主要國回答要領[1]

一、英國

「ハル」長官ノ國際問題及政治經濟上ノ情勢ニ關スル意見ニ對シ滿幅ノ賛意ヲ表ス

一、佛蘭西

世界列國間ノ連帯責任及武力ニ訴フル惧アル總テノ事態ニ對スル油斷ナキ注意ヲ要スルコト今日ノ如ク甚タシキヲ見ス佛ハ軍備制限ニ賛同スルト共ニ軍備制限ヲ目的トスル活動ニ都合好キ條件ニ對スル保障ト正義トノ實現ヲ希望ス

二（一カ）、蘇聯

蘇聯邦ハ既ニ十年以前ニ於テ完全ナル全般的軍備撤廢及部分的軍備撤廢案ヲ提議セルト共ニ「ハル」長官ノ指摘シタル協調實現ヲ目的トスル永久的平和會議組織ヲ提案セリ

各[2]大陸到ル所世界ノ全般的平和ニ對スル脅威ニ依ツテ滿タサレ居ル現下ノ國際情勢ハ地方的相互援助條約ノ如キ有力ナル中和作用ノ發動ヲ要求シツツアリ蘇政府ハ國際平和樹立ノ重要過程ニ對シ多少ナリトモ貢獻シ得ヘキ「マニフエステイシヨン」ニ對シテハ何時ニテモ參加ノ用意アリ

一、洪牙利

洪牙利ハ平和條約ニ基ク「ダニユーブ」流域ノ地位ハ最終的ノモノニアラスト思考スルト共ニ既ニシテ軍備撤廢會議カ失敗ニ歸シ全世界カ大規模再軍備計畫ヲ進メツツアル今日「フリーハンド」ヲ執ル必要ヲ感シツツアリ

1302　昭和12年8月11日　広田外務大臣より在米国斎藤大使宛（電報）

米国国務長官の声明書に対する各国の賛意表明を米国政府が公表したことに関し事実関係および対処方針案回示方訓令

本省　8月11日後9時10分発

第二三五號

貴電第三三六號ニ關シ

貴電第二七七號ニヨレバ米國側ガ何カ爲シ得ルコトアラバ何ナリト致スベシトノ趣旨ヲ申出テタルノミニテ帝國政府

ノ意見表明方要求シ居ラサル如ク又七月二十二日「グルー」大使本大臣來訪ノ際モ往電第一九六號ノ通リ同様ノ趣旨ヲ述ヘタルノミニテ其際實ハ差上クベキ筋合ニハ非ルモ爲念ト稱シ殘シ去レル英文「メモ」ニモ國務長官ハ十六日聲明ノ「プリンシプル」ニ對シ各國ノ好意的意向表示ヲ希望シ居ルコト(hoping for favourable expression of their views)竝ニ帝國政府ガ右長官ノ「プログラム」ノ實現ニ協力スルコトトモナラバ同長官ノ頗ル欣快トスル所ナル趣旨ヲ貴大使ニ述ベラレタル旨ヲ記シアルモ同大使ヨリ本大臣ニ對シ此ノ點ニ關スル帝國政府ノ意向表明方特ニ要求スルカ如キ話ハナカリシ次第ナリ然ルニ冒頭貴電ニヨレバ恰モ帝國政府ハ米國ノ要求アリタルニ拘ラズ回答セザルガ如キ印象ヲ一般ニ與ヘコレニ基キ米國其他諸國ノ新聞ハ我方カ何カ後メタキコトアリテ回答セザルモノノ如キ論議ヲ爲シ居ルハ意外ニ堪エズ帝國政府トシテハ東亞特殊ノ事態ヲ充分考量ニ入ルル限リ長官聲明ノ趣旨ニ同意ヲ表スルモノナルモ今日トナリテ態々回答ヲ發スルコトハ時期ヲ失シタルヤノ觀モアリ相當考究ノ要アリト存セラルル處二十一日會談ノ際長官ヨリ前顯「グルー」ノ「メモ」ノ如キ申出アリタル次第ナリヤ又冒頭貴電ノ如キ處置ニ出デタルニ付テハ何等魂膽アリテノ次第ナルベキヤ差當リ本件措置振リニ關スル貴見ト共ニ回電アリ度シ

1303　昭和12年8月11日　在米国斎藤大使より 広田外務大臣宛(電報)

米国国務長官声明書への各国賛意表明を公表したことに関し国務省極東部長が事情内話について

ワシントン　8月11日後発
本　　　省　8月12日後着

第三四九號

貴電第二二五號ニ關シ(「ハル」國務長官聲明ニ關スル各國意嚮表明ニ關スル件)

十一日須磨情報供給ノ爲「ホーンベック」往訪ノ際夫レトナク「ハル」聲明ニ言及シ新聞ニ依レハ同聲明ニ對シ意見ヲ表示シタル國ハ或ハ四十箇國トアリ或ハ三十七箇國トアリテ一致セサルモ全部ノ意見表示ヲ待タスシテ之ヲ發表セルハ如何ナル理由ニ出ツルヤト試ニ尋ネタル處「ホ」ハ實

ハ此ノ點ハ昨日長官ヨリモ話アリタル次第ナルカ米政府トシテハ一先ツ手許ニ集マリタル分ヲ第一回分トシテ公表セル迄ニシテ現ニ續々接到シツツアル殘餘ノ分ハ何レ集マリ次第又公表スル心組ナル處右第一回ノ發表カ種々ノ誤解ヲ生シ新聞等ニテ特ニ日獨等ヨリハ回答ナシ等勝手ナ早合點ヲ爲シ時節柄不快ナル論評ヲ加ヘタルハ米國トシテモ頗ル迷惑ニ感シ居ル所ナリト述ヘタル趣ニテ國內關係ヲ考慮セルハ別トシ米側ニ於テ右公表ニ付特別ノ魂膽アリタルモノトモ思考セラレス又其ノ際ノ「ホ」ノ口吻ヨリ察スルモ米側ニ於テハ我方ヨリモ何等意思ノ表示アルモノト期待シ居ルカ如ク且二十一日ノ會談經過ハ往電第二七七號申進ノ通リニシテ其ノ際長官ヨリ聲明其ノモノニ對スル我方ノ回答等ヲ求メタルカ如キコトナキモ長官トシテハ同會談ノ際特ニ本件聲明ヲ本使ニ示シツツ篤ト其ノ重要性ヲ印象セシムルニ努メタル後（同電末段）（脫?）アリタル事實ニモ鑑ミ同會談ヲ通シ暗々裡ニ我方ノ意思表示ヲ希望シタル積リナリシヤニモ思考セラル旁々往電第三二八號ノ如キ米側ノ態度ヲモ考慮シ此ノ際帝國政府ニ於テモ當リ障リノナキ回答ヲ發セラルルコト極メテ適當ナルヤニ存セラル前記「ホ」ノ言ニ徵スルモ未タ時機ヲ失セルモノトハ思考セラレス（現ニ獨逸側ノ回答ハ一兩日前接到セル由）

~~~~~~~~~~

1304 昭和12年8月13日 広田外務大臣より在米国斎藤大使宛（電報）

米国国務長官声明書に対するわが方意向を米国政府に伝達方訓令

別　電　昭和十二年八月十三日発広田外務大臣より在米国斎藤大使宛第二二九号

右わが方意向

本　省　8月13日後8時50分発

第二二八號（至急）

貴電第三四九號ニ關シ

當方トシテハ意向表明方求メラレ居ルモノトハ解セサリシ爲回答セサリシ次第ニテ時期稍々遲レタルモ何等反對ノ意向ヲ有シタル譯ニ非ルコトヲ説明セラレ度ク貴電第三二八號ノ米側ノ態度ヲモ考慮シ別電第二二九號ノ通帝國政府ノ意向表明スルコトトセルニ付出來得レバ貴電第三五一號ノ期限ニ間ニ合フ樣先方ヘ可然傳達セラレ度シ
~~~~~~~~~~

（別　電）

本　省　8月13日後8時50分発

第二二九號（至急）

帝國政府ハ七月十六日ノ國務長官聲明中ニ掲ケラレタル諸原則ニ對シテ贊意ヲ表スルモノナリ、但シ此等諸原則ヲ東亞ニ於テ適用スルニ當リテハ現ニ同方面ニ存スル特殊事態ヲ充分認識シ實際的ナル考量ヲ加ヘタル上ニテコレヲ爲スコト右諸原則所期ノ目的ヲ達成スル所以ナリト信ス

1305　昭和12年8月13日　在米国斎藤大使より広田外務大臣宛（電報）

米国国務長官声明書に対するわが方回答を国務長官へ手交について

別　電　昭和十二年八月十三日発在米国斎藤大使より広田外務大臣宛第三五六号

右回答

ワシントン　8月13日後発

本　省　8月14日前着

第三五五號

貴電第二二八號ニ關シ

十三日午前國務長官往訪別電第三五六號英譯文ヲ手交シ二十一日會談ノ際長官ヨリ帝國政府ノ意思表示ヲ求メラルル旨ノ御言葉モナカリシ様記臆セラルルノミナラス「グルー」大使ヨリモ廣田大臣ニ別段意嚮表示ヲ求メラレサリシ爲帝國政府ヨリノ回答稍遲レタル次第ナリト説明セル處長官ハ米政府トシテハ何レノ國ニ對シテモ回答ヲ求メタルコトナク唯自分ノ聲明ニ對シ何等「コンメント」又ハ案モアラハ快ク喜ンテ承知シ度シト思ヒ居タルニ過キス然ルニ其ノ後各國ヨリ續々意嚮ノ表示アリタルニ付一應之ヲ取纒メ公表シタルニ外ナラスト釋明シ我方意嚮表明ニ對シテ謝意ヲ述ヘタリ尚其ノ際貴電合第九三七號其ノ他ニ基キ上海ノ最近ノ情勢ヲ簡單ニ説明シ目下情報電報到着シツツアルニ付何レ後刻須磨ヲシテ「ホーンベック」ニ詳細説明セシムヘキモ帝國政府トシテハ外國人ノ生命財産ノ保護ニ關シテハ従來通リ萬全ノ策ヲ講シツツアルニ付御安心ヲ請フト述ヘタルニ對シ長官ハ支那各地ニ於ケル米國（居欠カ）留民中ニハ無分別ノ者モアリ何等事件ヲ惹起スルコトナキヤヲ惧レ米政府

トシテモ右嚴戒方ニ關シ各地領事ニ訓電シアル次第ナレハ右ニ付テハ日本政府ニ於テモ此ノ上トモ御協力ヲ願フ次第ナリ又今次上海ノ事態ニ付テモ米政府トシテハ能フ限リ日支間ノ衝突ノ發生セサルコトヲ希望シ其ノ趣旨ニテ双方ニモ申入ヲ爲シ來リタル次第ナルモ遂ニ不幸ナル事態ニ立至ラントシツツアルハ頗ル遺憾ナルカ此ノ上ハ之カ擴大セサルコトヲ切望スト述ヘタリ

英ニ轉電セリ

英ヨリ在歐各大使ニ轉報アリタシ

（別　電）

ワシントン　8月13日後発
本　　省　8月14日前着

第三五六號

Japanese Government wishes to express its concurrence with principles contained in statement made by Secretary of State Hull on 16th instant concerning maintenance of world peace. It is belief of Japanese Government that objectives of those principles will only be attained, in their application to the Far Eastern situation, by a full recognition and practical consideration of actual particular circumstances of that region.

1306　昭和12年8月16日　在米国斎藤大使より広田外務大臣宛（電報）

中立法適用問題など日中紛争への米国政府対応方針に関する国務長官および上院外交委員長の談話報道報告

ワシントン　8月16日後発
本　　省　8月17日後着

第三六四號

新聞報ニ依レハ

一、「ハル」長官ハ十四日新聞記者會見ニ於テ上海ヲ軍事行動ノ基地トナラサル樣折角日支兩國政府ニ申入レツツアルコト、日支紛争ノ爲被害カ米人ニ及ヒツツアルハ悲ムヘキコトナルコト、米政府ハ假令其ノ爲米人ノ生命カ失ハルルコトアリトスルモ紛争ニ捲込マルル意思ナキコト、米政府ハ海軍ヲシテ支那ニ於ケル危險地帶ヨリ米國居留民ノ總引揚方ニ付萬全ノ準備ヲ爲サシメツツアリ卽チ命令一下支那ニ在ル艦船ヲ以テ三千ノ米國民ノ引揚ヲ全クシ得ヘキコト及引揚ノ決定ハ現地關係機關ノ裁量ニ一任シアルコト等ヲ述ヘ

二、同日外交委員長「ピットマン」ハ支那ノ新事態ハ明カニ戰爭ト認メラルルモ未タ當事國ノ何レヨリモ實際ニ宣戰ノ布告ヲ爲ササル以上戰爭狀態ノ有無ニ關スル裁量ハ大統領ノ權限ニ屬スルモノニシテ大統領ハ月曜又ハ火曜迄ニ何等カ本件ニ關スル聲明ヲ爲スモノト期待シツツアリト述ヘ上院議員（共和黨）「ナイ」ハ極東ノ事態ハ中立法ノ延遷ヲ許サス米國人ノ足ノ先ヲ踏ミタル如キ些細ナル事件ト雖米國ヲ紛爭ニ捲込ム可能性アルヲ以テ政府ハ速ニ居留民及守備兵竝ニ艦隊ノ撤退ヲ行フヘシト主張シ又「ボラー」ハ此ノ際米ノ採ルヘキ政策ハ紛爭ノ圈外ニ立ツ以外ニナシ今ヤ世界ハ戰爭ト軍備ト稅金ニ依ツテ自殺ヲ行ヒツツアリ吾人ハ戰爭ニ捲込マレサルコトニ依リ我等ノ文明ヲ最モ永ク維持シ得ヘシト述ヘタル趣ナリ

1307　昭和12年8月16日　在米国斎藤大使より広田外務大臣宛（電報）

米国国務長官声明書に対する日独中などの回答を国務省が第二回分として公表した旨および中国政府の回答要旨につき報告

ワシントン　8月16日後発
本　　省　8月17日後着

第三六五號

十五日國務省ハ七月十六日ノ長官聲明ニ對スル我方及獨逸、支那等二十一箇國ノ囘答ヲ第二囘分トシテ公表セリ支那囘答ノ要旨ハ支那政府ハ常ニ國際紛爭ヲ國際法上及條約上ノ平和的處理方法ニ依リ解決スルニ努メツツアルヲ以テ同國ノ政策ハ「ハル」長官ノ聲明ト全ク一致スルモノナリ日本トノ今次紛爭ニ關シテハ同國政府ノ態度ハ七月十六日米政府ニ提出セル覺書中ニ明カニシ置キタル所ト何等變更ナシト言フニアリ

1308　昭和12年8月19日　在米国斎藤大使より広田外務大臣宛（電報）

米国政府が上海の事態に対して未だ中立法を適用すべき事態に達していないとの方針を決定した背景につき観測報告

ワシントン　8月19日後発
本　省　8月20日前着

第三七四號

往電第三二八號ニ關シ

一、其ノ後日支時局進展シ當國カ重大ナル利害關係ヲ有スル上海方面ニ於テ大規模ノ戰鬪カ行ハレ在支米人ノ生命財産危殆ニ瀕スルニ及ヒ當國政府トシテモ何等「ステツプ」ヲ執ルノ必要ニ迫ラレ居タルカ十七日ニ至リ往電第三七〇號ノ通リ

(イ)未タ中立法ヲ適用スヘキ事態ニ達セサルコト及

(ロ)在支米人ノ生命財産保護ノ爲海兵ヲ派遣スルコトヲ決定シタリ

二、右政府ノ方針決定ニ至レル經緯ヲ察スルニ當國一般ノ趨向ハ冒頭往電一、ノ通リナル處所謂孤立政策論者中ニハ直ニ中立法ヲ適用スルノミナラス更ニ進ンテ在支米國權益ヲ引揚ケ軍隊モ撤退スヘキコトヲ主張スル者アリ然ルニ中立法ノ適用ニ付テハ

(イ)日支兩國ニ對スル貿易ニ甚大ナル影響アルコト

(ロ)結局日本ニ對シ有利ニシテ支那ニ不利ナルコト

(ハ)現ニ日本ハ米ヨリ武器類ヲ購入スルコト少ク支那ハ中立法ノ適用ナクトモ日本海軍力ニ妨ケラレ米ヨリノ購入困難トナルヘク從テ中立法ヲ適用スルモ餘リ効果ナカルヘキコト

(ニ)中立法ヲ適用スルモ米カ支那ニ駐屯セシメ居ル陸海兵力ヲ撤退セサル限リ米カ紛爭ニ捲込マルルノ惧アルコト

(ホ)現時日本ノ行動ニ對シ戰爭行爲ナリトノ極印ヲ捺スモノニシテ日本ヲ刺戟シ事態ヲ悪化スルコト

(ヘ)在支米人ノ生命財産ヲ保護スル所以ニアラサル等ノ反駁論アリ況ンヤ在支米國權益ヲ引揚ケ軍隊ヲ撤退スルカ如キハ諸列(强)ニ對シ米ハ卑怯者ナリトノ感ヲ與へ世界各國ニ於ケル米ノ權益ニ迄重大ナル悪影響ヲ及ホスモノナリトノ意見有力トナリ玆ニ右決定ヲ見ルニ至レルカ今後モ當國獨自ノ見地ヨリ大体右「ライン」ニ依リ大ナル「デビエイシヨン」ハナカルヘキヤニ認メラル

英へ轉電シ紐育、桑港、市俄古、羅府へ暗送セリ
英ヨリ土ヲ除ク在歐各大使、壽府へ轉報アリタシ

～～～～～～～～～～～～～～～～～～～～

1309　昭和12年8月23日

日中紛争を平和的に解決する上で米国政府が依拠する諸原則には九国条約や不戦条約が含まれるとの同国国務長官声明

付　記　右和文要約

Statement of Secretary Hull, Aug. 23rd, 1937

At the press conference of August 17th the Secretary of State announced, (1) legislative action to make available funds for the purpose of emergency relief necessitated by the situation in the Far East had been asked, (2) this Government had given orders for the Regiment of Marines to prepare to proceed to Shanghai. The Secretary then discussed at some length the principles of policy on which this Government was proceeding.

The situation at Shanghai is in many respects unique. Shanghai is a great cosmopolitan center with a population of over three millions' a port which has been developed by nationals of many countries and there have prevailed mutually advantageous contacts of all types and varieties between and among Chinese and the people of almost all other countries of the world. At Shanghai there exists multiplicity of rights and interests which are of inevitable concern to many countries including the United States.

In the present situation the American Government is engaged in facilitating, in every way possible, orderly and safe removal of American citizens from areas where there is a special danger. Further it is the policy of the American Government to afford its nationals appropriate protection primarily against mobs or other uncontrolled elements. For that purpose, it has for many years maintained small detachments of armed forces in China, and for that purpose, it is sending the present small reinforcement. These armed forces there have no mission of aggression. It is their function to be of assistance toward the maintenance of order and security. It has been the desire and intention of the American Government to remove these forces when the performance of their function of protection is no longer called for, and such remains its desire and expectation.

Issues and problems which are of concern to this Government in the present situation in the Pacific area go far beyond merely an immediate question of the protection of nationals and interests of the United States. Conditions which prevail in that area are intimately connected with, and have direct and fundamental relationship, to the general principles of policy to which attention was called in the statement of July 16th, which statement has evoked expressions of approval from more than fifty Governments. This Government is firmly of the opinion that the principles summarized in that statement should effectively govern the international relationship.

When there unfortunately arises in any part of the world the threat or existence of serious hostilities, the matter is of a concern to all nations. Without attemption to pass judgment regarding merits of the controversy, we appeal to the parties to refrain from resort to war. We urge that they settle their differences in accordance with the principles which, in opinion not alone of our people but of most peoples of the world, should govern in the international relationships. We consider applicable, throughout the world, in the Pacific area as elsewhere, the principles set forth in the statement of July 16th. That statement of principles is comprehensive and basic. It embraces the principles embodied in many treaties including the Washington Conference Treaties and the Kellogg Briand Pact of Paris.

From the beginning of the present controversy in the Far East, we have been urging upon both Chinese and Japanese Governments the importance of refraining from hostilities and of maintaining peace. We have been participating constantly in consultation with the interested Governments directed toward peaceful adjustment. This Government does not believe in political alliances or engagement, nor does it believe in extreme isolation. It does believe in international co-operation for the purpose of seeking, through a pacific method, the achievement of those objectives set forth in the statement of July 16th. In the light of our well defined attitude and policies, and within the range thereof, this Government is giving the most solicitous attention to every phase of the Far Eastern situation toward safeguarding lives and welfare of our people, and making effective policies in which this country believes and to which it is committed. This Government is endeavoring to see kept alive, strengthened, and revitalized, in reference to the Pacific area and to all the world, these fundamental principles.

（付　記）

「ハル」聲明（昭和十二年八月二十三日）

(1)極東ノ事態ニ基ク緊急救濟ノ爲必要ナル資金捻出方ノ立法手段カ執ラレタリ。

(2)政府ハ海軍陸戰兵ノ一聯隊ニ對シ上海向出發準備ヲ命セリ。

次テ長官ハ現政府ノ依據スル政策ノ原則ニ關シ次ノ如ク若干説明ヲ加ヘタリ。

上海ニ於ケル事態ハ凡ユル意味ニ於テ特異ナルモノナリ上海ハ人口三百萬ヲ越ユル大國際都市諸國民カ其ノ發展ニ寄與セル港ニシテ其處ニ集マル支那人及各國民ノ間ニ種々ノ相互ニ利益ヲ及ホス採觸（接カ）ヲ生シタリ上海ニハ多樣ナル權利ト利益存在シ之カ必然的ニ米國ヲ含ム多數ノ國家ノ關心事タル理ナリ。

現在ノ狀態ニ於テハ米國政府ハ特別ノ危險ノ存スル地域ヨリ米國國民ヲ安全ニ引揚クルヘク萬全策ヲ講シ居レリ更ニ主トシテ暴民或ハ他ノ不統制分子ニ對處スル爲我國民ニ適當ナル保護ヲ與ルハ米國政府ノ方針ナリ其ノ目的ノ爲永年ニ亘リ米國政府ハ支那ニ少數ノ駐屯軍ヲ維持セルカ今回モ其ノ同シ目的ノ爲少數ノ增派部隊ヲ派遣セル理ナリ此等兵力ハ何等侵略ノ意圖ヲ有セス秩序ト安全ノ維持ノ爲援助スル事カ其ノ目的ナリ而シテ此ノ保護ヲ必要トセサル狀態トナレル時ハ此等兵力ヲ撤退セシムルコトハ米國政府カ從來希望シ、意圖シ、來リタルモノニシテ今モ右ニ變化ナシ。

太平洋區域ノ現事態ニ關シ現政府ノ念願ヲ離レサル問題ハ米國國民及其ノ利益ノ保護ナル直接ノ問題以上ノモノアリ同區域ニ現存スル事態ハ五十餘ノ政府ノ賛意ヲ得タル彼ノ七月十六日聲明ニ於テ注意ヲ喚起セル政策ノ要則ニ直接根本的ノ關係ヲ有スルモノナリ我政府ハ右聲明ニ要約セラレタル諸原則カ國際關係ヲ有效ニ規律スヘキヲ確信スルモノナリ。

世界ノ何處ニ於テモ戰鬪ノ脅威アルカ若シクハ現ニ戰鬪狀態カ存スル時ハ之ハ總テノ國家ノ關心事ナリ紛爭ノ是非善惡ニ關スル判斷ヲ下サス先ツ我々ハ双方ニ對シ戰爭手段ヲ避クヘキヲ訴フ我々ハ當事者双方カ我國民ノミナラス世界大多數ノ國民カ國際關係ヲ處理スヘキ原則トナストコロノモノニ從ヒ相互ノ紛爭ヲ解決スヘキヲ勸說スル七月十六日ノ聲明ニ於テ明ラカニセル原則ハ太平洋區域ニ於テモ他ノ何處ニ於テモ要スルニ世界ヲ通シ適用セラレルヘキモノト吾人ハ思考ス右原則ノ聲明ハ包括的且根本的ナリ夫レハ華府條約及「ケロッグ・ブリアン・パクト」ヲ含ム多數ノ條約ニ盛ラレタル諸原則ヲ包含スルモノナリ。

極東ニ於ケル現紛爭ノ當初ヨリ吾人ハ日支双方ニ對シ戰鬪行爲ノ中止ト平和維持ノ重要性トヲ勸說シ來レリ吾人ハ平和的調整ノ目標ニ向ヒ關係諸國政府ト當ニ接觸ヲ保テリ。

本政府ハ政治的同盟又ハ協約ヲ斥クルモ極端ナル孤立モ亦其ノ避クルトコロナリ本政府ノ信條ハ七月十六日ノ聲明ニ規定セラレタル諸目的達成ヲ平和的方法ヲ以テ計ルヘク國際的ニ協調スルニアリ此ノ明白ニセラレタル我態度ト政策ニ從ヒ而シテ其ノ範圍內ニ於テ現政府ハ目下我國民ノ生命安全ヲ衞リ我國カ其ノ信條トシ且ツ現ニ「コミット」セル諸政策ヲ有效ニ作用セシムル爲極東事態ノ諸相ニ深甚ノ注意ヲ拂ヒツツアリ本政府ハ之等根本原則カ太平洋區域及世界各地ニ於テ活用サレ强化サレ復活セラルヘク當ニ努力シ居ルモノナリ。

~~~~~~~~

1310

昭和12年8月㉖日　在ニューヨーク若杉総領事より広田外務大臣宛(電報)

米国国務長官の八月二十三日付声明に関する米国紙論説報告

ニューヨーク　発
本　　省　8月26日後着
~~~~~~~~

特情紐育第一五七號

二十五日ノ「ニユーヨーク・タイムス」ハ「米國ノ極東政策」ト題スル論說ヲ掲ケ次ノ如ク述ヘテ居ル

今回ノ「ハル」國務長官ノ聲明ハ中立法ノ規定スル精神卽チ米國カ外國ノ紛爭ニ捲込マレルヲ避ケル爲出來ル丈ケ早ク米國人ヲ危險地帶カラ引揚ケル政策ニ一歩進メ否反對ニ方向ヲ轉換シテ今回ノ紛爭カ不戰條約、九國條約ヲ含ム一般政策ニ關スル問題ヲ含ム旨ヲ指摘シテ居ル點ニ注意スヘキテアル尤モ聲明中ノ字句ハ頗ル注意深ク使用サレ「ハル」長官ノ政策カ從前ノ米國極東政策トハ異ルモノナルコトヲ示シテ居ル

最後ニ「ハル」長官ハ日支兩國カ今カラテモ戰爭回避ノ手段ヲ發見スルコトヲ希望シ米國政府ハ從來他ノ利害關係國ト平和解決ノ爲協力シテ來タカ將來モ此ノ努力ヲ續ケル旨ヲ確言シテ居ル

1311 昭和12年9月13日 在ニューヨーク若杉総領事より広田外務大臣宛(電報)

日中紛争に関連して米国政府内で屑鉄の輸出制限問題が重大化しつつあるとの観測報告

ニューヨーク 9月13日後発
本 省 9月14日前着

商第一六三號

屑[1]鐵輸出制限問題ハ最近東洋及歐洲ニ於ケル需要激增ニ刺戟セラレ擡頭シ來リ九月八日下院外交委員長「マク、レイノルド」ハ來議會ニ於ケル右法案支持方ヲ聲明シ次テ十一日上院軍事委員會ハ屑鐵輸出增加ノ影響ニ關スル議會ノ調査强化方ヲ慫慂シ陸海軍當局モ商務及內務兩當局ト共ニ右調査ニ協力センコトヲ期シ從來餘リ氣乘セサリシ國務長官亦之カ支持ニ傾キタル旨傳ヘラレ居ル處日支事變ニ關聯大問題トナリツツアル中立法ノ發動如何ニ拘ラス屑鐵ノ輸出制限問題ハ早晚實現セラルルモノト觀測スル向アリ殊ニ本年內ニ特別議會ノ召集アルヤノ噂モアリ、本問題ハ益々重大視セラルルニ至レリ屑鐵輸出ハ商務省統計ニ依レハ本年一月ヨリ七月ニ至ル累計二百六十萬噸此ノ金額五千百九十五萬弗昨年同期ニ比シ數量ニ於テ一〇五%ノ激增ヲ示シ右ノ內對日輸出ハ百五十二萬噸ニシテ第一位ヲ占メ昨年同期ニ比シ二倍以上ノ增加ナリ

而シテ本品ノ米國供給量ハ商品ノ性質上正確ナル見込付カサルモ一箇月約二、三〇〇萬噸ニ過キサルヲ以テ其ノ内今迄ノ輸出量一箇月最高四、〇五〇萬噸（編注）ト見テモ今後日本、英國、伊國等ヘノ輸出激増シ米國消費亦増加スルノ傾向ニ對シ米國側カ警戒シツツアルハ無理ナラサル次第ナルヘシ

(2)本問題ヲ本邦側ヨリ觀レハ本邦消費量一箇月十六萬噸トシ米國ヨリノ輸入ヲ十五萬噸トシテモ之カ輸送ニハ日本定期船ニ頼ル能ハス歐洲船ニ頼ラントスルモ船腹ハ次第ニ缺乏シ來リ傭船ニハ手續ニ二、三週間ヲ要スヘク又一艘ノ滿船量七千噸トシテモ十五萬噸ニ對シテハ二十艘餘ヲ要スルノミナラス積取ニハ一船一箇所ニテモ二、三週間ヲ要スル處最近C・I・O所屬ノ勞働者ハ日本向貨物ノ荷役ヲ停止セントスルノ運動モ起リツツアル由ニテ今後ノ情勢ハ懸念スヘキモノ多キニ付當地本邦商社ハ買付ヲ急カントスルモ三、四箇月ノ先物契約ニテ相當ノ資金（噸當リC・I・F三十三弗五十仙トシ一箇月十五萬噸ニ對シ約五百萬弗）ヲ要スルカ爲替管理ノ爲資金難ニ陷リ目下買付停頓ノ體ナリ

右ノ次第ニ付今後本邦ニ於ケル屑鐵需要増加カ必然ナルニ於テハ本品思惑取引ヲ誘致スル惧アル場合ノ對策ハ別個ニ考慮スルコトトシ此ノ際當地買付ノ時機ヲ失セサル樣爲替管理等ニ付テモ特ニ考慮ヲ拂フコト急務ナリト存セラル

米ヘ暗送セリ

編注 「最高四、〇五〇萬噸」の部分は、「最高四、五十萬噸」と後日訂正された。

1312 昭和12年9月15日 在米国斎藤大使より広田外務大臣宛（電報）

米国政府所有船による日中双方への軍事物資輸送を禁止する旨米国政府声明について

ワシントン 9月15日前発
本省 9月15日後着

第四五九號

十四日米國政府ハ左記趣旨ヲ聲明シタリ

一、政府所有ノ商船ハ今後更ニ通告スル迄本年五月一日大統領布告（西班牙內亂ニ中立法ヲ適用シタルモノ）ニ掲ケタル武器彈藥其ノ他ノ戰爭要具ヲ支那又ハ日本ニ運搬スルコトヲ許可セサルコト

二、政府所有以外ノ米國商船ニシテ前記ノ武器類ヲ支那又ハ日本ニ運搬セントスルモノハ今後更ニ通告スル迄自己ノ危險ニ於テ爲スモノナルコト

三、中立法適用ノ問題ハ現狀ノ通リナルコト

英ヨリ在歐各大使及壽府ヘ轉電アリタシ

英ヘ轉電セリ

1313　昭和12年9月15日　在米国斎藤大使より広田外務大臣宛（電報）

日中紛争の局外に立つべしとの米国内の論調とその米国政府に及ぼすべき影響について

ワシントン　9月15日後発
本　　省　　9月16日前着

第四六三號

米國政府ニ於テハ屢次往電ノ通リ今次日支事變ニ捲込マルルヲ避クヘシトノ意見一般ヲ風靡シ居リ殊ニ平和團體及議會方面ヨリハ中立法ヲ適用シテ完全ニ今次事變ノ局外ニ立ツヘシトノ意見有力ニ主張セラレ居ルニ鑑ミ㈠先ツ事件ニ捲込マルル原因トナル惧アル在支米國居留民ニ付テハ極力引揚ケシムル樣努力シ特ニ大統領ハ過般在支米國居留民ニシテ引揚ヲセサル者ハ自己ノ危險ニ於テ留マル旨ヲ聲明シテ在支米國居留民ノ引揚ヲ强ク勸告スル所アリ㈡日本帝國海軍ノ支那沿岸封鎖ノコトアルヤ米國船舶ノ封鎖區域航行就中支那向ケ武器類ヲ搭載シテ航行スルコトハ日本側ノ態度ニ鑑ミ何時日本側トノ間ニ悶着ヲ惹起シ事件ニ捲込マルルコトトナルヤ測ラレサルヲ以テ曩ニハ米國船舶ノ支那沿岸方面航行ニ對シ警告ヲ發シ（地中海ニ於ケル海賊潛水艦横行ニ關聯シ同方面ニ於ケル米國船舶航行ニ對シ警告シタルモ外國ノ紛爭ニ捲込マレサラントスル米國政府ノ方針ニ出ツ）更ニ往電第四六二號聲明ニ依リ中立法ノ適用ニ依ラスシテ事實上米國船舶ニ依ル日支兩國向ケ武器輸送ヲ阻止スルコトトシ又㈢大統領ハ去ル十一日紐育州「ハイドパーク」ニ於テ米國カ今次事件ニ捲込マレサル爲有ユル努力ヲ爲シツツアルコトヲ明ニスル等ノ措置ニ出テタルモノト認メラル

要スルニ今次事件ニ對スル當國政府ノ態度ハ完全ニ事件ノ局外ニ立ツコトヲ趣旨トスル所謂孤立主義ト世界平和乃至極東問題ニ關スル米國從來ノ方針ノ行懸上米國カ今次事件

ノ處理ニ乘出スコトヲ趣旨トスル所謂集團保障主義ニ付中間ヲ歩ミ來リタルモノナルカ漸次輿論ニ押サレ孤立主義ノ方向ニ傾キツツアルモノト認メラル
英、紐育、桑港、市俄古ヘ轉電セリ
英ヨリ在歐各大使、壽府ヘ轉報アリタシ

1314 昭和12年9月18日　在米国斎藤大使より 広田外務大臣宛(電報)

政府所有船による日中両国向け武器輸出を禁じた米国政府の措置に対し中国が王正廷大使を通じて抗議した旨報告

ワシントン　9月18日後発
本　　省　　9月19日後着

第四七一號
往電第四五九號ニ關シ
王正廷ハ十七日本國政府ノ訓令ニ基キ國務長官ニ對シ口頭ヲ以テ今回ノ武器輸送禁止ニ關スル聲明ハ實際上支那ニ對スル武器ノ輸送ヲ封スルト共ニ制海權ヲ握リツツアル日本ニ對シ有利ナル結果ヲ生スルコトトナル次第ニテ支那ニ對シ好マシカラサル印象ヲ與ヘツツアリトノ趣旨ヲ申入レタル趣ナルカ右會見後長官ハ新聞記者會見ニ於テ記者ノ質問ニ答ヘ聲明ニ明示セラレ居ル以外何等附加スル必要ヲ認メスト答ヘタル趣ニテ「タイムス」ハ長官ノ口吻ニ依レハ右抗議ハ既定方針ニ影響ヲ及ホスカ如キコトナカルヘシト傳ヘ居レリ
英、紐育ニ轉報セリ
英ヨリ在歐各大使、壽府ニ轉報アリタシ

1315 昭和12年10月5日

米国大統領のシカゴにおける演説

PRESIDENT ROOSEVELT'S ADDRESS AT CHICAGO,
October 5, 1937.

I am glad to come once again to Chicago and especially to have the opportunity of taking part in the dedication of this important project of civil betterment.

On my trip across the continent and back I have been shown many evidences of the result of common-sense cooperation between municipalities and the Federal Government and I have been greeted by tens of thousands of Americans who have told me in every look and word that their material and spiritual well being has made great strides forward in the past few years.

And yet as I have seen with my own eyes the prosperous firms, the thriving factories, and the busy railroads, — as I have seen the happiness and security and peace which covers our wide land, almost inevitably I have been compelled to contrast our peace with very different scenes being enacted in other parts of the world. It is because the people of the United States under modern conditions must for the sake of their own future give thought to the rest of the world that I, as the responsible executive head of the nation, have chosen this great inland city and this gala occasion to speak to you on a subject of definite national importance.

The political situation in the world, which of late has been growing progressively worse, is such as to cause grave concern and anxiety to all the peoples and nations who wish to live in peace and amity with their neighbors.

Some fifteen years ago the hopes of mankind for a continuous era of international peace were raised to great heights when more than sixty nations solemnly pledged themselves not to resort to arms in furtherance of their national aims and policies. The high aspirations expressed in the Briand-Kellogg Peace Pact and the hopes for peace thus raised have of late given way to a hastening (haunting カ) fear of calamity. The present reign of terror and international lawlessness began a few years ago.

It began through unjustified interference in the internal affairs of other nations or the invasion of alien territory in violation of treaties, and has now reached a stage where the very foundations of civilization are seriously threatened. The landmarks and traditions which have marked the progress of civilization toward a condition of law, order and justice are being wiped away. Without a declaration of war and without warning or justification of any kind civilians including women and children are being ruthlessly murdered with bombs from the air. In times of so-called peace ships are being attacked and sunk by submarines without cause or notice.

Nations are (fomenting ｶ) forming and taking sides in civil warfare in nations that have never done them any harm. Nations claiming freedom for themselves deny it to others.

Innocent peoples and nations are being cruelly (sacrificed ｶ) sacrified to a greed for power and supremacy which is devoid of all sense of justice and humane consideration.

To paraphrase a recent author, 'Perhaps we foresee a time when men, exultant in the technique of homicide, will rage so hotly over the world that every precious thing will be in danger, every book and picture and harmony (, every 欠ｶ) treasure garnered through two (millenniums ｶ) millimums, that small, the delicate, the defenseless — all will be lost or wrecked or utterly destroyed.'

If those things come to pass in other parts of the world let no one imagine that America will escape, that it may expect no mercy, that this Western Hemisphere will not be attacked and that it will continue tranquilly and peacefully to carry on the ethics and the arts of civilization.

If those days come 'there will be no safety by arms, no help from authority, no answer in science. The storm will rage till every flower of culture is trampled and all human beings are leveled in a vast chaos.'

If those days are not to come to pass, if we are to have a world in which we can breathe freely and live in amity without fear — the peaceloving nations must make a concerted effort to uphold laws and principles on which alone peace can rest secure. The peaceloving nations must make a concerted effort in opposition to those violations of treaties and those ignoring of humane (instincts ｶ) instances which today are creating a state of international anarchy and instability from which there is no escape through mere isolation or neutrality.

Those who cherish their freedom and recognize and respect the equal rights of their neighbors to be free and live in peace must work together for the triumph of law and moral principles in order that peace, justice, and confidence may prevail in the world. There must be a return to a belief in the pledged word in the value of a signed treaty. There must be a recognition of the fact that national morality is as vital as private morality.

A bishop wrote me the other day, 'It seems to me that something greatly needs to be said in behalf of ordinary humanity against the present practice of carrying the horrors of war to helpless civilians especially women and children. It may be that such a protest might be regarded by many who claim to be realists as futile but may it not be that the heart of mankind (is ヌカ) so filled with horrow (horror カ) at the present needless suffering that force could be mobilized in sufficient volume to lessen such cruelty in the days ahead. Even though it may take twenty years, which God forbid, for civilization to make effective its corporate protest against this barbarism surely strong voices may hasten the day.'

There is a solidarity and an interdependence about the modern world both technically and morally which makes it impossible for any nation completely to isolate itself from economic and political upheavals in the rest of the world, especially when such upheavals appear to be spreading and not declining. There can be no stability for (or カ) peace either within nations (or ヌカ) between nations except under laws and moral standards adhered to by all.

International anarchy destroys every foundation for peace. It jeopardizes either the immediate or the future security of every nation, large or small. It is therefore a matter of vital interest and concern to the people of the United States that the sanctity of international treaties and the maintenance of international morality be restored.

The overwhelming majority of the peoples and nations of the world today want to live in peace. They seek the removal of barriers against trade. They want to exert themselves in industry, in agriculture and in business that they may increase their wealth through the production of wealth producing goods and must find some way to make their will prevail. (以下 prevail. マデ誤リカ)

In those nations of the world which seem to be piling armament on armament for purposes of aggression and those other nations which fear acts or aggression against them and their security, a very high proportion of their national income is being spent directly for armaments. It runs from thirty to as high as fifty per cent.

The proportion that we in the United States spend is far less — eleven or twelve per cent.

How happy we are that the circumstances of the moment permit us to put our money into bridges and boulevards, dams and reforestation, the conservation of our soil, many other kinds of useful works rather than into huge standing armies and machine guns and cannon for destruction of human lives and useful property. (以下 property. マデ誤リカ) (以下脱文アリカ)

The situation is definitely of universal concern. The questions involved relate not merely to violations of specific provisions of particular treaties, they are questions of war and of peace, of international law and, especially, of principles of humanity. It is true that they involve definite violations of agreements and especially of the Covenant of the League of Nations, the Briand-Kellogg Pact and the Nine-Power Treaty. But they also involve problems of world economy, world security and world humanity.

It is true that the moral consciousness of the world must recognize the importance of removing injustices and well founded grievances, but at the same time it must be around (aroused カ) to the cardinal necessity of honoring sanctity of treaties, of respecting the rights and liberties of others, and of putting an end to acts of international aggression.

It seems to be unfortunately true that the epidemic of world lawlessness is spreading.

When an epidemic of physical disease starts to spread the community approves and joins in a quarantine of the patients in order to protect the health of the community against the spread of the disease.

It is my determination to pursue a policy of peace and

to adopt every practicable measure to avoid involvement in war. It ought the(toカ) be inconceivable that in this modern era in the fact(face カ) of experience any nation could be so foolish and ruthless as to run the risk of plunging the whole world into war by invading and violating, in contravention of solemn treaties, the territory of other nations that have done them no real harm and which are too weak to protect themselves adequately. Yet the peace of the world and welfare and security of every nation is today being threatened by that very thing.

No nation which refuses to exercise forbearance and to respect the freedom and rights of others can long remain strong and retain the confidence and respect of other nations. No nation ever loses its dignity or good standing by conciliating its differences and by exercising great patience with and consideration for the rights of other nations.

War is a contagion whether it be declared or undeclared. It can engulf states and peoples remote from the original scene of hostilities.

We are determined to keep out of war yet we cannot insure ourselves against the disastrous effects of war and the dangers of involvement. We are adopting such measures as will minimize our risk of involvement but we cannot have complete protection in a world of disorder in which confidence and security have broken down.

If civilization is to survive the principles of peace must be restored. Shattered trust between nations must be revived.

Most important of all, the will for peace on the part of peace loving nations must express itself to the end that nations that may be tempted to violate their agreements and the rights of others will desist from such a cause. There must be positive endeavors to preserve peace.

America hates war. America hopes for peace. Therefore, America actively engages in the search for peace.

編注 本文書は昭和十五年二月、亜米利加局第一課作成「對

米外交關係主要資料集」より抜粋。本文書には誤字、脱字が見られるが原文のまま採録した。

1316 昭和12年10月6日

米国大統領のシカゴ演説に反駁した情報部長談話

情報部長談（十月六日）

世界ハ人類ノタメニ與ヘラレタモノテアル。正直ニシテ勤勉ナル國民ハコノ地上イカナル所ニ於イテモ幸福ニ生存シ、生活ヲ享受シ得ル資格カアル筈テアル。然ルニ怠惰ニシテ過去ノ蓄積ニ依ツテ幸福ニ生活シテ居ルモノカアル一方正直ニシテ勤勉ナル國民カ生存ヲ拒マレタトシタナラハコレ程ノ不公平カアルテアロウカ。菜根譚ニ「物平ヲ得サレハ鳴ル」ト云フ言葉カアル、政治ノ要諦ハ不平者ヲシテ鳴ラシメサルコトテアル。コレハ國内政治ニツイテ然ルノミナラス國際政治ニ於テモ同様テアル。

日本ハ五十年間ニ人口ハ倍加シタ。然ルニ狭小ナル島國外ニ發展ノ地ヲ求メントスレハ各地テ拒マレテキル。「アメリカ」合衆國カ我カ移民ヲ阻止シテキルコトハ人類ノ自然ノ法則ニ反スル。日本國民ノ尤モ遺憾トスルトコロテアル。然シ又世界ハ現ニ「持テル國」ト「持タナイ國」トノ争カアル。資源原料分配ノ不公平ノ聲カ甚シク騒キ立テラレテキル。若シコノ不公平カ是正サレナイトスレハ、「持テル國」カ「持タナイ國」ニ對シ既得權利ノ讓歩ヲ拒ンタナラハ、コレラ解決スル途ハ戰争ニヨルノ外ハナイテハナイカ。シカシ我國民ハ權利トシテ要求ヲナスモノテハナイ。西洋流ノ權利ノ觀念ハ東洋人ノ氣持ニ反スル。勤勉ニシテ正直ナル日本國民ハ人類ニ與ヘラレタル世界ニ於テ幸福ナル生活ヲ享受シ得ル十分ノ資格ヲ有スルコトヲ要求スルノテアル。

「アメリカ」大統領ノ演説カ支那事變ヲ念頭ニ置イテナサレタトスルナラハ、玆ニ東洋ニ起リツツアル現下ノ問題ニツイテモ前述ノ所説ヲ適用スルコトカ出來ル。日本カ大陸ニ對シテ平和的發展ヲ行ハントスルノハ日本人ノ幸福ヲ求ムル爲メノミナラス支那人ニモ亦同様ニ幸福ヲ與ヘントスルモノテアル。日本ハ支那人ニ平和的提携ヲ求メテキルノテアル。然ルニ支那カ武力テコレヲ拒ム故ニ今日ノ事變カ起ツタノテアル。ケレトモ支那ノ識者ハ必スヤ日本ノ眞意ヲ諒解シテ世界平和ノタメニ共存共榮ノ途ニ進ムニ至ルコトヲ信シテ疑ハナイ。

1317　昭和12年10月6日

中国における日本の軍事行動を九国条約および不戦条約違反とする米国国務省の声明

付記　右和訳文

SINO-JAPANESE SITUATION:
CONCLUSION REGARDING ACTION OF JAPAN

(Released October 6)

The Department of State has been informed by the American Minister to Switzerland of the text of the report adopted by the Advisory Committee of the League of Nations setting forth the Advisory Committee's examination of the facts of the present situation in China and the treaty obligations of Japan. The Minister has further informed the Department that this report was adopted and approved by the Assembly of the League of Nations today, October 6.

Since the beginning of the present controversy in the Far East, the Government of the United States has urged upon both the Chinese and the Japanese Governments that they refrain from hostilities and has offered to be of assistance in an effort to find some means, acceptable to both parties to the conflict, of composing by pacific methods the situation in the Far East.

The Secretary of State, in statements made public on July 16 and August 23, made clear the position of the Government of the United States in regard to international problems and international relationships throughout the world and as applied specifically to the hostilities which are at present unfortunately going on between China and Japan. Among the principles which in the opinion of the Government of the United States should govern international relationships, if peace is to be maintained, are abstinence by all nations from the use of force in the pursuit of policy and from interference in the internal affairs of other nations; adjustment of problems in international relations by process of peaceful negotiation and agreement; respect by all nations for the rights of others and observance by all nations of established obligations; and the upholding of the principle of the sanctity of treaties.

On October 5 at Chicago the President elaborated these principles, emphasizing their importance, and in a discussion of the world situation pointed out that there can be no stability or peace either within nations or between nations except under laws and moral standards adhered to by all; that international anarchy destroys every foundation for peace; that it jeopardizes either the immediate or the future security of every nation, large or small; and that it is therefore of vital interest and concern to the people of the United States that respect for treaties and international morality be restored.

In the light of the unfolding developments in the Far East, the Government of the United States has been forced to the conclusion that the action of Japan in China is inconsistent with the principles which should govern the relationships between nations and is contrary to the provisions of the Nine Power Treaty of February 6, 1922, regarding principles and policies to be followed in matters concerning China, and to those of the Kellogg-Briand Pact of August 27, 1928. Thus the conclusions of this Government with respect to the foregoing are in general accord with those of the Assembly of the League of Nations.

(付　記)

米國務省ノ聲明(十月六日)

國務省ハ「スキス」駐箚「アメリカ」公使ヨリ二十三ケ國諮問委員會テ可決サレタ支那ニ於ケル現在ノ狀勢竝ニ日本ノ條約上ノ義務ニ關スル報告書ノ成文ヲ接受シタカ公使ハ同時ニ十月六日聯盟總會カ右報告書ヲ採擇承認シタ旨ヲ報告シテ來タ。

極東ニ現在ノ紛争カ起ツタ當初ヨリ米國政府ハ日支兩國政

府ニ對シ戰鬪中止ヲ勸告シ平和的手段ニ依リ紛爭當事國ノ双方ニトッテ受諾シ得ヘキ何等カノ和協手段ノ發見ニ助力スルコトヲ申出タ、國務長官ハ去ル七月十六日ト八月二十三日ニ聲明書ヲ發表シ、國際問題及ヒ全世界ヲ通シテノ國際關係ニ對スル米國政府ノ見解ヲ闡明シタ是等ノ聲明ハ特ニ戰鬪行爲ニ適用サルヘキモノテアルカ、不幸ニシテ目下日支兩國間ニ此ノ戰鬪行爲カ行ハレツツアル米國政府カ平和維持ノタメ國際關係ヲ支配スヘキ諸原則ト信スルモノノ內ニハ

一、政策遂行ノタメノ武力行使竝ニ他國ノ內政干渉ヲ排除スル。

一、國際關係諸問題ノ調整ニハ平和的商議及ヒ協定ニヨル。

一、各國民カ他國民ノ權利ヲ尊重シ且ソノ義務ヲ遵守スル。

一、條約神聖ノ原則ヲ保持スル。

「ルーズベルト」大統領ハ十月五日「シカゴ」ニ於テ之等ノ原則ヲ闡明シ、ソノ重要性ヲ强調シタ、更ニ大統領ハ世界ノ情勢ヲ檢討スルニ當ツテ

一、各國カ遵守スル法律ト道德律ノ下ニ於ケルニ非サレハ一國內ニモ國際間ニモ安定ト平和ノ存シ得サルコト。

一、國際的無政府狀態ハ平和ノ基礎ソノモノヲ破壞スルモノナルコト。

一、而シテ之カ直ニ若クハ將來ニ於テ大小ヲ問ハス各國ノ安定ヲ危殆ニ陷レルコト。

一、從ツテ條約竝ニ國際道德尊重ノ精神カ恢復サレルコトハ米國民ノ最大關心事テアルコトヲ指摘シタ。

米國政府ハ極東ニ於ケル事態ノ推移ヲ觀察セル結果支那ニ於ケル日本ノ行動ハ國際關係ヲ律スヘキ諸原則ト矛盾シ且一九二二年六月二日締結サレタ支那ニ關スル九ケ國條約及一九二八年八月七日締結サレタ不戰條約ノ規定ニ違反スルトノ結論ニ到達セサルヲ得サルニ至ツタ如上、米國政府ノ到達シタ結論ハ國際聯盟總會ノ採擇シタ結論ト一般的ニ一致スルモノテアル。

編注 本付記は、昭和十二年十月、情報部作成「支那事變關係公表集(第一號)」から抜粋。

1318 昭和12年10月8日 在米国斎藤大使より広田外務大臣宛(電報)

2196 米国大統領のシカゴ演説および十月六日付国務省声明をめぐる国務長官との意見交換について

ワシントン　10月8日前発
本　　省　10月8日夜着

第五二三號（極祕）

七[1]日本使國務長官ヲ往訪（「ホーンベック」同席）先ツ本使ヨリ本日ハ本國政府ヨリノ訓令ニ依ルニアラス自分ノ思付ニテ訪問シタル次第ニテ今次市俄古ニ於ケル大統領ノ演說、國務省聲明アリ米政府ニ於テ今次日支事件ニ付如何ニ考慮シ居ルヤ其ノ眞意ヲ伺ヒ又日本側ニ對シ何等注文アラハ之ヲ伺ヒ度シト思ヒ御伺ヒシタル旨ヲ述ヘタル上米大統領及國務省聲明ヲ見ルニ米政府カ極東ニ於ケル一般的狀態乃至其ノ他ニ付初メテ積極的ニ一般的批判ヲ加ヘタルモノト認メラルルカ此ノ際右演說乃至聲明ヲ爲シタルハ何等特別ノ理由アル次第ナリヤト問ヒタルニ長官ハ豫テヨリ御話シタル通リ米政府ハ其ノ平和ニ對スル重大關心ヨリ日支兩國ノ爲ニ御役ニ立ツコトアラハ何ナリトモ盡力致度ク思ヒ居タルカ右方針ニハ何等變更ナシ唯聯盟ニ於テ五十箇國モ集リ日本ノ態度ニ付決議シタルニ依リ米トシテモ平和維持ノ見地ヨリ聯盟ト同様ノ見解ヲ有スルコトヲ表明セサルヲ得サリシ次第ナリ日本ノ行動カ條約違反ナリト言明セルモ聯盟ニ於テ同主義ノ決議ヲ爲シタルニ依ルモノナリト答ヘタルニ付本使ハ元來聯盟ナルモノハ不合理ニシテ自分モ滿洲事變當時聯盟ノ討議ノ模様ヲ目ノ邊リ見タルカ中南米ノ諸小國ノ代表者カ事態ニ關スル充分ノ認識モナク「アカデミック」ニ日本ノ態度ヲ非難シ投票シテ決議ヲ爲シタル様ノ仕末ニシテ決議ニ參加シタル國ノ數ハ多クトモ斯ル實際ノ事態ニ卽セサル決定ハ日本トシテ承服スルヲ得サリシ譯ナリ米カ獨自ノ立場ヨリ聯盟同様ノ見解ヲ表明セラレタルハ已ムヲ得ストスルモ遺憾ニ存スル次第ナリト述ヘ更ニ今後ノ米政府ノ行動ニ關シ餘リ早マリタル質問ニテ或ハ御伺ヒスヘキ筋合ニアラサルカトモ思考スルモ米政府トシテハ九箇國條約關係國ノ會議參加ヲ考慮ニ置カルルヤト問ヒタルニ[2]長官ハ本問題ニ付テハ新聞記者ニハ聯盟ノ決議及我聲明ニ示サレタル通リト話シ置キタルカ今次ノ國務省聲明以上ニハ申上クルコトヲ得スト答ヘタリ

次テ本使ヨリ日本ハ今次事變ヲ以テ條約違反ト認メ居ラス今次ノ行動ハ戰爭ニアラス又日本ハ何等支那ニ領土的野心

ヲ有セス支那ノ領土的、行政的保全ヲ犯サス從テ條約違反ナリトノ非難ハ日本トシテ受入レルヲ得ス日本ハ平和ヲ愛好スルモ支那カ共産黨ト提携シテ排日政策ニ邁進シ來リタル爲日本ハ自衞ノ爲已ムヲ得ス劍ヲ以テ立チタルモノニシテ若シ日本カ中途ニテ手ヲ引ケハ支那ハ之ヲ弱味ト考ヘ益事態ヲ悪化スルノミナリ今次事變ニ關シ米國カ折角公正中立ノ態度ヲ取リ居ラルルニ顧ミ之ニ累ヲ及ホスコトヲ惧レ今日迄本使トシテハ外部ニ對シ國務省ヲ蔑ニシ直接國民ニ對シ意見ヲ表明スルコトヲ差控ヘ來リタルカ米政府ニ於テ日本ノ行動ヲ以テ條約違反ナリト聲明シタルニモ鑑ミ今後ハ日本ノ態度ニ付一般民衆ノ了解ヲ深ムル必要モアリ新聞等ヨリ問合セアリタル場合ニハ右ノ趣旨ニテ應答スルコト已ムヲ得サルニ至レリト述ヘ

更ニ日米關係ハ本事件以來一見改善セラレタルヤニ認メラレ日本側ニ於テハ一般ニ米國ハ支那問題ノ爲ニ戰爭ヲ賭スルモノニアラサルコトヲ漸次了得シ米國側ニ於テモ一般民衆ノ間ニ支那ニハ戰爭シテ迄擁護スル程度ノ緊切ノ利益ナシト認識スルニ至リ右風潮ハ頗ル結構ト存スル次第ニシテ本件落着後ハ更ニ一層日米關係改善ノ望ミアリト思考スル處今次大統領演說等カ右改善ノ機運ニ累ヲ及ホスヘシトハ思ハサルモ日本ノ輿論ニ面白カラサル影響ヲ及ホシタルハ事實ナリ

又[3]外國ヨリ日本ニ道德的壓迫ヲ加フレハ折角日本政府ニ於テハ速ニ本事件ノ結末ヲ附ケント努力シ居ルモ國論硬化ノ爲右努力カ頗ル困難トナルヘキコトヲ惧ル又支那カ「エンカレッジ」セラルレハ外國ノ援助ニ頼リ益事件ヲ長引カシメ却テ米國側ノ希望スル所ト反對ノ結果ヲ來スヘキコトヲ憂フ就テハ今後米國ニ於テ何等措置ニ出ツル場合ニハ右ノ點ヲ充分考慮ニ入レラレンコトヲ望ムト述ヘタルニ長官ハ良ク了解セリト述ヘタリ

次ニ「ホーンベック」ヨリ日本ハ本事件ヲ速ニ終了シ度シト言ハレタル處如何ナル事態ニ達スレハ終了ト考ヘラルル儀ナリヤト問ヒタルニ付本使ハ支那側カ軍事行動ヲ斷念シ根本的ニ反省シテ誠意ヲ以テ日支提携ニ關スル日本ノ要望ヲ受入ルル迄ニ到ラサレハ終了セサルヘシト答ヘタルニ「ホ」ハ然ラハ軍事行動カ終了セサレハ事件ハ終了セサルヤト問ヒタルニ付本使ハ今日ノ狀態ニテハ其ノ通リナリト答ヘタリ

終リニ長官ヨリ重ネテ米國トシテハ日支双方ノ同意シ得ルカ如キ解決ヲ爲ス爲ニ御役ニ立ツコトアラハ何ナリトモ致スヘシト述ヘタルニ付本使ハ日本政府トシテハ今日ノ狀態ニ於テハ米國其ノ他第三國ノ干涉ハ事態ヲ益惡化スルモノト信シ居レリト述ヘ置ケリ

紐育、桑港ニ託送セリ

英ニ轉電セリ

1319 昭和12年10月8日 在米国斎藤大使より広田外務大臣宛（電報）

米国大統領のシカゴ演説および十月六日付国務省声明の背景に関する観測報告

ワシントン 10月8日後発
本　　省 10月9日前着

第五二七號

今次市俄古ニ於ケル大統領演說及國務省聲明ノ重點ハ要スルニ今次日支戰鬪者間ニ捲込マレサルコト及其ノ範圍ニ於テハ國際協力ニ依リ平和確保ノ爲協力スルコトノ二點ニ在リ從テ從來ノ米政府ノ態度ニ根本精神ニ於テ變更有リト認ムルコトヲ得サル處對內的ニハ上院議員「ブラック」ノ大審院判事任命問題等ニ關連スル陰鬱ナル空氣ノ轉換ノ必要及日支事變ニ關スル輿論ノ壓迫强キモノ有リ一方對外的ニハ聯盟其ノ他諸外國方面ニ於テ日支事變ニ關シ米ノ協力ヲ要望スルモノ切ナルモノ有リ旁從來ノ消極的態度ヨリ一步ヲ進メ國際協力ニ依ル平和確立ノ方面ヲ强調シタルモノト認メラル

英、紐育、桑港ヘ轉電セリ

英ヨリ在歐各大使、壽府ヘ轉報アリタシ

1320 昭和12年10月12日 在仏国杉村大使より広田外務大臣宛（電報）

英米の対日態度硬化に対しては上海共同防衛や海関制度の強化などにつき協定の用意を明示して安心感を与えるべき旨意見具申

パ　　リ 10月12日後発
本　　省 10月13日前着

第六〇〇號

英米ノ我ニ對スル態度最近急ニ硬化シ始メタルハ空爆ニ對

スル反感ヨリモ支那ニ有スル莫大ノ權益ヲ擁護セントノ現實的念慮ニ出ツルモノ多シト認メラルル處我方ニ於テ列國ノ權益尊重ニ付累次聲明セラレタルモ戰鬪及封鎖ニ依ル貿易及海關收入ノ激減殊ニ戰禍ニ對スル賠償ノ責任ヲ拒否セラレタル結果之ヲ支那ニ求メントスルモ支那ノ支拂能力ハ戰敗ニ依リ益々減殺セラレ他面戰鬪ニ依ル破壞ハ愈大ナラントスル事實ニ徵シ一日モ早ク有效ナル自衛ノ策ヲ講セントスルニ至レルモノニシテ此ノ際我ヨリ進ンテ右權益ノ保全ニ付何等カ具體的意思表示ヲ爲シ以テ多少ナリトモ安心ヲ與ヘラルルコト緊切ナリト思考セラル例ヘハ上海ノ共同防衞及海關ノ問題ノ如キハ從來モ列强間ノ特殊協定ニ屬シ九國條約第七條ノ適用トハ獨立ニ關係列强トノ間ニ話合ヲ遂ケ得ル性質ノモノナレハ聯盟ノ決議ニ基ク會議參加ヲ拒絕セラルルモ右ニ付テハ別個ニ了解ヲ着ケ得ル餘地存スルヲ以テ此ノ際早キニ及ンテ上海ノ安全及海關制度ノ强化ニ付列强ト協定スルノ用意アル旨ヲ明示セラレ以テ英米ニ安心ヲ與ヘラルルコト機宜ノ措置ト存セラル英ノ銀行家カ戰鬪ノ終熄ヲ熱望スルノ餘リ我ニ對スル信用ノ拒絕ニ付昨今眞面目ニ考慮シツツアリトノ國際決濟銀行筋ヨリノ聞込モアリ右取急キ卑見申進ス

米、在歐各大使（土ヲ除ク）、壽府へ轉電セリ

1321　昭和12年10月⒀日　在米国斎藤大使より広田外務大臣宛（電報）

対日経済制裁の方法や影響に関する米国紙論説報告

ワシントン　発
本　　省　10月13日前着

特情華府第一二號

十日「ニユーヨーク、タイムス」「米國ハ何處迄乘出スカ」ト題スル「エドウイン、ジエームス」論評左ノ通リ

一、聯盟竝ニ米國政府カ日本ニ加ヘタ糾彈カ夫レノミテ日本今後ノ「プログラム」ヲ變更セシメルニ何等決定的效果ヲ奏シ得ナイコトハ明白テ關係各國カ口頭ノ非難攻擊以上ニ何ヲナセハヨイカト言フコトハ關係各國ノ直面シツツアル重大問題テアル

二、九國條約ハ何レノ國カ會議ヲ招集スルカ又ハ如何ナル會

議ヲ招集スヘキカト言フコトヲ規定シテ居ナイノミナラス同條約違反國ニ對スル制裁手段ヲ規定シテ居ナイカ制裁問題ハ會議ト重大關係カアル

三、凡ソ經濟制裁ノ方法ニハ政府ノ手ニ依ル「ボイコット」ト民間ノ「ボイコット」ノ二ツカアリ前者ハ「エチオピア」戰争ニ際シ伊太利ニ實施セラレントシタカ失敗ニ終リ後者ハ獨逸ニ對シテ行ハレントシテ同様效果カナカツタ日本ニ對シ政府ノ命令ニ依ル「ボイコット」ヲ行ハントシテモ恐ラク所期ノ目的ヲ達シ得ナイト思ハレル日本ノ輸出ノ大半ヲ占メルモノハ絹タカ其ノ半分ハ生糸テアリ其ノ加工ハ日本カラ輸入スル國テ行ハレ且其ノ加工品ハ其ノ國テ賣捌カレルノテアルカラ果シテ日本ノ絹ヲ「ボイコット」シ得ルカ否カハ甚タ疑問タ

四、一方鐵、石油ノ輸出禁止ハ日本ニ非常ナ打撃ヲ與ヘルコトハ勿論タカ之ハ各國間ノ協力ヲ要シ且政府ノ行動ヲ必要トスル然シ政府ノ行動ニ基ツク限リ政治家ハ愼重ヲ期セネハナラナイ卽チ石油ハ對伊太利經濟制裁ニ際シテ問題ニナツタカ米國ニ漁夫ノ利ヲ占メラレルコトヲ恐レタ爲ト伊太利カ石油ノ制裁ハ伊太利ニ對スル挑戰ヲ意味スルモノタト英國ヲ脅喝シタ爲ニ遂ニ實施サレナカツタ兎モアレ列國ハ日本ノ報復ヲ豫期セスシテ經濟制裁ヲ斷行スルコトハ不可能タ若シ英、米、蘭三國カ石油輸出禁止ノ擧ニ出テンカ日本ハ精々九箇月乃至一箇年分ノ石油貯藏ヲ有シテ居ルニ過キナイカラ相當ノ危機ニ曝サレルコトニナラウカ日本カ海軍力ヲ以テ輸出禁止ヲ打破セントスル可能性カ考ヘラレル

五、日本ノ報復ノ目標ハ香港ニ向ケラレルモノト思ハレルカ現ニ英國ハ香港ニ輕巡洋艦四隻ヲ有スルノミテアリ又英國ハ獨伊兩國ニ備エル必要上本國艦隊ヲ極東ニ廻スコトハ困難ナ立場ニアル然ルニ他方米國海軍ハ事實上太平洋ニ集中サレテ居ルカラ日本ニ壓迫ヲ加ヘル必要アル場合米國カ如何ナル態度ヲ採ルカカ問題トナル一九三一年「スチムソン」長官ノ提議ニ對シ英國ハ米海軍カ「スチムソン」ノ意ノ儘ニ動クカ何ウカト疑ツタソウタカ此ノ關係ハ現在ニ於テモ同様テアル

六、世界ハ一九一四年以來根本的ニハ變ツテ居ナイ依然武力ノ行使、武力ノ脅威カ世界政局ノ決定的要素トナツテ居ル我等ハ日本ト戰フ用意アリヤ然ラサレハ自重セヨト言

ヒタイ

1322　昭和12年10月⒀日　在米国斎藤大使より広田外務大臣宛（電報）

九国条約締約国の協調や相互関係における基本原則の尊重を高唱した米国大統領のラジオ演説報告

ワシントン　発
本　　省　10月13日後着

特情華府第一三號

十二日夜「ルーズヴエルト」大統領カ「ラヂオ」ヲ通シテ行ツタ「爐邊談話」中外交問題ニ關スル部分左ノ通リ

我々ハ生活水準ノ向上ヲ企圖スル米國ノ計畫カ目下世界ニ發生シツツアル諸事件ニ依テ重大ナ支障ヲ受クヘキコトヲ承知シテ居ル萬一米國以外ノ各國カ戰爭ノ混沌狀態ニ陷ルナラハ世界通商ハ完全ニ阻害サレ協定ニ依テ世界通商ヲ促進セントスル企圖ハ凡テ無效ニ終ルテアラウ米國ハ全世界ニ亘ル文化的價値ノ破壞行爲ニ對シ無關心タリ得ナイ我々ノ世代ノミナラス子孫ノ平和ヲモ希求スル現下ノ情勢ニ於テ余カ「デモクラシー」ニ望ムモノハ戰爭カラノ超然態度ハ決シテ戰爭ニ對スル無頓着カラ來ルモノテナイ所以ヲ承知シテ欲シイコトテアル相互猜疑ノ世界ナレハコソ確乎トシテ平和ヲ樹立セネハナラヌノタ平和ハ單ニ希望スル丈ケテ達セラレルモノテナイ又手ヲ束ネテ到來ヲ待ツヘキモノテモナイ

米國ハ九國條約國會議ニ參加ノ意圖ヲ明白ニシタ同會議ノ目的ハ協約ニ依テ支那ノ現事態解決ヲ圖ルコトテアルカ此ノ解決策發見ニ當ツテ日支以下九國條約調印國ト協力スルト云フノカ米國ノ同會議ニ參加スル理由テアル斯ル協調コソ延イテハ將來全世界平和達成ニ導ク有力ナル一方策ノ前例トナルテアラウ人類文明發展ノ基礎ハ個人カ相互關係ニ於テ或程度ノ基本的禮儀ヲ遵守スルコトニ在ル世界平和發展ノ基礎モ亦同樣ノ意味ニ於テ各國カ相互關係ニ於ケル基本的禮儀ヲ尊重スルコトニ存スル要スルニ余ノ希望スル所ハ上海ノ如キ行動原理ノ違反ニ世界各國民ノ安寧ヲ害ネルト云フ事實ヲ各國カ是認シテ呉レルコトテアル

一九一三年カラ一九二一年迄余ハ世界ノ諸問題ニ親シク携ハリ其ノ間幾多ノ爲スヘキコトト爲スヘカラサルコトヲ學

ンタ米國ノ智性タル常識ハ「米國ハ戰爭ヲ嫌惡スル米國ハ平和ヲ欲スル夫レ故ニ米國ハ積極的ニ平和ノ探究ニ乘出スノテアル」トノ余ノ聲明ト一致スルモノテアル

1323 在ソ連邦米国大使に対して事変の経緯およびわが方立場を説明し意見交換について

昭和12年10月13日　在ソ連邦重光大使より広田外務大臣宛（電報）

モスクワ　10月13日後発
本　　省　10月14日後着

第一〇〇八號（極祕）

「ル」[1]大統領ニ近キ當地米大使「デービス」數箇月ノ歐洲各地視察（自用「ヨット」使用）ノ上最近當地ニ歸リ更ニ近々歸米ノ由ニ付九日會見時局ニ付二時間ニ亘リ私的意見ノ交換ヲ爲セリ要領左ノ通リ報告ス

事變ノ經緯ニ付テハ本使ヨリ詳細説明ヲ爲シ聯盟ノ決議及「ハル」長官ノ聲明ハ事件ノ眞相及日本政府ノ意嚮ヲ無視シタル宣傳的報道ニ基ク立論ニシテ誠ニ遺憾ナル旨ヲ委細ヲ盡シテ述ヘタルニ米大使ハ御説明ハ自分ニハ能ク了解セラルルモ現ニ軍事行動ノ進行シ空爆ノ行ハレ居ル今日右ノ事情ヲ感情的世論ニ了解セシムルコトハ困難ト思ハルルニ付右日本政府ノ眞意ナルモノヲ如實ニ示ス方法ヲ世界ニ示サルル樣希望ニ堪エストノコトナリシカ本使ハ進ンテ支那ノ赤化セラレ抗日戰線ハ今日ニ於テハ露支共通ノモノト化シ蘇聯ハ國際聯盟ヲ自己ノ政策實現ニ利用シツツアリ卽チ[2]此ノ機會ニ豫テヨリ敵視セル日本ノ地位ニ對シ打擊ヲ加ヘ進ンテ東亞ノ赤化ヲ實現スヘク凡ユル策動ヲ爲シツツアル經路ヲ具体的ニ詳述シ尙日本國情ノ容易ナラサル所以卽チ資源ニ閉サレタル孤島ニ於テ急迫セル人口問題ニ惱マサレ然モ人ト物トノ自由輸出ヲ阻止セラレ居ル今日ノ世界ニ於テ米國ニ依リ開國セシ後七十年赤化ノ危險ニ直面スルニ至レル日本ノ情況ヲ指摘シ赤化ノ手ハ支那、滿洲、蒙古ノミナラス日本ニ對シテモ伸ヘラレ今日ハ日本カ此ノ赤化勢力ニ對シテ防禦ニ成功スルカ否カノ岐路ニ立チ居ル次第ニシテ餘リニ重大複雜ナル事態ニ付米國ノ感情論ヨリ觀ハ日本ノ行動ノ部分部分ニ付了解ニ苦シムコトアランモ米國要路ハ日本ノ困難ナル此ノ根本的立場ニ付テ少クトモ理解スヘク努力ヲ試ムルノ雅量ヲ示サルルコトハ米國ノ正義感

ヨリモ必要ナルヘシ
自分[3]ハ更ニ一言シ度キハ日本ハ右赤化勢力ノ防止ハ如何ナル事情アルモ之ヲ國外卽チ東亞大陸ニ於テ行ハサルヘカラサル事情ニアルコトナリ若シ日本カ赤化勢力ノ防禦戰ヲ國內ニ於テ戰ハサルヘカラサルコトトナラハ日本自身ニ對スル危險餘リニ大ナルコトトナレハナリ以上ハ日本今日ノ「ストラツグル」(死鬪)ノ要點ナリ若シ外國カ强ヒテ自ラ目ヲ覆ヒ此ノ事情ヲ理解スルコトヲ欲セストスルモ日本ハ此ノ「ストラツグル」ヲ續行スルノ外ニ殘サレタル途ハナシ何トナレハ何國モ日本ヲシテ覆沒ノ途ヲ擇ハシムルノ權利ナケレハナリト力說シタル處「デビス」ハ熱心ニ傾聽シタル後自分ハ一週後出發歸米ス大統領ニハ早速面會スヘキニ付前回ノ通リ(本使發米宛第一號(往電合第三三二號)前回同大使歸米ノ際日本ノ對支、對露其ノ他一般政策ヲ耳ニ入レタルコトアリ)充分大統領ニモ傳フヘキモ何分輿論ノ惡化ハ憂フヘキニ付日本ヲ左右シ居ル責任者ニ於テ常ニ其ノ指導ニ有效ナル現實的措置ニ出テラレンコトヲ切望スト述ヘタリ尙「ヘンダーソン」代理大使ニハ常ニ聯絡ヲ執リ居ルカ特ニ八日西參事官ヨリ蘇側ノ意圖竝ニ我方ノ立場ヲ說明シ充分了解セシメ置キタリ
米へ轉電シ在歐各大使(土ヲ除ク)へ暗送セリ

1324　昭和12年10月29日　在米国斎藤大使より広田外務大臣宛(電報)

日中直接交渉開始や休戦実施の可能性に関する前駐日大使キャッスルと須磨参事官との意見交換報告

ワシントン　10月29日後発
本　省　10月30日前着

第五七一號(極祕)
二十八日[1]須磨前約ニ依リ前駐日大使「カツスル」ヲ往訪シタルニ「カツスル」ハ米國勞働總同盟幹部「ゲーナー」ノ話ニ依レハ今次事件ニ關スル日本ノ立場說明ノ爲鈴木文治來月二十日着米ノ豫定ナルカ右ハ當國勞働者方面ノ反日空氣ニモ鑑ミ鈴木自身ノ爲ノミナラス日本ノ爲ニモ面白カラサルヘシトノコトナリト述ヘタル上去ル十一日頃在本邦「グルー」大使ヨリ書信接到從來日支事變ニ對スル國務省ノ態度ハ賢明ナリシモ市俄古ニ於ケル大統領ノ演說ハ之ニ

暗影ヲ與ヘタル旨申シ來レリ自分モQuarantineトカ或ハ日本カ第三國ノ介入ヲ極力排斥シ居ル今日日支間ニ仲介ヲ爲スト言フカ如キコトハ不適當ト考フ自分カ國務省内ノ知人ニ尋ネタルニ大統領ノ演說ハ全ク突然ノコトニシテ國務省トシテハ唯之ニ追隨スル外ナカリシトノコトナリ又武府會議ニ付テハ自分モ適當ナラスト考ヘ居ル處國務省ニ於テモ「デービス」出發前ヨリ「バンゼーランド」內閣ノ崩壞豫見セラレ居リ從ツテ會議延期セラルル內ニ事件片付キ日支間ニ直接交涉開始セラレ會議開催ノ必要ナキニ至ルヤモ知レスト認メ居タル模樣ナリ就テハ右ノ如キ事態ニ立到ル見込ナキヤト問ヒタルニ付須磨ヨリ何時ニテモ支那カ兩手ヲ擧ケテ我方ノ要望ニ聽從スルニ於テハ事件ハ片付ク譯ナルカ第三國ノ介入ハ事態ヲ紛糾セシムルノミニシテ不可ナリ尤モ支那カ日本ト直接交涉ニ入リ日本ノ言ニ聽從スル樣外國ヨリ支那ヲ說得セラルルコトハ結構ナリト述ヘタルニ「カツスル」[(2)]ハ右ノ如ク支那ヲ說得スルコトニ付テハ「ジヨンソン」大使カ適任ト認メラルルモ例ノ同大使南京大使館引揚事件ニ依リ支那側ニ面白カラサル印象ヲ與ヘ又當國輿論ノ反對ヲ受ケタル次第ニテ（「カツスル」ハ右南京引揚ハ「ハル」長官、「ウエルズ」次官出張中長官代理「ムーア」顧問カ之ヲ命シ「ハル」歸還後引返ヲ命シタル次第ニシテ「ジヨンソン」ニ對シテハ頗ル氣ノ毒ナル旨述ヘタリ）適當ナラス或ハ「グルー」大使邊ニ爲サシムルモ一案カトモ思ハル右ハ兎ニ角一九三二年上海事件ノ際ノ例モアリ此ノ際一應休戰シ後始末ハ後ニ考慮スルコト出來サルヤ斯クセハ武府會議モ自然消滅トナルヘシト述ヘタルニ付須磨ハ此ノ際休戰ノミヲ爲スコトハ不可ナリ日本トシテハ今次ノ如キ事件カ將來再ヒ起ラサル樣スルコト必要ナレハナリト述ヘタルニ「カツスル」ハ若シ事件カ長引ケハ事態ハ紛糾シ蘇聯邦カ之ニ介入スルノ危險ナキニシモアラス自分ハ蘇聯邦カ今次事件ニ手ヲ出ササルコトニ付重光大使ト蘇聯邦側トノ間ニ話合成立シ居ルモノカトモ考ヘ居タルカ國務省方面ノ話ニ依レハ右ハ事實ニアラスシテ蘇聯邦介入ノ危險アリトノコトナレハ速ニ休戰ヲ爲スコト如何カト考フト述ヘタルニ付須磨ヨリ蘇聯邦トノ間ニ御話ノ如キ話合ナシ然シ日本側ハ支那カ反省シ日本側ト提携スル迄手ヲ引ク譯ニ行カス蘇聯邦介入ノ危險ニ依リ支那ニ對スル關係ニ手加減ヲ加フルコトヲ得サル次第ナリト述ヘタル趣ナリ更ニ「カツスル」ハ今次事件ニ對スル米國ノ態度ハ安心シテ可ナリ日本ニ對スル official boycott ニ迄行カス「ハル」長官ハ自己ノ平和政策ヲ確信シ居リ大統領カ之ヨリ外レルコトアルモ之ヲ止メルヘシト述ヘタル由尚「カツスル」ノ立場モアリ本件絶對極祕ニ願度シ

紐育ニ托送ノ筈

英ヘ轉電セリ

英ヨリ在歐各大使、壽府へ轉報アリタシ

〰〰〰〰〰〰〰〰〰〰〰〰〰〰

1325　昭和12年11月22日　在米国斎藤大使より広田外務大臣宛（電報）

米国上院外交委員長が九国条約関係国会議の失敗に言及し米国中立法との関連性はないと弁明について

ワシントン　11月22日後発
本　　省　11月23日前着

第六二一號

上院外交委員長「ピツトマン」ハ二十日國務長官ト打合ヲ行ヒタル後新聞記者ニ對シ日支問題ニ關シ「米政府ハ武府會議ニ對シ之以上期待ヲ懸ケ居ラス米トシテハ今後モ能フ限リ他國ト協力スヘキモ今後極東ノ平和ヲ囘復スル爲ノ行動ハ全然獨自ニ且自己ノ責任ニ於テ爲サルヘシ列國ハ會議失敗ノ責任ヲ中立法ノ存在ニ歸シ居ルモ右ハ馬鹿ラシキ非難ニシテ列國政府ヨリ何等具體的提案ナキニ先立チ議會トシテ中立法ノ變更ヲ考慮スル理由ナシ」ト語レルカ同時ニ「トリビユーン」華府通信ハ何人モ武府會議ノ失敗ヲ認メ居ルモ外交問題ニ直接關係シツツアル「スポークスマン」カ之ヲ認メタルハ右ヲ以テ最初トスト評シ居レリ

紐育ニ轉報セリ

〰〰〰〰〰〰〰〰〰〰〰〰〰〰

1326　昭和13年1月12日　在米国斎藤大使より広田外務大臣宛（電報）

中国政府に提示したわが方和平条件を米国政府にも内報しわが方立場を明確化すべき旨意見具申

ワシントン　1月12日後発
本　　省　1月13日前着

第二一號（極祕、館長符號扱）

貴電合第九八號ニ關シ（支那事變處理根本方針決定ノ件）
今次事變收拾策御決定ノ上ハ前廣ニ米國政府其ノ他重要ナル諸國政府ニ內報シ帝國ノ公正ナル態度ヲ徹底セシムルコト事變收拾ノ大局ヨリ見テ有意義ト存セラルルコト客年往電第五〇一號申進ノ通リナル處事變收拾策ノ大綱ニ付テハ旣ニ在支獨大使ヨリ支那側ニ內報セラレ居リ自然支那側ヨリ米國等ニモ通報セラレ居ルモノト認メラレ又獨大使ノ斡旋方策モ效果ヲ奏セサルコト一應明カトナリタルヤニ傳ヘラレ獨逸側ニ對スル遠慮モ其ノ必要ナキニ至リタルヤニ認メラルルノミナラス客年往電第六六五號ノ通リ大統領ニ於テモ今次事變收拾ニ關シ關心ヲ有シ居ルモノト認メラレ又支那側ヨリ米國側ニ對シ事變收拾ニ關シ斡旋ヲ希望シタルヤニ傳ヘラルル今日ニモアリ旁々此ノ際本件講和條件ノ大綱ナリトモ早キニ及ンテ米國政府ニ內報シテ帝國心事ノ公正ナルコトヲ示シ置クコト今次事變（脫?）上時宜ニ適スルノ策カト認メラルルニ付テハ貴電合第一〇九號ノ次第ハアルモ右樣措置方差支ナキヤ何分ノ儀至急御回電ヲ請フ

1327 昭和13年1月(21)日 在ニューヨーク若杉総領事より広田外務大臣宛（電報）

「國民政府ヲ對手トセズ」声明に対する米国紙論説報告

2206

ニューヨーク 発
本 省 1月21日前着

特情紐育第二三號

廿日ノ「ヘラルド・トリビユーン」ハ日本政府ノ蔣政府否認聲明ニ關シ次ノ如ク論シテ居ル

日本外務省ハ今迄世界ニ認メラレテ居タ支那政府ヲ日本カ法律上抹殺シタノハ國際法ニ新判例ヲ作ルモノタト言ッテ居ル勿論國際法ハ日本ノ「スポークスマン」ノ言フ如ク判決例ノ集積タカ夫ハ國際的ニ認メラレタ判決例ノ集積テ今迄ノ判例ヲ全部無茶ニ取消ス樣ナモノテハナイ

日支事變ハ一年前支那國民カ一致シテ蔣介石政權ノ指導的地位ヲ認メタノヲ機トシテ起ツタノタカ日本ハ此ノ蔣介石政權ニ抵抗シテ二十年前旣ニ國民ノ信望ヲ失ツタ軍閥ノ古手ヲ推シ立テルヨリ他ニ仕樣カナカツタノタ日本カ支那ニ新政府ヲ樹テル爲ニ此ノ樣ナ變節者ヲ買收シタコトヲ以テ

國際法ニ貢獻スルモノタト言フノハ全ク笑イタクトモ笑ヘナイコトタ

1328　昭和13年1月24日　在米国斎藤大使より広田外務大臣宛（電報）

広田外相の議会演説を批判する米国紙論説報告

ワシントン　1月24日後発
本　省　1月25日前着

第四〇號

閣下ノ議會演説(編注)ニ對シテハ「タイムス」カ全文ヲ掲ケタル外當方面各紙共要領ヲ報道スルト共ニ二、三論評ヲ加ヘタルモノアル處「ポスト」ハ支那カ軍事的敗北ト廣大ナル領土ノ喪失トニ拘ラス尚且戰爭ヲ續クル所以ハ日本ノ對支最少限度ノ要求ヲ發表セル廣田外相ノ議會演説ヲ一讀スレハ明カニシテ日本ノ要求條件ハ具體的ニ言ヘハ支那政府ヲ完全ニ日本ノ傀儡タラシムルコトヲ意味スルモノナリ廣田ハ日本ニ領土的野心ナキコト及外國在支權益ヲ尊重スヘキコトヲ誓ヒタルモ日本カ支那ヲ支配下ニ置キタル曉其ノ約束ヲ棄テテ顧ミサルヘキコトハ從來ノ經驗ニ徵スルモ想像ニ難カラサル所ニシテ將來日本カ支那ノ門戶開放ヲ認ムルコトアリトセハ夫レハ條約ニ忠實ナランカ爲ニアラスシテ今次戰爭ノ結果財政窮乏ニ陷リ支那ノ資源開發ニ外國資本ノ援助ヲ必要トスルカ爲ナルヘシト説キ「ボルチモアサン」ハ外相ノ演説ハ何等新味ナク日本ハ支那ノ反日運動ノ責任ヲ蔣介石ニ歸セント努力シツツアルモ右ハ日本ノ欺瞞政策ノ一ニ外ナラス支那國民ハ蔣介石ニ依ツテ戰爭ニ仕向ケラレ居ルヨリモ寧ロ支那國民カ蔣ヲ驅ツテ戰爭ヲ行ハシメツツアル實情ナルヲ以テ對日抵抗ハ支那國民ノ意思ニ反スト ノ宣傳ハ不成功ニ終ルヘキノミナラス日本國內ニ於テモ政府ノ檢閲及煽動政策ニ拘ラス眞相ハ漸次國民ノ間ニ明カトナルヘシト論シ居レリ

紐育ニ轉報セリ

編注　本書第199文書。

1329　昭和13年1月29日　在米国斎藤大使より広田外務大臣宛（電報）

米国の対日感情はパネー号事件以来釈然とし

ないものがあるため南京での米国外交官殴打事件の急速解決方意見具申

ワシントン　1月29日後発
本　　省　1月30日前着

第五〇號（極祕）

在南京米國大使館書記官「アリソン」ノ日本兵ニ依ル毆打事件ハ當方面ニモ大袈裟ニ傳ヘラレ居ル處事件ノ眞相ハ當方ニ於テハ判明セサルモ「パ」號事件以來何トナク釋然タラサル感情カ一般輿論ノ底ニ流レ居ルコトハ既電ノ通リナルノミナラス對支武器供給ニ關シ英、佛、蘇ヨリ米國ニ協力ヲ求メツツアル旨報セラレ又往電第四五號當國ノ大海軍擴張案議會ニ提出セラレ居ル折柄ニモアリ旁此ノ際當國輿論ノ動向ハ特ニ深甚ノ注意ヲ要スル儀ナルニ付既ニ御氣付ノコトト拜察スルモ事件ノ急速解決方此ノ上トモ御配慮相成樣致度シ

英、紐育ヘ轉電セリ

1330　昭和13年3月⒄日　在米国斎藤大使より広田外務大臣宛（電報）

2208

米国国務長官のナショナル・プレス・クラブでの演説につき報告

ワシントン　発
本　　省　3月17日後着

特情華府第六號

「ハル」國務長官ハ十七日正午「ナシヨナル、プレス、クラブ」ノ午餐會ニ臨ミ「米國ノ外交政策」ナル題下ニ一場ノ演説ヲ試ミタ右演説ハ「ラヂオ」ヲ通シテ全米ハ勿論數箇國語ニ飜譯サレテ全世界ニ中繼放送サレタカ「ハル」長官ハ同演説ニ於テ國防問題ヲ始メ對極東政策其ノ他米國ノ當面スル各般ノ問題ヲ拉シ來ツテ之ニ對スル米國政府ノ方針ヲ闡明シ昨年七月十六日ノ「ハル」聲明ニ次ク重大演説トシテ注目サレタ「ハル」長官ハ冒頭先ツ昨年七月十六日、八月十七日及八月廿三日ノ三回ニ亘ツテ行ハレタ「ハル」長官ノ公式聲明ノ趣旨ヲ再强調シタ後米國傳統的政策ハ他國ノ權益ヲ尊重スルト共ニ他國ニ對シテハ米國權益ノ尊重ヲ要求スルニ在ル旨述ヘ次テ國防問題ニ移リ次ノ如ク演説シタ

「力ニ代リ法カ未タ世界ヲ支配スルニ至ラヌ今日自國ノ防

衞ニ充分ナル軍備ヲ保有スルコトハ大國家ニ課セラレタ明白ナル義務テアル國際無秩序カ跳梁シテ居ル時主要國家カ適當ナル軍備ヲ持タヌ位恐ロシイコトハアルマイ余ハ世界ノ現狀ヲ愼重ニ判斷シタ結果現在提案サレテ居ル軍擴案カ完全ニ實現サレナイ曉米國ハ想像モ出來ナイ樣ナ非常ナ危險ニ曝サレルテアラウトノ結論ニ達シタ」

次テ米國ノ極東政策ニ移リ

「極東ニ於ケル危局ニ際會シ米國ハ終始他ノ諸國ト協力シ來ツタ但シ此ノ協力ニハ同盟ト言ハルヘキ性質ノモノハ全ク介入セス又米國ハ總ユル意味ニ於テ紛爭ニ捲込マレルコトハ之ヲ囘避シテ居ル米國ノ傳統的政策ハ他國トノ間ニ同盟ヲ結ハス又他國ノ問題ニ介入シナイト言フ點ニアルカ我國ハ現在迄愼重ナル態度ヲ以テ此ノ方針ヲ取リ來リ又今後モ此ノ方針ニ依ツテ政策ヲ進メテ行クテアラウ米國ハ今囘ノ紛爭ニ對シ中立法ヲ發動シナカツタカ事實中立法ノ發動ハ同法ノ目指ス目的其ノモノヲ却ツテ破壞シ去ル危險カ多分ニアツタノタ政府ハ不干涉方針ヲ堅持シ世界警備ノ爲米國ノ武力ヲ行使スルト言フカ如キ意圖ハ未タ曾ツテ抱イタコトナク又現在モ抱イテ居ナイ然シ同時ニ政府ハ過去一世紀半ニ亘ル米國ノ傳統ニ逆行シテ法ニ依ツテ支配サレル國際秩序カ世界各地ニ打チ樹テラレルコトヲ希ヒ且（ママ）ニ深甚ナ關心ヲ有スルトノ政策ヲ放棄シヨウトスルモノテモナイ完全ナル孤立主義者ノ提唱スル所ノ米國ハ太平洋ノ主要部分ヲ構成スル極東カラ手ヲ引ケト言フ如キ案ハ平和維持ノ見地カラ危險極マルモノテアル

不幸ニモ多數ノ米國民ハ極東ノ事態ニ對スル米國政府ノ政策ヲ誤解シテ居ル或者ハ米支間ノ貿易、投資關係ノミニ或ハ支那ニ於ケル米國ノ精神的、文化的權益ノミニ注意ヲ引カレテ居ル更ニ或者ハ在支米國人ヲ暴動乃至同種ノ混亂ニ依ル危險カラ防ク爲設定サレテ居ル治外法權或ハ駐兵權ト言フ樣ナ特殊ナ事實ノミニ其ノ關心ヲ集中シテ居ル然シ乍ラ支那ニ於ケル異常ナ狀態カ消滅スルヤ卽刻此ノ特殊權益ヲ放棄シ又在支兵力ヲ撤收スルコトコソ我々ノ政策ナノタ米國ノ權益及關心ノ程度ハ單ニ居留米國人ノ數乃至ハ投資及貿易額ノミヲ以テ計量スルコトハ出來ナイ米國ノ利害關係ハ更ニヨリ廣汎テアリヨリ根本的ナモノテアル最近數箇年ニ於ケル世界情勢ノ憂フヘキ大轉換、更ニ又茲數週間ニ於ケル驚クヘキ事件（歐洲ノ情勢ヲ指ス）ノ發生ハ條約蹂躪或ハ武力ニ依ル暴行ト言フ災禍カ世界ノ一地方カラ他ノ地方ヘト如何ニ急速ニ蔓延スルカト言フ悲惨ナル事實ヲ我々ノ眼前ニ示シタルモノテアル

我々ハ世界ニ於ケル各般ノ事件カラ手ヲ引クコトハ希望シ得ヨウ然シ世界其ノモノカラ離レルコトハ出來ナイ孤立政策ハ安全ノ保障ニアラスシテ却ツテ不安全ヲ招來スルモノテアル

我々ハ世界秩序ノ基調ヲ成ス根本的原則支持ノ政策ヲ續行スルテアラウ我々ハ互恵通商政策其ノ他ノ經濟政策ノ遂行ニ依リ世界各國間ニ於ケル正常ナル貿易手段ヲ復活シ且其ノ貿易額ヲ增大セシメルニ努メルテアラウ更ニ我々ハ經濟的安全竝ヒニ其ノ繁榮ヲ通シテ世界平和ノ增進ニ努力ヲ續ケヨウ我々ハ科學、技術其ノ他ノ國際會議ニハ從前同樣參加スルテアラウ米國ハ「ルーズヴエルト」大統領ノ所謂「平和探究ニハ積極的ニ參加スル」モノテアル

1331 昭和13年3月21日 在米国斎藤大使より広田外務大臣宛(電報)

中立法を廃止し米国の外交政策上の制約を除去せんとする与野党議員の合同運動が具体化しつつあるとの報道報告

ワシントン 3月21日後発
本省 3月22日前着

第一六四號

十七日「プレス・クラブ」ニ於ケル國務長官ノ演説等ニ刺戟セラレタル爲カ中立法ヲ廢止シ政府ノ外交政策ニ對スル束縛ヲ除去セントスル民主共和兩黨所屬議員ノ合同運動具体化シタル旨及大統領及國務長官ハ同法ノ廢止ヲ希望スル如クナルモ政府ヨリ之ヲ提案スル場合ニハ國際關係機微ナル今日議會ニ於テ論議沸騰スルコトトナリ面白カラサルヲ以テ政府ノ外交方針支持者ニ於テ右運動ヲ開始スルコトトナリ先ツ下院外交委員會ニ於テ右問題ヲ取上クルコトトナリタル旨報セラレ居レリ尚「ニユーヨーク、タイムス」二十日、二十一日社説ニ於テ中立法ノ廢止ヲ强調シ居レリ

英ニ轉電セリ

英ヨリ在歐各大公使ニ郵送アリタシ

1332

昭和13年6月22日　在米国斎藤大使より宇垣外務大臣宛（電報）

米国上院外交委員長が中立法修正に関する研究を開始する旨を発表し国務長官も賛意表明について

ワシントン　6月22日後発
本　　省　6月23日前着

第三三七號

十八日上院外交委員長「ピットマン」ハ次期議會ニ於テ中立法（「ピットマン」ハ中立法ハ西班牙及支那ニ於ケル事態ニ關聯シ種々ノ非難ヲ受ケ居リ次期議會ニ於テ改訂セラルヘキハ疑ナシト言明シタル由）其ノ他米國外交政策ノ改變行ハルヘキヲ豫期シ同委員會ハ明年一月次期議會開會ニ至ル迄ノ期間ニ於テ外交政策ニ關スル根本的研究ヲ爲スコトニ打合セタル旨發表シタルカ同日國務長官ハ新聞記者會見ニ於テ此ノ種外交政策ノ研究ハ國務省トシテ最モ歡迎スル所ニシテ獨リ議會關係者ノミナラス言論機關其ノ他一般國民ニ於テモ外交問題ニ對シ一層注意ヲ拂フコトヲ希望スル旨述ヘタル由ナリ尚國務省ニ於テハ國民ノ外交知識ヲ涵養シ政府ノ重要外交政策決定ニ資セシムルコトヲ考慮シ右ニ關スル「キャンペイン」ヲ開始シタル旨報セラル

英、獨、佛、伊、蘇ニ郵送セリ

1333

昭和13年10月4日　在米国斎藤大使より近衛外務大臣宛（電報）

欧州政情の影響に鑑み米国中立法が緩和される見込みは乏しく日中紛争に適用されることもほぼないとの観測報告

ワシントン　10月4日後発
本　　省　10月5日後着

第四六五號（至急、極祕）

貴電[1]第三〇一號ニ關シ（米國中立法改正見透シニ關スル件）

一、今次「チエッコ」問題重大化以前ニ於テハ中立法ヲ廢止乃至修正シテ大統領ノ外交政策ニ對スル掣肘ヲ緩和シ以テ侵略國ノミニ對スル武器類ノ輸出禁止等ノ方法ニ依リ必要ニ應シ侵略國ニ對シ壓力ヲ加ヘ得ル素地ヲ作リ置クヘシトノ意見一部ニ唱道セラレ居タルハ屢次往電ニ依リ御承知ノ通リナルカ往電第四六四號ノ通リ「チエッコ」

問題ノ反響トシテ所謂戰争回避ノ思想ハ更ニ拍車ヲ掛ケラレ中立法ノ如キモ寧ロ之ヲ强化シ大統領ノ自由裁量ノ範圍ヲ局限スヘシ（例ヘハ武器類製造用ノ原料品ノ如キモ武器類ト同様大統領ノ戰争狀態存在ノ認定ト同時ニ所謂「キヤツシユ・キヤリー」條項ニ依ル場合ヲ除キ輸出禁止品トスルコト等）トノ意見一般ニ有力トナリ來リ（「ギヤロツプ」ノ輿論投票ノ結果ニ依ルモ同法强化ニ贊成ナルモノ六九「パーセント」、大統領ノ自由裁量擴大ニ贊成ナルモノ三一「パーセント」ナル趣ナリ）右ハ内政問題トモ絡ンテ政府ニ壓力ヲ加ヘ居リ（共和黨ハ上院議員「ナイ」ヲ先頭トシ中立法强化運動ヲ開始シタリ）旁今日迄ノ情勢ニ於テ判斷スレハ次期議會ニ於テ中立法ノ改正アリトスルモ之カ緩和ヲ見ルカ如キコトナカルヘシト認メラル

一、(2)中立法ノ改正ヲ見ルト否トニ拘ラス日支事變勃發以來ノ情勢ニ鑑ミルニ事態ニ重大ナル變化ナキ限リ今後共右事變ニ中立法ヲ適用スルカ如キコト大體ナカルヘシト認メラル

一、石油、鐵、銅等ノ武器類製造用原料品ニ付平時ノ輸出額以上ノ輸出ヲ禁止スヘシトノ案カ客年一月下院外交委員長ニ依リ提議セラレ實現ヲ見ルニ至ラサリシハ既ニ御承知ノ通リナルカ其ノ後右ノ如キ意見有力ニ唱ヘラレ居ルヲ聞カス

一、所謂「キヤツシユ・キヤリー」條項ハ明年五月一日以後效力ヲ失フコトトナリ居ル處本條項適用ニ關スル大統領ノ自由裁量ノ範圍ハ兎モ角トシ他ノ部分ハ其ノ儘效力ヲ存續スル様次期議會ニ於テ立法ヲ見ルヘシト豫想セラル

一、第三國經由輸入方法ニ付過般「ペルー」ヨリ多數ノ爆撃機ノ註文アリ右ハ結局日本ニ輸送セラルルニアラスヤトノ印象ヲ一部ニ與ヘタルコトアルハ注意ヲ要スヘシ

紐育ニ轉報セリ

1334 昭和13年10月6日 在本邦グルー米国大使より近衛外務大臣宛

中国における米国権益の擁護に関する米国政府の対日通牒

付記 右和訳文

EMBASSY OF THE

UNITED STATES OF AMERICA.

Tokyo, October 6, 1938.

No. 1076

Excellency;

On the occasion of the interview which Your Excellency accorded me on October 3, when I had the honor to convey orally the views and desires of my Government with regard to conditions in China being brought about by agencies or representatives of the Japanese Government, which are violative of or prejudicial to American rights and interests in China, I undertook to set forth and to extend those views and desires in a note to be presented shortly thereafter. In fulfilment of that undertaking and under instruction from my Government, I now have the honor to address Your Excellency as follows:

The Government of the United States has had frequent occasion to make representations to Your Excellency's Government in regard to action taken and policies carried out in China under Japanese to which the Government of the United States takes exception as being, in its opinion, in contravention of the principle and the condition of equality of opportunity or the "open door" in China. In response to these representations, and in other connections, both public and private, the Japanese Government has given categorical assurances that equality of opportunity or the open door in China will be maintained. The Government of the United States is constrained to observe, however, that notwithstanding the assurances of the Japanese Government in this regard violation by Japanese agencies of American rights and interests has persisted.

As having by way of illustration a bearing on the situation to which the Government of the United States desires to invite the attention of the Japanese Government, it is recalled that at the time of the Japanese occupation of Manchuria the Japanese Government gave assurances that the open door in Manchuria would be maintained. However, the principal economic activities in that area have been taken over by special companies which are controlled by Japanese nationals and which are established under special charters according them a preferred or exclusive position. A large part of American enterprise which formerly operated in Manchuria has been forced to withdraw from that territory as a result of the preferences in force there. Arrangements between Japan and the regime now functioning in Manchuria allow the free movement of goods and funds between Manchuria and Japan while restricting rigidly the movement of goods and funds between Manchuria and countries other than Japan.

This channeling of the movement of goods is effected primarily by means of exchange control exercised under the authority of regulations issued under an enabling law which provide expressly that for the purposes of the law Japan shall not be considered a foreign country nor the Japanese yen a foreign currency. In the opinion of my Government equality of opportunity or open door has virtually ceased to exist in Manchuria notwithstanding the assurances of the Japanese Government that it would be maintained in that area.

The Government of the United States is now apprehensive lest there develop in other areas of China which have been occupied by Japanese military forces since the beginning of the present hostilities a situation similar in its adverse effect upon the competitive position of American business to that which now exists in Manchuria.

On April 12, 1938 I had occasion to invite the attention of Your Excellency's predecessor to reports which had reached the Government of the United States indicating that discrimination in favor of Japanese trade with North China was likewise to be by means of exchange control and to ask for assurances that the Japanese Government would not support or countenance financial measures discriminating against American interest. Although the Minister for Foreign Affairs stated then that the Japanese Government would continue to support the principle of equal opportunity or open door in China no specific reply has yet been made by the Japanese Government on the subject of these representations.

The Government of the United States now learns that the Japanese authorities at Tsingtao have in effect established an exchange control, that they are exercising a discretionary authority to prohibit exports unless export bills are sold to the Yokohama Specie Bank, and that the Bank refuses to purchase export bills except at an arbitrary rate far lower than the open market rate prevailing at Tientsin and Shanghai. A somewhat similar situation apparently prevails at Chefoo. Furthermore, reports continue to reach the American Government that a comprehensive system of exchange control will soon be established throughout North China. Control of foreign exchange transactions gives control of trade and commercial enterprise, and the exacting, either directly or indirectly, by the Japanese authorities of control of exchange in North China would place those authorities in position to thwart equality of opportunity or free competition between Japan and the United States in that area. In such a situation, imports from and exports to the United States, as well as the choice of dealers in North China, would be entirely subjected to the dispensation of the Japanese authorities. Notwithstanding the short time that exchange control has been enforced in Tsingtao, two cases of discrimination have already been brought to the attention of the Government of the United States. In one instance an American dealer in a staple commodity has been unable to export to the United States because Japanese authorities there have insisted that his export bills be sold to a Japanese bank at a price so far below the current rate of exchange of the Chinese currency in the open market that such transaction would involve a loss rather than a profit; but a Japanese competitor recently completed a large shipment invoiced at a price in United States dollars which was equivalent to the local market price calculated at the current open market rate. In the other instance, an American firm was prevented from purchasing tobacco in Shantung unless it should purchase so-called Federal Reserve notes or yen currency with foreign money and at an arbitrary and low rate of exchange, conditions not imposed upon the company's Japanese or Chinese competitors.

The Government of the United States has already painted out to the Japanese Government that alterations of the Chinese customs tariff by the regimes functioning in those portions of China occupied by Japanese armed forces and for which the Japanese Government has formally assured its support are arbitrary and illegal assumptions of authority for which the Japanese Government has an inescapable responsibility. It is hardly necessary to add that there can be no equality of opportunity or open door in China so long as the ultimate authority to regulate, tax, or prohibit trade is exercised, whether directly or indirectly, by the authorities of one "foreign" power in furtherance of the interests of that power. It would appear to be self-evident that a fundamental prerequisite of a condition of equality of opportunity or open door in China is the absence in the economic life of that country of preferences or monopolistic rights operating directly or indirectly in favor of any foreign country or its nationals. On July 4 I spoke to General Ugaki of the desire of the American Government that there be avoided such restrictions and obstacles to American trade and other enterprises as might result from the setting up of special companies and monopolies in China. The Minister was so good as to state that the open door in China would be maintained and that the Government of the United States might rest assured that the Japanese Government would fully respect the principle of equal opportunity.

Notwithstanding these assurances, the Provisional régime in Peiping announced on July 30th the inauguration as of the following day of the China Telephone and Telegraph Company, the reported purpose of this organization being to control and to have exclusive operation of telephone and telegraph communications in

North China. There was organized in Shanghai on July 31st the Central China Telecommunications Company, and the Special Service Section of the Japanese army has informed foreign cable and telegraph companies that the new company proposes to control all the telecommunications in Central China. According to a semiofficial Japanese press report, there was organized at Shanghai on July 28 the Shanghai Inland Navigation Steamship Company to be controlled by Japanese the reported object of which is to control water transportation in the Shanghai delta area. According to information which has reached my Government, a Japanese company has been organized to take over and operate the wharves at Tsingtao which have hitherto been publicly owned and operated. Should such a development occur, all shipping of whatever nationality would become dependent upon a Japanese agency for allotments of space and stevedoring facilities. The wool trade in North China is now reported to be a Japanese monopoly and a tobacco monopoly in that area is reported to be in process of formation. Moreover, according to numerous reports which have been reaching my Government, the Japanese Government is proceeding with the organization of two special promotion companies which it has chartered and which it will control with the object of investing in, unifying, and regulating the administration of certain large sectors of economic enterprise in China.

The developments of which I have made mention are illustrative of the apparent trend of Japanese policy in China and indicate clearly that the Japanese authorities are seeking to establish in areas which have come under Japanese military occupation general preferences for, and superiority of, Japanese interests, an inevitable effect of which will be to frustrate the practical application of the principle of the open door and deprive American nationals of equal opportunity.

I desire also to call Your Excellency's attention to the fact that unwarranted restrictions placed by the Japanese military authorities upon American nationals in China —

notwithstanding the existence of American treaty rights in China and the repeated assurances of the Japanese Government that steps had been taken which would insure that American nationals, interests and property would not be subject to unlawful interference by Japanese authorities — further subject American interests to continuing serious inconvenience and hardships. Reference is made especially to the restrictions placed by the Japanese military upon American nationals who desire to reenter and reoccupy properties from which they have been driven by the hostilities and of which the Japanese military have been or still are in occupation. Mention may also be made of the Japanese censorship of and interference with American mail and telegrams at Shanghai and of restrictions upon freedom of trade, residence and travel by Americans, including the use of railways, shipping, and other facilities. While Japanese merchant vessels are carrying Japanese merchandise between Shanghai and Nanking, those vessels decline to carry merchandise of other countries, and American and other non-Japanese shipping is excluded from the lower Yangtze on the grounds of military necessity. Applications by American nationals for passes which would allow them to return to certain areas in the lower Yangtze valley have been denied by the Japanese authorities on the ground that peace and order have not been sufficiently restored, although many Japanese merchants and their families are known to be in those areas.

American nationals and their interests have suffered serious losses in the Far East arising from causes directly attributable to the present conflict between Japan and China, and even under the most favorable conditions an early rehabilitation of American trade with China cannot be expected. The American Government, therefore, finds it all the more difficult to reconcile itself to a situation in which American nationals must contend with continuing unwarranted interference with their rights at the hands of the Japanese authorities in China and with Japanese actions and policies which operate to deprive American trade and enterprise of equality of opportunity in China.

It is also pertinent to mention that in Japan, too, American trade and other interests are undergoing severe hardships as a result of the industrial, trade, exchange and other controls which the Japanese Government has imposed incident to its military operations in China.

While American interests in the Far East have been thus treated at the hands of the Japanese authorities, the Government of the United States has not sought either in its own territory or in the territory of third countries to establish or influence the establishment of embargoes, import prohibitions, exchange controls, preferential restrictions, monopolies or special companies — designed to eliminate or having the effect of eliminating Japanese trade and enterprise. In its treatment of Japanese nationals and their trade and enterprise, the American Government has been guided not only by the letter and spirit of the Japanese American Commercial Treaty of 1911 but by those fundamental principles of international law and order which have formed the basis of its policy in regard to all peoples and their interests; and Japanese commerce and enterprise have continued to enjoy in the United States equality of opportunity.

Your Excellency cannot fail to recognize the existence of a great and growing disparity between the treatment accorded American nationals and their trade and enterprise by Japanese authorities in China and Japan and the treatment accorded Japanese nationals and their trade and enterprise by the Government of the United States in areas within its jurisdiction.

In the light of the situation herein reviewed the Government of the United States asks that the Japanese Government implement its assurances already given with regard to the maintenance of the open door and to non-interference with American rights by taking prompt and effective measures of cause,

(1)　The discontinuance of discriminatory exchange

control and of other measures imposed in areas in China under Japanese control which operate either directly or indirectly to discriminate against American trade and enterprise;

(2) The discontinuance of any monopoly or of any preference which would deprive American nationals of the right of undertaking any legitimate trade or industry in China or of any arrangement which might purport to establish in favor of Japanese interests any general superiority of rights with regard to commercial or economic development in any region of China; and

(3) The discontinuance of interference by Japanese authorities in China with American property and other rights including such forms of interference as censorship of American mail and telegrams and restrictions upon residence and travel by Americans and upon American trade and shipping.

The Government of the United States believes that in the interest of relations between the United States and Japan an early reply would be helpful.

I avail myself of this opportunity to renew to Your Excellency the assurances of my highest consideration.

Signed: Joseph C. Grew.

His Excellency
Prince Fumimaro Konoe,
His Imperial Japanese Majesty's
Minister for Foreign Affairs.

（付　記）

昭和十三年十月六日ノ支那ニ於ケル門戸開放機會均等主義ノ擁護ニ關聯セシメタル在支米國權益確保ノ申入

十月六日附在京米國大使來翰第一〇七六號（假譯）

去ル十月三日閣下カ本使ニ會見ノ機會ヲ與ヘラレタル折ニ本使ハ口頭ヲ以テ日本政府ノ出先官憲ニ依リテ齎ラサレタル所ノ在支米國權益ヲ蹂躪乃至危殆ナラシムルカ如キ事態ニ關スル本國政府ノ見解竝希望ヲ申述ヘ候處右ノ折本使ハ更ニ追ツテ提出セラルヘキ公文ニ於テ右見解及希望ヲ明記及敷衍致スヘキ所存ヲ申述置候、右所存實現ノ爲及本國政

府ヨリノ命令ニ基キ本使ハ玆ニ閣下ニ對シ左記ヲ申述フルノ光榮ヲ有シ候

米國政府ハ帝國政府ニ對シ日本軍占領下ノ支那ニ於テ日本側ノ執ラレタル行動及其ノ遂行セラレツツアル政策ニ關シ累次申入ヲ爲シタル處米國政府ハ右行動竝ニ政策ヲ以テ支那ニ於ケル機會均等門戸開放ノ主義竝ニ狀態ニ背馳スルモノナリトノ見解ノ下ニ右ニ對シ反對ノ意ヲ表明致候右累次ノ申入ニ對シ亦其他ノ公私ノ機會ニ於テ日本政府ハ支那ニ於ケル機會均等乃至門戸開放ハ維持セラルヘシトノ明確ナル保證ヲ與ヘラレ候、然シナカラ米國政府ハ右日本政府ノ保障ニモ拘ラス日本官憲ニ依ル米國ノ權益蹂躪カ引續キ存シ居リタル事ヲ認メサルヲ得サルモノニ有之候

說明ノ都合上米國政府カ帝國政府ノ注意ヲ喚起セント欲スル事態ト關係ヲ有スルヲ以テ玆ニ日本軍ノ滿洲占領當時日本政府カ滿洲ニ於ケル門戸開放ハ維持セラルヘシトノ保證ヲ與ヘラレタルコトヲ指摘致候然シ乍ラ同地ニ於ケル主要經濟活動ハ日本人ニ依ル管理ノ下ニ特惠的乃至ハ排他的地位ヲ與フル特許ヲ以テ設立セラレタル特殊會社ニ依リテ接收セラレ候滿洲ニ於テ右以前ニ活動シ居リタル米國企業ノ大部分ハ該地ニ行ハレタル右特惠ノ結果トシテ該地域ヨリ撤退ヲ餘儀ナカラシメラレ候滿洲ニ於テ現在活動シ居ル政權ト日本トノ間ノ取極メニヨリテ日滿間ニハ物資ノ自由ナル流通カ許サレ居ル處一方滿洲ト日本以外ノ國トノ間ニ於ケル物資ノ流通ハ嚴重ナル制限ヲ受ケ居リ候

右日滿間ノ物資流通ノ途ハ主トシテ日本ヲ外國ト見做サス且日本圓ヲ外貨ト見做ササル樣明確ニ規定スルコトヲ可能ナラシムル法律ノ下ニ發セラレタル規定ニ依リテ行ハレタル爲替管理ノ方法ニヨリテ開カレタルモノニ候

米國政府ノ見解ニ於テハ滿洲ニ於ケル其ノ維持カ日本政府ニヨリテ保證セラレタルニモ拘ラス滿洲ニ於テハ最早事實上機會均等乃至門戸開放ハ存在セサルモノトナスモノニ有之候

米國政府ハ現下ノ事變ノ發生以來日本軍ノ占領下ニ在リタル支那諸地方ニ於テ米國人ノ商賣ノ競爭的地位ニ不利益ヲ齎ス可キ點ニ於テ滿洲ニ於ケル事態ト同樣ナルヘキ事態ノ發生セン事ヲ危惧スルモノニ有之候

本年四月十二日本使ハ閣下ノ前任者ニ對シ米國政府ノ得タル情報カ右滿洲ニ於ケルト同樣ノ爲替管理ノ方法ヲ以テ日

本ノ對北支通商ノミヲ利益スルカ如キ差別待遇ノ存スル旨報シ居ル件ニ關シ注意ヲ喚起スルト共ニ米國權益ニ對シ差別的待遇ヲ與フルカ如キ財政的措置ヲ日本政府ニ於テ援助乃至容認セサル保證ヲ與ヘラレン事ヲ要請致候處外務大臣閣下ハ日本政府ハ支那ニ於ケル機會均等門戸開放主義ノ尊重ヲ繼續スヘシト述ヘラレタルモ未タ日本政府ハ右申入ニ對スル個別的ノ回答ヲ與ヘラレ居ラサル次第ニ候

米國政府ハ今ヤ在青島日本官憲ハ事實上爲替管理ヲ行ヒ輸出手形カ横濱正金銀行ニ對シテ賣却セラレサル限リ輸出ヲ禁止スルカ如キ恣意的權力ヲ行使シツツアリ且右銀行ハ天津及上海ニ於テ行ハレツツアル公開市場率ヨリモ遙カニ低キ專斷的ナル率ヲ以テセサル限リ該輸出手形ノ購賣ヲ拒絶シ居ル旨ノ報道ニ接シ候、右ト略同樣ノ事態ハ芝罘ニ於テモ明ラカニ存在致居候、更ニ其後米國政府ノ入手セル情報ニ依レハ廣汎ナル爲替管理ノ制度カ間モナク北支全体ヲ通シテ樹立セラルヘキ趣ニ候外國爲替管理ハ貿易及商業的企業ヲ管理セシメ得ルモノニシテ直接乃至間接ニ日本官憲ニ依リテ北支ニ於テ爲替管理ヲ施行スルコトハ日本官憲ヲシテ北支ニ於ケル機會均等乃至日米間ノ自由競爭ヲ妨害シ得ル地位ニ立タシムルモノニ候、斯カル事態ニ於テハ米國トノ輸出入貿易及北支ニ於ケル商人ノ選擇ハ全ク日本官憲ノ處置ニ依存スルモノニ有之候青島ニ於テ爲替管理ノ行ハレタルハ未タ短期間ナルニモ拘ラス既ニシテ差別待遇ヲ蒙レル二件ニ付テ米國政府ノ注意喚起セラレ候一例ニ於テ在青島日本官憲カ其輸出手形カ日本ノ銀行ニ對シテ公開市場ニ於ケル支那通貨ノ一般換算率ヨリ餘リニモ低キ率ヲ以テ賣却セラルヘキ事ヲ强要セルヲ以テ斯カル取引ハ利益ヨリハ寧ロ損失トナル爲同地方ノ主要物產取引ニ從事シ居ル一米人商人ハ米國向輸出ヲ爲スヲ得サリシ事例存スル處日本ノ競爭者ハ最近現在ノ公開市場率ヲ以テ換算セラレタル地方市價ト等價ノ米弗建値ヲ以テ多量ノ輸出取極メヲ完成セル次第ニ候他ノ事例ニ於テハ一米國商社カ山東ニ於テ外貨ヲ以テ所謂聯銀券乃至ハ圓通貨ヲ專斷的ニ定メラレタル低率ヲ以テ購買セサル限リ煙草ノ買付ヲ許サレサリシ事例存スル處右ノ如キ條件ハ同會社ノ日本及支那人ノ競爭者ニ對シテハ課セラレサルモノニ候

米國政府ハ既ニ日本軍占領下ノ支那諸地域ニ於テ治政ノ任ニ當リ居リ且其ニ對スル日本政府ノ援助カ公式ニ保證セラ

レタル新政權ニ依リテ爲サレタル支那關稅ノ改正ハ專斷的ニシテ且權力ノ不法ナル僭稱ニシテ右ニ對スル日本政府ノ責任ハ免レ得サルモノナルコトヲ指摘致シ置キ候統制及課稅竝ニ貿易禁止ヲ爲ス最高權力カ直接ニセヨ間接ニセヨ一外國ノ官憲ニ依リテ右外國ノ利益伸張ノ爲メニ行使セラル限リ支那ニ於ケル機會均等乃至門戶開放ノ存シ得サルヘキコトハ殆ント贅言ヲ要セサルヘク候、支那ニ於ケル機會均等乃至門戶開放ノ基礎的要件ハ支那ニ於ケル經濟活動ニ關シ直接ニセヨ間接ニセヨ一外國乃至其國民ノミヲ利益スルカ如キ特惠乃至獨占的權利ノ存在セサルヘキ事ナル事ハ自明ノ理ナルヘク候七月四日本使ハ宇垣大將ニ對シ支那ニ於テ特殊會社及獨占事業ノ設立ノ結果生スヘキ米國ノ貿易及其他ノ企業ニ對スル制限乃至障碍ヲ回避セラレンコトヲ希望スル米國政府ノ要望ヲ申述ヘ候宇垣大臣ハ支那ニ於ケル門戶開放ハ維持セラルヘク米國政府ハ日本政府カ機會均等主義ヲ充分尊重スヘキコトニ付キ安ンシテ可ナル可シト申述ラレ候

右諸保證ニモ拘ハラス七月三十日北平臨時政府ハ翌日附ヲ以テ支那電信電話會社ノ設立セラルヘキ事ヲ聲明セル處右設立ノ目的トシテ報セラルル所ハ北支ニ於ケル電信電話通信ノ管理竝獨占的經營ニ在ル趣ニ候、七月三十一日上海ニ於テ中支電氣通信會社カ設立セラレ日本陸軍特務機關ハ外國電線電信ノ諸會社ニ對シ右新設會社ハ中支ニ於ケル電氣通信ノ總テヲ管理スヘキ事ヲ通告致候半官的ノ日本新聞報道ニ依レハ七月二十八日上海ニ於テ日本側ニヨリテ統制セラルヘキ內河航行汽船會社カ設立セラレタル趣ナル處右設立ノ目的トシテ報セラルル處ハ上海三角洲地域ニ於ケル水運ノ統制ニアル趣ニ候亦本國政府ノ有スル情報ニ依レハ從來一般的ニ所有及經營セラレ居リタル青島埠頭ヲ接收及經營スヘク日本會社カ設立セラレタル趣ニ候若シ右ノ如キ事態ニシテ發生センカ如何ナル國ノ船舶モ場所ノ割當及貨物積卸ノ便宜ニ關シ日本管理人ニ依存セサルヘカラサルモノト相成ルヘク候、北支ニ於ケル羊毛ノ取引ハ今ヤ日本ノ獨占業ニシテ又同地域ニ於ケル煙草專賣モ形成ノ過程ニアル旨報セラレ居リ候更ニ本國政府ノ有スル數多ノ情報ニ依レハ日本政府ハ二個ノ特殊開發會社ノ設立ヲ圖リツツアリ右會社ニ對シテハ日本政府カ特許ヲ與ヘ且支那ニ於ケル經濟活動ノ或ル大部分ノ經營ニ對シ投資及統一竝ニ管理ヲ爲ス

目的ヲ以テ日本政府カ統制ヲナスモノナル趣ニ有之候本使ノ申述ヘタル右諸事態ハ支那ニ於ケル日本ノ政策ノ明瞭ナル傾向ヲ示シ且日本軍占領下ノ地域ニ於テ日本官憲カ日本ノ利益ノ爲ニ特恵及優越權ヲ確立スヘク努力シ居リ其必然的結果トシテ門戸開放主義ノ實際的適用ヲ破壊シ且米國市民ヨリ機會均等ヲ剝奪スルモノナルコトヲ明瞭ニ物語ルモノニ有之候

更ニ亦支那ニ於テハ米國ハ條約上ノ權利ヲ有シ且日本政府カ累次米國市民及其權益ハ日本官憲ニ依リテ不法ナル干渉ヲ受ケサルヘキ措置ノ講セラレタル事ヲ保障セラレタルニモ拘ハラス在支米國市民ニ對シテ日本軍憲ニ依リテ課セラレタル不當ノ制限ハ更ニ米國ノ權益ヲ繼續的ノ重大ナル不便及困難ニ置クモノニシテ右事實ニ對シ本使ハ閣下ノ注意ヲ喚起セント欲スルモノニ有之候、戰鬭行爲ノ爲其レヨリ立退カシメラレ且日本軍カ嘗テ占領シ又ハ今尙占領中ナル財産ニ復歸シ且其ヲ囘復セント欲スル米國市民ニ對シ日本軍ニ依リテ課セラレタル制限ニ付特ニ申述ヘ度ク候、更ニ又上海ニ於テ日本側ニヨリテ爲サルル米國ノ郵便及電信ニ對スル檢閲及干渉竝鐵道船舶其他ノ便宜ノ利用ヲ包含セル米國人ノ貿易居住往來ノ自由ニ對シテ課セラレタル制限ニツキテモ亦申述度候、日本ノ商船ハ上海南京間ニテ日本ノ商品ヲ運搬シ居ル處右商船ハ他國ノ商品ノ運搬ヲ拒否シ且米國其他ノ日本以外ノ船舶ハ軍事上ノ必要ヲ理由トシテ揚子江下流地方ヨリ放逐セラレ居リ候、揚子江下流地域ノ一定地方ニ歸還方ノ爲米國市民ノ通行許可證ノ請求ハ多數ノ日本商人及其家族カ右地域ニ居ルコト周知ナルニモ拘ラス安寧秩序カ未タ充分ニ囘復シ居ラサルコトヲ理由トシテ日本官憲ニヨリテ拒否セラレ來タリ候

米國市民及其權益ハ現下ノ日支衝突ニ直接基因シテ極東ニ於テ多大ノ損害ヲ蒙リ居リ最好條件下ニ於テスラ米國ノ對支貿易ノ早期囘復ハ期待シ得サルモノニ候從ツテ米國政府ハ米國市民カ在支日本官憲ノ手ニヨリテ爲サルル權利ニ對スル不法ナル干渉ノ繼續セラルルコト及支那ニ於テ米國貿易及企業ヨリ機會均等ヲ剝奪スルカ如キ日本ノ行動竝ニ政策ヲ認容セサルヘカラサルカ如キ狀態ニ甘ンスルコトヲ尙一層困難視スルモノニ候、日本ニ於テモ亦日本政府カ支那ニ於ケル其ノ軍事行動ニ關係シテ爲シタル産業貿易爲替其他ノ統制ノ結果米國ノ貿易及其他ノ權益カ頗ル困難ヲ蒙リ

ツツアルコトヲ申述フルコト緊急ナルヘク候

極東ニ於ケル米國ノ權益カ日本官憲ノ手ニ依リテ斯クノ如ク取扱ハレツツアルトキ米國政府ハ其領域或ハ第三國ノ領域內ニ於テ封鎖、輸入禁止、爲替管理、特惠的制限、獨占或ハ特殊會社等ヲ日本ノ貿易及企業ヲ排斥スル爲又ハ排斥スル結果トナルヘキ樣企圖シテ設立セントシタルコト無之候日本國民及其ノ貿易竝ニ企業ノ取扱ニ付テハ米國政府ハ一九一一年ノ日米通商航海條約ノ規定及精神ニ基キテ處シ居ルノミナラス總テノ國民竝ニ其ノ權益ニ對スル米國政府ノ政策ノ根底ヲ成ス所ノ國際法及國際秩序ノ根本的原則ニ從ヒテ處シ居ルモノニシテ日本ノ商業及企業ハ合衆國ニ於テハ機會均等ヲ享受シ來リタルモノニ有之候支那及日本ニ於テ日本官憲ニ依リテ與ヘラレ居ル米國市民及其ノ貿易竝ニ企業ニ對スル待遇ト米國政府ノ統治範圍內ニ於テ日本市民及其ノ貿易竝ニ企業ニ對シテ與ヘラレ居レル待遇トノ間ニハ多大ニシテ而モ其ノ度合ノ增大シツツアル不均衡ノ存在スルコトヲ閣下ニ於テ御見逃シアルコト無カル可キモノト存シ候叙上ノ狀態ニ鑑ミ米國政府ハ日本政府カ其ノ門戶開放及米國權益不干涉ニ付テ累次與ヘラレタル保障ヲ左記事項實現ノ爲速時且有效ナル措置ヲ講セラルルコトニ依リテ履行セラレンコトヲ要請致候

一、支那ニ於ケル日本軍占領地域ニ於テ直接或ハ間接ニ米國ノ貿易及企業ニ對シ差別的待遇ヲ齎スカ如キ差別的爲替管理及其ノ他ノ措置ノ停止

二、支那ニ於テ米國市民カ正當ナル貿易又ハ產業ニ從事スルノ權利ヲ剝奪スルカ如キ獨占又ハ特惠ノ停止及支那ノ如何ナル地域ニ於テモ通商又ハ經濟上ノ開發ニ關シ日本ノ利益ノ爲ニ一般的優越權ノ樹立ヲ意味スルカ如キ取極メノ停止

三、米國ノ郵便及電信ノ檢閱竝ニ米國市民ノ居住、往來、貿易及海運ニ對シテ課セラレタル諸制限等ヲ含メル米國人ノ財產及其ノ他ノ權利ニ對スル在支日本官憲ノ干涉ノ停止

米國政府ハ本件ニ關スル速カナル御回答カ日米兩國ノ親善關係ノ爲メ有效ナルモノト確信致候

右申進旁本使ハ茲ニ重ネテ閣下ニ對シ敬意ヲ表シ候

敬　具

1335　昭和13年11月5日　在米国斎藤大使より有田外務大臣宛（電報）

九国条約を一方的に廃棄することは避け既成事実の積上げにより自然消滅に導くことが得策の旨意見具申

ワシントン　11月5日後発
本　省　11月6日後着

第五一四號（至急、極祕）

目[1]下日本內地ニ於テハ九國條約廢棄論行ハレ居リ右ハ過日帝國政府聲明等ト關聯シ當方面ニモ誇大ニ報道セラレ當國一般殊ニ上下兩議員等ヲモ鮮カラス刺戟シ居ル處右ハ左記理由ニ鑑ミ此ノ際表向ニ同條約ノ一方的廢棄乃至脫退ヲ爲スコトヲ避ケ寧ロ今後成ルヘク速ニ既成事實ヲ作上ケ同條約ヲ自然消滅ニ導クコトトシ要スレハ將來新ナル事態ヲ基礎トシテ關係各國ト協議シタル形式ニテ同條約ノ圓滿廢棄ヲ實現スルコト得策ナルヘシト存ス

一、同條約ニ付テハ蘇聯ノ對支進出、支那ノ不安狀態、極端ナル排日政策ノ實施等ニ基キ事情ニ重大ナル變化アリタルコトヲ充分說明シ得ヘキモ御承知ノ通リ我ニ於テ事情變更ニ依ル條約失效ノ理論ヲ援用スルコトハ將來我國ト諸外國トノ條約關係ニ面白カラサル影響アルコト（華府會議ニ於テ我方全權カ大正四年日支條約ノ效力ニ關聯シ條約ハ一方的ニ廢棄シ得サルコトヲ强調シタルコトハ御承知ノ通リ）

一、[2]九國條約ハ滿洲事變以來廢止狀態ニ在リテ殆ト實際的效力ヲ示サス之ヲ廢棄セスシテ今日迄滿洲國ノ建設經營ヲ爲シ得タルコト（滿洲石油獨占問題ニ付テハ英米等ヨリ本條約ヲ根據トシテ再三抗議アリタルモ遂ニ泣寢入トナリタルハ御承知ノ通リ）等ニ鑑ミ之ヲ廢止狀態ノ儘放任シ置クモ我方トシテハ別段差支ナカルヘキコト

一、門戶開放主義ニ付テハ我全權ヨリ外國ノ資本、貿易、企業ニ對シ支那ノ門戶ヲ開放スヘキコトヲ主張シタルニ對シ支那全權ハ「支那國民ノ重大ナル利益及其ノ經濟生活ノ安固ト兩立スル限リ」其ノ資源開發ニ對シ外國ノ資本及技術ノ協力ヲ求ムヘク卽チ外國ニ於ケルト同一ノ條件ヲ以テ外國人ニ對シ協力ノ機會ヲ與フル意嚮ナル旨ヲ述ヘ外國側ニ於テハ我方ノ主張ヲ支持セス支那ノ主張ヲ默認シタル經緯モアリ旁今後開放主義ナルモノハ諸外國ニ

於ケルト同様ノ制限ヲ受クルモノニシテ主トシテ經濟的範圍ニ限ラルヘキモノナリト主張シ得ヘキコト

1336　昭和13年11月5日　在米国斎藤大使より有田外務大臣宛(電報)

米国国務長官は九国条約の維持にあまり拘泥していない旨の観測報告

ワシントン　11月5日後発
本　省　11月6日後着

第五一五號(極祕)

五日國務省發表「ステートメント」ニ於テ米國側カ九國條約ノ維持ヲ主張シ居ルハ「ハル」カ「ホーンベツク」一派ノ理想主義者ノ主張ニ一應同意ヲ與ヘ居ル程度ニ止マリ「ハル」トシテハ極東問題ニ關スル法律乃至事實問題ニ付テハ詳シク承知セス昭和九年春本使同長官ト太平洋ニ關スル日米政治協定ニ付懇談シタル際ニモ同長官ハ例ヘハ日本カ支那ヲ併呑スルコトアルヘキモ右ハ米國ノ重大ナル利益ノ侵害ト認メスト洩ラシ右ハ言ヒ過キカモ知レスト笑ニ紛ラシタルコトモアリ(當時往電御參照)「ハル」トシテ大體今日ニ於テモ同樣ノ氣持ニ在ルモノト認メラル

英ニ轉電セリ

英ヨリ在歐各大使ヘ郵送アリタシ

1337　昭和13年11月6日　在米国斎藤大使より有田外務大臣宛(電報)

日本の九国条約廃棄説に関する米国紙報道振り報告

ワシントン　11月6日後発
本　省　11月7日後着

第五一七號

日本ノ九國條約廢棄説ニ關シ六日紐育「タイムス」ハ左記要旨ノ同紙外交記者「エドウイン、エル、ヂエイムス」ノ評論ヲ掲ケ居レリ(委細郵報)

一、從來日本ハ今次事變ニ於ケル日本ノ行動ハ九國條約及不戰條約ニ違反セスト主張シ來レルカ今回日本カ九國條約ノ廢棄ヲ必要ト認ムルニ至リタルハ右主張ヲ變更シタルモノト認メラルルコト

一、華府海軍條約ハ一方的廢棄ノ規定ヲ含ミタルヲ以テ日本

ニ依ル同條約ノ廢棄ハ正當ノ權限内ノ行爲ナルカ九國條約ニハ一方的廢棄ノ規定ナク關係國間ノ協議ニ依ルノ外之ヲ廢棄スルコト不可能ナルコト

一、日本カ同條約ノ廢棄ヲ主張スル場合ニハ日米關係ハ緊張スルニ至ルヘキコト豫想セラルル處左リトテ單ナル文書ニ依ル抗議ノミニテ日本ノ支那制覇ノ野望ヲ停止セシメ得ヘシトハ信セラレサルノミナラス英米佛等關係國カ共同シテ實力措置ニ出スルカ如キコトモ殆トナカルヘク又英又ハ米カ支那ニ於ケル其ノ通商上ノ權益保護ノ爲ニ戰爭ニ訴フルカ如キコトモ考ヘラレサルコト

一、尤モ英米ハ日本ニ對抗スル手段ナキニアラス兩國ハ有力ナル經濟財政上ノ武器ヲ有シ例ヘハ日本トノ通商條約ヲ廢棄シ或ハ日本ニ對スル石油供給ノ途ヲ絶ツコト可能ナルモ右ノ如キ措置ニ出スルコトハ犧牲多キノミナラス日本ハ之ヲ以テ戰爭行爲ニ類スルモノト認ムル危險アルコト

英ニ轉電シ紐育ニ郵送セリ

英ヨリ在歐各大使ニ郵送アリタシ

1338 昭和13年11月7日 在上海日高総領事より有田外務大臣宛（電報）

日本が米国の対日通牒を無視して東亜新秩序建設を企図していることを非難した英字紙論調報告

上　海　11月7日後発
本　省　11月7日夜着

第三三三〇號

七日[1]「デーリー、ニュース」ハ左記要旨ノ社説ヲ掲ケタリ

日本ハ日支紛爭ニ關スル武府會議ニ出席スルヲ拒否シタルハ明白ナル九箇國條約違反ナルカ最近日本側ノ種々ナル聲明ヨリ觀取セラルル如ク日本ハ今次戰爭ニ依ル事態變更ヲ理由トシテ近ク右條約ヲ破棄スヘク從テ所謂亞細亞主義ニ基キ極東ニ於ケル日本ノ「ヘゲモニー」ヲ樹立セントスル用意アル旨專ラ噂サレ居ル處十月六日ノ米國ノ對日通牒ニ對スル日本側回答ハ廣東、漢口攻略後ニ至ルモ依然通告セラレサル一方其ノ間日本側ヨリ出テタル種々ナル聲明發表ハ若シ實行セラルレハ列國ノ在支權益ヲ根絶セシムヘキ性質ノモノニシテ右ハ假令所謂「バロン、デッセイ」ナリト

スルモ日本ハ東亞ノ政治的、經濟的或ハ軍事的「ブロック」ヲ形成シ自ラ其ノ盟主タラントスル意思ヲ有スルコト明白ナルヘシ之ニ對スル列國ノ反應ハ未タ不明ナルモ日本ハ列國ノ斷乎タル共同行爲ニ對シテハ抵抗スルノ實力ナキヲ以テ列國ノ在支權益擁護ノ效果ハ一ニ列國ノ協調カ如何ナル程度ニ迄實現スルヤニ係ル所大ナル處右通牒ニ依リ米國政府ノ執レル「リード」ニ從フモノナク延引スルトセハ滿洲事變當時米國ノ主唱ニ應セスシテ失敗セル經驗ヲ繰返スニ至ルヘシ各國ノ對日行動カ時機ヲ失セス且有力ナル支持ヲ與ヘラルルハ共同行爲ナルト否トハ論外ニシテ今日ノ在支列國權益ニ對スル脅威竝ニ侵害ハ最早忍耐ノ限度ヲ超エ居リ日本カ噂ノ如ク又其ノ屢次ノ聲明ヨリ推測サルル如キ計畫ヲ實行スルモノトセハ速ニ之ヲ停止セシムルヲ可トス支那ニ於ケル現狀ハ日本ノ企圖ヲ正當化ストノ議論ハ無價値ニシテ所謂現狀ハ日本ノ條約違反及日本カ現在自稱シ居ル正義感ヲ無視シテ爲サレタル不法行爲ニ依リテ齎サレタルモノナリ

北京、天津ヘ轉電シ香港ヘ暗送セリ

1339

昭和13年11月18日　有田外務大臣より在本邦グルー米国大使宛

米国政府の十月六日付対日通牒に対するわが方回答

付記一　右英訳文

二　通商局第五課作成、作成日不明

「十月六日申入ニ對スル對米回答ノ反應ニ關スル件」

昭和十三年十一月十八日ノ十月六日附米國側申入ニ對スル舊來ノ觀念乃至原則ヲ以テ新事態ヲ律シ得ストノ回答

以書翰啓上致候陳者支那ニ於ケル貴國權益ニ關シ十月六日附貴翰第一〇七六號ヲ以テ近衞前外務大臣宛御申越ノ次第有之閱悉致候

右貴翰ニ於テ閣下ハ貴國政府ノ有スル情報ニ基キ幾多事例ヲ擧ケ支那ニ於テ帝國官憲カ貴國人民ニ對シ差別待遇ヲ與ヘ貴國權益ヲ侵害シ居ル旨申述ヘラレ候處是等事例ニ付帝國政府ノ見解ヲ開陳スレハ左ノ通有之候

一、青島ニ於テ現ニ輸出爲替ニ關シ實施シ居ルカ如キ措置ヲ

講スルニ至レル經緯竝ニ現狀ハ帝國政府ノ承知スル所ニ依レハ左記ノ如クニテ貴國人民ニ對シ何等差別待遇トナルモノニ非スト了解ス

卽チ曩ニ北支ニ於テ中國聯合準備銀行ノ設立ヲ見其ノ銀行券ハ一圓ニ付一志二片ノ對外價値ヲ有スルコトトシ其ノ發行高ハ既ニ一億數千萬圓ニ達シ一般ニ普及シ居ル次第ナリ且同銀行券ハ臨時政府ノ强制通貨ニシテ同券ノ價値維持竝ニ圓滑ナル流通ハ北支ニ於ケル經濟活動ノ運行進展ノ基礎トシテ不可缺ナルモノト認メラレタル結果帝國政府ハ之ニ協力スルノ態度ヲ執リ來レルヲ以テ帝國臣民ハ總テ同券ヲ使用シ居リ從ツテ對外輸出ニ當リテモ一志二片ノ相場ニテ外貨ニ換算シ居ル次第ナリ然ルニ他面尙同地方ニ流通シ居ル舊法幣ハ其ノ實際上ノ對外價値八片內外ニ下落シ居ルヲ以テ右ヲ利用セル輸出取引ハ一志二片ノ聯銀券ヲ利用シ法定ノ對外價値ニ依リ正當ナル取引ヲ行フ者ニ比シ不當ノ利益ヲ得ツツアリテ聯銀券ヲ使用シ居ル帝國臣民其ノ他ハ北支新政府ノ管轄地域內ニ居住營業シツツ而モ舊法幣ノミヲ使用スルモノニ比シ不當ナル不利益ヲ蒙リ居リタル次第ナリ他面聯銀當局ニ於テ略々等價ニテ換算シ居ル舊法幣ト聯銀券ノ對外價値ニ於テ敍上ノ開キヲ有スルコトハ延イテ聯銀券ノ對外價値更ニハ日本圓貨ノ價値ニモ惡影響ヲ及ホスヲ以テ帝國政府トシテハ右ヲ放置傍觀スルヲ得サル次第ニテ靑島ニ於ケル本件輸出爲替ニ關スル措置ハ不當ニ利益ヲ得ツツアリタル舊法幣使用者ノ地位ヲ聯銀券使用者ノ地位ト同等ナラシムルト共ニ聯銀券ノ對外價値維持ヲ擁護セントスル一ノ企圖ナリシモノナリ而モ本措置ハ國籍ニ依リ適用ヲ異ニスルモノニ非サルヲ以テ何等ノ差別待遇ニ非ス寧ロ從來一種ノ差別的待遇ヲ受ケ居リタル聯銀券使用者ノ地位ハ本措置ニ依リ初メテ同等トナリ完全ニ平等ナル基礎ノ下ニ競爭スルヲ得ルニ至レル次第ナリ

二、北支及中支ニ於ケル支那新政權カ過般關稅率改正ヲ實施シタルハ曩ニ國民政府ノ施行セル稅率カ不當ニ高率ニシテ經濟復興民生ノ福祉ヲ圖ルニ適セサリシニ鑑ミ合理的改正ヲ爲サントシタルモノナルモ兎ニ角取敢ヘス各國カ既ニ承認シタル一九三一年ノ稅率ヲ採用セルモノニシテ或特定國ノ利益ヲ企圖シタルモノニ非ス從ツテ右改正ニ對シ如何ナル國ノ在支居留民ヨリモ不滿ノ聲ヲ聞カサリ

シ次第ナリ帝國政府モ固ヨリ其ノ改正ノ趣旨ニ贊成ニシテ本改正ニ依リ各國ノ對支貿易ハ愈々促進セラルルモノト思考シ居レリ

三、次ニ支那ニ於ケル或種ノ企業會社ノ設立ニ付テハ今次事變後ニ於ケル支那ノ經濟財政及産業等ノ復興開發カ支那民生ノ爲焦眉ノ急務ナルノミナラス帝國政府トシテハ東亞ニ於ケル新秩序建設ノ爲是等復興開發事業ノ急速ナル着手及其ノ進行ニ重大ナル關心ヲ有シ凡有積極的努力ヲ傾注シ居ルモノニシテ北支那開發及ヒ中支那振興ノ兩投資會社ノ設立ヲ見タルハ支那側ニ對シ右復興ニ必要ナル援助ヲ供與スルト共ニ支那ノ資源開發ニ寄與セントスルモノニ外ナラス何等貴國人民ノ支那ニ於ケル權益ヲ害シ其事業ニ差別待遇ヲ與フルモノニ非ス從ツテ帝國政府トシテハ新事態ニ立脚シテ我方ニ協力セントスル第三國ノ參加ニ對シ反對スル意嚮無キハ勿論寧ロ大ニ之ヲ歡迎スルモノナリ

北支及中支ニ於ケル電氣通信會社、上海ニ於ケル内河汽船會社及ヒ青島埠頭會社ノ設立モ亦事變ニヨリ破壞セラレタル通信運輸及港灣經營機關ヲ至急整備スルノ緊急必要ニ出テタルモノナル處電氣通信事業カ公共的性質ヲ有スルノミナラス治安國防等ノ關係ヨリ特殊會社ノ事業タルハ當然ナルカ其ノ他ハ普通ノ支那又ハ日本法人ニシテ何レモ貴國又ハ第三國ニ對シ差別的待遇ヲ與ヘ利益ヲ獨占スルコトヲ目的トナシ居ルモノニ非ス尙羊毛取引ニ付テハ蒙疆地方ニ於テ買付機關ヲ統制シタルコトアルモ現在右ハ撤去セラレ居リ又煙草ニ付テハ現在何等專賣計畫ノ事實存セス

四、我軍占領地域ヘノ貴國人民ノ復歸ニ付テハ北支ニ於テハ右復歸カ却テ復歸者ノ安全ニ害アルカ如キ特殊ノ場合ノ外之ヲ制限シ居ラス揚子江流域地方ニ於テ既ニ多數貴國人ノ復歸ヲ見タルハ御承知ノ通ナル處未タ尙一般的ニ復歸ヲ許容シ得サルハ屢次申進ノ通リ或ハ治安ノ未タ恢復セラレサル爲ノ危險ヲ慮リ或ハ機密保持等我軍作戰ノ必要上第三國人ノ立入ヲ許シ得サル事由アルニ基クモノナリ其他一般ニ右占領地域内ニ於ケル貴國人民ノ居住往來營業及ヒ通商ニ課セラレ居ル諸制限モ亦占領地域内ノ治安ノ現狀及軍事上ノ必要ニ基ク最少限ノモノニシテ帝國政府ニ於テハ事情ノ許ス限リ速ニ常態ニ復セシメンコト

ヲ期シ居ル次第ナリ

五、貴國領域内ニ於テ帝國臣民カ受ケ居ル待遇ト帝國内ニ於テ貴國人民ノ受ケ居ル待遇トノ間ニ何等カ根本的ナル差異アリト爲スカ如キハ帝國政府ノ意外トスル所ニシテ帝國内ニ於ケル貴國人民カ刻下ノ非常事態ニ際シ種々ナル經濟上ノ拘束ヲ課セラレ居ルハ事實ナルモ斯ノ如キ拘束ハ帝國臣民及貴國人民以外ノ外國人モ均シク之ヲ受ケ居ル所ニシテ特ニ貴國人民ニノミ課セラレタルモノニ非サルコトハ申ス迄モナシ尚貴國領域内ニ於ケル帝國臣民ノ待遇ニ關シテ貴翰中ニ陳ヘラレタル貴見ニ付テハ別ニ帝國政府ノ見解ヲ申述フヘキコトヲ留保スルモノナリ

以上屢述ノ通リ帝國政府ハ支那ニ於ケル貴國權益ハ之ヲ充分ニ尊重スルノ意圖ヲ以テ出來得ル限リノ努力ヲ爲シ來レルモノナル處目下東亞ニ於テハ有史以來曾テ見サル大規模ノ軍事行動行ハレツツアルヲ以テ貴國權益尊重ノ意圖ヲ實行スル上ニ時トシテ支障ヲ生スルコトアルハ貴國政府ニ於テモ御諒承相成ルヘキコトト存候

目下帝國ハ東亞ニ於テ眞ノ國際正義ニ基ク新秩序ノ建設ニ全力ヲ擧ケテ邁進シツツアル次第ナルカ之カ達成ハ帝國ノ存立ニ缺クヘカラサルモノタルノミナラス東亞永遠ノ安定ノ礎石タルヘキモノニ有之候今ヤ東亞ノ天地ニ於テ新ナル情勢ノ展開シツツアルノ秋ニ當リ事變前ノ事態ニ適用アリタル觀念乃至原則ヲ以テ其ノ儘現在及今後ノ事態ヲ律セントスルコトハ何等當面ノ問題ノ解決ヲ齎ス所以ニ非サルノミナラス又東亞恆久平和ノ確立ニ資スルモノニ非サルコトヲ信スル次第ニ有之候

然レ共貴國其他ノ列國ニ於テ敍上ノ趣旨ヲ諒解セラレ以テ企業貿易ノ諸分野ニ亘リテ東亞再建ノ大業ニ參加セラルルコトニ對シテハ帝國トシテ何等之ニ反對スルノ意嚮ナキノミナラス目下支那ニ於テ成長中ナル政權トシテモ之ヲ歡迎スルノ用意アルモノト存セラレ候

右回答申進旁本大臣ハ茲ニ重ネテ閣下ニ向テ敬意ヲ表シ候

敬　具

昭和十三年十一月十八日

外務大臣　有田　八郎

亞米利加合衆國特命全權大使

「ジヨセフ、クラーク、グルー」閣下

（付記 I）

Excellency,

I have the honour to acknowledge the receipt of Your Excellency's Note, No. 1076, dated October 6th, addressed to the then Minister for Foreign Affairs Prince Konoye, concerning the rights and interests of the United States in China.

In the Note are cited various instances based on information in the possession of the Government of the United States that the Japanese authorities are subjecting American citizens in China to discriminatory treatment and violating the rights and interests of the United States.

I have now the honour to state hereunder the opinions of the Japanese Government with regard to these instances.

1. The circumstances which led to the adoption of the present measures concerning export exchange in Tsingtao and the present situation being, so far as the Japanese Government are aware, as set forth below, they consider that those measures can not be construed as constituting any discrimination against American citizens.

A short time ago the Federal Reserve Bank of China was established in North China whose notes with an exchange value fixed at one shilling and two pence against one yuan, have been issued thus far to the amount of more than one hundred million yuan, and are widely circulated. These bank notes being the compulsory currency of the Provisional Government, the maintenance of their value and their smooth circulation is regarded as an indispensable basis for the conduct and the development of economic activities in North China. Consequently the Japanese Government have taken a co-operative attitude; and all Japanese subjects are using the said notes, and in their export trade are exchanging them at the rate of one shilling and two pence. On the other hand, the old fa-pi still circulating in these areas has depreciated in exchange value to about eight pence per yuan. Consequently those who are engaged in export trade and are using this currency are enjoying illegitimate profits, as compared with those who use the Federal Reserve notes and carry on legitimate transactions at the legitimate rate of exchange: that is to say, Japanese subjects who use the Federal Reserve notes have been suffering unreasonable disadvantages as compared with persons who while residing and carrying on their business in the areas under the jurisdiction of the Provisional Government of North China, use nevertheless, the old fa-pi exclusively.

Furthermore, the existence of the before mentioned disparity in exchange value between the new notes and the old fa-pi, which the Federal Reserve Bank has been exchanging at a rate not very much below par, is bound to exert an unfavourable effect upon the exchange value of the new notes, and eventually upon the exchange value of the Japanese yen.

The Japanese Government feel that it is incumbent upon them not to remain indifferent to such a situation.

The exchange measures adopted in Tsingtao are calculated to place the users of old Chinese currency who have been obtaining unfair profits, on equal footing with those who are using the Federal Reserve notes. These measures are also intended to protect the exchange value of the Federal Reserve Bank notes. Inasmuch as the application of the measures makes no differentiation according to nationality they cannot be considered as discriminatory measures. As a matter of fact, it is through these measures that those users of the Federal Reserve notes who had in a sense been discriminated against, have been placed on an equal footing with the others, and thus enabled to compete on a fair basis.

2. In North and Central China the new Chinese régimes some time ago effected revisions of the Customs tariff in an attempt to secure a rational modification of the former tariff enforced by the Kuo-mintang Government, which was unduly high and ill-calculated to promote the economic recovery and general welfare of the Chinese people. However, the schedule actually adopted for the

time being is the one that was approved by the Powers in 1931, so that no complaint has been heard from foreign residents of any nationality on the spot. The Japanese Government are of course in favour of the purpose of the said revision, believing that it will serve to promote effectively the trade of all countries with China.

3. As for the organization of certain promotion companies in China, the restoration and development of China's economic, financial and industrial life after the present Affair is a matter of urgent necessity for the welfare of the Chinese. Moreover, the Japanese Government are deeply solicitous for the early inauguration and progress of work having for its object this restoration and development, for the sake of the realization of a new order in East Asia, and are doing all in their power in that direction. The North China Development Company and the Central China Development Company were established with a view to giving China the necessary assistance toward the said restoration and also with the aim of contributing toward the development of China's natural resources. It is far from the thoughts of the Japanese Government to impair the rights and interests of American citizens in China or to discriminate against their enterprises. The Japanese Government therefore do not oppose, but welcome heartily, the participation of third Powers on the basis of the new situation that has arisen.

The telecommunication companies in North and Central China and of the inland navigation steamship company at Shanghai and the wharfage company at Tsingtao have also been established to meet the imperative need of an early restoration of communications, transportation, and harbor facilities. With the exception of the telecommunications enterprise, which, because of its obvious relation to the maintenance of peace and order and to the national defense, as well as because of its public character, has been placed in the hands of special companies, all these enterprises are turned over to concerns that are ordinary Chinese or Japanese juridical persons, without any intention of allowing them to reap monopolistic profits by discriminating against America or any other Power. As regards the wool trade, while the control of purchasing agencies was enforced for a time in the Mongolian region, it has since been discontinued. There is no plan at present of any sort for establishing a monopoly in tobacco.

4. Concerning the return of American citizens to the occupied areas, Your Excellency is aware that in North China there is no restriction, excepting in very special cases where the personal safety of those who return would be endangered, while in the Yangtse Valley large numbers of Americans have already returned. The reason why permission to return has not yet been made general is, as has been repeatedly communicated to Your Excellency, due to the danger that persists because of the imperfect restoration of order and also to the impossibility of admitting nationals of third Powers on account of strategic necessities such as the preservation of military secrets. Again, the various restrictions enforced in the occupied areas concerning the residence, travel, enterprise and trade of American citizens, constitute the minimum regulations possible consistently with military necessities and the local conditions of peace and order. It is the intention of the Japanese Government to restore the situation to normal as soon as circumstances permit.

5. The Japanese Government are surprised at the allegation that there exists a fundamental difference between the treatment accorded to Japanese in America and the treatment accorded to Americans in Japan. While it is true that in these days of emergency American residing in this country are subject to various economic restrictions, yet these are, needless to say, restrictions imposed not upon Americans alone but also on all foreigners of all nationalities as well as upon the subjects of Japan. I beg to reserve for another occasion a statement of the views of the Japanese Government concerning the treatment of Japanese subjects in American territory,

referred to in Your Excellency's note.

As has been explained above, the Japanese Government, with every intention of fully respecting American rights and interests in China, have been doing all that could possibly be done in that behalf. However, since there are in progress at present in China military operations on a scale unprecedented in our history, it may well be recognized by the Government of the United States that it is unavoidable that these military operations should occasionally present obstacles to giving full effect to our intention of respecting the rights and interests of American citizens.

Japan at present is devoting her energy to the establishment of a new order based on genuine international justice throughout East Asia, the attainment of which end is not only an indispensable condition of the very existence of Japan, but also constitutes the very foundation of the enduring peace and stability of East Asia.

It is the firm conviction of the Japanese Government that in the face of the new situation, fast developing in East Asia, any attempt to apply to the conditions of to-day and to-morrow inapplicable ideas and principles of the past neither would contribute toward the establishment of a real peace in East Asia nor solve the immediate issues.

However, as long as these points are understood, Japan has not the slightest inclination to oppose the participation of the United States and other Powers in the great work of reconstructing East Asia along all lines of industry and trade; and I believe that the new régimes now being formed in China are prepared to welcome such foreign participation.

I avail myself of this opportunity to renew to Your Excellency the assurances of my highest consideration.

(付記二)

十月六日申入ニ對スル對米回答ノ反應ニ關スル件

去ル十月六日附米國ノ支那方面門戸開放ニ關スル申入ニ對シ我方ガ門戸開放機會均等ヲ否定スルガ如キ意味ノ回答ヲ

爲シタラン場合、米國ガ執ル可ク豫想セラルル經濟通商上ノ報復及ビ其ノ結果ガ如何ナル影響ヲ我方ニ及スベキヤニ付テ一應ノ考究ヲ爲スコト以下ノ如シ。

一、米國ノ執ル報復手段トシテ豫想セラルルトコロハ大体(イ)日米通商條約ノ廢棄(ロ)中立法ノ改正ソノ他之ヲ中心トスル武器及ビ重要資源ノ供給阻止(ハ)大統領布告ヲ以テスル互惠協定稅率均霑ノ拒否(ニ)米國市場ニ於ケル日本商人ノ商取引ノ制限其他經濟活動ニ對スル制肘及ヒ(ホ)ソノ他ヲ(ノカ)報復的措置等ト思考セラル。

二、然ルニ右ノ中、日米通商條約ノ廢棄ハ夫レ自身米國側ノ蒙ル相當ノ損害モ避ケ難カルベク、殊ニ目下ノ環境ニ於テ肯テ之ヲ爲スハ國交上重大影響アルベキニモ鑑ミ、米國ト雖モ現在コノ危險ト犧牲トヲ肯ヘテ爲スコトハ先ヅ無キモノト見透シテ可ナルベシ。(元來前記ノ諸報復手段モ「執リ得ベキ」モノトシテ思考セラルル處之ヲ如何ナル程度現實ニ「執ル」ベキヤニ就テハ、案外微温的ナラザルベカラザルヤニ思考セラルル理由モ思考セラル。他面、相當程度迄ノコトハ、肯テコノ通商條約廢棄ノ犧牲ヲ爲サズトモ、他ノ方策ニヨリテ之ヲ行フコトヲ得ベク、從テ姑ラク(イ)ノ措置ハ發生セザルモノト假想シテ可キ(ママ)ナル可キヤニ思考ス)。

三、中立法ノ發動及ビソノ改正其他ニヨリテ第一ニ蒙ル可キ影響ハ米國ヨリ輸入セラルル武器ノ杜絶ナレドモ、昨年七月以降本年八月迄ノ本邦輸入米國軍需品ノ總價額ハ約二千六百二十萬圓ニシテ、平均月額百八十萬圓見當ニシテ、コレガ杜絶ハ相當ノ苦痛ト稱シ得ベキモ、又觀方ヲ變フレバ最近ノ狀勢ハ月額百萬圓乃至百二十萬圓前後ニシテ且ツソノ品目ノ大部分ハ飛行器(機カ)及ビソノ關係品ニシテ、我國ノ生產能力擴充ニヨルソノ代替補求(給カ)必シモ甚シク困難ナルモノニ非ズト思考セラル(武器ノ對日輸出許可ニ關シテハ聯邦軍需品委員會ハ事變發生以來「ディスカレッヂ」スル立場ヲトリ居ルヲ以テ中立法上ノ「純武器」ニ關シテハ我方ノ對米同答如何ニ係ラズ漸時制限ヲ受クルヲ覺悟セザルベカラズ)。但ダ、中立法ノ發動ハ啻ニ直接軍需品ニ就テノミナラズ、同法或ハソノ精神ヲ中心トスル措置ヲ以テ我國ガ大陸經營ニ、必要トスヘキ重要資材(主トシテ石油、屑鐵)ノ對日輸出制限又ハ禁止ノコトアルヘキハ少クトモ一應豫期セザル可カラズ。今本邦ノ石油輸入額ハ金額ニシテ年額二億七八千萬圓乃至三億圓程度(昭和十二年度二億七千八百萬圓餘、內原油及重油四、七九七、六六七、二億二十萬圓。昭和十三年一月―六月迄九千百四十萬圓餘、內原油及重油一、三〇六、六一七　六千五百七十萬圓餘)ナル處、其內米國石油ハ大體ソノ三分ノ一以上(昭和十二年全年價額凡ソ一億二千萬圓數量凡ソ七十萬、昭和十三年一月―二月分凡ソ二千百四十萬圓、四十七萬)ヲ占ムル次第ナレバ、之ガ輸入杜絶等ノ想定ハ極メテ重大ナル性質ニ在ルコト否定シ難シ。果シテソノ大體(代替カ)ノ法途(方カ)アリヤ否ヤ。少クトモ之ガ充分ナル考察檢討ヲ要スヘシ。然レドモ他方米國側ニトリテモ苟モ上記ノ如キ相當額ノ石油販賣先ヲ失フコトハ、コレガ振向先容易ナラサル限リソノ石油業ノ蒙ル苦痛決シテ少シト做サザルヘク、果シテ能クソノ政治的意圖ガコノ經濟的失費ヲ强制シ得ヘキヤ否ヤノ樂觀的吟味條件モ亦存スベシ。

(註)參考、本年六月末米國石油滯貨狀態

原　油

カリフォルニア＝重油及燃料油　八二、八三三千バーレン
(前年七月六二、三七六千バーレル)
輕原油　三三、一五一千　〃
(〃　三三、四三三千バーレル)

東部カリフォルニア合計＝精油所在荷　四四、三二四千　〃
(〃　四八、〇四九　〃)
貯油及配給課程在荷　二〇六、八九九　〃
(〃　二〇二、一八九　〃)

精　油

東部カリフォルニア＝殘留燃料油　三三、七六一千バーレル
瓦斯及溜出燃料油　二四、六九九千　〃
精製ガソリン(精油所在荷)　四七、一五六千バーレン
(前年七月　三九、四四一(千欠カ)バーレン)
自然ガソリン　六、九五一千　〃
(〃　六、九一八　〃)

一方我國ノ製鋼技術組織及熔鑛爐能力ヨリ言フトキハ屑鐵ニ對スル需要ハ極メテ重且ツ大ナルモノアリ。(製鋼作業上最近ノ一般傾向トシテ製鋼原料トシテノ屑鐵ニ對

スル需要ハ原鑛及ヒ銑鐵ヲハルカニ凌駕スルモノアリ、殊ニ我國製鋼界ノ屑鐵需要ハ極メテ大ニシテ、一九三二年以來世界第一ノ屑鐵輸入國―例ヘバ一九三六年全年ノ總輸入額一、四七三千噸ニシテ、之レハ同年ニ於ケル世界屑鐵輸入額ノ約四割ニ當ル―トナリ居レリ)。而シテ我ガ米國屑鐵ノ輸入量ハ之ヲ昭和十二年全前（年カ）ノ數字ニ就テ觀レバ、一、八八一千噸ニシテ、ソノ輸入屑鐵ノ半以上、ヤヤ之ヲ強ク言ヘバ、其ノ大部分ヲ占ムルモノト稱シ得ベク、之ガ輸入減少或ハ杜絶ハ極メテ重大事タルコトヲ認メザルベカラズ。然モ屑鐵世界輸出額ノ凡ソ六割ハ米國ノ占ムル處ニシテ、之ニ續イテ佛蘭西ガ其一割七八分ヲ、白耳義(「ルクセンブルグ」ヲ含ム)ガ一割二分前後ヲ(一九三五年度ニ就テ言ヘバ、世界總額三、四五三千噸中米國二、〇四五千噸、佛國六二千噸、白國四一八噸)出スニ過ギズ、米國ニ代ヘテ他ニ之ヲ求ムルコト殆ンド全ク不可能ナリ。尤モ屑鐵ニ代ヘテ何等カノ方法ニヨル原鐵及銑鐵ノ取得ノ途存ス可ク、之レハ素ヨリ萬全ヲ盡シテ劃策セザルベカラザル可キモ、從來我國ハ原鑛ニ就テハ滿支ヲ姑ラク別ニスレバ主トシテ濠洲及比律賓ヨリ(一九三五年ニ就テ言ヘバ總輸入額三、三五一千噸中三五一千噸ヲ濠洲ヨリ、二八六千噸ヲ比島ヨリ)輸入シ、銑鐵ニ就テ言ヘバ滿洲國ヲ除キ主トシテ英領印度ヨリノ輸入(一九三五年度ニ就テ觀レバ總輸入額九四六、七二二噸―世界總額ノ五〇%―中滿洲國ヨリノ三七六千噸ヲ除イテ英領印度ハ三三二千噸)ニ俟テルモノニシテ之等ノ輸入ニ就テモ、若シ米國ガ屑鐵禁輸等ノ擧ニ出ヅルガ如キ場合ニハ、又相當ノ悲觀的變化ヲ豫想シ得ベカラザルニ非ラズ。畢竟本項ニ就テハ愼重ノ考慮ヲ要スベシ。但ダ之ニ就テモ、前項石油ニ就テト同樣米國側ニ於テモ、純粹ニ經濟的見地ヨリスル限リ禁輸斷行ニ就テハ實際上相當程度ノ難點無之キニ非ラザルベシ。但シ屑鐵輸出ニ關シテハ、昨夏秋以來米國ニ於テ屢々ソノ禁止氣運發生シ(例ヘバ九月九日下院外交委員會委員「マク・レイノルド」ノ議會ニ對スル右法案ノ提出方歡（勸カ）奬及支持聲明)、同十一月臨時議會ニ於テハ右ニ關スル二、三ノ法案提出ヲ見タル次第ニテ形勢最モ樂觀シ難シ。尚ホ屑鐵以外ノ重要米國商品ノ五、六ニ就テノ對日輸出狀況ニ就テハ、附屬統計表（省略）ニ就テ知ルトコロアリ度、之レ等ニ及ブ可キ影響ニ就テモ一應考慮ニ入レ置クノ要アル可シ。尙ホ茲一兩年ノ特異的、且ツ躍進的事實トシテ米國ヨリ上記硬油、鐵類ヲ始メソノ他ノ金物類（機械類ヲ含ム）ノ大量輸入續キ居レドモ、姑ラク、之ヲ除ケバソノ對日輸入ノ中心ハ、素ヨリ之ガ絶對量ノ減少ハ著シケレドモ、尙依然トシテ棉花（昭和十三年一月―九月累計二三六萬「ピクル」、一二三百萬圓―前年同期ノ數量三九六萬「ピクル」、前々年同期四〇五萬「ピクル」）ノ占ムル處ニシテ他ニ燐鑛石四二七萬圓（十三年一月―九月）アルヲ見ルノ外大ナルモノナシ。

三、（ママ）米國ハ原則的ニ互惠税率ノ第三國無條件均霑ヲ許シ居レドモ時ニ通商上ノ報復手段トシテ之ヲ拒否スルコトアルベキハ周知ノ如シ。本件ニ關シテモ最モ多ク或ハ容易ニ實行セラルベク豫想セラルルハコノ措置ナル處、從來十八個ノ互惠通商協定ニ於テ讓許セラレタル品目ハ或ハ自然ニ或ハ技術的ニ本邦品ノ均霑ヲ許シタルモノ多カラズ。從テ本件ノ如キ場合ニアリテハ反ツテコノ措置ヨリ受クル折撃（衝カ）ハ差シテ多カラザルモノト思考セラル。詳シクハ次表ニ就テ了解セラルルトコロアルベシ。（現在右ニ均霑スル商品ノ輸出總額凡ソ一千萬圓程度。昨今ノ對米輸出ノ一分七厘見當ニシテ、差シテ大ナラザレドモ必シモ少ナカラザルノミナラズ、ソノ大部分ハ協定率適用拒否ニヨリテ之カ輸出全額ヲ失フ可キ事情ニアルモノナル事注意ヲ要ス）。

四、米國市場ニ於ケル日本商人ノ商取引ノ制限其ノ他經濟活動ニ對スル制肘ハ相當程度各種ノ形ニ於テ各方面ニ現ハレ可キコトハ豫想ニ難カラズ。今ニシテ具体的「ケース」ヲ一々豫測スルハ不可能ナレ共ソノ影響ハ相當廣汎ナルモノト思考セザル可カラズ。但シ經濟上ノ算當ハ畢竟スルニ「算盤」ヲ以テ終始セラルルモノニシテ經濟的打算アル限リ政治的感情ノ支配ニ必シモ服スルモノニ非ズ。從テソノ制肘ノ「程度」ニ就テハ案外深カラザルモノニアラザルヤニ見透シ得ル理由アリ。少クモコレヲ回避又ハ緩和スルノ途狹カラザル可シ。但シコノ機會ハ（ママ）傾向ヲ利用シテ商業上ノ競爭手段トスルコト多キ惧ハ充分ナル可シ。殊ニ在米本邦人ノ社會的經濟的活動ガ何等カノ意味ニ於テ阻害セラルルコト多カル可キニ就テハ充分ノ考慮ヲ要スベケレドモ、他面ヨリ言ヘバ、現在凡ユル

本邦對米輸出品中同國互恵協定税率ニ均霑シ居ル品目（Ⓐ數量 Ⓑ金額）

品目	米國税番	備考	昭和十二年度輸出状況	昭和十三年一月—九月状況
豆類 豌豆類	七六九	莢ヲ除キタルモノ（米蘭互恵）。價格毎封度一〇仙及ソレ以上ノモノ（米白互恵）	Ⓐ六、七五七千斤 Ⓑ一、〇六九千圓	一九五千斤 二五千圓
魚類（水産物） 生魚	七一七	平目、鮭、ソード、フイシュ、鰻、鱒（米加互恵）		
鹽魚	七一九	鮭（米加互恵） 鰊（米蘭互恵） 鯡（米加互恵）	Ⓐ一五、六八五千斤 Ⓑ三、九七一千圓	七、五四〇千斤 二、二六五千圓
干魚	七二〇	鯡（米加互恵）		
蟹其他	七二一	レザー、クラム（米加互恵）		
魚油及鯨油			Ⓐ三、三八六千斤 Ⓑ一、四八六千圓	三、三三〇千斤 一、五三三千圓
粗製抹香鯨油	五三	、、米加互恵		
綿織物		※九〇四番（b）項中ノ或ルモノニ對シテハ米瑞互恵ニヨル協定税率存スレ共右該當品種ハ本邦輸出品ニ當ラズ。尚綿織物ニ就テハ其輸入税改正案（明ニ本邦品ニ對スル關税引上ヲ意圖セルモノ）、「スタイワー」昨年米國上院ニ提出セラレタリ。		
人絹織物	一三〇六	、、米佛互恵	Ⓐ四、八三八千方碼 Ⓑ一、五一二千圓	九四八千方碼 三七四千圓
メリヤス肌着	九一七	、、米瑞互恵	※昭和十一年全年價額九三萬圓	
帽子及帽體	一五〇四（b）	、、米佛互恵	※本番ニ該當スル本邦輸出品ハ、目下數字ヲ正確ニセザレ共、少量ナリ	
香料又ハ化粧品 硝子容器	二八	、、米佛互恵	※昭和十一年度七萬圓	
硝子鏡	二三〇	、、米白互恵	※昭和十一年度三二萬圓	
製帽子眞田	一五〇四（a）	、、米瑞互恵（但シ本番中ノ特定ノモノニ對ス）	Ⓐ一、五〇三萬束 Ⓑ四、七七九千圓	一、五五三萬束 一、八六一千圓

犠牲ニ於テ未曾有ノ國家的大事ヲ遂行中ノ次第ナレバコノ方面ニ於ケル苦痛モ可能ノ範圍迄ハ忍バレザル可カラザルモノト看做サザル可カラザルベシ。

五、其他一般ニ對日感情ノ惡化ハ脱レザル可ク假ニ他ノ積極的制肘方途執ラレザルモノトシテモ日貨「ボイコット」運動ニ一時的ニモセヨ活力ヲ與フルハ想像シ得ベク、從ツテ通商上ノ損害ニ就テモ、或ル程度ノ覺悟ヲ必要トナス可シ。但シ右ニ對スル商量ヲ行フ場合、理解シ置カザル可カラザルコトハ、昨年末ヨリ本年ニカケテノ對米輸出ノ大減少ノ原因ニ就テ動モスレバ云々セラレ來リタル排日貨ノ影響ハ、ソノ聲實際ヲ超エタル傾アリ、素ヨリソノ影響ノ相當存スルコトハ勿論ナレドモ、眞ニ多ク之ニ影響シタルモノハ昨年夏秋來ノ米國不景氣ナルコトハ動シ難キ事實ナリ。本項ニ對スル考察ニ就テモコノ事實ヲ念頭ニ存スルコトヲ要スベシ。

六、一般對日感情惡化ヲ利用シ米國生産業者ガ關税法上ノ諸條項、其他通商上ノ保護的法規ヲ技術的利用、或ハ運用シテ、之レニ依リテ本邦品ノ輸入防遏ヲ試ミ來ルヘキモ之ヲ覺悟セザルベカラズ。懸案中ノモノハ、コノ機會ニ於テ其惡化アル可キコトハ固ヨリ、既ニ一應解決濟ノモノモ、之ガ再燃決シテ保シ難カルベク、コノ點ノ警戒ハ極メテ必要ニシテ、事前ノ心組亦肝要ナルベシ。

七、而シテ茲ニ注意セラルベキコトハ、貿易上ノ直接壓迫措置モナルコトナガラ、實際效果上ヨリ言ヘバ、爲替上ノ壓迫措置ガ及ス實效ハ寧ロ前者ニ超ユルモノアルベキコトナリ。固ヨリ米國ノ爲替ハ自由ナレドモ、必シモ立法的方法ニ依ラズトモ、個々ノ技術的方途ヲ以テ爲替上ノ壓迫ヲ加ヘ來ルコト不可能ナラズ。コノ方面ヨリスル壓迫亦豫想ノ要アル可ク、且ツソノ影響ニ就テハ、之ヲ輕視製造(ママ)スルコト無キモ要スベシ。

八、最後ニ我國ノ所謂「大陸經營」(ニ欠カ)就テ、米資ノ建設的協力ハ望マシキトコロハ勿論ニシテ、本件ノ結果如何ニヨリテハ、然ラザル場合誘致シ得タルベキモノヲ失フ結果ニ就テモ一應ノ考慮ヲ要スベシ。

然レ共對米回答ノ如何ニ關ラズ現情勢下ニアリテハ米ガ實際的ニ誘致ニ應ジ得ザルハ、滿洲事變以來ノ經驗ニ徴スルモ明カナルベク、要ハ東亞建設ニ協力的態度ヲ以テ望ムベキ資本ハ決シテ之ヲ壓迫セザルベキヲ具体的ニ示サザレバ米ヲ誘致ハ不可能ナルベキヲ以テ本件否定的同答ガ米資誘致工作ニ及ボスベキ影響ハ差シテ大ナラズト認メラル。

1340 昭和13年12月2日 在上海日高総領事より 有田外務大臣宛(電報)

重慶政権が米国議会に対し中立法の条文再検討を要請しつつあるとのロイター電報告

上　海　12月2日後発
本　省　12月2日夜着

第三六〇一號

一日重慶發路透電ニ依レハ支那側ハ米國議會ニ對シ極東ノ現状ニ照ラシ中立法ノ條文ニ付再考慮ヲ要請シツツアル模様ナル處同日中央日報ハ其ノ社論ニ於テ中立法ハ元來歐洲時局ニ對處スル爲起草セラレタルモノナルカ英佛兩國ハ强大ナル艦船ヲ有シ現金ヲ以テ米國ノ物資ヲ購入シ得ルヲ以テ民主國家ノミヲ利スルモノナリト稱シ侵略國ト被侵略國ニ對シ區別ナキ點ヲ指摘スルト共ニ極東ノ事態ハ之ト全然異リ海運業ノ利便ト金融資源ヲ要スルモノハ侵略國タル日本ニシテ被侵略國タル支那ニアラサルコトヲ力説シ過去十六箇月ノ日支戰爭ハ既ニ米國朝野ヲシテ現行中立法ハ極東ノ情勢ニ不適當ナルコトヲ確信セシメタリト信スルヲ以テ支那ハ來ル一月ノ米國議會ニ於ケル中立法案再考ニ當リ

㈠侵略國ト被侵略國ノ區別
㈡國際聯盟國ノ規約第十六條實施ノ可能性ニ對スル考慮
㈢米國ノ對支歷史上及道德上ノ義務特ニ九箇國條約規定ノ考察

等ノ諸點ニ付注意方希望スト結ヒ居ル趣ナリ

北京、天津、南京、漢口ヘ轉電セリ

1341 昭和13年12月7日 在上海日高総領事より 有田外務大臣宛(電報)

日本政府の十一月十八日付対米回答を受けて米国政府が経済制裁を念頭に置いた中立法修正を検討中とのロイター電報告

上　海　12月7日後発
本　省　12月7日夜着

第三六三五號

六日倫敦發路透電ハ華府ヨリノ報道ニ依レハ米國政府高官ハ大統領カ聯邦議會ニ諮議スルコトナクシテ日本及獨逸等ニ對シ經濟的制裁ヲ課シ得ヘキ辦法ニ關シ考究中ナリト語リタル趣ナルカ大統領ハ「ホーレー・スムート」關稅法及聯邦條例ニ基キ合衆國ニ差別待遇ヲ與フル諸國ニ制裁ヲ適用スヘキ權限ヲ有スル處獨逸ノ「バーター」制及日本ノ支那ニ於ケル門戶開放拒否ハ右差別待遇中ニ包含セラルヘキヤ否ヤ問題ナルヘシト報シタルカ七日「チヤイナ・プレス」ハ社說ニ於テ曩ノ米國政府ノ對日抗議ニ對スル日本側ノ傲慢ナル回答以來支那ニ於ケル日本ノ高壓的手段ヲ喰止ムル爲米國政府カ斯カル措置ニ出ツヘキ可能性ハ一般ニ豫測セラレタル所ニシテ之カ爲中立法ノ改正カ問題トナリ居ルモ議會開會前ニ日本及其ノ他ノ侵略國ニ有效的制裁手段ヲ執ルヘキ權限ヲ大統領ニ賦與セラルヘシト信セラルル節アリ過去數箇月ノ情勢ハ民主國カ日本ニ對シ所謂 quarantine 的政策ヲ採リ在支外國權益ノ差別待遇ヲ速ニ停止セシムルコト緊要ナルヲ認識セシメタルカ强力的措置コソ日本ノ對支經濟的侵略ヲ防止セシムヘキ方法ナリト强調シ居レリ

北京、天津、南京へ轉電セリ

1342　昭和13年12月12日　在米国斎藤大使より有田外務大臣宛（電報）

日本の九国条約廃棄論に対して米国政府が経済制裁を考慮中との米国紙報道振り報告

ワシントン　12月12日前発
本　　省　12月13日後着

第五六七號

十一日華府「ポスト」及紐育「トリビユーン」兩紙上ニ於テ紐育「ヘラルド、トリビユーン」華府支局長「ワーナー」ハ日本ノ九國條約廢棄說ニ關聯シ米國政府部內ニ於テハ少クトモ米國ノ經濟的報復ヲ「シーリヤス」ニ考慮シ居ルモノノ如ク唯右報復ヲ爲スコト得策ナリヤ否ヤ又如何ナル方法ニ依ルヘキヤノ問題カ殘リ居ル譯ニテ信頼スヘキ報道ニ依レハ現行法上實行可能ナル報復手段二個ヲ揭ケタル報告書政府部內ニ於テ既ニ作成セラレ其ノ一ハ一九三〇年「ホーレイ、スムート」關稅法第三三八條ニシテ同條ニ依レハ大統領ハ公共ノ利益ノ爲必要ト認ムル場合ニハ米國產品ノ取引及一般ニ米國貿易ニ對シ不當ナル差別待遇ヲ爲ス國家ノ産品ノ輸入ニ對シ新規課税又ハ増税ヲ爲シ更ニ必要ノ場合ハ其ノ輸入ヲ禁止シ得ルコトトナリ居リ其ノ二ハ一九三四年修正ノ聯邦法律第一八一條ニシテ同條ニ依レハ大統領ハ米國ハ米國産品ノ輸入販賣ニ對シ不當ナル差別待遇ヲ爲ス國家ノ産物ニ對シ輸入禁止ヲ爲シ得ルコトトナリ居ル旨報シ居レリ而シテ右ハ日本ノ門戸開放主義廢棄等ニ關聯シ最近國務省方面ノ空氣悪化シタル旨ノ當方聞込トモ符合スル點アルニ付電報ス

紐育へ暗送セリ

1343 昭和13年12月30日

日本政府の十一月十八日付対米回答に対する米国政府復答

昭和十三年十二月三十日附十一月十八日附ノ我方ノ回答ニ對スル復答

十二月三十日附在京米國大使來翰第一一五三號假譯（米一）

本國政府ノ命令ニ基キ本使ハ茲ニ閣下ニ對シ左ノ申入ヲ爲スノ光榮ヲ有シ候

米國政府ハ在支米國權益ノ件ニ關スル十月十(六カ)日附米國政府公文ニ對スル十一月十八日附帝國政府回答ヲ接受シ右ニ對シ充分ノ檢討ヲ相加へ申候諸事實及經驗ニ鑑ミ米國政府ハ依然トシテ其ノ曩ニ表明スル見解、即チ支那ニ於テ博愛的、教育的及商業的活動ニ從事シ居ル米國市民ノ往來及活動ニ對スル制限ノ賦課ハ從來、又右ガ今後トモ繼續セラルルニ於テハ尚更ニ、日本ノ利益ヲ特恵的地位ニ置ケルモノニシテ右ハ結果ニ於テ適法ナル米國權益ニ對シ明白ニ差別的ナリトノ見解ヲ再確言セザルヲ得ザルモノニ有之候更ニ又支那ノ一定地域ニ於ケル爲替管理、强制通貨ノ發行、關税改正及獨占ノ助長等ニ關シテハ日本官憲ノ計畫及實行ハ右官憲ニ於テ日本政府又ハ日本軍ニ依テ支那ニ樹立維持セラレ居ル政權ガ主權力ヨリ生ズルガ如キ資格ヲ以テ行動シ更ニ又斯ク行動スルコトニ依ツテ米國ヲ含ム列國ノ確定權益ヲ無視スルカ或ハ更ニ右ヲ消滅乃至撤廢セラレタルモノト宣言サヘスル權利アリト僭稱スルコトヲ意味スルモノニ有之候

米國政府ハ前記制限及措置ハ只ニ不正及不當ナルノミナラ

ズ日米兩國竝ニ或ル場合ニ於テハ他ノ諸國ヲモ締約國トシテ自發的ニ協定セラレタル數種ノ義務的國際協定ノ規定ニ反スルモノナリトノ米國政府ノ確信ヲ表明致シ候

前記同答文ノ終結部分ニ於テ日本政府ハ「今ヤ東亞ノ天地ニ於テ新ナル情勢ノ展開シツツアルノ時ニ當リ事變前ノ事態ニ適用アリタル觀念乃至原則ヲ以テ其儘現在及今後ノ事態ヲ律セントスルハ何等當面ノ問題ノ解決ヲ齎ス所以ニ非ルノミナラズ又東亞恆久平和ノ確立ニ資スルモノニ非ルコトヲ確信スル」旨竝ニ「米國其他ノ列國ニ於テ敍上ノ趣旨ヲ了解セラレ以テ企業貿易ノ諸分野ニ亘リテ東亞再建ノ大業ニ參加セラルルコトニ對シテハ帝國トシテ何等之ニ反對スル意向ナキ」旨ヲ申述ベラレ候

米國政府ハ其ノ十月六日附公文ニ於テ日本政府ガ支那トノ關係ニ於テ機會均等ノ原則ヲ遵守スル意思アルコトヲ繰返シ保障シタルニ鑑ミ且斯クスベキ條約上ノ義務存スルニモ鑑ミ日本政府ニ於テ之等ノ義務ヲ遵守シ之等ノ保障ヲ事實ニ於テ行ハレンコトヲ要求致シ候日本政府ハ其同答ニ於テ日本官憲ニヨリテ現出乃至養成セラレタル極東ニ於ケル「新事態」及「新秩序」ヲ米國其他ノ政府ニ於テ諒解スルコトヲ條件トシテ右機會均等ノ原則ヲ遵守スルノ意向ナルコトヲ確信セラレタル趣ト被存候

極東ノ事態ニ關聯ヲ有スル諸條約ハ其中ニ種々ノ問題ニ關スル規定ヲ有スルモノニ候此等ノ條約締結ニ當リテハ條約諸國間ニ「ギイヴ・アンド・テイク」ノ交渉經緯有之候此等諸規定ノ或種ノモノノ實施ヲ可能ナラシメンガ爲ニ諸規定中ノ其ノ他ノ部分ガ考案セラレ且同意セラレ、又或種ノ件ニ關シテ自國ノ爲ニ安全ノ利益ヲ確保センガ爲ニ各締結國ハ其他ノ或種ノ件ニ關シテ自制スルコトヲ承認致シタル次第ニ之有候一致ヲ見タル諸規定ハ自己防衛竝ニ全體利益ヲ目的トセル取極メ、卽チ一方ニ於テハ主權ノ保全、他方ニ於テハ經濟上ノ機會均等ノ相關的原則ニ依リ綜合的ニ構成セラレタルモノト稱シ得ベク候從來ノ經驗ニ徴スレバ右原則中前者ノ毀損ハ殆ド例外ナク後者ノ無視ヲ伴ヘルモノニ有之候如何ナル政府ト雖モ其管轄權ノ範圍ヲ逸脱セル地域ニ於テ政治的權力ヲ行使シ始ムル時ハ何時モ必然的ニ右政府ノ國民ハ特惠的待遇ヲ要求シ且右ガ其政府ノ手ニ依テ與ヘラレルガ如キ事態ノ展開ヲ見ルモノニシテ斯クシテ機會均等ハ終(一字アキ)シ摩擦ヲ生ジ易キ差別待遇ガ普及スルモノニ

有之候

米國市民ノ支那ニ於ケル無差別的待遇ノ享有ハ一般的ニシテ且充分確立セラレタル權利ナル處今後ハ右享受ガ米國政府側ニ於テ東亞ニ於ケル「新情勢」及「新秩序」ニ關スル日本當局ノ觀念ノ正當性ヲ承認スルヤ否ヤニ依テ決定セラル可シトナスガ如キハ米國政府トシテハ全ク背理的ナルモノト思料スル次第ニ有之候

米國政府ガ機會均等ノ原則ヲ固執シ且右ヲ擁護セントスル所以ノモノハ右原則ニ關スル諸規定ヨリ自然的ニ發生スル商業上ノ利益獲得ノ希望ノミヨリ發出スルモノニテハ無之候右原則ヲ遵守スルニ於テハ經濟的、政治的安定ヲ齎シ以テ國內的福祉竝ニ國際間ノ互助的平和關係ノ兩方面ニ貢獻シ得ルトナス堅キ信念及右原則ヲ遵守セザルニ於テハ國際的摩擦竝ニ非友誼的感情ヲ生ジ其結果ハ特ニ右原則ヲ遵守セザリシ國ニ對シテハ勿論ノコト其ノ他ノ總テノ國ニ對シテモ有害ナリトナス堅キ信念、竝ニ右原則ノ遵守ハ貿易路ノ開發ニ資シ其結果國家團体ノ市場、原料及製造品ヲシテ互惠的基礎ノ士(上カ)ニ其ノ利用ヲ可能ナラシムルモノナリト爲スト同様ニ堅キ信念ニ基クモノニ有之候

更ニ經濟上ノ機會均等ノ原則ハ多年ニ亘リ且幾多ノ機會ニ於テ日本政府ノ明確ニ贊同シ來リタル所ノモノニテ候右ハ日本政府ガ其遵守ヲ各種ノ國際取極及諒解ニ於テ誓約シ來レル所ノモノニテ候右ハ列國側ニ於ケル其ノ尊重ヲ日本政府自ラ卒先シテ屢々主張シ來リタル所ノモノニ候且亦右ハ日本政府ニ於テ其ノ遵守方ノ保障ヲ近來屢々繰返シ聲明シ來レル所ノモノニ有之候

多年ニ亘リテ確立セラレタル機會均等及衡平待遇ノ權利ハ米國市民及政府ノ正當ナル法律上ノ權利ニシテ又同時ニ他國民ノ權利ナル處右ヲ專擅的ニ米國市民及政府ヨリ剝奪スルガ如キ政權ガ第三國ノ意ニヨリ其ノ特別ノ目的ノ爲ニ樹立セラルルコトハ米國市民及政府ノ容認シ得ザルモノニ有之候

從來長ク本質的ニ賢明且正當ナリト思考セラレ來リ且廣ク採用セラレ又遵守セラレ來リ更ニ又其適用ニ於テモ一般的ナル機會均等ノ原則ノ如キ基本的原則ハ一方的主張ニヨリテ否認セラルルカ如キモノニテハ無之候

日本政府ノ同答文ニ於ケル「極東ニ於ケル現在及今後ノ事態」ハ舊來ノ觀念及原則ノ改訂ヲ要ストノ示唆ニ付テハ米

國政府ハ日本政府ニ對シ米國政府ノ協定改訂問題ニ關シテ堅持スル所ヲ回想セラレン事ヲ要望致候
米國政府ハ嘗テ一九三四年四月二十九日附ノ對日申入中ニ「條約ハ法律手續ヲ以テ修正乃至終止セシメ得ベキモ右ハ唯其ノ締約國ニ依リテ規定セラレタルカ承認セラレタルカ又ハ合意セラレタルカノ手續ヲ經テ爲サル可キモノナリ」トナス米國政府ノ見解ヲ表明スル所有之候
右申入ニ於テ米國政府ハ又「米國市民及米國政府ノ見解ニ於テハ他ノ關係諸國ノ同意無キ限リ如何ナル國家モ他ノ主權國ノ權利及義務竝ニ正當利益ノ關係セル事態ニ付テ自國ノ意志ノミヲ以テ決定的ナルモノト爲サントスル事ハ適法ナラザル」旨ヲ申述候一九三七年七月十六日ニ爲サレタル公式且公開的聲明ニ於テ「ハル」國務長官ハ米國政府ハ「平和的討議及合意ノ手續ニヨル國際關係ニ關スル諸問題ノ調整」ヲ提唱スル旨ヲ宣言セル所有之候
最近ノ二三十年間ニハ種々ノ機會ニ於テ日本及米國ヲ含メル諸列國ハ極東ニ於ケル事態竝ニ諸問題ニ關シテ互ニ連絡シ且ツ相協議シタルコト有之候之等ノ事項ニ關シテ連絡及協議ヲ行フニ當リテ當該關係諸國ハ例外ナク過去及現在ノ諸事實ヲ考慮スルト共ニ事態變更ノ可能ナルベキカ又望マシキカニ付注意セザリシコト無之カリシ次第ニ候、條約締結ニ當リテ關係諸國ハ有利ナル事態ノ進展ヲ容易ナラシメルコトヲ企圖スルト同時ニ問題ノ一地域又ハ諸地域ニ利害關係アルニ依ツテ該問題ニ關心ヲ有シ又ハ有スルコトアルベキ諸國間ノ摩擦ノ發生ヲ消滅又ハ防止センコトヲ企圖セル諸規定ヲ起案シ且ツ之ヲ議決シタルモノニ有之候
叙上ノ諸事實ニ鑑ミ又特ニ極メテ明確ナル目的ヲ以テ隨時嚴粛ニ合意セラレタル條約ノ諸規定ノ目的竝ニ性質ニ關聯シ、米國政府ハ之等諸條約ノ締約國中ノ一國ガ―其ノ出先官憲ニ依ル行動竝ニ政府當局ノ公式聲明ニ依リ表示セラル通リ―條約上ノ誓約竝ニ他ノ關係諸國ノ有スル嚴然タル權利ヲ無視シテ當該國自身ノ選擇セル手段ニ依リ極東ニ於ケル所謂「新秩序」ノ專擅的ナル創造ヲ企圖スルガ如キ方向ニ乘出シタル事實ヲ非トスルモノニ有之候極東ノ事態ニ付テ發生シタル變化ガ如何ナルモノナルニセヨ又現存事態ガ如何ナルモノニセヨ之等ノ事項ハ過去ニ於テ極東ニ汎ク存在シタル事態ト同様米國政府ノ利害關係ヲ有スル關心事ニシテ、向後同地方ニ發生スルコトアルガ如キ諸變化、即

チ所謂「新事態」及「新秩序」ノ建設ニ至ランガ如キ諸變化モ米國政府ニトリ同様ノ關心事ニシテ右ハ又將來共然アルベキモノニ有之候米國政府ハ極東ノ事態ニ變化アリタルコトハ充分承知致居候同政府ハ亦右諸變化ノ多クノモノハ日本ノ行動ニ依リ招來セラレタルモノナルコトヲモ充分承知致居候然レ共米國政府ハ如何ナル一國ニ對シテモ其レガ自ラ其ノ主權ニ屬セザル諸地域ニ於ケル「新秩序」ノ條件ノ何タルカヲ指示シ又該國自體ヲ權力ノ享有者トナシ且右ニ關シテ自ラヲ運命ノ代行者ナリトスルガ如キコトノ必要性又ハ正常性ヲ容認セザルモノニ有之候

極東ニ於ケル國交ヲ調節シ且極東ニ於テ又ハ極東ヨリ生ズベキ摩擦ヲ回避スルノ目的ヲ以テ締結セラレタル諸條約ノ諸當事國ハ―右諸條約ハ之等目的ノ爲ニ各種ノ制限的規定ヲ包含セリ―隨時ニ而モ討議及合意ノ手續ニ依リテ變更セル事態ニ鑑ミ諸制限ヲ撤廢スル上ニ於テ又事態ノ一層ノ變化ニ鑑ミ諸制限ヲ尚一層撤廢スルコトヲ理由付ケルガ如キ事態ノ發展ヲ招來スル上ニ於テ貢獻シ來リタルモノナルコトハ全世界ヲ通シ周知ノコトハ(ニカ)有之候斯種手段竝ニ手續ニ依リテ極東ニ於ケル一切ノ諸國ノ關稅自主ニ關シ嘗テ存シタル諸制限ハ撤廢セラレタルモノニ有之候、斯種手段竝ニ手續ニ依リテ極東ニ於ケル諸國トノ關係ニ於テ嘗テ西歐諸國ガ享有シ居タル治外法權ハ支那ヲ除ク一切ノ極東諸國トノ關係ニ於テ拋棄セラレタルモノニ有之一九三一年及其レ以前數ケ年間支那ニ於テ之等ノ權利ヲ猶ホ保有シ居レル米國ヲ含ム諸國ハ右權利ノ拋棄ヲ目指シテ―既ニ其ノ時分ニ―積極的ニ交渉ヲナシ居タルモノニ有之候一切ノ分別アリ且ツ公平ナル觀察者ハ米國竝ニ「條約當事國」タル他ノ列強ガ最近數十年間ヲ通シ極東ノ諸國ニ於ケル列國ノ所謂「特殊」權利竝ニ特惠ニ頑強ニ固執セズ却テ之等諸國ニ於テ斯種權利竝ニ特惠ガ安全且ツ速ニ拋棄セラレ得ルガ如キ制度竝ニ慣行ノ發展ヲ極力助長シ居タルモノナルコトヲ知悉シ得ルモノニ有之且又一切ノ觀察者ハ之等ノ權利竝ニ特惠ガ之ヲ保有スル列國ニ依リ協定ヲ以テ自發的ニ漸次拋棄セラレツツアルコトヲ知悉シ居ル次第ニ有之候他ノ諸政府ト共ニ米國政府ノ主張シ來リタルモノハ次ノ一點ニノミ有之候卽チ新事態ナルモノハ列強ノ自己擁護ヲ目的トスル「特殊」制限ノ撤廢ヲ理由ヅクルニ充分ナル程度ニ迄進展ヲ遂ゲ居ラザルベカラザルコト及ビ右撤廢ハ秩序アル手續

ニ依リ實現セラレザルベカラザルコトニ有之候

米國政府ハ常ニ協定ヲ以ツテ變更セラレ得ベキモノトナシ來リタルモ同時ニ又一切ノ變更ハ當該協定締約當事國間ニ於ケル討議竝ニ合意ニヨル秩序的ナル手續ニ依リテノミ正當ニ爲サレ得可キコトヲ主張シ來リタル次第ニ有之候

日本政府ハ實ニ多クノ機會ニ於テ同樣ノ見解ヲ保持スル旨表明セラレ候

米國ハ其ノ國際關係ニ於テ國際法ニ基ク權利及ビ義務竝ニ條約ノ諸規定ニ淵源スル權利及ビ義務ヲ有シ候條約ノ試(諸カ)規定ニ淵源スル米國ノ權利及ビ義務ノ內支那ニ於ケル又支那ニ關スル權利及ビ義務ハ一部分ハ米支間ノ諸條約中ノ規定ニ淵源シ又一部分ハ米國ト支那及ビ日本ヲ含ム他ノ數國間ノ條約中ノ規定ニ淵源スルモノニ有之候之等ノ諸條約ハ一締約國ノミナラズ一切ノ締約國ノ利益ヲ保全增進スルノ目的ノ爲ニ誠意ヲ以テ締結セラレタルモノニ有之候米國市民及ビ米國政府ハ何等他國ノ出先官憲又ハ政府當局者ノ專擅的ナル行動ニ依ツテ米國ノ權利竝ニ義務ガ撤廢セラルルコトヲ容認シ得ザル次第ニ有之候

然レ共米國政府ハ一切ノ直接關係當事國ノ權利竝ニ義務ニ付テ妥當ニ考慮ヲ拂フガ如キ方法ヲ以テ且ツ當該關係當事國間ノ自由討議竝ニ新規約定ニ依リテ諸問題ノ解決ヲ計ラントスルガ如キ正義及ビ條理ニ基ケル何等ノ提案ニ對シテハ妥當且充分ナル考慮ヲ拂フノ用意ヲ絶エズ有シ來リ且今尙右用意アル次第ニ有之候

日本政府ニ於テ斯ル提案ヲ爲シ得ル機會ハ從來モ存在シ居リ又今後トモ依然トシテ存在スベキ次第ニ有之候斯ル提案ニシテ若シ爲サルルニ於テハ米國政府ハ各國ノ同意スル如何ナル時期及場所ニ於テモ其ノ權益竝ニ利益ノ關聯セル日支兩國ヲ含ム關係諸國ノ代表者ト共ニ右提案ヲ論議スルノ意嚮ヲ有シ居リ將來モ亦之ヲ有スルモノニ有之候

而シテ米國政府ハ米國ノ有スル一切ノ權利ヲ其ノ儘留保シ之等權利ノ如何ナルモノニ對スル妨害ヲモ容認セザルモノニ有之候

右申進旁本使ハ茲ニ重ネテ閣下ニ向テ敬意ヲ表シ候　敬具

編注　本文書は昭和十三年十二月三十一日、在本邦グルー米国大使を通じて日本政府に手交された。なお、本文書の原文は見当らない。

2 日米通商航海条約廃棄通告

1344 昭和14年1月5日 在米国堀内大使より有田外務大臣宛（電報）

侵略国を援助するような行動は慎むべきとして中立法の修正に言及した米国大統領年次教書につき報告

ワシントン 1月5日後発
本 省 1月5日後着

第一一號

本[1]四日米國議會ニ對スル大統領教書ノ要旨次ノ如シ

全世界ヲ捲込マントセル戰爭ノ危險ハ囘避セラレタルモ世界ノ平和ハ依然トシテ危殆ニ瀕セリ米國ハ西半球ノ領土、平和及理想ヲ擁護スルノ用意アリ左レト右ハ決シテ米大陸諸國ヲ世界ノ他ノ國々ト隔絶セントスルニアラス米大陸國ノ一トシテ米國ハ世界平和ノ理想達成ニ其ノ力ヲ吝マサルモノナリ米國ハ侵略ノ根絶、軍備競爭ノ中止、貿易ノ囘復ヲ欲スルモノナリ左レト一強國タリトモ紛爭ノ平和的解決ニ同意セサル限リ我々ハ單ニ平和ヲ希求スルノミニテハ國家ノ安全ヲ保障シ得ス國防力ノ充實コソ安全保障ノ唯一ノ手段ナリ特ニ最近ノ武器ノ進歩ハ右ノ必要ヲ一層増大セリ

我[2]々ハ世界ノ如何ナル部分ニ於ケル無警察狀態ヲモ傍観スルコト能ハス又我々ノ姉妹國ニ對スル侵略ヲ見逃スコト能ハス左レト右侵略行爲ニ對スル干渉ハ平和的ニ爲サルヘキナリ尤モ單ナル言葉ノミニテハ何等効果ナカルヘキモ戰爭ノミカ侵略行爲抑壓ノ手段ニアラス戰爭ニハアラサルモ戰爭ニ近キ方法ニシテ言葉ニ依ル抗議以上ニ有效ナル方法アリ少クトモ我々ハ侵略國ヲ援助若ハ鼓舞スル如キ行動ハ愼マサルヘカラス我々ハ中立關係ヲ愼重ニ立法セントスレハ中立法ハ侵略國ニ援助ヲ與ヘ被侵略國ニハ之ヲ拒ムカ如キ不公平ナル作用ヲ爲ス惧アルコトヲ知レリ我々ハ今後斯ルコトナキ様スヘキナリ我々ハ常ニ用意アル國防コソ外國ヨリノ侵略ノ危險ヲ著シク減少スルモノナルヲ知ル充分ナル國防ニハ三ツノ要素アリ一ハ直接外敵ノ侵入ヲ防禦スル軍

備ニシテ其ノ二ハ戰爭遂行ニ必要ナル工業ノ整備ナリ其ノ三ハ國民ノ精神的團結ナリ之ナクシテハ如何ニ完全ナル軍備工業組織ヲ有スルモ敗北ノ憂目ヲ見ルヘシ獨裁國ニ於テハ統制サレタル國民ノ全能力ヲ支配シ得ヘキモ「デモクラシー」國ニ於テハ國民ノ團結力ハ國民カ何ヲ爲スヘキカヲ知リ且各自カ成功ノ分前ヲ獲得シ得ル確信ヲ有スル場合ニ於テノミ得ラルルモノナリ從テ我國ノ社會的及經濟的改革ハ軍備同樣國防ノ基礎ヲ爲スモノナリ

[(3)](次テ教書ハ内政問題ニ移リ先ツ過去六年間ニ於ケル「ニユーディール」ノ業績ヲ概括シタル後)過去六年間ニ種々ノ改革ヲ爲セルモ是等ハ獨裁政治ニ依ルコトナシニ行ハレタリ「ニユーディール」諸法令中ニハ今後修正ヲ要スルモノアリ又是等法令ヲ正シク適用スル爲ニハ行政機構ノ改革ヲ要ス今日最モ重要ナルハ資本ト勞働トヲ協調セシムルコトニシテ獨裁政治ハ强力ニ依リ之ヲ行ヒ少クトモ今ノ所成功セリ我々ハ一方ニ於テ「デモクラシー」ノ諸制度ヲ維持シツツ之ト同樣ノ成功ヲ收メントスルモノナリ之カ爲ニハ今後モ政府ノ支出ヲ削減スルコトナク政府ノ支出ニ依リ資本及勞働ヲ各各活動セシメ延イテ商業活動ヲ盛ニシ現在六百億弗ノ國民收入ヲ八百億弗ニ迄增加スルコトニ依リ失業者ヲ減少セシメントスルモノナリ獨裁政治ニ依ルトキハ比較的容易ニ右ノ目的ヲ達シ得ヘキモ同時ニ自由民權ハ完全ニ奪ヒ去ラルヘシ外國ニ於ケル最近ノ諸事件ハ米國民ニ對シ國内ノ危機ハ國外ヨリノ危機ヨリ惧ルルニ足ラサルコトヲ示セリ而シテ若シ失業及不活動資本ノ問題解決カ我々ノ自由ヲ保持スル代償ナリトセハ何人ト雖吾人ノ政策ニ反對セサルヘシ

紐育ヘ郵送セリ

1345　昭和14年1月19日　在米国堀内大使より有田外務大臣宛(電報)

米国は日中紛争に関し中立法に背馳した行政措置を採りつつあり経済制裁関連法案の採択など議会推移を注視すべき旨意見具申

ワシントン　1月19日後発
本　　省　1月20日後着

第五九號

[(1)]一、目下米國議會ハ失業救濟、軍備擴張關係ノ問題ニテ賑ヒ

未タ中立法修正等對外關係ノ議事少キ處御承知ノ通リ「ローズベルト」大統領ハ議會ニ對スル年次教書(往電第一一號)ニ於テ明カニ中立法ノ修正ヲ慫慂スルト同時ニ所謂侵略國ニ對シ戰爭ニ近キ經濟金融上ノ制裁手段ヲ講スル必要ヲ强調シタルカ申ス迄モナク現行中立法ハ外國内又ハ外國間ノ紛争ニ捲込マレサラントスル孤立論者ノ主張ニ基キ立法セラレタルモノニシテ何レカノ一方ニ制裁ヲ加フヘシトスル思想トハ相容レサル次第ニテ現ニ紐育「ヘラルド、トリビユーン」華府支局長「ワーナー」モ最近ノ通信中ニ於テ戰爭ニ捲込マルヘカラストスル中立法(大統領ハ之ヲ裁可セリト附言ス)ノ精神ト大統領ノ年次報告中ニ述フル所トハ平仄カ合ハスト指摘シタリ現在迄ノ諸情報ヲ綜合スルニ中立法ノ武器類禁輸等ノ規程ヲ何レカノ一方ノミニ適用シ得ル如ク修正スルコトハ名ノミ中立法ニテ實ハ非中立法タラシムルモノニテ今尚孤立論者ノ勢力侮リ難キ現狀ニ於テ之カ實現ハ困難ノ模様ナリ

他[2]面米政府ハ既ニ行政處置ニ依リ我方ニ對シテノミ飛行機等ノ輸出ヲ「デイスカレイジ」シ支那ニ對シ信用供與等ヲ行ヒ事實上中立法ノ精神ニ背馳スル措置カ執ラレ居ル次第ニシテ旁今後我方トシテ警戒ヲ要スルハ㈠米政府當局カ關税法等ノ現行法令ノ範圍ニ於テ種々本邦品ノ輸入ヲ困難ナラシムルコト㈡米議會カ例ヘハ條約違反國又ハ非戰闘員ヲ爆撃スル國ニ對シ武器其ノ他ノ輸出ヲ禁止スヘシトスル共同決議案ヲ採擇スルコトナキヤノ點ニ在リト存セラル

二、現在迄議會ニ提出セラレ居ル中立法又ハ軍需品禁輸關係法案若クハ共同決議案ハ上院ニ中立法廢止法案一、戰爭並ニ徴兵ヲ人民投票ニ依リ決スヘシトスル憲法修正決議案一、武器彈藥類ノ輸出ヲ一般的ニ禁止スヘシトスル法案一、屑鐵保存(禁輸)法案一、下院ニ中立法廢止法案三、戰爭及徴兵ヲ人民投票ニ依リ決スヘシトノ憲法修正決議案二、不戰條約强化決議案一、軍需品ヲ交戰國ノ何レニモ禁輸スヘシトスル決議案三、商務省ノ許可ヲ受クルニアラサレハ銑鐵、屑鐵及屑鋼ヲ輸出スヘカラストスル法案一、屑鐵及銑鐵ノ禁輸決議案一、日本軍隊カ支那領土占領中對日通商ヲ遮斷スヘシトスル決議案一、ニシテ例ニ依リ大部分ハ立消トナルモノト認メラル尚對日軍需品禁輸方ノ請願上院ヘ三通、

下院へ七通出テ居レリ
英へ轉電シ紐育へ暗送セリ
英ヨリ在歐各大使へ轉電アリタシ

1346　昭和14年1月24日　在米国堀内大使より　有田外務大臣宛（電報）

有田外相の議会演説に関する報道振り報告

ワシントン　1月24日後発
本　　省　1月25日前着

第七二號

二十一日議會ニ於ケル貴大臣ノ外交演説（編注）ハ東京ＡＰトシテ當方面有力新聞ニ一齊ニ掲載セラレタル處茲數日間ノ新聞ニ就キ輿論ノ反響ヲ見ルニ社説其ノ他ノ記事ニ於テ批評ヲ加ヘタルモノ殆トナク比較的平靜ナル調子ヲ持シ居レルハ右演説カ東亞ノ新秩序建設ノ人類一般福祉ニ貢獻シ何レノ國ノ利益ニモ合致スヘキヲ説キ特ニ事情ノ許ス限リ各種懸案解決ヲ促進シ居ル旨强調シ何等舊臘三十一日ノ米國「ノート」等ニ觸レ論議ノ種ヲ與フルカ如キコトナカリシ爲カト認メラル

英へ轉電シ紐育、桑港へ暗送セリ

編　注　本書第277文書。

1347　昭和14年2月16日　在米国堀内大使より　有田外務大臣宛（電報）

日中両国への屑鉄等禁輸法案に関する下院照会に対し米国国務長官が中立政策に関連するとの理由で審議延期を回答について

ワシントン　2月16日後発
本　　省　2月17日前着

第一三〇號

十五日紐育「タイムス」華府通信ハ最近下院外交委員長「マクレイ、ノルヅ」ハ紐育州選出共和黨議員「ハミルトン、フイツシユ」提出ニカカル銑鐵、屑鐵、屑鋼ヲ日支兩國ニ禁輸方ノ法案ニ關シ「ハル」國務長官ノ意嚮ヲ照會シタル處同長官ヨリ本件法案ハ米國ノ中立政策ニ關聯スルモノナルヲ以テ之カ審議ハ議會カ中立政策ヲ一般的ニ考慮スルヲ都合好シト認ムル時期迄延期スルコト然ルヘシト回答

セル旨報シ居レリ

紐育へ郵送セリ

1348　昭和14年3月24日　在米国堀内大使より有田外務大臣宛（電報）

現状では屑鉄および銑鉄の禁輸法案は米国議会で成立の見込みなき旨報告

ワシントン　3月24日後発
本　省　3月25日後着

第二五二號（至急）

貴電第一二二號ニ關シ（屑鐵及銑鐵ノ對日輸出禁止乃至制限ニ關スル件）

目下上院陸軍委員會ニ一月十六日「シユエレンバツハ」提出ノ屑鋼鐵ノ國内資源保存法案、下院外交委員會ニ一月三日「クロフオード」提出ノ屑鐵銑鐵輸出禁止ニ關スル共同決議案、同日同議員提出ノ屑鐵銑鐵竝ニ屑鋼輸出禁止法案（往電第五九號後段御參照）及一月三十日「フイツシユ」提出ノ日本及支那ニ屑鐵銑鐵及屑鋼輸出ヲ禁止スル法案（往電第一三〇號）附託サレ居ルモ何レモ未タ審議セラルルニ至ラス又近キ將來ニ審議開始ノ模樣全然ナシ（往電第一三〇號「ハル」長官ノ言明ハ上下兩院ニ依リ受容レラレ居ル樣子ナリ）尚軍需及民需産業ニ不可缺ナル資財（材カ）貯蓄法案上下兩院ニ夫々提出セラレ居ルモ右ハ必要資材ヲ購入貯藏スル權限ヲ關係當局ニ附與スルヲ目的トシ禁輸又ハ制限ヲ規定シ居ラス上院陸軍委員會ノ同案審議報告ニ附屬セル陸海軍軍需品委員會代表ノ覺書中ニハ各種資源ヲ其ノ必要ノ程度ニ應シstrategic, critical, essentialノ三種ニ分チ鐵及鋼ハ戰時ニ於テモ獲得困難ナラサルessential materialsノ部類ニ入レ居レリ之ヲ要スルニ屑鐵銑鐵ノ對本邦輸出制限乃至禁止ニ關スル立法ハ日米關係更ニ惡化セサル限リ成立ノ見込少キモノト觀測セラル（中立法修正案ニ關シテハ往電第二三六號及第二五一號ニテ御承知アリタシ）

紐育へ暗送セリ

1349　昭和14年3月25日　在米国堀内大使より有田外務大臣宛（電報）

米国の対日感情悪化およびその改善策につき意見具申

付　記　昭和十四年二月七日、東亜局作成

「對米工作要綱案」

第二五六號（極祕）

ワシントン　3月25日後発
本　　省　3月26日後着

日米關係ノ現狀竝ニ之カ打開ニ付本使着任來朝野各方面トノ接觸ニ依リ得タル所感ヲ綜合シ左ニ大體ノ卑見ヲ申進ス[1]

米國ノ對日惡感情ハ相當複雜深刻ニシテ一時的衝動乃至誤解ニ基クモノト言フコトヲ得ス從テ所謂宣傳啓發ニ依リ急速ニ之ヲ好轉セシムルカ如キハ到底望ムヘクモアラス須ク右惡感情ノ根源ヲ究メテ組織的對策ヲ講シ逐次之ヲ實行スルコトニ依リ初メテ局面打開ヲ期シ得ヘキモノナルヲ信ス

一、對日惡感情ノ原因ハ(イ)日本ノ對支行動ヲ以テ侵略ト爲シテ之ヲ憎ミ且弱者ニ同情セントスル感情(ロ)米政府カ日本ノ行動ヲ非難シ抑制セント試ミタルニ拘ラス日本ハ之ヲ無視シ着々既定ノ計畫ヲ進メツツアリトノ不滿(ハ)「パナイ」號事件、南京攻略當時ノ出來事、非戰鬪員爆擊ニ對スル憤激等主トシテ一般民衆ノ感情的方面ニ基ク所多キモ最近政府當局竝ニ民間知識階級ノ間ニ重大關心トナリツツアルハ(ニ)在支權益ノ不安殊ニ日本ノ唱道スル東亞新秩序建設ハ其ノ實日本ノ獨占歐米ノ閉出シニ外ナラストノ疑惧竝ニ(ホ)日獨伊樞軸ハ結局「デモクラシー」諸國ニ對抗スルモノニシテ軍事同盟說實現セハ米國ニ取リテモ直接脅威タルヘシトノ懸念ナリ之ヲ要スルニ米國民ノ對日惡感ハ日支事變ト日獨伊結合ニ胚胎スルモノト言フヲ得ヘシ

二、次ニ右米國民ノ對日感情ハ現在如何ナル形ニ於テ現ハレツツアルカヲ見ルニ表面ニ於テ幾分沈靜ノ感アリ例ヘハ新聞ノ第一面社說等ニ現ハルル反日記事ハ比較的少キニ滿洲事變當時ノ如ク公然日本ヲ辯護スル言說ハ殆ト之ヲ見ルコト無ク所謂壓倒的ノ反日空氣ト言フモ過言ニ非ス社交其ノ他個人的接觸ニ當ツテハ露骨ニ不快ヲ示ササルモ潛在的ニ相當深刻ナルモノアルヲ感知ス唯昨秋以來獨逸ノ中歐進出猶太人排斥ニ依リ米國民ノ反獨感情高潮シ之カ爲右對日感情ハ幾分陰ニ隱レタルノ感アルヲ認ム而シテ之カ表面化スル場合ニ或ハ飛行機其ノ他ノ對日輸出阻止トナリ或ハ大統領教書中ノ Short of war ノ對抗策唱道中立法修正ノ示唆等トナリ爾來種々ノ法案議會ニ提出[2]

サレ居ルコト御承知ノ通リニシテ民間ニアリテモ或ハ絹靴下其ノ他日本品不買屑鐵禁輸運動等トナリ或ハnon-participation in Japanese aggression 運動トナリ居リ此ノ種民間運動ハ最近稍擴カリツツアルヤニ觀測セラル

三、[3] 然シ乍ラ政府ノ對日策ハ一面條約尊重其ノ他米國ノ主張ヲ維持シ日本ヲ牽制セントスルト共ニ他面對內政策上國防充實ノ目的ニ利用セントスルモノト見ルヘク此ノ限度ニ於テハ黨派ノ如何ニ拘ラス國民一般ノ支持ヲ受ケ居ルモノト認メラル勿論孤立論者ノ勢力ハ依然トシテ底力アリ議會竝ニ民間ニ在リテ常ニ政府ノ行過キヲ抑制シツツアリ且國民一般トシテハ戰爭反對ノ念極メテ强キモ萬一歐洲ニ戰爭起リ英佛參加スル場合ニハ必スヤ米ハ英佛ニ加擔スヘク此ノ場合米國民ハ擧ツテ政府ヲ支持スヘシ之日獨伊同盟說ニ關シ深キ關心存スル所以ナリ(本年一月末大統領ハ上下兩院外交委員トノ祕密協議會ニ於テ米國ノ國防線ハ佛蘭西ニ在リト言明セリトテ物議ヲ釀シタルカ右言明ニ對シ「フーバー」前大統領モ同感ナリト洩セル旨傳ヘラル)

四、今後米政府ノ對日措置カ如何ナル程度迄及フヘキヤハ我方ノ出方竝ニ歐洲ノ形勢ニ依リ左右セラルル所多カルヘキモ此ノ上新事件發生セサル限リ日本ノミニ對スル屑鐵石油等ノ禁輸、日本品ノ輸入阻止等ニ迄至ル懸念少ナカルヘク殊ニ我方ニ取リ最モ大切ナル金融上ノ便益ヲ拒否スルカ如キハ容易ニ行ハレサルヘシト思考ス(二月十七日大藏長官カ本使ニ對シ日本ヨリノ現送金ニ對スル米當局ノ取扱振ハ大體滿足ナルヘシト語リ今後モ現在ノ取扱ニ變リナキ意嚮ナルヤノ印象ヲ得タリ今日迄米側カ好意的便宜ヲ供シ居ル事ハ御承知ノ通リナリ)尤モ民間ニ於テモ當分對日借款又ハ大口「クレヂット」ノ見込薄ナルコトハ既報ノ通リ(往電第一二〇號中「ラモント」談)ナルカ唯企業方面ニ於テハ目立タサル方法ニ依リ米國側資金及特許權等ノ利用ヲ爲シ得ル餘地アルハ先般成立セル東京電氣トGE及RCAトノ提携ニ見テモ明カナリ

五、[4] 敍上對日感情ノ原因竝ニ之ヲ左右スル諸般ノ事情ニ顧ミ日米關係ノ調整ヲ考察スルニ素ヨリ支那事變ノ終局、日支和平ノ成立コソ根本問題ニシテ本使歷訪ノ際「ヒューズ」大審院長ヲ始メ大藏長官、陸軍長官、司法長官等ヨリ事變終局ノ速カナランコトヲ希望シ異口同音ニ和平ノ

見込ヲ尋ネ居レルニ徴スルモ此ノ點ニ關スル米國要路ノ關心ヲ察知シ得ヘク事變終了後對日感情ノ漸次緩和スヘキハ大戰後米國ノ對獨經濟援助ノ事例ニ照シ豫想シ得ル所ナリ然シ乍ラ我方當面ノ對米策トシテハ第一ニハ日本ノ提唱スル東亞新秩序ノ建設ハ決シテ米國權益ノ排除ニ非サル所以ヲ事實ニ示スヘキコトニシテ其ノ第一歩トシテ米國關係ノ問題例ヘハ上海租界ノ北部ノ開放及上海大學善後措置ノ如キモノヲ解決シ成ルヘク速ニ揚子江航行問題等ニ及ホスコト然ルヘク、第二ニハ何ト云フモ米國ノ親英態度ハ動カスヘカラサル所ニシテ殊ニ米國財界ハ概ネ英國財界ニ追隨スルノ實情ニ鑑ミ此ノ際先ツ以テ我方ノ對英關係調整ヲ計ルコト最モ捷徑ナリ殊ニ目下ノ我カ財政狀態ニ照シ右工作ノ眞ニ急務ナルヲ痛感セサルヲ得ス、第三ニ對英米ケイ(脱?)必要ナルハ勿論ナルモ單ニ東亞新秩序ノ標榜ニテハ歐米諸國ニ充分理解セシムルコト事實上困難ナルヲ以テ前記第一ノ措置ト共ニ文化方面ニ於テモ例ヘハ北京ニ東洋文化ノ大研究所ヲ開設スルノ計畫ヲ發表シテ廣ク世界的學者ヲ招致スルカ如キ現實的啓發ヲ以テ臨ムコト有效ナルヘシト思ハル是等ノ措置ハ勿論既ニ御考慮中ノコトトハ存スルモ現下ノ國際情勢ニ鑑ミ支那事變ノ終局竝ニ日米關係ノ展開益々急務ナルヲ感スルニ付多少ノ重復(複カ)ノ點アルヲ顧ミス卑見申進ス

紐育ヘ別途通報セリ

英ヘ轉電セリ

英ヨリ在歐各大使ヘ轉報アリタシ

（付　記）

對米工作要綱案　　（昭和一四、一一、七　亞）

第一　方　針

現下我對米工作ノ目標ハ米國ヲシテ極東事件ニ關シ不干涉的消極的中立的態度ヲ持續セシムルコトニ在リ。卽チ現段階ニ於ケル我對米工作ノ當面ノ重點ハ米國ヲシテ忽急ニ九國條約體制ノ消滅乃至門戸開放主義ノ抛棄ヲ强テ積極的ニ明認セシムルカ如キコトニ在ラス又米國ヲシテ今次事變ニ關シ我方ニ對シ特ニ好意的態度ヲ執ラシムルカ如キコトニモ存セスシテ專ラ米國ヲシテ東亞ノ新事態ヲ事實上默認セシムルト共ニ極東事件ニ關シ不干涉的態度ヲ持續セシムル

コトニ在リ。從テ現下我對米工作ノ方針ハ右目標ノ達成ヲ目的トシテ施策スルモノトス。

第二　要　領

事變目的ノ遂行乃至東亞新秩序ノ建設ニ對スル帝國不動ノ決意ト自信トヲ强ク印象セシムルコトハ現下我對外工作一般ノ基本ヲ構成スルモノニシテ右ハ對米工作ノ場合ニ於テモ當然留意セラルヘキ點ナル處前項方針ノ下ニ對米施策ヲ爲スニ當リテハ右ノ外特ニ左ノ二點ニ重點ヲ置クモノトス。

一、米國側ニ對シ帝國ノ冀求スル東亞新秩序ノ道義性ヲ闡明シテ米國ノ對支政策中ニ含マルル米國一流ノ正義人道論的道義觀ニ或程度ノ滿足ヲ與フル如ク工作スルコト

(イ)東亞ニ於ケル日本ノ眞使命

(ロ)東亞新秩序建設乃至東亞協同体結成ノ世界史的意義

(ハ)支那ノ赤化防止

(ニ)支那ノ半植民地的地位ヨリノ解放

(ホ)支那ニ於ケル「搾取ナキ社會」ノ建設(支那社會ノ封建的舊套ヨリノ脱却)

(ヘ)日本ノ秩序維持力

二、米國側ニ對シ我國カ支那市場ノ排他的獨占ヲ企圖スルモノニアラスシテ米國ノ對支商業利益ハ實際上尊重スルノ意圖アルコトヲ明カニシテ米國ノ對支政策中ニ含マルル實利的功利觀ニ相當ノ滿足ヲ與フル如ク施策スルコト

(イ)一定ノ保障

(ロ)具体的措置

第三　措　置

前記方針及要領ノ下ニ對米工作ヲ展開スルニ當リテハ各種ノ措置ヲ併用スルノ要アルモ此ノ際特派大使ヲ米國ヘ派遣シ大統領ヲ初メ米國最高當局ト直接膝ヲ交ヘテ隔意ナキ意見ノ交換ヲ爲サシムルコト事宜ニ適スト認ム。

一、特派大使ノ任務

(イ)前記要領ニ掲ケタル事項卽チ米國ノ對支商業利益ノ尊重及東亞新秩序ノ性質ニ關シ帝國政府ノ眞意ヲ卒直ニ披瀝シ米國政府最高首腦部ト忌憚ナキ意見交換ヲ爲スコト(我方ノ眞意ヲ先方ニ傳達徹底セシムルコトヲ主眼トシ必スシモ先方ヨリ何等「コミットメント」ヲ取付クルヲ期待セサルコト)

(ロ)情況ニ依リ太平洋ニ於ケル不侵略(比律賓ノ不可侵ヲ含ム)ニ關シ日米間ニ一定ノ了解ヲ遂クルコト

二、特派大使團ノ構成

特派大使トシテハ朝野ノ中ヨリ最適格ノ士ヲ簡拔シ外務及陸海軍ヨリ若干名ノ隨員ヲ同行セシムルコト

1350 昭和14年5月18日 有田外務大臣より在本邦グルー米国大使宛

グルー大使の帰国に際し東亜新秩序や防共強化の必要性などを説明した有田外相口上書

昭和十四年五月十八日ノ「グルー」大使歸朝ニ際スル有田大臣同大使會談ニ於ケル大臣ノ「オーラル、ステイトメント」

一、「東亞ニ於ケル新秩序」ニ付テハ曩ニ卒直ナル意見ヲ開陳シ度々意見ノ交換ヲシタルガ不幸ニシテ未ダ充分ノ御了解ヲ得居ラズト思考スル處日本政府ハ新秩序ノ建設ニヨリ支那ニ於ケル歐米諸國ノ貿易其他ノ正當經濟的活動ヲ排除スルノ意圖ヲ有スルモノニ非ザルコトヲ此機會ニ重ネテ強ク申上置キ度シ右ノ如ク新秩序ノ建設ハ一部ノ想像スルガ如キ排他的ノモノニアラザルハ勿論結局ハ之レニ依ツテ東亞ト歐米諸國トノ貿易其他ノ經濟關係ハ、堅實ナル基礎ノ上ニ益々繁榮ニ赴クモノナルヲ信ズルモノナリ尤モ刻下我國ハ大規模ノ軍事行動遂行中ナルノミナラズ新秩序建設ノ理想ニ向ツテ漸ク其ノ第一歩ヲ踏ミ出シタルニ過ギザル際ナルヲ以テ軍事上經濟上ノ必要カラ第三國人ノ不便ヲ釀シ其ノ權益ニ影響ヲ及ボスガ如キ措置ヲ執ラザルヲ得ザルコトアリ去リ乍ラ此等ハ臨時的例外的ノ措置ニ過ギザルコト多キヲ以テ現在ノ事象ノミヨリ判斷セラルルニ於テハ日本ノ眞意ヲ誤解セラルルガ如キ結果トナルベク如此ハ常ニ親善ナルベキ日米關係ノ基礎ヲ動搖セシムルモノニシテ甚ダ遺憾トスルトコロナリ從テ此際日本トシテ希望スルトコロハ支那ニ關シテ起生スル日米間ノ諸案ヲ取扱ハルルニ當リテハ米國側ニ於テ極メテ廣汎ナル地域ニ亘リ大規模ノ軍事行動ガ行ハレツツアルノ事實ヲ諒得セラルルト共ニ東亞ニ於ケル新事態ニ對シ大局上ノ考察ヲ加ヘラレ其ノ前提ノ下ニ適當ナル判斷ヲ下サレンコト之レナリ

二、帝國ガ曩ニ海南島ヲ軍事占領シ又最近新南群島ヲ帝國領土ニ編入スルヤ此等ノ事實ニ關聯シテ恰カモ帝國ガ南洋方面ニ意圖ヲ有スルガ如キ言說流布セラレ為メニ關係諸

國中ニハ危惧ノ念ヲ抱ク向モアルヤニ承知スルノミナラス比島ニ關シテハ米國人中ニモ此種ノ危惧ノ念ヲ抱キ居ルモノ無キニアラスト聞ク如此ハ日米親善ノ見地ヨリ甚タ面白カラサルコトト信スルガ故ニ若シ米國政府ニ於テ之等危惧ノ念ヲ一掃スルタメ日本政府ガ此際何等カノ措置ヲ執ルコト望マシトノコトナラハ日本政府ニ於テハ其ノ措置ニツキ米國政府ト話合ヲナスノ用意ヲ有ス

三、我國ト獨伊トノ關係ニツイテハ防共ノ點ニ於テ結合シテ居ルモノテ日本トシテハ此結合ヲ更ニ强化スルノ必要アリト考ヘ考慮中ナリ

然シナガラ之レヲ以テ日本ガ全體主義國家ノ陣營ニ參加シテ民主主義國家ニ對抗セントスルモノナリトスルナラハ其レハ日本政府ノ眞意ヲ誤解スルモノテアル日本ハ民主主義國家ニ非サルト同様全體主義國家テモ無ク皇室ヲ中心トスル特異ノ國體テ對立ノ感念ヲ超越シ萬物ヲシテ其ノ處ヲ得シムルノ精神ニ基イテ居ルモノテアル日本カ獨伊ト提携スルノハ人類ノ公敵タルコミンテルンノ破壞工作ニ對抗スル意味以外ニ無イノテアル若シ米國カ此點ニ關スル日本ノ眞意ヲ諒解セス誤解ノ上ニ其ノ將來政策カ樹立セラルル様ナコトカアルナラハ其レハ單ニ日米兩國間ノ關係ニ於テノミナラス世界ノ平和ノ爲メニ悲ムヘキ事態ヲ惹起スルコトニナルテアラウ

1351 昭和14年5月29日 在米国堀内大使より 有田外務大臣宛(電報)

現行法の武器禁輸条項を廃止すべきなど中立法に対する米国政府の意見を国務長官表明について

ワシントン 5月29日後発
本省 5月30日後着

第四四九號

往電第四三九號ニ關シ

「ハル」長官ノ中立法ニ關スル意見表明問題ニ付テハ累次往電ノ通リ上下兩院外交委員トノ間ニ折衝アリタル結果長官ハ公聽會ニ出席スルコトハ避ケ極祕ノ懇談ナラハ出席モ可ナル旨ニ極リタルモ下院外交委員「テインカム」等ハ右ニ不滿ヲ唱ヘ行惱ミ居リシカ遂ニ二十七日長官ハ上下各院外交委員長ニ書翰ヲ送リ國務省ノ態度ヲ表明セリ要旨左ノ

通リ
米國ハ世界平和ノ持續ノ爲ニ傳統的不介入政策(policy of noninvolvement)ノ範圍内ニテ全力ヲ盡シ居レリ然レトモ如何ニ世界ノ出來事ト關係ヲ生セサル樣努ムルモ全ク無關係(dissociation)トナル能ハス米國ノ中立法ハ他國ニ影響ナキ能ハス吾人ノ問題ハ某國ヲ援助スルヤ否ヤニアラス又他國ノ争ニ裁決ヲ爲スニアラス他國ニ紛争生シタルトキ之ニ捲込マレサルニアリ米國ノ第一ノ關心ハ安全ト平和維持ニアリ戰時國際法ノ中立法規ハ充分ニアラス戰争ニ捲込マレサル爲ニハ特ニ立法ヲ要スルモ右ハ吾人ノ利益ヲ保全シ且國民ノ負擔ト經濟生活ノ破壞ヲ最小限度ニ止ムル如キモノタルヲ要ス國際法ニ依レハ中立國ノ制定スル法律ハ紛争國何レニモ公平ニ適用セラルヘシトスルモ交戰國ニ對シ禁輸ヲ爲スヘキコトヲ要セス現代戰ニ於ケル禁制品ハ武器彈藥類ニ限ラス國民生活必需品ヲモ包含スルカ故ニ輸出品ヲ種類ニ依リ區別スルハ不可ナリ但シ總ユル物資ノ禁輸ハ米國ノ經濟生活ヲ破壞スヘシ豫測シ得サル事態ニ拘ラス千遍一律ニ武器ヲ禁輸スルコトノ望マシカラサルコト竝ニ夫ノミニテ總ユル危險ヲ避クヘシト爲シ得サルコトハ既ニ一九三五年ニ大統領モ余モ述ヘタル所ナリ吾人カ紛争ニ捲込マルルハ米人ノ生命ノ損傷ニ依ルコト多キニ付米國民及米國船ヲ危險區域ニ立入ラシメサルコトニ依リ有效ニ右危險ヲ阻止シ得ヘシ以上ノ理由ニ依リ(一)、現行法ノ武器禁輸條項ハ廢止スルコト(二)、積荷ノ如何ニ拘ラス米國船ノ戰闘區域立入ヲ禁止スルコト(三)、米國民ノ戰闘區域旅行ヲ制限スルコト(四)、交戰國向物資ハ輸出前ニ買主ニ權利ヲ移轉スルコト(五)、現行法ノ金融條項ハ存續スルコト(六)、交戰國向義捐金募集ヲ調整スルコト(七)、全國軍需品統制局竝ニ武器輸出入ノ許可制ヲ存續スルコト然ルヘシト確信ス右「ライン」ニ依ル立法ハ吾人ヲ戰争ニ捲込マス中立遵守ヲ便宜ナラシムルト同時ニ國民ニ不必要且異常ナル不安ヲ課スルコトヲ避クルコトヲ得ヘシ

1352　昭和14年6月5日　在米国堀内大使より有田外務大臣宛(電報)

米国陸海軍の屑鉄保存策により日本の屑鉄獲得が困難となりつつあるとの情報報告

第四七七號

ワシントン　6月5日後発
本　省　6月6日後着

四日華府「ポスト」ハ米國陸軍省某高官ノ言ニ依レハ米國陸海軍ノ屑鐵保存政策ニ依リ日本ノ屑鐵獲得ハ困難トナリツツアリトノ趣旨ノI、N、Sノ報道ヲ掲ケ居ル處要點左ノ通リ

一、海事委員會ハ日本ニ輸出サルル古船ハ日本カ支那侵略ニ用ユル鐵鋼獲得ノ爲ニ解體スルカ或ハ航行遮斷ニ依ル歐米船舶締出後ノ日本ニ依ル支那沿岸獨占航路ニ就航セシムルモノナルニ鑑ミ政府ノ米國政府關係屑鐵ノ事實上ノ對日禁輸ノ方針ニ副ヒ古船ノ對日輸出ヲ差控フヘキモノナル旨ノ通牒ヲ船舶工業筋ニ内々通牒シタル趣ヲ政府係官ハ洩ラシ居レリ

二、米國陸軍ヨリノ屑鐵保存政策ノ結果「スプリング・フイールド」(「マサチユーセット」州)及「ロックアイランド」(「イリノイ」州)ノ陸軍工廠ヲ始メトシ全國ノ陸軍軍用置場ニハ屑鐵ノ山積ヲ見ルニ至レル處該政策ノ主唱者「ジョンソン」陸軍次官補ハ右二工廠ノ屑鐵ノ整理ヲ命シタルモ賣拂禁止ノ解除ハ之ヲ拒絶シタル趣ナリ又海軍將校ノ言明ニ依レハ「エヂソン」海軍次官補ノ方針ハ屑鐵貯藏場ノ餘裕ナキニ至リタルトキハ五割丈ケ競賣ニ附スルコトヲ許シ競賣ハ六箇月毎ニ行ハレル由ナリ

三、斯クテ市場ニ現レルコトヲ抑制セラレ居ル陸海軍ノ屑鐵ハ年額十萬噸ト推算セラレ一九三八年ノ輸出總額三百萬噸ニ比スレハ言フニ足ラサルモ右政策ハ同年度ニ米國ヨリ百三十八萬噸ヲ購入セル日本ニ噸當リ二十弗ノ法外ナル平均値段ヲ持セシムルニ資シタルモノト官邊ニテハ認メ居レリ

四、海事委員會ノ代辯者ハ解體目的ノ古船ニ對シ日本ヨリ驚クヘキ高値ニテ註文アリタルコトヨリ察スルニ日本ニテハ製鋼ニ必要缺クヘカラサル或種ノ合金カ缺乏シ來レルモノノ如クナル處一九一六年ノ法律ニ軍用價値アリト認メラルル船舶ノ賣却禁止規定存スルニ基キ同委員會カ最近認可セサリシ船舶商談ハ十指ニ餘ル程ナリ唯右拒否ニ依リ巨利ヲ博スル途ヲ塞カレタル當業者ノ不滿一方ナラサルニ鑑ミ下院海運委員長「ブランド」ヨリ一九三六年ノ船舶補助金法ニ基ク建造代金ノ手付金トシテ古船ヲ當

テ得ル趣旨ノ法案議會ニ提出セラレ居リ海事委員會ハ之カ通過ヲ見込居レリト語レリ云々

紐育、桑港、羅府、「ポートランド」、「シヤトル」ニ暗送セリ

1353　昭和14年6月19日　在米国堀内大使より有田外務大臣宛（電報）

米国政府が屑鉄および鉄鉱輸出割当案の検討を了し近く議会に付議する見込みとの報道について

ワシントン　6月19日後発
本　省　6月20日前着

第五三八號

十八日「ＡＰ」ハ消息通ノ情報ナリトシテ米政府事務當局ニ於テ最近日本ヲ目標トスル屑鐵及鐵鑛輸出割當案ノ研究ヲ了シ近ク之ヲ議會ニ附スヘシト報道シ居ル處要點左ノ通リ

一、最近十年間ヲ取リテ米國屑鐵及鐵鑛ノ總輸出量ヲ國別ニ計算シ一箇年ノ平均量ヲ算定シ輸出ニ當リテハ各國別ノ右平均量ヲ越エサル様國務省ノ輸出許可ヲ要スルコトトス

二、右ハ各國一律ニ適用セシムルヲ以テ表面上ハ特定國ニ對スル差別待遇ニアラサル如ク仕組マレ居ルモ日本ノ米國屑鐵輸入ハ一九二三年ニハ五十萬噸ニ過キサリシモノカ最近兩三年ニ於テ激增シタル事實ヲ捉ヘ日本ヲ惱マサントノ意圖ニ出ツルモノナリ（右案實現ノ曉ハ日本向輸出割當ハ五十萬噸以下トナルヘシトノ由ナリ）云々

在米各領事ヘ暗送セリ

1354　昭和14年6月21日　在米国堀内大使より有田外務大臣宛（電報）

米国大統領が中立法修正案の今期議会通過を要望する談話発表について

ワシントン　6月21日後発
本　省　6月22日後着

第五四八號

往電第五二八號ニ關シ

十九日大統領ハ議員トノ定例會見ノ際中立法修正案ハ如何

ニ會期長引クトモ今會期中ニ解決スルコトヲ望ム旨ヲ述ヘタル由傳ヘラレタル處二十日更ニ新聞會見ニ於テ右希望ヲ繰返シ若シ議會カ本問題ヲ解決セスシテ閉會トナリ戰爭勃發スルニ於テハ何レカノ側ニ味方スト見ラレスシテ中立法案ヲ通過スルコト困難トナルヘク議會自身ニトリテモ右ノ如キ困難ヲ避クル方得策ナルヘシト述ヘタルカ議會カ中立法案ノ表決ヲ終ラスシテ閉會セル場合臨時議會ヲ召集スルヤ否ヤニ付テハ右ハ假定ニ基ク質問ナリトテ答ヘサリシ趣ナリ尚大統領ハ議會ノ各種法案審議ノ進捗振ニ鑑ミ七月初旬出發ノ計畫ナリシ旅行ハ取止トセル旨ヲ述ヘタル趣ナリ

1355　昭和14年7月12日　在米国堀内大使より有田外務大臣宛(電報)

中立法修正案の審議を次会期へ延期することを上院外交委員会が議決した旨報告

ワシントン　7月12日後発
本　　省　7月12日夜着

第六四一號

往電第六一三號ニ關シ

十一日上院外交委員會ハ十二對十一ニテ中立法修正諸案ノ審議ヲ次ノ會期迄延期スルコトニ議決シタリ之ニ依リ今會期中ニ武器禁輸條項ノ撤廢ヲ含ム中立法修正ヲ行ハントシ居タル政府筋ノ希望ハ挫折セラレタル形ナリ尤モ上院ハ外交委員會ヨリ本件審議ヲ取上ケ直接本會議ニ上程スル途アリ民主黨院内總務「バークレー」ヨリ該手段ニ訴フトノ説アルモ特別ノ事情ナキ限リ實現セサルヘシト察セラル曩ニ下院ニ於テ「ブルーム」案修正セラレ武器禁輸條項挿入セラルルヤ政府及民主黨幹部殊ニ大統領「ハル」長官「バークレー」院内總務等ハ下院議決ノ案ヲ不可ナリトシ「ブ」案原案ノ復活ヲ計レリ議會內外ニ於テ努力シタルモ右ハ却テ反對派ヲ刺戟シ「ジヨンソン」「ボラー」等ハ盛ニ政府意見ヲ扱(卸カ)下シ下院議決ニ對スル英佛輿論ノ反響ニモ攻撃ノ矢ヲ向ケ其ノ結果上院議院(員カ)三十數名ノ間ニ武器禁輸撤廢ノ結束出來上リタル趣ノ經緯アリ結局十一日外交委員會ニ於テ從來態度必スシモ明瞭ナラサリシ民主黨ノ Gillete 及 George ノ兩名反對派ニ廻リ其ノ他民主黨員「クラーク」外二名ト共ニ共和黨五名其ノ他二名合セテ十二票ノ過半數ヲ制スルニ至レル次第ナリ

尙諜報ニ依レハ「ピットマン」ハ來ル十九日上院外交委員會ニ九箇國條約違反國ニ對スル武器彈藥戰爭用具及材料禁輸案（往電第三四八號九箇國條約違反國ニ對スル通商制限案ノ代案ナリ）ヲ提出シ審議ヲ求ムヘク右案ハ「ピ」ニ依レハ政府モ反對ナラス且中立法審議延期ニ對スル代價トシテ至當ナルヘシトノコトナリ又如何ナル中立法案ノ審議ニモ反對ナリト傳ヘラル華州選出「ボーン」ノ如キモ選出州ノ對日空氣ニ鑑ミ右禁輸案ニ關スル限リ態度ヲ緩和スル可能性アリトノコトナリ

紐育ヘ暗送セリ

1356 昭和14年7月13日 在米国堀内大使より 有田外務大臣宛（電報）

中立法修正審議延期の議決を受けて上院外交委員長が軍需物資禁輸法案を上院に提出した背景など米国議会の動静報告

ワシントン 7月13日後発
本省 7月14日後着

第六五一號

往電第六四六號ニ關シ

十一日午前上院外交委員會カ中立法修正問題審議延期ヲ議決スルヤ「ハル」長官ハ直ニ大統領ト意見交換後「ピットマン」「バークレー」「ブルーム」ヲ招致シ善後策ヲ協議シ「ピ」禁輸案カ急遽同日午後上院ニ提出セラレタル經緯ニ鑑ミ同案提出ノ裏面ニハ時局柄多分ニ政府ノ考カ動キ居ルモノト見ラル現ニ「ピ」ハ右禁輸案ノ審議ハ中立法修正問題ヲ再燃セシムヘク委員會議決ノ趣旨ニ反スト云フ反對論ニ對シ本案ハ中立法修正問題トハ別個ノ問題ナリト主張スルノミナラス次期ノ通常會期ノ始マル來年一月迄ニ日支關係ハ一大轉機ニ際會スヘク今回ノ禁輸案乃至「シユエレンバック」ノ對日禁輸案（「ピ」案ト異ル主ナル點ハ㈠大統領ノ布告カ「ピ」案ニテハ三十日目ニ發效スルニ對シ「シユ」案ハ六十日以內ニ議會カ反對決議ヲ爲ササル限リ發效シ㈡「ピ」案カ九ケ國條約第三條ノ門戶開放原則ノ違反ヲ問題トスルニ反シ「シユ」案ハ第一條ノ領土保全ノ違反ヲ問題トシ居ルニアリ往電第四六六號御參照）カ成立シ居ラハ日支紛爭解決ニ際シ米國政府ニ外交的武器ヲ與ヘ日本ノ支那ニ加ヘントスル壓力ヲ有效ニ阻止スルヲ得ヘシトノ意

味合ヲ新聞記者ニ公言シ居レルカ更ニ空爆問題、揚子江航行問題、北支爲替問題等ノ實情ヲ知リ之カ解決ニ焦慮シ居ル政府關係當局ハ單ニ斯ル案ノ提出審議ノミニ依リテモ現下ノ對日關係ニ何等カノ響キヲ聞カセントスル「ヂエスチヤー」ト見ラルル節モアリ今回ノ「ピ」禁輸案差當リノ見透シトシテハ往電第六四一號末段「ボーン」ノ態度ニ關スル聞込又ハ武器禁輸撤廢反對ノ急先鋒タル「クラーク」モ今回ノ「ピ」案ニハ贊成ナル旨ノ十二日華府發紐育「タイムス」通信等ヨリ察シ政府ノ中立法修正方針ニ反對ノ者ノ中ニモ本案ヲ支持スルモノアリ從テ本案ハ「ブルーム」原案(往電第四六〇號)ヨリハ上院委員會通過ノ可能性多キ如シ唯議會ノ一部ハ休會ヲ前ニ控エ浮腰立チ居リ目下議會ノ大問題タル二十六億弗貸付政策竝ニ社會保險法修正ニ略々手一杯ノ様子ナルニ付果シテ上院本會議ニ廻リ得ルヤ否ヤ甚タ疑問ト認メラル

二、(ママ)「ハル」長官ハ其ノ後新聞會見ニ於テ米國ノ安全ト平和維持ノ爲ニ曩ニ發表セル六項目(往電第四四九號)ノ立法化ハ是非必要ナル旨再度强調シ大統領モ新聞會見ニ於テ之ヲ支持シ現行法ノ儘ニテハ政府ハ外交政策遂行上何等手ヲ有セストノ意味合ヲ述ヘ前述上院外交委員會ノ中立法審議延期ノ表決ハ必スシモ上院全體ノ空氣ヲ代表スルモノニ非ストテ政府當局及與黨幹部ヲ督促シ對策協議中ノ趣ニテ或ハ近日中議會ニ對シ特別教書ヲ發シ一般議員ニ働キ掛クヘシトカ或ハ一、二ケ月議會ヲ休會シ豫定通リ西部ヘノ旅行ヘ出掛ケ國内輿論ノ誘導ヲ試ミタル後九月頃臨時會期ヲ開キ政府案ノ成立ヲ圖ルヘシトカ取沙汰セラレツツアリ何レニセヨ政府トシテ其ノ希望スル「ライン」ニ依リ中立法修正ヲ何トカ貫徹セン意氣込ト認メラル

紐育ヘ暗送セリ

~~~~~~~~~~~~~~~~~~~~

1357

昭和14年7月14日　在米国堀内大使より有田外務大臣宛(電報)

上院外交委員長提出の軍需物資禁輸法案は日米通商航海条約に抵触するとの疑義について上院が国務省へ研究方要請について

ワシントン　7月14日後発
本　　　省　7月15日後着

第六五六號
~~~~~~~~~~~~~~~~~~~~

往電第六五一號ニ關シ
十四日午前上院外交委員會ハ「ピ」禁輸案ノ審議ヲ開始セルカ本案ノ實施ハ日米通商條約違反トナルニアラスヤトノ疑義出テ約二時間ノ討議ノ結果「ハイラム、ジヨンソン」ノ動議ニ依リ條約關係ヲ國務省ノ研究ニ委スコトトシ右報告ヲ俟チテ來週委員會ヲ再開スルコトニ決シタル趣ナリ
對日「エンバーゴー」案ハ一部ニ熱心ナル支持者ハアルモ總體トシテ未タ一般ニ之ヲ受容ルル丈ケノ下地出來居ラス政府ハ空爆問題ニ付テモ被害事實其ノモノノ發表モ地味ニ爲シ居リ此ノ際對日輿論ヲ特ニ喚起セントスル形跡ナク斯ル案ノ提出及審議カ對日折衝上ニ齎ラス效果ヲ考慮ニ入レ居ルモ左リトテ「ブルーム」原案ニ對スル如ク表面的ニ之ヲ支持スル氣配ヲ示サス今ノ所「ピツトマン」ヲ操リテ「ヂエスチユアー」ヲ試ムル程度ト認ムヘク新聞報ニ依ルモ「クラーク」、「ボラー」、「ジヨンソン」、「ナイ」、「バンデンベルグ」、「ラフオレツト」等ハ十三日本案ニ對シ意見交換ヲ行ヒタル結果本案ハ十二分ニ討議スルヲ要ストノ結論ニ達シタルカ右ハ彼等カ Filibuster ヲ爲サントスルモノナルヘシトノ趣ナリ
紐育へ暗送セリ

1358　昭和14年7月15日　在米国堀内大使より有田外務大臣宛(電報)

中立法修正問題に関する米国大統領教書および国務長官声明について

ワシントン　7月15日前発
本　　省　7月15日後着

第六五七號
往電[1]第六四六號ニ關シ
中立法修正問題ニ關シ數日前ヨリ取沙汰セラレ居タル通リ十四日午後大統領ハ「ハル」長官ノ聲明書ヲ附シテ教書ヲ議會ニ發シタルカ要スルニ現下ノ國際情勢ニ照シ曩ニ國務長官ノ公表セル六項目ヲ取入レタル修正案ヲ現會期中ニ成立セシムル必要アリト强調シタルモノニシテ教書及聲明書ノ要旨左ノ通リ
一、教書
予ノ教書ニ附屬スル國務長官ノ聲明ニ對シ予ハ全幅ノ贊意ヲ表シ深甚ノ注意ヲ加ヘンコトヲ望ム平和ノ爲ニ又米

國ノ中立ト安全ノ爲ニ議會カ今會期中ニ必要ノ措置ヲ取ルノ極メテ望マシキコトハ予ハ夙ニ感シ居タルカ現在ノ世界情勢ニ鑑ミ右意見ヲ變更スヘキ何等ノ理由ヲ認メス

二、聲明書

中立法修正問題ニ關シテハ種々雜多ナル見解竝ニ誤解存スルカ故ニ政府支持案(「ブルーム」修正案原案ヲ指ス往電第四六〇號參照)ノ根幹タル六項目(往電第四四九號參照)ニ付意見一致セリト認メラルル點ト然ラサル點トヲ列擧スルニ㈠米國ノ平和ト安全ヲ第一要件トスルコト㈡外國間ノ戰爭ニ米國カ捲込マレサルコト㈢同盟其ノ他對外關係ノ紛糾ヲ來ス約束ヲ避クヘキコト㈣外國間ノ戰爭ニ際シ米國ハ嚴正中立ヲ維持シ之ヲ根底トシテ政策ヲ樹立スヘキコトノ四點ニ付テハ意見一致シ居レリ然ルニ政府支持案贊成者ハ中立ハ「インパーシヤリテイ」ナリトシ中立ニ關スル國際法規ニ依レハ地理的關係又ハ兵力ノ優劣ニ依リ一國カ他國ヨリ有利ノ地位ニ立ツコトヲ禁輸ニ依リテ防クコトヲ要セストスルニ對シ反對者ハ武器ノ禁輸ハ米國ノ中立政策ニ取リ缺クヘカラサルモノナリトテ之ヲ存置セントシ其ノ結果ノ不公平ニ陷ルコトヲ意ニ介セス而シテ現行法ハ武器彈藥竝ニ戰爭用具等ノ原料輸出ヲ許スヲ以テ單ニ武器等ノ禁輸ヲ以テ米國ノ中立ヲ維持シ得トナスハ人ヲ誤解ニ陷ラシム武器ハ戰時國際法ニ依レハ絶對禁輸品トシテ拿捕セラルルモ致方ナキモノナレハ紛議ヲ生セス之ヲ生スルハ寧ロ武器ノ原料品ナリ政府支持案ハ「キヤツシユエンドキヤリー」制ヲ取リ又戰鬪區域ニ立入ルコトヲ禁シ以テ紛議ヲ避ケントス政府ノ考ニ依レハ現行法ノ武器禁輸規定ハ軍備ノ强大ナル國ヲ援ケ平和愛好國ヲ不利益ナル立場ニ立タシメ軍備又ハ武器製造能力少ナキ國ヲシテ平時ニ在リテハ政治的經濟的ニ大武裝國ノ意ヲ迎フルヲ餘儀ナクセシメ戰時ニ在リテハ國防力ニ缺陷ヲ來サシムヘキヲ以テ寧ロ世界ニ戰爭熱ヲ煽リ米國最高ノ利益ニ反ス

(2)現下國際平和ノ危機ニ際シ余ハ米國ノ戰爭介入回避ノ第一ノ手段ハ大戰爭ノ勃發ヲ避クル爲傳統的不介入(non-involvement)政策ノ範圍內ニ於テ總ユル手段ヲ盡スニアリト信ス米國民ハ米國ノ直面スル危險ヲ増大スルモノハ世界戰爭ナルコトヲ忘ルヘカラス余ハ議會カ第一ニ戰爭回避ノ爲ニ而シテ一旦戰爭起ラハ米國ノ安全確保ノ爲ニ

全幅ノ協力ヲ爲サンコトヲ熱望ス武器ノ販賣ハ不道徳ナレハ禁止スヘシトノ熱心ナル議論アルモ米國カ近年輸出スル武器ハ平和ヲ欲スルモ自衛上軍備ヲ必要トスル諸國ニ向ケラレツツアリ現下ノ國際情勢ニ於テ列國ハ米國ト同様軍備ノ必要ヲ感シ殊ニ小國ハ武器製造能力多キ米國ニ頼ラサルヘカラサル立場ニ在リ米國ノ禁輸ハ之等小國ヲ一層不安ナラシムルニ過キス斯ル自衛ノ具ノ販賣カ不道徳ナリトセハ道徳ノ定義ヲ變ヘサルヘカラス次ニ武器禁輸ノ撤廢ハ政府ノ權力ヲ擴大シ禁輸ノ持續ハ政府ノ權力ヲ制御スヘシトノ宣傳行ハルルモ公平ニ購買セシムルコトハ何等政府ニ購買者ノ選擇ヲ許シ米國ヲ一定ノ政策又ハ行動ニ束縛シ特定國トノ間ニ紛議又ハ戰爭ヲ生スルモノニアラス曩ニ余ノ發表セル六項目ニ基キタル政府支持案ハ何等國際紛議ニ種ヲ蒔カサルノミカ現行法ニ比シ世界戰爭ノ勃發竝ニ米國ノ戰爭介入ノ危險ヲ極度ニ減少スルモノナリ外交ニ關シテハ行政府ト立法府トノ間ニ協力ノ精神ナクハ結局平和及國家ノ重大利害ヲ損スルニ至ルコト萬人ノ認ムル所ナルヘシ余ハ切ニ此ノ協力ヲ標榜ス建設的批判ハ盡ササルヘカラサルモ外交ニ關シ黨派心ヲ働カスヘカラス米國ハ現下ノ國際情勢ニ於ケル異常ナル狀態若クハ危局ニ眼ヲ閉シテ平和維持竝ニ中立ニ關スル政策ヲ樹ツルコトヲ得ス右政策ハ茲數ケ月間ノ米國ニ取リ最モ重大ナル影響ヲ與フルモノニシテ政府ハ能フ限リ早キニ及ンテ措置ヲ執ルヘキモノナリト判斷ス

1359

昭和14年7月19日　在米国堀内大使より有田外務大臣宛(電報)

中立法修正問題に関する米国政府首脳と与野党領袖の協議会は妥結せず審議延期が確定について

ワシントン　7月19日後発
本　省　7月20日後着

第六七五號

既電ノ通リ大統領ハ十七日白堊館ニ於ケル民主黨員院内總務トノ定例協議會ニ於テ國務長官ト共ニ今期議會中ニ現行法ノ武器禁輸條項撤廢方ニ付協議シタルカ結論ニ達セス依テ民主黨領袖ノ意見モアリ中立法問題審議以來初メテノ取計トシテ共和黨領袖ヲ加ヘ更ニ十八日夜協議會ヲ續行スル

コトトナリ同夜民主黨ヨリ「ガーナー」副大統領「バークレイ」院内總務「ピットマン」外交委員長共和黨ヨリ「マクナリー」院内總務「オースチン」副總務「コラー」外交委員少數派代表出席シ大統領「ハル」長官ト共ニ三時間半ニ亘リ意見ヲ交換シタルカ民主共和兩派議員今會期ニ於ケル修正ハ思ヒ止マル方可ナルヘキ旨ヲ大統領ニ勸奬シ大統領ハ中立法ヲ修正セサルコトニ依リテ生スル責任ハ實ニ上院ニアリト迄言明シタルヤニテ結局政府モ修正問題ヲ次會期迄延長ノコトニ折レ協議會修了ト共ニ新聞記者ニ對シ「バークレー」及「マクナリー」連名ニテ當夜出席ノ上院議員ハ今會期中ハ何等中立法關係ノ立法ヲ爲スヲ得ス來會期早々本件ヲ取上クルコトニ意見一致シ且上院ノ多數モ同様ノ見解ナリト考ヘラルル旨聲明シ又大統領及「ハル」長官ハ上院カ中立法ヲ修正セサル爲來年一月迄ニ歐洲ニ危機生スルコトアルヘキ場合平和維持ノ爲ノ米國ノ指導權弱メラレタリトノ見解ヲ保持スル旨ノ聲明ヲ與ヘタリ右會合ノ席上大統領ト「ボラー」トノ間ニ相當議論アリタル由ニテ「ハル」長官ハ白亜館ヲ去ルニ當リ記者ニ對シ今後ハ歐洲及亞細亞ニ於テ面倒カ多クナルヘシト語レル趣ナリ

1360

昭和14年7月19日　在米国堀内大使より有田外務大臣宛(電報)

日米通商航海条約の廃棄を求め共和党バンデンバーグ議員が上院に決議案提出について

2272

ワシントン　7月19日後発
本　　省　7月20日後着

第六七八號

往電第六六三號ニ關シ

十八日上院共和黨 Vandenberg ハ左ノ決議案(共同決議案ト異リ一委員ノ見解ヲ表明スルニ過キサルモノ)ヲ提出シ外交委員會ニ附託セラレタルカ右ハ Pittman 禁輸案カ日米通商條約ニ牴觸スルヤ否ヤニ關スル國務省ノ意見(近日中提出セラルヘシトノコトナリ)ノ内容ヲ豫期シテ爲サレタルモノト見ラレ居ルモ新聞紙上ニハ極メテ小サク取扱ハレ居レリ

「新タナル必要ニ應シ政府カ米國權益ヲ保護シ且ツ日本ト新條約締結ヲ交渉スル爲政府ハ日米通商條約ニ基キ六ケ月ノ豫告ヲ以テ同條約廢棄ヲ日本ニ通告スヘキコト九ケ國條約ノ規定ニ從ヒ日本カ同條約ニ違反シタリヤ又ハ違反シ居

ルヤヲ決定シ且ツ締結國ノ採ルヘキ適當ノ措置ヲ勸奬スル爲政府ヘ目下休會中ノ一九三七年「ブラッセル」會議ノ再開ヲ求ムヘシ」

尚紐育「タイムス」十八日華府通信ハ「バ」ハ議會後波蘭其ノ他歐洲諸國ヲ歴訪スル由ナルカ右ハ孤立主義ノ論據ヲ強ムル材料ヲ蒐集スル爲ナルヘク一九四〇年ノ大統領選擧ニハ中立法修正孤立主義ノ是非中心問題トナルヘク豫想サルルニ鑑ミ「バ」ノ渡歐ハ政治的意義鮮カラサルヘシト述ヘ居レリ

〜〜〜〜〜〜〜〜〜〜

1361　**上院外交委員長提出の禁輸法案が日米通商航海条約に違反するかは次会期まで慎重に検討する旨など国務長官が見解公表について**

昭和14年7月22日　在米国堀内大使より有田外務大臣宛（電報）

ワシントン　7月22日後発
本　　省　7月22日夜着

第六八三號

往電第六七八號ニ關シ

「ピットマン」禁輸案ノ日米通商條約牴觸問題ニ付上院外交委員長ヨリ國務長官ヘ發セル照會ニ對シ二十一日「ハル」長官ハ「ピ」委員長ニ對シ書翰ヲ以テ「本案竝ニ同種類ノ決議案ニ關スル議會ノ情勢ニ鑑ミ本件立法案ノ充分且愼重ナル研究ヲ來會期迄延長セントスル意嚮議會ニ存スルト見テ差支無ク又速ニ議會ヲ休會セントスル暗默ノ合意アル模様アルニ付斯ル決議案ノ審議成立ニ必要ナル時日モ無キコト明カナルカ如シ依テ此ノ種米國外國關係ニ關聯スル決議案ニ對スル國務省ノ意見ハ來會期ニ至リ議會カ充分審議ヲ盡シ得ル時機ニ當リテ提出スル方目的ニ副フニ非スヤト考フ」ル旨回答シ同時ニ「バンデンベルグ」提出ノ日米通商條約廢棄方ニ關スル決議案（往電第六七八號）ニ付テモ議會カ之ヲ可決セル場合ハ大統領ニ於テ充分且愼重ナル考慮ヲ加フヘキ旨ヲ「ピ」委員長ヘ申送リタリ

從テ「ピ」禁輸案「バ」決議案其ノ他類似ノ諸案ノ審議ハ擧ツテ次ノ會期迄延期セラルルコトトナリタル次第ナリ尚其ノ後傳ヘラルル所ニ依レハ十八日ノ白堊館ニ於ケル政府竝ニ上院代表ノ協議會（往電第六七五號）ニ於テモ大統領ハ中立法修正問題ノ經緯ニ顧ミ今會期ニ於テ前記兩案ヲ審議

スル必要モナカルヘキ旨述ヘタル由ナリ尙十九日及二十日下院外交委員會ニテハ元南京宣教師「フイッチ」夫人「ブレイクスレー」教授等對日禁輸案贊成者ヲ公聽會ニ招致シテ意見ヲ聽キ「フッシユ」「テインカム」委員等ハ本案ハ對日戰爭ヲ惹起スヘシトテ反對シ相當論爭アリタル趣ナリ

1362 昭和14年7月26日 在米国堀内大使より 有田外務大臣宛(電報)

米国政府が日米通商航海条約の廃棄を通告した旨報告

別　電　昭和十四年七月二十六日発在米国堀内大使より有田外務大臣宛第七〇七号
右廃棄通告

付　記　昭和十四年七月二十六日付
右廃棄通告和訳文

ワシントン　7月26日後発
本　　省　7月27日後着

第七〇六號（大至急）

二十六日「セイヤー」ノ求メニ依リ須磨往訪セル處「セ」ハ内容別電第七〇七號ノ公文ヲ手交シ本日ハ之以上申上クル必要ナキニ付御一讀アリタシト述ヘタルニ對シ須磨ハ一讀ノ上突嗟ノ質問ナルカ斯ノ如キ重大決定ハ過般成立セル日比綿布ノ紳士協定ニモ鑑ミ甚シク「アブラプト」ナル措置ト見ラルル處右決定ハ「バンデンベルグ」決議案等ニ見ラルルカ如キ上院内ノ暴論ニ左右セラレタル次第ナリヤト尋ネタルニ「セ」ハ上院方面ノ「サゼスチヨン」ニ依リシモノニアラス又議會ノ空氣ト直接關係ハナキモノニシテ數年ニ亘リ國務省カ研究シ來リタル結果ト諒承アリタシト答ヘ

「セ」ハ右公文手交直後在京代理大使ニ其ノ旨電報シ直ニ新聞ニ發表スル心算ナリト言ヘルニ依リ須磨ヨリ御申出ハ之ヲ大使ヨリ政府ニ取次カルル前ニ發表セラルルハ徒ニ反響ヲ大ナラシムルモノナルヲ述ヘタルニ「セ」ハ電話ニテ「ウエルス」次官ト相談ノ上我方電報着京ノ頃本日午後一〇時別電「テキスト」ヲ内容トスル廢棄通知ヲ其ノ儘發表スルコトニ承諾セリ

本電別電ト共ニ英、紐育ヘ轉電セリ

（別電）

ワシントン　7月26日後発
本　省　7月27日後着

第七〇七號（至急）

During recent years the Government of the United States has been examining the treaties of commerce and navigation in force between the United States and foreign countries with a view to determining what changes may need to be made toward better serving the purposes for which such treaties are concluded. In the course of this survey, the Government of the United States has come to the conclusion that the Treaty of Commerce and Navigation between the United States and Japan which was signed at Washington on February 21, 1911, contains provisions which need new consideration. Toward preparing the way for such consideration and with a view to better safeguarding and promoting American interests as new developments may require, the Government of the United States, acting in accordance with the procedure prescribed in Article XVII of the treaty under reference, gives notice hereby of its desire that this treaty be terminated, and having thus given notice, will expect the treaty, together with its accompanying protocol, to expire VI months from this date.

（付　記）

閣下、最近數年間米國政府ハ米國ト他國間ニ存在スル通商航海條約ニ關シ、右條約カ締結サレタル目的ヲヨリ良ク達成スルニハ、如何ナル變更カ必要ナルカヲ決定スルコトヲ目標トシテ検討ヲ加ヘツツアリタリ。右検討中、米國政府ハ一九一一年二月二十一日「ワシントン」ニ於テ調印サレタル日米通商航海條約ハ新タナル考慮ヲ要スル條項ヲ包含ストノ結論ニ到達セリ。カカル考慮ヘノ途ヲ拓キ、且ツ新事態ノ發生ニ卽應シテ米國ノ權益ヲ助長スルタメ、米國政府ハ該條約第十七條ニ規定サレタル手續ニ從ヒ、玆ニ本條約ノ期限終結ヲ希望スル旨ヲ通告ス。而シテカカル通告カナサレタル以上、本條約及附屬議定書共ニ、本日ヨリ六ケ月以後ニ滿期トナルモノト期待ス。玆ニ閣下ガ余ノ最高ノ敬意ノ新タナル保證ヲ受ケラレンコトヲ希望ス。

1363 昭和14年7月27日 在米国堀内大使より有田外務大臣宛(電報)

日米通商航海条約廃棄通告の背景につき観測報告

ワシントン 7月27日前発
本　省 7月27日後着

第七〇八號(極祕)

往電第七〇六號ニ關シ

日米通商條約廢棄通告ハ甚タ突然ナル遣方ナル處大統領ヲ始メ政府首腦部ニ於テハ豫々希望シ居ル中立法修正案ハ今會期ニ於テ立消トナリ「ピットマン」禁輸案モ日米通商條約牴觸問題ノ爲次會期迄延期セラルルコトトナリ斯クテ極東ノ事態ニ應シ我方ニ對シテ執ルヘキ有效ナル牽制手段ナク來年ノ會期ヲ待タサルヘカラサル事態ニ直面シ他面空爆問題ニ對スル我方ノ回答ハ大統領其ノ他ノ者ヲ充分納得セシムルニ足ラサリシモノノ如ク其ノ後支那各地ニ於ケル米人毆打事件續出竝ニ珠江閉鎖ノ報アリ政府トシテ何等カ的確ナル措置ヲ執リ置クコト內政上モ必要トナリタル爲玆ニ此ノ擧ニ出テタルモノナルヘキカ更ニ見逃スヘカラサルハ日英會談ニ於ケル英ノ讓歩及其ノ米國ニ對スル影響ノ懸念ニ基キ米國トシテハ英國カ如何ナル便宜讓歩ヲナスモ米國ニ取リテハ「セパレート、イッシュー」ニシテ米國ハ其ノ權益ヲ擁護スルニ必要ナル獨自ノ手段ヲ執ルモノナリトノ意味合ヲ此ノ際顯著ナラシムル目的ヲモ加味シテ此ノ措置ニ出テタルモノナルヘキ點ナリ斯クシテ一氣ニ前記「ピットマン」禁輸案ニ對スル日米通商條約牴觸問題ヲ解決シ來年一月ノ議會ニ於テ正面ヨリ「ピットマン」禁輸案ヲ支持シ得ル素地ヲ作リ依テ以テ向フ半年間ニ於ケル極東時局ニ關聯シ我方ニ對シ或迫力ヲ加ヘント決意スルニ至レルモノト觀察ス本件處置ニ付テハ諸般ノ狀況ヨリ察シ大統領ノ意嚮强ク動キタルモノナルコトハ殆ト疑ノ餘地ナク大統領ノ下ニ多年通商次官トシテ働キタル「セイヤー」カ比律賓「ハイコンミッショナー」ニ指名セラレタル當日「セイヤー」ヨリ廢棄通告ヲ我方ニ手交セシメタル點モ大統領「セイヤー」ノ關係ニ鑑ミ本件措置カ多分ニ政策的考慮ヨリ出テタルモノナルコトヲ窺ハシム

英、紐育ニ轉電セリ

英ヨリ在歐各大使ニ暗送アリタシ

1364 昭和14年7月27日

日米通商航海条約廃棄通告に関する情報部長談話

日米通商航海條約廢棄通告に關する情報部長談

昭和十四年七月二十七日

一、今回米國政府から在米帝國大使を通し日米通商航海條約の廢棄を正式に通告して來たか何分藪から棒のことであり又理由も簡單てある爲其の眞意果して奈邊に存するかは未た詳かにし得ないのてある。

一、米國側に於ては廢棄の理由として玆數年間米國と諸外國間に締結せられたる通商條約の總てに付て變更の要ありや否やの研究を爲し來つたか現行日米通商航海條約に付ては新規考慮を加ふへき、若干の條項ありとの結論に達し且新事態に卽應して米國の權益を擁護增進する爲に現行條約の終止廢棄を希望する旨を述へて居る。乍去右の理由は同時に條約改訂の理由ともなるのてあり一擧飛躍的に然かも突如廢棄を通告せねはならぬ理由は是丈けては明白にされたと云へない。

一、又米國政府は今回の通告と最近米國上院外交委員會內て行はれたヴアンデンバーク氏提議に係る日米通商航海條約廢棄に關する討議とは何等關聯かないと釋明して居るか、折も折、日英天津會談の進行中とて今回の措置に重大なる政治的意義ありと一般から觀らるる危險か非常に多いてあらう。

一、今や極東に於ては新事態か非常な勢て展開しつつあり。世界各國かこの事實に目を蔽ふことなく正當なる認識を深めむことは帝國政府の夙に要望し來つたことてある米國政府かこの極東に於ける新事態に卽應して新條約の締結を望むならは帝國政府は喜んて之に應するの用意あることは言ふ迄もない。

1365 昭和14年7月27日　在米国堀内大使より有田外務大臣宛(電報)

日米通商航海条約廃棄通告に関する米国紙論調報告

ワシントン　7月27日後発
本　省　7月28日前着

第七一四號

日米通商條約廢棄通告ハ二十六日「クリスチヤン、サイエンス、モニター」華府通信中國務省ニ於テ協議中ノ旨傳ヘラレタル外何等ノ前觸乃至氣配ナク二十七日各紙第一面ニ大見出ヲ以テ掲ケラレ一般ヲ驚カシタル模様（ＡＰ）ナル處有力新聞ノ報道振ヲ見ルニ元々對日禁輸論ハ中立法武器禁輸條項撤廢論ヨリ支持者多キニ拘ラス議會ハ來年一月ノ次會期迄何等措置ヲ執ラサルコトトナシタル爲政府ハ日本ニ怯懦乃至混亂分裂ノ様ヲ看取ラルルヲ惧レ一擧ニ通告措置ヲ執リタルモノナルヘシ條約廢棄ハ必スシモ對日禁輸ノ實施ヲ意味セサルモ少クトモ政府ハ實施ノ用意ヲ爲シタルコト、英國カ支那ニ於テ日本ノ軍事上ノ必要ヲ認メタルニ拘ラス米國ハ英國ト軌ヲ一ニスル意思ナク在支權益ハ飽迄擁護ノ肚ナルコト、支那各地ニ於ケル米人毆打事件等米人ノ威信ニ係ハル事件ヲ甘受セサルコト等ヲ意味シ（紐育「タイムス」）從來何等效果ナカリシ抗議ニ代ヘ大統領ノ所謂戰爭ニ至ラサル有效措置ヲ執リタルモノニシテ（華府「ポスト」）本件ハ經濟的意味ヨリモ政治的意味優レリトナスモノ大多數ナリ但シ「ボルチモア、サン」ハ通告公文ニモ政府カ豫告期間滿了前ニモ新條約締結ノ爲話合ヲ始メントスル意思現レ居レリトテ經濟的意味ヲ同時ニ表シ尚期間滿了後日本モ對米禁輸ヲ爲シ得ル次第ナルカ日本ハ生糸ヲ禁輸シ得ルノミナルニ反シ米國ハ日本ノ必要トスル軍需品ヲ禁輸シ得ル點大イニ異ルトナシ華府「タイムス」、「ヘラルド」ハ日本「スポークスマン」ハ最近米國カ對日禁輸ヲ爲サハ日本ハ直ニ報復スヘシト述ヘタル旨ヲ再報シ多少困難ハ伴フモ日本ハ米國ヨリ求メ得サル物資ヲ歐洲ニ仰クコトヲ得ヘシト述ヘ居レリ直接本件ニ關スル社説ハ二十七日ノ朝刊ニハ未タ現レサルモ同日「ウオールストリートジヤーナル」ハ國務省ハ日米新條約締結ニ際シテハ日本特殊權益ヲ主張スル地方ニ於ケル米國民ノ權利保護ニ關スル包括的規定ヲ入ルヘキコトヲ主張スヘク「ハル」長官ハ此ノ點ニ付報復的立法ニ依ラス外交的措置ニ依ラントスルハ現下ノ排日政策トシテ妥當ナリト論シタリ

1366　昭和14年7月28日　在上海三浦総領事より有田外務大臣宛（電報）

日米通商航海条約廃棄通告に対する重慶各界の熱狂歓迎振りについて

上　海　7月28日後発
本　省　7月28日後着

第二一一六號

二十七日重慶發路透電ニ依レハ米國ノ日米通商條約廢棄通告ニ關シ同地各界ハ非常ノ熱狂振ニテ米國ノ此ノ種決定ハ六箇月後ニ效力ヲ發生スルトスルモ支那ニ對シ最大ノ道義的支援ヲ與ヘタルモノト爲シ居レルカ重慶ニ於テハ本件發表前既ニ米國カ何等カノ「ゼスチヤー」ヲ示シテ英國ノ極東ニ於ケル懷柔策ヨリ離脱スヘシトノ情報ニ接シ得タリト稱シ居レリ尚各觀測者ハ米國今次ノ措置ハ心理上實ニ功妙ヲ極メタル遣方ニシテ一般支那人ニ最モ深刻ナル好印象ヲ與フヘシト爲シ居ル趣ナリ

北京、天津、南京、漢口ニ轉電シ香港へ暗送セリ

1367　昭和14年7月28日　在米国堀内大使より有田外務大臣宛（電報）

日米間の新通商条約締結協議は現行条約失効までの六か月間における事態の成り行き次第によると国務長官言明について

ワシントン　7月28日後発
本　　省　7月29日前着

第七一八號

往電第七一六號ニ關シ

「ハル」國務長官ハ二十七日記者會見ニ於テ今回ノ通商條約廢棄通告ハ極東ニ於ケル政治問題ト關聯シ居ル次第ナリヤトノ質問ニ答ヘ目下ノ所通告文自體カ凡テヲ語リ居リ別ニ附加スヘキコトナシトテ深入リヲ避ケ又新條約締結商議ニ關スル次ノ「ステツプ」ノ細目ニ付テノ質問ニ對シテハ右ハ條約失效ニ至ル迄ノ六箇月間ニ於ケル事態ノ成行如何ニ依リ決定セラルヘキ旨ヲ言明シ且東京ヨリ未タ決定的ナル反應ニ接シ居ラサルコト及日本品關税增徵問題ニ付テ未タ大藏長官ト協議シタルコトナキ旨ヲ述フルト共ニ綿布ニ關スル日米間紳士協定ハ本件通商條約トハ全ク無關係ナル

旨語レル趣ナリ
紐育へ郵送セリ

〜〜〜〜〜〜〜〜〜〜〜〜〜〜〜〜〜〜〜〜〜〜〜〜

1368　昭和14年7月28日　在英国重光大使より有田外務大臣宛（電報）

日米通商航海条約廃棄通告に関する英国の新聞論調および英国外務省声明につき報告

ロンドン　7月28日後発
本　省　7月29日前着

第八七九號

一般的情報[1]

一、廿八日「タイムス」外交記者ハ日米條約ノ廢棄ハ全ク倫敦ノ意表ニ出テタルモノナリ英國ハ獨自ノ行動ハ執リ居ルモ東京會談ノ進捗振等ハ充分米佛政府ニ通報シ居ル次第ナリ他方米國ハ再三日本政府ニ嚴重警告シ來レルモ條約廢棄ノ通告ハ日本政府ニ取リ「ショック」タリシナルヘシ此ノ種通商交渉ハ國際間ノ友好關係ヲ律スルモノナレハ如何ニ日本軍カ條約ノ精神ヲ蹂躪シ居ルカハ明瞭ナルヘシ右日米條約締結ノ後一箇月ニシテ現行日英條約締結セラレ一九三五年ニハ附屬協約ノ締結ヲ見タリト取リ様ニ依リテハ意味アリ氣ノ註釋ヲ附加セリ

二、同「ガーディアン」外交記者ハ米國ノ條約廢棄ハ全ク寢耳ニ水ニシテ英國政府ハ今ニ至ル迄右決定ニ付何等ノ通知ヲ受ケタルコトナキ有樣ナリ極東ノ危機ヲ通シ米國政府ハ英國ノ措置ニ付常ニ通報ヲ受ケ居ルニ米國ノ決定カ當方ニ於テ豫知出來サリシハ不幸ナリ豫メ承知シ得タルニ於テハ天津及東京ニ於テ更ニ斷乎タル政策ヲ執ルコト可能ナリシナラン

然[2]レトモ右米國ノ決定ハ北海及地中海艦隊ヨリ一隻ノ戰闘艦ヲモ極東ニ割愛シ難キ現狀ニ鑑ミ絶望ト見ラレ居タル情勢ヲ救フニ役立ツヘシ英國側ハ日英通商條約ハ廢棄セストノ決定ニ達シ居タルモノナルカ米國ノ決定ニ依リ英國側ノ態度カ再考セラルヘキヤ否ヤハ未タ明カナラスト報ス

三、同日外務省ハ聲明ヲ發表シ「日本（米カ）條約廢棄決定ノ時期ハ米國政府ニ於テ突如決定シ英國政府ニ於テ一驚ヲ喫シタリト云フハ必スシモ當ラス右ハ極東ニ於ケル英米ノ政策カ緊密ナル（マヽ）ナル平行線ニ沿ヒ居ルコトヲ示スモノナリ英

國ハ米國ノ態度ヲ充分了解シ米國モ亦英國ノ態度ヲ同様了解シ居レリ尤モ英米双方ニ於テ相互ヲ「コミット」スルカ如キコトハ爲シタルコトナク今後モ斯ルコトハ爲ササルヘシ尚日英間ニハ一九一一年締結ノ通商協定現存スル處或半面ニ於テハ米國今囘ノ措置ヨリ自然英國トシテモ極東權益擁護ノ爲ニ斯カル方法モ執リ得ヘシト考ヘ居ル向アリ政府ニ於テハ斯カル措置ニ依リ東京會談ノ成功ヲ妨害スル意嚮ナキモ同様措置カ權益保護ヲ確實ナラシムル見地ヨリ必要ト認メラルルニ至ラハ右モ考慮セラルヘシ」トノ趣旨ヲ述ヘ居レリ

四、廿七日附「テレグラフ」上海特電(「タイムス」特電モ同様)ハ日米通商條約廢棄ヲ以テ重慶筋ハ英國ノ態度軟化ノ際米國カ敢然强硬決意ヲ示シタルハ重大ナル道德的效果アリトテ非常ニ歡迎シ居ル旨ヲ報ス

在歐各大使、米、壽府ニ暗送セリ

1369 昭和14年7月28日 在ニューヨーク若杉総領事より有田外務大臣宛(電報)

日米通商航海条約廃棄通告の背景などに関する経済界の観測報告

ニューヨーク 7月28日後発
本　　省 7月29日後着

第二八二號

日米通商條約廢棄通告[1]ニ對スル當方面ノ影響及今後ノ對策ニ付本日當地主立チタル本邦銀行及商社支店長等ト會合ノ上各方面ノ情報及感想ヲ持寄リ綜合スル所ニ依レハ本日迄ノ所ニテハ未タ左シタル實質的ノ影響ヲ見サルモ各新聞ノ論調モ擧ツテ國務省ノ措置ニ贊意ヲ表シ一般民心ニ對シ爾來鬱積セル國民多數ノ反日的感情ヲ國務省カ如實ニ裏書セルヤノ感ヲ與ヘ中ニハ寧ロ痛快事ト爲ス者鮮カラス少クトモ從來中立法修正案又ハ對日輸出禁止案等强硬ニ反對セル弧(孤カ)立主義論者モ遉ニ沈默ヲ守リテ差當リ形勢ヲ傍觀スル有様(尤モ政客中今後ノ事態ヲ憂慮スル向ナキニアラサルモ)ナルカ然リトテ何人モ政府ノ眞意何レニ在リヤ捕捉シ兼ネ將來ノ見込モ五里夢(霧カ)中ノ有様ニテ唯取引關係筋ヨリ今後ノ註文ニ付日米間無條約トナリタル場合ヲ顧慮シ種々ノ質問ヲ爲シ來ル程度ナルカ現ニ右通告發表セラレタル昨日ノ市場ハ我公債一弗三十仙乃至二弗方下落、生絲約二十(?)「ポイ

ント」下落シ本日ニ至リ更ニ五十仙乃至一弗八分五下落(天津事件ノ際ニ比シ下落程度少シ)シタルカ

右[2]通知ノ動機ニ付テハ國内輿論ノ反日的傾向及上下兩院内ノ昨今ノ態度ニ鑑ミ内政的ニモ政府トシテ此ノ際何等カノ强硬措置ヲ講スルヲ有利トスルト同時ニ更ニ夫以上ニ日本ノ對支行動殊ニ最近續出スル對米人關係事項及日英會談等ノ傾向ニ照ラシ到底一片ノ外交文書又ハ警告ニテハ效果ナシト見極メ戰爭ニ至ラサル程度ノ斷乎タル措置ヲ執リ一面日本ノ反省ヲ求ムルト同時ニ今後日本ノ出方ニ依リテハ愈對日輸出禁止ノ手ヲ打ツニ差支ナキ用意ヲ固メタルモノト觀察シ居リ結局通告滿期六箇月間ニ於ケル國内及國際情勢殊ニ日本ノ對支行動ニ依リ最後ノ策ヲ講セントスルモノノ如ク其ノ間ハ形勢ヲ注視スルノ外ナシトノ意見ニ一致シ居ル處日米人共右ノ如ク突發セシメタル近因ハ主トシテ最近續發セル在支米人ニ對スル日本兵ノ毆打虐待事項カ誇大ニ報告セラレ一般政策論ヨリモ寧ロ人道的感情ニ過敏ナル米國民ノ感情ヲ刺戟セルニ因ルモノト爲スニ一致シ居レリ此ノ點ハ本邦ニ於テ或ハ理解セラレ難キ程剴切ナル影響ヲ與ヘ居レリ右ノ次第ニテ當地本邦商社等ニ於テハ萬一無條約國トナルカ如キ場合ニ付鮮カラス憂慮シ居ルニ付來週當地日本人商業會議所ニ於テハ之カ對策ニ付協議ノ筈

米ニ暗送セリ

1370 昭和14年7月28日 在米国堀内大使より有田外務大臣宛(電報)

日米通商航海条約廃棄通告の今後の展開に関する米国紙の観測報道報告

ワシントン 7月28日後発
本　　省 7月29日後着

第七二一號

日米[1]通商條約破棄ニ關スル二十八日主要各紙ノ華府通信振左ノ通リ

一、新條約締結問題ニ關シテハ
國務長官ノ言明ノ如ク今後六箇月間ニ於ケル事態ノ成行如何ニ懸ル次第ニシテ政府ハ目下ノ所日本ハ勿論ノコト支那及英國等ヘノ反響議會及新聞ニ現レタル國内輿論ノ動向ヲ注視シ居ル情勢ニシテ情報一層多ク集マル迄ハ改訂交渉ニ對スル態度ハ決定セラレサルヘシ(紐育「タイ

ムス」）及「ボルチモア、サン」）ト見ラレ居ルモ改訂交渉ハ所詮日本政府ノ政策ニ變更ヲ見サル限リ實現困難ニシテ却テ對日武器禁輸論强マラン（華府「ポスト」）トナシ居ル一方㈠「ピットマン」ハ米國今次ノ措置ハ極東ニ於ケル米國權益ヲ維持セントスル從來ノ政策ヨリ一歩タリトモ退カサル決意ヲ日本ニ警告セルモノナリト解シ居リ來年一月議會再開ノ上ハ直ニ上院ハ對日武器禁輸案ヲ審議スヘシト述ヘ又㈡大藏當局ハ日本商品ニ對スル相殺關税賦課及日本ヨリノ金銀買上停止方ニ付研究中ナリトノコトヨリ見ルモ米國當局ハ日本ニ對シ强硬態度ヲ執ラントシツツアルヲ以テ新條約締結ノ可能性ハ著シク減殺セラレタリ（華府「イーブニング、スター」）尚國務長官ハ日本ト新條約ヲ締結スル前ニ極東ニ於ケル事態ニ關シ滿足スヘキ政治的解決カ爲サレサルヘカラサルコトヲ仄メカシ（紐育「ヘラルド、トリビユーン」）條約失效迄ノ六箇月間ニ之カ實現ニ努力スヘシト言ヘリ（「モニター」）

二[(2)]、廢棄通告ニ對スル國內反響トシテハ議會ニ於テハ「ピットマン、ウオルター、ヂヨージ」、「クロード、ペッパー」、「シヤーマシ、ミントン」、「トム、コネリー」等ハ擧ツテ政府ノ行動ニ贊意ヲ表シ「ルウイス、シユエレンバッハ」ノ如キハ廢棄ヲ以テ充分トセス卽時禁輸ヲ爲スヘシト爲シ居リ「ボラー」亦同意見ニシテ（紐育「タイムス」）「ピットマン」ハ一國（日本）カ一條約（九箇國條約）ノ要求スル友好關係ヲ遵守シ居ラサルニ拘ラス米國カ他條約ニ依ル友好的條件ヲ履行スルコトヲ得スト要言シ居レリ（紐育「ヘラルド、トリビユーン」）

三、日米ノ蒙ムルヘキ打擊ニ關シテハ日本ノ受クル不利益ハ米ノ夫レヨリ大ナルヘシトハ各紙トモ略一致セル所ナルモ日本カ大規模ニ報復ヲ試ミルニ於テハ支那ニ於ケル米國權益ヲ實質的ニ脅シ得ルモ日本ハ經濟的ニハ甚タ弱勢ニシテ米國ニ取リテ日本及支那市場ハ重要ナルモ日本ノ米國ヨリノ軍需品及外國爲替ノ獲得竝ニ貴金屬ノ賣却ノ必要ハ殆ト其ノ死活問題ナリ（「モニター」）米國ハ日本ヨリ原料特ニ絹糸ヲ輸入シ居ルモ右ハ他國ヨリ輸入シ得ラルヘク又代用品ヲ以テ間ニ合ハセ得ルニ反シ日本ノ必要トスル軍需品供給市場ハ米國ノミニシテ且日本ハ米國ヨリ石油、棉花、鐵屑ヲ輸入セサルヲ得ス之等軍需品ノ禁輸ハ支那ニ於ケル日本軍事行動ヲ不可能ナラシムヘシ（華府「イブニング、スター」）商務省ハ最近日本ノ經濟機構ヲ分析シタル報告ヲ公表シタルカ日本ノ最モ意ヲ注キ居ル點ハ金ヲ賣却シ支拂力ヲ獲得セントスルニ在リ且商務長官ノ得タル結論ニ依レハ日本ニ在リテハ凡ユル産業貿易價格決定分配カ完全ニ政府統制ノ下ニ在ルヲ以テ日本商品ニ相殺關稅ヲ課シ得ヘシトノコトナリ（「ボルチモア、サン」）

紐育ヘ郵送セリ

1371 昭和14年7月29日　在上海三浦総領事より有田外務大臣宛（電報）

日米通商航海条約廃棄通告に関する王寵恵の記者談話について

上海　7月29日後発
本省　7月29日夜着

第二一三〇號

廿八日重慶發路透電ニ依レハ同日王外交部長ハ外人記者會見席上米國政府ニ今次日米條約廢棄ノ決定ヲ齎セルハ日本軍閥ニ依リ釀成セラレタル東亞ノ紊亂セル情勢ヲ充分考慮ニ入レタル結果ナルヘク右ハ米國カ太平洋地域ニ於ケル地位ト權威保持ノ希望ヲ表明セルモノニシテ米國カ更ニ一歩進メ積極的ニシテ確固タル態度ヲ執リ其ノ權力內ニ於テ國際的紛糾ヲ防遏シ以テ國際間ノ平和互親及親善ノ恢復ニ努メンコトヲ希望スル旨語リタルカ黄琪翔モ右ハ米國ノ侵略者ニ對スル計畫的決意ノ表明タルノミナラス米國ノ對英佛援助說ヲ立證スルモノナルカ對日屈伏遷延ヲ迫リタル對英示威說ハ確カナラス要ハ支那ニ對スル道義的聲援ニシテ極東ノ平和擁護ノ第一聲ナル旨同地新聞紙上ニ發表シ居ル趣ナリ

北京、天津、南京、漢口ニ轉電シ香港ニ暗送セリ

1372 昭和14年7月29日　在米国堀内大使より有田外務大臣宛（電報）

日米通商航海条約廃棄通告に関するバンデンバーグの談話内容報告

ワシントン　7月29日後発
本省　7月30日後着

第七二七號

萬國議員會議出席ノ途中ナル船田、淺沼兩代議士等ハ本官ノ斡旋ニテ二十八日「バンクヘッド」下院議長竝ニ「タイデイングス」上院議員二十九日「ガーナー」副大統領竝ニ「バンデンベルグ」上院議員ト會見(宮崎書記官同席)シタルカ「バ」ト會談ノ際談條約廢棄問題ニ觸レ「バ」ハ船田氏ノ質問ニ答ヘ條約ハ存續スル以上ハ締約國ハ飽迄之ヲ守ルヘキモノニシテ條約カ事態ニ適セサルニ至ラハ之ヲ廢棄スルコト然ルヘシ自分カ政府ニ日米通商條約廢棄ヲ勸告スル決議案ヲ提出セル理由モ同様ニシテ同條約ハ既ニ三十年近クモ前ノモノニテ新時代ニ適セサル節鮮カラス依テ之ヲ廢棄シ新ナル條約ヲ結フコトヲ適當ト認メタルニ外ナラスト述ヘ更ニ日支間ノ紛爭ハ米國ノ關知スル所ニアラサルモ依テ生スル米國權益侵害ノ問題ニハ關心無キ能ハス事變以來權益侵害事件ノ頻發ハ遺憾ナリト述ヘタルニ付船田氏ヨリ日本國民ハ米國ニハ親愛ノ感情ヲ有シ其ノ權益ハ出來得ル限リ尊重セント努メ居レルモ何分戰鬪行爲中ノコトトテ時折米國民ニ迷惑ヲ及ホスハ心苦シク思ヒ居ルモ決シテ故意ニ出ツルカ如キコト無ク又事變ノ落着クニ伴ヒ斯ル事件少クナルコトヲ期待シ居レリト述ヘタルニ「バ」ハ中ニハ避クヘカラサリシ事件モアルヘキモ現地ノ軍人カ故意ニ行ヘリト信スヘキ事件モアリ「パナイ」號事件ノ如キハ一例ナラン倘米人ニ對スル暴行事件モ最近鮮カラサル處右ハ事小ナリト雖モ米人ノ感情ヲ刺戟スルコト甚シ米國民ハ「エモーシヨナル」ノ國民ナレハ些細ノ事件ニテモ一旦其ノ感情ヲ激發スルコトアランカ一夜ニシテ戰爭トナル可能性アリ自分ハ日米間ニ斯ル馬鹿ラシキコトヨリ戰爭ノ起ルコトハ極力避ケタシト念願シ居レリト述ヘタル趣ナリ

「バンクヘッド」モ亦日本ハ米國ノ得意ナル事ハ承知シ居リ舊條約ニ代ル新條約ノ締結ハ望ム所ナルモ茲暫ク日本ノ出方ヲ見ル必要アルヘク米國ハ其ノ權益擁護ノ爲條約ニ依存スル建前ナレハ現存條約ハ是非尊重ヲ希望ス云々ト述ヘタル由ナリ右何等御參考迄

1373 昭和14年7月31日 在米国堀内大使より有田外務大臣宛(電報)

日米通商航海条約廃棄通告に関する国務長官の説明振り報告

ワシントン　7月31日後発
本　省　8月1日前着

第七二五號（大至急）

[1]貴電第三一六號ニ關シ（日米通商條約廢棄ノ件）

本使三十一日「ハル」國務長官ニ會見シ二十七日ノ公文ニ關シ本國政府ノ訓令ニ基キ左ノ點ニ付テノ説明ヲ求メタシト冒頭シテ

第一ニハ公文ニハ米國政府ハ現行條約ニ對シ新ニ考究スルノ途ヲ開ク爲ニ廢棄手續ヲ執ル旨述ヘラレ居ル處米國政府ハ新條約締結交渉ノ意嚮ヲ有セラルルヤト質問シタルニ對シ長官ハ二十七日本件發表ノ際新聞記者ニ述ヘタル如ク（往電第七一八號御參照）右ハ今後ノ發展如何ニ懸ル次第ニシテ目下ノ所夫レ以上ニ申上クルコト能ハス今回ノ公文ハ了解シ易キ慣用語ヲ以テ充分意味ヲ表ハシ居ルモノト考フルニ付文面ニ依リテ御了解ヲ願フ外ナシト答ヘタルニ付本使ヨリ乍併公文ニハ新ナル考慮ノ途ヲ開ク爲ト稱シ乍ラ交渉ヲ欲スルヤ否ヤニ付テハ何等言及セラルルコトナク且何等新ナル提議ヲモ爲サレ居ラス故ニ日本政府カ右ノ如キ疑問ヲ抱クハ當然ナリト思考スト言ヘル處長官ハ米國政府トシテハ wait and observe ノ立場ニ在リ要スルニ今後ノ發展如何ニ懸ル次第ナリトノ趣旨ヲ繰返スノミナリシニ付本使ヨリ重ネテ然ラハ此ノ際米國政府トシテハ目下交渉開始ノ意思アリヤ否ヤヲ闡明ニスルカ或ハ何等カ具體的提議ヲ爲スコトヲ得サル立場ニ在リト了解シテ可ナリヤト言ヘルニ對シ長官ハ又要スルニ目下ノ所此ノ問題ニ付何等確言シ得サル次第ナリト答ヘタリ

[2]次テ第二ニ公文ニハ廢棄決定ニ付テ他ノ考慮トシテ新時代ノ要求ニ應シテ米國ノ利益ヲ一層保護増進スル爲ト言フコト記述セラレ居ル處米國政府カ現行條約ヲ以テ米國ノ利益ノ保護増進ノ目的達成ニ不充分ナリト爲ス理由ヲ承知シタシト尋ネタル處長官ハ米國政府トシテハ從來屢日本側ニ對シ公文ノ交換、懇談等ヲ盡シ來レルニ付米國側ノ意ノ存スル所ハ詳ニ了解セラレタルモノト考フル次第ニシテ遂ニ今日ノ段階ニ到達スルノ已ムナカリシコトモ既ニ日本政府ニテ諒察セラレ居ルモノト存スト述ヘタルニ對シ本使ハ乍併右公文ニハ現行條約ヲ以テシテハ充分目的ヲ達成シ得スト米國政府ニ於テ解シ居ルヤニ看取セラルルニ付御尋スル次第ナリト繰返シタル處長官ハ只今ノ點ニ付テモ米國政府カ

從來屢述ヘタル所ニ依リ充分御諒察ノコトト考フト答ヘ第三ニ公文ニハ現行條約中ニハ新ナル考慮ヲ要スル條項ヲ含ムト爲サレ居ル處右ハ如何ナル條項ヲ指スモノナリヤト問ヘルニ對シ長官ハ今ハ斯ル問題ニ付御話スヘキ點ニ達シ居ラス夫等ノ點ハ今後ノ發展ニ依リ日米間ニ一層友好的空氣ノ出來タル後ニ御話シ得ルコトト考フト答ヘ

次ニ貴大使限リノ「コンメント」モアラハ欣ンテ聽キタシト言ヘルニ付本使ハ訓令ニ基カス自分一己ノ觀測トシテ御話スル次第ナルカ自分ハ日米友好關係增進ノ爲ニハ多年深キ關心ヲ有シ着任以來モ此ノ趣旨ニテ努力シ來レルニ拘ラス今回普通ノ外交慣例ニ反シテ何等ノ豫告乃至豫備的話合モナク突然廢棄通告ニ接シタルハ自分ノ甚タ遺憾トスル所ナリト述ヘタルニ對シ長官ハ貴大使ノ日米關係好轉ノ爲示サレタル深キ關心及御努力ハ米國側ニ於テモ充分承知シ居ル所ナルカ今日ノ如キ事態ニ立到レル事情ニ付テハ既ニ御了解相成リ居ルコトト存スト言ヘルニ付

本使[(3)]ハ米國政府今次ノ措置ニ付テハ餘リ突然ナリシ爲日本政府及國民ノ意外ニ感シ居ル模様ナルニ付米國政府ノ意嚮及輿論ノ向フ所ヲ正確ニ本國政府ニ傳フルコトハ本使ノ義務ナリト考ヘ居ル所ナルニ付腹藏ナク御話致度ク過般來上院ニ於テ「ヴァンデンバーグ」決議案審議セラレ居ルモ其ノ狀況カ今次ノ急遽ノ決定ニ關聯スル所アリヤト問ヘルニ對シ長官ハ今回ノ措置ハ米國政府ニ於テ豫テ考慮シ居タル次第ナリト答ヘタルニ付本使ハ乍併上院ノ外交委員會ノ決定前ニ政府カ急遽今次ノ措置ヲ執ラレタルコトハ意外トスル所ナリト述ヘタル處長官ハ右關聯性ニ付之以上觸ルルヲ避ケ此ノ點ハ過日新聞記者ニ言ヘル如ク何等申上ケ得ス今後兩國關係カ好轉シテ貴大使トノ間ニ一層腹藏ナク御話シ得ル機會ノ到來スルヲ願フモノナリト答ヘタリ本使ヨリ最後ニ新聞報道ニ依レハ米國政府ハ更ニ他ノ對日經濟措置ヲ考慮シ居レリトノコトナルカ此ノ點承知シタシト言ヘルニ對シ長官ハ自分ハ本問題ニ付テハ何等承知シ居ラスト明確ニ言明セリ

以上ヲ以テ會見ヲ終リタル次第ナルカ要スルニ米國政府ハ今迄支那事變ニ關聯シテ公文其ノ他口頭ニ依リ屢政府ノ意見ヲ日本側ニ表示シタルニ拘ラス米國側ノ希望スル如キ結果ヲ得サリシニ依リ最モ有效ナル手段ト言フ意味合ニテ兎モ角廢棄通告ヲ爲スニ決定セルモノニシテ此ノ際新交渉ニ

入ルヤ否ヤハ今後ノ發展ニ俟ツノ態度ヲ堅持シ暫ク成行ヲ靜觀セントスルニ外ナラストノ印象ヲ得タリ
英へ轉電シ英ヨリ在歐各大使ニ轉電セシメ在米各館へ適當轉報セリ

1374 昭和14年7月31日 在米国堀内大使より有田外務大臣宛(電報)

日米通商航海条約廃棄通告の背景に関する観測続報

ワシントン 7月31日後発
本　　省 8月1日後着

第七三八號(極祕)

[1]往電第七三六號ニ關シ
卅一日ノ本使國務長官會見ニ依リ米國今次ノ措置ニ對スル本使從來ノ觀測(往電第七〇八號及往電第七一四號冒頭參照)ハ大體「コンフアーム」セラレタリト思考スル處其ノ後ノ諸般ノ情報ヲ綜合スルニ左記事情カ米國政府ノ決意ヲ固ムルニ與リテ力アリタルヤニ觀察セラル

一、前比律賓高等辨務官「マクナツト」ハ歸米後大統領ニ對シ對日強硬政策ヲ採ラサルヘカラサルコトヲ進言シタル形跡アル處「マ」ハ政府部内ノ極東通ト目サレ且次期大統領候補ノ名乘ヲ擧ケ(往電第六二五號參照)政界ニモ追々勢力ヲ築キツツアル關係等モアリ政府ノ對日強硬政策ヲ決意スル上ニ相當與ツテ力アリタルモノト察セラル

二、更ニ米國政府カ急遽斯ル決定ヲ爲セル事情ニ付テハ議會ニ於テ中立法修正案及對日禁輸案カ審議停止トナレル際共和黨ノ有力ナル大統領候補者ト目サレ居ル「バンデンバーグ」ヨリ日米通商條約廢棄案(往電第六七八號)出テ民主、共和兩黨ノ有力ナル支持アリ而モ輿論モ大體之ヲ支持スル空氣ナリ
[2]右案成立後ナルニ於テハ徒ニ「バ」ニ名ヲ成サシムル形トナリ民主黨ノ立場ヲ不利ナラシムヘキニ鑑ミ是等ノ事情ヲ考慮シ議會ニ對スル行政部ノ「リーダーシツプ」ヲ示スト共ニ輿論ノ向フ所ニ投合セントシ大統領及「ハル」長官等ニ於テ機先ヲ制シタルモノト思ハル

三、又一方天津問題日英會談ニ於テ英國カ日本ノ主張ニ屈シ交戰權類似ノ自由行動ヲ認ムルニ至レリト報セラレタル爲支那側ハ勿論「デモクラシー」國家ニ不利ナル影響ヲ

及ホシ延イテハ米國權益ニ打撃ヲ與フル惧アリト爲シ此ノ際米國ノ對極東方針ハ變ル所ナシトノ態度ヲ示スコト必要ト考フルニ至レルモノト思ハル

尙廢棄通告問題ハ戰爭ニ至ラスシテ而モ有效ナル手段トシテ米國政府カ夙ニ密ニ考慮シ居タルモノナルヘキモ右發表ノ兩三日前ヨリ之ヲ斷行スヘキヤ否ヤヲ緊急且極祕裡ニ協議シタルモノト覺シク其ノ頃「ウエルズ」國務次官、「セイヤー」次官補ハ白亞館ニ出入シ通告實行ノ當日午前長官ハ大統領ト談合ヲ爲セル事實ニ鑑ミ本件ニ付テハ國務省側モ積極的ニ之ニ參畫シタルモノト思考セラル

以上冒頭往電補足旁

英及在米各領事(「ホノルル」ヲ含ム)、馬尼剌ヘ轉電セリ

英ヨリ在歐洲各大使ヘ轉電アリタシ

〰〰〰〰〰〰〰〰〰〰

1375 昭和14年8月1日 在米国堀内大使より有田外務大臣宛(電報)

日米通商航海条約廃棄通告に対する米国新聞および議会の反響報告

ワシントン　8月1日後発
本　　省　8月2日後着

第七四七號

日米通商條約廢棄ノ今日迄ノ反響ヲ要約スルニ

㈠新聞方面ニテハ「ハースト」系ヲ除キ殆ト一齊ニ之ヲ支持シ在支米國權益擁護ニ關スル決意ヲ示シ日本ノ行動抑制ヲ窺ヒタル政治的意味ヲ含ミ將來行フコトアルヘキ「エンバーゴ」ノ道ヲ開キタルモノトナセリ而シテ新條約乃至暫定協定締結ハ向フ六箇月間ノ情勢ニ依ルモノトナスモノ大部分ヲ占メ日米通商ヲ重視シ新條約ノ必要ヲ主張スルモノハ極ク少數ニ過キス

㈡上下兩院ニ在リテハ民、共兩黨共大部分今回ノ措置ニ贊成ナルモノノ如ク少クトモ反對ヲ言明セル者ハ「ランデイーン」上院議員一名ニ過キス所謂孤立論者モ鳴リヲ鎭メ「ボラー」ノ如キ本件ハ旣決ノ問題ニシテ論議ハ無駄ナリト爲セリ

㈢反日親支團體ハ大イニ勢ヲ得タル模樣ナリ新聞投書欄ニ現ハルル寄書ハ贊成論多ク反對論ハ當業者筋ニ於テ行政部ノ措置ヲ非難スル向アリ且投書等ニモ間々之ヲ見受ク

ル程度ナリ
英、在米各領事、馬尼剌ヘ轉電セリ

1376　昭和14年8月2日　在上海三浦総領事より有田外務大臣宛（電報）

天津租界封鎖問題をめぐる英国の対日態度豹変が米国による廃棄通告の引き金となったとの米国財界人の見解報告

上　海　8月2日後発
本　省　8月2日夜着

第二一五八號（極祕、部外極祕）

[1]米國ノ通商條約廢棄通告ニ關シ一日當地海軍囑託愛内重太郎（四月十三日附機密第一二二八號往信參照）カ豫テ密接ナル聯絡ヲ有スル「スタンダード」石油會社支店副社長「ターナー」ヨリノ聞込トシテ館員ニ內話セル所御參考迄左ノ通リ

「ス」社上海支店ニ於テハ本件ニ關聯シ米本國ノ對日態度如何ニ依リテハ同社トシテモ日本ノ勢力圏內ニ在ル極東ヨリ總退却セサルヘカラサル羽目ニ陥ルヘキ危機アリ今後ノ事業方針決定上重大ナル關係ヲ有スルニ付大統領始メ官邊筋ノ眞意確メノ上至急通報アリタキ旨本社宛强硬意見ヲ打電セルニ對シ三十一日午後詳細ナル回電上海ニ到着セルカ右ニ依レハ今回ノ擧ハ(イ)從來英國カ米國ヲ引込ミ共同シテ日本ニ當ルヘク頻リニ米側ニ働懸ケ來リタル經緯アリ又最近東京會談開始直前東京米大使館ヨリ英國ハ從來ノ極東政策ニ百八十度ノ轉換ヲ爲ス筈ナル旨ノ報告アリタルヲ以テ米本國ヨリ右事實ヲ英國側ニ「コンファーム」セル際英國ハ二年前ノ極東政策ヲ毫モ變更スル意圖ナキ旨言明セル事實アリタルニ拘ラス突如米國ヲ出シ抜キタルヲ以テ[2]從來ノ親英派迄英ノ態度ニ憤慨シ今回ノ擧ニ出テタルモノニシテ郎チ米國ハ之ニ依リ東京會談ニ對シ何等責任ヲ取ラス其ノ權益カ侵害セラレサル限リ極東問題ニ關與セストノ態度ヲ明カニシ以テ英國ノ態度豹變ニ對スル抗議ト爲セルモノナルカ(ロ)又一面之ニ依リ支那ニ於ケル反米空氣ノ警戒ヲ爲セルモノニシテ米國ハ東京會談ノ結果必然ニ起ルヘキ支那人ノ排英運動ノ卷添ヲ豫防セントセルモノナルカ(ハ)更ニ「ル」大統領ノ國內ニ對スル政治的「ジエスチユアー」モ多分ニ含マレ居ルモノナリトノ趣旨ナリシ由ナリ尙當地

米國側ニ於テハ今回ノ擧ニ依リ困ルモノハ結局米國ト共同シテ日本ニ當ラントセル英國ニシテ日本側トシテハ何等實際上ノ苦痛ナキノミナラス寧ロ右ニ依リ舊條約ヲ破棄シ極東ノ新事態ニ則セル新條約締結ノ機會ヲ得タルモノト言ヒ得ヘキヲ以テ來ルヘキ新條約締結迄能フ限リ日米ノ友好關係ヲ持續スル爲日本側ニ於テ此ノ際特ニ冷靜ナル態度ヲ持シ排米的言論ヲ愼ミ米國權益ノ擁護等ニ付テモ一層留意セラレンコトヲ希望シ居レル由ナリ

尙本件ハ當地海軍側ニテモ既ニ東京ニ電報濟ノ由ニ付本件特ニ出所部外極祕ノ取計請フ

1377 昭和14年8月3日　在サンフランシスコ佐藤総領事より有田外務大臣宛（電報）

日米通商航海条約廃棄通告に関する米国西海岸の反響について

サンフランシスコ　8月3日後発
本　　省　8月4日後着

第一三二號

往電第一二八號ニ關シ

今次通告ニ關シ當地方諸新聞カ「ハースト」系紙ヲ除キ右ハ對日「エンバーゴー」ノ實施ヲ容易ナラシメ米國ノ極東政策ヲ自由强化スルト共ニ日本ニ對スル有效ナル警告トナルヘシトナシ大體ニ於テ政府支持ノ態度ニ出テタルハ既報ノ通リニシテ右ハ當國ノ對日惡感情カ最近表面ノ平靜化ニ拘ラス依然根强キモノアルヲ思ハシムル處一方本通告ノ當方面實業界ヘノ反響ヲ見ルニ一般ニ表面平靜ヲ裝ヒ居ルモ對日貿易業者等ハ內心相當先行ヲ危惧シ居ル模様ニテ既ニ商業會議所等ヨリ微溫的乍ラ二、三反對的批評ヲ紙上ニ發表セシメ居リ又羅府其ノ他ヨリモ同様實業界方面ノ關心ヲ傳ヘタル報道（七月三十一日羅府發同盟御參照）アリ何レモ本通告ノ政治的特質ニ觸ルルコトナク㈠西部沿岸諸港カ貿易上竝ニ一般經濟上極東貿易ニ依存スル所鮮カラサルコト㈡現在米國對日輸出ノ大宗タル石油、棉花、鐵鋼屑、銅、鉛、肥料、木材等ハ西部諸港ヨリ大量ニ積出サレ居ルノミナラス右各港ニ於ケル對日輸出ノ總輸出額ニ對スル割合モ相當大ナルコト㈢萬一次期議會ニ於テ廣汎ナル對日軍需資材禁輸案等通過スルカ如キコトアラハ右ハ自ラ對支對滿貿易ニモ支障ヲ來シ其ノ結果太平洋諸港ノ被ル打擊ハ鮮少ナラサルコト等（客年中桑港及羅府ノ對日輸出ハ合計約七千萬弗ニシテ其ノ兩港總輸出ニ對スル割合ハ桑港二割、羅府三割餘ニ上リ又石油ノ如キ過去半箇年ニ於テ加州全產額ノ十一「パーセント」ハ日本ニ輸出セラレ居ル由）ヲ指摘シテ一般ノ注意ヲ促サント努メ居リ曩ニ本通告ノ趣旨ニ贊成セル諸紙ノ論評中ニモ弗々同樣ノ關心ヲ匂ハセ居ルモノナキニアラサルモ今迄ノ所總シテ一般ニ對スル氣兼ノ外政府ノ眞意捕捉乃至將來ノ見透困難ナル爲突進ミタル反對意見等ハ成ルヘク之ヲ避ケントスルノ傾アリ

米ヘ轉電シ紐育ヘ暗送セリ

1378 昭和14年8月8日 在米国堀内大使より 有田外務大臣宛（電報）

米国は日本の東亜新秩序構想を承認する意思はなく日本の改心なくば報復措置もありうるとの上院外交委員長談話報道報告

ワシントン 8月8日前発
本　省 8月8日後着

第七八一號

六日「ピットマン」上院外交委員長ハ新聞記者ニ對シ米國民保護問題ヲ中心トスル日米間ノ紛爭ニ關スル政府ノ措置ハ確固不動ニシテ明カニ米國ハ日本ノ所謂東亞ノ新秩序ヲ承認スルノ意思ナキヲ示シタルカ若シ日本ニシテ其ノ態度ヲ改メサレハ議會亦大統領ニ報復措置ヲ執ルノ權能ヲ賦與スヘシ但シ吾人ハ勿論日本カ冷靜ニ思慮シ米國民ノ權利ヲ尊重スルニ至ランコトヲ希望ストノ「インターヴュー」ヲ與ヘタル趣ナリ

尙「ユー、ピー」ハ右報道ト共ニ大統領ハ歐洲ニ戰爭起ラハ臨時議會ヲ召集スヘキコトハ確實ナルカ華府官邊ニテハ大統領ハ重大危機生シタルノミニテモ議會ヲ召集シ其ノ戰爭廻避方法ナリト信スル立法ヲナサントスヘシト見居ル旨報シタリ

1379 昭和14年8月15日 在サンフランシスコ佐藤総領事より 有田外務大臣宛（電報）

日米通商航海条約が失効した場合の経済的影響に関する概括的推測報告

サンフランシスコ　8月15日後発
本　省　8月16日後着

第一三六號（極祕）

在[1]米大使發本官宛電報合第一三〇號ニ關シ

日米通商條約失效後兩國ニ及ホスヘキ影響ハ一ニ米國側今後ノ出方如何ニ懸ルコト言フ迄モナク從テ今日各種ノ問題ニ亘リ的確ナル臆測ヲ下スコト素ヨリ至難ナルカ今次通告ノ一動機トモ目サレ居ル對日軍需資材禁輸問題ニ對シテハ當國民ノ間ニ之ヲ支持セントスルノ傾向相當昂マリ居ルヤニ看取セラレ當地方新聞ノ如キモ最近敢テ之ニ反對セサルノ態度ニ出テ居ルモノ多ク實業界方面ニ於テモ之等ノ傾向ニ鑑ミ未タ正面ヨリ反對ノ聲ヲ揚ケ得サル實情ニ在ルハ注目スヘク其ノ他當方面ニ於テ差當リ無條約狀態發生ノ場合我方ニ及ホスコトアルヘキ影響トシテ考ヘラルルハ

㈠邦品ニ對スル關税增徴
㈡本邦船舶ニ對スル差別的取扱
㈢邦人ノ入國、居住、營業等ニ關スル不安

等ナルカ試ミニ以上ノ諸點ニ關シ當方面邦人商社、銀行代表其ノ他ノ意見ヲモ徵シ今日迄ノ推移ニ於テ極メテ概括的推測ヲ下セハ左ノ如シ

㈠[2]對日輸出入制限乃至禁止

客年中當港經由主要對日輸出品（括弧內輸出量單位千噸）ハ石油類（一一八五）、棉花（三）、鐵鑛屑（三九）、鉛（二八）、特殊鐵鑛（二六）、工業用鹽（五）、肥料（三）、牛皮（三）等ニシテ內石油及鉛ハ全米對日輸入ノ九割以上當港及他ノ太平洋沿岸諸港ヨリ積出サレ棉花及屑鐵モ亦最近其ノ太平洋岸積出量著增シ居ルカ石油、屑鐵、鉛等（銅ハ太平洋岸ニテハ主トシテ「タコマ」ヨリ積出サル）ハ本邦トシテ米國ニ依存スル所ナルハ言フ迄モナク殊ニ米國產石油ハ品質優良ニシテ可燃性高キ航空用油ノ如キ從來殆ト米國品ノミニ依存シ居リタル實情ニモアリ萬一米國ニ於テ之等商品ニ迄禁輸ヲ行フカ如キコトアラハ我方物資補給上ニモ影響アルヘシ又第一次「ピツトマン」案ハ邦品ノ輸入竝ニ爲替及「クレヂツト」ニ迄制限ヲ加ヘントセル處之等ハ理論上ハ兎モ角米國現行制度上現在以上果シテ幾何ノ制限ヲ加ヘ得ル餘地アルヤ疑問ナルモ邦品輸入上少クトモ條約廢棄ノ齎ス心理的不安ニ依リ取引上ノ障害ハ起リ得ヘシ尙當港經由輸入ノ主ナルモノハ綿

布、綿製品、植物油、油粕、魚類罐詰、「フイシユミール」、陶磁器、茶、生糸等ヲ除ク我方代表的對米輸出品ニシテ一部商品ヲ除キ多クハ米國品ト競爭的立場ニアルコト御承知ノ通リナリ

(二)[3] 關税増徵

關税ニ付テハ當地限リ特殊ノ問題ナキ處綿布其ノ他ニ對スル政府補助金問題ノ如キ直接條約ノ存否ニハ關係ナキモ此ノ際當業者側ハ相當其ノ成行ヲ懸念シ居レリ尚米國側互恵協定税率ニ均霑シ居ル邦品ノ當港輸入額ハ現在年二十六、七萬弗見當ト看做サル

(三) 船舶ニ對スル差別的取扱

船舶ニ付テモ當港限リノ特殊事情存セス但シ太平洋ニ於テハ米國船ハ其ノ數僅少ナルヲ以テ萬一米國側ニテ何等差別的待遇ニ出テタル場合我方カ之ト對抗上不利ナル地位ニ立ツヘキハ言フ迄モナシ

(四) 邦人ノ入國、居住、營業等ノ不安

當館管内在留邦人總數(五萬)ノ内農業關係約六割、國内商業關係約三割强ヲ占メ貿易關係者ハ僅ニ其ノ一分强ニ過キサル處邦人ニ對シ加ヘラルルコトアルヘキ利權上ノ壓迫乃至間接ノ影響ハ別トシテ貿易關係者ヲ除ク一般邦人ニハ格別ノ壓迫ヲ加ヘ得ル余地ナカルヘシ尤モ貿易關係ノ新規入國ニ付テハ相當懸念シ居ル向アリ又當州々會ニハ今尚外國人法及土地法ノ修正等排日法案提出セラレ居ルモ在留邦人ノ基礎既ニ相當安定シ居ルノミナラス夫等法案ノ對策ニハ從來條約ヨリモ寧ロ合衆國法及州法ヲ楯ニ戰ヒ居リ條約上ノ保障ハ近年殆ト問題トナリ居ラス

(五)[4] 米人側ヘノ反響

日米貿易關係米人側ノ態度ヲ綜合スルニ未タ纏マリタル意見ナシ大體ニ於テ政府今後ノ出方ヲ注視セントスルノ態度ニ出テ居ルカ政府トシテモ一概ニ極端ナル措置ニハ出テサルヘシトナス者多シ尚加州ニ於テハ石油ハ近年過剩生産ニ惱ミ居リ日本ヘノ輸出(加州全産額ノ十一、二%ニ當ル)杜絶セハ差當リ關係會社ノ採算上ニモ大ナル影響アルヘク又本邦加州棉買付高ハ近年著増シ昨年ノ如キ全産額ノ七、八割ハ本邦ニ積出サレ居リ屑鐵ノ買付量亦大ニシテ日本ヘノ積出停止セバ市價ノ動搖ハ免レサルヘク何レモ當業者ニハ相當ノ痛手ト言フヘク既ニ加州ニ本據ヲ有スル石油會社筋ニテハ先行ヲ懸念シ議會方面ニ

若干手ヲ入レ居ル向モアル由ニテ因ニ客年中桑港對日輸出入額ハ夫々二千三百萬弗及五百三十五萬弗ニシテ輸出ニアリテハ桑港總輸出額（一億三千三百萬弗）ノ約一割七分ヲ占メ居レリ

米ヘ轉電シ在米各領事ヘ暗送セリ

1380 昭和14年8月19日 在英国重光大使より 有田外務大臣宛（電報）

日米通商航海条約廃棄通告は国際情勢を見据えた米国政府の対日措置であり今後米国の態度は益々硬化するとの予測について

ロンドン 8月19日後発
本　省 8月20日前着

第九六〇號

貴電合第一八七五號ニ關シ（日米通商條約廢棄經緯ニ關スル件）

英（佛）ノ積極政策確立ニ關シ米國カ其ノ推進力トナリ居ルハ既ニ屢報ノ通リナルカ獨逸ノ「チエツコ」合併以來ノ危機ニ於テ英國ノ波蘭等保障政策ノ確立後「ルーズベルト」カ四月十五日ノ不侵略ノ提議ヲ獨逸ニ對シテ行ヒタルト同時ニ米國艦隊ノ太平洋歸航ヲ命シタルハ何レモ歐洲政局ニ於テ獨（伊）ニ對スル關係ト共ニ常ニ東亞ニ於ケル日本關係ヲ考量シ居ルコトヲ示スモノナリ其ノ後モ英佛米間ニハ堂々獨伊ニ對スル歐洲ノ政局ニ關聯シテ直接對日關係ヲ考慮シ居ルハ言フヲ俟タス（對蘇交渉モ同様）今回ノ米國ノ對日條約廢棄ノ處置ハ其ノ國内狀況ヨリ見ルモ且又歐洲及世界ノ政局ニ對スル英（佛）米共通ノ關係ヨリ見ルモ深刻ナルモノアルヲ認メラレ米國ノ態度ハ益々硬化スルモノナルコトヲ豫見スルノ要アル様感ス

米ヘ轉電セリ

1381 昭和14年8月29日 在米国堀内大使より 有田外務大臣宛（電報）

新通商条約の締結交渉開始には在華米国権益の尊重を日本側が実際的措置で示す必要があると帰国中のグルー大使内話について

ワシントン 8月29日後発
本　省 8月30日後着

第八八七號（極祕）

二十九日「グルー」大使ト會談ノ際同大使ハ本使ニ對シ獨蘇不侵略條約ノ成立ニ依リテ生シタル新事態ハ日米關係ヲ好轉ニ導ク上ニ却テ好都合ナルヘシト言ヘルニ付本使ヨリ日本ハ今ヤ新タナル立場ニ於テ國際政局ニ對處スルコトトナリタルニ付日米關係モ此ノ際何トカ打開ヲ圖リタキモノナルカ米國政府カ條約廢棄問題ノ善後措置ニ付「ノンコミタル」ノ態度ヲ執リ居ルコトハ遺憾ナリト應酬シタル處「グ」ハ御話ノ如ク米國政府ハ新條約締結ノ交渉ニ關シ未タ意嚮ヲ明カニセス若シ今後事態益々悪化シ行クニ於テハ或ハ對日「エンバーゴー」ニ迄進ムコトトナルヤモ知レサルニ付成ルヘク速ニ右交渉ヲ始メ得ルカ如キ空氣ヲ作ルコト何ヨリモ急務ナルカ夫レニハ先ツ第一ニ支那ニ於テ日本側ハ(イ)空襲ニ因ル米人財産ノ被害ヲ避ケ(ロ)米人ニ對スル各種ノ事故發生ヲ防キ(ハ)米人通商上ノ利益ヲ尊重シ例ヘハ揚子江航行ノ如キモ一部開放スルカ日本側取扱振ノ改善ヲ事實ニ示スコト必要ナリ斯クスレハ米國側ノ對日感情モ自ラ好轉シ條約商議開始ノ機運ニ向フヲ得ヘシト述ヘ又新内閣ニ於テ日米親善ノ方針ヲ聲明セラルルコトハ勿論有益ナルヘキモ言葉ヨリモ事實コソ眞ニ効果アルヘク尚米國ハ對支問題ニ付常ニ獨自ノ立場ヲ執リ來レルモ日本ノ對英關係調整ハ自ラ米國側ニ好影響アルヘシト語レリ

尚同大使ハ九月中旬再ヒ來華シ充分米國政府ノ意嚮ヲモ呑込ミタル上九(月)二十五日桑港發ノ龍田丸ニテ歸任シ日米關係ノ爲最善ノ努力ヲ爲シタキ積リナリト附言セリ

英ヘ轉電シ紐育ヘ暗送セリ

英ヨリ在歐各大使ヘ轉電アリタシ

1382

昭和14年8月30日　在米国堀内大使より阿部外務大臣宛（電報）

日米通商航海条約廃棄通告および対日武器禁輸に関する米国世論調査の結果について

ワシントン　8月30日後発

本　省　8月31日前着

第八九〇號

米國輿論研究所ハ

一、米政府ニ依ル日米通商條約廢棄通告ニ賛成スルヤ

二、右條約失效後米ハ對日武器輸出ヲ禁止スヘキ

ノニ點ニ付全國四千五百萬ノ選擧有權者ヲ代表スル様各州毎ニ人選ヲ行ヒ其ノ意見ヲ徴シタル結果質問ヲ受ケタルモノノ八分ノ一ハ確固タル意見ヲ有セサリシニ依リ之ヲ控除シ第一問賛成八十一%、第二問禁止賛成八十二%ニシテ右黨派別ハ賛成民主黨八十一%、共和黨八十二%、少數黨七十九%ナル趣ナリ

紐育ヘ郵送セリ

1383　昭和14年9月19日　在米国堀内大使より阿部外務大臣宛（電報）

日米通商航海条約の廃棄決議案を提出した理由に関するバンデンバーグの内話報告

ワシントン　9月19日後発
本　　省　9月20日前着

第一一二七號（極祕）

十九日郷。カ「バンデンバーグ」ト面談ノ際日米通商條約破棄ニ關スル決議案ハ如何ナル趣旨ニテ提出サレタルモノナリヤト問ヒタル處「バ」ハ新事態ニ適合スル様改訂スル目的ニ出テタルモノナリト言ヘルニ付郷ヨリ乍併現政府ハ廢棄通告ニ依リ日本ニ反省ヲ促スト共ニ英ノ對日讓歩ヲ牽制セントシタルモノト觀測スル向多シト言ヘルニ「バ」ハ或ハ政府側ニ於テ右様ノ意味合ヲ付加ヘタルヤモ知レサルモ自分提案ノ趣旨ハ只今述ヘタル通リナリト言ヘルニ付郷ヨリ新事態トハ如何ナルモノヲ意味スルヤト尋ネタルニ「バ」ハ例ヘハ米カ未タ滿洲國ヲ承認シ居ラサル關係等ノ如シト（ママ）（郷ハ「バ」ニ於テ滿洲國承認ニ異存無キヤノ印象ヲ得タル趣ナリ）ト言ヒ何レニセヨ現條約ノ失效前ニ新條約ノ成立スルコトカ必要ナリ此ノ際日本側トシテハ米國ハ如何ナル基礎ニ於テ新條約ヲ締結セントスルモノナリヤト米政府及國民ニ向ツテ呼ヒ掛ケルコト適當ト考フ其ノ場合ニハ自分ハ意見ヲ發表スル積リナリト述ヘ自分ハ日米關係ヲ改善セネハナラヌト言フ意見ニテ結局日英米三國カ提携スヘキモノナリト考ヘ居レリ尤モ今日迄日本カ支那ニ於テ行ヒ來レル事ハ賛成シ得サル所ニシテ此ノ點ハ遺憾ナリト述ヘタル趣ナリ尚「バ」ハ今回ノ滿蒙國境ニ於ケル停戰協定ヲ重視シ頻リニ日蘇關係ノ將來ニ付尋ネタルニ付郷ハ滿蒙間ノ戰鬪ハ昨年ノ張鼓峰事件ト同様片寄リタル地方ニテ行ハレ双方之ヲ本格的戰爭ニ導ク考ハ無カリシモノニシテ

今回衝突ノ擴大ヲ避ケ國境方面ノ平靜ヲ回復センカ爲ニ停戰ヲ協定シタルニ過キス近ク日蘇間ニ不侵略協定ノ締結ヲ見ルヘシ等ノ説ハ全クノ臆測ナリト言ヘルニ「バ」ハ依然日蘇關係ノ今後ニ相當ノ懸念ヲ有スル樣見受ケラレタル趣ナリ

1384 昭和14年10月26日 在サンフランシスコ佐藤総領事より野村外務大臣宛(電報)

日米通商航海条約廃棄問題などに関する太平洋沿岸領事会議の意見報告

サンフランシスコ 10月26日後発
本　　省 10月27日後着

第一八一號

貴電[1]第一一六號ニ關シ(太平洋沿岸領事會議ニ關スル件)

二十三日ヨリ三日間會議ヲ開催セルカ本省諮問事項中條約廢棄問題米國海軍ノ對日態度等ニ關スル各領事ノ一致セル意見要旨左ノ如シ

尙其ノ他ノ事項ト共ニ詳細郵報スヘキモ不取敢

一、一般問題

イ、條約廢棄問題ノ根本ハ我方對華政策ニ對スル不安乃至不滿ニ發出スルモノナルヲ以テ我方不動ノ大本ニ關スル誤解是正ヲ第一義トスヘキコト勿論ナルカ同時ニ迂遠ノ如クナルモ一層第三國特ニ米國トノ摩擦ヲ避クルト共ニ此ノ上共可能ナル範圍ニ於テ米國側ノ希望ヲ容レ或程度迄具體的ニ我方ノ誠意ヲ披瀝シツツ可及的速ニ相手トノ話合ニ入リ得ル素地ヲ作ル以外ニ局面打開ノ途ナカルヘク此ノ儘ニテ推移セハ條約改締ハ勿論日米全局ノ國交上ニモ面白カラサル影響ヲ與フルナキヲ保セス右ハ條約失效後ニ於ケル我方對抗策乃至報復ノ手モ薄キ實情ニ鑑ミ一層其ノ感ヲ深クスル次第ニテ右ノ如キ心構ハ假令條約失效ヲ前提トスルモ同樣必要ナルヘシ從テ差當リ租界問題其ノ他ニテ米國側ノ誤解ヲ深ムルカ如キ措置ハ成ルヘク差控ヘ又毆打事件等些細ノ事ニテ米人ノ神經ヲ刺戟セサルコト賢明ナルカ英米ノ特殊緊密關係ハ到底動カシ得ヘキモノニアラサルヲ以テ第三國權益取扱ニ當リ英米人間ニ區別ヲ設ケ米人ノミ特別扱スルノ不可無意義ナルハ勿論ナリ

尙[2]我方ニ於テ今後米國側不滿是正乃至緩和上何等ノ

「ステップ」ヲ執リタル場合ニハ支那政情ニ關シ當方ノ知リ置ク要アル新事態（例ヘハ汪ヲ首班トスル新政權樹立運動ノ進展狀況等）發生ノ場合ニハ隨時ニ當方ニ御通報相成ルト共ニ右等ニ關シ米人啓發上有利ナルモノハ成ルヘク其ノ都度內外新聞通信員ヲ利用シ之ヲ米國側ニ知ラシムルヲ得ハ更ニ好都合ナリ序ナカラ米人牧師ノ人道論ニ基ク歸米談ノ如キモ當國對日輿論ニ鮮カラサル禍ヲ成シ來レル事實ニ顧ミ彼等ノ接待ニハ此ノ上共注意スルノ要アリ

ロ、從來州會關係各種排日法案ハ殆ト條約ノ保障等ヲ顧慮スル所ナク無差別ニ提出セラレ又之カ對策ニモ斯ル保障ハ寧ロ最惡ノ場合ノ切札トナシ夫々地方的事情ニ基キ對處シ居リ且二世モ概ネ十年ニ達シ居ルノミナラス次期州會召集期モ明後年ナルヲ以テ差當リ緊急ノ問題トハナリ居ラス

ハ、㈠條約承認（商人カ）入國問題㈡外國船舶ニ依ル輸入貨物ニ對スル附加稅㈢船舶ニ對スル課稅（噸稅及燈臺稅）等差當リ考慮スヘキ主ナル問題ナルカ㈠ニ付テハ一部關係商社中條約失效ニ先チ社員ノ入替乃至增員方計畫中ノモノアル趣ナルモ此ノ際俄ニ多數ノ入替等ヲ行ヒ相手側ヲ刺戟スルコトハ面白カラサルモ米國側ノ出方モ豫測シ難キ次第ニ付

此[3]ノ種商社側ノ自發的措置ハ敢テ「デイスカレジ」スルノ要ナカルヘク㈡及㈢ハ㈠同樣條約失效後直ニ起リ得ヘキ問題ニモアリ愈失效必至ト認メラルルニ至ラハ在米大使發閣下宛公信機密第四八七號附屬末段ノ通リ本邦側ニテ相互ニ差別的待遇ヲ爲ササル旨何等カノ方法ニテ豫メ米國側ニ通告スルノ措置ニ出テラルルコトモ一考ヲ要スヘシ

ニ、各地共多少事情ヲ異ニスルモ目下可能ナル範圍ニ於テ米人商議、米人商社其ノ他ヲ通シ適宜中央ニ働キ掛クルニ務メ居リ同時ニ邦人當業者ヨリモ取引先米人等ト種々聯絡ヲ取ラシメ居ルカ差向キ商議ヲ通スルコト最モ效果的ト存セラルルニ付一般啓發ト併セ此ノ方面ノ工作ニ主力ヲ注キ居レリ

ホ、海軍側出先機關トノ接觸ニ依ル印象乃至各種情報ヲ綜合シ最近米國海軍側ノ態度著シク硬化セリトハ斷シ難シ、尤モ今次米國艦隊ノ一部分布哇派遣其ノ他ハ多

少我方ニ對スル示威的意味モ含マルル様解セラレサルニアラサルニ付此ノ上共注視ノ要アルモ昨今太平洋岸ニ於ケル米海軍發動活潑化シ居ルハ本年歐洲開戰前後ヨリ着手セラレタル中央ノ一般的國防充實策ニ依ルモノ多ク之等全般ノ情報ヲ以テ必スシモ對日「ヂエスチユア」トノミ速斷シ得サルモノト思考ス

米ヘ轉電シ在米各領事（「ホノルル」ヲ含ム）ヘ暗送セリ

3　野村・グルー会談

1385　昭和14年10月27日　在米国堀内大使より野村外務大臣宛（電報）

新通商条約締結は日本の出方次第に懸かり在華米国権益の尊重なくば無条約も辞せずとの米国要路の意向について

ワシントン　10月27日後発
本　　　省　10月28日前着

第一三一一號

二十七日 Wilfred Fleischer ハ本使ニ對シ最近瑞典ヨリ米國ニ歸來シ數回實業家等ノ會合ニ出席シ講演ヲ爲シタルカ其ノ際彼等ハ概シテ歐洲ノ情勢ニ注意ヲ奪ハレ極東問題ニ關シテハ殆ト無關心ナリシカ華府ニ來リ大統領國務長官「ホーンベック」極東部長等ニ面會シ對日政策ヲ質問スルニ及ヒ何レモ本年六月ニ比シ態度硬化シ(stiff)且其ノ言フ所全ク一致シ居ルコトハ意外ニ感シタリ卽チ條約問題ノ成行ハ一途ニ日本側ノ出方如何ニ懸リ居リ在支米國權益ノ現狀改善ヲ見サル限リ無條約トスルモ已ムヲ得ス議會ノ空氣ニ依リテハ「エンバーゴー」ニ迄進ムコトアルヘシト異口同音ニ語リ居リ「グルー」ノ演說モ國務省ニテ起草セラレタルコト疑ナシト自分ハ感シタリ唯大統領ト會談ノ際ノ印象ニテハ行政部自ラ「エンバーゴー」促進等此ノ上積極的措置ヲ執ル考ナキ様思ハレタリ

尙國務長官ハ六月會議ノ際ニハ歐洲ノ危機ヲ說キ開戰ノ場合ニハ結局米國モ引込マルルヲ免レサル如キ口吻ナリシカ今回ハ米政府ハ飽迄モ中立ヲ維持セサルヘカラサルコトヲ高調シ居タル趣內話セリ

1386　昭和14年10月28日

吉沢亜米利加局長作成の「日米關係打開方策案」

付記一　昭和十四年八月八日、外務省対米政策審議委員会幹事会決定

「米國ノ日米通商條約廢棄通告ニ對スル對策方針案」

二 昭和十四年十月二十日、海軍省作成

「對米外交施策案」

日米關係打開方策案

（吉澤亞米利加局長案、大臣へ提出濟）

昭和一四、一〇、二八

一、目下行詰リ狀態ニ在リテ之ヲ放置スルニ於テ三ケ月後ニハ通商條約廢棄通告ノ效力發生ニ依リ一層ノ惡化ヲ豫想セザルベカラザル日米關係ハ恰モ野村大臣ノ新任後間モナク賜暇ノ期限ヲ終ヘテ「グルー」大使ノ歸任シタル此ノ機會ヲ捉ヘテ之ヲ打開スル爲メニ絕大ノ努力ヲ拂ハザルベカラズ

二、是ガ方法トシテハ大臣ト大使トノ間ニ數次ニ亘ル會談ヲ行ヒ隔意ナキ意見ノ交換ヲ行フコトヲ豫測スルモノナル處此ノ如キ會談ノ目標トスル所ハ

(イ)米國ヲシテ東亞新秩序建設ノ眞諦ヲ領得セシムルコト

及

(ロ)在支米國權益ニ關スル懸案ハ其ノ由テ來ル所ヲ充分說明シ出來得ル限リ解決スルモノナルコトヲ了解セシムルコト而シテ

(ハ)差迫レル通商條約問題ニ付テハ無條約狀態ニ入ルコトヲ防止スルコト

ニシテ依テ以テ米國ヲシテ當面支那事變ノ收拾及其後ノ建設事業ニ協力セシムル事態ニ導カザルベカラズ

三、右(イ)ニ付テハ既ニ有田大臣時代種々ノ機會ニ於テ之カ說明ヲ爲シタルモ抽象的ニ過キテ米國側ヲシテ納得セシムルニ至ラス仍テ本會談ニ於テハ出來得ル限リ具体的ニ之ヲ爲スヲ要ス抑米國側カ最モ重視スル門戶開放機會均等ノ原則ハ東亞新秩序ノ建設ニ依リテ必然的ニ制約ヲ受クルコトトナルヘキ所以ハ既ニ說明シタル所ナルヲ以テ今回ハ更ニ進ンテ如何ナル經濟活動カ如何ナル程度ニ於テ制約ヲ受クヘキカヲ個々ノ事例ニ付キテ明確截然タル說明ヲ與フルコトヲ要ス是カ爲陸海軍興亞院ト最モ密接ナル連絡ヲ保持シ充分ナル了解ヲ遂ケサル限リ從來屢經驗シタル如ク中央ニ於テ話合ヲ遂ケタル事項カ出先ニ徹底セス爲ニ說明カ空手形ノ發行ニ終ルコトナキ樣萬全ノ注意ヲ要ス

四、新秩序ニ關スル話合ノ際之カ核心ヲ成スベキ中央政權ニ付キ論議ヲ交フルニ至ルベキコト必然ナルガ右ニ關シテハ目下進行中ナル中央政權樹立工作ト相照應シテ中央政權ノ本体、日本トノ關係、第三國トノ關係ニ付キ出來得ル限リ詳細ニ内報シ殊ニ最後ノ點ニ付テハ門戸開放機會均等ノ原則ニ付テハ第三國ノ危惧スルガ如キモノニ非ザルコトヲ了解セシムルヲ要ス但シ新秩序論ニ對シテ先方カ九國條約論ヲ以テ對抗シ來ルニ於テハ會談ハ直ニ行詰リニ陷ルベキニ付具体的個々ノ事例ニ付キ論議シ概念的原則論ニ墮セザル樣留意スルヲ要ス

五、以上ハ事變處理及其後ニ於ケル日支關係ニ關スル帝國將來ノ對策ニ關スル說明ナルカ事變勃發以來今日迄ノ軍事行動ノ結果トシテ發生シタル米國權益ニ關スル懸案ハ兩國關係行詰リノ重要原因ナルヲ以テ之カ解決ヲ圖ラザルベカラザル處之ニ關聯シテ留意スベキ點左ノ如シ

(イ)本件ニ關スル米國側從來ノ主張(「グルー」大使ノ日米協會演說亦然リ)ヲ見ルニ動モスレバ大規模ナル軍事行動ノ行ハレツツアルヲ無視シ居ルノ嫌アリ日英會談ノ結果英國側カ此ノ點ヲ確認シ居ル今日米國側ニ於テ明確ナル認識ヲ持ツコトノ必要ヲ力說ス

(ロ)懸案ハ之ヲ文化的(人道的)ノ性質ヲ有スルモノト經濟的ノモノトニ大別シ得可キ處前者ハ第三國全体トシテ見テ米國關係ノモノ大部分ヲ占ムルヲ以テ之ガ解決ヲ日米關係打開ニ比較的多ク利用シ得可シ

(ハ)從來懸案ニシテ完ク解決シ又ハ解決ノ緖ニ就キ居ルモノ少カラズ米國輿論ガ此ノ點ニ付キ全然注意ヲ拂ハザルハ我方ノ不滿トスル所ナリ(懸案解決表ハ別ニ準備ス)

六、通商條約ノ問題ハ廢棄通告ノ動機ガ支那問題ニ在ルコト明ナルニ鑑ミ叙上新秩序及懸案解決ノ問題ニシテ米國側ヲ納得セシメ得ルニ於テハ刃ヲ迎ヘズシテ解クノ理ナリト云ヒ得ベキモ但シ現行條約ハ既ニ締結以來三十年ニ垂トシ我方ヨリ見テモ改訂ヲ希望スベキ點モ尠カラズ來年一月二十五日迄ニ必要ノ改訂ヲ加ヘ又ハ新條約ヲ成立セシムルコトハ到底不可能ナリト見サルヘカラス仍テ一應新條約案ヲ提議スベキモ結局出來得ルタケ我方要望ヲ採リ入レタル暫定取極ノ成立ヲ以テ滿足スルノ外ナカルヘシ

七、通商條約問題ハ期限ヲ有ツ問題ナルヲ以テ之カ急速解決望マシト雖モ我方ノ肚裡ヲ見透サルルカ如キハ之ヲ爲スヘカラサル所ナルヲ以テ會談ノ當初ニ於テハ新秩序及懸案解決ノ問題ニ局限シ米國側カ我方見解説明ニ納得シ其ノ基礎ノ上ニ日米關係現狀打開ノ話合ニ入リ得ルノ見透シツキタル上ニ於テ始メテ本問題ノ論議ニ移ルヘキモノトス但シ其ノ際ニ於テモ我方ヨリ口ヲ切ルコトヲ避ケ先方ヨリ話出サシムル樣水ヲ向クルノ心構ヲ以テ臨ムヘキナリト思考ス

八、以上ノ如キ段階ヲ以テ暫定取極迄運フコトヲ得ルニ於テハ一應日米關係ノ行詰リ狀態ヲ脱却シ得タルモノト云ヒ得ヘキヲ以テ一方直ニ新條約ノ交渉ニ入ルト共ニ新支那建設事業ニ協力セシムルノ方策ニ進ムヘキモノトス

十四、八、八、米一

(付記一)

米國ノ日米通商條約廢棄通告ニ對スル對策方針案

(對米政策審議委員(會欠カ)幹事會決定)

今次米國ノ對日通告ノ措置振ハ極メテ非禮且非友誼的ニシテ日本ヲ輕視シ居ルモノト認ム、帝國ノ對米政策ハ實ニコノ米國ノ對日輕視態度ヲ是正セシメ相互尊敬且平等ノ基礎ニ立ツ親交關係ヲ樹立スルニアリ、現下ノ事態ニ於ケル日本ノ對米外交モコノ重要ナル機會ヲ利用シ右ノ根本目的達成ノ爲ニ米國今次ノ措置ヲ反撥シ彼ヲシテ日本ノ實力トソノ東亞政策貫徹ノ强固ナル決意ニ對シ充分ノ理解ト尊重ノ念ヲ抱カシメ且米國カ極東ニ於テ意圖スル處ハ日本トノ協力ニ俟タサレハソノ結果ハソノ所期スル處ト反對トナルヘキコトヲ悟ラシムル樣處置セラルヘキヲ要ス

故ニ帝國ハ今次米國ノ右ノ通告措置ニ對應シ且今後ノ支那ニ於ケル新事態ノ發展ニ着目シテ茲ニ左ノ如キ目標ヲ樹立シ之ヲ後述ノ如キ方策ニヨリ達成方努力セサルヘカラス

一、目　標

甲、米國ヲシテ帝國ノ企圖スル東亞新秩序ノ建設ニ對シ同調的態度ヲ執ラシムルコト

乙、日米間ニ東亞新秩序建設ノ「プログラム」ニ卽應セル新通商條約ヲ締結スルコト

二、差當リ採用セラルヘキ具體策

甲、今次米國政府ノ廢棄措置ハ其ノ方法、時期及動機ニ於テ甚タ非禮且非友誼的ナルヲ以テ右ニ對スル帝國政府ノ抗議ノ意ヲ表明シ米國ニ反省ノ機會ヲ與ヘ且帝國政府ニ於テ今後ノ日米關係再檢討ノ目的ヲ以テ在米大使ヲ召還スルコト（本件ニ付テハ外部ニ對シテハ單ニ「大使召還ハ今次米國政府ノ本條約廢棄通告ヲ機會トシテ日米關係再檢討ヲ目的トスルモノナリ」ト公表スルコトトス）

イ、大使召還ハ米國ニ反省ノ機會ヲ與ヘントスルモノナレトモ、我方トシテモ單ニ右召還ヲ以テ事足ルトナスモノニ非ルハ勿論ニシテ、コノ重大ノ機會ニ當リ同大使ヲシテ政治的及事務的報告ヲナササシメ帝國トシテ對米政策再檢討ヲ行ヒ愈々眞ニ腹ヲ据エ直シテ日米國交調整ニ乘出スヘキナリ

ロ、今次ノ米國政府ノ非友誼的措置ニ對シ我方カ徒ニ無爲又ハ讓歩的態度ヲ執ル時ハル大統領及米國民ヲシテ今次廢棄措置ノ日米關係ニ及ホセル悪影響ニ付深ク反省スルノ機會ヲ與ヘス又ル政府攻撃論者ニ對シテモ積極的ノ攻撃ノ材料ヲ與ヘサルコトトナルモノナリ

ハ、右大使召還ヲ以テ徒ニ米國側ヲ刺戟スルノミニシテ何等建設的ナラストナスハ當ラス、我方ニ於テ毅然タル態度ヲ示シテコソ彼ヲシテ眞面目ニ對日政策ヲ再檢討セシムルヲ得可シ。

ニ、右大使召還ハ外交斷絶ノ一歩手前ニシテ米國側ノ廢棄ノ遣口ニ比シ「アンプロポーショナル」ニ「ドラスチック」ナリトナスハ當ラス外交機關ノ引揚トハ異リ大使ノミヲ召還スルハ近來外交上ソノ類例多キ處ニシテ國交斷絶ヲ豫想セシムル程「ドラスチック」ナルモノニ非ス現ニ米獨ノ關係ハ相互ニ大使ヲ召還シ居レリ（別紙參照）

ホ、我方ノ右召還措置ニ對抗シテ米國側ニテ更ニ對日壓迫ニ出ツルコトハ無之ト信セラル、徒ラニ無爲ニ過シ或ハ讓歩的政策ヲ執ルトキハ右召還措置ヲ執ル場合ニ比シ反テ米國ヲシテコノ上對日壓迫ヲ加ヘシムル可能性多キト共ニ積極的日米國交打開ノ「チヤンス」ヲ失フ虞アリ。

乙、東京ニ於テ「ドーマン」代理大使ニ對シ本件廢棄問

題ニ關スル我方ノ意嚮トシテ右措置カ不穩當ナルコトヲ指摘スルト共ニ右措置カ東亞問題ニ關係ヲ有スルモノトセハ帝國政府ハソノ東亞政策ニ關シ他國ニヨリ「デイクテイト」セラルルモノニ非ス、米國カ日本ニ對シ如何ナル壓迫ヲ加フトモ之ヲ貫徹スヘキ不退轉ノ決意ヲ有スルモノニシテ、若シ米國今次ノ措置カ對日壓迫ヲ意圖シ居ルモノトセハソノ結果ハ全クソノ所期スル處ト反對トナルヘク、米國ノ欲スル在支權益ノ保護增進ノ如キハ一ニ日本ノ政策ト支那ニ於ケル現實ノ事態ヲ承認シ日本ト協力スル事ニヨリテノミソノ目的ヲ達シ得ヘキコトヲ强調徹底セシム。

丙、將來帝國ノ對米政治的啓發工作ハ愈々重要ナルヘキヲ以テ在米各公館ニ於ケル現在ノ情報啓發工作ヲ强化擴充スルト共ニ日米關係ノ現狀ニ關シ積極的國內啓發工作ヲ行フコト。

丁、支那現地ニ於ケル米國人初メ第三國人ノ毆打事件等道義精神ニ反シ徒ラニ米國側ヲ刺戟スルノミニシテ我方ニ何等ノ利益ナキコトハ絕對的ニソノ發生ヲ防止スルノ方策ヲ講スルコト

戊、米國側ハ今次ノ廢止措置ニ對スル日本側ノ「リアクシヨン」ヲ探ル爲ニ次々ニ强硬執拗ナル要求ヲ爲シ來ルコト豫想ニ難カラサル處右ニ對シテハ特ニ注意ヲ以テ當リ、苟モ我方カ米國今次ノ脅威ニ屈シタルカ如キ印象ヲ與ヘサルコト

己、帝國ノ在支米國權益ノ取扱振ニ付テハ特ニ既定方針ヲ變更スル要ナシト認ムルモ唯我方カ今次ノ米國側措置ニヨリ特ニ屈シタルカ如キ印象ヲ與ヘサル樣注意スル要アル事勿論ナリ

三、今後施策セラルヘキ工作

イ、來ルヘキ東亞新事態ノ發展ニ當リ米國ノ執ルヘキ政策ヲ豫想シ之カ對應策ヲ準備スルト共ニ九國條約ニ關スル處理方策ヲ確立スルコト。

ロ、米國今後ノ出方如何ニヨリテハ在支米國權益尊重ノ程度ヲ手加減シテ對抗シ米國ヲシテ反省セシムヘキ具體策ヲ研究スルコト

ハ、今次ノ廢棄問題ヲ將來ノ政治的交涉ニ利用スル爲ニ速ニ新支那建設ノ具體的プログラムヲ確定シ在支米國權益ノ何レカ排除セラルヘキモノニシテ何レカ將來共

其ノ活動カ許サル可キモノナルカヲ明確ニシ置クコト

ニ、米國ノ對日壓迫ニ對應スル帝國ノ經濟的措置ヲ實行スルノ體勢ヲ備フルコト、例ヘハ現在日本カ米國ヨリ購入シ居ル棉花、石油等ヲ中南米ヨリ現實ニ購入スルカ如キ方策ヲ强化スルコト

ホ、東亞新秩序建設ノ「プログラム」ニ則應スル日米間新通商條約ノ立案審議

以上

(尚本幹事會ニハ調二、亞一、情一、通五、米一各幹事課長ノ外、條一、通一、通三、米二、歐二各課長及祕書官出席セリ)

(別紙)

一國ノ政策ニ對スル不滿ノ表明トシテ該國駐在ノ大使ヲ召還シタル最近ノ先例

昭、一四、八、七 條約二課

一九三六年佛國「レオン・ブルム」內閣成立スルヤ駐伊佛國大使「ピネトン・ド・シヤムプラン」伯ハ召還セラレタリ。右ハ人民戰線內閣ノ伊國ニ對スル思想上ノ敵意ヲ表明スルモノト各方面ニ於テ解釋セラレタリ。

一九三七年伊國ハ佛國カ「エチオピア」ノ併合ヲ認メス大使ヲ送ラス代理大使ヲ置クノミナルヲ憤リ在佛伊國大使ヲ召還シタリ。

一九三八年十一月獨逸ニ於ケル猶太人問題ニ關聯シ駐獨米國大使「ウイルソン」報告ノ爲ト稱シ召還セラレ其ノ後國務長官代理「ウエルズ」ハ歸國中ノ駐獨米國大使ハ米獨關係ニ關スル顧問格トシテ無期限ニ華府ニ留ルヘキ旨發表シ右ハ「ウイルソン」大使ノ歸國カ單純ナルモノニ非スシテ獨逸ニ對スル或種ノ意思表示ナリトシテ一般ニ注目セラレタリ

尚在獨米國大使本國歸還ニ關聯シ在米國獨逸國大使「ディークホフ」ハ報告ノ爲歸朝ヲ命セラレタリ

一九三九年三月獨逸カ「チエツコ」ニ保護領ヲ設定スルヤ英國政府ハ事情聽取ノ爲ト稱シテ「ヘンダーソン」駐獨大使ヲ召還シ獨逸國政府又駐英大使「デイルクセン」ヲ召還シタリ。

(付記二)

對米外交施策案

昭和一四、一〇、二〇　海軍案

（欄外記入）

一、方　針

速ニ支那事變ニ基因スル米國ノ反日援蔣的態度ヲ是正シ日米兩國ノ世界ニ於ケル特殊地位ニ對スル相互的理解尊重竝ニ經濟的依存性確認ヲ基調トスル友好親善關係ノ確立增進ヲ圖ル

二、要　旨

(一)帝國ノ對支處理具体策確定セバ適當ナル方法ニ依リ之ヲ中外ニ宣明シ米國ヲシテ帝國ノ公正ナル態度ヲ諒解セシム

(二)速ニ日米間諸懸案ニ付對支根本方針ニ基キ具体的解決案ヲ研究決定シ以後順次懸案ノ解決ヲ圖ル

(三)一方的主觀論ニ墮スルハ避クルヲ要スト雖モ帝國存立上ノ死活的要求ハ堂々之ヲ主張シ又英米ノ不可分關係ニ鑑ミ作爲的親米疎英策ハ採ラザルモノトス

(四)理論外交ヲ避ケ努メテ具体的且卒直ニ商議ス

(五)最近ノ機會ヲ捉ヘテ日米東京會談ヲ開催シ前諸項ノ趣旨ノ下ニ日米國交ノ全面的調整ヲ開始ス

(六)政府ノ意向ヲ能ク了解シ且東京會談ニ有效ナル側面的援助ヲ爲シ得ル有能ノ士ヲ新駐米大使トシテ特派ス

(七)(一)(二)(五)(六)ハ速ニ實現ヲ期スルモノトシ成ルヘク新支那中央政權樹立時機迄ニ基本的事項ニ關シ略諒解ニ到達セシムルモノトス

三、日米間諸懸案解決要領

(一)新日米通商航海條約ノ締結

互惠主義ニ基ク新條約ノ締結ヲ希望スルモ已ムヲ得ザレバ暫定的ニシテ且互惠差別ノ明記ナキ概括的ノモノニテ忍ブ

(二)九ケ國條約處理

支那新政權成立後時機ヲ見テ同政權又ハ帝國ヨリ同條約ノ再檢討ヲ提案スルコトトシ當分ハ事實上空文同樣ナル本問題ニ觸レザルヲ立前トシ日米會談ノ空氣ニ依リ好機ヲ捉ヘテ帝國ハ支那ノミナラズ亞細亞全地域ニ於ケル門戶開放機會均等政策ノ實現ヲ期待スルモノナルヲ說キ米ガ本條約ヲ楯ニ取リ事變處理ヲ妨害セザル默契ヲ取リツクルニ努ム

(三)揚子江及珠江ノ開放問題

作戰上ノ要求ニ基ク所要ノ制限又ハ留保ヲ附シ開放スルモノトシ爲シ得レバ前記㈠㈡又ハ日米經濟提携幇助ニ利用スル如ク留意ス

㈣租界處理問題

直接租界回收等ノ根本問題ニ觸レズ間接的工作ニ依リ租界ノ無力化ヲ圖リ好機ヲ得ル迄租界回收ハ之ヲ延期ス

㈤在支英佛軍隊撤收

中立義務ニ基ク歐戰中ノ一時的措置ナルヲ知ラシメ交戰國軍隊撤退後ノ共同租界警備ハ日米ニテ分擔ス

米ガ英佛ノ專管租界ノ警備ヲ引キ受クル場合ハ日米共同警備ヲ條件トシテ承認ス

㈥在支米權益被害賠償

明ニ我カ不注意ニ因ルモノハ適當ノ評價ニテ速ニ之ヲ賠償ス我責任ノ明確ナラザルモノニ對シテハ共同調査ヲ開始ス之カ爲要スレバ日本人宣教師等ヲシテ中介(仲カ)セシム

㈦支那ニ於ケル米人ノ企業通商問題

(イ)一般平和企業ニ對スル協力ヲ歡迎ス

(ロ)桐油ノ買付、輸送ヲ許ス

(ハ)石油重油ノ販賣ヲ許ス

(ニ)葉煙草毛皮等ノ買付制限ヲ緩和ス

㈧排外運動

排外運動ハ兩刃ノ危險アルヲ以テ之ヲ禁止ス目標ヲ極限シ全ク地方的ノモノナリト雖モ其ノ實行方法ハ紳士的ナルヲ要ス

㈨米人ノ對支文化事業ニ對スル制限緩和

占據地域ニ於ケル米人ノ傳道、教育、醫療事業等ハ特ニ制限セズ努メテ好意的ニ取扱フモノトス

四、對米施策實施上留意スベキ事項

㈠米ノ經濟壓迫ニ對抗シ得ル爲メ資源獲得先ヲ米以外ニ轉換スルカ又ハ特定第三國經由入手ノ準備ヲ整フ

㈡米國外交ノ急轉性ニ鑑ミ萬一ノ場合ニ處スル戰備充實ヲ促進ス

（終）

（欄外記入）

十月廿三日柴中佐持參、海軍大臣閲了ノ由

1387 昭和14年11月4日 野村外務大臣／在本邦グルー米国大使 会談

日米関係改善のためには日本側が揚子江開放など何らかの実際的措置を示すべき旨グルー大使要望について

野村大臣、「グルー」米國大使會談録

昭和十四年十一月六日(四カ) 自午前十時 至同 十一時十五分

於大臣官邸

大臣　去ル十月十二日會見シテ以來今日迄、會談ヲ行ヒ度シトノ閣下ノ希望ニ副ヒ得ス御待タセシタルハ恐縮ナリ。閣下カ多年日米國交ノ爲努力セラレ且長年大使トシテ我國ニ在勤セラレ兩國親善ニ盡瘁セラレタルハ余ノ感佩スル所ニシテ、最近米國ニ於ケル事情ヲ詳ニシ更ニ兩國ノ爲盡サントノ熱意ヲ以テ歸任セラレタル由ナルカ、閣下ノ熱意ハ本大臣ニ於テモ全然同感スル所ナリ。凡ソ國際關係ヲ改善センカ爲ニハ互ニ相手方ノ見解ト立場トヲ正確ニ認識スル要アリ。余ノ諒解スル所ニ依レハ日米兩國ハ夫々太平洋ノ西ト東ニ於テ夫々ノ區域ノ安定要素タリ。共ニ歐洲戰亂ノ外ニ在ツテ各々ノ地域ニ悲ムヘキ戰禍ノ波及スルコトヲ防止スヘク共通ノ利害關係ヲ有スルモノト思考ス。

今申述ヘタル通リ兩國々交ノ改善ニハ兩國ノ立場ヲ認識スルコト必要ナルカ、米國側ノ立場ニ付テハ從來前任諸大臣ニ對シ文書又ハ口頭ニ依リ御申入アリ且最近ニハ日米協會ニ於ケル御演説ニ依リ或ル程度明ニセラレ居ルモ、今日ハ親シク貴大使ヨリ御話ヲ承ルコトト致度、過日閣下ハ餘リ書類ニ頼ルコトナク非公式ニ話ヲ行ヒ度キ旨述ヘラレタルカ之ニハ余モ全然同意見ナリ。

「グ」大使　只今閣下カ日米國交改善ノ强キ希望ヲ有セラルル趣ヲ承リ感佩ニ堪ヘス。閣下トノ協力ニ依リ兩國ノ爲爲シ得ル所尠カラサルヘク本使ハ樂觀ニ傾キ度キ感シヲ有ス。

國際關係改善ノ爲ニハ相互ニ相手方ノ見解ト立場トヲ諒解スル要アリトノ御意見ニハ同感ナリ。本使ハ此ノ夏米國ニ於テ屢々講演ヲ行ヒ日本ノ見解ヲ紹介シ多大ノ感興ヲ與ヘタル次第アル處、今日ハ米國側ノ見解ヲ開陳致度ク、斯クシテ兩國間ノ空氣ヲ改善シ國交ヲ築キ上クルコトトシ度シ。本使ハ舊世界ノ外交官ナラサルニ依リ腹藏ナク申上度ク特定ノ事實（specific facts）ヲ祕スコトハ不可ナリ。

日米兩國間ニハ根本的意見ノ相違アルモノ存スルモ、現在ノ所必要ナルハヨリ善キ空氣ヲ作ルコトナリ。現在非常ニ惡化セル空氣ヲ改善シ其ノ後初メテ國交ヲ築キ上クルコト可能ナルヘシ。

米國側ノ見解ハ從來ノ申入ニ依リ日本側ニ判明シ居ルモノト存ス。本使ハ日本側ニ於テ米國國民ニ對シ日本カ國交改善ノ希望ヲ有スルコトヲ何等カノ直接ノ證據（direct evidence）ニ依リ示ス爲ノ措置ヲ執ラレンコト希望ニ堪ヘス。米國ノ在支權益ヲ日本ハ驅逐スルモノニアラストノ證據ヲ與ヘラレンコトヲ望ム。本使ノ考フル所ニ依レハ右措置ハ消極的ノモノト積極的ノモノトニ之ヲ分ツコトヲ得ヘシ。

一、消極的ノモノトハ在支米國權益ニ對スル直接ノ損害ヲ停止セラルルコトナリ。爆撃ノ事例ハ既ニ一八七件ニ達シ居リ、日本政府ハ米國權益カ支那側ノ軍事的施設ニ接近シ居リタル爲被害ヲ被リタリトノ説明ヲ與ヘラレ來リタルカ、米國官憲ノ報告ニ依レハ右説明ニ反スル事例多々アリ(トテ日本軍飛行機カ繰返シ低空飛行ヲ行ヒ米國標識ヲ認識シ且附近ニ何等ノ軍事施設ナキニ拘ラス米國權益タル敎會、學校、住宅等ニ對シ爆撃ヲ加ヘ米國人民ノ生命身体ニ危害ヲ及ホシタル事例ヲ述ヘ、數日前ニモ雲南ニ於テ此ノ種事例再發セルコトヲ擧ク)此ノ種報道カ一旦米本國ニ傳ハル時ハ米國國民ハ日本ノ所謂軍事的必要ナルモノヲ認メス、日本カ米國人ヲ驅逐セントシ居ルモノナリト考フ。故ニ此ノ種爆撃ヲ停止セラルルコト必要ナリ。

次ハ侮辱ナリ。顏ヲ毆リ身体ヲ檢査シ脅迫ヲ加フル類ニシテ、事例約三百件アリ。

次ニ商業上ノ權益ニ對スル明白ナル侵害ニシテ、何等日本ノ軍事行動行ハレ居ラサル地域ニ此ノ種侵害行爲ノ發生シ居ル點ヲ指スモノナリ、之ヲ停止セラレ度。

二、次ニ何等カノ積極的措置ニ依リ國交改善ノ用意アルコトヲ示サレ度キ希望ナリ。自分トシテハ具体的ニ言ヒ得サルモ、例ヘハ揚子江ノ下流地域ヲ開放スルカ如キ手段ニ依リ、前述ノ直接ノ證據ヲ與ヘラレ度。

茲二ケ月ハ日米關係上極メテ重大ナル時期ナリ。私見ヲ交ヘス全然客觀的事實ヲ申上クル次第ナルカ、米國ノ輿論ハ政府ニ對シ輸出入禁止ヲ行ハンコトヲ要望シ居レリ。

議會ハ一月早々開會ノ豫定ナルカ(是ハ訓令ニ基キ申述フル次第ニアラサルモ)議員ノ一部分ニハ政府ヲシテ輸出入禁止ヲ行ハシムヘク壓力ヲ加ヘ居ルモノアリ、此ノ壓力ヲ除去スル爲ニ上述ノ手段ヲ速ニ執ラレンコトヲ希望ス。米國ノ輿論ハ之ヲ急速ニ變轉セシムル可能性アルニ依リ、右ノ如キ手段ヲ早キニ臨ンテ執ラルルニ於テハ兩國國交ノ改善可能ナルコトヲ信スルモノナリ。

貴大臣カ冒頭ニ於テ述ヘラレタルカ如ク國交改善ノ爲ニハ御互ニ相手方ノ意思ヲ知ルコト必要ナリ。本使ハ日本ノ欲スル所ヲ或ル程度知悉セリト考フルモノナルカ、日米間ノ根本的ナル意見ノ相違ハ今暫ク之ヲ置キ、過去二ケ年間ニ於ケル兩國關係ノ一般的背景ヲ説明センカ爲ニ閣下ニ差上ケ度キ書類アリ、

一、ハ閣下ノ前任諸大臣ノ與ヘラレタル文書ヲ蒐錄シタルモノニシテ、其ノ中ニハ米國權益尊重ニ關スル約束ヲ屢々明瞭ニ與ヘラレアルモ、是等ノ約束ト事實トカ相反スルコトヲ説明スル資料ナリ。非公式ノ覺書トシテ差上ケ度。

二、ハ日米協會ノ演説ニ關スルモノナリ、本使ハ之ヲ行フ際貴大臣又ハ貴國政府ノ御迷惑トナラサル様十分注意ヲ拂ヒ、米國ニ於テ起草シタル原文ニ相當削除ヲ加ヘタル次第ナルカ、其ノ削除シタル部分(爆撃、侮辱行爲、反米宣傳、通商權益侵害等ニ關スルモノ)ヲ閣下ノ參考トシテ差上ケ度。

三、ハ事變發生以來提出シタル文書ノ目錄ニシテ三八二通ノ中二五六通ニ關シテハ何等返事ヲモ與ヘラレ居ラサルコトヲ了解アリ度。以上述ヘタル所ハ本使ノ見タル日米現在ノ關係ノ概貌ナルカ、兎ニ角此ノ空氣ヲ改善致シ度。文書ヲ以テ申入ルルノ已ムヲ得サル場合ハアルモ餘リ書面ヲ書クコトハ致シ度クナキ考ナリ。

大臣　詳細ナル御説明能ク了解セリ。閣下ノ國交改善ニ對スル熱誠ニ對シテハ深ク感謝スルモノナリ。但シ米國側ニモ誤解アルヘシ、例ヘハ日本カ支那ヨリ米國人ヲ凡テ追ヒ出サントシ居レリトノ印象ノ如キ之ナリ。自分一個ノ考ニ依レハ、戰爭ノ後ノ新支那ヲ建設スル爲ニハ米國ノ援助及協力ハ不可缺ノモノナリト思考ス。

茲ニ今後此ノ種會談ヲ續行スルニ當リ常ニ貴大使カ念頭ニ置カレンコトヲ望ム二ツノ點アリ

第一點ハ日本ハ現ニ支那ニ於テ有史以來ノ大軍ヲ動カシ大規模ナル軍事行動ヲ廣キ地域ニ亘リ遂行シ居ルコト之ナリ。右軍事行動ノ大目的ハ抗日支那ヲシテ親日支那ニ轉換セシメルコトニ在リ。本大臣個人ノ見解ニ依レハ日支兩國ハ善隣ノ友誼ノ裡ニ共存共榮スヘキモノナリ、支那カ第三國ノ援ヲ得テ日本ニ楯突クトキハ東洋ノ平和安定ハ到底期シ難キコトヲ信スルモノナリ。

第二ノ點ハ在支日本官憲ニ於テモ上述ノ如キ不正常且困難ナル事態ノ中ニモ米國財産保護ニ關シ如何ニ盡シツツアルカニシテ、余ノ見ル所ニ依レハ日本官憲ハ爲シ得ル限リノコトヲシ居レリ、尤モ米國官憲トシテハ從來ノ結果ニ對シ滿足シ居ラサルコトト思考スルモ、日本官憲ノ眞摯ナル態度ニ付テハ具體的説明ヲ爲ス機會アルヘク、之ニ對シ米國側ヨリ一層ノ認識ヲ與ヘラレンコトヲ望ムモノナリ。

(以下比較的自由ナル會話ニ入ル。)

大臣　日米國交問題ニ付テハ單ニ總理ノミナラス他ノ閣僚ニモ常ニ話シ居ル所ナリ。何人モ將來米國權益ヲ支那ヨリ驅逐センナド考ヘ居ラス。

「グ」大使　將來追出スト云フニアラス、米國側ハ現ニ追出サレ居ルトノ印象ヲ有ス。

大臣　日本ハ現在支那ニ於テ死活的鬪爭ヲ行ヒ居ルコト了解ヲ願ヒ度。

「グ」大使　日本カ事變後支那各地ニ於テ行ヒ居ル數多ノ企業獨占カ難題ナリ。是等ノ獨占ハ單ニ事變中ノミナラス將來モ引續キ維持セラルヘシトノ不安アリ。一例ヲ擧クレハ卵ノ買付ノ如シ。

大臣　治安維持ノ爲一時的措置トシテ價格ヲ統制スル必要モアルヘシ。

「グ」大使　昨日本使ノ日米協會ニ於ケル演説ニ對スル太平洋協會ノ反駁文ヲ見タルカ、其ノ中ニ東亞ノ新秩序ニ言及シ、右ハ日本ト支那カ歐米ニ對シ完全ナル均等ノ地位ニ立ツコトヲ意味ス云々ト云フモ、米國權益ハ現ニ支那ニ於テ均等ノ地位スラ與ヘラレ居ラス(トテ笑フ)。

大臣　軍事的手段トシテ已ムヲ得サルモノモアリ。

「グ」大使　客年十二月三十日附第一一五三號公文ヲ御一讀願ヒ度。米國ハ法律一點張リナリト云フ非難ヲ蒙リ居ルモ、右公文中ニハ必要ニ應シ條約ノ變更ヲ議スル用意アリトノ態度ヲ明ニシ居レリ。唯一方的變更ハ之ヲ認メ難シトスルモノナリ。

本日ハ會談ヲ忝ウシ感謝ニ堪ヘス。日米國交改善ノ爲ニハ茲二ケ月中ニ何等カノ手段ヲ講セラルル様致度。根本的意見ノ相違ハ別トシ、先ツ空氣ヲ改善スルコト必要ニテ、ソレモ早ク行フコト肝要ナリ。是レ常識（commonsense）ナリ。

大臣　全ク同感ナリ。歐洲戰爭ノ將來ニ付テハ何人モ豫測シ得サル所ナルカ、日米兩國ハ小異ヲ捨テテ大同ニ就キ相提携スヘキモノナリト考フ。

「グ」大使　貴見御尤ナリ。永キ將來ノコトヲ考フレハ日米兩國ハ益々善隣互助ノ友人タルヘキモノニシテ、本使ハ斯クアラサルヘカラサルコトヲ確信スルモノナリ。

大臣　日米兩國カ如何ナル形ニ於テ爭フコトモ洵ニ不幸ナルヘシ。

「グ」大使　先般華盛頓ニ在リタル際感シタル所ナルカ、米國一般ノ參戰反對ノ空氣ノ極メテ濃厚ナルコトニハ驚ク許リナリ。一九一七年當時トハ全ク反對ナリ。

大臣　當時自分ハ海軍武官トシテ華府ニ駐在セルカ自分ハ米國トシテ何等參戰ノ理由ナシト信シタリ。米國ハ too proud to fight ナド言ヒ居リ、自分モ其ノ通リ本國ニ報告シ居リタルカ、ソレテモ米國ハ急轉シテ參戰セリ。

「グ」大使　參戰ハ「ウイルソン」大統領ノ一失敗ナリシヤモ知レス。

（以下若干ノ餘談アリタルモ「グ」大使ノ希望モアリ記錄セス。）

編　注　本文書は、東京大学近代日本法政史料センター原資料部所蔵「阿部信行関係文書」より採録。

1388　昭和14年11月6日　在米国堀内大使より野村外務大臣宛（電報）

日米通商航海条約失効までに両国関係改善を見ない場合は対日禁輸法案の成立疑いなしとの上院外交委員長の談話報道報告

ワシントン　11月6日後発
本　　省　　11月7日後着

第一三五一號

一、六日APニ依レハ「ピットマン」ハ明年議會ノ見透トシテハ通商條約失效前ニ日米關係改善ヲ見サル場合ハ議會ハ自分ノ提案ニ係ル禁輸案ヲ立法スルコト疑ナキ所ニシテ支那ニ於テ米國ヲ始メ諸外國ノ權益ヲ無視シ來レル日本ノ態度ニ鑑ミ今ヤ條約失效ニ依リ警告ヲ受クルハ極メテ當然ノ事ナリトノ意見ヲ述ヘタル趣ナリ

二、右「インタビユー」ヲ取リタルＡＰ代表者ヨリノ間接ノ聞込ニ依レハ「ピ」ハ右報道以外ニ米國經濟カ日本ニ依存シ居ル部分アル事ハ自分モ良ク承知シ居リ且是カ非テモ對日經濟壓迫ヲ加フヘシト云フニハ非ストノ趣旨ヲモ語リタルカ「ピ」ハ四日國務省カ「グルー」大使ハ貴大臣トノ會見ニ於テ經濟制裁ヲ以テ威嚇シタル事全然ナシト否定シタル事實(往電第一三四七號)ハ之ヲ知ラサリシモノナリトノコトナリ

三、尚一般ニ議會筋ニ於テハ次期議會ノ主要問題ハ國防擴充案ヲ含ム外交問題タルヘク開會後三週間ニシテ日米通商條約失效スヘキニ付「ピツトマン」禁輸案ハ最初ニ考慮セラルヘキ問題ノ一ツタルヘシト觀測セラレ居ル趣報セラル

1389　昭和14年11月15日　在米国堀内大使より野村外務大臣宛(電報)

日本による在華米国権益侵害の具体例を国務省係官が指摘し差別待遇に不満表明について

ワシントン　11月15日後発
本　　省　11月16日後着

第一三七九號

十四日他用「ハミルトン」ニ會見ノ際森島ヨリ日米關係ニ言及シタルニ

(一)「ハ」ハ表面的事件弗々解決セラレ且其ノ後毆打事件等ノ發生ナキハ寔ニ結構ナルモ根本的問題ニ付何等ノ動キナキハ遺憾ニシテ米國ニテ最大關心ヲ有スルハ右根本的問題ニ在リト述ヘタリ依テ森島ヨリ戰鬪進行中ノ現場ト在支權益尊重ニ關スル我在支官憲ノ努力ヲ述ヘタル上根本的問題トハ何ヲ意味スルヤト質ネタル處「ハ」ハ先ツ北支ニ於ケル爲替竝ニ輸出統制ヲ指摘シタルヲ以テ森島ヨリ右ハ客年有田大臣ヨリ「グルー」大使宛書翰中ニ明白ナル通リ北支ノ現幣制ノ下ニ於テハ寧ロ右制度ノ存在ニ依リテ初メテ各國人カ平等ノ地位ニ於テ取引ヲ行ヒ得

ル譯ナリト答ヘタルニ「ハ」ハ理論ハ右ノ通リナルモ實際上ノ遣口ヲ見ルニ日支兩國ノ機關ハ日本人ニ對シ特別ノ手加減ヲ加ヘ特別ノ便宜ヲ與ヘ居ル結果實際上外國人カ差別待遇ヲ受ケ居ルハ蔽フヘカラサル事實ナリト述ヘタリ

右ニ對シ森島ヨリ現幣制ノ改廢ノ如キハ不可能ナリト思考セラルル處現制度ノ下ニ貴下ノ所謂事實上ノ差別待遇サヘ除去セラルレハ問題ナキ次第ナリヤト反問セルニ「ハ」ハ右ヲ肯定シ第三國人カ日本人ト平等ノ立場ニ於テ同様ノ取扱ヲ受ケ得レハ各國人トモ機會均等ヲ享受シ得ル譯ナリト答ヘタル趣ナリ

(二)次テ「ハ」ハ中南支ニ於ケル事例トシテ揚子江竝ニ珠江ノ閉鎖、揚子江ニ於ケル日本商船ノミノ航行、揚子江筋竝ニ南支各地ニ於ケル日本商人ノミノ營業ヲ擧ケタル上米國側ニ於テハ滿洲ニ於ケル遣口カ既ニ一部北支ニ擴大シタル事實ヨリ見聽テ北支ノ遣口カ中南支ニモ擴大スヘキコトヲ懸念シ居ル次第ニシテ自分等トシテハ過去ニ於ケル日本ノ遣口ヨリ判斷シ右ノ如キ結論ニ到達セサルヲ得スト語レルヲ以テ森島ヨリ滿洲ト支那トノ事情異ナル所以ヲ擧ケ其ノ無用ノ危惧疑惑ナルコトヲ説明シタルモ「ハ」ハ過去ノ事實ハ最モ有力ナル指針ナリトテ滿洲、北支ノ事例ノミヲ繰返シ納得セサリシ趣ナリ

(三)右會談ノ模様ヨリ見ルニ「ハ」ハ北支ト中南支トヲ別個ノ範疇ニ置キ居ルカ如ク見受ケラレタルノミナラス前記ノ通リ別ニ北支ノ現幣制、爲替竝ニ輸出入統制ノ存否乃至可否等ヲ問題トスルコトナク終始現存制度ノ下ニ於ケル機會均等ヲ力説セル點ヨリ見ルニ米國トシテハ北支ニ於ケル現制度ハ既成事實トシテ默認シ其ノ下ニ各國人ノ機會均等ノ實現ヲ所期シ居ルカ如ク受取ラレタル趣ナリ

(四)尚「ハ」ハ華興券竝ニ中支振興會社ニモ觸レタルヲ以テ森島ヨリ華興銀行ト聯銀トノ差異竝ニ中支振興ハ獨占會社ニ非スシテ外國ノ投資ヲ喜ンテ歡迎スル次第ナルコトヲ説明シタルニ別段右以上深入リスルコトナク最後ニ閣下ノ「グルー」トノ會談カ成ルヘク速ニ續行セラレンコトヲ望ム旨附言シ右會談ノ遲延ヲ氣ニシ居ルカ如キ口吻ヲ漏ラセル趣ナリ

在米各領事(「ホノルル」ヲ含ム)ヘ轉電セリ

1390　昭和14年11月18日　在米国堀内大使より野村外務大臣宛（電報）

極東の事態に対する米国政府の立場を国務長官代理言明について

ワシントン　11月18日後発
本　　　省　11月19日前着

第一三九一號

十七日「ウエルズ」國務長官代理ハ新聞會見ニ於テ須磨情報部長カ上海ニ於テ米國政府ハ日本政府ニ對スル申入中ニ於テ米ハ極東ノ新事態ニ對シ目ヲ閉スモノニアラサルコトヲ認メタリト述ヘタリトノ通信ニ關スル質問ニ對シ極東事態ニ關スル米ノ立場ハ一九三四年四月二十九日、三八年十月六日、同十二月三十一日ノ三回ノ公文中ニ明カニシテ公式ニモ非公式ニモ之カ變更ヲ示唆セルコトナキ旨答ヘタル上右公文ノ要旨ヲ概説シタリ

右ニ關シ紐育「タイムス」華府通信ハ「ウエルズ」ノ言明ハ「グルー」大使ノ行ヒツツアル會談ニ容喙セントスルモノニアラス唯英カ日本ト話合ヲ行ヒ支那ヨリ部分的ニ退カントノ報アル此ノ際何等其ノ立場ヲ後退セサルモノナルヲ示シタルモノト解釋セラルルモ他面權威アル筋ノ所言ニ徵シ米カ英ニ代ツテ其ノ極東權益ヲ保護スル意圖アルモノトハ思ハレス又大統領カ「ピットマン」ノ主張ニ從ヒ日米關係カ滿足ニ改善サレサル場合ハ來年一月對日經濟「エンバーゴー」ヲ課スヘキ旨議會ニ慫慂スヘシト信スヘキ根據モ今ノ所ナシ廢棄ヲ通告サレタル條約ニ代リ新タナル協定カ出來ルヤ否ヤハ野村「グルー」會談如何ニ依ルヘク日本カ最大限度ノ軍力ヲ發揮シ居ルニ鑑ミルモ米國ノ態度カ果シテ此ノ上對支攻撃ヲ强化スル結果トハ恐ラクナラサルヘク又日本ヲ驅ツテ蘇聯ノ手中ニ入ラシムルコトモナカルヘシ「グルー」大使ノ手腕ト肚トハ斯ル事態ノ發生スル可能性ヲ減スヘシト期待セラル日蘇ハ漁業、北樺太利權、國境紛争停止等ニ付テハ了解ニ到達スヘキモ兩國ノ根本的要素ニ鑑ミ現在見透シ得ル如何ナル事態ノ下ニ於テモ同盟ヲ結フカ如キコトハナカルヘシト信セラルト報シタリ尚右ニ關スル紐育「ヘラルド、トリビユーン」華府通信ハ華府官邊ハ日蘇カ和協ヲ目論見居ル旨ノ報道ニ鮮カラス關心ヲ拂ヒ居レルモ右ハ單ニ極東問題解決ノ爲英米ニ對シ壓力ヲ利カセンカ爲ナルヤモ知レサルコトニハ氣付キ居レリト報シタリ

1391 昭和14年11月24日　在米国堀内大使より野村外務大臣宛（電報）

米国上院有力議員が日米通商関係を重視し新通商条約締結に前向きな発言をしたとの報道報告

ワシントン　11月24日後発
本　省　11月24日夜着

第一四二〇號

二十三日天津問題ニ關スル又二十二日通商條約問題ニ關スル「ウエルズ」次官ノ「インタービユー」（往電第一四〇八號及第一四一九號）ニ關聯シ華府A・Pノ報スル所ニ依レハ上院外交委員會ノ立役者タル「ボラー」（共和黨）ハ自分ハ現行條約ニ代ルヘキ公平且妥當ナル新條約ノ作成ニ盡力ヲ惜マサルモノナリ新條約問題ハ專ラ通商的見地ヨリ取扱フヘキモノト考フ對日貿易ハ著シク增加シ居リ斯ル重要ナル貿易ハ其ノ一部ナリトモ特ニ首肯シ得ヘキ理由ナク拋擲スルコトハ米國ノ利益ニアラス日本ノ對支目的ニ同情シ得ストノ理由ヲ以テ新通商條約ノ締結ヲ拒否スルコトハ無意味ナリ最近ノ天津ニ於ケル米人貨物ノ運搬ニ對スル障碍ノ如キハ戰時氣分ノ場合有勝ノコトニシテ何等重視スルニ足ラスト語リ同シク上院外交委員ニシテ共和黨ノ有力者タル「バンデンバーグ」モ米國ハ須ク現實的ニ極東問題ノ解決ヲ計ラサルヘカラス自分カ現行條約ノ廢棄ニ贊成シタルハ新條約ノ交渉ヲ爲サンカ爲ニ外ナラス協定ニ達スルコト不可能ナレハ其ノ際喧嘩腰ニ物ヲ言フモ遲カラサルヘク兩國ノ確執ヲ平和的ニ解決スル爲眞劍ナル努力ヲ爲サスシテ條約關係ヲ終了セシムルコトハ徒ニ重大ナル悶着ヲ兩國間ニ招來スルモノナリ云々ト語レル趣ナリ

~~~~~~~~~~

1392 昭和14年11月24日　在サンフランシスコ佐藤総領事より野村外務大臣宛（電報）

日米関係に関するフーバー前米国大統領の内話情報報告

サンフランシスコ　11月24日後発
本　省　11月25日後着

第一九〇號（極祕扱）

當地滯在中ノ藤原銀次郎ヨリ左ノ通リ

二十二日拙者「フーバー」ニ面會ノ節日米問題ニ付左ノ如キ意見ノ開陳アリタリ右御參考迄ニ報告申上ク但シ右ハ極
~~~~~~~~~~

祕トシテノ内話ニ付他ニ發表ナキ樣願上ク
日米問題ニ關シテハ現在迄ノ經過ニ於テ日本ニモ種々ノ失策アリ米國側ニモ亦同樣失策ト認ムヘキモノ多シ現在米國ハ在支權益擁護ト稱シ日本側ニ幾多ノ要求ヲ爲シ居レルモ之ヲ冷靜ニ考ヘル時ハ元來米國ノ在支權益ナルモノハ僅少ニシテ取ルニ足ラス然ルニ之ヲ如何ニモ重大ナル權益ナルカ如ク主張スルハ要スルニ日米間ノ問題ヲ成ルヘク擴大シ次テ何等ノ種ニセントスルモノト見ル外ナシ若シ余カ責任ノ地位ニ在ラハ斷シテ斯ル事ハ爲ササルヘシ他方日本トシテハ支那問題ハ重大ナル死活問題ナレハ餘リ米國側ノ出方ニ遠慮氣兼セス所期ノ目的達成ニ邁進スル事肝要ナリ云々
米ヘ轉電セリ

1393　昭和14年11月25日　在米国堀内大使より野村外務大臣宛(電報)

米国国務長官と会談し日米国交調整の必要性を強く説示について

ワシントン　11月25日後発
本　　省　11月26日後着

第一四二八號(極祕)
二十四日[1]本使國務次官ト會談ノ約束ナリシ處同日朝「ハル」長官休暇ヨリ歸來シ先方ノ希望ニ依リ長官次官同席ニテ時餘ニ亘リ日米關係ニ關シ懇談セリ
一、先ツ本使ヨリ本日ハ別段訓令ニ依ラス自分ノ發意ニテ腹藏ナキ意見交換ノ爲參上セリト前提シ目下日米關係ハ最重大機微ナル時期ニ際會シ居レル處在支米權益問題ハ近ク東京ニ於テ檢討セラルヘキニ付本日ハ米國ニ於テ良ク認識シ居ラレサル重要ナル二點ニ付說明致度シ第一ハ我カ大陸政策ノ目標ニシテ右ハ共產主義ノ脅威ニ對スル國家ノ安全ト天然資源ノ充分ナル確保ニ依ル經濟的安定トニアリ日本ハ支那トノ協力ニ依リ右目的ヲ達成センカ爲多年努力シタルモ種々ノ出來事ニ妨ケラレ端ナク大事變ニ迄發展セリ然レトモ日本ハ素ヨリ支那征服ノ意ナク政府國民共ニ眞實將來ノ日支協力ヲ希望シ居レリ日本政府ハ今ヤ事變ノ急速解決ノ爲努力シ居リ近ク成立スヘキ中央政府トノ間ニ和平ヲ議スルコトトナルヘシ第二ハ支那ノ門戸開放ニ對スル日本ノ態度ナルカ此ノ點ニ付テハ米國內ニ多大ノ疑惑存スル模樣ナルモ日本ハ決シテ支那ヨ

リ歐米ノ權益ヲ閉メ出スカ如キ考ナク前記東亞ノ經濟安定ト調和スル限リ歐米トノ協力ヲ欲スルモノナリト述ヘ

二、進テ今日日米間ニハ原則論ヲ闘ハスヨリハ兩國ノ在支權益ヲ調整シ得ヘキ實際的解決方法ヲ見出ス爲努力スルヲ可トス忌憚ナク云ヘハ米國政府カ建設的且共助的態度ニ出テラルルコト望マシク此ノ點ニ付テ一言シタキハ先般モ申上ケタルカ如ク日米兩國カ歐洲戰爭ノ他方面ニ波及スルヲ防ク點ニ於テ利益ヲ一ニスルコト竝ニ日本國民ハ素ヨリ米國トノ親善ヲ希望シ居ルモ若シ米國側ヨリ不當ノ壓迫ヲ感スル場合ニハ已ム無ク他方面ニ頭ヲ轉シ或ハ蘇聯邦トノ接近ヲ望ムニ至ルナキヲ保シ難キコトナリト述ヘタルニ（排日移民法成立後間モ無ク日蘇國交快復ノ氣運促進セラレ交渉成立ニ至レル事例ヲ擧ケ）

三、[2]長官ハ終始傾聽ノ後米國政府ハ各國トノ平和友好關係增進ノ爲常ニ努力シ居リ殊ニ過去六十年ニ亘ル日本トノ親善關係ノ維持ハ米國トシテモ勿論之ヲ希望シ之カ爲ニハ日本側ト充分協力スル考ナリ日本カ何レノ國ト接近セラルルヤハ素ヨリ兎ヤ角言フヘキ限リニアラサルモ假ニ日蘇提携ニテモ成ルコトアラハ獨蘇不侵略協定ニモ等シク米國民ヲ驚カスヘシトテ頗ル注意ヲ拂ヘル樣子ニテ述ヘ

四、轉シテ日本政府ハ今日迄支那側ニ和平條件ヲ提示サレタルコトアリヤト尋ネタルニ付未タ正式ノ提示ハナカリシモ事變解決ノ條件ハ昨年十二月二十二日ノ近衞聲明ニ明示シアリト答ヘタルニ駐兵ノ點如何滿洲國ニ於ケル如ク新政府樹立シ得ルニ至ル迄駐兵スルコトトナルヘキヤト問ヘルニ付同聲明ニハ日本カ支那トノ間ニ防共協定ヲ締結シ其ノ有效期間特定地點ニ駐兵スヘキコトヲ豫想シ居リ從テ駐兵ノ數、地點、期間等ハ右協定ノ際決定セラルルコトトナルヘシト說明シ置ケリ

五、長官ハ現在日本ハ支那ニ八十萬ノ出兵ヲ爲シ居レリト言フ者アル處斯ル大軍カ引續キ駐兵セハ支那ノ經濟狀態平常ニ復スルコト望ミ難ク從テ米國權益ニ對スル諸種ノ障碍モ之ヲ免カレ難カルヘキヲ惧ルト言ヘルニ付日支和平成ラハ勿論警備線ノ整理ヲ豫想シ得ヘク要衝及交通線ノ確保ニ依リ次第ニ秩序ノ回復及經濟ノ平常化ヲ見ルニ至ルヘシト答ヘタルニ長官ハ出先軍ノ充分ナル協力ヲ期待シ得ヘキヤト重ネテ尋ネタルニ付言フ迄モナク政府ハ各方面ト充分ノ打合ヲ盡シ居レリ懸念ハ御無用ナリト述ヘ

置ケリ

六、[3]次ニ長官ハ東亞新秩序ノ意義ヲ尋ネタルヲ以テ要スルニ日滿支ノ協力ニ依リ東亞ノ平和及經濟的安定ヲ確保スルニ在ル旨ヲ述ヘタル處日本ハ結局新政府ヲ相手トシ支那ニ獨占的(Exclusive)利益ヲ設定スルコトトナラサルヤ卽チ滿洲ノ如キ獨占的狀態ヲ支那ニ及ホスコトトナラサルヤト言ヘルニ付日本政府ハ支那ノ經濟復興ノ爲外國ノ協力ヲ望ムト先刻御話セル通リナリト答ヘタルニ然ラハ日支ノ經濟關係ハ特惠的(Preferential)トナルヘキヤト反問セルヲ以テ日本ハ地理上其ノ他ノ點ニ於テ多クノ便益ヲ有スヘキモ必スシモ一般的ニ特惠的ト云フ譯ニハアラスト說明シ置ケリ

七、長官ハ曾テ貴大使ノ御話ニ依リ日本ハ日支問題ヲ國際會議又ハ第三國ノ調停ニ依リ解決スルヲ欲セラレサルコトヲ承知シ居ルモ然ラハ日本カ蔣政權ヲ相手トセサルハ蔣カ責任ヲ執リ得サル爲ナリヤト尋ネタルニ付本使ハ右ノ外蔣ハ西安事件以來國共合作ト抗日政策トヲ堅持シ來リ到底我方ニ於テ之ヲ相手トナシ得サル事情ヲ說明シ置ケリ

八、最後ニ長官ハ今日ノ會談ハ有益ナリシカ要スルニ米國トシテハ日本カ支那ニ於テ次第ニ戰線ヲ擴大シ結局米人ノ生命財産ニ多クノ損傷ヲ蒙リ居ル實情ニ對シ之ヲ默視スルコトハ輿論ニ對シテ許サレサル所ニシテ已ムナク今日迄米國權益擁護ノ爲必要ナル措置ヲ執リ來レル次第ナルカ米國トシテ勿論日本トノ友好關係ヲ希望スルコト既述ノ通リナリト言ヒ國務次官モ米國ハ素ヨリ日米國交ノ調整ヲ望ミ居リ日本側ニ具體的案アラハ喜ンテ之ヲ考慮スヘシト補足セリ

本日ノ會談ハ先方ニ日本ノ對支方針ニ對スル認識ヲ與フルト共ニ日米國交調整ノ必要ヲ印象セシムルヲ目的トシ直接條約問題ニ觸ルルコトハ故意ト之ヲ差控ヘタルカ國務長官等ニ於テモ國交調整ヲ希望シ居ルコトハ充分看取セラレタリ旁「グルー」大使トノ御會談ハナルヘク早目ニ續行相成ルコト極メテ望マシト存ス

英ヘ轉電セリ

英ヨリ在歐各大使ヘ轉電アリタシ

1394

昭和14年11月27日　在米国堀内大使より野村外務大臣宛（電報）

日本が在華米国権益侵害に関する改善努力を行わない限りは新通商条約交渉に入るべきではないとの上院外交委員長の談話報告

ワシントン　11月27日前発
本　省　11月27日夜着

第一四三四號

往電第一四二〇號「バンデンバーグ」等ノ意見ニ對シ二十五日「ピットマン」ハ左記趣旨ノ「ステイトメント」ヲ新聞記者ヘ與ヘタリ

一、余ノ得タル情報ニ依レハ日本ハ依然トシテ在支米權益ヲ侵シ居リ日米關係ハ條約廢棄通告當時ニ比シ悪化ハシ居ラサル迄モ變化ナシ從ツテ此ノ際米側ヨリ日本ヲ宥ムヘキニ非ス又日本カ九ケ國條約ノ下ニ負ヘル取極ヲ保持スル爲若干ノ努力ヲ示ササル限リ新通商條約交渉ニ入ルモ無益ナリ國際關係明日ヲ測リ知リ得サル此ノ際ハ政府カ對外問題ニ付テ「イニシアチーブ」ヲ執ルヘキ時期ニ非ス通商條約問題ニ付テモ亦同樣ナリ

二、前議會ニ於ケル提案ハ禁輸法ニハ非スシテ九ケ國條約侵犯國ニ對スル報復ノ權限ヲ大統領ニ附與セントノ趣旨ニシテ中立問題トハ無關係ナリ當時同案ハ其ノ精神ニ於テ外交委員會一致ノ贊成ヲ得居リタルヤニ思ハレタルカ最近ニ於テ當時ノ條件ニ何等變リナキニ拘ラス外交委員中態度ヲ變更シタル者アルハ余ノ喫驚ヲ禁シ得サル所ナリ同案ハ通商條約違反問題ヲ惹起スヘシトノ「バンデンバーグ」ノ意見ニ基キテ政府ハ其ノ障碍タル日米通商條約ノ廢棄ヲ通告シタル經緯アリ余ハ今後情況著シク變化セサル限リ同案ノ通過促進ニ努ムル積リナリ云々

紐育ヘ郵送セリ

〜〜〜〜〜〜〜〜

1395

昭和14年12月5日　在ニューヨーク若杉総領事より野村外務大臣宛（電報）

米国国務省要人が九国条約等に対する日本の態度を非難し態度の改善がなければ通商条約改定交渉に入らないと語ったとの情報報告

ニューヨーク　12月5日後発
本　省　12月6日前着

第四八二號

淺野物産常務小田カ本官ト協議ノ上「スタンダード」重役ニシテ米國政府筋ト密接ノ關係アル「モフヒット」ヲシテ日米通商條約問題ニ付國務省側ノ意嚮ヲ探ラシメタル處同人カ數日前華府ニ於テ國務省要人（同人ハ昨五日本官ト面會其ノ節「ハル」長官及「ウエルズ」次官ト會見セル由語レリ）ニ就キ其ノ意見ヲ尋ネタルニ國務省當局ノ意嚮ハ相當强硬ニシテ九ケ國條約ヤ門戸開放問題ニ對スル日本ノ態度ヲ云爲シ支那ニ於ケル日本ノ行動ヲ今少シク見極メタル上ニアラサレハ條約改定問題ニハ觸レ兼ヌル様子ナルカ同人ノ得タル印象ニテハ石油ノ對日輸出禁止ハ行ハレサル様見受ケタル趣ナリ

米ヘ暗送セリ

1396　昭和14年12月8日　外務・陸軍・海軍三省決定

事変に関連した日米懸案の解決促進に関する外務・陸軍・海軍三省方針

十四、十二、八

陸海軍側ニ於テモ異議ナキ旨回答越セル支那事變

關係日米懸案解決促進方針

一、方　針

今後ノ積極的日米國交打開工作ニ資スル爲此ノ際今次事變ニ關聯セル日米懸案ノ速急解決ヲ計ルモノトス

二、要　領

(一)別添懸案表記載ノ各項目ニ付我方ノ具体的處理方針ヲ明確ニシ且出來得ル限リ多クノ懸案解決方ヲ計ルコト

(二)右懸案ノ解決ハ明年ノ米國議會開會（一月二日）前ニ一應ノ完了ヲ見ル可ク努力スルコト

(三)右懸案解決上ノ指針左ノ如シ

(イ)被害問題ニ付テハ現地調査ヲ促進シ其ノ完了ノ分ヨリ速カニ現地ニ於ケル米國側トノ解決方交渉ニ移スコト

(ロ)其ノ他ノ案件ニ付テハソノ種類ニヨリ速カニ中央又ハ現地ニ於テ具体的方針ヲ決定シ右ニ依リ解決ヲ計ルコト

(ハ)中央ト現地トノ連絡上ノ爲外務省、陸軍省、海軍省及ヒ興亞院ノ關係係官ヲ合同出張セシメ連絡ヲ計ル

コト

三、備　考

尚將來被害事件ノ發生ヲ防止シ經濟活動ニ對スル取扱ヲ合理的ナラシムル爲左ノ如ク措置ス

㈠我軍占領地域ニ於ケル米國人及其財產ノ取扱ニ關シ一層ノ注意ヲ用フルコト

㈡我方現地機關ニ於テ米國人經濟活動ニ何等制限ヲ加フル場合ハ原則トシテ事前ニ中央又ハ出先最高機關ニ經伺スルコト

別　表

甲、被害問題

一、空爆（但飛行機ヨリノ機銃射擊ヲ含ム）ニ依ル損害　一四四

二、占據、破壞、搬出、使用等ニ依ル損害　七三

乙、其ノ他

一、上海共同租界問題

二、海關及通貨問題

三、鹽務行政機關ノ維持及鹽稅擔保外債問題

四、芝罘港灣改良委員會問題

五、揚子江閉鎖問題

六、京綏鐵道ノ賣掛金問題

七、「スタンダード」石油會社ノ閉鎖及大同移入石油ノ課稅問題

八、北支ニ於ケル皮革類輸出禁止問題

九、芝罘ニ於ケル輸出入許可制度問題

十、山東及中支ニ於ケル「ユニバーサル」葉煙草會社ノ葉煙草買付問題

註

北支ニ於ケル短波「ラヂオ」機械輸入禁止問題、北支ニ於ケル羊毛輸出禁止問題、「ワーナー、ジー、スミス」會社所有桐油ノ抑留問題、上海ニ於ケル郵便檢閱問題等ハ事實上解決シ又ハ殆ト解決シ居ルモノト見做シ得ヘシ

1397

昭和14年12月9日　在ニューヨーク若杉総領事より野村外務大臣宛（電報）

米国の対日感情は悪化しており日本が対中政

策を変更しなければ日米国交調整は困難とのフォーブス前駐日大使の内話報告

ニューヨーク 12月9日後発
本 省 12月10日前着

第四八七號

過[1]日本官「ボストン」出張中「ジヤパン、ソサイエテイ」會長「フオーブス」前駐日大使ト會談セルカ同氏ハ昨年同樣同地ノ對日感情悪化ニ鑑ミ同會ノ活動モ一切政治的性質ノモノニ觸ルルヲ避ケ僅ニ最近時折文化的小集會位ヲ催スニ過キサルヲ以テ從來ノ恆例タル大使ノ歡迎モ爲シ兼ヌル旨辯訴シ本官ヨリ日米通商條約廢棄問題ニ關スル米國ノ態度及同氏ノ所見ヲ尋ネタル處同氏ハ極メテ卒直ニ過般東京ニ於ケル「グルー」大使ノ演説ハ最モ良ク米國民ノ意嚮ヲ表示シタルモノニシテ「ボストン」ニ於テモ日米條約廢棄ニ對シテハ一人ノ異論モナク進ンテ對日輸出禁止ヲ主張スル者モ多數アル有樣ニテ同氏ハ右廢棄通告後未タ大統領國務長官又ハ「ホームベツグ」トモ面會セサル故政府ノ意嚮ヲ承知セサルモ日本カ支那侵略ヲ止メサル限リ日米關係到底改善セラレサルヘシトテ米國ノ支那ニ對スル傳統的ノ深甚ナル關心ヲ詳述セルニ付本官ヨリ最近ニ於ケル我方ノ米國權益ノ保護及損害是正ノ實情竝ニ汪ノ中央政府樹立運動等ヲ説明シタル處同氏ハ滿洲事變當時駐日大使ノ經驗ヲ述ヘ米國ノ重要産業タル石油(「スタンダード」)自動車(「ゼネラル、モータース」)銀行(「ナシヨナル、シテイ」)ニ對スル壓迫ニ關シ外務省ハ交渉セルモ軍事上ノ必要ヲ口實トシテ一向解決セサリシ實例ヲ擧ケ今回支那ニ於ケル日本側ノ説明モ實現セラルルヤ否ヤ疑問ナリト語リタルニ付本官ヨリ然ラハ此ノ儘ニ推移セハ日米關係ハ相當重大ナル局面ニ陷ルヘキ處前大使トシテ現政府カ如何ナル方策ニ出ツヘシトノ觀測ナリヤト質シタル處

同[2]氏ハ政府ノ意圖トハ判明セサルモ「ピツトマン」ノ對日禁輸意見ハ當方面ノ感情ヲモ良ク表示シ居ルヲ以テ政府カ如何ニ之ヲ處理セントスルヤ見物ナリト云ヘルニ付議員間ニモ「ピツトマン」ノ意見ト異レル「ボーラー」「バンデンバーグ」等ノ反對説アルヲ指摘シタル處同氏ハ右兩名ハ同氏ト同樣共和黨員ナルモ「ボーラー」ハ常ニ他人ノ説ニ反對スル常習癖アリテ彼ノ説ハ常ニ誤リノミニテ「バンデンバーグ」ト雖モ大統領ノ候補ヲ以テ任スルモ本件ニ付テ

左シテ勢力ヲ有ストハ思ハレスト斷言セリ依テ本官ヨリ萬一米國カ日本ノミニ對シ差別的禁輸ヲ行フカ如キ極端ナル措置ニ出ツル場合ニハ利害ノ當否ハ兎ニ角トシテ日本ニ於テモ國民的感情モアリ之ニ對應スル相當ノ覺悟ヲ有シ居ル可ク事態ハ相當ニ重大トナルヘシト述ヘタル處同氏カ簡單ニ日本カ米國ニ對シ打撃ヲ與フル如キ有效ナル報復手段ハ乏シカルヘシト言ヘリ

尙「ゼロム、グリーン」（目下「ハーバート」事務總長）ト會談セルニ今春會談セル折ニ比シ對日非難著シク緩和シ居リ「グガタツ」ニ於ケル空氣ハ大體「フオーブス」ト同樣ノ觀測ナルモ同氏ハ蘇聯カ芬蘭侵略ニ依リ其ノ本色ヲ現シタル今日日本從來ノ對露關心ノ正當ナルヲ確認スルニ至リ日本ハ到底獨露ノ如キ國ト同盟スルトハ信シラレサルヲ以テ此ノ際是非トモ日英米合議ノ上支那問題ヲ片付クルノ必要アルヘク其ノ協定ノ基礎ハ日本平素ノ主張タル支那ニ領土的野心ナキコト排日政策ノ排除共產主義ニ對スル防衞竝ニ經濟的協力ヲ根本義トスルニ於テハ日英米間ニ合議成立スヘシト考フル旨述ヘタルカ同氏ハ當地財界ノ親英派一流ノ思潮ト同シク最近日蘇接近ノ報道ヲ相當ニ憂慮シ居ル樣感セラレタリ

米へ暗送セリ

1398 昭和14年12月9日 在米国堀内大使より野村外務大臣宛（電報）

東京における日米国交調整交渉の進展振りに関する国務省の感触報告

ワシントン 12月9日後発
本　省 12月10日後着

第一四九四號

往電第一四八七號ニ關シ

九日「ハミルトン」ト會見ノ際森島ヨリ本件會談ニ言及シタルニ「ハ」ハ東京會談ハ今日ノ處開始セラレタル程度ニテ國務省トシテハ右ニ關スル大綱ヲ「フオロー」シ居ルモ各種問題ノ處理ハ東京ニ在ル譯ナリトテ意見ノ表示ヲ差控ヘタルモ特ニ六日「ドウマン」ノ吉澤局長トノ會談ノ續行ニ期待ヲ懸ケ居ルヤノ口吻ヲ漏セリ尙「アダムス」ハ四日ノ會談ハ全體ノ空氣トシテ「エンカレッジング」ナリト思考ストテ「ドウマン」ノ吉澤局長トノ會談ニ關シ兩人從來

ノ親密ナル關係ニ鑑ミ話合ノ圓滿ナル進捗ヲ期待シ得ヘク會談ノ速ニ續行セラルルヲ希望スル旨ヲ語レリ

1399 昭和14年12月18日 野村外務大臣／在本邦グルー米国大使 会談

野村外相が南京下流地域の揚子江開放を表明し日米通商航海条約が失効した際の暫定協定に関する締結交渉開始を申入れについて

☆野村大臣「グルー」米國大使會談（第三回）錄

昭和十四年十二月十八日 自午後三時四十五分 至午後五時十五分

於大臣官邸

大臣 一、日米國交現狀打開ノ問題ニ付イテハ既ニ二回貴大使ト懇談ノ機會ヲ得今日ハ第三回目トナリタルカ第一回卽十一月四日會談ノ際貴大使ハ日米國交現狀打開ノ爲メニハ日本側ニ於テ米國民ニ對シテ國交改善ノ希望ヲ有スルコトヲ直接ノ證據ニヨリ示スカ如キ措置ヲ執ルコトヲ希望セラレ而シテ右措置ニハ消極的ノモノト積極的ノモノトアルコトヲ述ヘラレタリ次テ去ル四日ノ會談ノ際ニハ我方ニ於テ貴方提出ノ申入一覽表ヲ分析解剖シテ懸案又ハ問題ノ眞相ヲ明ニシ之ニ對スル解決方針ヲ披瀝シタル次第ナリ今先ツ右方針ニ基ク解決進捗模樣ヲ申上ケンニ

貴大使ノ所謂消極的ノ措置ノ內㈠爆擊ニ付テハ最近ノ數字ヲ檢スルニ九月ハ一件十月ハ二件十一月ハ皆無トナリタル事實ニ付テハ貴大使ノ認識ヲ得度シ

次ニ㈡侮辱事件ニ付テハ昨今之ヲ耳ニスルコトナク㈢商業上ノ權益ニ關スル問題ニ付テハ最近ニ貴方ヨリ申出ニ接シタルモノ二三件アルモ之等ニ付テハ事情糺明ノ上ソレソレ適正ナル措置ヲ執ル方針ナリ

次ニ去ル四日貴大使ニ差上ケ置キタルB表ニ付イテ申上クルニ其ノ中甲ニ付テハ我方ハ所謂賠償ノ責ヲ負フヘキ立場ニアラサルコト屢次言明ノ通ナルモ、第三國人ノ被害ニ對シ慰藉見舞ノ見地ヨリ公正妥當且迅速ニ實質上ノ被害ノ補塡ヲ實行セムトスル方針ナルコト茲ニ改メテ言明シ得ル所ニシテ、此ノ點ニ關シ若シ萬一右趣旨ニ合致セサルモノアラハ更ニ考慮ノ餘地アルヘシ又乙ノ內上海租界ノ問題中特ニ貴方カ重視セラルルヤニ認メラルル滬四（西カ）地區問題ニ付イテモ遠カラス解決ノ見込アリト申上得

可ク之ニ伴ヒ蘇州河以北開放ノ問題モ解決ヲ見ルニ至ルヘシ又ユニヴァーサル葉煙草會社ノ山東ニ於ケル（一字アキ）葉買付問題ハ一應ノ解決ヲ見タルコトハ貴大使ニ於テモ現地ヨリ報告ニ接セラレタルコトト存ス

海關通貨鹽務行政等支那全般ニ亘ル問題ニ付テハ事態ノ變化ト將來ニ對スル影響トニ鑑ミ周到ナル研究ヲ要スル次第ナルモ關係國トノ間ニ調整ヲ要スル點ニ付テハ關係列國ノ利害ヲ充分考慮ニ入レ實際的ニシテ妥當ナル解決ヲ見ルヘク折角考究ヲ進メ居ル次第ナリ。

二、次ニ申上度キハ帝國軍部ニ於テハ永ラク懸案トナリ居リタル揚子江ノ航行問題ニ付キ南京迄ノ下流地域ヲ開放スル意嚮ヲ有スルコトトナリ同方面ニ於テハ今尙軍事行動繼續シ之カ開放ニハ種々ノ不便困難アルモ軍事上ノ要求モ漸次緩和シ得ルコトトナリ尙支那モ漸ク建設ノ時期ニ入リタルヲ以テ敢テ軍事上ノ不便ヲ忍ビテモソノ一部ヲ開放スル心算ナリ併乍ラ開放ニ當リテハ軍事上ノ諸施設整理ノ必要モアリ又今日ト雖モ勿論南京迄ノ沿岸地域ニ於テモ軍事行動ハ尙繼續中ナルヲ以テ軍事上ノ必要ニ基ク制限ヲ附スルコトアルヘキハ勿論ナリ。但シ右制限ト雖モ時日ノ經過ト共ニ漸次緩和セラルヘシ。尙開放ニ依リ同方面ノ經濟生活ヲ不安定ナラシムル結果トナリ折角ノ建設ニ打撃ヲ與フルカ如キコトナキ様手配ヲ爲ス必要モアリ、本開放ハ出來ルタケ速ニ實施シ度キモ前述諸般ノ準備及關係各國トノ話合等ノ必要上只今ノ處大體二ケ月後トナル見込ナリ尙珠江ニ付テモ同一趣旨ヲ以テ考慮中ナリ。

三、十一月四日會談ノ際本大臣ハ國際關係改善ノ爲ニハ相互ニ相手方ノ見解ト立場ヲ正確ニ認識スルコト必要ナル旨ヲ述ヘタルニ對シ貴大使ノ御同感ヲ得タリ而シテ我方ノ關スル限リ敍上縷述ノ如ク右見地ヨリ日米國交改善ノ爲逐次爲シ得ヘキ限リヲ爲シ今後モ此ノ方針ヲ以テ進ム考ナリ只前回會談ニ於テ貴國一部政治家ノ言論ニ付キ御話シタル際新聞又ハ政治家ノ言論抑壓ノ困難ナルコトニ付キ貴大使ヨリ御話アリタルカ御承知ノ通リ我國ニモ種々政府ノ爲ス所ヲ批評反對スル言論アリ國民カ此ノ如キ言論ニ動カサルル時ハ政府トシテモ之ヲ押シ切リ得サルコトアリ殊ニ揚子江ノ問題ハ一部ニハ支那カ閉鎖シタルモノヲ我軍將士カ多大ノ犧牲ヲ拂ヒテ啓開シタルモノナレハ之ヲ開放スルノ必要ナシ等ノ議論モアル次第ナルヲ以テ今前述ノ如ク諸懸案ヲ解決シ又揚子江開放ノ具體的準備ニ入ラムトスルニ際シ何等國際關係改善上ノ效果ナキニ於テハ輿論ハ政府ヲ攻撃スルニ至ルヘク然ル場合ニハ獨リ揚子江等ノ開放ノミナラス他ノ懸案解決ニ付テモ種々非難攻撃ヲ釀シ之カ實行上多大ノ困難ヲ來シ茲ニ日米關係ハ改善ノ代リニ逆轉シ其ノ推移計リ知ルヘカラサルモノアルヲ惧ルル次第ニシテ貴大使ニ於テモ此ノ邊ノ事情ヲ充分諒察セラレンコトヲ希望ス

十一月四日會談ノ際貴大使カ消極的積極的兩面ノ措置ニ付キ御話相成リタル後「米國ノ輿論ハ之ヲ急速ニ變轉セシムル可能性アルニヨリ右ノ如キ手段ヲ早キニ臨ンテ執ラルルニ於テハ兩國國交ノ改善ノ可能ナルコトヲ信スルモノナリ云々」ト述ヘラレタルコトヲ本大臣ハ茲ニ想起スルモノナルカ米國政府ニ於テハ帝國政府カ幾多ノ困難ヲ排シテ日米國交打開ノ爲メ上記説述ノ通リ凡有ル努力ヲ爲シツツアル次第ヲ篤ト御了解相成リ之ト同様ノ精神ヲ以テ我方ノ努力ニレシプロケートスルニ至ランコトヲ期待スルモノナリ現下ノ日米關係ニ最モ暗キ影ヲ投シ居ルモノハ申ス迄モナク通商條約廢棄問題ニシテ而モ失效期迄ニハ餘ス所一ケ月餘ニ過キス本大臣ハ前回ノ會談ノ際「本大臣自身トシテハ萬一日米通商航海條約カ失效スル事態ニ至ルトモ日米ノ通商貿易カノーマルニ行ハレ依テ兩國民ヲ刺戟スヘキ原因存在セサルニ至ルコト」ニ付キ希望ヲ表明シタル次第アル處之カ爲ニハ何等カノ辨法ヲ講スルコト必要ナリ而モ之カ爲メニハ諸般ノ手續ヲ要シ之ニ必要ナル日時等ヲ考慮ニ入レレル時ハ今日遷延ヲ許スノ餘裕ナククリスマス休暇ニ入ルニ先立チ之カ交渉ニ入リ得ル様取計フノ要アリト思考セラルルニ付テハ此點ニ付御考慮ヲ得度シ

大使　先程ヨリノ御話ヲ承リ米國政府ノ希望ニ副ハントスル日本側ノ努力及精神ヲ多トスル次第ナリ、自分トシテモ出來ルタケ日米國交改善ノ爲ニ盡力致度ク御話ノ次第ハ早速本國政府ニ報告スルコトト致スヘシ。

最後ノクリスマス休暇前ニ何等カノ便法ヲ講スルコト必要ナリトノ點ハ、日本政府ノ暫定協定交渉ニ對スル正式申入レト諒解シ本國政府ニ報告シ差支ナキヤ

大臣　左様報告サレ差支ナシ

大使（之ハ非公式ニ申上クル次第ナリト前提シ別添覺書（省略）ヲ基礎トシ話ス）前回ノ會談ノ結果ヲ本國政府ニ報告シタル處之ニ對スル本國政府側ノ意向御傳へ致度シ

侮辱事件、爆撃ニ因ル被害ノ減少セルコトハ結構ナルモ、賠償ノ點ニ付日本側ニ於テ一部米國關係賠償ヲ支拂ヒ居ル旨新聞ニ發表セラレ居ル處、事實ハ米國側ノ今迄提出セル損害賠償要請額四十六萬七千八百十三弗ニ對シ僅カニ五萬七千百三十五弗ノ支拂ヲ受ケタルニ止リ、卽チ要請額ノ一割二分ニ過キス、若シ支那貨ノ減價ヲ考慮ニ入ルル時ハ三分七厘ヲ支拂ヒタルニ過キサルコトトナル、尚最近五十九件ノ賠償事件ニ對スル現地日本側官憲ノ回答ニ依レハ其大部分ハ日本側ニ於テ支拂ノ責任ナシトシ居ル次第ニテ事實斯カル狀態ナルニ拘ラス日本側ニテ多額ノ賠償ヲ支拂ヒタルカ如ク大袈裟ニ發表セラルルコトハ米國民衆ヲ誤リ却ツテ逆效果ヲ生スル虞アリ

次ニ通商上ノ制限爲替管理等ノ爲米國商社側ハ巨大ノ損害ヲ今尚蒙リツツアリ、又北支開發會社、中支振興會社及是等ノ子會社等ノ獨占的企業ハ第三國人ノ利益ニ對シ重大ナル影響ヲ及ホシ居ル處、斯カル制限乃至獨占的企業ハ軍事行動終熄ト共ニ解消サルルモノナリヤ其邊ノ意見御伺致度シ

要之米國側トシテハ日本側ニ於ケル懸案解決ノ誠意ハ多トスルモ、其ノ實行ニ於テハ未タ問題ノ外廓ニ觸レタルニ過キサルコトヲ遺憾トシ居ルモノナリ

大臣　屢次申上ケタルカ如ク大規模ノ戰鬪行爲行ハレツツアル現狀ニ於テハ軍事上其ノ他ノ必要ヨリ第三國ノ權益カ或ル程度ノ制限ヲ受クルコトハ已ムヲ得サル所ナルモ米國側權益ノ保全ニ付テハ日本側ニ於テ出來得ルタケノ努力ヲ拂ヒ居リ其ノ結果トシテ爆撃其ノ他毆打事件ノ減少ヲ見タル次第ナリ

損害賠償問題ニ付支拂額ノ少ナルヲ云々サルルモ元來日本政府トシテハ損害賠償ノ責ヲ負フヘキ立場ニアラサルコトハ御諒承アリタク但慰藉ノ意味ヨリ公正且妥當ナル方法ニ依リ實質上ノ損害塡補ヲ行フ方針ノ下ニ日米現地當局間ノ話合ニ依リ賠償問題ノ解決ヲ促進スルコトト致度シ

獨占企業爲替管理等ノ問題ハ元來ハ支那新政府ノ決定スヘキ筋合ナルカ將來日支間ノ戰鬪行爲停止セラレ新中央

政府成立シ事態ノ改善ヲ見ルニ至ラハ漸次緩和セラルルニ至ルヘシト思料ス

又支那開發ニ當リ米國資本ヲ歡迎スルコトハ屢次御話申上ケタル所ニシテ日本側ニ於テ排他獨占ノ意嚮無キ次第ナリ

最後ニ揚子江開放ノ點ニ付テハ貴大使トノ會談後關係國大使ニ通報スル筈ナルニ付右御含ミ置キアリタシ

右終リテ揚子江開放ニ關スル發表ノ件ニ付**グルー**大使ヨリ適當ノ時期等曖昧ナル字句ヲ用フル時ハ米國民ハ又例ノ通リ何時ノコトニナルヤラ分ラストテ輿論好轉ニ資スル何物モナカルヘキニ付自分（**グルー**大使）ヨリ米人記者ニ對シテハ約二箇月後ニナルヘシトノ趣旨ヲ話シ度キ旨申出アリタルニ付大臣ヨリ差支ナカルヘキ旨述ヘ置ケリ。

1400　昭和14年12月18日

野村・グルー会談に関する情報部長談話

野村外務大臣「グルー」米國大使會談ニ關スル情報部長談話

（昭和十四年十二月十八日）

野村「グルー」會談ノ內容及意義ニ付テ新聞記者ノ質問アリシニ答ヘテ須磨情報部長ハ左ノ通リ語ツタ。

野村大臣ハ本日「グルー」大使トノ會見ニ於テ、支那事變中ニ於ケル在支米國權益ニ對スル各種ノ制限等ハ、對支軍事行動ニ伴フ已ムヲ得ナイ結果デアルガ、又ハ長期建設ニ併行シテ行ハルル各種變革ノ當然ノ影響デアル。帝國政府トシテハ之等ニ就テノ所謂懸案問題ハ、從來共解決ノ爲熱心努力シテ來タノデアリ、今後共盡力スル意向デアル。然ルニ從來日本ヲ動々トモセバ獨占排他的ノ行動ヲ執ルモノデアルト誤解スル向モアリ甚ダ遺憾デアル。帝國政府ニ於テハ各國ノ對支經濟活動ヲ將來ニ亘リ閉鎖スル目的ヲ以テ行動シテ居ルノデハ無イ。例ヘバ揚子江及珠江ノ如キモ適當ノ時機條件ノ下ニ開放スルニ吝カデナイコトヲ懇切ニ説明サレタ。之ニ依テ米國政府ハ勿論他ノ諸國モ我眞意ヲ諒解センコトヲ希望シテ居ル。

1401　昭和14年12月22日

野村外務大臣／在本邦グルー米国大使　会談

グルー大使が通商協定の基礎要件として占領地域を含む無差別待遇の遵守を挙げ暫定協定締結交渉には暫く応じない旨を回答について

付記一　右会談においてグルー大使が手交した覚書の和文要約

二　昭和十四年十二月二十七日、外務省対米政策審議委員会幹事会決定

「日米國交是正ニ關スル意見書」

三　昭和十五年一月十六日付

藤村亜米利加局第一課長より有田外務大臣宛

「對米外交刷新ニ關スル意見書」

野村大臣「グルー」米國大使會談錄（第四回）

昭和十四年十二月二十二日午后五時半ヨリ約一時間大臣官邸ニ於テ

（昭一四、一二、二三　米一）

（今次會談ハ去ル十八日ノ會談ニ引續キ米國側ヨリノ申込ニ依リ行ハレタルモノニシテ前會談ニ於テ爲セル野村大臣ノ提案ニ對スル米側ノ回答ヲ述ベタルモノナリ）

先ヅ「グルー」大使ハ日米關係打開ノ爲ニ日本側ノ爲シタル努力ヲ多トスル旨ヲ述ヘ次イテ前會談ニ於テ日本側ノ爲シタル新條約締結交渉開始ノ提議ニ關シテハ米國政府ハ日本政府ノ參考迄ニ其ノ立場ヲ明ニセル「ステートメント」ヲ用意セル旨ヲ述ヘ別添ノ如キ非公式書物（別紙甲號參照）ヲ野村大臣ニ手交セリ。右ハ米國政府ハ「通商上ノ權利及機會ノ均等原則」ヲ通商條約締結ノ基礎條件ト爲スモノニシテ從テ右原則確立カ新通商條約締結ノ先決要件ニテ又其レニハ單ニ相手國ノ政策竝措置カ問題ナルノミナラス相手國ノ勢力下ニ存スル第三國ニ於ケル米國人ノ取扱ニ關スル點モ問題視セラルルモノナル處目下日本軍ノ占領地下ニ於テハ種々ノ通商居住移動等ニ關スル制限存在シ米國ノ商業上ノ權益ニ對スル均等待遇ヲ不可能ナラシメ居ルヲ以テ右ハ新條約締結ニ對スル障碍ナルモノナルコトヲ指摘セルモノナルカソノ要旨左ノ通

一、米國政府カ健全ナル國際關係ノ基礎要件ト目スル周知一定ノ原則及手續ヲ基礎ト爲ス限リ同政府ハ凡テノ國ト通商取極ヲ締結スルノ用意アリ

二、同政府ハ無差別待遇ヲ其ノ通商政策ノ根本原則ト思考シ且通商上ノ權利及機會ノ均等ノ原則ヲ以テ新通商取極締

結ノ唯一ノ基礎條件ト爲スモノナリ過去ニ於テ通商上ノ制限カ主トシテ關稅ニ存シタル時代ニハ均等待遇ノ一般的相互的誓約ニ依リ事足リタルモ近年ノ如ク割當、獨占、爲替管理、輸出入制限、送金制限等ニ依リ貿易ヲ統制スルニ至リタル以上從來ノ均等待遇ノ一般的保障ヲ補足ス可キ新規定ヲ必要トスルニ至リタリ右ノ如キ近年ノ經驗ニ鑑ミ米國政府ハ新通商條約又ハ協定締結ノ代償條件トシテ先ツ以テ通商上ノ無差別待遇カ保障サレ且右待遇ヲ確保ス可キ措置ノ講セラル可キコトヲ要求ス

三、一國ト新通商條約又ハ協定締結交渉ヲ目論ムニ當リ米國政府ハ單ニ相手國政府ノ政策ヲ檢討スルノミナラス同國ノ第三國ニ於ケル政策及措置ヲ檢討セサルヲ得ス何トナレハ相手國又ハ其ノ出先機關カ第三國ニ於テ米國ノ通商上ノ權益ニ對シテ課スル差別待遇モ亦米國ニ對シ有害ナレハナリ然ルニ現在日本軍ノ占領スル支那ノ廣汎ナル地域ニ於テ斯ル差別待遇ハ爲替及通貨管理、輸出入ニ對スル課稅竝ニ制限、獨占、竝ニ航運、旅行、居住、貿易ニ對スル制限ニ依リ行ハレツツアリ

四、右ノ如ク支那ノ廣汎ナル地域ニ亘リテ米國ノ通商權益ニ對スル均等待遇ヲ不可能ナラシムルカ如キ措置カ日本政府又ハ其ノ出先官憲ニ依リ講セラレ居ル限リ日本トノ新通商條約又ハ協定締結ノ障碍存在ス

五、新通商條約又ハ協定締結ノ交渉ニ入ルニ先立チ米國ノ行政府及立法部ハ共ニ相手國カ其ノ勢力範圍ニ於テ米國品及米國ノ事業ニ對シ與ヘ居ル具体的取扱ヲ檢討スルノミナラス右範圍ニ於テ相手國カ米國ノ通商一般ニ對シテ與フル一般的取扱ヲモ檢討スルモノナリ

六、米國政府ハ以上ヲ以テ新通商條約又ハ協定締結交渉ニ關シ考慮ス可キ重要問題ヲ指摘セル處日本政府ニ於テモ右問題ノ重要性ヲ認メラレンコトヲ希望シ且日本政府カ其ノ方針ノ實效ヲ示ス可キ具体的證據ヲ提示セラルルコトヲ欣幸トナスモノナリ

右問題中ノ或件ニ關シテハ「グルー」大使ト野村大臣トノ間ノ非公式會談ニ於テ既ニ討議セラレツツアルモ日本政府ニ於テ更ニ右問題ニ關スル情報ヲ要求セラルルニ於テハ米國政府ハ之ヲ提供スル用意アルモノナリ

尙同大使ハ右「ステートメント」ニ關聯シ前任諸大臣ノ米國側ニ對シテ與ヘタル種々ノ保障カ實行セラルルコトヲ希

望スル旨附言セリ

次イテ同大使ハ暫定協定締結ノ件ニ關シテハ米國政府ハ本問題カ玆暫ラク未決定ノ儘殘サレル(be left open)コトヲ提議スル旨ヲ述ヘ且米國政府ノ見解ハ日米兩國間ニ新通商條約又ハ協定締結問題ニ關係シ種々考慮ノ要アル事項ニ關シ野村大臣ト同大使トノ間ニ進行中ナリシ本討議ヲ續行スルコトヲ適當ト認ムルモノナル旨述ヘ(別紙乙號參照)更ニ一九一三年關稅法ノ規定ニ從ヒテ米國ニ入ル日本船ノ載貨ニ對シ賦課セラルヘキ從價一割稅ニ關シテハ更ニ何分ノ命令ノ發セラルル迄右賦課ヲセサルヘキコトヲ大藏省ハ關稅徵收官ニ對シ間モ無ク指令スヘク且日本船ニ對スル差別的噸稅ノ賦課ニ關シテハ商務省カ同樣措置ヲ執ルヘキ旨述ヘタリ(別紙丙號參照)

右ニ對シ野村大臣ハ米國カ無條約狀態ニ入ルトモ日米間ノ貿易ヲ「ノーマル」ナラシムル處置ヲ講スルコトハ之ヲ多トスルモ本來通商條約ハ單ニ貿易關係ノミニ關スルモノニ非スシテ一般關係ニモ影響ヲ持ツモノナレハ兩國關係ヲ安定セシムル見地ヨリ暫定協定締結ニ關シ米國側ノ再考ヲ促ス旨述ヘタル處「グルー」大使ハ右ヲ本國政府ニ精確ニ取次キタキニ依リ非公式書物ヲ得タキ旨述ヘタルヲ以テ別添丁號ノ通リノ書物ヲ後刻送付セリ

次イテ野村大臣ハright of establishmentノ點ニ關スル米國政府ノ態度ヲ質問セルニ對シ「グルー」大使ハ右ニ關シテハ返答スルノ地位ニアラサル旨應酬セリ

最後ニ「グルー」大使ハ先般ノ吉澤「ドウマン」會談ニ言及シ華府ニ於テ日本側カ具体的ナル暫定協定案ヲ用意シアルコトハ承知シ居レル旨ヲ述ヘタル上本日ノ會談ノ結果ヲ本國政府ニ報告スヘキ旨述ヘタリ

尙發表振リニ關シテハ「グ」大使ヨリ日米國交打開ノ爲ニ引續キ建設的態度ヲ以テ會談ヲ續行シ進展ヲ見タリト云フ程度ノ發表ニ止メ從價一割稅竝ニ噸稅等ノ點ニ付テハ外部發表ヲ差控ヘラレタキ旨ヲ希望シ野村大臣ニ於テ右ヲ應諾セリ

以上

(別紙甲号)

PRO MEMORIA

1. The Government of the United States has

repeatedly expressed its willingness to enter upon commercial treaties or agreements with all countries on the basis of certain well known principles and procedures which this Government regards as fundamental to sound international relations.

2. The Government of the United States regards non-discriminatory treatment as the foundation principle of its commercial policy and considers the rule of equality of commercial rights and opportunity to be the only and desirable basis for concluding commercial treaties or agreements. The history of the commercial policies of the leading trading nations of the world demonstrates conclusively that the negotiation of commercial agreements based upon any other principle leads inevitably to friction and the taking of counter measures by injured third nations to the stifling of the legitimate trade of all nations ...... chaotic international commercial relations. In the past when the principal restrictions on trade consisted of tariff duties non-discriminatory treatment could usually be assured by mutual general pledges of equality of treatment; but in recent years new forms of trade restrictions such as quantitative limitations, monopolistic instrumentalities, exchange control and related measures affecting importation and exportation of goods and remittance of funds have achieved such importance as methods of regulating trade, that to ensure non-discriminatory treatment it has been found necessary to have new provisions supplementing the standard provision or rule of equality of treatment. For example with regard to quantitative limitations on trade it has been found essential in order that non-discriminatory treatment may be established beyond doubt to have in force an expressly defined procedure assuring exporting countries opportunity to supply fair shares in the total of imports permitted. Similarly with regard to exchange control, it is important that there be established a procedure providing for the supplying of foreign exchange for trading and other purposes in such a manner as to ensure against

discrimination. In the light of modern experience, the Government of the United States signifies as a since qua non for entering into negotiations with a country looking toward the conclusion of a commercial treaty or agreement, that it be understood in advance that non-discriminatory treatment is to be made the base of commercial intercourse and that there are to be established procedures designed to ensure non-discriminatory treatment.

3. In contemplating the negotiation of a commercial treaty or agreement with any country on the foregoing basis, it is naturally appropriate for the Government of the United States to examine not only the policies and practices of the country in question as they are applied within that country's territory but also the policies and practices of the country as they affect Americans with and in third countries. Substantial and continuing discriminations against the commercial interests of the United States brought about by the influence or by agencies of any country within the territory of a third country are obviously injurious to the United States. If such discriminations have been imposed in a third country against that country's wishes it is apparent that the discriminations can be removed most effectively and expeditiously by action on the part of the nation which imposes, or which causes the imposition of, the discriminations. Such discriminations are at present in effect throughout large areas of China occupied by Japanese armed forces. These discriminations have been brought about by agencies which are directed by the Japanese Government or agents thereof and which exercise control over the economic life of such areas to the special advantage of Japanese interests through such instrumentalities as exchange and currency control, levies upon and restriction of exports and imports, monopolies and restrictions upon navigation of China's waterways and upon travel and residence and trade in various ports of China.

4. It follows that so long as agencies and instrumentalities of the Japanese Government continue in fact to render inoperative the practice of equality of treatment for American commercial interests throughout large areas of China there exists a serious obstacle to the conclusion by the United States of a new commercial treaty or agreement with Japan. Entirely apart from the question of existing treaty commitments and treaty rights, this obstacle to the conclusion of the new commercial treaty or agreement would be present by virtue of the discriminatory practices which at present thus prevail in the occupied area in China.

5. In giving consideration to the questions of entering with any other country into a new treaty or agreement for the regulation of commerce, the Government of the United States in both its executive and its legislative branches must and does take full account not only of the treatment accorded by the authorities of the other countries, in areas under the control of these authorities, to American goods and American enterprises but also of the treatment accorded by those authorities in such areas to American commerce as a whole including American nationals, American firms, American investments and American economic and cultural activities in general. The principle of equality of treatment is applicable in all areas and carries implicit within itself the principles of non-discrimination and of fair treatment.

6. The Government of the United States has set forth hereinbefore what it regards as important considerations bearing on the questions of the concluding of a new commercial treaty or agreement between the United States and Japan. The Government of the United States hopes that the Japanese Government likewise attaches importance to these considerations, and the Government of the United States will be glad to have evidence of the steps which the Japanese Government is taking towards giving practical effect to its attitude. Certain of these considerations have recently been discussed between the

American Ambassador to Japan and the Japanese Minister for Foreign Affairs in informal conversations in Tokyo, and should the Japanese Government desire further information in regard to them the Government of the United States is of course ready to furnish it.

December 22, 1939.

(別紙乙号)

ORAL STATEMENT

The American Government is sincerely appreciative of the efforts made by the Japanese Government with a view to remedying conditions which adversely affect the relations between the United States and Japan, as well as of the indication that it intends to persevere in those efforts.

With relation to the statement of the Minister for Foreign Affairs regarding the question of initiating negotiations looking to the conclusion of a new treaty the American Government has drawn up a statement of its position in this matter for the information and consideration of the Government of Japan.

Regarding the matter of the conclusion of a *modus vivendi* the American Government suggests that this question be left open for the time being.

The American Government is of the opinion that it would now be appropriate to continue the discussions, which have been progressing between the Minister for Foreign Affairs of Japan and the American Ambassador at Tokyo dealing with the considerations having a bearing upon the matter of the conclusion of a new Commercial Treaty or agreement between the two countries.

December 22, 1939.

(別紙丙号)

ORAL STATEMENT

The Treasury Department of the United States of America will shortly issue a communication to the Collectors of Customs of the United States and to others concerned wherein it will be stated that following the expiration of the Treaty the ten per cent ad valorem discriminating duties provided for in the 1913 Tariff Act shall not be collected on those goods which enter the United States in Japanese bottoms, unless and until additional instructions are given out. A decision which is similar in effect has also been made by the Commerce Department regarding discriminating tonnage duties on ships.

December 22, 1939.

(別紙丁号)

米國政府ニ於テ日米通商條約失效后ト雖モ兩國間ノ通商カ平常通リ行ハレンカ爲必要ナル措置ヲ執ルニ決定セラレタルコトハ洵ニ多トスル所ニシテ又右ニ對スル貴大使ノ御盡力ヲ深ク感謝スル次第ナリ但通商條約ノ問題ハ單ニ兩國通商關係ノ問題タルニ止マラス一般的國交ニ關スル所大ナルヲ以テ日米間カ無條約狀態トナリタル時假令通商關係カ大体平常通リ維持セラルト雖モ暫定的ニテモ何等取極メナキ場合ニハ兩國間ノ通商カ明日ヲモ測ラレサル不安ノ觀ヲ呈スヘク惹テ兩國ノ國交カ如何ニモ不安定ナル印象ヲ與フルコトトナルヲ以テ日米關係改善ノ大局的見地ヨリ暫定協定締結方ニ付貴國政府ノ深甚ナル御考慮ヲ得ル樣致度シ

日本側ニテハ夙ニ此見地ヨリ研究ノ結果暫定協定ニ付一案ヲ得テ之ヲ在華府堀內大使ニ電報シアルコトハ曩ニ吉澤局長ヨリ「ドーマン」參事官ニ申上ケアル通ナルカ華府ニ於ケル談合ノ都合ニ依リ右案ヲ國務省側ニ提出スル事トナリ居ル次第御含置アリタシ。

(付記一)

昭和十四年十二月二十二日野村「グルー」第四回會談ノ際米國側ノ手交セル「プロ、メモリア」(要旨)

一、米國政府カ健全ナル國際關係ノ基礎要件ト目スル周知一定ノ原則及手續ヲ基礎ト爲ス限リ同政府ハ凡テノ國ト通商取極ヲ締結スルノ用意アリ

二、同政府ハ無差別待遇ヲ其ノ通商政策ノ根本原則ト思考シ且通商上ノ權利及機會ノ均等ノ原則ヲ以テ新通商取極締結ノ唯一ノ基礎條件ト爲スモノナリ過去ニ於テ通商上ノ制限カ主トシテ關稅ニ存シタル時代ニハ均等待遇ノ一般

的相互的誓約ニ依リ事足リタルモ近年ノ如ク割當、獨占、爲替管理、輸出入制限、送金制限等ニ依リ貿易ヲ統制スルニ至リタル以上從來ノ均等待遇ノ一般的保障ヲ補足ス可キ新規定ヲ必要トスルニ至リタリ右ノ如キ近年ノ經驗ニ鑑ミ米國政府ハ新通商條約又ハ協定締結ノ代償條件トシテ先ツ以テ通商上ノ無差別待遇カ保障サレ且右待遇ヲ確保ス可キ措置ノ講セラル可キコトヲ要求ス

三、一國ト新通商條約又ハ協定締結交渉ヲ目論ムニ當リ米國政府ハ單ニ相手國政府ノ政策ヲ檢討スルノミナラス同國ノ第三國ニ於ケル政策及措置ヲ檢討セサルヲ得ス何トナレハ相手國又ハ其ノ出先機關カ第三國ニ於テ米國ノ通商上ノ權益ニ對シテ課スル差別待遇モ亦米國ニ對シ有害ナレハナリ然ルニ現在日本軍ノ占領スル支那ノ廣汎ナル地域ニ於テ斯ル差別待遇ハ爲替及通貨管理、輸出入ニ對スル課税竝ニ制限、獨占、竝ニ航運、旅行、居住、貿易ニ對スル制限ニ依リ行ハレツツアリ

四、右ノ如ク支那ノ廣汎ナル地域ニ亘リテ米國ノ通商權益ニ對スル均等待遇ヲ不可能ナラシムルカ如キ措置カ日本政府又ハ其ノ出先官憲ニ依リ講セラレ居ル限リ日本トノ新通商條約又ハ協定締結ノ障碍存在ス

五、新通商條約又ハ協定締結ノ交渉ニ入ルニ先立チ米國ノ行政府及立法部ハ共ニ相手國カ其ノ勢力範圍ニ於テ米國品及米國ノ事業ニ對シ與ヘ居ル具體的取扱ヲ檢討スルノミナラス右範圍ニ於テ相手國カ米國ノ通商一般ニ對シテ與フル一般的取扱ヲモ檢討スルモノナリ

六、米國政府ハ以上ヲ以テ新通商條約又ハ協定締結交渉ニ關シ考慮ス可キ重要問題ヲ指摘セル處日本政府ニ於テモ右問題ノ重要性ヲ認メラレンコトヲ希望シ且日本政府カ其ノ方針ノ實效ヲ示ス可キ具體的證據ヲ提示セラルルコトヲ欣幸トナスモノナリ

右問題中ノ或件ニ關シテハ「グルー」大使ト野村大臣トノ間ノ非公式會談ニ於テ既ニ討議セラレツツアルモ日本政府ニ於テ更ニ右問題ニ關スル情報ヲ要求セラルルニ於テハ米國政府ハ之ヲ提供スル用意アルモノナリ

(付記二)

日米國交是正ニ關スル意見書

(一四、一三、一七　對米政策審議委員會幹事會決定)

一、最近ノ野村大臣「グルー」大使間ノ會談ニヨリ米國政府ノ支那事變ヲ繞ル對日政策ノ眞髓ハ愈々明瞭化セラレツツアリ、米國政府ノ當面問題トスル點ハ新通商條約又ハ協定ノ締結自体ニ非スシテ米國側ニ於テ右締結ノ前提條件ノ一要素ト見做ス在支米國權益ノ取扱ニ關シ日本カ如何ナル政策ヲ執ルヤニアリ。而シテ本點ニ關スル米國側ノ態度ハ今日表面上ハ日本ノ支那ニ於ケル對米差別的待遇ニ對スル是正ヲ執拗ニ要求シソノ重點ハ米國ノ在支經濟的及文化的活動ノ保障ニ置キ居ルモノノ如キモ、元來日本ノ理想トスル東亞新秩序ノ經濟組織ハ政治的基礎ノ上ニ計畫セラレ居ルモノナルヲ以テ、米國ノ例ヘハ在支經濟權益ニ對スル均等待遇ノ主張ハ必然的ニ日本ノ支那ニ對スル政治的計畫ノ變更ヲモ要求スルコトトナルヘク、從ツテ米國ノ支那ニ對スル對日政策ハ本質上九ケ國條約ノ實質容認ノ要求ヲ重點トスルモノナルコトヲ認識セサルヘカラス。故ニ我方刻下ノ急務ハ左ノ如キモノト認ム

(イ)日本カ日米間無條約狀態ノ到來ヲ恐怖シ居ルカ如キ印象ヲ與フル事カ結局米國ノ對日壓迫ヲ累加スルモノナルコトヲ銘記スルコト

(ロ)前記ノ如キ米國ノ對日政策ニ對應シ米國側ノ要求シ來ルヘキ各項目ニ付日本ノ米國ニ對シ容認シ得ル眞ノ最後的境界線ヲ出來得ル限リ具体的ニ確定スルコト

(ハ)官民トモ右境界線ヨリハ一歩モ退却セサルヘシトノ腹ヲ据エ、米國ノ壓迫ニ對シ心的物的ノ準備ヲ爲スコト

二、尙右ニ關聯シ目下ノ日米關係ノ重大ニシテ聊カモ之ヲ樂觀シ得サルコト從ツテ擧國一致シテ之カ對策ニ當ラサルヘカラサルコトニ鑑ミ政府ハ一般國民ニ對シテモ事態ノ眞相ニ付常ニ適確ナル認識ヲ與フルコト極メテ必要ナリト認メラルルニ付、外務省ニ於ケル情報發表ニ當リテハ右ノ點ヲ特ニ留意スルト共ニ例ヘハ海外ヨリノ同盟通信ノ取扱ニ付テモ其ノ處置ヲ誤ラサルコト必要ナリ。

以　上

(付記三)

對米外交刷新ニ關スル意見書

昭和十五、一、十六

一、現下ノ帝國外交ハ東亞新秩序建設ノ最高目標ニ集中セラレサル可カラサルコトハ論ヲ俟タサル所ナリ。而シテ我

カ對米外交カ從來ノ消極的頰被リ主義ヲ脱シ積極的ニ右新秩序建設ノ軌道ニ第一歩ヲ踏出シタルハ一昨年十一月三日ノ近衞總理ノ聲明ヲ基調トセル同月十八日附ノ我カ對米回答ノ發出ニ在リト言フ可シ。當時廣東ノ陷落ニ次イテ武漢三鎭ノ攻略アリ、事變處理漸ク建設期ニ入ルト共ニ東亞新秩序建設ノ大理想澎湃トシテ全國民ノ間ニ湧キ其ノ國民的意氣タルヤ實ニ軒昂タルモノアリタリ。爾後一星霜餘其ノ間内外共ニ頗ル多端ナリシト雖モ事變處理漸ク外交ノ舞臺ニ入リ來ルト共ニ歐洲不安ノ惡化ト歐亂ノ再發ニヨリ國際ノ諸情勢我ニ有利ニ展開シ來リ今ヤ正ニ外交ノ眞價ヲ發揮シ發展日本ノ進路ヲ啓開ス可キ好機到來シ外交當局ノ責任益々其ノ重キヲ加ヘ來レリ。然ルニモ拘ハラスコノ重大時期ニ際シ我カ外交擔當ノ首腦者ハ、コノ一年前ノ國民的氣魄ヲ妄(忘カ)レタルカ如ク、東亞新秩序建設ノ大理想ヲ喪失セルカ如ク且又相手國ノ動向ヲ察知スルノ明ナク、毅然トシテ自ラヲ主張スルノ勇無ク、事變收拾ヲ急クノ餘リ國交調整ノ爲ニ根本ノ事變完遂ノ使命ヲ忽緒ニシテ本末顚倒ノ過誤ヲ犯シツツアリ。斯クテハ我外務當局モコノ發展民族ノ進路啓開ノ重責ハ果シ得ヘクモ無ク、東亞新秩序建設モ遂ニ外交ノ一角ヨリ崩壞ノ運命ニ在リト云フ可シ。我等帝國臣民トシテ又外務省事務當局ノ一員トシテ憂ヘサラント欲シテモ得サル所ナリ。

近時斯クノ如ク、事變意義ノ把握ニ於テ、國際情勢ノ認識ニ於テ、外交責任ノ自覺ニ於テ、將又對外政策ノ立案遂行ニ於テ、外務省主腦部ト事務當局ノ對立遊離ノ狀勢頗ル顯著ナルモノアルハ此ノ重大時局ニ際シ遺憾ノ極ミナリト云ハサルヲ得ス。然リト雖モ右諸點ニ關スル兩者ノ對立遊離ハ主腦部ノ不明ト不信ト眞劍味ノ不足トニ基因スルモノナルヲ以テ事務當局ニ對スル單ナル「デイシプリン」ヲ以テハ之ヲ解消シ得サル可ク、此ノ機ニ當リテ人事ノ刷新ヲ敢行シテ時局ノ要求スル適材ヲ適所ニ置キ、新ナル覺悟ト感激ヲ以テ再出發ヲナシ、以テ外務省ノ全機構及全智囊ヲ傾ケタル偉大ナル綜合力ヲ發揮シテ國家ノ要望ニ應エスンハ我等何ノ顏アッテカ　天皇ノ官吏ノ地位ニ止リ得ンヤ。

二、過去半歲ノ間ニ於テ外務省主腦部ト事務當局トノ間ニ根本的ナル意見ノ對立ヲ見タル事件三アリ、今其ノ對立ノ眞諦ヲ窮明スレハ左記ノ通リナリ。

(イ)米國ノ日米通商條約廢棄通告對策

昭和十四年七月二十六日米國カ通商條約廢棄ヲ通告シ來ルヤ右對策ヲ研究立案スル爲組織セラレタル關係課長ヨリ成ル對米政策審議委員會幹事會ハ數次會合ノ結果八月八日米國ノ斯ル非禮ナル措置ヲ其ノ儘ニ放置スルハ帝國ノ威信ヲ失墜スル所以ナルノミナラス益々ソノ對日壓迫ノ氣風ヲ增長セシムヘキガ故ニ、米國側ニ反省ノ機會ヲ與ヘテ彼ノ驕慢態度ヲ是正セシムルト共ニ我方ノ對米政策モ亦愼重ニ再檢討ヲ爲ササル可カラストノ信念ノ下ニ、駐米帝國大使ノ召還ト「ドウーマン」在京米國代理大使ニ對スル抗議申入レ等ヲ强ク主張シ、一方米國ノ非禮措置ヲ反撥スルト共ニ他方帝國ノ眞意徹底ノ爲突込ミタル話合ヲナスノ端緒ヲ得ンコトヲ期シタリ。

之ニ對シ關係局部長ヨリナル同審議委員會ハ八月二十日ニ至リテ漸ク、此ノ際米國ヲ刺激スルハ不得策ニシテ靜觀態度ヲ持ス可シトナシ、大使召還ニ關シテハ纔カニ在米公館ノ人事刷新ノ方針ヲ決定セルコトニ依リ可及的速ニ駐米大使ノ更迭ヲ行フ可キコトヲ承認シ更ニ右條約ハ米國側カ廢棄セルモノナルニヨリ我方ヨリ新條約締結ノ申出ヲ爲スコトハ嚴ニ差控フ可シト爲シテ對米宣傳機構ノ擴充ノ必要ナルコトヲ議決セリ。

然ルニ其ノ後今日迄ニ至ル經過ヲ檢スルニ、米國ハ我方ノ所謂靜觀實ハ無策態度ニ自信ヲ深メテ次々ニ對日强硬態度ニ出テ來リ又主腦部カ自ラ決セル在米公館ノ人事刷新竝宣傳强化ノ方針及條約問題ヲ我方ヨリ持出ス可カラストナス方針ハ一片ノ作文ト化シテ一ツハ何等ノ實行ヲ見ス、一ツハ自ラ其ノ方針ニ反シ節ヲ抂ケテ我方ヨリ條約問題ヲ米國側ニ持出スニ至リ其ノ不明ハ國家ヲ害シ其ノ不信ハ省内ノ人心ヲ倦マシメタリ。

(ロ)貿易省問題

昭和十四年十月初旬所謂貿易省問題惹起スルヤ、之ニ對處セル本省主腦部ノ出所進退ノ不明ナリシ事重(ママ)ハ敢テ玆ニ贅言セサル可シ。同問題ノ爲ニ鬪爭中我等ノ心頭ヲ離レサリシ切ナル念願ハ外務省カカク迄團結シテ國家ヲ憂ヒタルカノ眞劍サ、カノ眞面目サ、カノ意氣ヲ實際ノ外交政策ノ立案及實行ニ其ノ儘發揮シ以テ力強キ昭和維新ノ外交ヲ行ヒ度キコトナリキ。

然ルニ同問題ノ結末ヲ見ルニ、最モ責任ヲ執ル可キ主腦部ハ政局安定ノ名ニ壓セラレテ其ノ現職ニ止マリ恬然タルノミカ、其ノ後內閣ノ工夫セル所謂「誡告」テフ形式的議會對策ヲ甘受シ、剩ヘ引續キ不明朗且不合理ナル人事ヲ遂行シ爲ニ事務當局ノ主腦部ニ對スル不信、不滿ハ化シテ敗北的隱遁ニ非スンハ反動的抗爭トナリテ現レ、全省ノ協力体勢ハ漸ク崩壞ノ狀トナルニ至レリ。

(ハ)日米間暫定協定締結提議ト揚子江開放問題

十二月初旬外務省主腦部ハ日米間無條約狀態ノ出來ヲ極度ニ恐怖シ通商條約失效後ニ於テ兩國間ニ暫定協定ヲ有スルコトヲ國交上無上ノ要件ト認メ之カ締結ノ代償トシテ南京下流ノ揚子江ヲ開放スルコトニ決定シタルカ右ハ全ク事務當局ト無連絡ニ焦慮唐突ノ間ニ決定セラレタルモノナリ。事務當局ニ於テハ豫ネテヨリ無條約狀態ニ立到リテモ米國側ニ於テハ通商條約廢棄ノ政治的動機ニ鑑ミ平常ノ通商ノ妨害トナルヘキ日本船ノ載貨ニ對スル從價一割稅及日本船ニ對スル噸稅竝ニ燈臺稅ハ日本側ニ於テ特別ノ「ヂェスチュア」ヲ爲サストモ之ヲ賦課スルノ意無キコトヲ確信シ、關係方面ノ不安除去ノ爲此ノ點ニ關スル話合ヲ米國側ト爲ス可キ樣華府ニ訓令センコトヲ主張シ居リタルモ右ハ谷次官ノ容ルル所トナラスシテ其ノ儘トナリ居リタルカ、十二月ニ入リテハ右見透シノ正當性ヲ裏書キスル確實ナル情報ハ漸次桑港、華府及紐育等ヨリ續々齎サルルニ至レリ。一方事務當局ニ於テハ假令揚子江ノ開放ヲナストモ米國側ハ暫定協定ノ締結ニ應シ來ラサルハ勿論之ヲ以テ日本ノ對米屈服ト認メ益々ソノ對日要求ヲ重加シ來ルヘシト觀察シ當時對英外交ノ有力武器タリシ揚子江問題ヲ對米考慮ノ爲ノミニ使用スルノ有害無益ナルコトヲ力說シ、更ニ支那ヲ半殖民地ノ地位ニ置ク內河航行權問題解決ニ何等資セサルカ如キ開放ノ方法ヲ執ルコトハ東亞新秩序ノ理想達成ニ矛盾ス可キコトヲ聲ヲ大ニシテ唱ヘ來レリ。然ルニ外務省首腦部ニ於テハ「クリスマス」前ニ何等カノ對米「アピースメント」ヲ爲ササレハ米國ハ今年米國議會劈頭ノ大統領教書ニ於テ或ヒハ對日壓迫政策宣明ノ擧ニ出テ來ル可シトノ妄想ニ虜ハレ、且米國側ハ長江開放ニ應シテ必スヤ少ク共暫定協定締結交渉ニ應シ來ルヘシトノ誤レル期待ノ下ニ今次ノ措置ニ出テタル次第ナリ。其ノ米國ノ政治的動向乃至客觀的狀勢判斷ノ甚タ誤ナリシコトハ兩三日ヲ出テスシテ明瞭トナリ米國ハ支那ノ事態カ米國ノ希望スルカ如ク改訂セラレサレハ條約問題ヲ議スルノ意ナキコトヲ通告シ來リタリ。之ニ對シ自ラノ錯誤ヲ掩ハンカ爲ニ主腦部ハ恰モ米國カ我方ノ期待通リニ長江開放ニ對シ「レシプロケイト」シ來リ無條約狀態モ回避シ得ラルルカ如ク宣傳シ國民ヲ僞瞞セルモ、其ノ後米國ハ對日道義的禁輸ヲ擴大シ、海軍軍備擴張ヲ策シ、我方被害案件處置振リニ難僻ヲ付ケ來ル等、其ノ對日態度ハ我方ノ長江開放ニ「レシプロケイト」シ來ルドコロカ益々其ノ侮日的態度ヲ强化シ來リ、主腦部ノ不明ハ正ニ掩フ可クモナシ。若シ今後モ現主腦部カ對米政策ヲ續行スルニ於テハ聖戰ノ目的完遂ハ期ス可クモ無ク支那ノ山野ヲ染メタル我カ同胞ノ尊キ血潮モ嗚呼何等意義無キ喪失ニ終ル可シ。

三、我等ハ前記ノ如キ外務省内ノ實情殊ニ對米外交ノ現狀ニ付憂憤ヲ禁シ能ハス之カ打開ノ爲當面執ルヘキ政策トシテ左記諸點ノ實行ヲ建言スルモノナリ。

(イ)米國側カ今後對日壓迫ヲ重加シ來ルコトハ明カナルヲ以テ米國極東政策ノ眞髓ニ付明確ナル認識ヲ堅持シ東亞新秩序建設ノ理想完遂ノ爲我カ不退轉ノ決意ヲ更ニ强化シ若シ米國ニシテ右理想實現ニ對シ不斷ノ妨害ヲ加フルニ於テハ之ト一戰ヲ辭セサルノ腹構ヲ以テ海軍軍備ノ充實ニ努ムルコト。

(ロ)外務省内主腦部以下對米外交人事ノ刷新ヲ行フコト。

(ハ)一月二十六日日米間無條約狀態ニ入ルニ當リ駐米大使ヲシテ米國側ノ廢棄通告公文ニ對スル回答ヲ發シ「日本ハ米國ノ突然且非友誼的ナル通商條約ノ廢棄通告ノ結果日米關係カ異常ナル不安狀態ニ入リタルニ鑑ミ、コノ現狀打開ノ責任ハ當然米國側ニ在リト考ヘ、其ノ爲ニ米國側カ何等カノ措置ニ出ツ可キヲ期待シ、又我方トシテモ之ヲ「エンカレッジ」スルカ如キ建設的協調的努力ヲ拂ヒ來レルニモ拘ラス、米國側ニテハ何等建設的態度ニ出テ來ラス、遂ニ日米間ニ無條約狀態ヲ顯現セシメタルハ遺憾ニシテ、今後日米關係悪化スルコトアラハ米國側ハ之ニ對シ多大ノ責任ヲ負ハサルヘカラス」トノ趣旨ヲ通告セシメ、同時ニ駐米大使ニ歸朝ヲ命スルコト。

(ニ)日米間無條約狀態ニ入ルトモ通商上其ノ他何等特別ノ不便無キ筈ナルニ付、通商條約問題ハ一應コノ儘トナシ(日本側ニ於テ米國側ニ對シ無條約狀態ヲ恐ルルカ如キ印象ヲ與フルコトハ絶對不可ナルト共ニ此上我方ヨリ進ンテ條約ヲ欲スル如キ氣配ヲ示スコトハ極メテ不見識ナリ)對米外交ノ焦點ヲ新支那中央政權成立ヲ繞ル日米外交戰ニ轉ス可キコト。而シテ米國側ハ汪政權ヲ日本ノ傀儡政府ト見做シソノ成立ノ前後ニ於テ或ハ直接ニハ武力ニ依ル事態ノ變更不承認主義ノ主張又ハ道義的禁輸ノ累加ニヨリ間接ニハ借款供與ソノ他ニヨル援蔣行爲ニヨリ我方ノ中央政權樹立竝ニソノ强化ノ努力破壞措置ニ出テ來ル可キコト容易ニ豫測セラルル所ナルヲ以テ、右ニ對シテハ日本ハ日本側ト汪側トノ協定內容ヲ基礎ニ日本ノ之以上後退シ得サル線ヲ明確ニシタル上、米國ニ對シ帝國ノ決意不動ナレハ米國ニシテ若シ右最後線以上ニ日本ヲ後退セシメントスルニ於テハ日米正面衝突ノ不幸事態ニ立到ル可キコトヲ認識セシメ同時ニ九國條約ノ取扱方ニ關シ從來ノ消極的回避態度ヲ棄テソノ廢棄ノ爲執ルヘキ具体的措置ニ關シ用意ヲ整フルコト。

(ホ)右ノ如キ對米施策上日本ノ蘇獨伊諸國トノ關係ヲ有效適切ニ利用スルコト。

(ヘ)帝國議會ニ對シ對米政策ヲ特ニ明確詳細ニ説明シ其レヲ端緒ニ新對米交涉ニ入ル可キコト。有田外交カ野村外交ノ繼續ナリトノ印象ヲ米國側カ抱ク限リ米國ハ現在ノ侮日的追擊的態度ヲ反省セサル可シ。

(ト)日米懸案解決ハ總花主義ヲ廢シ、政治的意義多キモノ(主トシテ支那ノ不平等地位ニ關スルモノ)ハ此ノ際手ヲツケス、事務的處理又ハ日本商人ノ不當進出ノ抑制ニ依リテ解決シ得ル範疇ノモノニ付テハ道義的自主精神ニ基キ英斷的ナル處置ヲナスコト。政治的考慮及ヒ準備工作無シニ單ニ相手方ノ要求アレハトテ小出シニ總花式懸案解決ヲ計ルコトハ國內的摩擦ノミ多クシテ對外的效果少シ。

(チ)帝國議會ヲ通シ日本國民ニ日米關係ノ現狀竝米國ノ動

向ニ付正確ナル認識ヲ持タシムルト共ニ外務省外廓團体ノ動員、新聞紙其ノ他ノ利用講演會ノ開催等ニヨリ國民總体ヲシテ帝國ノ對米外交ヲ支援セシムルカ如キ態勢ヲ整フルコト。

(リ)對米宣傳方針及機構ヲ擴充强化スルコト。

以上

4 有田・グルー会談

1402 昭和15年1月22日 在米国堀内大使より有田外務大臣宛(電報)

対日禁輸法案への米国世論の支持は漸次高まっており日本は東亜新秩序構想を放棄すべきとの上院外交委員長の記者談話について

ワシントン 1月22日後発
本　省 1月23日後着

第七四號

二十日華府ＡＰニ依レハ「ピットマン」ハ記者ニ對シ元來米國ハ日本側ノ許可ヲ得スシテ揚子江ヲ遡行スル權利ヲ有セルカ現今ハ通貨ノ流通港灣ノ使用及往來ノ自由其ノ他ノ權利ニ付テモ日本側ノ規律制限ヲ受ケ居レリ米國ノ欲スル所ハ在支權益カ平等且公正ナル待遇ヲ受クルニ在リ之カ實現ノ爲ニハ日本ハ東亞ノ新秩序ヲ放棄スヘキナリ對日禁輸案ニ對スル米國輿論ノ支持漸次昂マリツツアリ議會ニ於テ同案ノ立法ヲ見ルヤ否ヤハ政府ノ意嚮如何ニ懸ル次第ナルカ未タ大統領及國務省ヨリ通報ニ接セスト語レル趣ナリ

尙同通信ハ條約失效後米國品ニ對スル協定税率適用ヲ維持スル爲來ル二十四日勅令發セラルヘシトノ東京朝日ノ報道ニ言及シ米官邊ハ未タ右ニ關スル反響ヲ示ササルモ確カナル筋ニ於テハ米ハ在支權益ニ對スル平等且公正待遇ノ保障ナキ限リ暫定協定交渉ニモ入ル意思ナキ旨ヲ洩セリト報シ又汪兆銘ハ揚子江再開實施及日本軍ノ漸次撤退等ノ好餌ヲ以テ列國ノ同政府承認ヲ誘フヘキモ米政府ハ滿洲國ニ對セルト同樣不承認ノ態度ヲ執ルコト必要ナリト報シタリ

1403 昭和15年2月(6)日 有田外務大臣より在上海三浦総領事宛(電報)

対日禁輸問題や日中和平問題などに関する米国新聞社主ハワードの意見について

本　省 発(編注)
上　海 2月6日着

在米大使來電

二月一日本使「ハワード」（「スクリプスハワード」系新聞持主）ト日米關係ニ關シ懇談シタルカ其ノ談話中左ノ諸點ハ米人中ノ輕視シ難キ意見ヲ反映スルモノト思ハルルニ付御參考迄申進ス

一、日米間無條約トナリタルコトハ遺憾ナルカ自分カ各方面トノ接觸ニ依リテ得タル觀察ニテハ日支事變カ片付ク迄ハ本條約ト云ハス暫定取極成立モ困難ナルヘシト思ハル

二、「エムバーゴー」法案ハ急ニ議會ヲ通過スルコトハナカルヘキモ或種ノ軍用資材ニ付事實上ノ「エムバーゴー」ハ實現スルノ可能性アリ例ヘハ屑鐵ニ付テミルニ或ル有力ナル製鋼業者ハ歐洲戰爭ノ爲鋼鐵ノ需要增加シツツアルニ拘ラス鐵ハ對日輸出激增ノ爲暴騰シ國內產業ニ不便ヲ招キツツアルヲ以テ早晩輸出制限又ハ禁止ノ必要アルヲ力說シ居タリ

三、日本政府ハ汪兆銘相手ニ支那事變收拾ヲ計ラントシツツアルモ蔣ハ容易ニ屈服セサルヘク又汪蔣間ノ妥協モ蔣側ノ結束固キ今日其ノ見込殆ント少ク日支間ノ平和囘復ハ仲々實現セサルヘシ、又日本ノ右行キ方ニテハ今後日米國交調整ハ極メテ困難ナルヘキヲ恐ル

四、滿洲國ニ關シテハ條約論ハ暫ク措キ其ノ存在ハ既成ノ事實ナルニ付今更問題トスルノ要ナシト考フルモ米人ノ最モ重視スルハ支那ノ經濟的將來ナリ、日本當局ハ今囘モ第三國權益尊重ヲ聲明セラレタルカ米人ノ或ル者ハ滿洲國成立當時ノ聲明同樣事實上空手形ニ終ルナキヤヲ懸念シ又或者ハ假令然ラストスルモ日本人ハ事實上獨占的地步ヲ占メ米人活動ノ餘地ハ頗ル少カルヘシト見居レリ

五、日本ノ對支和平條件ニ關シテハ若シ支那ノ主權及領土保全ヲ確保スルト共ニ反共地帶ノ設定反日教育及抗日政策ノ放棄地理的接近ニ依ル特殊地位ヲ認ムル日支間ノ經濟協力ノ如キ程度ニ止リ卽チ近衞聲明中ノ或ル條件ヲ以テ滿足スルニ於テハ米國輿論ハ之ヲ支持スヘク日米間ノ友好ハ容易ニ囘復スヘシ云々

右ニ對シ本使ヨリ米側ノ對日經濟壓迫ノ危險ナル所以、我方ノ汪政府支持ノ方針、在支第三國權益問題、日本ノ事變處理方針等ニ關シ詳細說明シ置キタルカ「ハ」ハ日米關係改善ノ爲ニハ出來得ル限リ協力スヘキ旨述ヘ居タリ

編注 本電報は在上海日本総領事館の罫紙に手書きで書かれており、発電日時および電報番号は不明。

1404 昭和15年2月8日 在米国堀内大使より 有田外務大臣宛（電報）

衆議院での九国条約廃棄論に対する米国政府筋の反響について

ワシントン 2月8日後発
本　省 2月9日夜着

第一七〇號

衆議院ニ於ケル九箇國條約廢棄論ニ關シ米政府筋ノ反響ナリトテ七日ノ紐育「タイムス」華府通信ノ報スル所左ノ通リ

米政府ハ九箇國條約ハ關係國ノ同意ニ依リテノミ變更乃至廢棄シ得ヘシトノ立場ヲ依然堅持シ日本議會ニ於ケル單獨廢棄論ニ依リ左右セラルルモノニアラサル處右ニ關シ政府係官ハ米ハ一九三八年十二月三十一日ノ對日「ノート」中ニテ一切ノ權利ヲ留保シ且支那事變ノ結果トシテ右權利カ毀損セラルルヲ肯セサルヘキ旨ヲ表明シ居ル點ヲ指摘シテ右ハ今後モ變リナシト述ヘタルカ官邊ニ於テハ本件論議ハ日本ノ國内問題ナルコト及「グルー」大使ハ日米關係全般ニ亘リ外務省ト會談ヲ續行中ナルニ付米政府ハ當分ノ間同大使ヲ通シ對日立場ヲ表明シ居ルコトヲ理由トシテ右論議ノ批評ヲ差控ヘ居レリ尚前記「ノート」ニ對シテハ日本政府ハ回答シ居ラサルモ右ノ中ニテ米政府ハ常ニ協定ハ變更シ得ルモ右變更ハ商議ニ依リ締約國ノ同意ヲ得テ合法的ニ爲サルヘキヲ主張シ米ノ權利義務カ他國ノ機關或ハ官憲ノ獨斷的行爲ニ依リ取消サルルニ同意シ得スト述ヘ居ル次第ナルカ九箇國條約ニハ締約國ハ必要ニ應シ協議シ得ル規定アル外ハ廢棄ニ關スル條項ナシ

1405 昭和15年2月9日 在米国堀内大使より 有田外務大臣宛（電報）

米国陸軍長官が堀内大使との会談において日米国交を調整して通商関係を常態に復すべきとの意見表明について

ワシントン 2月9日後発
本　省 2月10日後着

第一七八號（館長符號扱）

客年往電第一二八九號ニ關シ

九日本使陸軍長官ト會談ノ際

㈠同長官ハ日米條約失效後モ通商ハ支障ナク行ハレツツアリヤト問ヘルニ付今日迄自分ノ承知シ居ル所ニテハ邦人關係ノ商取引及我船舶ニ對スル取扱等ニ關シ格別故障ナキ模様ナルモ何分無條約ニテハ將來ノ不安定ノ爲精神的影響アルヲ免レス日米兩國ノ爲成ルヘク速ニ何等カ諒解ニ達スルコト必要ナリ何レ近ク有田大臣ト「グルー」大使トノ間ニ會談再會(開カ)セラルヘシト答ヘ置ケリ

㈡次ニ同長官ハ日支事變ハ何時頃終結ノ見込ナリヤト尋ネタルニ付日本政府ハ事變處理ニ最善ノ努力ヲ爲シツツアリ客年來汪兆銘ノ和平運動ヲ助ケ之トノ間ニ大體和平條件ヲ話合ヒ新政府近ク成立ノ筈ナルカ歐米ニテハ汪ヲ目シテ傀儡政府ト爲シ居ルモ汪ハ種々要求ヲ出シ日本側モ充分其ノ獨立的立場ヲ尊重シ折衝數箇月ニ及ヒ之カ爲新政府成立暇取リタル事實ヲ見テモ所謂傀儡政府ニアラサルコトヲ知ルヘシト述ヘ尚門戸開放問題ニ關スル日本政府ノ方針ニ付米國ニ於テハ今猶疑惑存スル模様ナルモ日本側ハ在支米國權益ノ保護ニ最大ノ注意ヲ拂ヒツツアル次第ヲ説明シ置ケリ

㈢同長官ハ歐洲戰爭及日支事變終局ノ上ハ世界各國ハ必スヤ非常ニ困難ナル經濟狀態ニ當面スルコトトナルヘク卽チ戰時經濟ヨリ平時經濟ヘノ轉換期ニハ生產及貿易ノ混亂失業者ノ氾濫等容易ナラサル問題續出シ來ルヘキコトハ豫想ニ難カラス日米兩國ハ經濟上互ニ影響スル所大ナルニ付兩國トモ今日ヨリ速ニ國交ヲ調整シ通商關係ノ常態ヲ維持シ置クコト大局上極メテ緊要ナリ自分ハ日米兩國（關係）ハ調整シ得サル筈ナシト確信シ居リ此ノ趣旨ハ是迄閣議ノ席上常ニ力說シ居レル處ナリト述ヘタリ

～～～～～～～～

1406

昭和15年2月21日

事変に関連した日米懸案中解決済みの案件に関する情報部発表

昭和十五年二月二十一日日米懸案中解決セルモノニ關シ情報部發表

帝國ハ今事變ニ關聯シテ發生シタル第三國トノ懸案ニ關シ、

既定方針通リ公正ナル解決ニ努メ來レル處、最近此種懸案中米國關係被害案件ニシテ解決ヲ見タルモノ左ノ通リ
米國關係被害案件ノ最モ多キ中支方面ニ於テハ、現地調査殆ンド完了シ、目下解決ノ爲メノ交渉ニ入ル段取リトナリ居レリ

甲、先ヅ東京ニ於テ公式ノ外交交渉トナリタル被害案件ノ中

㈠空爆ニ依ル被害案件ハ、大部分我方占領域外ノモノナルヲ以テ、實地調査不可能ナルコト云フ迄モナキ處ナルガ、其ノ中生命身體ニ被害ヲ與ヘタル河南省桐柏、廣東省羅定ノ事件ニ對シテハ、適當ノ見舞金ヲ交付シテ解決セリ

㈡占據、破壞、搬出、使用、迫害等ニ依ル被害案件ノ中解決セルモノハ左ノ如シ(十件)

(1)上海華德路所在米商コーフア藥種會社要償事件
(2)上海閘北停車場內所在水道鐵管問題
(3)上海タンシン路在住ヂエームス・マヂソン・ドイル氏要償事件
(4)上海靜安寺路所在外國人キリスト教青年會要償事件
(5)南通州ニ於ケルスタンダード・ヴアキユーム石油會社所屬汽艇徵用事件
(6)蘇州所在米國教會所屬財產占據事件
(7)開封所在靜宜女子中學校閉校問題
(8)廣東省韓江上ニ於ケル米人誤射事件
(9)芝罘ニ於ケル米人檢索事件
⑽上海ニ於ケル二米人侮辱事件

乙、其他現地限リニ於テ問題トナリ最近解決セルモノノ內、當方ニ判明セルモノノ中重ナルモノヲ擧グレハ左ノ通リナリ

(玆ニ揭グルモノハ中央ノ交渉問題トナラザルモノナルヲ以テ、外務大臣ノ豫算委員會ニ於ケル豫算ノ中ノ七十三件ニ入ラザルモノナリ)

(1)上海江灣輿秀路所在米國教會墓地使用問題
(2)上海O・S・K及虹口碼頭所在鐵管處分問題
(3)上海賓樂安路所在米國教會財產使用問題
(4)上海虹橋路在住アリス・アレン要償事件
(5)南京下關ロバート・ダラー木材會社要償事件
(6)石家莊所在米國教會財產使用事件
(7)開封所在米國教會住宅侵害事件

(8) 徐州所在米國教會職員検束事件
(9) 北京在住米人牧師住宅侵害事件

1407 対日禁輸法案の米国議会通過の見通しなどに関する上院外交委員の内話報告

昭和15年3月13日　在米国堀内大使より 有田外務大臣宛（電報）

ワシントン　3月13日前発
本　　　省　3月13日夜着

第三五六號（極祕）

汪政府ノ成立目睫ニ迫レル此ノ際特ニ上院外交委員ノ間ニ東亞新秩序ノ認識ヲ深メシムルコト然ルヘシト存シ十二日「ナイ」（「ノースダコタ」共和）及「レーノルズ」（「ノースカロライナ」民主）ト懇談シタルカ

一、「ナイ」ハ日獨伊防共協定ハ軍事條約ヲ含マスト了解スル所然ルヤト尋ネタルニ付其ノ通リナリ實ハ同協定强化ノ計画アリタルモ昨夏獨蘇不侵略協定成立ノ直後日本政府ハ右計畫打切リヲ聲明シタルカ防共協定ハ何等變更ナキ次第ニシテ日本ハ依然トシテ防共ノ方針ヲ堅持シ對支政策ニ於テモ之ヲ一眼目ト爲シ居レリト答ヘタルニ「ナ」ハ日本カ東亞ニ於ケル赤禍ニ重大關心ヲ有スルコトハ當然ニシテ自分ハ日本カ獨蘇ト結合スルカ如キコトハ考ヘ得スト述ヘ更ニ本使ヨリ東亞新秩序ノ意義、門戸開放ノ方針、支那復興ニ伴フ投資及貿易ノ有望ナルコト之カ爲日米協力ノ必要ナルコトヲ說キ又日米間ニ解決シ難キ政治問題ナク且貿易モ互助的關係ニアルニ拘ラス支那事變ノ爲困難ヲ生シタルヲ遺憾トシ歐洲ノ情勢ニ顧ルモ日米國交調整ノ急務ナルコトヲ述ヘタル處「ナ」ハ一々頷キテ同感ヲ表シ支那事變ノ爲米國民ノ感情ニ深キ影響アリタルハ遺憾ナルカ幸ヒ禁輸案ハ今會期ニ於テハ取擧ケラレサルコトトナリタルハ結構ナリ來議會ニ於テモ恐ラク問題トナルコトナカルヘシト言ヘリ

二、「レーノルズ」ハ自分ハ豫テ日本ニ對シ友好的態度ヲ持シ來リ日本カ支那大陸ニ發展スルハ當然ニシテ米國トシテ何等之ニ容喙スヘキ筋合ニアラス蔣政權ニ對スル共産黨ノ勢力増大シ居ルニ拘ラス輸出入銀行カ曩ニ二千五百萬弗ノ「クレヂット」ヲ支那ニ與ヘ今回又二千萬弗ノ「クレヂット」ヲ提供シタルハ結局共産黨援助ト成ル譯

ニテ自分ハ之ニ反對ナリ米國カ支那ニ於ケル僅カ一億弗位ノ投資ヲ救ハンカ為日本トノ數億ノ貿易ヲ失フカ如キコトアラハ愚ノ至リナリトノ持論ニテ禁輸案ニモ終始反對シ來リ自分ノ出身州タル「ノースカロライナ」ハ一「エーカー」當リノ棉花ノ生産高ニ於テ米國第一ナルカ伯剌西爾埃及ノ如キ有力ナル競争國現ハレ居ル今日米國ハ海外棉花市場トシテ日本ヲ重視セサルヘカラスト述ヘ又本使ノ問ニ對シ禁輸案ハ外交委員會ニ於テモ早ヤ通過ノ見込ナシ「バンデンバーグ」反對シ「ビツトマン」モ醒メ來リ「シユエレンバツク」モ余リ之ヲ口ニセサルコトト成リタルハ御承知ノ如シト答ヘ更ニ本使ヨリ我對支政策及日米關係ニ關シ「ナ」ニ對スルト大体同様ノ説明ヲ為シタル處「レ」ハ目下大統領選擧ヲ控ヘ日米關係モ政治的ニ利用セラレツツアル嫌モ(アリ)新政府トモ成ラハ追々好轉スヘシト言ヘリ

尚「レ」ハ今夏再ヒ日本ヲ訪レ朝鮮ヲ經テ滿支各方面ヲ視察シタキ意嚮ヲ洩ラシタルニ付右ハ極メテ時宜ヲ得タル企ニシテ我方當局ニ於テ充分便宜ヲ供與スヘキコトヲ告ケ置キタリ此ノ點ニ付テハ詳細別電(第三六〇號)ス

伊ヘ轉電セリ

伊ヨリ英、獨、白ヘ轉電アリタシ

佛、露ヘ轉電アリタシ

1408 昭和15年3月15日 在米国堀内大使より有田外務大臣宛(電報)

日米間に新通商協定の速やかな成立を望み対日禁輸法案は中国の事態が改善すれば問題とならないなどバンデンバーグの内話報告

ワシントン 3月15日後発
本省 3月16日後着

第三七〇號

往電第三五六號ニ關シ

十四日上院外交委員「バンデンバーグ」(御承知ノ通リ共和黨大統領候補ノ一人)ト會談ノ要旨左ノ通リ

一、「バ」ハ日米間ニ友好關係ヲ保チ得サル理由ナシト言ヘルニ付本使ハ其ノ通リナリ兩國間ノ問題ハ支那事變ニ關聯シテ起リタルモノニシテ在支米權益ニ對シテハ日本側ニ於テ特ニ注意ヲ拂ヒ居ルニ拘ラス何分大規模ノ軍事行動行ハレタル爲時ニ損害又ハ不便ヲ生スルヲ免レサリシ次第ナルカ最近損害事件モ着々解決シ新ナル事故モ殆ント發生セス且上海其ノ他ノ事態モ大イニ改善ヲ見タル實情ニシテ他方近ク汪政府成立ノ上ハ日本ハ速ニ之ヲ承認シテ和議ヲ講シ追々復興ニ向ヒ得ヘク汪蔣兩政權ノ關係モ速ニ調整ノ途アルヘシト述ヘタル處「バ」ハ現地ノ事態改善ヲ見ツツアルヲ聞クハ喜ハシキコトナリ新政府トノ間ニ和平成リ日本軍ハ漸次北方ニ撤去セラレ戰闘少クナリ殊ニ爆撃ノ報ヲ聞カサルニ至ラハ米國民ノ對日感情モ追々緩和スルニ至ルヘシト語レリ

二、次ニ昨夏自分ノ上院ニ提出シタル條約廢棄決議案ニ付テハ新聞中之ヲ曲解シタルモノアルモ自分ハ毫モ日本ニ對シ悪意ナク新條約ノ交渉ヲ期待シ居ル次第ナリト言ヘルニ對シ本使ハ條約失效後モ日米兩政府ノ措置ニ依リ實際上通商ハ支障ナク行ハレ居ルモ將來ノ不安定ヲ除ク爲ニハ成ルヘク速カニ何等カ協定成立スルコト双方ニ執リ利益ナリト述ヘタルニ正ニ其ノ通リニテ自分モ速カニ斯クナランコトヲ希望スト答ヘ本使ヨリ此ノ際日米關係ヲ好轉セシムル爲ニハ双方トモ努メテ相手ヲ刺戟スルカ如キ措置ヲ避クルコト肝要ナリ例ヘハ對日禁輸案ノ如キ幸ヒ貴下ハ反對ノ態度ヲ表明セラレ居ルモ斯ル案ハ兩國國交ニ有害ニシテ又對支「クレヂット」提供ノ如キモ甚タ遺憾ナリト述ヘタル處「バ」ハ禁輸案ハ支那ノ事態改善セハ問題トナルコトナカルヘク又「クレヂット」ハ支那ヨリ錫ヲ得ル爲ナルカ兎モ角米國側ニテモ抑制ニ努ムヘク日本側ニ於テモ「パネイ」號ノ如キ事件ノ再發ヲ避ケラレ且懸案解決事態安定ニ盡力セラレンコトヲ希望スト述ヘタリ

伊ヘ轉電セリ

佛、蘇、滿ヘ轉電アリタシ

伊ヨリ英、獨、白、土ヘ轉電アリタシ

1409　昭和15年4月5日　在米国堀内大使より有田外務大臣宛(電報)

中国新中央政府成立に関する米国上院外交委員らとの意見交換について

ワシントン　4月5日後発
本　　省　　4月6日夜着

第四七九號

往電第四三一號ニ關シ

四日及五日本使ノ宴會ニ於テ上院外交委員「グリーン」及「ガフイ」（共ニ共和）竝ニ赤十字社總裁「ノルマンデービス」ニ對シ本使ヨリ汪政府成立ノ經緯ヲ說明シ殊ニ汪カ孫文門下ノ逸材ニシテ日支提携ニ依リ東亞恆久ノ和平ヲ確立セントスル其ノ遺志ヲ繼キ自發的ニ重慶ヲ脫出シタルモノニシテ新政府ヲ傀儡視スルノ甚タ見當違ナルコト現ニ重慶側カ百數十名ニ對シ逮捕令ヲ發セル事實ハ卽チ如何ニ多數ノ要人カ汪ノ傘下ニ集リ居ルカヲ立證スルモノナルコト新政府カ財源ヲ確保シ軍隊ヲ編成シ自力ヲ以テ充分秩序ヲ同復スル迄ニハ相當ノ時日ヲ要スヘキモ同政府ノ成立ハ和平ニ對スル最モ重大ナル第一歩ナルコトヲ强調シ置キタルカ「デービス」ハ貴說ノ如ク此ノ際汪政府ヲ目スルニ傀儡ヲ以テスルハ適當ニアラス暫ク其ノ實績ヲ見ルコト必要ナリト述ヘ居タリ尙「グリーン」ハ禁輸法案ハ國務省ノ意嚮ノ如ク外交委員會ニ於テ審議ヲ見合セ居ル處今後モ國務省ノ出方如何ニ懸ル次第ナリト述ヘ「ガフイ」モ米國民ノ對日感情ハ最近餘程沈靜シ來タレリ尤モ我々ノ手許ニハ今日ト雖屢々各方面ヨリ陳情書接到シ居ルモ之ヲ取上ケ居ラサル譯ニテ腹臟ナク言ヘハ三、四箇月前ニハ日本大使館ノ招宴ニ赴クコトスラ友人間ノ批評ヲ氣兼ネスル位ノ空氣ナリシ次第ナリト語レリ尙「グ」ハ本使ノ問ニ對シ米人ノ對蘇感情ハ昨年ノ紐育博覽會ニ依リ宣傳其ノ他カ效果ヲ奏シ一時餘程好轉シ居タルカ其ノ後獨蘇協定北歐侵出殊ニ芬蘭侵略ノ結果頓ミニ惡化シ今尙頗ル不良ナリト述ヘタリ

英ヘ轉電セリ

英ヨリ佛ヲ除ク在歐各大使ヘ轉電アリタシ

大臣ヨリ佛ヘ轉電アリタシ

1410 昭和15年5月31日 在米国堀内大使より有田外務大臣宛（電報）

米国国防増強等の必要から軍需資材の輸出禁止ないしは制限が実現する可能性につき報告

ワシントン 5月31日後発
本　　省 6月1日後着

第七九七號

歐洲戰局ノ推移ニ伴ヒ米國カ究極ニ於テ其ノ參戰避ケ難キ

場合アリ得ルコトヲ考慮ニ容ルルト同時ニ戰後ノ事態ニ備ヘ有力ナル發言權ヲ把握セントスル下心ヨリ目下國防増强策ニ熱中シ居ル次第ハ累次電報ノ通リナル處新聞所報ニ依レハ右國防强化實現シ必要ナル軍需工業ノ擴張ヲ圖ル爲陸軍省ハ最近内密ニ國内ノ工作機械工業ノ實情ヲ調査セル結果多クノ工場ハ本邦ヨリノ註文ニ應シ居ルコト及日本ハ工作機械ノ莫大ナル貯藏ヲ有シ居ルニ拘ラス有事ノ日ニ備ヘ屑鐵ト共ニ之カ註文ヲ爲シ居ルコト判明セル趣ニテ右ハ軍需工業擴張ヲ阻害スル惧アリト報道シ居リ之カ爲巷間又復屑鐵及工作機械ノ對日「エンバーゴー」ヲ説クモノ現ハレ來リ居ル有樣ナリ此ノ際對日壓迫手段トシテノ禁輸法案カ成立スルニ至ル情勢ハ未タ之ヲ認メラレサルモ米國國防増强ノ必要上乃至英佛援助ノ必要上等ヨリ一般的ニ軍需資材ノ輸出禁止又ハ制限ノ實現ヲ見ルニ至ル可能性ハ多分ニ在リ現ニ「メイ」下院陸軍委員長ヨリ提出シ二十四日下院ヲ通過セル陸軍航空隊増强法案（往電第七六七號ノ一〇）ニシテ愈々成立スル場合ニハ同法案第三節（別電第七九八號(省略)）ノ規定ニ依リ大統領ハ國防上必要ト認ムル總ユル軍需資材ノ輸出ヲ禁止又ハ制限シ得ルコトトナリ其ノ結果屑鐵、工作機械等ノ輸出モ實際上頗ル困難トナル事態生スルコトアルヘキニ付右ノ如キ場合ニ處スヘキ對策等豫メ考究シ置カレタシ

別電ト共ニ紐育ヘ轉報セリ

1411　昭和15年6月1日　在米国堀内大使より有田外務大臣宛（電報）

米国税関による工作機械や航空部品の輸出差止めに関する日本郵船の報告について

ワシントン　6月1日後発
本　　　省　6月2日前着

第七九九號（至急）

一日三菱紐育支店ヨリノ通報ニ依レハ

一、六月一日朝紐育税關ヨリ日本船會社ニ對シ今後何分ノ沙汰アル迄 Machinery, Machine-Tool, Aero-Engine and Parts, Motors ノ積出シヲ差控フル樣通牒越シタルニ付

二、右ニ對シ郵船ヨリ問合セタル處

(イ)本件措置ハ華府ヨリノ命令ニ基キタルコト

(ロ)明文規則ニ基キタルモノニアラサルモ兩三日中ニ規則

發令ノ豫定ナル由

(ハ)右差止命令ニ對シテハ業者側ヨリ積荷ニ關スル詳細(製作者ノ名前 Serial Number of Machine, Numbers of Machines 及 Electric Equipment ニ付テハ A.C., D.C. ノ區別)ヲ通知セハ右ヲ華府ニ移牒シ其ノ許可アル場合差止ヲ解除スルコトアルヘシ

(ニ)既ニ積込ヲ了セルモノニ付テハ本件ノ適用無シ

(ホ)本件措置ハ國防ノ見地ヨリ採ラレタルモノニシテ日本ニ對シテノミ爲サレタルモノニ非スシテ各國ニ對シ同様適用セラルル趣ナリ

在米各領事へ轉電セリ

1412 工作機械や航空部品の輸出制限に関し米国国務省へ照会について

昭和15年6月1日　在米国堀内大使より有田外務大臣宛(電報)

ワシントン　6月1日後発
本　省　6月2日前着

第八〇〇號(至急)

往電第七九九號ニ關シ

一日正午不取敢森島ヲシテ「グレーデイ」國務次官補ヲ往訪冒頭往電ノ内容ヲ通報スルト共ニ㈠右税關ノ命令ノ根據如何ヲ承知シタク㈡右税關ノ命令ハ既積込品ト積込未了ノ物トヲ區別シ居ルハ腑ニ落チス至急積込許可方措置セラレタキコト㈢軍需資材等ヲ許可制度トスル法規制定ノ場合ニモ少クトモ既契約品ハ除外セラルヘキモノナルコトヲ申入レシメタル處「グ」ハ歐洲ノ情勢ニ鑑ミ國防ノ見地ヨリ軍需資材等ヲ許可制度トスル目的ヲ以テ議會ニ於テ法規制定ヲ取急キ居ルコトハ事實ナルモ右税關ノ命令ハ初耳ニテ何等知ル所ナキヲ以テ㈠及㈡ニ付テハ早速關係方面ニ照會ノ上何分ノ儀御知ラセスヘク㈢ハ要スルニ法令ノ内容如何ニ依ル問題ナルカ自分トシテハ現在議會ニテ審議中ノ法案ハ既契約品ニ付テハ何等觸レ居ラスト承知シ居レリ然シ米國トシテモ白蘭等トノ間ニ物資購入契約成立シタルニ拘ラス白蘭政府ノ方針ニ依リ現ニ輸入シ得サル物資多量アル旨答ヘタリ依テ森島ヨリ我方トシテハ成ルヘク速ニ回答ヲ得タク本日午後ニテモ伺ヒ得ヘキヤト述ヘタルニ「グ」ハ成ルヘク右様取計フヘシト答ヘタル趣ナリ不取敢

在米各領事ニ轉電セリ

1413 昭和15年6月1日 在米国堀内大使より有田外務大臣宛(電報)

工作機械等の輸出制限は国防上の理由に基づき大統領の権限によって行われるものとの国務省回答について

ワシントン 6月1日後発
本省 6月2日後着

第八〇九號

往電第八〇〇號ニ關シ

一日午後「グレーデイ」ヨリ森島宛本件税關ノ命令ハ大藏省ノ命令ニ基クモノニシテ米軍備擴張ノ爲國防上 essential ナル war material ノ積出ヲ差止メタルモノニシテ右ハ大統領ノ general powers ニ基クモノナリ尚本件命令ハ各國ニ對シ一樣適用セラレ差別的ナラサル點ニ御留意アリタク詳細ノ點ハ Control office ノ Green ト話シ合ヒセラレタキ旨電話越セリ三日 Green ト話合ヒノコトトスヘシ

在米各領事へ轉電セリ

1414 昭和15年6月3日 在米国堀内大使より有田外務大臣宛(電報)

工作機械等輸出制限の詳細に関し国務省係官へ照会について

ワシントン 6月3日後発
本省 6月4日後着

第八一〇號

往電第八〇九號ニ關シ

三日森島「グリーン」ニ會見往電第七九七號内容竝ニ國務次官補ト會談ノ次第ヲ話シ且本件事情ヲ明カニシタキ爲來訪セル次第ナル旨前提シ次官補ニ對スルト同樣三點ヲ申入レタルニ「グ」ハ一々「メモ」ニ認メタル上自分ハ本件ニ關シ何等承知セサルヲ以テ取調ノ上回答スヘク議會ニ於テ必要ニ應シ軍需資材輸出ヲ差止ムル趣旨ノ法案審議中ナル爲本件命令ハ右ニ關係スルモノナルヘク陸海軍トシテハ外國ノ既約品中ニ於テモ國防上必要ト認メラルルモノヲ差止メントスルモノナルヘシト答ヘタリ依テ森島ヨリ次官補ノ

述ヘタル General Powers ニ言及シ emergency ノ宣言アリタル上ナラハ兎モ角右宣言ナキニ本件命令ノ發出アリタルハ如何ト尋ネタルニ「グ」ハ partial emergency ハ既ニ宣言セラレ居リ又既約品ニ關シテハ賠償支拂ノコトトナルヘシト思考スル旨答ヘタルノミニテ何等要領ヲ得サリシ趣ナリ

在米各總領事ニ轉電セリ

「ホノルル」ニ暗送セリ

1415 昭和15年6月5日 在米国堀内大使より有田外務大臣宛（電報）

工作機械等輸出制限の詳細に関する国務省係官の回答振りについて

ワシントン 6月5日後発
本　省 6月6日後着

第八二七號

往電第八一〇號ニ關シ

五日森島「グリーン」ヲ往訪前同ノ會談ニ引續キ本件命令ノ法的根據ヲ質シタルニ「グ」ハ未タ機械類ノ輸出ヲ禁止シタルニ非ス急速ニ軍備ヲ確立スル爲米ノ陸、海軍ニ於テ如何ナルモノヲ必要トスルヤ目下取調中ニシテ右ノ爲外國側ノ註文品中ニ於テ右ニ該當スルモノナキヤ否ヤ取調ノ要アリ右ノ爲積出ヲ差止メタルニ過キス萬事ハ今週中ニ法規制定ノ運ヒトナリ又陸海軍側ニ於テ必需品目ヲ決定スヘキニ依リ右ニ依リ萬事明白トナルヘシト答ヘ森島ヨリ種々ノ角度ヨリ追及シタルモ「グ」ハ軍備確立ノ必要ヲ繰返スノミニテ回答ヲ避ケタリ依テ森島ヨリ新聞所報ニ依レハ英佛ニ對スル資材ノ供給ヲ取急ク趣ノ處果シテ然ラハ差別待遇ニ非スヤ又工作機械ノ種類如何ト尋ネタルニ「グ」ハ英佛ニ對スル米ノ態度ハ御承知ノ通リナルカ今次ノ差止ニ當リテハ米陸海軍ニ利害關係アルモノヲ一樣ニ差止メタル次第ニシテ法規制定ノ場合ニ於テモ種類ノ如何ヲ問ハス工作機械全部ヲ差止ムルカ如キコトナカルヘク右ハ陸海軍ニ於テ必要ト認ムルモノノミニ限定セラルルモノト思考スルモ右ノ具體的内容ハ制定セラルヘキ法規ノ内容竝ニ右ニ從テ爲サルヘキ陸海軍ノ決定ノ內容如何ニ依ルモノナリト答ヘタルニ付森島ヨリ更ニ既約品ノ除外ノ點ヲ述ヘタルニ「グ」ハ目下審議中ノ法規ハ既約品タルト否トニ關シ何等區別ヲ

設ケス從テ既約品ト雖一様ニ法規ノ適用ヲ受クヘキ旨答ヘタリ

在米各領事ヘ轉電セリ

1416　昭和15年6月7日　在米国堀内大使より有田外務大臣宛(電報)

工作機械等輸出制限の不当を国務長官へ注意喚起について

ワシントン　6月7日後発
本　　省　6月8日後着

第八四一號(至急、極祕扱)

七[1]日國務長官ニ會見シ本日ハ政府ノ訓令ニ基キ極メテ重要ナル通商問題ニ關シ御話シ致度シト冒頭シ本月一日在紐育本邦各船會社ハ同地税關ヨリ機械類、工作機械等ノ積込差止命令ニ接シ船會社及關係輸出業者ニ於テ甚タシキ迷惑ヲ蒙ムレル處右ハ中央ノ命令ニ基キ國防關係輸出品ノ取調ノ爲採ラレタル一時的措置ト了解シ居ルモ新聞所報ニ依レハ目下米議會ニ於テ軍需資材ノ輸出禁止又ハ制限ニ關スル權能ヲ大統領ニ附與スル法案審議中ノ趣ニテ右愈成立シ峻嚴ナル實施ヲ見ルニ於テハ日米通商ニ重大ナル障碍ヲ與フルコトトナルヘキヲ惧ル日米通商ハ條約失效後モ日米双方ノ措置ニ依リ大體故障ナク維持セラレ居リ又兩國ノ一般的關係ニ付テハ過般有田大臣ト「グルー」大使トノ間ニ現狀ヨリ悪化セシメサル様互ニ協力スヘキ旨ノ話合アリタルコト御承知ノ通リニシテ右ハ定メシ貴長官ニ於テモ御同感ノコトナルヘク日本側トシテモ米國國防上ノ必要ハ理解シ得ル所ナルモ夫レカ爲重要ナル日米通商關係ニ障碍ヲ來スコトハ甚タ遺憾ナルニ付工作機械其ノ他軍需資材ノ對日輸出ニ付テハ政府ノ最モ好意的ナル考慮ヲ希望スルモノナル旨申入レタル處長官ハ實ハ「ピットマン」ノ對日禁輸案ノ如キモ自分ニ於テ之ヲ抑ヘ來タレル次第ニテ日米通商及友好關係ノ維持ニ付テハ自分モ從來努力シ來リタリ尚又一般ニ國際平和國際法ノ維持ノ爲ニハ自分トシテ過去七箇年最善ノ努力ヲナシ來タレルカ不幸ニシテ歐洲ノ狀勢ハ刻々悪化シ來リ明日ニ昨夜ヲ知ラサル有様ニテ中立諸國ノ如キハ中立ヲ維持スル限リ充分ノ國防力ナクトモ安全ナルヘシト考ヘ居タルニ何處モ侵略ヲ蒙リタル實狀ナル爲米國國民ハ俄ニ現實ニ目覺メ中立國トシテノ安全保障ノ爲又西半球ノ治安維持ノ爲ニ此ノ際急速ニ國防ヲ充實强化スルノ必要ヲ痛感シ早晩徵兵制度ノ實施スラ免カレサル情勢トナリ大統領ハ厖大ナル國防增强案ヲ議會ニ提出シタル次第ニテ右實現ノ爲ニハ已ムヲ得ス軍需資材ノ輸入(出カ)統制ヲ爲ササルヲ得サルコトトナリ居リ勿論右ハ特定ノ國ヲ目標トセス各國ニ對シテ行ハルルモノナルカ日本其ノ他ノ國ニ於テモ國防上必要ナル緊急處置ハ同樣之ヲ實行シ居ラルルコトト思考ス右ハ米國側ノ措置ノ必要ナル理由ヲ說明申上クル次第ナルカ勿論右ト同時ニ貿易維持ノ必要ハ充分之ヲ認メ居リ米國ノ如キモ國內ニ於テ生產シ得サル物資約三十種ニ上ル位ニテ各國間ノ貿易增進ハ自分ノ年來主張シ來レル所ナルヲ以テ今囘ノ國防上必要ナル措置ノ實施ニ當リテモ日米通商上ノ障害ヲ少カラシムル樣充分考慮スヘキ旨ヲ答ヘタリ依テ本使ハ右考慮ヲ多トスル旨ヲ述フルト同時ニ更ニ一層具體的ニ我方希望ヲ申述ヘタシトテ第一稅關ノ積込差止命令ヲ至急解除セラレタキコト第二工作機械其ノ他一般機械等ノ既契約品ノ輸出ヲ許サレタキコト第三將來契約セラルヘキモノノ輸出ニ付テ出來得ル限リ寬大ナル取扱ヲ與ヘラレタキコトノ三點ヲ申入レ尙今後詳細ナル點ニ付テ森島參事官ヲシテ國務省係官ニ折衝セシムル樣致度シト言ヘル處同長官ハ御話ノ點ハ良ク了解セリ今後本問題ノ處理ニ際シテハ右諸點ヲ考慮ニ入ルヘキ旨ヲ答ヘタリ尙本使ヨリ右第一點ニ關シ積込ヲ差止メラレタル工作機械等ハ既ニ代金支拂濟ノモノニシテ又船會社モ船ノ出帆ヲ見合セ居ル爲多大ノ損害ヲ被ムル次第ナリト說明シタル處此ノ點ニ關聯シ長官ハ外國モ歐洲戰亂ノ爲農產品ノ輸出其ノ他一般通商上ニ混亂ヲ來シ多大ノ損害ヲ生シ居ル實狀ナリト述ヘタルニ付本使ハ日米貿易ハ比較的故障ナク行ハレ居リ一例ヲ米棉ニ取リテ見レハトテ昨年貿易總額ノ約二割五分ヲ日本ニテ買取リタル事實ヲ擧ケテ此ノ際兩國通商ノ維持ハ双方ニ取リ極メテ重要ナルコトヲ强調シ更ニ本使ヨリ今囘ノ軍需資材ノ輸出統制措置ハ國防上ノ緊急必要ニ基キ各國ニ對シ行ハルルモノナリトスルモ米國側ノ取扱振如何ニ依リテハ日本ノ一部ニ於テ之ヲ以テ米國ノ事實上ノ對日經濟壓迫ナリト爲スノ言論ヲ誘發シ兩國國交ニ好マシカラヌ影響ヲ及ホス虞アル旨ヲ附言シ置ケリ

在米各領事へ轉電セリ

1417　昭和15年6月7日　在米国堀内大使より有田外務大臣宛（電報）

工作機械を除き輸出制限が解除された旨報告

ワシントン　6月7日後発
本　　省　6月8日後着

第八四三號

往電第八三六號ニ關シ

七日森島ヨリ「ハリス」ニ對シ電話ニテ確メタル處「ハ」ハ昨日御話シタル通リ積込差止メハ必要ナル品目（工作機械ヲ指スモノナルヘシ）ヲ除キ解除セラレタル旨答ヘタル趣ナルカ紐育三井支店ヨリノ通報ニ依レハ同店取扱ニ係ル積込貨物八十五種ノ中工作機械十四種ヲ除キ六日全部積込ヲ許可セラレタル趣ナリ

在米各領事ヘ轉電セリ

～～～～～～～～

1418　昭和15年6月8日　在米国堀内大使より有田外務大臣宛（電報）

国防増強に伴う軍需工業の必要上から工作機械の輸出許可制の法案準備中など国務次官説明について

ワシントン　6月8日後発
本　　省　6月9日前着

第八四六號（至急、極祕）

往電第八四一號ニ關シ

八日本使「パーリ」國務次官ヲ訪ネ昨日工作機械等輸出統制問題ニ關シ國務長官ニ申入レタル三點ヲ繰返シ同長官ハ通商上ノ障害ヲ出來得ル限リ少カラシメントスル考ニシテ右我方申入ヲ充分考慮ニ加フヘキ旨述ヘタル次第ヲ告ケ貴方ノ好意的考慮ニ信頼スル次第ナルカ日本ノ朝野ニ於テハ本問題ヲ極メテ重大視シ居リ殊ニ當業者ハ種々不安ヲ有シ居ル次第ニ付米國政府ノ計畫ニ關シ正確ナル報道ヲ承知シタシト述ヘタル處「パ」ハ先ツ申上タキハ今回米國政府ノ執ラントスル措置ハ現下ノ國際情勢ニ鑑ミ國防增强ニ伴フ軍需工業ヲ確保センカ爲ノ緊急手段ニシテ素ヨリ各國ニ對シ一樣ニ行ハントスルモノナル點ナリ目下議會ニ於テ審議中ノ法案ノ準備ニハ自分モ參劃シタルニ付出來得ル限リ説明致スヘシトテ本使ノ質問ニ對シ

㈠軍需工業ニ必要ナル工作機械ハ許可制トナルヘキコト

(二)錫、護謨、「マンガニース」等米國内ニ於テ生産シ得サル軍需原料ノ輸出禁止ヲ爲スコト(「パ」ハ之等ノ品目ハ恐ラク日本側ニ影響スルモノ無カルヘシト附言シ同席ノ「バランタイン」モ自分モ右様思考スト述ヘ居タリ)

(三)機械類ハ軍需工業ニ直接關係ナキモノハ輸出ヲ制限セラルルコト無カルヘキコト

(四)屑鐵屑銅ノ如キハ現在國内需要ニ對シ充分ナルニ付差當リ輸出禁止又ハ制限ヲ受クルコト無カルヘキコト(尤モ國際情勢急變ノ今日將來ノコトハ何トモ豫言シ得スト附加セリ)

ト答ヘ長官ノ言ハレタル如ク日米通商ニ及ホス影響ハ出來得ル限リ之ヲ少クシタキ考ナリト述ヘタリ次ニ本使ヨリ紐育ニ於テ船積ヲ差止メラレ居ル品物中機械類ノ多クハ差止ヲ解除サレタルモ工作機械ニシテ今猶引掛リ居ルモノアル處何レモ代金支拂濟ノモノナルニ付至急解除セラレタキ旨重ネテ申入レタル處「パ」ハ右ヲ了承シ之等ハ陸海軍ノ希望ニ依リ取調ヘ居ルニ過キサルニ付恐ラク數日中ニハ解除セラルルコトトナルヘシト答ヘ尚右差止命令ノ法的根據ニ關シテハ大統領ハ軍ノ總帥トシテ國防上必要ナル立法ニ至ル迄ノ此ノ種一時的措置ヲ爲シ得ル憲法上ノ權限ヲ有シ居リ曾テ「リンカーン」モ南北戰爭ノ直前軍事上必要ナル種々ノ措置ヲ執リタルコトアリ又現ニ加洲方面ニ飛行場建設ノ爲土地收用ヲ爲サントシツツアルカ如キ次第ニシテ昨年九月ノ制限的緊急狀態布告ニ基ク譯ニハアラスト述ヘタリ

在米各領事ヘ轉電セリ

1419

昭和15年6月10日　有田外務大臣より在米国堀内大使宛(電報)

グルー大使が会談を求め日本が武力を以て国家的目的を達成しようとする限り日米の根本的親善関係は望めないと強調について

付記一　右会談においてグルー大使が手交した「Oral Statement」

二　同「Oral Statement Off the Record」

本省　6月10日発

第二七五號(極祕、館長符號扱)

最近「グルー」大使ヨリ極ク内密ニ會見シタキ旨申出アリ

タルニ付十日某所ニテ會談セルニ「グ」ハ本日ノ會見ハ本國政府ノ訓令ニヨルニ非ス全ク自分一個ノ思付ニテ此際何等カ日米兩國關係打會（開カ）ノ道ヲ講スル策ナキヤ深究（探カ）スル爲希望シタルモノナリト冒頭シ Oral Statement 及 Oral Statement off the Record ヲ用意シ居リ別ニ舊臘野村「グルー」會談以後支那ニ於テ發生セル空爆侮辱及ビ通商制限等ニヨル米國權益侵害ノ事例ヲ列擧シタル書キ物ヲ持參シタリ

二、右 Oral Statement ニ於テ「グ」ハ本大臣ニ於テハ先頃現狀ノ下ニ於テハ日米兩國關係改善ハ困難ナリト云ヒ（往電第一九七號ノ會談等ニ言及ス）又自分ハ度々兩國新（親カ）善關係恢復ノ爲ニハ空爆侮辱及ビ通商制限ニヨル至（在カ）支米國權益侵害ノ除去カ先決條件ナリト申出居リタルモ實際ソレノミニテハ充分ナラス自分ハ此際特ニ根本的ナル親善關係ハ日本ガ武力ヲ以テ國家的目的ヲ達成セムトスル限リ之ヲ期待スルコトヲ得サルコトヲ强調シタシ。米國官民ハ從來軍縮、國策遂行ノ具トシテ武力行吏（使カ）否認及ビ平和的手續ニヨル國交ノ調整維持等ノ主義ヲ主張シ來リタルニ今日歐亞兩大陸ニ於テハ事實上全世界ニ影響スヘキ悲慘ナル事態發生シ居レル處米國ハ前大戰以來右ノ如キ悲慘事ノ再來ヲ防止セムト熱心ニ努力シ來レルヲ以テ右ノ如キ米國ノ主義ニ無關心ニシテ武力ニ訴フル國家ハ之ヲ信頼シ又之ハ（トカ）親善關係ヲ維持スルコトハ不可能ナリ然レトモ米國官民ハ日米間親善關係ノ恢復ヲ歡迎スヘク殊ニ右ハ現下ノ世界狀勢ニ鑑ミ重要事タリ。故ニ若シ日本ガ誠意ヲ以テ國策遂行ノ具トシテ武力行使ノ方針ヲ改ムルノ明確ナル證査アラハ米國ハ忽チ之ヲ同情ヲ以テ見ルニ至ルベク自分ハ此ノ如キ方法ニヨリ日米關係打開ノ途開カルルノ確信ヲ有スト述ヘタリ

三、Oral Statement off the Record ニ於テハ「グ」ハ本大臣カ先般太平洋協會晩餐會ニ於テ世界新秩序建設ノ爲ニ貿易障害除去ノ點ヲ强調シタルコトニ共鳴シ世界ハ閉鎖經濟ニテハ發展出來サルヘシトテ大イニ自由貿易ヲ强調シ居レリ。

四、依テ本大臣ハ右貴見ニ對シテハ追ツテ所見ヲ開陳スルコトトスベキモ閉鎖經濟ヲ非トスル點ニ付テハ原則上及精神上貴大使ト同感ナリ尚今日帝國ハ一部ノ誤解ニモ拘ラズ蘭印ニ對シテハ平和的政策ヲ保持シ泰國ニ對シテモ近ク相互領土尊重原則ノ下ニ條約ヲ締結セムトシ又天津問題モ近ク解決ヲ見ムトスル實狀ニテ右ニヨリ貴大使モ帝國ノ意圖ガ

平和的ナルコトヲ諒解セラルベシ唯貴大使ハ日米國交恢復上空爆侮辱及通商制限等ノ除去ヲ先決要件ト爲スモ之等ノコトハ今日戰鬪續行中ハ全ク已ヲ得ザル次第ナレハ日米國交改善ノ上ヨリモ事變ノ一日モ速カナル終結ヲ必要トスルモノナリト述べ次デ貴大使ニ於テハ右ノ如キ現狀ニ於テ日米關係改善上具体的ノ suggestion ヲ持チ合セアリヤト質問セルニ「グ」ハ別ニ具体案ヲ有スル譯ニ非ズト答ヘ以上本大臣ノ所說ヲ國務省ニ報告ニ差支(シカ)無キヤト問ヒタルニ付本大臣ハ右最后ノ質問ヲ含メ且若シ米國側ニシテ何等カノ具体案アラバ本大臣ニ於テ之ヲ考慮スルニ吝ナラザルコトヲモ附加ヘ報告方異儀(議カ)ナキ旨應酬シ置タリ

五、尙本大臣ハ右會見ノ機會ニ米國海軍ノ太平洋集中ノ理由ヲ諒解スルニ苦シム旨ヲ述ベタルガ同大使ハ右ハ米國海軍ノ都合ニ出ツルモノニシテ別ニ對日威嚇ニ非ズト御座ナリノ辨(辯カ)解ヲ爲シ尙前顯書キ物ノ外ニ廣田「ハル」間ニ交換セラレタル message ノ寫ヲモ殘シ行キ之ニ關シテ別段詳シキ說明モナカリシモ本日會見ノ「アレンジメント」ノ爲「ドゥーマン」ガ吉澤局長ヲ來訪シタル際日米關係現狀打開ノ一ノ形式トシテ同「メッセイジ」ニ言及シタリトノコトナレバ或ハ「グ」大使ニ於テ何カ思ヒ寄リノ次第アルカトモ想像セラル

(付記一)

Oral Statement

1. I have asked for a talk with Your Excellency because it seems to me important, and possibly helpful, that we should from time to time explore the relations between our two countries.

2. Today I am acting on my own initiative and speaking my own thoughts.

3. I think it important that in today's talk we should avoid all publicity, and it was for that reason that I suggested a meeting which would not be reported in the press.

4. For some time I have had the impression that Your Excellency has not been especially hopeful that rapid and substantial progress can be made toward improving the relations between our two countries.

5. The impression gained from the statements which you made during our conversation at the Embassy on April 26 was that although efforts were being made by the Japanese Government to put a stop to the bombings by the Japanese forces of American properties in China, and to settle certain claims of American citizens, there was nevertheless a fundamental cleavage between the policies and views of our respective countries which precludes the expectation that constructive action can be taken toward improving our relations before the conflict in China is ended.

6. Indeed, indications have appeared in the Japanese press and in talks that I have had with prominent Japanese that good relations between our two countries are generally regarded in Japan as impossible under present circumstances.

7. Sir Robert Craigie tells me that during a conversation which he had with you after the luncheon of the Pan-Pacific Club on May 27, Your Excellency quoted me as saying that there could be no possibility, so long as the conflict in China continued, of an improvement in the relations between the United States and Japan.

8. So far as I know I have never presented the situation to you in precisely those words or in precisely that form, but I am prepared to admit that the logical implications of the observations which I have made on various occasions to you and to your predecessors are substantially along the lines of the statement which Sir Robert attributes to you.

9. I do remember very clearly saying on innumerable occasions that cessation of bombings of American property in China, of depredation against American property, of the inflicting of indignities on American citizens and of interference with American commercial activities in China, must precede any positive steps looking toward the restoring of friendly relations between the United States and Japan.

10. On the other hand, I can perceive that to you our

requiring the cessation of interference with the normal activities of American merchants in China by means of the establishment of monopolies, control of foreign exchange, etc., is equivalent to asking that Japan abandon those objectives in China of which monopolies, exchange and trade control and so on are the instruments of achievement.

11. I wish at this time again to emphasize that relations between our two countries cannot improve so long as there is continuance of interference in the various forms which I have just indicated with American rights and interests in China.

12. I would not have you believe, however, that the cessation of interference with American rights and interests in China is alone capable of opening the way to the improvement of relations: I must make it clear with all the emphasis at my command that we cannot expect the fundamentally friendly relations which Your Excellency and I equally desire so long as Japan continues to endeavor to achieve national objectives by the use of force.

13. The American Government and people have been in the forefront in striving for the bringing about of naval and military disarmament, the relinquishment of force as an instrument of national policy, and the general conduct of relations among nations by orderly and peaceful processes.

14. We regard as a catastrophe the fact that there should exist both in Europe and in Asia conflicts which affect practically all the nations of the world.

15. Having striven so earnestly, ever since the conclusion of the first war in Europe, to avert the recurrence of similar catastrophes, it is not within the power of any Government of the United States to deal on terms of confidence and good relations, even if it desired to do so, with a nation which, by resorting to force as an instrument of national policy, is indifferent to principles to which the American people are firmly and unequivocally committed.

16. On the other hand the American Government and the American people would welcome the fulfillment of their

desire for an early return to mutually good and helpful relations with Japan.

17. The importance to both countries of the building up of such relations is dictated now more than ever before by the state of affairs existing in various parts of the world today.

18. It is my confident belief that as soon as definite evidence is forthcoming that it is the genuine desire and intention of Japan to forego the use of force as an instrument of national policy and to direct its efforts and policy toward achieving its objectives by peaceful and orderly means, the United States, for its part, will be disposed to view such reorientation of policy and efforts with sympathy.

19. I have every confidence that by proceeding along the course I have suggested it may be possible in due course to open the way to a new era in American-Japanese relations.

（付記二）

Oral Statement Off the Record

1. I read the accounts of Your Excellency's address before the Pacific Association with a great deal of interest. I was especially struck by the earnestness of your plea for the removal of barriers to trade as a prerequisite to the creating after the present war in Europe of a new world order, and I could not restrain the feeling that, if the Japanese Government could associate itself with the American Government in bringing about a free flow of commodities between nations, substantial progress might be made toward removing the causes for unrest which are reflected in the conflicts both in the Far East and in Europe.

2. I am, of course, well aware of the view of the Japanese Government that, so long as the trend was toward exclusive economies, thus making it impossible for other nations to buy freely the raw materials which they need and to sell freely the commodities which they manufacture, it would be necessary for Japan to safeguard

sources of raw materials in China and to assure herself of markets in that country.

3. So long as the trend was toward the formation of economic blocs and the creation in increasing numbers of barriers of trade, perhaps a case might be made out for the need of Japan for securing sources of supply of raw materials and markets for her finished products by orderly processes.

4. I can hardly believe, however, that it would be contended by anyone that the world could continue to develop as it has in the past under conditions of closed economies throughout the world.

5. Such a device as that of economic blocs is at best only effective as an expedient in extraordinary times such as those through which we have passed during the last ten years, but we believe that it can never constitute a permanent basis for any kind of progressive world economy.

6. I consider it the supreme tragedy that the nations of the world were unable to perceive after the first World War that they could not continue cutthroat competition and other manifestations of closed nationalism.

7. They retained resources which unfortunately tempted them to think that each nation could afford to develop its own industrial and economic resources at the expense of other nations, but I feel confident that the present war will leave the nations of Europe so impoverished that the alternative to cooperation will be chaos.

8. If the civilization which we have built up so laboriously over a period of centuries is not to collapse, a new world order such as Your Excellency suggested in your speech before the Pacific Association is essential, especially between those nations whose trade is complementary.

9. You will remember that during the course of our conversation on April 26 I emphasized that statesmanship must look to the long future rather than to the immediate

present and that the reasons which dictate the maintenance of friendship between our two countries are fundamental and must prevail in the long run. The confidence which I impose in that belief is stronger now than ever before.

10. For a long time the American people have looked forward to the firm and permanent establishment of peace and the American Government has made efforts in every way possible toward bringing about disarmament.

11. However, the American people are now convinced that certain European governments have made their countries a menace to civilization and to the security of the United States. The United States is now engaged in a program of rearmament on an unprecedented scale, for defense and security.

12. The confident knowledge that Japan, a nation for whom the American people have entertained for more than eighty years feelings of the friendliest character, is prepared to align its policies and attitude with those of the United States would, in my carefully studied opinion, contribute far more to the security and the well-being of Japan than the achievement of objectives in the Far East by means which the American people have renounced.

1420 昭和15年6月13日 有田外務大臣より在米国堀内大使宛(電報)

六月十日の会談でグルー大使が手交した口上書に対する回答として非公式のわが方口上書を交付について

本　省　6月13日後8時50分発

第二八三號(館長符號扱)

往電第二七五號ニ關シ

十二日「グ」ニ對シ其ノ「オーラル、ステイトメント」ニ對スル一應ノ「レマーク」トシテ記錄ニ留メサルコトトシ口頭陳述ニ代ル書物ヲ交付セル處(吉澤ヨリ「ドウーマン」ニ手交)其ノ要旨左ノ通

一、貴大使カ此ノ際日米國交改善ノ爲努力セラレントスルハ本大臣ノ多トスルトコロニシテ又全然同感ナルカ貴大使

ノ陳述中支那ニ於ケル我方ノ武力使用カ日米關係障害ノ原因トナリ居ルカ如キ印象ヲ與フル節アル處帝國ハ米國同様武力ノ使用ヲ國策遂行ノ手段トシ居ラス今次事變ノ眞因及現在ノ實情ニ顧ミルトキ我方ハ武力行使ヲ餘儀ナクセラレ居ルコト明カナルヘシ從テ我方ハ合理的條件アラハ何時ニテモ今次事變ヲ終結スル用意アリ右ハ屢次聲明ノ通ナリ

二、日米國交調整ノ爲ニハ一方支那事變迅速終結ノ必要ヲ認メ凡有ユル機會ニ之カ實現ニ努力スルト共ニ他方事變終結ノ問題以外ニ於テモ凡有ユル努力ヲナスコト肝要ナルヘク之カ爲ニハ虚心坦懷兩國共通ノ利害ニ關スル諸問題ヲ檢討シ之カ解決ヲ圖ルコト時宜ニ適スルモノト信ス

三、叙上ノ見地ヨリ左ノ諸點ハ特ニ考究ノ要アルモノト思考ス

(1)帝國ノ經濟政策ハ全般的ニ觀察シ閉鎖經濟ト云フヘキヤ若シ閉鎖經濟ト見ラルルカ如キ狀態アリトセハ其ノ原因奈邊ニ在リヤ

(2)戰鬪行爲終結後支那ノ經濟分野ニ於ケル閉鎖的措置殘存ノ有無及程度

(3)蘭印ニ對スル我方針竝日泰國中立條約、天津問題解決ノ如キハ帝國ノ平和的政策ヲ證スルモノニ非ルヤ否ヤ

尚以上ノ諸點考究ノ結果及日米國交ノ大局上左ノ諸點ニ留意スルノ要アリ

(4)日米關係不安ノ最大原因タル無條約狀態ヲ終結セシムルタメ暫定通商協定締結ノ要否

(5)米國側ニヨル物的財的援蔣行爲ノ停止ト支那再建設ニ對スル協力ノ餘地ノ有無

(6)東亞ニ於ケル新事態ヲ認識シ日米各々太平洋ニ於ケル分野ヲ守リ相提携シテ世界平和ニ貢獻スル可能性ノ有無

1421

昭和15年6月20日　有田外務大臣より在米国堀内大使宛（電報）

六月十九日の有田・グルー会談においてグルー大使が米国の一般的立場に関する口上書手交について

別電一　六月二十日発有田外務大臣より在米国堀内大使宛第二九八号

右口上書要旨

二 六月二十日発有田外務大臣より在米国堀内大使宛第二九九号

グルー大使が自分の考えを纏めた覚書の要旨

付記一 右口上書原文

二 右グルー大使覚書原文

本省 6月20日発

第二九七號

往電第二八三號ニ關シ

十九日「グルー」大使ノ要請ニ基キ會見セルニ「グ」ハ往電第二七五號及四月頭往電ノ次第ヲ本國政府ニ電報セルニ今般ソノ回訓ニ接シタルガソノ內自分ガ將來話ヲ續クル上ニ最モ重要ニシテ希望ヲ與ヘルト思ハルル箇所ヲ書キ拔キ見タリトテ「日本ノ目的及意圖ガ米國ガ自ラ信條トシ且米國トシテ日本ガ同ジク格(恪カ)守セラレンコトヲ希望スル所ノ基本的政策及主義ト合致スル性質ノモノナルコトガ相當明確ニ表示セラルレバ米國政府ハ直チニ兩國ノ利益ノ爲探究シ得ベキ多クノ實際的方途ガ展開シ來ルベシト信スルモノナリ」トノ趣旨及別電第二九八號第三項括弧ヲ施シタル部分ヲ先ヅ讀ミタル後右別電要旨ノ Oral Statement 全體ヲ讀ミ上ケソノ趣旨ヲ布衍スルト共ニ別ニ從來述ヘタル所ト重複スルモ一應自分ノ考ヲ纏メタルモノナリトテ大要別電第二九九號ノ如キ書物ヲ手交セリ本大臣ハ右ニ對シ充分研究ノ後我方見解ヲ通報スヘキ旨應酬シ置タリ

(別電一)

本省 6月20日発

第二九八號

一、米國政府ハ特定問題ニ立入ル前ニハ先ヅ各政府ノ目的希望及ビ政策主義ノ基調ヲ充分研究シソノ問題ノ基礎ヲ樹立スルコトガ却ツテソノ探究ヲ容易ナラシムルモノト思惟シ暫ク日本側提出ノ諸問題ニ關スル意見ノ表示ヲ差控ヘ米國側ノ一般的立場ヲ再說スベシ

二、米國政府ハ米洲及亞細亞大陸ニ對スル歐洲戰爭ノ不幸ナル結果ハ之等大陸ノ各國政府及人民ガ熱心ニ通商障害ノ緩和及除去ノ主義政策ヲ執リ又平和的手段ニ依ル各國ノ利益增進ノ爲努力スルコトニヨリ之ヲ最少限度ニ減少シ得ベシト希望シ又將來ノ動向ヲ形成スル爲ニハ些少ナル

一時的利益ヨリモ進取的國民ノ共通利益ニ基ク遠大ナル政策ヲ執ルコト重要ナリト信スルモノナルカコノ考ヘ方ヨリ次ノ如キ根本原則カ生シ來ルヘシ。

(イ)現在最モ必要ナルハ秩序、平和及安定ナリ。現在ノ戰禍ノ悪化ヲ防止スルニハ國家主權、正義法律及ヒ秩序ノ原則ヲ永續セシメ且經濟的自由ノ原則ヲ達成セムコトヲ希望シ且意圖スル人民カ此ノ如キ墮落ニ强烈ニ抵抗スルヨリ外無ク、諸國ノ政府及人民カ右諸原則ノ本質ヲ感得シ之カ實現ヲ達成スルノ希望ト決心ヲ有スルニ於テハ之等原則ト背致スル各地域ノ特種事態ハ是正セラルルニ至ルヘシ

(ロ)次ニ一般的秩序及安全ノ樹立ト恆久化ノ爲ノ最善ノ經濟的原則及方法ノ問題カ重要ナル處米國政府ハソノ爲無差別待遇ヲ基礎トスル通商政策ヲ堅持シ又通商制限ノ緩和及除去ヲ主張スルモノニシテ進取的國家タルモノハ自身又ハソノ國民ノ爲第三國ニ於ケル通商及經濟的發展上優先權ヲ獲得セス又ハコノ第三國ヲシテ他ノ諸國ヨリ通商上ノ機會均等ノ利益ヲ奪ハシメサル如キ政策ヲ執ラサルヘカラス。

三、進歩ノ爲ニハ各國ハ廣汎ニシテ永久的ノ目的達成上犧牲的精神ヲ必要トス。各國ハソノ安全ノ爲ニハ勿論合法且合理的撤廢手段ヲ執リ得ヘキモ之ヲ以テ第三國ニ對スル干渉又ハ第三國間ニ特權及ヒ優先的經濟制度ヲ樹立スルノ口實ト爲スコトヲ得ス、米國ハ日本ト同樣東亞ノ經濟開發ニ利益ヲ有スルカ故ニ之等ノ諸國ニ於ケル破壞的努力ヲ默過スルコトヲ得ス、上述ノ諸原則ニ關スル見解ヲ一般的ニ適用セハ第三國ニ對スル干渉又ハ獨占制度ノ樹立等ハ不必要トナルヘシ。「若シ敍上ノ原則ニ從テ事態ヲ展開セシムレハ未開諸國ノ經濟開發上ノ一般的方向ニ於テ多方面ニ亘ル協力手段ノ増加ヲ期待シ得ヘシ」米國ノ政策及見解ハ既ニ周知ノ通ニシテ且確立シ居ルヲ以テソノ目的意圖及ヒアル特定ノ事情下ニ於ケルソノ行動ノ方向ハ正確ニ之ヲ評價シ得ヘシ米國ノ態度及政策ハ根本的原則ニ基クモノニシテ若シ之カ一般的適用ヲ見レハ日米兩國ノミナラスソノ他ノ諸國ノ利益トナルヘシ。

本省　6月20日発

(別電二)

第二九九號

一、米國ハ自國ノ福祉ハ他ノ一切ノ國家ノ福祉ニ依存ストノ原則的命題ヲ堅持ス。從テ他國ヲシテ右命題ニ贊同セシムルコトガ米國外交ノ主要機能ノ一ナリ

二、吾人ノ企及スル國際的協力ニ關スル上記ノ形式ハ對外政策、目的及手段ノ同一性ヲ前提トス吾人ハ米國ノ堅持スル政策及方法ニ基キ日本側カ米國ニ對シテノミナラス他ノ一部ノ國家ニ對シ協力スルコトヲ歡迎ス日本ノ政策、目的及方法カ米國ノ希望スル前記ノ協力ヲ可能ナラシムル樣形成セラレ得ヘキヤ

三、本大使カ閣下竝ニ前任者ニ對シ過去三ケ年ニ亘リ爲シタル諸種ノ言明ヲ更ニ檢討セラルルニ於テハ東亞竝他地方ニ於ケル諸問題ニ關スル米國政府ノ根本態度ニハ何等ノ變改アリタルコトナキ事實明白ナルヘシ

四、百五十年以上ニ亘リ遵奉セラレ來リタル米國ノ傳統ニ從ヒ吾人ハ第三國ノ合法的權利ヲ阻害スヘキ措置ニ付日本ト同調スルノ意圖ヲ有セス現時ノ歐洲狀勢ニ鑑ミ本使ハ之等ノ事實ノ重要性ヲ强調シテ已マス

五、賢明ナル者ハ自己ノ主義及目的ト根本的ニ背馳スル者ト取引乃至其他親密ナル關係ヲ結フコトナシ、如何ナル國家ト雖モ特ニ現時ノ如キ時期ニ於テ主義及目的ノ同一性無クシテ單ナル經濟的利害關係ノミカ確固タル友好關係ノ基礎ヲ與フヘシト考フルコト能ハサルヘシ

六、米國ハ嘗テ日本ヲ欺瞞乃至脅威シタルコトナク常ニ日本ニ對スル約束ヲ履行シ又米國カ與フル權利及實力ヲ有スル範圍ヲ超ヘテ利益ヲ約束シ得ル唯一ノ利益ハ友好關係竝相互間ノ權利及他國ノ權利ニ對スル相互尊重ヲ基調トセル協力ヨリ自然ニ生スヘキ利益ノミナリ。

(付記一)

ORAL STATEMENT

I have transmitted to my Government a report of my conversation with Your Excellency on June 10 and have been authorized to say that my Government is giving careful study to it and that it has been impressed by the serious interest which you have displayed in the general subject matter which was under discussion. I have also transmitted to my Government a copy of the text of your strictly confidential statement made to me orally on June 12, which is also being studied by my Government.

My Government is of the opinion that before the specific details of any feasible program can be developed with profit, bases therefor should be established by considering carefully the underlying policies and principles which flow from the point of view of each Government, as well as the objectives and hopes of each Government. Superficially it might seem that by laying emphasis upon principles of an abstract nature we are losing from sight the practical aspects. It is our feeling, nevertheless, that if we can first define and take into consideration general objectives and principles, the tendency of this will be to make easier progress in the future looking to a development of measures of a specific nature. For this reason we believe that it might be best for the present to defer specific comment regarding the contents of your statement, and that it would be helpful at this time for my Government to restate broadly its general position.

As has been declared before, the hope of my Government has been and continues to be that the unfortunate results of the European war may be reduced to a minimum, not only vis-à-vis the American continent but also as regards Asia, by means of an intensive endeavor on the part of the Governments and peoples of both areas to make secure and to foster their national interests along peaceful lines and by peaceful means, as well as by greater application of those principles and policies which have as their purpose and call for a lowering or the abolition of excessive and artificial obstacles to the movement of trade. We believe it of importance in giving shape to a future trend to look further than considerations of minor and transitory advantage and to keep our attention fixed upon long-range and broad policies based upon the interests which is common to all forward-looking nations. According to our belief, certain fundamentals would unavoidably result from that sort of an approach, some of which are the following:

A. A supreme need exists for order, peace, and stability. Our strong conviction is that the worsening of the general situation occasioned by the present armed conflicts and those which are spreading can be halted only by means of an enlightened and tenacious resistance to such deterioration on the part of those peoples which hope and have the intention that principles of national sovereignty, of justice, and of law and order shall endure; and that principles providing for economic freedom shall be effected. Provided that Governments and peoples perceive the essential nature of these principles, and provided that Governments and peoples desire and are determined to give them effect, situations of a specific nature in various regions, at variance with those principles, should, it goes without saying, be duly rectified and brought into proper adjustment therewith.

B. Also of importance is the matter of what economic principles and methods of procedure may be deemed best calculated to cause conditions of general order and safety to prevail and endure. My Government is committed to a commercial policy which has as its fundamental basis the principles of nondiscriminatory treatment, and we hold that restrictions upon the exchange of commodities in international trade should be removed or lowered. Forward-looking nations might adopt a policy wherein each country would forgo endeavoring to obtain for itself or its nationals trade rights, commerce or economic exploitation of third countries of a preferential type, as well as from employing such influence as it might possess vis-à-vis a third country to effect the adoption by that country of measures which might act to withdraw from other countries equality of commercial opportunity or which might preclude the satisfaction of legitimate needs of an economic nature.

In order to make progress, it goes without saying, each

country concerned must be penetrated with the proper spirit, not excepting a readiness to make sacrifices for the purpose of attaining broad and permanent objectives, and there must accordingly exist, in so far as each country is concerned, the requisite willingness and intention to render possible a realization of basic principles.

Every nation without exception is beyond doubt entirely justified in taking all legitimate and reasonable safeguards to enhance and conserve its own security and safety. The fact of taking measures of this sort nevertheless cannot reasonably be made a ground to interfere in other countries or to set up therein systems of special privilege and preferences of an economic nature. My Government has an interest in the commerce and economic development of Far Eastern countries just as has Japan. My Government, accordingly — just as Japan — would not view favorably the infiltration into or the growth in those countries of subversive influences. A general adaptation of the above set forth line of thinking and viewpoint would, we believe, make unnecessary interference in the internal affairs of other nations by any nation, as well as acts by any country in the territory of another looking to the establishment therein of monopolies and other types of special rights. As development took place conformably to the principles indicated, we might anticipate a multiplication of means of cooperation along many avenues in the general direction of the economic development of countries in need of and requesting such development. The policies and point of view of my Government are so well known and have become so firmly established in the traditional thought and ideals of our people that the intentions and purposes of my country are not difficult to evaluate correctly, nor is the course of action which my Government is likely to pursue under any given set of circumstances. That attitude and the policies mentioned are grounded upon fundamental principles and we are of the belief that a general adherence to those principles which are of universal application would redound to the best interests of my country, of Japan, and of other nations.

June 19, 1940.

（付記二）

1. The United States is committed to the general proposition that its own well being is dependent on the well being of all the nations of the world; and to persuade other nations to associate themselves with that proposition is one of the major functions of American diplomacy.

2. That form of international cooperation which we seek is predicated on an identity of foreign policies, objectives and methods. We would welcome the cooperation by Japan, not only with the United States but with all other nations, on the basis of policies and methods to which we are committed. Can Japan's policy, objectives and methods be formulated in terms which well (will カ) make possible that form of cooperation which the United States desires?

3. If the various statements which I have made to Your Excellency and to your predecessors during the last three years will be reviewed it will be seen that there has been no modification whatever of the basic attitude of the American Government with regard to problems in the Far East, along with problems which exist in other parts of the world.

4. In line with American traditions which have been followed for more than 150 years, we seek no concerting with Japan of measures which would be prejudicial to the legitimate rights of Third Countries. In view of the situation now existing in Europe today, I cannot sufficiently emphasize the importance of these facts.

5. The wise man does not enter into business and other close relations with those whose principles and objectives are radically different from his own. No nation, especially in times like these, can afford to assume that economic interest, without identity of principles and objectives, affords a stable basis of friendship.

6. The United States has never deceived Japan, it has never threatened Japan, it has always fulfilled its promises to Japan, and it has never held out promises of benefit to Japan beyond its power or right to confer. The only benefits which we can promise are those which would naturally flow from cooperation on the basis of friendship and of mutual respect for the rights of each other and for the rights of others.

~~~~~~~~~~~~~~~~~~~~

1422 昭和15年7月2日 有田外務大臣より在米国堀内大使宛（電報）

欧州交戦国の太平洋地域内属領等維持に関する公文交換を米国側が提案しわが方より六月十九日付米国口上書への回答手交について

別電一　七月二日発有田外務大臣より在米国堀内大使宛第三二一号

六月二十八日会談での有田外相発言要旨

二　七月二日発有田外務大臣より在米国堀内大使宛第三二二号

右わが方回答口上書

三　七月二日発有田外務大臣より在米国堀内大使宛第三二三号

欧州交戦国の太平洋地域内属領等維持に関する公文交換についての米国政府提案

本　省　7月2日発

第三二〇號（極祕、館長符號）

往電第二九七號ニ關シ

其後「グルー」大臣ノ要請ニ依リ六月二十四日内密ニ會見シタル處同大使ハ本國政府ヨリノ電訓ニ因ルモノナリトテ別電第三二三號ノ趣旨ヲ述ヘタルニヨリ本大臣ハ追而研究ノ上何分ノ見解ヲ開陳スベキモ當座ノ感ジトシテハ斯ノ如キ提議ヲ從來進行中ノ話合ト切離シテ考慮スルコト困難ナルベキ旨ヲ述ベ且大使ノ問ニ對シテ從來ノ話合トハ例ヘバ通商條約ノ問題モ包含セラルル旨答ヘ置キタル次第アルガ超ヘテ二十八日夜同大使ノ來訪ヲ求メ別電第三二一號ノ趣旨ヲ述ブルト共ニ右別電㈠ニ言及セル別紙トシテ別電第三二二號「オーラルステイトメント」ヲ渡シ尚往電第二九八號十九日附「オーラルステイトメント」ハ之ヲ熟讀シタル
~~~~~~~~~~~~~~~~~~~~

ニ其内ニハ將來日米關係調整ニ關スル具体的話合ニノリ得ルコトトナリタル際兩國政府ノ見解一致ヲ表示シ得ル基礎的「フォーミュラ」トシテ抽出シ得可キ「パッセイジ」アルガ如シトテ二三氣附ノ箇所ヲ指摘シタルニ大使ハ一々之ヲ傾聽シサシタル「レマーク」モナサズ御話ノ次第ハ之ヲ本國政府ニ取次グベシト述ベテ辭去シタリ

(別電一)

本　省　7月2日発

第三二一號(館長符號)

㈠二(六カ)月十九日會談ノ際開陳セラレタル米國政府招來方針ニ對スル我方見解ハ別紙(別電第三二二號)ノ通尚去ル十二日ノ口頭陳述(往電第二八三號)及昨年五月十八日ノ口頭陳述等ヲモ參照セラレ度シ

双方比較スルニ兩國政府ノ意見一致セサルカ如キモ大規模ノ軍事行動ニ不可避ナル事態ヲ考慮ニ入ルル時ハ兩者ノ間ニサシタル意見ノ乖離ナキモノト考ヘラル

㈡六月二十四日ノ提議ニ付テハ現下ノ國際狀勢ニ鑑ミ直ニ提議セラレタル方針ニ依テ公文交換ヲ考慮シ得ベキヤ疑ナキ能ハズ蓋シ歐洲戰局ハ進行中ニテ其歸趨ガ歐洲交戰國ノ太平洋ニ於テ有スル領土及屬地ノ地位ニ及ホス影響ニ付テハ我方ニ於テ重大ナル關心ヲ有スル次第ナルカ斯カル過渡的時期ニ交戰國タラザル日米兩國カ是等領土及屬地ノ地位ニ付キ何等約束ヲナスハ不介入ノ立場ニ在ル我國トシテハ機微ノ關係ヲ生スルコトヲ惧レザルヲ得ズ從テ此際歐洲禍亂ノ太平洋波及防止ノ意圖ニ基キ此方面ニ於ケル日米兩國間ノミノ問題ニ付キ話合ノ余地ナキヤヲ考慮スルコト時宜ニ適ストナスベシ

㈢本提議ハ從來ノ話合ト切離シテ考慮シ得ズ故ニ此ノ上話ヲ進ムル爲ニハ十二日口頭陳述中ニ本大臣ガ披瀝シ置キタル所ニ對スル貴方見解ヲ承知スルコトハ先ツ必要ナリ

(別電二)

本　省　7月2日発

第三二二號(館長符號)

On the occasion of Your Excellency's departure for America last year our then Prime Minister, Baron Hiranuma asked you to carry a message to your Secretary of State, in which he stated that to save Europe from a disastrous war that would result in indescribable suffering of hundreds of millions of people as well as the complete destruction of civilization was the duty, he believed, of Japan and the United States situated outside the scope of European conflict. Unfortunately the co-operation of our two countries regarding the prevention of war was not realized. However, I am in full agreement with you in the view that we should now exert the greatest efforts toward minimizing the unfortunate results of the European war vis-à-vis America and Asia. In fact, it is because of this conviction on the part of our Government, that they declared their policy of non-involvement immediately following the outbreak of war in Europe last September, and they have strictly adhered to that policy ever since.

Japan desires to see all nations enjoy their proper places, and peace established and maintained throughout the world. That is the underlying policies and principles of our foreign relation, and all our efforts are concentrated upon the attainment of these objectives. And in order to preserve peace, it is necessary of course that the principles of national sovereignty, justice, law and order, should be respected, but also, I believe, that all countries should appreciate one another's position in the light of the world's changes and actual conditions. The message of Baron Hiranuma to Mr. Cordell Hull contained the following passage regarding the causes of the pre-war antagonism in Europe: "There may be contentions on both sides, but on cool scrutiny of the European situation since the World War we come to the conclusion that, although Germany and Italy may be advised to be more patient, Great Britain and France also have a great deal to reconsider." To repeat these words, though they refer to the past beyond remedy, may not be altogether unprofitable.

Japan has always advocated free movement of both men and commodities. This principle, I regret to say, has been frequently violated and Japan has been obliged to undergo bitter experiences. Immigration is restricted, and markets are opened or closed to suit the convenience of the importing countries, while the importation of the necessities into Japan is prohibited or limited at will by the exporting countries. Though these countries may have taken such steps only as temporary measures dictated by their respective needs, the fact remains that Japan which must seek overseas markets because of her limited domestic trade, and which being deficient in various goods and raw materials must depend upon imports from abroad, finds the situation intolerable. In such circumstance, and especially in the abnormal situation brought on by the gigantic hostilities in China now nearly three years old, it is imperative that Japan should endeavour to preserve certain special trade relationships with neighbouring countries and regions, although she upholds as a fundamental basis for trade the principle of non-discrimination.

June 28, 1940.

(別電三)

本 省　7月2日発

第三三三號(館長符號)

In continuation of conversations on June 10 and 19 it is proposed that we explore the possibility of an understanding between our two Governments through an exchange of notes along the following lines.

The premise upon which the understanding would be based would contain a reference to the interest of both our countries in keeping the adverse effects of the war in Europe to a minimum.

Agreement would be expressed in the proposed notes that the two countries commonly desire, with reference to the territories and possessions of European belligerents in the Pacific area, that the status quo of these territories and possessions be maintained except as it may be modified by peaceful means.

Provision for consultation between the two Governments might also be included in the proposed notes should there arise any question involving the status quo of such territories and possessions which renders such consultation desirable in the opinion of either Government.

This Government would understand the proposed exchange of notes to include and cover territories and possessions of European belligerents in <u>all</u> parts of the Pacific.

It should be realized and constantly kept in mind that this suggestion should not be inferred to imply and does not involve any withdrawal from heretofore taken positions with respect to any specific problems in the two countries's relationships.

The definite problem to which it relates is that of averting the injection into the general situation in the Pacific of new possibilities of difficulty, friction and new complications.

This is intended as a preventive rather than as a curative measure.

We believe, at the same time, and it is our hope that the Japanese will believe, that procedures which have within them the possibility of substantially contributing toward bettering situations tend to prevent situations from becoming worse.

We believe that if this procedure were adopted it would tend to allay suspicions of various sorts apparently prevalent among the public and to curtail inflammatory conversation and discussion of various types.

The public thought would tend to turn toward consideration of constructive and peaceful processes.

While the various and many specific questions which have been in the past and are at present the subject matter of discussions between the Governments of Japan and United States would in no way be disposed of by the proposed procedure, nevertheless the particular and future problem to which it would expressly relate would be taken care of; and the solution of some of those other problems might be facilitated if this procedure were adopted.

June 23, 1940.

1423

昭和15年7月3日　在米国堀内大使より有田外務大臣宛(電報)

軍需物資の輸出許可制実施に関する大統領布告について

ワシントン　7月3日後発
本　　省　7月4日後着

第一〇一八號

往電第八八一號ニ關シ

二日大統領ハ軍需關係物資ノ輸出統制條項ヲ含ム國防法案ヲ裁可シ次テ大統領布告ヲ以テ要旨左ノ如キ軍需關係物資ノ輸出許可制ヲ實施セリ尚同時ニ陸軍令ノ形式ニ依リRussel L. Maxwell 陸軍中佐ヲ輸出統制管理官ニ任命シ右輸出許可制ノ實施監督ニ當ラシムルコトトナレリ(「テキスト」郵送ス)

一、一九四〇年七月五日以後左記品目ニ對シ輸出許可制ヲ適用ス

二、(一)一九三七年五月一日附中立法施行ニ關スル大統領布告(中立法武器輸出許可制施行細則)ニ規定サレ居ル武器彈藥及戰爭資材

(二)左記物資及之ヲ含有スル製品

「アルミニユーム」、「アンチモニー」、石棉、「クロミユーム」、「コットン、リンタース」、亞麻、石墨、皮革、工業用「ダイヤモンド」、「マンガン」、「マグネシユウム」、「マニラ、フアイバー」、水銀、雲母、「モリブデン」、光學硝子、「プラチナ」類、石英結晶、「キニーネ」、護謨、絹、錫、「トルオール」、「タングステン」、「ワナジユウム」及棉羊

(三)「アンモニヤ」及「アンモニヤ」化合物、鹽素Dimethylániline Diphenylamine 硝酸、硝酸鹽、「ニトロセルローズ」(十二「パーセント」以下ノ窒素ヲ含ムモノ)、曹達石灰、「ソージユウム」、醋酸鹽(無水ノモノ)、「ストロンチユウム」藥品硫酸(發煙性ノモノ)

(四)(イ)前掲中立法武器輸出許可制施行細則ニ規定セラレ居ル以外ノ飛行機部分品(ロ)同シク裝甲板(ハ)防彈性硝子(ニ)透明「プラステックス」(ホ)砲火操作用及飛行機裝備ノ光學器具

(五)金屬ヲ熔解鑄造研磨鍛造及接合スル目的ノ工作機械

三、國務長官ハ本件規則ニ從ヒ又ハ輸出統制管理官ノ報告ニ

基キ本件輸出許可證ヲ發給ス

尙大統領ハ同日ノ記者會見ニ於テ(イ)屑鐵ハ現在供給充分ナルヲ以テ本件統制品目ニハ含マレサル次第ナルカ今回ノ統制ハ現在必要ト認メラルルモノニ關シ實施セラレタルモノナルニ付今後必要アラハ更ニ品目ヲ追加スヘキ旨及(ロ)國防諮問委員會ハ輸出統制管理官ト協力スヘキ旨ヲ述ヘタル趣ナリ

因ニ政府係官ハ本件輸出統制物資ノ許可カ發給セラレ得ル場合ヲ豫想スルニ仕向ケ地カ羅典亞米利加諸國タルコト明瞭ナル場合ニハ恐ラク發給セラルヘシト述ヘ又最近米陸海軍カ武器ノミナラス軍事上重要ナル物資ニ付テハ英ヨリノ註文ニ應シ得サル態度ヲ執リ來レルニ徵スルモ今回ノ措置ハ全體主義ノ侵略國ニノミ適用セラルルモノニハ非サルヘシト見ラレ居レル旨報セラル

在米各館へ郵送セリ

1424 七月十一日の有田・グルー会談においてグルー大使が日米国交調整に関する米国立場を示した非公式覚書を手交について

昭和15年7月13日　有田外務大臣より在米国堀内大使宛(電報)

別電一　七月十三日発有田外務大臣より在米国堀内大使宛第三五一号
　右非公式覚書要旨

二　七月十三日発有田外務大臣より在米国堀内大使宛第三五二号
　米国政府がグルー大使に示した非公式覚書手交の際の心得概要

付記一　右非公式覚書原文

二　右心得原文

本　省　7月13日発

第三五〇號

往電第三二〇號ニ關シ

一、十一日「グルー」大使大要別電第三五一號ノ如キ非公式書物ヲ持參シ右ハ自分ノ本邦在任中提出セル書物中最モ滿足スベキモノト考フルモノニシテ貴大臣ニ於テ between the lines ヲ讀マレムコトヲ希望スト前提シテ之ヲ手交シ且本國政府ヨリ右手交ノ際ニ於ケル自分ノ心得

トシテ電報シ來レルモノノ寫ナリトテ大要別電第三五二號ノ如キ書物ヲ提出シタリ

二、右ニ對シ本大臣ハ追テ研究ノ上當方ノ見解ヲ申述ブベキモ只一點御尋ネシ度シトテ對蔣援助停止ニ關スル態度ニ付右ハ從來ノ態度ヲ變更セストノ意味ナリヤトノ質問シタルニ「グ」ハ自分トシテハ右書物以外ニ云フベキコトナシト答ヘタルヲ以テ日本ハ今日佛印及「ビルマ」「ルート」停止ニ努力シ來レル處右「ルート」ニヨリ蔣側ニ達スル物資ノ内ノ大部分ハ米國ノ貨物ニシテ今日援蔣ニ付キ大ナル役目ヲ努メ居ルハ米「ソ」ノ兩國ニシテ日本トシテハ米國側ノ對蔣供給ノ停止ニ重キヲ置ク次第ナリト述ベタルニ「グ」ハ米國トシテハ對支供給ヲ停止スル時ハソノ對日供給ノ問題モ亦考慮セザルベカラザルコトトナルベシト答ヘ居タリ

(別電一)

本　省　7月13日発

第三五一號(館長符號扱)

一、日米兩國ノ如キ貿易ヲ重要視スル諸國ニハ歐洲戰亂ハソノ結末ノ如何ヲ問ハス甚タ重大事ニシテ特ニ右兩國ハソノ亞細亞及米洲諸國ニ對スル多大ナル貿易干係上之等地域ヘノ歐洲戰亂波及ニ付共同ノ利害干係ヲ有ス。又日米間ノミニ付テモソノ貿易ハ多額且相互補完的ナルガ此ノ如キ健全且有利ナル通商干係ハ「アウタルキー」制度ノ下ニ於テハ其ノ繁榮ヲ期待シ得サルト共ニ兩國ガ私有財產權尊重ヲ以テ社會經濟組織ノ基礎トナシ居ルコトモ注目ニ價スヘシ

二、今日米洲及亞細亞ノ或諸國ハ開發資本ヲ必要トシ米國ハ右資本ヲ有スレトモ資本ハソノ性質上勿論危險ヲ避ケ秩序及安全等ノ存在スル地域ニ捌口ヲ求ムルモノナリ而シテ日本ノ如キ貿易ニ依存スル國家ハ近隣諸國ト特別貿易干(ママ)態ヲ保持スルヨリモ出來得ル限リ廣範圍ニ機會均等及無差別待遇ノ原則ヲ適用スルコト利益ナリ。

三、日本ハ目下通商、企業及移民問題ニ關シ和蘭及蘭印政府ト交渉中ノ趣ナルカ米國ハ蘭印ニ對スルソノ重要ナル貿易及企業關係上他國ニ對スルト同樣同地方ニ於ケル通商及企業上ノ機會均等主義遵守ニ關シ重大ナル關心ヲ有スルヲ以テ交渉ニ付キ通報ニ接センコトヲ希望ス

四、米國側提議ノ太平洋内交戰國屬領等ノ現狀維持ニ關スル公文交換ハ日本側見解ト異リ寧ロ日本ノ歐洲戰爭不可入ノ態度ヲ安固ナラシムヘシ、米國ハ右ニヨリ歐洲戰亂ノ太平洋ニ對スル悪影響ヲ縮少シソノ安定ニ貢獻セントスルモノニシテ右ニ付同地域ニ於テ重要ナル關係ヲ有スル日本ノ好意的考慮ヲ要請スル次第ナリ。

五、閣下カ六月十二日提出セラレタル日本ノ經濟政策對支及對南洋政策ノ諸問題（往電第二八三號參照）ハ勿論重要ニシテ之等ノ諸問題ノ明確化カ日本間(米カ)暫定通商協定締結ノ必頭(須カ)條件ナルヲ以テ日本政府ノ現存ノ通商制限ハ一時的ノモノナリトノ聲明ノ具體化カ速カニ實現セラレムコトヲ望ム

六、對蔣援助停止ニ付テハ重慶政府カ米國ノ承認セル政府ナルコトト(ママ)暫ク措クモ米國政府ハ支那民衆大半ノ眞ノ支持ヲ受ケタル指導者ヲ承認スルニ非レハ支那統一政府ノ强固性實現ノ見込ナシトノ意見ヲ有ス

七、日本ノ世界平和ノ爲ノ日米協力ニ關スル希望及日本ハ東亞ニ於ケル安定勢力ナリトノ理想ハ米國政府之ヲ了承米國ハ勿論平和的手段ニヨリ且凡テノ關係國ノ權益ヲ尊重シッツ世界ノ何レノ地域ニ於テモ秩序、正義及安定ヲ齎スカ如キ政策ニ對シテ同情スルモノナリ。斯如キ政策ハ各國ヲ完全獨立ナラシメ他國トノ間ニ自由ニ通商ソノ他ノ健全ナル諸關係ヲ樹立セシムルモノニシテ强力ヲ以テ他國ヲ經濟的又ハ政治的ニ支配セントスル政策トハ正反對ノモノナリ。

（別電二）

第三五二號（極祕、館長符號扱）　本省　7月13日発

一、今日日本政府カソノ將來ノ通商政策ヲ明白ニシ且右カ米國ノ見解ニ合致スルモノナルニ於テハ本會談ノ促進セラルヘシ、松本(根カ)問題上ノ主要難點解決セラルレハ小問題ハ適宜整理又ハ除去セラルヘシ

二、太平洋内交戰國屬領等ノ現狀維持ニ關スル公文交換ハ特ニ太平洋上ノ新問題ノ發生ヲ回避セントスルモノニシテ事態ノ悪化防止措置ハ進ンデ疑惑ノ解消輿論ノ改善等ニ貢獻シ當該特定問題ヲ解決スルノミナラス日米間ノ他ノ諸問題ノ解決ヲモ容易ナラシムヘシ

三、日本ハ間モ無ク次ノ二個ノ根本問題ニ關シ決定ヲナササルヘカラサルヘシ

(イ)日本ハ自己ノ一時的利益ノタメ現ニ疲弊シ且抵(低カ)度ノ生活標準及生産力ヲ有スル地域ノ商業及資源ヲ確保利用スルニ止マルヘキカ或ハ永久的利益ヲ齎スタメ自國竝未開地域ノ經濟建設上他國ト協力シテ一切ノ技術、資本及進歩的經濟指導等ヲ利用スヘキヤ

(ロ)右ト關連シ日本ハ武力ニ依ル領土獲得政策ヲ堅持スル諸國ト協調スヘキヤ否ヤ。武力政策ハ占領地域ヲ貧困ナラシメ且資本、及技術ノ利用ニヨル進歩的社會經濟發展上他國トノ協力ヲ不可能ナラシムヘシ

（付記一）

My Government has been giving careful thought to the views concerning Japanese-American relations conveyed informally to me by Your Excellency on June 12, June 28, and is gratified at the genuinely careful consideration which you have given to my Government's views expressed by me orally on June 19 last.

As I have observed in the course of our recent informal conversations, my Government deems that the situation offered by the present war in Europe, whatever its outcome may be, is a subject for serious concern. Particularly is this so with regard to those countries the prosperity of which depends to a great extent upon foreign commerce. From what you have said to me during our informal conversations, it has become clear that the views of your Government as well as of my own Government are that our foreign trade is of great importance. An examination of the official trade statistics of Japan discloses that during the year 1939, 64.9 percent by value of the total exports of Japan were sent to Asiatic countries, and that 21.5 percent went to countries on the American continent, which leaves for the remainder of the world a balance of 13.6 percent. Of the total imports taken by Japan, 40.5 percent by value were derived from countries in Asia, 42.8 percent from countries on the American continent, there remaining from the rest of the world a balance of 16.7

percent. From these figures it is plainly evident that it is in Japan's interest that there should be averted, in so far as is possible, any extension of developments occasioned by the European hostilities which would bring disturbed conditions from Europe to Asiatic and American countries and diminish the movement of trade between the countries on the continents mentioned and Japan.

During the year 1939, of the total exports sent abroad by the United States, Asiatic countries took 17.6 percent by value, and countries on the American continent 35.8 percent. 30.2 percent by value of the total imports into the United States came from Asiatic countries, and 38.7 percent from countries on the American continent. It is clear from the foregoing figures that the United States also has a deep interest in the free flow of commerce between it and the nations in both America and Asia. The similarity of Japanese and American interests in commerce may be enlarged still further. A considerable amount of the commerce between countries in Asia and American countries is constituted by the trade between the United States and Japan. To a large extent this commerce is of a complementary nature. Such a healthy and advantageous commercial relationship as the one which has been in effect between Japan and the United States could not thrive under an autarchical system of economy. Moreover, it is a matter of significance that respect for the rights of private property constitutes both in Japan and in the United States the basis of their social and economic pattern.

A condition having additional bearing upon the commercial and economic relationships between my country, on the one hand, and, on the other hand, nations on the American continent and Asiatic nations, is the fact that certain of the countries referred to are in need of capital funds for their progressive development, and that in the United States there are funds available for investment in foreign countries. It need hardly be mentioned, nevertheless, that capital is by its nature not readily disposed to take risks and seeks its outlet solely in those areas where circumstances of stability, order, progress, and security prevail.

Your Excellency observed in your oral statement of June 28 that, because of Japan's need for markets and sources of supply overseas, it is essential that it should endeavor "to preserve certain special trade relationships with neighboring countries and regions, although she upholds as a fundamental basis for trade the principle of non-discrimination". It would appear to my Government that it would best serve the interests of a country in Japan's position, whose economy has its foundation in foreign commerce, to apply as broadly as possible the principle of equality of trade opportunity and the fullest liberalization of the principle of non-discrimination with relation to trade. An endeavor by one nation to remove particular regions form the applicability of the principles mentioned would unavoidably induce other countries in turn to claim exemption for other areas, resulting in the creation of a number of regional economic blocs having at their foundation discriminations and preferences which could not help being harmful to the interests of the major trading nations. On the contrary, under a system of mutual non-discrimination Japan would not find its commerce restricted to one regional bloc, but would obtain both the profitable results of furnishing to a wide range of markets the wares which Japan is able most efficiently to produce and the corresponding advantage of deriving materials needed by it from the cheapest sources. Under a system of non-discrimination Japan would be better able than under any other international commercial plan to obtain the benefit, in areas in which it has expressed a special interest, arising from the competitive advantage which redounds to it by reason of its geographic propinquity to those areas.

In connection with the matter of Japanese policy toward the Netherlands East Indies referred to in paragraph 4, caption (c), of your oral statement of June 12, my Government has noted from a statement issued by the Japanese Ministry of Foreign Affairs that the Government of Japan is negotiating with the Netherlands and the Netherlands East Indies Government on the question of commerce, enterprise, and the entry into the Netherlands East Indies of Japanese subjects. My Government has noted particularly that, despite the reported declaration of the Netherlands and the Netherlands East Indies Government that it would take no steps which would result in preventing the exportation to Japan of commodities considered essential by Japan, the Government of Japan has requested that the Netherlands and the Netherlands East Indies Government take suitable measures in order to "definitely assure the export of the desired quantities of required goods". As the Japanese Government knows, Netherlands East Indies products are important in the economy of many countries. The United States carries on important trade relations with the Netherlands East Indies and a substantial American enterprise exists there. As revealed by the statistics of my Government for the year 1937, which was the most recent year for which complete statistics are available, 15.8 percent by value of the total foreign trade of the Netherlands East Indies was with the United States, compared with 11.6 percent with Japan. Accordingly my Government has an important interest in the continuance in the Netherlands East Indies, as well as in other countries, of the principle and the observance of equality of trade opportunity, as well as of that of enterprise. My Government would consequently be appreciative if the Japanese Government would keep it informed as to the manner in which these principles are being applied in the negotiations of the Japanese Government with the authorities of the Netherlands East Indies.

Referring to your oral statement of June 28 in which you mentioned the proposal of my Government that an exchange of notes be concluded regarding the continuance of the status quo in the possessions and territories of the belligerent European powers lying in the Pacific region, you indicated your belief that for our two countries, which are not belligerents, to enter into any kind of an agreement on this subject would give rise to very delicate relationships for Japan which has taken a position of non-involvement. It would appear, nevertheless, to my Government that the suggested exchange of notes would contribute substantially to rendering secure Japan's attitude of non-involvement toward the war in Europe, and moreover my Government's proposal was occasioned by a wish to minimize in the Pacific area the harmful effects of the hostilities in progress in Europe. Indeed, it is my Government's conviction that in periods of disturbed international relationships reassertion by Governments of such fundamental principles and policies as was intended in the suggested exchange of notes would operate in favor of stability. The fact of the importance of Japan's commercial relations with the Pacific area, which is indicated by statistics of trade, would appear to my Government to be a cogent reason for the Japanese Government to give favorable consideration to my Government's suggestion. You have stated that you cannot consider our proposal separately from the conversations which have taken place up to now, and have suggested that, with a view to making further progress in these conversations with respect to this proposal, you be acquainted with my Government's views concerning the observations contained in your oral statement of June 12. Three problems are enumerated therein as deserving especial study in connection with bringing about an improvement in relations between our two countries. These problems have to do with the economic policy of Japan, present and future, as well as with recent manifestations of aspects of Japanese policy toward China, the Netherlands East Indies, and Thailand.

My Government also regards these problems as important and believes that a clarification of the questions posed concerning them is requisite to a consideration of the suggestion contained in caption (a) of the last paragraph of your oral statement referred to, viz., the matter of the conclusion, as a temporary measure, of a modus vivendi between our two Governments. It would therefore be of assistance to have indications as concrete as is possible, concerning the aims and intentions of the Government of Japan regarding points (a) and (b), that is, "Is Japan's economic policy to be to adopt an entirely closed economy?" et cetera, and "Once the hostilities in China have been terminated, actually to what extent will there remain measures of an exclusive nature in the economic field?" It goes without saying that the earlier there develop manifestations of an implementation by the Japanese Government of its declarations that restrictions at present in existence are of a temporary nature, the more gratified my Government will be.

Referring to caption (b) of the last paragraph of the oral statement of June 12 which brings up the question of assistance to Chiang Kai-shek, my Government quite apart from the fact that the National Government now at Chungking is by it recognized as the Government of China, wishes with the utmost candor to express its opinion that there appears to be no prospect of solidarity of a united government for China other than through recognition of a leadership enjoying the real support of the vast majority of the people of China.

My Government has noted the expressed desire contained in your oral statement of June 12, caption (c), that our two Governments act together in order to contribute to world peace. It has also noted the ideal expressed by you in the course of your radio address on June 29 last that Japan constitute a stabilizing force in Eastern Asia. My Government, it goes without saying, would view with sympathy policies and methods which give order, justice, and stability in any area of the world, by peaceful means and having due regard for the interests and rights of all countries and peoples involved. Policies and methods of this nature leave every state in any region completely independent and free to seek normal trade and other healthy relations with other nations in any part of the world. Methods and policies of this nature are in antithesis to those aimed at obtaining by force economic or political domination for one country in any region.

July 11, 1940.

（付記二）

I. The United States Government believes that at this point a clarification by the Japanese Government of its attitude with respect to future commercial policy would, if disclosing a compatibility with our own views, contribute to accelerating these conversations. Having settled outstanding difficulties with regard to fundamental and broad questions, the details would have a tendency either to fall into place or possibly to be eliminated.

II. It is desired, in connection with the proposed exchange of notes regarding maintenance of the status quo of Pacific possessions and territories of belligerent European powers, that there be borne in mind especially the intention to avert new difficulties and friction in the general Pacific situation, and it is hoped that the Japanese Government will share our belief that procedures which tend to prevent situations from deteriorating have within them the germ of contributing materially toward improving situations; that this procedure, if adopted, would tend to dissipate suspicion and curtail inflammatory discussion, thereby turning public thought toward peaceful and constructive processes. It would not only solve the specific problem for which designed, but in addition it might facilitate a solution of some of the other problems between the two Governments.

III. The United States Government believes that Japan must soon come to a decision regarding two fundamental questions:

(1) Will Japan follow a policy and a course of action based upon an attempt to exploit and assure for her own utilization the commerce and resources of territories now impoverished, where living standards are low and capacity for production limited, or will she choose to pursue a course based upon a policy of cooperation with other countries of a

similar mind, in order to utilize all available resources of technical skill, capital, and progressive economic leadership with the aim of building up her own economy and that of the mere primitive and undeveloped areas?

Viewed in historical perspective, the narrower course can bring no assistance or permanent benefit to any country — whatever benefits might accrue being merely of a temporary character. The broader course would increase many times the purchasing power of peoples, would elevate their standard of living, and would bring lasting advantages.

(2) The second fundamental choice in the opinion of the United States Government, related to the first, is whether Japan will decide to associate herself with countries committed to a policy of acquiring territory by force. Such a policy might of course denude occupied areas of natural and other forms of wealth, but once gathered, no substantial basis would exist on which to build for economic wellbeing in the future. It would, moreover, tend to preclude cooperation with other nations in a broad program of social and economic development of a progressive nature in which the capital resources and the technical skill of the various countries concerned would be enlisted.

July 11, 1940.

1425 昭和15年7月15日 亜米利加局第一課が作成した当面の対米外交に関する意見書

當面ノ對米外交ニ關スル亞米利加局第一課作成ノ意見書（昭和十五年七月十五日）

七月十一日ノ米國側對日申入ニ對スル取扱方ハ別紙第一號「對米應答資料（二）」ニヨリ米國側ニ回答スルコト適當ト認メラルル處、右應答振起草ノ根本觀念ハ別紙第二號「對米基本的態度及政策ニ付テ」ニ於テ一應説明シ置タリ。帝國ハ興亞（南洋ヲ含ム）ノ聖業ニ米國ノ同調ヲ招來センコトヲ對米外交ノ目標トスレドモ、之ヲ實現セムガ爲ニハ米國人ノ政治心理ト世界情勢ヲ睨ミ合セ此際別紙ノ如キ强硬ナル手ヲ打ツコト最善ノ方法ナリト認ム。若シ現內閣ニ於テソノ對米關係及ビ言質（南洋現狀維持ニ關スル有田聲明）上又ソノ對獨關係上―現在獨逸ハ現內閣ノ性格ニ鑑ミ現內閣トハ南洋問題ヲ論セズトノ態度ヲ執リ居ルモノノ如シ―右ノ如キ對米態度ニ出ヅルコト不可能ナリトセバ、コノ際―先般ノ有田大臣「ラヂオ」演說ノ問題經緯ニ顧ミルモ―何等對米回答ヲ與ヘズ、寧ロ獨逸ト同樣本日ヨリ市俄古ニ開催ノ米國民主黨大會ノ動向ヲ見極ムルノ態度ヲ執リ暫ラク對米折衝ヲ延期スルコト適當ナルベシ。

別紙第一號

　對米應答資料（二）

一、帝國ハ先ヅ米國ニ對シ世界平和ノ恆久的基礎トシテ通商自由、世界資源及領土ノ再分割、各大陸間ノ不干涉主義、人種平等及ビ軍縮ノ五大原則ヲ提示スベシ。（右詳細ハ曩ニ本官ノ提出セル「對米應答資料―一五、六、二一、米一」ヲ參照）

二、右ニ關聯シ米國側ノ通商自由ノ主張ニ對シテハ特ニ世界ニ於テハ純粹單純ナル通商自由ハ存在シ居ラズ、存置シ得ス又存在セシムベキモノニ非ルコト―從ツテコノ點ニ關スル米國側ノ主張ハ誤謬ナルコト、米國ト雖モ「出來得ル限リ廣範圍ノ」通商自由ト云ヒテ之ニ條件ヲ附シ居ルコト―ヲ指摘シ、日本ニ執リテハ現在通商ノ自由ヨリモ資源及市場ノ獲得―從ツテ世界資源ノ再分割―カ必要ナルコトヲ力說スルコトヲ要ス。

民主黨下ノ米國ハ今日通商ノ自由ヲ唱道スルモ、約十年前ニ共和黨政權ハ例ノ「ホーレー・スムート」法ニヨリテ非常ナル高關稅主義ヲ採用シ、世界ハ右ノ爲經濟不況ニナリタリトハ識者ノ一致セル意見ナリ。今日米國ハ互惠通商法ニヨリ各國トノ通商ヲ出來得ル限リ自由ニセムト試ミ居ルモ、大体論ヨリスレバ今日ト雖モ日本ノ關稅ハ米國ノソレヨリモ低率ニシテ、又米國ガ將來再ビソノ內政關係上高關稅主義ニ復歸セズトハ何人カ保障シ得ルモノゾ。又米國ハ日本ニ對シ技術的熟練、資本及ビ進步的經濟指導原理ニヨリ世界ニ繁榮ヲ齎スベシト云ヒ奇（寄カ）リ居ルモ、右ハ今日ノ米國資本主義制度下ニ於テ今尙一千萬人以上ノ失業者ノ存在スルコト―又之ニ比較シテ今次ノ歐亂以前ニ於ケル獨逸ニ於テハ殆ンド失業者ノ存在セザリシコト―ヲ想起スルトキ、日本ハ直チニ米國式資本主義ニ對シテハ之ニ同調シ得ザルモノナリ。況ンヤ米國側ノ對日經濟協力ノ提案ガ日本ノ東亞(南洋ヲ含ム)新秩序ノ理想ヲ犧牲ニスルコトヲ條件トナスニ於テオヤ。

三、日本ノ南方政策ハ日滿支三國ト南洋諸國トノ間ニヨリ强キ經濟連繫ヲ期待スルト共ニ、之等諸國ノ民族ノ政治的解放ヲ希求スルモノナリ。帝國ハ一方ニ於テ米國ノ所謂「モンロー」主義ヲ認メ米洲大陸ノ內外政ニ干渉セストノ意圖ヲ有スルモノナルヲ以テ又米國ヨリモ東亞(南洋ヲ含ム)ニ對シ同樣ノ態度ヲ期待ス。右問題ニ付テハ米國ハ之等諸國ノ現狀維持ノミヲ希求シ居ルカ如ク見受ケラルルニ反シ―先般ノ「ルーズヴェルト」大統領ノ所謂亞細亞「モンロー」主義ニ關スル意見ハコノ際之ヲ論セサル事トスヘシ―日本ハ日本ノ前述ノ如キ南方政策ヲ實現セムカ爲ニ、現在ノ世界狀勢ノ段階ニ於テハ今日ハ兎ニ角現狀變更ヲ欲セストノ意志ヲ有シ居ルモノニシテ、日本ノ本意ハ結局右帝國ノ政策ニ合致スヘキソノ現狀ノ變更ハ之ヲ歡迎スルモノナルコト言ヲ俟タス。而シテ日本ハ東亞諸民族ノ名ニ於テ米國カ之等民族ノ政治的歸趨ニ付不干渉ノ態度ヲ執ルコトヲ期待スルモノナリ。

四、米國ハ日本ノ支那ニ於ケル武力行使ノ事實ヲ好マス又日本ノ將來ノ政治的動向ニ付テ恰モ獨伊ト協調スルコトヲ好マサルカ如キ態度ヲ示シ居レルカ、帝國ハ米國ガ好ムト好マサルニ拘ラス既ニ支那ニ於ケル廣範圍ノ軍事行動ニ「コミット」シ居ルモノナルヲ以テ、ソノ軍事目的ヲ達成スル迄ハ之ヲ停止シ得サルモノナルコトヲ明言セサルヲ得ス。又日本ハ獨伊トハ世界新秩序建設及ビ支那事變處理上協調シ得ル範圍ニ於テハ出來得ル限リ積極的ニ協調セサルヲ得サル立場ニアリ。米國ハ常ニ武力行使ヲ否認セントスルモ、右ニ付テハ米國ガ今日大規模ノ軍擴ニ從事シ居ル事ヲ指摘スル要アリ。米國ノ軍擴ハ當然日本又ハ獨逸ノ軍擴ヲモ誘發スルモノニシテ、右ハ米國ノ提唱スル平和主義ト反對ノ結果ヲ生シ來ルヘキコトヲ强調セサルヲ得ス。

五、日本ハ結局米國ニ對シ先ツ第一項記載ノ世界平和再建ノ五大原則ニ付ソノ同調ヲ要請セサルヲ得ス。日本ハ米國ガ右五大原則ニ同スル時ニハ日米間ノ多クノ懸案ハ自然ニ解決シ行クコトヲ信スルモノナリ。

別紙第二號

對米基本的態度及政策ニ付テ

一、態度

(イ)日本ハ世界政策ヲ提示スベシ。

日本當局ハ先ヅ米國最近ノ對日「アプローチ」ノ態度ガ世界ノ政治經濟ニ關シテ一般論ヲ中心トスルモノナルコトニ注意スベシ。コノ一般論コソ現下世界鬪爭ノ—卽チ次ノ世界ヲ規約スベキ—指導的思想問題ニ非ズヤ。此ノ點ニ關スル米國ノ態度ハ本質的ニ利己主義ナレドモ眞面目ナリ。日本モ亦先ヅ日本ノ世界觀ヲ樹立シ眞心ト熱情ヲ以テ之ヲ世界ニ宣揚スルノ眞摯ナル態度ヲ執ラザルベカラズ。然ルニコノ際日本ガ米國ニ對シ先ヅ通商條約ソノ他ノ具体問題ヲ持出スハ、今囘米國ガ太平洋內交戰國屬領(以下「南洋」ト略稱ス)ノ現狀維持問題ヲ持出シタルガ如クソノ目前ノ利害關係ニ眩惑焦燥スルノ小乘的心情ヲ有スルコトヲ明示シ、新秩序建設ヲ目標トスル大國トシテ全ク見苦シキ限リナリ。日本ハ神國ナリ。米國ノ如クコノ時ニ當ツテ混迷焦燥スベカラズ。

(ロ)政治ハ經濟ニ先行ス。

米國ノ金融資本ハソノ活動地盤ノ第一線タリシ歐洲ノ狀勢ニ驚愕失望シ、今日ソノ第二線タル中南米ニ對スルソノ「攻略」ヲ積極化シ、次ニソノ第三線タル東亞ニ對シテソノ經濟的欲望ノ下ニ政治的欲望ヲ抑フルガ如キ姿態ヲ示シテ日本ニ接近ノ態度ヲ示サムトシツツアリ。然レドモ現下ノ世界ハ金融資本ノ害惡ヲ知悉シ政治ハ經濟ニ先行スルノ理性ヲ獲得セリ。日本ハ米國ノ右ノ如キ態度ニ對シテ日本ハ米國ガ日本ノ興亞(南洋ヲ含ム)政策ヲ認メ、之ニ同調セザル限リ米國ノ「弗」ハ不要ナリトノ態度ヲ執ラザルベカラズ。

(ハ)東亞ニ於テ日米ハ竝立シ得ズ。

「グルー」大使ノ書物ニ表ハレタル處ニヨレバ、米國ハ日本ガ「南洋」ノ現狀維持ヲ約束スレバ他ノ問題—卽チ支那問題—ノ解決ニモ資スベシト爲シ、恰モ日本ガ此際「南洋」ヲ放棄スレバ支那ニ付テハ相當ノ讓步ヲ爲スガ如キ素振ヲ示シ居レリ。若シ右ノ如キガ米國ノ本意ナリトセバ、日本ハ尚更此際米國ニ對シテ我ガ對南洋態度ヲ明確ナラシメ米國ヲシテ之ヲ承認セシムルノ態度政策ニ出デザルベカラズ。何トナレバ米國ヲシテ右ノ如キ對日讓歩ラシキ態度ニ出デシメタルハ今日迄ノ日本ノ決意ノ遂行ト歐亂進行ノ結果ニ外ナラズシテ、從テ日本ガ歐亂ヲ利用シ且ソノ決意ニシテ愈々牢固タルモノアレバ米國ハ遂ニ近年ニ於ケル米國ノ對獨讓歩ノ場合ニ於ケルガ如ク讓歩的心理ニ左右セラレツツ南洋ニ付テハ日本ノ意圖ヲ認ムルニ至ルコトハ明白ナリ。然ルニ若シ米國ノ意思ガ未ダニ日本ノ南洋進出ニ反對スルト共ニソノ對支政策ニモ飽迄鬪爭セムトスルモノナレバ、—而シテ米國ノ右ノ如キ南洋問題ガ解決スレバ極東問題モ日本ノ有利ナルガ如ク解決セラルベシトノ素振ハ勿論米國ノ外交ニシテ、米國ニハソノ本意ナク、却ツテ之ニヨリ日本ヲ吊リテ結局元モ子モ無クナサセムトスルモノナルコト明ナリ—コノ際日本ハ愈々實力ト思想戰ニ於テ對米抗爭ヲ强化セザルベカラズ。何トナレハ日本元來ノ使命ト現下ノ世界ニ於ケル深刻ナル狀勢ヨリシテ、東亞（南洋ヲ含ム）ニ於テハ日米ノ如キ二大國ガ竝立シ得ザルコト恰モ物理學上ニ於テ同所ニ二物ガ竝存シ得ザル事ト同様ナレバナリ。

(二)米國ノ對日優越態度ヲ排ス。

米國ハ餓鬼大將ノ如ク日本ニ對シ例ヘバ近ク日本ハ獨伊ト協同スルヤ否ヤヲ決セザルベカラズ等ト—事ソレ自身ハ眞實ナレドモ—日本ノ內外政ニ對シ干涉的言辭ヲ弄スルト共ニ、他方村夫子ノ如ク日本ニ執リテハ日米友好ガ何ヨリモ幸福ナルベシト說敎ヲ爲シ居レリ。

右ノ如キ米國ノ對日態度ノ存在ハソノ日本ニ對スル傳統的外交慣習ニシテ且近時ニ於ケル日本ノ對米媚態外交ノ結果ナラムモ、日本ハ右ノ如キ米國ノ精神ヲ强ク「リゼント」スルモノナリ。

三、政策

日本ハ右ノ如キ對米態度ヨリシテ單ニ有田「グルー」會談ニ於テ日本ノ言分ヲ米國側ニ傳フルノミニテハ何等外交上ノ效果ナキヲ以テ之ヲ政策ノ實踐ニヨリ裏打セシメサルヘカラス。而シテ此際ニ於ケル日本ノ政策ハ獨伊トノ軍事及外交同盟樹立ヲ中心トスル外交ト國內ノ政治經濟体制ノ再編成ヨリ外ナシ。日本ハ右ノ如キ政策ニヨリ米國ニ對シ体當リ的外交ヲ行フコトニヨリテノミ米國ヲ帝國ノ興亞ノ事業ニ同調セシメ得ルニ至ルヘシ。

5 米国による対日制裁措置の強化

1426 昭和15年7月26日 在サンフランシスコ佐藤総領事より松岡外務大臣宛(電報)

石油や屑鉄への輸出許可制適用に関する米国紙報道振り報告

サンフランシスコ 7月26日後発
本省 7月27日後着

第一八七號

二十六日當地方各紙ハ石油屑鐵等輸出許可制適用ニ關スル華府通信ヲ第一面ニ掲ケ注目ヲ引キ居ル處各紙共本件大統領令ハ一面西班牙經由對獨伊輸出禁絶ヲ目的トシタルモノナルヘキモ屑鐵ヲ附加セルコトハ主トシテ日本ヲ目標トセルモノナルヘク何レニセヨ石油及屑鐵共日本ノ對米依存性ハ獨伊ニ比シ遙ニ大ナルヲ以テ本令ノ日本ニ對スル打撃ハ甚大ナルヘキコト(此ノ點ニ關シ華府發ＩＮＳ「フイッツモーリス」通信ハ對獨伊石油輸出ハ六月二十五日大藏省及海事委員會ノ「ガルフ」發西班牙向ケ米國籍「タンカー」二隻ニ對スル出港禁止以來事實上差止メラレ居リタルコトヲ附記シ居レリ)本令發出ノ動機ニ關シテハ華府消息通ノ間ニテハ右ハ日本ニ關スル限リ新内閣ノ外交政策ニ對スル牽制策ト看做ス者多キモ他面今囘ノ措置ハ緬甸「ルート」閉鎖ニ關スル日英協定ヘノ報復乃至對支激勵ノ意味モ含ムヘク本令今後ノ運用ニ對シテハ當局ハ一切言明ヲ避ケ居ルモ二十五日海事委員會カ「タンカー」其ノ他米國籍船舶七隻ノ邦商ヘノ「チヤーター」ヲ否認シツツ加奈陀、西印度諸島及浦潮向米船十五隻(蘇聯邦ハ「スタンダード」社油槽船 W. S. Miller ヲ傭船セリト云フ)ノ外國商社ヘノ「チヤーター」ヲ認可セル旨發表セルハ注目ニ價スヘキコト等ヲ報シ居ルカ一方當地方石油業者ノ態度ニ對シテハ未タ本令運用ノ範圍判明セサル爲何レモ突込ミタル批評ヲ避ケ居ルモ若シ石油製品ノ全面的禁輸等行ハルレハ加州石油業ニ對スル打撃モ相當大ナルヘシト爲シ政府ノ措置振ヲ懸念シ居ル旨報シ居レリ尚本令ニ關シ未タ格別ノ新聞論評出テ居ラサルモ從來頻リニ屑鐵ノ對日禁輸ノ必要ヲ說キ來レル「クロニクル」ハ二十六日ノ社說ニ於テ本件措置ハ事實上石油及屑鐵ノ對日禁輸ニ等シク米國ハ之ニ依リ過去三年間ノ矛盾セル極東政策ヲ淸算シ得ヘシ云々ト論セリ

米、紐育ヘ轉電シ、市俄古、「ニユーオルレアンス」ヘ暗送セリ

1427　昭和15年7月26日　在米国堀内大使より松岡外務大臣宛（電報）

石油や屑鉄等への輸出許可制適用問題に関し米国国務長官代理が事情説明について

ワシントン　7月26日後発
本　　　省　7月27日夜着

第一一六〇號

本使二十六日「ウエルズ」國務長官代理（「ハル」長官ハ「ハバナ」出張中）ノ求メニ依リ會見シタル處「ウエ」ハ石油、屑鐵等ニ輸出許可制ヲ適用スル問題ニ關シ昨日來新聞ニ種々ノ報道現ハレ居ル處右ニ關シテハ目下適用品目ノ「カテゴリー」等細目ヲ研究中ニテ未タ決定シ居ラサルモ何等誤解ヲ避クル爲取急キ申上ケタキハ

㈠右ハ國防上必要ナル資材ノ輸出ニ付許可ヲ要スルコトトシタルモノニシテ絕對禁止ニ非サルコト

㈡各國ニ適用スヘキモノニシテ日本其ノ他特定國ヲ目標トスルモノニ非サルコト

ノ二點ナリト云ヘルニ付本使ヨリ然ラハ右等ノ細目ハ何時頃決定ノ見込ナルヤト質セル所早ケレハ明日邊リ遲クモ來週初頃迄ニハ決定ヲ見ルヘク其ノ上ハ更ニ詳シク御面談致度キ積リナリト答ヘ次ニ本使ヨリ新聞ノ誤報ニ對シテハ何等措置ヲ講セラルルヤト訊ネタルニ「ウエ」ハ右細目決定ノ上自分ヨリ詳細新聞記者ニ說明スル考ヘナリト述ヘタリ依テ本使ハ何レ詳細承リタル上ニテ更ニ所見ヲ述フルコトト致スヘキモ差當リ御訊ネシタキハ先般「バーリ」次官補ハ本使ニ對シ屑鐵ハ其ノ當時國内ニ充分ノ「ストツク」アリ差向キ輸出制限ノ議ニ上リ居ラスト語ラレタルカ今回右ヲ許可品目ニ加フルコトトシタルハ如何ナル事情ニ依ルヤト訊ネタル處「ウエ」ハ右ハ專ラ國防上ノ必要ニ基クモノナルモ何レ細目決定ノ上詳シク御話シ致スヘシト繰返シタルニ付本使ヨリ日米兩國ノ國交ノ調整及貿易關係增進ノ問

題ハ日米兩國ノ從來希望シ來レル所ニシテ其ノ爲ニ東京ニ於テモ會談行ハレ來レル次第ナルカ今囘ノ如ク突然ノ處置カ執ラルルニ於テハ日本側ニ面白カラサル反響ヲ及ホシ兩國國交調整ヲ困難ナラシムルコトヲ惧ルト云ヘルニ「ウエ」ハ兩國國交ノ調整ハ米國モ之ヲ希望シ居ル所ナルモ最近支那ニ於ケル事故及反米運動ノ如キハ國交調整ヲ困難ナラシメ居ル次第ナリトテ別電第一一六一號(見当ラズ)ノ如キ應答ヲ重ネタル後更ニ本使ヨリ米政府ノ今囘ノ措置ノ目的カ眞ニ先刻御話シノ通リトスルモ既ニ新聞報道ニ依リ面白カラサル印象ヲ日本側ニ與ヘ居リ今後實際上ノ取扱振リ如何ニ依リテハ米ハ恰モ對日經濟壓迫ヲ行ナハントスルカ如キ感想ヲ生シ之カ爲ニ却テ日本トシテ之ニ對抗スル如キ强硬政策ヲ執ラサルヘカラストノ論議ヲ强ムルコトトナリ米國側ノ希望スル國交調整ノ趣旨ニモ反スルコトトナルヘシ就テハ米國政府ニ於テ對日輸出ノ取扱上深キ御考慮ヲ加ヘラレンコトヲ切望ス何レ詳クハ次囘會見ノ際申述フヘキモ不取敢ノ感想トシテ是丈ヲ述ヘ置キ度シト附加シ置ケリ

北米各領事瑞西ヘ轉電セリ

瑞西ヨリ英、獨、伊ヘ轉電アリタシ

1428 昭和15年7月26日 在米国堀内大使より松岡外務大臣宛(電報)

石油製品・屑鉄等の輸出許可制実施に関する米国大統領説明振りについて

ワシントン 7月26日後発

本省 7月27日後着

第一一六四號

大統領ハ二十六日ノ新聞會見ニ於テ石油及屑鐵等ノ輸出許可制實施ニ關シ質問ニ答ヘ

(一)新聞カ本件ヲ禁輸ト書立テ居ルハ間違ヒニシテ右ハ許可制ト爲セルニ過キス

(二)緬甸通路禁絶問題トハ無關係ナリ

(三)今ノ所日本側ヨリ抗議ヲ申込ミ來ルコトヲ聞キ居ラス

(四)飛行機用「ガソリン」ハ米國自身不足ナルカ故ニ之カ輸出差止ハ以前ヨリ考慮シ居リタルモノナリト述ヘタルカ其ノ際政府トシテハ全部輸出差止ヲ考ヘ居ルモノニアラス如何ナル程度ノ割當量ヲ外國ニ許容スヘキヤニ付テハ目下研究中ナル旨ヲ特ニ附言セル趣ナリ

在米各領事ヘ暗送セリ

1429　昭和15年7月27日　在米国堀内大使より松岡外務大臣宛(電報)

石油製品・屑鉄等の輸出許可制実施の背景に関する観測報告

ワシントン　7月27日前発
本　　省　7月27日夜着

第一一六九號(極祕)

往電第一一五四號[(1)]ニ關シ

今回米政府カ石油及屑鐵ヲ輸出許可制トセル動機ニ付テハ右措置ノ細目及之カ運用振リヲ見極メタル上ナラテハ確言シ得サルモ諸般ノ狀況及往電第一一六〇號本使ト「ウエルズ」トノ會談等ヲ綜合シ不取敢左ニ卑見稟申ス

今回ノ措置ハ白堊館カ「イニシアチーブ」ヲ執リテ方策ヲ決定シ國務省ハ之ニ追隨シ居ルモノト見ルヘク(現ニ二十四日午後森島他用ニテ「ハミルトン」極東部長往訪ノ際本件報道ヲ引キテ質問セルニ「ハ」ハ全然承知シ居ラサル旨答ヘタル位ナリ)大統領ヲシテ突如本件措置ニ出テシメタル理由ヲ按スルニ米ノ國防豫算ノ飛躍的增大ニ鑑ミ多少自國軍需資材保存ノ必要モ起リシナランモ元來屑鐵石油共ニ國內「ストック」充分ニ存シ今慌テテ輸出ヲ差止ムル程切迫セル必要生シ居ルモノトハ認メラレサルノミナラス若シ眞ニ其ノ必要アリトセハ七月二日本件關税法規公布ノ際當然他ノ重要軍需品ト共ニ許可物資中ニ包含セラルヘカリシモノト考ヘラルルニ付國防上及經濟上ノ理由ハ此ノ際當面ノ問題トスルニ足ラサルヘク結局對外政策上及大統領選擧對策上ノ考慮ニ出ツルモノト見ルノ外ナカルヘシ卽チ第一ニハ將來ニ於ケル帝國動向ノ牽制及重慶ニ對スル聲援、第二ニハ獨伊牽制及英國聲援、第三ニ大統領選擧戰ヲ目當テトシテ政府ハ侵略國ニ對シ戰爭ニ至ラスシテ而モ有效ナル措置ヲ執リツツアルコトヲ國民ニ示サントノ意圖ニ出ツルモノト見ルヘシ換言セハ第一ノ點ハ帝國今後ノ動向ハ內閣更迭ヲ機トシ樞軸國家群ニ傾クノ可能性增大セリトノ觀察ヨリ豫メ之カ實現ヲ阻止シ併セテ蘭領印度等占領ノ如キ行動ニ出テサラシムル目的ヲ以テ今後ノ情勢ニ依リテハ米トシテ何時ニテモ我方ニ對シ經濟壓迫手段ヲ實施シ得ヘキ體制ヲ整ヘ置カントスルト共ニ他方佛印鐵道及緬甸通路禁絕ノ爲意氣沮喪ノ體ナル重慶ヲ鼓舞スルニ在リタルヘク其ノ間最近支那ニ頻發セル反米的出來事カ米官民ヲ刺戟シ居ル

コトモ看過シ得サルヘク此ノ點ニ付テハ「スチムソン」陸軍長官ノ對日强硬意見相當ニ大統領ヲ動カシ居ルモノカト存セラル

第[2]二ノ獨伊牽制ニ關シテハ最近米ヨリ西班牙及葡萄牙ニ向ケ輸出セラレ結局獨伊ノ手ニ入ル石油及石油製品增加シ居ルニ鑑ミ（本年一月乃至五月ノ「ガソリン」ノ西班牙向ケ輸出ニ付見ルニ前年同期ニ比シ四割ヲ增シ滑潤油（ママ）ハ二十四割ノ增加ヲ示シ居レリ）之等ヲ防止シ以テ英カ强化ヲ企圖シ居ル歐洲大陸經濟封鎖ニ協力スルノ意嚮ヲ示シ以テ英ノ對獨伊戰意ノ高揚ヲ計ラントスルニ在リト見ラレ第三ノ選擧對策上ノ考慮ニ關シテハ從來政府ハ屢所謂「ショウト、オブ、ウオア」ノ措置ヲ以テ侵略國ノ反省ヲ促スヘキコトヲ强調シ來リ且過般ノ民主黨全國大會ニ於テ採擇セラレタル政綱中ニモ侵略ヲ受ケ居ル國ニ對シ法律ト國防上ノ利益ヲ害セサル限リ戰爭ニ至ラサル迄ノ總ユル援助ヲ與フヘキ旨掲ケアルニ鑑ミ政府トシテハ口ノミニテ被侵略國援助ヲ唱フルモ實行之ニ伴ハストノ非難ヲ避ケ口上ノミニ非スシテ實行アル措置ヲ着々講シツツアルコトヲ國民ニ誇示シ以テ選擧民ヲ引付ケンコトヲ狙ヒタルモノト思考セラル

尙屑鐵及石油ノ內殊ニ後者ハ最近輸出不振ニテ當業者ハ困 2406
却シ居レル實狀既電ノ通リナルニ付今次ノ措置ニ依リ右困却ノ度ハ一層大スヘク米政府トシテハ之カ不平ヲ宥ムル爲相當ノ措置ヲ講スルモノト觀測セラル

在米各領事、瑞西ヘ轉電セリ

瑞西ヨリ英、獨、伊ヘ轉電アリタシ

1430 昭和15年7月27日 在米国堀内大使より松岡外務大臣宛（電報）

石油製品・屑鉄等の輸出許可制実施は政治的動機に基づくものではないと国務長官代理説明について

ワシントン 7月27日後発
本　　省 7月28日後着

第一一七八號（至急）

往電第一一六〇號ニ關シ

本使二十七日「ウエルズ」長官代理ノ求メニ依リ再ヒ往訪シタル處「ウエ」ハ既ニ昨夕發表セラレタル石油製品及屑鐵ノ輸出許可制實施ニ關スル大統領令及施行細則ヲ御承知

ノコトト思考スル處今回許可制ノ品目ニ加ヘラレタルハ石油製品 Teteraethyd Lead (Tetraethylカ) 及屑鐵鋼ノ三品目ニ止マリ其ノ内石油製品ハ航空用ノ「ガソリン」及滑潤油(ママ)ニ限定セラレ居リ之等ハ米國モ國防上自ラ貯藏スルノ必要ヲ感シ之カ輸出ニ許可ヲ要スルコトト爲シタルモノニシテ又屑鐵モ十五級ノ格附中第一級ノ物ニ限ラレ右ハ軍需資材トシテ保存ヲ必要ト認メタルモノナリ右等以外ノ物ニハ重油ハ勿論揮發油及他ノ各種屑鐵ハ全然輸出自由ニシテ又右等ノ許可制品目ニ該當スル物ト雖箇々ノ問題トシテ輸出ノ許否ヲ決スルモノニシテ新聞等ニ傳ヘラレタル如ク何等政治的動機ニ基クモノニ非サルコトハ充分日本政府ニ於テ御了解アランコトヲ希望スト云ヘルニ付本使ハ昨日モ御尋ネシタル如ク屑鐵ノ如キハ數週間前ハ問題トナリ居ラサリシコトヲ「バーリー」次官補ヨリ承知シ居タルニ今回ノ處置ヲ見ルニ到レルハ如何ナル理由ナリヤト反問シタル處「ウエ」ハ右等許可制品目ハ今回國防諮問委員會ニ於テ國防計畫遂行上必要ト認メタル結果今回ノ如キ決定ヲ見ルニ到レル次第ナリト答ヘタリ依テ本使ヨリ本問題ニ付テハ本國政府ノ所見ニ關シ未タ訓令ニ接シ居ラサルヲ以テ其ノ點ハ保留シ置クモ自分一個ノ所見トシテハ昨日モ御話セル如ク米國内ニハ航空用「ガソリン」及屑鐵鋼ノ如キ極メテ豊富ナルコトハ一般ニ承知セラレ居ルニ拘ラス突然今回ノ處置ヲ採ラレ而モ新聞等ニハ恰モ主トシテ日本ヲ目標トスルモノナル如ク書キ立テ居ル爲日本ニ於テハ恰モ經濟的壓迫手段ト受取リ面白カラサル反響ヲ生シ居ルヲ以テ今後關係品目輸出許可ノ取扱上特ニ深キ考慮ヲ加ヘラレ今回ノ處置カ何等政治的動機ニ出ツルモノニ非サルコトヲ實證セラレタシト重ネテ希望シタル處「ウエ」ハ其ノ點ハ充分了承セリト答ヘ尚今回ノ處置カ専ラ國防上ノ必要ニ出ツルモノナリトノ趣旨ハ昨日既ニ大統領ヨリ新聞會見中述ヘラレタルカ更ニ來週月曜ノ新聞會見ニ於テモ自分ヨリ右カ政治的理由ニ出ツルモノニ非ルコトヲ詳細説明スルコトト致スヘシト述ヘタリ次テ本使ヨリ大統領令ニ依レハ前記品目ニ對スル輸出許可制ハ八月一日ヨリ實施セラルル旨規定セラレ居ル處其ノ以前ニ契約濟ノ物ハ凡テ輸出自由ト解シ差支ナカルヘキヤト尋ネタル處「ウ」ハ夫レ等ノ點ハ自分モ充分承知シ居ラサルニ付「グリーン」軍需統制局長ヨリ説明セシムルコトト致度シト言ヘルニ付本使ハ何レ森島參事官ヲシテ「グ」ト細目ノ

點ニ付話合ハスヘキ旨ヲ陳ヘ置キタリ
瑞西ヘ轉電セリ
瑞西ヨリ英、獨、伊ヘ轉電アリタシ
在米各領事ヘ暗送セリ

1431　昭和15年7月27日　在米国堀内大使より松岡外務大臣宛（電報）

石油製品・屑鉄等の輸出許可制実施に対する措置振りにつき意見具申

ワシントン　7月27日後発
本　　省　　7月28日夜着

第一二七九號（極祕）
往電第一一六〇號ニ關シ
二十六日發布セラレタル石油製品及屑鐵ノ輸出許可制實施ニ關スル大統領令施行細則ニ規定セラレタル品目ノ内容及二十六、七兩日本使「ウエルズ」會談ニ於ケル「ウエ」ノ説明ニ徴スレハ石油製品ハ航空機用高「オクタン」價ノ「ガソリン」及航空機用潤滑油ニ限定セラレ居リ又屑鐵鋼ニ付テハ十五ノ格付キノ内第一級品ノミニ留マリ居ル次第ニテ右等以外ノ石油及屑鐵ハ總テ輸出自由ナルヲ以テ許可制品目カ現在ノ範圍程度ニ留マラハ必スシモ日本ノミヲ目標トセルモノニアラストノ説明ハ一應理由アルヤニ考ヘラル處今後細目ノ改正ニ依リ輸出許可制品種ノ擴大ヲ計ラントセハ其ノ餘地アル次第ニモ鑑ミ日米關係ノ成行ニ依リテハ是ヲ對日牽制ノ具ニ供シ得ルモノナルコト想察ニ難カラス「ウエルズ」ニ對シテハ本使ヨリ今同ノ措置カ對日影響ノ大ナル點及新聞報道振リ等ニ鑑ミ日本ヲ主タル目標トスルヤノ印象ヲ與ヘタルハ遺憾ナル點ヲ反覆强調シ米政府カ政治的意圖ヲ以テ右措置ヲ決シタリトノ疑惑ヲ一掃セントセハ本件輸出許可制ノ實際ノ運用ニ當リ充分ノ手心ヲ加ヘ以テ對日政治的意圖ニ出スルモノニアラサル所以ヲ實證スルノ要アル次第ヲ希望シ置キ「ウエ」モ其ノ點ハ充分了承セル旨ヲ答ヘ居ルニ付米政府カ八月一日以降本邦買付關係ノ分ニ對シ如何ナル取扱ヲナスヤハ今次措置ノ眞意ヲトスル指標ト言フヘク依テ我方トシテハ差當リ右輸出許可ノ取扱ヲ嚴重ニ注視シ兎モ角買付契約濟ノ分ノ輸出ヲ圓滑ニ行ハシムル樣交渉ヲ遂クルト共ニ今後買付クヘキ分ニ付テモ出來得ル限リ多量ノ輸出許可ヲ取付クル樣工作スル一方現在輸出自由ナル物資中事態ノ發展ニ依リ輸出許可制品目ニ追加セラルル惧アル品種(原油、銅各種屑鐵等)ニ付テハ之カ獲得運輸ヲ急速ニ實行シ得ル様至急御手配相成ルコト本邦軍需資材供給ノ現階段ニ照ラシ得策ナルヤニ思考セラル而シテ萬一米政府側ノ取扱振非友誼的ニシテ前記「ウエ」ノ言明ヲ裏付ケ得サル如キコト明カトナリタル場合ハ我方トシテハ其ノ非友好的態度ヲ責メ日米國交調整ノ努力ヲ水泡ニ歸セシムル責任ハ米政府側ニアルコトヲ明カニシ報復的措置ヲ執ルノ餘儀ナキニ至レルコトヲ天下ニ闡明シ支那ニ於ケル米權益ヲ徹底的ニ締メ出シ又適當ノ方法アラハ蘭印及海峡植民地ヨリ米ニ供給セラレ居ル重要物資ノ輸出ヲ抑フル等ノ措置ヲ執リ以テ米ノ威嚇ニ屈セス却テ之ヲ反省セシムルノ覺悟ヲ固ムルヲ要スヘシ尤モ右ノ如キ最悪ノ段階ニ至ラサル過程ニ於テ我方新聞カ徒ニ强硬外交ヲ口ニシ必要ヲ超エテ輿論ヲ激化スルカ如キコトアラハ右ハ前記我方ニ有利ナル運用ヲ不可能ナラシムルノミナラス將來ニ於ケル日米國交ニ重大ナル影響ヲ及ホスヘキコト想像ニ難カラサルヘキニ付申ス迄モナキ儀乍ラ新聞指導ニハ特ニ意ヲ用ヒラルル様致度シ

英、伊へ轉電セリ
伊ヨリ獨へ轉電アリタシ

1432　昭和15年7月29日　在米国堀内大使より松岡外務大臣宛(電報)

石油製品・屑鉄等の輸出許可制に関し軍需統制局長へ詳細照会について

ワシントン　7月29日後発
本　　省　7月30日後着

第一一八五號(至急)

往電[1]第一一七一號末段ニ關シ

二十九日森島ヲシテ「グリーン」ヲ往訪セシメ

(一)先ツ森島ヨリ石油製品其ノ他ノ輸出許可制追加ニ關スル二十六日ノ大統領布告施行細則ニ掲ケラレ居ル品種中屑鐵ハ第一級品重量溶解屑鐵鑛(鋼カ)トノミ規定シアリ二十七日「ウエルズ」長官代理ヨリ堀内大使ヘノ説明ニ依レハ右ハ十五級ノ格付中第一級ノモノノミナリトノ趣ナルカ他方米國屑鐵鑛(鋼カ)研究所年鑑ノ分類ヲ見ルニ商務省ノ推薦シ居ル標準格付ハ七十五級ノ多キニ上リ居ル處今次輸出許

可制ニ追加セラレタル第一級品ハ其ノ何レヲ指スモノナリヤト述ヘテ前記年鑑ヲ「グ」ニ示シ又屑鐵以外ノ品種ニ付テモ前記施行細則ニ掲ケラレ居ル名稱ノミニテハ明確ヲ缺クモノモアルヤニ思考セラルル所誤解ヲ避クル爲品種ヲ精細說明アリタシト述ヘタル處「グ」ハ屑鐵鑛(鋼カ)ニ付テハ(?)ノ商務省格付標準七十五級中ノbasic open-hearth furnaces用ノ第一ノ種目ニ該當スルモノナリ(前記年鑑ニ掲ケラレ居ル右種目ノ屑鐵鑛(鋼カ)ノ內容規程別電第一一八六(見当ラズ)號ノ通リ)又屑鐵以外ノ品目ニ付テハ石油製品及「テトラエチル」鉛トモニ施行細則記載ノ種目ニテハツキリシ居リ別ニ品目標準ヲ有セサルモ業者ニ於テ誤解ヲ生スル虞ナシト思考ス唯石油製品ノ中「航空機用鑛(高カ)「オクタン」カ「ガソリン」hydro carbon又ハhydro carbon mixture三%ヲ商業的蒸溜ニ依リ分離シ得ル物資」ハ輸出許可ヲ要スル點ニ特ニ御留意アリタシト述ヘタリ

(二)(2)森島ヨリ本件大統領令布告ノ實施ハ八月一日以降トナリ居ルヲ以テ夫レ以前ノ既約品ハ輸出許可ノ申請ヲ要セス且現ニ商談中ノ品種ノ格付ヲ輸出許可制品種以外ノモノニ變更スルコトハ差支ヘナキモノト解スル處如何ト問ヘルニ「グ」ハ八月一日以後ハ既約品タルト否トヲ問ハス輸出許可ヲ取付クルヲ要シ又許可制品種ニ引掛ルモノカ商談中ニ屬スル場合之ヲ他ノ輸出自由ナル品種ニ振替フルコトハ自由ナリト答ヘタリ

(三)森島ヨリ輸出許可制ハ何レノ國向ノモノニモ一律ニ適用アリトスルモ實際上ノ取扱上例ヘハ英國向ノモノト其ノ他ノ國向ノモノトノ間ニ差別待遇ヲ與フルノ結果トナルカ如キコトトナリテハ甚タ遺憾ナリ右ノ外買付品輸送ノ爲船舶「チヤーター」ノ場合海事委員會ニ於テ或國ニハ米船ノ「チヤーター」ノ許可ヲ與ヘスト云フ如キ事態起ラハ右ハ輸出許可制ハ各國ニ一律ニ適用アリト稱スルモ事實上特定國ノミニ適用スルモノナリトノ非難ヲ免レサルヘシ現ニ米船ノ「チヤーター」ヲ蘇聯ニハ許可シ本邦ニハ許可セサリシ事例ソ(アカ)ル趣ノ報道モアリ實際ノ取扱ニ當リ差別的トナラサル樣充分考慮アリタシト述ヘタル處「グ」ハ右ハ自分ノ所管事務以外ノコトナリトテ返答ヲ避ケタリ

(四)次イテ森島ヨリ過般工作機械ノ輸出差止實施ノ際手續其

ノ他ニ不便多ク事務敏活ヲ缺ケル様考ヘラルル處今次輸出許可制品目追加實施ニ當リテハ右様ノコトナキ様サレタシト希望シタル處「グ」ハ實ハ全然新タナル仕事ナリシ爲最初ハ事務遂行ノ機構モ早急ニ整備出來ス思フ様ニ取運ハサリシ次第ニテ遺憾ナリトテ頻リニ陳辯シ居タル趣ナリ

在米各領事ヘ轉電セリ

1433　昭和15年7月31日　在米国堀内大使より松岡外務大臣宛（電報）

中国との治外法権撤廃交渉は承認している正統政府とのみ行うと国務長官代理説明について

ワシントン　7月31日後発
本　　省　7月31日後着

第一二〇一號

二十九日「ウエルズ」國務長官代理ハ新聞會見ニ於テ支那治外法權ニ關スル聲明（往電第一一二六號）ハ「チヤーチル」ノ前顯ニ關スル聲明ノ翌日行ハレタル處目下米ノ支那ニ於テ有スル特權ハ日本ノ支配スル傀儡政府ノ治下ニ存スルヲ以テ治外法權撤廢交渉ノ相手方モ自然右政府タルヘク從ツテ本件聲明ハ恰モ米カ後退セントシ居ルヤノ印象ヲ受クルカ如何トノ質問アリタルニ對シ米政府ハ其承認セル正當政府トノミ交渉スル方針ナリト答ヘ又右聲明ト緬甸「ルート」閉鎖問題トノ關係如何トノ質問ニ答ヘ緬甸「ルート」問題ニ關シテモ米ノ態度ニ何等變化ナシト述ヘタル趣ナリ

紐育ヘ郵送セリ

1434　昭和15年7月31日　在米国堀内大使より松岡外務大臣宛（電報）

航空機用燃料の輸出許可申請は西半球諸国のみに認めるとの運用方針を米国政府発表について

ワシントン　7月31日後発
本　　省　8月1日後着

第一二〇七號（至急）

往電第一二〇六號ニ關シ

白堊館發表ハ簡單ニシテ詳細ヲ盡シ難キモ右ハ本月二十六日ノ大統領布告施行細則ニ輸出許可制實施品目トシテ掲ケ

ラレ居ル石油製品中航空機關用燃料ノ内高「オクタン」價「ガソリン」ニ關シ政府ハ輸出許可申請ニ接スルモ西半球諸國(加奈陀ヲ含ム)向以外ノモノハ許可セサルヘシトノ運用方針ヲ明カニセルモノニシテ「ラテンアメリカ」諸國及加奈陀(加奈陀ヨリ英本國ニ向ケラルルモノハ差支ヘナキモノト思ハル)向ノ航空用「ガソリン」ハ申請アラハ輸出ヲ許可スル方針ト解セラル

尚米人所有ノ業務運營上必要ナル「ガソリン」ノ輸出ハ前記一般方針ノ例外トセラレ居ルヲ以テ歐洲及東亞方面ニ航空路ヲ有スル米國ノ航空會社カ營業上必要トスル「ガソリン」ハ西半球諸國以外ノ地域ニ於テ需要起ル場合ト雖之カ輸出ヲ許可スル方針ト見ラル

在米各領事、瑞西ニ轉電セリ

瑞西ヨリ英、獨、伊ヘ轉電アリタシ

1435 昭和15年7月31日 在米国堀内大使より松岡外務大臣宛(電報)

石油製品・屑鉄等の輸出許可制がわが方輸出に及ぼす影響につき観測報告

ワシントン 7月31日後発
本省 8月1日夜着

2412

第一二一二號(極祕)

往電第一二〇三號ニ關シ

石油製品及屑鐵ノ輸出許可制實施ノ本邦向輸出ニ及ホス影響等ニ關シ邦人側專門家ノ意見ヲ徴シタル一應ノ結果不取敢左ノ通リ

一、屑鐵ニ關シテハ一九三九年ノ米國國内消費量三千五百萬噸(前年二千百七十萬噸)輸出三百五十七萬噸(前年二百九十九萬噸)ノ内本邦ノ輸入二百七萬噸ナル處今次許可制品目ニ加ヘラレタル蒸溜熔解屑鐵鋼一九品ハ從來右本邦輸入屑鐵ノ約三分ノ一ヲ占メ居リ其ノ影響大ナル處米商務省推薦ノ屑鐵鋼格付表ニ依レハ本件一九品中ニハ或種ノ鐵道材料及軌條ヲモ含ミ居ルカ如キ曖昧ナル書振ノ箇所アリ(往電第一一八六號參照)一九品ノ定義ヲ廣範圍ニ解釋適用スル場合ハ我方ヘノ輸出ハ鮮カラサル困難ヲ生スヘク之ニ反シ鐵道材料等ハ別ノ等級ニ包含セシムトノ趣旨ノ解釋ヲ採ルモノトセハ輸出困難トナル部分ノ屑鐵ハ他ノ等級品ノ買付等ニ依リ相當程度代用セラレ得ヘ

シト見ラル

三、石油製品中航空用燃料ニ關シテハ〇、一％ノ「テトラエチル」鉛ヲ添加スルコトニ依リ「オクタン」價八十七ヲ超ユル「ガソリン」トナルモノ（原油ヲ含ム）及商業的蒸溜ニ依リ高「オクタン」價「ガソリン」三％以上ヲ分離シ得ル物資ハ總テ輸出許可制ヲ適用セラルル譯ナルニ付航空用「ガソリン」其ノモノハ勿論ノコト極微量ナリトモ高「オクタン」價「ガソリン」ヲ抽出シ得ル原油其ノ他ノ物資ハ許可ヲ得サレハ輸出シ得サルコトトナレル次第ニテ而モ之カ許可取付ハ實際上容易ナラサルヘキニ付我方ノ被ルヘキ打撃大ナリト見ラル又航空用「ガソリン」ニ關シテハ西半球諸國向ノモノ及米國航空會社ノ需要ニ充ツルモノ以外ハ輸出ヲ許可セサル方針ナルコト闡明セラレ居ルニ鑑ミ（往電第一二〇七號）之カ我方ヘノ取得ハ不可能トナレル次第ニシテ少クトモ右ニ關スル限リ輸出許可制ニアラスシテ差別的輸出禁止ナリト言ハサルヲ得ス

尚最近一箇月間ニ我方カ買付ニ着手セル航空用「ガソリン」ノ量ハ大手筋ノ推算ニ依レハ八月末迄ニ船積ノ條件ノモノ約百萬「バレル」ニ達スヘシトノコトニテ右註文カ一時ニ殺到セル爲業界ヲ相當刺戟シ且日本ハ何事カ新ナル軍事行動ヲ企圖シツツアリトノ印象ヲ米官邊ニ與ヘタルモノノ如ク右事情ハ今次米政府措置ヲ決意セシムルニ至レル動機ノ一ヲ爲シ居ルモノト思考セラル

壽府ヘ轉電セリ

壽府ヨリ英、獨、伊ヘ轉電アリタシ

1436　昭和15年8月3日　在米国堀内大使より松岡外務大臣宛（電報）

西半球諸国以外への航空機用燃料の実質的禁輸措置に関し米国国務次官へ抗議について

ワシントン　8月3日後発
本　　　省　8月4日後着

第一二二七號

「ハル」國務長官「ハバアナ」ヨリ歸來後會議等ノ爲急ニ會見ノ都合付カサリシ爲本使三日「ウエルズ」次官ヲ往訪シ訓令ニ依ル趣ヲ以テ客月三十一日ノ輸出管理官ノ聲明（往電第一二〇六號）ニ依リテ米大陸諸國以外向ケノ航空用

「ガソリン」ハ事實上輸出禁止トナリタル結果此ノ種「ガソリン」ヲ多量ニ輸入シ居ル日本ハ差別待遇ヲ受クルコトトナリ之ヨリ蒙ル影響鮮カラサル點ヲ指摘シ帝國政府ハ將來ノ措置ニ對スル一切ノ權利ヲ留保スルト共ニ右ニ對シ抗議スル旨ノ公文ヲ讀ミ上ケ之ヲ同次官ニ手交シタル上輸出許可制ニ關シテハ過般貴次官ヨリ説明ヲ受ケタル許リナルニ夫レヨリ幾何モ無ク航空用「ガソリン」ニ關シ輸出禁止ト同樣ノ措置ヲ採ラレタルハ本使ノ諒解ニ苦シム所ニシテ右ハ日本ノ輿論ニ極メテ惡シキ影響ヲ與ヘ居リ本使ノ甚タ遺憾トスル所ナリト陳ヘタル處同次官ハ御申入レノ次第ハ篤ト研究考慮シ何分ノ御返事ヲ爲スヘキモ此ノ際一言申述ヘタキハ過日ノ説明ノ通リ今回ノ措置ハ全ク國防上ノ必要ヨリ航空用「ガソリン」ヲ貯藏セムトスルモノニシテ米國トシテハ米大陸全體ヲ國防上考慮ニ容ルル必要アルハ御想像ニ難カラサルヘク今回ノ措置モ何等他ニ政治的意圖無キコトヲ重ネテ確言シ得ルモノナリト答ヘタリ

次ニ本使ヨリ過日ノ貴次官ノ御説明ニ輸出許可制不能?細則中ノ石油製品ノ種目ハ航空用「ガソリン」等ニ限ルノ趣旨ナリトノコトナリシカ其ノ後當方ニテ研究セル結果ニ依レハ輸出許可制ノ適用ハ極メテ廣範圍ニ亘ルモノナリヤノ印象ヲ得居レリト言ヘル處同次官ハ過日申上ケタル如ク「ハイテスト」ノ航空用「ガソリン」カ問題ニシテ貴大使ノ右疑問ハ今後許可ノ實際取扱振リヲ見ラルレハ自然氷解スルモノト信スト答ヘタリ仍テ本使ヨリ今後日本向ケ輸出ノ許可ニ對シ十分公正ナル取扱ヲ爲ス樣重ネテ希望申入レ更ニ輸出監督官聲明中ノ航空用「ガソリン」ノ嚴密ナル定義ヲ尋ネ近ク之カ具體的ノ品名ヲ公ニセラルヘキヤト尋ネタルニ同次官ハ目下斯ル事ハ考ヘ居ラス右聲明ニテ盡サレ居レリ何レニスルモ右定義其ノ他輸出許可ノ取扱等ノ詳細ニ付テハ「グリーン」軍需統制局長ニ就キ御照會アリタシト述ヘタリ

瑞西ヘ轉電セリ

瑞西ヨリ英、獨、伊ヘ轉電アリタシ

在米各領事ヘ暗送セリ

1437

昭和15年8月3日　在米国堀内大使より 松岡外務大臣宛（電報）

石油製品の輸出許可制は実際には航空機用に

限らず極めて広汎な種目を包含する巧妙な規定が設定されている旨報告

ワシントン　8月3日後発
本　　省　8月4日後着

第一二二八號

往電第一二一二號ニ關シ

石油製品ノ輸出許可制實施ニ關聯シ協議ヲ遂クル爲陸海軍武官泰羅海軍主計中佐川村燃料局技師及三井三菱淺野物産日商ノ四社ノ石油關係擔任者ヲ當館ニ招致シ技術的觀點ヨリ檢討ヲ加ヘタル結果左ノ通リ

一、航空用燃料ニ關シテハ(イ)通常ノ航空用ニ非サル「ガソリン」ト雖極ク少量ノ「テトラエチル」鹽(鉛カ)ヲ添加セハ「オクタン」價八十七ヲ超ユル性能ヲ得ヘキ「ガソリン」ノ外(ロ)之カ原油ヲモ包含スルコトトナリ更ニ(ハ)製油工場ニ於ケル普通ノ蒸溜方法ニ依リ三「パーセント」以上ノ前記「ガソリン」等ヲ抽出シ得ル一切ノ物資ニモ輸出許可制適用セラルルコトニ規定セラレ居ルモノト解セラルル爲斯ル品種ノモノハ普通ノ「モーター」用ノ「ガソリン」ヲモ包含スル結果トナルヘキニ付啻ニ航空用「ガソリン」ニ止マラス自動車其ノ他ノ「モーター」ニ使用セラルル「ガソリン」及其ノ原油迄モ皆輸出許可制ニ引懸ルコトトナルヘシ

二、且重油ニ關シテハ航空機用ノモノニ限定サレ居ルモ其ノ内容規定ヲ見ルニ航空機用トシテハ普通殆ント問題トナラサルカ如キ低キ粘度ノモノ(粘度八十五度以上ノモノ)迄モ包含セシムル趣旨ナルニ付結局航空機用ノモノノミナラス自動車等ノ「モーター」用ノモノニ付テモ許可制ニ引懸ルモノヲ生スヘシト解セラル但シ原油ハ含マレ居ラス製品ノミニ適用アルモノナリ

三、敍上ノ如ク本件石油製品ノ種目規定ハ航空用ノモノノ名目ノ下ニ實際ニハ多少トモ之ニ關係アル他ノ種目ノモノ迄モ包含セラレ得ル樣極メテ巧妙ニ作成セラレ居リ嚴密ニ適用セラルレハ拔道ヲ存セサルモノト認メラル

蘇?、瑞西へ轉電セリ

瑞西ヨリ英、獨、伊へ轉電アリタシ

1438　昭和15年8月3日　在米国堀内大使より松岡外務大臣宛(電報)

石油製品の輸出制限に対する現地対応方針について

ワシントン　8月3日後発
本　省　8月4日後着

第一二二九號

今次米政府ノ實施セル主要物資輸出許可制ニ關スル我方對策トシテハ既ニ大體貴電第三九四號御垂示ノ方針通リ措置ヲ講シ來リ殊ニ民間商社トノ協議聯絡等ニ意ヲ用ヒ工作機械及屑鐵ニアリテハ在米本邦商社側ヲ協議ニ加ヘ實質的ニ關係官民ノ委員會ト同様ノ效果ヲ擧ケ來レル處石油製品ニ關シテモ一日及二日ノ兩日ニ亘リ往電第一二二八號冒頭ニ掲ケタル通リノ關係官及民間商社代表當館ニ集合シ詳細ノ技術的檢討ヲ加ヘ且對策ノ打合ヲ遂ケタル次第ナルカ右協議ノ結果石油製品ニ關シテハ差當リ左記措置ヲ執ルコトニ打合セタリ(尚紐育、桑港等トモ相談ノ上輸出許可制ノ物資部門別ニ官民合同ノ對策委員會結成方考究中ナリ)

一、適用種目ノ許可範圍ニ付引續キ大使館側ヨリ國務省ノ意嚮ヲ確ムルコト(此ノ場合今次措置ニ依リ我方カ困却シ居ル如キ印象ヲ先方ニ與ヘス且先方ヲシテ却テ適用種目ノ擴張解釋ニ導ク結果トナラサル様注意スルコト勿論ナリ)

二、在米本邦商社側ハ關係米國商社ヲ通シ許可方針及適用範圍ヲ具體的ニ探知スルト共ニ之等米國商社ヲシテ自發的ニ政府ニ對シ運動セシムル様仕向ケ結果ハ各地領事館ニテ取纏メ隨時大使館ニ聯絡スルコト

三、許可申請ノ許否決定ハ事務的ニモ尚相當ノ時日ヲ要スルモノト想像セラルルニ付期近ノ配船ニ對シテハ結局重油積込以外ハ困難ナルヤニ思考セラルルヲ以テ右事情ヲ考慮ニ入レ配船スルコト

本電内容ハ關係商(省カ)ノ外前記主要商社ヘモ御通報アリタシ

(本電及往電第一二二八號極祕扱トセラレタシ)

北米各領事ニ轉電セリ

1439 昭和15年8月5日　在米国堀内大使より松岡外務大臣宛(電報)

輸出許可制の適用範囲に関し国務次官の説明どおり限定的な範囲に止めるよう国務省係官へ注意喚起について

ワシントン　8月5日後発
本　　省　8月6日後着

第一二四二號

往電第一二二七號ニ關シ

六日森島軍需統制局長代理(「グリーン」局長ハ休暇中)ヲ往訪シ今次輸出許可ヲ實施セル物資ノ中屑鐵ハ種目規程ハツキリシヲルモ航空用「ガソリン」ニ付テハ其適用範圍明確ヲ缺キ原油迄モ包含セラルル節アリ爲ニ本邦ノ關係業(者)?ヨリ大使館へ質問殺到シ居ル處此ノ點ヲ明確ニ知ラシムル爲業者ヲ國務省ニ差遣シ説明ヲ求ムルコトトシタキ旨申入レタル處「ヨ」ハ右適用範圍ノ點ハ實ハ自分等ニモ判明シヲラス何レ兩三日中ニ適用種目ヲ更ニ詳細ニ規定シタルモノヲ發表スル手筈トナリ居ルニ付右迄御待願ヒ度ク其ノ上ニテ疑問ノ點アラハ日本業者ニ御目ニカカル様取計フヘシト答ヘタルニ付森島ヨリ過日堀内大使「ウエルズ」次官ニ會見ノ際ニモ同次官ヨリ輸出許可制適用種目ハ限ラレタルモノニシテ大統領布告施行細則ニ掲ケラレタル品目ニ付廣範圍ニ適用セントスル趣意ニ非ストノ趣旨ノ説明アリタルカ我方トシテハ實際ノ適用ニ當リテハ右説明ノ通限定セラレタル範圍ニ止ムル様手心ヲ加ヘラルル事ヲ期待スルモノニシテ日本關係ノモノニ對シテ實際ノ適用振リニ付不滿見出サレタル場合ハ日本ノ棉業者ハ或ハ米棉ノ買付ヲ停止スル等ノ措置ニ出ツルノ止ムナキニ至ルヤモ知レス又支那占據區域内ニ於テハ石油ノ問題ニ付テモ日本側トシテハ如何ナル措置ヲモ執リ得ル次第ナリトテ蒙疆石油專賣法ノ經緯等ヲ説明シ注意ヲ求メタル處「ヨ」ハ今次輸出許可制品目ノ追加ハ米國國防上ノ必要上航空用「ガソリン」ヲ保存セントスル外ニ他意ナク從テ適用品目モ廣範圍ニ抑ヘントスル意ナシ規則ハ廣ク解釋シ得ル様作ラレヲルモ適用上行政的措置ニ於テ手心ヲ加フル積リト答ヘタル趣ナリ

北米各領事へ轉電セリ

～～～～～～～～

1440　昭和15年8月6日

松岡外相内奏資料付録「最近ノ日米會談録要旨」

松岡大臣內奏資料附録最近ノ日米會談録要旨

(昭和十五年八月六日作成)

一、前任有田ニ於テ「グルー」大使ト六月十日以來數回ニ亘

リ會談致シマシタ
第一回ノ會談ニ於テ「グルー」大使ハ本國政府ノ訓令ニ依ルニ非ス、日米國交調整ヲ熱望スル自分自身ノ發意カラテアルト前置致シマシテ、日米間ニハ支那ニ於ケル米國權益侵害ノ調整ヨリモ重大ナ根本問題カアル。卽チソレハ日本カ支那ニ於テ武力行使ヲ行ツテ居ルコトテアツテ米國政府及國民ハ、武力ヲ國策遂行ノ具ニ供スル國家トハ親善關係ヲ維持シ得ナイ立場ニアル。然シ米國ハ特ニ現下ノ世界狀勢ニ鑑ミ日本トノ親善關係囘復ヲ希望スルモノテアルカラ、若シ日本カ國策遂行ノ手段トシテノ武力行使ヲ改ムルナラハ日米關係打開ノ途ハ自ラ開カルルテアラウト述ヘ、且米國政府ハ閉鎖經濟ヲ排シ通商自由ノ原則ヲ遵守スルモノテアル旨ヲ述ヘマシタ。右ニ對シマシテ有田ヨリソノ際日本ハ原則トシテハ米國政府ノ經濟方針ニハ同感テアル、日本ハ日泰條約對蘭印政策及ヒ天津問題解決等ニヨツテモ明カナ様ニ平和政策ヲ執ツテ居ル、又支那ニ於ケル米國權益ノ侵害等モ、大規模ノ戰鬪行爲ニ附隨スル不可避ノ事件テアルカラ日米關係改善ノ上カラモ一日モ早ク事變終結ヲ希望シテ居ル旨ヲ述ヘマスルト共ニ、米國側ニ於テ何等カ日米關係打開ノ具體的方策カアツタラコレヲ考慮スルニ吝テナイ旨ヲ述ヘテ置キマシタ。

二、次テ有田ハ「グルー」大使ノ所述ヲ詳細檢討致シタル上、六月十二日同大使ニ對シマシテ、支那ニ於ケル日本ノ武力行使ハ事變ノ眞因及實情ヲ見レハ明カナ様ニ決シテ國策遂行ノ手段テハナイ。從ツテ合理的條件サヘアレハ事變終結ノ用意カアルト前提シマシテ日米間ニ考究スヘキ問題トシテ、(イ)日本ノ經濟政策中閉鎖經濟ト見ラルル點カアレハソノ原因如何(ロ)事變終結後支那ニ於ケル閉鎖的措置殘存ノ有無及程度(ハ)蘭印ニ對スル我方針、日泰條約、天津問題解決等ハ日本ノ平和的意圖ヲ證スルモノニ非ルヤ(ニ)日米間ノ不安除去ノタメノ日米通商暫定協定締結ノ要否(ホ)米國側ノ援蔣行爲ノ停止、支那再建設ニ對スル協力ノ餘地アリヤ(ヘ)東亞ノ新事態ヲ認識シ日米各々太平洋ニ於ケル分野ヲ守リ相提携シテ世界平和ニ貢獻スル可能性等ノ諸問題ヲ提起シタノテアリマス

三、其ノ後六月十九日ノ會談ニ於キマシテ「グルー」大使ハ本國政府ノ訓令ニ基キ、米國政府ハ右ノ如キ日本側提起

ノ具体的問題ノ審議ニ先ツテ両國政府ノ根本政策、主義等ヲ研究スル必要カアルト考ヘテ居ルカ、米國政府ノ基本方策ハ主權、正義、法律及秩序ノ原則竝無差別待遇ヲ基礎トスル經濟的自由ノ通商政策テアルカラ右ノ點ニ付日米間ニ原則的一致ヲ見レハ日米兩國協力上多數ノ實際的方途カ自ラ開カルルテアラウトノ趣旨ヲ述ヘマシタ。右ニ對シマシテ有田ヨリ何レ研究ノ上何分ノ回答ヲ致スヘキ旨答ヘテ置キマシタル處、米國政府ハコノ我方ノ回答ヲ俟タス、六月廿四日ニ至リマシテ「グルー」大使ヲ通シ、歐洲戰亂ノ波及防止ノタメ日米間ニ太平洋ニアル交戰國ノ領土及屬地ニ付テ平和手段以外ニ依リ現狀カ變更サレサルコトヲ希望スル旨ノ公文交換ヲ行フヘキコトヲ提議シテ參リ、且右米國ノ提案ハ、從來米國ノ執ツテ來タ特定問題ニ對スル態度ヲ變更スルモノテハナイカ、右提案カ實現ノ運ニ至レハ日米兩國間ノ他ノ諸問題解決ニ對シテモ寄與スルトコロカ多イテアラウト申出テテ來タノテアリマス。右ニ對シマシテ有田ヨリ差當リ右ノ提案ハ、從來話合中ノ問題ト切離シテ考慮スルコトハ不可能テアルト述ヘテ置キマシタ

四、其後右米國側ノ提案ヲ愼重研究シマシタ結果、六月二十八日第四回ノ會談ニ於キマシテ有田ヨリ「グルー」大使ニ對シ、太平洋ニ於ケル交戰國ノ領土及屬地ノ地位ニ關シテハ、日本トシテ重大關心ヲ有スルトコロテアルカ、コレ等ノ地域ニ付テ中立國タル日米兩國間ニ今日約束ヲナスノハ日本ノ不介入方針ニモ反スルカラ、此際ハ太平洋ニ於ケル日米兩國間ノミノ問題ヲ考慮スルコトカ適當テアル旨ヲ述ヘ、同時ニ重ネテコノ問題ノ審議ハ去ル十二日米國側ニ通達シタ日本側提起ノ諸問題ト合併シテ審議スヘキモノト思考スルカラ之等ノ諸點ニ付テ米國側ノ見解ヲ承知シ度キ旨ヲ回答致シマシタ。

五、次テ七月十一日ノ會談ニ於キマシテ「グルー」大使ハ有田ニ對シ自分ノ在任中最モ滿足ナ且重要ト思考スル書物ヲ持參シタト前提致シマシテ、(イ)日米兩國トモ米洲及亞細亞大陸諸國トノ貿易ヲ重視スルカラ戰亂カコレ等地域ニ波及スルコトヲ防止スルコトハ日米兩國ノ共通利害問題テアル、(ロ)日米間ノ貿易ハ双方ニトツテ重要テアリ且相互補完的テアル、(ハ)米洲及亞細亞諸國中ニハ開發ノタメ資本ヲ必要トスルカ米國ハソノ資本ヲ有シテヰル、(ニ)

蘭印ノ經濟ニ付イテハ米國ハコレヲ重視シテ、同地域ニ於ケル通商企業上ノ均等待遇ヲ希望スルモノテアルカラ、日本ノ對蘭印交渉ニ關シテ隨時情報ヲ受クルコトカ出來得レハ幸テアル、(ホ)太平洋ニ於ケル交戰國領土及屬領ノ現狀不變更ニ關スル米國側ノ提案ハ日本ノ通商上ノ利益トナルモノテアルカラ再考ヲ求メタイ、(ヘ)日本ノ經濟政策、對支、對南洋政策ノ問題ヲ明確ニスルコトハ、日米間通商暫定協定締結ノ要件テアルカラ、日本政府ハ現在ソノ支那ニ行ツテ居ル如キ第三國ニ對スル通商制限ハ一時的ノモノテアルトノ聲明ヲ事實ニヨツテ證明サレタイ、(ト)對蔣援助ノ問題ニ付テハ米國政府ハ支那ノ統一ヲ實現スルニハ支那一般大衆ノ支持ヲ受ケル指導者ヲ承認スルヨリ外ニナイト考ヘテ居ル、(チ)米國ハ平和的手段ニヨリ、且總テノ關係國ノ權益ヲ尊重シツツ世界ノ孰レノ地域ニ於テモ秩序正義及安定ノ齎サレルコトヲ期待スルモノテアル、トノ趣旨ノ書物ヲ手交致シマスト共ニ、訓令執行ノ際ノ心得トシテ國務省カラ受ケタ電報テアルト申シマシテ、日本ハ間モナク(イ)一時的利益ヲ追ツテ、支那ニ於ケル商業及資源ヲ確保利用スルニ留マルヘキカ、或ハ永久的利益ヲ目的トシテ自國及支那ノ經濟建設ノタメ他國ト協力シ技術資本等ヲ利用スルカ、又(ロ)武力ニヨル領土擴張策ヲ採ル國ト協調シ、占領地域ヲ貧困ニシ且資本技術ノ利用ヲ不可能ナラシメルカノ二ツノ問題ニ付テ決定ヲナサナケレハナラナイテアラウトノ趣旨ヲ讀ミ上ケタノテアリマス。

六、松岡ハ七月廿六日外交團接見ノ際、「グルー」大使ト約三十分ニ亘ツテ會談致シマシタカ、ソノ際松岡ハ數年前「ジュネーブ」カラノ歸途「ルーズベルト」大統領ト會見シタコトハ明瞭ニ記憶シテヰルト大統領ニオ傳ヘアリタイト前提シマシテ、松岡ノ生涯ノ目的ハ世界平和ノ建設テアルカ、恐ラク「ルーズヴェルト」大統領モ同樣ノ考ヘヲ持ツテ居ラレルテアラウ、然シ世界平和ハ固定的ノモノテナク進歩發展スル環境ニ應スル新秩序ニヨツテノミ達成セラレルモノテアツテ、日本ハ米國カ右ノ意味ノ世界平和實現ノタメ協力セラルルコトヲ期待スル旨ヲ述ヘマシタ。コレニ對シ「グルー」大使ハ大体同感ノ意ヲ表シマシテ、「ハル」長官ニ傳言ハナイカト訊ネマシタノテ、松岡カラ日本國民ハ日米關係ニ重大關心ヲ持ツテヰル、歴史上ノ先例ニヨレハ戰爭ハ不信ト誤解カラ起ツタコトカ多イカ、假令日米間ニ戰爭ヲセネハナラナクナツテモ、誤解ノ下ニ戰フ愚ハ止メタイト申述ヘマシタ處、「グルー」大使ハ日米相戰フノ必要ハアルマイト申シマシタ。

八月三日ニナリマシテ、「グルー」大使ハ右ノ松岡ノ「ルーズヴェルト」大統領宛傳言ニ對スル同大統領ノ回答ヲ傳達シテ參リマシタ。右回答ニ於キマシテ「ルーズヴェルト」大統領ハ世界平和ノ維持ニ對スル松岡ノ意見ニ滿足ノ意ヲ表シマスト共ニ、恆久的平和ハ關係各國ノ權益ヲ尊重シ各國ノ正當ナ希望ヲ滿足セシメル平和手段ニ依ツテノミ達成スルコトカ可能テアルト思考スル、平和的手段ニ依ル現狀變更ノミカ健全テアリ米國政府ノ認メル所テアル、今ヤ日米兩國指導者間ニ世界平和ニ對スル熱意カ存在スルコトハ、日米官民ノ關係ヲ改善スル建設的方策探究ノ機會ヲ與ヘルテアラウト述ヘテ居リマス。

1441　昭和15年8月9日　在米国堀内大使より松岡外務大臣宛（電報）

国務長官代理が航空機用燃料の実質的禁輸措置に関するわが方抗議への回答および中国での米国関係諸事件に関する覚書を手交について

別　電　昭和十五年八月九日発在米国堀内大使より松岡外務大臣宛第一二七八号
右米国関係諸事件に関する覚書について

付記一　昭和十五年八月九日付
中国での米国関係諸事件に関する米国覚書

二　昭和十五年八月二十三日付
右覚書に対するわが方見解回答

ワシントン　8月9日後発
本　　省　8月10日後着

第一二七七號（至急）

本使[(1)]九日求メニ應シ「ウエルズ」國務長官代理（「ハル」長官ハ二十五日迄休暇ノ由）ト會見シタル處「ウエ」ハ先ツ「ガソリン」禁輸問題ニ關スル往電第一二二七號我方抗議ニ對スル回答文ヲ手交シタルヲ以テ一讀シタルニ米政府トシテハ七月二十六日ノ大統領諭告中ニ述ヘアル如ク本件措置ハ國防上ノ利益ヨリ必要トスルモノナルヲ以テ何レノ外

國政府ヨリノ抗議モ之ヲ是認シ得サルモノ(unwarranted)ト思考スル旨ヲ簡單ニ記述シタルモノナルカ「ウエ」ハ本件ハ既ニ數回申述ヘタル如ク何等「モーラルエンバーゴー」ノ如キ政治的理由ナキ專ラ國防上ノ必要ニ基クモノナルニ付如何ニ友好關係ニ在ル國トノ間ニモ米ノ必要トスル航空用「ガソリン」ノ分量ニ關シ討議シ得サル次第ナルニ付テハ本問題ニ關シ此ノ上文書ノ往復ヲ繰返スコトハ兩國親善關係ニ寄與スル所ナカルヘキニ鑑ミ成ルヘク之ヲ避ケタキ旨附言シタルヲ以テ本使ハ帝國政府ハ右回答ニ對シ何等カ意見ヲ表示スルヤモ測ラレサルモ本使一個ノ感想ヲ述フレハ帝國政府トシテハ米國國防上ノ必要ヲ否認セントスルモノニハアラス米大陸以外ノ國ニ對シ事實上禁輸ヲ行ハントスル差別待遇ニ異議ヲ唱フルモノナリ若シ國防上航空用「ガソリン」ノ輸出ヲ制限スル必要アラハ何故ニ他ノ物資ト同樣許可制ノ儘ニ爲シ置キ特別ノ必要ニ對シ特別ノ考慮ヲ加フル如キ仕組ト爲サスシテ全面的ノ禁止トセルヤ了解ニ苦シム所ナリト述ヘタル處「ウエ」ハ右ハ國防諮問委員會ニ於テ此ノ際此ノ種「ガソリン」ヲ直ニ大量ニ保存スルノ必要ヲ認メ且米大陸全體ニ對スル需給關係ヲ考慮スルノ必要ニ出テタル譯ナリト答ヘタリ

次[2]ニ「ウエ」ヨリ別電第一二七八號ノ如キ在支諸懸案ニ關スル書物ヲ手交シタルヲ以テ本使之ヲ受領シタル後本問題ニ立返リ既ニ過日來數回ニ亘リ述ヘタル通リ今回ノ輸出制限措置ハ當初來新聞等ニ依リ恰モ日本ヲ主タル目標トセル如ク傳ヘラレタル爲日本側ニ於テハ一種ノ對日經濟壓迫ナルカ如キ印象ヲ與ヘ是カ對抗手段トシテ種々ノ說モ唱ヘラレ朝野互ニ米側今後ノ取扱振ヲ深ク注目シ居ル實情ナリ過日來貴長官代理段々ノオ話ノ次第ハ逐一東京ヘ報告シアルモ今後成行如何ニ依リテハ日本ハ或ハ報復手段ヲ執ルヘシトノ論議更ニ勢ヲ增スコトトナルヘキヲ憂慮ス御承知ノ通リ支那ニ於テハ帝國政府ハ蒙疆石油統制其ノ他種々ノ問題ニ關シ米側ノ利益ヲ充分考慮ニ容レ公正ナル取扱ヲ爲シ來レル次第ニシテ若シ今回ノ米側措置ノ結果兩國關係一層惡化ヲ見ルカ如キコトアラハ遺憾ナリ輸出許可實際ノ取扱ニ當リ充分公正ヲ期セラルル樣セラレタシト述ヘタル處「ウエ」ハ自分トシテハ素ヨリ對日關係ノ好轉ヲ希望スルモノニシテ殊ニ個人トシテモ往年日本ニ數年間在勤シ日本ニ對シ特ニ親シミヲ感シ居ル次第ナルヲ以テ兩國關係調整ノ爲

最善ヲ盡シタキ考ナルカ最近支那ニ於テ諸事件頻發シ解決極メテ困難トナリ居ルハ遺憾ニシテ右ハ兩國關係改善ノ一ノ妨ヲ爲スモノナルニ付何トカ速ニ解決ヲ圖リタシト考ヘ居ル次第ナリ輸出許可制ノ實施ニ關シ萬一不公平ナル取扱アリト認メラルル事例アラハ何卒遠慮ナク自分迄オ知ラセ願度ク然ラハ充分考慮スヘシト答ヘタリ

尚「ウエ」ハ新聞等ニハ本件日本ヨリノ抗議ニ對シ回答セリトノミ發表シ内容ハ全然述ヘサル積リナリ本件新聞等ニ書立テラルルハ兩國ノ利益ニアラスト考フルニ付貴方ニ於テモ同樣ノ取扱トセラルル樣希望スト述ヘタルニ付本使ハ之ヲ應諾シ置ケリ

在米各領事ヘ暗送セリ

壽府ヘ轉電セリ

壽府ヨリ英、獨ヘ轉電アリタシ

（別　電）

ワシントン　8月9日後発

本　　　省　8月10日後着

第一二七八號

本年六月末及七月中日本側後援ノ官憲ハ支那各地ニ於テ米國權益ニ不利益ナル新規ノ經濟規定及制限ヲ實施セラレ日米兩國人ヲ包含スル幾多ノ事件發生セリ右期間内ニ在留日本人ニ依ル集會及示威運動等米人ノ權益ヲ目當トスル運動繼續的ニ行ハレ且日本側新聞ニ依リ煽動的運動行ハルルト共ニ日本ニ於テモ內地在留米國人ノ福利安寧ニ關スル問題ヲ惹起セリ

上海ノ事態ハ特ニ重大性ヲ帶フルモノニシテ知名ノ米人及米國權益ニ對スル「テロ」行爲行ハレ國際取極ニ依リ設立セラレ居ル法廷ノ判事ハ暗殺セラレタリ日本ノ支配下ニ在ル新聞ハ平和及秩序ヲ攪亂スルカ如キ煽動的反米及反外運動ヲ爲シ來レリ

租界當局ハ其ノ直面セル困難ナル事態ニ處スル爲最善ヲ盡セルモ日本官憲ハ右煽動的運動ヲ抑制スル爲ノ手段ヲ講シタリトハ思ハレス

米國ハ國際取極及租界內ニ於ケル多數ノ居留民竝ニ其ノ財產竝ニ權益等ニ鑑ミ租界內ノ平和秩序及租界行政ニ關スル問題竝ニ合法的ニ構成セラルル政府施設ニ關聯スル諸問題殊ニ米國人ノ福利安寧ニ關シ特種ノ關心ヲ有ス

米國政府ハ或ル在支日本機關ニ依リテ行ハルル外國人統治下ニ在ル合法的統治機關及第三國人ニ對スル壓迫手段ナルカ如ク見ラルル各種ノ行爲ニ對シテハ重大ナル關心ヲ有スルモノナルカ日本政府カ此ノ種行爲ヲ寛恕シ居ルモノト信スルヲ好マス米國政府ハ米國及米國市民ノ利益ニ惡影響ヲ及ホスヘキ此ノ種行爲及其ノ經過ニ留意シ適當ナル考慮ヲ加ヘ居レリ（以下別電第一二七九號（見当ラズ）ノ諸案件ヲ詳細記述シ居レリ）

（付記二）

昭和十五年八月九日堀内「ウエルズ」會談ノ際「ウエルズ」次官ノ提出セル支那ニ於ケル米國關係諸事件ニ關スル覺書

At the end of June and during July of this year Japanese-sponsored authorities introduced in portions of China new economic measures and restrictions detrimental to American interests, and there occurred a series of incidents involving Japanese and American nationals. During this period there has been carried on intermittently agitation directed against American interests which has taken the form of mass meetings and demonstrations by Japanese residents and an inflammatory press campaign in the Japanese-controlled press. There were also developments in Japan which have raised questions as to the welfare and security of American nationals residing in that country.

Developments at Shanghai have been of an especially serious character.

At that place, acts of terrorism have been committed against reputable American citizens and established American interests, as well as against other nationals and other interests, and a judge of one of the courts established by international agreement, to which the Government of the United States is a party, has been assassinated. Newspapers subject to Japanese control have been conducting an anti-American and anti-foreign campaign, the inflammatory character of which could not but affect prejudicially peace and order.

The authorities of the International Settlement have made every effort to deal with the realities of the difficult situation confronting them. There is, however, no indication that Japanese officials have used their undoubted influence in a way which would contribute to allay the agitation.

The United States has, by reason of international agreements to which it is a party and by reason of the large number of its nationals residing in the International Settlement and the considerable property and other interests possessed by its nationals there, an important concern in any development relating to questions of peace and order in the Settlement and to questions affecting the administration of the Settlement and of the duly constituted establishments of government, including courts, situated there. The United States has, of course, an especial concern for the welfare and security of American nationals.

The Government of the United States is deeply concerned over the various actions to which certain Japanese agencies and instrumentalities in China appear to be resorting as a means of exerting pressure upon the duly constituted authorities of the foreign administered areas at Shanghai and upon the nationals of third powers. The Government of the United States is loath to believe that the Government of Japan condones these acts.

The Government of the United States has made due note of and is taking due account of those acts and developments which affect adversely interests of the United States and its nationals.

An illustrative list (省略) of recent restrictions and incidents is appended.

Department of State,

Washington, August 9, 1940.

（付記二）

昭和十五年八月二十三日堀内「ウエルズ」會談ノ際堀内大使ノ手交セル八月九日附國務省覺書ニ對スル我方ノ見解ヲ表明セル書キ物

With reference to the memorandum of the Department of State under date of August 9, 1940, dealing generally with developments in China and specifically to a series of incidents occurring in the Japanese occupied areas there during June and July of this year, involving American nationals and interests, observations are made as follows:

I.

The economic measures and restrictions now being enforced in portions of China under Japanese occupation are intended solely to establish economic integrity in the regions concerned and have been necessitated by the requirements of military operations. No discrimination whatever has been intended toward the United States or toward any third power.

The difficulties in obtaining permits for shipments by American firms out of Shanghai to the hinterland and the Yangtze Valley (either by rail or by boat) are attributable to the fact that the preparations for the opening of the Yangtze River to general traffic are not yet completed and that, owing to the conditions prevailing along the route, railway facilities are not available to meet all demands. The further fact that military operations had to be launched as recently as July of this year in the upper Yangtze region may account for the difficulties.

In North China, exchange drawn on all exports and interport exports from that area are purchased by the Federal Reserve Bank of China, which makes 90% of the export exchange available to banks as "cover" for imports and interport imports. Thus a system of "linking" has been worked out between 90% of the export values and the total of import values. However, due to the recent introduction of non-exchange import measures, and the necessity of adjusting the distribution of the concentrated exchange of the Federal Reserve Bank of China among the exchange banks, it was made obligatory to obtain the prior approval of the Federal Reserve Bank of China for import and interport import shipments of all commodities, except food stuffs, within the limits of the above-mentioned export-import linking system. The reasons for the adoption of the new measures may be summarized as follows:

(1) In order to prevent a food shortage such as occurred in North China last year, the North China authorities have found it necessary to appropriate for the importation of food stuffs the limited amount of available exchange. However, in order that the actual application of the measures should not obstruct the normal transaction of business, due consideration has been given to shipments already under contract. Essential commodities other than food stuffs are also accorded preferential treatment.

(2) Recently the trade of North China has shown an excess of imports over exports. This undesirable situation has been due in part to non-exchange imports effected by the illegal use of fapi, circulation of which is prohibited in North China. The authorities have had to adopt corrective measures for the stabilization of the financial and currency system.

The above-mentioned measures are not applicable to imports from Japan and Manchoukuo. These exceptions, however, have not been made exclusively to benefit Japanese and Manchoukuoan concerns at the expense of nationals of third powers. The reasons why imports from Japan and Manchoukuo are not subject to these controls will be clear from the following facts:

(1) A common currency system prevails throughout Japan, Manchoukuo, and North China on the basis of parity between the yen and yuan. It is therefore only natural that there is a difference between the treatment accorded to Japan and Manchoukuo and that applied to third powers with a currency basis different from that of North China.

(2) Japan holds herself responsible for the maintenance of the value of bank notes issued by the Federal Reserve Bank of China. Therefore, in order to keep a sufficient supply of essential commodities and to maintain the value of Federal Reserve Bank notes, the import of an enormous amount of such commodities into North China is necessary. Such importation, however, has to be made

without impairing the exchange situation of North China. On account of the parity of currencies, imports from Japan and Manchoukuo do not affect the exchange situation, but imports from third powers must be placed under control.

In short, the trade and exchange restrictions have been adopted by the North China authorities only as an indispensable aid to establishment of economic integrity and of a sound currency system. As long as foreign exchange banks and foreign trade merchants operating in North China adjust themselves to the policies of the authorities in a true spirit of understanding and cooperation, there will be no difficulty in their obtaining the necessary permits, or in their conduct of business. It is therefore desired that the Government of the United States advise American business men in North China that to conduct their business in a manner suited to the special conditions of the region will best serve their own interests in the long run.

II.

It is noted that the Department of State asserts that there have been "agitation directed against American interests which has taken the form of mass meetings and demonstrations by Japanese residents and an inflammatory press campaign in the Japanese-controlled press" in the Japanese occupied territories in China and similar developments in Japan "which have raised questions as to the welfare and security of American nationals residing in that country."

Investigations by Japanese authorities show that most of these incidents may be regarded as an aftermath of the arrest and rough treatment of Japanese gendarmes by United States marines. These incidents will automatically be solved when the gendarmes incident is brought to an amicable settlement. Others are of a sporadic nature occurring under circumstances peculiar to themselves. Incidents during the past months are either cases associated with the gendarmes incident or non-connected cases occurring at short intervals, but they should not be construed as manifestations of a general anti-American movement under official Japanese auspices.

In connection with the case of the arrest and rough treatment of Japanese gendarmes by United States marines, it has been reported that the Japanese authorities have intentionally tried to capitalize the incident in order to stimulate anti-Americanism. This is an utterly false accusation. It is true that the Japanese press in Shanghai voiced a strong protest against the arrest and that Japanese civilian groups held mass meetings and denounced the action of the United States marines. However, such actions were entirely spontaneous and should not be taken as an attempt to create anti-American feeling. Natural resentment against maltreatment of members of the regular forces of the Army and a desire to obtain a speedy settlement of the incident were primarily responsible for those popular manifestations of feeling. Needless to say, neither newspaper editorials nor mass meetings have anything to do with the Japanese authorities in Shanghai, who, in keeping with their established policy, maintained strict supervision over the activities of Japanese nationals.

It is essential that the gendarmes incident should be settled at the earliest possible moment. The State Department is understood to have sent instructions to the American authorities in China, vetoing the local settlement which had tentatively been reached. That step is much to be regretted, especially in that the instructions apparently failed to evaluate properly the circumstances under which the incident took place and disregarded a practical proposal by which the incident was about to be brought to an amicable settlement by the parties directly concerned. It is sincerely hoped that in situations of this kind the Department of State will follow a policy of recognizing local settlements reached on the spot by the highest military authorities of the two countries.

The order of expulsion from Shanghai of foreign press correspondents was aimed solely at those correspondents who, under the cloak of Chinese language newspapers, have engaged in offensive propaganda against the Nanking regime, including some who have been in secret league with rebels and have been aiding them in conspiracies to over-throw the new regime. It was under such circumstances that Mayor Fu of Shanghai, presumably following the Nanking Government's instructions, sent a letter to the British and American consuls requesting them to see to it that these correspondents would leave Shanghai. The above step may be construed as a mere measure of self-protection.

III.

"Terrorism" in Shanghai is no new phenomenon. At the outset of the present Sino-Japanese incident, Japanese were the victims of such terrorism, but since last year, violence has been directed largely against the followers of Wang Ching-wei. Terroristic violence was first resorted to by special agents of the Chungking regime, and statistics show that the victims among adherents of the Wang Ching-wei regime out-number by far those of the Chungking elements. The inability on the part of the police authorities of the Settlement to counteract the terrorism of the Chungking agents in turn left room for retaliations by the adherents of Wang Ching-wei, who sought therein a form of self-protection.

Notwithstanding this obvious fact, the Settlement authorities and third power nationals, influenced by preconceived opinions, have closed their eyes to the violent measures of the Chungking agents, but have singled out for censure the reacting measures taken by supporters of Wang Ching-wei. It is interesting to note that while the assassination of Mo Shih-ying, publicity agent for Wang Ching-wei, on June 28, 1940, received little notice by the Settlement authorities or the Consular Body, the assassination three weeks latter (later カ) of Samuel H. Chang, publisher of "The Shanghai Evening Post and Mercury," and the issuance of an order for the arrest of an enemy of the Wang Ching-wei regime last July, suddenly attracted their attention to the extent of "terrorism" in Shanghai and caused them to clamor for measures to combat it. Be that as it may, one must recognize the fact that the Chungking regime is no longer in a position to maintain peace and order in the International Settlement and its vicinity and that the Nanking Government, with the support of the Japanese Army, is the only authority that can be responsible for the maintenance of order there. Nothing but candid recognition of the realities of the changed situation and support of a genuinely practicable system will be conducive to the firm establishment of peace and order in the Settlement.

Consul-General Miura's statement with reference to a resolution introduced before the meeting of the Shanghai Consular Body on July 25 in regard to terrorism is considered appropriate in the light of the actualities referred to above. He asserted that in order to maintain peace and order in Shanghai it is primarily imperative that all acts of terrorism committed by Chungking elements be terminated. He further stated that any resolution of discussion dealing with terrorism which overlooks this basic point would be useless.

It is obvious that the Nanking Government cannot afford to tolerate acts of violence against its leaders, or any speech or discussion which seeks to repudiate the Government within its own jurisdiction. It must therefore be conceded that measures for the suppression of such seditious activities are within the purview of its right to defend itself against its enemies. So far as the Nanking Government is concerned, it is needless to add that seditious activities committed under the guise of an alien status or of the extra-territoriality of the Settlement cannot be tolerated.

IV.

With regard to the case of breaking into the apartment of Mr. Hallet Abend, Shanghai correspondent of the New York Times, by two hoodlums on July 20, and their seizure of Mr. Abend's manuscript, it seems that certain foreign residents of that city entertain the idea that Japanese officials were behind this incident. However, investigation up to date has failed to establish any ground for the suspicion. Therefore, this incident, which is still under close investigation by the consular police, the Japanese military police, and the municipal police authorities, should be treated as an ordinary criminal case.

The taking of Mr. Relman Morin, Tokyo correspondent for the Associated Press, to the Tokyo gendarmerie headquarters on July 31 was for the investigation of the circumstances of his sending a press dispatch which glaringly contrasted with the official findings. It has transpired that his dispatch was based on information supplied by a member of the British Embassy in Tokyo which distorted the facts connected with the farewell note of Mr. Melville James Cox, correspondent in Tokyo for Reuters, who committed suicide on July 29. Mr. Morin's report asserted that Mr. Cox's farewell note was a forgery, a statement contrary to fact. On August 3, the gendarmerie authorities presented the note to the British Consul-General and to the Chief of the Far Eastern Bureau of Reuters, at their request. They both agreed that the note was unmistakably in Mr. Cox's own handwriting.

V.

The foregoing statements will make clear:

(1) That the recent economic measures introduced by the North China authorities are designed to maintain economic integrity and to stabilize currency; they are not intended as a discrimination against the nationals of third powers; they are essential for the financial and economic welfare of the region, and as such deserve the compliance and cooperation of foreign business men.

(2) That difficulties involved in freight shipments to the hinterland and the Yangtze Valley are due to actual conditions in that area and the necessity for military operations.

(3) That recent series of incidents in Shanghai involving American nationals and interests are

spontaneous and natural manifestations, for the most part caused by the mistreatment of Japanese gendarmes by United States marines. These and similar incidents are sporadic and disconnected; it is erroneous to consider them as a systematic or supervised anti-American movement. Settlement of the gendarmes incident should be made by a compromise appropriate in the light of the actual circumstances, as suggested by the local authorities.

(4) That in view of the fact that terrorism in Shanghai originates in most cases in the acts of Chungking agents, it is essential for the maintenance of peace and order that they be removed from the city. It is also necessary to recognize that the Japanese army and the Nanking Government are conjointly the only power capable of maintaining order in Shanghai.

(5) That settlement of local incidents occurring in Japanese occupied areas in China will be possible only through negotiations with the local authorities, regardless of whether or not legal recognition is extended to the central government.

In the light of the above-mentioned views and observations, it is ardently hoped that the Government of the United States will endeavor to solve its problems involving American interests in China by practical methods in keeping with actual realities in that part of the world.

August 23, 1940.

~~~~~~~~~~~~~~~~~~~~

1442　昭和15年9月7日　在米国堀内大使より松岡外務大臣宛（電報）

屑鉄禁輸措置を実行すべしとの論調が北部仏印進駐問題と結びつけられ大々的に報道されている旨報告

ワシントン　9月7日後発
本　　　省　9月8日前着

第一四三八號

七日諸新聞ハ國防諮問委員會ハ屑鐵禁輸措置方ヲ大統領ニ建言スヘシトノ記事ヲ相當大キク掲載シ居ル處右ハ過般屑
~~~~~~~~~~~~~~~~~~~~

鐵第一級品ノ輸出許可制設ケラレタルニ拘ラス屑鐵ノ對日輸出依然繼續セラレ居レリトテ反日、援蔣諸團體ヲ始メ一部新聞カ多大ノ不滿ヲ表シ居タル矢先佛印問題ニ關スル四日ノ「ハル」長官ノ聲明竝ニ我方カ之ヲ無視スルニ決セリトノ六日ノ東京電報等大々的ニ掲載セラレ始メタル爲一般ニ佛印問題ニ關スル米ノ對日措置ト結ヒ附ケテ報道セラレ居リ尙本件國防諮問委員會ノ權限ハ國務省ノ希望ニ基クモノナリトノ風評モアル處同委員會係官ハ新聞記者ニ對シ右ヲ否定シ本件ハ專ラ國內軍需製産上ノ必要ニ基クモノナル旨述ヘ居ル趣ナリ

壽府ヘ轉電セリ

壽府ヨリ英、獨、伊、蘇ヘ轉電アリタシ

紐育ヘ暗送セリ

1443 昭和15年9月14日 松岡外務大臣より在米国堀内大使宛(電報)

上海での諸問題や仏印問題などをめぐり米国の対日態度が硬化している原因の究明方訓令

本　省　9月14日後6時50分発

第四七〇號(極祕)

最近上海ニ於ケル憲兵問題竝ニ上海警備區域ノ問題、佛印問題等ニ關シ米國カ相當强硬ナル態度ヲ堅持シ上海警備區域問題ノ如キ場合ニ依リテハ我方ニ對スル政策ヲ一變スヘシト云フカ如キ威嚇ヲナシ居リ態度硬化シ居ルヤニ見受ケラルル處其ノ原因突止メ方ニ努力アリタシ尙最近新聞等ニ屢々報道ヲ見ル所ノ米加軍事協定及英米軍事基地租借協定類似ノ話合カ米濠及新西蘭間竝ニ太平洋英領ニ關シ英米間ニ成立シ居レリトノ風說ノ眞相ヲ探査アリ度シ

英、獨、加、「シドニー」ニ轉電セリ

1444 昭和15年9月22日 在米国堀内大使より松岡外務大臣宛(電報)

米国の対日態度硬化の原因につき報告

ワシントン　9月22日後発
本　省　9月23日後着

第一五〇七號(極祕)

貴電[(1)]第四七〇號前段ニ關シ(佛印、蘭印ニ關スル米國ノ「リアクション」探査)

一、最近ニ於ケル米ノ對日態度ニ關スル觀測ハ往電第一四〇〇號ヲ以テ略盡シ得タリト存スル處其ノ他米ヲシテ對日强硬態度ヲ取ルヲ得シメツツアル諸情勢ヲ通觀スルニ米ハ最近米加共同防衛協定大西洋及「カリビア」海ノ英領根據地租借、英艦隊保全ノ確言取付ニ依リ東方ヲ固ムルト共ニ米艦隊ヲ太平洋ニ留メ對日牽制ノ姿勢ヲ維持シ又所謂兩洋艦隊ノ建造ニ着手シ「パナマ」附近島嶼ヲ始メ濠洲「ニユージーランド」方面ノ根據地利用方ヲモ工作シ通商協定更新竝ニ輸出許可制ノ運用ヲ以テ蘇聯ヲ引惹ケ軍事外交兩面ノ態勢ヲ整フルト同時ニ我ニ對シテハ國防ノ必要ニ藉口シテ何時ニテモ軍需品輸出許可ヲ嚴重ト爲シ我弱點ヲ締メ上ケ得ル立場ニアリ他方護謨及錫ノ南米ヨリノ入手是等ノ人造方法節約方法ヲ研究シテ我方ノ取ルコトアルヘキ報復ニ備ヘツツアリ是等ノ情勢ハ米ヲシテ從來堅持シ來レル對日强硬態度ヲ維持シ是ヲ强化スルヲ得シムル素地ト爲シ居ルモノト觀テ可ナルヘシ

二、次ニ米カ右ノ如キ態度ニ出ツル最近ノ理由ヲ按スルニ米ハ極東ニ於テ英米勢力ト相容レサル立場ニアル日本ニ對シ獨ニ備フル見地ヨリ妥協ヲ試ミルモ右ハ却テ日本ヲ附ケ上ラス結果トナルノミナラス斯カル妥協其ノモノカ直ニ英ノ勢力ヲ殺キ間接ニ獨ヲ利スルコトトナルノ矛盾ヲ想像シ又極東ニ於ケル日本ノ覇權ヲ認メ其ノ南進ヲ容易ナラシムル結果ヲ來シ支那ヲ助ケテ日本ノ制覇ヲ防カントスル九國條約以來ノ米ノ根本方針ヲ覆スモノト考ヘ居ル模樣ナリ

尙又英國勢力ノ天津上海ヨリノ後退、佛印及緬甸「ルート」ノ遮斷、支那沿岸封鎖ノ强化等米ノ不利トスル事態ノ頻發セル矢先日本軍ノ佛印進出、上海警備區域等ノ問題矢次早ニ生起シ來リ今ニシテ日本ヲ抑ヘサレハ取返シ付カサルニ至ルヘシト爲スハ米當局ノ考方ト觀測ス米側ニテハ他方我經濟實力ハ別トスルモ最近數十回ニ亘ル重慶空襲未タ蔣政權ニ致命的打擊ヲ與フルニ至ラス而モ我方ノ事件解決ニ對スル焦慮ハ日ヲ追ツテ濃厚トナリツツアルニ反シ事變ハ益々長期化セントスル情勢ニアリト判斷シ此ノ際米ノ對日態度ヲ更ニ强化スルコトハ我矛先ヲ緩和スルニ效果アルヘシト考ヘ居ルモノト認メラル

三、要之米ノ對日根本的立場ニハ何等ノ變化無ク英獨ノ戰況、日支事變ノ推移、更ニ大國防豫算ノ通過、徵兵法ノ成立

等國內體制ノ整備、國內輿論ノ動向(往電第一四五七號參照)等ヲ睨ミ合セタル結果最近ノ如キ出方ヲ爲シ居ルモノト觀察ス併シテ右ノ如キ傾向ハ獨ノ對英作戰急速ニ片付カス歐洲ノ事態膠着ノ狀態ニ陷ルコトトモナラハ我方カ支那事變處理ヲ完遂シ事實ニ於テ米ヲシテ諦メシムルカ如キ事態ヲ現出セサル限リ我對獨政策及南方政策今後ノ進展ノ度合ニ比例シテ益々强化セラレ行クモノト覺悟セサルヘカラス

四、尙支那關係諸案件ニ關シテハ野村大臣當時ニアリテハ「グ」大使トノ間ニ數次ノ會談アリ米政府ニテモ日本側ニテハ現地解決ヲ促進シツツアリトノ感觸ヲ有シ居リ又有田大臣時代ニハ自主的立場ニ於テ解決ニ値スヘキモノヲ解決スルノ方針ヲ取ラレタル處右自主的立場ヨリスル解決方針ハ現內閣成立後ニ於テモ御變更無キ儀ト思考スルモ館員カ國務省員ト會談ノ際ニ得タル印象ヲ綜合スルニ米政府ニ於テハ現內閣成立以來現地日本官憲ノ態度殊更ニ硬化シ現地解決困難ニ至レリト認メ居ルモノノ如シ

壽府ヘ轉電セリ

壽府ヨリ英、獨ヘ轉電アリタシ

1445 昭和15年9月(24)日 在米国堀内大使より松岡外務大臣宛(電報)

対日石油禁輸問題やビルマルート再開問題に関する米国国務長官の記者談話について

2436

ワシントン　発

本　省　9月24日前着

特情華府第四二號

「ハル」國務長官ハ二十三日ノ定例會見ニ於テ佛印問題ニ關シ日本ノ行動ヲ非難スル言明ヲ行ツタ後コレニ關聯スル諸問題ニツキ更ニ記者團トノ間ニ左ノ如キ質問應答ヲ行ツタ

對日石油禁輸問題

米政府部內ノ一部テハ石油ノ全面的對日禁輸ヲ斷行セントノ意見カアルト傳ヘラレルカ如何トノ質問ニ對シ「ハル」長官ハ「政府トシテハ事態ノ凡ユル局面ヲ關心ヲ以テ注視シテヰル」ト答ヘタノミテ斯カル措置カ現實ニ考慮サレテヰルカ否カニ關シテハ一切言明ヲ避ケタ

米「アジア」艦隊旗艦「オーガスタ」號カ近ク修繕ノ爲「シンガポール」ニ赴クトノ報道ニ關シテハ「余ハ未タ聞

イテ居ナイ」ト答ヘタカ更ニ記者側カラ「「オーガスタ」號ノ「シンガポール」廻航ハ極東ニ於ケル基地ノ使用ニ關スル英國トノ諒解ヲ意味スルモノテアルカ」トノ質問カ出タノニ對シ次ノ如ク答ヘタ

「斯ル場合ニ必要ナ諒解ハ通常ソノ設備利用ヲ許容シ得ル現地當局トノ諒解ヲ以テ足ルノテアル」

「ビルマ、ルート」再開問題

更ニ「ハル」長官ハ「ロシアン」英大使トノ最近ノ會談ニ於テ特ニ「ビルマ」援蔣路再開ノ問題カ討議サレタカソノ質問ニ對シテハ確認ヲ避ケ米國ノ態度ハ日英取極メニヨッテ「ビルマ、ルート」カ閉鎖サレタ當時聲明シタ時ト何等變化シテ居ナイトノミ語ッタ

對「タイ」國飛行機供給問題

最後ニ最近「タイ」國ト日本トノ緊密關係ニ鑑ミ米國ハ「タイ」國ニ對スル飛行機輸出許可制ニ變更ヲ加ヘル意嚮ヲ有スルカトノ質問ニ對シテハ「研究シテミル」ト答ヘタ因ミニ本年一月ヨリ八月迄ノ軍用機ノ「タイ」國宛輸出額ハ去ル二十一日ノ當局發表テハ總額四十六萬八千三百六十一弗(邦貨概算二百萬圓)ト報告サレテ居ル

1446

昭和15年9月26日　在米国堀内大使より松岡外務大臣宛(電報)

米国が屑鉄の西半球および英本国以外への輸出禁止を発表した旨報告

ワシントン　9月26日後発
本　　省　9月27日夜着

第一五五四號

一、十月十六日ヨリ屑鐵鋼各級品全部ニ付西半球及英本國ニノミ輸出ヲ許可スヘキ旨ノ大統領府發表「テキスト」(華府特情)ハ米ノ國防上ノ必要ヲ理由トシテ擧ケ居ルモ二千五百萬弗對支借款供與ト共ニ我軍ノ佛印進駐ニ對應スル米政府ノ反日援蔣措置ノ第一歩タルコトニ間違ナク結局新聞モ亦右樣解釋シ居レリ七月三十一日ノ航空用「ガソリン」禁輸カ西半球ノミヲ除外セルニ比シ今回ノ措置ハ英本國除外ヲ明示セルハ英米關係ノ進展振ヲ示唆スルモノト見ラル

二、今次借款ノ擔保トナリ居ル支那產「タングステン」ノ入手ニ付テハ支那未占領地ト外界トノ通路開放ヲ要シ十月十八日緬甸路遮斷滿期後之カ再開確保ヲ要シ英カ右貫徹

ノ為必要トスヘキ援助ノ用意ヲモ整ヘタルモノナルヘク而シテ右對英援助ハ㈠禁輸範圍ノ擴大竝ニ㈡太平洋共同防備ノ形式ヲ採ルヘシト考ヘラル

三、貴電第四七〇號後段英米太平洋共同防備問題ニ關シテハ往電第一五五二號ハ相當眞相ヲ傳ヘタルモノノ如ク要スルニ英米間ニハ米ニ依ル防備設備ノ强化米艦隊ノ港灣利用ニ付既ニ内面的ニハ原則的了解ヲ遂ケ居ルモノト觀察シ誤ナカルヘク（具體的ノコトハ未タ海軍專門家ノ會談等ナキ模樣ニ付未定ナルヘシ）南太平洋方面ニ於ケル英ノ勢力ヲ補フコトト成ルヘシト認メラル

壽府ヘ轉電セリ壽府ヨリ英、獨ヘ轉電アリタシ

1447 昭和15年10月2日 在米国堀内大使より 松岡外務大臣宛（電報）

米国が屑鉄禁輸に続き生糸輸入禁止などを検討中との米国紙報道報告

ワシントン 10月2日前発
本　省 10月2日夜着

第一五八七號

客月二十九日華府發紐育「ヘラルド、トリビユーン」特電ハ過般ノ屑鐵禁輸措置ニ對シ東京、伯林、羅馬ニ於テ現レタル米國攻擊ノ言辭ニ刺戟サレ米ハ更ニ銅潤滑油金屬精製機械及化學製品ノ禁輸ノミナラス日本ノ對米爲替獲得ノ主タル手段タル生糸ニ對シ輸入禁止措置ヲ執ルコトアルヘシ生糸輸入禁止ヲ爲ス場合ニハ米ハ米洲諸國ニ對シテモ同樣ノ措置ニ出ツルコトヲ慫慂スヘシト見ラレ居ルモ未タ何等官邊ヨリノ情報ハナキ旨ヲ報シ居レリ

1448 昭和15年10月8日 在米国堀内大使より 松岡外務大臣宛（電報）

米国の屑鉄禁輸措置に対し国務長官へ抗議申入れについて

付記一 昭和十五年十月八日作成、作成局課不明
「對米外交ニ關スル試案」
二 昭和十六年二月十日現在
「米國ノ對日經濟措置及援蔣借款一覽表」

ワシントン 10月8日後発
本　省 10月9日夜着

第一六一四號（極祕）

貴電第五〇五號ニ關シ（米國ニ於ケル屑鐵鋼對日許可制ニ關スル件）

八日國務長官ト會見本國政府ノ訓令ニ基ク旨ヲ告ケ右貴電(一)ノ趣旨ヲ認メタル公文ヲ手交シタル上補足的申入トシテ同(二)ノ趣旨ヲ豫メ用意セル書物ニ依リ陳述シ（先方ノ希望ニ應シ「オーラルステートメント」トシテ是モ殘シ置ケリ）タル處同長官ハ何レ精讀ノ上何分ノ御返事ヲ爲スヘキモ卽座ノ感想ヲ述フレハ本件禁輸措置ハ

第一國防計畫ノ實行ニ伴フ軍需資材ノ國內需要增加ニ鑑ミ國內及米國ノ國防上緊密關係ニアル米大陸及英國ニ對スル供給ヲ確保セントスルモノナルカ第二ニハ昨年來日本側ニ於テ米國屢次ノ意見表示ヲ無視シ支那ニ於ケル武力占領ヲ擴大シ最近ニハ南洋方面ニ迄進出セラレ日本軍ノ佛印侵入ヲ見タル爲米國輿論ヲ刺戟シ屑鐵ノ對日輸出ハ日本ノ軍事行動ヲ事實上援助スルモノナリトノ非難ヲ高メ到底之カ禁輸ノ要望ヲ抑ヘ切レサルコトトナリタル次第ナリ右禁輸ハ前述以外ノ諸國ニ對シ一樣ニ適用サルルモノニシテ日本ノミヲ目標ト爲シ居ラサルニ日本側ニテ非友誼的行爲ト謂ハルルハ當ラス米國トシテハ過去三年以上ニ亘リ支那ニ於テ日本側ヨリ多クノ權益ヲ侵サレ（昨日モ此ノ點ニ付「グルー」大使ヲシテ日本政府ヘ申入レシメタリ）時ニハ重大ナル損害ヲ蒙リ輿論モ大イニ激昂シタルコトアルモ未タ曾テ之ヲ非友誼的行動ナリトシテ申入レタルコト無シト述ヘタルニ付本使ハ先方ノ論旨ヲ一々反駁シ殊ニ日本カ屑鐵ノ主タル買付先ニシテ今回ノ禁輸カ日本ヲ目標トセルコトハ米國新聞ノ宣傳振ニ依リテモ明カナルコト昨年來ノ度重ナル禁輸ニ依リ日本ノ國民感情ノ昂揚セルハ極メテ自然ナルコト支那ニ於ケル經濟的制限等カ廣汎ナル軍事行動ニ伴フ一般的應急措置ニシテ決シテ米人ニ對スル差別待遇ニアラサルコト佛印ニ對スル我方ノ進出ハ佛側ノ同意ヲ以テ行ハレ之ヲ以テ武力侵入ト看做スノ誤レルコト等ヲ述ヘ置キタリ

尚右會談中長官ハ最近ニ於ケル日米關係ノ惡化ニ對スル□（四字不明）□□□ヘ日本ヨリ新聞會見談トシテ種々ノ刺戟的言說傳ヘラレ米側輿論ヲ興奮セシメツツアルコトヲ述ヘタルニ付本使ハ新聞報道中ニハ誤報モ多キコトヲ告ケ（「スミス」ノ例ヲ擧ケ）此ノ際爲政家ハ冷靜ナル態度ト遠大ナル見識ヲ以テ日米國交ノ調整ヲ計ルヘキコトヲ力說シ置ケリ

（付記一）

對米外交ニ關スル試案

（昭和一五、一〇、八）

一、今次三國同盟ノ結成ニ依リ

(イ)獨伊ハ大東亞ニ於ケル日本ノ指導的地位ヲ認メタリ

(ロ)重慶ニ對スル關係ニ於テ政治的ニ英米ニ對抗スル一勢力ヲ形成シ得ルコトトナリ更ニ對蘇國交調整ノ上ハ（見込ハ相當確實ナリ）一段ノ强味ヲ加フヘシ

(ハ)日本カ汪政權ヲ承認スル場合伊、西ト共ニ今ヤ獨モ之ヲ承認スルコト確實トナルヘキノミナラス「バルカン」諸邦中ノアルモノモ右ニ追隨スヘキ見込モ生シ尙佛モ承認ヲ與フル可能性アリト認メラル

(ニ)米國ニ對スル關係ニ於テ(ロ)實現ノ上ハ米ノ活動ハ米大陸以外ニ於テハ困難トナルヘキノミナラス南洋問題ニ付從來獨米側雙方トモ其ノ態度未決定ナリシニ反シ少クトモ獨側ニ關スル限リ政治的ニハ解決ヲ見殘ル相手ハ米（英）トナリタルモノト認メラル

(ホ)重慶ト米（英）トノ接近工作ハ少クトモ當分ハ愈活潑トナルヘシ

二、米國ノ東洋ニ對スル主張及工作ヲ考フルニ

(イ)支那ノ獨立及領土ノ保全竝ニ通商ノ自由ニ關スル傳統的主張ハ拋棄スルコトナシ

(ロ)南洋ニ付テハ政治的現狀維持ヲ主張スルト共ニ米ノ要求スル國防資源ノ確保ヲ主張スヘシ

(ハ)東洋ニ於ケル自國領土ノ保全

(ニ)日本ヲ牽制スル爲ノ對蘇工作（事實上惧ルルニ當ラス英ハ既ニ對蘇工作ヲ諦メツツアリ）

(ホ)英トノ協調ニ依ル重慶援助强化（「モーラル、サポート」、借款、「ビルマルート」ノ再開）

(ヘ)太平洋防備ニ關スル英帝國トノ協調

(ト)蘭印ニ對スル資本主義的壓力

三、右ニ關スル日本ノ方針及施策トシテハ

(イ)支那ノ獨立及領土ノ尊重ニ付テハ日本ハ既定方針トシテ之ヲ實行スヘシ又支那ニ於ケル通商ノ自由ニ關シテモ原則トシテ故意ナル形式ヲ以テ之ヲ阻害スル意向ナシ但シ支那事變繼續中ハ一般的ニ第三國ノ權益ニ對シ已ムヲ得サル壓迫加ハル結果トナル場合アリ

(ロ)南洋ニ付テハ日本ノ要求スル國防資源ノ確保、移民、通商ノ發展ヲ期待スルト共ニ南洋ニ對シ積極的ニ故ナク武力ヲ行使シ政治的現狀ヲ破壞スル意向ナシ

(ハ)米國領土ニ對シテハ政治的ニハ無關心ナリ

(ニ)蘇聯ハ三國同盟陣營ニ誘致ス

(ホ)米ノ對支援助ニ付テハ直接ニ又ハ英ヲ通シテ間接ニ日本從來ノ主張ヲ强調スルト共ニ「ビルマ、ルート」ヲ爆擊ス

(ヘ)太平洋防備ニ付テハ三國同盟ノ本質ヲ說明シ警告、啓蒙ヲ加フ

(ト)蘭印トハ外交交渉ニ依ル經濟提携ヲ具現ス

四、外交交渉ニ依リ日米間ニ諒解ヲ遂ケ左ノ「ライン」ノ「メッセッヂ」ヲ交換ス

(イ)國家ノ近接關係ハ政治經濟ニ亘リ特殊ノ緊密ナル關係ヲ發生スルモノニシテ米ハ日支ノ一方カ他方ニ對シ第三國ニ比シ特殊ノ地位ヲ有スルコトヲ容認ス

(ロ)支那事變繼續中ハ政治經濟各方面ニ亘リ異常ナル事態ノ存在繼續スヘキモ日本ハ支那ノ獨立及領土ノ保全ヲ尊重シ且事變終結後ハ現ニ支那ニ於テ行ハレツツアル戰鬪ニ基因スル通商障害ハ當然廢除セラルヘク日本ハ右ニ同意ナルモノト諒解ス（支那ノ貿易自主權ニ付テハ觸レサルヲ可トス）

(ハ)日米ハ支那ノ獨立及主權ノ保全ニ關シ共同ノ關心ヲ有シ米ハ前項諒會(解カ)ノ下ニ日本ノ和平招來ニ關スル努力ニ對シ協力スルニ吝ナラス

(ニ)南洋ノ資源ニ付日本ハ之ヲ獨占スル意向ナク又積極的武力行使ニ依リ南洋ノ現狀維持ヲ破壞スル意思ナキモノト諒解ス右ニ付テハ米モ同樣ナリ

(ホ)米ハ支那及南洋ニ於ケル國防資源ノ獲得ニ關シ日本カ優先的ニ之ヲ需要スル地位ニ在ルヲ認ム但シ日本ハ米國ノ所要資源確保ニ對シ便宜ヲ供與スルモノナルコトヲ諒解ス

（付記二）

米國ノ對日經濟措置及援蔣借款一覽表

（昭和十六年二月十日現在）

(イ)對日經濟措置

一、所謂「モーラル・エムバーゴー」ニ依ル對日禁輸品目

⑴昭和十二年日本航空隊ノ南京爆撃以來米國政府ニ於テハ日本ノ行爲ヲ以テ「平和的業務ニ從事スル多數人民ノ居住スル廣大ナル地域ニ對シ一般的爆撃」ヲ行フモノナリトノ獨斷的見解ニ基キテ屢々之ヲ非難シ殊ニ昭和十二年九月二十八日及昭和十三年六月三日國務省ヨリ改メテ右ノ趣旨ヲ闡明セル次第アル處同昭和十三年六月十一日「ハル」國務長官ハ無防備地域空爆非難ノ國務省聲明ハ國内ニ於ケル航空機製造業者ニ對シテモ向ケラレタルモノニシテ右業者ニ對シテ無防備地域空爆國ニ向ケテノ爆撃機ノ輸出ニ付國務省カ壓力ヲ加フヘキ旨ヲ仄シ同年七月一日米國軍需品統制局ヨリ航空機製造業者及同輸出業者ニ對スル通牒ヲ以テ航空機、航空機用武裝具、航空機用發動機、航空機部分品竝附屬品及爆彈又ハ空中魚雷カ「空中ヨリ非戰鬪員攻撃ヲ行フ國」ニ向ケラルルニ付所謂「モーラル・エムバーゴー」ヲ實施シ更ニ同年十二月二日大統領聲明ニ依リ同樣ノ趣旨ヲ以テ航空機、同部分品及同製造用物資ニ關スル「モーラル・エムバーゴー」ヲ强調セルヲ始メトシ客年七月二日軍需關係物資ノ輸出統制條項ヲ含ム國防强化法ノ成立迄右趣旨ニ基キ次ノ如キ物資ノ對日「モーラル・エムバーゴー」カ實施セラレタリ

㈠航空機、同部分品及附屬品、爆彈、空中魚雷（昭和十三年七月一日以降）

㈡航空機製造用物資（昭和十三年十二月二日以降、内「モリブデン」及「アルミニユーム」ニ關シ昭和十四年十二月十五日改メテ之ヲ强調ス）

㈢航空用「ガソリン」精製ノ設計、裝置、精製權又ハ技術的情報（昭和十四年十二月二十日以降、尙本品目ニハ國防上ノ理由ヲモ擧ケ居レリ）

⑵客年六月一日國防上必要ナル大型特殊工作機械ノ對日積出カ差押ヘラレ爾後多少ノ積出許可ヲ與ヘラレツツ同年七月五日以降ノ輸出許可制ノ實施ヲ迎ヘタル處同十一月頃迄ハ幾分積出許可アリタルモ爾後ハ許可ナク全ク禁輸同樣ニナレリ尙客年十月十五日「ルーズヴエルト」大統領カ友好國ニハ工作機械ヲ輸出スルヲ妨ケス蘇聯亦友好國ナリト言明セルコト及實際ニ於テ工作機械ノ對蘇積出カ許可セラレツツアル事實ニ付注意ヲ喚起スル要アリ尙其際同時ニ機械類、航空機「エンジ

2442

ン」及部分品、「モーター」ノ積出モ抑止セラレタリ

(3)昭和十三年末古船ノ對日輸出カ米國政府當局ニ依リ差抑ヘラレタリ

二、輸出許可制ノ實施ニ依ル對日禁輸品目

客年七月二日大統領ノ裁可ヲ經タル所謂國防强化法中ノ軍需關係物資輸出許可制條項ハ同日直チニソノ第一回ノ發動ヲ見爾後各種品目ニ擴張セラレ同法成立前所謂「モーラル・エムバーゴー」ヲ課セラレツツアリタル物資ヲモ包含スルニ至リタル處ソノ許可不許可ノ裁定ニ當リテハ或ハソノ公布ト同時ニ對日禁輸ヲ明示セルモノアリソレ以外ニ於テモ其ノ適用ノ始一二品目ニ付多少ノ許可ヲ見タルモノアル他今日ニ至リテハ全クソノ輸出ヲ許可セラルルモノナク要之名ハ國防上ノ必要ヲ理由トスル輸出許可制ト云フモ現在ニ於テハ事實上對日禁輸ヲ意味スルモノト言ハサルヘカラス今各種品目ニ付ソノ實施狀況ヲ見ルニ左ノ如シ

(1)第一回(客年七月二日公布同五日實施)

(一)一九三七年五月一日中立法施行細則ニ規定セル兵器、彈藥及軍用器材

(二)左記物資及之ヲ含有スル製品

「アルミニユーム」、「アンチモニー」、石綿、「クローム」、棉花「リンタース」、亞麻、黑鉛、皮革、工業用「ダイヤモンド」、「マンガン」、「マグネシウム」、「マニラ」麻、水銀、雲母、「モリブデン」、光學硝子、「プラチナ」類、石英結晶、「キニーネ」、護謨、絹、錫、「トルオール」、「タングステン」、「ヴァナジユーム」、羊毛

(三)左記化學製品

「アンモニヤ」及同化合物、鹽素、「ヂメチールアニリン」、「ヂフエニールアミン」、硝酸、硝酸鹽、「ニトロセルローズ」(十二「パーセント」以下ノ窒素ヲ含ムモノ)、曹達石灰、無水醋酸鹽、「ストロンチウム」、發煙性藥品硫酸

(四)左記製品

前掲中立法武器輸出許可制施行細則ニ規定セラレ居ル以外ノ航空機、其ノ部分品及其ノ附屬品、同裝甲板、防彈性硝子、透明「プラスチック」、砲火操作用及航空機裝備用等ノ光學器具

㈤左記工作機械

熔解又ハ鑄造用、「プレス」用、切削又ハ研磨（動力ニ依ルモノ）用、及鍛接用ノ各種金屬工作機械

註、以上ノ品目中ニハ例ヘハ「モリブデン」「アルミニユーム」等ノ如ク許可制施行前前述セル如ク既ニ「非戰闘員爆撃國」トシテ對日「モラル・エムバーゴー」ヲ課セラレタルモノアリ又米國軍部方面ノ要望ニ依リ國防上ノ理由ヲ以テ「モーラル・エムバーゴー」ノ實施セラレタルモノ少ナカラサリシ處本輸出許可制ノ實施後ハ工作機械ニ付テハ客年十一月頃迄又「ヴアナジユーム」ニ付テハ同九月頃迄許可アリタル他今日ニ於テハ全種目トモ全ク對日禁輸同樣トナレリ

⑵第二回（客年七月二十六日公布同八月一日實施）

㈠航空用燃料

註、航空用「ガソリン」ニ付テハ公布直後七月三十一日ノ白堊館聲明ニ依リソノ輸出許可ハ西半球向ケ及他ノ地域ニ於ケル米國商社用ノモノノミニ與ヘラルルコトトナレリ

㈡航空用潤滑油

㈢「テトラエチール」鉛

㈣屑鐵鋼第一級品

⑶第三回（客年九月十二日公布同日實施）

㈠航空用燃料精製裝置、ソノ考案構造竝ニ操作ニ關スル設計規畫及記述書類

㈡「テトラエチール」鉛製造裝置、ソノ考案構造竝ニ操作ニ關スル設計規畫及記述書類

㈢航空機若クハ航空機用發動機ノ考案又ハ構造ニ關スル設計、規畫及記述書類又ハ技術的情報

⑷第四回（客年九月三十日公布同十月十五日實施）

軍用光學機械類

⑸第五回（客年九月二十六日聲明同三十日公布同十月十六日實施）

屑鐵鋼全部

註、曩ニ屑鐵鋼第一級品ニ付輸出許可制ノ適用アリタル處本回ノ實施ニ依リ右第一級品ヲモ含

メ屑鐵鋼全部ニ付許可制ノ適用アリ且西半球及英本國向ケノミ輸出ヲ許可セラルルコトトナリタル結果茲ニ屑鐵鋼ノ對日禁輸ヲ見ルニ至レリ

(6)第六回(客年十二月四日公布同十日實施)

客年七月第一回ノ輸出許可制適用ノ際除外サレタル四十種ノ工作機械類及中古又ハ改造サレタル一切ノ工作機械類

註、本件公布ニ當リ「マクスウエル」輸出統制官ハ今回ノ措置ハ單ナル國防上ノ必要ヨリ出テタルモノナルモ非友好國ヘノ禁輸モナシ得ルコトトナレリト言明セル趣ナリ

(7)第七回(客年十二月十日公布同三十日實施)

鐵鑛、銑鐵、鐵合金、一定ノ鐵鋼製品及同半成品

註、右品目ニ付テハ英本國及西半球諸國ノミ許可カ與ヘラルルコトトナレリ

(8)第八回(客年十二月二十一日公布本年一月六日實施)

臭素、「エチレン」、「エチレン・ヂブロマイド」、「メチルアミン」、「ストロンチウム」金屬及鑛石、「コバルト」、研磨材、可塑物塑製機及壓搾機、測定機、計量器、試驗器、平衡器、水壓「ポンプ」、工業用「ダイヤモンド」ヲ含ム工具、航空用潤滑油製造ニ關スル裝置及設計

(9)第九回(本年一月十日公布同二月三日實施)

銅、青銅、亞鉛、「ニッケル」、眞鍮、苛性加里

(10)第十回(本年二月五日公布、同十日實施)

鑿井機竝精油機、「ラヂウム」、「ウラニウム」、犢皮及仔山羊皮

(ロ)援蔣借款

一、第一回

發表 昭和十三年十二月十五日

金額 華府輸出入銀行ヲ通シ二千五百萬弗

二、第二回

發表 昭和十五年三月七日

金額 華府輸出入銀行ヲ通シ二千萬弗

三、第三回

發表 昭和十五年九月二十五日

金額 華府輸出入銀行ヲ通シ二千五百萬弗

四、第四回

發表　昭和十五年十一月三十日

金額　(1)華府輸出入銀行ヲ通シ五千萬弗

(2)為替安定資金中ヨリ五千萬弗

1449　昭和16年3月9日　在米国野村大使より松岡外務大臣宛（電報）

東亜新秩序構想の趣旨が不明確で米国人に理解されない点が日米関係の最難関であるなどハワード内話について

ワシントン　3月9日後発
本　　省　3月10日前着

第一三四號

五日紐育ニテ若杉カ「ロイ・ハワード」ト會談ノ際「ハ」ノ談話ノ要旨左ノ通リ御參考迄

一、「ハ」ハ先般大臣ノ懇切ナル招待ニ應シ能ハサリシ理由トシテ旅程ノ都合及不利ニ陥リタル親友「ウイルキー」選擧應援ノ為至急歸米ノ必要アリシコトヲ縷々釋明セリ但シ目下討議中ノ對英援助法案決定ノ上ハ近々更ニ極東旅行ヲ考慮中ナル由

二、「ハ」ハ蘭貢ヨリ重慶香港ニ飛行シ重慶ニ於テハ蔣介石其ノ他ノ要人ト會見セルカ蔣ハ以前ヨリモ若ク見エル程元氣ニテ要人等ノ抗日戰意モ益々固マリ「ハ」ハ蔣ニ對シ日本ノ希望スル蘇聯ト北支ノ間ニ防共的緩衝地帯ヲ設クルコト支那ニ於ケル排日行為ノ禁止、經濟開發ノ協力ヲ容認シテ妥協スル意思ナキヤト問ヘルニ對シ蔣ノ返答ハ此處ニ其ノ文句ヲ「クオート」スル譯ニ行カサルモ要スルニ日本カ既ニ汪精衞ヲ擁立シテ南京政府ヲ樹立セル以上妥協平和ノ望ナシトノ趣旨ヲ答ヘタル由

三、日支事變收拾ニ付米大統領ノ調停可能性如何ノ問題ニ付テハ「ハ」ハ日本カ支那ノ獨立ヲ尊重シ「ノン・アグレツシヨン」ノ保障ヲ與フルニ於テハ可能性アリト信スト言ヘリ（此ノ點過般北京ニ於テ若杉カ燕京大學々長「スチユワート」ト會談ノ際同人ノ意見モ同様ナリシ由）

四、「ハ」ハ大臣ヲ良ク知リ「松岡ハ「リアリスチツク」ノ政見ヲ有シ日米戰爭ハ勝敗孰レニ決スルモ結局兩國トモ損失ノミニテ利益ナキコトヲ知悉シ居ルヲ以テ此ノ信念ハ兩國間平和ノ一保障ナリ」ト語リ過日支那ヨリ歸來ノ

節「ル」大統領ニモ「リアリスチック」ナル松岡ノ人物ヲ話シ置キタル旨内話セリ

五、「ハ」ハ日米關係ノ最難關ハ日本ノ企圖スル「東亞新秩序」ノ眞相不明ナル點ニアリ米人ハ日本側ノ説明如何ニ拘ラス之ヲ以テ日本ハ東亞ニ於テ他國トノ條約及他國ノ意思ヲ無視シ獨斷ニテ自己ノ欲スル所ヲ武力ヲ以テ遂行スルモノナリト爲シ殊ニ獨伊トノ三國同盟以後ハ獨伊ノ遣方ニ徴シ益々右ノ觀念ヲ強メタル次第ニテ米國モ既往ニ於テハ「ニカラグア」墨西哥玖馬等ノ隣國ニ對シ武力ヲ行使シタルコトアルモ其ノ後次第ニ之等ノ隣國ニ對シテモ其ノ非ヲ是正シ協調ニ努メ來リ現在ニ於テハ專心他國トノ協約及國際法ニ基キ世界ノ秩序ヲ維持セントスルノ政策ヲ固持シ居ルヲ以テ右ノ如キ日本勝手ノ新秩序ハ正面ヨリ米國ノ企圖スル文明秩序ヲ破壞スルモノニシテ到底兩者相容レサルモノト爲スニ一致シ居ルヲ以テ此ノ根本的相異點ヲ緩和スル爲大臣邊リヨリ日本ノ眞意カ平和的且經濟的目的ニ外ナラスシテ政治的又ハ軍事的「ドミネーシヨン」ヲ企圖スルモノニアラサル義ヲ機ニ觸レ幾度モ繰返シ放送サルルコト有利ナルヘシト語レリ

六、尚日本ハ宣傳ヲ誤リ事變ノ説明ニ重キヲ置クモ何等其ノ效無シ寧ロ國際知識ニ貧シキ米人カ獨裁國タル支那ヲ「デモクラシー」ト誤信シ（共產黨系米人カ獨蘇不(可欠カ)侵條約締結前迄ハ蘇聯迄モ「デモクラシー」ト稱シ居リタルト好一對ナリト附言セリ）却テ實質上「デモクラシー」ニ等シキ日本ヲ「トータリアン」國家群ノ一トシテ敵視スルノ迷想ヲ打破スル宣傳ヲ强化スルコト肝要ナリト助言セリ

紐育へ暗送セリ

1450　昭和16年5月30日　在漢口田中総領事より松岡外務大臣宛（電報）

在華米国人の財産登記を七月一日までに完了するよう米国国務省が訓令したとの情報報告

漢　口　5月30日後発
本　省　5月30日夜着

第一八二號

當館諜者ノ米國總領事館ヨリ入手セル情報ニ依レハ在重慶米國大使ヨリ全支米國領事宛大要左ノ如キ電訓ヲ發セル趣

ナリ
國務省發令ニ依リ在支米國市民ノ第二次登記ヲ七月一日迄ニ完了スルコトヲ訓令ス右第三國側ニ極祕裡ニ取行ハレタク尚登記完了者ノ在支財産處分ニ付テハ總ユル便宜ヲ供與セラルヘシ
上海、南大、北京、天津ヘ轉電セリ
香港ヘ轉電アリタシ

1451 昭和16年6月2日　在上海堀内総領事より松岡外務大臣宛（電報）

米国空軍兵士の重慶軍参加に関するUP通信の報道と重慶側反響につき報告

上　海　6月2日後発
本　省　6月2日夜着

第八九四號
華府官邊筋ヨリ得タル所ナリトテ米國陸軍ハ今般空軍ノ支那軍參加ヲ强要シ既ニ多數ノ飛行士ハ渡支ノ途ニアリトノ三十一日華府發「ユーピー」ハ一日當地各英字紙ニ大キク報道セラレ注目ヲ惹キタルカ右ニ對スル重慶側反響トシテ一般ハ右報道ニ深甚ナル滿足ノ意ヲ表シ右ハ米ノ對支援助政策ノ最モ斷乎タル證明ニシテ之ニ依リ最近ニ於ケル米國ノ極東政策ニ對スル多少ノ懸念モ一掃セラレタル感アリトノ三十一日重慶「ユーピー」ハ一日「チヤイナプレス」ニ前記華府「ユーピー」ト竝ヒ目立テ報道セラレタリ
二、二日「チヤイナプレス」ハ本件ニ關シ社說ヲ揭ケ從來米國空軍飛行士ハ他國空軍ニ參加スルコトヲ强要セラレサリシ事實ニ鑑ミ今次措置ハ米政府態度ノ重大ナル變化ト見ルヘク之等米人飛行士來支ノ上ハ本年末迄ニ米支飛行士ニ依ル日本ノ經濟都市爆擊ノ可能性ナシトセス斯テ日本壞滅スルヲ得ハ民主國家ニ取リ大ナル利益トナルヘキ處逆ニ四ケ年ノ日本ノ攻擊絕エシ支那ノ前途ハ益々有望トナレリト論評シ居レリ
三、一日華府發路透ハ米國陸海軍省側ニテ本件批判言明ヲ避ケタル旨ヲ報シ居レリ
北京、南大、天津、漢口、香港ヘ轉電セリ

1452 昭和16年6月3日　在上海堀内総領事より松岡外務大臣宛（電報）

中国の平和回復後に治外法権を撤廃する用意があるとの米国声明への反響について

上　海　6月3日後発
本　省　6月3日後着

第九〇六號

「ハル」長官カ米國ハ支那ニ平和囘復後治外法權撤廢ノ用意アリトノ聲明ヲ發シ且本件ニ關シ郭泰祺トノ交換文書ヲ公表セル趣ハ一日華府發「ユーピー」ニ依リ又右ニ關スル米國內ノ反響トシテ米國ハ支那ニ於ケル商業的地盤確保ヲ必要トシ「ハル」聲明ヲ疑惑視シ居ル向アルモ一般ニハ右ハ米ノ對極東平和政策ノ現レト見做シ居ル趣ハ二日「ユーピー」ニ依リ當地各英字紙ニ大キク報道セラレタルカ一日重慶發「ユーピー」ハ支那側反響トシテ右ハ米國ノ對支友好政策ノ表示ナリト歡迎セラレ居ル趣報シ居ル處本件ニ關スル報道ハ「ユーピー」ノミ之ヲ取扱居レリ

本件ニ關スル上海「イブニングポスト」（二日）及「チヤイナプレス」（三日）ハ社說ヲ揭ケ「ポスト」ハ之カ實現ハ將來ノ事ナルモ米國カ支那ニ對シ帝國主義的野望ヲ有シ居ラサル旨ノ意思表示ナリト述ヘ「プレス」ハ英米ノ極東政策ハ充分一致シ居ルヲ以テ英モ米ニ倣ヒ同樣聲明ヲ爲スヘキヤニ思考セラルル處從來日本ハ治外法權ヲ濫用シ不必要ニ支那ノ內政ニ干渉シ其ノ發展ヲ阻害セルノミナラス英米ノ權益ニモ危害ヲ加ヘ來レル爲英米ハ其ノ治外法權撤廢ハ一層支那ヲ强力ニシ日本ヲ壞滅スルニ役立ツト信シ斯ル措置ヲ促進セシムル事トナルヘシト論シ「タイムス」ハ在支治外法權撤廢ニ付テハ南京政府モ重慶政府ト同樣旣ニ態度ヲ明白ニセル所ナルモ問題ハ事變終了後之ヲ如何ニシテ實現スルヤニアリ現狀ヲ急激ニ變化スル事ナク徐々ニ之ニ至ル事絕對必要ナルヘシト論評シ居レリ

北京、天津、南大、漢口、香港ヘ轉電セリ

1453　昭和16年6月20日　在上海堀内総領事より松岡外務大臣宛

米国の対日世論が急激に硬化しているとの報道報告

機密第一六九四號　（6月23日接受）

昭和十六年六月二十日

在上海

総領事　堀内　干城（印）

外務大臣　松岡　洋右殿

米國對日輿論激變ヲ報セル「チヤイナプレス」記事報告ノ件

六月十六日當地英字紙「チヤイナ、プレス」ハ在桑港特派員ヨリノ通信トシテ最近米國ニ於ケル對日輿論ノ激變ニ關シ左記内容ノ記事ヲ掲載セルニ付何等御參考迄玆ニ報告ス

本信寫送付先　在支大使

記

最近支那及日本ヨリ歸國セル引揚米國人ノ等シク感スルコトハ米國ノ極東特ニ日本ニ對スル一般輿論ノ激變ナリ

二年前ニ於テハ米國人ハ日支事變ニ關シ弱者支那ニ對スル同情心ヲ示ス程度ニテ直接米國ニ關係アルコトトハ思ハサル態度ナリシモ今日ノ米國人ハ支那ノ事情ヲヨク認識シ居ルト同時ニ非常ノ關心ヲ有スルニ至レリ此等引揚米國人ハ現在ノ對日態度ノ急變ニ關シ左ノ通リ觀測シ居レリ

一、米國將來ノ運命ハ太平洋ニ在リ從ツテ太平洋ニ於ケル平和ト繁榮ヲ亂ス者ハ米國ニ對スル脅威者ナリ

二、米國トシテハ最早日本ヲ友邦國ト認ムルヲ得ス

三、支那ハ現在英國ノ西半球ニ於ケル如ク東洋ニ於テ米國ノ爲ニ戰ヒツツアリ故ニ支那ニ對シ單ナル糧食ノミナラス最大限度ノ軍器軍需品ノ援助ヲ與フ可キナリ

引揚米國人ノ注意ヲ引キタルコトハ「ル」大統領及「ウイルキー」氏ノ如キ有力者カ對支借款及物的援助ノ提供ヲ强調シ居ル點ナリ

數年前日米戰爭ノ可能性ヲ語ル者ハ主戰論者トシテ非難サレタルモ今日ニテハ日米戰爭ノ必然性ニ付テ公然議論セラルル事態トナリ對日石油禁輸ノ要求サヘ各方面ヨリ提起サレ居ル狀態ナリ

次ニ全國到ル所ノ映畫館ニ於テ日本軍ノ重慶爆擊、佛印派遣軍部代表等ノ「ニユース」上映ノ場合ニハ全觀客中ヨリ「ブーイング」ノ聲ノ湧キ上ルヲ認ムルニ到リ居レリ

2450

1454　昭和16年7月17日　在上海堀内総領事より松岡外務大臣宛（電報）

米国大統領が派遣した特使ラチモアの香港到着により重慶政権の対英米ソ外交工作が活発化したとの情報報告

第一二七八號

上海　7月17日後発
本省　7月17日夜着

HQニ依レハ十六日香港ニ到着セル「ラチモア」ノ來渝ヲ目前ニ控ヘ重慶側ノ對英米蘇外交工作ハ極メテ活潑化シ英米蘇ノ對支共同援助計畫ノ具體化ヲ計ルヘク蔣ヲ始メ宋美齡、孔祥熙、郭泰祺、孫科、徐堪、白崇禧、蔣經國等ハ來ル二十六日重慶ニ英米蘇支第一次正式會議ヲ開催スヘク策動中ナルカ一方「ラ」ハ支那ノ統一戰線結成論者タル關係モアリ國共關係調整ニモ一役買ヒ積極的ニ之カ速急解決ヲ計ルヘシト觀ル向キアリ

南大、漢口、北大、天津、香港ヘ轉電セリ

1455　昭和16年7月20日　在上海堀内総領事より豊田外務大臣宛（電報）

ラチモアの重慶到着について

上海　7月20日後発
本省　7月20日後着

第一三〇一號

一、十九日重慶發「ユーピー」電ハ「ラテイモア」ハ同日來渝シ蔣介石ニ「ル」大統領親書ヲ手交セル旨報シ居レリ

二、十九日香港發「ユーピー」電ハ「ラテイモア」ハ同朝空路赴渝ニ際シ三百五十八名ノ追放滿人ノ署名セル目下重慶ニ監禁中ナル張學良釋放嘆願書ヲ携行セル旨竝ニ右嘆願書ハ張ハ(イ)國共妥協ヲ爲シ得ル唯一ノ人物ナリ(ロ)全(前カ)滿洲軍領袖ニシテ現南京政府要人タル鮑文樾コイクケンノ兩名ヲ重慶側ニ轉向セシメ得ル地位ニ在リ(ハ)滿洲ニ於テ新生運動ヲ指導シ得ル人物タリトノ三項目ヨリ成ル旨報シ居レリ

南大、北大、滿、香港ヘ轉電セリ

1456　昭和16年7月28日　在上海堀内総領事より豊田外務大臣宛（電報）

対日資産凍結令に関する各紙論調報告

上海　7月28日後発
本省　7月28日夜着

第一三七二號

英[1]米ノ今次對日經濟措置ニ關スル當地論調左ノ通リ

一、英字紙

各紙共英米ハ今次ノ對日措置ニ依リ如何ナル日本ノ挑戰ニモ應スヘキ用意有リトノ決意ヲ示シタルモノニシテ太平洋戰爭ノ危險ハ益々增大セル一方日本ノ經濟的打擊ハ甚大ナルヘシトシ之ヲ歡迎スル態度ニ大體一致シ居レリ

(イ) China Press.

過去ニ於ケル日本ノ對英米政策ハ今次ノ對日報復措置ヲ餘儀ナクセシメタルモノナル處日本ハ從來其ノ軍需品ノ八割六分迄英米蘭印ニ仰キ居タル事實ニ鑑ミ經濟的打擊ハ極メテ甚大ナルカ更ニ英米ハ近ク一層强硬ナル經濟的制裁ヲ考慮シ居リ斯クテ日本ノ經濟ハ完全ニ停止スヘク日本ハ破レカブレノ餘リ武力行動ニ出ツル虞アル處問題ハ日本海軍竝ニ經濟人カ斯ル狂氣シミタル陸軍々人ノ政策ニ屈服スルヤ否ヤニ在リ

(ロ) North China Daily News

英米ノ今次行動ニ依リ日本ノ積極派ト雖モ英米ハ已ムヲ得サレハ戰爭ヲ厭ハサルヘキ決意有ル事ヲ了承シタルヘキカ其ノ經濟逼迫ハ益々深刻トナルハ言ヲ俟タス日本ノ新秩序建設トハ南洋ノ資源ノ獨占ヲ意味スルニ反シ英米ノ權益ハ他國ヲ脅威スルカ如キモノニ非ス現ニ日本モ之ニ依リ多大ノ恩惠ヲ被リ來リタリ今後若シ日本カ日支事變終結目的ノ下ニ滇緬道路遮斷ヲ目指シテ「タイ」ニ進出セハ直ニ英國ト衝突スヘク英米ハ毫モ日本トノ戰爭ヲ欲セサルモ挑戰ニハ躊躇セス應スル用意有リ

(ハ)[2] 上海「イヴニング、ポスト」

米國ハ今次對日措置ニ依リ始メテ攻勢ニ出テタルカ之ニ止マラス戰爭ニ至ラサル範圍ニ於テ他ニ執リ得ル幾多ノ手段ヲ有スルカ日本ノ權威ハ地ニ落チタリ在日本米國資金ハ既ニ事實上凍結セラレ居ル爲日本ハ對應措置ヲ執リ得サルヘキカ飽ク迄英米ノ警告ヲ無視シテ行動セハ其ノ因ツテ來ル責任ハ總テ日本側ニ在リ

(ニ) 「ウッドヘッド」論評

今次米國ノ行動ハ日本ノ佛印侵略ニ對スル最初ノ報復措置ニ過キサルカ之ニ依リ日本ノ貿易ハ完全ニ杜絕シ最早武力以外ニ南洋ノ軍需品ヲ獲得スル途無クナリタル譯ナルカ日本カ最後ノ破滅ヲ救ヒ得ル唯一ノ方法ハ政策ノ根本的變更ニ在リ

二、漢字紙
抗日紙ハ何レモ今次米國ノ措置ハ對日經濟制裁ノ强化ニシテ支那ニ執リテハ百利アリテ一害ナシト斷シ正當ナル商業ニ必要ナル米國爲替ハ依然供給セラレルニ付上海ニ於テハ投機者及侵略者ノ外國爲替所得ヲ困難ナラシメ却テ法幣安定資金ノ充實ト共ニ法幣安定强化ニ資スヘシト云フニ大體一致シ居レルカ申報ハ「ガソリン」石油其他少數工業品以外ノ日常必需品物價ハ國內ノ他地方ヨリ供給セラレ決シテ騰貴ノ惧無ク米貨ニシテモ日本金暴落ニ對スル法幣ノ反騰ニ依リ更ニ低廉ト成ル見込ナリト論シ居レリ

南大、北大、香港、河內、西貢ヘ轉電セリ

1457　ラチモアが米国政府に対し重慶政権強化策を具申したとの情報報告

昭和16年8月2日　在上海堀内総領事より豊田外務大臣宛（電報）

上海　8月2日後発
本省　8月2日夜着

第一四二四號

ＨＱニ依レハ「ラチモア」ハ重慶到着後「ゴース」及「フオツクス」等ト意見交換ノ上最近本國政府ニ對シ重慶ノ政治經濟强化策ヲ具申シ之カ前提條件トシテ政府部內一部改組ノ必要アル旨力說シ居ル模樣ニシテ一部ニ於テハ將來孔祥熙ハ行政院副院長ノ職ニ留ルノミニテ財政部長ハ結局宋子文ニ落付クヘク內政部長ハ張群ノ兼任、經濟部長ハ翁文灝ノ留任ヲ見ルモ部內ノ實權ハ宋子文系ニテ掌握セラルヘク又軍政部長何應欽ニ對シテハ米蘇兩國共國共合作上ノ癌トシテ不滿ヲ表明シ中共側ハ國內團結强化ノ名目下ニ反何運動展開宋子文亦之ニ同情ヲ表シ居ル關係上何ノ轉職ハ早晚實現セラルヘシト見ル向キ多ク中共及國社黨方面ニテハ右ハ米國ノ對支指導權强化ノ第一步ト看做シ居ル由

南大、漢口、北京、天津、香港ヘ轉電セリ

1458　米国の援蔣軍需物資輸出状況報告

昭和16年8月13日　在ニューヨーク森島総領事より豊田外務大臣宛（電報）

ニューヨーク　8月13日後発
本　　　省　8月14日前着

第四〇四號（機密）

往電[1]第三九二號ニ關シ

情甲

一、十五日蘭貢向ケ「ニユウジヤーシー」州「ホボウケン」（紐育市對岸）發ノ米國籍ノ新造大型貨物船 Warrior（海事委員會徴用）ハ對支援助物資ヲ滿載シ居ルカ其ノ品目數量左ノ通

「ダイナマイト」一千噸「シヤベル」六萬個鶴嘴一萬個「アネフアルト」三千噸病院用毛布二萬個純滑（潤カ）油一千噸米陸軍用重量「トラツク」（「ポンチヤツク」製）三百五十臺、同船一千五百噸建築用鐵材一千噸右航海諸經費總額約五十六萬弗ニ及ヒ何レモ曩ニ貸與資金中ヨリ對支援助物資輸送經費トシテ割當ラレタル三千五百萬弗中ヨリ支出ノ筈

本船[2]ニハ尚機關銃及彈藥約五十噸積込ノ豫定ナリシモ積荷滿載ノ爲十八日紐育ヲ出港スヘキ和蘭船 Tarlican（同シク對支援助物資輸送船ナルモ積荷目下不詳）ニ積込ノ筈

二、支那國防供給會社カ活動ヲ開始セル本年五月一日以來米國ノ對支物資ノ數量ハ約四萬五千噸乃至五萬噸ニシテ目下支那側ハ毎月八萬噸輸送船數十隻ヲ要求シ居ルモ米國國防竝ニ對英援助計畫ニ基ク物資船舶不足ノ爲八月現在ハ輸送船四隻ニ過キス支那側要求通ノ援助實現ハ十月頃以降ノコトナルヘシ（冒頭往電通リ取扱ハレ度シ）

〰〰〰〰〰〰〰〰〰〰〰〰

1459 昭和16年9月2日　在ブラジル石射大使より豊田外務大臣宛（電報）

事変解決は英米をも相手としなければ実現不可能の事態に陥っており日米交渉の結実を切望する旨意見具申

リオデジヤネイロ　9月2日後発
本　　　省　9月3日後着

第三七九號（館長符號扱）

近衞[1]總理ヨリ米大統領ニ寄セラレタル親書（編注）ハ本使ニ於テ其ノ内容ヲ窺覦スル次第ニ非サルモ帝國ノ前途ヲ遠ク慮リタル政府ノ高邁ナル政策ヨリ打算セラレタル御措置ト推憶シ

只管其ノ結實ヲ翹望シテ已ム能ハス卑見ヲ以テスルニ支那事變ハ其ノ當初ニ於テ日支間ニ幾度カ解決ノ曙光アリシニ拘ラス我國內情勢ニ制セラレテ機ヲ逸シ今ヤ英米ヲモ相手トスルニ非サレハ之カ結末不可能ノ事態ニ陷リタルハ一大恨事ナリト雖モ此ノ際他力ヲ引入ルルモ一大手術ヲ敢行スルニ非サレハ事變ハ帝國ノ癌腫トシ今次大戰終了後ニ迄取殘サレントスルノ

關頭[2]ニ在リト存セラルルニ付テハ政府ニ置カレテハ萬難ヲ排シ事變ノ解決ト東洋和平ノ確立トヲ連關實現セラレタル上帝國將來ノ飛躍ヲ期シ隱忍國力ノ再涵養ニ向ツテ新シキ歩ヲ踏ミ出サルル事切望ニ堪ヘス今次大戰及日支事變ヘノ對處策ニ付テハ一昨年秋冬ノ候和蘭ヨリ卑見ヲ電稟シタル事アリタルカ國際情勢更ニ緊迫ノ今日更ニ右卑見ノ再檢討ヲ仰度キ次第ニ付右御參照ヲ得ハ幸甚ナリ政府最高ノ御方針ニ對シ妄リニ獻言ヲ爲スハ其ノ任ニ非サルモ憂國ノ情抑フル能ハサルモノアリ敢テ卑見ヲ披瀝スル次第ナリ御諒恕ヲ願フ

米ヘ轉電セリ

編　注　『日本外交文書　日米交渉―一九四一年―』上巻第163文書別電一。

1460　昭和16年10月24日　在上海堀内総領事より東郷外務大臣宛（電報）

米国の対重慶軍事支援に関する情報報告

上　海　10月24日後発
本　省　10月24日後着

第一九五一號

十一日JK來電ニ依レハ米國政府ハ既ニ正式ニ重慶ニ對シ對日反抗ニ必要ナル武器ヲ供給竝ニ技術的合作ヲ爲スヘキ旨通知スルト共ニ過般到着ノ米國軍事視察團ハ團長以外ハ全部長期滯在セシメ支那側工作ニ協力セシムル豫定ナル趣ナルカ十九日WA情報ニ依レハ米國側ハ蔣介石ニ對シ三十箇所ノ飛行場ノ新設方ニ關シ

㈠支那側ヨリ土地ヲ提供ス

㈡米國側ハ飛行場建設所要ノ經費一切ヲ負擔ス然シテ航空科士官ニ採用スル外支那側ヲ關與セシメス一切ヲ米國側ノ管理ニ置ク

トノ條件ヲ提出シ居ル趣ナルカ米國側ノ蟲ノ好キ要求ニ對シテハ蔣モ内心大イニ不滿ヲ感シ居リ祕密國防會議ヲ招集協議中ナル由
南大ヘ轉電セリ

1461 昭和16年12月5日 在上海堀内総領事より東郷外務大臣宛(電報)

日米戦争が近く到来すべしとの観測やシンガポール・香港などの情勢逼迫を伝える上海各紙報道振り報告

上　海　12月5日後発
本　省　12月5日夜着

第二二二六號
五日當地各紙ハ日米關係竝ニ極東ノ危機ニ關スル各地通信ヲ以テ其ノ重要紙面ノ大半ヲ埋メ居レルカ就中「ハル」長官カ激烈ナル對日攻擊談ヲ發表セル旨ノ四日華府UPヲ始メ日米間ノ最惡ノ事態ハ本月中旬頃到來スヘシトノ東京同盟ヲ引用セル同日東京UP東京各紙カ一齊ニ英米佛印「タイ」攻擊論ヲ再開セル旨ヲ報セル同日東京同盟及UPハ新嘉坡、香港、盤谷、「バタヴイア」等ノ情勢逼迫ヲ報セル各外電ト共ニ特ニ大キク報道セラレ居ル處當地英字紙ノ論調ヲ見ルニ日本カ「タイ」ヲ攻擊セハ太平洋ノ戰爭ハ不可避ナルヘキモ若シ日本ニシテ樞軸ヲ離脱シ英米側ニ參加スルカ或ハ「タイ」ノ中立ト領土保全ヲ尊重シ平和的手段ニ依リ「タイ」ノ協力ヲ得ルニ於テハ平和ハ保持シ得ラルヘシトナスニ大體一致シ居レリ
南大、北大、滿、香港、河內、盤谷、新嘉坡ニ轉電セリ

編注 昭和十六年の日米交渉については、『日本外交文書 日米交渉—一九四一年—』上・下巻を参照ありたい。